lonely planet

Brasilien

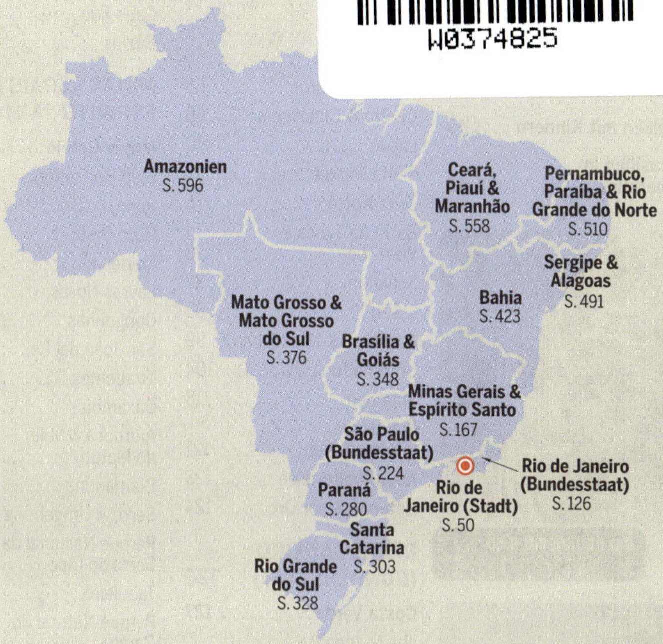

Regis St. Louis,
Gary Chandler, Gregor Clark, Bridget Gleeson,
John Noble, Kevin Raub, Paul Smith

REISEPLANUNG

VIVIANE PONTI / GETTY IMAGES ©

RIO DE JANEIRO S.50

IAN TROWER / GETTY IMAGES ©

COPACABANA S.59

REISEZIELE IN BRASILIEN

Inhalt

REISEZIELE IN BRASILIEN

THEO ALLOFS /GETTY IMAGES ©

DAS PANTANAL S. 388

ANDREA PISTOLESI /GETTY IMAGES ©

MANAUS S. 634

Inhalt

OURO PRETO S. 180

BRASILIEN VERSTEHEN

PRAKTISCHE INFORMATIONEN

SPECIALS

Willkommen in Brasilien

Tropische Inseln, grüner Regenwald, wunderschöne Städte und malerische Strände bilden die Kulisse für das große Brasilien-Abenteuer.

Natur & Artenvielfalt

Weiße Traumstrände, grüner Regenwald und wilde, rhythmusgeladene Metropolen machen Brasilien zu einem der faszinierendsten Reiseziele der Welt. Dabei reicht die Bandbreite der Attraktionen von zeitlosen Kolonialstädten bis hin zu unwirklichen Landschaften mit roten Felsschluchten, donnernden Wasserfällen und von Korallen gesäumten tropischen Inseln. Hinzu kommt eine legendäre Artenvielfalt: Die Ökosysteme warten mit der facettenreichsten Flora und Fauna der Welt auf. An unzähligen Orten lassen sich landestypische Tiere beobachten, darunter Tukane, Hellrote Aras, Brüllaffen, Wasserschweine, Amazonasdelfine, Meeresschildkröten und Tausende mehr.

Abenteuer

Das Land hält für jedes Reisebudget große Abenteuer bereit, z. B. Reitausflüge und Tierbeobachtungstouren im Pantanal, Kajakfahrten in den Sumpfwäldern des Amazonasbeckens, Klettertrips auf felsigen Klippen mit einem traumhaften Ausblick und Walbeobachtungsausflüge vor der Küste. Darüber hinaus lockt es mit erstklassigen Surfwellen vor palmengesäumten Stränden sowie kristallklaren Flüssen und Korallenriffen, die sich wunderbar zum Schnorcheln eignen.

Lebenslust

Brasiliens Karneval, fegt mit mitreißendem Samba und Frevo (Musik- und Tanzstil), bunten Kostümen und bis zum Morgen andauernden Partys über die hiesigen Städte hinweg. Die Feierlust der Einheimischen beschränkt sich jedoch nicht auf die paar Wochen im Februar. *Festas* (Feste) finden das ganze Jahr über statt und zeigen die unglaubliche Vielfalt des Landes. Während der Semana Santa (Karwoche) bedecken Blumen die Straßen Ouro Pretos, während sich beim Bumba-Meu-Boi-Festival indigene, afrikanische und portugiesische Folklore mischen. An die Alte Welt erinnert das größte Oktoberfest außerhalb Deutschlands in Blumenau mit Bier und Schnitzel.

Brasilianische Rhythmen

Musik und ungezügelte Lebenslust gehen Hand in Hand, sei es bei einem Tänzchen mit *cariocas* (Einwohner Rios) in Rios atmosphärischen Sambaclubs oder in den von mitreißenden Rhythmen erfüllten Straßen Salvadors. Zu den weiteren Highlights zählen *forró*-Tanzhallen im Nordosten und schneller Carimbó im Amazonasgebiet, virtuose DJs in São Paulo und zahllose regionale Stile wie die durchdringende Countrymusik der *sertanejo* und der schonungslose Reggae Maranhãos.

Warum ich Brasilien liebe

Regis St. Louis, Hauptautor

Die Musik, die Strände, die Tierwelt und vor allem die Menschen – Brasiliens Charme erliegt man schnell. Rio de Janeiro zählt zu meinen Lieblingsstädten: Ich bekomme nie genug von den Sonnenuntergängen beim Arpoador, der Sambaszene Lapas oder Spaziergängen durch die Gassen Santa Teresas. Dies ist jedoch erst der Anfang. Unvergesslich sind für mich Tierbeobachtungstouren (besonders im Pantanal und in Amazonien), das Schließen neuer Freundschaften in kleinen Städten und Blicke unter die Oberfläche. Kein anderes Land hat so viel zu bieten!

Weitere Infos zu den Autoren siehe S. 775 f.

Strand, Boipeba (S. 459)

Brasilien

Manaus
Das Tor zum Amazonas-Abenteuer (S. 634)
Das Pantanal
Brasiliens beste Gegend zur Tierbeobachtung (S. 388)
Bonito
Schnorcheln im Fluss, Höhlen und Wasserfälle (S. 416)
Iguaçu-Fälle
Spektakuläre Wasserfälle im Regenwald (S. 252)
VENEZUELA
Roraima (2810 m)
GUYANA
PARAMARIBO
BOGOTÁ
Santa Elena
FRANZÖSISCH GUAYANA
SURINAM
KOLUMBIEN
Río Orinoco
Boa Vista
Pico da Neblina (3014 m)
Rio Branco
Serra Tumucumaque
Rio Negro
ECUADOR
Reserva de Desenvolvimento Sustentável Mamirauá
Rio Japurá
Rio Amazonas
Río Putumayo
Rio Solimões (Rio Amazonas)
Alter do Chão
Santarém
Manaus
Manacapuru
Maués
Fonte Boa
Tefé
Iquitos
Leticia
Tabatinga
Transamazônica
Río Yavarí
Rio Juruá
Amazonas-becken
Rio Iriri
PERU
Rio Purus
Humaitá
Rio Teles Pires
Cruzeiro do Sul
Porto Velho
Río Ucayali
Rio Madeira
Alta Floresta
Rio Xingu
Rio Branco
Brasiléia
Riberalta
Guajará-Mirim
Guayaramerin
Costa Marques
Cobija
Rio Tapajós
Vilhena
LIMA
Cusco
Planalto de Mato Grosso
Cuiabá
Cáceres
Poconé
15°S
Titicacasee
Arequipa
LA PAZ
BOLIVIEN
Pantanal
Coxim
Corumbá
Sucre
Potosí
Campo Grande
Aquidauana
Bonito
Dourados
20°S
PARAGUAY
Río Paraguai
PAZIFIK
Ponta Porã
Rio Paraná
Río Pilcomayo
Río Tenco
CHILE
Antofagasta
Südlicher Wendekreis
Cascavel
Salta
ASUNCIÓN
Foz do Iguaçu
Iguaçu-Fälle
Río Salado
ARGENTINIEN
25°S
Rio Uruguai
Santa Maria
Uruguaiana
La Serena
Salto
Santa Fe
Córdoba
Paraná
URUGUAY
Paysandú
San Juan
80°W
75°W
BR 174
BR 319
BR 230
BR 163
BR 364
BR 262
BR 267
BR 290
BR 392

0 500 km
CAYENNE
Oiapoque
ATLANTIK
Lençóis Maranhenses
Surreale Dünen und Lagunen (S. 592)
MACAPÁ
Äquator
Ilha de Marajó
Salinópolis
BELÉM
Parque Nacional dos Lençóis Maranhenses
Alcântara
SÃO LUÍS
Parnaíba
Jericoacoara
Camocim
Sobral
FORTALEZA
Fernando de Noronha
Korallenriffe und herrliche Strände (S. 532)
Fernando de Noronha
Rio Bacaiar
Marabá
Imperatriz
TERESINA
Mossoró
NATAL
JOÃO PESSOA
Olinda
Historische Stadt mit einer lebhaften Kultur (S. 524)
Carolina
Picos
Juazeiro do Norte
Sousa
Olinda
RECIFE
Caruaru
São Raimundo Nonato
Juazeiro
MACEIÓ
Rio Araguaia
Rio Tocantins
PALMAS
Ilha do Bananal
Rio São Francisco
Xique-Xique
ARACAJU
Estância
Conde
Barreiras
Lençóis
Cachoeira
Feira de Santana
SALVADOR
Salvador
Die afrobrasilianische Seele des Landes (S. 426)
Parque Nacional da Chapada dos Veadeiros
Bom Jesus da Lapa
Parque Nacional da Chapada Diamantina
Valença
Belo Campo
Vitória da Conquista
IlhØus
Parque Nacional da Chapada Diamantina
Berge und Täler (S. 488)
Pirenópolis
BRASÍLIA
Cidade de Goiás
GOIÂNIA
Montes Claros
Serra do Espinhaço
Porto Seguro
Pirapora
Jataí
Rio Paranaíba
Diamantina
Pico Itambé (2062 m)
Rio Doce
Brasília
Brasiliens Hauptstadt wartet mit einer umwerfenden Architektur auf (S. 350)
Curvelo
São Mateus
Uberlândia
Rio Grande
Uberaba
Belo Horizonte
Três Lagoas
Ouro Prêto
VITÓRIA
Ouro Preto
Wunderschön erhaltene Kolonialstadt (S. 180)
Araçatuba
Ribeirão Preto
Pico da Bandeira (2892 m)
Presidente Prudente
Juiz de Fora
Campos
Bauru
Pico das Agulhas Negras (2787 m)
Londrina
Campinas
SÃO PAULO
RIO DE JANEIRO
Maringá
Sorocaba
Parati
Ilha Grande
Rio de Janeiro
Strände, Samba und beeindruckende Panoramen (S. 50)
Ponta Grossa
Santos
Vila Ilhabela
Cananéia
CURITIBA
Paranaguá
Serra do Mar
Südlicher Wendekreis
Ilha Grande
Regenwaldreiche, bergige Insel (S. 127)
Joinville
FLORIANÓPOLIS
Ilha de Santa Catarina
HÖHE
3000 m
2000 m
1000 m
500 m
250 m
0
São Paulo
Kultur, Küche und großartige Partys (S. 225)
ATLANTIK
PORTO ALEGRE
Ilha de Santa Catarina
Wälder, Strände, Seen und Nachtleben (S. 304)
Pelotas
Rio Grande

Brasiliens Top 20

1

Zuckerhut, Rio de Janeiro

1 Bei Sonnenuntergang soll der Blick vom Zuckerhut (S. 61) am schönsten sein. In Wahrheit genießt man unabhängig von der Uhrzeit einen unvergesslichen Ausblick auf Rio, der auf der Welt seinesgleichen sucht. Hier erstreckt sich eine Landschaft unberührter grüner Hügel und goldener, vom blauen Meer gesäumter Strände, an denen Wolkenkratzer in die Höhe sprießen. Die Fahrt mit den verglasten Gondeln der Seilbahn ist der halbe Spaß. Abenteuerlustige können auch zum Gipfel klettern.

Iguaçu-Fälle

2 Wer bereits Wasserfälle auf der ganzen Welt kennt und glaubt, dass einen so schnell nichts mehr vom Hocker haut, hat noch nicht die Iguaçu-Kaskaden (S. 252) gesehen. Die 275 donnernden Fälle an der brasilianisch-argentinischen Grenze beeindrucken selbst den erfahrensten Abenteurer. Laut, ungezähmt, unaufhaltsam und atemberaubend schön – Iguaçu lässt jeden Betrachter angesichts der schieren Macht von Mutter Natur in Ehrfurcht erstarren.

RUY BARBOSA PINTO / GETTY IMAGES ©

2

ALEX ROBINSON / GETTY IMAGES ©

Salvador

3 Das afrobrasilianische Zentrum Salvador (S. 426) ist für Capoeira, Candomblé, Olodum, portugiesische Kolonialarchitektur, afrikanisches Straßenessen und einen der ältesten Leuchttürme des amerikanischen Kontinents berühmt. Heute wartet Bahias lebendige Hauptstadt mit einem einzigartigen Zusammenspiel zweier dynamischer Kulturen auf. Als Höhepunkt der Musik- und Partyszene gelten die wunderbaren Karnevalsfeierlichkeiten im Februar.

Ilha Grande

4 Wegen ihrer Abgeschiedenheit diente die Ilha Grande (S. 127) jahrzehntelang als Gefängnis und Leprakolonie. So bewahrte sie ihre Ursprünglichkeit: Ihre bewaldeten Hänge und Strände zählen zu den unberührtesten Brasiliens. Besucher können z. B. eine Wanderung durch den Atlantischen Regenwald unternehmen, einen Schnorchelausflug im blauen Meer machen oder am Fuße eines Wasserfalls baden. Die autofreie saubere grüne Insel ist wahrlich ein Naturparadies und zudem nur eine Tagesreise von Rio entfernt.

HARRY'S PHOTOGRAPHY / GETTY IMAGES ©

RICARDO RIBAS / ALAMY ©

PICTURE BY TAMBAKO THE JAGUAR / GETTY IMAGES ©

Ouro Preto

5 Ouro Pretos (S. 180) Straßen aus dem 18. Jh. säumt ein barocker Prachtbau nach dem anderen. Die Stadt fasziniert darüber hinaus mit kunstvollen Skulpturen von Aleijadinho, opulenten vergoldeten Kirchen, der Geschichte des afrikanischen Stammeshäuptlings und Volkshelden Chico-Rei und Osterprozessionen, die zu den eindrucksvollsten des Landes zählen.

Bier aus Blumenau

6 Neben Lederhosen und Leberkäse importierten deutsche Einwanderer auch das Reinheitsgebot, das von den Deutsch-Brasilianern noch immer streng gehütet wird. In Blumenau locken Erzeugnisse der Großbrauerei Eisenbahn und leckeres Bier von kleinen Unternehmen wie Schornstein Kneipe, Bierland und Das Bier (S. 318).

Das Pantanal

7 Nur wenige Gegenden bieten so gute Möglichkeiten, wilde Tiere zu beobachten, wie das Pantanal (S. 388), ein abgeschiedenes Sumpfgebiet in Mato Grosso, das u. a. mit niedlichen Capybaras und stolzen Störchen lockt. Nirgendwo in Südamerika sind die Chancen besser, den scheuen Jaguar zu sichten! Jaguar (S. 651)

8

MARCO SIMONI / GETTY IMAGES ©

9

10

Fernando de Noronha

8 Der Archipel (S. 532) 350 km vor der Atlantikküste Natals besteht aus einem 10 km langen Eiland und 20 Inselchen. Er hat alles, was man mit einem tropischen Traumziel verbindet: atemberaubende Landschaften, schöne Strände, die besten Tauch- und Schnorchelspots des Landes, gute Surfbedingungen, tolle Wanderwege und jede Menge Tiere.

Dschungeltouren

9 Ob Kanufahrten auf verschlungenen Wasserwegen oder Trekkingausflüge auf Naturpfaden unter den wachsamen Augen von Affen und Faultieren: Dschungeltouren (S. 638) sind die Hauptattraktion im Amazonasbecken. Der weltweit größte und erschlossenste Regenwald lockt mit Abenteuern für jeden Geschmack – von einfachen Wanderungen bis zu Klettertrips auf 50 m hohe Bäume und von Luxuslodges bis zu provisorischen Camps. Unabhängig von Vorlieben, Erfahrung, Fitness und Reisebudget wird hier jeder zufriedengestellt.

Kanufahrt, Rio Solimões (S. 662)

Nächte in São Paulo

10 São Paulo (S. 260) kombiniert die Dynamik New Yorks, die Modernität Tokios und die Preise Moskaus mit einem riesigen Unterhaltungsangebot. 20 Millionen potenzielle Feinschmecker, Partygänger und Cocktailkenner haben die Qual der Wahl zwischen fast 30 000 Restaurants, Bars und Clubs. Die Metropole trumpft beispielsweise mit schicken Gourmettempeln in Itaim Bibi und Jardins, schrägen Adressen in Baixo Augusta und Künstlerbars in Vila Madalena auf. Meist wird bis in die Morgenstunden mit viel Bolinhos, Alkohol und Musik gefeiert. Saúde!

Bar, Vila Madalena (S. 263)

Brasílias Architektur

11 Um ihre Rolle als Vorbotin eines neuen Zeitalters in Brasilien zu untermauern, brauchte die Stadt der Zukunft jemanden, der diese Vision architektonisch umsetzte: Oscar Niemeyer. Die „Dornenkrone" (Catedral Metropolitana) ist ein religiöses Meisterwerk, während das interplanetare Teatro Nacional geradezu unwirklich daherkommt. Brasília beherbergt Unmengen baulicher Schätze (S. 258), erschaffen von einem Genie, das sich von einer besseren Zukunft inspirieren ließ. Catedral Metropolitana (S. 354)

Bonito

12 Bonito (S. 416) ist einfach wunderschön! Wasserratten erleben hier unvergessliche Momente wie Abenteuer im kühlen Nass des atemberaubenden Umlandes der Serra do Bodoquena. Seien es erste Erkundungsausflüge auf dem Rio da Prata oder eine Reise zum Mittelpunkt der Erde beim Abismo de Anhumas, Bonito wartet mit einzigartigen Erlebnissen auf, die zu den Highlights einer jeden Reise nach Brasilien zählen. Gruta do Lago Azul (S. 417)

11

12

VIVIANE PONTI / GETTY IMAGES ©

Karneval in Rio

13 Am besten ruht man sich im Flieger noch mal richtig aus, denn nach der Landung ist bis Aschermittwoch Party (S. 35) angesagt. Dabei kann man zwischen fast 500 Straßenfesten in der ganzen Stadt wählen. Wer mittendrin sein möchte, nimmt mit einer Sambaschule an der Parade im Sambódromo teil und marschiert zwischen ekstatischen Trommelgruppen und rauchspuckenden Drachen vor Tausenden begeisterten Zuschauern umher. Oder man vergnügt sich im passenden Kostüm auf einem der Karnevalsbälle. Die Vorbereitungen beginnen bereits Wochen vorher.

Tiradentes

14 Diese Kolonialstadt (S. 197) ist so hübsch erhalten und mit einer derart reizvollen Umgebung gesegnet, dass sie fast wie eine Filmkulisse wirkt. Kopfsteinpflastergassen, blumengeschmückte Mauern und eindrucksvolle Kolonialhäuser machen jeden Schritt zu einem Vergnügen, vor allem für Wanderfans. In den nahe gelegenen Bergen erstrecken sich zahlreiche Wege, Tiradentes' dynamische Restaurants servieren köstliche traditionelle Küche und in den charmanten Pensionen kann man wunderbar Energie tanken.

Parque Nacional da Chapada Diamantina

15 Der abgeschiedene Nationalpark (S. 488), eine unberührte Naturlandschaft mit tosenden Wasserfällen, kristallblauen Teichen, zerklüfteten Wanderwegen und natürlichen Wasserrutschen, stellt eine der wenigen Attraktionen im Inland des strandverrückten Bundesstaates Bahia dar. Wer ihn im Rahmen eines Tagesausflugs ab Lençóis oder einer längeren Tour mit einem Guide besucht, wird mit einem der schönsten Outdoorabenteuer Brasiliens belohnt.

Lençóis Maranhenses

16 Unter den Traumlandschaften Brasiliens überraschen die Lençóis Maranhenses (S. 592) in Maranhão wohl am meisten. Die 70 km langen und 25 km breiten hohen Dünen ähneln *lençóis* (Bettlaken). Von März bis September füllen Tausende kristallklare von Regenwasser gespeiste Lagunen die Hohlräume zwischen ihnen. Am schönsten ist das Naturspektakel im Juli und August.

NILTON SERGIO RAMOS QUOIRIN / GETTY IMAGES ©

17

18

Recife & Olinda

17 Die beiden gegensätzlichen Nachbarn im Nordosten, die eine gemeinsame Geschichte und Kultur verbindet, ergänzen sich perfekt. Recife (S. 514), die verkehrsreiche große Schwester, beherbergt Hochhäuser sowie eine faszinierende Altstadt und gewinnt durch Renovierungen, Museen und Restaurants zunehmend an Attraktivität. Das hübsche, von Bäumen gespickte Olinda (S. 524) lockt mit verschlungenen Gassen, Kolonialkirchen und Galerien. An Karneval zeigt sich das bunte gemeinsame Erbe bei mitreißenden Straßenpartys. Karneval in Olinda (S. 524)

Alter do Chão

18 Alter do Chão (S. 626), ein Stück Jericoacoara mitten im Regenwald, lässt keine Wünsche offen. Es ist vor allem für seinen feinen weißen Sandstrand und sein kühles teefarbenes Wasser bekannt. Überdies gelangt man von hier aus in ein geschütztes Waldgebiet mit massiven *samaúma*-Bäumen und Privatunterkünften bei örtlichen Gummisammlerfamilien. Zahlreiche Aktivitäten, Hotels für jedes Budget und das entspannte Flair laden zu einem längeren Aufenthalt ein.

Santa Catarinas Strände

19 In Santa Catarina (S. 304) kann man wunderbar relaxen, was vor allem an den sonnenverwöhnten Küsten liegt. Wer das erste Mal seine Zehen in den unberührten Sand des Bundesstaates bohrt, wird begeistert sein, egal ob man das nur eine einstündige Fahrt von 42 paradiesischen Stränden entfernte Florianópolis, Guarda do Embaú südlich der Hauptstadt mit den besten Surfspots Brasiliens oder Praia do Rosa, den schicksten Strandort der Region, besucht.

Parati

20 Nirgends in Brasilien gibt's einen so faszinierenden Mix aus Kolonialarchitektur und schöner Natur wie in Parati (S. 133) an der malerischen Costa Verde, das schon lange erholungssuchende *cariocas* anlockt. Herrliche Strände und eine eindrucksvolle Bergkulisse wetteifern mit dem charmanten kopfsteingepflasterten Zentrum aus dem 18. Jh. Für Abwechslung vom Sonnenbaden und Sightseeing sorgen Caipirinhas, natürliche Wasserrutschen und Gourmetkurse in der örtlichen Kochschule.

Gut zu wissen

Weitere Informationen siehe S. 738

Währung
Real (R$)

Sprache
Portugiesisch

Geld
Geldautomaten sind weit verbreitet. In den meisten Hotels und Restaurants kann man mit Kreditkarten zahlen.

Visa
Bürger aus EU-Ländern und der Schweiz benötigen für einen Aufenthalt von bis zu drei Monaten kein Visum.

Handys
Brasilianische SIM-Karten können in entsperrte europäische Mobiltelefone eingesetzt werden.

Zeit
Das Land erstreckt sich über vier Zeitzonen. In Rio und São Paulo gilt dieselbe Uhrzeit wie in Brasília (MEZ –4 Std.).

Reisezeit

Hauptsaison
(Dez.–März)

➡ Heiße Temperaturen und Partystimmung, allerdings steigen die Preise und zum Karneval verlangen die Unterkünfte meist einen Mindestaufenthalt von vier Nächten.

Zwischensaison
(April & Okt.)

➡ An der Küste ist es warm und trocken, im Süden kann es dagegen kühl sein.

➡ Die Preise und der Andrang sind durchschnittlich. Nur in der Osterwoche wird es teuer und voll.

Nachsaison
(Mai–Sept.)

➡ Abgesehen von den Schulferien im Juli sinken die Preise und im Süden herrschen kalte Temperaturen.

➡ Juli bis September sind gute Monate für einen Besuch Amazoniens oder des Pantanals.

Nützliche Websites

Embratur (www.visitbrasil.com) Offizieller Webauftritt des brasilianischen Tourismusministeriums.

Insider's Guide to Rio (www.ipanema.com) Englischsprachige Tipps und Infos zur Reiseplanung und zwei Extrarubriken: Karneval und Rio für Schwule und Lesben.

KultBrasil (www.kultbrasil.de) Jede Menge Infos rund um die brasilianische Kultur und andere Themen.

Lonely Planet (www.lonelyplanet.de und www.lonleyplanet.com) Reiseinfos, Tipps und Foren.

Rio Times (www.riotimesonline.com) Englischsprachige Nachrichten und Informationen zu Rio de Janeiro.

Brazzil (www.brazzil.com) Artikel auf Englisch zu den Themen Politik, Wirtschaft, Literatur, Kunst und Kultur.

Gringoes (www.gringoes.com) Von englischsprachigen Wahl-Brasilianern geschriebene Beiträge.

Wichtige Telefonnummern

Landesvorwahl	☎55
Krankenwagen	☎192
Feuerwehr	☎193
Polizei	☎190
Internationales R-Gespräch	☎0800-703-2111

Wechselkurse

Argentinien	1 AR$	0,41 R$
Bolivien	1 B$	0,32 R$
Eurozone	1 €	2,89 R$
Schweiz	1 SFr	2,21 R$

Weitere aktuelle Wechselkurse siehe unter www.xe.com.

Tagesbudget

Günstig: unter 200 R$

- Bett im Schlafsaal: 40–70 R$
- Sandwich und Getränk in einer Saftbar: 10–15 R$
- Langstreckenbusse: 10–15 R$ pro Std.

Mittelteuer: 200–400 R$

- Standarddoppelzimmer in einem Hotel: 150–300 R$
- Abendessen für zwei Personen in einem Mittelklasserestaurant: 70–150 R$
- Dschungeltouren: 200 R$ pro Tag
- Eintrittsgebühren in Clubs und bei Livekonzerten 20–50 R$
- Einfacher Flug von Rio nach Salvador/Iguaçu/Manaus: ab 300/361/530 R$

Teuer: mehr als 400 R$

- Boutique-Hotels: 500–800 R$
- Noble Dschungelunterkünfte außerhalb von Manaus: 500–1000 R$ pro Nacht
- Abendessen für zwei Personen in gehobenen Restaurants: 180–400 R$

Öffnungszeiten

Banken Mo–Fr 9–15 Uhr

Bars 18–2 Uhr

Cafés 8–22 Uhr

Clubs Do–Sa 22–4 Uhr

Geschäfte Mo–Sa 9–18 & So 9–13 Uhr

Restaurants 12–14.30 & 18–22.30 Uhr

Ankunft in Brasilien

Aeroporto Galeão (GIG; Rio de Janeiro) Busse von Premium Auto Ônibus (www.premiumautoonibus.com.br; 10–12 R$) starten etwa alle 20 Minuten nach Flamengo, Copacabana, Ipanema, Leblon und in andere Viertel. Die Fahrt dauert 75 bis 120 Minuten. Ein Funktaxi nach Copacabana und Ipanema (45–90 Min.) kostet 105 R$. Für ein weniger sicheres gelbblaues *comum*-Taxi (mit Gebührenzähler) zahlt man 50 bis 75 R$.

Aeroporto Guarulhos (GRU; São Paulo) Der effiziente Airport Bus Service (www.airportbusservice.com.br; 35 R$) hält auf dem Weg vom/zum Flughafen GRU am Aeroporto Congonhas, in Barra Funda, in Tiête, an der Praça da República und an verschiedenen Hotels rund um die Avenida Paulista und die Rua Augusta. Guarucoop (www.guarucoop.com.br) ist das einzige Taxiunternehmen, das am Flughafen verkehren darf (116 R$ bis zur Avenida Paulista, 125 R$ bis Vila Madalena).

Unterwegs vor Ort

Flugzeug Praktisch, um die großen Distanzen innerhalb Brasiliens zu überwinden. Dadurch spart man z. T. Tage! Flüge sind teuer, werden aber häufig zu Sonderpreisen angeboten.

Bus Jede Menge Verbindungen von *comun* (normal) bis *leito* (Übernachtbusse mit Schlafsitzen) im ganzen Land bis auf das Amazonasgebiet. Infos zu Fahrplänen und Anbietern bietet z. B. Busca Ônibus (www.buscaonibus.com.br).

Schiff/Fähre Langsam, unbequem, aber immer eine Geschichte wert sind die Bootstouren auf dem Amazonas. Sie dauern eher Tage als Stunden. Hängematte, Snacks und Trinkwasser mitnehmen.

Mehr zum Thema **Unterwegs vor Ort** siehe S. 751

Wie wär's mit ...

Strände

Die Bandbreite reicht von idyllischen Inselrefugien bis zu überfüllten Stadtstränden und scheinbar endlosen an Regenwälder angrenzenden Küstenabschnitten.

Ilha Grande Bezauberndes autofreies Eiland mit Traumstränden und einer entspannten Atmosphäre. (S. 127)

Trancoso Von dem hübschen Dorf in Bahia bis zu den von Felsen eingerahmten Sandstreifen ist es nur ein kurzes Stück. (S. 476)

Jericoacoara Angesagter internationaler Strandspot, Aktivitäten, *pousadas* (Pensionen), Restaurants und Nachtleben. (S. 573)

Ilhabela Nur ein paar Stunden von São Paulo entfernt locken dichter Dschungel, Wasserfälle und malerische Strände. (S. 275)

Ilha de Santa Catarina Geschützte Dünen, von Felsen und Wald gesäumte Sandstreifen und hübsche Lagunen. (S. 304)

Tiere & Pflanzen

Brasiliens Flora und Fauna ist herrlich vielfältig. In den Regenwäldern, Feuchtgebieten und entlang der Küste kann man wunderbar Tiere beobachten.

Amazonas Manaus dient als eines der wichtigsten Tore zur Mutter aller Regenwälder. (S. 649)

Das Pantanal Das Feuchtgebiet beherbergt zahlreiche Tiere. (S. 388)

Fernando de Noronha Tauch- und Schnorchelgründe der Extraklasse mit einer herrlich bunten Unterwasserwelt. (S. 532)

Praia do Rosa Zwischen Juni und Oktober tummeln sich Südkaper vor der Küste. (S. 325)

Parque Nacional de Monte Pascoal (S. 480) Der Nationalpark südlich von Salvador gehört zum artenreichen Atlantischen Regenwald.

WIE WÄR'S MIT ... EINER ZUGFAHRT?

In den *Serra Verde Express* steigen und zwischen Curitiba und Morretes (S. 286) die umwerfende Aussicht auf beeindruckende Schluchten und tropisches Tiefland genießen.

Landschaften

Brasilianer behaupten gern: *„Deus e Brasileiro“* (Gott ist Brasilianer). Kein Wunder, denn das Land ist mit Regenwäldern, donnernden Wasserfällen, zerklüfteten Bergen und tropischen Inseln gesegnet.

Rio de Janeiro Die Cidade Maravilhosa (Wunderbare Stadt) macht ihrem Namen mit bewaldeten Bergen und paradiesischen Stränden alle Ehre. (S. 50)

Fernando de Noronha Eine 10 km lange Insel mit Klippen, Felsentürmchen, malerischen Buchten und Stränden. (S. 532)

Iguaçu Zwischen Argentinien und Brasilien stürzen sich spektakuläre Wasserfälle in die Tiefe. (S. 295)

Parque Nacional da Chapada Diamantina Im Inland von Bahia kann man atemberaubende Plateaus überqueren und am Fuße von Wasserfällen schwimmen. (S. 488)

Lençóis Maranhenses (S. 592) Windgepeitschte Dünen und leuchtend blaue Lagunen.

Alter do Chão Schneeweißer Sand und Amazonasdschungel. (S. 626)

Oben: Pelourinho (S. 428), Salvador

Unten: Kitesurfer

Essen & Trinken

Zu den brasilianischen Spezialitäten gehören Eintöpfe mit afrikanischer Note und Fisch aus dem Amazonas. Gegrilltes Fleisch, Tropenfrüchte und internationale Gerichte sind ebenfalls Teil der kulinarischen Szene.

Ipanema & Leblon In den beiden Strandvierteln befinden sich einige der besten Restaurants Rios. (S. 89)

São Paulo Tolle Pizzerias, Sushibars und andere Lokale, in denen hochwertige brasilianische und internationale Küche serviert wird. (S. 273)

Vale dos Vinhedos Das Tal im Süden ist das Zentrum des brasilianischen Weinbaus und beherbergt zudem erstklassige Restaurants. (S. 336)

SENAC (S. 435) Kochunterricht und ein grandioses Büfett mit sämtlichen Spezialitäten aus Bahia.

Belém Die *tacacá* (eine Suppe) sorgt für taube Lippen, es gibt aber auch köstlichen Amazonasfisch wie den Tucanaré, eine Barschart. (S. 601)

Abseits der üblichen Pfade

Präkolumbische Felsenmalereien, menschenleere Strände und Fischerdörfer am Ende der Welt sind nur ein paar der Dinge, die einen außerhalb der Touristenpfade erwarten.

Parque Nacional da Serra da Capivara Beeindruckende Landschaft und Tausende prähistorische Felsenmalereien. (S. 580)

Barra Grande Friedliches Dorf mit Bohemiencharme an der Küste von Bahia. (S. 460)

Itaúnas Ansprechender Strandort im untouristischen Espírito Santa. Gleich um die Ecke erstreckt sich ein artenreiches staatliches Schutzgebiet. (S. 216)

Algodoal Das abgeschiedene Dorf nahe der Amazonasmündung bietet einen Zugang zu unberührten Stränden. (S. 612)

Reserva Xixuaxú-Xipariná Ein geschütztes Stück Regenwald 500 km nördlich von Manaus. (S. 659)

São Miguel das Missões Tor zu den Ruinen, die Jesuitenmissionare im 17. Jh. zurückließen. (S. 344)

Abenteuer

Brasiliens abwechslungsreiche Landschaft lernt man z. B. auf mehrtätigen Wanderungen oder Schnorchelausflügen kennen.

Trekking Drei oder vier Tage durch die Lençóis Maranhenses marschieren und die Dünen im Mondlicht bewundern. (S. 592)

Helikopterflug Bei einem Flug über Brasília die hiesige Version der Zukunft in den 1960er-Jahren bestaunen. (S. 356)

Ökotourismus Bonito ist ein toller Ort für Flussschnorcheltrips, Höhlentouren, Wanderungen und Abseiling. (S. 416)

Wandern Das Hochland im Parque Nacional do Itatiaia gilt als Muss für Wanderer und Kletterer. (S. 145)

Auf Bäume klettern Den Regenwald im Amazonas aus einem anderen Blickwinkel betrachten. (S. 626)

Bootstour Die Hängematte aufhängen und gemächlich den Amazonas hinunterschippern. (S. 402)

Kitesurfari Langstrecken-Kitesurfen nahe Jericoacoara. (S. 574)

Geschichte

Brasiliens Kolonialstädte, von denen einige zum Unesco-Welterbe zählen, laden zu einem Trip in die Vergangenheit ein.

Salvador Bahias Topattraktion lockt mit alten Kirchen und afrobrasilianischer Kultur. (S. 426)

Ouro Preto Zauberhafte Kolonialstadt mit zahlreichen Schmuckstücken aus dem 18. Jh. (S. 180)

Olinda Architektonische Zeugnisse der portugiesischen und niederländischen Präsenz. (S. 524)

Alcântara Die faszinierende Stadt in Maranhão beherbergt alte Herrenhäuser und Kirchen. (S. 590)

Parati Bildschönes Dorf mit Kopfsteinpflastergassen und wunderbar erhaltenen Bauten aus dem 18. Jh. (S. 133)

Museu Histórico Nacional (S. 69) In Rio kann man sich auf die Spuren portugiesischer Adliger begeben.

Feste & Events

Bunte Umzüge zur Semana Santa (Karwoche) oder zügellose Karnevalsfeiern – Brasilien ist immer für eine Party gut.

Karneval Viele Städte wie Rio, Salvador und Olinda schmeißen vor der Fastenzeit ein rauschendes Fest. (S. 34)

Gay Pride In São Paulo steigt die größte Schwulen- und Lesbenparade der Welt. (S. 241)

Oktoberfest Bei einer Bratwurst und einem Bier in Blumenau Brasiliens europäische Wurzeln erleben. (S. 318)

Bumba Meu Boi São Luís lockt im Juni mit einem Fest voller bunter Farben, Musik und Tanz. (S. 583)

Semana Santa Vier Tage dauern die Feierlichkeiten in der Karwoche, zu denen die Straßen von Ouro Preto bunt geschmückt werden. (S. 185)

Brasilianisches Nachtleben

Das brasilianische Nachtleben ist elektrisierend. Auf dem Soundtrack des Landes dürfen Samba, afrobrasilianische Trommeln, Rock und Hip-Hop nicht fehlen.

Lapa Hier schlägt der Puls von Rios Nachtleben. An den Wochenenden ist dieser Stadtteil eine einzige große Straßenparty. (S. 99)

Baixo Augusta In den Bars und Clubs des Viertels in Paulista tummelt sich ein bunt gemischtes Publikum. (S. 261)

Pelourinho In Salvadors historischem Zentrum sind schwere Rhythmen von Trommlergruppen wie Olodum zu hören. (S. 428)

Lagoa da Conceição Der Ort auf der Ilha de Santa Catarina hat gleich mehrere Asse im Ärmel: Livemusik, einen tollen Blick auf den See und DJs von Weltformat. (S. 312)

Belo Horizonte Die Hauptstadt von Minas Gerais bietet eine lebendige Kunstszene und ein abwechslungsreiches Nachtleben. (S. 176)

Búzios Tagsüber liegt man hier am Strand und nachts zieht man durch die Clubs. (S. 160)

Monat für Monat

TOP-EVENTS

Karneval, Februar oder März

Semana Santa, April oder Mai

Bumba Meu Boi, Juni

Oktoberfest, Oktober

Reveillon, Dezember

Januar

Nach Silvester läuft Brasilien weiterhin auf Hochtouren und beginnt das neue Jahr mit heißen Tagen am Strand sowie den Karnevalsvorbereitungen.

Lavagem do Bonfim

Die rituelle Waschung der Kirchtreppe am zweiten Donnerstag im Januar in Salvador ist zu gleichen Teilen katholische und Candomblé-Tradition. Anschließend wird die ganze Nacht lang Musik gespielt und getanzt. (S. 437)

Sommerfest

Blumenaus „deutsches" Oktoberfest ist so ein Hit, dass es im brasilianischen Sommer eine zweite Auflage gibt. Zu diesem Anlass tanken gut gelaunte Menschenmassen ordentlich Bier und essen Bratwurst. (S. 318)

Februar

Die Hauptsaison erreicht ihren Höhepunkt. Brasiliens Strände platzen aus allen Nähten, die Hotels sind ausgebucht und die Menschen feiern ausgelassen. Der Karneval ist da! Eine aufregende, aber teure Reisezeit, die gut geplant werden muss.

Restaurantwoche in São Paulo

Während der Restaurantwoche (www.restaurantweek.com.br/sp) in der südamerikanischen Gourmethochburg warten mehr als 100 Lokale mit Spezialmenüs und Sonderangeboten auf. Das Festival findet zweimal pro Jahr an wechselnden Terminen statt (im Februar oder März und im August oder September).

Festa de Iemanjá

Am 2. Februar erweisen Candomblé-Gruppen der *orixá* Iemanjá (Göttin des Meeres und der Fruchtbarkeit) an der Praia Rio Vermelho in Salvador die Ehre. Danach gibt's ein großes Straßenfest. (S. 437)

Karneval

Im Februar oder März wird an den fünf Tagen vor Aschermittwoch überall im Land der berühmte brasilianische Karneval gefeiert. Die besten Partys steigen in Rio, Salvador und Olinda. Umzüge, tolle Kostüme und Spaß rund um die Uhr!

April

Nach dem Karneval normalisieren sich die Preise, es herrschen weniger hohe Temperaturen und es ist nicht mehr so voll, besonders im Norden und Nordosten, wo die heftigen Regenfälle bis Juni andauern. In Minas Gerais sorgt die Semana Santa für Trubel.

Semana Santa

In Ouro Preto ist die Karwoche ein farbenfrohes Ereignis mit Prozessionen und blumengeschmückten Straßen. Die Umzüge in Sao João del Rei werden von traditionellen Orchestern begleitet. Großer Beliebtheit erfreuen sich auch die Feierlichkeiten in Congonhas und Cidade de Goiás.

Mai

Der Mai ist ein ruhiger Reisemonat. Es wird kühler, vor allem im Süden. Im Amazonasgebiet fällt weiterhin viel Regen.

Festa do Divino Espírito Santo

Das als Cavalhadas bekannte altmodische Volksfest in Pirenópolis dauert drei Wochen, findet um Pfingsten (im Mai oder Juni) herum statt und geht mit mittelalterlichen Turnieren, Tänzen und Feierlichkeiten einher, darunter nachgestellte Schlachten zwischen Mauren und Christen.

Festival Internacional de Balonismo

Ende April oder Anfang Mai steigt in der Strandstadt Torres weit im Süden des Landes ein fünftägiges Heißluftballonfest (www.festivalbalonismo.com.br). Zu den weiteren Attraktionen zählen Konzerte, Extremsportevents und ein Jahrmarkt. (S. 346)

Juni

Im Süden hält der Winter Einzug mit kalten Temperaturen bis Ende August. Aktivitäten für Touristen werden die nächsten drei Monate im Norden, Süden und Nordosten nur eingeschränkt angeboten, aber dies ist eine gute Zeit für einen Besuch des Pantanals.

Festas Juninas

In den Juni fallen die Gedenktage verschiedener Heiliger – wichtige Volksfeste in Brasilien, bei denen man sich auf Konzerte, Essensstände und Feuerwerk freuen darf. Besonders schön sind die Feierlichkeiten in Rio und Aracaju. (S. 82)

São Paulo Pride

São Paulo ist Veranstaltungsort der mit drei

Oben: Schwulen- & Lesbenparade von São Paulo (S. 241).
Unten: Bumba-Meu-Boi-Festival in São Luís (S. 587).

Millionen Teilnehmern und Zuschauern weltweit größten Schwulen- und Lesbenparade, die Anfang Juni veranstaltet wird.

Rio das Ostras Jazz & Blues Festival

Ebenfalls Anfang Juni lockt Rio das Ostras mit einem der besten Jazz- und Bluesfestivals in ganz Brasilien. (S. 161)

Juli

Nach mehreren regenreichen Monaten beginnt im Amazonasgebiet die Trockenzeit. Da Schulferien sind, fahren die Brasilianer trotz kühler Temperaturen in Urlaub.

Festival Nacional de Forró

Musikfans, die gern abseits ausgetretener Pfade wandeln, sollten den hübschen Strandort Itaúnas besuchen. Dort erwarten sie zehn Tage voller Konzerte und Tanz (natürlich zu *forró*). (S. 217)

Fest Itália

Die Italiener haben der Kultur im Süden Brasiliens ihren Stempel aufgedrückt. Davon zeugt z. B. dieses einwöchige Fest Mitte Juli in Blumenau mit Wein, Pasta und Musik.

Festival Literária Internacional de Parati

Anfang August lockt das Literaturfestival gefeierte Autoren aus aller Welt an. Auf dem Programm stehen auch Filmvorführungen, Ausstellungen und Musik. (S. 137)

August

Zum Ende des Winters geht's ruhig zu. Im Süden und Norden trifft man weniger Touristen, außerdem werden Dienstleistungen nur begrenzt angeboten. In den Tropen ist es mild, im Süden kalt.

Festival de Gramado

Die europäisch anmutende Stadt Gramado richtet seit 1973 ein wichtiges Filmfestival aus. An neun Tagen im August laufen hier brasilianische und andere lateinamerikanische Streifen. (S. 338)

September

Eine wunderbare und vor allem trockene Zeit, um im Amazonasbecken oder im Pantanal Tiere zu beobachten. Nördlich von Rio sind die Temperaturen mild, südlich davon aber noch recht kalt.

Internationales Filmfestival in Rio

Rios Filmfest ist das größte in ganz Lateinamerika. Von Ende September bis Anfang Oktober werden in rund 35 Kinos mehr als 200 Filme präsentiert. (S. 82)

Bienal de São Paulo

Im Rahmen dieses bedeutenden Kunstevents, das alle zwei Jahre von Oktober bis Dezember stattfindet (die nächsten Male 2014 und 2016), kann man die Arbeiten von mehr als 120 Künstlern aus aller Welt bewundern. (S. 241)

Oktober

Obwohl es langsam wärmer wird, muss man weder mit Urlaubermassen noch mit Hauptsaisonpreisen rechnen.

Círio de Nazaré

Die Prozession zu Ehren einer der wichtigsten Ikonen Brasiliens lockt am zweiten Sonntag im Oktober eine Million Menschen auf die Straßen von Belém. (S. 607)

Oktoberfest

Auf dem Oktoberfest in Blumenau (Mitte Oktober) lernt man die deutschen Wurzeln im Süden Brasiliens kennen. (S. 318)

Dezember

Im Sommer (bis Februar) ist Party angesagt! Die Temperaturen sind heiß, ideal für ein paar Strandtage, es wird aber auch voller und die Preise steigen.

Carnatal

Der größte „außersaisonale Karneval" wird in Natal in bester Salvador-Manier gefeiert. Während der ersten Dezemberwoche steigen wilde Straßenpartys und *trios elétricos* (Bands, die auf mobilen, mit Lautsprechern ausgestatteten Lastwagen spielen) heizen der partyfreudigen Menge ein. (S. 547)

Reveillon

Am 31. Dezember bevölkern zwei Millionen ganz in Weiß gekleidete Menschen den Strand von Copacabana, wo das neue Jahr mit Konzerten und Feuerwerk eingeläutet wird. (S. 82)

Reiserouten

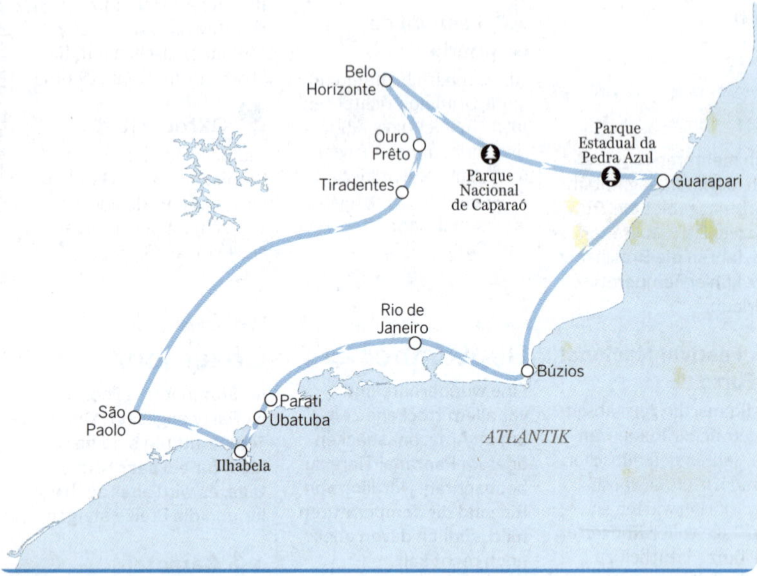

2 WOCHEN Rio & der Südosten

Herrliche Strände, Dschungel und Kolonialstädte sind nur einige Highlights, die man bei einem Trip durch den Südosten kennenlernt.

Zuerst verbringt man ein paar Tage in **Rio** und erkundet die Strände, Restaurants und die Musikszene. Dann geht's in die gut erhaltene Kolonialstadt **Parati**, die Wanderwege durch den Regenwald und eine schöne Küste bietet. Nächster Halt ist **Ubatuba** mit seinen dschungelbedeckten Bergen und einer spektakulären Küstenszenerie. Auf der autofreien Insel **Ilhabela** warten Strände, Wälder und Wasserfälle. **São Paulo** birgt jede Menge Kultur und die besten Museen und Restaurants des Landes.

Danach stehen **Tiradentes** und **Ouro Prêto**, Brasiliens schönste Kolonialstädte, auf dem Plan. Anschließend lockt das gastfreundliche Mineira mit guten Lokalen und einer tollen Kunstszene in **Belo Horizonte**.
Ein nettes Ziel ist auch das Wanderparadies **Parque Nacional de Caparaó**; östlich davon erstreckt sich der schöne Staatspark der **Pedra Azul**. Nun geht's zur Küste zum Sonnenbaden und Meeresfrüchteessen in **Guarapari**. Weiter südlich liegen herrliche Strände sowie **Búzios** mit erstklassiger Gastronomie und lebhaftem Nachtleben – ein toller Zwischenstopp vor der Rückreise nach Rio.

3 MONATE Best of Brasilien

Diese wunderbare Rundreise führt durch die Kleinstädte des Nordostens, die Urwälder Amazoniens und das Pantanal, vorbei an tropischen Inseln und historischen Orten.

Von São Paulo geht's nach Osten, wo man schöne Strände wie **Ubatuba**, **Trindade** und **Parati-Mirim** genießt und dann ein paar Tage auf der **Ilha Grande** bei Dschungelwanderungen und Strandurlaub verbringt. Das nächste Ziel ist **Rio** mit tollem Nachtleben, Strandkultur und Panoramaaussichten.

Von dort reist man nordwärts per Bus oder Flugzeug nach **Salvador**, dem afrobrasilianischen Schmuckstück des Landes, bekannt für sein buntes Kolonialzentrum, Trommelmusik in den Straßen und seine Festivals. Weiter die Küste hinauf lockt das kunstliebende **Olinda**; danach fliegt man vom benachbarten **Recife** zum Archipel **Fernando de Noronha** mit schönen Stränden, einer paradiesischen Lage sowie Schnorchel- und Tauchmöglichkeiten.

Zurück auf dem Festland, geht's gen Norden nach **Jericoacoara** und zu den Dünen im **Parque Nacional dos Lençóis Maranhenses**, die einen starken Kontrast zur Kolonialstadt **Alcântara** bieten. Westlich liegt **Belém**, eine kulturell reiche Stadt unweit der Ilha de Marajó. Mit dem Boot (oder Flugzeug) folgt man dem Amazonas hinauf nach **Manaus**, wo sich mehrtägige Dschungeltrips unternehmen lassen.

Von dort fliegt man nach **Brasília** mit seiner wundervollen Architektur und besucht dann den **Parque Nacional da Chapada dos Veadeiros** mit Wasserfällen, Canyons und natürlichen Pools. Als Nächstes lockt **Cuiabá**, das Tor zu den Schluchten von **Chapada dos Guimarães**. Im Pantanal, einem der besten Ziele zum Beobachten von Wildtieren, kann man reiten, Kajak fahren und wandern. Anschließend geht's gen Süden über Campo Grande (ein weiterer Zugang zum Pantanal) nach **Bonito** mit seinen kristallklaren Flüssen, dichten Wäldern und Höhlen. Weiter südlich locken die **Iguaçu-Wasserfälle**. Bevor die Reise endet, erkundet man noch die Strände und deutschen Städte um **Florianópolis**.

6 WOCHEN

Bahia & der Nordosten

Wer der Seele Brasiliens auf die Spur kommen will, sollte den Nordosten erkunden. Die Mischung aus Musik, Geschichte und Kultur vor dem Hintergrund einer spektakulären Landschaft macht die Reise zu einem unvergesslichen Erlebnis.

Die Tour beginnt mit einem Flug nach Porto Seguro, von wo aus man nach **Arraial d'Ajuda** und **Trancoso** weiterreist, die mit tollen Gästehäusern und Restaurants, einem lebhaften Nachtleben und Wanderwegen an endlosen Klippen gesegnet sind. Weiter nördlich liegt **Itacaré** mit herrlichen Surfstränden und -buchten, die man über Dschungelpfade erreicht. Nun geht's auf nach **Salvador**, die aufregendste und bunteste Stadt Bahias. Von dort setzt man mit dem Boot über nach **Morro de São Paulo**, ein Eiland mit relaxten Stränden. Unbedingt eine Bootsfahrt um die Insel machen, um die Mangroven, Riffe, Austern und das friedliche Dorf Boipeba zu bewundern.

Es lohnt auch ein Abstecher in die Bergbaustadt **Lençóis** mit schönen Freiluftcafés, Pflasterstraßen und nahe gelegenen Höhlen, Flüssen und Wasserfällen. Von dort geht's zum **Parque Nacional da Chapada Diamantina**, der Bergbäche, Panoramablicke und ein endloses Netz an Wanderwegen birgt. Zurück an der Küste, lockt im Norden Maceió, eine jugendliche Stadt mit tollen Stränden. Weiter nördlich liegt **Olinda**, eine der besterhaltenen Kolonialstädte Brasiliens und Unesco-Weltkulturerbe. Von der Nachbarstadt **Recife** fliegt man nach **Fernando de Noronha**, einen Archipel mit reichem Meeresleben und schönen Stränden.

Zurück auf dem Festland, geht's nach **Praia da Pipa**, danach folgt man der Küste von **Natal** nach **Jericoacoara**, vorbei an **São Miguel do Gostoso** und **Galinhos**. Das Dorf **Jericoacoara** lädt zu Strandurlaub mit Sandboarden, Kitesurfen und Capoeira sowie tollen Sonnenuntergängen ein. Westlich davon liegt der beeindruckende **Parque Nacional dos Lençóis Maranhenses** mit Dünen, Lagunen und Stränden. Weiter die Küste hinauf geht's nach **São Luís** mit Häusern aus dem 18. Jh., Meeresfrüchterestaurants und einem lebhaften Nachtleben. Wir empfehlen, zu den Folklorefesten herzukommen. Die letzte Station der Reise ist die Kolonialstadt **Alcântara**.

Oben: Parque Nacional da Chapada Diamantina (S. 488)
Unten: Praia do Parracho (S. 474)

ROBERT HARDING WORLD IMAGERY / ALAMY ©

4 WOCHEN Wasserstraßen des Amazonas

Der größte Wald der Erde beherbergt eine unglaublich artenreiche Flora und Fauna. In den Sumpfgebieten verstecken sich auch historische Orte, Flussstrände und eine der wichtigsten archäologischen Stätten Südamerikas.

Los geht's in **Belém**, einer kulturell reichen Stadt an der Mündung des Flusses. Man erkundet die Flussdocks und den Ufermarkt, probiert Amazonasgerichte und besucht eine Vorstellung im Teatro da Paz. Ein Abstecher führt auf die bewaldete **Ilha de Marajó** mit vogelreichen Gehölzen, freundlichen Einwohnern und Wasserbüffeln auf den Straßen. Wieder in Belém, reist man nach **Algodoal**, ein abgelegenes Fischerdorf.

Mit einer Hängematte bewaffnet, schippert man ein paar Tage den Amazonas hinauf. Unterwegs hält man in **Monte Alegre**, um antike Felsmalereien, die ältesten menschlichen Spuren im Amazonasbecken, zu sehen, die unweit des Ortes zwischen Sandsteinhügeln verstreut sind. Stromaufwärts liegt **Santarém**, eine hübsche Stadt mit vielen Attraktionen rundum. Auf der anderen Flussseite erstreckt sich die landschaftlich wunderschöne und selten besuchte Region **Alenquer** mit malerischen Tälern, Wasserfällen und Felsformationen. Zugänglich ist auch der unberührte Dschungel der **Floresta Nacional (FLONA) do Tapajós**, wo man bei Familien wohnen und auf Kanutrips über *igarapés* (Flussarme) Tiere beobachten kann. Ein Stopp lohnt sich in **Alter do Chão**, einer Lagune mit schneeweißen Sandstränden.

Weiter stromaufwärts erreicht man **Manaus**, die größte Stadt Amazoniens – hier kann man das Opernhaus, den Markt, Heimatmuseen, Naturparks und den Encontro das Águas besuchen. Vor Ort lassen sich Dschungeltrips in die Regenwälder oder Touren in das abgelegene **Reserva Xixuaú-Xipariná** buchen. Wanderfreunde reisen vielleicht nach **Santa Elena de Uairén** in Venezuela, um auf einem sechstägigen Trip den **Monte Roraima** zu besteigen. Westlich von Manaus lockt der unberührte **Parque Nacional do Jaú**.

Im **Mamirauá-Reservat** bei **Tefé** leben viele Wildtiere. Von dort geht's den Fluss entlang nach **Tabatinga** und **Leticia** in Kolumbien, um den **Parque Nacional Natural Amacayacu** zu erkunden oder in den Dschungellodges am **Rio Javari** zu übernachten.

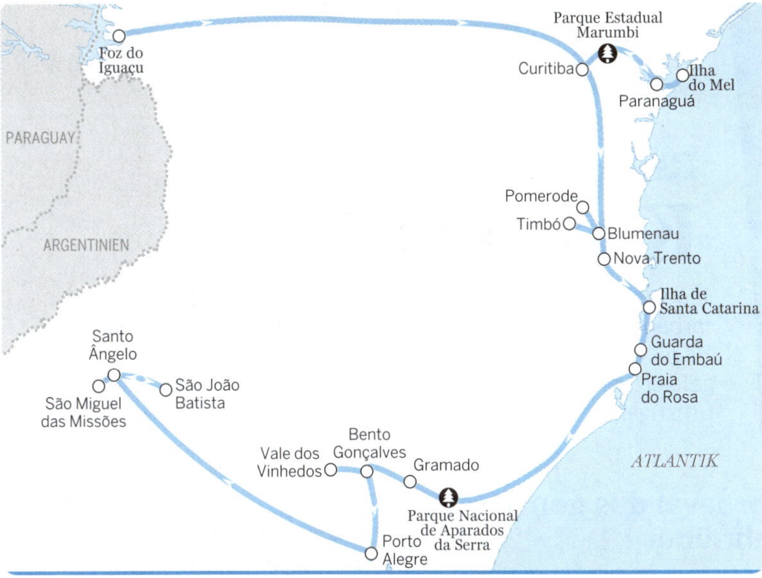

3 WOCHEN Richtung Süden

Diese Reise durch die südlichen Staaten Brasiliens führt zu bewaldeten Inseln, malerischen Stränden, Nationalparks, historischen Missionen und Städten im bayrischen Stil.

Die Tour beginnt in **Foz do Iguaçu** mit einem Besuch der beeindruckendsten Wasserfälle der Erde. Bei kurzen Tagesausflügen nach Argentinien und Paraguay erhält man einen Eindruck von den Regenwäldern, anschließend besteigt man den Nachtbus oder das Flugzeug Richtung Osten nach **Curitiba**, einer Stadt mit ökologischem Design, botanischen Gärten und einem Oscar-Niemeyer-Museum. Danach laden die Pfade im **Parque Estadual Marumbi** zu Wanderungen ein. Eine malerische Zugfahrt bringt einen in die Uferstadt **Paranaguá**, dem Ausgangspunkt zur autofreien **Ilha do Mel**. Die bewaldete Insel hat schöne Strände und einfache Gästehäuser, aber auch tolle Wanderwege.

Dann geht's nach **Blumenau** und ins nahe gelegene **Vale Europeu**, wo **Pomerode, Timbó** und **Nova Trento** mit deutscher Architektur, blonden Einwohnern und einem lokalen – eher bayrisch als brasilianisch schmeckenden – Gebräu auftrumpfen. Nun führt die Reise wieder nach Osten zum Meer und südlich zur **Ilha de Santa Catarina**, einer bewaldeten Insel mit Sanddünen, Lagunen und Fischerdörfern. Weiter die Küste hinunter erreicht man **Guarda do Embaú**, eine unkonventionelle Surferstadt. Etwas südlicher liegt **Praia do Rosa** mit tollen Stränden und der Möglichkeit, Wale zu beobachten.

Nun locken Rio Grande do Sul und die Schluchten und Wasserfälle im **Parque Nacional de Aparados da Serra**. Landeinwärts lohnt sich ein Trip nach **Gramado**, einem Bergresort mit Gourmetschokolade, Fondues und einer Infrastruktur wie in der Schweiz. Anschließend geht's westlich nach **Bento Gonçalves**, dem Tor zu den preisgekrönten Weinhängen des **Vale dos Vinhedos** mitten in den Hügeln der Serra Gaucho.

Vom südlich gelegenen **Porto Alegre** reist man nach **Santo Ângelo**, um die Jesuitenmissionen zu besuchen: Ausflüge führen nach **São Miguel das Missões**, **São João Batista** und zu weiteren heiligen Stätten; wahre Gralssucher machen sich auf den Weg nach **Paraguay** oder **Argentinien** mit noch eindrucksvolleren Missionen. Anschließend geht's zurück nach Porto Alegre und mit dem Flugzeug heimwärts.

Reiseplanung

Karneval

Eine der größten Partys der Welt, Brasiliens Karneval mit all seinen farbenfrohen und hedonistischen Ausschweifungen, wird mit viel Begeisterung in praktisch allen Städten und Dörfern des Landes gefeiert. Millionen Besucher kommen wegen der spektakulären Umzüge, Straßenfeste und Vergnügungen jeder erdenklichen Art.

Karneval das ganze Jahr über

Wer es nicht zur Karnevalszeit nach Brasilien schafft, der kann immer noch an einem der Karnevalsfeste in der Nebensaison teilnehmen.

Carnatal

Natals außersaisonale Karnevalsparty (S. 547) ist die größte des Landes. Sie beginnt in der ersten Dezemberwoche mit ausufernden Straßenfeten und *trios elétricos* genau wie in Salvador.

Recifolia

Recife schmeißt nicht nur eine, sondern gleich zwei Karnevalsfeten (S. 515). Die zweite findet Ende Oktober oder November statt.

Fortal

Eine halbe Million Fans feiern den Straßenkarneval (S. 564) in Fortaleza in der letzten Juliwoche.

Marafolia

São Luís' riesige Party im Salvadorstil (www.marafolia.com) wird Mitte Oktober veranstaltet.

Maceió Fest

Maceiós Karneval (S. 499) in der dritten Novemberwoche bietet Drinks, Tanz und Musiktrucks.

Geschichte

Der Karneval hat seine Ursprünge in verschiedenen heidnischen Frühlingsfeiern. Während des Mittelalters waren es richtig wilde Feste, die in Europa durch Reformation und Gegenreformation gebändigt wurden. Aber selbst die schwere Hand der Inquisition konnte die Karnevalsfeiern in den portugiesischen Kolonien nicht unterbinden, wo allmählich indigene Kostüme und afrikanische Rhythmen adaptiert wurden.

Die Herkunft des Namen *carnaval* leitet sich womöglich vom lateinischen *carne vale* („Fleisch, lebe wohl!") ab, als Hinweis auf die an Aschermittwoch beginnende 40-tägige Fastenzeit. Um sich für den vor einem liegenden Mangel zu entschädigen, werden die Sünden im Voraus bei wilden Partys angesammelt, alles zu Ehren von König Momo, dem König des Karnevals.

Termine

Die Termine für Karneval (Freitag bis Faschingsdienstag) in den nächsten Jahren:

- **2014** 28. Februar bis 4. März
- **2015** 13. bis 17. Februar
- **2016** 5. bis 9. Februar
- **2017** 24. bis 28. Februar

Karneval in Rio de Janeiro

Wer es noch nicht mitbekommen hat, Rio schmeißt 'ne Riesenparty. Mit viel Musik und Tanz geht's durch die Straßen der Stadt, und zwar tagelang. Der Höhepunkt ist die brillante farbenprächtige Parade durch das Sambódromo, mit gigantischen beweglichen Wagen, Trommlern und wirbelnden Tänzern. Darüber hinaus gibt's noch eine Menge andere Action in Rios vielen Stadtvierteln. Es kommen also auch diejenigen auf ihre Kosten, die mehr suchen als nur das Stadionerlebnis.

Auswärtige Besucher, die sich den Straßenfesten der *cariocas* anschließen, verstärken das Chaos. Es finden kostenlose Livekonzerte in der ganzen Metropole statt (u. a. nahe dem Arcos do Lapa, am Largo do Machado und der Praça Floriano). Und wer etwas Dekadenteres sucht, kann auf einen der viele Kostümbälle gehen. Was auch immer geplant ist, es geht nicht ohne schlaflose Nächte, größere Mengen Caipirinhas und Sambarhythmen. Und man sollte keine Berühungsängste haben, da man sicher mit den ausgelassenen Massen durch die Straßen strömen wird.

Für mehr Informationen zu Events empfiehlt sich das Beiheft *Veja Rio* des Magazins *Veja* (immer sonntags an Kiosken). Oder man schaut bei Riotur (S. 122) vorbei, der für den Karneval verantwortlichen Touristenorganisation.

Straßenkarneval

Sich den *bandas* und *blocos* (Straßenpartys) anzuschließen, ist wahrscheinlich die beste Art, den Karneval der *cariocas* zu erleben. Diese Umzüge bestehen aus einer Prozession von Blaskapellen (im Falle von *bandas*) oder Trommlern und Sängern (im Falle von *blocos*), denen jeder folgt, der durch die Straßen tanzen will. Derzeit gibt's fast 500 Straßenpartys. Sie füllen jedes Stadtviertel mit dem Klang von Trommeln und altmodischen Karnevalsliedern, ganz zu schweigen von Tausenden von Freudentänzern. Für viele *cariocas* ist das der Höhepunkt des Karnevals. Man kann sich in ein Kostüm schmeißen (oder auch nicht), ein paar Lieder lernen und mitmachen; alles was man tun muss, ist hingehen – und wenn man Feste in der Zona Sul besucht, Badesachen mitnehmen, um sich im Meer abzukühlen.

Eine komplette Übersicht bietet der kostenlose Führer *Carnaval de Rua* von Riotur. Bevor es losgeht, sollte man die Tage und Uhrzeiten nochmal überprüfen.

Banda de Ipanema (Praça General Osório, Ipanema; ⌚Karnevalssamstag und 2. Sa vor Karneval 16 Uhr) Diese alteingesessene *banda* zieht eine wilde Meute an. Mit am Start sind Dragqueens und andere Kostümierte. Nicht verpassen!

Banda de Sá Ferreira (Ecke Av Atlântica & Rua Sá Ferreira, Copacabana; ⌚Sa, So, Mo & Di 16 Uhr) Die beliebte Copacabana-*banda* marschiert am Meer entlang vom Posto 1 bis zum Posto 6.

Banda Simpatia é Quase Amor (Praça General Osório, Ipanema; ⌚2. Sa vor Karneval & Karnevalssonntag 14 Uhr) Ein weiterer Liebling aus Ipanema mit 50-köpfiger Percussionband.

Barbas (Ecke Rua Assis Bueno & Rua Arnoldo Quintela, Botafogo; ⌚Karnevalssamstag 14.30 Uhr) Eine der ältesten *bandas* der Zona Sul zieht mit einer 60-köpfigen Trommelband durch die Straßen.

Carmelitas (Ecke Rua Dias de Barros & Ladeira de Santa Teresa, Santa Teresa; ⌚Karnevalsfreitag 13 Uhr & Karnevalsdienstag 8 Uhr) Durch die Straßen von Santa Teresa tanzt eine verrückte Menschenmenge. Die Leute sind teilweise als Karmeliternonnen kostümiert.

Céu na Terra (Curvelo, Santa Teresa; ⌚Karnevalssamstag 15 Uhr) Bei dieser denkwürdigen Party geht's durch Santa Teresa an den Straßenbahngleisen entlang bis zum Largo das Neves.

Cordão do Bola Preta (Ecke Rua Evaristo da Veiga & Rua 13 de Maio, Centro; ⌚Karnevalssamstag 8 Uhr) Die älteste und größte noch aktive *banda*. Kostüme sind immer erwünscht, vor allem solche mit schwarz-weißen Punkten.

Dois Pra Lá, Dois Pra Cá (Rua da Passagem 145, Carlinho-de-Jesus-Tanzschule, Botafogo; ⌚⌚Karnevalssamstag 10 Uhr) Dieser lange Umzug beginnt an der Tanzschule und endet am Copacabana Palace.

Monobloco (Ave Rio Branco nahe Pres Vargas, Centro; ⌚1. So nach Karneval 7 Uhr) Raus aus den Federn! Dieser riesige *bloco* zieht mehr als 400 000 Fans an, die sich trotz des Katers vom Vorabend (oder gerade deshalb) im Centro versammeln, um den Karneval zu verabschieden.

Suvaco de Cristo (Rua Jardim Botânico nahe der Rua Faro, Jardim Botânico; ⌚So vor Karneval 8 Uhr) Sehr beliebter *bloco* (der Name „Christus' Achselhöhle" ist eine Anspielung auf den Erlöser, der sich mit ausgebreiteten Armen über allem erhebt). Er findet ebenfalls am Karnevalssamstag statt, doch die Zeit wird vorher nicht bekannt gegeben, um Überfüllung zu vermeiden – einfach herumfragen.

Umzüge der Sambaschulen

Das Highlight einer jeden Karnevalssaison ist der Besuch oder gar die aktive Teilnahme bei einer Parade im Sambódromo. Vor 90 000 Menschen (und Millionen Fernsehzuschauern) hat jede der zwölf Sambaschulen 80 Minuten Zeit, um durch das von Oscar Niemeyer gestaltete Stadion zu tanzen und zu singen. Der Wettbewerb ist nicht nur ein Augenschmaus für die Massen, denn die Schulen wetteifern außerdem um die höchsten Ehren der Parade. Die Verkündung der Gewinner sowie deren Parade findet am Samstag nach Aschermittwoch statt.

Jede Schule betritt das Sambódromo vollgepumpt mit Adrenalin und die Tänzer legen noch eine Schippe drauf, wenn sie durch das Stadion wirbeln. Moderatoren stellen die Schule vor, dann erklingt die einsame Stimme des *puxador* (Sänger der Gruppe). Tausende Stimmen fallen ein – jede Schule hat 3000 bis 5000 Mitglieder –, bis schließlich die jeweils 200 bis 400 Trommler den Rhythmus vorgeben. Dann folgen die Hauptabteilungen der Schule, die großen allegorischen Festwagen, die Kindergruppe, die Prominenten und die glockenförmigen *baianas* (Frauen in bahianischen Trachten) mit ihren eleganten Reifröcken.

Alle Kostüme sind unglaublich aufwendig gearbeitet: Sie bestehen aus einem bis zu 1,50 m hohen Federkopfschmuck sowie langen fließenden Umhängen voller glitzernder Pailletten und strassbesetzten Stringtangas.

Eine handverlesene Gruppe von Juroren kürt die beste Schule auf der Basis mehrerer Kriterien, darunter Rhythmus, *samba do enredo* (Themenlied), Harmonie zwischen den Rhythmusgruppen, Gesang und Tanz, Choreografie, Kostüme, Thema, Festwagen und Dekoration. Der Wettbewerb ist hart umkämpft, denn der Gewinner genießt nicht nur in Rio, sondern in ganz Brasilien hohes Ansehen.

Die Sambódromo-Umzüge beginnen mit den *mirins* (junge Sambaschulenmitglieder) am Abend des Karnevalsfreitag und dauern bis Samstagnacht, wenn die Schulen der Groupo A ihr Können zeigen. Der Sonntag und Montag sind die wichtigsten Termine, denn dann kommt die Parade der Grupo Especial – der zwölf besten Sambaschulen von Rio: sechs am Sonntagabend und sechs weitere am Montagabend. Am darauffolgenden Samstag gehört die Parade der Champions nochmals den sechs besten Schulen. Die Karten dafür sind eher bezahlbar als an den anderen großen Abenden. Beginn ist jeweils abends um 21 Uhr, das Ende gegen 4 Uhr.

Viele Besucher sehen sich drei bis vier Gruppen an und kommen zum Auftritt ihrer Favoriten zurück (jeder *carioca*, der was auf sich hält, ist Fan einer Schule, genau wie man auch seinen Fußballverein unterstützt). Oft tragen sie die Farben ihrer Schule und lernen das Themenlied auswendig – die Texte stehen auf der Webseite der jeweiligen Schule. So kann man den Marsch durchs Sambódromo singend begleiten.

EINER SAMBASCHULE BEITRETEN

Wer schon mal dabei war, sagt, dass es im Karneval nichts Besseres gibt, als selbst ein Kostüm anzuziehen und vor der tobenden Menge durch das Sambódromo zu tanzen. Jeder, der diesen Wunsch und ein bisschen Kleingeld übrig hat, kann beim Umzug mitmarschieren. Die meisten Sambaschulen freuen sich über Ausländer, die in einer der Abteilungen mitlaufen. Um die Sache ins Rollen zu bringen, muss man vorab Kontakt mit der gewünschten Schule aufnehmen. Dort erfährt man die Trainingszeiten und wann man in der Stadt sein muss (üblicherweise in der Woche vor Karneval). Im Idealfall lernt man vorher das Themenlied auswendig.

Die größte Investition, abgesehen vom Flugticket nach Rio, ist die Anschaffung einer *fantasia* (Kostüm), für das man mit mindestens 600 R$ rechnen muss. Wer etwas Portugiesisch spricht, kann sich selbst bei der Schule melden. Alternativ stellt man den Kontakt über eines der vielen Reisebüros in Rio her.

Oben: Parade einer Sambaschule beim Karneval in Rio de Janeiro
Unten: Clown, Karneval, Rio de Janeiro

Tickets

Es ist schwierig, an reguläre Tickets zu kommen. **Liesa** (http://liesa.globo.com), die offizielle Vereinigung der Sambaschulen, beginnt im Dezember oder Januar mit dem Verkauf. Die meisten Karten werden sofort von den Reisebüros gekrallt, um diese später zu einem höheren Preis anzubieten. Bei Riotur erfährt man, wie man sie erhält; die offizielle Verkaufsstelle wechselt von Jahr zu Jahr. Eigentlich kosten die Tickets zwischen 130 und 550 R$, aber man muss wahrscheinlich das Doppelte oder mehr zahlen, wenn man sie erst kurz vor dem Karneval kauft. In absteigender Reihenfolge sind die besten Bereiche Block 9, 7, 11, 5 und 3. Die beiden Ersteren (9 & 7) haben einen tollen Blick und liegen in der Mitte, wo am meisten los ist.

Am Karnevalswochenende sind die meisten Tickets ausverkauft, allerdings gibt's einen großen Schwarzmarkt. Wer ein Ticket von einem Schwarzmarkthändler kauft – keine Sorge, man muss sie nicht suchen, man wird von ihnen gefunden! –, sollte darauf achten, dass sowohl das Plastikticket mit dem Magnetstreifen als auch das Ticket mit der Platznummer ausgehändigt wird. Die Karten für die verschiedenen Tage haben unterschiedliche Farben, also auch noch einmal aufs Datum gucken.

Wer noch kein Ticket hat, aber trotzdem dabei sein möchte, kann gegen Mitternacht zum Sambódromo kommen. Dann erhält man Tribünenkarten für etwa 50 R$ von den Schwarzhändlern vor dem Tor. Auf jeden Fall den Sektor auf dem Ticket überprüfen. Viele Verkäufer versuchen, jetzt noch ihre schlechten Karten loszuwerden.

Und wer es nicht zum richtigen Karneval schafft, für den bleibt immer noch die günstigere Parade der Champions am darauffolgenden Samstag.

Open-Air-Konzerte

Lapa wird während des Karnevals zum Dreh- und Angelpunkt. Die Praça Cardeal Câmara vor den Arcos do Lapa verwandelt sich zu einer offenen Bühne, auf der in der gesamten Festzeit Konzerte stattfinden. Jede Nacht spielen mehr als ein halbes Dutzend verschiedene Bands (natürlich Samba). Das Event wird auch Rio Folia genannt. Die Musik beginnt um 22 Uhr und endet nach 2 Uhr, doch die Fans bevölkern das Viertel bis weit nach Sonnenaufgang.

Proben der Sambaschulen

Im August oder September beginnen die für Besucher offenen Proben der meisten *escolas de samba* (Sambaschulen oder -clubs). Normalerweise finden sie in den Favelas (Armenvierteln) statt. Die Schulen Mangueira und Salgueiro sind am einfachsten zu erreichen.

Karneval in Salvador

Obwohl der Karneval in Rio die ganze Aufmerksamkeit auf sich zieht, wird in Salvador ebenfalls eine riesige Party mit zuletzt mehr als zwei Millionen Teilnehmern gefeiert.

Das Fest beginnt üblicherweise am Donnerstagabend, wenn der Bürgermeister König Memo auf dem Campo Grande (in den letzten Jahren auf der Praça Castro Alves) die Schlüssel der Stadt überreicht. Am Aschermittwoch ist nach einigen Straßenumzügen am Nachmittag alles vorbei.

Wie überall in Brasilien spielt die Musik eine Schlüsselrolle bei den Feierlichkeiten. In Salvador steht *axé,* ein afrobahianisches Musikgenre, an erster Stelle. Dabei verschmelzen die verschiedenartigsten Musikrichtungen vom Sambareggae und *forró* (Zweivierteltakter aus dem Nordosten) bis zum Calypso und einem schnellen *frevo* (schneller jazziger Blaskapellensound). *Axé* ist hier ebenso wie in vielen weiteren Regionen des Nordostens die unangefochtene Pophymne während des Karnevals.

Trios elétricos & blocos

Der andere unverzichtbare Bestandteil einer salvadorianischen Party ist das *trio elétrico* – ein langer, bunt dekorierter Lastwagen voll übergroßer Lautsprecher und einer kleinen Bühne, auf der eine Band den Rhythmus vorgibt, während sich der *trio* laaaangsam den Weg durch die Stadt bahnt. Hunderttausende stehen dicht aneinandergequetscht an der Paradestrecke.

Jedes *trio* wird umrahmt von einem *bloco,* einer Ansammlung von Teilnehmern, die den Laster begleiten. Wer am *bloco* teilnehmen will, zahlt zwischen 100 und 700 R$ (je nach Popularität des *bloco*); damit bekommt man Zugang zum *cordão,* dem abgesperrten Teil, der von Sicherheitspersonal rund um das *trio* bewacht wird. Die *bloco*-Mitglieder erhalten eine *abadá* (ein Outfit aus Shorts und einem T-Shirt), die sie als Teil der Gruppe identifiziert.

Alle anderen können auf der Straße *fazer pipoca* (Popcorn sein). Hat man sich erst mal an die Enge in den Menschenmassen gewöhnt, wird man die bunte musikalische Mischung genießen und spart sich den Ärger, eine *abadá* besorgen zu müssen.

Oder man flieht vor dem ganzen Wahnsinn, indem man sich für einen Tag in einem *camarote* einmietet, einem abgeschirmten Straßenstand mit eigenen Toiletten. Bei der Touristeninformation erfährt man Details zu den Tickets.

Afoxés & blocos afros

Vereinzelt zwischen den *bloco*s – und etwas häufiger im Pelourinho, wo es keine *trio elétricos* gibt – findet man *afoxés,* Gruppen, die den Rhythmen, Liedern und Tänzen des Candomblé folgen, der polytheistischen afrobrasilianischen Religion. Vor einigen Jahren haben diese noch ein Ritual im *terreiro* (Gebetshaus) durchgeführt, bevor sie auf die Straße gingen. Heute ist dies nicht mehr obligatorisch. Und nur wenige *afoxé*-Mitglieder beten überhaupt noch zu den *orixás,* also den Göttern, die von den Gruppen gefeiert werden.

Eine der berühmtesten heute noch existierenden *afoxé*-Gruppen sind die **Filhos de Gandhy** (Söhne von Gandhi; www.filhosdegandhy.com.br), die seit 1949 mitmischen. Obwohl Gandhi nicht viel mit Brasilien zu tun hatte, hielten ihn die Gründungsmitglieder des *bloco* für ein wichtiges Symbol des Friedens. Ihr gewaltfreies Vorgehen gefiel den Autoritäten, die der afrobrasilianischen Kultur Anfang des 20. Jhs. eher skeptisch gegenüberstanden und sie unterdrückten. Der *bloco* ebnete den Weg für die zahlreichen anderen *afoxés*. Heute sind die Filhos mit mehr als 10 000 Mitgliedern die größte *afoxé*. Sie tragen blau-weiße Kleidung mit weißen Turbanen, schimmernden Schärpen und blau-weißen Perlenketten. Wie auch andere *afoxés* spielt die Gruppe den heiteren Rhythmus der *ijexá* und sprüht Parfüm in die Menge.

Die Mischung der *blocos afros* spielt außerdem eine zentrale Rolle bei den Karnevalsfeiern in Salvador. Es handelt sich um Gruppen, die ihr afrikanisches oder afrobrasilianisches Erbe in ihren Kostümen und Motiven ausdrücken.

Der berühmteste heute noch aktive *bloco afro* ist **Olodum** (http://olodum.uol.com.br), eine Gruppe, die für die Einführung des Sambareggaes während des Karnevals 1986 verantwortlich gemacht wird. Heute laufen etwa 200 Trommler in der riesigen Schlagzeugtruppe mit, dazu eine Handvoll Sänger und Tausende kostümierte Mitglieder.

Karneval in anderen Städten

Viele Traveller feiern bei den Karnevalspartys in Rio oder Salvador mit, aber es gibt noch Unmengen anderer Orte, um vor Aschermittwoch (oder der Woche danach) auf brasilianische Art die Sau rauszulassen.

➡ Recife: kostümierte Aufführungen, abwechslungsreiche Musik, weitgehende Beteiligung der Zuschauer (Kostüm mitbringen) und riesige Straßenpartys, darunter der Galo da Madrugada, bei dem zur offiziellen Eröffnung des Karnevals am Samstagvormittag über zwei Millionen Menschen zusammenkommen.

➡ Olinda: spontan, alles einbeziehend und spielerisch; dauert elf Tage und beginnt mit einem Umzug von über 400 „Jungfrauen" (Männer im Fummel).

➡ Porto Seguro: ähnlich wie der Karneval von Salavador; dauert eine ganze Woche und endet am Samstag nach Aschermittwoch.

➡ Florianópolis: einer von Brasiliens schwulenfreundlichsten Karnevalsfeiern (nach Rio); die größe und beste Party im Süden.

➡ São Paulo: weniger zügellos als die meisten anderen Partys, aber es gibt einen spektakulären Umzug im eigenen Sambódromo; eine reizvolle Veranstaltung, die nicht so überfüllt und preisgünstiger ist.

Reiseplanung

Outdooraktivitäten

Brasiliens Küste, Wälder und bewaldetes Landesinnere dienen als Kulisse für wunderbare Outdoorabenteuer. Im Pantanal und im Amazonasbecken kann man wilde Tiere beobachten, am Atlantik gibt's Hunderte Surfspots und die *chapadas* (Hochebenen) locken mit herrlichen Wanderrouten. Zu den weiteren Highlights zählen Klettertouren, Canyoning, Gleitschirmflüge und Tauchausflüge.

Die besten Aktivitäten

Tiere beobachten

Im Amazonasbecken oder im Pantanal, wo Affen, Aras, Wasserschweine, Kaimane, Tukane und viele andere Arten leben.

Drachenfliegen

Bei der Pedra Bonita in Rio de Janeiro.

Surfen

Vor Itacaré in Bahia.

Tauchen

Inmitten von Korallen und Meeresbewohnern vor Fernando de Noronha.

Klettern

Anspruchsvolle Routen und zerklüftete Gipfel in der Serra dos Órgãos im Bundesstaat Rio.

Wandern

Fünf- bis Achttagestouren in der wunderschönen Berglandschaft des Parque Nacional da Chapada Diamantina und Wanderungen zu Wasserfällen in einem malerischen Tal des Parque Nacional da Chapada dos Veadeiros.

Schnorcheln

In den klaren Flüssen rund um Bonito.

Angeln

Der Rio Araguaia in den Bundesstaaten Goiás und Tocantins gilt als echtes Anglerparadies, in dem sich u. a. Pintados, Dourados und die legendären *tucunarés* (Buntbarsche) tummeln. Leider nimmt der Bestand Letzterer wegen Überfischung immer weiter ab. Die Jagd nach Piranhas ist nichts für ernsthafte Angler, aber trotzdem recht unterhaltsam. Auch das Pantanal – dort darf man von Februar bis Oktober fischen – bietet hervorragende Bedingungen.

Drachen- & Gleitschirmfliegen

Rio de Janeiro ist einer der schönsten Orte der Welt, um einen Tandemflug mit dem Hängegleiter zu unternehmen, denn dort sorgen der tropische Regenwald, Strände und Inseln für eine grandiose Kulisse. Rio da Barra hat ebenfalls Tandemflüge im Programm.

Paragliding *(parapente)* wird auf Wunsch arrangiert.

Kanu- & Kajakfahren

Durch Brasiliens großartige Landschaften führen zahlreiche tolle Wasserwege.

Ganz oben rangiert der Amazonas, auf dem viele Veranstalter Touren mit dem Einbaum anbieten. Darüber hinaus kann man vor der Ilha Grande, auf dem Lagoa da Conceição, der Ilha de Santa Catarina, im Pantanal, in Itacaré und in anderen Strandorten im Nordosten mit dem Kajak umherpaddeln.

Klettern

Bergsteiger sollten die kühleren und trockeneren Monate von April bis Oktober nutzen. Brasilien wartet mit Möglichkeiten für jeden Schwierigkeitsgrad auf. Rio ist das Zentrum der Szene mit etwa 350 Routen, die maximal eine Fahrtstunde entfernt liegen. Auch in der Stadt selbst kann man klettern. Rund um den Pão de Açúcar gibt's Dutzende Strecken von leicht bis schwer. Außerdem dient Rio als beste Ausgangsbasis für Ausflüge ins weitere Umland.

Weitere bekannte Klettergebiete:

- **Parque Nacional Serra dos Órgãos**, Bundesstaat Rio
- **Parque Nacional de Itatiaia**, Bundesstaat Rio
- **Parque Nacional de Caparaó**, Minas Gerais

Reiten

In Minas Gerais kann man Ausritte entlang der alten Goldstraße Estrada Real oder Fünftagestouren von Belo Horizonte, der Hauptstadt des Bundesstaates, ins bekannte historische Ouro Prêto machen.

Surfen & Windsurfen

Die gesamte Küste bietet ordentliche Bedingungen für Surfer, aber besonders gute Wellen gibt's im Süden. Santa Catarina verfügt über die besten Strände. An der Praia da Joaquina auf der Ilha de Santa Catarina finden die nationalen Meisterschaften statt. Tolle Anlaufstellen sind auch São Francisco do Sul, die Ilha do Mel, Ubatuba, die Ilhabela, Maresias und die Region Boiçucanga.

Mit exzellenten Surfspots außerhalb von Rio und eine Tagesreise von der Metropole entfernt locken Saquarema, Búzios und die Ilha Grande. Im Winter von Juni bis August sind die Wellen am besten.

In anderen surfverrückten Regionen – sogar Espírito Santo zählt mit seinen 1 bis 3 m hohen Wellen dazu – erfreut sich Bodyboarding großer Beliebtheit. Außerhalb der Touristengebiete lassen sich Leihbretter allerdings nur schwer auftreiben. Wer in wenig besuchten Orten surfen möchte, sollte deshalb sein eigenes Board mitbringen.

Weiter nördlich zählen Itacaré, Sítio, Porto de Galinhas und Fernando de Noronha zu den besseren Spots.

In Brasilien trifft man zudem immer mehr Windsurfer. Man kann in Rios Stadtviertel Barra da Tijuca die entsprechende Ausrüstung leihen, bessere Bedingungen (und Ausrüstungsverleihe) gibt's aber nordöstlich der Metropole in Búzios. Im Bundesstaat São Paulo bieten Ilhabela und die Gegend rund um Boiçucanga gute Bedingungen. Das Windsurfmekka des Landes befindet sich jedoch weiter nördlich an der Ceará-Küste nordwestlich von Fortaleza, wo von Juli bis Dezember ein konstant starker Wind weht. Jericoacoara gehört zu den besten Windsurfspots des Landes. Angesagt sind auch die Strände Praia do Futuro und Praia de Iracema nahe Fortaleza.

SURFVOKABULAR

Brasilianische Surfer sind für ihren aggressiven Stil bekannt, an Land tauschen sie sich jedoch meist gern mit anderen aus. Manche verleihen sogar ihre Bretter.

body board – Bodyboard

onda – Welle

Pode me emprestar sua prancha por favor? – Kann ich mir bitte dein Brett leihen?

prancha – Surfbrett

quebrar – brechen

surfista – Surfer

Tem ondas? – Gibt's Wellen?

Vamos pegar ondas. – Lass uns surfen.

vento – Wind

Tauchen & Schnorcheln

In puncto *mergulho* (Tauchen) kann Brasilien nicht mit der Karibik mithalten, doch Fans dieser Sportart kommen trotzdem auf ihre Kosten. Mit den besten Spots trumpft der Archipel Fernando de Noronha auf. Er bietet eine Sichtweite von bis zu 40 m, angenehme Wassertemperaturen, mehrere renommierte Veranstalter sowie 15 Korallen- und über 200 Fischarten.

Ebenfalls toll:

➡ **Arraial do Cabo**, Bundesstaat Rio de Janeiro

➡ **Reserva Biológica do Avoredo**, nahe Porto Belo in Santa Catarina

➡ **Ponta do Seixas**, nahe João Pessoa in Paraíba

Fernando de Noronha eignet sich wunderbar zum Schnorcheln. Man kann bei Flut mit Schildkröten schwimmen, spezielle Bootstouren buchen oder die klaren Flüsse rund um Bonito erkunden, in denen sich die bekanntesten Fische des Pantanals – Pintados, Pacus und Dourados – tummeln.

Bootsausflüge sind auch an folgenden Orten möglich:

➡ **Morro de São Paulo**, Bahia

➡ **Parque Nacional Marinho de Abrolho**, Bahia

➡ **Maceió**, Alagoas

➡ **Maragogi**, Alagoas

Tiere beobachten

Mit seiner bemerkenswerten Artenvielfalt zählt Brasilien zu den besten Ländern der Welt, um Tiere zu beobachten. Highlights:

➡ Im Mamirauá-Reservat tief im Amazonas fünf Affenarten, Tukane, Faultiere und Flussdelfine entdecken.

➡ Einen Tagesausflug oder eine Tour mit Übernachtung zur Cristalino Jungle Lodge (S. 386) mit einer faszinierenden Tierwelt unternehmen.

➡ Beim Archipel Fernando de Noronha (Flugzeug) neben Schildkröten schwimmen.

➡ Auf dem 25 m hohen Aussichtsturm der Pousada Araras Eco Lodge (S. 406) im Pantanal Hyazintharas und Affen sichten.

➡ Im kristallklaren Rio da Prata nahe Bonito zwischen 55 Fischarten schnorcheln.

➡ Vor der Praia da Rosa Südkaper (Mütter und Kälber) beobachten.

➡ Auf einer Bootstour in den Mangroven- und Regenwäldern des Parque Nacional do Superagüi zahllose Vogelarten erspähen.

Wandern

In den kühleren Monaten von April bis Oktober herrschen die angenehmsten Wanderbedingungen. Im Sommer erhitzt die tropische Sonne die Felsen auf Ofentemperaturen und verwandelt den Dschungel in eine Sauna. Touren im Amazonasbecken sind bei niedrigem Wasserstand (etwa von August bis Dezember) möglich, ansonsten ist man wegen der überfluteten Wälder auf Kanus angewiesen.

Brasilien wartet mit hervorragenden Routen in den National- und Bundesstaatenparks sowie an der Küste auf, besonders im Südosten und im Süden. Wir empfehlen folgende Ziele:

➡ **Floresta da Tijuca, Rio** Atlantischer Regenwald, Berge und Meerblick innerhalb der Stadtgrenzen.

➡ **Parque Nacional da Chapada Diamantina, Bahia** Spektakuläre ein- und mehrtägige Touren. Lençóis dient als gute Ausgangsbasis.

➡ **Parque Nacional da Serra dos Órgãos, Bundestaat Rio** Ein paar Stunden nördlich von Rio erstrecken sich Wege zwischen Bergen und Wald.

➡ **Parque Nacional de Itatiaia, Bundesstaat Rio** Klettern, Wandern und Tiere beobachten inmitten von Bergen und Regenwald.

➡ **Parque Nacional da Chapada dos Veadeiros, Goiás** Ein 650 km² großer Park im Hochland-Cerrado mit tollen Routen zu Wasserfällen und Badestellen sowie durch Mondlandschaften.

➡ **Parque Nacional de Caparaó, Minas Gerais** Wege zu den höchsten Gipfeln im Süden, darunter der Pico da Bandeira (2892 m).

➡ **Parque Estadual Marumbi, Paraná** Netz gut ausgeschilderter alter Pionierwege.

➡ **Parque Nacional Serra do Cipó, Minas Gerais** Großer Gebirgspark mit Flusstälern, Outdoorabenteuern sowie kurzen und mehrtägigen Routen.

➡ **Parque Nacional de Aparados da Serra, Rio Grande do Sul** Schluchten, Wasserfälle und eine grandiose Aussicht in der Serra Gaúcha.

➡ **Serra de São José, Minas Gerais** Kurze Wanderungen durch den geschützten Atlantischen Regenwald in den Bergen nahe Tiradentes.

Reiseplanung

Reisen mit Kindern

Lange Strecken und hohe Preise können den Familienurlaub zu einer Herausforderung werden lassen. Dafür locken sonnenverwöhnte Strände, Regenwaldwanderungen, Boots- und Zugfahrten und viele Gelegenheiten, Wildtiere zu beobachten. Das Beste ist die Herzlichkeit der Brasilianer. Sie scheuen keine Mühe, damit sich Kinder wohlfühlen.

Brasilien für Kinder

Brasilien ist ein familienfreundliches Land und bietet für Kinder zahlreiche Attraktionen. Die Anreise als Familie erfordert zwar einiges an Vorausplanung, aber die meisten Brasilianer tun, was sie können, damit die Kleinen sich gut aufgehoben fühlen und Eltern sich keine Sorgen machen müssen.

Essen gehen

Essen zu gehen ist selbst für heikle Mäulchen kein Problem. Für Kinder haben die Restaurants mit Kilopreisen eine große Auswahl und man kann einfach hinein- und wieder hinausgehen. Fast überall gibt's Bekanntes wie Pizza, Burger und Eis. Für schnelle Mahlzeiten sind die Food Courts in den Einkaufszentren ideal.

Kleine Erfrischungen erhält man in den Saftbars. Sie servieren leckere Säfte sowie gegrillte Burger, Sandwiches, *pão de queijo* (mit Käse gefülltes Brot) und andere Snacks.

Viele Restaurants verfügen über eine *cadeira alta* (Hochstuhl), aber selten über Kindermenüs. Die Portionen sind so groß, dass Eltern und Kinder das Essen teilen können. Buntstifte, Papier oder Spielzeug sollte man selbst mitbringen, denn so etwas gibt's in brasilianischen Lokalen nicht.

Die besten Regionen für Kinder

Bundesstaat Rio de Janeiro

Seilbahnfahrten und ein Panoramablick auf die Stadt Rio, Streifzüge über die verkehrsfreie Ilha Grande, Bummel durch kopfsteingepflasterte Straßen und Bootsfahrten vor Parati. Im Parque Nacional de Itatiaia kann man die Berglandschaft bewundern und in Petrópolis kaiserliche Stätten besichtigen.

Minas Gerais

Zeitreise ins 18. Jh. in die koloniale Bergstadt Ouro Preto. In der Nähe lässt sich eine ehemalige Goldmine besichtigen. Von São João del Rei nach Tiradentes fährt eine alte Dampflokomotive.

Bahia

Tolle Küche, Musik und Straßenpartys in Salvador. Das mit dem Boot erreichbare autofreie Morro de São Paulo bietet Traumstrände, eine Seilrutsche und Rundumblick vom Leuchtturm auf dem Hügel. Im Inland liegen die Schluchten, Wasserfälle und Badebecken des Parque Nacional da Chapada Diamantina.

Transport

Die Größe des Landes macht die Fortbewegung zu einer Herausforderung. Entweder verbringt man viele Stunden in Bussen oder investiert in teurere Inlandsflüge. Wer unkompliziert Urlaub machen möchte, beschränkt sich am besten auf ein oder zwei Regionen.

Kinder unter zwei Jahren bezahlen 10 % des Flugpreises, von zwei bis zwölf Jahren die Hälfte. Im Bus fahren sie gratis mit, wenn sie auf dem Schoß sitzen, ansonsten wird der volle Preis fällig.

Highlights für Kinder

An der Küste

Ilha Grande (westlich von Rio de Janeiro) Eine von tropischem Regenwald bedeckte Insel, ein verlassenes Gefängis, Bootsausflüge, Schnorcheln und Brüllaffen – und kein motorisierter Verkehr.

Balneário Camboriu (Santa Catarina) Dieser Ferienort birgt viele Attraktionen für Kinder, z. B. eine Seilbahn, Strände und eine Achterbahn. Ganz in der Nähe liegt der Freizeitpark Beto Carrero World (S. 321).

Porto Belo (Santa Catarina) Wunderbar zum Schnorcheln eignet sich dieses erholsame Resort im Süden. Die vorgelagerte Insel ist ein Naturschutzgebiet mit Ökomuseum.

Arraial d'Ajuda (Bahia) Der entspannte Ort bietet Strandliebhabern alles, was sie brauchen. Um die sandigen Küstenpfade rundum zu erkunden, kann man einen Buggy mieten.

Im Regenwald

Foz do Iguaçu & Umgebung (Paraná) Zu den donnernden Wasserfällen gibt's einen familienfreundlichen ermäßigten Eintritt für Kids, die zudem in der Stadt kostenlos essen und übernachten können. Geboten werden Wildtierabenteuer, Bootsausflüge und die atemberaubenden Kaskaden selbst.

Serra Verde Express (S. 286; Paraná) Unvergessliche Zugfahrt durch üppige Wälder mit weitem Blick zur Küste hinunter.

Ecoparque de Una (S. 469; Bahia) Geführte 2 km lange Wanderung durch den an Wildtieren reichen Regenwald. Unterwegs geht's über Hängebrücken in die Waldwipfel.

Bonito (Mato Grosso do Sul) Bonito birgt Höhlen, grüne Regenwälder, Baumkronenpfade und zum Schnorcheln ideale kristallklare Flüsse.

DSCHUNGELLODGES

Viele Dschungellodges bei Manaus arrangieren Ausflüge, die nicht so anstrengend und daher mit Kindern machbar sind. In der Hochwasserperiode wird mehr Kanu gefahren als gewandert. An Schwarzwasserflüssen gibt's weniger Moskitos und das Malariarisiko ist geringer.

Reiseplanung

Allgemeine Hinweise zum Reisen mit Kindern findet man im Lonely Planet *Travel with Children*. Vor der Abreise sollte man sich (falls nötig) um das Visum kümmern.

Unbedingt mitnehmen

Wer ein Auto mieten möchte, sollte einen Kindersitz mitbringen, denn die meisten Verleiher stellen keine zur Verfügung.

Windeln (zum Wegwerfen) bekommt man fast überall in Brasilien. Cremes, Babynahrung oder bekannte Medikamente sind außerhalb größerer Städte schwer zu finden. Insektenschutz, Sonnencreme etc. mitbringen, denn sie kosten vor Ort viel mehr. Babynahrung gibt's in den meisten Supermärkten.

Gesundheit & Sicherheit

Wer Gebiete jenseits der größeren Küstenstädte bereisen möchte, muss sich über Impfungen und Malaria-Prophylaxe informieren (besonders für den Amazonas).

Reisezeit

Um große Menschenmengen zu vermeiden und trotzdem warmes Wetter zu genießen, reist man am besten von November bis Januar oder Ende März und April.

Unterkunft

Viele Hotels nehmen Kinder gratis auf. Die Altersgrenze variiert (oft bis fünf Jahre). Wiegen oder Gitterbetten stehen nicht überall zur Verfügung. Vor der Ankunft sollte man sich eine Alternative überlegen. In den meisten Hotels gibt's Babysitter.

Brasilien im Überblick

Die Herausforderung bei einer Reise in dieses große, unglaublich vielfältige Land liegt in der Entscheidung, welche Gegenden man besuchen möchte. Rio steht bei vielen Travellern ganz oben auf der Liste, denn die Metropole bietet ein tolles Nachtleben, herrliche Strände und eine wunderschöne Landschaft. Ganz in der Nähe befinden sich tropische Inseln und die Kolonialstädte von Minas Gerais. Der Nordosten lockt mit einer Mischung aus malerischen Orten, Stränden, Outdoorabenteuern und Städten, die von der afrobrasilianischen Kultur geprägt sind (Salvador, Olinda). Im Gegensatz dazu zeigt der Süden seinen starken europäischen Einfluss (Oktoberfeste, Weinberge, Bergstädte) und punktet mit Highlights wie den Iguaçu-Fällen sowie der Ilha de Santa Catarina. Das Pantanal und das Amazonasbecken gehören zu den weltweit besten Plätzen zum Beobachten von Wildtieren.

Rio de Janeiro

Landschaft
Nachtleben
Kultur

Berge & Strände

Dschungelbedeckte Gipfel, glitzernde Strände und eine von Inseln gesäumte Küstenlinie – Rio ist atemberaubend.

Samba

Das aufregende Nachtleben der Metropole umfasst Open-Air-Bars, stilvolle Clubs und altmodische Tanzhallen, aus denen mitreißende Sambarhythmen klingen.

Historische Schätze

Auf den ersten Blick ist das Stadtzentrum ein lebhafter Bienenstock, in dem Business und Kommerz dominieren. Wer näher hinsieht, entdeckt interessante Wahrzeichen wie Barockkirchen aus dem 18. Jh., einen früheren Königspalast und ein Opernhaus.

S. 50

Rio de Janeiro (Bundesstaat)

Strände
Aktivitäten
Geschichte

Sonne, Surfspots & Sand

Der Bundesstaat bietet einen einfachen Zugang zu traumhaften Stränden, weißen Dünen und inselgesprenkelten Buchten.

Wander- & Kletterparadies

Die Felsen von Itatiaia und die Gipfel der Serra dos Órgãos sind bedeutende brasilianische Kletterzentren. Wanderer steuern die Pfade der Serra da Bocaina und Ilha Grande an.

Goldene Straße & Herrscherpalast

Auf dem Caminho do Ouro bei Parati wurde im 18. Jh. Gold befördert. Im 19. Jh. diente der Petrópolis-Palast von Dom Pedro II. als Sitz der brasilianischen Herrscher.

S. 126

Espírito Santo & Minas Gerais

Geschichte
Essen
Aktivitäten

Barockpracht

Mit ihren historischen Monumenten sind die *cidades históricas* (historische Kolonialstädte) von Minas hervorragende Beispiele für den einzigartigen brasilianischen Barockstil.

Leckereien

Feinschmecker kommen hier voll auf ihre Kosten. Espírito Santo lockt mit köstlichen Meeresfrüchte-Eintöpfen, während Minas herzhafte Holzofenküche kredenzt. Unbedingt *Minas cachaça* probieren!

Tier- & Pflanzenwelt & Wasserfälle

Minas' Cerrado-Ökosystem ist ein Wanderparadies. Östlich in Richtung der Grenze zu Espírito Santo erheben sich beeindruckende Berge.

S.167

São Paulo (Bundesstaat)

Essen & Trinken
Strände
Landschaft

Kulinarisches Zentrum

São-Paulo-Stadt kann mit jeder gastronomischen Metropole der südlichen Hemisphäre mithalten. Innovative Küchenchefs wie Alex Atala (D.O.M.) und Helena Rizzo (Maní) sind weltweit anerkannt.

Grüne Küste

Zur Costa Verde, einer Region mit postkartengleichen Stränden und Inseln, gehört auch ein Teil von São Paulo, nämlich der Abschnitt zwischen dem dschungelgesäumten Ufer Ubatubas bis zum abgelegenen Paradies Ilhabela.

Malerische Lage

Der Regenwald der Mata Atlântica, die Gipfel der Serra de Mantiqueira und sonnenverwöhnte Strände: São Paulo bezaubert mit seiner Schönheit.

S.224

Paraná

Landschaft
Natur
Architektur

Reizvolle Panoramen

Neben den spektakulären Iguaçu-Fällen lockt die autofreie Ilha do Mel mit einer herrlichen Landschaft und dem *Serra Verde Express*, der durch die bewaldeten Berge von Curitiba nach Morretes fährt.

Wasserfälle, Inseln & Regenwald

Die Iguaçu-Fälle laden zu Wander- und Abenteuertrips in den Regenwald ein. Der Parque Nacional do Superagüi und der Parque Estadual Marumbi warten mit einer reichen Tier- und Pflanzenwelt auf.

Eine glorreiche Vergangenheit

Morretes, Paranaguá und Largo da Ordem in Curitibas bieten Einblicke in die koloniale Vergangenheit des Landes.

S.280

Santa Catarina

Strände
Kultur
Kleinbrauereien

Malerische Küste

Egal ob man Ruhe, Surfspots oder Gesellschaft sucht: In Santa Catarina gibt's für jeden Geschmack den richtigen Strand.

Europäische Vergangenheit

Deutsche Fachwerkhäuser, italienisches und deutsches Essen und die europäischen Gesichtszüge der Einwohner dieses Bundesstaates vermitteln das Gefühl, man sei gar nicht mehr in Brasilien.

Brauereikultur

Brasiliens beste Biere stammen aus Blumenau und den Nachbarorten. Hier kann man Sorten probieren, die nirgendwo sonst im Land erhältlich sind.

S.303

Rio Grande do Sul

Landschaft
Weinverkostung
Kultur

Schluchten

Der Parque Nacional Aparados da Serra und der Parque Nacional da Serra Geral schützen die markantesten Landstriche Südbrasiliens.

Weinberge

Rund 90 % der hiesigen Weine stammen aus dem Vale dos Vinhedos, das sich standhaft gegen die typisch brasilianische Mentalität behauptet.

Gaúchotraditionen

Mit ihrem *chimarrão* (Matetee), *churrasco* (Grillfleisch) und der traditionellen Farroupilha-Kleidung lebt die *gaúcho*-Kultur in dieser einzigartigen Region weiter. Gramado ist die schönste Bergstadt Brasiliens.

S. 328

Brasília & Goiás

Architektur
Landschaft
Kultur

Ein echtes Genie

Niemeyer hat bewiesen, dass ein paar Säcke Zement und ein kreativer Geist ausreichten, um Brasília in ein Paradies für Architekturfans zu verwandeln.

Beeindruckende Panoramen

Der atemberaubende Cerrado bildet die perfekte Kulisse für die Sonnenuntergänge im Planalto, besonders im bizarren Vale da Lua in der Chapada dos Veadeiros.

Mittelalterliche Unterhaltung

Während der Festa do Divino Santo (Cavalhadas), wenn es in ganz Pirenópolis wie im Mittelalter zugeht, wandelt sich der Ort von einer verrückten Künstlerenklave zu einem Zentrum historischer Unterhaltung.

S. 348

Mato Grosso & Mato Grosso do Sul

Wasserabenteuer
Tierbeobachtung
Angeln

Surrealer Schnorcheltrip

Auf den Wasserspielplätzen von Bonito und Nobres kann man unzählige Fische beobachten: Einfach in einen Taucheranzug schlüpfen und sich von der Strömung treiben lassen.

Begegnungen mit Tieren

Das Pantanal bietet unglaubliche Möglichkeiten zur Tierbeobachtung. Wasserschweine, Anakondas, Aras, Kapuziner und riesige Flussotter sind nur einige der hier lebenden Arten.

Das Abendessen selbst fangen

Haken auswerfen und in Mato Grosso auf Angeltour gehen. Vielleicht erwischt man sogar einen Pacu!

S. 376

Bahia

Strände
Aktivitäten
Kultur

Traumstrände

Bahia hat eine mehr als 900 km lange Küste und ist für seine wundervollen Strände bekannt. Hier gibt's Inselparadiese, Surfspots und Fischerdörfer.

Wandern

Landeinwärts erstreckt sich einer der schönsten Nationalparks Brasiliens, der Chapada Diamantina mit Wander- und Trekkingmöglichkeiten, Wasserfällen, natürlichen Schwimmbecken und weiteren idyllischen Orten zum Abkühlen.

Afrobrasilianischer Star

Salvador gilt als Zentrum der afrobrasilianischen Kultur mit Capoeira und Candomblé, glanzvollen Kirchen und hämmernden Trommeln auf den Pflasterstraßen des Pelourinho. Cachoeira ist für seine Holzschnitzarbeiten bekannt.

S. 423

Sergipe & Alagoas

Landschaft
Geschichte
Meeresfrüchte

Küste
Alagoas Hauptattraktion ist die Küste. Zu den malerischsten Sandstreifen gehören die Praia do Francês, die Praia do Gunga und der Strand von Maceió. Das Galés-Meeresschutzgebiet vor der Küste von Maragogi lockt mit tollen Schnorchelbedingungen.

Koloniale Überbleibsel
Die benachbarten Staaten warten mit vielen kolonialen Highlights auf, darunter die Kirchen des historischen Penedo, das gepflasterte Laranjeiras und das auf einem Hügel gelegene São Cristóvão.

Essen & Tanzen
Meeresfrüchtefans sollten die Freiluftrestaurants von Aracaju besuchen, die frische Krabben servieren und dazu oft Livemusik im *forró*-Stil bieten

S. 491

Pernambuco, Paraíba & Rio Grande do Norte

Strände
Feste
Aktivitäten

Endlose Sandstreifen
Der 1000 km lange Küstenbogen im Nordosten lockt mit zahllosen Stränden und tropischen Gewässern.

Karneval im nordöstlichen Stil
In den Nachbarstädten Recife und Olinda erlebt man zum Karneval euphorische Explosionen von Farben, Musik und Heiterkeit.

Küstenabenteuer
Fernando de Noronha ist *der* Ort zum Schwimmen, Schnorcheln, Kitesurfen und Strandbuggyfahren. Der tropische Archipel 350 km vor der Küste bietet die besten Tauch- und Schnorchelmöglichkeiten in Brasilien.

S. 510

Ceará, Piauí & Maranhão

Landschaft
Aktivitäten
Orte & Städte

Dünen & Buchten
Zahlreiche lange, von Dünen gesäumte palmenbestandene Buchten ziehen sich die tropische Küste entlang. Außerdem befindet sich hier das einzigartige Dünen-und-Lagunen-Mosaik der Lençóis Maranhenses.

Abenteuer in der Sonne
In der Gegend kann man fast alles tun, wovon man schon immer geträumt hat – egal ob auf, im oder neben dem Wasser. Heftige Winde sorgen für die weltweit besten Kitesurfbedingungen.

Küstenenklaven
In Jericoacoara abhängen, das urbane Flair von Fortaleza genießen und abgelegene Stranddörfer wie Atins oder Icaraí de Amontada besuchen.

S. 558

Amazonien

Tierbeobachtung
Abenteuer
Kultur

Hotspot der Artenvielfalt
Das Amazonasgebiet ist eine hervorragende Umgebung zur Tierbeobachtung. Die Nächte verbringt man in luxuriösen Dschungelresorts oder gemeindegeführten Ökotourismuslodges.

Regenwaldabenteuer
Der Regenwald bietet unvergessliche Abenteuer von Klettertrips durch dichte Baumkronen bis zu Kanutouren durch geflutete Wälder und mehrtägigen Bootsfahrten.

Kulturelle Highlights
Kulturell reiche Städte wie Belém und Manaus sind die besten Orte, um die Amazonasküche zu testen, einzigartige Musikstile zu hören und bunte Märkte zu durchstöbern.

S. 596

Reiseziele in Brasilien

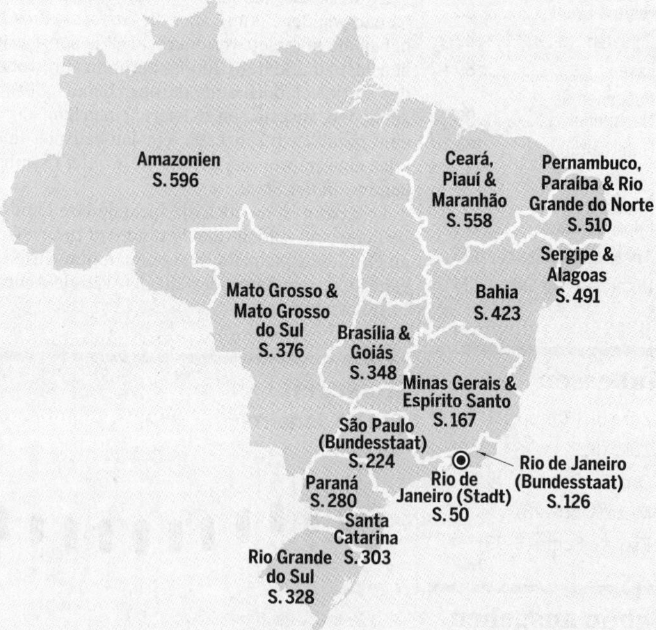

Rio de Janeiro (Stadt)

0XX21 / 6,3 MIO. EW.

Inhalt ➔

Gut essen

- Zazá Bistrô Tropical (S. 91)
- Zuka (S. 92)
- Oro (S. 93)
- Meza Bar (S. 96)
- Espírito Santa (S. 99)

Schön ausgehen

- Rio Scenarium (S. 104)
- Casa Rosa (S. 105)
- 00 (Zero Zero) (S. 101)
- Bar Bukowski (S. 102)
- Democráticus (S. 104)

Auf nach Rio de Janeiro

Mitten zwischen üppig bewaldeten Bergen und atemberaubenden Stränden liegt die Cidade Maravilhosa (Wunderbare Stadt), die wahrlich vielfältige Reize zu bieten hat.

Zwar ist die *joie de vivre* eine französische Erfindung (genau wie der Bikini), aber die *cariocas*, Rios Einwohner, haben sie komplett verinnerlicht. Wie sonst wäre ihre Lebenslust zu erklären? Rio ist berühmt für große Feste wie den Karneval, doch auch darüber hinaus gibt's viele Gelegenheiten, ausgelassen zu feiern: einen Samstag am Strand, eine *festa* (Party) in Lapa, ein Fußballspiel im Maracanã oder eine improvisierte *roda de samba* (Sambarunde) irgendwo in der Stadt.

Und dann ist da noch die spektakuläre Landschaft: Grüne Berge und goldene Sandstrände vor tiefblauer See bilden einen Riesenspielplatz, egal ob man nun surfen, durch Regenwälder wandern oder auf den Pão de Açúcar (Zuckerhut) kraxeln möchte.

Reisezeit

Rio de Janeiro

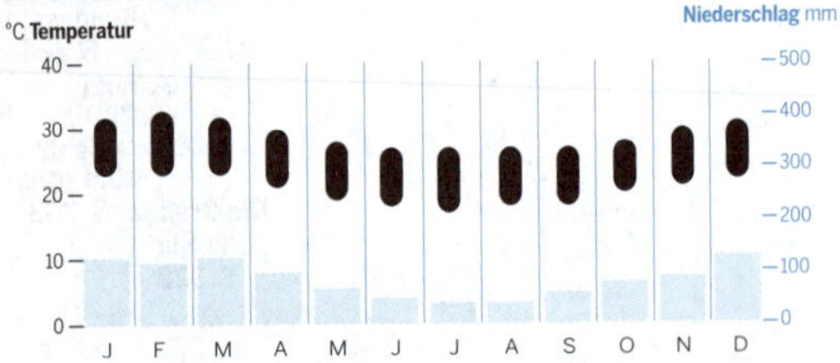

Dez.–Feb. Heiße Strandtage und ein volles Veranstaltungsprogramm. Karnevalsvorbereitungen.

April–Mai Kühlere, aber sonnige Tage, weniger Besucher und niedrigere Preise.

Juni Kühlere Nebensaison, aber trotzdem viel Trubel, vor allem bei den Festas Juninas.

Rio in fünf Tagen

Los geht's mit einem Ausflug zum **Strand von Ipanema**. Mittags stärkt man sich in einem der Restaurants an der **Rua Días Ferreira** in Leblon. Später locken der Sonnenuntergang an der **Praia do Arpoador** und ein Snack an einem der **Uferkioske** der Lagoa. Am nächsten Morgen steht der **Pão de Açúcar** auf dem Programm, gefolgt von einem Spaziergang durch **Urca**. Nachmittags geht's ins Künstlerviertel **Santa Teresa**, abends zum Samba nach **Lapa**. Am dritten Tag wandert man durch den **Parque Nacional da Tijuca** und nimmt das Dinner in einem der erstklassigen **Restaurants** von Ipanema ein. Tag vier gehört dem historischen **Centro**, danach schließt man sich der Happy-Hour-Meute an der **Travessa do Comércio** an. Am letzten Tag bummelt man über den **Strand von Copacabana** und genießt den Traumblick am **Cristo Redentor**.

OLYMPIAFIEBER

Als Gastgeber der Olympischen Spiele 2016 investiert Rio 9 Mrd. Euro (zusätzlich zu den 10 Mrd. Euro für die Fußball-WM 2014). Die Stadt baut Dutzende neue Veranstaltungsorte sowie Tausende Hotelzimmer und modernisiert bereits existierende Stadien, u. a. das Maracanã-Stadion, das eine Schlüsselrolle spielen wird.

Auch das Transportwesen ist ein bedeutender Faktor: Die Metro wird bis nach Barra ausgebaut, neue Buslinien sollen als „oberirdische Metros" dienen. Neben Barra, dem Standort des Olympischen Dorfs, modernisiert die Stadt weitere Teile Rios, darunter den Hafen, der mit neuen Museen, einer Stadtbahn sowie Parks und Grünflächen versehen wird.

Stadtviertel im Überblick

- **Ipanema & Leblon** Schöne Menschen und Strände, tolle Restaurants, Bars und Geschäfte.
- **Lagoa** Kioske am See, Jogging- und Radweg.
- **Jardim Botânico** Botanischer Garten, gehobene Lokale.
- **Copacabana** Touristische, jedoch attraktive Hotelmeile am Meer; Strandkioske, jede Menge Lokale.
- **Botafogo** Authentische und lebendige Barszene.
- **Urca** Idyllisch, ländliches Flair; Bahn zum Zuckerhut.
- **Flamengo & Umgebung** Parque do Flamengo, das grüne Laranjeiras im Westen, Seilbahn zum Corcovado.
- **Centro** Geschäftiges geschichtsträchtiges Zentrum, gute Museen und Barockkirchen.
- **Santa Teresa** Künstlerviertel, Villen, hübscher Ausblick.
- **Lapa** Dynamisches Nachtleben mit Sambaclubs und fröhlichen Straßenpartys am Wochenende.
- **Zona Norte** Maracanã-Stadion, royale Attraktionen.
- **Barra da Tijuca** Hübscher Strand, Einkaufszentren.

SONNTAGSFREUDEN

Sightseeingtouren legt man am besten auf einen Sonntag, denn dann verlangen viele Museen in Rio keinen Eintritt. Bei schönem Wetter lockt die Küste. Sonntags ist die Küstenstraße von Leblon nach Leme bis 18 Uhr für den Verkehr gesperrt.

Kurzinfos

- **Einwohner** 6,3 Mio.
- **Fläche** 1182 km²
- **Telefonvorwahl** 0xx21

Infos im Internet

- **Insider's Guide to Rio** (www.ipanema.com) Tipps und Reiseplanung.
- **Riotur** (www.rioguiaoficial.com.br) Rios Touristeninformation.
- **Rio Times** (www.riotimesonline.com) Nachrichten auf Englisch.

Typische Getränke & Gerichte

- **Açaí** Smoothie aus einer Amazonasbeere.
- **Feijoada** Eintopf mit Schweinefleisch und schwarzen Bohnen; wird samstags serviert.
- **Acarajé** Kroketten aus Bahia, serviert auf dem Hippie-Markt.
- **Agua de côco** Erfrischendes Kokoswasser.

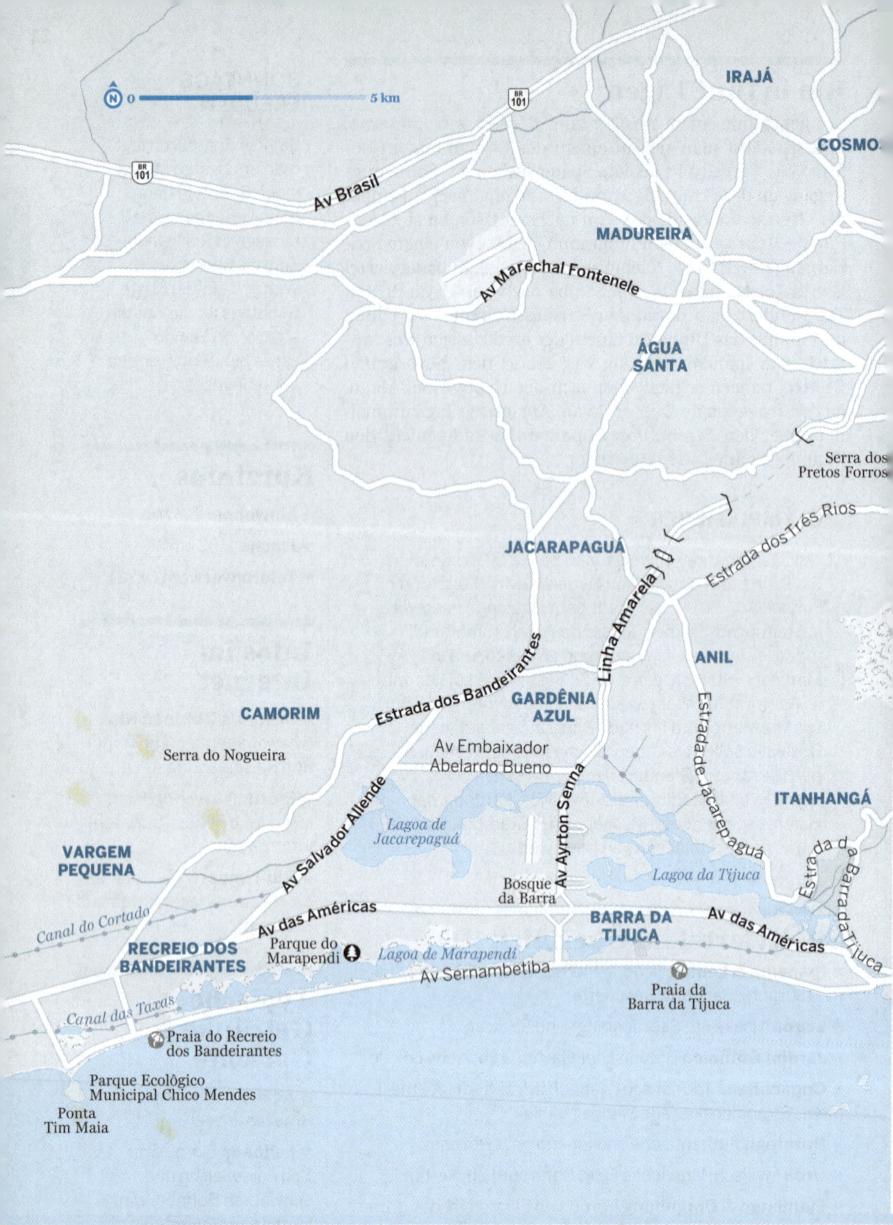

Highlights

1 Am wunderschönen **Strand von Ipanema** (S. 55) in den Wellen planschen und das bunte Treiben beobachten.

2 Nach dem Sonnenbad am **Strand von Copacabana** (S. 59) ein paar Drinks an einem der Kioske genießen.

3 Die Seilbahn auf den Corcovado nehmen und den atemberaubenden Ausblick unter den ausgebreiteten Armen des **Cristo Redentor** (S. 65) auf sich wirken lassen.

4 In einem Sambaclub in **Lapa** (S. 103), Brasiliens musikalischstem Viertel, den perfekten Rhythmus finden.

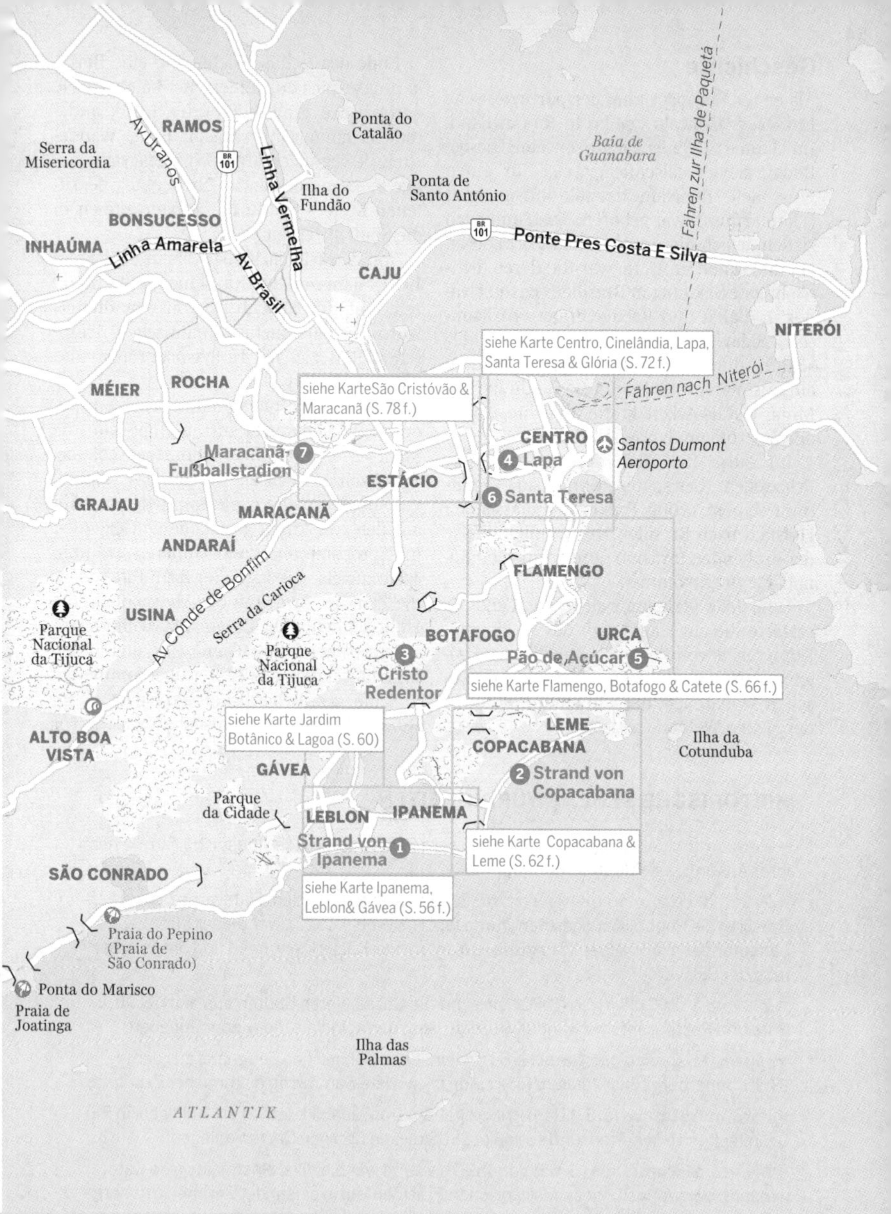

5 Die Cidade Maravilhosa von den felsigen Höhen des **Zuckerhuts** (S. 61) aus betrachten.

6 Durch die malerischen Straßen des ländlichen Stadtviertels **Santa Teresa** (S. 71) spazieren.

7 Im von den Einwohnern Rios heiß geliebten **Maracanã-Fußballstadion** (S. 117) bei einem Heimspiel von Flamengo die Begeisterung der Massen spüren und sich davon anstecken lassen.

8 Mit König Momo und Millionen anderen **Karneval** (S. 35) feiern.

Geschichte

Als erster Europäer ging der portugiesische Entdecker Gonçalo Coelho in Rio an Land. Im Januar 1502 erreichte er eine riesige Bucht, die er fälschlicherweise für einen Fluss hielt – der Name der zukünftigen Stadt („Januarfluss") war geboren. Nach und nach siedelten sich hier immer mehr Portugiesen an, und schon im 17. Jh. war Rio deren drittwichtigste Siedlung in Brasilien (nach Salvador da Bahia und Recife-Olinda). Afrikanische Sklaven wurden nach Brasilien verschifft, die Zuckerrohrplantagen blühten auf. Als man im 18. Jh. für die Goldminen in Minas Gerais Arbeitskräfte brauchte, wuchs der Zustrom an Sklaven weiter an.

Im Jahre 1807 floh der portugiesische Prinzregent (der spätere Dom João VI.) mitsamt seinem 15 000 Personen umfassenden Hofstaat nach Brasilien, um auf diese Weise der drohenden Invasion durch Napoleon Bonaparte zu entkommen.

Dom João verliebte sich in das Land. Er erklärte Rio zur Hauptstadt des Vereinigten Königreichs von Portugal, Brasilien und Algarve und wurde zum einzigen europäischen Monarchen, der von einer Kolonie in der Neuen Welt aus regierte.

Ende des 19. Jhs. erlebte Rio eine Bevölkerungsexplosion: Einerseits kamen viele europäische Einwanderer ins Land, andererseits fanden innerbrasilianische Wanderungsbewegungen statt, bei denen ehemalige Sklaven aus den im Niedergang begriffenen Kaffee- und Zuckeranbauregionen in die Stadt strömten.

Von den frühen 1920er- bis in die späten 1950er-Jahre erlebte Rio seine größte Blütezeit. Mit der Errichtung von Grandhotels wurde es zu einem romantischen, exotischen Reiseziel für Hollywoodgrößen und die High Society.

Während der 1960er-Jahre schossen moderne Wolkenkratzer in die Höhe und die Stadt verlor einige ihrer schönsten Gebäude. Gleichzeitig wuchsen die Favelas (Slums) von Rio de Janeiro explosionsartig an, denn aus den von Armut gezeichneten Gegenden im Nordosten und Landesinneren strömten scharenweise Einwanderer nach Rio, sodass die Zahl der Armen in der Metropole in die Höhe schnellte. Die Cidade Maravilhosa verlor zunehmend ihren Glanz, Gewalt und Kriminalität hatten das Zepter übernommen.

Seine gesellschaftlichen Probleme nahm Rio mit ins neue Jahrtausend. Nach wie vor

HISTORISCHE SEHENSWÜRDIGKEITEN

➡ **Paço Imperial** (S. 70) Im einstigen Kaiserpalast residierte die königliche Familie nach ihrer Ankunft aus Portugal.

➡ **Praça XV (Quinze) de Novembro** (S. 70) Benannt nach dem Datum, an dem in Brasilien die Republik ausgerufen wurde (15. November 1822), war dieser Platz Zeuge bedeutender historischer Ereignisse, darunter zwei Kaiserkrönungen und die Abschaffung der Sklaverei.

➡ **Travessa do Comércio** (S. 70) Die schmale Gasse, deren Bauten aus dem 18. Jh. in Bars und Restaurants verwandelt wurden, lässt das koloniale Rio wieder aufleben.

➡ **Museu Histórico Nacional** (S. 69) Im einstigen Königlichen Zeughaus aus dem 18. Jh. beherbergt das Museum Rios eindrucksvollste Sammlung historischer Exponate.

➡ **Jardim Botânico** (S. 57) Dem Prinzregenten Dom João VI. war es ein Anliegen, in Rio Grünflächen zu schaffen, und so ließ er 1808 diesen üppigen Garten anlegen.

➡ **Museu da República** (S. 65) Von 1896 bis 1954 war die Villa, einst Palácio do Catete genannt, der Wohnsitz des brasilianischen Präsidenten. In einem der Zimmer im Obergeschoss nahm sich Getúlio Vargas, das letzte hier lebende Staatsoberhaupt, das Leben.

➡ **Praça Floriano** (S. 70) Auf dem pittoresken Hauptplatz des Centro versammelt sich traditionell das brasilianische Volk, um seine Meinung kundzutun. In den 1960er-Jahren war er Schauplatz der Studentenaufstände gegen die Militärdiktatur, auch die WM-Siege der Fußballmannschaft werden hier gefeiert.

➡ **Garota de Ipanema** (Karte S. 56 f.; ☎ 2523-3787; Vinícius de Moraes 49) In dieser bekannten Bar schrieben Tom Jobim und Vinícius de Moraes das Lied „The Girl from Ipanema", dessen internationaler Erfolg Bossa nova weltweit berühmt machte.

fallen Tausende Menschen Gewaltverbrechen zum Opfer, insbesondere in den Favelas. Die Mittel- und Oberschicht der Metropole scheint sich resigniert auf ein Dasein innerhalb umzäunter und bewachter Viertel eingerichtet zu haben, während in den nahe gelegenen Slums Armut und Gewalt herrschen.

Um der Verschlimmerung der sozialen Probleme zu begegnen, investierte die brasilianische Regierung in die Verbesserung der sanitären Anlagen, Straßen und medizinischen Versorgung in Rios Slums. Bis 2012 profitierten mehrere Dutzend Favelas von den Maßnahmen, bis 2020 sollen es alle 1000 der Stadt sein. Insgesamt sind Investitionen von 8 Mrd. R$ geplant.

Sehenswertes

Rio, die einst mächtige „Hauptstadt des brasilianischen Reichs", wie ein portugiesischer König sie nannte, hat mehr zu bieten als nur ein paar hübsche Strände. Von den Gassen des alten Bohemienviertels Santa Teresa bis zu dem dörflichen Charme versprühenden Urca wartet Rio mit zahlreichen kolonialzeitlichen Straßen, prächtigen Kirchen und grünen *praças* auf, mit denen man sich gut und gerne einige Tage vertreiben kann.

Rios historisches Zentrum, sein See (Lagoa Rodrigo de Freitas), der üppige Jardim Botânico (Botanischer Garten) und der Atlantische Regenwald, der immer noch viele Teile der Stadt einnimmt, ermöglichen faszinierende Erkundungstouren. Dazu kommen die prächtigen Ausblicke vom Pão de Açúcar (Zuckerhut) und vom Cristo Redentor, ruhige Inseln in der Bucht, wunderschöne Strände gen Westen sowie muntere Märkte, auf denen Händler einfach alles an den Mann bringen, von alten Sambaplatten bis zu würzigen *jabuticabas* (einheimische Früchte).

Ipanema & Leblon

Sie gehören wahrlich zu den verführerischsten Adressen der Welt: Ipanema und Leblon sind gesegnet mit einem großartigen Strand, Freiluftcafés, Bars, Restaurants und von Bäumen gesäumten Straßen. Hier begegnet man einer bunten Mischung aus reichen *cariocas*, von jung bis alt, von schwul bis hetero.

Strand von Ipanema STRAND

(Karte S. 56 f.; Av Vieira Souto) Den weiten Sandstrand von Ipanema unterteilen *postos* (Rettungsschwimmerstationen) in Subkulturen, die so facettenreich wie die Stadt selbst sind. Die Garota de Ipanema am Posto 9 direkt bei der Rua Vinícius de Moraes lockt Rios braungebrannte Schöne an. Wegen der alten Linken, Hippies und Künstler, die sich hier manchmal aufhalten, ist der Abschnitt auch als Cemetério dos Elefantes bekannt. Vor der Rua Farme de Amoedo nennt sich der Strand Bolsa de Valores oder Crystal Palace (ein Treffpunkt der Schwulenszene), während sich am Posto 8 weiter oben vor allem Favela-Kids tummeln. Arpoador, zwischen Ipanema und Copacabana, ist Rios populärster Surfspot.

Praia de Leblon STRAND

(Karte S. 56 f.) Gärten und der Kanal des Jardim de Alah trennen den Strand von Leblon von Ipanema. Er zieht eher Familien an und versprüht ein geruhsameres Flair als sein Pendant im Osten. Eltern mit Kleinkindern werden den Baixo Bebê zwischen den Rettungsschwimmerstationen 11 und 12 mit einem kleinen Sandspielplatz mögen.

Mirante do Leblon AUSSICHTSPUNKT

(Karte S. 56 f.; Av Niemeyer) Zwischen den Fischern, die aufs Meer aufbrechen, genießen Pärchen den Blick von diesem Aussichtspunkt am westlichen Ende des Strands von Leblon. Im Westen erhebt sich das luxuriöse Sheraton Hotel, nahebei erstreckt sich die Favela Vidigal.

H. Stern SCHMUCK, MUSEUM

(Karte S. 56 f.; ☎2106-0000; www.hstern.net; Garcia D'Ávila 113; ⌚Mo–Fr 9–18, Sa bis 14 Uhr) GRATIS Der berühmte Juwelier H. Stern gewährt Besuchern einen Blick hinter die Kulissen seines Schmuckimperiums. Ein kleines Museum zeigt seltene Minerale und eine große Sammlung von Turmalinen. Am Ende der Führung trifft man einen Schmuckvertreter – für manche eine unangenehme Situation. Ein höfliches „Nein, danke" reicht in der Regel aus, um in die nächste Etage (den Verkaufsraum) und dann zum Ausgang zu gelangen. Zwischen dem Museum und jedem größeren Hotel Rios verkehren kostenlose Shuttles.

Museu Amsterdam Sauer MUSEUM

(Karte S. 56 f.; ☎2512-1132; www.amsterdamsauer.com; Garcia D'Ávila 105; ⌚Mo–Fr 9–19, Sa bis 16 Uhr) GRATIS Neben dem Museu H. Stern beherbergt das Amsterdam-Sauer-Museum eine eindrucksvolle Sammlung kostbarer Steine, insgesamt über 3000 Exemplare. Besucher können außerdem einen Blick auf zwei nachgebaute Minen werfen.

Ipanema, Leblon & Gávea

Parque Garota de Ipanema PARK
(Karte S. 56 f.; abseits der Francisco Otaviano, nahe der Bulhões Carvalho; ⏲ 7–19 Uhr) Zu dem kleinen schmuddeligen Park neben dem Arpoador-Felsen gehören ein winziger Spielplatz, ein betonierter Bereich, den meist Skater belagern, sowie ein Aussichtspunkt mit Blick auf den Strand von Ipanema.

Casa de Cultura Laura Alvim KULTURZENTRUM
(Karte S. 56 f.; ☎ 2267-1647; Av Vieira Souto 176, Ipanema) Ipanemas Kulturzentrum am Strand umfasst ein Theater, einen Galeriebereich und ein kleines Café.

Elevador do Morro do Cantagalo AUSSICHTSPUNKT
(Karte S. 56 f.; Barão da Torre & Teixeira de Melo) GRATIS Ein Aufzug, der mit der Metrostation bei der Praça General Osório verbunden ist, befördert Fahrgäste hinauf nach Cantagalo, eine Favela zwischen Ipanema und Copacabana. Der Ausblick auf das glitzernde Meer kann sich sehen lassen, Anwohner hingegen sind einfach nur froh über das praktische Transportmittel, das ihnen auf dem Heimweg Hunderte Treppen erspart. Wer oben ein Stück weiter bergauf läuft, wird mit einer noch schöneren Aussicht über Ipanema und die See belohnt.

Seit Cantagalo 2009 durch hier stationierte Sicherheitskräfte befriedet wurde, gilt es als sicher für Besucher. Inzwischen haben bereits bekannte Persönlichkeiten wie Lady Gaga, Carla Bruni und Brasiliens Präsidentin Dilma Rousseff der Favela ihre Aufwartung gemacht.

Gávea, Jardim Botânico & Lagoa

Gleich nördlich von Ipanema und Leblon erstrecken sich diese gut betuchten Viertel an der Lagoa Rodrigo de Freitas, einer malerischen Salzwasserlagune, die von einem Rad-

und Wanderweg sowie verschiedenen Kiosken gesäumt wird. Ein weiteres Highlight ist der königliche Garten, der Jardim Botânico, der dem Viertel seinen Namen gab. Hier wachsen stattliche Palmen, seltene Orchideen und farbenprächtige Blütenpflanzen. Abgesehen von diesen Naturoasen beherbergt dieser Teil der Stadt einige exzellente Restaurants, angesagte Bars, ein Planetarium und die städtische Pferderennbahn.

Lagoa Rodrigo de Freitas — SEE

(Karte S. 60) Zu den malerischsten Flecken der Stadt gehört die Lagoa Rodrigo de Freitas, die ein 7,2 km langer Wander- und Radweg umringt. Drahtesel werden am Ostufer des Sees vermietet (10 R$ pro Std.), ebenso Tretboote (20 R$ pro 30 Min.). Wer statt Schwanen-Plastikbooten lieber einen Caipirinha mag, ist an den **Uferkiosken** an der richtigen Adresse: Hier wird man unter freiem Himmel verköstigt, gelegentlich ist Livemusik zu hören.

Jardim Botânico — BOTANISCHER GARTEN

(☎ 3874-1808; www.jbrj.gov.br; Jardim Botânico 920; Eintritt 6 R$; ⏲ 9–17 Uhr) Der exotische 137 ha große Garten mit über 8000 Pflanzenarten wurde 1808 auf Anordnung des Prinzregenten Dom João, des späteren Dom João VI., angelegt. Zu den Hauptattraktionen zählen die Reihen von Palmen, die seit der Eröffnung hier wachsen, der Amazonasbereich, der See mit riesigen Vitória-Régia-Seerosen und der separate **orquidário-Bereich**, in dem 600 Orchideenarten gedeihen. Die Anlage beherbergt auch ein hübsches Freiluftcafé mit Blick auf den Park. Insektenspray nicht vergessen!

Planetário — PLANETARIUM

(☎ 2274-0046; www.planetariodorio.com.br; Av Padre Leonel Franca 240; Erw./Kind 10/5 R$; ⏲ Mo–Fr 9–17, Sa & So 15–18 Uhr) Zum Planetarium gehören ein Museum, eine *praça dos telescópios* (Plaza der Teleskope) und eine hochmoderne Kuppel, an deren Wände jeweils

Ipanema, Leblon & Gávea

Sehenswertes
1 Casa de Cultura Laura Alvim ... G3
2 Elevador do Morro do Cantagalo ... G2
3 H. Stern ... E3
4 Strand von Ipanema ... D3
5 Mirante do Leblon ... A4
6 Museu Amsterdam Sauer ... E3
7 Parque Garota de Ipanema ... H4
8 Praia de Leblon ... B3

Aktivitäten, Kurse & Touren
9 Galeria River ... H4

Schlafen
10 Arpoador Inn ... H4
11 Bonita ... G3
12 Casa Mosquito ... H3
13 Che Lagarto Ipanema ... D3
14 Golden Tulip Ipanema Plaza ... G3
15 Hostel Harmonia ... F3
16 Hotel Fasano ... G3
17 Hotel San Marco ... D3
18 Hotel Vermont ... F3
19 Ipanema Beach House ... E2
20 Ipanema Hotel Residência ... F2
21 Ipanema Inn ... E3
22 Lemon Spirit Hostel ... B3
23 Mar Ipanema ... D3
24 Margarida's Pousada ... D2
25 Marina All Suites ... B3
26 Rio Hostel – Ipanema ... H3
27 Ritz Plaza Hotel ... A3
28 Sol Ipanema ... F3
29 Z Bra Hostel ... A3

Essen
30 Armazém do Café ... A3
31 Azul Marinho ... H4
32 Bazzar ... E2
33 Benkei ... D3
34 Bibi Crepes ... B3
Brasileirinho ... (siehe 37)
35 Cafeína ... F3
36 Capricciosa ... F3
37 Casa da Feijoada ... G3
38 Delírio Tropical ... E3
39 Felice Caffè ... G3
40 Frontera ... G3
Galitos Grill ... (siehe 45)
41 Gringo Café ... F2
42 Koni Store ... F3
43 Koni Store ... A3
44 Koni Store ... E3
45 Laffa ... G3
46 Lagoon ... C1
47 Market ... E3

über 6000 Sterne projiziert werden können. An Wochenenden und Feiertagen finden dort 40-minütige Vorstellungen statt. Dienstags, mittwochs und donnerstags zwischen 19.30 und 20.30 Uhr (im Winter 18.30–19.30 Uhr) dürfen Besucher durchs Teleskop den Nachthimmel betrachten (20 R$).

Parque Lage PARK
(Karte S. 60; ☎3257-1800, Führungen 3257-18721; www.eavparquelage.rj.gov.br; Jardim Botânico 414; ⌚8–17 Uhr) GRATIS Etwa 1 km vom Jardim Botânico entfernt liegt dieser wunderschöne Park am Fuß des Parque Nacional da Tijuca. Auf seinem Areal findet man Landschaftsgärten im englischen Stil, kleine Seen und eine Villa, die ein Café und kostenlose Ausstellungen beherbergt. Rundum erstreckt sich Atlantischer Regenwald, in dessen Wipfeln man manchmal Affen und Tukane erspäht. Hier starten mehrere anspruchsvolle Wanderwege auf den Corcovado.

Parque da Catacumba PARK
(☎2247-9949; www.parquedacatacumba.com.br; Av Epitácio Pessoa; ⌚Di–So 8–17 Uhr) Am Rande des Sees, jenseits der viel befahrenen Straße, werden in diesem Park mit Skulpturengarten seit 2010 einige Abenteueraktivitäten angeboten: z. B. eine 7 m hohe Kletterwand (20 R$), eine Zipline (20 R$), eine Felswand, an der man sich abseilen kann (100 R$) und ein Baumwipfelpfad (30 R$). Betrieben wird das Ganze von **Lagoa Aventuras** (☎4105-0079; www.lagoaaventuras.com.br). Wer kein Geld ausgeben möchte, kann eine Runde durch den Park spazieren und den steilen Weg (15 Min.) zum **Mirante do Sacopã** hinaufsteigen, der auf einer Höhe von 130 m einen tollen Blick auf die Lagoa gewährt; hier beginnt auch die Abseilroute.

Museu Histórico da Cidade MUSEUM
(☎2512-2353; www.rio.rj.gov.br/cultura; Estrada de Santa Marinha 505) Zurzeit wird das Museum zur Stadtgeschichte renoviert. Untergebracht ist es in einer Villa aus dem 19. Jh. im reizenden Parque da Cidade. Neben der Dauerausstellung, die Rio von seiner Gründung 1565 bis zur Mitte des 20. Jhs. porträtiert, sind auch Möbel, Porzellan, Fotografien und Gemälde bekannter Künstler zu sehen. Der Park ringsum darf kostenlos betreten werden (7–18 Uhr).

Instituto Moreira Salles KULTURZENTRUM
(☎3284-7400; www.ims.com.br; Marquês de São Vicente 476; ⌚Di–So 11–20 Uhr) GRATIS Das wun-

48 New Natural F3
49 Pintxo H3
50 Polis Sucos E3
51 Prima Bruschetteria A3
52 Sushi Leblon A3
53 Talho Capixaba A3
54 Terzetto Café G3
55 Uruguai F3
56 Vegetariano Social Club B2
57 Vero F3
58 Vezpa A3
59 Via Sete E2
60 Yogoberry F3
61 Zazá Bistrô Tropical F3
62 Zona-Sul-Supermarkt A3
63 Zona-Sul-Supermarkt G3
64 Zuka A3

Ausgehen & Nachtleben
65 Academia Da Cachaça B2
66 Bar Astor G3
67 Bar Lagoa F2
68 Bar Veloso A3
Baretto-Londra .... (siehe 16)
69 Barzin F3
70 Cobal do Leblon B2
71 Delirium Café F3
72 Devassa G3
73 Empório E3
74 Galeria Café G3
75 Garota de Ipanema F3
76 Jobi A3
77 Melt A3
78 Palaphita Kitch G1
79 Shenanigan's G3
80 Tô Nem Aí F3

Unterhaltung
Cafeína .... (siehe 35)
81 Estação Ipanema D3
82 Miranda C1
83 Studio RJ G3
84 Vinícius Show Bar F3

Shoppen
85 Aquim E2
86 Cavist E2
Cobal do Leblon .... (siehe 70)
87 Forum E2
88 Gilson Martins E3
89 Hippiemarkt G3
90 Isabela Capeto E2
91 Livraria da Travessa D3
Maria Oiticica .... (siehe 93)
92 Osklen E2
93 Shopping Leblon C2
94 Toca do Vinícius F3

derschöne Kulturzentrum neben dem Parque da Cidade archiviert über 80 000 Fotografien, viele davon zeigen alte Straßenzüge Rios. Die Gärten samt künstlich angelegtem See und plätscherndem Fluss gestaltete der brasilianische Landschaftsarchitekt Burle Marx. Auf dem Areal gibt's einen Kunsthandwerkladen und ein charmantes Café, das Mittagessen und Nachmittagstee serviert.

Nirvana TAGESSPA

(Karte S. 60; ☎2187-0100; www.enirvana.com.br; Jockeyclub, Rua Jardim Botânico, nahe der Praça Santos Dumont, Gávea; ⏰Mo–Fr 10–22, Sa bis 20 Uhr) Im Jockeyclub bietet dieses hübsche Spa eine verführerische Auswahl an Wellnessbehandlungen sowie eine Sauna. Wer sich einen ganzen Tag lang verwöhnen lassen möchte, kann eines der Tagespakete buchen. Sie umfassen einen Yogakurs, Mittagessen, ein Peeling, verschiedene Anwendungen (Reflexzonenmassage, Reiki, Massage mit heißen Steinen etc.) sowie ein Aromatherapiebad.

Copacabana & Leme

Umrahmt von Bergen und dem tiefblauen Meer, erstreckt sich Rios schönster Strand als lange Sichel über insgesamt 4,5 km. Einst ein Symbol für den Glamour der Stadt, ist Copacabana bis heute ein faszinierender, wenngleich chaotischer Ort. Art-déco-Gebäude, betagte Strandhotels und von Bäumen gesäumte Seitenstraßen bilden die Bühne für ein buntes, demokratisches Völkchen aus Touristen, älteren *cariocas* aus der Mittelschicht und Favela-Bewohnern, die in den Hügeln rund um das Viertel leben. Auch wenn längst nicht alles Gold ist, was glänzt, hat dieser Stadtteil seinen Charme – die altmodischen *botecos* (kleine Freiluftbars), verschiedenste Restaurants, das bunte Straßenleben und natürlich der hübsche Strand ziehen noch immer viele Besucher in den Bann.

Strand von Copacabana STRAND

(Karte S. 62 f.; Av Atlântica) Hier prallen Land und Meer gar prachtvoll aufeinander! Auf dem langen, halbmondförmigen Strand scheint überall etwas zu passieren: Fußballfans singen die Hymne ihres Teams, *cariocas* und Touristen lassen sich an den Buden Caipirinhas mixen, Favela-Kids stellen ihre Dribbelkünste unter Beweis und Strandverkäufer bahnen sich den Weg durch die Masse der sonnengebräunten Körper.

Jardim Botânico & Lagoa

Museu Histórico do Exército e Forte de Copacabana — MUSEUM

(Karte S. 62 f.; ☎ 2521-1032; Ecke Av Atlântica & Francisco Otaviano, Copacabana; Eintritt 4 R$; ⌚ Di–So 10–16 Uhr) Eine der wichtigsten Verteidigungsanlagen Rios war das Forte de Copacabana, das seit 1914 auf dem Kap der einstigen Kapelle Unserer Lieben Frau von Copacabana wacht. Noch immer lassen sich die originalen Anlagen bewundern, darunter die bis zu 12 m dicken, mit Krupp-Kanonen bewehrten Mauern. Im Innern zeichnet ein **Museum** die Geschichte von der portugiesischen Kolonie bis in die Mitte des 19. Jhs. nach. Mehrere Cafés bieten einen schönen Blick auf Copacabana.

Forte Duque de Caxias — FESTUNG

(Forte do Leme; Karte S. 62 f.; ☎ 3223-2034; Praça Almirante Júlio de Noronha; Eintritt 4 R$; ⌚ Di–So 9.30–16.30 Uhr) Mittlerweile ist die Militärbasis, besser bekannt als Forte do Leme, für die Öffentlichkeit zugänglich. Besucher können den Morro de Leme (Leme-Berg) erklimmen; ein steiler 800 m langer Pfad führt durch Atlantischen Regenwald hinauf. Oben steht ein Fort aus dem 18. Jh. mit fantastischem Blick auf den Pão de Açúcar (Zuckerhut) und die Cagarras-Inseln.

Botafogo

Botafogo, in erster Linie ein Wohnviertel der Mittelschicht, birgt einige gute kleine Museen, mehrere Kinos sowie lebendige Bars und Restaurants.

Museu do Índio — MUSEUM

(Karte S. 66 f.; ☎ 3214-8736; www.museudoindio.org.br; Rua das Palmeiras 55; Eintritt 3 R$; ⌚ Di–Fr 9–17.30, Sa & So 13–17 Uhr) Mit seinen multimedialen Ausstellungen über die Stämme im Norden Brasiliens gibt das kleine Museum eine ausgezeichnete Einführung in das wirtschaftliche, religiöse und soziale Leben der

Jardim Botânico & Lagoa

Highlights
1 Jardim Botânico B3

Sehenswertes
2 Lagoa Rodrigo de Freitas D4
3 Parque Lage D1

Aktivitäten, Kurse & Touren
4 Joquei Clube B4
5 Nirvana B4

Essen
6 Arab Da Lagoa C4
7 Braseiro da Gávea A4
8 DRI Café D1
9 Guimas A4

Ausgehen & Nachtleben
10 Bar do Horto A2
11 Caroline Café C2
12 Hipódromo A4

Shoppen
13 Dona Coisa B2

indigenen Völker des Landes. Auf dem Gelände stehen neben einheimischen Nahrungs- und Heilpflanzen vier Hütten in Originalgröße, gebaut von vier verschiedenen Stämmen.

Museu Casa de Rui Barbosa MUSEUM
(Karte S. 66 f.; ☎ 3289-4663; www.casaruibarbosa.gov.br; São Clemente 134; Eintritt 4 R$, So Eintritt frei; ⌚ Di–Fr 10–17.30, Sa & So 14–18 Uhr) Die einstige Villa des berühmten brasilianischen Journalisten und Diplomaten Rui Barbosa, die 2003 vollständig restauriert wurde, beherbergt heute ein Museum mit seiner Bibliothek und persönlichen Habseligkeiten.

Urca

Wer dem urbanen Chaos in manchen Stadtteilen entfliehen will, findet in den ruhigen, schattigen Straßen Urcas eine angenehme Oase. Eine bunte Mischung aus architektonisch vielfältigen Bauten und gepflegten Vorgärten prägt das Viertel, durch das die Einwohner gern flanieren. An der Ufermauer, die die nordwestliche Grenze des Pão de Açúcar markiert, angeln Fischer, während Paare sich unter Palmen niederlassen und den Blick auf die Baía de Guanabara sowie die Christusstatue in der Ferne genießen. An der winzigen Praia Vermelha im Süden, einem der schönsten Strände Rios, beginnt ein kurzer, aber hübscher Wanderweg.

Pão de Açúcar BERG
(Zuckerhut; Karte S. 66 f.; ☎ 2546-8400; www.bondinho.com.br; Av Pasteur 520, Urca; Erw./Kind 53/26 R$; ⌚ 8–19.50 Uhr) Vom Gipfel des Pão de Açúcar aus betrachtet, ist Rio zweifellos die schönste Stadt des Planeten. Der Aufstieg auf den Berg lohnt sich fast zu jeder Zeit, doch am umwerfendsten ist der Blick bei Sonnenuntergang an heiteren Tagen.

Auf den 396 m über Rio thronenden Gipfel führen zwei Drahtseilbahnen, deren Gondeln alle 30 Minuten verkehren. Die erste schwebt auf den 220 m hohen **Morro da Urca**. Von dort blickt man auf die Baía de Guanabara und die kurvige Küstenlinie hinab; zum Meer hin liegt die Praia Vermelha. Auf dem Berg selbst finden sich ein Restaurant, Souvenirläden, ein Spielplatz, eine Freiluftbühne und ein Hubschrauberlandeplatz; wer möchte, kann einen Rundflug unternehmen.

Die zweite Seilbahn fährt hinauf zum Pão de Açúcar. Darunter entfaltet sich die Stadt, vom Corcovado mit der Christusstatue im Westen bis zur Copacabana im Süden.

Wer den Gipfel zu Fuß erklimmen will, schließt sich am besten einer der Klettertouren an, die verschiedene Veranstalter in Rio anbieten.

Praia Vermelha STRAND
(Karte S. 66 f.; Praça General Tibúrcio) Von der schmalen Praia Vermelha unter dem Morro da Urca öffnet sich ein traumhafter Ausblick auf die felsige Küstenlandschaft. Der grobkörnige Sand gab dem Strand seinen Namen *vermelha* (rot).

Pista Cláudio Coutinho WANDERWEG
(Karte S. 66 f.; ⌚ 6 Uhr–Sonnenuntergang) Alle lieben diesen asphaltierten, 2 km langen Weg, der sich am Südrand des Morro do Urca durch üppiges Grün windet. Darunter branden die Wellen an die Felsen.

Um den Pfad zu erreichen, läuft man am Rand der Praia Vermelha etwa 100 m Richtung Norden (mit der Seilbahnstation im Rücken); der Zugang liegt geradeaus, gleich hinter dem Strand.

Nach etwa 300 m zweigt ein kleiner, unmarkierter Weg zum Morro da Urca ab. Oben angekommen, kann man mit der Seilbahn auf den Pão de Açúcar fahren und so insgesamt etwas Geld sparen. Zwar lässt sich auch der Pão de Açúcar erklettern, doch dies empfiehlt sich nur mit einem erfahrenen Guide und Bergsteigerausrüstung.

Copacabana & Leme

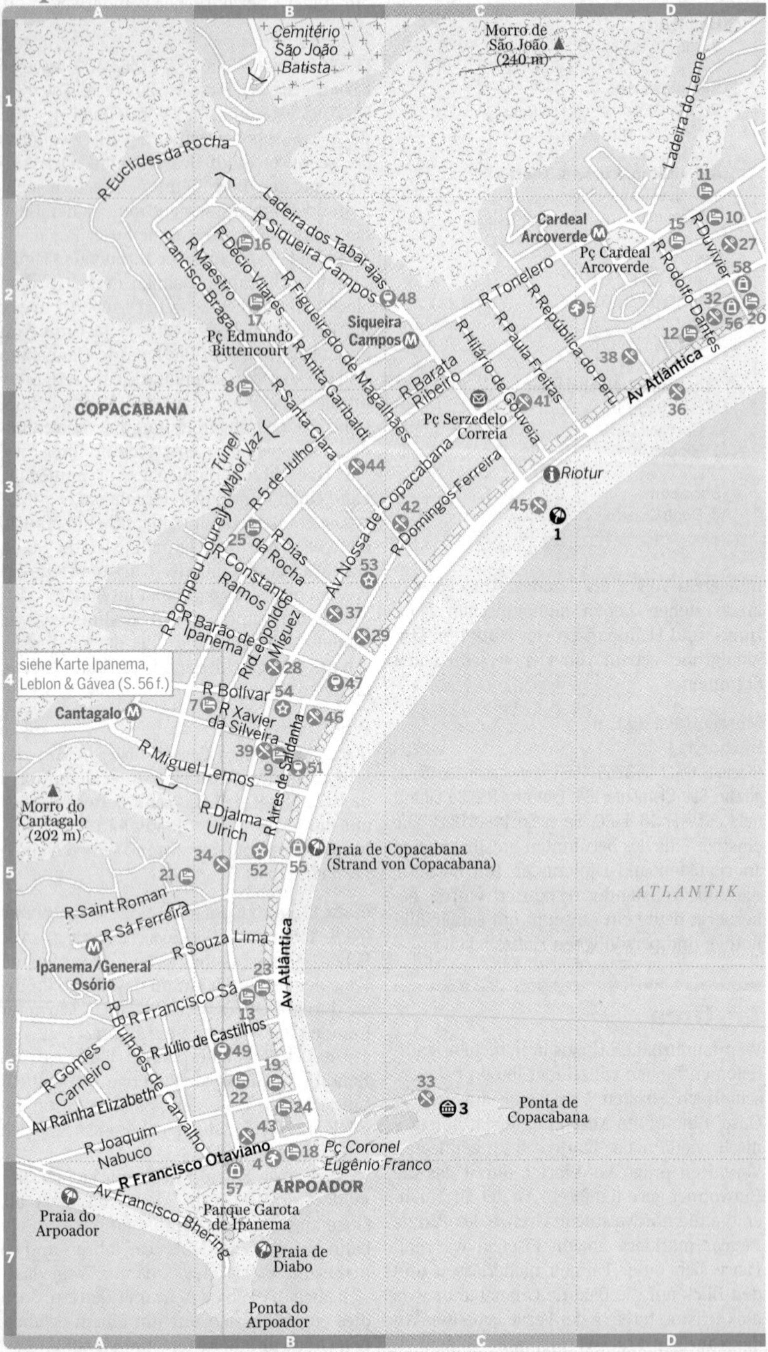

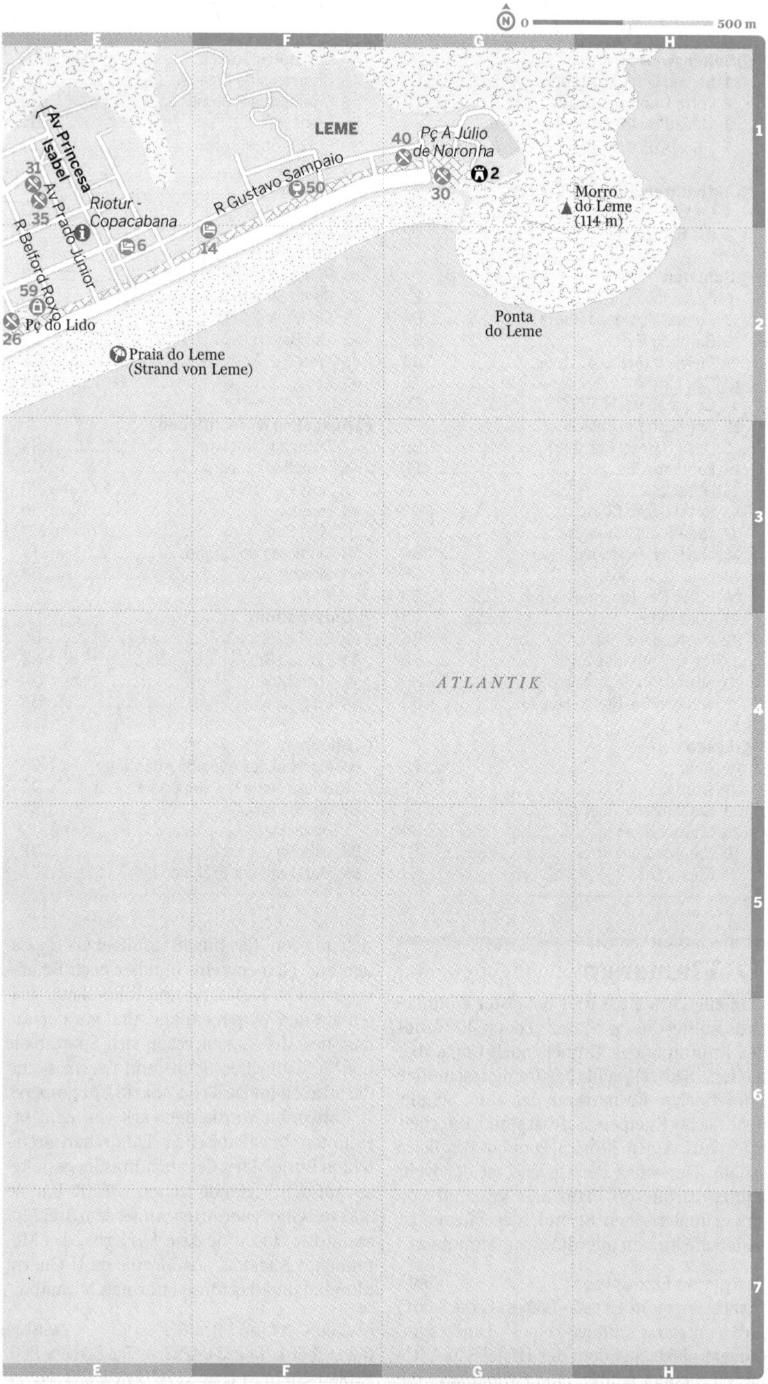
0 500 m
E
F
G
H
1
2
3
4
5
6
7
LEME
Av Princesa Isabel
Av Prado Júnior
R Belford Roxo
R Gustavo Sampaio
Pç A Júlio de Noronha
Riotur - Copacabana
Morro do Leme (114 m)
Ponta do Leme
Pç do Lido
Praia do Leme (Strand von Leme)
ATLANTIK
40
30
2
50
14
6
31
35
59
26

Copacabana & Leme

Sehenswertes

1 Strand von Copacabana C3
2 Forte Duque de Caxias G1
3 Museu Histórico do Exército e Forte de Copacabana C6

Aktivitäten, Kurse & Touren

4 Ciclovia B6
5 Rio Samba Dancer D2

Schlafen

6 Acapulco E2
7 Augusto's Copacabana B4
8 Bamboo Rio B2
9 Blame It on Rio 4 Travel B4
10 Che Lagarto D2
11 Copacabana Holiday D1
12 Copacabana Palace D2
13 Design Hotel Portinari B6
14 Fantastic Rio F2
15 Hotel Ibis D2
16 Hotel Santa Clara B2
17 Jucati B2
18 Mercure Arpoador B6
19 Orla Copacabana B6
20 Porto Bay Rio Internacional D2
21 Pura Vida A5
22 Rio Apartments B6
23 Rio Guesthouse B6
24 Sofitel Rio de Janeiro B6
25 Walk on the Beach Hostel B3

Essen

26 Amir E2
27 Azumi D2
28 Boulangerie Guerin B4
29 Capricciosa B4
30 Carioca Com Você G1
31 Cervantes E1
Cervantes Boteco .... (siehe 31)
32 Churrascaria Palace D2
33 Confeitaria Colombo C6
34 Frontera B5
35 HortiFruti E1
36 Itaipava D3
37 Koni Store B4
38 La Trattoria D2
39 Le Blé Noir B4
40 Marius G1
41 Pão de Açúcar C3
42 Santa Satisfação C3
43 Siri Mole & Cia B6
44 The Bakers B3
45 Très C3
46 Zot B4

Ausgehen & Nachtleben

47 Botequim Informal B4
48 Fosfobox C2
Horse's Neck .... (siehe 24)
49 Le Boy B6
Mud Bug .... (siehe 32)
50 Sindicato do Chopp F1
51 Skylab B4

Unterhaltung

52 Bip Bip B5
53 Espaço SESC B3
Fosfobox .... (siehe 48)
54 Roxy B4

Shoppen

55 Markt in der Avenida Atlântica B5
56 Bossa Nova & Companhia D2
57 Galeria River B7
Havaianas .... (siehe 39)
58 Loja Fla D2
59 Markt auf der Praça do Lido E2

Flamengo

Flamengo war einst Rios nobelster Wohnbezirk, büßte diesen Status jedoch 1904 mit der Eröffnung des Tunnels nach Copacabana ein. Sein Gesicht bestimmen schattige Bürgersteige, Restaurants der alten Schule, historische Kneipen, Saftbars und Internetcafés, aus denen Música Popular Brasileira schallt. Herzstück der Gegend ist der weitläufige Parque do Flamengo, gesäumt von einem malerischen Strand (das Wasser ist zum Schwimmen allerdings zu schmutzig).

Parque do Flamengo — PARK

(Parque Brigadeiro Eduardo Gomes; Karte S. 66 f.) 1965 entstand infolge eines Landgewinnungsprojekts, bei dem der Hügel São Antônio eingeebnet wurde, eine Grünanlage, die sich nun von Rios Innenstadt über Glória, Catete und Flamengo bis hinüber nach Botafogo erstreckt. Radfahrer und Inlineskater gleiten auf den Wegen entlang, und vor der Kulisse des Meeres erstrecken sich Sportareale und Fußballfelder. Sonn- und feiertags sind die Straßen im Park von 7 bis 18 Uhr gesperrt.

Entworfen wurde der Park von dem berühmten brasilianischen Landschaftsarchitekten Burle Marx, der auch Brasília gestaltete. Auf dem Gelände stehen 170 000 Bäume 300 verschiedener Arten, außerdem drei Museen: das Museu de Arte Moderna, das Monumento Nacional aos Mortos da II Guerra Mundial und das Museu Carmen Miranda.

Museu Carmen Miranda — MUSEUM

(Karte S. 66 f.; 2334-4293; Av Rui Barbosa 560; Di–Fr 10–17, Sa & So 13–17 Uhr) GRATIS Fotos,

Aufnahmen und Filmausschnitte bieten einen Einblick in das Schaffen der legendären Sängerin und Schauspielerin.

Cosme Velho

Cosme Velho liegt westlich von Laranjeiras und gehört zu den am häufigsten besuchten Vierteln Rios, was in erster Linie der erhaben über der Stadt thronenden Christusstatue zu verdanken ist.

★ Cristo Redentor STATUE

(Statue Christi des Erlösers; ☎2558-1329; www.corcovado.com.br; Zahnradbahnstation, Cosme Velho 513; Erw./Kind 46/23 R$; ⏲8–19 Uhr) Gelassen blickt der Cristo Redentor aus 748 m Höhe von der Spitze des Corcovado (wörtlich „Buckel") auf die Stadt. Nachts ist die 38 m hohe und 1145 t schwere Erlöserstatue mit ihren weit ausgebreiteten Armen hell erleuchtet und von fast jedem Winkel in Rio zu sehen. Der Corcovado steht innerhalb des Parque Nacional da Tijuca. Beliebtestes Transportmittel ist die rote Schmalspurbahn, die halbstündlich in etwa 20 Minuten zum Gipfel fährt. Die Zahnradbahnstation erreicht man mit jedem „Cosme-Velho"-Bus, z. B. der Linie 583 ab Copacabana, Ipanema oder Leblon.

Alternativ verkehren im Sommer zwischen 8 und 19 Uhr (ansonsten bis 18 Uhr) alle 15 Minuten Kleinbusse von Paineiras (ca. 25 R$) und von der Zahnradbahnstation zur Statue.

Museu Internacional de Arte Naïf do Brasil MUSEUM

(☎2205-8612; Cosme Velho 561; Erw./Kind 12/6 R$; ⏲Di–Fr 10–18, Sa bis 16 Uhr; 🚌180, 184, 583, 584) Einen kurzen Fußmarsch westlich der Corcovado-Zahnradbahnstation zeigt dieses kleine Museum eine faszinierende Kollektion farbenfroher Bilder von Künstlern, die sich mit Themen abseits des Mainstreams beschäftigen. Ihre Werke im Stil der *arte naïf* (Naiven Kunst) handeln oft von Randgruppen (Roma, Farmpächter, Slumbewohner). Obwohl die Sammlung klein ist, umfasst sie Stücke aus 100 Ländern.

Zu den Highlights gehört ein großes oft reproduziertes Bild von Lia Mittarakis, das ein lebendiges Rio mit dem Cristo Redentor als Herzstück darstellt. Im Raum darüber zieht sich das großflächige Werk „Brasil, 5 Séculos" (Brasilien, 5 Jahrhunderte) an den Wänden entlang. Die Leinwand zeigt entscheidende Momente brasilianischer Geschichte von 1500 bis in die 1960er-Jahre. Wer ein Ticket der Corcovado-Zahnradbahn vorzeigt, erhält einen Rabatt von 50 %.

Largo do Boticário HISTORISCHE STÄTTE

(Cosme Velho 822) Fröhlich leuchtende Häuser aus dem frühen 19. Jh. umringen diesen malerischen Platz. Seinen Namen erhielt der Largo do Boticário zu Ehren des Portugiesen Joaquim Luiz da Silva Souto, der einst ein *boticário* – eine Apotheke – betrieb und auch die Königsfamilie belieferte.

Catete & Glória

Wie Flamengo erlebten diese beiden benachbarten Viertel Mitte des 19. Jhs. ihre Blütezeit, als sie wegen ihrer Lage am Stadtrand begehrte Wohnadressen waren. Die eindrucksvollste Sehenswürdigkeit der Gegend ist der Palácio do Catete, eine Schaltzentrale der Republik, bis Brasília Landeshauptstadt wurde, und heute Sitz des Museu da República.

Igreja de Nossa Senhora da Glória do Outeiro KIRCHE

(Karte S. 72 f.; ☎2557-4600; www.outeirodagloria.org.br; Praça Nossa Senhora da Glória 135; ⏲Mo–Fr 9–12 & 13–16, Sa & So 9–12 Uhr) Einen herrlichen Ausblick auf den Parque do Flamengo und die Bucht genießt man von dieser wenig besuchten Kirche auf der Ladeira da Glória. Sie wurde 1739 fertiggestellt und gilt als eines der schönsten Beispiele für religiöse Kolonialarchitektur in Brasilien. Auch die königliche Familie, die 1808 in der Stadt eingetroffen war, zog es immer wieder hierher.

Museu da República MUSEUM

(Karte S. 66 f.; ☎3235-3693; www.museudarepublica.org.br; Rua do Catete 153; Eintritt 6 R$, Mi & So Eintritt frei; ⏲Di–Fr 10–12 & 13–17, Sa & So 14–18 Uhr) Das Museu da República ist im wunderschön restaurierten **Palácio do Catete** untergebracht, dessen Dachgesims auffällige bronzene Kondore krönen. Gebaut zwischen 1858 und 1866, war der Palast ab 1896 Sitz des brasilianischen Präsidenten, bis Amtsinhaber Getúlio Vargas 1954 in einem Schlafzimmer im dritten Stock Suizid beging.

Das Museum beherbergt eine gute Sammlung von Kunst und Artefakten aus der republikanischen Zeit.

Museu de Folclore Edison Carneiro MUSEUM

(Karte S. 66 f.; ☎2285-0441; www.cnfcp.gov.br; Rua do Catete 179; ⏲Di–Fr 11–18, Sa & So 15–18 Uhr) GRATIS 1968 eröffnet, vermittelt dieses kleine

Flamengo, Botafogo & Catete

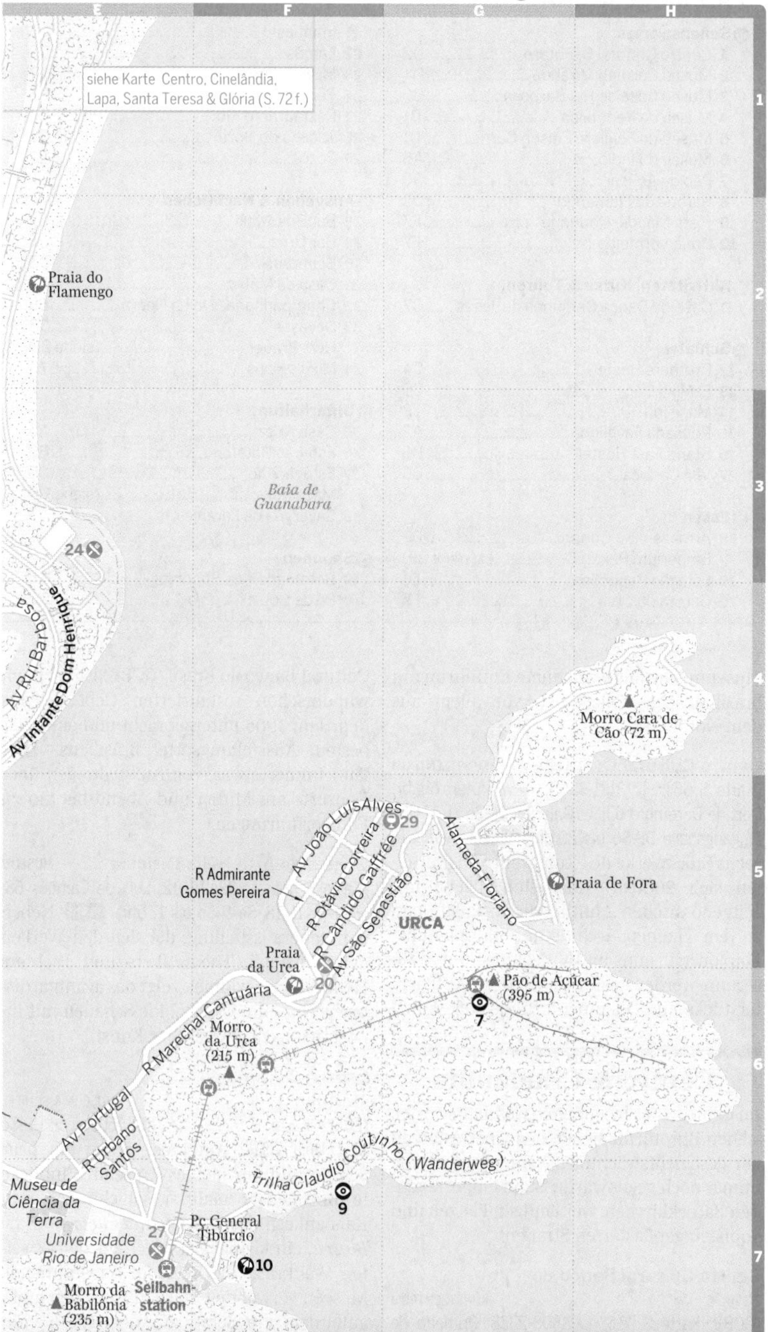
0 500 m
siehe Karte Centro, Cinelândia, Lapa, Santa Teresa & Glória (S. 72 f.)
Praia do Flamengo
Baía de Guanabara
24
Av Rui Barbosa
Av Infante Dom Henrique
Morro Cara de Cão (72 m)
Av João Luís Alves
29
Alameda Floriano
R Admirante Gomes Pereira
R Otávio Correira
R Cândido Gaffrée
Av São Sebastião
Praia de Fora
URCA
Praia da Urca
20
Pão de Açúcar (395 m)
7
R Marechal Cantuária
Morro da Urca (215 m)
Av Portugal
R Urbano Santos
Trilha Claudio Coutinho (Wanderweg)
9
Museu de Ciência da Terra
Universidade Rio de Janeiro
27
Pc General Tibúrcio
10
Morro da Babilônia (235 m)
Seilbahn-station

Flamengo, Botafogo & Catete

Sehenswertes
1 Centro Cultural Oi Futuro D2
2 Museu Carmen Miranda D4
3 Museu Casa de Rui Barbosa B6
4 Museu da República D1
5 Museu de Folclore Edison Carneiro D1
6 Museu do Índio A6
7 Pão de Açúcar G6
8 Parque do Flamengo D3
9 Pista Cláudio Coutinho F7
10 Praia Vermelha F7

Aktivitäten, Kurse & Touren
11 Casa de Dança Carlinhos de Jesus C7

Schlafen
12 Brothers Hostel C4
13 El Misti C6
14 Maze Inn C2
15 Pousada Favelinha A2
16 Stand Fast Hostel B6
17 Vila Carioca B6

Essen
18 Armazem do Chopp D3
Emporium Pax ..... (siehe 39)
19 Estação República D1
20 Garota da Urca F5
21 Intihuasi D3
22 Lamas D3
23 Miam Miam C7
24 Porcão Rio's E3
25 Restaurante Kioto C2
26 Tacacá do Norte D3
27 Zozô E7

Ausgehen & Nachtleben
28 Bar Bukowski C7
29 Bar Urca G5
30 Belmonte D3
31 Casa da Matriz A7
32 Champanharia Ovelha Negra B5
33 Devassa D3
Herr Brauer ..... (siehe 21)
34 Mike's Haus A1

Unterhaltung
35 Casa Rosa A3
36 Estação Botafogo B6
37 Estação Rio C6
Maze Inn ..... (siehe 14)
38 Severyna de Laranjeiras C3

Shoppen
39 Botafogo Praia Shopping C5
40 Pé de Boi C3

Museum eine ausgezeichnete Einführung in brasilianische Volkskunst, vor allem aus dem Nordosten.

Centro Cultural Oi Futuro KUNSTZENTRUM
(Karte S. 66 f.; ☎ 3131-3060; www.oifuturo.org.br; Dois de Dezembro 63; ⏲ Galerien Di–So 11–17 Uhr, Eingangshalle Di–So bis 20 Uhr) GRATIS Auf die sechs Stockwerke des Kunstzentrums verteilen sich 2000 m² Ausstellungsfläche mit zeitgenössischen Multimedia-Installationen zu den Themen Architektur, Stadtplanung, Fotojournalismus und Videokunst. Im Auditorium werden historische Konzerte, Theaterstücke und Dokumentarfilme aufgeführt.

Centro & Cinelândia

Im Centro, Rios lebendigem Geschäftsviertel, stehen Bürotürme neben den Überresten einer geschichtsträchtigen Vergangenheit, die immer noch gegenwärtig ist: in emporragenden Barockkirchen, weitläufigen Plätzen und kopfsteingepflasterten Straßen.

Centro Cultural Banco do Brasil KUNSTZENTRUM
(CCBB; Karte S. 72 f.; ☎ 3808-2338; Primeiro de Março 66; ⏲ Di–So 9–21 Uhr) GRATIS Das Centro Cultural Banco do Brasil (CCBB) ist in einem wunderschön restaurierten Gebäude aus dem Jahr 1906 untergebracht und einer der besten Ausstellungsorte Brasiliens. Hier läuft immer etwas, von Ausstellungen über Konzerte am Mittag und Abend bis hin zu Filmvorführungen.

Centro de Arte Hélio Oiticica MUSEUM
(Karte S. 72 f.; ☎ 2242-1012; Luis de Camões 68; ⏲ Di–Fr 11–18, Sa & So bis 17 Uhr) GRATIS Neben der Dauerausstellung, die sich den Werken des Künstlers, Theoretikers und Dichters Hélio Oiticica widmet, zeigt das avantgardistische Museum wechselnde Schauen mit innovativer zeitgenössischer Kunst.

Espaço Cultural da Marinha MUSEUM & SCHIFFE
(ECM; Karte S. 72 f.; ☎ 2104-5592; ⏲ Di–So 12–17 Uhr) GRATIS Am Meer geben ein paar Schiffe und ein kleines Museum Einblicke in Brasiliens Seefahrtsgeschichte. An den Kais ankern das U-Boot *Riachuelo* und die *Bauru*, ein kleiner Zerstörer aus dem Zweiten Weltkrieg, die beide in schwimmende Museen verwandelt wurden. Zu sehen gibt's außerdem ein Schiff aus dem 19. Jh., mit dem Dom João VI. zur See fuhr, zahlreiche

Schiffsmodelle, Seekarten und Navigationsinstrumente, die die Geschichte der kaiserlichen und brasilianischen Schifffahrt lebendig werden lassen. An den Docks startet auch die Bootstour zur Ilha Fiscal.

Casa França-Brasil KULTURELLES GEBÄUDE
(Karte S. 72 f.; ☎ 2332-5120; www.casafrancabrasil.rj.gov.br; Visconde de Itaboraí 78; ⏲ Di–So 10–20 Uhr) GRATIS In einem neoklassizistischen Bau von 1820 zeigt die Casa França-Brasil Wechselausstellungen, die häufig politische und kulturelle Aspekte der *carioca*-Gesellschaft beleuchten. Einst diente das Gebäude als Zollhaus. Ein Restaurant gehört ebenfalls dazu.

Ilha Fiscal INSEL & HISTORISCHES GEBÄUDE
(Karte S. 72 f.; ☎ 2233-9165; Eintritt 15 R$; ⏲ Führungen Do–So 12.30, 14 & 15.30 Uhr) Auf der winzigen Ilha Fiscal (Fiskalinsel) in der Baía de Guanabara thronend, wirkt der limettengrüne neogotische Palast (1889) wie einem Märchen entsprungen. Ursprünglich überwachte man von hier die Vorgänge im Hafen, darüber hinaus fand in dem Gebäude am 9. November 1889 der letzte kaiserliche Ball statt. Heute werden donnerstags bis sonntags dreimal täglich Führungen angeboten; los geht's am Kai nahe der Praça Quinze.

Igreja de Nossa Senhora do Carmo da Antiga Sé KIRCHE
(Karte S. 72 f.; Sete de Setembro 14; ⏲ Di–So 10–16 Uhr) Aus den 1770er-Jahren stammt diese wunderschön restaurierte Kirche, einst eine Kathedrale, die während der Kaiserzeit eine wichtige Rolle spielte. In dem über und über vergoldeten Innenraum im Rokokostil fanden königliche Taufen, Hochzeiten und Trauerfeiern statt. Auch mehrere Regenten wurden hier gekrönt, u. a. Pedro I. (1822) und sein Sohn Pedro II. (1841); diese Ehre wurde sonst keiner Kirche in der Neuen Welt zuteil. Die Herrscherfamilie pflegte auf dem Balkon mit Blick auf den Altar zu sitzen.

Igreja São Francisco da Penitência & Convento de Santo Antônio KIRCHE
(Karte S. 72 f.; ☎ 2262-0197; Largo da Carioca 5; Eintritt 2 R$; ⏲ Kirche Mo–Fr 8–19, Sa 8–11, So 9–11 Uhr) Den Largo da Carioca dominiert die barocke Igreja São Francisco da Penitência von 1726. Ihre Sakristei von 1745 schmücken blaue portugiesische Fliesen und ein kunstvoll geschnitzter Altar aus Jacarandaholz. Vor der **Statue von Santo Antônio** beten vor allem *cariocas*, die auf der Suche nach einem Ehepartner sind.

Igreja de Nossa Senhora de Candelária KIRCHE
(Karte S. 72 f.; ☎ 2233-2324; Praça Pio X; ⏲ Mo–Fr 8–16, Sa 8–12, So 9–13 Uhr) GRATIS Diese Kirche (der Originalbau stammt aus dem späten 16. Jh.) ist einem Schiffskapitän zu verdanken, der beinahe Schiffbruch erlitten hätte: Nach seiner glücklichen Rückkehr gelobte er, zu Ehren Unserer Lieben Frau von Candelária ein Gotteshaus zu errichten. Das prachtvolle Design wurde später ergänzt.

Zwischen 1775 und 1894 erbaut, war dies die größte und reichste Kirche im brasilianischen Kaiserreich. Im Inneren erwartet einen eine Mischung aus Barock und Renaissance. Die Decke über dem Schiff legt den Ursprung der Kirche offen. Vorsicht: Auf den Verkehr vor der Kirche achten!

Mosteiro de São Bento KIRCHE
(Karte S. 72 f.; ☎ 2206-8100; Dom Gerardo 68; ⏲ 7–18 Uhr) Dies ist eine der schönsten Kolonialkirchen Brasiliens. Das Kloster wurde zwischen 1617 und 1641 auf dem Morro de São Bento errichtet und gewährt einen großartigen Ausblick auf die Stadt. Hinter der schlichten Fassade verbirgt sich ein reich mit Gold verziertes barockes Inneres.

Bei der Sonntagsmesse um 10 Uhr singt ein Benediktinerchor gregorianische Choräle; Frühaufsteher können auch wochentags um 7.30 Uhr die Messe besuchen. Um das Kloster von der Rua Dom Gerardo aus zu erreichen, läuft man bis zur Hausnummer 40 und nimmt dort den Aufzug in den fünften Stock.

Museu de Arte Moderna MUSEUM
(MAM; Karte S. 72 f.; ☎ 2240-4944; www.mamrio.org.br; Av Infante Dom Henrique 85; Eintritt 12 R$; ⏲ Di–Fr 12–18, Sa & So bis 19 Uhr) Am nördlichen Ende des Parque do Flamengo steht das Museu de Arte Moderna (MAM) dessen brutalistische Betonfassade von Affonso Eduardo Reidy ins Auge fällt. Nicht minder beeindruckend ist das von Burle Marx gestaltete Gelände. Die etwas enttäuschende Sammlung umfasst Arbeiten brasilianischer Künstler wie Bruno Giorgi, Emiliano Di Cavalcanti und Maria Martins.

Museu Histórico Nacional MUSEUM
(Karte S. 72 f.; ☎ 2550-9224; www.museuhistoriconacional.com.br; abseits der General Justo nahe der Praça Marechal Âncora; Eintritt 8 R$, So Eintritt frei; ⏲ Di–Fr 10–17.30, Sa & So 14–18 Uhr) Untergebracht in einem kolonialzeitlichen Arsenal aus dem Jahr 1764, präsentiert das eindrucksvolle Museu Histórico Nacional histo-

rische Zeugnisse, welche die Geschichte Brasiliens von seinen Anfängen bis zu den frühen Tagen der Republik illustrieren. Zu den Highlights zählen vergoldete kaiserliche Kutschen, der Thron Dom Pedros II., gewaltige Ölgemälde vom grausamen Krieg mit Paraguay und die originalgetreue Rekonstruktion einer kolonialzeitlichen Apotheke. Zu sehen sind außerdem Exponate zur indigenen Bevölkerung Brasiliens sowie historische Kuriositäten wie die Schreibfeder, mit der Princesa Isabel das Gesetz zur Abschaffung der Sklaverei in Brasilien unterzeichnete.

Museu Nacional de Belas Artes MUSEUM

(Karte S. 72 f.; ☎ 2219-8474; www.mnba.gov.br; Rio Branco 199, Centro; Erw./Student 8/4 R$; ⏲ Di–Fr 10–18, Sa & So 12–17 Uhr) Rios Museum der Schönen Künste birgt über 18 000 Originalgemälde und Skulpturen. Einige stammen aus dem Fundus, den Dom João VI. 1808 aus Portugal mitbrachte. Zu den wichtigsten Abteilungen zählt die **Galeria de Arte Brasileira** mit klassischen Werken des 20. Jhs., darunter Cândido Portinaris *Café*.

Paço Imperial KAISERPALAST

(Karte S. 72 f.; ☎ 2215-2622; Praça XV [Quinze] de Novembro 48; ⏲ Di–So 12–18 Uhr) GRATIS Ursprünglich wurde der frühere Kaiserpalast 1743 als Residenz des Gouverneurs erbaut. Nachdem die portugiesische Krone ihren Sitz in die Kolonie verlegt hatte, diente er als Wohnstatt für Dom João und seine Familie. Heute finden in dem Gebäude kostenlose Ausstellungen statt, im Erdgeschoss gibt's mehrere Cafés.

Praça XV (Quinze) de Novembro HISTORISCHER PLATZ

(nahe der Rua Primeiro de Março) Der Platz vor dem ehemaligen Kaiserpalast erinnert an den 15. November 1822, den Tag, an dem die brasilianische Republik ausgerufen wurde.

Travessa do Comércio STRASSE

(Karte S. 72 f.; nahe der Praça XV [Quinze] de Novembro) Bildschöne zweistöckige Stadthäuser aus der Kolonialzeit säumen die schmale, kopfsteingepflasterte Straße, die von der Praça XV (Quinze) de Novembro abgeht. Der Durchgang, der in das Areal führt, wird **Arco de Teles** genannt und war einst Teil eines alten Viadukts zwischen zwei Gebäuden. Heute findet man in der Travessa do Comércio ein halbes Dutzend Restaurants und Bars mit Sitzgelegenheiten draußen. Hier treffen sich die *cariocas* gern nach der Arbeit.

Praça Floriano PLAZA

(Karte S. 72 f.; Av Rio Branco) Die Praça Floriano, das Herz des modernen Rios, erwacht mittags und nach Feierabend zum Leben. Dann füllen sich die Straßencafés mit Sambamusikern und Gästen, die bei einem Bier aktuelle Themen diskutieren.

Real Gabinete Português de Leitura HISTORISCHES GEBÄUDE

(Karte S. 72 f.; ☎ 2221-3138; Luís de Camões 30; ⏲ Mo–Fr 9–18 Uhr) GRATIS 1837 entstand der prächtige Lesesaal im manuelinischen Stil, der mehr als 350 000 Bücher (viele aus dem 16., 17. und 18. Jh.) beherbergt. Einige Gemälde, Skulpturen und antike Münzen ergänzen die Sammlung.

Theatro Municipal THEATER

(Karte S. 72 f.; ☎ 2332-9220; www.theatromunicipal.rj.gov.br; Av 13 de Maio, Praça Floriano; Führung 10 R$) Das prachtvolle Stadttheater wurde 1905 nach dem Vorbild der Pariser Oper errichtet und ist der Sitz der Oper, des Orchesters und des Balletts von Rio. Seine opulente Innenausstattung zeichnet sich durch schöne Details aus. Dienstags bis freitags um 12, 14, 15 und 16 Uhr sowie samstags um 12 und 14 Uhr werden einstündige Führungen angeboten. Auch die Vorstellungen sind absolut sehenswert.

Lapa

Heute ist der ehemalige Rotlichtbezirk das Zentrum der lebendigen Boheme von Rio: Dutzende von Musikclubs, Bars und altmodischen Restaurants füllen dessen Straßen.

An den Wochenenden tummeln sich abends die Feiernden zuhauf in den Sambaclubs, auf den Gassen und auf der großen Plaza vor den Arcos do Lapa, dem berühmtesten Wahrzeichen des Viertels.

Catedral Metropolitana KIRCHE

(Karte S. 72 f.; ☎ 2240-2669; www.catedral.com.br; Av República do Chile 24; ⏲ 7–18 Uhr, Museum Mi 9–12 & 13–16, Sa & So 9–12 Uhr) Die riesige, kegelförmige Kathedrale wurde 1976 nach zwölfjähriger Bauzeit eingeweiht. Unter den Skulpturen, Wandbildern und anderen Kunstwerken stechen besonders die vier atemberaubenden Buntglasfenster hervor, die sich 60 m bis zur Decke erstrecken.

★ **Escadaria Selarón** TREPPE

(Karte S. 72 f.; Treppe zw. Joaquim Silva in Lapa & Pinto Martins in Santa Teresa) Als bunte Kunstinstallation führt die **Escadaria Selarón** von der Rua Joaquim Silva bergauf – ein Lebenswerk des in Chile geborenen Künstlers Jorge Selarón, der 2013 verstarb. Eines Tages begann er, die Treppe als Hommage an das brasilianische Volk mit Mosaiken zu schmücken, bis alle 215 Stufen in leuchtende Farben gehüllt waren.

Arcos da Lapa AQUÄDUKT
(Karte S. 72 f.; nahe der Av Mem de Sá) Mitte des 18. Jhs. entstand dieser eindrucksvolle Aquädukt, um Wasser vom Fluss Carioca ins Zentrum Rios zu transportieren. Seine 42 Bogen, gebaut nach römischem Vorbild, reichen 64 m hoch. Über das Bauwerk fuhr die *bonde* (Straßenbahn) von und nach Santa Teresa, bis sie nach einem tragischen Unfall 2011 stillgelegt wurde.

Santa Teresa

Santa Teresa, auf einem Hügel über der Stadt gelegen, bewahrt sich mit seinen Kopfsteinpflasterstraßen und alten Wohnhäusern den Charme vergangener Zeiten und ist Rios atmosphärischstes Viertel. Heute lebt hier eine neue Generation von Künstlern und Bohemiens, die die farbenfrohen Restaurants und Bars sowie die lebhafte Partyszene am Wochenende rund um den Largo do Guimarães und Largo das Neves zu schätzen wissen.

Museu Chácara do Céu MUSEUM
(Karte S. 72 f.; ☎ 3970-1126; www.museuscastromaya.com.br; Murtinho Nobre 93, Lapa; Eintritt 2 R$, Mi Eintritt frei; ⏲ Mi–Mo 12–17 Uhr) Die einstige Residenz eines Kunstmäzens und Industriellen zeigt heute eine kleine, aber facettenreiche Sammlung moderner Kunst. Schöne Gärten umgeben das Gebäude.

Parque das Ruínas AUSSICHTSPUNKT
(Karte S. 72 f.; ☎ 2215-0621; Murtinho Nobre 169; ⏲ Di–So 10–20 Uhr) GRATIS Von der Aussichtsplattform auf den Ruinen einer ehemaligen Villa bietet sich ein exzellenter Ausblick. Zudem gibt's einen kleinen Café-Kiosk unter freiem Himmel und eine Terrasse, auf der manchmal Konzerte stattfinden.

Centro Cultural Laurinda Santos Lobo KULTURZENTRUM
(Karte S. 72 f.; ☎ 2224 3331; Monte Alegre 306, Santa Teresa; ⏲ Di–So 9–17 Uhr) In dem großen, 1907 errichteten Gebäude werden gelegentlich Ausstellungen und Freiluftkonzerte veranstaltet.

ABSTECHER

DIE BUCHT ERKUNDEN

Östlich vom Centro liegt die malerische Bucht von Rio. Zum Schwimmen ist sie zu verschmutzt, aber dafür bezaubert sie als schöne Kulisse bei der Bootsfahrt nach Niterói oder zur Ilha de Paquetá.

Ilha de Paquetá

Diese autofreie **Insel** (☎ Fähre 0800-721-1012; www.grupoccr.com.br/barcas) ist ein hübscher Ausflugsort, um dem Großstadttrubel zu entfliehen. Hier bewegt man sich zu Fuß, mit dem Rad – es gibt jede Menge Verleiher – oder mit einer Pferdekutsche fort. Die Kolonialbauten, die schlichten Strände und die auf Inlandtourismus ausgerichteten Geschäfte verströmen eine gewisse charmante Dekadenz. An den Wochenenden wird's voll. Die Fähre zur Insel legt in der Nähe der Praça XV (Quinze) de Novembro im Centro ab und braucht 70 Minuten, für Hin- und Rückfahrt zahlt man 9 R$. Es bestehen neun Verbindungen am Tag – besonders günstig sind die Abfahrtszeiten um 7.10, 10.30 und 13.30 Uhr.

Niterói

Die Hauptattraktion der östlich von Rio gelegenen Stadt Niterói ist ihr fotogenes **Museu do Arte Contemporânea** (MAC; ☎ 2620-2400; www.macniteroi.com.br; Mirante da Boa Viagem, Niterói; Eintritt 6 R$; ⏲ Di–So 10–18 Uhr), doch allein schon die Bootsfahrt hierher quer durch die Bucht ist ein guter Grund, um Rio einmal den Rücken zu kehren. Hin- und Rückfahrt mit der Fähre kosten etwa 9 R$, los geht's nahe der Praça XV de Novembro im Centro. In der Regel sind jede Menge Pendler an Bord. Hat man das Dock erreicht, findet man sich zunächst in einem trubeligen Geschäftsviertel voller sich kreuzender Straßen wieder. Von hier nimmt man den Bus 47B zum MAC 2,1 km weiter südlich – oder kehrt mit der Fähre postwendend zurück.

Centro, Cinelândia, Lapa, Santa Teresa & Glória

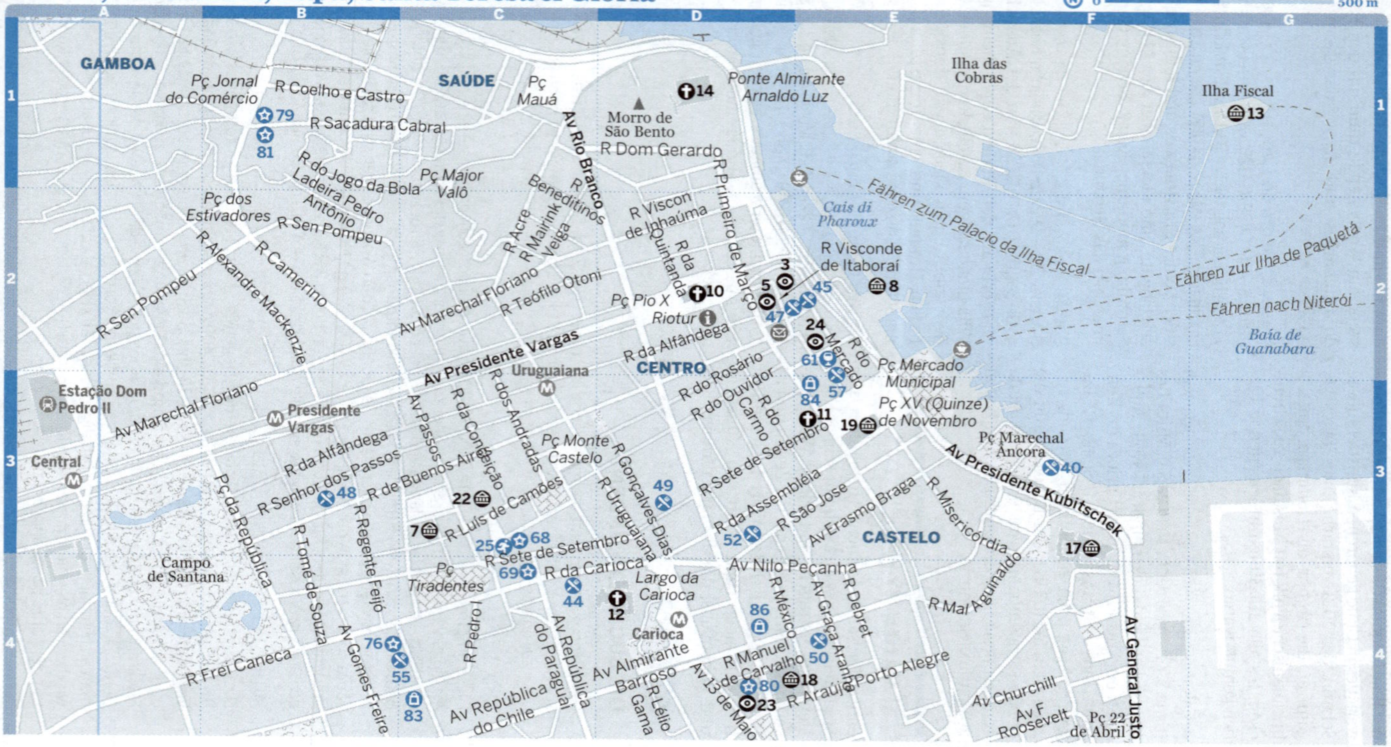

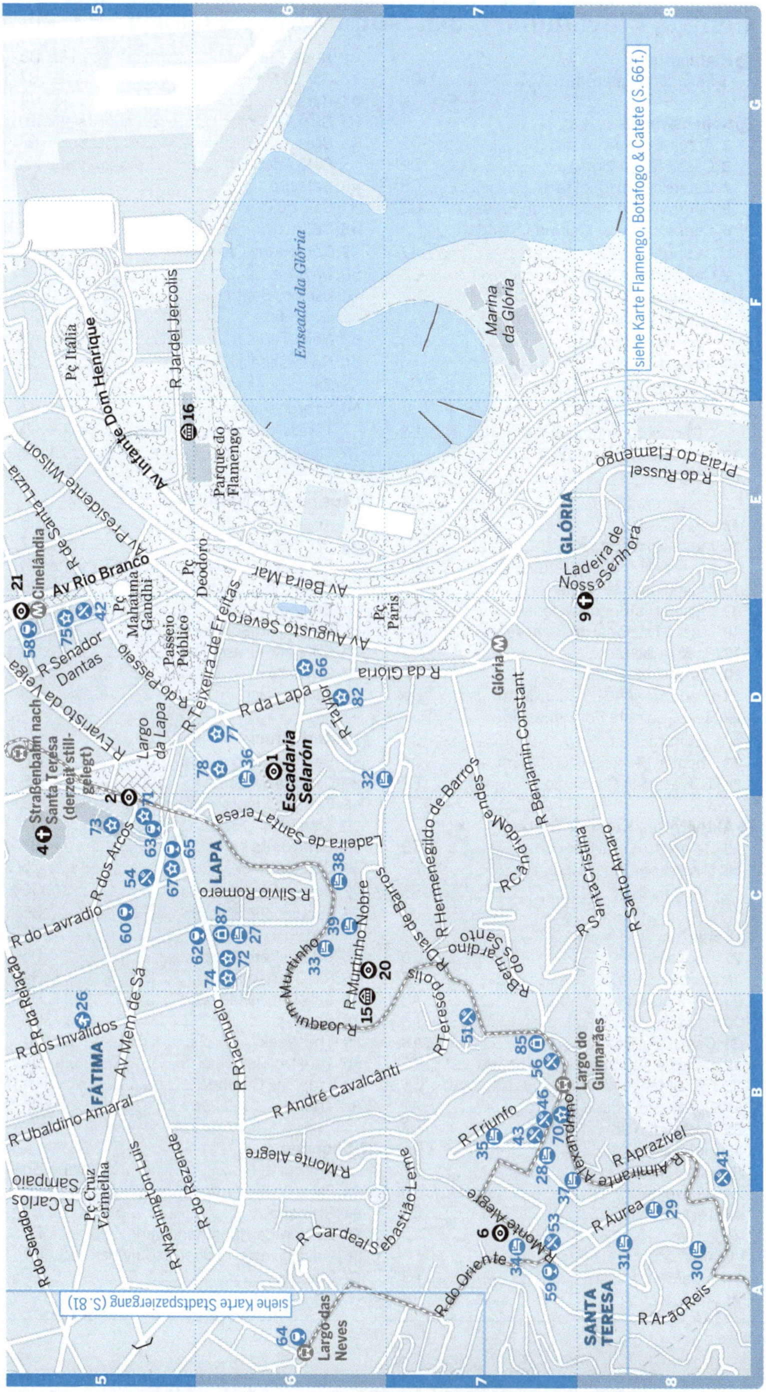
siehe Karte Flamengo, Botafogo & Catete (S. 66 f.)
siehe Karte Stadtspaziergang (S. 81)
Enseada da Glória
Marina da Glória
Parque do Flamengo
Av Infante Dom Henrique
R Jardel Jercolis
Pç Itália
Av Presidente Wilson
R de Santa Luzia
Av Rio Branco
Cinelândia
Pç Mahatma Gandhi
Passeio Público
Pç Deodoro
Pç Paris
Av Beira Mar
Av Augusto Severo
R Teixeira de Freitas
R do Passeio
R Senador Dantas
R Evaristo da Veiga
Largo da Lapa
R da Lapa
R Taylor
R da Glória
Glória
GLÓRIA
Ladeira de Nossa Senhora
Praia do Flamengo
R do Russel
R Benjamin Constant
R Cândido Mendes
R Hermenegildo de Barros
R Dias de Barros
R Bernardino dos Santos
R Santa Cristina
R Santo Amaro
Escadaria Selarón
Ladeira de Santa Teresa
R Silvio Romero
R Murtinho Nobre
R Joaquim Murtinho
R Teresópolis
LAPA
Straßenbahn nach Santa Teresa (derzeit stillgelegt)
R dos Arcos
R do Lavradio
R da Relação
R dos Inválidos
Av Mem de Sá
R Riachuelo
R André Cavalcânti
FÁTIMA
R Ubaldino Amaral
R Monte Alegre
R Triunfo
Largo do Guimarães
R Almirante Alexandrino
R Aprazível
R Áurea
R Cardeal Sebastião Leme
R do Oriente
R Arão Reis
SANTA TERESA
Largo das Neves
R Washington Luis
R do Rezende
Pç Cruz Vermelha
R Carlos Sampaio
R do Senado
A
B
C
D
E
F
G
5
6
7
8
1
2
4
6
9
15
16
20
21
26
27
28
29
30
31
32
33
34
35
36
37
38
39
41
42
43
46
51
53
54
56
58
59
60
62
63
64
65
66
67
70
71
72
73
74
75
77
78
82
85
87

Centro, Cinelândia, Lapa, Santa Teresa & Glória

Highlights
1 Escadaria Selarón D6

Sehenswertes
2 Arcos da Lapa C5
3 Casa França-Brasil D2
4 Catedral Metropolitana C5
5 Centro Cultural Banco do Brasil D2
6 Centro Cultural Laurinda Santos Lobo A7
7 Centro de Arte Hélio Oiticica C3
8 Espaço Cultural da Marinha E2
9 Igreja de Nossa Senhora da Glória do Outeiro D8
10 Igreja de Nossa Senhora de Candelária D2
11 Igreja de Nossa Senhora do Carmo da Antiga Sé E3
12 Igreja São Francisco da Penitência & Convento de Santo Antônio D4
13 Ilha Fiscal G1
14 Mosteiro de São Bento D1
15 Museu Chácara do Céu B6
16 Museu de Arte Moderna E5
17 Museu Histórico Nacional F3
18 Museu Nacional de Belas Artes D4
19 Paço Imperial E3
20 Parque das Ruínas C6
21 Praça Floriano D5
22 Real Gabinete Português de Leitura C3
23 Theatro Municipal D4
24 Travessa do Comércio E2

Aktivitäten, Kurse & Touren
25 Centro Cultural Carioca C3
26 Núcleo de Dança Renata Peçanha B5

Schlafen
27 Books Hostel C6
28 Cama e Café B7
29 Casa Áurea A8
30 Casa Beleza A8
31 Casa Cool Beans A8
32 Casa da Carmen e do Fernando D6
33 Casa Mango Mango C6
34 Casalegre A7
35 Castelinho 38 .... B7
36 Hotel Marajó D6
37 Hotel Santa Teresa B7
38 Rio Hostel C6
39 Terra Brasilis C6

Essen
40 AlbaMar F3
41 Aprazível B8
42 Ateliê Culinário D5
43 Bar do Mineiro B7
44 Bar Luiz C4
Bistrô do Paço .... (siehe 19)
45 Brasserie Rosário E2
Café Arlequim .... (siehe 19)
46 Cafecito B7
47 Cais do Oriente D2
48 Cedro do Líbano B3
49 Confeitaria Colombo D3
50 Da Silva E4
51 Espírito Santa B7
52 Govinda D3
53 Nega Teresa A7
54 Nova Capela C5
55 Santa Scenarium C4
56 Sobrenatural B7
Térèze .... (siehe 37)
57 The Line E2

Ausgehen & Nachtleben
58 Amarelinho D5
59 Bar do Gomes A7
Bar dos Descasados .... (siehe 37)
60 Barzinho C5
61 Boteco Casual E2
62 Boteco do Gomes C6
63 Choperia Brazooka C5
64 Goya-Beira A6
65 Leviano Bar C5

Unterhaltung
66 Beco do Rato D6
67 Carioca da Gema C5
68 Centro Cultural Carioca C3
69 Cine Ideal C4
70 Cine Santa Teresa B7
71 Circo Voador C5
72 Democráticus C6
73 Fundição Progresso C5
74 Lapa 40 Graus C6
75 Odeon Petrobras D5
76 Rio Scenarium B4
77 Sala Cecília Meireles D6
78 Semente D6
79 The Week B1
80 Theatro Municipal D4
81 Trapiche Gamboa B1
82 TribOz D6

Shoppen
Arlequim .... (siehe 19)
83 Feira do Rio Antigo C4
84 Granado E3
85 La-Vereda-Kunsthandwerk B7
86 Nova Livraria Leonardo da Vinci D4
87 Plano B C6

Zona Norte

Die „nördliche Zone" hält eine Handvoll Attraktionen bereit, z.B. den Sambódromo, das Maracanã-Fußballstadion und einen riesigen Markt, die Feira Nordestina. Hier liegt auch die Quinta da Boa Vista, ein weitläufiger Park, in dem das Museu Nacional und der Jardim Zoológico (Zoo) zu Hause sind.

Maracanã-Fußballstadion STADION

(Karte S. 78 f.; ☎2334-1705; Av Maracanã, São Cristóvão; Eintritt 15–100 R$, Sportmuseum 20 R$; ⏲Sportmuseum Mo–Fr 9–17 Uhr, ausgenommen Spieltage) Ein wirklich unvergessliches Erlebnis ist der Besuch eines Fußballmatches in Brasiliens *futebol*-Tempel. Die Spiele im Maracanã gehören zu den aufregendsten weltweit, vor allem wenn es um die Meisterschaft geht bzw. Lokalderbys zwischen Flamengo, Vasco da Gama, Fluminense oder Botafogo anstehen. In Vorbereitung auf die Fußball-WM 2014 wurde das Stadion für saftige 900 Mio. R$ umgebaut.

Spiele finden das ganze Jahr über statt, meist samstags oder sonntags (Anpfiff 16 oder 18 Uhr) oder mittwochs und donnerstags (ca. 20.30 Uhr).

Quinta da Boa Vista PARK

(Karte S. 78 f.; ☎2562-6900; ⏲9–17 Uhr) Bis zur Ausrufung der Republik war die Quinta da Boa Vista die Residenz der Kaiserfamilie. Heute ist sie ein großer, gut besuchter Park mit Gartenanlagen und Teichen. An den Wochenenden tummeln sich hier Fußballspieler und Familien aus der Zona Norte. Die frühere kaiserliche Villa beherbergt nun das **Museu Nacional**, 200 m entfernt liegt ein kleiner Zoo.

Museu Nacional MUSEUM

(Karte S. 78 f.; ☎2562-6900; Quinta da Boa Vista s/n; Eintritt 3 R$; ⏲Di–So 10–16 Uhr) Im Museu Nacional gibt's viel Interessantes zu sehen: etruskische Keramik, ägyptische Mumien und ausgestopfte prähistorische Tiere sowie eine kleine Abteilung mit Relikten der indigenen Völker Brasiliens.

Feira Nordestina MARKT

(Karte S. 78 f.; ☎2580-5335; www.feiradesaocristovao.org.br; Campo de São Cristóvão; Eintritt 3 R$; ⏲Di–Do 10–18, Fr 10 bis So 21 Uhr) Tolle Einblicke in die Kultur des Nordostens ermöglicht dieser riesige Markt: *Barracas* (Imbissstände) verkaufen Gerichte aus Bahia, Bier und *cachaça* (Zuckerrohrschnaps) fließen in Strömen. Am besten kommt man am Wochenende her, wenn Bands *forró* (traditionelle Musik aus dem Nordosten) spielen und das bunte Treiben von Freitagmorgen bis Sonntagabend ohne Pause anhält. Neben Essen und Getränken werden außerdem CDs, Hängematten und Kunsthandwerk verkauft.

Sambódromo ARENA

(Karte S. 78 f.; Marques do Sapuçai) Der Sambódromo, Rios Epizentrum des Karnevals, wurde von Oscar Niemeyer entworfen und 1984 vollendet.

Barra da Tijuca & West-Rio

10 km westlich von Leblon liegt Barra da Tijuca (Barra), das Miami von Rio mit Einkaufszentren und Malls inmitten einer tropischen Landschaft. Sein hübscher Strand ist mit 12 km der längste der Stadt. Dahinter verliert sich der urbane Charakter des Gebiets immer mehr, und man findet einige der schönsten Sandstreifen von ganz Rio.

Praia da Barra da Tijuca STRAND

(Av Sernambetiba, Recreio dos Bandeirantes) Das Beste an Barra ist der rund 12 km lange Strand, an dem sich herrlich blaue Wellen brechen. Jede Menge Bars und Fischrestaurants säumen die ersten paar Kilometer am östlichen Ende.

Sítio Burle Marx PARK

(☎2410-1412; visitas.srbm@iphan.gov.br; Estrada da Barra de Guaratiba 2019, Guaratiba; Eintritt 10 R$; ⏲Führungen Di–Sa 9.30 & 13.30 Uhr, nur nach vorheriger Anmeldung) Auf dem etwa 35 ha großen Anwesen lebte einst Roberto Burle Marx, Brasiliens berühmtester Landschaftsarchitekt. Die üppig grüne Vegetation besteht aus Tausenden Pflanzenarten, darunter seltene Spezies aus anderen Teilen der Welt.

Casa do Pontal MUSEUM

(☎2490-3278; www.museucasadopontal.com.br; Estrada do Pontal 3295, Recreio dos Bandeirantes; Eintritt Dauerausstellung/Sonderausstellungen 10/4 R$; ⏲Di–So 9.30–17 Uhr) Die eindrucksvolle Volkskunstsammlung des französischen Designers Jacques Van de Beuque umfasst mehr als 5000 Artefakte und zählt zu den besten ihrer Art in Brasilien. Zu sehen sind ausgesuchte Werke zu verschiedenen Themengebieten, z. B. Musik, Karneval, Religion und Folklore. Rings um das Museum erstreckt sich üppiges Grün.

DIE STRÄNDE WESTLICH VON RIO

Auch wenn Copacabana und Ipanema die bekanntesten Strände sind, gibt's eine ganze Reihe weiterer wunderbarer Sandstreifen in der Umgebung, teilweise inmitten traumhafter Natur.

Wer von Leblon aus nach Westen fährt, erreicht als Erstes die Praia do Pepino in São Conrado, die leider nicht die sauberste ist. Ganz in der Nähe landen die Drachenflieger. Weiter westlich führt ein steiler Pfad den felsigen Hang hinunter zur gut versteckten kleinen Praia do Joatinga. Man sollte auf die Gezeiten achten, damit man hier nicht „strandet"!

An den Wochenenden ist Recreio dos Bandeirantes zwar ziemlich überlaufen, dafür trifft man unter der Woche kaum eine Menschenseele. Ein großer Fels fungiert als natürlicher Wellenbrecher und sorgt für einen ruhigen Seegang in der Bucht. Auch deswegen ist der 2 km lange Strand bei Familien sehr beliebt.

Direkt hinter Recreio erstreckt sich der abgelegene 700 m lange Strand Prainha. Er ist dank des tollen Wellengangs einer der besten Surfspots Rios und wird von jeder Menge Wassersportler bevölkert.

Grumari ist der sauberste und abgeschiedenste Strand in Stadtnähe. Unter der Woche geht's hier ruhig zu, an den Wochenenden jedoch fallen *cariocas* in Scharen ein, die die Stadtstrände nicht mehr sehen können. Berge und üppige Vegetation bilden eine traumhafte Kulisse.

Von Grumari führt eine schmale Straße über einen dschungelbedeckten Hügel nach Guaratiba. Westlich davon hat man einen guten Blick auf die Restinga de Marambaia, einen vegetationsreichen Streifen zwischen Strand und Hinterland, der als Marinestützpunkt dient und nicht öffentlich zugänglich ist. *Cariocas* essen gern in einem der vielen Fischrestaurants vor Ort zu Mittag.

Aktivitäten

Die *cariocas* sind ein aktives Völkchen. Kein Wunder, schließlich liegen Berge, Strände und Wälder gleich vor ihrer Tür! An der Küste können sich Jogger, Wanderer, Spaziergänger, Radfahrer und Surfer nach Herzenslust austoben, und auch die Gipfel haben ihren Reiz, ob man nun festgezurrt in einem Hängegleiter zu Tal schwebt oder sie mit eigener Muskelkraft erklimmt. Direkt vor den Stadttoren gibt's großartige Wanderwege durch den Atlantischen Regenwald.

Spazierengehen & Joggen

In der Zona Sul (die Südstadt zwischen Flamengo und Leblon) findet man gute Spazier- und Joggingwege, u. a. im Parque do Flamengo, der auch Trimm-dich-Pfade umfasst. Rund um die Lagoa Rodrigo de Freitas verläuft ein 7,5 km langer Weg für Radfahrer und Jogger. Zwischen Leme und Barra da Tijuca führt ein Fahrrad- und Fußgängerweg an der Küste entlang. Sonntags ist die Straße von 7 bis 18 Uhr für den Verkehr gesperrt, genau wie jene durch den Parque do Flamengo.

Wandern & Klettern

Nicht nur in den Nationalparks der Umgebung wie dem Parque Nacional da Serra dos Órgãos und dem Parque Nacional de Itatiaia, sondern auch im Regenwald der Floresta da Tijuca gibt's Wanderwege. Besucher können sich zudem Wandergruppen anschließen, die Touren um den Corcovado und den Morro da Urca, im Parque Lage und in anderen Gegenden unternehmen.

Rio ist die beste Adresse ganz Brasiliens für Freeclimber. Im Umkreis von einer Fahrtstunde finden sich Hunderte von ausgeschilderten Kletterpfaden, im Parque da Catacumba (S. 58) erwartet einen außerdem eine Kletterwand.

Jungle Me WANDERN, GEFÜHRTE TOUR

(☎4105-7533; www.jungleme.com.br; Tour 150 R$) Der erstklassige Anbieter veranstaltet exzellente Wanderausflüge durch den Parque Nacional da Tijuca (S. 82) unter der Führung sachkundiger Guides. Auf der Tour „Peaks and Waterfalls" erklimmen die Teilnehmer anspruchsvolle Steilhänge mit einem traumhaften Blick auf Rio, gefolgt von einem erfrischenden Bad in einem Wasserfall. Der „Wild Beaches Hike" führt zu malerischen Stränden in Rios wenig besuchten westlichen Vororten.

Rio Hiking WANDERN

(☎2552-9204; www.riohiking.com.br; ganztägige Tour ab 150 R$) 1999 von einem Mutter-Sohn-Team gegründet, offeriert dieser beliebte Veranstalter Wanderausflüge, die von leicht bis anspruchsvoll reichen und zu verschiedenen Zielen rund um Rio führen. Auch Kajak-, Tauch- und Raftingtouren sowie andere Abenteuersportarten lassen sich arrangieren.

Rio Adventures WANDERN
(☎2705-5747; www.rioadventures.com; Wander-/Kletter-/Raftingtouren ab 90/220/400 R$) Rio Adventures organisiert zahlreiche Outdooraktivitäten, z. B. Wanderungen durch den Nationalpark Tijuca mit kurzen Aufstiegen auf den Pico Tijuca oder anspruchsvollere Ausflüge auf die Pedra Bonito. Zum Angebot zählen außerdem Sightseeingtouren, Kletterausflüge, Rafting auf dem Paraibuna, 175 km nordwestlich von Rio, Fallschirmsprünge sowie Drachenfliegen.

Crux Ecoadventure KLETTERN
(☎9392-9203, 3474-1726; www.cruxecoaventura.com.br) Auf dem Programm dieses renommierten Anbieters stehen verschiedene Klettertouren und andere Outdooraktivitäten. Am beliebtesten ist der Aufstieg zum Zuckerhut (170 R$), der weniger beängstigend ist, als er aussieht. Daneben werden Abseiltouren an Wasserfällen, ganztägige Wanderungen durch den Parque Nacional da Tijuca sowie Rad- und Kajaktouren organisiert.

Climb in Rio KLETTERN
(☎2245-1108; www.climbinrio.com; halbtägige Klettertour 230 R$) Einen guten Ruf genießt auch dieser Anbieter, der halb- und ganztägige Klettertrips mit erfahrenen Guides veranstaltet. Zur Auswahl stehen über 400 Routen rund um Rio de Janeiro und im Bundesstaat – die ideale Adresse für Kletterjunkies!

Radfahren

In und um Rio finden sich über 300 km Fahrradwege, und in Zukunft sollen es noch mehr werden. Die schönsten Routen verlaufen rund um die Lagoa Rodrigo de Freitas und entlang der Küste von Leblon bis nach Leme (mit Anschluss bis zur Praia de Botafogo), zum Parque do Flamengo und ins Centro. Im Wald von Tijuca führt ein 6 km langer Radweg von einem Wasserfall (Cascatinha) zu einem Museum (Açude). Sonntags ist die Strandstraße von Leblon nach Leme für den Verkehr geschlossen, genau wie die Straße durch den Parque do Flamengo.

Drahtesel kann man an den Ständen an der Ost- und Westseite der Lagoa Rodrigo de Freitas leihen (10 R$ pro Std.). Ein weiterer Anbieter ist **Ciclovia** (Karte S. 62 f.; ☎2247-0018; Francisco Otaviano 55, Copacabana; 15/50 R$ pro Std./Tag; ⌚Mo–Fr 9–19, Sa 9–16, So 10–16 Uhr), einer von mehreren Läden in praktischer Lage am Radweg zwischen Ipanema und Copacabana.

Drachenfliegen

Wer weniger als 100 kg wiegt und 250 R$ übrig hat, kann einen fantastischen Tandem-Gleitflug vom Gipfel der 510 m hohen Pedra Bonita – einem der gigantischen

ABSTECHER

DER PARQUE NACIONAL DA TIJUCA

Die Floresta da Tijuca, wie der Parque Nacional da Tijuca auch genannt wird, ist das einzig verbleibende Stück Atlantischen Regenwaldes, der einst Rio de Janeiro umgab. Gerade mal 15 Minuten liegen zwischen Copacabanas „Betondschungel" und dem 120 km² großen, tropischen Dschungel des **Parque Nacional da Tijuca** (www.parquedatijuca.com.br; ⌚8–17 Uhr) GRATIS. Ein stärkerer Kontrast ist kaum denkbar! Der Wald präsentiert sich mit üppig grüner Vegetation, herrlichen Bäumen, Bächen und Wasserfällen, Berghängen und hohen Gipfeln sowie ausgezeichneten, gut beschilderten Wanderwegen, darunter der Aufstieg auf den 1012 m hohen **Pico da Tijuca**.

Herzstück des Waldes ist der Alto da Boa Vista. Zu den natürlichen und von Menschenhand geschaffenen Highlights des wunderschönen Parks gehören mehrere Wasserfälle (**Cascatinha Taunay, Cascata Gabriela** und **Cascata Diamantina**), eine Kapelle aus dem 19. Jh. (**Capela Mayrink**) sowie zahlreiche Höhlen (**Gruta Luís Fernandes, Gruta Belmiro** und **Gruta Paulo e Virgínia**). Außerdem gibt's einen hübschen Picknickplatz (Bom Retiro) und mehrere Restaurants in der Nähe der **Ruínas do Archer** (Ruinen des Hauses von Oberst Archer). Tijuca sähe heute anders aus, wäre Oberst Archer nicht gewesen: Er wurde 1862 beauftragt, den Wald wieder aufzuforsten, nachdem dieser jahrelang für Kaffee- und Zuckerrohrplantagen gerodet worden war.

Am Parkeingang liegen Karten aus. Am besten besucht man den Wald mit dem Taxi oder im Rahmen einer organisierten Tour (wie die oben erwähnten).

São Cristóvão & Maracanã

São Cristóvão & Maracanã

Sehenswertes

1 Feira Nordestina B1
2 Maracanã-Fußballstadtion A3
3 Museu Nacional A2
4 Quinta da Boa Vista B2
5 Sambódromo F3

Unterhaltung

Maracanã-Fußballstadion .... (siehe 2)
6 Unidos da Tijuca D2

Granitfelsen, die sich um Rio auftürmen – hinunter auf die Praia do Pepino in São Conrado unternehmen. Erfahrung ist nicht nötig: Beim Tandemflug schwebt man in einer Art Sänfte, die am Drachen befestigt ist, sicher durch die Luft.

Die Flüge dauern, abhängig von den Wetter- und Windbedingungen, rund 10 Minuten. Normalerweise sind sie nur an drei bis vier Tagen im Monat nicht möglich, im Winter herrschen sogar noch bessere Bedingungen. Wer sich für einen frühen Flug einträgt, kann flexibler auf wetterbedingte Verzögerungen reagieren. Im Preis enthalten ist der Transport vom und zum Hotel. Tandemflüge lassen sich auch bei Reisebüros buchen, die allerdings Vermittlungsgebühren verlangen. Billiger fährt man also, wenn man sich direkt an den Veranstalter wendet.

Delta Flight in Rio DRACHENFLIEGEN
(☎3322-5750, 9693-8800; www.riobyjeep.com/deltaflight) Mit über 20 Jahren Erfahrung genießt Ricardo Hamond den Ruf eines sehr sicheren und professionellen Piloten. Er hat schon 12 000 Tandemflüge auf dem Buckel.

Just Fly DRACHENFLIEGEN
(☎2268-0565; http://justflyinrio.blogspot.com) Der erfahrene Pilot Paulo Celani hat schon über 6000 Tandemflüge absolviert.

SuperFly DRACHENFLIEGEN
(☎ 3322-2286; www.riosuperfly.com.br) Ruy Marra, der Gründer von SuperFly, kann mehr als 25 Jahre Erfahrung als Drachenflieger aufweisen und ist ein ausgezeichneter Pilot für Tandemflüge.

Tandem Fly DRACHENFLIEGEN
(☎ 2422-6371; www.riotandemfly.com.br) Zwei Brüder, beide sehr erfahrene Piloten, betreiben dieses Unternehmen. Wer selbst fliegen will, kann hier auch Unterricht nehmen.

Surfen

Rio hat Surfern einiges zu bieten! Direkt vor den Stadttoren findet man Strände mit herrlichen Wellen, innerhalb der Zona Sul lockt die Praia do Arpoador, zwischen Copacabana und Ipanema gelegen, ebenfalls jede Menge Surfer an. Bessere Bedingungen herrschen allerdings weiter westlich, in Barra und am Joátinga, am Prainha und am Grumari. Auf der Suche nach guten Brechern wird man auch jenseits der Bucht vor Itacoatiara fündig. Wer zu den Stränden im Westen will, schnappt sich sein Brett und steigt in den **Surfbus** (☎ 8702-2837; www.surfbus.com.br; einfache Fahrt 4 R$), einen leuchtend gelb-orangefarbenen Bus, der täglich ab 7 Uhr viermal zwischen der Metrostation Largo do Machado (in der Nähe von Flamengo) und dem Prainha hin und her pendelt und an den Stränden hält.

Wer kein eigenes Brett hat, kauft oder leiht sich eines in Arpoador bei **Galeria River** (Karte S. 56 f.; Rua Francisco Otaviano 67, Arpoador; 30 R$ pro Tag), einem Einkaufszentrum mit mehreren Surfläden und Boutiquen. Unterricht kann man in den *escolinhas* (Schulen) am Strand von Ipanema und bei Barra nehmen. **Rio Surf 'N Stay** (☎ 3418-1133; www.riosurfnstay.com; Rua Raimundo Veras 1140, Recreio dos Bandeirantes) in Recreio dos Bandeirantes bietet Pakete mit Kursen (auf Englisch) und Übernachtung.

Kurse

Tanzen

Angesichts der wieder erwachten Popularität des Sambas auf dem Tanzparkett überall in der Stadt überrascht es nicht, dass es eine Reihe von Schulen gibt, in denen man die Schritte lernen kann. Anschließend lässt sich das Können in Lapa dem Praxistest unterziehen.

Casa de Dança Carlinhos de Jesus TANZEN
(Karte S. 66 f.; ☎ 2541-6186; www.carlinhosdejesus.com.br; Álvaro Ramos 11, Botafogo) In dieser angesehenen Tanzschule in Botafogo geben Carlinhos und seine Lehrer abendliche Samba-, *forró*-, Salsa- und Tango-Kurse.

Centro Cultural Carioca TANZEN
(Karte S. 72 f.; ☎ 2252-6468; www.centroculturalcarioca.com.br; Sete de Setembro 237, Centro; ⏲ Mo–Fr 11–20 Uhr) Das Kulturzentrum bietet einstündige Kurse in Samba, Standardtänzen und der sinnlichen Lambada. Die meisten finden zweimal pro Woche statt und kosten rund 90 R$ pro Monat. Freitags werden im großen Tanzsaal Partys veranstaltet, bei denen Sambabands auftreten.

Núcleo de Dança Renata Peçanha TANZEN
(Karte S. 72 f.; ☎ 2221-1011; www.renatapecanha.com.br; Rua dos Inválidos 129, Lapa) Am Nordrand von Lapa finden in einer großen Tanzschule im Obergeschoss Kurse in *forró* und anderen Tänzen statt.

KOCHEN IN RIO

Dank **Cook in Rio** (☎ 8761-3653; www.cookinrio.com) können Urlauber endlich von Einheimischen geleitete Kochkurse belegen! Dabei werden ambitionierte Hobbyköche in die Zubereitung ausgewählter bekannter Gerichte der brasilianischen Küche eingeweiht. In eintägigen Kursen (11–16 Uhr) zaubert man *moqueca* (Meeresfrüchteeintopf) oder *feijoada completa* (in mehreren Gängen servierter Eintopf aus schwarzen Bohnen und Schweinefleisch), verschiedene Vorspeisen und Beilagen, ein Dessert und einen perfekten Caipirinha. Natürlich darf man seine Kreationen danach selbst verspeisen. Die Kurse kosten 150 R$ pro Person, Zutaten für Essen und Getränke sind inklusive.

Rio Samba Dancer TANZEN
(Karte S. 62 f.; ☎ 8229-2843; riosambadancer.com; Barata Ribeiro 261A, Copacabana; 90-minütiger Privatunterricht 80 R$ pro Pers.) Tanzlehrer Hélio Ricardo, der Englisch spricht, gibt Einzelunterricht in Samba oder *forró*. Außerdem unternimmt er mit seinen Schützlingen abendliche Ausflüge in Tanzclubs in der Stadt, wo man seine soeben erworbenen Kenntnisse in der Praxis testen kann (120 R$ pro Pers. inkl. Kurs).

Geführte Touren

Favela-Touren

Marcelo Armstrong KULTURELLE TOUR
(☎ 3322-2727, 9989-0074; www.favelatour.com.br; 65 R$ pro Pers.) Marcelo, der Pionier des Favela-Tourismus, führt kleine Gruppen durch die Favelas Rocinha und Vila Canoas nahe São Conrado. Unterwegs erklärt er äußerst anschaulich den sozialen und politischen Kontext der Slums und ihre Bedeutung innerhalb des Großraums von Rio de Janeiro.

Paulo Amendoim KULTURELLE TOUR
(☎ 9747-6860; pauloamendoim8@hotmail.com; Tour 65–75 R$) Paulo, der ehemalige Vorsitzende der Einwohnervereinigung von Rocinha, scheint jeden in der Favela zu kennen. Er veranstaltet mitreißende, persönliche Führungen, bei denen die Teilnehmer Eindrücke jenseits aller Klischees gewinnen.

Be A Local KULTURELLE TOUR
(☎ 9643-0366; www.bealocal.com; 65 R$ pro Pers.) Täglich gibt's Touren nach Rocinha (hinauf geht's mit dem Motorradtaxi, hinunter per pedes) mit verschiedenen Zwischenstopps (65 R$ pro Pers.). Sonntags werden Tanzabende (*bailes*) im Castelo das Pedras organisiert.

Stadtspaziergänge

Zum Angebot gehören auch längere geführte Wanderungen.

Lisa Rio Tours STADTSPAZIERGANG
(☎ 9894-6867; www.lisariotours.com; Touren ab 110 R$) Lisa Schnittger, eine Deutsche, die seit vielen Jahren in Rio lebt, veranstaltet eine breite Palette empfehlenswerter Streifzüge. Ihre beliebtesten Führungen erkunden die Kolonialgeschichte im Zentrum, das Künstlerleben von Santa Teresa und die afrobrasilianische Kultur Rios.

Cultural Rio STADTSPAZIERGANG
(☎ 9911-3829; www.culturalrio.com.br; Touren ab 120 R$) Unter der Führung des recht unkonventionellen Carlos Roquette bekommen die Tourteilnehmer fundierte Einblicke in soziale und historische Aspekte des Lebens in Rio de Janeiro.

Touren in der Bucht

Marlin Yacht Tours BOOTSTOUR
(☎ 2225-7434; www.marlimyacht.com.br; Marina de Glória, Glória; Bootstour 60–95 R$) Fährt täglich mehrmals mit großen, 30 Personen Platz bietenden Schonern zur Insel Cagarras; unterwegs gibt's eine Badepause am Strand. Auch Bootsfahrten bei Sonnenuntergang, Segel- und Tauchausflüge sowie Angeltouren sind möglich.

Bem Brasil PARTYBOOT
(www.bembrasilrio.com; Marina da Glória, Glória; Bootstour 50–70 R$) Veranstaltet jeden Montag ab 23 Uhr beliebte Partys auf einem zweistöckigen Segelboot in der Bucht. Für Musik sorgt der bekannte House-DJ Andrew Gracie.

Noch mehr Touren

Bei fast allen folgenden Anbietern ist der Transport inklusive, die Tourteilnehmer werden an ihrer Unterkunft abgeholt und dort auch wieder abgesetzt.

Be A Local GEFÜHRTE TOUREN
(☎ 9643-0366; www.bealocal.com; 80–90 R$ pro Pers.) Be a Local ist bei Backpackern beliebt und organisiert Favela-Touren, Ausflüge zu Fußballspielen im Maracanã-Stadion sowie abendliche Besuche von Favela-Partys.

Brazil Expedition STADTFÜHRUNGEN
(☎ 9998-2907; www.brazilexpedition.com; Stadtführungen 95 R$) Die freundlichen Englisch spre-

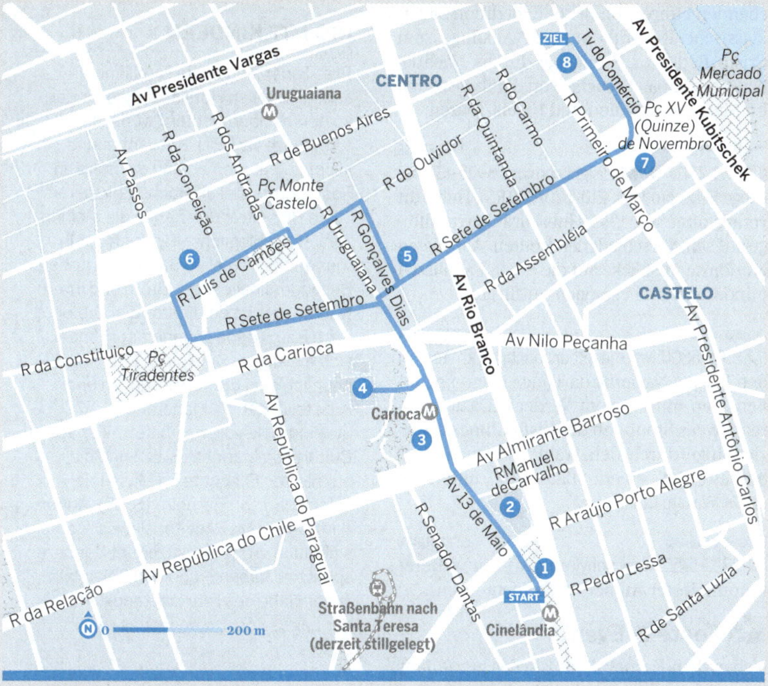

Spaziergang Rio per pedes

START PRAÇA FLORIANO
ZIEL TRAVESSA DO COMÉRCIO
LÄNGE & DAUER 3 KM, VIER STUNDEN

Mit seinem Mix aus historischen Gebäuden und Wolkenkratzern lädt Rios Zentrum dazu ein, das Wesen der Stadt abseits von Stränden und Hügeln zu entdecken. Am besten unternimmt man diese Tour werktags, da das Centro am Wochenende menschenleer (und gefährlich) ist. Startpunkt ist die hübsche 1 **Praça Floriano** (S. 70) mit mehreren Straßencafés. An der Nordseite steht das neoklassizistische 2 **Theatro Municipal** (S. 70), eins der schönsten Gebäude Rios, erst recht, seit es jüngst für 65 Mio. R$ renoviert wurde. Wenn das Timing stimmt, kann man sich einer Führung anschließen. Der Avenida 13 de Maio gen Norden folgend, passiert man den lebendigen 3 **Largo da Carioca** mit einem kleinen Markt. Oben auf dem Berg steht die 4 **Igreja São Francisco da Penitência** (S. 69) aus dem 17. Jh. mit atemberaubendem vergoldetem Interieur. Hinauf führen Treppen oder der Aufzug nahe der Metrostation Carioca.

Hat man den Ausblick genossen, geht's zurück nach unten zur schmalen Rua Gonçalves Dias, wo in der 5 **Confeitaria Colombo** (S. 97) Koffein, Gebäck und Jugendstil locken. Von der Rua Gonçalves Dias biegt man links in die Rua do Ouvidor ein und folgt ihr bis zum Largo de San Francisco de Paula. Einen Block weiter liegt der 6 **Real Gabinete Português de Leitura** (S. 70); der historische Lesesaal scheint dem Portugal des 19. Jhs. entsprungen. Nach Verlassen des Gebäudes geht's nach rechts an der Praça Tiradentes vorbei und schließlich links in die Rua Sete de Setembro. Dieser folgt man bis zum Ende nahe dem 7 **Paço Imperial** (S. 70). Einst Sitz der portugiesischen Herrscher, beherbergt er heute faszinierende Kunstausstellungen und Cafés.

Auf der anderen Seite der Praça XV (Quinze) de Novembro folgt man der schmalen Gasse unter dem Bogen hindurch. Dies ist eine der ältesten Straßen des Centro, die 8 **Travessa do Comércio** (S. 70), gesäumt von Restaurants und Freiluftbars. Ein passender Abschluss des Stadtspaziergangs!

chenden Führer von Brazil Expedition bieten klassische Rio-Trips an, z. B. Ausflüge zum Cristo Redentor, Streifzüge durchs Nachtleben von Lapa, Besuche von Fußballspielen im Maracanã-Stadion und Favela-Touren.

Helisight RUNDFLÜGE
(☎2511-2141; www.helisight.com.br; 6-/15-/30-minütige Flüge pro Pers. 210/520/720 R$) Helisight veranstaltet seit 1991 Hubschrauberrundflüge auf acht verschiedenen Routen. Alle bieten grandiose Ausblicke auf die Stadt. Es müssen mindestens drei Personen mitfliegen.

Jeep Tour JEEPTOUREN
(☎2108-5800; www.jeeptour.com.br) Fahrten in den Parque Nacional da Tijuca in einem großen Jeep mit offenem Verdeck. Dazu gehören jeweils Stopps an der Vista Chinesa, Spaziergänge durch den Wald und kurze Aufenthalte an einem Badeplatz unterhalb eines Wasserfalls.

Rio by Jeep JEEPTOUREN
(☎3322-5750; www.riobyjeep.com) Ein weiterer renommierter Anbieter von Jeeptouren..

Feste & Events

Neben dem Karneval hat Rio das ganze Jahr über viele aufregende Events zu bieten.

Festas Juninas KULTURELL
(⏲Juni) Das Junifestival gehört zu Brasiliens wichtigsten Folklorefesten. In Rio wird es den ganzen Monat über auf verschiedenen öffentlichen Plätzen gefeiert, besonders intensiv am 13. (Dia de Santo Antônio), am 24. (Dia de São João) und am 29. (Dia de São Pedro).

Portas Abertas KULTURELL
(www.artedeportasabertas.com.br; ⏲ein Wochenende im Juli) Bei dem alle zwei Jahre stattfindenden Event öffnen die Künstler von Santa Teresa ihre Ateliers für die Öffentlichkeit und verwandeln das Viertel in eine Art Live-Installation.

Internationales Filmfestival Rio FILM
(www.festivaldorio.com.br; ⏲Sept. & Okt.) In der letzten Septemberwoche beginnt Rios 15-tägiges Filmfestival, das zu den größten Lateinamerikas zählt.

Reveillon & Festa de Iemanjá SILVESTER, FEST
(⏲31. Dezember) Silvester (Reveillon) feiern auch in Rio Millionen Menschen mit tonnenweise Feuerwerkskörpern, die am Himmel über Copacabana explodieren. Das Jahresende fällt mit dem Fest der Meeresgöttin Iemanjá zusammen: Weiß gekleidete Gläubige tragen eine Statue der Iemanjá zum Strand und lassen auf dem Meer Blumen und andere Opfergaben schwimmen.

RIO MIT KINDERN

Brasilianer sind echte Familienmenschen. In vielen Hotels können Kinder kostenlos übernachten (wobei die Altersgrenze variiert), Babysitter sind leicht zu bekommen und die meisten Restaurants stellen Hochstühle bereit.

An Rios Stränden haben die Kleinen zahlreiche Möglichkeiten, sich mit Eimer und Schaufel im Sand auszutoben. Besonders beliebt bei Eltern und ihrem Nachwuchs ist der Posto 12 in Leblon, auch Baixo Bébe genannt; dort findet sich ein kleiner Spielplatz. Ebenso vergnüglich sind die Vorführungen und Ausstellungen im Planetário (S. 57), die eindrucksvollen Schiffe im Espaço Cultural da Marinha (S. 68) und die animierten Exponate im Museu de Folclore Edison Carneiro (S. 65). Außerdem kann man Räder ausleihen – es sind auch große Viersitzer mit Sonnenschutz zu haben – und den Spielplatz in der Nähe des Fahrradstands an der Lagoa Rodrigo de Freitas (S. 57) ansteuern.

Schlafen

Rios bunte Palette an Unterkünften reicht von Luxushäusern über Hostels und B&Bs bis hin zu jeder Menge Nullachtfünfzehn-Hotelbauten entlang der Copacabana. Wer sein Quartier im Herzen der Stadt aufschlagen möchte und dafür auch gerne etwas mehr bezahlt, ist in Ipanema oder Leblon an der richtigen Adresse. Dort finden sich wunderschöne Strände, exzellente Restaurants und tolle Möglichkeiten zum Einkaufen und Ausgehen. Wem diese Viertel zu teuer sind, der ist mit dem quirligeren Copacabana gut beraten, wo die Unterkünfte günstiger, aber immer noch in Strandnähe sind; zudem trennt einen nur eine kurze Taxi- oder Busfahrt von Ipanema. Eine Alternative zum Strandleben bieten die kolonialen Gästehäuser in Santa Teresa. Dieses Quartier liegt zudem ganz in der Nähe von Lapa mit seinem Nachtleben. In anderen Vierteln entlang der Metrolinien wie Botafogo, Flamengo und Catete sind die Preise im Allgemeinen niedriger als in ihren südlichen Pendants in der Nähe des Meeres.

In den Sommermonaten (Dez.–Mitte März) steigen die Zimmerpreise um 30 %, an Silvester und während des Karnevals verdoppeln oder verdreifachen sie sich sogar. Dann muss man in den meisten Unterkünften – Hostels eingeschlossen – zudem mindestens vier Übernachtungen buchen.

Nicht vergessen: Viele Hotels schlagen 15 % für Service und Steuern auf, günstigere Häuser verzichten meist darauf.

Ipanema & Leblon

Meerblick, fantastische Strände direkt vor der Haustür sowie tolle Bars und Restaurants machen Ipanema und Leblon zu echten Besuchermagneten. Die Preise liegen hier entsprechend über dem Durchschnitt.

Che Lagarto Ipanema HOSTEL $
(Karte S. 56 f.; ☎2512-8076; www.chelagarto.com; Paul Redfern 48; B/DZ ab 60/180 R$; ❄@📶) Budgetreisende, die nahe beim Strand wohnen wollen, lieben das Che Lagarto in Ipanema. Das fünfstöckige Gebäude hat einfache Zimmer und nur wenige Aufenthaltsbereiche – abgesehen von der Bar im Erdgeschoss.

Rio Hostel – Ipanema HOSTEL $
(Karte S. 56 f.; ☎2287-2928; www.riohostelipanema.com; Casa 1, Canning 18, Ipanema; B/DZ ab 45/150 R$; @📶) In einer friedlichen Ecke Ipanemas beherbergt eine kleine Villa dieses einladende Hostel mit sauberen Zimmern und einer luftigen Dachterrasse samt Hängematten. Dieselben Besitzer betreiben auch das renommierte gleichnamige Hostel in Santa Teresa.

Bonita HOSTEL $$
(Karte S. 56 f.; ☎2227-1703; www.bonitaipanema.com; Barão da Torre 107, Ipanema; B ab 60 R$, DZ ohne/mit Bad 220/250 R$; ❄@📶🏊) Ein geschichtsträchtiger Ort! In diesem ruhig gelegenen Haus wohnte von 1962 bis 1965 Bossa-nova-Legende Tom Jobim und schrieb in dieser Zeit einige seiner bekanntesten Lieder. Die einfach eingerichteten Zimmer gehen größtenteils auf eine Gemeinschaftsterrasse mit Blick auf einen kleinen Pool und einen Innenhof hinaus.

Ipanema Beach House HOSTEL $$
(Karte S. 56 f.; ☎3202-2693; www.ipanemahouse.com; Barão da Torre 485, Ipanema; B 60 R$, DZ ohne/mit Bad ab 180/200 R$; @📶🏊) Zu den hübschesten Hostels in Rio zählt dieses umgebaute zweistöckige Gebäude. Neben Schlafsälen mit wenig Privatsphäre gibt's Privatzimmer, Loungebereiche drinnen und draußen, eine kleine Bar und einen hübschen Swimmingpool.

Lemon Spirit Hostel HOSTEL $
(Karte S. 56 f.; ☎2294-1853; www.lemonspirit.com; Cupertino Durão 56, Leblon; B 70–80 R$; ❄@📶) Leblons ältestes Hotel punktet mit seiner ausgezeichneten Lage nur einen Block vom Strand entfernt. Die Schlafräume sind sauber und schlicht eingerichtet. Darüber hinaus gibt's einen winzigen Vorgarten und eine Bar in der Lobby.

Hostel Harmonia HOSTEL $
(Karte S. 56 f.; ☎2523-4905; www.casadaharmonia.com; Casa 18, Barão da Torre 175, Ipanema; B/DZ ohne Bad 60/130 R$; @📶) Mit seinem geselligen Urlaubsflair gehört das Harmonia zu den besten Hostels in Ipanema. Lounge und Zimmer haben zweifarbige Holzdielen, und in den sauberen, gepflegten Schlafsälen stehen vier bis sechs Betten.

Z Bra Hostel HOSTEL $
(Karte S. 56 f.; ☎3596-2386; www.zbrahostel.com; General San Martin 1212, Ipanema; B 90 R$, DZ ohne/mit Bad ab 240/295 R$; ❄@📶) Eines der stilvollsten Hostels von Rio ist das Z.Bra, dessen individuelle, ultramoderne Schlafsaalbetten mit hochwertigen Matratzen und durchdachten Details (gedämpftes Licht, Leselampen, große Schließfächer) aufwarten. Die kleine Bar im Erdgeschoss versprüht coolen Retroschick und die Besitzer geben gerne Insidertipps zu tollen Partys in Rio.

Margarida's Pousada POUSADA $$
(Karte S. 56 f.; ☎2239-1840; www.margaridaspousada.com; Barão da Torre 600, Ipanema; EZ/DZ/3BZ 200/250/320 R$; ❄@) Wer den Hochhaushotels eine intimere und gemütlichere Atmosphäre vorzieht, ist in dieser hervorragend gelegenen Pension in Ipanema mit ihren elf hübschen, einfach eingerichteten Zimmern an der richtigen Adresse.

Hotel Vermont HOTEL $$
(Karte S. 56 f.; ☎3202-5500; www.hotelvermont.com.br; Visconde de Pirajá 254, Ipanema; EZ/DZ ab 310/350 R$; ❄) Im einfachen Hotel Vermont warten kleine gepflegte, aber wenig charmante Zimmer.

Hotel San Marco HOTEL $$
(Karte S. 56 f.; ☎2540-5032; www.sanmarcohotel.net; Visconde de Pirajá 524, Ipanema; EZ/DZ 260/275 R$; ❄@📶) Kleine, jedoch saubere

Zimmer mit Fliesenböden und mintgrünen Farbtönen.

Ipanema Inn HOTEL $$
(Karte S. 56 f.; ☎ 2523-6092; www.ipanemainn.com.br; Maria Quitéria 27, Ipanema; DZ 346–531 R$; ❄) Dieses schlichte Hotel verfügt über Zimmer mit weißen Kachelböden und einfachem Holzmobiliar, die teils enttäuschend klein sind.

Arpoador Inn HOTEL $$
(Karte S. 56 f.; ☎ 2523-0060; www.arpoadorinn.com.br; Francisco Otaviano 177, Ipanema; Zi. 345 R$, mit Meerblick 621 R$; ❄📶) Im Gegensatz zu allen anderen Unterkünften in Ipanema und Copacabana trennt keine betriebsame Straße dieses sechsstöckige Hotel vom Strand. Die Zimmer sind klein und einfach, dafür genießt man von den helleren (und hübscheren) „Deluxe"-Varianten einen traumhaften Meerblick.

Ipanema Hotel Residência APARTMENTS $$
(Karte S. 56 f.; ☎ 3125-5000; www.ipanemahotel.com.br; Rua Barão da Torre 192, Ipanema; DZ ab 450 R$; ❄🏊) An einer der reizvollen von Bäumen gesäumten Straßen Ipanemas beherbergt das hohe Gebäude große Appartements mit Küchenzeilen, Loungebereichen und hübschen Schlafzimmern.

Mar Ipanema HOTEL $$$
(Karte S. 56 f.; ☎ 3875-9190; www.maripanema.com.br; Visconde de Pirajá 539, Ipanema; DZ 575–750 R$; ❄) Zuverlässige Adresse in Ipanema. Hier nächtigt man in gepflegten, modernen Zimmern mit anständigen Betten, schöner Beleuchtung und einer hübschen Farbgebung. Zudem punktet das Hotel mit einer tollen Lage an Ipanemas lebendiger Einkaufsmeile, nur zwei Blocks vom Strand entfernt. Nachteil ist der fehlende Ausblick.

Sol Ipanema HOTEL $$$
(Karte S. 56 f.; ☎ 2525-2020; www.solipanema.com.br; Av Vieira Souto 320, Ipanema; EZ/DZ 505/560 R$, mit Meerblick 635/705 R$; ❄@📶🏊) Das hohe, schmale Hotel in erstklassiger Lage am Strand von Ipanema verfügt über Zimmer in Crème- und Erdtönen mit dunklen Holzmöbeln und angenehmer Beleuchtung. Die teureren blicken aufs Meer, unterscheiden sich jedoch sonst nicht von den Standardunterkünften.

★ **Casa Mosquito** PENSION $$$
(Karte S. 56 f.; ☎ 3586-5042; www.casamosquito.com; Saint Roman 222, Ipanema; Zi. 660–1200 R$) Zwei Franzosen eröffneten diese wunderschön gestaltete Boutique-Pension mit luxuriösen Zimmern. Die umgebaute weiße Villa aus den 1940er-Jahren steht inmitten eines ruhigen Gartenareals mit malerischem Blick auf den Zuckerhut und die Favela Pavão-Pavãozinho. Auf Wunsch werden Mahlzeiten serviert. Weitere Räume und ein Pool sind in Planung. Die Casa Mosquito befindet sich an einer steilen kurvigen Straße, zehn Gehminuten von der Praça General Osório entfernt.

Golden Tulip Ipanema Plaza HOTEL $$$
(Karte S. 56 f.; ☎ 3687-2000; www.goldentulipipanemaplaza.com; Farme de Amoedo 34, Ipanema; DZ ab 652 R$; ❄🏊) Eine exzellente Wahl! Die hübsch eingerichteten Zimmer des 18-stöckigen Plaza haben Fliesenböden, gedämpfte Farbtöne, große Fenster, die viel Licht hereinlassen, breite komfortable Betten und geräumige Bäder mit Wannen. Auf dem Dach befindet sich ein schöner Pool. Manche Einheiten blicken aufs Meer, andere auf die ausgebreiteten Arme der Cristo-Redentor-Statue.

FÜR DAUERGÄSTE

Wer länger als nur ein paar Tage in Rio bleiben will, kommt mit einer Ferienwohnung oft günstiger weg als mit einem Hotelzimmer. In Copacabana kostet eine Einzimmerwohnung ab etwa 200 R$ pro Nacht, in Ipanema ab 350 R$; an Karneval und Silvester steigen die Preise aber erheblich.

Blame it on Rio 4 Travel (Karte S. 62 f.; ☎ 3813-5510; www.blameitonrio4travel.com; Xavier da Silveira 15B, Copacabana) Ein New Yorker Auswanderer leitet diese renommierte Agentur mit verschiedenen Apartments und angeschlossenem Reisebüro.

Copacabana Holiday (Karte S. 62 f.; ☎ 2542-1525; www.copacabanaholiday.com.br; Barata Ribeiro 90A, Copacabana) Spezialisiert auf Copacabana.

Fantastic Rio (Karte S. 62 f.; ☎ 3507-7491; http://fantasticrio.jimdo.com; Av Atlântica 974, Apt. 501, Leme) Listet über 200 Apartments auf.

Rio Apartments (Karte S. 62 f.; ☎ 2247-6221; www.rioapartments.com; Av Rainha Elizabeth 85, Copacabana) Diese Agentur unter schwedischer Leitung vermittelt zahlreiche Wohnungen in der Zona Sul an Traveller.

Ritz Plaza Hotel APARTMENTS $$$
(Karte S. 56 f.; ☎ 2540-4940; www.ritzhotel.com.br; Av Ataúlfo de Paiva 1280, Leblon; Zi. ab 505 R$;) In einer der begehrtesten Gegenden Rios beherbergt das stilvolle flache Haus attraktive, individuell gestaltete Zimmer und Gemeinschaftsbereiche, die dem Ritz ein gewisses Boutique-Flair verleihen. Die besten Unterkünfte verfügen über Küchenzeilen und Balkone (teilweise mit Meerblick), alle sind mit Kunstdekor, guter Beleuchtung und makellosen Bädern ausgestattet.

Marina All Suites BOUTIQUE-HOTEL $$$
(Karte S. 56 f.; ☎ 2172-1100; www.marinaallsuites.com.br; Av Delfim Moreira 696, Leblon; Suite ab 865 R$; @) Hier erwarten Gäste wunderschön eingerichtete Zimmer, aufmerksamer Service und alle Annehmlichkeiten. Dem Namen entsprechend stehen durchweg Suiten zur Auswahl, die zwischen 39 und 75 m² groß sind und über einen gemütlichen Schlaf- und Wohnbereich verfügen.

Hotel Fasano HOTEL $$$
(Karte S. 56 f.; ☎ 3202-4000; www.fasano.com.br; Av Vieira Souto 80, Ipanema; DZ ab 1620 R$; @) Philippe Starck gestaltete das Fasano, dessen 91 schicke Zimmer mit ägyptischen Baumwolldecken, Daunenkissen und Hightech-Einrichtung ausgestattet sind. Die besten überblicken die heranbrandenden Wellen am Strand von Ipanema auf der anderen Straßenseite; in jenen ohne Aussicht lohnt sich der Aufenthalt nicht.

Copacabana & Leme

In Copacabana, insbesondere auf der Avenida Atlântica, gibt's Hotels in Hülle und Fülle. Qualität und Preise schwanken stark.

Pura Vida HOSTEL $
(Karte S. 62 f.; ☎ 2210-8885; www.puravidahostel.com.br; Saint Roman 20, Copacabana; B 35–45 R$, DZ ohne Bad 150–200 R$; @) Einst residierte der polnische Botschafter in der schlossartigen Villa aus den 1920er-Jahren. Zum Pura Vida umgewandelt, beherbergt sie nun riesige Schlafsäle, größtenteils mit Einzelbetten und poliertem Parkett, und geräumige Aufenthaltsbereiche, darunter eine Veranda mit Bar.

Bamboo Rio HOSTEL $
(Karte S. 62 f.; ☎ 2236-1117; www.bamboorio.com; Lacerda Coutinho 45, Copacabana; B 38–62 R$, DZ 120–180 R$; @) Auch das freundliche, gemütliche Bamboo Rio ist in einer Villa untergebracht. Hier warten gepflegte, klimatisierte Schlafsäle für fünf bis zwölf Personen, ein weitläufiger Loungebereich, ein winziger Pool und eine stimmungsvolle Bar.

Walk on the Beach Hostel HOSTEL $
(Karte S. 62 f.; ☎ 2545-7500; www.walk-on-the-beach.com; Dias da Rocha 85, Copacabana; B 40–55 R$; @) Unprätentiös und einladend wirkt dieses hübsch gestaltete Hostel, das in einer nicht beschilderten zweistöckigen Villa an einer der wenigen ruhigen Straßen Copacabanas untergebracht ist. Es bietet Schlafsäle mit drei bis zwölf Betten, Ventilatoren und gutem Preis-Leistungs-Verhältnis, dazu eine Lounge und eine kleine Bar.

Che Lagarto HOSTEL $
(Karte S. 62 f.; ☎ 3209-0348; www.chelagarto.com; Barata Ribeira 111, Copacabana; B 45–60 R$; @) Freundliche Partyatmosphäre versprüht dieses beliebte Hostel mit Rundumangebot. Der kleine Dachpool mit angeschlossener Bar eignet sich bestens, um Mitreisende kennenzulernen, zudem stehen verschiedene Aktivitäten wie Bootspartys, Ausgehabende in Lapa und Barbecues auf dem Programm. Es gibt zwei weitere Che Lagartos in Copacabana sowie eines in Ipanema.

Jucati HOTEL $$
(Karte S. 62 f.; ☎ 2547-5422; www.edificiojucati.com.br; Tenente Marones de Gusmão 85, Copacabana; EZ/DZ/3BZ 180/220/260 R$; @) Neben einem grünen Park gelegen, bietet das nicht beschilderte Jucati zwar wenig Ambiente, dafür aber große, einfach eingerichtete Appartements mit Schieferböden und kleinen Küchenzeilen.

Hotel Santa Clara HOTEL $$
(Karte S. 62 f.; ☎ 2256-2650; www.hotelsantaclara.com.br; Décio Vilares 316, Copacabana; EZ/DZ ab 240/260 R$;) An einer ruhigeren Straße Copacabanas beherbergt das einfache dreistöckige Santa Clara verschiedene Quartiere. Die Zimmer im hinteren Bereich wirken etwas dunkel; die beste Wahl (und den Aufpreis wert) sind die im Obergeschoss mit Parkettboden und Balkon.

Augusto's Copacabana HOTEL $$
(Karte S. 62 f.; ☎ 2547-1800; www.augustoshotel.com.br; Bolívar 119, Copacabana; EZ/DZ 380/440 R$; @) Im Augusto sorgen Wandbilder mit Wagenlenkern und togatragenden Leierspielern für kitschiges Rom-Ambiente. Die funktionellen Zimmer mit ihren modernen Bädern dagegen sind angenehm hell und haben teilweise Balkone (leider ohne schöne Aussicht).

Hotel Ibis HOTEL $$
(Karte S. 62 f.; ☎ 3218-1150; www.ibis.com; Ministro Viveiros de Castro 134, Copacabana; Zi. ohne Frühstück ab 269 R$; ❄ 📶) 2012 öffnete die internationale Kette ihre erste Vertretung in Copacabana. Die kleinen modernen Zimmer bieten mit ihren gemütlichen Betten, großen Fenstern, dem Parkettboden und verlässlichem WLAN ein gutes Preis-Leistungs-Verhältnis.

Acapulco HOTEL $$
(Karte S. 62 f.; ☎ 3077-2000; www.acapulcohotel.com.br; Gustavo Sampaio 854, Leme; EZ/DZ ab 385/410 R$; ❄ @ 📶) Einen kurzen Spaziergang vom Strand entfernt findet man das Acapulco. In den meisten Zimmern sorgen Parkettböden sowie farbenfrohe Decken und Vorhänge für ein hübsches Design.

Orla Copacabana HOTEL $$
(Karte S. 62 f.; ☎ 2525-2425; www.orlahotel.com.br; Av Atlântica 4122, Copacabana; DZ 450–600 R$; ❄ 📶 🏊) Hübsche, unprätentiöse Zimmer warten in diesem Haus unter spanischer Leitung, das eigentliche Highlight ist jedoch die Nähe zum Strand. Die dunklen beengten Standardzimmer lohnen sich nicht, man sollte eine der Deluxe-Varianten mit Meerblick wählen.

Rio Guesthouse B&B $$
(Karte S. 62 f.; ☎ 2521-8568; www.rioguesthouse.com; Francisco Sá 5, Copacabana; DZ 354–530 R$; ❄ 📶) In ihrem mehrgeschossigen Penthouse über dem Strand von Copacabana vermieten die australisch-brasilianischen Gastgeber mehrere komfortable Zimmer an Gäste. Highlight ist der Außenpatio mit Traumblick auf das Viertel.

Design Hotel Portinari HOTEL $$
(Karte S. 62 f.; ☎ 3222-8800; www.portinarihotelrio.com; Francisco Sá 17, Copacabana; Zi. 423–590 R$; ❄ @ 📶) Mit durchdachtem Design überzeugt dieses 13-stöckige Hotel. Die Zimmer verfügen über Fliesenböden, hübsche Beleuchtung und große Fenster, jede Etage wurde in einem anderen Stil gestaltet.

Mercure Arpoador HOTEL $$$
(Karte S. 62 f.; ☎ 3222-9600; www.mercure.com; Francisco Otaviano 61, Copacabana; EZ/DZ 503/665 R$; ❄ @ 📶 🏊) Von dem nett gelegenen adretten Hotel in Arpoador gelangt man schnell nach Ipanema und Copacabana. Es beherbergt ausschließlich Suiten mit schicken weißen Lederschlafsofas, modernen Küchenzeilen, Fernsehern, Stereoanlagen, DVD-Playern, stimmungsvoller Beleuchtung und gemütlichen Schlafzimmern.

Porto Bay Rio Internacional HOTEL $$$
(Karte S. 62 f.; ☎ 2546-8000; www.portobay.com.br; Av Atlântica 1500, Copacabana; EZ/DZ ab 600/660 R$; ❄ @ 📶 🏊) Zu den besten Strandhotels von Copacabana zählt das Porto Bay mit stilvollen Zimmern in kühlen Farbtönen. Weiße Bettdecken, helle Hartholzböden, elegante Möbel und einfaches Kunstdekor vereinen sich zu einem schönen Gesamtbild. Durch die großen Fenster fällt jede Menge Licht in die Zimmer, die meisten haben zudem einen Balkon.

Sofitel Rio de Janeiro HOTEL $$$
(Karte S. 62 f.; ☎ 2525-1232; www.sofitel.com; Av Atlântica 4240, Copacabana; DZ ab 828 R$; ❄ @ 🏊) Das französisch geleitete Sofitel, eines der teuersten Hotels in der Metropole, tut alles, um Eindruck zu schinden. Für seine Beliebtheit sorgen exzellenter Service, komfortable Räume, zwei hübsche Pools und die Lage am Strand. Alle Unterkünfte haben Balkone und sind geschmackvoll eingerichtet. Die Deluxe-Zimmer und Suiten blicken aufs Meer.

Copacabana Palace HOTEL $$$
(Karte S. 62 f.; ☎ 2548-7070; www.copacabanapalace.com.br; Av Atlântica 1702, Copacabana; DZ ab 1150 R$; ❄ @ 📶 🏊) Die strahlend weiße Fassade von Rios berühmtestem Hotel stammt aus den 1920er-Jahren, als das Palace ein regelrechtes Wahrzeichen der Stadt war. Heute reicht die Auswahl von Deluxe-Zimmern bis zu geräumigen Suiten mit Balkonen, zudem gibt's einen hübschen Pool, exzellente Restaurants und guten Service.

Botafogo

Zwar liegt der Strand etwas weiter weg, doch dafür bietet Botafogo mit seinen zahlreichen alten *botecos* und den versteckt an Alleen liegenden Restaurants, in die sich selten ein Tourist verirrt, eine authentische Rio-Erfahrung.

Oztel HOSTEL $$$
(☎ 3042-1853; www.oztel.com.br; Pinheiro Guimarães 91, Botafogo; B 55–75 R$, DZ 240–290 R$; ❄ @ 📶) Rios coolstes und farbenprächtigstes Hostel erinnert mit seiner Warhol-Ästhetik an eine Kunstgalerie. Die schicke Frontterrasse mit Bar lädt zum Verweilen ein, am besten sind jedoch die Privatzimmer für 270 R$ mit Gartenpatio unter der

Nase des Cristo – es gibt wohl keine lässigere Bleibe in der ganzen Stadt.

Stand Fast Hostel HOSTEL $
(Karte S. 66 f.; ☎2553-7420; www.standfasthostel.com; 19 Fevereiro 52, Botafogo; B ab 35 R$, DZ ohne Bad 120 R$; ❄@📶) Ursprünglich war dieses Gebäude in Botafogo ein Lagerhaus, danach ein privates Wohnhaus, heute ist es ein wunderbares neues Hostel. Geleitet wird es von einer in den Niederlanden geborenen brasilianischen Schottin namens Cloud, deren erste Muttersprache amerikanisches Englisch ist (warum, das muss sie selbst erzählen). Alles ist perfekt in Schuss gehalten und von guter Qualität, auch die Marmorbäder und die sonnige Veranda. Als beste Wahl gilt Schlafsaal 6 samt großer Terrasse zur Straße hin.

El Misti HOSTEL $
(Karte S. 66 f.; ☎2226-0991; www.elmistihostel.com; Praia de Botafogo 462, Casa 9; B 48–56 R$, DZ ohne/mit Bad 240/265 R$; @📶) Mit seinen günstigen Schlafsälen und der lebendigen Atmosphäre erfreut sich das Hostel bei brasilianischen und ausländischen Budgetreisenden großer Beliebtheit. Es liegt einen kurzen Fußmarsch von der Metrostation Botafogo entfernt. Gäste, die vier oder mehr Nächte bleiben, werden kostenlos vom Flughafen abgeholt.

Vila Carioca HOSTEL $
(Karte S. 66 f.; ☎2535-3224; www.vilacarioca.com.br; Estácio Coimbra 84; B/DZ ab 35/130 R$; ❄@📶) An einer ruhigen von Bäumen gesäumten Straße beherbergt ein flaches Haus dieses hübsch eingerichtete einladende Hostel mit Schlafsälen für sechs bis 15 Personen. In den Gemeinschaftsbereichen treffen sich die Gäste zum Klönen.

Brothers Hostel HOSTEL $
(Karte S. 66 f.; ☎2551-0997; www.brothershostel.com; Farani 18; B 47–58 R$, DZ 140 R$; ❄@📶) Vier weit gereiste brasilianische Brüder gründeten das Brothers Hostel in einem hübsch umgebauten Haus. Manche Zimmer wirken etwas beengt, dafür kommt man an der rocklastigen Bar schnell mit anderen Reisenden ins Gespräch.

Santa Teresa & Lapa

In Santa Teresa haben in den vergangenen Jahren einige Unterkünfte in der unteren und mittleren Preisklasse eröffnet, die zunehmend Urlauber in dieses faszinierende, kunstverliebte Viertel locken. Die Sicherheit bleibt aber weiterhin ein Problem, deswegen sollte man Tag und Nacht die Augen offenhalten.

Books Hostel HOSTEL $
(Karte S. 72 f.; ☎3437-3783; www.bookshostel.com; Francisco Muratori 10, Lapa; B 38–50 R$, DZ ohne Bad 130–140 R$; ❄@📶) Getreu der Philosophie des Viertels, stimmt dieses Party-Hostel im Herzen Lapas auf eine wilde Nacht auf der Piste ein. Die Schlafsäle schmückt Graffiti-Kunst und in der Bar im *barraca*-Stil geht's immer gesellig zu (in den angrenzenden Zimmern bekommt man nur wenig Schlaf). Alle Bäder werden gemeinschaftlich genutzt; klimatisiert sind nur einige Räume.

Terra Brasilis HOSTEL $
(Karte S. 72 f.; ☎2224-0952; www.terrabrasilishostel.com; Murtinho Nobre 156, Santa Teresa; B 45–50 R$, DZ 200–230 R$; @📶) In der Nähe des Parque das Ruínas beherbergt die friedliche Pension Schlafsäle und Doppelzimmer, je-

FAVELAS IM TREND

Übernachtungen in Favelas sind nichts Neues: Schon seit einigen Jahren entdecken furchtlose Reisende die labyrinthartigen Viertel Rios. Während ihre Befriedung mehr und mehr voranschreitet, schießen Hostels und *pousadas* beinahe schneller aus dem Boden als rudimentäre Wohnbauten, welche die Favelas bilden.

Zu unseren Favoriten zählen:

Maze Inn (Karte S. 66 f.; ☎2558-5547; www.jazzrio.info; Casa 66, Tavares Bastos 414, Catete; B 60 R$, EZ/DZ ab 120/150 R$) Beinahe schon eine Legende ist die *pousada* des Allroundgenies Bob Nadkarni in der Favela Tavares Bastos. Zweimal monatlich finden wunderbare Jazzpartys statt (1. & 3. Fr im Monat).

Vidigalbergue (☎7929-7999; www.vidigalbergue.com.br; Casa 2, Av Niemeyer 314, Vidigal; ❄@📶) Im unteren Teil der Favela Vidigal punktet das freundliche Hostel mit einem eindrucksvollen Meerblick.

Pousada Favelinha (Karte S. 66 f.; ☎2556-5273; www.favelinha.com; Almirante Alexandrino 2023, Santa Teresa; B 45 R$, DZ 110 R$; @) Diese *pousada* unter europäischer Leitung in Santa Teresas Favela Pereirão da Silva war – 2004 – die erste ihrer Art.

weils mit Parkettböden und Fenstertüren, die auf eine Terrasse mit Blick auf die Stadt hinausführen. Der luftige Patio mit Bar lädt zu einem entspannten Drink am Nachmittag ein.

Rio Hostel HOSTEL $
(Karte S. 72 f.; ☎ 3852-0827; www.riohostel.com; Joaquim Murtinho 361, Santa Teresa; B 40–45 R$, DZ 150–160 R$; ❄@📶🏊) Die beliebte Unterkunft in Santa Teresa ist die ideale Ausgangsbasis für Ausflüge in Rios Künstlerviertel. Der Hinterhof mit Pool eignet sich bestens, um Mitreisende kennenzulernen, und jeden Abend werden verschiedene Gerichte (18 R$) serviert.

Casa Mango Mango PENSION $$
(Karte S. 72 f.; ☎ 2508-6440; www.casa-mangomango.com; Joaquim Murtinho 587, Santa Teresa; Zi. 150–300 R$; ❄@📶🏊) In einer atmosphärischen Villa aus dem 19. Jh. bietet diese einladende Pension verschiedene individuell gestaltete Zimmer. Auf dem Gelände gibt's einen kleinen Patio, einen Pool und riesige 200 Jahre alte Mangobäume.

Hotel Marajó HOTEL $
(Karte S. 72 f.; ☎ 2224-4134; www.hotelmarajo.com.br; Joaquim Silva 99, Lapa; EZ/DZ 100/120 R$; ❄) Ein paar Schritte von den Selarón-Treppen entfernt vermietet dieses einfache Hotel schlichte, recht saubere Zimmer mit Klimaanlage. Wer sich für Lapas Nachtleben interessiert und vom Straßenlärm nicht stören lässt, ist hier richtig.

Casa Áurea PENSION $$
(Karte S. 72 f.; ☎ 2242-5830; www.casaaurea.com.br; Áurea 80, Santa Teresa; B 75 R$, EZ/DZ ohne Bad 140/180 R$, EZ/DZ 200/250 R$) Die zweistöckige Pension nimmt eines der ältesten Wohnhäuser des Viertels (von 1871) ein und verströmt rustikalen Charme. Hier gibt's einfache, aber gemütliche Zimmer und einen großen überdachten Garten, in dem man sich in Hängematten ausruhen, grillen oder in der Freiluftküche kochen kann.

Cama e Café PRIVATUNTERKÜNFTE $$
(Karte S. 72 f.; ☎ 2225-4366; www.camaecafe.com; Paschoal Carlos Magno 90, Santa Teresa; Zi. 130–300 R$; ⏲ Mo–Fr 9–17.30, Sa bis 14 Uhr) Eine Alternative zu Hotels und Pensionen ist das B&B-Netzwerk Cama e Café, das Zimmer bei Einheimischen vermittelt. Zur Auswahl stehen Dutzende Optionen, deren Bandbreite von bescheiden bis hin zu luxuriös reicht; bei den besten Unterkünften handelt es sich um Kolonialhäuser mit Panoramablick und grünen Gärten.

★ Casa Beleza POUSADA $$
(Karte S. 72 f.; ☎ 8288-6764; www.casabeleza.net; Laurinda Santos Lobo 311; Zi. 220–300 R$; ❄📶🏊) Einst residierte der Gouverneur in diesem hübschen Anwesen, das auf die 1930er-Jahre zurückgeht. Tropische Gärten grenzen an einen malerischen Pool, und manchmal lassen sich Tukane und Affen im umliegenden Grün entdecken. Mit nur vier Gästezimmern ist die Pension klein und idyllisch, die freundliche Gastgeberfamilie lebt ebenfalls vor Ort.

Casa da Carmen e do Fernando PENSION $$
(Karte S. 72 f.; ☎ 2507-3084; www.bedandbreakfastrio.com.br; Hermenegildo de Barros 172; EZ/DZ ab 110/210 R$; 📶🏊) In den acht Zimmern dieser familiären Pension finden sich entspannte Gäste ein, die sich in dem 100-jährigen Haus fast wie zu Hause fühlen. Die farbenfrohe Lounge ist mit Kunstwerken geschmückt (u. a. mit Gemälden von einem der Besitzer) und lädt mit ihrem gemütlich-wohnlichen Flair dazu ein, Filme zu gucken, Musik zu hören oder den Blick durch das riesige Panoramafenster zu genießen.

Eine ebenso eindrucksvolle Aussicht bieten der kleine Pool und die rustikale Terrasse im hinteren Bereich. Die Zimmer sind einfach eingerichtet, jedoch in fröhlichen Farben gehalten, einige verfügen über einen hübschen Ausblick.

Casalegre PENSION $$
(Karte S. 72 f.; ☎ 8670-6158; www.casalegre.com.br; Monte Alegre 316; EZ/DZ ab 140/240 R$; 📶) Das Casalegre lockt mit rustikalem Bohemienambiente und acht unterschiedlich großen Zimmern mit individuellem Kunstdekor (die zwei günstigsten teilen sich ein Bad). Hier herrscht eine gesellige Stimmung; die Besitzer veranstalten oft Partys, Yogakurse und andere Aktivitäten. Es gibt eine Kunstgalerie im ersten Stock und eine kleine Terrasse auf der Rückseite.

Castelinho 38 HOTEL $$
(Karte S. 72 f.; ☎ 2252-2549; www.castelinho38.com; Triunfo 38, Santa Teresa; Zi. 207–426 R$; ❄@📶) Eine weitere charmante Option in Santa Teresa ist das Castelinho, dessen geräumige Zimmer hohe Decken, Parkettböden und ein luftiges Design haben. Untergebracht sind sie in einer Villa aus dem 19. Jh., die über eine Außenterrasse mit Garten und Loungebereich verfügt.

Casa Cool Beans PENSION $$
(Karte S. 72 f.; ☎ 2262-0552; www.casacoolbeans.com; Laurinda Santos Lobo 136, Santa Teresa; DZ 260–340 R$; ❄@📶🏊) Sämtliche Erwartungen übertrifft dieses diskrete B&B mit zehn Zimmern, dessen amerikanischer Besitzer viel Wert auf persönlichen Service legt. Untergebracht ist es in einer renovierten Villa aus den 1930er-Jahren im spanischen Stil, zu der eine große Sonnenterrasse und ein Frühstücksbereich gehören. Jedes der farbenfrohen Zimmer wurde von einem anderen brasilianischen Künstler gestaltet. Den besten Ausblick bietet Nr. 9.

★ **Hotel Santa Teresa** HOTEL $$$
(Karte S. 72 f.; ☎ 3380-0200; www.santa-teresa-hotel.com; Almirante Alexandrino 660, Santa Teresa; DZ ab 830 R$; ❄@📶🏊) Ein aufwendig restauriertes Gebäude beherbergt heute das wohl beste Boutique-Hotel Rios. Es bietet kunstvoll gestaltete Zimmer, ein preisgekröntes Restaurant, eine schicke Bar und einen Pool mit ausgezeichneter Aussicht über die Stadt.

Essen

Rio wartet mit einer beeindruckenden Auswahl an Restaurants auf, in denen regionale oder internationale Küche (oder eine Mischung aus beidem) serviert wird. Unterm Strich bieten Ipanema und Leblon die beste Gastronomie der Stadt, gute Lokale findet man jedoch auch in allen anderen Vierteln.

Hier ein paar der wichtigsten kulinarischen Erlebnisse in Rio: Man sollte einmal in einer *churrascaria* (All-you-can-eat-Grillrestaurant) schmausen, unter freiem Himmel am Ufer der Lagoa zu Abend essen, sich in einem Straßencafé in Ipanema unter die Fashion Victims mischen, die Lieblingsgerichte der Einheimischen in einem *boteco* probieren und hoch oben in Santa Teresa von einer Restaurantterrasse aus den Blick über die Stadt schweifen lassen.

Die Preise sind hoch – für ein Essen zu zweit zahlt man leicht 100 R$ oder mehr. Günstiger kommt man in Pro-Kilo-Restaurants und in Saftbars weg. Selbstversorger werden in Rios vielen *feiras* (Lebensmittelmärkte) fündig.

Ipanema

Tagsüber trifft man in den gut besuchten Cafés und Saftbars von Ipanema braungebrannte Strandgänger, am Abend bilden die von Bäumen gesäumten Straßen des Viertels eine malerische Kulisse für ein Abendessen unter freiem Himmel. In der Rua Garcia D'Ávila finden sich unzählige Restaurants.

Uruguai IMBISSSTAND $
(Karte S. 56 f.; Posto 9, Strand von Ipanema; Sandwiches 8–12 R$; ⏲ 12–17 Uhr) Das Uruguai, eine der vielen *barracas* (Imbissstände) am Meer, erfreut sich schon lange großer Beliebtheit und serviert knuspriges Hähnchen, Rindfleisch und Sandwiches mit Würstchen, frisch vor Ort gegrillt. Man erkennt den Stand an der blau-weiß gestreiften uruguayischen Flagge, die über dem Strand weht.

Polis Sucos SAFTBAR $
(Karte S. 56 f.; ☎ 2247-2518; Maria Quitéria 70; Säfte ca. 6 R$; ⏲ 7–24 Uhr; 🍹) Einer der beliebtesten Läden Ipanemas für die tägliche Dosis frisch gepresster Vitamine. In der Saftbar gegenüber der Praça NS de Paz stehen Dutzende Geschmacksrichtungen bereit, die man mit Sandwiches oder *pão de queijo* (Tapiokabrotbällchen mit Käsefüllung) kombinieren kann.

Koni Store JAPANISCH $
(Karte S. 56 f.; ☎ 2521-9348; Maria Quitéria 77; Sushi ca. 12 R$; ⏲ So–Mi 11–3, Do–Sa bis 6 Uhr) Koni ist mit fast zwei Dutzend Läden in Rio vertreten und erfreut sich ungebrochener Beliebtheit. Die Kette verfolgt ein einfaches Konzept: *temaki* (zu einer Tüte gerollter Seetang), gefüllt mit Lachs, Thunfisch, Garnelen, Roastbeef oder einer Kombination daraus, serviert an winzigen Bistrotischen. Weitere Filialen gibt's in **Ipanema** (Karte S. 56 f.; Farme de Amoedo 75), **Leblon** (Karte S. 56 f.; Av Ataulfo de Paiva 1174) und **Copacabana** (Karte S. 62 f.; Constante Ramos 44; ⏲ So–Do 12–3, Fr & Sa bis 5 Uhr).

Vero EISCREME $
(Karte S. 56 f.; ☎ 3497-8754; Visconde de Pirajá 260; kleines/mittleres/großes Eis 9/12/15 R$; ⏲ 11.30–19.30 Uhr) Seit seiner Öffnung 2011 erweist sich der Laden für hausgemachtes Eis als echter Verkaufsschlager. Zur Auswahl stehen zwei Dutzend lecker-cremige Varianten, darunter Amazonasfrüchte wie *açaí* und *cupuaçu* sowie innovative Kombinationen wie *caramelo com flor de sal* (Karamell mit Meersalz) oder *figo com amêndoas* (Feige mit Mandel).

Galitos Grill BRATHÄHNCHEN $
(Karte S. 56 f.; ☎ 2287-7864; Farme de Amoedo 62; Hauptgerichte 14–36 R$; ⏲ 12–22 Uhr) Praktisch für knurrende Mägen ist dieser offene Grillhähnchenimbiss. An der Theke kann man

günstige, leckere, im Nu zubereitete Mittagsmenüs (14–17 R$) verputzen.

Delírio Tropical BRASILIANISCH $

(Karte S. 56 f.; ☎ 3624-8162; www.delirio.com.br; Garcia D'Ávila 48; Salate 11–15 R$; ⏲ Mo–Sa 11–21, So 12–19 Uhr; ✍) Das Delírio Tropical serviert verschiedene leckere Salate, die sich nach Wunsch mit gegrillter Forelle, Lachs-Carpaccio oder Rinderfilet aufpeppen lassen. Allerdings sollte man früh kommen, um den Ansturm zur Mittagszeit zu meiden.

Armazém do Café CAFÉ $

(Karte S. 56 f.; ☎ 2259-0170; Rita Ludolf 87B; Snacks 5–10 R$; ⏲ So–Do 9–24, Fr & Sa bis 1 Uhr) Dunkle Holzmöbel und der Duft von frisch gemahlenen Bohnen verleihen diesem Kaffeehaus in Leblon ein authentisches Flair.

Yogoberry GEFRORENES JOGHURT $

(Karte S. 56 f.; ☎ 3281-1512; Visconde de Pirajá 282; kleiner/mittlerer Joghurt 7/9 R$; ⏲ 10–22 Uhr) Das äußerst beliebte Yogoberry bietet leichten gefrorenen Joghurt in nur drei Varianten: *natural* (Naturjoghurt), fettarm und *chá verde* (grüner Tee); kombiniert mit frischen Früchten, Cashewkernen, Schokoladenchips und anderen Zutaten verwandeln sie sich in Köstlichkeiten.

Laffa KEBAB $

(Karte S. 56 f.; ☎ 2522-5888; Visconde de Pirajá 175; Sandwich klein/groß 13/19 R$; ⏲ 11.30–24 Uhr) Immer hektisch füllt das Personal sättigende Schawarmas mit dampfend heißem Lamm oder Truthahn, frisch vom Grill, außerdem Falafel-Sandwiches und etwas außergewöhnlichere Gerichte wie Erdbeer- und Nutella-Wraps.

Cafeína CAFÉ $$

(Karte S. 56 f.; ☎ 2521-2194; www.cafeina.com.br; Farme de Amoedo 43; Quiches 7–9 R$, Sandwiches 20–30 R$; ⏲ 8–23.30 Uhr; ☜) Im Herzen Ipanemas laden die Straßentische dieses freundlichen Cafés dazu ein, bei einem Espresso das bunte Treiben zu beobachten. Zudem serviert es frische Sandwiches, Salate, Quiches und reichhaltige Desserts.

Gringo Cafe CAFÉ $$

(Karte S. 56 f.; www.gringocafe.com; Barão da Torre 240, Ipanema; Frühstück 13–23 R$, Hauptgerichte 19–23 R$; ☜) Genug von *feijoada*? Dieses Diner unter amerikanischer Leitung kredenzt US-Klassiker wie Waffeln, Pfannkuchen, Kartoffelpuffer, Makkaroni mit Käse, Chili und überbackene Thunfischsandwiches.

Terzetto Café CAFÉ $$

(Karte S. 56 f.; ☎ 2247-3243; Ecke Jangadeiros & Visconde de Pirajá; Hauptgerichte 16–42 R$; ⏲ 9–24 Uhr) Das helle betriebsame Café an der Praça General Osório bietet neben Salaten und Antipasti auch Focaccia-Sandwiches, Ravioli, Bruschetta, Grillgerichte, Pizzas (nach 14 Uhr) und Desserts. Nebenan gibt's ein teureres Terzetto, das die Mehrausgabe nicht wirklich lohnt.

Felice Caffè CAFÉ $$

(Karte S. 56 f.; ☎ 2522-7749; Gomes Carneiro 30; Hauptgerichte 26–50 R$; ⏲ Mo–Fr 12–24, Sa & So 10–24 Uhr) Auf der kleinen schattigen Terrasse auf der Vorderseite und im klimatisierten Innenraum des Felice lassen sich Einheimische und Urlauber Gourmetsandwiches (gegrilltes Gemüse, Steak, dicke Burger), Grillgerichte, tolle Salate und vor allem cremiges Eis nach italienischer Machart (2 Kugeln 10 R$) aus der verführerischen Theke im vorderen Bereich schmecken.

New Natural VEGETARISCH $$

(Karte S. 56 f.; ☎ 2287-0301; Barão da Torre 167; 45 R$ pro Kilo; ⏲ 8–22.30 Uhr; ✍) Das New Natural war das erste Restaurant für gesunde Kost in dem Viertel. Auf dem Büfett stehen bekömmliche Speisen wie Suppe, Reis, Gemüse und Bohnen.

Pintxo SPANISCH $$

(Karte S. 56 f.; ☎ 3586-4963; Gomes Carneiro 130; Tapas 6–14 R$; ⏲ Mo–Do 11–22, Fr & Sa bis 2 Uhr) Einen kurzen Spaziergang östlich der Praça General Osório serviert das winzige Pintxo kreative baskische Küche. Zum charmanten Ambiente tragen alte Filmplakate und farbenfrohe Fliesen bei. Mittags gibt's günstige Zwei-Gänge-Menüs (17 R$), abends Tapas wie Amalur (Gänseleber mit karamellisierten Zwiebeln und Mango) oder Txistorra (Wurst, Wachtelei und scharfe Paprika) sowie einfachere Varianten wie Tortilla (spanisches Omelette) und Gazpacho. Gegen den Durst helfen Estrella- oder Voll-Damm-Bier.

Benkei JAPANISCH $$

(Karte S. 56 f.; ☎ 2540-4829; Av Henrique Dumont 71; All-you-can-eat 41–57 R$; ⏲ Di–So 12–16, tgl. 19–24 Uhr) Im Benkei gibt's zwar eine Speisekarte, die meisten werden jedoch angelockt vom All-you-can-eat-Sushibüfett mit seinen vielen verschiedenen gerollten Sushivarianten, Sashimi und Misosuppe.

Frontera BÜFETT $$

(Karte S. 56 f.; ☎ 3289-2350; Visconde de Pirajá 128; 53–60 R$ pro Kilo; ⏲ 11.30–23 Uhr) Das leckere Mittagsbüfett des Frontera biegt sich unter mehr als 60 Gerichten, u. a. köstlichen Grillplatten, Aufläufen und Pasta mit Meeresfrüchten sowie Salaten, frischen Früchten, gegrilltem Gemüse und Desserts. Wenn man viel Hunger hat, lohnt sich das All-you-can-eat-Angebot (56 R$).

Via Sete INTERNATIONAL **$$**
(Karte S. 56 f.; ☎ 2512-8100; Garcia D'Ávila 125; Hauptgerichte 28–56 R$; ⏲ 12–24 Uhr) An der schicken Garcia D'Ávila serviert dieses Restaurant große Salate und Wraps mit gegrilltem Gemüse sowie herzhaftere Speisen wie gebratenen Thunfisch und edle Steakburger. Das Beste: Hier werden ausschließlich biologische Zutaten (Rindfleisch eingeschlossen) verarbeitet. Wer einen Platz vorne auf der hübschen Terrasse ergattern möchte, sollte früh kommen.

Capricciosa PIZZERIA **$$**
(Karte S. 56 f.; ☎ 2523-3394; Vinícius de Moraes 134; kleine/große Pizza ca. 45/60 R$; ⏲ 18–1 Uhr) In der trendigen gehobenen Pizzeria kommen leckere knusprig dünne Pizzas aus frischen Zutaten auf den Tisch. Die Preise sind hoch, doch dafür sparen die Köche, die in einer offenen Küche neben dem Ziegelsteinofen ihrer Arbeit nachgehen, nicht am Belag.

Market BRASILIANISCH **$$**
(Karte S. 56 f.; ☎ 3283-1438; Visconde de Pirajá 499; Hauptgerichte 30–50 R$; ⏲ Mo 12–17, Di–Sa 9–24, So 9–18 Uhr) Für fantasievolle Meeresfrüchtegerichte, Grillfleisch, kreative Salate und Gourmetsandwiches sowie Frühstück bis 17 Uhr (Waffeln, Eier Benedict) geht man ins Market. Es versteckt sich abseits der Straße hinter einem engen Durchgang, der zu einem grünen Patio voller Pflanzen und dem gemütlichen Speiseraum führt. Die Zwei-Gänge-Mittagsmenüs (31 R$) bieten ein gutes Preis-Leistungs-Verhältnis.

Brasileirinho BRASILIANISCH **$$$**
(Karte S. 56 f.; ☎ 2523-5184; Jangadeiros 10; Hauptgerichte 34–57 R$; ⏲ 12–23 Uhr) Das rustikal eingerichtete Restaurant an der Praça General Osório serviert gute traditionelle Küche wie *carne seca* (getrocknetes Rindfleisch), *picanha* (Rumpsteak) und *feijoada*.

Casa da Feijoada BRASILIANISCH **$$$**
(Karte S. 56 f.; ☎ 2247-2776; Prudente de Morais 10B; feijoada 73 R$; ⏲ 12–24 Uhr) Liebhaber des klassischen brasilianischen Fleischgerichts *feijoada* müssen nicht bis Samstag warten. In der legeren Casa da Feijoada kommt der gehaltvolle Eintopf mit schwarzen Bohnen und Schweinefleisch jeden Tag auf den Tisch.

Azul Marinho FISCH & MEERESFRÜCHTE **$$$**
(Karte S. 56 f.; ☎ 2513-5014; Av Francisco Bhering, Praia do Arpoador; Hauptgerichte 62–100 R$; ⏲ 12–24 Uhr) Unter dem Arpoador Inn bietet das Azul Marinho verschiedene leckere Meeresfrüchtegerichte sowie Außentische am Meer mit der besten Strandkulisse der Zona Sul – kein Verkehr trennt die Gäste vom Meer, lediglich Palmen und Sand. Zu empfehlen sind die *moquecas* (Meeresfrüchteeintöpfe mit Kokosmilch) und der Tintenfischsalat.

Bazzar INTERNATIONAL **$$$**
(Karte S. 56 f.; ☎ 3202-2884; Barão da Torre 538; Hauptgerichte 48–70 R$; ⏲ Mo–Sa 12–1, So bis 19 Uhr) Das hübsch eingerichtete Restaurant mit entspannter Terrasse im vorderen Bereich liegt an einer ruhigen von Bäumen gesäumten Straße und serviert kreative, liebevoll präsentierte Gerichte. In letzter Zeit erfreuten sich knusprige Kochbananen, *cavaquinha* (eine Art Hummer) und einfallsreiche Risottos besonderer Beliebtheit. Eine kleinere Zweigstelle mit Bistro-Speisekarte versteckt sich im zweiten Stock von Ipanemas **Livraria da Travessa** (Karte S. 56 f.; Av Rio Branco 44, Centro).

Zazá Bistrô Tropical FUSIONSKÜCHE **$$$**
(Karte S. 56 f.; ☎ 2247-9101; www.zazabistro.com.br; Joana Angélica 40; Hauptgerichte 51–65 R$; ⏲ Mo–Do 19.30–24, Fr & Sa 13.30–1 Uhr, So 12.30–18 Uhr) In einem wunderlich dekorierten Haus voller Kunstwerke kredenzt das Zazá wunderschön angerichtete Gerichte mit asiatischen Einflüssen. Bei unserem Besuch mundeten z. B. gegrillter Tintenfisch mit Wildreis und Zitronen-Confit, flambierte Garnelen mit Risotto und gegrillter *namorado* mit karamellisierten Kochbananen. Oben sorgen Kissen und flackernde Kerzen für ein gemütliches Ambiente, zudem gibt's Tische vor dem Haus.

Leblon

Auf der Rua Días Ferreira findet man eine exzellente Auswahl an Restaurants.

Zona-Sul-Supermarkt SUPERMARKT
(Karte S. 56 f.; ☎ 2259-4699; Dias Ferreira 290; ⏲ Mo–Sa 24 Std., So 7–24 Uhr) Die Zona-Sul-Kette unterhält Filialen in der ganzen Stadt. Jene in Leblon ist am besten sortiert und hat frisches Brot, Käse und Oliven aus dem Ausland, Wein, Räucherfleisch und andere Wa-

ren auf Lager. Die angeschlossene Pizza- und Lasagnetheke serviert anständiges Essen. Es gibt eine günstig gelegene **Filiale in Ipanema** (Karte S. 56 f.; Prudente de Morais 49) nahe der Praça General Osório.

Vezpa PIZZA $
(Karte S. 56 f.; ☎ 2540-0800; Av Ataúlfo de Paiva 1063; Stück 6–8 R$; ⏲ So–Do 12–2, Fr & Sa bis 5 Uhr) Im Vezpa, das mit seinen Backsteinwänden und hohen Decken New Yorker Flair versprüht, kann man Pizzastücke mit knusprig dünner Kruste ordern.

Bibi Crepes CRÊPERIE $
(Karte S. 56 f.; ☎ 2259-4948; Cupertino Durão 81; Crêpes 16–28 R$; ⏲ 12–1 Uhr) Das kleine offene Restaurant zieht eine junge gesellige Klientel an, die zwischen über zwei Dutzend süßen und herzhaften Crêpes sowie Salaten zum Selbstzusammenstellen wählen kann.

Talho Capixaba SANDWICHES $
(Karte S. 56 f.; ☎ 2512-8760; Av Ataúlfo de Paiva 1022; Sandwiches ca. 18–35 R$; ⏲ 8–22 Uhr) Exzellente Sandwiches (nach Gewicht berechnet) aus hochwertigen Zutaten, Pasta, Salate und Antipasti verkauft dieser Feinkost- und Lebensmittelladen. Kunden können drinnen oder an den Tischen vor der Tür speisen.

Vegetariano Social Club VEGETARISCH $
(Karte S. 56 f.; ☎ 2294-5200; Conde Bernadotte 26L; Mittagsbüfett 30 R$; ⏲ Mo–Sa 12–23, So bis 17.30 Uhr; ☑) Vegetarier, die den brasilianischen Klassiker *feijoada* probieren möchten, sollten donnerstags oder sonntags dieses charmante Lokal ansteuern, das dann eine Tofuvariante serviert. Ansonsten gibt's ein kleines Mittagsbüfett sowie eine Abendkarte mit Risottos, Yakisoba, Palmherz-Stroganoff und Ähnlichem.

Prima Bruschetteria ITALIENISCH $$
(Karte S. 56 f.; ☎ 3592-0881; www.primab.com.br; Rainha Guilhermina 95; Bruschetta 7–10 R$, Hauptgerichte 23–43 R$; ⏲ 12–1 Uhr) Das Prima hat sich auf die italienische Leckerei spezialisiert, die man in diesen Breitengraden selten bekommt. Belegt wird das gegrillte Brot mit einfallsreichen Zutaten wie Ziegenkäse, Oliven-Tapenade, Prosciutto, Räucherlachs und sogar Kaviar.

Venga! SPANISCH $$
(☎ 2247-0234; Garcia D'Ávila 147; Tapas 15–30 R$; ⏲ 12–24 Uhr) Wer in geselliger Atmosphäre etwas trinken oder essen möchte, ist im Venga! richtig, das 2009 als erste authentische Tapasbar Rios seine Pforten öffnete. Klassische Holzdetails und eine gute Musikauswahl bilden eine angemessene Kulisse für den Genuss von *patatas bravas* (Kartoffeln mit scharfer Soße), *pulpo a la Gallega* (gegrilltem Tintenfisch), *gambas al ajillo* (Knoblauchgarnelen) und anderen iberischen Klassikern. Zu den kleinen Portionen passt bestens ein spanischer Rioja. Auch in Leblon vertreten.

Zuka INTERNATIONAL $$
(Karte S. 56 f.; ☎ 3205-7154; Rua Dias Ferreira 233, Leblon; Hauptgerichte 57–90 R$; ⏲ Mo 19–1, Di–Fr 12–16 & 19–1, Sa & So 13–1 Uhr) Das Zuka, eines der besten Restaurants Rios, zaubert kreative Köstlichkeiten: Wie wär's mit würzigem *ceviche* oder hausgemachter Foie gras zur Vorspeise, gefolgt von Lammkarree mit Passionsfrucht, gegrilltem Fisch des Tages mit Püree von der *mandoquinha* (eine Art Süßwurzel) oder gebratenem Thunfisch auf Palmherz-Tagliatelle? Gegrillt wird in der offenen Küche rechter Hand; von der Theke aus können die Gäste den Köchen bei der Arbeit zusehen.

Sushi Leblon JAPANISCH $$$
(Karte S. 56 f.; ☎ 2512-7830; Dias Ferreira 256; Hauptgerichte 50–70 R$; ⏲ Mo–Sa 12–16 & 19–1.30, So 13–24 Uhr) Leblons bestes Sushilokal verbindet Zenambiente mit einer hübschen Sushitheke aus dunklem Holz und köstlicher Küche. Neben Sashimi und Sushi gibt's gegrillten *namorado* (eine Barschart) mit Passionsfrucht-*farofa*, Seeigel-*ceviche* und erfrischenden Sake.

Gávea, Jardim Botânico & Lagoa

Im Sommer liegt über den Straßenrestaurants rund um die Lagoa Rodrigo de Freitas Livemusik in der Luft. Stimmungsvolle Bars und Lokale säumen die Praça Santos Dumont in Gávea, in Jardim Botânico werden Hungrige an der Rua JJ Seabra und der Rua Pacheco Leão fündig.

DRI Cafe CAFÉ $
(Karte S. 60; ☎ 2226-8125; abseits der Rua Jardim Botânico 414, Jardim Botânico; Hauptgerichte 14–24 R$; ⏲ 9–18 Uhr) Inmitten des grünen Parque Lage serviert das hübsch gelegene Café leckere Sandwiches, Salate, Quiches, Pasta und Desserts. Am Wochenende zieht es junge Familien hierher, die sich den Brunch (27–32 R$) mit frischem Brot, Marmelade, Obst, Säften und mehr schmecken lassen.

Braseiro da Gávea BRASILIANISCH **$$**
(Karte S. 60; ☎ 2239-7494; www.braseirodagavea.com.br; Praça Santos Dumont 116, Gávea; Hauptgerichte für 2 Pers. 62–90 R$; ⏲ So–Do 12–1, Fr & Sa bis 3 Uhr) Das familiäre Lokal tischt große Portionen seiner beliebten Vorspeisen von *linguiça* (Wurst), *picanha* (Rumpsteak) und *galetos* (Brathähnchen) auf. Zu späterer Stunde übernimmt eine jüngere Klientel das Ruder und feiert bis tief in die Nacht.

Lagoon BRASILIANISCH **$$**
(Karte S. 56 f.; ☎ 2529-5300; www.lagoon.com.br; Av Borges de Medeiros 1424, Lagoa; Hauptgerichte 30–60 R$; ⏲ 12–2 Uhr) In dem schicken neuen Gastronomie- und Unterhaltungskomplex findet man ein halbes Dutzend Restaurants, ein Kino und eine Bar mit Livemusik. Die besten Tische stehen im zweiten Stock, von dem sich ein hübscher Blick auf den See bietet. Beim Essen haben Gäste die Wahl zwischen italienischen Gerichten, Meeresfrüchten, Bistrosnacks und traditioneller brasilianischer Küche; man kann von allen Karten bestellen, ganz gleich, wo man sitzt.

Arab Da Lagoa NAHÖSTLICH **$$**
(Karte S. 60; ☎ 2540-0747; www.restaurantearab.com.br; Borges de Medeiros, Parque dos Patins; Hauptgerichte 22–40 R$; ⏲ 9–1.30 Uhr) Eines der beliebtesten Freiluftlokale am See. Hier gibt's traditionelle orientalische Gerichte wie Hummus, Baba Ghanoush, Taboulé und Kibbeh nebst leckeren, knusprig-dünn gebackenen Pizzas. Werktags wird ab 21 Uhr Livemusik gespielt (Eintritt 6 R$), samstags und sonntags um 19 Uhr.

La Carioca Cevicheria FISCH & MEERESFRÜCHTE **$$**
(☎ 2226-8821; Maria Angélica 113, Jardim Botânico; ceviche 20–30 R$; ⏲ 18.30–1 Uhr) Getreu seinem Namen bereitet das peruanische Restaurant *ceviche* auf mehr als ein Dutzend Varianten zu. Die kleinen Portionen des würzigen Gerichts mit zarten Meeresfrüchten eignen sich gut zum Teilen. Man nimmt auf der einladenden Terrasse vorn Platz und ergötzt sich an einem Pisco (peruanischer Weinbrand) oder an den Neruda-Gedichten auf den Platzdeckchen.

Bráz PIZZERIA **$$$**
(☎ 2535-0687; Maria Angélica 129; Pizzas 45–65 R$; ⏲ 18.30–0.30 Uhr) Eine perfekte Kruste und superfrische Zutaten sind zwei Komponenten, die Bráz zur besten Pizzeria der Stadt machen. Dies ist kein Geheimtipp, deswegen sollte man früh kommen und sich auf ein paar ruhige *chopes* auf der Terrasse einstellen, bevor man einen Tisch ergattert.

Guimas BRASILIANISCH **$$$**
(Karte S. 60; ☎ 2259-7996; Rua José Roberto Macedo Soares 5, Gávea; Hauptgerichte 42–60 R$; ⏲ 12–1 Uhr) Der gehobene *carioca boteco* mit kreativem Flair ist schon seit über 30 Jahren dick im Geschäft. Besonders gut munden hier *bacalhau à bras* (Kabeljau, Kartoffeln, Eier und Zwiebeln), Garnelenrisotto und die saftige *picanha no sal grosso* (gegrilltes Rumpsteak). Vor der Tür gibt's einen Essbereich im Freien.

Olympe FUSIONSKÜCHE **$$$**
(☎ 2539-4542; Custódio Serrão 62, Lagoa; Hauptgerichte 79–110 R$; ⏲ Mo–Sa 19.30–24, Fr 12–16 Uhr) Claude Troisgros, einer der Spitzenköche Rios, kombiniert Einflüsse der Alten und der Neuen Welt, etwa bei seiner Ente mit Passionsfrucht, Endiviensalat und Foie gras oder dem Garnelenrisotto mit weißem Trüffelöl und Pilzschaum. Als Kulisse dient eine idyllische Villa in einer verschlafenen von Bäumen gesäumten Straße.

Oro BRASILIANISCH **$$$**
(☎ 7864-9622; www.ororestaurante.com; Frei Leandro 20; Abendessen mit 3/16 Gängen 120/395 R$; ⏲ Mo–Sa 19.30–24 Uhr) Felipe Bronze schwingt das Zepter in diesem renommierten Restaurant, das brasilianische Produkte und Kochtraditionen hochhält und einige der einfallsreichsten Gerichte der Stadt zaubert. Der matt beleuchtete Innenraum im Zenstil kontrastiert mit den meist spektakulär in Szene gesetzten Speisen.

Mithilfe von Methoden der Molekularküche (Zentrifugen, flüssiger Stickstoff und andere Gerätschaften) stellen die Köche ungewöhnliche aromareiche Kreationen zusammen, z. B. komprimierte Wassermelone mit Sardinenstücken, Schweinebauch mit *jabuticaba* (einer Amazonasfrucht) und einem Schuss Gin-Vinaigrette oder zarte Steak-Ananas-Sandwiches. Ist die Reisekasse gut gefüllt, kann man zu jedem Gang den passenden Wein bestellen.

Copacabana & Leme

In Copacabana findet man gastronomisch gesehen so gut wie alles, von preisgekrönten Restaurants bis zu charmanten Bistros aus den 1950er-Jahren. Die Straßenlokale in der Avenida Atlântica bieten eine nette Aussicht, das Essen ist aber wenig aufregend und nachts wird's hier recht ungemütlich.

Frisches Obst bekommt man auf den *feiras* (Lebensmittelmärkten) von Copacabana; Markttag ist jeweils mittwochs auf der Rua Domingos Ferreira, donnerstags auf der Rua Belford Roxo und der Rua Ronald de Carvalho sowie sonntags auf der Rua Décio Vilares. Zwei Supermärkte sind der **Pão de Açúcar** (Karte S. 62 f.; Av NS de Copacabana 497, Copacabana; ⌚24 Std.) und der **HortiFruti** (Karte S. 62 f.; Av Prado Junior 277; ⌚Mo–Sa 8–20, So 8–14 Uhr) mit einer großen Auswahl an Früchten.

Cervantes BRASILIANISCH **$**

(Karte S. 62 f.; ☎2275-6147; Av Prado Júnior 335B, Copacabana; Sandwiches 13–21 R$; ⌚So & Di–Do 12–4, Fr & Sa bis 6 Uhr) Diese Institution Copacabanas lockt bis in die frühen Morgenstunden *cariocas* an, die sich die Spezialität des Hauses, Fleisch-Ananas-Sandwiches, schmecken lassen. Um die Ecke serviert der zugehörige **Boteco** (Karte S. 62 f.; Barato Ribeiro 7; ⌚So & Di–Do 12–4, Fr & Sa bis 6 Uhr) an Stehtischen leckere Snacks für zwischendurch.

Boulangerie Guerin BÄCKEREI **$**

(Karte S. 62 f.; ☎2523-4140; Av NS de Copacabana 920, Copacabana; Gebäck 8–10 R$; ⌚8–21 Uhr) Seit ihrer Eröffnung 2012 ist die klassische französische Patisserie ein voller Erfolg und kredenzt Rios beste Croissants, *pains au chocolat* und Eclairs. Die Preise für die kleinen Köstlichkeiten wie Himbeertarts und cremige *millefeuilles* sind hoch, der Qualität jedoch angemessen. Durch die riesigen Fenster neben dem Bäckerei-Café können die Gäste den Konditoren bei der Arbeit zusehen.

The Bakers CAFÉ **$$**

(Karte S. 62 f.; ☎3209-1212; www.thebakers.com.br; Santa Clara 86, Copacabana; Desserts 7–10 R$, Mittagsmenüs 27–30 R$; ⌚9–20 Uhr) The Bakers ist die richtige Adresse für luftige Croissants, leckere Bananenplunderstücke, Apfelstrudel und andere süße Leckereien. Daneben gibt's Salate, Gourmetsandwiches (wie Prosciutto und Mozzarella auf Ciabatta), Quiches und Mittagsgerichte.

Confeitaria Colombo CAFÉ **$$**

(Karte S. 62 f.; ☎3201-4049; Forte de Copacabana, Praça Coronel Eugênio Franco, Copacabana; Hauptgerichte 20–30 R$; ⌚Di–So 10–20 Uhr) Fernab des geschäftigen Trubels der Avenida Atlântica wartet dieses Café mit einem großartigen Blick auf den Strand von Copacabana auf. An den Außentischen können sich Gäste unter Schatten spendenden Palmen Cappuccino, Pasta, Salate und Sandwiches schmecken lassen, während junge Soldaten vorbeiflanieren. Um hierherzugelangen, muss man den Eintritt (6 R$) für das Forte de Copacabana (Festung von Copacabana) zahlen.

Frontera BÜFETT **$$**

(Karte S. 62 f.; ☎3202-9050; Av NS de Copacabana 1144, Copacabana; 53–60 R$ pro Kilo; ⌚11.30–24 Uhr) Das exzellente Mittagsbüfett des Frontera umfasst Dutzende brasilianische Gerichte, Salate sowie separate Theken mit Grillspeisen, Sushi, Gebratenem und Desserts. Abends gibt's ein All-you-can-eat-Angebot für Pizzas (22–27 R$ pro Pers.).

La Trattoria ITALIENISCH **$$**

(Karte S. 62 f.; ☎2255-3319; Fernando Mendes 7A, Copacabana; Hauptgerichte 28–55 R$; ⌚12–24 Uhr) Dank alter Fotos, einfacher Möbel, herzhafter Gerichte und geselliger Atmosphäre erfreut sich die Trattoria seit 1976 großer Beliebtheit. Spezialität des italienischen Familienrestaurants sind Garnelen, vor allem *espaguete com camarão e óleo tartufado* (Spaghetti mit Garnelen und Trüffelöl).

Santa Satisfação BRASILIANISCH **$$**

(Karte S. 62 f.; ☎2255-9349; www.santasatisfacao.com; Santa Clara 36C, Copacabana; Hauptgerichte 20–42 R$; ⌚So geschl.) Das immer gut besuchte Bistro versprüht Bauernhauscharme und lohnt dank herausragender Mittagsangebote mit gehobenen brasilianischen Klassikern und Feinkostsandwiches einen Besuch.

Amir NAHÖSTLICH **$$**

(Karte S. 62 f.; ☎2275-5596; Ronald de Carvalho 55C, Copacabana; Hauptgerichte 25–50 R$; ⌚Mo–Sa 12–24, So bis 23 Uhr) Tagsüber lockt das Restaurant mit einem Büfett (werktags 50 R$, am Wochenende 60 R$), abends mit Speisen à la carte wie Hummus, *koftas* (herzhafte Fleischbällchen), Falafel, Kibbeh und Salaten. Freitags ab 21 Uhr sorgt Bauchtanz für Stimmung, an anderen Abenden kann man Shisha rauchen, wenn man einen Platz auf dem Balkon ergattert.

Churrascaria Palace CHURRASCARIA **$$**

(Karte S. 62 f.; ☎2541-5898; Rodolfo Dantas 16; All-you-can-eat 70 R$; ⌚12–24 Uhr) Gemessen am Preis ist dies eine der besten *churrascarias* der Stadt. Sie kombiniert elegantes Ambiente mit hochwertigem Fleisch und aufmerksamem Service. Die Kellner drehen regelmäßig mit Leckereien ihre Runden – nur nicht zu schüchtern sein, um Nein zu sagen, sonst laden sie einem immer weiter Fleisch auf den Teller!

DIE KIOSKE IN COPACABANA

Seit Langem gehört der *quiosque* (Kiosk) zum Strandleben Rios dazu. Die Buden versorgen *cariocas* auf die Schnelle mit Getränken und Snacks, zudem bieten die Tische und Stühle aus Plastik einen hübschen Meerblick. In den letzten Jahren ersetzte in Copacabana eine neue Generation schicker Kioske die alten Stände aus Holz (zum Ärger von Traditionalisten und ein paar nun arbeitslosen Kioskbesitzern). Nun kann man eine anständige Mahlzeit (die Küchen liegen versteckt unter der Erde), eiskaltes Fassbier oder Gourmetsnacks genießen, ohne den Sand zu verlassen.

Die neuen Kioske verteilen sich auf den gesamten Strand, besonders viele findet man zwischen der Rua Siqueira Campos und dem Copacabana Palace. Zu den aktuellen Favoriten zählen:

Três (Karte S. 62 f.; ☎4106-7185; www.tres-restaurant.com; Strand von Copacabana nahe Siqueira Campos; Snacks 3–19 R$, Sandwiches 18–28 R$) Das Três, eine Topadresse für Feinschmecker und Frankophile, kredenzt leckere Crêpes in herzhaften (Blauschimmelkäse und Walnüsse) und süßen (Nutella mit Erdbeere und Banane) Varianten sowie Käse- und Wurstplatten, Gourmetsandwiches, Salate, Milchshakes und Snacks (gebratene Garnelen mit Knoblauch).

Itaipava (Karte S. 62 f.; nahe Copacabana Palace; ⏲9–2 Uhr) Im beliebten geselligen Itaipava gibt's eisgekühltes *chope* und jede Menge sättigende Snacks wie *fritas* (Pommes frites) mit Käse.

Carioca Com Você (Karte S. 62 f.; nahe Praça Julio de Noronha; Snacks 12–20 R$; ⏲24 Std.) Am nordöstlichen Ende von Leme serviert der erhöhte Kiosk in idyllischer Lage kleine Sardinenteller (6 Stück für 12 R$) sowie Getränke mit ordentlich Alkohol. In der Nähe springen furchtlose *carioca*-Kids von der Hafenmauer ins Wasser.

Le Blé Noir FRANZÖSISCH $$
(Karte S. 62 f.; ☎2267-6969; Xavier da Silveira 19A; Crêpes 35–60 R$; ⏲19.30–24 Uhr) Flackernde Kerzen und ein herrlich ruhiges Ambiente machen dieses Restaurant zur idealen Adresse für ein Rendezvous. Kredenzt werden über 50 leckere Crêpes-Varianten mit hochwertigen Zutaten wie Garnelen und Artischockenherzen oder Brie, Honig und gerösteten Mandeln.

Capricciosa PIZZERIA $$
(Karte S. 62 f.; ☎2255-2598; Domingos Ferreira 187, Copacabana; Pizza ab 50 R$; ⏲18–2 Uhr) Wie die bekanntere Filiale in Ipanema serviert auch dieses Capricciosa exzellente knusprig dünne Pizzas.

Azumi JAPANISCH $$$
(Karte S. 62 f.; ☎2541-4294; Ministro Viveiros de Castro 127, Copacabana; Gerichte 70–150 R$; ⏲Di–Do & So 19–24, Fr & Sa bis 1 Uhr) Für viele ist das Azumi die Bastion der traditionellen japanischen Küche in Rio. Sowohl *nisei* (im Land geborene Japaner) als auch solche aus Übersee zählen zu den treuen Fans dieser lässigen Bar. Der Küchenchef kreiert wunderbares Sushi und Sashimi, aber auch die exzellenten Tempuras und Suppen können sich sehen lassen.

Zot BRASILIANISCH, MODERN $$$
(Karte S. 62 f.; ☎3489-4363; Bolívar 21, Copacabana; Hauptgerichte ca. 40 R$; ⏲Di–Sa 18–24, So ab 12 Uhr) Inmitten der Bars von Baixo Copa bietet das stilvolle Zot kreative Küche und eine exzellente Getränkeauswahl, darunter Dutzende offene Weine. Dienstagabends wird Livejazz gespielt (Tischgebühr 15 R$).

Marius BRASILIANISCH $$$
(Karte S. 62 f.; ☎2104-9002; Av Atlântica 290; All-you-can-eat Fleisch/Meeresfrüchte 120/170 R$; ⏲12–24 Uhr) Trotz der saftigen Preise erfreut sich das geräumige All-you-can-eat-Restaurant vor allem bei Touristen großer Beliebtheit. Gäste können zwischen Grillfleisch oder einer Meeresfrüchte-Fleisch-Kombination mit Hummer, Austern, Thunfisch, Lachs, Jakobsmuscheln und mehr wählen.

Siri Mole & Cia BRASILIANISCH $$$
(Karte S. 62 f.; ☎2267-0894; Rua Francisco Otaviano 50, Copacabana; Hauptgerichte 75–140 R$; ⏲Mo 19–24, Di–So 12–24 Uhr) Das Siri Mole & Cia gilt als eins der besten Bahia-Restaurants von Rio und serviert exzellente *vatapa*, *moqueca de camarão* (Garneleneintopf) und *ensopada de peixe* (Fischeintopf mit Kokosmilch). Samstags gibt's bis 17 Uhr ein All-you-can-eat-Meeresfrüchtebüfett (75 R$).

Botafogo & Urca

Cobal do Humaitá MARKT

(☎2266-1343; Voluntários da Pátria 446, Botafogo; ⏲Mo–Sa 7–16 Uhr) Der größte Lebensmittelmarkt der Stadt beherbergt auch Cafés und Restaurants.

Meza Bar TAPAS $$

(www.mezabar.com.br; Capitão Salomão 69, Botafogo; Tapas 10–25 R$; ⏲18–1 Uhr) Botafogos Treff fürs Sehen und Gesehenwerden kredenzt seiner trendbewussten Klientel köstliche Tapas mit brasilianischem Einschlag. Innovative Cocktails und wunderbare Mitarbeiter vervollständigen das Vergnügen.

Emporium Pax BRASILIANISCH $$

(Karte S. 66 f.; ☎3171-9713; 7. OG, Praia de Botafogo 400, Botafogo; Mittagsbüfett 37–47 R$; ⏲12–24 Uhr) Das Emporium Pax, eines der vielen Restaurants im Botafogo Praia Shopping, kommt schicker daher als der angrenzende Food Court und bietet eine spektakuläre Aussicht auf den Pão de Açúcar und die Baía de Guanabara. Highlight ist das umfangreiche Mittagsbüfett, zudem gibt's Salate, Sandwiches und Quiches.

Garota da Urca BRASILIANISCH $$

(Karte S. 66 f.; ☎2541-8585; João Luís Alves 56, Urca; Hauptgerichte 30–60 R$; ⏲So–Do 12–1, Fr & Sa bis 2.30 Uhr) An der kleinen Praia da Urca serviert das Nachbarschaftslokal werktags preiswerte Mittagsmenüs, die man auf der offenen Veranda mit schönem Blick auf die Bucht genießt. Nachts trifft sich hier ein redseligeres Völkchen zu Steaks und *chope* (Bier).

Miam Miam INTERNATIONAL, MODERN $$

(Karte S. 66 f.; ☎2244-0125; General Goés Monteiro 34, Botafogo; Hauptgerichte ca. 50 R$; ⏲Di–Sa 20–0.30 Uhr) Freigelegtes Mauerwerk und ein bunter Mix aus Retromöbeln sorgen in Botafogos kulinarischem Liebling für stilvolles Ambiente. Chefköchin Roberta Ciasca zaubert ihr ganz eigenes Wohlfühlessen wie Bruschetta mit Pesto und Tapenade, Kabeljauragout, Kürbiscurry mit marokkanischem Couscous und andere einzigartige Gerichte. Kreative Cocktailkarte.

Oui Oui FRANZÖSISCH, BRASILIANISCH $$

(☎2527-3539; Conde de Irajá 85, Humaitá; kleine Gerichte 32–36 R$; ⏲Mo–Fr 12–15, Di–Sa 20–1 Uhr) In einer ruhigen Gegend in Humaitá serviert das elegante Oui Oui innovative Tapas, die sich zum Teilen eignen, darunter gegrillte Forelle mit Lauch und Mandeln, Entenrisotto, Schellfischkroketten und einen würzigen Quinoasalat. An derselben Straße liegen weitere gute Restaurants. Abends isst man hier am besten, es gibt jedoch auch Drei-Gänge-Mittagsmenüs für 33 R$.

Zozô BRASILIANISCH $$$

(Karte S. 66 f.; ☎2542-9665; Ave Pasteur 520, Urca; Mittagsbüfett 55 R$, Hauptgerichte ca. 70 R$; ⏲Di–So 12–16 & Di–Sa 20–24 Uhr) Neben der Seilbahnstation fährt das Zozô ein gutes Mittagsbüfett auf, das bei Reisegruppen beliebt ist. Abends kommen in dem eleganten Restaurant innovative Kreationen auf den Tisch – der Küchenchef lernte bei Daniel Boloud in New York.

Am Wochenende verwandelt sich das Zozô nach dem Abendessen in einen Nachtclub, der schicke *cariocas* anzieht. Wer sicher sein will, dass er eingelassen wird, sollte schon zum Dinner erscheinen.

Flamengo & Catete

An den Wochenenden essen die Einheimischen gerne in den Restaurants und Bars an der Rua Marquês de Abrantes zu Abend. In Catete gibt's ein paar Straßenrestaurants nahe dem Largo do Machado.

Tacacá do Norte AMAZONAS $

(Karte S. 66 f.; ☎2205-7545; Barão do Flamengo 35, Flamengo; tacacá 16 R$; ⏲Mo–Sa 9–23 Uhr) *Tacacá*, eine duftende Suppe aus Maniokpaste, Blättern des lippenbetäubenden *jambu* (brasilianisches Gemüse) sowie frischen und getrockneten Garnelen ist – ähnlich wie der Amazonas selbst – nicht jedermanns Sache. In dem einfachen Mittagslokal gibt's außerdem Schüsseln mit herzhaft zubereitetem *açaí*, wie die Beere am Amazonas üblicherweise gegessen wird; ein rechter Gegensatz zu den süßen Säften, die man sonst in Rio überall bekommt.

Armazem do Chopp BRASILIANISCH $$

(Karte S. 66 f.; ☎2557-4052; Marquês de Abrantes 66, Flamengo; Hauptgerichte 20–30 R$; ⏲12–24 Uhr) In das scheunenähnliche Gebäude des Armazem do Chopp kommen die Einheimischen gern, um leckere Grillgerichte und traditionelle brasilianische Küche zu genießen. Abends lädt die Terrasse mit ihrer geselligen Atmosphäre zu einem eisgekühlten Bier ein.

Estação República BÜFETT $$

(Karte S. 66 f.; ☎2225-2650; Rua do Catete 104, Catete; 46 R$ pro Kilo; ⏲11–24 Uhr) Das Büfett mit jeder Menge Salate, Fleischgerichte, Pasta und Gemüse erfreut sich im Viertel großer Beliebtheit. Ab 18 Uhr gibt's All-you-can-eat-Angebote für Pasta, Pizza und Crêpes (20 R$).

Lamas BRASILIANISCH **$$**
(Karte S. 66 f.; ☎2556-0799; Rua Marquês de Abrantes 18A, Flamengo; Hauptgerichte 20–40 R$; ⏲So–Do 8–2.30, Fr & Sa bis 4 Uhr) Gegrillte *lingüiça* (brasilianische Wurst) und Filet Mignon mit Knoblauch sind immer eine gute Wahl in diesem klassischen Restaurant (1874 eröffnet). Am späten Abend helfen Sandwiches mit Filet Mignon gegen den kleinen Hunger.

Intihuasi PERUANISCH **$$**
(Karte S. 66 f.; ☎2225-7653; Barão do Flamengo 35D, Flamengo; Hauptgerichte 30–57 R$; ⏲Mo–Sa 12–15 & 19–23 Uhr) Unter farbenfrohen Wandteppichen und Kunstwerken aus den Anden genießt man in dem peruanischen Restaurant – eine Rarität in Rio – köstliches *ceviche*, *papas rellenas* (Kartoffeln mit Fleischfüllung), Meeresfrüchtesuppen und andere andine Klassiker.

Restaurante Kioto JAPANISCH **$$**
(Karte S. 66 f.; ☎2225-5705; 3.OG, Ministerio Tavares Lira 105, Flamengo; All-you-can-eat mittags/abends 40/50 R$; ⏲12–24 Uhr) Hinter dem Largo do Machado versteckt sich über einer Billardhalle dieses schlichte Restaurant mit einem anständigen Sushibüfett.

Porcão Rio's BRASILIANISCH, GRILLGERICHTE **$$$**
(Karte S. 66 f.; ☎3461-9020; Av Infante Dom Henrique, Flamengo; All-you-can-eat 102 R$; ⏲12–24 Uhr) Hier, mitten im Parque do Flamengo, speist man mit traumhaftem Ausblick auf den Pão de Açúcar in einer der besten *churrascarias* Rios. Wer einen guten Tisch ergattern und die Aussicht noch vor Einbruch der Dunkelheit genießen möchte, sollte früh kommen!

Centro

Das lebendigste Viertel Rios bietet kulinarisch alles von fettigen Imbisstheken über französische Bistros, biologisch-vegetarische Küche und Saftbars bis zu *churrascarias*. Unter der Woche haben die meisten Restaurants nur mittags geöffnet. Fündig wird man z. B. auf der Travessa do Comércio oder rund um die Praça Floriano, wo jedermann gerne nach Feierabend in den Lokalen und Cafés einen Plausch hält.

Govinda VEGETARISCH **$**
(Karte S. 72 f.; ☎3549-9108; 2. OG, Rodrigo Silva 6, Centro; Mittagessen 26 R$; ⏲Mo–Fr 11.30–15 Uhr) Zuvorkommende Hare-Krishna-Jünger bereiten mit Liebe leckere vegetarische Gerichte zu und servieren sie zwischen Kunstwerken und Deko aus Indien. Das Restaurant versteckt sich an einer schmalen Gasse abseits der Rua São José und ist immer gut besucht, deswegen sollte man früh kommen.

Bistrô do Paço CAFÉ **$**
(Karte S. 72 f.; ☎2262-3613; Praça XV [Quinze] de Novembro 48, Paço Imperial, Centro; Hauptgerichte 14–30 R$; ⏲12–19 Uhr) Im Erdgeschoss des Paço Imperial bietet das informelle Restaurant eine leckere Auswahl an Quiches, Salaten, Suppen und weiteren leichten Gerichten. Platz für die köstlichen Pasteten und Kuchen lassen!

Confeitaria Colombo CAFÉ **$**
(Karte S. 72 f.; ☎2505-1500; www.confeitariacolombo.com.br; Gonçalves Dias 34, Centro; Gebäck ca. 7 R$; ⏲Mo–Fr 9–20, Sa bis 17 Uhr) Buntglasfenster, in Brokat gefasste Spiegel und Tischplatten aus Marmor schaffen ein edles Ambiente für eine Tasse Kaffee und ein Mahl. Die Confeitaria Colombo gibt's seit dem späten 19. Jh. Sie ist bekannt für Desserts wie *pastel de nata* (Puddingtörtchen), die wunderbar zu dem gediegenen Dekor passen. Zusätzlich zu den Snack- und Desserttheken fährt das angrenzende Restaurant ein umfangreiches Büfett (70 R$ pro Pers.) auf.

Cedro do Líbano LIBANESISCH **$$**
(Karte S. 72 f.; ☎2224-0163; Senhor dos Passos 231, Centro; Hauptgerichte 34–55 R$; ⏲11–17 Uhr) Zwar ist die Einrichtung der über 70 Jahre alten Institution wenig edel (weiße Tischtücher und Plastikmobiliar), doch dafür gibt's hier erstklassige Kibbeh, *koftas* und Lammgerichte.

The Line BRASILIANISCH **$$**
(Karte S. 72 f.; ☎2224-6438; Travessa do Comércio 9; 36 R$ pro Kilo; ⏲Mo–Sa 11.30–15.30 Uhr) In einem atmosphärischen Gebäude an einer der ältesten Straßen im Centro bietet The Line ein gutes Mittagsbüffet zu einem fairen Preis. Samstags lockt das All-you-can-eat-Angebot für *feijoada* (30 R$ pro Pers.).

Café Arlequim CAFÉ **$$**
(Karte S. 72 f.; ☎2220-8471; Praça XV [Quinze] de Novembro 48, Paço Imperial, Centro; Hauptgerichte 18–36 R$; ⏲Mo–Fr 9–20, Sa 10–18 Uhr) Inmitten eines Bücher- und CD-Ladens lädt das kleine, klimatisierte Café zu einer Pause mit ita-

lienischem (Illy-)Kaffee, Sandwiches, Salaten, Quiches, Lasagne oder Desserts ein.

Brasserie Rosário FRANZÖSISCH $$
(Karte S. 72 f.; ☎2518-3033; Rua do Rosário 34, Centro; Hauptgerichte 21–58 R$; ⏲Mo–Fr 11–21, Sa 11–18 Uhr) Das atmosphärische Bistro ist in einem hübsch restaurierten Gebäude aus den 1860er-Jahren untergebracht und verströmt einen Hauch Pariser Flair. Seine Auslagen quellen über vor Croissants, *pain au chocolat* und anderen Backwaren, im Restaurant gibt's u. a. Fisch und Fleisch, Suppen und Baguettes.

Ateliê Culinârio BRASILIANISCH $$
(Karte S. 72 f.; ☎2240-2573; Praça Floriano, Cinelândia; Hauptgerichte 20–40 R$; ⏲Mo–Fr 12–22 Uhr) Neben dem Odeon-Kino serviert das Restaurant anständige brasilianische Küche auf einer Freiluftterrasse an der Praça Floriano, auf der unter der Woche abends ein reges Treiben herrscht. An den Wochenenden ist das Ateliê während der Filmvorführungen nebenan geöffnet.

Bar Luiz DEUTSCH $$
(Karte S. 72 f.; ☎2262-6900; Rua da Carioca 39, Centro; Hauptgerichte 26–52 R$; ⏲Mo–Sa 11–22 Uhr) In dieser alten Bar aus dem Jahr 1887 genießt man in geselliger Atmosphäre traditionelle deutsche Küche wie Kartoffelsalat und Kassler, dazu gibt's eisgekühltes Bier vom Fass, u. a. ein Dunkelbier.

Da Silva PORTUGIESISCH $$
(Karte S. 72 f.; ☎2524-1010; 4. OG, Av Graça Aranha 187, Centro; All-you-can-eat 50 R$, nach 14 Uhr 40 R$; ⏲Di–Sa 12–16 Uhr) Im Clube Ginástico Português versteckt sich ein großes, schlicht gehaltenes Restaurant, das eines der besten Mittagsbüfetts der Stadt auffährt: leckere Salate, Steaks und Meeresfrüchte – alle nach portugiesischer Art zubereitet –, verschiedene, geradezu unwiderstehliche Variationen von *bacalhau* (Kabeljau) und viele andere Gerichte.

Cais do Oriente FUSIONSKÜCHE, MODERN $$$
(Karte S. 72 f.; ☎2233-2531; www.caisdooriente.com.br; Visconde de Itaboraí 8, Centro; Hauptgerichte 45–60 R$; ⏲So & Mo 12–16, Di–Sa bis 24 Uhr) Fernab vom Trubel steht diese geradezu cineastisch anmutende Villa aus den 1870er-Jahren mit Ziegelsteinwänden, an denen Wandteppiche hängen. In der Cais do Oriente werden brasilianische und mediterrane Elemente kombiniert. Empfehlenswert ist z. B. Zackenbarsch mit Garnelen, Paranüssen und Bratkartoffeln. Hinter dem Haus befindet sich ein Garten, treppauf ein Konzertraum, in dem regelmäßig Konzerte stattfinden.

AlbaMar FISCH & MEERESFRÜCHTE $$$
(Karte S. 72 f.; ☎2240-8378; Praça Marechal Âncora 186; Hauptgerichte 60–80 R$; ⏲12–17 Uhr) Das AlbaMar gehört schon lange zu Rios Topadressen für Seafood. Besonders lecker sind die frischen Austern, die gegrillten Meeresfrüchte mit Gemüse und die *moqueca*-Gerichte. Man diniert in einem altmodischen, grünen, pavillonähnlichen Bau mit Blick auf die Baía de Guanabara und Niterói.

Santa Teresa & Lapa

Santa Teresa besticht mit traumhafter Aussicht, Lapa mit einer formidablen Musikszene. Beiden gemein ist ein toller Mix aus modernen und altmodischen Restaurants und Bars.

Cafecito CAFÉ $
(Karte S. 72 f.; ☎2221-9439; www.cafecito.com.br; Paschoal Carlos Magno 121, Santa Teresa; Sandwiches 11–21 R$; ⏲10–22 Uhr) Ein paar Stufen über der Straße kann man sich hier an Tischen im Freien importiertes Bier, Desserts, Cocktails (Caipirinhas, Mojitos), Tapas und Sandwiches mit so exquisiten Zutaten wie geräucherter Forelle, Artischockenherzen und Prosciutto schmecken lassen.

Nega Teresa BRASILIANISCH $
(Karte S. 72 f.; Monte Alegre; Hauptgerichte 16–26 R$; ⏲Di–So 12–24 Uhr) In diesem Lokal laben sich vor allem Einheimische in geselligem Ambiente an leckeren, sättigenden Gerichten. Die Speisekarte – Lachs, *bife a cavalo* (Steak mit Spiegelei), Fischfilet und Rippchen mit Kartoffeln – ist so ehrlich wie der halb offene Speiseraum mit dicken Wänden.

Santa Scenarium BRASILIANISCH $$
(Karte S. 72 f.; ☎3147-9007; www.santoscenarium.blogspot.com; Rua do Lavradio 36; Hauptgerichte 20–36 R$; ⏲Di–Sa 11.30–24, Mo bis 17 Uhr) Engel, Heilige und andere himmlische Wesen schmücken die unverputzten Wände dieses atmosphärischen alteingesessenen Restaurants in Lapa. Mittags stehen Grillfleisch und weitere brasilianische Klassiker zur Auswahl, abends lassen sich *cariocas* kaltes Bier, Snacks und Sandwiches schmecken. Meist gibt's abends Livemusik auf die Ohren.

Nova Capela PORTUGIESISCH $$
(Karte S. 72 f.; ☎2552-6228; Av Mem de Sá 96, Lapa; Hauptgerichte für 2 Pers. 60–90 R$; ⏲11–

4 Uhr) Das klassische altmodische Bar-Restaurant zieht eine gesellige Mischung aus Künstlern, Musikern und jungen Partygängern an, die bis in die frühen Morgenstunden für Stimmung sorgen. Spezialität des Hauses ist *cabrito* (Ziege).

Bar do Mineiro BRASILIANISCH **$$**
(Karte S. 72 f.; ☎ 2221-9227; Paschoal Carlos Magno 99, Santa Teresa; Hauptgerichte 32–47 R$; ⏲ Di–Sa 12–2, So bis 24 Uhr) Inmitten verblasster Schwarz-Weiß-Fotos und klarem Dekor serviert der sehr beliebte, altmodische *boteco* traditionelle brasilianische Küche. Täglich gibt's eine wunderbare, recht günstige *feijoada* (33 R$ pro Pers.), außerdem Snacks wie *pasteis* (herzhafte Pasteten). Starke Caipirinhas heben die Stimmung.

★ **Espírito Santa** AMAZONAS **$$$**
(Karte S. 72 f.; ☎ 2507-4840; Almirante Alexandrino 264, Santa Teresa; Hauptgerichte 42–60 R$; ⏲ Mi–Mo 12–24 Uhr) Eine wunderschön restaurierte Villa in Santa Teresa beherbergt das Espírito Santa. Auf der Terrasse hinterm Haus mit tollem Ausblick und in dem charmanten, luftigen Speiseraum genießen die Gäste reichhaltige, meisterhaft zubereitete Fleisch- und Meeresfrüchtegerichte aus dem Amazonasgebiet und dem Nordosten.

Sobrenatural FISCH & MEERESFRÜCHTE **$$$**
(Karte S. 72 f.; ☎ 2224-1003; Almirante Alexandrino 432, Santa Teresa; Hauptgerichte für 2 Pers. ca. 110 R$; ⏲ Mo–Sa 12–24, So bis 22 Uhr) Unverputzter Backstein und Holzbalken bilden die Kulisse für die *frutas do mar* (Meeresfrüchte). Am Wochenende locken Krebsfleischsnacks, frischer gegrillter Fisch und köstliche *moqueca*, unter der Woche übernehmen dies die leckeren Mittagsangebote. Montags, mittwochs, freitags und samstags wird abends Livemusik gespielt.

★ **Aprazível** BRASILIANISCH **$$$**
(Karte S. 72 f.; ☎ 2508-9174; Aprazível 62, Santa Teresa; Hauptgerichte ca. 70 R$; ⏲ Di–So 19–23 Uhr) An einer kurvigen Straße hoch oben in Santa Teresa versteckt sich das Aprazível mit wunderschöner Aussicht und einem grünen Garten. Auf den Tisch kommen die kulinarischen Highlights des Landes: gegrillter Fisch und Bratgerichte. Reservieren!

Térèze FUSIONSKÜCHE **$$$**
(Karte S. 72 f.; ☎ 3380-0220; Felicio dos Santos, Hotel Santa Teresa, Santa Teresa; Hauptgerichte 70 R$; ⏲ 12–15.30 & 19.30–23 Uhr) In Santa Teresas bestem Hotel kombiniert das Térèze innovative Gerichte (auf Holzkohle gegrillter Tintenfisch mit Couscoussalat, schwarzes Meeresfrüchterisotto, Kalbsfilet mit Macadamiakruste) mit einer großartigen Aussicht über die Stadt. Die Einrichtung schont die Umwelt: Tische und Deko sind aus wiederverwertetem Holz und anderen recycelten Materialien.

EIN ABEND, ZWEI KARTEN

Am Eingang von Sambaclubs und Livemusikbars (sowie in Selbstbedienungsrestaurants) bekommt man eine Karte, auf der alles gespeichert wird, was man am Abend konsumiert. Bevor man geht, muss man den entsprechenden Betrag (teils plus Eintritt) begleichen und erhält eine weitere Karte, die am Ausgang vorzulegen ist. Das Ganze klingt kompliziert, hat aber den Vorteil, dass man nicht ständig seinen Geldbeutel herauskramen muss. Auf die Karte sollte man gut aufpassen, bei Verlust werden nämlich 100 R$ oder mehr fällig. Dieses System ist in ganz Brasilien verbreitet.

Ausgehen & Nachtleben

Leblon und Ipanema beherbergen sowohl trendige Nachtlokale als auch altmodische Kneipen. Die junge Barszene zieht das Partyvolk nach Gávea, das malerische Lagoa hingegen ist bei Paaren beliebt. In den engen Gassen im Centro nippen die Leute werktags gern am Feierabendcocktail, und in den Straßen von Lapa und Santa Teresa wetteifern alte und neue Lokale um Kundschaft.

Flyer für Partys liegen in Musikläden und Boutiquen in Ipanema und Leblon sowie in den Surfshops im Einkaufszentrum Galeria River in der Nähe der Praia de Arpoador aus. Einige Clubs geben Rabatt, wenn man einen Flyer vorlegt.

Ipanema & Leblon

Melt CLUB
(Karte S. 56 f.; ☎ 2249-9309; www.meltbar.com.br; Rita Ludolf 47; Eintritt 30–60 R$; ⏲ Mo & Do–Sa 22–4, Di & Mi 23–4 Uhr) In der von Kerzen beleuchteten Lounge im Erdgeschoss des Clubs lässt sich eine junge attraktive Klientel farbenfrohe Drinks schmecken. Oben sorgen DJs und gelegentliche Livemusik auf der Tanzfläche für Stimmung.

Bar Astor BAR
(Karte S. 56 f.; www.barastor.com.br; Veira Souto 110; Mo–Fr 18–1, Sa 12–3, So 12–22 Uhr) Keine Zeit mehr für São Paulo? Kein Problem. Eine der besten Bars von Sampa hat auf spektakuläre Weise Einzug in Rio gehalten. Die wunderbare Art-dèco-Bar in erstklassiger Lage in Ipanema bietet perfekt zubereitete Caipirinhas in rund 20 exotischen Varianten und tolles Essen, das den hochwertigen *cachaça* (Zuckerrohrschnaps) bestens aufsaugt.

Barzin BAR, LIVEMUSIK
(Karte S. 56 f.; Vinicius de Moraes 75; Di–So 11–3 Uhr) Das Barzin wird gerne nach einem Strandtag angesteuert. In der offenen Bar im Erdgeschoss geht's immer gesellig zu; oben spielen Bands Surf Rock, Hip-Hop und andere in Brasilien beliebte Musik (Tischgebühr 20–60 R$).

Academia Da Cachaça BAR
(Karte S. 56 f.; 2239-1542; Conde de Bernadotte 26G; So–Do 12–1, Fr & Sa bis 2 Uhr) Neben traditioneller brasilianischer Küche bietet die einladende Bar mit Innen- und Außenbereich über 100 *cachaça*-Varianten, die pur, mit Honig und Limette oder als fruchtiger Caipirinha serviert werden. Ein tolles Geschmackserlebnis verspricht die Passionsfrucht-*batida* (*cachaça* und Passionsfruchtsaft).

Delirium Cafe BAR
(Karte S. 56 f.; 2502-0029; Barão da Torre 183; So–Do 17–24, Fr & Sa bis 2 Uhr) Mehr als 300 Biersorten aus ganz Europa, den USA und Australien schenkt diese kleine gemütliche Kneipe aus. Wer das Delirium in Brüssel kennt, wird von Rios bescheideneren Pendant etwas enttäuscht sein. Dennoch ist es die beste Adresse der Stadt für Bierliebhaber.

Bar Veloso BOTECO
(Karte S. 56 f.; 2274-9966; Aristides Espínola 44; So–Mi 11–1, Do–Sa bis 3 Uhr) Benannt ist dieses halb offene Lokal nach jener Bar, in der Jobim und Vinícius das berühmte Lied „Girl from Ipanema" schrieben (heute in Garota de Ipanema umgetauft). Es zieht eine jugendliche Schar an, die sich an den geschäftigen Wochenenden bis auf den Gehsteig ergießt.

Baretto-Londra LOUNGE
(Karte S. 56 f.; 3202-4000; Av Vieira Souto 80; Mo–Do 19–2, Fr & Sa bis 4 Uhr) Im gemütlichen Baretto-Londra gibt's eine charmant beleuchtete Bar, Ledersessel und Diwane; ein DJ legt Electronica auf. Die Getränke sind teuer (Cocktails kosten rund 27 R$), und wenn man nicht gerade Model ist (oder eines im Arm hat), sollte man sich auf lange Wartezeiten einstellen.

Cobal do Leblon BAR
(Karte S. 56 f.; 2239-1549; Rua Gilberto Cardoso; Mo geschl.) Leblons Blumen- und Lebensmittelmarkt vereint verschiedene Bars und Restaurants, von denen viele an die große Terrasse im hinteren Teil angrenzen. Ein jugendliches, lebensprühendes Flair erfüllt diesen Platz, und an Wochenenden und Spieltagen ist er ein beliebter Treffpunkt.

Devassa BOTECO
(Karte S. 56 f.; 2522-0627; Prudente de Moraes 416; 12–2 Uhr) Hier gibt's mit das beste Bier Rios, denn das Devassa schenkt Hausgebrautes aus, z. B. *loura* (Pils), *sarará* (Weizen), *ruiva* (helles Ale), *negra* (dunkles Ale) und *Índia* (India Pale Ale). Dazu mundet das gute Pubessen wie Burger, Steaks, Pasta, gegrillter Fisch und viele Snacks.

Empório BAR
(Karte S. 56 f.; 3813-2526; Maria Quitéria 37; 20.30 Uhr–open end) *Cariocas* und Ausländer vergnügen sich in dem ramponierten alteingesessenen Laden in Ipanema bei günstigen Cocktails. Wer die abgedroschenen 80er-Jahre-Hits nicht mehr erträgt, kann auf die Frontveranda mit Blick auf die Straße ausweichen. Mittwochs bis samstags gibt's im zweiten Stock Live-Rock-Shows (Eintritt 10–20 R$). Nicht zu früh kommen – das Empório wacht erst nach Mitternacht richtig auf.

Jobi BOTECO
(Karte S. 56 f.; 2274-0547; Av Ataúlfo de Paiva 1166; 9–5 Uhr) Seit 1956 hat der beliebte Klassiker schon jede Menge Bier gezapft, und seine Popularität ist ungebrochen. Auch heute noch wird in dem schmucklosen *botequim* (Bar mit Tischservice) viel ausgeschenkt – einfach einen Straßentisch schnappen und den Abend genießen. Gegen Hunger helfen leckere Snacks wie *carne seca* (getrocknetes Rindfleisch) und *bolinhos de bacalhau* (Kabeljaukroketten).

Shenanigan's BAR
(Karte S. 56 f.; Visconde de Pirajá 112A; Eintritt 5–25 R$; 18–2 Uhr) An der Praça General Osorio lädt diese Kneipe im englischen Stil mit freigelegtem Mauerwerk, importierten Bieren und ein paar winzigen Balkonen über der Straße zur Einkehr ein. Drinnen erwarten einen sonnenverbrannte Touristen, die eine oder andere Dame vom Gewerbe, Poolbillard, Dart und gelegentlich Livemusik.

RIO FÜR LESBEN & SCHWULE

Seit den 1950er-Jahren ist Rio ein beliebtes Reiseziel für Schwule. Damals konzentrierte sich das homosexuelle Nachtleben auf die Gegend rund um den Copacabana Palace – ein paar Regenbogenfahnen zeugen noch davon. Mittlerweile ist die Party weitergezogen und die GLBT-Szene trifft sich nun in Ipanema, vor allem die Touristen. Der Strand für Schwule liegt am Ende der Rua Farme de Amoedo (auch hier eine Regenbogenfahne), entsprechende Bars und Cafés findet man in den umliegenden Straßen wie der Rua Teixeira de Melo und der Rua Farme de Amoeda.

Weitere Infos zum Nachtleben gibt's auf www.riogayguide.com.

Cafeína (Karte S. 56 f.; ☎2521-2194; Farme de Amoedo 43, Ipanema; ⏰8–23.30 Uhr) In das beliebte Café in Ipanema strömt ein bunt gemischtes Publikum.

Cine Ideal (Karte S. 72 f.; ☎2252-3460; www.cineideal.com.br; Rua da Carioca 62, Centro; ⏰Fr & Sa) Das ehemalige Kino wurde in einen Elektromusikclub umgebaut und bietet eine Terrasse mit Blick auf die Altstadt.

Fosfobox (Karte S. 62 f.; ☎2548-9478; UG, loja 22A, Siqueira Campos 143, Copacabana; ⏰Di–So) Der kleine Kellerclub zieht ein gemischtes Publikum an.

Galeria Café (Karte S. 56 f.; ☎2523-8250; www.galeriacafe.com.br; Teixeira de Mello 31, Ipanema; ⏰Do–Sa) Bar mit hübscher Einrichtung und gemischter Kundschaft.

Le Boy (Karte S. 62 f.; ☎2513-4993; www.leboy.com.br; Raul Pompéia 102, Copacabana; Tischgebühr 10–30 R$; ⏰Mo geschl.) Le Boy, 1992 eröffnet, ist Rios Schwulenmekka mit Mottoabenden, Drag-Shows und Go-go-Tänzern.

Tô Nem Aí (Karte S. 56 f.; ☎2247-8403; Ecke Farme de Amoedo & Visconde de Piraja, Ipanema; ⏰12–3 Uhr) Mitten auf Ipanemas Schwulenmeile gelegen, bietet sich diese beliebte Bar für einen Abstecher nach einem Strandtag an.

The Week (Karte S. 72 f.; ☎2253-1020; www.theweek.com.br; Rua Sacadura Cabral 154, Centro) Rios neuester und momentan bester Schwulen-Tanzclub lockt mit einer großen Tanzfläche, exzellenten DJs und Go-go-Tänzern.

Gávea, Jardim Botânico & Lagoa

00 LOUNGE, CLUB

(http://00riodejaneiro.com.br/riodejaneiro.html; Av Padre Leonel Franca 240, Gávea; ⏰20 Uhr–open end) Das 00 (Zero Zero) in Gáveas Planetarium startet als stilvolles Restaurant in den Abend und verwandelt sich gegen Mitternacht in eine Lounge mit Nachtclub. Häufig sorgen gute DJs für Stimmung, dienstagabends veranstaltet Bem Brasil (S. 80) eine Party für Hostelgäste – eine gute Gelegenheit, andere Reisende kennenzulernen.

Bar Lagoa BOTECO

(Karte S. 56 f.; ☎2523-1135; Av Epitácio Pessoa 1674; ⏰Mo–Fr 18–2, Sa & So 12–2 Uhr) Zu den klassischen Kneipen des Viertels gehört die Bar Lagoa mit Blick auf den See (allerdings über eine viel befahrene Straße hinweg). Seit ihrer Eröffnung 1935 hat sich wenig geändert: Noch immer bringen kauzige Kellner exzellentes Bier an voll besetzte Tische unter freiem Himmel und trotz der vielen Jahre herrscht jugendliches Flair.

Caroline Café LOUNGE

(Karte S. 60; ☎2540-0705; JJ Seabra 10, Jardim Botânico; ⏰Mo–Sa 16–2 Uhr) Schon lange ist das Caroline Café bei Pärchen beliebt. Es gibt ein paar Straßentische, mehr geboten wird allerdings drinnen, wo eine recht umfangreiche Getränkekarte und verschiedene Gerichte (dicke Burger, Sushi und Pizza) warten.

Bar do Horto BAR

(Karte S. 60; ☎3114-8439; Pacheco Leão 780, Jardim Botânico; ⏰So & Di–Do 12–2, Fr & Sa bis 3 Uhr) Glänzende Stoffe bedecken die Wände, überall hängen bunte Papierlaternen, Schmetterlingsfiguren, Kronkorkenvorhänge und anderer recycelter Krimskrams. Von Donnerstag bis Samstag versammelt sich an den Straßentischen ein adrett gekleidetes Publikum (vor allem Pärchen).

Hipódromo BAR

(Karte S. 60; Praça Santos Dumont 108, Gávea; ⏰12–1 Uhr) In der als Baixo Gávea bekannten

Gegend raubt das Hipódromo – wie auch viele andere Bars – seinen Anwohnern den Schlaf. An den meisten Abenden vergnügt sich hier und auf der Praça Santos Dumont eine junge Klientel aus Studenten und Mittzwanzigern.

Palaphita Kitch LOUNGE
(Karte S. 56 f.; ☎2227-0837; www.palaphitakitch.com.br; Av Epitâcio Pessoa s/n, Lagoa; ⏲18–1 Uhr) Mit seinem Schilfdach, rustikalen Bambusmöbeln, flackernden Fackeln und der idyllischen Lage am See bietet sich das offene Palaphita Kitch für einen entspannten abendlichen Drink an. Ein Besuch lohnt sich wegen der Aussicht und der kreativen (aber teuren) Cocktails.

Copacabana & Leme

Auch die Strandkioske von Cobacabana eignen sich gut für einen Drink am Nachmittag oder am frühen Abend.

Fosfobox CLUB
(Karte S. 62 f.; ☎2548-7498; www.fosfobox.com.br; Siqueira Campos 143, Copacabana; Eintritt 15–30 R$; ⏲Do–Sa 23–4 Uhr) In einem Einkaufszentrum nahe der Metrostation versteckt sich dieser unterirdische Club. Die Bandbreite der DJ-Musik reicht von Funk bis Glam Rock, und das Publikum ist ziemlich gemischt.

Botequim Informal BOTECO
(Karte S. 62 f.; ☎3816-0909; Domingos Ferreira 215, Copacabana; ⏲12–1 Uhr) Der gesellige *boteco* lockt mit einer erhöhten Terrasse, frisch gezapftem Bier und leckeren Vorspeisen, darunter gebratene Polenta mit Gorgonzolasoße. Er gehört zu einer Reihe halb offener Bars im Subviertel Baixo Copa.

Mud Bug BAR
(Karte S. 62 f.; ☎2235-6847; www.mudbug.com.br; Rudolfo Dantas 16; ⏲17–2 Uhr) Die gemütlich beleuchtete Sportbar mit rustikalem Holzdekor zieht mit ihren Fußballspielen, Snacks und der großen Bierauswahl *cariocas* und Ausländer gleichermaßen an. An den meisten Wochenenden wird Livemusik gespielt, hauptsächlich klassischer Rock. Eine weitere Filiale in Copacabana befindet sich ein paar Blocks westlich an der Rua Paula Freitas.

Horse's Neck BAR
(Karte S. 62 f.; ☎2525-1232; Av Atlântica 4240, Sofitel Rio de Janeiro, Copacabana; ⏲12–2 Uhr) Topfpalmen, Holzmöbel und eine Meeresbrise sorgen in der hellen, luftigen Bar für tropisches Flair. Hierher kommt man, um bei einem belgischen Bier im Anblick der hinreißenden Küste zu schwelgen.

Sindicato do Chopp BAR
(Karte S. 62 f.; Av Atlântica 514, Leme) In der idyllisch am Strand gelegenen Bar genehmigen sich Einheimische gerne ein kühles Bier oder eine sättigende Mahlzeit in entspannter Atmosphäre.

Skylab BAR
(Karte S. 62 f.; ☎2106-1666; 30. OG, Rio Othon Palace, Av Atlântica 3264, Copacabana; ⏲19–24 Uhr) Die einfach eingerichtete Bar im Rio Othon Palace punktet vor allem mit der Aussicht. Vom 30. Stockwerk aus zeigen sich die Küste und die Cidade Maravilhosa (Wunderbare Stadt) von ihrer schönsten Seite.

Botafogo & Urca

Bar Bukowski CLUB
(Karte S. 66 f.; ☎2244-7303; Álvaro Ramos 270, Botafogo; Eintritt 35 R$; ⏲Do–Sa 22–6 Uhr) Mit seinem Namen zollt der Club dem amerikanischen Bohemien und Schriftsteller Tribut. Unten befindet sich eine Tanzfläche mit Bar, oben spielen Livebands Rock, Pop und Blues. Die tolle Stimmung zieht meist eine gut gelaunte Klientel an. Zudem gibt's einen Billardtisch, Dartscheiben und Wasserpfeifen.

Casa da Matriz CLUB
(Karte S. 66 f.; ☎2266-1014; www.casadamatriz.com.br; Henrique de Novaes 107, Botafogo; Eintritt 15–30 R$; ⏲ab 23 Uhr, Di & So geschl.) Die alte Villa verkörpert mit ihren verschiedenen Räumen (Lounge, Vorführraum, Tanzflächen) die kreative Seite der *cariocas* und zieht vor allem Studenten an. Auf der Website sind Events aufgelistet.

Cobal do Humaitá BAR
(Voluntaŕios da Pátria 446, Humaitá; ⏲Mo–Sa 7–2 Uhr) Tagsüber findet man hier einen Obst- und Blumenmarkt, abends öffnen dann betriebsame Cafés und Restaurants.

Bar Urca BAR
(Karte S. 66 f.; ☎2295-8744; Cândido Gaffrée 205, Urca; ⏲Mo–Sa 9–23, So bis 20 Uhr) Das einfache Bar-Restaurant punktet mit einer grandiosen Lage nahe der Bucht in Urca. Abends versammeln sich Jung und Alt am Ufermäuerchen und lassen sich von den Kellnern mit kalten Drinks und Häppchen versorgen.

Champanharia Ovelha Negra BAR
(Karte S. 66 f.; ☎2226-1064; Bambina 120, Botafogo; ⌚Mo–Fr 17.30–23.30 Uhr) Zu den besten Happy-Hour-Bars in Rio zählt das Ovelha Negra, das mit seiner geselligen Stimmung sowie 40 verschiedenen Champagner- und Proseccosorten Einheimische in Scharen anzieht.

Beerjack Hideout BAR
(☎2226-0267; Martins Ferreira 71, Botafogo; ⌚So–Mi 17–23, Do–Sa bis 2 Uhr) Hopfenliebhaber aufgepasst: Die recht neue schicke, aber unprätentiöse Bar in einer umgebauten zweistöckigen Villa in Botafogo schenkt über 200 Biersorten aus, darunter einige leckere Erzeugnisse brasilianischer Mikrobrauereien wie das Diabólica Indian Pale Ale und jede Menge internationale Marken.

O Plebeu BAR
(☎2286-0699; Capitão Salomão 50, Botafogo; ⌚Mo–Sa 12–4, So bis 21 Uhr) Im lebendigsten Teil Botafogos findet man diese einladende, zweistöckige Bar mit einem Balkon und Tischen auf dem Gehweg.

Flamengo & Catete

Belmonte BOTECO
(Karte S. 66 f.; ☎2552-3349; Praia do Flamengo 300, Flamengo; ⌚9–3 Uhr) Das Belmonte, einer der klassischen *botecos* in Flamengo, serviert bis spät in die Nacht eisgekühltes *chope*. Bei unserem Besuch war donnerstags am meisten los. Mittlerweile betreibt die äußerst beliebte Kette in ganz Rio Filialen.

Devassa BOTECO
(Karte S. 66 f.; ☎2556-0618; Senador Vergueiro 2, Flamengo; ⌚12–1 Uhr) Besonders hübscher Ableger der expandierenden Kette an einem schattigen Platz. Es gibt das übliche Devassa-Angebot, u. a. natürlich frisch gezapftes Bier.

Herr Brauer BAR
(Karte S. 66 f.; ☎2225-4359; Rua Barão do Flamengo 35; ⌚Di–So 12–24, Mo bis 16 Uhr) Die gemütliche Kneipe hat sich den großen Brauerzeugnissen der Welt verschrieben und serviert Biere brasilianischer Mikrobrauereien sowie Dutzende internationale Marken, u. a. aus Belgien und Deutschland.

Centro & Cinelândia

Amarelinho BOTECO
(Karte S. 72 f.; ☎2240-8434; Praça Floriano 55, Cinelândia; ⌚Mo–Sa 11–2, So bis 24 Uhr) Eine Markise in leuchtendem *amarelo* (Gelb) markiert das Amarelinho an der hübschen Praça Floriano mit dem Teatro Municipal im Hintergrund. Seine Außentische füllen sich vor allem zur Mittagszeit und nach Feierabend.

Boteco Casual BAR
(Karte S. 72 f.; ☎2232-0250; Travessa do Comércio 26, Centro; ⌚Mo–Fr 12–24, Sa bis 18 Uhr) In einer schmalen Fußgängerzone, die von der Praça XV (Quinze) de Novembro abgeht, versteckt sich der Boteco Casual neben mehreren anderen hübschen Freiluftbars. Die Travessa do Comércio ist ein beliebter Treffpunkt und nach Feierabend füllen gesellige *cariocas* die Tische auf der Gasse.

Santa Teresa & Lapa

Barzinho CLUB
(Karte S. 72 f.; ☎2221-4709; Rua do Lavradio 170, Lapa; Eintritt 15–40 R$; ⌚Di–Do 18–2, Fr & Sa bis 4 Uhr) Dank seines gefeierten DJs (und Teilinhabers) Rodrigo Penna, der hier einmal die Woche auflegt, bringt das 2012 eröffnete Barzinho einen Hauch von Glamour nach Lapa. Das tanzwütige Publikum kommt vor allem aus der Zona Sul. Funkelnde Kronleuchter, bunte Lichtpaneele an den Wänden und kunstvoll in Szene gesetzter Kitsch (Puppen, Actionfiguren, altmodisches Spielzeug) schaffen ein kreatives Ambiente, und von den Tischen in der oberen Etage überblickt man den langen Raum.

Bar do Gomes BOTECO
(Karte S. 72 f.; ☎2232-0822; Áurea 26, Santa Teresa; ⌚Mo–Sa 12–24, So bis 22 Uhr) Obwohl auf dem Schild „Armazém do São Thiago" steht, nennen alle den winzigen *boteco* nur Bar do Gomes. Schon lange ist er ein beliebter Treffpunkt, hauptsächlich am Wochenende, wenn sich Jung und Alt an den wenigen Stehtischen, an der Bar und auf dem Bürgersteig versammeln.

Bar dos Descasados LOUNGE
(Karte S. 72 f.; ☎3380-0200; Almirante Alexandrino 660, Santa Teresa; ⌚12–24 Uhr) Die schicke Bar im Hotel Santa Teresa bietet Tische im Freien, eine wunderschöne Aussicht, dekadente Cocktails (z. B. eine Caipirinha mit selbst gezogenen Mandarinen) und leckere Snacks wie Lachs-Tatar inmitten von geschichtsträchtigem Ambiente: Einst gehörte das Gebäude zu einer Kaffeeplantage, später war es ein Treffpunkt für *descasados* – geschiedene Männer.

Boteco do Gomes BOTECO

(Karte S. 72 f.; ☎2531-9717; Rua do Riachuelo 62, Lapa; ⊙7–1 Uhr) Mit seinen Backsteinwänden, Art-déco-Lampen und Fliesenböden versprüht der Boteco do Gomes in Lapa einen gewissen altmodischen Charme. An den Stehtischen vorne und im geräumigeren Speiseraum hinten treffen sich gerne Musiker, Studenten und andere Einheimische aus der Gegend.

Leviano Bar BAR

(Karte S. 72 f.; ☎2507-5967; Av Mem de Sá 49; ⊙18 Uhr–open end) Die Bar nahe dem Zugang zur Mem de Sá gehört zu einer neuen Generation etwas schickerer Ausgehadressen. Vor der Tür kann man die vorbeiflanierenden Menschen und die tolle Sicht auf die Arcos da Lapa auf sich wirken lassen, oben sorgen DJs mit House, Electro-Samba, Soul und Reggae auf der Tanzfläche für Stimmung.

Choperia Brazooka BAR

(Karte S. 72 f.; ☎2224-3235; Av Mem de Sá 70, Lapa; ⊙Di–Mi 18–2, Do–Sa bis 5 Uhr) In den vielen Ecken und Winkeln dieses beliebten vierstöckigen Brauhauses kann man bei eisgekühltem Bier vom Fass und leckeren Snacks einen wunderbaren Abend verbringen. Die Tische sind schnell von der Stammkundschaft um die 20 oder 30 bevölkert, man sollte also recht früh kommen.

Goya-Beira BAR

(Karte S. 72 f.; ☎2232-5751; Largo das Neves 13, Santa Teresa; ⊙So–Do 18–24, Fr & Sa bis 2 Uhr) Im kleinen, charmanten Goya-Beira am idyllischen Largo das Neves zaubert Besitzerin Rose Guerra faszinierende *cachaça*-Kreationen sowie Pizzas und Vorspeisen. Hier geht's ziemlich gesetzt zu, sogar am Wochenende.

Mike's Haus BAR

(Karte S. 66 f.; ☎2509-5248; Almirante Alexandrino 1458A, Santa Teresa; ⊙So–Do 12–24, Fr & Sa bis 2 Uhr) Die Kneipe im deutschen Stil zieht am Wochenende abends eine Mischung aus Ausländern und *cariocas* an. Da sie etwas ab vom Schuss liegt, lohnt es sich, auf mehr als nur ein Bier zu bleiben. Außerdem gibt's warme Küche.

Barra da Tijuca

Nuth CLUB

(☎3575-6850; www.nuth.com.br; Eintritt Männer 40–70 R$, Frauen 20–30 R$; ⊙21–4 Uhr) Das Nuth (sprich „Nutsch") gehört trotz seiner Lage in Barra zu den beliebtesten Clubs von Rio. Hier tanzen nette, gut gekleidete Gäste zu Electro-Samba, House und Hip-Hop. Wer die Location oder die Preise nicht mag, kann auf andere Bars in der Nähe ausweichen.

☆ Unterhaltung

Musik & Tanz

Rios Musikszene wartet mit einigen großen Talenten auf, die in stimmungsvollem Ambiente vor einem bunt gemischten Publikum spielen. Lapa ist das Zentrum des Sambas, die alten Clubs dort sind ein absolutes Muss. Die größte Auswahl an Musiktreffs gibt's auf der Mem de Sá.

Gafieiras (Tanzhallen) stellen eine große Attraktion in Lapa dar. Hinter den Fassaden restaurierter Gebäude aus der Kolonialzeit verbergen sich Tanzsäle, in denen große Sambabands vor Scharen von Fans auftreten.

Lapa

Rio Scenarium SAMBA

(Karte S. 72 f.; www.rioscenarium.com.br; Rua do Lavradio 20, Lapa; Tischgebühr 20–40 R$; ⊙Di–Sa 19–4 Uhr) Drei üppig mit Antiquitäten dekorierte Etagen bilden das Rio Scenarium, einen der fotogensten Orte des Nachtlebens in Rio. Balkone schauen auf die Bühne hinunter, auf der sich die Tänzer im Takt des Sambas wiegen.

Carioca da Gema SAMBA

(Karte S. 72 f.; www.barcariocadagema.com.br; Av Mem de Sá 79, Lapa; Tischgebühr 21–25 R$; ⊙Mo–Do 19–1.30, Fr–So 21–3.30 Uhr) Inzwischen ist es zwar von Clubs umringt, doch bei seiner Eröffnung 2000 zählte Carioca da Gema zu den Pionieren in Lapa. In der kleinen Location mit warmem Licht treten noch immer die besten Sambabands der Stadt auf, und an den meisten Abenden sorgt ein buntes Publikum auf der Tanzfläche für Stimmung. Livemusik gibt's montags bis freitags ab etwa 20 Uhr.

Democráticus SAMBA

(Karte S. 72 f.; ☎2252-4611; Rua do Riachuelo 93, Lapa; Eintritt 25–50 R$; ⊙Mi–Sa 22–3 Uhr) Wandmalereien schmücken das Foyer dieser Villa von 1867, und von oben dringen Sambarhythmen herab. Immer dem Klang nach geht's die Marmortreppe hinauf in einen großen Saal mit Tischen, einer riesigen Tanzfläche und einer langen Bühne voller Musiker. Hier trifft sich ein bunter Mix von *cariocas*, um zu tanzen, in Musik zu schwelgen und die tolle Kulisse zu genießen.

Lapa 40 Graus LIVEMUSIK
(Karte S. 72 f.; ☎ 3970-1338; Riachuelo 97, Lapa; Eintritt 5–30 R$; ⏲ Di–Sa 18–5 Uhr) Das beeindruckende mehrstöckige Musiklokal mit Poolhalle bietet im Erdgeschoss eine Lounge mit Tischen, im zweiten Stock mehr als ein Dutzend Billardtische und im Obergeschoss eine kleine Bühne mit Tanzfläche. Jeden Abend gegen 19 und 23 Uhr gibt's Pop, Rock, Samba und *choro*.

Beco do Rato LIVEMUSIK
(Karte S. 72 f.; ☎ 2508-5600; http://becodorato.com.br; Joaquim Silva 11, Lapa; ⏲ Di–Fr 20–3 Uhr) GRATIS In der winzigen Bar spielen Livebands vor einem sambaverrückten Publikum. Der Sitzbereich im Freien und das entspannte Ambiente bilden einen unschlagbaren Mix.

TribOz JAZZ
(Karte S. 72 f.; ☎ 2210-0366; www.triboz-rio.com; Conde de Lages 19, Lapa; Tischgebühr 20–30 R$; ⏲ Do–Sa 18–20 & 21–1 Uhr) Nichts für faule Ohren! Dieser Avantgarde-Jazzclub ist ein verstecktes Juwel für Kenner und mit seinen professionell aufgezogenen Konzerten in Rio einzigartig. Er wird von einem australischen Musikethnologen geleitet und befindet sich im schattigeren Teil des alten Lapa in einer nicht beschilderten Villa, die den innovativsten Musikern Brasiliens abends eine prächtige Bühne bietet.

Hierher kommen Mittdreißiger und/oder Musikliebhaber, um sich die drei 45-minütigen Auftritte am Abend anzusehen und gutes, günstiges Essen mit australischem Touch schmecken zu lassen. Reservierungen zwei Tage im Voraus sind obligatorisch (nur telefonisch).

Circo Voador KONZERTHALLE
(Karte S. 72 f.; ☎ 2533-0354; www.circovoador.com.br; Rua dos Arcos, Lapa; Eintritt 50–80 R$) Im Circo Voador hinter den Arcos da Lapa treten große brasilianische Namen und internationale Künstler auf. Die Akustik ist exzellent, und nach dem Konzert gibt's in der Gegend noch viele weitere Möglichkeiten, Musik zu hören. Über das aktuelle Programm informiert die Website.

Fundição Progresso KONZERTHALLE
(Karte S. 72 f.; ☎ 2220-5070; www.fundicao.org; Rua dos Arcos 24, Lapa; Eintritt 25–40 R$) In der ehemaligen Gießerei in Lapa geben sich große Namen wie Manu Chao und Caetano Veloso die Ehre, auch Theater, Videokunst und Ballett sind hier zu sehen. Außerdem kann man Tanz-, Capoeira- und Akrobatikkurse nehmen.

Semente SAMBA
(Karte S. 72 f.; ☎ 9781-2451; Joaquim Silva 138, Lapa; Eintritt 20–30 R$; ⏲ Sa–Do 20–2 Uhr) Das kleine intime Semente ist eine der wenigen Adressen Lapas, die auch sonntag- und montagabends Programm bieten. Sein Publikum kommt in erster Linie wegen der Musik und nicht, weil Lapa angesagt ist. Freitagabends geschlossen.

Centro Cultural Carioca SAMBA
(Karte S. 72 f.; ☎ 2252-6468; www.centroculturalcarioca.com.br; Rua do Teatro 37, Centro; Eintritt 30–40 R$; ⏲ Mo–Do 19–1, Fr & Sa 20.30–2 Uhr) In dem sorgsam restaurierten Gebäude aus dem 19. Jh. wird die ganze Woche hindurch hervorragende Musik gespielt. Die hiesige Szene ist ein wenig gesetzter und deshalb ideal für Pärchen.

Weitere Adressen

Studio RJ LIVEMUSIK
(Karte S. 56 f.; ☎ 2523-1204; http://studiorj.org; Vieira Souto 110, Ipanema; Eintritt 20–60 R$; ⏲ Mo–Sa ab 21 Uhr) Endlich hat das Studio RJ über der Bar Astor Ipanemas Musikszene aus dem Dornröschenschlaf gerissen. In der großen Halle mit guter Akustik finden die Woche über verschiedene Musikveranstaltungen statt, von altmodischen Jazzabenden (momentan dienstags) über innovative Samba bis hin zu MPB, Hip-Hop und Indie-Rock. Werktags geht's gegen 21.30 Uhr los, am Wochenende um Mitternacht; danach legen DJs bis in die frühen Morgenstunden auf.

Casa Rosa LIVEMUSIK, CLUB
(Karte S. 66 f.; ☎ 2557-2562; www.casarosa.com.br; Alice 550, Laranjeiras; Tischgebühr 25–40 R$; ⏲ Fr & Sa 23–5, So 17–1 Uhr) In der Casa Rosa, einem ehemaligen Bordell, steigen wunderbare Partys. Das Haus bietet ein abwechslungsreiches Musikprogramm sowie eine weitläufige Außenterrasse, auf der man sich nach dem Tanzen abkühlen kann. Samstags geht hier die Post ab, doch auch die sonntägliche *feijoada* mit Samba erfreut sich großer Beliebtheit.

Bip Bip LIVEMUSIK
(Karte S. 62 f.; ☎ 2267-9696; Almirante Gonçalves 50, Copacabana; ⏲ So–Fr 18–24 Uhr) GRATIS Schon lange ist diese winzige Bar mit ein paar verbeulten Tischen ein Klassiker der Musikszene. Donnerstags, freitags und sonntags spielen Livebands Samba, montags und dienstags *choro* und mittwochs Bossa nova; los geht's gegen 20 Uhr.

(Fortsetzung auf S. 116)

1

2

KARL LARSEN/ZUMA / CORBIS ©

1. Konzert, Strand von Copacabana (S. 59) 2. Trommler, Karneval (S. 34), Rio de Janeiro 3. Gilberto Gil

So klingt Rio

Die Stadt, der die Welt Karneval, Samba und Bossa nova verdankt, bietet unzählige Möglichkeiten, mit den *cariocas* (Einwohner Rios) die Nacht durchzufeiern.

Samba

Der Samba, Rios großartiger Soundtrack, wird überall gespielt, sein Herz schlägt jedoch im Künstlerviertel Lapa. Dort dringen die mitreißenden Rhythmen aus altmodischen Tanzhallen und begeistern Musikliebhaber von nah und fern. Mit seinen Trommelklängen und eingängigen Texten ist der Samba zudem Protagonist der großen Karnevalsfeierlichkeiten. Führende Sambaschulen veranstalten von September bis Karneval beliebte Partys, die eine Menge Spaß versprechen.

Bossa nova & Jazz

Obwohl Bossa nova etwas außer Mode geraten ist, sind die melancholischen Klänge noch in einigen Läden zu hören. Jazzliebhaber kommen bei regelmäßigen Livemusikabenden in verschiedenen Clubs der Stadt auf ihre Kosten.

Große Konzerte

Neben kleinen Bars und Clubs gibt's in Rio auch große Konzerthallen, in denen brasilianische Stars wie Gilberto Gil und Milton Nascimento sowie namhafte internationale Bands auftreten. In den warmen Monaten finden regelmäßig Konzerte an den Stränden von Copacabana und Ipanema statt. Die Marina da Glória ist ebenfalls eine beliebte Location.

DIE BESTEN LIVEMUSIK-LOCATIONS

- Samba: Democráticus (S. 104), Carioca da Gema (S. 104) und Rio Scenarium (S. 104)
- Bossa nova: Vinicius Show Bar (S. 116)
- Jazz: TribOz, Maze Inn (S. 105)

1

2

JEFF GREENBERG / GETTY IMAGES ©

Fußballfieber

Rios Maracanã-Stadion (S. 75), das kürzlich für die WM 2014 modernisiert wurde, ist für Fußballfans heiliger Boden. Die riesige Arena war schon Schauplatz legendärer Siege und vernichtender Niederlagen. Und egal wer spielt: Das 80 000 Plätze fassende Stadion verwandelt sich regelmäßig in einen echten Hexenkessel.

Das Spektakel

Ein Stadionbesuch ist ein echtes Muss. Die Matches zählen zu den aufregendsten der Welt und auch die Fans sind faszinierend. Sie spielen auf riesigen Sambatrommeln, breiten gigantische Fahnen aus, tanzen und lassen Rauchbomben in den Teamfarben hochgehen. Der Einzug der Heimmannschaft wird von ohrenbetäubendem Jubel begleitet, und sobald ein Tor fällt, greift grenzenlose, fast hysterische Begeisterung um sich. Nach der Einführung eines Alkoholverbots im Stadion 2003 (auf Druck der FIFA wird dieses für die WM 2014 ausgesetzt) geht's nur wenig ruhiger zu.

1. Maracanã-Stadion (S. 75) **2.** Fans im Maracanã-Stadion
3. Fußballspiel (S. 717)

Die Vereine

Flamengo, Fluminense, Vasco da Gama und Botafago sind die vier großen Clubs in Rio. Jedes Team hat eine eingefleischte Fangemeinde hinter sich. Mit Ausnahme kleinerer Pausen an Weihnachten, Silvester und Karneval finden das ganze Jahr über Spiele statt. Als Höhepunkt gilt dabei der *classico,* wenn die vier Vereine gegeneinander antreten. Er ist von einem erbitterten Konkurrenzkampf geprägt und wird an Spannung nur von Spielen zwischen Rio und São Paulo übertroffen.

3

LONELY PLANET IMAGES / GETTY IMAGES ©

1. Carioca da Gema (S. 104)
Stimmungsvoller Club mit Sambamusik und tanzfreudigem Publikum.

2. Strand von Ipanema (S. 55)
Dieser lange Sandstrand erfreut sich großer Beliebtheit.

3. Santa Teresa (S. 71)
Rios atmosphärischstes Viertel ist von Kopfsteinpflasterstraßen und Kolonialarchitektur geprägt.

4. Cristo Redentor (S. 65)
Die Christusstatue thront mit mildem Blick über Rio.

LONELY PLANET IMAGES / GETTY IMAGES ©

ANDY CAULFIELD / GETTY IMAGES ©

SOUTH AMERICA / ALAMY ©

ALE SANTOS / GETTY IMAGES ©

1. Strand von Ranchos (S. 141) 2. Bootstour (S. 137), Parati
3. Surfer, Praia do Arpoador (S. 79) 4. Arraial do Cabo (S. 158)

BERTRAND GARDEL / GETTY IMAGES ©

Strände im Bundesstaat Rio de Janeiro

Schon Amerigo Vespucci sagte: „Gäbe es ein Paradies auf Erden, wäre es nicht weit von hier!" Der winzige Bundesstaat Rio (S. 126) wartet mit einer eindrucksvollen Auswahl an Stränden auf: Ob Surfer, Sonnenanbeter oder Partygänger – hier kommt wirklich jeder auf seine Kosten.

Ilha Grande

Auf der Ilha Grande (S. 127), dem tropischen Paradies schlechthin, gibt's mehr Wege als Fahrzeuge sowie endlose abgeschiedene Strände. Die Insel lädt zu Spaziergängen ein, zudem kann man auf einer Bootstour die sandige Küste erkunden.

Parati

Paratis (S. 133) spektakuläre Buchten, Inseln, Berge, Wasserfälle und Strände sind Grund genug für einen Besuch. Als absolutes Highlight gilt das koloniale Zentrum der Stadt mit weißen Häusern, buntem Gitterwerk und malerischen Kopfsteingassen.

Saquarema

Mit seinen internationalen Wettbewerben zieht das entspannte Saquarema (S. 157) jede Menge Surfer an. Außerdem lockt es mit einer hübschen Kirche aus dem 19. Jh., die auf einer Landzunge thront.

Arraial do Cabo

Sogar in Brasilien suchen diese Traumstrände ihresgleichen. Weißer Sand und blaugrünes Wasser sowie erstklassige Tauch- und Walbeobachtungsspots: Arraial (S. 158) ist umwerfend.

Búzios

Wer neben der perfekten Bräune auch Wert auf schicken Komfort und Nachtleben legt, trifft mit Búzios (S. 160) eine hervorragende Wahl. Dank der paradiesischen Strände ist die Halbinsel das Lieblingsziel der Schönen und Reichen aus Brasilien (und halb Argentinien) und in puncto Luxus sowie Dekadenz kaum zu toppen.

Kolonialstädte in Minas Gerais

Minas Gerais' (S. 170) Hauptattraktion, die *cidades históricas* (Kolonialstädte), zählen zu Brasiliens schönsten Sehenswürdigkeiten. Die barocken Meisterwerke, errichtet dank des Mineralreichtums im 18. Jh., teilen ein gemeinsames Erbe und versprühen zugleich individuellen Charme.

Ouro Preto

Ouro Preto (S. 180) ist die malerischste und am besten erhaltene Kolonialstadt der Region. Seinen zwei Dutzend Kirchen und Kopfsteinpflasterstraßen sieht man die über 80-jährige Pflege an.

Mariana

Aus der profanen Kulisse des 21. Jhs. sticht Mariana (S. 189) mit zwei der hübschesten Plätze in Minas und einer Orgel aus dem 18. Jh. heraus, auf der jede Woche Konzerte gespielt werden. Einen perfekten Tagesausflug verspricht die Bahnfahrt ab Ouro Preto.

Tiradentes

Verschlungene blumengeschmückte Gassen, eine herrliche Bergkulisse sowie atmosphärische Restaurants und Boutiquen: In Sachen Romantik ist das zuckersüße Tiradentes (S. 197) nicht zu toppen.

Diamantina

Eine zerklüftete Kulisse und historische Architektur verleihen Diamantina (S. 203) das Flair vergangener Zeiten. Wer es ruhiger mag, folgt der Estrada Real südostwärts zu den ebenso reizvollen Orten Serro, Milho Verde und São Gonçalo.

São João del Rei

Die vielen Kirchen aus dem 18. Jh. im lebendigen, kolonial-modernen São João (S. 193) behaupten sich wacker gegen die umliegenden Hochhäuser.

Congonhas

Das hässliches Entlein unter den Kolonialstädten, Congonhas (S. 191), bleibt dank Aleijadinhos brillanter Skulpturen *Die Propheten,* dem Meisterstück des großen Barockkünstlers aus Minas, ein Highlight.

1

1. *Die Propheten* (S. 191), Congonhas **2.** Kopfsteinpflastergassen, Ouro Preto (S. 180) **3.** Igreja Matriz de Santo Antônio (S. 199), Tiradentes

3

LONELY PLANET IMAGES / GETTY IMAGES ©

IAN TROWER / GETTY IMAGES ©

(Fortsetzung von S. 105)

Maze Inn LIVEMUSIK
(Karte S. 66 f.; ☎2558-5547; www.jazzrio.info; Casa 66, Tavares Bastos 414, Catete; Eintritt vor/nach 22 Uhr 30/40 R$; ⊙22–3 Uhr, 1. Fr im Monat) Einmal pro Monat ist Stimmung angesagt in der nach ihrem Besitzer Bob Nadkarni auch „Casa do Bob" genannten Location. Sie befindet sich in der gleichnamigen Pension oben in Tavares Bastos (einer der sichereren Favelas Rios). Zum Programm gehören eine bunte Mischung aus *cariocas* und Ausländern, Livejazz und fantastische Blicke auf die Stadt.

Severyna de Laranjeiras LIVEMUSIK
(Karte S. 66 f.; ☎2556-9398; www.severyna.com.br; Ipiranga 54, Laranjeiras; Eintritt 15 R$; ⊙11.30–1 Uhr) In diesem Bar-Restaurant, das nordöstliche Küche serviert, spielen große Trommelgruppen u. a. Samba, MPB und *forró*. Die Vorstellungen beginnen um 19 oder 21 Uhr.

Vinícius Show Bar LIVEMUSIK
(Karte S. 56 f.; ☎2523-4757; www.viniciusbar.com.br; 2. OG, Prudente de Morais 34, Ipanema; Eintritt 30–40 R$) Bereits seit 1989 ist der selbst ernannte „Tempel des Bossa nova"eine Kultadresse des Viertels. Die intime Bar bildet eine tolle Kulisse für erstklassigen Bossa nova sowie gelegentliche MPB und Samba. Die Konzerte beginnen zwischen 21.30 und 23 Uhr.

Trapiche Gamboa SAMBA
(Karte S. 72 f.; ☎2516-0868; Sacadura Cabral 155, Gamboa; Eintritt 15–20 R$; ⊙Di & Mi 19–24, Do–Sa bis 4 Uhr) Das informelle Trapiche Gamboa nimmt ein mehrstöckiges Kolonialgebäude in Gamboa (nördlich vom Centro) ein und zieht ein freundliches gemischtes Publikum an, das mit anständigen Snacks verköstigt wird. Im Erdgeschoss spielen Sambamusiker rund um einen Tisch, während um sie herum wild getanzt wird. Am besten kommt man mit dem Taxi her (ca. 40 R$ ab der Zona Sul).

SAMBASCHULEN

Ab September öffnen die wichtigsten Sambaschulen ihre Proben zur Karnevalsvorbereitung für die Öffentlichkeit. Diese großen Tanzpartys sind tolle Gelegenheiten, sich unter die *cariocas* zu mischen. In der Regel wird 10 bis 30 R$ Eintritt verlangt (je näher Karneval rückt, desto teurer ist es).

Viele Schulen liegen in Favelas, man sollte auf dem Weg also die Augen offen halten.

Man kann die Sambaschulen im Rahmen einer Tour besichtigen oder auf eigene Faust. Hin und zurück geht's mühelos mit dem Taxi, denn vor den Schulen warten immer abfahrbereite Wagen. Bevor man sich aufmacht, sollte man nachfragen, ob die Probe auch stattfindet! Bei Touristen besonders beliebt sind Mangueira und Salgueiro.

Beija-Flor (☎2233-5889; www.beija-flor.com.br; Praçinha Wallace Paes Leme 1025, Nilópolis; ⊙Do 21 Uhr)

Grande Rio (☎2671-3585; www.academicosdogranderio.com.br; Wallace Soares 5–6, Duque de Caixas; ⊙Di 21 Uhr)

Imperatriz Leopoldinense (☎2560-8037; www.imperatrizleopoldinense.com.br; Professor Lacê 235, Ramos; ⊙So 20 Uhr)

Mangueira (☎2567-4637; www.mangueira.com.br; Visconde de Niterói 1072, Mangueira; ⊙Sa 22 Uhr)

Mocidade Independente de Padre Miguel (☎3332-5823; www.mocidadeindependente.com.br; Av Brasil 31146, Padre Miguel; ⊙Sa 22 Uhr)

Portela (☎2489-6440; Clara Nunes 81, Madureira; ⊙Fr 21 Uhr)

Rocinha (☎3205-3318; www.academicosdarocinha.com.br; Bertha Lutz 80, São Conrado; ⊙Sa 22 Uhr)

Salgueiro (☎2238-0389; www.salgueiro.com.br; Silva Teles 104, Andaraí; ⊙Sa 22 Uhr)

Unidos da Tijuca (Karte S. 78 f.; ☎7590-1290; www.unidosdatijuca.com.br; Francisco Bicalho 47, Santo Cristo; ⊙Sa 22 Uhr)

Vila Isabel (☎2578-0077; www.gresunidosdevilaisabel.com.br; Av Blvd 28 de Setembro 382, Vila Isabel; ⊙Sa 22 Uhr)

Miranda LIVEMUSIK
(Karte S. 56 f.; ☎ 2239-0305; mirandabrasil.com.br; Av Borges de Medeiros 1424, Lagoa; Eintritt ab 40 R$) Die schicke, aber einladende Bar und Livemusik-Location eröffnete 2012 und stellt ein buntes Programm auf die Beine. Dazu gehören *feijoada* und Livesamba am Sonntag (60 R$), MPB-Gruppen sowie bekannte brasilianische Künstler wie Mart'nalia und BossaCucaNova (diese Band kombiniert Bossa nova mit Elektromusik). Das Miranda befindet sich im Lagoon-Komplex in Lagoa.

Klassische Musik, Theater & Tanz

Klassikliebhaber sollten eines der Konzerte besuchen, die im Rahmen von **Música No Museu** (Musik im Museum; www.musicanomuseu.com.br) veranstaltet werden. Bei dem Event, das jedes Jahr von Januar bis April stattfindet, kann man in Museen und Kulturzentren der Stadt Dutzende Gratiskonzerte erleben.

Der prachtvollste Veranstaltungsort in ganz Rio ist das im Beaux-Arts-Stil erbaute **Theatro Municipal** (Karte S. 72 f.; ☎ 2332-9195; www.theatromunicipal.rj.gov.br; Manuel de Carvalho). Ein spannenderes Programm – mit modernem Tanz, Theater und Performances – bietet allerdings das ausgezeichnete **Espaço Sesc** (Karte S. 62 f.; ☎ 2547-0156; www.sescrj.org.br; Domingos Ferreira 160, Copacabana). In Lapa finden in der **Sala Cecília Meireles** (Karte S. 72 f.; ☎ 2332-9223; www.salaceciliameireles.com.br; Largo da Lapa 47, Lapa), einem echten Prachtbau aus dem frühen 20. Jh., das ganze Jahr über Orchesterkonzerte statt.

Kinos

Rio zeigt sich erfrischend offen für ausländische und unabhängige Produktionen sowie Dokumentar- und Avantgardefilme. Programme und Veranstaltungstermine stehen in den Tageszeitungen *O Globo* oder *Jornal do Brasil* sowie im Magazin *Veja Rio*. Tickets kosten zwischen 20 und 32 R$. Neben den folgenden Kinos findet man auch in den größeren Einkaufszentren welche.

Cine Santa Teresa KINO
(Karte S. 72 f.; ☎ 2222-0203; www.cinesanta.com.br; Paschoal Carlos Magno 136, Santa Teresa) Kleines Kino mit nur einem Saal in hübscher Lage am Largo do Guimarães.

Estação Rio KINO
(Karte S. 66 f.; ☎ 2226-9952; Voluntários da Pátria 35, Botafogo) Ein nettes Kino in Botafogo mit zwei Vorführräumen, einem Café und einem Buchladen.

Estação Botafogo KINO
(Karte S. 66 f.; ☎ 2226-1988; Voluntários da Pátria 88, Botafogo) In drei Sälen werden brasilianische und ausländische Filme gezeigt.

Estação Ipanema KINO
(Karte S. 56 f.; ☎ 2279-4603; Visconde de Pirajá 605, Ipanema) Kino mit einem Vorführraum in einem kleinen Einkaufszentrum in Ipanema.

Odeon Petrobras KINO
(Karte S. 72 f.; ☎ 2240-1093; Praça Floriano 7, Cinelândia) Der Klassiker unter den Kinos von Rio de Janeiro aus den 1920er-Jahren bietet eine große cineastische Bandbreite und ist manchmal Veranstaltungsort für bekannte Filmfestivals.

Roxy KINO
(Karte S. 62 f.; ☎ 2461-2461; Av NS de Copacabana 945, Copacabana) Copacabanas einziges Kino bietet sich bei schlechtem Wetter an.

Zuschauersport

In Rio gibt's noch zwei weitere Fußballstadien, das Estádio Olímpico João Havelange und das Estádio de São Januário.

Maracanã-Fußballstadion STADION
(Karte S. 78 f.; ☎ 8871-3950; www.suderj.rj.gov.br/maracana.asp; Av Maracanã, São Cristóvão; Eintritt 15–100 R$; ⏲ 9–19 Uhr; Ⓢ Maracanã) Rios legendäres Stadion wurde in Vorbereitung auf die Fußball-WM 2014 für 900 Mio. R$ renoviert und ist Schauplatz spektakulärer Spiele. Wenigstens das Match einer der Heimmannschaften Rios (Flamengo, Fluminense, Vasco da Gama und Botafogo) muss man hier mal gesehen haben. Die Spiele finden das ganze Jahr über statt, in der Regel samstags oder sonntags (um 16 oder 18 Uhr) bzw. mittwochs und donnerstags (gegen 20.30 Uhr). Tickets sind im Stadion erhältlich und kosten meist zwischen 30 und 60 R$.

Wer das Spiel lieber in der Gruppe besuchen möchte (was mehr Spaß verspricht), wendet sich an eine der englischsprachigen Agenturen, die entsprechende Ausflüge inklusive Transport (hin & zurück) organisieren. Touren mit vielen Teilnehmern bieten **Brazil Expedition** (☎ 9998-2907; www.brazilexpedition.com) und Be A Local (S. 80) an. Eine Alternative ist der unabhängige Guide **Sergio Manhães** (☎ 9210-0119; futebolnomaracana.blogspot.com; 110–120 R$ pro Pers.), der an Spieltagen bis zu vier Personen mitnimmt.

Joquei Clube PFERDERENNEN
(Karte S. 60; ☎ 3534-9000; www.jcb.com.br; Jardim Botânico 1003, Gávea; ⏲ Sa & So 14–20 Uhr)

Mit großartigem Ausblick auf die Berge und den Corcovado gehört der Jockeyclub zu den schönsten Rennstrecken des Landes. Rennen finden am Wochenende und gelegentlich montags und freitags statt. Das wichtigste Ereignis des Jahres ist der Große Preis von Brasilien am ersten Sonntag im August.

Shoppen

Rio hat in Sachen Shopping viel zu bieten, von farbenfrohen Märkten bis zu schicken Boutiquen in der Zona Sul. Zu den wichtigsten Einkaufsstraßen der Stadt gehören:

Die **Avenida Ataúlfo de Paiva** in Leblon säumen Haute-Couture-Boutiquen sowie Cafés, Buchläden und Restaurants.

Ipanemas belebte Shoppingmeile ist die **Rua Visconde de Pirajá**; auf der **Rua do Lavradio** in Lapa reihen sich zahlreiche Antiquitätenläden aneinander.

Ipanema & Leblon

Toca do Vinícius MUSIK

(Karte S. 56 f.; ☎2247-5227; www.tocadovinicius.com.br; Vinícius de Moraes 129; ⊙Mo–Fr 10–19, Sa & So bis 18 Uhr) Bossa-nova-Fans sind hier goldrichtig. Neben einer breiten Auswahl an CDs älterer und jüngerer Künstler gibt's auch Partituren und Notenbücher. Oben zeigt ein winziges Museum Exponate zum großen Songschreiber und Dichter Vinícius de Moraes.

Forum BEKLEIDUNG

(Karte S. 56 f.; ☎2521-7415; www.forum.com.br; Barão da Torre 422; ⊙Mo–Fr 10–18, Sa bis 14 Uhr) Der unkonventionell gestaltete Laden ist das Reich des hochgepriesenen brasilianischen Designers Tufi Duek. Zur Auswahl stehen wunderschöne Stücke aus seiner Herren- und Damenkollektion.

Osklen BEKLEIDUNG

(Karte S. 56 f.; ☎2227-2911; Maria Quitéria 85; ⊙Mo–Fr 9–20, Sa 10–19, So 11–17 Uhr) Osklen zählt zu den international bekanntesten brasilianischen Modelabels und steht für stilvolle hochwertige Strandmode (insbesondere Badeshorts für Männer und T-Shirts mit grafischen Aufdrucken), Sneakers und Straßenkleidung.

Gilson Martins ACCESSOIRES

(Karte S. 56 f.; ☎2227-6178; Visconde de Pirajá 462; ⊙Mo–Sa 9–20 Uhr) Designer Gilson Martins verwandelt die brasilianische Flagge und die Silhouetten des Pão de Açúcar und des Corcovado in auffällige Accessoires, die man in seinem Flagship-Store in Ipanema erwerben kann. Neben glänzenden Handtaschen, Geldbeuteln, Passhüllen, Schlüsselanhängern und iPad-Hüllen beherbergt der Laden auch eine Galerie mit Ausstellungen im hinteren Bereich.

Maria Oiticica SCHMUCK

(Karte S. 56 f.; ☎3875-8025; Shopping Leblon, Av Afranio de Mello Franco 290, Leblon; ⊙Mo–Sa 10–22, So 15–21 Uhr) Maria Oiticica verarbeitet Materialien aus dem Amazonas zu wunderschönem Schmuck, der von indigener Kunst inspiriert ist. Samen, Pflanzenfasern und Baumrinde verwandeln sich in Armbänder, Halsketten und Sandalen (es gibt auch ein paar faszinierende Handtaschen aus „Fischleder"). Mit ihrer Arbeit fördert sie Kunsthandwerkstraditionen in armen lokalen Gemeinden.

Isabela Capeto BEKLEIDUNG

(Karte S. 56 f.; ☎2523-0052; Garcia d'Ávila 173; ⊙Mo–Fr 10–20, Sa bis 15 Uhr) Isabela Capeto, ein Star der brasilianischen Modeszene, entwirft herrliche, verführerische Kleidung. Der Laden in Ipanema ist die richtige Adresse, um sich Kleider und Röcke anzusehen, die bereits von *O Globo, Vogue* und anderen Magazinen gefeiert wurden.

Livraria da Travessa BÜCHER, MUSIK

(☎3205-9002; Visconde de Pirajá 572; ⊙Mo–Sa 9–24, So 11–24 Uhr) Als eine von mehreren Niederlassungen in der Stadt hält dieser Laden eine kleine Auswahl an fremdsprachigen Büchern und Zeitschriften sowie CDs im Obergeschoss bereit. Das geschäftige Café im zweiten Stock (eine Bazzar-Filiale) serviert Salate, Sandwiches, Quiches und Desserts. Im Einkaufszentrum Shopping Leblon gibt's eine noch größere Livraria da Travessa.

Havaianas SCHUHE

(Karte S. 62 f.; ☎2267-2418; Xavier da Silveira 19, Copacabana; ⊙Mo–Fr 9–20, Sa & So 10–18 Uhr) Hier gibt's die allgegenwärtigen Gummi-Flip-Flops in allen möglichen Ausführungen, mit brasilianischer, argentinischer, portugiesischer, englischer und spanischer Flagge sowie als schicke Variante für die Damen. Zudem stehen Taschen, Schlüsselanhänger und Strandhandtücher mit Logo zur Auswahl.

Aquim SCHOKOLADE

(Karte S. 56 f.; ☎2523-5090; Garcia D'Ávila 149; ⊙Mo–Sa 11–19 Uhr) In dem winzigen Laden warten reichhaltige Trüffel, Makronen, Schokoladenkuchen und Minitörtchen, die fast zu schön zum Essen sind. An den zwei Kaffeetischen vor der Tür kann man sich zudem exzellenten Cappuccino schmecken lassen.

Cavist WEIN

(Karte S. 56 f.; ☎2123-7900; Rua Barão da Torre 358; ⏲Mo–Sa 9.30–24 Uhr) Einer der bestsortierten Weinläden Rios. Im angeschlossenen gehobenen Restaurant kann man die Flasche seiner Wahl aus dem Geschäft probieren.

Shopping Leblon EINKAUFSZENTRUM

(Karte S. 56 f.; ☎2430-5122; www.shoppingleblon.com.br; Av Afrânio de Melo Franco 290; ⏲Mo–Sa 10–22, So 15–21 Uhr) Shopping Leblon vereint zahlreiche verführerische Läden, die das Reisebudget schmelzen lassen, dazu gibt's gute Restaurants, ein Kino, einen Starbucks und abendliche Live-Klaviermusik.

Gávea, Jardim Botânico & Lagoa

Dona Coisa MODE

(Karte S. 60; ☎2249-2336; www.donacoisa.com.br; Lopes Quintas 153, Jardim Botânico; ⏲Mo–Fr 11–20, Sa 10–18 Uhr) Dona Coisa zählt zu Rios besten Boutiquen und verkauft Mode brasilianischer und internationaler Topdesigner, darunter Unikate, die man sonst nirgends findet (z. B. Schlangenhaut-Converse von Missoni). In den Verkaufsräumen des Designhauses kann man auch edle Einrichtungsgegenstände (feine Keramik von Heloisa Galvão, Weingläser mit Gravur) sowie Kosmetikprodukte von Phebo und Granado erwerben.

Copacabana & Leme

Loja Fla BEKLEIDUNG, ACCESSOIRES

(Karte S. 62 f.; ☎2541-4109; Av NS de Copacabana 219, Copacabana; ⏲Mo–Fr 10–18, Sa bis 16 Uhr) Mit über 30 Millionen Fans weltweit gehört Flamengo zu den beliebtesten Fußballclubs Brasiliens. In diesem neuen Geschäft werden alle möglichen Fanartikel verkauft, darunter Trikots, Socken und Fußbälle mit Vereinslogo, Poster und vieles mehr.

Bossa Nova & Companhia MUSIK

(Karte S. 62 f.; ☎2295-8096; Duvivier 37A, Copacabana; ⏲9–19 Mo–Fr, Sa bis 17 Uhr) Dieser Laden bietet eine anständige Auswahl an CDs und LPs mit Bossa, *choro* und Samba, dazu Musikinstrumente, Bildbände, Notenblätter und Biografien von bekannten brasilianischen Komponisten.

Galeria River EINKAUFSZENTRUM

(Karte S. 62 f.; Francisco Otaviano 67, Arpoador; ⏲Mo–Sa 10–18 Uhr) Unter dem Dach dieses Einkaufszentrums in Arpoador versammeln sich Surfer-, Skateboard- und Rollerbladegeschäfte sowie Läden für junge Strandbekleidung und Mode. Hier findet man Shorts, Bikinis, Badehosen, Partyoutfits und Outdoorausrüstung in Hülle und Fülle. Wer ein Surfbrett leihen möchte, ist in Geschäften wie BoardsCo richtig.

Botafogo & Urca

Botafogo Praia Shopping EINKAUFSZENTRUM

(Karte S. 66 f.; ☎3171-9872; Praia de Botafogo 400, Botafogo; ⏲Mo–Sa 10–22, So 14–21 Uhr) Botafogos große Shoppingmall beherbergt Dutzende Geschäfte, die brasilianische und internationale Mode verkaufen. Topdesigner wie Philippe Martins, Gilson Martins, Osklen und Equatore findet man vor allem in der dritten Etage. Im Obergeschoss gibt's ein Kino und mehrere Restaurants mit Panoramablick.

Flamengo & Umgebung

Pé de Boi KUNSTHANDWERK

(Karte S. 66 f.; ☎2285-4395; Ipiranga 55, Laranjeiras; ⏲Mo–Fr 10–19, Sa 9–13 Uhr) Auch wenn alle Waren zum Verkauf stehen, wirkt das Pé de Boi eher wie eine Kunstgalerie denn ein Kunsthandwerksladen, dafür sorgt die hohe Qualität der Holz- und Keramikstücke, der Wandteppiche, Skulpturen und Webarbeiten.

Centro

Nova Livraria Leonardo da Vinci BÜCHER

(Karte S. 72 f.; www.leonardodavinci.com.br; Rio Branco 185, Edifício Marquês de Herval, Centro; ⏲Mo–Fr 9–19, Sa bis 13 Uhr) Dieser Laden verfügt nicht nur über eins der besten Sortimente fremdsprachiger Titel in Rio, sondern auch jede Menge Kunst- und Fotografiebücher sowie Bildbände zur Stadtgeschichte und Architektur. Ein spiralförmiger Gang führt zu dem Geschäft im Untergeschoss.

Arlequim BÜCHER, MUSIK

(Karte S. 72 f.; ☎2220-8471; Praça XV [Quinze] de Novembro 48, Paço Imperial, Centro; ⏲Mo–Fr 9–20, Sa 10–18 Uhr) In dem charmanten Café, das außerdem als Buch- und Musikladen fungiert, sorgt Bossa nova für die musikalische Untermalung. Auf der Speisekarte stehen Salate, Sandwiches und Chop Suey.

Granado KOSMETIK
(Karte S. 72 f.; ☎ 3231-6747; Primeiro de Março 14, Centro; ⏲ Mo–Fr 8–20, Sa bis 14 Uhr) Seit 1870 ist das Granado, das wie eine klassische Apotheke wirkt, bereits im Geschäft. Seine Feuchtigkeitscremes, Shampoos, Seifen, Duftkerzen und Rasierprodukte sind reine Naturprodukte und aus brasilianischen Zutaten hergestellt.

Santa Teresa & Lapa

La-Vereda-Kunsthandwerk KUNSTHANDWERK
(Karte S. 72 f.; ☎ 2507-0317; Almirante Alexandrino 428, Santa Teresa; ⏲ 10–20 Uhr) In der Nähe des Largo do Guimarães verkauft La Vereda eine bunte Auswahl an Werken lokaler Künstler und Kunsthandwerker. Handbemalte Lehmfiguren aus Pernambuco, schwere Minas-Keramik, filigraner Schmuck aus Sterlingsilber und grob gewebte Wandteppiche füllen den alten Laden.

Plano B MUSIK
(Karte S. 72 f.; ☎ 2509-3266; www.planob.net; Francisco Muratori 2A, Lapa; ⏲ Mo–Fr 12–20, Sa bis 18 Uhr) So etwas gibt's nur in Lapa: In diesem Geschäft können die Kunden zuerst in alten Jazzplatten und neuen Electronica-Samplern stöbern, ehe sie sich im Hinterzimmer eine Tätowierung stechen lassen – vielleicht inspiriert von einem Elza-Soares-Song, der gerade läuft.

Barra da Tijuca

The Village EINKAUFSZENTRUM
(☎ 3252-2999; www.shoppingvillage.com.br; Av das Américas 3900, Barra da Tijuca; ⏲ Mo–Sa 11–23, So 13–21 Uhr) Rios extravagantestes Einkaufszentrum öffnete 2012 seine Pforten und beherbergt Edelmarken wie Prada und Louis Vuitton.

Barra Shopping EINKAUFSZENTRUM
(☎ 4003-4131; Av das Américas 4666, Barra da Tijuca; ⏲ Mo–Sa 10–22, So 13–21 Uhr) In der größten Shoppingmall der Stadt kann man leicht einige Stunden oder auch Tage verbringen – so wie 30 Mio. andere Kunden im Jahr. Auf 4 km verteilen sich 500 Geschäfte, fünf Kinos, ein Kinderpark und jede Menge Restaurants.

Märkte

Rios größter Markt ist die Feira Nordestina in São Cristóvão.

Hippiemarkt MARKT
(Karte S. 56 f.; Praça General Osório; ⏲ So 9–18 Uhr) Auf dem Hippie-Markt von Ipanema findet man jede Menge Kunsthandwerk, Schmuck, Kunst und Kleider. An der südöstlichen und nordöstlichen Ecke der Plaza verkaufen

LEBENSMITTELMÄRKTE

Feiras (Lebensmittelmärkte) finden fast jeden Tag irgendwo in Rio statt und sind die beste Anlaufstelle für *jabuticaba* (eine traubenähnliche Frucht), *acerola* (eine Kirschart) und anderes Obst, das es in der Heimat nicht gibt – ganz zu schweigen natürlich von köstlichen Mangos, Papayas, Passionsfrüchten und vielem mehr.

Cobal do Humaitá (S. 96) Blumen, Gemüse, Obst; für den größeren Hunger gibt's außerdem Restaurants.

Cobal do Leblon (Karte S. 56 f.) Kleiner als der Humaitá-Markt. Abends trifft man sich hier gerne auf einen Drink unter freiem Himmel.

Ipanema Montags (Rua Henrique Dumont), dienstags (Praça General Osório) und freitags (Praça NS da Paz).

Leblon Donnerstags (Rua General Urquiza).

Gávea Freitags (Praça Santos Dumont).

Jardim Botânico Samstags (Rua Frei Leandro).

Copacabana Mittwochs (Praça Edmundo Bittencourt), donnerstags (Rua Ministro Viveiro de Castro & Rua Ronald de Carvalho) und sonntags (Praça Serzedelo Correia).

Leme Montags (Gustavo Sampaio).

Urca Sonntags (Praça Tenente Gil Guilherme).

Santa Teresa Freitags (Rua Felicio dos Santos).

Stände leckere *acarajé* (Kroketten mit *vatapá*-Soße und Garnelen, 7 R$) sowie exzellente Desserts (3 R$). Ein absolutes Muss!

Markt in der Avenida Atlântica MARKT
(Karte S. 62 f.; Av Atlântica, nahe Rua Djalma Ulrich, Copacabana; ⌚Mo–Sa 18–24 Uhr) Gemälde, Schmuck, Kleider und auch ein wenig Touristenramsch werden auf dem Markt in Copacabana, mitten auf der Avenida Atlântica, feilgeboten.

Feira do Rio Antigo MARKT
(Karte S. 72 f.; ☎2224-6693; Rua do Lavradio, Lapa; ⌚1. Sa im Monat 10–18 Uhr) Leider findet Rios Antiquitätenmarkt nur einmal im Monat statt. Wer zufällig gerade in der Stadt ist, darf ihn sich keinesfalls entgehen lassen: Wenn sich die ganze Straße mit Antiquitäten füllt, werden die Kolonialgebäude zur Kulisse einer Freiluftinstallation, und Sambabands sorgen zusätzlich für Stimmung.

Markt auf der Praça do Lido MARKT
(Karte S. 62 f.; Praça do Lido, Copacabana; ⌚Sa & So 8–18 Uhr) Auf dem kleinen Markt in Copacabana findet man Kunsthandwerk, Souvenirs, Fußballtrikots, Schmuck und manchmal auch einen Herrn, der traumhaften Schokoladenkuchen verkauft.

ℹ Praktische Informationen

GEFAHREN & ÄRGERNISSE

Obwohl Rio in den letzten Jahren etwas sicherer geworden ist, bleibt Kriminalität weiterhin ein Problem und manchmal werden auch Touristen Opfer von Überfällen. Um das Risiko möglichst gering zu halten, sollte man einige Grundregeln beherzigen, z. B. unauffällige Kleidung tragen und wertvolle (oder wertvoll aussehende) Uhren, Schmuck und Sonnenbrillen daheim lassen.

Die Strände von Copacabana und Ipanema stehen zwar unter polizeilicher Überwachung, dennoch geschehen dort immer noch Raubüberfälle, sogar am helllichten Tag. Ans Meer sollte man darum niemals Wertsachen mitnehmen, am späten Abend sind beide Strände komplett tabu. Lapa und Santa Teresa lohnen einen Ausflug, sind jedoch ebenfalls nicht ganz ungefährlich – verlassene Straßen meiden und am besten nur belebte Gegenden besuchen.

In Bussen wird gerne geklaut, daher sollte man hier immer wachsam bleiben und nach Einbruch der Dunkelheit lieber nicht mehr fahren. Nachts sind Fußmärsche entlang verlassener Straßen oder Strände gefährlich, am besten nimmt man sich ein Taxi (nur einer offiziellen Linie!). Das gilt insbesondere fürs Centro, das abends und am Wochenende menschenleer ist und das man deshalb unter der Woche erkunden sollte.

Es ist ratsam, immer nur so viel Geld mitzunehmen, wie man für den Tag braucht, um beim Bezahlen nicht erst ein ganzes Bündel Geldscheine aus der Tasche kramen zu müssen. Kameras und große Rucksäcke ziehen Aufmerksamkeit auf sich; seine Habseligkeiten verstaut man besser unauffällig in Plastiktüten. Das Maracanã-Fußballstadion ist sehenswert, jedoch sollte man auch hier nur ein Tagesbudget mit sich führen und überfüllte Bereiche meiden. Manche Besucher schließen sich einfach einer Reisegruppe an.

Wer Opfer eines Raubüberfalls wird, sollte seine Sachen langsam und vorsichtig aushändigen: Bei Widerstand kommt nur zu leicht eine Waffe zum Einsatz.

Abzocke

Eine verbreitete Masche am Strand ist, dass man um Feuer gebeten oder nach der Uhrzeit gefragt wird. Sobald man so abgelenkt ist, schlägt der Komplize von der anderen Seite zu und schnappt sich, was er haben will.

GELD

Banken und Geldautomaten finden sich überall in der Stadt, einige sind auf den Karten vermerkt. Banco do Brasil, Bradesco, Citibank und HSBC sind die besten Anlaufstellen, wenn man eine Geld- oder Kreditkarte benutzen möchte (HSBC verlangt dafür die niedrigsten Gebühren). Geld wechseln die *casas de câmbio* (Wechselstuben) schneller als Banken. Am Flughafen findet man Geldautomaten und Wechselstuben im dritten Stock des Ankunftsterminals.

In Ipanema säumen verschiedene *câmbios* die Rua Visconde de Pirajá etwa zwei Blocks östlich und westlich des Praça NS de Paz. In Copacabana findet man *câmbios* an der Avenida NS de Copacabana nahe dem Copacabana Palace, Banken und Geldautomaten an den Hauptstraßen des Viertels.

Banco do Brasil (Av NS de Copacabana 264, Copacabana)

Banco do Brasil (Av NS de Copacabana 1274, Copacabana) Geldautomat.

Banco do Brasil (Senador Dantas 105, Centro) Geldautomat.

Citibank (Av NS de Copacabana 828, Copacabana) Geldautomat.

HSBC (Av Princesa Isabel 186, Leme) Geldautomat.

Citibank (Rua da Assembléia 100, Centro)

Citibank (Visconde de Pirajá 459A, Ipanema) Geldautomat.

HSBC (Vinícius de Moraes 71, Ipanema) Geldautomat.

HSBC (Av Rio Branco 108, Centro) Geldautomat.

HSBC (Praça Floriano 23, Centro)

INFOS IM INTERNET

www.rioguiaoficial.com.br Rioturs umfangreiche Website.

www.riotimesonline.com Englischsprachige Nachrichten und Infos über aktuelle Veranstaltungen.

www.ipanema.com Gute Tipps für Besucher, die zum ersten Mal in Rio sind.

INTERNETZUGANG

Internetcafés verlangen 6 bis 10 R$ pro Stunde.

@Onze (Marquês de Abrantes 11, Flamengo; ⏲9–23 Uhr) Zwar gibt's kein Skype, aber dafür kann man sich in ruhigem Ambiente beim Surfen leckere Sandwiches, Salate, Desserts und Bier schmecken lassen.

Fone Rio (Constante Ramos 22, Copacabana; ⏲8–24 Uhr)

MEDIEN

Rios wichtigste Tageszeitungen sind das **Jornal do Brasil** (www.jbonline.com.br) und **O Globo** (www.globo.com.br). Beide enthalten Rubriken für Unterhaltung und Veranstaltungen, die in der Freitags- und Sonntagsausgabe besonders ausführlich ausfallen. Mit dem landesweit erscheinenden Magazin *Veja* bekommt man die Beilage *Veja Rio* samt wöchentlichem Veranstaltungskalender (erscheint immer sonntags).

MEDIZINISCHE VERSORGUNG

Bei medizinischen Notfällen ist die **Clinica Galdino Campos** (☎2548-9966; www.galdinocampos.com.br; Av NS de Copacabana 492, Copacabana; ⏲24 Std.) die beste Anlaufstelle für Ausländer: Sie bietet eine ausgezeichnete Versorgung und die Ärzte beherrschen mehrere Sprachen.

Einige der zahlreichen Apotheken in der Stadt sind rund um die Uhr geöffnet:

Drogaria Pacheco (Av NS de Copacabana 534, Leme; ⏲24 Std.)

Drogaria Pacheco (Av NS de Copacabana 115, Copacabana; ⏲24 Std.)

Drogaria Pacheco (☎2239-5397; Av Visconde de Pirajá 592, Ipanema; ⏲24 Std.)

Farmácia do Leme (Av Prado Júnior 231, Copacabana; ⏲24 Std.)

Farmácia Piauí (☎2274 8448; Av Ataúlfo de Paiva 1283, Leblon; ⏲24 Std.)

NOTFALL

Überfälle sollte man der **Touristenpolizei** (☎2332-4924; Ecke Afrânio de Melo Franco & Humberto de Campos, Leblon; ⏲24 Std.) melden.

Weitere wichtige Notfallnummern:

Feuerwehr (☎193)

Krankenwagen (☎192)

Polizei (☎190)

POST

Die meisten *correios* (Postämter) sind montags bis freitags von 8 bis 18 Uhr und samstags bis 12 Uhr geöffnet. Sendungen, die mit „Posta Restante, Rio de Janeiro, Brasilien" adressiert sind, landen bei der **Hauptpost** (Karte S. 72 f.; Primeiro de Março 64, Centro).

Postfiliale (Karte S. 66 f.; Praia do Botafogo 324, Botafogo)

Postfiliale (Karte S. 62 f.; Av NS de Copacabana 540, Copacabana)

Postfiliale (Karte S. 56 f.; Prudente de Morais 147, Ipanema)

REISEBÜROS

Andes Sol (☎2275-4370; Av NS de Copacabana 209, Copacabana) Gute Agentur mit mehrsprachigem Personal.

Blame It on Rio 4 Travel (☎3813-5510; www.blameitonrio4travel.com; Xavier da Silveira 15B, Copacabana) Exzellentes, von einem freundlichen und sachkundigen US-Amerikaner geleitetes Reisebüro.

Guanatur Turismo (☎2548-3275; www.guanaturturismo.com.br; Dias da Rocha 16A, Copacabana) Verkauft Bustickets für Ziele im In- und Ausland.

TELEFON

Für Orts- und nationale Ferngespräche benötigt man eine *cartão telefônico* (Telefonkarte; 5–20 R$), erhältlich an Zeitungsständen. In vielen Internetcafés lassen sich internationale Anrufe tätigen, zudem ist meist Skype verfügbar.

TOURISTENINFORMATION

Riotur (Karte S. 72 f.; ☎2541-7522; www.rioguiaoficial.com.br; Praça Pio X 119, Centro; ⏲Mo–Fr 9–18 Uhr) ist die – in der Regel nützliche – städtische Touristeninformation Rios. Sie betreibt eine Infohotline namens **Central 1746** (☎2271-7048, 1746; www.1746.rio.gov.br; ⏲24 Std.). Man wählt die 8 für Touristeninformationen und dann die 1 für die englische Sprachoption. Ebenfalls gute Informationen liefert Rioturs mehrsprachige Website (www.rioguiaoficial.com.br/en).

In allen Riotur-Büros bekommt man Stadtpläne und den ausgezeichneten, immer aktuellen, alle zwei Monate erscheinenden *Rio Guide*, der die wichtigsten Veranstaltungen der Saison auflistet.

Infostände gibt's in Copacabana, am Strand von Copacabana und am Flughafen Galeão.

Copacabana (Karte S. 62 f.; ☎2541-7522; Av Princesa Isabel 183; ⏲Mo–Fr 9–18 Uhr)

Strandkiosk in Copacabana (Karte S. 62 f.; ☎2447-4421; Av Atlântica nahe der Hilário de Gouveia; ⏲9–20 Uhr)

Flughafen Galeão, Terminal 1 (☎3398-3034; Ankunftshalle für Inlandsflüge, Flughafen

Galeão; ⌚7–23 Uhr); **Terminal 2** (☎3398-2245; Ankunftshalle für internationale Flüge, Flughafen Galeão; ⌚6–23 Uhr)

An- & Weiterreise

BUS

Busse starten an der **Rodoviária Novo Rio** (Karte S. 78 f.; ☎3213-1800; Av Francisco Bicalho 1), etwa 2 km nordwestlich vom Centro. Von hier gibt's täglich mehrere Verbindungen zu den wichtigsten Touristenzielen, dennoch sollte man sich vorab um Tickets kümmern. Nur wenige Reisebüros verkaufen Bustickets, doch bei Guanatur Turismo (S. 122) bekommt man Fahrkarten zu inländischen und grenzübergreifenden Zielen. Es lohnt sich, dort einen (geringen) Aufpreis zu zahlen und sich so den langen Weg zum Busbahnhof zu sparen.

Der Busbahnhof liegt in einem zwielichtigen Viertel. Wer in Rio mit dem Bus ankommt, sollte zum Hotel daher besser ein Taxi nehmen – dazu sucht man einfach den kleinen Stand nahe dem Riotur-Schalter im Erdgeschoss des Bahnhofs auf. Zum internationalen Flughafen zahlt man durchschnittlich 50 R$, nach Copacabana oder Ipanema 38 R$.

Etwa alle 30 Minuten starten Busse von **Viação 1001** (☎4004-5001; www.autoviacao1001.com.br) und **Itapemirim** (☎0800-723 2121; www.itapemirim.com.br) am Novo Rio Richtung São Paulo (76–120 R$, 6 Std.).

FLUGZEUG

Die meisten Flüge starten am Aeroporto Galeão, auch Aeroporto Antônio Carlos (Tom) Jobim genannt; er liegt 15 km nördlich des Stadtzentrums. Einige Linien von bzw. nach São Paulo und in andere brasilianische Städte nutzen außerdem den Aeroporto Santos Dumont östlich vom Zentrum.

In der Tabelle auf S. 124 sind die durchschnittlichen Preise von Brasiliens wichtigsten Fluglinien, Gol und TAM, aufgeführt. Sie gelten für einen Flug ab dem Aeroporto Galeão, stellen aber angesichts häufiger Sonderangebote und schwankender Preise nur Richtwerte dar:

Einige Fluglinien:

Azul (AD; ☎4003-1118; www.voeazul.com.br)

Avianca (AV; ☎4004-4040; www.avianca.com)

BUSSE AB RIO

ZIEL	FAHRTDAUER (STD.)	PREIS (R$)	ABFAHRTEN (TGL.)	UNTERNEHMEN
INTERNATIONAL				
Buenos Aires, Argentinien	46	265	1	Pluma (☎0800-646-0300)
Santiago, Chile	62	350	1	Pluma (☎0800-646 0300)
National				
Belém	52	390	1	Transbrasiliana (www.transbrasiliana.com.br)
Belo Horizonte	7	65–135	8–14	Util (www.util.com.br)
Brasília	18	90–170	2	Util (www.util.com.br)
Buzios	3	46	8–16	Viação 1001 (www.autoviacao.com.br)
Curitiba	13	135–200	3	Penha (www.nspenha.com.br)
Florianópolis	18	200	1	Itapemirim (www.itapemirim.com.br)
Iguaçu-Wasserfälle	23	235	2	Pluma (www.pluma.com.br)
Ouro Prêto	7	80–122	4	Util (www.util.com.br)
Parati	4½	62	7–13	Costa Verde (www.costaverdetransportes.com.br)
Petrópolis	1½	20	15–30	Única-Fácil (www.unica-facil.com.br)
Porto Alegre	26	250	1	Penha (www.nspenha.com.br)
Recife	38	370	1	São Geraldo (www.saogeraldo.com.br)
Salvador	28	260–290	1–2	Aguia Branca (www.aguiabranca.com.br)
Vitória	8	88	4	Itapemirim (www.itapemirim.com.br)

FLÜGE NACH/AB RIO

ZIEL	FLUGLINIE	PREIS (R$)	ABFLÜGE (TGL.)
Belém	Gol	535–900	7–10
	TAM	554–1067	7–10
Fortaleza	Gol	400–581	14–20
	TAM	448–750	6–12
Iguaçu-Fälle	Gol	361–620	6–8
	TAM	412–540	5–7
Manaus	Gol	530–672	6–8
	TAM	421–643	1–5
Recife	Gol	380–620	12–18
	TAM	432–686	12–18
Salvador	Gol	300–480	5–8
	TAM	312–497	5
São Paulo	Gol	135–360	20–35
	TAM	175–342	20–35

Gol (☎ 0300-115 2121; www.voegol.com.br; Aeroporto Galeão, Aeroporto Santos Dumont) Alle Reisebüros verkaufen Gol-Tickets.

Ocean Air (O6; ☎ 4004-4040; www.oceanair.com.br)

TAM (KK; ☎ 4002-5700; www.tam.com.br)

ℹ Unterwegs vor Ort

AUTO

Autofahren kann in Rio Nerven kosten, selbst wenn man sich auskennt. Wer sich trotzdem für das Auto entscheidet, sollte einige Dinge beachten: *Cariocas* halten nachts nicht immer an roten Ampeln, da an Kreuzungen kaum befahrener Straßen ein gewisses Risiko besteht, überfallen zu werden. Stattdessen verringern sie vor der roten Ampel das Tempo und fahren weiter, wenn die Straße frei ist. Wenn man sein Auto auf der Straße parkt, ist es zudem üblich, dem *flanelinha* (Parkwächter) 2 R$ fürs Aufpassen zu geben; einige sind von der Stadt angestellt, andere arbeiten sozusagen freiberuflich. Diese Praxis ist im ganzen Land an der Tagesordnung, und wer nicht zahlt, macht sich unbeliebt.

Mietwagen

Autoverleiher gibt's am Flughafen oder an der Avenida Princesa Isabel in Copacabana. Am internationalen Flughafen sind **Hertz** (☎ 0800-701-7300; www.hertz.com), **Localiza** (☎ 0800-979-2000; www.localiza.com) und **Unidas** (☎ 2295-3628; www.unidas.com.br) vertreten. In Copacabana vermieten neben vielen weiteren Anbietern **Hertz** (☎ 2275-7440; Av Princesa Isabel 500) und **Localiza** (☎ 2275-3340; Av Princesa Isabel 150) Autos.

VOM/ZUM FLUGHAFEN

Rios internationaler Flughafen, der Aeroporto Galeão, liegt 15 km nördlich des Stadtzentrums auf der Ilha do Governador. Der Aeroporto Santos Dumont, den einige Inlandsflüge ansteuern, befindet sich 1 km östlich der Metrostation Cinelândia unweit des Zentrums an der Bucht.

Premium Auto Ônibus (www.premiumautoonibus.com.br; 12 R$) fährt mit sicheren klimatisierten Bussen vom internationalen Flughafen zum Busbahnhof Novo Rio, zur Rio Branco (Centro), zum Aeroporto Santos Dumont, nach Süden über Glória, Flamengo und Botafogo sowie entlang der Strände von Copacabana, Ipanema und Leblon nach Barra da Tijuca (und retour). Die Busse verkehren von 5.30 bis 22.30 Uhr etwa alle 20 Minuten und halten nach Aufforderung überall an der Strecke. Der Fahrpreis beträgt ca. 12 R$; je nach Verkehrslage dauert die Fahrt vom Flughafen in die Zona Sul zwischen 90 Minuten und zwei Stunden. Am Bahnhof Carioca im Centro kann man auch in die Metro umsteigen.

Wer zum Flughafen will, kann vor den großen Hotels entlang der Hauptstrände in den Bus von Real Auto steigen, muss sich aber erkenntlich machen und ihn heranwinken.

Vom Flughafen Galeão pendeln Funktaxis zum Festpreis von 105 RS$ nach Ipanema; je nach Verkehr dauert die Fahrt etwa eine Stunde. Die weniger verlässlichen gelb-blauen *comum*-Taxis (Standardtaxis) kosten je nach Verkehr rund 50 bis 70 RS$.

Bei der Rückfahrt zum Flughafen sollte man bedenken, dass es unterwegs zu qualvoll langen Verzögerungen kommen kann; an schlechten Tagen braucht man von der Zona Sul fast zwei Stunden – also reichlich Zeit einplanen!

ÖFFENTLICHE VERKEHRSMITTEL

Bus & Van

Rios Stadtbusse (ca. 3 R$) fahren schnell und häufig. Da die Stadt lang und schmal ist, findet man mühelos den richtigen Bus, und wenn man doch mal in den falschen steigt, ist das auch kein Problem. Die meisten Linien, die vom Zentrum gen Süden verkehren, steuern Copacabana an (und umgekehrt). Allerdings sind die Busse häufig überfüllt, bleiben im Stau stecken und ihre Fahrer haben oft einen halsbrecherischen Fahrstil. Auch kommt es gelegentlich zu Raubüberfällen, doch solche Vorfälle spielen sich eher selten und wenn, dann in entlegenen Vorstädten ab, in denen sich Touristen normalerweise nicht aufhalten. Dennoch sollte man während der Fahrt auf seine Sachen aufpassen und nachts lieber ein Taxi nehmen.

Kleinbusse (in Rio *vans* genannt) sind eine schnellere Alternative. Sie pendeln zwischen der Avenida Rio Branco im Centro und der Zona Sul entlang der Küste bis nach Barra da Tijuca. Das Ziel ist jeweils an der Frontscheibe angeschrieben, der Fahrpreis liegt zwischen 2 und 4,50 R$. Wer aussteigen möchte, ruft einfach „*para!*".

Metro

Mit Rios Metronetz (www.metrorio.com.br) kommt man ausgezeichnet voran. Die Bahnen fahren montags bis samstags von 5 bis 24 Uhr, an Sonn- und Feiertagen von 7 bis 23 Uhr. Während des Karnevals verkehren sie von Freitagmorgen bis Dienstag um 24 Uhr rund um die Uhr.

Beide Metrolinien sind klimatisiert, sauber, schnell und sicher. Die Hauptstrecke führt von Ipanema-General Osório nach Saens Peña; am Bahnhof Estácio zweigt die zweite Linie ab, die nach São Cristóvão und Maracanã fährt. In den kommenden Jahren sollen weitere Stationen hinzukommen; die Stadt plant, Ipanema und Leblon komplett in das Metronetz zu integrieren.

Eine einfache Fahrt (*unitário*) kostet 3,20 R$. Um Warteschlangen zu vermeiden, kann man eine *cartão pré-pago* (Prepaidkarte) mit 10 R$ Mindestguthaben erwerben, nachladen lässt sich diese an Kiosken in einigen Stationen (nur mit abgezähltem Bargeld). Wer ein Ziel außerhalb des Metronetzes ansteuert, z. B. Cosme Velho oder Barra, kauft ein *metrô-expresso*-Ticket (Metro-Expressbus-Ticket; 4,15–4,35 R$). Kostenlose Metrofahrpläne gibt's an den meisten Ticketschaltern.

SCHIFF/FÄHRE

In der Bucht von Rio liegen mehrere Inseln, die man per Schiff besuchen kann. Wem es nur um die Aussicht geht, der nimmt die Pendlerfähre nach Niterói.

Ilha de Paquetá (Karte S. 72 f.; ☎ 0800-721-1012; www.grupoccr.com.br/barcas) Die Fähre braucht 70 Minuten und kostet 9 R$ (hin & zurück). Sie legt zwischen 5.15 und 23 Uhr alle zwei bis drei Stunden ab, beispielsweise um 7.10, 10.30 und 13.30 Uhr.

Niterói (☎ Fähre 0800-704 4113; www.barcassa.com.br) An der Praça XV (Quinze) de Novembro im Centro legt alle 20 Minuten eine Fähre ab. Hin- und Rückfahrt kosten 5,60 R$.

TAXI

Rios gelbe Taxis sind eine praktische Alternative, um im Zentrum von A nach B zu gelangen. Der Grundpreis beträgt rund 4,50 R$ plus etwa 1,60 R$ pro Kilometer (bei Nacht, sonntags und den ganzen Dezember über zahlt man etwas mehr).

Funktaxis sind 30 % teurer, aber auch sicherer. Vor den Hotels lauern häufig wenig vertrauenswürdige Fahrer – lieber läuft man einen Block weiter. Zu den Funktaxilinien zählen **Coopertramo** (☎ 2209-9292), **Cootrama** (☎ 3976-9944), **Coopatur** (☎ 2573-1009) und **Transcoopass** (☎ 2209-1555). In Rocinha und anderen Favelas bieten sich Motorradtaxis an. Kurze Strecken, etwa vom unteren Ende der Favela nach oben, kosten 2 R$.

Rio de Janeiro (Bundesstaat)

16 MIO. EW.

Inhalt ➡

Gut essen

- ➡ Rocka Beach Lounge (S. 165)
- ➡ Restaurante Alcobaça (S. 149)
- ➡ Rosmarinus Officinalis (S. 145)
- ➡ Linguiça do Padre (S. 153)
- ➡ Bacalhau do Tuga (S. 159)

Schön übernachten

- ➡ Samambaia Hostel (S. 148)
- ➡ Casa Búzios (S. 163)
- ➡ Hotel Solar dos Gerânios (S. 137)
- ➡ Quinta da Floresta (S. 138)
- ➡ Pousada Moriá (S. 144)

Auf zum Bundesstaat Rio de Janeiro

Wer glaubt, Rio sei nur eine Stadt, hat sich getäuscht! Der ebenso faszinierende gleichnamige Bundesstaat birgt Brasiliens größte Schätze, die mit dem Auto von der Metropole aus leicht zu erreichen sind.

Das Inland prägen der älteste Nationalpark des Landes, Itatiaia, und die spektakuläre Serra dos Órgãos, deren bizarr geformte Gipfel den Mut internationaler Kletterer auf die Probe stellen. Letztere bildet die Kulisse für die frühere Kaiserstadt Petrópolis. An der Ostküste erstrecken sich die Dünen, Lagunen, weißen Strände und das klare türkisblaue Wasser der Costa do Sol, beliebt bei Surfern, Tauchern und sonnenhungrigen Städtern. Im Westen liegen die Buchten, Inseln, Wasserfälle und bewaldeten Bergen der Costa Verde. Zu den Highlights zählen die Architektur des 18. Jhs. im kolonialen Parati und das Inselparadies der Ilha Grande, wo Dutzende Wanderwege zu über 100 der abgeschiedensten Strände des Landes führen.

Reisezeit

Buzios

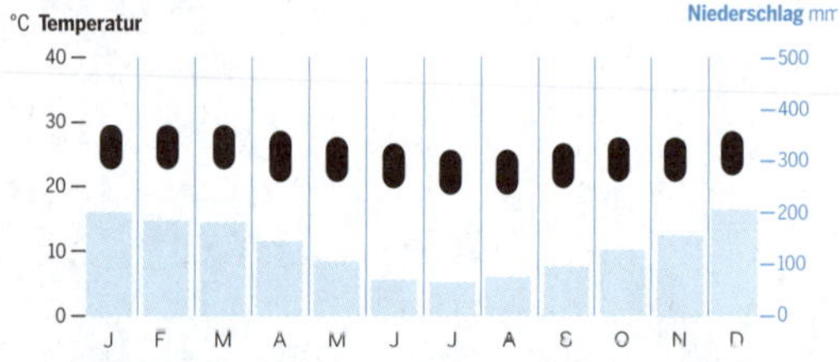

Mai Trockeneres Wetter, perfekte Wellen und niedrigere Preise.

Juli Internationale Autoren und Kaffee-*fazendas* (Farmen) bei Festen in Parati und Vassouras.

Dez–Feb. Die Bergstädte Petrópolis und Teresópolis bieten Zuflucht vor der Hitze.

Geschichte

Die Tupí und andere einheimische Bevölkerungsgruppen bewohnten den heutigen Bundesstaat Rio schon über zwei Jahrtausende, als hier im 16. Jh. die Europäer auftauchten. Zunächst konzentrierten sich die Portugiesen auf die Küste, aber die Entdeckung von Gold Ende des 17. Jhs. führte zum Bau der ersten großen Überlandstraße, die den Küstenort Parati mit dem Tal des Rio Paraíba verband und weiter bis nach Minas Gerais hineinführte. Ein weiterer wichtiger Meilenstein in Rios Entwicklung war die Gründung von Kaffeeplantagen im frühen 19. Jh. Die Ernte wurde mit Maultieren zu den neuen Häfen an der Küste gebracht. Diese Routen dienten als die wichtigsten Transportwege, bis nach 1855 die ersten Bahnstrecken entstanden.

Dank sprudelnder Ölquellen, des boomenden Tourismus und traditioneller Industriezweige wie Stahl- und Schiffsbau ist der moderne Bundesstaat Rio de Janeiro eines der mächtigsten Wirtschaftszentren Brasiliens.

Anreise & Unterwegs vor Ort

Zu Rios Flughafen **Galeão** (021-3398-3034; Ankunftshalle für Inlandsflüge; 7–23 Uhr) und **Santos Dumont** gibt's Auslands- und Inlandsflüge, die den Bundesstaat mit vielen Städten in Brasilien und auf der ganzen Welt verbinden. Auf Rios Fernbusbahnhof kommen nahezu alle Buslinien des Landes zusammen. Hier bestehen schnelle Verbindungen über gut ausgebaute, moderne Schnellstraßen zu nahe gelegenen Orten.

COSTA VERDE

Westlich der Stadt Rio erstreckt sich ein bezaubernder Küstenstreifen, wo urwaldüberwucherte, mit blühenden Bäumen gesprenkelte Berghänge jäh zum blaugrünen Meer abfallen. Die gewundene Küstenlinie ist perfekt zum Herumstreifen und bietet Travellern Gelegenheit, das ständig wechselnde Panorama der Buchten, Inseln, Gipfel und Wasserfälle mit Muße zu genießen.

Ilha Grande & Vila do Abraão

0XX24 / 6100 EW.

Die sagenhafte Ilha Grande verdankt ihren urtümlichen Zustand ihrer ungewöhnlichen Geschichte. Anfangs war sie ein Piratennest, später eine Leprakolonie und dann eine Strafanstalt, in der politische Gefangene neben einigen der gefährlichsten Verbrecher Brasiliens untergebracht wurden. Alles, was aus dieser Zeit übrig ist, sind ein paar halb verschüttete Grundmauern, aber der zweifelhafte Ruf der Insel hielt Investoren lange auf Distanz. Dadurch hat sich die Ilha Grande ihre vielen wunderschönen tropischen Strände und die unberührten Atlantischen Regenwälder (nun eine geschützte staatliche Parkanlage) bewahrt, und es gibt hier nach wie vor nur wenige Siedlungen.

Vila do Abraão, der größte Ort auf der Ilha Grande, war bis in die Mitte der 1990er-Jahre ein kleines, verschlafenes Fischerdorf. Erst nach der Zerstörung der Strafanstalt wurde dort ernsthaft Tourismus betrieben. Über die Jahre schossen veritable *pousadas* (Pensionen), Restaurants und Bars wie Pilze aus dem Boden, aber das Örtchen am Strand ist mit seiner schmucken, blendend gelben Kirche und den vielen Palmen noch immer klein und malerisch, gemessen an den Verhältnissen auf dem brasilianischen Festland. Außer dem Müllauto, den Feuerwehr- und den Polizeiwagen sind keine Autos in Abraão erlaubt, man kommt also nur zu Fuß oder per Boot vorwärts. Es gibt kaum mehr als ein paar staubige Straßen in dem Nest, und abends treffen sich alle unten beim Hafen und am Strand. Am Wochenende und in der Hauptsaison kann es ziemlich eng werden, aber man entflieht dem Trubel leicht, wenn man ein paar wenige Schritte aus der Stadt herausgeht – egal in welche Richtung.

Sehenswertes & Aktivitäten

Auf der Ilha Grande gibt's unendlich viele Möglichkeiten für Outdoorabenteuer. Überall im Ort findet man Schautafeln mit 16 verschiedenen Wanderwegen die durch den üppigen Wald zu einigen der 102 Inselstrände führen. Bei manchen Sandstreifen kann man hinwandern und zurück ein Boot nehmen. Am beliebtesten ist die 6,1 km lange (einfache Strecke) dreistündige Wanderung von Abraão zur **Praia Lopes Mendes**. Der scheinbar endlose Strand mit guten Surfwellen (vor Ort gibt's einen Verleih von kurzen und langen Surfbrettern) wird oft als schönster Sandstreifen in ganz Brasilien bezeichnet. Gleiches gilt für die **Praia de Parnaioca**, die man über einen 16 km langen Weg erreicht. Dieser führt durch **Dois Rios**, einen malerischen Strand, wo zwei Flüsse in den offenen Atlantik münden. Hier stand einst das **Colônia Penal Cândido Mendes**,

Highlights

1 Auf den wilden Wellen vor der idyllischen **Ilha Grande** (S. 127) surfen oder in der ruhigen Bucht nebenan die schwimmende Bar besuchen.

2 Über die polierten Holzböden des Kaiserpalasts in **Petrópolis** (S. 147) schlittern, wo einst der brasilianische Kaiser Dom Pedro II. lebte.

3 In **Parati** (S. 133) schnorcheln, schwimmen, Wasserfälle runterrutschen und sich in die Geheimnisse der brasilianischen Kochkunst einweihen lassen.

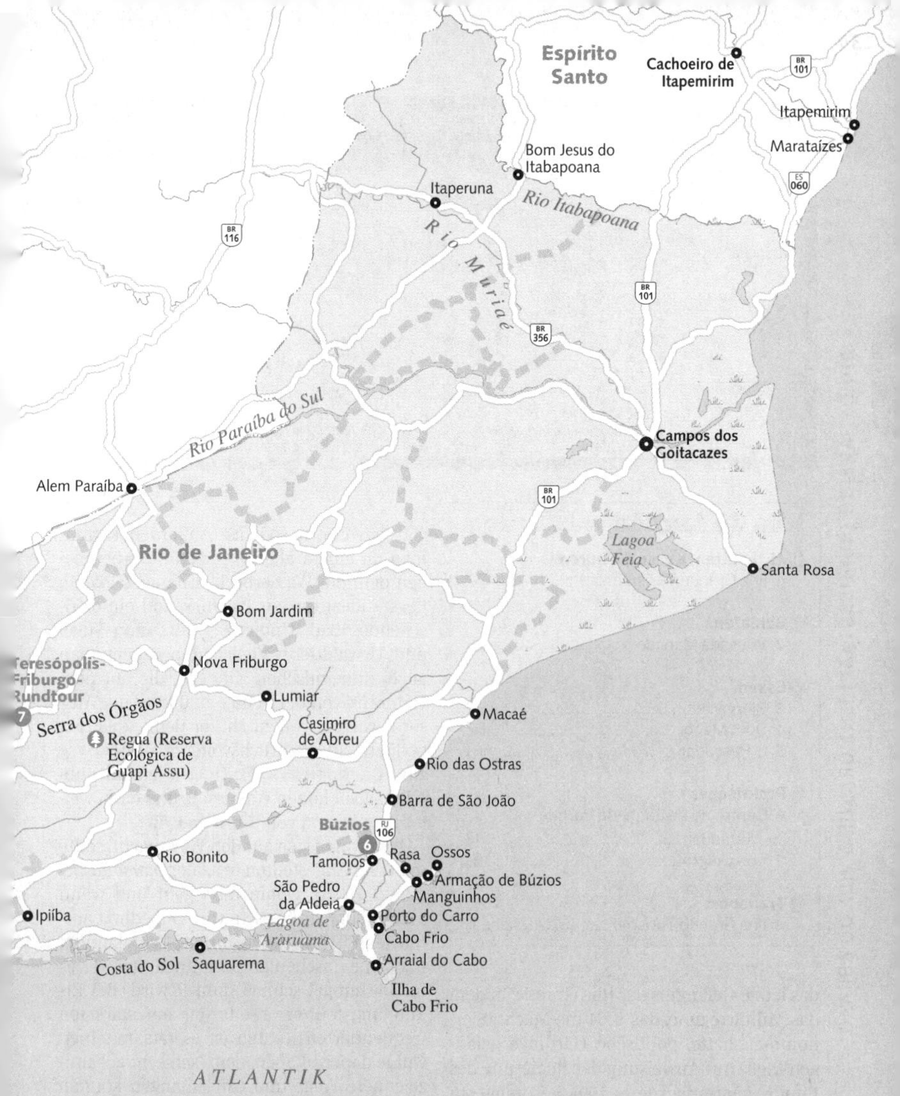

4 Zum Rhythmus des brausenden Wassers im malerischen Tal von **Visconde de Mauá** (S. 142) relaxen.
5 Im **Parque Nacional do Itatiaia** (S. 145) den felsigen Pico das Agulhas Negras bezwingen.
6 Bei Sonnenuntergang über die herrliche Orla-Bardot-Strandpromenade in **Búzios** (S. 160) schlendern oder die ganze Nacht hindurch feiern.
7 Auf der **Teresópolis-Friburgo-Rundtour** (S. 153) in der spektakulären Berglandschaft Ziegenkäse probieren.

Vila do Abraão

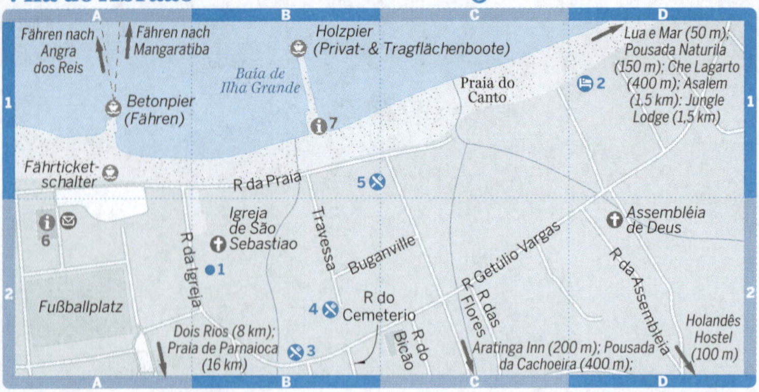

Vila do Abraão

Aktivitäten, Kurse & Touren
1 Ilha Grande Turismo B2

Schlafen
2 Pousada Manaca D1

Essen
3 Biergarten B2
4 Dom Mário B2
5 O Pescador B1

Praktisches
6 Centro de Visitante do Parque Estadual A2
7 TurisAngra B1

Transport
Ilha Grande Turismo .... (siehe 1)

das letzte Gefängnis der Ilha Grande, in dem das Militärregime, das 1964 die Macht übernommen hatte, politische Häftlinge gefangen hielt. Auf Anweisung der Regierung des Bundesstaates wurde es 1994 gesprengt. In den rekonstruierten Gefängnisruinen ist heute das kleine, aber interessante **Museu do Cárcere** (☎ 2334-0939; ecomuseu@uerj.br; ⏰ Di–So 10–16 Uhr) GRATIS untergebracht, das historische Dokumente (nur auf Portugiesisch), Naturfotografien und lokales Kunsthandwerk zeigt.

Eine kürzere Wandertour ist der Circuito do Abraão, ein 1,7 km langer Rundweg vorbei an zwei kleinen Stränden zur Steinruine von **Lazareto**: Das zweite Gefängnis auf der Insel wurde 1954 geschlossen. Während des Spaziergangs hat man einen schönen Blick auf den **Pico do Papagaio** (982 m), der wegen seiner Form so heißt. Außerdem kommt man an einem alten **Aquädukt** vorbei, neben dem ein Wasserbecken namens **Poção** liegt – ideal für ein Picknick und ein erfrischendes Bad. Unterwegs hört man Vögel und Urwaldtiere. Vielleicht begegnet man auch einheimischen Kindern, die auf dem Heimweg von der Schule mal kurz ins Wasser springen wollen. Hinter dem Aquädukt verläuft ein anspruchsvollerer Wanderweg zur **Cachoeira da Feiticeira**, einem hübschen, 15 m hohen Wasserfall, und dann weiter zum Strand von **Saco do Céu** .

Bevor man sich auf den Weg macht, sollte man den Angestellten in seiner *pousada* Bescheid geben, wohin man geht und wann man wieder zurück sein will. Unbedingt ausreichend Trinkwasser, Insektenschutzmittel und eine Taschenlampe mitnehmen, da es im Dschungel schnell dunkel wird. Bei Erkundungstouren abseits der am stärksten frequentierten Routen ist es ratsam, einen Guide dabeizuhaben, denn schlecht gekennzeichnete Wege und Giftschlangen können einem das Leben schwer machen.

Elite Dive Center TAUCHEN
(☎ 3361-5501; www.elitedivecenter.com.br; Travessa Buganville, Vila do Abraão) Bietet Tauchkurse und Tauchgänge mit zwei Sauerstoffflaschen an einigen fantastischen Stellen an. Die Guides sprechen Englisch.

☞ Geführte Touren

Im Ort gibt's ein Dutzend Tourveranstalter, darunter die zentral gelegene und seit Langem etablierte Agentur **Ilha Grande Turismo** (IGT; ☎ 3365-6426; www.ilhagrandeturismo.com.br; Rua da Igreja). Die meisten haben identische Preise für ihre Bootsausflüge, zu denen Rundfahrten um die ganze (180 R$) und die halbe Insel (130 R$) zählen. Darüber hinaus kann man Tagestouren zu erstklassigen Stränden und Schnorchelstellen wie Lopes Mendes (30 R$), Feiticeira (35 R$), Lagoa Azul (50 R$) und Lagoa Verde (60 R$) buchen, Fahrräder, Kajaks sowie Surfbretter ausleihen und an Wanderungen mit zweisprachigen Führern teilnehmen.

Schlafen

In Vila do Abraão findet man jede Menge *pousadas*. Die genannten Preise beziehen sich auf die Hochsaison (Dez.–März). Zwischen April und November fallen sie um bis zu 50 %. Manche Einheimische vermieten auch private Zimmer, vor allem zur Hauptreisezeit.

Holandes Hostel HOSTEL $
(Ilha Grande Hostel; ☎3361-5034; www.holandeshostel.com.br; Rua da Assembléia s/n; B 58 R$, Chalet 160 R$; @) Das schattige, friedvolle, HI-betriebene Refugium mit Bananenbäumen, kreischenden Papageien und einer Terrasse voller Hängematten ist das älteste Hostel der Insel. Es liegt vom Ortszentrum aus landein- und hügelaufwärts. Die Zimmer sind etwas muffig, aber die Lage ist herrlich.

Che Lagarto HOSTEL $
(☎3361-9669; www.chelagarto.com; Praia do Canto; B 60 R$, EZ/DZ 120/140 R$; @) Ein toller Standort am Wasser, jeden Abend Livemusik auf der atmosphärischen Terrasse und eine Bar mit freizügig fließenden Caipirinhas haben das Che Lagarto zum Partyhostel der Insel gemacht. Gäste sollten besser nicht mit einem ruhigen Schlaf rechnen. Einige Boote aus Conceição de Jacareí legen am benachbarten Hostel Aquário an. Alternativ erreicht man die Unterkunft von Abraãos Zentrum aus in einem zehnminütigen Spaziergang den Strand entlang.

Jungle Lodge PENSION $
(☎9977-2405; www.ilhagrandeexpeditions.com; Caminho de Palmas 4; Zi. pro Pers. 70–90 R$; @) Dieses rustikale Gästehaus mit fünf Zimmern und einer Open-Air-Hütte versteckt sich oberhalb der Stadt mitten im Regenwald und wird von einem Guide aus dem Pantanal mit zerzausten Haaren sowie seiner deutschen Frau geführt. Hier zu übernachten ist eine ganz andere Erfahrung als im zu Fuß 1,5 km entfernten Abraão. Die Dusche im Freien bezaubert mit einem herrlichen Ausblick.

Pousada da Cachoeira POUSADA $$
(☎3361-9521; www.cachoeira.com; Rua do Bicão 50; EZ/DZ mit Ventilator 170/200 R$, mit Klimaanlage 190/220 R$; @) Vom Zentrum in Abraão geht's über einen bergauf führenden Pfad in fünf Gehminuten zu dieser friedlichen grünen Oase mit hübsch gepflegtem Rasen und einem Garten. Die Anlage erstreckt sich bis hinunter zu einem von Regenwald gesäumten Fluss und hat eine eigene kleine Badestelle. Vier Zimmer oben auf dem Hügel verfügen über eine Klimaanlage, aber am schönsten sind die unteren Wohneinheiten mit Ventilatoren in Hörweite des Flusses.

Pousada Manaca POUSADA $$
(☎3361-5404; www.ilhagrandemanaca.com.br; Praia do Abraão 333; Zi. 220–250 $;) Die von einem Franzosen geführte *pousada* am Strand bietet Entspannung in seinen fernsehfreien Zimmern (viele mit Blick auf den Ozean), der Sauna und zwei hübschen Patios. Alle Räume haben eine Minibar und solarbeheiztes Warmwasser. Inhaber Gerard spricht Englisch, Französisch, Deutsch und Portugiesisch.

Aratinga Inn POUSADA $$
(☎3361-9559; www.aratingailhagrande.com.br; Rua das Flores 232; Zi. 275 R$, Chalet 300 R$; ⏲ Mai, Juni & Sept. geschl.;) Damit sich seine Gäste hier zu Hause fühlen, wartet der freundliche australische Besitzer in dieser gemütlichen, umwelt- und schwulenfreundlichen *pousada* mit wunderbaren Extras auf, darunter die Nutzung von iPads, Strandhandtüchern und Thermosflaschen, großzügiger Nachmittagstee und 600 Filme für Regentage. Die Zimmer und Chalets sind mit hochwertigen Baumwolldecken, leisen Deckenventilatoren, erstklassigen Bädern und DVD-Playern ausgestattet.

Pousada Naturalia POUSADA $$
(☎3361-9583; www.pousadanaturalia.net; Praia do Abraão 149; Zi. 250 R$;) Vom Strand ein Stück landeinwärts steht an einem Berghang inmitten riesiger Blöcke das Naturalia mit seinen zwölf geräumigen Zimmern, die alle einen netten Blick auf den Ozean gewähren. Viele haben solarbeheiztes Warmwasser. Im Voraus buchen.

Asalem POUSADA $$$
(☎3361-5602; www.asalem.com.br; Praia da Crena s/n; EZ/DZ/3BZ 350/420/504 R$; DZ/3BZ-Suite 550/630 R$; @) Trotz seiner einsamen Atmosphäre inmitten freier Natur erreicht man das Asalem von Abraão aus in einer

kurzen Bootsfahrt oder 25 Gehminuten über den malerischen Strandweg. Das Haus gehört einem international anerkannten Fotografen und bietet mit seiner Lage an einem Berghang eine atemberaubende Aussicht auf den Wald und die angrenzende Bucht. Im Preis inbegriffen sind Abhol- und Zubringerservice zum Dorfpier sowie die Nutzung von Kajaks, Kanus und der Hotelbibliothek mit Kunstbänden.

Essen

Es gibt jede Menge Restaurants in der Rua da Praia, der Rua da Igreja, der Rua Getúlio Vargas und der kleinen Fußgängerzone Travessa Buganville. Manche Lokale bieten auch – allerdings ohne es groß anzupreisen – ein einfaches *prato feito* (Tagesgericht) mit Fisch, Reis, Bohnen und Salat für 15 bis 20 R$; einfach nachfragen! In der Hochsaison schieben Leute Karren mit Süßigkeiten herum, und geschäftstüchtige Insulaner verkaufen gegrillte Meeresfrüchte und Caipirinhas.

Lua e Mar FISCH & MEERESFRÜCHTE **$$**
(Praia do Canto; Hauptgerichte für 2 Pers. 45–99 R$; Do–Di 11–22 Uhr) Kerzenschein und Tische direkt auf dem Sand – an diesem ruhigen Plätzchen kann man den tosenden Wellen und weghuschenden Krebsen zuschauen, während man *moquecas* (Fischeintopf), Risottos und andere Meeresfrüchtegerichte genießt. Wer allein herkommt, wird die *refeições* für 24 R$ zu schätzen wissen (einfache Mahlzeiten für eine Person mit gebratenem Fisch oder Rindfleisch und Reis, Bohnen und Salat).

Biergarten SELBSTBEDIENUNG, VEGETARISCH **$$**
(9839-9912; www.biergartenhostel.com; Getúlio Vargas 161; 48 R$ pro Kilo; Mi–Mo 12–22 Uhr;) Das ungezwungene Lokal hat ein Selbstbedienungsbüfett mit allem Möglichen von braunem Reis und Sojaproteinen bis zu Sushi und anderen Meeresfrüchten mit mehr Gemüse als in den meisten anderen Restaurants im Ort. Die vegetarischen Besitzer betreiben auch das Biergarten Hostel nebenan (B im Schlafsaal 65–70 R$, DZ 140 R$).

Dom Mário FISCH & MEERESFRÜCHTE **$$**
(3361-5349; Travessa Buganville; Hauptgerichte für 2 Pers. 32–85 R$; Mo–Sa 17–23 Uhr) Der alteingesessene Chefkoch Mário zaubert Meeresfrüchtespezialitäten wie *filé de peixe ao molho de maracujá* (Fischfilet mit Passionsfruchtsoße) und köstliche Desserts, darunter seine berühmten karamellisierten Bananen.

O Pescador MEDITERRAN **$$$**
(3361 5114; Rua da Praia; Hauptgerichte für 2 Pers. 61–100 R$; 17 Uhr bis spät) Für ein schickes Abendessen am Strand ist das italienische Restaurant eines der besten der Insel. Hier gibt's leckere Caipirinhas und mediterrane Fisch-, Fleisch und Geflügelgerichte wie *grigliata mista al salmoriglio* (gegrillter Fisch, Shrimps und Calamari mit Olivenöl, Limettensaft, Knoblauch und Oregano).

Orientierung

Die Fähren vom Festland (aus Angra dos Reis und Mangaratiba) legen am westlichen Ende des Strands von Abraão an der Anlegestelle aus Beton an. Privat- und die meisten Tragflügelboote halten 150 m weiter östlich am Holzpier.

Zwischen den beiden Anlegestellen befindet sich das Herz des Dorfes Abraão, dessen Hauptstraße, die kopfsteingepflasterte Rua da Igreja, nach der Kurve zur Rua Getúlio Vargas wird. Westlich der Piere verläuft die Straße zur Praia Preta und zur Ruine des Lazareto-Gefängnisses. Östlich der Anlegestellen, am Ende des Strands, führt der beliebteste Wanderweg der Ilha Grande zu der Praia de Palmas, der Praia dos Mangues und der Praia Lopes Mendes.

Praktische Informationen

Auf der Insel gibt's keine Geldautomaten. Vielerorts kann man aber mit Kreditkarte zahlen und auch Geld wechseln.

Die Touristeninformation **TurisAngra** (3367-7826; www.turisangra.com.br; Rua da Praia; 7–19 Uhr) am Fuße des Holzpiers bietet allgemeine Informationen über das Eiland, darunter einfache Karten von Abraão und von örtlichen Wanderwegen. Mit Details zum Nationalpark, einem hilfreichen maßstabgetreuen Modell der Ilha Grande samt Spazierpfaden sowie einer Ausstellung zur Ortsgeschichte und Kultur wartet das **Centro de Visitante do Parque Estadual** (Besucherzentrum des Nationalparks; 3361-5540; falecompeig@gmail.com; Av Beira Mar s/n; 8–17 Uhr) gleich westlich des Betonpiers auf.

Die Internetverbindungen auf der Insel sind ausgesprochen lahm. Ein paar Hotels verfügen über WLAN, außerdem stößt man hier und da auf ein Internetcafé wie das klimatisierte **Ilha Grande Turismo** (Rua da Igreja; 4 R$ pro Std.; 9.30–24 Uhr) mit über einem Dutzend Computern und langen Öffnungszeiten.

An- & Weiterreise

Von Rio aus erreicht man die Insel am einfachsten mit dem Tür-zu-Tür-Service von Reiseveranstaltern wie **Easy Transfer** (www.easytransfer brazil.com), die eine Kombination aus Kleintransporterfahrt und Bootsverbindung anbieten.

Gäste werden bei ihrer Unterkunft in Rio abgeholt und direkt auf die Insel (75 R$, 3½–4½ Std.) gebracht. Easy Transfer hat auch einen ähnlichen Service von Parati (50 R$, 3½ Std.) aus im Programm.

Öffentliche Verkehrsmittel sind billiger, aber die Reise damit gestaltet sich etwas komplizierter, da verschiedene Strecken zur Auswahl stehen und man zwei Tickets (für Bus und Boot) kaufen muss.

Fähren zur Ilha Grande starten an drei Punkten auf dem Festland: Angra dos Reis, Conceição de Jacareí und Mangaratiba. Costa Verde betreibt Busse von Rio nach Angra (43 R$, 2½ Std., stdl.) und Mangaratiba (31 R$, 2 Std., 4-mal tgl.). Fahrzeuge nach Angra halten in Conceição de Jacareí (43 R$, 2 Std.), wenn man beim Einsteigen sagt, dass man dorthin möchte.

Die meisten Boote verkehren von Conceição de Jacareí zur Insel. Zwischen 9 und 18.15 Uhr legen alle ein bis zwei Stunden Schnellboote (25–30 R$, 25 Min.) und Segelschiffe (15–20 R$, 50 Min.) ab. Zwischen 7.30 und 18.30 Uhr fahren sie von Abraão aus zurück.

Preisgünstiger kommt man mit den täglichen Fähren von **CCR Barcas** (www.grupoccr.com.br/barcas) zur Ilha Grande. Diese starten in Angra dos Reis und Mangaratiba (4,80 R$, 80 Min. von beiden Häfen). In Angra legen sie werktags um 15.30 Uhr ab, am Wochenende um 13.30 Uhr. Von Abraão kehren sie täglich um 10 Uhr zurück. In Mangaratiba geht's täglich außer freitags (22 Uhr) um 8 Uhr los. Die Rückfahrt von Abraão erfolgt immer um 17.30 Uhr. Während der Hochsaison gibt's manchmal zusätzliche Fähren (vor Ort nachfragen).

Ilha Grande Turismo (IGT; ☎ 3365-6426; www.ilhagrandeturismo.com.br) betreibt schnelle Katamarane (50 Min., einfache Strecke 30 R$) zwischen Angra und Abraão, die in Angra täglich um 8, 11 und 16 Uhr starten und von Abraão um 9, 12.30 und 17 Uhr zurückfahren. Tickets bekommt man an den IGT-Schaltern im Busbahnhof von Angra und gleich hinter der Kirche in Abraão.

Angra ist der praktischste Hafen, wenn man von der Ilha Grande aus weiter nach Westen reist. Busse von Colitur verkehren täglich von 6 bis 23 Uhr mindestens stündlich von Angra nach Parati (10 R$, 2 Std.). Die Haltestelle liegt auf halbem Weg zwischen Angras Fähranleger und der Anlegestelle der Tragflächenboote (von beiden Anlegern aus fünf Gehminuten).

Parati

☎ 0XX24 / 38 000 EW.

Parati ist eine der reizvollsten Städte Brasiliens und ein gut erhaltenes historisches Schmuckstück. Es erstreckt sich zwischen vorspringenden Halbinseln und ruhigen Stränden vor einer Kulisse aus waldbedeckten, steilen Bergen, die zu einer mit Inseln übersäten Bucht hin abfallen.

INDIGENE NAMEN

Viele Ortsnamen im Bundesstaat sind indigenen Ursprungs und haben interessante Bedeutungen. Hier einige Beispiele:

Geribá – Kokospalmenart

Guanabara – Meeresarm

Ipanema – Unglück verheißender Ort oder eine gefährliche Stelle im Meer

Itatiaia – Felsen mit vielen Spitzen

Mangaratiba – Bananenhain

Parati – Fischart

Saquarema – Lagune ohne Muscheln

Tijuca – ein faulig riechender Sumpf

Das Ortszentrum aus der Kolonialzeit ist nicht nur wegen seiner jahrhundertealten Architektur bemerkenswert, sondern auch deshalb, weil hier keine Autos fahren dürfen. Man kann hier prima bummeln, denn die unregelmäßig angeordneten Kopfsteinpflastergassen sind für Motorfahrzeuge gesperrt. Die eleganten weißen Häuser verfügen über bunte Simse und Gitterfenster und verschmelzen harmonisch mit der Schönheit der Natur ringsherum.

Dutzende von unberührten Stränden liegen nur wenige Stunden mit dem Boot oder dem Bus von Parati entfernt. Landeinwärts bietet der Parque Nacional da Serra da Bocaina dem üppig-grünen Überbleibsel des Mata Atlântica (Atlantischer Regenwald) Schutz. Die brasilianische Regierung hat Parati 1966 zu einer nationalen historischen Stätte erklärt.

Während der Sommerferien ist die Stadt sehr lebendig und voller brasilianischer und europäischer Urlauber. Ihr kosmopolitisches Flair verdankt sie vor allem den vielen in- und ausländischen Künstlern, Schriftstellern und Köchen, die sich hier angesiedelt und Geschäfte, Galerien oder Restaurants eröffnet haben.

Die Altstadt ist klein, und man kann sich leicht orientieren. Allerdings stiften Adressen zuweilen Verwirrung, denn manche Straßen haben mehrere Bezeichnungen, und die Hausnummern folgen nicht immer einem logischen Schema.

Parati

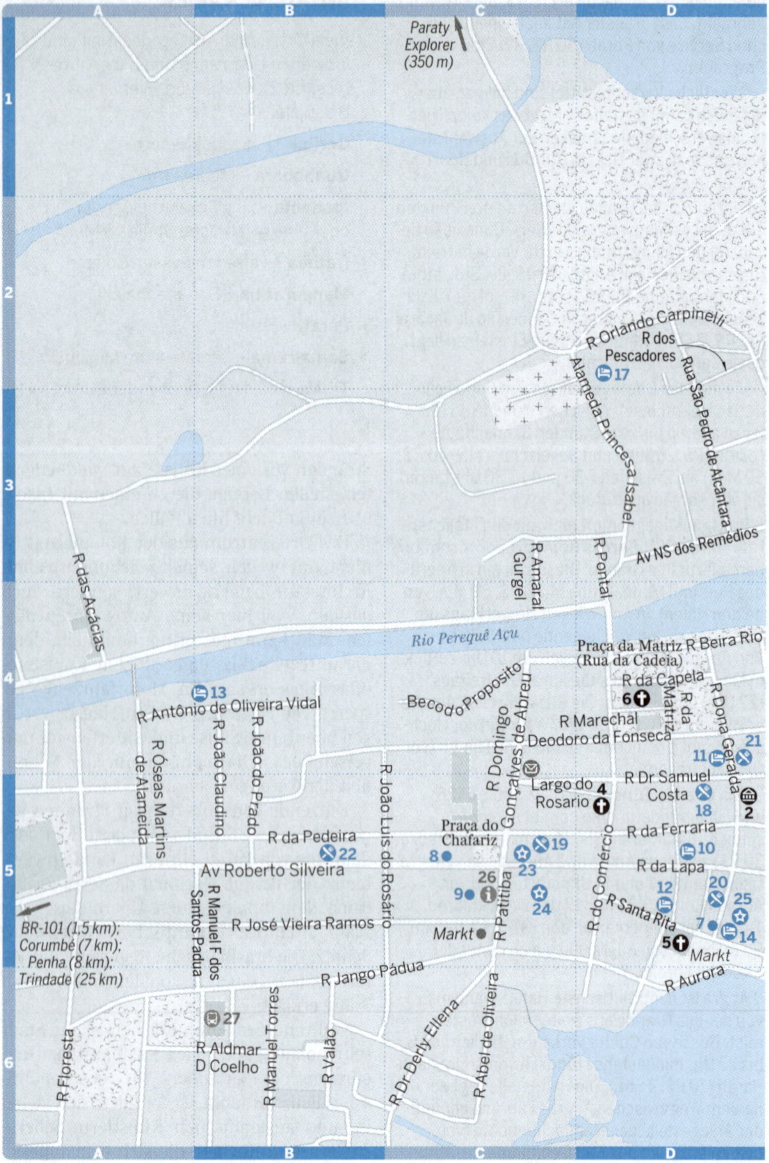

Geschichte

Als im 16. Jh. die ersten portugiesischen Siedler in Parati eintrafen, lebten hier die eingeborenen Guianás. Ende des 17. Jhs. wurde in den Minen von Minas Gerais Gold entdeckt, und weil Parati der einzige Ort war, von dem aus der Steilhang der Serra do Mar bewältigt werden konnte, machte man hier auf dem Weg zwischen Rio de Janeiro und den Minen gezwungenermaßen Halt.

Solange das Gold floss, war Parati ein geschäftiger Hafen, und die Wohlhabenden bauten Kirchen und schmucke Häuser. Aber die goldenen Zeiten währten nicht lange.

Parati

Sehenswertes

1 Capela de NS das Dores E4
2 Casa da Cultura D5
3 Forte Defensor Perpétuo E1
4 Igreja NS do Rosário e São Benedito dos Homens Pretos D5
5 Igreja Santa Rita dos Pardos Libertos D5
6 Matriz NS dos Remédios D4

Aktivitäten, Kurse & Touren

7 Academia de Cozinha e Outros Prazeres D5
8 Paraty Adventure C5
9 Paraty Tours C5

Schlafen

10 Estalagem Colonial D5
11 Hotel Solar dos Gerânios D4
12 La Pousada Arte Colonial D5
13 Paraty Hostel „Casa do Rio" B4
14 Pousada Arte Urquijo D5
15 Pousada do Ouro E4
16 Pousada Flor do Mar E5
17 Pousada Morro do Forte D2

Essen

18 Banana da Terra D5
19 Casa do Fogo C5
20 Le Castellet D5
21 Punto Divino D4
22 Sabor da Terra B5

Unterhaltung

23 Margarida Café C5
24 Paraty 33 .... C5
25 Teatro Espaço D5

Praktisches

26 CIT C5

Transport

27 Busbahnhof B6

Nach den 1720er-Jahren wurde von Rio eine neue Straße über die Serra dos Órgãos gebaut, auf der man 15 Tage schneller in Minas Gerais war. Nun begann Paratis Stern zu sinken. Durch den Kaffeeboom im 19. Jh. erholte sich die Wirtschaft, doch bis zur Mitte des 20. Jhs. blieb das Meer die einzig wirtschaftlich rentable Verbindung in den Ort. 1954 wurde eine moderne Straße gebaut, die mitten durch die Serra do Mar und vorbei an der 47 km landeinwärts gelegenen Stadt Cunha führte. Schließlich verlängerte man 1960 die Küstenstraße aus dem 253 km entfernten Rio nach Parati und baute sie bis ins 330 km entfernte São Paulo aus. So kam der Tourismus nach Parati und eine neue Ära des Wohlstands brach an.

Sehenswertes & Aktivitäten

Als wir für dieses Buch vor Ort recherchierten, waren die meisten Kirchen wegen Restaurierungsarbeiten nicht zugänglich. Aktuelle Öffnungszeiten und Eintrittspreise erfährt man in der Touristeninformation.

Casa da Cultura MUSEUM
(☎ 3371-2325; www.casadaculturaparaty.org.br; Dona Geralda 177; Erw./Student 8/4 R$; ⌚ Mi–Mo 10–18.30 Uhr) In einer wunderschönen kolonialzeitlichen Villa beherbergt die Casa da Cultura eine faszinierende Dauerausstellung zur Lokalkultur mit Fotos und Videos von Interviews mit Einheimischen. Das Museum zeigt auch Relikte aus der Vergangenheit Paratis mit englischen und portugiesischen Erläuterungen. Von der Hauptgalerie oben genießt man außerdem einen fabelhaften Blick auf die Stadt.

Igreja NS do Rosário e São Benedito dos Homens Pretos KIRCHE
(Ecke Dr Samuel Costa & Rua do Comércio; Eintritt 3 R$) Diese Kirche wurde 1725 von und für Sklaven gebaut und 1857 restauriert. Sie hat vergoldete Holzaltäre, die der Rosenkranzmadonna, dem hl. Benedikt und dem hl. Johannes geweiht sind. Die Kandelaber an der Decke sehen aus wie eine Ananas und dienen als Symbol für Reichtum.

Igreja Santa Rita dos Pardos Libertos KIRCHE
(Praça Santa Rita) In der 1722 errichteten Kirche freigelassener Mulatten (Menschen afroeuropäischer Herkunft) ist ein winziges Museum für sakrale Kunst untergebracht. Außerdem gibt's hier einige sehr feine Holzschnitzereien an den Portalen und den Altären zu sehen.

Capela de NS das Dores KIRCHE
(R da Capela zwischen Dr Pereira & Fresca) Die 1800 entstandene und 1901 renovierte Kirche der weißen Kolonialherren beherbergt eine kleine Kunstgalerie. Im Innenhof befindet sich ein faszinierender Friedhof.

Matriz NS dos Remédios KIRCHE
(Praça da Matriz; Eintritt 2 R$; ⌚ Fr & Sa 9–12 & 14–17 Uhr) 1787 wurde diese Kirche auf dem Gelände zweier Gotteshäuser aus dem 17. Jh. errichtet. Sie birgt ältere und zeitgenössische Kunstwerke von einheimischen Künstlern. Der Legende nach ist der Bau mit einem von Piraten auf der Praia da Trindade versteckten Schatz finanziert worden.

PIRATEN IN PARATI

Einst diente das 1703 errichtete **Forte Defensor Perpétuo** (Eintritt 2 R$; ⌚ Di–So 9–12 & 14–17 Uhr) der Verteidigung gegen Piratenangriffe auf die Goldtransporte, die über Paratis Hafen abgewickelt wurden. Nach Brasiliens Unabhängigkeit von Portugal wurde es 1822 umgebaut. Die Festung liegt nördlich der Stadt und ist zu Fuß in 20 Minuten zu erreichen. Einfach die Brücke über den Rio Perequê Açu überqueren und dann den Morro da Vila Velha (der Hügel hinter der Praia do Pontal) hinaufkraxeln. Dort oben genießt man eine überwältigende Sicht auf die Bucht. Das Fort beherbergt ein kleines Museum, in dem Wechselausstellungen zu Kultur und Geschichte zu sehen sind.

Geführte Touren

Paraty Explorer OUTDOORAKTIVITÄTEN
(☎ 9952-4496; www.paratyexplorer.com; Praia do Jabaquara) Die hervorragende von einem Iren betriebene Agentur hat sich auf Wanderungen, Kajaktouren und Stehpaddeln rund um die Bucht von Parati spezialisiert. Besitzer Paddy gehört auch die Casa do SUP, ein Strandhostel in Jabaquara, das dem Thema Stehpaddeln gewidmet ist.

Paraty Tours OUTDOORAKTIVITÄTEN
(☎ 3371-1327; www.paratytours.com.br; Roberto Silveira 11) Neben der Touristeninformation bietet dieser alteingesessene Veranstalter Wanderungen (100–140 R$, 6 Std.), Ausritte (90 R$, 3 Std.), Radtouren (auf eigene Faust 9 R$ pro Std. oder 45 R$ pro Tag) und Tauchtrips (195 R$ pro Tag) an. Besonders großer Beliebtheit erfreuen sich die fünfstündigen Segelausflüge. Sie kosten 40 R$ und beginnen täglich um 10, 11 und 12 Uhr. Unterwegs legen die Schiffe an mehreren Stränden an.

Paraty Adventure OUTDOORAKTIVITÄTEN
(☎ 3371-6135; www.paratyadventure.com; Av Roberto Silveira 16) Bei der Agentur vor den Toren der Altstadt kann man eine große Auswahl an Touren buchen.

Feste & Events

Der **Karneval** in Parati ist eine große Straßenparty! Nicht verpassen sollte man die Samstagsprozession des **Bloco da Lama** (www.blocodalama.com.br), zu der in Scharen junge Leute kommen, um sich mit Schlamm einzuschmieren und durch die Gassen der Stadt zu tanzen.

NICHT VERSÄUMEN

INSELN & STRÄNDE

In der näheren Umgebung von Parati gibt's etwa 65 Inseln und 300 Strände. Um an schwerer erreichbare Sandstreifen zu kommen, schließt man sich am besten einer Segeltour an; Tickets kosten rund 40 R$ pro Person.

Alternativ mietet man eines der kleinen Motorboote am Hafen und macht einen privaten Ausflug. Die einheimischen Kapitäne kennen ein paar tolle Stellen und nehmen einen für 50 bis 60 R$ pro Stunde mit – das lohnt sich vor allem, wenn man mit mehreren Leuten unterwegs ist.

Die nächstgelegenen schönen Strände **Vermelha**, **Lula** und **Saco da Velha** östlich von Parati erreicht man mit dem Boot in einer Stunde. Zu den guten Inselstränden in der Nähe zählen **Araújo** und **Sapeca**. Viele andere Eilande haben ein steiniges Ufer und sind privat. Die Sandstreifen des Festlands sind besser. Hier befinden sich oft *barracas* (Buden), die Bier und Fisch verkaufen, und meistens sind dort nur einige wenige Besucher unterwegs.

Wer in Parati den Fluss Richtung Norden überquert, gelangt zur **Praia do Pontal**. Am Ufer liegen mehrere Freiluftrestaurants, aber zum Schwimmen eignet sich der Strand nur mäßig. Weitere 2 km nördlich erstreckt sich die große **Praia do Jabaquara** mit einem tollen Ausblick und seichtem Wasser, das sich wunderbar zum Stehpaddeln eignet.

Während der **Semana Santa** (Karwoche) findet u. a. die schöne **Procissão do Fogaréu** statt: Die Lichterprozession durch die Altstadt startet kurz nach Mitternacht am Donnerstag vor Ostern. Ebenso prächtig sind die **Festa do Divino Espírito Santo** (sieben Wochen nach Ostern) und **Fronleichnam** (im Juni) mit Prozessionen und bunter Straßendekoration.

Das 2003 ins Leben gerufene **Festival Literária Internacional de Parati** (FLIP; Internationales Literaturfestival in Parati; www.flip.org.br), mittlerweile das größte kulturelle Event der Stadt, zieht jedes Jahr im Juli für fünf Tage Autoren aus der ganzen Welt an.

Im Umland wird exzellenter *cachaça* (Zuckerrohrschnaps) hergestellt, was man seit 1984 jedes Jahr mit dem **Festival da Cachaça, Cultura e Sabores de Paraty** (auch als Festival da Pinga bekannt) feiert. Die Party im August dauert vier Tage und lebt von Speis und Trank.

Regelmäßig kommen neue Festivals hinzu. Eine vollständige Liste gibt's unter www.casadaculturaparaty.org.br/calendario.asp.

Schlafen

In puncto Atmosphäre ist eine Übernachtung in der Altstadt nicht zu übertreffen, auch wenn man nicht weit von hier im Regenwald und in den Bergen ebenfalls verlockende Bleiben findet. Zwischen Dezember und Februar sowie während der Festivals sind die Hotels ausgebucht und die Preise doppelt so hoch, deshalb sollte man sein Zimmer lieber im Voraus buchen. Zu anderen Zeiten stellt die Unterkunftssuche kein Problem dar. Die im Folgenden aufgeführten Preise beziehen sich auf die Hochsaison; in der Nebensaison kann man verhandeln, um den Preis zu drücken. Parati gilt als beliebtes Reiseziel von Schwulen und Lesben und ist Homosexuellen gegenüber prinzipiell aufgeschlossen.

Bugetreisende können zwei Campingplätze und mehrere Hostels an den Stränden Pontal und Jabaquara direkt nördlich des Ortes jenseits der Fußgängerbrücke ansteuern.

Paraty Hostel „Casa do Rio" HOSTEL **$**
(☎3371-2223; www.paratyhostel.com; Antônio Vidal 120; B/DZ 50/110 R$; @📶🏊) Paratis HI-Herberge liegt nördlich vom Busbahnhof am Fluss und bietet neben ein paar privaten Zimmern Betten im Schlafsaal. Eine Terrasse mit Blick auf den Fluss, ein Swimmingpool, Hängematten, ein schattiger Sitzbereich, Waschküche und kostenloses Internet verleihen der Anlage eine heimelige Atmosphäre. Das Hostel organisiert auch Bootsausflüge zu lokalen Stränden (35 R$) und Touren mit Kleintransportern zum Caminho do Ouro und zur Tobogã-Wasserrutsche (40 R$).

★ **Hotel Solar dos Gerânios** GASTHAUS **$$**
(☎3371-1550; www.paraty.com.br/geranio; Praça da Matriz; EZ/DZ/3BZ 100/150/200 R$; @📶) Das seit Jahrzehnten von der gleichen Familie betriebene rustikale Solar an der lebendigen Praça da Matriz ist das erschwinglichste Hotel in Paratis kolonialzeitlichem Zentrum. Holz- und Keramikskulpturen,

Steinwände und -böden, Säulen und Balkendecken, ein Hof voller Pflanzen, Katzen und Hunde tragen zum Charakter des Hotels bei. Mehrere Zimmer haben Balkone mit Blick auf den Platz.

★ Quinta da Floresta B&B $$
(☎ 9901-1600; quintadafloresta.com; Estrada Paraty-Cunha, Km 7, Penha; Zi. mit Gemeinschafts-/Privatbad 190/250 R$;) 7 km oberhalb von Parati stößt man auf diese nette Pension im Atlantischen Regenwald, um die sich Affen und Vögel tummeln. Es gibt ein geräumiges Doppelzimmer mit Veranda im Obergeschoss, einen familienfreundlichen Wohnbereich im Untergeschoss und zwei preiswertere Doppelzimmer mit Gemeinschaftsbad. Gäste schwören auf die sonnendurchflutete Küche, den Waschraum, das Wohnzimmer mit Glaswänden und Kamin und die beiden privaten, von zwei großen Felsblöcken eingerahmten Flussstrände, die zum Nacktbaden genügend Sichtschutz bieten.

Le Gite d'Indaiatiba POUSADA $$
(☎ 3371-7174; www.legitedindaiatiba.com.br; Schnellstraße BR-101, Km 558; Zi. 200 R$, Bungalow 250 R$, Loft 500 R$;) Direkt neben einem Wasserfall mitten im Urwald, 16 km nordwestlich von Parati, servieren die weit gereisten Gastgeber Olivier und Valéria hervorragende französisch-brasilianische Küche. Sie vermieten fünf Wohneinheiten mit Kaminen sowie Panoramaterrassen, darunter zwei Lofts samt Klimaanlagen, großen Badewannen und DVD-Playern. Tagsüber kann man reiten, durch den Dschungel stromern, unter der Kaskade ein erfrischendes Bad nehmen, in der Bibliothek lesen und in der Sauna am Fluss oder dem Pool im Freien relaxen. Die Anfahrt wird auf der Website beschrieben.

Estalagem Colonial POUSADA $$
(☎ 3371-1626; www.paraty.com.br/estalagemcolonial; Rua da Matriz 9; Zi. 160 R$, mit Gemeinschaftsbad 100 R$) Das historische Herrenhaus im Herzen von Parati wartet im Erdgeschoss mit einem sonnendurchfluteten Aufenthaltsraum auf. Von einigen Zimmern im Obergeschoss genießt man einen herrlichen Blick. Wir empfehlen den großen Eckraum Nr. 4 (im Voraus buchen) und Zimmer 5, das insgesamt sieben Fenster an drei Seiten besitzt! Auch die kleineren Quartiere mit Gemeinschaftsbädern bieten angesichts der erstklassigen Lage der Pousada ein gutes Preisleistungsverhältnis.

Pousada Flor do Mar POUSADA $$
(☎ 3371-1674; www.pousadaflordomar.com.br; Fresca 257; Zi. 225 R$;) Diese schlichte kleine, am Strand versteckte Bleibe verfügt über saubere, geräumige Zimmer und einen hübschen Vorderhof mit Hängematten und Sofas. Außerdem hat sie mit die ruhigste Lage im historischen Zentrum.

La Pousada Arte Colonial POUSADA $$
(☎ 3371-7347; www.pousadaartecolonial.com.br; Rua da Matriz 292; Zi. 260 R$;) In dem charmanten älteren Haus direkt im kolonialzeitlichen Zentrum ist jedes Zimmer individuell mit antiken Möbeln und viel Charakter eingerichtet, darüber hinaus haben die meisten auch viel Sonnenlicht. Hinter dem Haus gibt's einen winzigen Pool.

Pousada Morro do Forte POUSADA $$
(☎ 3371-1211; www.pousadamorrodoforte.com.br; Carpinelli 21; Zi. 270–350 R$;) Der unvergleichliche Blick von der modernen *pousada* auf die Stadt und die Bucht lohnt den Aufstieg. Obwohl sie oben auf dem Morro do Forte thront, ist die Unterkunft mit ihren komfortablen Zimmern und kleinen Balkonen zu Fuß nur fünf Minuten vom Ortszentrum entfernt. Die Inhaber sprechen u. a. Deutsch.

Pousada do Ouro POUSADA $$$
(☎ 3371-4300; www.pousadaouro.com.br; Rua da Praia 145; Zi. ab 373–471 R$, Suite 590 R$;) Hier könnte man glatt Mick Jagger, Sonia Braga oder Tom Cruise über den Weg laufen, wie die Fotos in der Lobby beweisen, auf denen sie vor der *pousada* posieren. Das zentral gelegene Hotel bietet einfach alles: Bar, Pool, Sauna und einen prächtigen Garten.

Pousada Arte Urquijo POUSADA $$$
(☎ 3371-1362; www.urquijo.com.br; Dona Geralda 79; Zi. 410–650 R$;) Diese gemütliche kleine Bleibe ist augenscheinlich eine Spielwiese der liebevollen Inhaber, die ihrer künstlerischen Kreativität freien Lauf lassen. Der Sitzbereich im Untergeschoss punktet mit weichen Kissen, einer stilvollen Bar und einem blubbernden Pool. Besonders schön sind die Zimmer „Sofia" (mit Terrasse und Blick auf blühende Bäume und den Ozean) und „Xul" (mit japanisch anmutendem Futon sowie Fenstern bis zum Boden).

Essen

In Parati gibt's viele nette Restaurants, aber sobald man die kopfsteingepflasterten Gassen der Altstadt betritt, wird's teurer.

NICHT VERSÄUMEN

KÜCHENCHEF FÜR EINEN TAG

Keine Lust, einfach nur essen zu gehen? Wie wäre es, sein Gourmetdinner in Paratis Altstadt selbst zuzubereiten – unter Anleitung der anerkannten einheimischen Chefköchin und Kochbuchautorin Yara Roberts? Mit einer Mischung aus Theater und Haute Cuisine unterrichtet Yara die Teilnehmer bei sich zu Hause in ihrer Kochschule **Academia de Cozinha e Outros Prazeres** (☎3371-6025; www.chefbrasil.com; Dona Geralda 288; inklusive komplettes Abendessen 190 R$) auf Portugiesisch, Englisch, Französisch und Spanisch. Hier lernt man regionale Küchen Brasiliens kennen, hilft bei der Zubereitung der Gerichte (wenn man will) und genießt dann gemeinsam mit den anderen bei lebhaften Gesprächen das entspannte Abendessen. Die Kursteilnehmer kommen aus allen Teilen der Welt – bislang schon aus mehr als 60 Ländern. Im Preis inbegriffen sind Cocktails, Wein, Desserts und Kochrezepte.

Lust auf mehr? Yara organisiert auch mehrtägige Programme und kombiniert dazu die Kochkurse mit einem Besuch bei lokalen Erzeugern. Details erfährt man auf der Website.

Sabor da Terra SELBSTBEDIENUNG **$**
(www.paraty.com.br/sabordaterra; Av Roberto Silveira 180; 36,80 R$ pro Kilo; ⏲11.30–22 Uhr) Das erschwingliche Selbstbedienungsrestaurant gleich außerhalb der Altstadt hat leckere Sachen wie Shrimps und Fisch im Angebot.

Le Castellet FRANZÖSISCH **$$**
(☎8107-9909; www.lecastelletyveslepide.com.br; Dona Geralda 44; Hauptgerichte 23–45 R$; ⏲18–24 Uhr) Eine Tafel mit der Speisekarte und dunkles Licht tragen zur romantischen Stimmung in dem Restaurant mit den Steinwänden bei, das von einem französisch-brasilianischen Pärchen geführt wird. Auf der Karte stehen französische Klassiker wie *salade niçoise, croque monsieur* sowie süße und herzhafte Crêpes. Besitzer Yves aus Marseille bietet den Gästen vor und nach dem Essen Extras wie hausgebackenes Brot, aromatische Olivenöle und Trauben mit Cognacfüllung an.

Casa do Fogo BISTRO **$$**
(☎3371-3163; www.casadofogo.com.br; Rua da Ferraria 390; Hauptgerichte pro Pers. 30–64 R$; ⏲Do–Di 18–1 Uhr) Der Name ist Programm, denn hier brennt alles! Auf der Karte stehen vornehmlich Meeresfrüchte, die mit *cachaça* aus der Region flambiert werden, und auch den Nachspeisen rückt man mit Feuer zu Leibe.

Punto Divino ITALIENISCH **$$**
(www.puntodivino.com; Marechal Deodoro da Fonseca 129; Pizza 23–42 R$; ⏲12–24 Uhr) In dem gemütlichen Restaurant gibt's wundervolle Pizzas, Pasta und Livemusik.

Cheiro do Camarão FISCH & MEERESFRÜCHTE **$$$**
(☎9817-2411; Schnellstraße BR-101, Km 569, Corumbé; Hauptgerichte pro Pers. 30–60 R$; ⏲Di–So 10–17 Uhr) In diesem ungezwungenen familiengeführten Strandrestaurant, von Parati 7 km die Küste hinauf in Corumbé gelegen, kann man den Massen entfliehen, seine Zehen im Sand vergraben und ein paar der besten Shrimps in der Gegend genießen.

Banana da Terra FISCH & MEERESFRÜCHTE **$$$**
(☎3371-1725; www.restaurantebananadaterra.com.br; Dr Samuel Costa 198; Hauptgerichte 65–79 R$; ⏲Mo, Mi & Do 18–24, Fr–So 12–16 & 19–24 Uhr) Die appetitlich angerichteten leckeren Kreationen der Chefköchin Ana Bueno machen das Banana zu einem der besten Restaurants in Parati. Es gibt auch eine ausgezeichnete Weinkarte.

🍷 Ausgehen & Unterhaltung

Eine ganze Menge Bars stellen vom späten Nachmittag bis in die Morgenstunden ihre Tische unter die Bäume aufs Kopfsteinpflaster der Praça da Matriz.

Paraty 33 LIVEMUSIK
(www.paraty33.com.br; Rua da Lapa 357) Die lebendigste Bar im historischen Zentrum. Zur Happy Hour am frühen Abend gibt's MPB (Musica Popular Brasileira) und Bossa nova und an den Wochenenden spätabends Musik von DJs und Livebands.

Margarida Café LIVEMUSIK
(☎3371-6037; margaridacafe.com.br; Praça do Chafariz; ⏲12–24 Uhr) Das höhlenartige, aber gemütliche Café am Rand der Altstadt bietet großartige Getränke und abends ab 20.30 Uhr ein Livemusikprogramm, u. a. mit MPB, Bossa nova, *forró* (Volksmusik aus dem Nordosten), Tango etc.

Teatro Espaço THEATER
(☎3371-1575; www.ecparaty.org.br; Dona Geralda 327; Eintritt 50 R$) Inzwischen präsentiert das kleine Theater des international anerkann-

ten Ensembles Contadores de Estórias im fünften Jahrzehnt Puppenspiele sowie Musik- und Tanzvorführungen.

Praktische Informationen

Bradesco (Av Roberto Silveira) Viele Geldautomaten. Weitere findet man nebenan bei Banco do Brasil.

CIT (☎3371-1222; Av Roberto Silveira s/n; ⏲8–20 Uhr) Die Hauptfiliale liegt direkt an der Schnellstraße BR-101. Praktischer ist die Zweigstelle am Eingang zur Altstadt.

Internetzugang (Av Roberto Silveira) Direkt vor den Toren der Altstadt bieten mehrere Läden an dieser Straße Internetzugang.

An- & Weiterreise

Vom **Busbahnhof** (Rua Jango Pádua) 500 m westlich der Altstadt verkehrt **Costa Verde** (www.costaverdetransportes.com.br) häufig nach Rio de Janeiro (58 R$, 4 Std., 7–12 tgl. von 4–21 Uhr). Colitur bedient Angra dos Reis (10 R$, 2 Std., mindestens stdl. von 5–22.30 Uhr) und **Reunidas** (www.reunidaspaulista.com.br) fährt nach São Paulo (48 R$, 6 Std., 4–6 tgl. von 8.30–23.30 Uhr).

Rund um Parati

Paratis Umgebung ist ein Paradies für Naturliebhaber, denn hier erstrecken sich einige der schönste Strände und Berglandschaften im Südosten Brasiliens. Darüber hinaus wird in der Gegend hervorragender *cachaça* hergestellt. Zahlreiche *alambiques* (Schnapsbrennereien) bieten Führungen an.

Cachoeira Tobogã

Diese natürliche Wasserrutsche in den Hügeln 8 km landeinwärts ist ein Knaller! In Parati einfach in den Colitur-Nahverkehrsbus nach Penha (3,70 R$, 30 Min.) ein- und an der weißen Kirche aussteigen. Dort der Ausschilderung folgen und 100 m hügelabwärts bis zu dem idyllischen Wasserbecken

Inseln & Strände von Parati

ABSEITS DER ÜBLICHEN PFADE

PARQUE NACIONAL DA SERRA DA BOCAINA – WANDERUNG AUF DER TRILHA DO OURO

Die historische Trilha do Ouro (Goldroute), die seinerzeit Rio de Janeiros Küste mit den Goldminen von Minas Gerais verband, führt durch die dramatische Landschaft des **Parque Nacional da Serra da Bocaina** nördlich von Parati. Paraty Tours und andere Veranstalter bieten zweistündige Wanderungen an, die in der Nähe von Penha über einen sehr kleinen Teil der Strecke führen. Individualreisende können auch mit dem Auto oder dem Bus von Parati aus zum Ausgangspunkt in Penha fahren (3,70 R$, von Parati 8 km bergauf) und dort den obligatorischen Guide engagieren (20 R$ pro Pers.).

Eine größere Herausforderung und eine einzigartige Erfahrung ist die Trilha do Ouro, eine dreitägige, 53 km lange Wanderung durch die wildesten Gebiete des Nationalparks. Diese längere Trekkingtour des Anbieters **MW Trekking** (www.mwtrekking.com.br) beginnt in São José do Barreiro im Bundesstaat São Paulo. Zum Startpunkt kommt man am bequemsten mit dem Bus von **Viação Azteca** (☎ 0xx24-3359 0498; 11 R$; ⏲ 90 Min.). Dieser fährt in Resende unweit des Parque Nacional do Itatiaia (S. 145) ab und passiert auf dem Weg nach Mambucaba an der Küste, 45 Minuten nordöstlich von Parati, einige spektakuläre Wasserfälle. Der Preis von 396 R$ beinhaltet den Transfer zum Startpunkt der Wanderung, den Parkeintritt, die Verpflegung, einfache Unterkünfte und einen sehr guten lokalen Führer.

mitten in der Urwaldlandschaft gehen. Die glatte Felsoberfläche ist eine perfekte natürliche Rutsche (wie in dem Streifen *Der Smaragdwald* zu sehen). Traveller, denen ihre Knochen lieb sind, sollten die Schilder beachten, die vor dem Heruntersurfen im Stehen warnen – auch wenn die hiesigen Teenies die Technik ganz gut beherrschen und es Spaß (und Angst) macht, ihnen zuzuschauen. Hinterher kann man sich auf der anderen Seite der Hängebrücke unter dem Wasserfall in der Bar do Tarzan einen Caipirinha genehmigen.

Praia da Trindade

Rund 25 km südlich von Parati nimmt Trindade einen langen Streifen der atemberaubend schönen Küste ein. Hier kann man an vier der schönsten Strände Brasiliens (Cepilho, Ranchos, Meio und Cachadaço) relaxen und herumspazieren. Es gibt hohe Brecher, riesige Felsen, von Bergen gesäumte breite, weiße Sandstrände, steile Wanderpfade durch den dichten Urwald und ein friedliches, natürliches Wasserbecken gegenüber dem letzten Strand Cachadaço. Der Ort selbst verströmt die etwas raue Atmosphäre eines Außenpostens in der Wildnis, der zu schnell gewachsen ist (tatsächlich gab es hier vor 20 Jahren nur ein kleines Fischerdorf). Doch das relativ große Angebot an *pousadas*, Hostels, Campingplätzen und Restaurants ermöglicht durchaus eine Übernachtung. Vom Busbahnhof in Parati fahren stündlich Colitur-Busse (3,70 R$, 40 Min.) nach Trindade

Praia de Paraty-Mirim

Was Erreichbarkeit, Preise und Schönheit betrifft, ist dieser ruhige Strand kaum zu toppen. Parati-Mirim, eine kleine Ortschaft 17 km südöstlich von Parati, wartet mit einer Kirche aus dem 18. Jh. und vielen *barracas* (Essensstände) auf, die einfache Gerichte verkaufen. Von Paratis Busbahnhof fahren Colitur-Busse (3,70 R$, 40 Min.) hierher.

Praia do Sono

Diesen bezaubernden Strand 35 km südöstlich von Parati erreicht man mit dem Colitur-Bus: In Laranjeiras (3,70 R$, 40 Min.) steigt man aus und marschiert dann anderthalb Stunden ostwärts nach Sono weiter. Paraty Tours organisiert zudem Wanderungen nach Sono.

Schnapsbrennereien

Parati ist bekannt für seinen ausgezeichneten *cachaça*. Viele *alambiques* in der Region bieten Führungen an. Zu den besten zählt die 10 km nördlich vom Ort gelegene Destille **Maria Izabel** (☎ 9999-9908; www.mariaizabel.com.br; Sítio Santo Antônio, Corumbê), die in landesweiten Wettbewerben oft unter den ersten 20 rangiert. Wer die Brennerei besichtigen will, muss sich mindestens 24 Stunden vorher telefonisch anmelden.

ITATIAIA-REGION

Diese Region zeichnet sich durch eine eigenartige Mischung aus dem Charme alter Zeiten und dem Puls der Moderne aus. Das Klima ist geprägt von alpinen Temperaturen und es gibt Chalets im Schweizer Stil. Die Vegetation aber ist tropisch und die Herzlichkeit der Leute typisch brasilianisch. Da stehen hübsche kleine Farmen mit Pferden und Ziegen und kleine Häuschen samt gestutztem Rasen und Blumenbeeten direkt neben großen Flächen dichten Waldes, den noch nie eine Machete berührt hat. Hier kann man wunderbar durch die grünen Hügel streifen, auf dem Rücken eines Ponys zu den purpurn leuchtenden Bergen reiten, in Wasserfällen planschen oder einfach nur wandern, ohne auf den Komfort der Zivilisation gänzlich verzichten zu müssen: Ein knisternder Kamin, ein weiches Bett, ein Glas Wein und eine leckere gegrillte Forelle finden sich immer!

Penedo

☎ 0XX24 / 29 000 EW. / 600 M

Im frühen 20. Jh. war Penedo eine finnische Siedlung. Inzwischen ist diese zu einem sehr unbrasilianischen Ferienort angewachsen. Im moderneren unteren Teil der Stadt sollte man sich vor Touristenfallen in Acht nehmen: Dort versucht man nämlich aus dem europäischen Erbe der Region und den authentischen Altwelteinflüssen Gewinn zu schlagen, z. B. im **Clube Finlândia** (☎ 3351-1374; clubefinlandiablog.blogspot.com; Av das Mangueiras 2601), wo immer am ersten Samstag des Monats traditionelle finnische Tänze vorgeführt werden. In Alto do Penedo, dem oberen Stadtteil, kann man die üppige Schönheit der Natur gleich außerhalb der Stadt besser genießen. Wohin man auch geht, man stößt mit Sicherheit auf eine traditionelle finnische Sauna – die gibt's in den meisten Hotels.

Die **Touristeninformation** (☎ 3351-1704; turismo@itatiaia.rj.gov.br; Av Casa das Pedras 766; ⏲ 9.30–17 Uhr) hat Broschüren und Infos auf Portugiesisch.

Sehenswertes

Penedos größte Attraktionen sind der Wald und die Wasserfälle, darunter die **Três Cachoeiras** westlich der Innenstadt an der Hauptstraße unmittelbar vor dem Anstieg nach Alto do Penedo und die **Cachoeira de Deus**, von der Bus-Wendeschleife in Alto do Penedo ungefähr 20 Minuten bergauf gelegen. Die Ausschilderung ist ziemlich dürftig – also lieber vor Ort noch einmal nachfragen. **Wandert** man vom Ende der asphaltierten Straße in Alto do Penedo ungefähr eine Stunde bergauf, gelangt man in dichtes Waldgebiet voller Spazierpfade, auf denen man Tiere in freier Natur, z. B. Affen, beobachten kann.

Schlafen & Essen

Penedo ist teuer. Das liegt an den vielen Wochenendtouris aus Rio und São Paulo. Dafür sind Unterkünfte und Essen aber überdurchschnittlich gut.

Pequena Suécia HOTEL **$$**
(☎ 3351-1275; www.pequenasuecia.com.br; Toivo Suni 33; EZ 150–250 R$, DZ 250–495 R$; ❄ 📶 🏊) Ein Penedo-Klassiker an der ruhigen Nordseite des Flusses: Das rote Haus mitten im Wald bietet seit mehr als 50 Jahren luxuriöse Annehmlichkeiten in rustikaler Lage. Im hoteleigenen Restaurant werden skandinavische und vegetarische Gerichte serviert, der Wellnessbereich lockt mit Massagen und Shiatsu-Behandlungen, und im angeschlossenen Club gibt's am Wochenende Livejazz. Einzelzimmertarife nur unter der Woche.

Koskenkorva FINNISCH, DEUTSCH **$$$**
(☎ 3351-2532; www.koskenkorva.visitepenedo.com; Av Três Cachoeiras 3955; Hauptgerichte 35–60 R$; 12–16 & 19.30–22 Uhr) Das auf finnische und deutsche Gerichte spezialisierte Restaurant hat draußen einen hübschen Sitzbereich an einem Bach. Wer richtig satt werden will, probiert Voileipäpöytä (110 R$), eine Art skandinavisches Büfett mit geräucherter Forelle, mariniertem Lachs, Hering, Forellenpastete und vielem mehr. Unbedingt noch Platz für die Crêpes mit Obst lassen!

An- & Weiterreise

Jeden Tag verkehren zwei **Cidade-do-Aço-Busse** (www.cidadedoaco.com.br) von Rio nach Penedo Rio (32 R$, 3¼ Std.). Alternativ nimmt man den häufiger fahrenden Bus desselben Unternehmens nach Resende und steigt dort in den alle halbe Stunde startenden Viação-Penedo-Bus nach Penedo (3,05 R$, 45 Min.). Letzterer braust die 3 km lange Hauptstraße entlang und hält dann am Ende der gepflasterten Gasse.

Visconde de Mauá

☎ 0XX24 / 1200 M

Das idyllische Flusstal mit seinen gemütlichen Chalets, von Wildblumen gesäumten Landstraßen und rauschendem Wasser ist

Itatiaia-Region

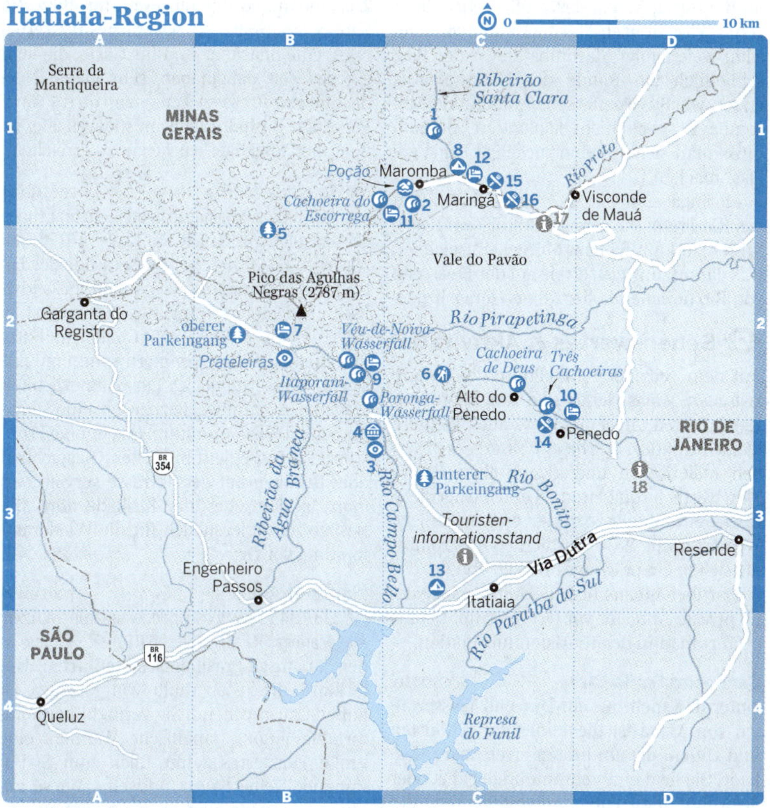

Itatiaia-Region

Sehenswertes
- 1 Cachoeira Santa Clara ... C1
- 2 Cachoeira Veu de Noiva ... C1
- 3 Lago Azul ... B3
- 4 Museu Lago ... B3
- 5 Parque Nacional do Itatiaia ... B2

Aktivitäten, Kurse & Touren
- 6 Três Picos ... C2

Schlafen
- 7 Abrigo Rebouças ... B2
- 8 Fazenda Santa Clara Camping ... C1
- 9 Hotel do Ypê ... B2
- 10 Pequena Suécia ... C2
- 11 Pousada Moriá ... C1
- 12 Warabi Hotel ... C1
- 13 Ypê Amarelo ... C3

Essen
- 14 Koskenkorva ... C3
- 15 Le Petit ... C1
- 16 Rosmarinus Officinalis ... C1
- Zorba Budda ... (siehe 12)

Praktisches
- 17 Mauatur ... C1
- 18 Touristeninformation ... D3

eine Welt für sich. Seine Isoliertheit liegt größtenteils an den wenigen Zufahrtswegen, staubigen Holperpisten über steile Berghänge. Besucher reisen entweder von Penedo aus über die neu asphaltierte 27 km lange Straße an, die über schwindelerregend steile Berge führt, oder kommen von Liberdade in Minas Gerais über mehrere furchige Holperwege her.

Das Tal besteht aus drei kleinen, nur wenige Kilometer voneinander entfernten Dörfern am Rio Preto. Zuerst verläuft die

Straße durch Mauá, das größte Dorf, dann geht's bergauf nach Maringá, 6 km westlich. 2 km weiter folgt Maromba, bevor der Weg schließlich am Rande des Nationalparks endet. Die Strecke zwischen Mauá und Maromba ist noch nicht asphaltiert, deshalb muss man sich auf eine ruckelige Fahrt gefasst machen!

Maringá erstreckt sich an beiden Seiten des Rio Preto. Die Adressen in diesem Reiseführer sind mit RJ bzw. MG gekennzeichnet, was darauf hinweist, ob sie auf der Flussseite von Rio de Janeiro oder Minas Gerais liegen.

Sehenswertes & Aktivitäten

Auf dem reißenden Rio Preto, der Grenze zwischen Minas Gerais und Rio, kann man Kajak fahren. Am Fluss gibt's auch mehrere kleine Strände, natürliche Wasserbecken wie den malerischen und gigantischen **Poção** 1 km westlich von Maromba und die herrliche **Cachoeira do Escorrega**, eine natürliche Wasserrutsche 2 km westlich von Maromba, die sich in ein prächtiges Becken ergießt.

Darüber hinaus organisieren verschiedene private Anbieter vor Ort Ausritte. Details erfährt man in der Touristeninformation.

Cachoeira Santa Clara — WASSERFALL

Unter den mehr als ein Dutzend Wasserfällen von Mauá ist dies einer der schönsten und zudem die am besten erreichbare Kaskade. Sie liegt eine zehnminütige Fahrt oder 40 Minuten zu Fuß nordwestlich von Alto Maringá am Ribeirão Santa Clara. Man überquert die Brücke nach Minas Gerais, 1 km westlich von Alto Maringá, und geht dann weitere 1 km über einen Hügel bis zu einer Linksgabelung, wo Schilder den Weg zum Wasserfall weisen.

Cachoeira Veu de Noiva — WASSERFALL

Dieser wunderschöne Wasserfall befindet sich 300 m südlich der Hauptstraße direkt im Westen von Maromba.

Schlafen

Im Tal gibt's jede Menge gemütliche Unterkünfte im Chaletstil. Billige, kahle Zimmer bekommt man auch nahe der Bushaltestellen in Mauá und Maromba.

Fazenda Santa Clara Camping — CAMPINGPLATZ $

(☎ 3387-1508; www.viscondedemaua.com.br/campingsantaclaramaua.html; Estrada Maringá/Maromba, 1 km; Stellplatz pro Pers. 20 R$) Der Campingplatz an einem grasbedeckten Berghang am Zusammenfluss des Rio Preto mit dem Rio Santa Clara besitzt ein natürliches Wasserbecken, eine Snackbar und für Gäste, die kein eigenes Zelt dabeihaben, sehr kleine Nurdachhütten für zwei Personen (60 R$ für 2 Pers.). Die Bushaltestelle am anderen Ufer ist über die Fußgängerbrücke gut zu erreichen.

★ Pousada Moriá — POUSADA $$

(☎ 3387-1505; www.pousadamoria.com.br; Estrada da Maromba s/n; DZ 210 R$, Chalet 170 R$, mit Whirlpool 280–310 R$;) Am Ende der Estrada da Maromba stößt man auf diese idyllische, an einem Hang des Nationalparks gelegene *pousada* mit acht Chalets und drei brandneuen Doppelzimmern samt erstklassigem Wasserfallblick. Für Gemütlichkeit sorgen u. a. Kamine, Heizdecken, eine Sauna und eine DVD-Sammlung. Das üppige Frühstück wird in einem hübschen Glaspavillon oder draußen auf der Terrasse serviert, wo man das Rauschen der Kaskade hört. Die Besitzer engagieren sich für die Wiederaufforstung vor Ort.

Warabi Hotel — POUSADA $$

(☎ 3387-1143; www.viscondedemauaturismo.com; Alto Maringá, RJ; Zi. 175–360 R$) Vieles in der japanisch-brasilianisch geführten Unterkunft direkt oberhalb von Maringá ist äußerst ansprechend. Sie verfügt über komfortable Futons, japanische Wannen, eine große Holzterrasse mit Blick zum Swimmingpool, eine Sauna und eine Wiese am Fluss. Die Gäste sind auch von der Solarenergie begeistert und den Booten, mit denen man sich stromabwärts zu einem Badeloch treiben lassen kann. Das Restaurant auf dem Gelände kredenzt Sushi, Tempura, Sukiyaki und andere japanische Spezialitäten (18–48 R$).

Essen

Seit 1996 findet in Mauá im Mai ein kulinarisches Festival namens **Concurso Gastronômico** (www.mauagastronomico.com.br) statt. Der Fokus liegt dabei auf hiesigen Forellen und *pinhões*, gigantischen Nüssen vom hierzulande wachsenden *araucária*-Baum.

In Maringá sollte man sich die Alameda Gastronômica nicht entgehen lassen: In dieser Restaurantmeile am Ufer des Rio Preto auf der Minas-Gerais-Seite reihen sich Lokale für jeden Geschmack aneinander. Hier findet man auch Italiener und vegetarische Läden, einen deutschen Biergarten, ein Jazzbistro und ein auf einheimische Pilze spezialisiertes Restaurant.

Le Petit BRASILIANISCH $$

(☎3387-1554; Alameda Gastronômica, Maringá, MG; Hauptgerichte 29–42 R$; ⏱Di & Mi 13–18, Do bis 22, Fr & Sa bis 23, So bis 19 Uhr) Seine Pforten öffnete das Petit schon in den 1980er-Jahren. Hier konnten die Einheimischen gemütlich ein Glas Bier trinken, während sie darauf warteten, das einzige Telefon im Ort zu benutzen. Heute ist der Schuppen noch immer wegen seiner gemächlichen, geselligen Atmosphäre und der einfallsreichen Zubereitung des Lieblingsfischs im Tal beliebt. Unbedingt die Forelle in Sakesoße mit Kokos-*farofa* (gedünstetes Maniokmehl) probieren!

Zorba Budda PIZZERIA $$

(☎3387-1170; Alto Maringá, RJ; Pizza 29–59 R$; ⏱Fr & Sa 20–1 Uhr, So bis 24 Uhr) Die kürbisfarbene Pizzeria ist in Mauá bereits seit über zwei Jahrzehnten eine Institution. Sie serviert zwei Dutzend verschiedene im Holzofen gegrillte, dünnkrustige Pizzas. Wir empfehlen die *montanhesa* mit geräucherter Forelle aus der Gegend.

★ **Rosmarinus Officinalis** MEDITERRAN $$$

(☎3387-1550; Estrada Maringá, 4 km; Hauptgerichte 44–77 R$; ⏱Do–Sa 12–17 & 19–22 Uhr, So 12–17 Uhr) Küche und Einrichtung des niedlichen kleinen Hauses im Wald zwischen Mauá und Maringá sind einfach himmlisch. Das Rosmarinus Officinalis wartet mit einer hübschen neuen Terrasse am Fluss auf und ist von gepflegten Gärten umgeben, aus denen das Gemüse und die Kräuter für einige köstliche lokale Spezialitäten stammen. Dazu gehören Haferflockenforellen mit Mandelbrot, Brie-*pinhão*-(Pinienkern-) Ravioli sowie eine Art Salat zum Dessert aus süßen Tomaten, Basilikum und Mascarpone.

ℹ Praktische Informationen

Am Ortseingang von Mauá bekommt man bei **Mauatur** (☎3387-1283; mauatur@viscondemaua.org; ⏱Mo–Mi 10–18, Do & Sa 9–18, Fr 9–23, Sa 10–16 Uhr) Broschüren und kann sich Fotos der hiesigen Unterkünfte zeigen lassen. Auf Wunsch helfen die Mitarbeiter auch bei der Zimmerreservierung.

WLAN ist im Tal sehr sporadisch und langsam verfügbar. In der Hütte der Touristeninformation und in einigen *pousadas* gibt's ab und zu eine Verbindung.

ℹ Anreise & Unterwegs vor Ort

Visconde de Mauá hat keinen Busbahnhof. Busse halten oben an der Hauptstraße in Mauá sowie im Zentrum von Maringá und enden am Ortsplatz in Maromba.

Alle öffentlichen Verkehrsmittel nach Mauá passieren Resende, eine Stadt am östlichen Rand des Nationalparks. Am praktischsten sind die Busse von Resendense. Sie fahren drei- bis fünfmal täglich von Resende nach Maromba (6,80 R$, 2 Std.). Viação São Miguel bietet ebenfalls Verbindungen ab Resende, allerdings endet die Fahrt in Mauá (2,60 R$, 1½ Std.). Los geht's montags bis samstags um 8.30, 13.40 und 19 Uhr und sonntags um 8 und 19 Uhr.

Cidade do Aço (www.cidadedoaco.com.br) betreibt einen Bus pro Woche zwischen Rio und Maromba (56 R$, 4½ Std.). Dieser startet freitags um 19.30 Uhr in Rio und kehrt an Sonn- und Feiertagen um 16 Uhr von Maromba aus zurück. Eine Alternative ist das Unternehmen Cidade do Aço mit häufigen Verbindungen von Rio nach Resende (30–45 R$), wo man in einen örtlichen Bus umsteigt. Die Fernbusse kommen in der oberen Etage des Busbahnhofs von Resende an, während die Regionalbusse von der unteren Etage abfahren.

Parque Nacional do Itatiaia

☎0XX24

Der 1937 eröffnete **Parque Nacional do Itatiaia** (☎3352-1292; icmbio.gov.br/parnaitatiaia; Einheimische/Ausländer 11/22 R$ pro Tag; ⏱8–17 Uhr) ist Brasiliens ältester Nationalpark und durch seine wilde Schönheit einer der reizvollsten. Unter dem üppigen dunklen Blätterdach leben mehr als 400 einheimische Vogelarten sowie Affen und Faultiere. Das Schutzgebiet besteht aus einem oberen und einem unteren Abschnitt. Es gibt hier Seen, Flüsse, Wasserfälle, alpine Wiesen und primäre und sekundäre Atlantische Regenwälder.

Nicht von den tropischen Pflanzen täuschen lassen – im Hochland fallen die Temperaturen im Juni bis unter den Gefrierpunkt, und gelegentlich schneit es sogar! Also sollte man warme Kleidung mitbringen, auch im Sommer.

Sehenswertes & Aktivitäten

Der obere und der untere Abschnitt haben jeweils einen eigenen Eingang. Die Parkverwaltung und das benachbarte **Muso Lago** befinden sich 9 km nördlich der Ortschaft Itatiaia im unteren, weniger rauen Teil. 400 m weiter kommt man zum **Lago Azul** (Blauen See). Ein paar Kilometer die Straße hinauf führen kurze Wanderwege zu den **Wasserfällen Poronga**, **Véu de Noiva und Itaporani** (unterer Bereich). Wer eine längere Wanderung im Tiefland unternehmen möchte, dem sei die 15 km lange (hin & zurück 5 Std.) Route zu den **Três Picos** (unterer Bereich; 1600 m) empfohlen.

Kletter- und Trekkingfans können sich auf die herausfordernden Gipfel, Klippen und Trails im Hochland freuen. Zum kleinen Parkeingang des oberen Abschnitts, fast zwei Fahrtstunden von Itatiaia entfernt, gelangt man über eine rund 15 km lange, extrem holprige, unbefestigte Straße, die von der Schnellstraße BR-354 an der Kreuzung Garganta do Registro bei der Grenze zwischen den Bundesstaaten Rio und Minas Gerais abgeht.

Am Parkeingang erblickt man die beeindruckende Silhouette des spitzen **Agulhas Negras** (mit 2787 m der höchste Gipfel in dem Gebiet) und etwas weiter hinten die Felsen des **Prateleiras**. Wer auf diese Berge hinaufklettern will, braucht einen Führer. Gleiches gilt für den neunstündigen Wanderweg **Travessia Rui Braga**, der vom Fuß des Prateleiras bergab führt und den oberen und unteren Parkabschnitt miteinander verbindet, sodass Besucher an einem einzigen Tag sowohl Itatiaias alpines Ökosystem als auch den Atlantischen Regenwald erleben können.

Klettertouren werden das ganze Jahr über von der **Grupo Excursionista Agulhas Negras** (www.grupogean.com) organisiert. Alternativ konsultiert man die Liste der lokalen Guides auf der Website des Parks (www.icmbio.gov.br/par naitatiaia/guia-do-visitante.html). Ein weiterer hervorragender Führer ist **Levy Cardozo da Silva** (☎ 8812-0006; levy.ecologico@hotmail.com).

Schlafen & Essen

Die Unterkünfte im Nationalpark gehören meist der gehobenen Kategorie an und die Hotelpreise beinhalten fast immer Vollpension. In der Ortschaft Itatiaia gibt's preiswertere Unterkünfte, allerdings hat das Dorf weniger Flair.

Abrigo Rebouças HÜTTE $

(☎ 3352-1292; reserva@abrigoreboucas.com.br; B pro Pers. 10 R$) Eine Absteige für Wanderer im Hochland mit einfachen Zimmern für bis zu 20 Gäste, einem Gasofen und Strom, aber ohne Essen oder andere Vorräte. So früh wie möglich reservieren, denn das Haus ist schnell ausgebucht.

Ypê Amarelo CAMPINGPLATZ, POUSADA $

(☎ 3352-1232; www.pousadaypeamarelo.com.br; João Mauricio Macedo Costa 352; Campingplatz pro Pers. mit/ohne Frühstück 45/35 R$, Zi. pro Pers. 65 R$;) Gleich nördlich der Via Dutra bietet diese Bleibe hübsche Grünflächen, Warmwasserduschen, einen Pool, eine Sauna und einen Fahrradverleih. Vom Busbahnhof liegt sie 15 Gehminuten Richtung Westen entfernt. Eine Taxifahrt kostet 10 R$.

Hotel do Ypê HOTEL $$

(☎ 3352-1453; www.hoteldoype.com.br; EZ/DZ mit Vollpension ab 260/330 R$;) 8,5 km nördlich vom Parkeingang befindet sich fast am Ende der Straße und nicht weit von mehreren Wanderwegen das schönste der drei Hotels im unteren Abschnitt des Schutzgebietes. Es verfügt über komfortable Zimmer und Chalets. Durch die Fenster des Frühstücksraums genießt man einen tollen Blick auf die vielen Tukane und Kolibris draußen. Jeden Samstag wird mittags gegrillt und das Essen (50 R$ für Nichtgäste) draußen am Pool serviert.

Anreise & Unterwegs vor Ort

Am besten erreicht man die Ortschaft Itatiaia vom nahe gelegenen Resende aus, dem Knotenpunkt für Busse von bzw. nach Rio. Die Unternehmen Resendense und Penedo bieten regelmäßige Verbindungen zwischen Itatiaia und Resende (3,05 R$, alle 20 Min. an Wochentagen, alle 40 Min. an Wochenenden). Dreimal täglich fahren von Itatiaia aus Busse in den Nationalpark (2 R$), die vor der Igreja Matriz um 7, 12 und 15 Uhr starten. Ein Taxi von Itatiaia bis zum Ende der Straße zum Nationalpark kostet rund 40 R$.

NÖRDLICH VON RIO DE JANEIRO

Die Berge nördlich von Rio haben so ungewöhnliche, dramatische Formen, dass man schon von Weitem auf sie aufmerksam wird. Bei der Landung auf dem internationalen Flughafen Galeão oder beim Blick vom Gipfel des Pão de Açúcar (Zuckerhut) in Rio de Janeiro auf die Skyline im Norden ist man von der imposanten Erscheinung des gezackten Gebirgskamms am Horizont sofort ergriffen. Im 19. Jh. veranlasste der Zauber dieser Berge die brasilianische Kaiserfamilie, in Petrópolis ihre Sommerresidenz zu errichten. Ihrem Beispiel folgten die ersten Schweizer Einwanderer und machten Nova Friburgo so zu ihrer Wahlheimat in der Neuen Welt.

Später verfielen Kletterer aus allen Teilen der Erde den schwindelerregenden Felswänden der Serra dos Órgãos (Orgelpfeifengebirge). Bis zum heutigen Tag kommen Besucher aus Rio de Janeiro und aus anderen Teilen des Landes wegen des kühleren Klimas, der Erholungsmöglichkeiten sowie der vom Kaiserhof und den Immigranten geprägten Vergangenheit der Region hierher.

Petrópolis

☎ 0XX24 / 296 000 EW. / 809 M

Petrópolis ist ein hübsches, entschieden europäisch geprägtes Refugium in den Bergen. Hierher zog sich der kaiserliche Hof von Dom Pedro II. im Sommer zurück, wenn es in Rio zu schwül war. Noch immer dient die Stadt als beliebtes Wochenendausflugsziel für *cariocas* (Einwohner Rios). Das Ortszentrum mit seinen Plätzen, Parks, Brücken, Kanälen und altmodischen Straßenlaternen lässt sich leicht zu Fuß, auf dem Rücken eines Pferdes oder in einer Kutsche erkunden.

Sehenswertes & Aktivitäten

Viele Museen und Sehenswürdigkeiten sind montags geschlossen.

Um sich einen ersten Überblick zu verschaffen, kann man durch die Stadt **reiten** oder eine **Kutschfahrt** machen. *Vitórias* aus dem 19. Jh., Kutschen im britischen Stil, starten vor dem Museu Imperial zu 30- bis 45-minütigen Rundtouren (50–60 R$).

★ Museu Imperial PALAST, MUSEUM

(www.museuimperial.gov.br; Rua da Imperatriz 220; Eintritt Erw./Stud. 8/4 R$; ⏲ Di–So 11–17.30 Uhr) Highlight der Stadt ist dieser vollständig erhaltene Palast aus dem 19. Jh. Am Eingang bekommt man Filzschuhe, damit der kunstvolle Holzboden geschont wird – es macht großen Spaß, darin herumzuschlittern! Zu sehen sind u. a. die 1,95 kg schwere, mit 639 Diamanten und 77 Perlen besetzte Kaiserkrone und der rubinverzierte goldene Federhalter, mit dem der Kaiser 1888 die *Lei Aurea* unterzeichnete und allen verbliebenen Sklaven die Freiheit schenkte.

Cervejaria Bohemia BRAUEREI

(www.bohemia.com.br/ceverjaria; Alfredo Pachá 166; Erw./Stud. & Sen. 19,50/9,50 R$; ⏲ Mi–Fr 11–18, Sa & So 11–20 Uhr) Eine neue Attraktion ist die Tour, die man auf eigene Faust durch diese renommierte Brauerei unternehmen kann. Hier bringt eine interaktive Ausstellung Besuchern die Geschichte der Bierherstellung nahe. Außerdem kann man Bierspezialitäten probieren (Escura, Weiss oder Confraria), die es nur hier gibt. Die Restaurant-Bar auf dem Gelände ist der einzige Ort in Brasilien, wo man gezapftes Bohemia bekommt.

Catedral São Pedro de Alcântara KIRCHE

(Sao Pedro de Alcântara 60; ⏲ 8–18 Uhr) Petrópolis' Kathedrale beherbergt die Grabstätten des letzten Herrschers von Brasilien, Dom Pedro II., seiner Frau Dona Teresa und ihrer Tochter Princesa Isabel. Der **Glockenturm**, der einen schönen Blick auf die Stadt bietet, war bei unserem Besuch für unbestimmte Zeit geschlossen.

Palácio Rio Negro PALAST

(Av Koeller 255; ⏲ Di–Sa 10–17 Uhr) GRATIS Das große gelbe Gebäude war lange Zeit die Sommerresidenz der brasilianischen Präsidenten. Nun ist es im Rahmen von Führungen auf Englisch, Spanisch und Portugiesisch zu besichtigen.

Casa da Ipiranga HISTORISCHES GEBÄUDE

(☎ 2231-8718; casadaipiranga.blogspot.com; Av Ipiranga 716; Eintritt 8 R$; ⏲ Mi–Mo 12–18 Uhr) Wer sich zu einer Führung anmeldet, kann sich eines von Petrópolis' schönsten Herrenhäusern ansehen. Andere historische Gebäude, darunter der **Palácio da Princesa Isabel** (Av Koeller s/n) und die **Casa do Barão de Mauá** (Praça da Confluencia) sind leider nicht öffentlich zugänglich.

Casa de Santos Dumont MUSEUM

(Rua do Encanto 22; Eintritt 5 R$; ⏲ Di–So 9.30–17 Uhr) In dem ehemaligen Sommerhaus von Brasiliens kleinwüchsigem Vater der Luftfahrt und Erfinders der Armbanduhr dokumentieren Fotos und Ausstellungsstücke den schöpferischen Geist Dumonts.

Palácio Cristal HISTORISCHES GEBÄUDE

(Alfredo Pachá; ⏲ Di–So 9–18 Uhr) GRATIS 1879 wurde das in Frankreich gebaute Gebilde aus Eisen und Glas hierhergebracht und zunächst als Gewächshaus zur Orchideenzüchtung verwendet. Heute dient es als Veranstaltungsort für abendliche Kulturevents.

Trono de Fátima AUSSICHTSPUNKT

Eine großartige Aussicht auf Petrópolis und die umliegenden Hügel bietet die 3,50 m hohe Statue der Fátima Madonna. Hin kommt man, wenn man beim Verlassen der Casa de Santos Dumont rechts den Hügel hinaufgeht und immer rechts abbiegt.

Trekking Petrópolis OUTDOORAKTIVITÄT

(☎ 2235-7607; www.rioserra.com.br/trekking) Organisiert Stadtrundfahrten, Wanderungen, Mountainbiketouren und Vogelbeobach-

Petrópolis

tungsausflüge durch den nahe gelegenen Atlantischen Regenwald.

Schlafen

★Samambaia Hostel HOSTEL, POUSADA $
(☎2242-3478; www.samambaiahostel.org; Estrada da Samambaia 138, Samambaia; B 65 R$, DZ 130–160 R$, Suite 550 R$; 📶 ❄) In einem Herrenhaus aus dem 18. Jh. rund 8 km außerhalb von Petrópolis hat der schweizerisch-brasilianische Jean-Charles auf dem von Burle Marx designten Anwesen seiner Großmutter diese beeindruckende Unterkunft mit einem pädagogischen Umweltzentrum geschaffen. Die atmosphärischen Zimmer im Haupthaus sind nach Prominenten benannt, die im Samambaia übernachtet haben (darunter Evita Perón und Brigitte Bardot). Es gibt hier u. a. Pfauen, Ponys, Fahrradwege, Yogakurse, Kamine und Naturausstellungen.

Pousada Imperial Koeller POUSADA $$
(☎2243-4330; www.pousadaimperialkoeller.com.br; Av Koeller 99; Zi. 195–315 R$; @ 📶 ❄) Mitten im Zentrum des Geschehens befindet sich an der architektonisch sehr interessanten Avenida Koeller dieses Schmuckstück mit Giebeldach aus dem Jahre 1875. Das Schwesterhotel, die **Pousada Monte Imperial** (☎Infotel. 2237-1664; www.pousadamonteimperial.com.br; José Alencar 27; Zi. 195–315 R$; 📶 ❄), ist in einem alten von Weinranken bedeckten Haus am Hang oberhalb des Museu Imperial untergebracht und hat die gleichen Preise.

Casablanca Imperial HOTEL $$
(☎2242-6662; www.casablancahotel.com.br; Rua da Imperatriz 286; EZ/DZ mit Ventilator 190/220 R$, mit Klimaanlage 220/265 R$; ❄ 📶 ❄) Das fast direkt neben dem Museu Imperial gelegene Hotel verfügt über eine Reihe verschiedener Zimmer – die besten besitzen hohe Decken, altmodische Fensterläden, antikes Mobiliar und große Bäder mit Wannen.

Pousada 14 Bis POUSADA $$
(☎2231-0946; www.pousada14bis.com.br; Buenos Aires 192; EZ/DZ mit Ventilator ab 90/175 R$, mit Klimaanlage 150/250 R$; ❄) In einer ruhigen Wohnstraße nahe dem Innenstadtbusbahnhof bietet die restaurierte kolonialzeitliche Pension hübsche, gut ausgestattete Zimmer mit bequemen Betten. Die schönsten Räume haben einen schönen Holzfußboden und einen Balkon mit Blick auf die Berge oder zum Garten hinaus.

Pousada Magister POUSADA $$
(☎2242-1054; www.pousadamagister.com.br; Monsenhor Bacelar 71; EZ/DZ ab 135/235 R$; ❄ 📶 ❄) Diese 100 Jahre alte Villa ganz in der Nähe der Casa de Santos Dumont verbindet die

Petrópolis

Highlights
1 Museu Imperial ... D2

Sehenswertes
2 Casa da Ipiranga ... D1
3 Casa de Santos Dumont ... B2
4 Casa do Barão de Mauá ... B1
5 Catedral São Pedro de Alcântara ... C1
6 Cervejaria Bohemia ... B1
7 Palácio Cristal ... B1
8 Palácio da Princesa Isabel ... C1
9 Palácio Rio Negro ... C2
10 Trono de Fátima ... A3

Schlafen
11 Casablanca Imperial ... D1
12 Pousada 14 Bis ... F2
13 Pousada Imperial Koeller ... C2
14 Pousada Magister ... B3
15 Pousada Monte Imperial ... D1
16 Solar do Império ... B2

Essen
Bordeaux ... (siehe 2)
17 Leopoldina ... B2
18 Luigi ... B2
19 Restaurante Paladar ... B2

Praktisches
20 Touristeninformation (Centro de Cultura) ... D2
21 Touristeninformation (Praça da Liberdade) ... B2

Eleganz der Alten Welt mit modernen Annehmlichkeiten.

Pousada da Alcobaça POUSADA **$$$**
(☎2221-1240; www.pousadadaalcobaca.com.br; Goulão 298, Corrêas; DZ ab 424 R$;) Auf halbem Weg zwischen Petrópolis und dem Parque Nacional Serra dos Órgãos lockt die schöne *pousada* mit einem Pool, einer Sauna, einem Tennisplatz, einem Garten, durch den ein kleiner Fluss fließt, und einem ausgezeichneten Restaurant (S. 150).

Solar do Império HOTEL **$$$**
(☎2103-3000; www.solardoimperio.com.br; Av Koeller 376; Fr & Sa Zi. 435–720 R$, an Wochentagen 398–635 R$;) Das zentral an der Praça da Liberdade gelegene, sorgfältig restaurierte Solar do Império verfügt über Parkettböden, 5 m hohe Zimmerdecken, einen Säuleneingang, mächtige Kamine, einen Pool, eine Sauna und ein Spa – kurz: Hier fühlt man sich wie ein Mitglied der Kaiserfamilie. Darüber hinaus zählt das angeschlossene Restaurant Leopoldina (S. 150) zu den besten Lokalen in der Stadt.

Essen

Restaurante Paladar SELBSTBEDIENUNG **$**
(www.paladarpetropolis.com.br; Barão do Amazonas 25; 46,90 R$ pro Kilo; ⌚Di–So 11–16 Uhr) Die Preise sind zwar höher als in anderen Lokalen, aber die Atmosphäre in dem erstklassigen umgebauten Herrenhaus gegenüber der Praça da Liberdade ist nicht zu toppen. Während man das klassisch brasilianische Essen auf der altmodischen umlaufenden Veranda genießt, kann man die vorbeiziehenden Pferdekutschen beobachten.

Bordeaux INTERNATIONAL **$$**
(☎2242-5711; www.bordeauxvinhos.com.br; Av Ipiranga 716; Mittagsmenüs 20–26 R$, Hauptgerichte 24–60 R$; ⌚Mo–Sa 12–17 & 19–24, So 12–17 Uhr) Eine hübsche Kulisse für Pasta, Risottos, Fisch- und Fleischgerichte und die große Auswahl an Weinen bilden die umgebauten Ställe auf dem idyllischen Gelände der Casa da Ipiranga.

Luigi ITALIENISCH **$$**
(www.massasluigi.com.br; Praça da Liberdade 185; Pizza 19–49 R$, Pasta 20–36 R$; ⌚11–24 Uhr) Dieses charmante italienische Restaurant ist in einem alten Haus mit hohen Decken und

knarrenden Böden untergebracht. Die Speisekarte wird ergänzt durch eine Antipastibar (6,90 R$/100 gr) und ein All-you-can-eat-Büfett (21,90 R$). In der Pizzeria nebenan gibt's an vier Abenden pro Woche *rodízio de pizza* (All-you-can-eat-Pizza, 21,90 R$).

★ **Restaurante Alcobaça** BRASILIANISCH $$$
(☎2221-1240; www.pousadadaalcobaca.com.br/ingles/restling.htm; Goulão 298, Corrêas; Hauptgerichte 45–69 R$) 12 km außerhalb von Petrópolis lockt die Pousada da Alcobaça (S. 149) mit einer grünen Umgebung voller Blumen, der herrlichen Lage in den Bergen und einem leger-eleganten gläsernen Speisesaal. Auf der Speisekarte dreht sich alles um lokale Produkte: Forellen, Steaks, Shrimps, Hühnchen und Pasta, serviert mit Obst, Gemüse und Kräutern aus dem biologischen Eigenanbau der Pension. Samstags kommt man in den Genuss einer wahrhaft legendären *feijoada* (Eintopf aus Bohnen und Fleisch).

Leopoldina BRASILIANISCH $$$
(Hauptgerichte 38–79 R$) Große Fenster und Wandbilder von Affen, Capybaras sowie tropischem Blattwerk schaffen eine heitere Stimmung. Küchenchef Nao Hara sorgt in dem renommierten Lokal, das zum Hotel Solar do Império (S. 149) gehört, mit traditionellen Rezepten und kuriosen Kreationen für Abwechslung. Das Spektrum seiner Zutaten reicht von Lamm bis zu Hummer und von Feigen bis zu Hasenüssen. Besonders preisgünstig ist der Mittwochslunch (Hauptgerichte 24,90 R$).

Praktische Informationen

Bradesco (Rua do Imperador 268) Einer von vielen Geldautomaten im Stadtzentrum.

Job Net (16 de Março 80; Internet 6 R$ pro Std.; ⏲ Mo–Fr 9–20, Sa 9–18 Uhr) Internet und Skype.

Touristeninformation (☎0800-024-1516; destinopetropolis.com.br) Zwei bequem erreichbare Büros an der Praça da Liberdade (Praça da Liberdade; ⏲ 9–18 Uhr) und im Centro de Cultura (Praça Visconde de Mauá 305; ⏲ Mo–Fr 9–18.30 Uhr) gegenüber dem Museu Imperial.

Anreise & Unterwegs vor Ort

Única- und Fácil-Busse aus Rio (20 R$, 1½ Std., 5.30–24 Uhr alle 30 Min.) setzen Fahrgäste am Busbahnhof Leonel Brizola in Bingen, 6 km außerhalb des Zentrums von Petrópolis, ab. Um zum Busbahnhof im Stadtzentrum (Terminal de Integração) zu gelangen, steigt man in den Lokalbus 100 (2,80 R$, 30 Min., alle 10–15 Min.) um.

Vassouras

☎0XX24 / 34 000 EW. / 434 M

Vassouras, heute ein ruhiger Ferienort 118 km nördlich von Rio, war in der ersten Hälfte des 19. Jhs. die wichtigste Stadt im Paraíba-Tal. Einheimische, vom portugiesischen König geadelte Kaffeebarone bauten in den umliegenden Hügeln riesige *fazendas*. Als 1888 die Sklaverei abgeschafft und die Kaffeeproduktion aufgrund des ausgelaugten Bodens in den Bundesstaat São Paulo verlegt wurde, verringerte sich auch die Bedeutung von Vassouras. Aus den Boomjahren blieben aber immerhin einige historische Gebäude im hübschen Zentrum der Stadt übrig.

Größte Attraktion hier sind die *fazendas* einige Kilometer außerhalb der Stadt. Einige können sich durchaus mit den französischen Châteaus messen und haben ähnliche Gärten. Wer sie besuchen möchte, braucht unbedingt ein eigenes Fahrzeug – sonst zahlt man einen saftigen Preis für ein Taxi oder läuft sich die Hacken wund!

Sehenswertes

Vassouras' großer, zentraler Platz, der **Campo Belo**, ist ein malerischer, grasbewachsener Hang mit Palmen und einem Springbrunnen. Zwei Wetterhähne krönen die Spitzen der Kirche **Matriz NS de Conceição** auf dem Gipfel des Hügels.

In der Gegend rund um den Ort wimmelt es von alten Kaffee-*fazendas*, die unter Denkmalschutz stehen. Die meisten sind nach wie vor in Privatbesitz, deshalb sollte man die Inhaber vor einem Besuch kontaktieren. Zu den bekanntesten gehören die imposante **Fazenda do Secretário** (☎2488-0150), **Mulungú Vermelho** (☎9829-3628; www.fazendamulunguvermelho.com), **Santa Eufrásia** (☎9994-9494; www.fazendasantaeufrasia.com), **Cachoeira do Mato Dentro** (☎9914-2286), **São Luiz da Boa Sorte** (www.fazendasaoluizdaboasorte.com.br) und **Cachoeira Grande** (☎2471-1264; www.fazendacachoeiragrande.com.br). Die Mitarbeiter der Casa de Cultura (S. 151) bieten detaillierte Infos und arrangieren Besichtigungen.

Museu Casa da Hera MUSEUM
(casadahera.wordpress.com; Dr Fernandes Jr 160; ⏲ Di–Fr 10–17, Sa & So 13–17 Uhr) GRATIS Ein paar Häuserblocks von der Touristeninformation entfernt stellt das wiedereröffnete Museum in dem früheren Wohnsitz der adligen Erbin Eufrásia Teixeira Leite antike handgeschnitzte Möbel und andere Relikte aus der Kolonialzeit aus. Fremdenführer Ramon Tel-

les erweckt die Geschichte des Gebäudes zum Leben und bringt Besuchern bei hervorragenden kostenlosen Rundgängen auf Deutsch, Englisch, Französisch und Spanisch das Erbe des Kaffeeanbaus nahe.

Feste & Events

Im April wird im Rahmen des **Café, Cachaça & Chorinho** zwei Wochen lang Vassouras dreifaches Erbe Kaffee, Zuckerrohrschnaps und *choro* (improvisierter Samba) mit Konzerten und Verkostung in der ganzen Region gefeiert. Ende Juli geht's beim **Festival Vale do Café** (www.festivalvaledocafe.com) ebenfalls zwei Wochen lang um den Kaffee sowie um viele andere Dinge. Täglich stehen Konzerte auf dem Programm, und manche *fazendas* veranstalten Abendessen mit Speisen und in Kostümen aus alter Zeit.

Schlafen & Essen

Mara Palace HOTEL **$$**
(☎ 2471-1993; www.marapalace.com.br; Raul Fernandes 121; EZ/DZ ab 165/195 R$; ❄ 📶 🏊) Zentral gelegenes Dreisternehotel mit mehreren Pools und einer Sauna. Die Zimmer im Hauptgebäude sind besser als die muffigen Räume im Betonanbau hinten.

Sabor do Vale SELBSTBEDIENUNG **$**
(Furquim 50; 26,90 R$ pro Kilo; ⏲ 11–15.30 Uhr) Bei Einheimischen erfreut sich das kürzlich eröffnete Pro-Kilo-Mittagslokal einen Block unterhalb des Hauptplatzes großer Beliebtheit. Es hat labyrinthartige Räume mit hohen Decken und im Holzofen werden *comida mineira* (Fleisch, Fisch, Reis, Bohnen, Grünkohl) sowie andere typische Gerichte aus dem Nachbarbundesstaat Minas Gerais zubereitet.

Hipólito BRASILIANISCH **$$**
(☎ 2471-2805; Praça Barão do Campo Belo; Hauptgerichte pro Pers. 28–56 R$; ⏲ Di–Fr 7–23, Sa 12–16 & 19–23, So 12–16 Uhr) Für ein piekfeines Abendessen und eine gute Weinkarte ist dieses große Herrenhaus aus dem 19. Jh. die beste Adresse in Vassouras. Das Lokal liegt direkt oberhalb der Touristeninformation am Hauptplatz und verfügt über einen hübschen Hinterhof.

Praktische Informationen

Casa de Cultura (☎ 2471-2765; casadecultur aptn@gmail.com; Praça Barão do Campo Belo; ⏲ Mo–Fr 9–18, Sa bis 16, So bis 14 Uhr) Zeigt Fotos und hat portugiesischsprachige Infobroschüren zu nahe gelegenen Kaffee-*fazendas*.

Anreise & Unterwegs vor Ort

Vom **Busbahhof** (☎ 2471-1055; Praça Juiz Machado Jr) fahren täglich fünf bis sechs **Útil-Busse** (www.util.com.br) nach Rio (43 R$, 2½ Std.). Montags bis samstags verkehrt zudem um 7.50 Uhr ein Bus von **Viação Progresso** (www.viacaoprogresso.com.br) nach Petrópolis (35 R$, 2¾ Std.).

Die *fazendas* erreicht man nur mit einem Privatwagen oder per Taxi.

Teresópolis

☎ 0XX21 / 164 000 EW. / 871 M

Wer es der Kaiserin Maria Tereza gleichtun und der schwülen Sommerhitze von Rio entrinnen will, kann das kühle Teresópolis besuchen. Die am höchsten gelegene Stadt im Bundesstaat liegt inmitten der wie Orgelpfeifen geformten Felsformationen der Serra dos Órgãos. Von Rio führt eine wunderschöne Straße steil bergauf durch dichten, grünen Urwald hierher. Unterwegs hat man die ganze Zeit die kahlen, sich dramatisch auftürmenden Gipfel im Blick.

Einst residierte in Teresópolis die Quebra Frascos, die Herrscherfamilie des Zweiten Kaiserreichs. Über drei Jahrzehnte lang diente das Stadtviertel Comary als Trainingsort von Brasiliens Fußballnationalmannschaft, doch seit 2013 bestehen Pläne, das Team zur Vorbereitung auf die FIFA-Weltmeisterschaft 2014 nach Barra da Tijuca zu schicken.

Sehenswertes & Aktivitäten

Absolutes Highlight der Gegend ist der Parque Nacional da Serra dos Órgãos. Die von überall in der Stadt sichtbare dramatische Felsspitze des **Dedo de Deus** (Gottesfinger) gilt als Wahrzeichen von Teresópolis. Von der **Colina dos Mirantes** im südlichen Vorort Fazendinha hat man einen tollen Blick auf den Ort und die im Hintergrund thronenden Berge. An klaren Tagen erspäht man sogar den Zuckerhut und die Baía de Guanabara.

Außerhalb der Stadt an der Straße nach Nova Friburgo (auch bekannt als Estrada Tere-Fri) locken noch viele andere Attraktionen. Details siehe Kasten S. 153.

Schlafen

Albergue Recanto do Lord HOSTEL **$**
(☎ 2742-5586; www.teresopolishostel.com.br; Luiza Pereira Soares 109; B/EZ/DZ 35/60/80 R$; @ 📶) Das Hostel sieht aus wie eine orangefarbene Burg und liegt nördlich des Stadtzentrums

Teresópolis

Teresópolis

Schlafen
- 1 Albergue Recanto do Lord D1
- 2 Hotel Philipp A3
- 3 Várzea Palace Hotel C2

Essen
- 4 Cheiro de Mato B3
- 5 Taberna Alpina C2

Praktisches
- 6 Touristeninformation C2

Transport
- 7 Busbahnhof B3

an einem Berghang. Von der Veranda hat man einen atemberaubenden Blick auf den Dedo de Deus und andere Berge in der Nähe. Die freundlichen Inhaber sind eine Fundgrube an Infos über die Gegend.

Várzea Palace Hotel HOTEL $
(☎ 2742-0878; hhotelvarzea@bol.com.br; Prefeito Sebastião Teixeira 41/55; EZ/DZ 85/125 R$, mit Gemeinschaftsbad ab 50/65 R$; 📶) Dieses eindrucksvolle Hotel neben dem Hauptplatz ist bereits seit 1916 eine Institution in Teresópolis. Im Laufe der Zeit hat es zwar an historischer Pracht eingebüßt, bietet aber noch immer viele atmosphärische Details wie Ornamentkacheln, Parkettböden, geräumige Zimmer und hohe Decken. Die hübscheren Suiten verfügen über Terrassen.

Hotel Philipp HOTEL $$
(☎ 2742-2970; www.hotelphilipp.com.br; Durval Fonseca 1333; EZ/DZ 130/150 R$; 📶🏊) Ein wenig wirkt die vom Busbahnhof 1 km nach Westen bergauf gelegene Bleibe wie eine deutsche Berghütte. Sie besitzt einen Kamin und einen Pool, zudem genießt man vom rundum verglasten Frühstücksraum einen hübschen Blick auf die umliegenden Berge.

Hotel Rosa dos Ventos HOTEL $$$
(☎ 2644-9900; www.hotelrosadosventos.com.br; Estrada Tere-Fri, Km 22,6; DZ mit Frühstück ab 460 R$, mit Vollpension ab 660 R$; ❄📶🏊) Neben einem eigenen See hat das luxuriöse alpine Resort hoch oben in den Bergen auch ein ganzes Netzwerk an Wanderwegen. Von den zahlreichen Terrassen und den Restaurants der Anlage ist die Aussicht einfach wundervoll. Das Hotel befindet sich etwa 22 km außerhalb der Stadt an der Straße nach Nova Friburgo.

Essen

Cheiro de Mato GESUNDE KÜCHE $
(☎ 2742-1899; Av Delfim Moreira 140; Mittagsmenüs 5,50–12 R$; ⏲ Mo–Fr 11–15.30 Uhr) Eine gute

Adresse für gesunde Kost, darunter Naturreis, Salat und andere vegetarische Gerichte. Gäste können zwischen drei Menüs zu sehr fairen Preisen wählen.

★ **Linguiça do Padre** CHURRASCARIA **$$**
(☎2641-0065; Estrada Tere-Fri, Km 33; Hauptgerichte pro Pers. 18–38 R$; ⏲Mo–Sa 11–15 Uhr) Wer die wunderbare Teresópolis-Friburgo-Rundtour unternimmt, sollte unbedingt in diesem bei Einheimischen überaus beliebten Lokal an einem rauschenden Fluss einkehren. Auf der Speisekarte stehen u.a. Sandwiches mit *linguiça* (würzige portugiesische Wurst) für 5 R$, substanziellere ländliche Gerichte mit Forelle, Ziegenfleisch oder Ferkel vom Grill, frisch gepresster Erdbeer-Orangensaft (7 R$ pro Krug) und Erdbeeren mit Schlagsahne (7 R$).

Taberna Alpina DEUTSCH **$$**
(☎2742-0123; Duque de Caxias 131; Hauptgerichte 24–58 R$; ⏲Di–So 8–24 Uhr) Der gemütliche Innenraum mit Holzbänken und herzförmigen Kissen erinnert an die Alpen. Hier gibt's deutschen Senf, Schwarzbrot, Gulasch und Kassler mit Sauerkraut.

ℹ Praktische Informationen

HSBC (Av Delfim Moreira 746) Einer von mehreren Geldautomaten am Hauptplatz.

Touristeninformation (☎2742-5561; www.teresopolis.rj.gov.br; Praça Olímpica; ⏲Mo–Sa 9–18, So bis 17 Uhr) Im Stadtzentrum.

ℹ An- & Weiterreise

Der **Busbahnhof** (Rua Primeiro de Maio) liegt südlich vom Hauptplatz. **Viação Teresópolis** (☎2742-2676; www.viacaoteresopolis.com.br) bietet Verbindungen nach Rio (24 R$, 1½ Std., 5–22 Uhr, stdl.), Petrópolis (15 R$, 1½ Std., 7–19 Uhr, 6-mal tgl.) und Nova Friburgo (17 R$, 2 Std., 7–19 Uhr, 5-mal tgl.).

Parque Nacional da Serra dos Órgãos

Der 1939 eingerichtete Nationalpark nimmt in dem gebirgigen Gelände zwischen Teresópolis und Petrópolis eine Gesamtfläche von 118 km² ein. Seine markanteste Besonderheit sind die bizarren Felsgipfel **Pedra do Sino** (2263 m), **Pedra do Açu** (2230 m), **Agulha do Diabo** (2020 m), **Nariz do Frade** (1919 m), **Dedo de Deus** (1651 m), **Pedra da Ermitage** (1485 m) und **Dedo de Nossa Senhora** (1320 m). Kein Wunder also, dass sich hier Brasiliens Bergsteiger-, Kletter- und Trekkingzentrum befindet. In der Region gibt's ein ausgedehntes Wandergewegenetz. Die bekannteste Route ist 42 km lang; auf ihr geht's in einem Dreitagesmarsch über die Berge von Petrópolis nach Teresópolis. Leider sind die meisten Strecken nicht markiert und auch in den zum Verkauf angebotenen Karten nicht eingezeichnet. Es ist jedoch recht unkompliziert, einen Führer anzuheuern – einfach am **Eingang des Nationalparks** (☎2152-1100;

NICHT VERSÄUMEN

DIE MALERISCHE TERESÓPOLIS-FRIBURGO-RUNDTOUR

Auf dem **Circuito Turístico Tere-Fri** (www.terefri.com.br), der 68 km langen Schnellstraße zwischen Teresópolis und Nova Friburgo, genießt man ein herrliches Bergpanorama und erfährt mehr über das europäische Erbe dieser Gegend.

Wer in Teresópolis startet, erreicht als erstes Highlight den Aussichtspunkt **Mulher de Pedra** (Steinerne Frau) bei Km 12, von dem ein Berg in der Ferne tatsächlich so aussieht wie eine liegende Frau. Danach folgen die **Fazenda Geneve** (www.fazendageneve.com.br) bei Km 16, auf der man Ziegenbabys streicheln, frischen Käse kaufen, im Garten herumschlendern und richtig fein französisch essen kann, die **Cachoeira dos Frades** an der Ausfahrt bei Km 21,5, wo eine unbefestigte Nebenstraße durch ein idyllisches Tal zu einem Wasserfall mit einem Schwimmbecken führt, das Hotel **Rosa dos Ventos** (S. 152) bei Km 22,6, eine von zahlreichen fürstlichen Unterkünften auf der Strecke, das Restaurant **Linguiça do Padre** (S. 153) bei Km 33 und die Schweizer Käserei **Queijaria Suiça** bei Km 49 neben einem kleinen Museum, das den Spuren der Schweizer Kultur aus zwei Jahrhunderten im Gebiet rund um Friburgo nachgeht. Weitere interessante Ziele sind auf einer praktischen Karte verzeichnet, die man überall in der Region bekommt. Am besten unternimmt man die Tour mit einem Privatwagen, aber es verkehren auch örtliche Busse, die an jeder gewünschten Stelle halten.

www.icmbio.gov.br/parnaserradosorgaos; Eintritt Brasilianer/Ausländer 11/22 R$; ⌚8–17 Uhr) oder beim Tourveranstalter Trekking Petrópolis (S. 147) erkundigen. Wanderungen unternimmt man am besten zwischen Mai und Oktober (in den trockenen Monaten).

Der Haupteingang liegt am südlichen Rand von Teresópolis, abseits der Schnellstraße BR-116 aus Rio und etwa 4 km vom Stadtzentrum entfernt. Zahlreiche Wanderwege und Wasserfälle, natürliche Pools, gepflegte Rasenflächen und Gärten laden zum Picknicken ein.

Die Straße führt vom Haupteingang in den Park hinein und weiter bis nach Barragem Beija Flor. Ganz in der Nähe erstrecken sich einige gute Pfade. Das Highlight aber ist die **Trilha Pedra do Sino**, eine anstrengende Rundtour, die am Ende der Parkstraße beginnt und für die man ungefähr acht Stunden einplanen sollte (33 R$ Wegnutzungsgebühr). Unterwegs passiert man die Cachoeira Veu da Noiva, dann wandelt sich die Vegetation von Regenwald zu Grasland, und am Ende ist ein Panoramablick bis nach Rio de Janeiro und auf die Baía de Guanabara der Lohn für alle Mühe. Wer nicht so lange laufen will, kann stattdessen zum **Mirante Alexandre Oliveira** (1100 m) marschieren, von dem man einen guten Ausblick auf Teresópolis hat. Die Tour ab der Parkstraße und zurück dauert schätzungsweise eine Stunde.

Es gibt noch einen zweiten Eingang unten in der Südostecke des Nationalparks, abseits der Straße aus Rio. Auch hier findet man eine Touristeninformation sowie viele Wanderwege und Wasserfälle.

An- & Weitereise

Um von Teresópolis' Zentrum zum Haupteingang des Parks zu gelangen, nimmt man den stündlichen „Soberbo"-Bus (2,90 R$). Alternativ fährt man mit dem häufiger verkehrenden „Alto"-Bus bis zur Praçinha do Alto. Von dort aus sind es zu Fuß noch zehn Minuten Richtung Süden bis zum Parkeingang. Beide Busse halten mehrmals an der Hauptdurchgangsstraße des Ortes, der Avenida Almirante Lúcio Meira. Ein Taxi von der Stadt bis zum Nationalpark kostet rund 25 R$.

Nova Friburgo

☎ 0XX22 / 182 000 EW. / 846 M

1818 begann der frisch gekrönte portugiesische König Dom João VI. Schweizer und Deutsche ins Land zu holen, um die Besiedelung der gewaltigen Landesfläche zu beschleunigen. Die ersten 30 Familien kamen aus dem Schweizer Kanton Fribourg und machten sich sofort daran, in den Bergen nördlich von Rio ein perfektes kleines Dorf nach dem Beispiel ihrer Heimatorte aufzubauen. Spuren des europäischen Erbes sind auch im modernen Friburgo zu finden – in der Architektur, der Vorliebe für Blumen-

ABSTECHER

EIN PARADIES FÜR VOGELBEOBACHTER

Nur 80 km von Rios Flughafen Galeão entfernt liegt die **Guapi Assu Bird Lodge** (☎ 021-2745-3998; www.guapiassubirdlodge.com; EZ/DZ mit Vollpension 320/520 R$; ❄ @ ≋), die zum gemeinnützigen Projekt **R.E.G.U.A** (Reserva Ecológica de Guapi Assu; www.regua.co.uk) gehört. Dieses schützt einen 50 km² großen Abschnitt am Fuße der Serra dos Órgãos und wurde von Nicholas und Raquel Locke ins Leben gerufen. Das Paar hat sich der Wiederherstellung nativer Ökosysteme verschrieben. Eingefleischte Vogelbeobachter und alle, die einen unverfälschten Einblick in die bemerkenswerte Artenvielfalt Brasiliens erhalten möchten, sollten unbedingt einen Abstecher hierher unternehmen. Freiwillige aus aller Welt engagieren sich in dem ambitionierten Aufforstungsprojekt und Schulkinder aus der örtlichen Gemeinde nutzen das Reservat als interaktives Labor, in dem sie etwas über Umwelt und Umweltschutz lernen.

Die komfortablen Zimmer haben solarbeheiztes Wasser, das Essen wird für alle gemeinsam an einem großen runden Tisch serviert, und die Bibliothek mit den vielen Büchern zur Natur ist ideal, um nach einem langen Tag auf Vogelbeobachtungstour mit einem Caipirinha in der Hand zu schmökern. Das künstlich geschaffene Teichökosystem neben der Lodge zieht Unmengen an Vögeln und ganze Rudel von Capybaras an. Dank der vielen Wanderwege dringt man bis in den tiefen Wald vor und kann Attraktionen wie einen schönen Wasserfall besichtigen. Infos, wie man per Bus, Auto oder Kleintransportershuttle zur Lodge kommt, gibt's auf der Website.

Nova Friburgo

muster und der blondhaarigen, blauäugigen Erscheinung mancher Einwohner. Heute dreht sich in der hiesigen Wirtschaft alles um Reizwäsche, während der Tourismus die prächtigen Naturattraktionen in der Region ausschlachtet: Wasserfälle, Wälder, Wanderwege und die Berge in sonnigen Morgenstunden sowie an kühlen Abenden.

Sehenswertes & Aktivitäten

Die meisten Sehenswürdigkeiten befinden sich einige Kilometer außerhalb der Stadt. Einen guten Überblick über die Gegend bietet der **Pico da Caledônia** (2310 m), der zudem als Startpunkt für Flüge mit dem Hängegleiter dient. Vom Viertel Alto do Cascatinha erreicht man den Wanderweg zum Berggipfel nach einem 6 km langen Marsch. Alternativ nimmt man den Bus mit der Aufschrift „Cascatinha-Interpass“ (2,90 R$, 15 Min.).

10 km nördlich der Stadt kann man zur Pedra do Cão Sentado (Weggebühr 6 R$) wandern. Die Felsformation erinnert an einen sitzenden Hund – dieser ist auch das Symbol der Stadt Friburgo. In südöstlicher Richtung liegt **Lumiar** (34 km von Nova Friburgo entfernt und mit lokalen Bussen erreichbar), ein beliebtes Reiseziel brasiliani-

Nova Friburgo

Schlafen

1 Hotel Maringá C1
2 Hotel Serra Everest C2

Essen

3 Crescente B1
Dona Mariquinha .... (siehe 1)
4 Quinta Rica C2

Praktisches

5 Touristenformation C2

Transport

6 Lokaler Busbahnhof B1

scher Ökotouristen. Dort gibt's billige *pousadas*, Wasserfälle und Wanderwege. Außerdem besteht die Möglichkeit, am Encontro dos Rios, wo mit lautem Getöse drei Flüsse aufeinandertreffen, Wildwasserfahrten zu machen. Geführte Abenteuertouren in dem Gebiet lassen sich über das Alê Friburgo Hostel (S. 156) und den Veranstalter **Lumiar Aventura** (☎8131-6768; www.lumiaraventura.com) arrangieren.

Schlafen

Alê Friburgo Hostel HOSTEL $
(☎2522-0540; www.friburgohostel.com; Bizzotto Filho 2; B/EZ/DZ 40/60/120 R$; @ ☎ ≋) Von Friburgos Zentrum geht's 2 km schnurstracks bergauf zu diesem Hostel, das seine Abgelegenheit mit freundlichen Angestellten und tollen Annehmlichkeiten wie Pool, Sauna und Zubringerservice vom Zentrum wieder wettmacht.

Hotel Serra Everest HOTEL $$
(☎2522-6443; www.hotelserraeverest.com.br; Adolfo Lautz 128; EZ/DZ/3BZ/4BZ mit Ventilator 99/156/198/250 R$, mit Klimaanlage 120/180/230/270 R$; ❄ ≋) Ein paar Blocks vom Stadtzentrum entfernt thront auf einem steilen Hügel dieses Hotel mit einem Pool, zahmen Pfauen und einer tollen Aussicht.

Hotel Auberge Suisse HOTEL $$
(☎2541-1270; www.aubergesuisse.com.br; Rua 10 de Outubro, Amparo; EZ/DZ in Chalets ab 190/317 R$; ❄ ≋) Die luxuriösen Chalets 12 km nordöstlich von Nova Friburgo sind alle mit WLAN und Minibars und größtenteils auch mit Kaminen sowie DVD-Playern ausgestattet. Auf dem landschaftlich hübsch gestalteten Anwesen gibt's außerdem ein überdachtes Schwimmbecken und einen Freiluftpool, eine Sauna und ein paar Nutztiere, aus deren Milch Käse gemacht wird. Letzterer wird im ausgezeichneten hauseigenen Restaurant serviert, das sich auf die traditionelle Schweizer Küche spezialisiert hat: Raclette, Fondue und Forelle.

Essen

Im grasbewachsenen Stadtzentrum reihen sich Lokale für jedes Budget aneinander. Abends erwacht in der Rua Monte Libano eine lärmende Barszene voller Jugendlicher zum Leben.

Quinta Rica CHURRASCARIA $
(☎2523-3304; Praça Getúlio Vargas 104; 29,90 R$ pro Kilo; ⌚10.30–23 Uhr) Bietet ein unglaublich vielfältiges Büfett mit 150 Gerichten, darunter Grillfleisch.

Dona Mariquinha BÜFETT $$
(☎2522-2309; Monsenhor Miranda 110; Mittagsbüfett 34 R$; ⌚Di–So 12–15.30 Uhr, Mo–Fr 19–21 Uhr) Mittags serviert das sympatische Restaurant für 34 R$ Hausmacherkost, so viel man essen kann, abends All-you-can-eat-Suppe für 10 R$. Das **Hotel Maringá** (☎2522-2309; hotelmaringa@yahoo.com.br; Monsenhor Miranda 110; EZ/DZ/3 BZ 80/140/175 R$, mit Gemeinschaftsbad 50/90/115 R$; ☎) im Obergeschoss zählt zu den preiswertesten Unterkünften im Zentrum von Friburgo.

Crescente FRANZÖSISCH $$$
(☎2523-4616; www.elocrescente.com.br/crescente; General Osório 21; Hauptgerichte 45–75 R$; ⌚Mo & Do–Sa 11.30–23, So bis 17 Uhr) Das stilvolle kleine Lokal kredenzt französische Küche und Weine aus zwölf Ländern.

Praktische Informationen

Banco do Brasil (Praça Dermeval B Moreira 10) Einer von mehreren Geldautomaten im Zentrum.

iFrog Cyber (Portugal 12; 4 R$ pro Std.; ⌚Mo–Fr 8.30–18, Sa 9–13 Uhr) Internetzugang.

Touristeninformation (☎2543-6307; circuito@pmnf.rj.gov.br; Praça Dermeval B Moreira; ⌚Mo–Sa 8–20, So bis 18 Uhr) Karten, vollständige Hotel- und Restaurantlisten und hervorragende Angestellte: Nair spricht Deutsch und Elaine Englisch.

Anreise & Unterwegs vor Ort

Nova Friburgo ist nur einen Katzensprung von Rio entfernt und mit der Buslinie 1001 über Niterói zu erreichen, die über eine malerische, gewundene, neblige Urwaldstraße fährt.

Die Stadt hat zwei Fernbusbahnhöfe. Vom **Busbahnhof Nord** (Rodoviária Norte; Praça Feliciano Costa) 2,5 km nördlich des Zentrums bietet **Viação Teresópolis** (☎2522-2708; www.viacaoteresopolis.com.br) Verbindungen nach Teresópolis (17 R$, 2 Std., 5-mal tgl.), während vom **Busbahnhof Süd** (Rodoviária Sul; Ponte da Saudade) 4 km südlich des Zentrums **Viação 1001** (☎2522-0400; www.autoviacao1001.com.br) stündlich nach Rio (33–39 R$, 2½ Std.) und samstags um 7 Uhr direkt nach Cabo Frio (43 R$, 3¼ Std.) verkehrt.

Zwischen beiden Fern- und dem lokalen Busbahnhof im Zentrum gleich nördlich der Praça Getúlio Vargas sind Nahverkehrsbusse (2,90 R$) unterwegs. Mit diesen kommt man auch zu fast allen Touristenattraktionen. Details erfährt man in der Touristeninformation.

ÖSTLICH VON RIO DE JANEIRO

Östlich von Rio werden die Berge weniger und die Küstenabschnitte flacher, immer wieder unterbrochen von funkelnden Lagunen der Região dos Lagos (Seengebiet) und blendend weißen Sanddünen der Costa do Sol (Sonnenküste). Hier erstrecken sich einige der schönsten Strände des Bundesstaates. Weil die Gegend nur zwei Fahrtstunden von Rio entfernt liegt, ist sie bei *cariocas* für Wochenendausflüge sehr beliebt und es gibt dementsprechend jede Menge Ausgehmöglichkeiten sowie Freizeitangebote.

Saquarema

☎ 0XX22 / 74 000 EW.

Diese friedliche Kleinstadt 100 km östlich von Rio liegt auf einer Landzunge zwischen einer prächtigen Lagune und dem offenen Atlantik. In der Gemeinde ist umweltverschmutzende Industrie verboten, deshalb dürfen sich Besucher auf sauberes Wasser und jede Menge Fische sowie Shrimps freuen. Saquarema gilt als Brasiliens Surfparadies, zudem zieht die unberührte Küste Sportangler und Sonnenanbeter an. Die umliegende Gegend dient als Zentrum für Pferdezucht und Obstanbau. Man kann die Plantagen besuchen und Obst pflücken und auf dem Rücken eines Pferdes oder in einem gemieteten Jeep einen Ausflug in die Hügel machen. Viele *pousadas* hier organisieren solche Aktivitäten.

Sehenswertes & Aktivitäten

Absoluter Hingucker in der Stadt ist die blendend weiße Kirche **NS de Nazaré** (1837), die in der Nähe des Zugangs zur Lagune oben auf einem Hügel thront. Von diesem strategischen Punkt aus kann man die langen menschenleeren Strände, die Lagune und die Berge dahinter überblicken. Zum Gottesdienst am 7. und 8. September strömen um die 150 000 Pilger hierher – mehr kommen nur zu den Nazaré-Feiern in Belém.

3 km östlich vom Ort erstreckt sich die **Praia Itaúna**, Saquaremas schönster Strand und einer der besten Surfspots Brasiliens. Jedes Jahr finden in Saquarema nationale und internationale Surfwettkämpfe statt, normalerweise zwischen Mai und Oktober.

Schlafen & Essen

Viele der besten Adressen liegen in der Nähe des Strands von Itaúna.

Pousada Canto da Vila POUSADA $
(☎ 2651-1563; www.pousadacantodavila.com.br; Av Salgado Filho 52; DZ mit Ventilator 116 R$, mit Klimaanlage 158 R$; ❄📶🏊) Das gastfreundliche Hotel am Strand gleich unterhalb der alten Kirche hat helle, luftige Zimmer. Von den meisten kann man Surfer beobachten.

Itaúna Hostel HOSTEL $
(☎ 2653-8652; www.itaunahostel.com.br; Rua das Garoupas 100; B/2BZ/DZ 45/100/120 R$; @📶) Im Untergeschoss bietet das heimelige kleine Hostel ein paar Blocks hinter der Praia Itaúna geräumige Schlafsäle mit zwei bzw. fünf Betten, im Obergeschoss zwei private Zimmer und im Haupthaus eine klimatisierte Suite. Zu den Extras zählen Hängematten und die kostenlosen Leihfahrräder.

Maasai Hotel Beach & Resort HOTEL $$
(☎ 2651-1092; www.maasai.com.br; Travessa Itaúna 17; DZ mit Gartenblick/Meerblick 250/350 R$, Suite 420 R$; ❄@📶🏊) Wer auf der Suche nach Gemütlichkeit ist, trifft mit dieser Bleibe die richtige Wahl! Das Maasai verfügt über eine tolle Lage am Strand, bequeme Wohnbereiche, eine Sauna, einen Swimmingpool und ein hübsches Bar-Restaurant mit Blick aufs Wasser (Hauptgerichte für 2 Pers. 64–98 R$).

Garota da Itaúna FISCH & MEERESFRÜCHTE $$
(☎ 2651-2156; Av Oceânica 165; Hauptgerichte pro Pers. 24–45 R$; ⏲ So–Do 11–23, Fr & Sa bis 1 Uhr) Zu den vielen Annehmlichkeiten des Garota zählen die wunderbare Strandterrasse und die breite Auswahl an Meeresfrüchtespezialitäten. Draußen kann man die Aussicht genießen, muss sich aber an seinem Bier festhalten – meist ist es nämlich ziemlich windig. Es werden auch einfache Zimmer (EZ/DZ 70/110 R$) vermietet.

Forno à Lenha PIZZERIA $$
(☎ 2651-4088; Rua dos Mariscos 511; Pizza ab 31 R$; ⏲ Do–So 12.30–24, Mo–Mi ab 17 Uhr) Das Lokal ein paar Straßenzüge hinter der Praia Itaúna hat ein gemütliches Hinterzimmer mit einem Holzofen und vorne einen Patio, in dem man seine Pizza oder das Grillfleisch genießen kann.

Praktische Informationen

Centro de Atendimento ao Turista (☎ 2651-2123; turismo@saquarema.rj.gov.br; Av Saquarema; ⏲ Mo–Fr 9–17, Sa & So bis 16 Uhr) Auf der Itaúna-Seite der Brücke im Zentrum mit Blick auf die Lagune.

Lakes Shopping In dem winzigen Einkaufszentrum zwischen dem Zentrum und der Praia

Itaúna gibt's unten einen Bradesco-Geldautomaten und oben ein Internetcafé.

An- & Weiterreise

Viação 1001 (www.autoviacao1001.com.br) verkehrt zwischen Rio und Saquarema. Die Abfahrt in Saquarema erfolgt zwischen 6.15 und 20.45 Uhr alle zwei Stunden, zurück nach Rio geht's zwischen 5.25 und 19.50 Uhr (26 R$, 2 Std.).

Bus B 145 des Unternehmens **Salineira** (www.salineira.com.br) fährt täglich zwischen 6.30 und 22.40 Uhr von Saquarema direkt nach Cabo Frio (4 R$, 1 Std.). Die Haltestelle in Saquarema befindet sich an der Meeresseite der Brücke, einen Straßenzug vom Hauptplatz im Stadtzentrum entfernt.

Arraial do Cabo

0XX22 / 28 000 EW.

Arraial do Cabo 45 km östlich von Saquarema ist von blendend weißen Sanddünen und atemberaubenden Stränden umgeben. Hier herrscht nicht halb so viel Touristenrummel wie im benachbarten Búzios. Der Fischerhafen Porto do Forno In Arraial verleiht dem Ort ein gewisses Arbeiterflair. Ein paar der besten Strände – einsame Streifen mit herrlichem Sand und hellgrünem Wasser – sind nur 15 Gehminuten vom Busbahnhof in der Innenstadt entfernt; andere erreicht man nach einer kurzen Bootsfahrt. Außerdem kann man in der Gegend wunderbar tauchen und Buckelwale *(Megaptera novaeangliae)* beobachten, deren Wanderroute direkt vor der Küste verläuft.

Sehenswertes & Aktivitäten

Arraials Attraktionen liegen an der Küste. Die **Praia dos Anjos** wartet mit herrlich türkisfarbenem Wasser auf, allerdings sind dort zu viele Boote unterwegs, als dass man in Ruhe schwimmen könnte. Gleich oberhalb des Strands steht ein Schild, das an Amerigo Vespucci erinnert. Der Entdecker ging hier im Jahre 1503 an Land und ließ 24 Männer zurück, die das Land besiedeln sollten, wodurch Arraial zu einem der ersten europäischen Vorposten auf dem amerikanischen Kontinent wurde.

Nicht weit von der Stadt entfernt gibt's beliebte Strände: **Prainha** nördlich der Stadt, **Praia do Forno** im Nordosten (zu erreichen über einen 1 km langen Wanderweg von der Praia dos Anjos) und die riesige **Praia Grande** im Westen, wo der offene Atlantik in rauen Brechern an Land brandet.

Darüber hinaus erstrecken sich noch einige andere atemberaubende Sandstreifen entlang der bergigen Halbinsel südlich der Stadt. Für einen Panoramablick und den schönsten Sonnenuntergang in der Gegend bietet sich eine Wandertour zum **Pontal do Atalaia**, ein beliebter Aussichtspunkt an der Spitze der Halbinsel, an. Im Juli und August ist dies ein toller Walbeobachtungsposten.

Von der Praia dos Anjos fahren Boote (4-stündige Standardausflüge 40 R$) zur Ilha de Cabo Frio. Die **Praia do Farol** auf der geschützten Seite der Insel wartet mit feinem weißem Sand auf. Von dem Strand kann man in zweieinhalb Stunden bis zum Leuchtturm marschieren. Wunderschön ist auch die **Gruta Azul** (Blaue Grotte) auf der Südwestseite der Insel. Aber Vorsicht: Der Eingang zur Unterwasserhöhle steht bei Flut unter Wasser.

Es gibt jede Menge Tourveranstalter, die Tauchgänge organisieren; eine komplette Liste erhält man bei der Touristeninformation. Zuverlässig sind z. B. **PL Divers** (2622-1033; www.pldivers.com.br; Peçanha 57), **Sandmar** (2622-5703; www.sandmar.com.br; Epitácio Pessoa 21) und **Ocean Sub** (2622-4642; www.oceansub.com.br; Luiz Corrêa 3).

Schlafen

Die im Folgenden aufgeführten Preise beziehen sich auf die Hochsaison. Ansonsten sind Rabatte bis zu 40 % üblich.

Marina dos Anjos Hostel HOSTEL **$**
(2622-4060; www.marinadosanjos.com.br; Bernardo Lens 145; B/DZ mit HI-Mitgliedskarte 55/160 R$, ohne Karte 65/185 R$; @) Das Hostel einen Straßenzug hinter der Praia dos Anjos ist ein wundervolles Basislager zur Erkundung der Gegend. Hilfreiche Angestellte verleihen Fahrräder, Kanus, Schnorchel, Surfbretter und Tauchausrüstung und organisieren Buggyausflüge zu den umliegenden Stränden. Im Innenhof gibt's Hängematten und viele Sitzkissen – ein toller Platz für spontane Grillabende und Jamsessions.

Hotel Pousada Caminho do Sol HOTEL **$$**
(2622-2029; www.caminhodosol.com.br; Miguel Angelo 55; Zi. ab 178 R$;) Bei Brasilianern, die ein romantisches Wochenende verbringen möchten, erfreut sich das hübsche Ferienhotel direkt an der Praia Grande mit einem Pool und einer schönen Aussicht großer Beliebtheit.

Capitão n'Areia Pousada POUSADA **$$**
(2622-2720; www.capitaopousada.com; Santa Cruz 7; Zi. 200–295 R$, Suite 410–630 R$;)

Diese erstklassige *pousada* im Herzen der Marina dos Anjos ist mit weißen Wänden und nautischem Dekor ausgestattet und hat eine Sonnenterrasse, eine Sauna, einen sehr flachen Pool, einen Fitnessraum sowie geräumige Zimmer samt Blick auf die Boote unten im Hafen.

Essen

★ Bacalhau do Tuga — PORTUGIESISCH, FISCH & MEERESFRÜCHTE **$$**

(☎ 2622-1108; Praia dos Anjos; Hauptgerichte pro Pers. 25–58 R$; ⏲ Mi–Fr 18–23, Sa & So ab 13 Uhr) Aus dem 2008 eröffneten Tuga (zu Deutsch „Kerl"), einer einfachen Strandbude an der Praia dos Anjos für gebackenen Kabeljau, entwickelte sich dank seiner immer größeren Beliebtheit ein vollwertiges Restaurant. Dort werden superfrische Zutaten zu klassischen portugiesischen Gerichten verwandelt, deren Bandbreite von Fischeintopf bis zu Puddingtörtchen reicht. Außerdem bekommt man Spezialitäten wie *peixe com banana* (Grillfisch mit Bananen).

Água na Boca — SELBSTBEDIENUNG **$$**

(☎ 2622-1106; Praça da Bandeira 1; 42 R$ pro Kilo; ⏲ 11.30–17 Uhr) Nur einen Steinwurf vom Busbahnhof entfernt bietet dieses empfehlenswerte Selbstbedienungsrestaurant jede Menge Meeresfrüchtegerichte an.

Saint Tropez — SEAFOOD **$$$**

(Praça Daniel Barreto 2; Hauptgerichte pro Pers. 34–69 R$) In dem französischen Lokal mit Wandmalereien von Asterix und Obelix nur einen Straßenzug von der Praia dos Anjos kann man sich an frischem Fisch laben. Ab 18 Uhr gibt's auch Pizza (23–39 R$).

Praktische Informationen

In der **Touristeninformation** (☎ 2622-1949; turismo@ar raial.rj.gov.br; ⏲ 8–17 Uhr) an Arraial do Cabos offiziellem Eingangstor, 3 km vom Ortszentrum entfernt, arbeiten englisch- und spanischsprachige Angestellte. Hier erhält man einen nützlichen Stadtplan.

Gleich um die Ecke vom Busbahnhof stößt man auf einen **Geldautomaten**, der von mehreren Banken betrieben wird. In der Avenida Getúlio Vargas befinden sich die **Post** (Av Getúlio Vargas 19) und einige Internetcafés.

An- & Weiterreise

Vom **Busbahnhof** (Praça da Bandeira) im Stadtzentrum verkehrt **Viação 1001** (☎ 2622-1488; www.autoviacao1001.com.br) zwischen 3.40 und 19.20 Uhr (49 R$, 3½ Std.) alle zwei Stunden direkt nach Rio, von wo die Busse in der gleichen Häufigkeit zwischen 5.15 und 21 Uhr zurückfahren.

Alternativ nimmt man einen städtischen Salineira-Bus nach Cabo Frio (4 R$) und steigt am dortigen Busbahnhof in einen der halbstündlich startenden Busse nach Rio.

Búzios wird vom Salineira-Bus 414 (4 R$, 1½ Std., 6–7 tgl.) bedient.

Cabo Frio

☎ 0XX22 / 186 000 EW.

Industrie und zu starkes touristisches Wachstum beeinträchtigen Cabo Frios herrliche Lage in der Natur zwischen Sanddünen, Lagunen und dem funkelnden Atlantik. Doch an Wochenenden und in den Sommerferien ziehen die Bars und Strände immer noch scharenweise amüsierfreudige Brasilianer an, deren Partystimmung wohl den größten Reiz der Stadt ausmacht.

Die interessantesten Ziele für Touristen sind die Praia do Forte, ein eindrucksvoller weißer Sandstrand mit türkisfarbenem Wasser, der nach der Festung an seinem Ostende benannt ist, und der von Restaurants gesäumte Canal do Itajuru, der die nahe Lagoa de Araruama mit dem Atlantik verbindet.

Sehenswertes & Aktivitäten

Rund um Cabo Frio gibt's drei Stellen mit Sanddünen. Jene an der **Praia do Peró**, wo man hervorragend surfen und angeln kann, liegen 6 km nördlich in Richtung Búzios bei Ogivas, hinter der Praia Brava und der Praia das Conchas. Die sandige **Dama Branca** (Weiße Dame) findet man an der Straße nach Arraial do Cabo und die **Pontal**-Dünen der städtischen Praia do Forte erstrecken sich von der Festung bis zum Hügel Miranda. Achtung: An den Dünen werden immer wieder Leute ausgeraubt – also sollte man vor Aufbruch am besten den Rat der Einheimischen einholen.

Forte São Mateus — FESTUNG

(⏲ Di–So 10–17 Uhr) GRATIS Das einstige Bollwerk gegen Piraten wurde zwischen 1616 und 1620 erbaut, um den lukrativen Handel mit Tropenhölzern zu schützen. Es erhebt sich am östlichen Ende der Praia do Forte.

Schlafen & Essen

Hotel Atlântico — HOTEL **$**

(☎ 2643-0996; www.hotelatlantico.tur.br; José Bonifácio 302; EZ/DZ/3BZ 86/122/153 R$; ❄ 📶) Von der Praia do Forte aus fünf Häuserblocks Richtung Landesinneres gelegen, bietet das veraltete, aber komfortable Atlântico große Zimmer mit Minibars und Kabel-TV.

Pousada Boulevard POUSADA $$
(☎2643-1456; www.pousadaboulevard.com; Marechal Floriano 237; Zi. 240–270 R$; ❄📶🏊) Eine neuere *pousada* in Cabo Frios Restaurantviertel am Kanal mit erstklassigen Annehmlichkeiten wie Satelliten-TV, Sauna und Tauchbecken. Die besten fünf Zimmer blicken auf den Kanal.

Malibu Palace Hotel HOTEL $$
(☎2643-1955; www.malibupalace.com.br; Av do Contorno 900; Zi. ab 245 R$, mit Meerblick 336 R$; ❄📶🏊) In Sachen Aussicht und zentrale Lage ist das Hotel mit Blick auf die Strandkulisse Cabo Frios kaum zu toppen.

Restaurante do Zé BRASILIANISCH $$
(☎2643-4277; Blvd Canal 33; Hauptgerichte pro Pers. 20–48 R$; ⊙12–24 Uhr) Von den Tischen auf dem Bürgersteig vor dem Restaurant blickt man auf den Kanal, einen der malerischsten Orte in der Stadt. Die Spezialität des Hauses ist *picanha na chapa* (brutzelnd gebratenes Steak).

Tia Maluca FISCH & MEERESFRÜCHTE $$
(☎2647-4158; Blvd Canal 109; Hauptgerichte pro Pers. 23–45 R$; ⊙11–24 Uhr) Dieses beliebte Lokal am Kanal hat sich auf köstliche Meeresfrüchte spezialisiert, die auf dem Bürgersteig in einem regelrechten Meer aus Tischen serviert werden.

Praktische Informationen

HSBC (Av Assunção 793) Einer von mehreren Geldautomaten an der Hauptstraße der Stadt.

Touristeninformation (☎2647-1689; turismo@cabofrio.rj.gov.br; Av Américo Vespúcio s/n; ⊙8–18 Uhr) In dem Touristenbüro direkt gegenüber der Praia do Forte wird Englisch gesprochen.

An- & Weiterreise

Vom **Busbahnhof** (Av Júlia Kubitschek) 2 km westlich des Stadtzentrums bietet **Viação 1001** (☎2643-3778; www.autoviacao1001.com.br) stündlich zwischen 4.30 und 24 Uhr Verbindungen nach Rio (53 R$, 2¾ Std.) und wieder zurück.

Arraial do Cabo erreicht man mit der **Buslinie B150** von **Salineira** (☎2643-8144; www.salineira.com.br). Sie startet an der Haltestelle, die beim Verlassen des Busbahnhofs gleich links liegt (4 R$, 30 Min.). An der Haltestelle auf der anderen Straßenseite fahren u. a. Salineira-Busse nach Búzios (der Ort steht in diesen Fällen am Bus angeschrieben; 4 R$, 45 Min.).

Búzios

☎0XX22 / 28 000 EW.

Das wunderschöne Búzios liegt auf einer vorspringenden Halbinsel mit insgesamt 17 Stränden. Bis in die 1960er-Jahre war es nur ein einfaches Fischerdorf, dann entdeckten Brigitte Bardot und ihr brasilianischer Freund es für sich. Heute ist es einer der gehobensten und lebhaftesten Strandorte des Landes – voller Boutiquen, Villen, Nobelrestaurants, Bars und todschicker *pousadas*. Aber die Stadt hat auch den mediterranen Touch, den die Portugiesen mit sich brachten, nicht ganz verloren: Die schmalen, kopfsteingepflasterten Gassen und die malerische Uferpromenade tragen zu Búzios Image als brasilianisches St. Tropez bei.

Genau genommen besteht der Ort aus den drei einzelnen Siedlungen Ossos, Manguinhos und Armação de Búzios. Ossos (wörtlich „Knochen") am nördlichen Zipfel der Halbinsel ist der älteste und reizvollste Teil. Hier gibt's einen hübschen Hafen, einen Jachtclub und ein paar Hotels und Bars. Manguinhos auf der Landenge kommt am kommerziellsten daher. Dazwischen erstreckt sich Armação, das Herz der Stadt mit den meisten Annehmlichkeiten für Touristen. Hier findet man auch die Rua das Pedras, Zentrum des hiesigen Nachtlebens, und die pittoreke Strandpromenade Orla Bardot.

Sehenswertes & Aktivitäten

Búzios bezaubert mit seiner Lage inmitten wunderschöner Natur sowie schier endlosen Möglichkeiten zum Entspannen, Ausgehen, Shoppen und Wassersport. In der kopfsteingepflasterten Hauptstraße der Stadt, der **Rua das Pedras**, reihen sich unzählige Geschäfte, Restaurants und Bars aneinander, in denen am Wochenende wild gefeiert wird. Die östliche Verlängerung, die **Orla Bardot**, ist eine wunderschöne gewundene Uferpromenade, die Búzios' älteste und malerischste Viertel Armação und Ossos miteinander verbindet. Beim Spaziergang am Ufer sieht man mehrere **Statuen** (Karte S. 162) der Bildhauerin Christina Motta, darunter eine von Brigitte Bardot und dem früheren brasilianischen Präsidenten Juscelino Kubitschek sowie einige bemerkenswert realistisch wirkende Figuren von Fischern, die ihre Netze einholen.

Geführte Touren

Mehrere Veranstalter bieten Ausflüge zu den Stränden und Inseln der Gegend an.

Búzios

Wer lieber allein unterwegs ist, nimmt einfach eines von Búzios *taxis marítimos* (Wassertaxis), die einen für 5 bis 12 R$ pro Person zu den gewünschten Stränden auf der Halbinsel bringen; die Preise sind an einer Tafel an Armaçãos Hauptpier und an anderen Stellen im Ort angeschlagen.

Tour Shop Búzios BUSTOUR
(Karte S. 162; ☎ 2623-4733; www.tourshop.com.br; Orla Bardot 550; Touren ab 50 R$) Tour Shop Búzios verfügt über einen an den Seiten offenen Bus, der täglich zu zwölf Stränden der Halbinsel fährt. Darüber hinaus organisiert die Agentur Raftingtouren und Ausflüge mit Glasbodenkatamaranen.

Buziosnautic BOOTSTOUR, TAUCHEN
(Karte S. 162; ☎ 2623-9005; www.buziosnautic.com; Orla Bardot 712; Bootstour 40 R$) Buziosnautic hat eine 2½-stündige Bootstour im Programm, die in Armação zu zwölf Stränden sowie drei Inseln startet. Unterwegs bekommt man an der Praia João Fernandes, einem Strand der Ilha Feia und der Praia da Tartaruga Gelegenheit zum Schwimmen und Schnorcheln. Der Veranstalter betreibt auch ein Tauchcenter.

Casamar TAUCHEN
(Karte S. 162; ☎ 2623-8165; www.casamar.com.br; Rua das Pedras 242; Tauchgänge mit 2 Tanks ab 150 R$) Tages- und Nachttrips für erfahrene Taucher und eine ganze Reihe von Kursen.

Feste & Events

Das **Rio das Ostras Jazz e Blues** (riodasostrasjazzeblues.com), das Ende Mai/Anfang Juni im Norden von Búzios stattfindet, zählt zu Brasiliens besten Musikfestivals.

Schlafen

In Búzios ist man vor allem auf Paare eingerichtet, deshalb kann es für Alleinreisende teuer werden. Die genannten Preise beziehen sich auf die Hochsaison (Dez.–März & Juli).

Armação de Búzios

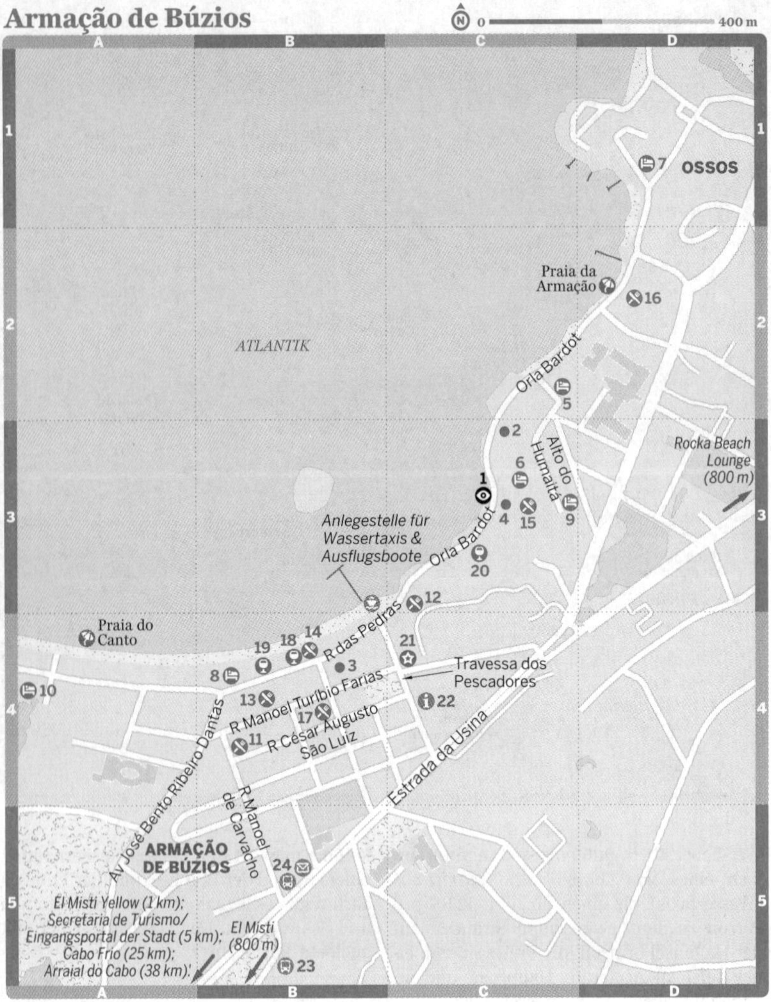

Phoenix Hostel HOSTEL $
(☎2623-1099; www.phoenixhostelbuzios.com; Hugo M Santos 8, Geribá; B 40–60 R$, Zi. mit Ventilator 120–180 R$, mit Klimaanlage 150–230 R$; ❄📶🏊) Die enspannte Atmosphäre des Hostels passt zu seiner ruhigen Lage in einem Wohngebiet zwei Häuserblocks hinter dem Geribá-Strand. In geräumigen Schlafsälen mit vier und sechs Betten sowie drei Privatzimmern bietet das Phoenix Platz für maximal 32 Personen. Im umzäunten Hof liegt ein Pool- und Barbereich, wo die Gäste schnell miteinander ins Gespräch kommen. Der freundliche Manager Jonas sorgt dafür, dass sich hier jeder wie zu Hause fühlt.

El Misti Yellow HOSTEL $
(☎2623-3174; www.elmistihostelbuzios.com; Rua da Mandrágora 13; B 40–62 R$, Zi. 110–130 R$; ❄@📶🏊) Diese Bleibe gehört zur Misti-Hostel-Kette mit Sitz in Argentinien. Sie hat Schlafsäle mit vier bis 15 Betten und vermietet von April bis Mitte Dezember auch Privatzimmer. Von der Rua das Pedras aus erreicht man sie in 15 Gehminuten. Der Bus braucht von der Haupthaltestelle fünf Minuten. Das Schwesterhotel **El Misti** (☎2623-2383; www.elmistibuzios.com; Rua JV, Nr. 7, Ferradura; B 40–63 R$, DZ/3BZ 198/262 R$; ❄@📶🏊) in einem Hanggarten mit Pool und Bananenstauden ist eine ruhigere, aber abgelegenere Alternative.

Armação de Búzios

Sehenswertes
1 Brigitte-Bardot-Statue C3

Aktivitäten, Kurse & Touren
2 Buziosnautic C3
3 Casamar B4
4 Tour Shop Búzios C3

Schlafen
5 Casa Búzios C2
6 Casas Brancas C3
7 L'Escale D1
8 Nomad Búzios B4
9 Pousada Saint Germain C3
10 Villa Balthazar A4

Essen
11 Bananaland B4
12 Bar do Zé C3
13 Chez Michou Crêperie B4
14 Cigalon B4
15 Mistico Restaurante C3
16 O Barco D2
17 Restaurante do David B4

Ausgehen & Nachtleben
18 Pacha B4
19 Patio Havana B4
20 Privilège C3

Unterhaltung
21 Gran Cine Bardot C4

Praktisches
22 Secretaria de Turismo C4

Transport
23 Busbahnhof (Busse nach Rio) B5
24 Bushaltestelle (Busse nach Cabo Frio) B5

★ Nomad Búzios
HOSTEL $$

(Karte S. 162; ☎ 2620-8085; www.nomadbuzios.com.br; Rua das Pedras 25; B 60–90 R$, 2BZ 180 R$, DZ 220–250 R$; ❄@☜) Búzios bestes Hostel trumpft mit einer erstklassigen Lage im Herzen der Ausgehzone der Rua das Pedras auf. Viele der schönen neuen Doppelzimmer und ein paar der Schlafsäle mit zwei Ebenen verfügen über einen herrlichen Meerblick. Die Liegestühle und Loungebetten auf der Strandterrasse und die Caipirinhas für 6 R$ in der stilvollen Bar vervollständigen das dekadent noble Ambiente.

L'Escale
POUSADA $$

(Karte S. 162; ☎ 2623-2816; www.pousadalescale.com; Travessa Santana 14, Ossos; Zi. ab 240 R$, mit Meerblick 290–330 R$; ❄☜) Wer früh bucht, ergattert vielleicht noch eines der drei zum Meer gewandten Zimmer mit Terrassen und Hängematten. Die süße kleine *pousada* punktet mit einer himmlischen Strandlage im entspannten Ossos. Sylvia und Francis, die französischen Besitzer, betreiben auch das gleichnamige Restaurant unten, in dem Fischsuppe, Meeresfrüchte und französische Spezialitäten wie Boeuf bourguignon, süße und herzhafte Crêpes und Profiteroles auf den Tisch kommen.

Pousada Saint Germain
POUSADA $$

(Karte S. 162; ☎ 2623-1044; www.saintgermain-buzios.com.br; Alto do Humaitá 5; Zi. 200–300 R$; ❄☜≋) Das von einem brasilianisch-amerikanischen Pärchen geführte Gästehaus hat zwar keinen Meerblick, befindet sich jedoch nur 100 m von der Orla Bardot und 400 m von der Rua das Pedras entfernt an einem ruhigen Hang. Außerdem gibt's ein köstliches Frühstück. In der Nebensaison, wenn weniger Andrang herrscht, kann man tolle Ermäßigungen rausschlagen – einfach Inhaber Paul ansprechen.

★ Casa Búzios
POUSADA $$$

(Karte S. 162; ☎ 2623-7002; www.pousadacasabuzios.com; Alto do Humaitá 1; Zi. 310–460 R$; ❄☜≋) In traumhafter Lage gleich abseits der Orla-Bardot-Promenade und umgeben von einem schönen Garten bietet die mittlerweile von einem Franzosen geleitete *pousada* in einem hübschen alten Wohnhaus sechs geräumige, individuell gestaltete Suiten mit hohen Zimmerdecken, hübschen Fensterläden und Fußböden aus Holzdielen und Fliesen. Vom vorderen Patio mit Pool genießt man einen malerischen Blick auf die Boote, die unten im Hafen auf den Wellen schaukeln.

Villa Balthazar
POUSADA $$$

(Karte S. 162; ☎ 2623-6680; www.villabalthazar.com.br; Maria Joaquina 375; DZ 345–435 R$; ❄☜≋) Dieses stilvolle Hotel mit fünf Zimmern in einer ruhigen Straße drei Blocks von der Rua das Pedras entfernt ist das liebevolle Werk der jungen schwedischen Besitzer Petra und Felix. Das Paar hat sich von seinen eigenen Weltreisen inspirieren lassen und ihre Unterkunft mit Familienerbstücken sowie gemütlichen Dingen eingerichtet. Die Gäste lieben die DVD-Player in den Zimmern, den Swim-

NICHT VERSÄUMEN

DIE STRÄNDE VON BÚZIOS

In Búzios und Umgebung stellen fast zwei Dutzend Strände Traveller vor die Qual der Wahl, denn es fällt schwer zu entscheiden, welchen man als Erstes besuchen soll. Die südlichen Sandstreifen sind schwerer zu erreichen, aber hübscher und haben zudem die besseren Wellen für Surfer. Jene im Norden sind geschützter und näher.

Zu den ersten Stränden, auf die man stößt, wenn man südlich von Manguinhos gegen den Uhrzeigersinn losgeht, gehören **Geribá** und **Ferradurinha** (wörtlich „Kleines Hufeisen"), zwei tolle Surfspots. Danach folgen **Ferradura**, groß genug zum Windsurfen, sowie die **Praia da Foca** und die **Praia do Forno**, wo das Wasser kälter ist als an anderen Sandstreifen. Den einzigen FKK-Strand der Gegend, **Praia Olho de Boi** (wörtlich „Bullauge"), erreicht man über einen kleinen Weg von der langen, sauberen **Praia Brava** aus.

An der Nordseite der Halbinsel kann man am **João Fernandinho** und am **João Fernandes** gut schnorcheln, ebenso am **Azedinha** und am **Azeda**, zu denen von Ossos aus ein kurzer Weg führt. Die **Praia dos Ossos**, **Praia da Armação**, **Praia do Canto** und **Praia dos Amores** sind hübsch, aber etwas überlaufen, sodass man dort kaum verweilen mag. Ruhig geht's dagegen an der entzückenden **Praia das Virgens** und der **Praia da Tartaruga** zu. Ein Stück weiter westlich erstreckt sich die **Praia de Manguinhos**.

Vor der Küste liegen die Inseln **Âncora**, **Gravatás**, **Filhote** und **Feia**, allesamt gute Anlaufstellen für Taucher.

mingpool und das köstliche hausgemachte Frühstück, das auf der hübschen Terrasse hinter dem Haus serviert wird.

Casas Brancas BOUTIQUE-HOTEL **$$$**
(Karte S. 162; ☎2623-1458; www.casasbrancas.com.br; Alto do Humaitá 10; Zi. 700–1700 R$; ❄@📶🏊) Lottogewinner und Hochzeitsreisende sollten sich in dieser Luxusbleibe am Rande des Alto do Humaitá einquartieren. Zum Verwöhnprogramm gehören der fantastische Blick auf den Ozean von der Terrasse am Pool (und fast allen außer den einfachsten Zimmern), Massagen im Spa und zwei Restaurants, das gehobene Atlântico sowie die entspannte Pizzeria auf der Terrasse.

Essen

Die meisten besseren Lokale befinden sich in oder in der Nähe von Armação. Gute Meeresfrüchte zu erschwinglicheren Preisen gibt's in den kleinen Strohdachbuden an den Stränden Ferradura und João Fernandes.

3 km westlich des Zentrums in Manguinhos lohnt auch der hippe neue Restaurantkomplex **Porto da Barra** (www.portodabarrabuzios.com.br) mit 14 Bars und Restaurants an der von Bäumen gesäumten Uferpromenade einen Besuch.

Chez Michou Crêperie CREPERIE **$**
(Karte S. 162; ☎2623-2169; www.chezmichou.com.br; Rua das Pedras 90; Crêpes 12–22 R$; ⏲11–spät) Hierher strömen die Leute in Massen, nicht nur wegen der guten süßen und herzhaften Crêpes, sondern auch wegen der Bar draußen, in der man leckere *pinha coladas* bekommt und jeden Abend ab 21 Uhr DJs auflegen.

O Barco FISCH & MEERESFRÜCHTE **$$**
(Karte S. 162; Orla Bardot 1054; Hauptgerichte pro Pers. 18–60 R$; ⏲12–23 Uhr) Das Barco ist bodenständiger als viele andere Lokale an der Strandpromenade. Seinen Ruf verdankt es den gut zubereiteten, günstigen Gerichten, die von einfachem Bratfisch mit Reis und Salat bis zu perfektem Meeresfrüchteeintopf reichen. Von den acht Tischen auf einer hübschen kleinen Terrasse und ein paar Stühlen auf dem Bürgersteig kann man hervorragend Leute beobachten und den Meerblick genießen. Im Gegensatz zu den vielen an Paaren orientierten Restaurants in Buzios bietet das Barco zudem jede Menge *pratos individuais* (Tellergerichte für 1 Pers.) an, ist also ebenfalls eine gute Anlaufstelle für Alleinreisende.

Fishbone Café SANDWICHES, BAR **$$**
(☎2623-7348; fishbonebuzios.com; Av Gravatás 1196, Praia de Geribá; Sandwiches 23 R$, Hauptgerichte 42–49 R$; ⏲11–17 Uhr) Auf der Speisekarte des trendigen Strandclubs an der Praia de Geribá steht alles von Sandwiches über Salate bis zu Meeresfrüchten. Viele Leute steuern

die sonnige Terrasse aber auch nur auf einen Drink und um etwas Musik zu hören an.

Restaurante do David FISCH & MEERESFRÜCHTE $$
(Karte S. 162; Manoel Turíbio de Farias 260; Hauptgerichte 19–72 R$) Das nach fast 40 Jahren immer noch gut besuchte Lokal im Herzen der Stadt serviert an kleinen Holztischen mit karierten Tischdecken Meeresfrüchte bester Qualität.

Bananaland SELBSTBEDIENUNG $$
(Karte S. 162; www.restaurantebananaland.com.br; Manoel Turíbio de Farias 50; 67,50 R$ pro Kilo; ⏲11.30–23 Uhr) Das beste von mehreren gehobenen Selbstbedienungsrestaurants in dieser Straße. Hier findet jeder etwas, das ihm schmeckt.

★ **Rocka Beach Lounge** FISCH & MEERESFRÜCHTE $$$
(☎2623-6159; www.rockafish.com.br; Praia Brava; Hauptgerichte 57–86 R$) Eine erstklassige Lage, um andere Leute zu beobachten, und einige der kreativsten Gerichte in Búzios sind die beiden Trümpfe dieses leger-schicken Meeresfrüchtelokals direkt oberhalb der Praia Brava. Viele Gäste bleiben fast den ganzen Tag in der Rocka Beach Lounge, denn nach dem Mittagessen laden die Liegen und Betten auf den Terrassen und Wiesen am Hang mit Strandblick zum Verweilen ein. Am Wochenende reserviert man besser vorab einen Tisch.

Mistico Restaurante MEDITERRAN $$$
(Karte S. 162; ☎2623-1217; www.abracadabrapousada.com.br; Alto do Humaitá 13; Hauptgerichte 45–85 R$; ⏲12–22.30 Uhr) Das Restaurant des Abracadabra Hotel auf dem Hügel zwischen Armação und Ossos bietet einen der besten Panoramablicke in Búzios, Plätze am Pool und einen gemütlichen Speiseraum mit Glaswänden. Seit seiner Eröffnung 2012 hat es dank seiner verlockenden Angebotsmischung aus Pasta, Meeresfrüchtegerichten und innovativen Kreationen wie Wassermelonengazpacho eine treue Anhängerschaft.

Bar do Zé MEDITERRAN $$$
(Karte S. 162; ☎2623-4986; Orla Bardot 382; Hauptgerichte 44–120 R$; ⏲Mo–Fr 18–24, Sa & So 12–2 Uhr) Dieses stilvolle Terrassenlokal gegenüber der Orla Bardot ist für seine guten Drinks bekannt (klassische Caipirinhas, Mojitos mit frischer Minze), die zu Grillfisch, Risottos, Steaks und Meeresfrüchten serviert werden.

Cigalon FRANZÖSISCH $$$
(Karte S. 162; ☎2623-0932; www.buziosdirect.com/cigalon; Rua das Pedras 199; Menüs 55–67 R$; ⏲12–24 Uhr) Ein fabelhaftes französisches Restaurant in der Rua das Pedras direkt am Wasser. Der Widerschein des Kerzenlichts tanzt und funkelt auf dem Wasser und gestärkte weiße Tischdecken sorgen für die nötige Eleganz.

Ausgehen & Unterhaltung

Die Rua das Pedras erwacht erst nach Mitternacht so richtig zum Leben.

Patio Havana BAR
(Karte S. 162; ☎2623-2169; www.patiohavana.com.br; Rua das Pedras 101; ⏲Di–So 18–spät) Jazz-, Samba-, Salsa- und Bossa-bova-Fans sollten unbedingt reinschauen. Hier treten regelmäßig fabelhafte Musiker aus ganz Brasilien (und aus aller Welt) auf.

Privilège CLUB
(Karte S. 162; www.privilegenet.com.br; Orla Bardot 550; ⏲Do–So) Wer auf House und Promis steht, ist in diesem schicken Nachtclub mit zwei Tanzflächen und vier Bars in der Orla Bardot richtig.

Pacha CLUB
(Karte S. 162; ☎2633-0592; www.pachabuzios.com; Rua das Pedras 151; ⏲Fr & Sa 22–7 Uhr) Das Epizentrum des Nachtlebens in der Rua das Pedras bringt bekannte DJs aus aller Welt auf die Bühne: im Sommer allabendlich, ansonsten immer samstags.

Gran Cine Bardot KINO
(Karte S. 162; ☎2623-1298; www.viladomar.com/cinebardot; Travessa dos Pescadores 88; Eintritt 20 R$; ⏲Do–So) Am Wochenende laufen in dem Kino abends Filme, manche auf Englisch mit portugiesischen Untertiteln.

Praktische Informationen

Bradesco (Av José Bento Ribeiro Dantas 254) Einer von mehreren Geldautomaten im Zentrum.

ClickNet (César Augusto São Luiz 254; 3 R$ pro Std.; ⏲Mo–Fr 10–23, Sa & So bis 22 Uhr) Neben dem Hauptplatz von Armação.

Geldautomat (Praça Santos Dumont) Wird von mehreren Banken betrieben und ist zwar bequem, allerdings zahlt man heftige Gebühren.

Hospital Municipal (☎2623-2419; Estrada Búzios-Cabo Frio) Vor dem Eingansportal der Stadt in der Straße nach Cabo Frio.

Secretaria de Turismo (Karte S. 162; www.visitebuzios.com) Die Angestellten der beiden gut ausgestatteten Büros am Eingangsportal zur Stadt (☎2633-6200; Av José Bento Ribeiro Dantas; ⏰So–Do 8–21, Fr & Sa bis 22 Uhr) und direkt neben dem Hauptplatz in Armação (☎2623-2099; www.visitebuzios.com; Travessia dos Pescadores 151, Armação; ⏰So–Do 8–21, Fr & Sa bis 22 Uhr) verteilen Stadtpläne und informieren über Hotels.

ℹ Anreise & Unterwegs vor Ort

Búzios' **Busbahnhof** (Karte S. 162; Estrada da Usina 444), fünf Straßenzüge südlich der Uferpromenade von Armação, ist nicht mehr als eine simple Haltestelle ohne eigenes Gebäude. **Viação 1001** (☎2623-2050; www.autoviacao 1001.com.br) bietet Verbindungen zwischen Rio und Búzios (42 R$, 3 Std., 6–20 Uhr, mindestens 8-mal tgl.)

Zwischen Búzios und **Cabo Frio** (Karte S. 162; Estrada da Usina 444; 4 R$; 45 Min.) verkehren Stadtbusse, die in der Avenida José Bento Ribeiro Dantas und der Estrada da Usina halten, u. a. gegenüber der Haltestelle, wo der Bus nach Rio startet.

Minas Gerais & Espírito Santo

Inhalt ➡

Gut essen

- Xapuri (S. 176)
- Cantinho do Curuca (S. 220)
- Viradas do Largo (S. 201)
- Valsugana (S. 223)
- O Passo (S. 187)

Schön übernachten

- Pouso do Chico Rei (S. 185)
- Hotel Solar da Ponte (S. 200)
- Pousada Santuário do Caraça (S. 211)
- Refúgio dos Cinco Amigos (S. 209)
- Mandala das Águas (S. 203)

Auf nach Minas Gerais & Espírito Santo

Wer wirklich Einblick in die brasilianische Geschichte gewinnen will, sollte nach Minas Gerais fahren. Die Kopfsteinpflasterstraßen und Barockmonumente der hiesigen kolonialen Bergbaustädte haben alle wichtigen Ereignisse des Landes miterlebt, von der Sklaverei bis zur Unabhängigkeitsbewegung im 18. Jh. Nicht minder beeindrucken die Naturwunder der Region. Die Serra do Espinhaço, ein Unesco-Biosphärenreservat, ist nur eines von vielen Schutzgebieten, die zu Outdooraktivitäten einladen und gefährdeten Tieren wie Mähnenwölfen oder Spinnenaffen eine Heimat bieten. Hinzu kommen der kosmopolitische Charme von Belo Horizonte, die köstlichen Aromen der in Holzöfen zubereiteten regionalen Küche, die berauschende Wirkung der besten *cachaça* (Zuckerrohrschnaps) Brasiliens und die legendäre Gastfreundlichkeit der Einheimischen – und schon kann dem verlockenden Zauber von Minas keiner mehr widerstehen.

Reisezeit

Belo Horizonte

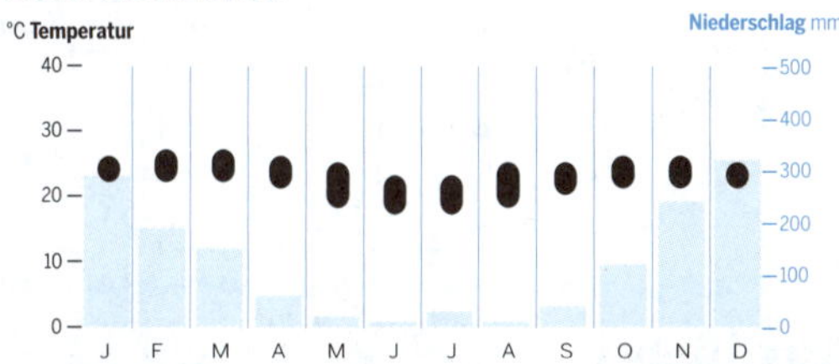

März–April In Ouro Preto und São João del Rei prächtige Osterprozessionen erleben.

Mai Spinnenaffen, Amerikas größte Primaten, beobachten, wenn ihr Lieblingsbaum blüht.

Juli Beim *forró*-Festival in Itaúnas schwitzen oder die kühlen Berge von Espírito Santo genießen.

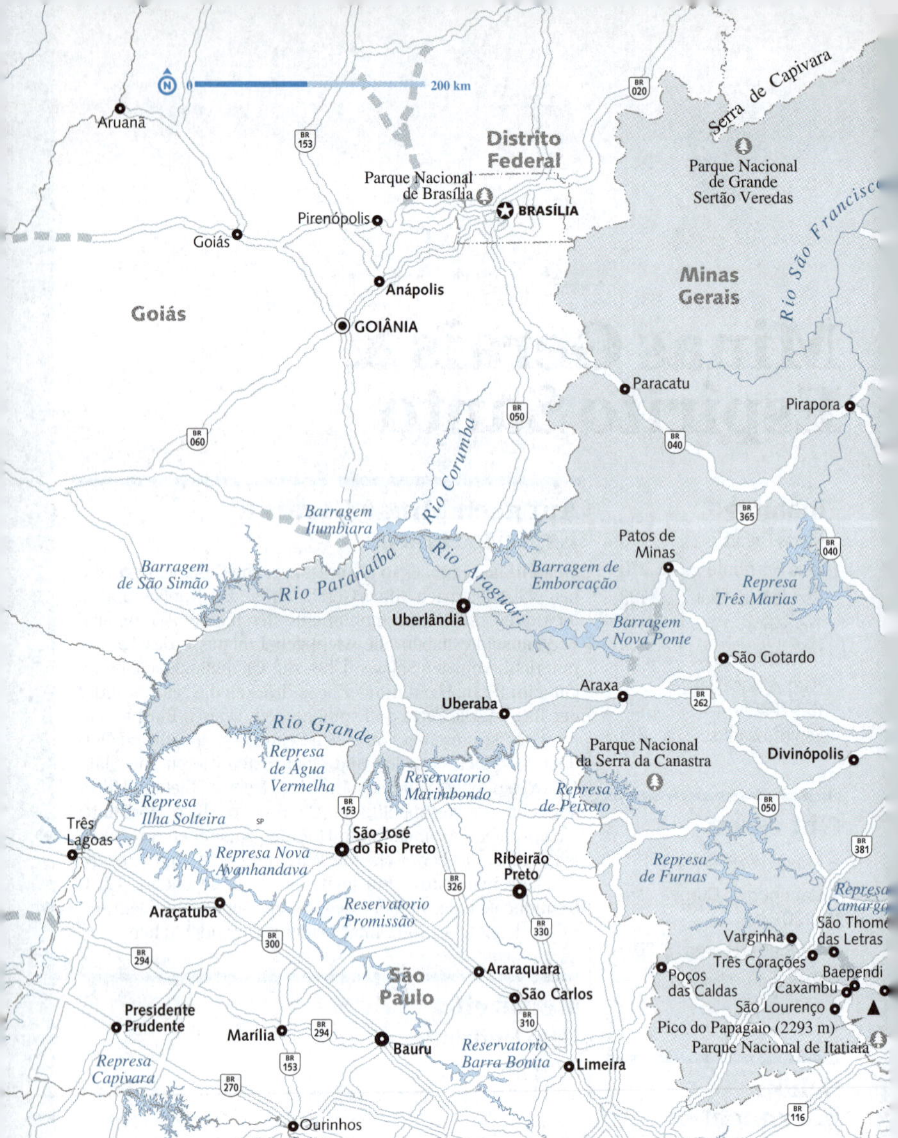

Highlights

1 Die 21 Galerien für moderne Kunst im **Instituto de Arte Contemporânea Inhotim** (S. 180) besuchen.

2 Im malerischen **Ouro Preto** (S. 180) über Kopfsteinpflaster schlendern und die herrliche Barockarchitektur erkunden.

3 Brasiliens dritthöchsten Berg, den 2892 m hohen Pico da Bandeira im **Parque Nacional de Caparaó** (S. 211), besteigen.

4 Ein Spiel im Mineirão-Fußballstadion in **Belo Horizonte** (S. 177) besuchen, das für die WM renoviert wurde.

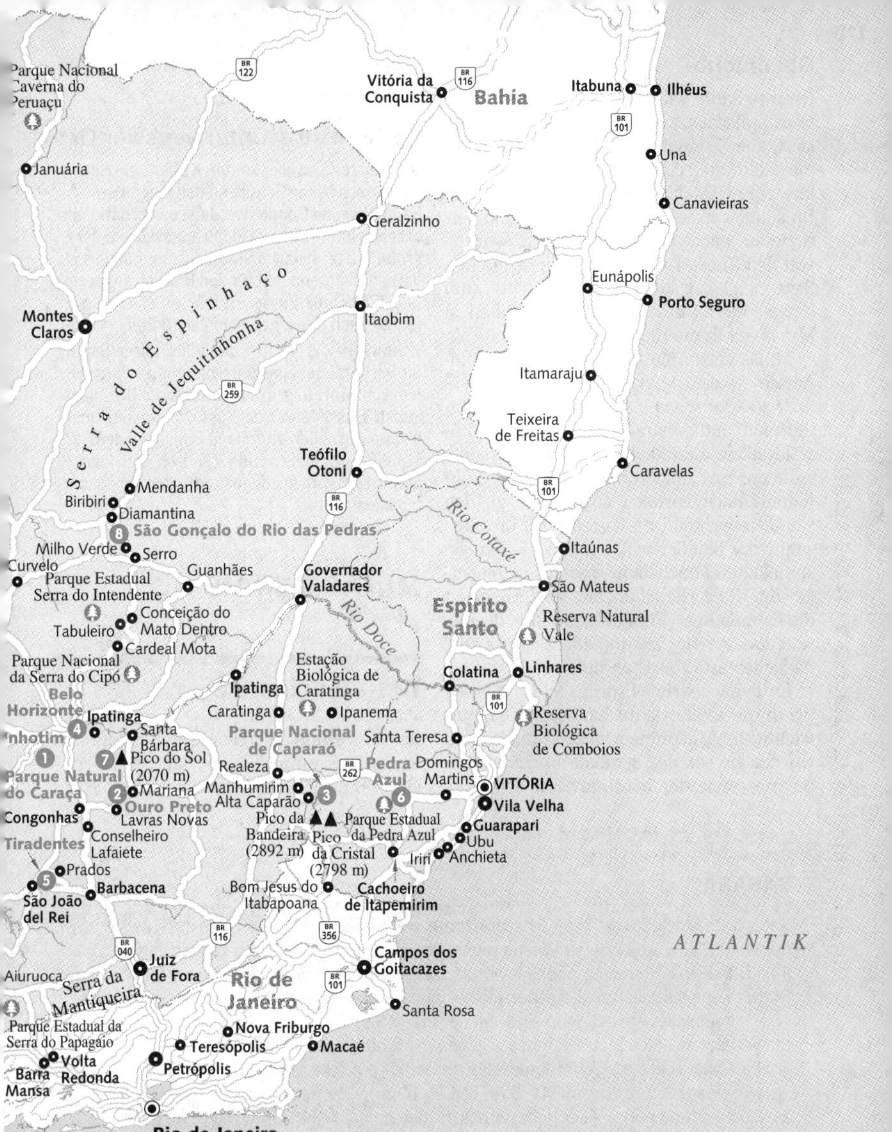

5 Von **Tiradentes** (S. 197) aus zu einer Fahrt mit dem historischen Dampfzug *Maria-Fumaça* aufbrechen.

6 Fest an ein Seil geklammert die steile Granitwand der **Pedra Azul** (S. 222) hinaufklettern.

7 Unter dem Licht der Sterne warten, bis die hochbeinigen, schlanken Mähnenwölfe am alten Kloster im **Parque Natural do Caraça** (S. 210) auftauchen.

8 Auf der im 18. Jh. angelegten Estrada Real vor **São Gonçalo do Rio das Pedras** (S. 208) wandern.

Geschichte

Espírito Santo wurde – wie der Großteil der brasilianischen Küste – im 16. Jh. kolonialisiert, aber Ende des 16. Jhs., als man in Minas Gold entdeckte, verlagerte sich der Fokus schnell landeinwärts. Nun strömten Brasilianer in Scharen nach Minas und Portugiesen nach Brasilien. Sklaven wurden von den Zuckerrohrfeldern Bahias und den Savannen Angolas hergebracht. Bis zum letzten Viertel des 18. Jhs. förderte man in Minas Gerais die Hälfte des Goldes weltweit.

Minas setzte Standards in Sachen Goldrausch – verrückt, wild und gewalttätig – über 100 Jahre vor dem Goldrausch in Kalifornien und Australien. Es herrschte Zügellosigkeit, Krankheiten und Hungersnöte wüteten. Das Gold von Minas wurde größtenteils nach Portugal abgezweigt; zu den wenigen nachhaltigen Vorteilen für Brasilien zählte der Bau der schönen, mit Kirchen gesprenkelten Minenstädte, mit denen die Berge von Minas Gerais übersät sind. Heute ist die Estrada Real (Königliche Straße), die diese *cidades históricas* miteinander verband, die beliebteste Touristenroute von Minas.

Im benachbarten Espírito Santo dienten bis in die 1960er-Jahre Kaffeeplantagen als wichtigste Einkommensquelle. Inzwischen wurden sie von der Bergbau- und Schiffsindustrie sowie der berühmtesten Schokoladenfabrik Brasiliens in der Hauptstadt Vitória verdrängt.

Anreise & Unterwegs vor Ort

Die meisten Traveller kommen über Belo Horizonte nach Minas Gerais. An den Flughäfen Pampulha und Confins werden sowohl nationale als auch internationale Flüge abgewickelt, der große Busterminal im Stadtzentrum fungiert als Verkehrsknotenpunkt für den Bodentransport (s. S 178). Direktbusse aus Rio und São Paulo fahren auch zu einigen Kolonialstädten in Minas.

Vitória ist die größte Stadt von Espírito Santo. Sie verfügt über einen internationalen Flughafen, von dem Flüge in alle Großstädte Brasiliens gehen. Busse fahren die Küste hinauf und hinunter; sie verbinden Vitória mit Bahia und dem Staat Rio de Janeiro und verkehren auch landeinwärts in verschiedene Städte des benachbarten Minas Gerais.

MINAS GERAIS

20 MIO. EW.

Belo Horizonte

☎ 0XX31 / 2,4 MIO. EW. / 858 M

Belo Horizonte – bei den Einheimischen als Beagá (ausgesprochen „bey-ah-gah“, portugiesisch für BH) bekannt – wurde nach der

ABSEITS DER ÜBLICHEN PFADE

SABARÁ

Sabará, 25 km südöstlich von Belo Horizonte, war im 18. Jh. eine der reichsten Städte der Welt: Hier wurde in einer Woche mehr Gold gefördert als in einem ganzen Jahr im Rest Brasiliens. Heute nur noch ein Vorort, birgt es immer noch viele Kirchen, Villen, Statuen und sakrale Kunst aus den glorreichen Bergbautagen.

Alle kolonialen Attraktionen sind von der Praça Santa Rita ausgeschildert. Die meisten verlangen kleine Eintrittspreise, alle haben montags geschlossen.

Highlights sind die 1720 fertiggestellte dreischiffige Kirche **Matriz de NS de Conceição** (Praça Getúlio Vargas; ⏲Di–So 9–12 & 14–17 Uhr), eine faszinierende Mischung aus asiatischem und portugiesischem Barockstil; die **Igreja de NS do Ó** (Largo NS do Ó; ⏲Di–So 9–12 & 14–17 Uhr), die ganz in Gold, Rot und Blau gehalten und der Jungfrau Maria als Beschützerin der schwangeren Frauen gewidmet ist; die **Igreja NS do Carmo** (Rua de Carmo; ⏲Di–So 9–11.30 Uhr), in der Arbeiten von Aleijadinho dominieren, speziell in den Bildnissen von São Simão und São João da Cruz; das **O Teatro Imperial** (Rua Dom Pedro II; ⏲Di–So 8–12 & 13–17 Uhr), Sabarás Opernhaus von 1770, das **Museu do Ouro** (☎ 3671-1848; Rua da Intendência; Eintritt 1 R$; ⏲Di–So 12–17 Uhr), eine Goldgießerei aus den 1730er-Jahren mit historischen Artefakten, und die halb fertiggestellte **Igreja NS do Rosário dos Pretos** (Praça Melo Viana; ⏲8–11 & 13–17 Uhr), deren Bau von Sklaven initiiert und finanziert wurde – sie dient heute als Denkmal für die Abschaffung der Sklaverei 1888.

Cisne (☎ 3672-1222) betreibt Busse nach Sabará (3,30 R$, 40 Min., 5–23 Uhr, alle 15 Min.). Sie starten an einer Straßenecke an der Südseite des Hauptbusbahnhofs von Belo. Die Rückfahrt erfolgt von der Bushaltestelle in der Avenida Victor Fantini in Sabará.

wunderschönen Aussicht auf die Berge in der Umgebung benannt. Heute lässt sich diese Lage mitten in der Natur zwar wegen der Zersiedelung schwerer wahrnehmen, dennoch hat Brasiliens drittgrößte Stadt ihre Reize – und davon nicht wenige. Einen Eindruck ihrer unendlich vielen Facetten bekommt man samstags bei einem Abendspaziergang durch die geschäftigen Straßen des Savassi-Viertels, bei einem Essen in einem der erstklassigen Restaurants in Lourdes, bei einem Bummel entlang der Marktstände des Mercado Central, beim Besuch eines Straßenfests am Wochenende, bei einem Konzert im Palácio das Artes oder einem Rundgang durch das neue Inhotim-Kunstmuseum westlich der Stadt. Zur Erfolgskombination tragen aber vor allem die freundlichen Einwohner bei. Wer hier ein paar Tage verbringt, wird die Stadt vielleicht sogar ins Herz schließen.

Geschichte

Ende des 19. Jhs., als die Entwicklung der brasilianischen Republik langsam an Fahrt aufnahm, begannen *mineiros* (Einwohner des Staates Minas Gerais) mit der Planung einer neuen Hauptstadt, um das schwer erreichbare Ouro Preto zu ersetzen, das als ein Symbol des Kolonialismus in Ungnade gefallen war. Belo Horizonte schoss als Jugendstilstadt aus dem Boden, beeinflusst vom Geist des „Ordem e Progresso" (Ordnung und Fortschritt), des neuen Wahlspruchs, der auf der brasilianischen Flagge zu lesen war.

In den 1940er-Jahren breitete sich Belo nach Norden aus. Der damalige Bürgermeister Juscelino Kubitschek beauftragte den jungen Architekturabsolventen Oscar Niemeyer mit dem Entwurf des neuen Stadtteils Pampulha. Diese beiden Männer sind überwiegend für die weiten Alleen, großen Seen, Parks und die alles überragende Skyline der Stadt verantwortlich.

Auch über 100 Jahre nach seiner Gründung versprüht Belo weiterhin die junge, ansteckende Energie einer Gemeinschaft, die sich stets neu erfindet. 2010 wurde die Stadt einem kompletten Facelift unterzogen: An der Praça da Liberdade öffneten mehrere neue Museen und die Regierungsbehörden zogen in die 20 km weiter nördlich gelegene Cidade Administrativa – den futuristischen Komplex entwarf der damals hundertjährige Niemeyer, kurz bevor er 2012 verstarb.

Beagás Rolle als Gastgeber der FIFA-Fußballweltmeisterschaft 2014 und der Olympischen Spiele 2016 hat zu zahlreichen Verbesserungen der Infrastruktur angeregt – u. a. wurden moderne Expressbuslinien eingeführt und der Flughafen erweitert. Auch das ehrwürdige Mineirão-Fußballstadion der Stadt wurde komplett neu gestaltet.

Sehenswertes

Fans des modernistischen Architekten Oscar Niemeyer werden seine rund um einen riesigen künstlichen See verstreuten Schöpfungen im Pampulha-Bezirk nördlich des Stadtzentrums nicht versäumen wollen. Infos zu allen neuen Museen der Praça da Liberdade, auch jenen, die hier nicht aufgeführt sind, findet man auf der Website **Circuito Cultural Praça da Liberdade** (circuitoculturalliberdade.com.br; Praça da Liberdade s/n).

Praça da Liberdade & Norden

★ **Memorial Minas Gerais – Vale** MUSEUM
(www.memorialvale.com.br; Praca da Liberdade s/n; Di, Mi, Fr & Sa 10–18, Do bis 22, So bis 16 Uhr) GRATIS Das beste Element der 2010 aufgemotzten Praça da Liberdade ist dieses außergewöhnlich coole moderne Museum. Auf drei Etagen mit interaktiven Galerien und audiovisuellen Installationen dokumentiert es die Geschichte und Kultur der Region vom 17. bis ins 21. Jh.

Museu das Minas e do Metal MUSEUM
(3516-7200; www.mmm.org.br; Praça da Liberdade s/n; Erw./Kind 6/3 R$, Do & letzter So im Monat Eintritt frei; Di–So 12–18, Do bis 22 Uhr) Ebenfalls 2010 eröffnet, widmet sich das Museum der ökonomischen, kulturellen und sozialen Geschichte des Bergbaus in Minas Gerais. Auf mehreren Etagen werden Mineralien und interaktive Modelle gezeigt.

Parque Municipal PARK
(Av Afonso Pena) Einer der anziehendsten Orte in Belo ist der Parque Municipal, ein Meer aus tropischem Grün mit künstlichen Seen und gewundenen Pfaden, nur 10 Minuten südöstlich des Busbahnhofs entlang der Avenida Afonso Pena. Am meisten Spaß hat man sonntags, wenn jedermann dort umherflaniert.

Museu de Artes e Ofícios MUSEUM
(3248-8600; www.mao.com.br; Praça Rui Barbosa; Eintritt 4 R$, Sa, Mi & Do 17–21 Uhr Eintritt frei; Di & Fr 12–19, Mi & Do 12–21, Sa & So 11–17 Uhr) In Belos historischem Bahnhof ist eine breit gefächerte Sammlung von früher oder heute

Belo Horizonte Zentrum

Belo Horizonte Zentrum

Highlights
1 Memorial Minas Gerais – Vale C5

Sehenswertes
2 Museu das Minas e do Metal C5
3 Museu de Artes e Ofícios D2
4 Museu Histórico Abílio Barreto A7
5 Parque Municipal D4

Schlafen
6 Hotel Ibis C5
7 Hotel São Bento B2
8 Liberty Palace Hotel D7
9 Othon Palace C3
10 Royal Savassi Hotel C6

Essen
11 A Favorita A5
12 Baiana do Acarajé C7
13 Café com Letras C7
14 Cantina do Lucas C4
15 Casa Cheia B3
16 Dona Lucinha II C6
17 Marília Pizzeria A6
18 Restaurante do Minas Tenis Clube B6
19 San Ro D7

Ausgehen & Nachtleben
20 A Obra D6
21 Arcangelo C4
22 Bar Tizé A5
23 Choperia Albanos (Lourdes) B5
24 Velvet Club C7

Unterhaltung
25 Gamboa C7
26 Palácio das Artes D4

Shoppen
27 Centro de Artesanato Mineiro D4
28 Feira de Arte e Artesanato C4
29 Livraria Mineiriana D7
30 Mercado Central B3

verwendeten Objekten ausgestellt. Tafeln erklären alles in Englisch.

Savassi, Lourdes & Süden

Museu Histórico Abílio Barreto MUSEUM
(☎3277-8573; www.pbh.gov.br/cultura; Av Prudente de Morais 202, Cidade Jardim; ⏰Di–So 10–17, Mi & Do bis 21 Uhr) GRATIS Herzstück dieses Museums südwestlich von Savassi ist ein renoviertes koloniales Bauernhaus, das einzige Überbleibsel der ländlichen Ortschaft Curral del Rey. Diese wurde in den 1890er-Jahren zerstört, um für Belo Platz zu schaffen. Im benachbarten Gebäude sind wechselnde Exponate zur Kultur von Belo Horizonte zu sehen.

Pampulha

Igreja de São Francisco de Assis KIRCHE
(Av Otacílio Negrão de Lima s/n; Eintritt 2 R$; ⏰Di–Sa 9–17, So 12–17 Uhr) Am Ufer des künstlichen Sees von Pampulha steht diese von Niemeyer entworfene modernistische Kirche – ein architektonisches Highlight. Auch die Fliesen und Gemälde von Portinari im Inneren faszinieren.

Museu de Arte da Pampulha MUSEUM
(☎3277-7946; www.pbh.gov.br/cultura; Av Otacílio Negrão de Lima 16585; ⏰Di–So 9–18 Uhr) GRATIS Einen Blick wert ist das Kunstmuseum, ursprünglich ein Kasino, das deutliche modernistische Einflüsse von Le Corbusier aufweist. Den hübschen Garten entwarf der Landschaftsarchitekt Roberto Burle Marx.

Casa do Baile MUSEUM
(☎3277-7443; www.pbh.gov.br/cultura; Av Otacílio Negrão de Lima 751; ⏰Di–So 9–18 Uhr) GRATIS In dem ehemaligen Ballsaal finden nun alle Arten von Ausstellungen zeitgenössischer Kunst statt. Das wunderbare integrierte Café lädt zu einer Pause ein.

Schlafen

Praça da Liberdade & Norden

Lá Em Casa HOSTEL $
(☎3653-9566; www.laemcasahostel.com; Eurita 30, Santa Tereza; B 32–40 R$, DZ 125 R$, EZ/DZ mit Gemeinschaftsbad 70/100 R$; @📶) Die Besitzerin Marília (süßer als *doce de leite*) und ihr französischer Mann Christophe (die vier Sprachen sprechen) sind perfekte Gastgeber! Ihr Hostel nimmt ein Stadthaus aus den 1930er-Jahren im Viertel Santa Tereza ein. Von Savassi oder dem Centro fährt man mit dem Bus 10 bis 15 Minuten hierher; wenn man mit viel Gepäck anreist, ist ein Taxi (15 R$) allerdings bequemer.

Hotel São Bento HOTEL $
(☎3271-3399; www.hotelsaobento.com.br; Guaranis 438; EZ/DZ/3BZ mit Ventilator ab 85/120/168 R$, EZ/DZ/3BZ/4BZ mit Klimaanlage 115/152/195/242 R$; ❄📶) Ein paar Blocks südlich vom Busbahnhof liegt eines der besten und güns-

tigsten Budgethotels der Innenstadt – solange man nicht in einem der engen, innen liegenden Zimmer mit Fenster zum Gang landet.

Hotel Ibis HOTEL $$
(2111-1500; www.ibis.com.br; João Pinheiro 602, Lourdes; Zi. am Wochenende/unter der Woche ab 169/209 R$;) Auf halbem Weg zwischen der Innenstadt und Savassi und nur ein paar Schritte von der begrünten Praça da Liberdade entfernt, bietet dieses günstige Hotel der Ibis-Kette komfortable, aber unspektakuläre Zimmer in einem hässlichen Hochhaus, das hinter einem hübschen Stadthaus aufragt. Frühstück (optional, 14 R$) und Parkplätze (15 R$) kosten extra.

Othon Palace HOTEL $$
(2126-0000; www.othon.com.br; Av Afonso Pena 1050; Zi. Standard/Deluxe ab 223/267 R$;) Zu den vielen Vorteilen des Viersternehotels gehören die großartige Lage im Zentrum, das mehrsprachige Personal, die geräumigen Zimmer und der Blick über den Parque Municipal aus den oberen Stockwerken. Die Bar und der Pool auf der Dachterrasse zählen zu den besten der Stadt. Verhandeln lohnt sich – manchmal gibt's die Suiten zum Preis eines Standardzimmers.

Savassi, Lourdes & Süden

Laranja Mecânica Hostel & Pousada HOSTEL $
(3291-0192; laranjamecanicahostelpousada.com; Rodrigues Caldas 703, Santo Agostinho; B 40 R$, EZ/DZ 85/125 R$, mit Gemeinschaftsbad 75/115 R$) Das zweistöckige Haus mit Holz- und Marmordetails beherbergt Zimmer mit vier, sechs und acht Betten, ein Doppelzimmer im Obergeschoss mit Privatveranda und eine Einheit im Erdgeschoss mit Privatbad. Es liegt in einem Wohnviertel westlich von Lourdes und Savassi; in die Innenstadt und zum Fernbusterminal (15 Min.) bestehen gute Busverbindungen.

Liberty Palace Hotel HOTEL $$
(2121-0900; www.libertypalace.com.br; Paraíba 1465, Savassi; Zi. 185–350 R$;) In dem praktisch gelegenen Businesshotel in Savassi warten geräumige Zimmer mit komfortablen Betten sowie Pool, Sauna, Fitnessraum und ein exzellentes Restaurant. Am Wochenende zahlt man 30 % weniger als unter der Woche.

Royal Savassi Hotel HOTEL $$$
(2138-0000; www.royalsavassi.com.br; Alagoas 699, Savassi; EZ/DZ unter der Woche 349/379 R$, am Wochenende 170/210 R$;) Am Nordrand von Savassi, gleich östlich der Praça da Liberdade, findet man dieses Hotel mit Business-Touch – ein guter Deal an Wochenenden, wenn sich die Preise halbieren. Zu seinen Annehmlichkeiten zählen plüschige Betten, Flachbildfernseher und Minibars, ein Dach-Jacuzzi sowie das Restaurant Amadeus im Erdgeschoss, das ein üppiges Mittagsbüfett auffährt und dazu Weine aus einem der besten und größten Weinkeller von Minas Gerais kredenzt.

Pampulha

Pousada Sossego da Pampulha POUSADA $$
(3439-3250; www.sossegodapampulha.com.br; Av José Dias Bicalho 1258, Pampulha; EZ/DZ/3BZ/4BZ mit Ventilator 165/195/235/280 R$, mit Klimaanlage 180/210/255/300 R$;) Nur einen Steinwurf vom Seeufer und vom Mineirão-Fußballstadion entfernt liegt diese saubere, gut geführte *pousada*. Sie bietet sich an, wenn man von Norden anreist. Es gibt einen kleinen Pool und eine Dachterrasse mit Blick auf Belo Horizonte und die Berge. Ein Taxi vom Flughafen (2 km entfernt) kostet 10 R$.

Essen

In Belo Horizonte wimmelt es nur so von gutem Essen für jeden Geldbeutel. Einen günstigen Happen findet man in der Gegend zwischen der Praça Sete und Praça da Liberdade; dort gibt's zahllose *lanchonetes* (Snackbars), Restaurants mit Selbstbedienung und Kilopreisen sowie Fast Food. Weiter im Süden bilden die Stadtteile Savassi und Lourdes die Epizentren der feinen Gastronomie. Der Großteil der nicht auf *mineira*-Gerichte spezialisierten Lokale serviert italienisches Essen – was aber keinesfalls bedeutet, dass man nicht auch andere Geschmacksrichtungen finden kann.

Praça da Liberdade & Norden

Casa Cheia MINEIRA $
(3274-9585; Shop 167, Mercado Central; Tagesgerichte 18–23 R$; Mo–Sa 10–17.30, So bis 13 Uhr) Der Name bedeutet „volles Haus" – und wer am Wochenende hierher kommt, versteht, warum. Reihenweise stehen Leute für einen Tisch in diesem alteingesessenen Lokal im Mercado Central an, in dem eine Schar von Frauen an einem gewaltigen Herd traditionelle Leibgerichte zubereitet. Zu den *pratos do dia* (Tagesgerichten) am Samstag gehört

NICHT VERSÄUMEN

COMIDA MINEIRA: DIE WUNDERBARE KÜCHE VON MINAS

Fragt man einen Brasilianer, was er an Minas Gerais am meisten mag, wird er mit Sicherheit das Essen erwähnen. Hier zu speisen ist ein wahrer Genuss. Überall werben Schilder für die *comida mineira* – die herzhafte, kalorienreiche und köstliche lokale Küche. Ihre Gerichte werden traditionell in einem *fogão a lenha* (Holzofen) zubereitet und bestehen größtenteils aus Schweinefleisch, Würsten, Bohnen, Reis und Kohl.

Folgende Spezialitäten – die es im ganzen Land gibt – sollte man probieren:

- **feijão tropeiro** – Bohnen, gemischt mit getoastetem Maniokmehl, knuspriger Speckschwarte, Würsten, Eiern, Kohl, Knoblauch und Zwiebeln
- **goibada** – die süße geleeartige Guavenpaste wird, häufig zusammen mit Käse, als Dessert gegessen
- **gueijo Minas** – der traditionelle Käse aus Kuhmilch
- **tutu à mineira** – ein dickes Püree aus zerstoßenen Bohnen, Knoblauch und Zwiebeln, serviert mit Schweinelende, knuspriger Speckschwarte, Kohl und/oder Reis
- **pao de queijo** – Minas' berühmtes Käsebrot wird am besten heiß aus dem Ofen genossen. Es besteht aus Tapiokamehl, das für seine wunderbare Konsistenz sorgt

Legendär sind auch *cachaça* und Käse aus Minas – man sollte den Staat nicht verlassen, ohne beides probiert zu haben. Weitere Infos zur *comida mineira* und zu brasilianischem Essen im Allgemeinen siehe S. 723.

z. B. *feijoada* (ein Bohnen-Fleisch-Eintopf, der mit Reis serviert wird; das brasilianische Nationalgericht) – nicht verpassen!

Cantina do Lucas MINEIRA, ITALIENISCH **$$**
(www.cantinadolucas.com.br; Av Augusto de Lima 233, Centro; Hauptgerichte 18–23 R$; ⌚ Mo–Do 11.30–2, Fr & Sa bis 4, So bis 1 Uhr) Abseits einer belebten Straße im Zentrum liegt im Erdgeschoss des Maletta-Gebäudes dieses beliebte Restaurant, das die Einwohner Belos seit über 50 Jahren bis in die Morgenstunden verköstigt. Durch den Speiseraum, der mit Holz verkleidet und mit karierten Tischdecken dekoriert ist, schwirren Kellner mit Westen und Krawatten, die Tabletts voller *mineira*-Küche und Pasta servieren. Besonders nach dem sonntäglichen Hippiefest im nahe gelegenen Parque Municipal ist hier jede Menge los.

Savassi, Lourdes & Süden

San Ro ASIATISCH, VEGETARISCH **$**
(Professor Moraes 651; unter der Woche/am Wochenende 36,90/39,90 R$ pro Kilo; ⌚ 11.30–15 Uhr; 🖉) Wer kein Fleisch mag oder eine Pause von der fleischlastigen Minas-Küche braucht, genießt das Büfett in diesem beliebten Lokal, in dem man pro Kilo zahlt.

Marília Pizzeria PIZZERIA **$$**
(☎ 3275-2027; www.mariliapizzeria.com.br; Marília de Dirceu 189, Lourdes; Pizzas 31–59 R$; ⌚ 18 Uhr–open end) Dank langer Öffnungszeiten und einer Wand beleuchteter Flaschen hinter der schicken Bar verströmt das Marília eine jugendliche Atmosphäre. Regelmäßig wird es zu einer der besten Pizzerias in Belo Horizonte gekürt.

Restaurante do Minas Tenis Clube BÜFETT **$$**
(☎ 3516-1310; Rua da Bahia 2244, Lourdes; All-you-can-eat-Mittagsbüfett unter der Woche/am Wochenende 23/40 R$; ⌚ Mo–Sa 11.30–23, So bis 19 Uhr) Mit seinem Mix aus Atmosphäre und Preis ist dieses Büfett im Tennisclub von Belo unter der Woche kaum zu toppen. Im geräumigen, mit Parkett ausgelegten Speisesaal oder auf der palmenbeschatteten Terrasse hinter dem Gebäude mit Blick auf den Pool und die Wasserrutsche kann man nach Herzenslust schlemmen.

Baiana do Acarajé BAHIA **$$**
(☎ 3264-5804; Antônio de Albuquerque 473, Savassi; acarajé 8–21 R$, Hauptgerichte für 2 Pers. 58–130 R$; ⌚ Di & Mi 18–24, Do–So 12–24 Uhr) Gleich bei der Praça da Savassi kann man ein Stück Bahia erleben. Spezialität dieses lebhaften und ungezwungenen Bar-Restaurants sind *acarajé* (mit Krabben gefüllte Bohnenkroketten), daneben werden teurere und gehaltvollere Gerichte wie *moqueca* (Meeresfrüchteeintopf à la Bahia) verkauft. Ein beliebter Ort für ein Bier am frühen Abend.

Vecchio Sogno ITALIENISCH $$$

(☎ 3292-5251; www.vecchiosogno.com.br; Martim de Carvalho 75; Hauptgerichte 49–89 R$; ⌚ Mo–Fr 12–0.30, Sa 18–2, So 12–18 Uhr) Wiederholt zu Belos bestem italienischen Restaurant gewählt (sogar nicht nur zum besten italienischen), lohnt es sich, im Vecchio Sogno einmal in die Vollen zu gehen. Die Hauptgerichte reichen von Ente mit Wildreisrisotto bis zu flambierten Shrimps in Grappa. Vorab reservieren.

A Favorita INTERNATIONAL $$$

(☎ 3275-2352; www.afavorita.com.br; Santa Catarina 1235, Lourdes; Hauptgerichte 49–95 R$; ⌚ 12–24 Uhr) In diesem stilvollen Restaurant im Herzen des schicken Viertels Lourdes ist alles erstklassig. Im hohen Speiseraum werden Spezialitäten wie gegrilltes Fleisch, Desserts und hausgemachte Pasta serviert.

Dona Lucinha II BÜFETT, MINEIRA $$$

(☎ 3261-5930; www.donalucinha.com.br; Sergipe 811, Funcionários; All-you-can-eat-Büfett Erw./Kind 53/26,50 R$; ⌚ Mo–Sa 12–15 & 19–23, So 12–17 Uhr) Bei diesem üppigen Büfett werden täglich 50 *mineira*-Gerichte aufgefahren. Obwohl es hier ziemlich touristisch zugeht und die Preise in letzter Zeit gestiegen sind (was der mehr als erfolgreichen Veröffentlichung eines Kochbuchs durch den Besitzer zu verdanken ist), bleibt das Essen weiterhin überragend.

Pampulha

★ Xapuri MINEIRA $$$

(☎ 3496-6198; www.restaurantexapuri.com.br; Mandacarú 260, Pampulha; Hauptgerichte 36–55 R$; ⌚ Di–Sa 12–23, So bis 18 Uhr) Eine Institution in der Stadt! An Picknicktischen und unter einem Reetdach werden fabelhaft zubereitete *mineira*-Gerichte serviert. Hängematten sind auch in Reichweite – zur Unterhaltung der Kinder vor dem Essen oder für die Entspannung danach. Vorn lodert ein traditioneller Holzofen, während in zwei Vitrinen farbenfrohe *mineira*-Desserts ausgestellt werden.

Ausgehen & Nachtleben

Belo Horizonte ist die selbst ernannte Ausgehstadt Brasiliens – mit Tausenden von *botecos* (Kiezbars). Wer zwischen Mitte April und Mitte Mai herkommt, kann das **Comida-di-Buteco-Festival** (www.comidadibuteco.com.br) miterleben, bei dem Dutzende Lokale darum wetteifern, wer das beste Baressen bereitet. Das Fest wurde 1999 erstmals in Belo gefeiert und hat sich inzwischen auch in anderen brasilianischen Städten verbreitet. Belos Nachtleben spielt sich zum größten Teil in Savassi ab, das voller trendiger Tanzlocations, Late-Night-Clubs und Kneipen ist.

★ Café com Letras CAFÉ

(☎ 3225-9973; www.cafecomletras.com.br; Antônio de Albuquerque 781; Hauptgerichte 20–42 R$; ⌚ Mo–Mi 12–23, Do–Sa 12–24 Uhr, So 17–23 Uhr) Sonntags und montags gibt's Livejazz, donnerstags bis samstags legen DJs auf, die Atmosphäre ist unkonventionell und fröhlich – dieses Buchladen-Café, das auch leichte Mahlzeiten und Getränke serviert, lädt dazu ein, zu verweilen, in Büchern zu stöbern oder das kostenlose Internet zu nutzen. Das Café finanziert zudem Jazzkonzerte beim jährlichen **Savassi-Festival** (www.savassifestival.com.br).

Arcangelo BAR

(2. OG, Ed Maletta, Rua da Bahia 1148; ⌚ So & Mo geschl.) Die beste der vielen Bars im indie-intellektuellen Maletta-Gebäude im Centro hat eine immer überfüllte Open-Air-Terrasse mit tollem Ausblick. Sie wurde zur Bar mit der besten Happy Hour von Beagá gewählt.

Choperia Albanos PUB

(www.albanos.com.br; Pium-i 611, Sion; ⌚ Mo–Fr 18–1, Sa & So 16–1 Uhr) GRATIS In dem beliebten, preisgekrönten Brauereipub mit geräumigem, gefliestem Innenbereich wird das beste Bier Beagás serviert! Zu Happy Hour geht's hier immer hoch her. Eine zweite Filiale befindet sich in **Lourdes** (Rio de Janeiro 2076; ⌚ Mo–Fr 18–1, Sa & So 12–1 Uhr).

Bar Tizé BAR

(☎ 3337-4374; Curitiba 2205, Lourdes; ⌚ Mo–Fr 17–1, Sa & So 12–1 Uhr) Seit 1967 zieht diese Eckkneipe mit ihren auf den breiten Gehweg hinausreichenden Tischen die Massen mit Kübeln eiskalten Biers und preisgekrönter *comida di buteco* an.

Velvet Club CLUB

(velvetclub.blogspot.com; Sergipe 1493, Savassi; ⌚ Mi–Sa 23–3 Uhr) Hier legen DJs Electronica, Rock und Pop auf; gelegentlich spielen auch Livebands.

A Obra CLUB

(www.aobra.com.br; Rio Grande do Norte 1168, Savassi; ⌚ Mi–Sa 22 Uhr–open end) Einer der besten Tanzclubs von Savassi mit Liverock und Indie-Shows.

✪ Unterhaltung

Belo ist eine weltoffene Stadt mit einer dynamischen Kunstszene und einem turbulenten Nachtleben. Von hier stammen erfolgreiche Künstler wie die Tanzgruppe **Grupo Corpo** (www.grupocorpo.com.br), die Bühnenperformer **Grupo Galpão** (www.grupogalpao.com.br), das Puppentheater **Grupo Giramundo** (www.giramundo.org) sowie das Musikensemble **Grupo Uakti** (www.uakti.com.br).

Die Veranstaltungsprogramme sind online unter www.soubh.com.br und www.divirta-se.uai.com.br zu finden. Wöchentliche Programmtipps gibt's auch im Abschnitt „Divirta-Se" der Zeitung *Estado de Minas*.

Theater

Palácio das Artes DARSTELLENDE KUNST
(☎3236-7400; www.palaciodasartes.com.br; Av Afonso Pena 1537) Der Kunstkomplex mit verschiedenen Aufführungsräumen, Spielflächen und Galerien nahe dem Südende des Parque Municipal ist der Dreh- und Angelpunkt der Theater-, Tanz-, Musik- und Konzertszene von Belo. Im Kunst- und Kulturteil des kostenlosen Stadtführers von Belotur (der städtischen Touristeninformation) findet man das aktuelle Programm.

Livemusik

Godofrêdo Bar Musical LIVEMUSIK
(www.godofredog.com; Paraisópolis 738, Santa Tereza; ⏱Di–So 18 Uhr–open end) Jeden Freitag und Samstag strömen Einheimische in die intime Bar in Santa Tereza, um bei Livekonzerten den Clube da Esquina, die bahnbrechende Musikbewegung der 1960er- und 1970er-Jahre, zu feiern. Auf der Bühne stehen auch der Barbesitzer Gabriel Guedes und sein Freund Rodrigo Borges, jeweils Sohn und Neffe der beiden Mitbegründer von Clube.

O Alambique LIVEMUSIK
(☎3296-7188; alambique.com.br; Av Raja Gabaglia 3200, Estoril; ⏱Di–Sa 22–4 Uhr) In diesem ehrwürdigen Nachtclub 6 km südlich des Zentrums mit Platz für 1200 Leute geht's die ganze Nacht lang lebhaft zu – dank Panoramablick auf die Stadt, fünf Themenbars, 70 verschiedenen *cachaça*-Drinks sowie jeder Menge Samba, *sertanejo* und *forró* (Musik aus dem Nordosten).

Gamboa LIVEMUSIK
(www.gamboabh.com.br; Sergipe 1236, Savassi; ⏱Mi–Sa 19–5 Uhr) Der Club im Cabaret-Stil – ein Neuzugang im Herzen von Savassi – zieht eine Mischung aus Einheimischen und Ausländern an, die hier vier Nächte die Woche Livesamba genießen.

DAS MINEIRÃO-STADION: AUSTRAGUNGSORT DER WM 2014

In Belos neu renoviertem **Mineirão-Stadion** (www.minasarena.com.br/mineirao) mit 64 000 Sitzplätzen, das 10 km nördlich des Centro in Pampulha liegt, werden sechs Spiele der FIFA-Fußballweltmeisterschaft 2014 stattfinden, darunter ein Halbfinalspiel. 2016 wird es einer der Austragungsorte bei den Olympischen Spielen sein.

Für die WM fanden zahlreiche Umbauten statt: Das Spielfeld wurde um 3,4 m abgesenkt, um eine bessere Sicht und höhere Sitzkapazität zu erreichen; außerdem entstanden ein Panoramarestaurant sowie eine gewaltige Außenpromenade, auf der 65 000 Leute bei Konzerten, Shopping und besonderen Events Platz finden. Nicht zuletzt wurde ein brandneues Fußballmuseum, das **Museu Brasileiro de Futebol** (Brasilianisches Fußballmuseum; ☎3499-4300; www.minasarena.com.br; Av Antônio Abrahão Caram 1001, Pampulha; ⏱Mo–Fr 9–17, Sa & So bis 13 Uhr) GRATIS eingerichtet. Unter den 12 brasilianischen Gastgeberstädten der Weltmeisterschaft schloss Belo Horizonte seine Vorbereitungen als erste ab.

Sport

Belo Horizonte hat drei Fußballteams: **América** (www.americamineiro.combr), **Atlético Mineiro** (www.atletico.com.br) und **Cruzeiro** (www.cruzeiro.com.br).

🛍 Shoppen

Man sollte Belo Horizonte nicht verlassen, ohne seine wundervollen Straßenmärkte besucht zu haben. Die Einheimischen lieben auch die Einkaufszentren in der Innenstadt und die Luxusboutiquen in Savassi.

Mercado Central MARKT
(Ecke Curitiba & Rua dos Goitacazes; ⏱Mo–Sa 7–18, So bis 13 Uhr) In dieser Markthalle findet man alles von Papageien bis Parfüm – eine für Belo Horizonte typische Einrichtung. Man kann leckere lokale Erzeugnisse probieren, sich in einer der Bars unter die Einheimischen mischen oder einfach hindurchschlendern.

Feira de Arte e Artesanato MARKT
(Feira Hippie; www.feirahippiebh.com; Av Afonso Pena; So 7–14 Uhr) Als eines der wichtigsten gesellschaftlichen Ereignisse in Belo zieht dieser sonntägliche Straßenmarkt riesige Menschenmassen an, die nach Kleidung sowie Schmuck, Fast Food und anderen Dingen suchen. Zwischen der Rua de Bahia und der Rua das Guaiaiaras, eingerahmt vom Grün des Parque Municipal, macht es Spaß, umherzuwandern und ein Stück Stadtleben zu genießen, selbst wenn man nicht in Shoppinglaune ist.

Centro de Artesanato Mineiro
KUNSTHANDWERK
(3272-9516; Av Afonso Pena 1537; Mo–Fr 9–19.30, Sa 9–13.30, So 8–12.30 Uhr) Im Palácio das Artes am Rand des Parque Municipal gelegen, ist dieses regierungseigene Kaufhaus auf *mineiro*-Handarbeiten spezialisiert. Die Auswahl ist gut, die Preise sind allerdings oft höher als in den Kolonialstädten.

Livraria Mineiriana BÜCHER
(3223-8092; www.livrariamineiriana.com; Paraíba 1419; Mo–Fr 9–22, Sa bis 17 Uhr) Toller Buchladen in Savassi.

Orientierung

Belo Horizontes Zentrum ist als Gitternetz großer Avenidas (Alleen) angeordnet, über das sich ein weiteres, kleineres Netz in einem Winkel von 45 Grad legt. Die Grenzen der ursprünglich geplanten Stadt markiert eine Ringstraße namens Avenida do Contorno. Da Belo recht hügelig ist, verläuft ein Weg nicht immer so direkt, wie er auf dem Stadtplan scheinen mag.

Die Hauptachse bildet die Avenida Afonso Pena. Sie verläuft, beginnend am Busbahnhof am nördlichen Ende des Zentrums, diagonal von Nordwesten nach Südosten entlang des baumbestandenen Parque Municipal. Richtung Südosten passiert sie die folgenden wichtigen Praças (Plätze): die belebte Praça Sete, unmittelbar südöstlich des Busbahnhofs; die ruhige Praça da Liberdade, das Herz des Museums- und ehemaligen Regierungsviertels Funcionarios; und die angesagte Praça da Savassi, Zentrum des Nachtlebens und der Schickeria der Stadt.

Außerhalb der Innenstadt bietet Pampulha (8 km nördlich) das größte Kulturangebot und die meisten touristischen Einrichtungen.

Praktische Informationen

GELD

Banken mit Geldautomaten gibt's im Stadtzentrum zwischen der Praça Sete und dem Parque Municipal sowie unweit der Avenida do Contorno in Savassi.

Banco do Brasil (Rio de Janeiro 750)
Bradesco (Rua da Bahia 951)
HSBC (Rua da Bahia 932)

INTERNETZUGANG

In der Stadt findet man zahlreiche Internetcafés.

Pró Terra (Shop 12, Av Augusto de Lima 134; 2 R$ pro Std.; Mo–Fr 8–22 Uhr) Zentral gelegen, mit schnellen Verbindungen und Skype.

NOTFALL

Feuerwehr (193)
Krankenwagen (192)
Polizei (190) In weniger dringenden Angelegenheiten ruft man 3330 5200 an.

TOURISTENINFORMATION

Belo Horizontes Touristeninformation, Belotour, ist eine der besten in Brasilien. Die Geschäftsstellen verteilen den kostenlosen Guia Turístico, einen nützlichen dreisprachigen Führer (Englisch, Spanisch, Portugiesisch), der die Restaurants, Museen, kulturellen Ereignisse und anderen Touristenattraktionen der Stadt katalogisiert und angibt, wie man mit örtlichen Bussen dorthin gelangt. Außerdem beinhaltet der Guia Turístico einen Stadtplan, Informationen über Flug- und Buslinien und alles andere, was man schon immer über Belo wissen wollte.

Belotur (belotur@pbh.gov.br) Filialen gibt's am Busbahnhof (3277-6907; Praça Rio Branco; 8–18 Uhr); außerhalb der Gepäckausgabe am Confins-Flughafen (3689-2557; Mo–Fr 8–22, Sa & So bis 18 Uhr); im Erdgeschoss des berühmten Mercado Central (3277-4691; Mo 9.40–18, Di 8–16.20, Mi–Sa 8–18, So 8–13 Uhr); im Mercado das Flores (3277-7666; Av Afonso Pena 1055; Mo–Fr 8.30–18.30, Sa & So 8–15 Uhr), am westlichen Rand des Parque Municipal und am Seeufer im nördlichen Vorort Pampulha (3277-9987; Av Otacílio Negrão de Lima 855; Di–So 8–17 Uhr).

Alô Turismo (3429-0405; 24 Std.) Belotaurs Hotline für Touristen.

Anreise & Unterwegs vor Ort

BUS

Belos **Busbahnhof** (Praça Rio Branco 100) liegt am Nordende der Innenstadt. Der kostenlose Stadtführer von Belotur listet auf den ersten Seiten alle Telefonnummern der Busunternehmen auf.

In der Hochsaison starten die Busse nach Brasília und in den Nordosten manchmal von anderen Terminals; beim Ticketkauf einfach nachfragen.

Eine Liste der Fahrziele findet man in der Tabelle auf S. 179.

BUSSE AB BELO HORIZONTE

ZIEL	PREIS (R$)	FAHRT-DAUER (STD.)	UNTERNEHMEN
Brasília	123	11–12	União (www.expressouniao.com.br), Itapemirim (www.itapemirim.com.br)
Diamantina	76	5	Pássaro Verde (www.passaroverde.com.br)
Ouro Preto	26	2	Pássaro Verde (www.passaroverde.com.br)
Rio de Janeiro	74–107	6½	Útil (www.util.com.br), Cometa (www.viacaocometa.com.br)
Salvador	214	23	Gontijo (www.gontijo.com.br)
São João del Rei	47	3½	Sandra (www.viacaosandra.com.br)
São Paulo	96–160	8	Cometa (www.viacaocometa.com.br)
Vitória	85–118	9	São Geraldo (www.saogeraldo.com.br), Itapemirim (www.itapemirim.com.br)

FLUGZEUG

Belo Horizonte hat zwei Flughäfen. Die meisten Linien nutzen den internationalen **Aeroporto Confins** (CNF; 40 km nördlich), der für die FIFA-WM renoviert und erweitert wurde. Der **Aeroporto da Pampulha** (PLU; 10 km nördlich) liegt näher am Stadtzentrum, fertigt aber nur Inlandsflüge ab.

Beide Flughäfen bieten Flüge zu fast allen Städten in Brasilien. Eine vollständige Liste der Fluggesellschaften mit Telefonnummern findet man auf den vorderen Seiten des kostenlosen Belotur-Führers.

FLUGHAFENBUSSE

Expresso Unir (☎3663-8000; www.conexaoaeroporto.com.br) betreibt regelmäßige, komfortable Conexão-Aeroporto-Busse zwischen der Innenstadt und den beiden Flughäfen Pampulha und Confins. Der konventionelle Bus (9,25 R$ zu jedem Flughafen) startet zwischen 4.15 und 23.30 Uhr alle 15 bis 45 Minuten vom Busbahnhof und braucht ca. 30 Minuten bis zum Flughafen Pampulha, 50 Minuten bis Confins. Von Confins kehren zwischen 5.15 und 1.15 Uhr regelmäßig Busse in die Stadt zurück.

Unir betreibt einen *executive*-Bus zum Flughafen Confins (20,45 R$, 50 Min.). Er startet zwischen 3.15 und 23 Uhr alle 25 bis 40 Minuten vom **Terminal Álvares Cabral** (Alvares Cabral 387) gleich südwestlich des Parque Municipal. Vollständige Fahrpläne gibt's auf der Website von Unir.

NAHVERKEHRSBUSSE

Belos lokale Busse, betrieben von **BHTrans** (www.bhtrans.pbh.gov.br), folgen einem Farbsystem. Blaue Busse (2,80 R$) fahren die wichtigsten Avenidas im Stadtzentrum auf und ab, die grünen Expressbusse (2,80 R$) halten nur an ausgewählten Punkten, rot-beige Busse (3,40 R$ oder mehr; je nach Entfernung) verbinden die außerhalb gelegenen Vororte mit der Innenstadt und die gelben Busse (2 R$) drehen Runden innerhalb des Zentrums.

Für die FIFA-WM 2014 hat BHTrans drei neue BRT-Linien (Bus Rapid Transport) eingerichtet, die dank exklusiver neuer Busfahrspuren die Reisezeiten halbieren sollen. BRT-Haltestellen in der Innenstadt befinden sich auf den Avenidas Paraná und Santos Dumont; die Hauptlinie nach Norden Richtung Pampulha fährt über die Avenidas Antônio Carlos und Dom Pedro I.

ZUG

Companhia Vale do Rio Doce (☎0800-285-7000; www.vale.com/brasil/EN/business/logistics/railways/trem-passageiros) bietet täglich einen Zug nach Vitória im Bundesstaat Espírito Santo (*econômica/executiva* 56/87 R$, 13 Std.), der um 7.30 Uhr vom Bahnhof an der Praça da Estação, unmittelbar nördlich vom Parque Municipal, abfährt. Er verlässt Vitória um 7 Uhr und kommt um 22.10 Uhr wieder in Belo an.

Rund um Belo Horizonte

In der Umgebung liegen drei faszinierende Höhlen, die sich hervorragend für Tagesausflüge eignen.

Gruta da Lapinha HÖHLE
(☎3689-8422; Erw./Kind 10/5 R$; ⏲Di–So 8.30–16.30 Uhr) Das Highlight hier ist die Véu de Noiva, eine Kristallformation in Form eines Brautschleiers. **Atual** (☎3271 8793) schickt regelmäßig Busse nach Lagoa Santa (6 R$, 70 Min.); von dort nimmt man die Buslinie 306 bis zur Höhle (3,50 R$, 35 Min., ab 7 Uhr alle 40 Min.).

Gruta do Maquiné HÖHLE
(☎3715-1078; www.grutadomaquine.tur.br; Schnellstraße MG-231, km7, Cordisburgo; Erw./Kind 16/

NICHT VERSÄUMEN

ZAUBERHAFTE GÄRTEN & GEWALTIGE KUNST

50 km westlich von Belo in der Nähe der Stadt Brumadinho liegt das beeindruckende **Instituto de Arte Contemporânea Inhotim** (☎3571-9700; www.inhotim.org.br; Rua B, 20, Inhotim, Brumadinho; Erw./Stud. Mi & Do 20/10 R$, Fr–So 28/14 R$, Di Eintritt frei; ⌚Di–Fr 9.30–16.30, Sa & So bis 17.30 Uhr). In dieser weitläufigen Gartenanlage verteilen sich 21 Galerien für Moderne Kunst von Weltrang und zahlreiche Skulpturen im Freien. Viele der hier ausgestellten brasilianischen und internationalen Kunstwerke sind von monumentaler Größe; man hat sogar maßgeschneiderte Galerien für sie gebaut, um sie zeigen zu können. Die Gärten sind seit Oktober 2006 der Öffentlichkeit zugänglich und weiten sich kontinuierlich aus. Hier finden sich 4000 unterschiedliche Pflanzenarten (darunter die weltweit größte Palmensammlung), Pfauen und Seen mit Schwänen. Man kann ganz nach Belieben alleine umherwandeln oder an einem der täglich angebotenen Programmpunkte teilnehmen, die von geschulten Führern mit künstlerischem und naturwissenschaftlichem Hintergrund geleitet werden. Auf der Anlage servieren zehn Restaurants alles von Hotdogs bis hin zu internationalen Gourmetgerichten. Dienstags ist ein toller Tag für einen Besuch, da der Eintritt frei ist; an den Wochenenden ist das Instituto zwar oft überfüllt, bietet aber eine große Auswahl an geführten Touren an.

Von Dienstag bis Sonntag betreibt Saritur um 9.15 Uhr einen Direktbus (hin & zurück 32,50 R$, 1½ Std. pro Strecke) von Belo Horizonte nach Inhotim, die Rückfahrt erfolgt um 16.30 Uhr. Alternativ nimmt man einen der drei täglichen Saritur-Busse von Belo Horizonte nach Brumadinho (16,35 R$, 80 Min.) und von dort ein Taxi zum Museum (15 R$).

8 R$; ⌚8–17 Uhr) Etwa 120 km nördlich von Belo liegt die größte, bekannteste und überlaufenste der Höhlen. Ihre sieben riesigen Kammern werden für geführte Touren beleuchtet. Die Maquiné-Höhle fahren Busse von **Setelagoano** (☎3073-7575) an (35 R$, 2¼ Std., Abfahrt von Belo Horizonte tgl. um 8.30 Uhr, So auch um 12.15 Uhr; Rückfahrt tgl. um 16.20 Uhr, So auch um 14.45 Uhr).

Gruta Rei do Mato HÖHLE

(☎3771-5258; Schnellstraße BR-040, Km 472, Sete Lagoas; Erw./Kind 10/5 R$; ⌚8–16.30 Uhr) Die interessanteste der drei Höhlen liegt in der Nähe von Sete Lagoas, 70 km nördlich von Belo, und birgt prähistorische Malereien sowie Felszeichnungen. Von Belo Horizonte aus nimmt man einen der Busse Richtung Sete Lagoas, die entlang der Schnellstraße BR-040 fahren (19 R$, 70 Min., 7–23 Uhr stdl.), und bittet den Fahrer, am Höhleneingang anzuhalten.

Ouro Preto

☎0XX31 / 70 000 EW. / 1179 M

Von all den schönen Kolonialstädten, die in Minas Gerais verstreut liegen, ist Ouro Preto das Kronjuwel. In der Geschichte spielte die Stadt eine bedeutende Rolle als Mittelpunkt des Goldbergbaus, als Regierungssitz und als Bühne für Brasiliens erste Unabhängigkeitsbewegung. Bis heute bewahrt sie sich ihre Vitalität als Zentrum für Bildung und Künste sowie eines der meistbesuchten Touristenziele Brasiliens.

Das koloniale Zentrum Ouro Pretos, am Fuß des Gebirgszugs Serra do Espinhaço erbaut, ist größer und von der Topografie her steiler als jede andere historische Stadt in Minas. Die verwinkelten Straßen der oberen und unteren Stadtteile sind wirr miteinander verflochten und an manchen Stellen zu uneben und abschüssig für Fahrzeuge. Es kann sehr mühsam sein, sich zu Fuß durch die schwindelerregenden, kopfsteingepflasterten Steigungen und Gefälle zu bewegen. Dafür ist der Ausblick auf 23 Kirchen, die über das ganze hügelige Panorama verstreut liegen, spektakulär. Die Stadt ist ein Aushängeschild in Sachen hervorragender *mineiro*-Kunst und -Architektur und kann einige der erlesensten Werke Aleijadinhos vorweisen.

Geschichte

Der Legende nach soll sich ein Diener bei einer frühen Expedition einige Körner eines eigenartigen schwarzen Metalls in die Tasche gesteckt haben, das er entdeckt hatte, als er aus einem Fluss nahe dem heutigen Ouro Preto trank. Dieses entpuppte sich als Gold, und kurze Zeit später erkannte man, dass es sich bei den lokalen Vorkommen um die größten in der Neuen Welt handelte.

Das Goldfieber verbreitete sich schnell. Im Jahre 1711 gegründet, wurde Vila Rica de Ouro Preto 1721 zur Hauptstadt von Minas Gerais. Mit dem Gold sicherte man sich die Dienste von Barockkünstlern, die die Stadt in ein architektonisches Juwel verwandelten. Auf dem Gipfel des Goldbooms Mitte des 18. Jhs. lebten 110 000 Menschen (vor allem Sklaven) in Ouro Preto, verglichen mit 50 000 in New York und etwa 20 000 in Rio de Janeiro.

Theoretisch wurde das gesamte Gold zu *casas de intendências* (Wiegestationen) gebracht und ein *quinto do ouro* (königliches Fünftel) für die portugiesische Krone auf die Seite gelegt. Doch die Gier der Portugiesen führte zu Aufruhr unter den Einwohnern. Für die Minenarbeiter wurde es immer schwerer, die ständig wachsenden Goldsteuern zu bezahlen. 1789 zettelten die von den Ideen der Französischen Revolution erfüllten Dichter Claudio da Costa, Tomás Antônio Gonzaga, Joaquim José da Silva Xavier (dessen Spitzname wegen seiner Begabung als Zahnarzt Tiradentes – „Zahnzieher" – lautete) und andere einen Aufstand gegen die Portugiesen an. Dieser wurde als Inconfidência Mineira bekannt.

Agenten der Krone schlugen die Rebellion bereits in ihren Anfängen nieder. Gonzaga musste ins Exil nach Mosambik und Costa einige Zeit ins Gefängnis gehen. Tiradentes wurde für drei Jahre eingesperrt. Danach hängte man ihn in Rio de Janeiro und vierteilte ihn anschließend. Sein Kopf wurde in Ouro Preto zur Schau gestellt, sein Haus niedergerissen und der Boden darunter mit Salz bestreut, um sicherzugehen, dass nichts je wieder dort wachsen würde.

1897 verlegte man die Hauptstadt des Bundesstaates von Ouro Preto nach Belo Horizonte. Dies war ausschlaggebend dafür, dass die koloniale Note der Stadt erhalten blieb. 1980 wurde Ouro Preto zur ersten Unesco-Welterbestätte Brasiliens ernannt.

Sehenswertes

Es gibt in Ouro Preto praktisch keine Gebäude aus dem 20. Jh., die diese atemberaubende Kolonialstadt verunstalten könnten. Wenn man durch die Stadt läuft, sollte man nach den historischen Plaketten Ausschau halten, die an 150 Häusern angebracht wurden, um die Neugier der Besucher zu wecken und über die Kulturschätze der Stadt zu informieren – als Teil einer stadtweiten Initiative namens Museu Aberto/Cidade Viva.

Ouro Preto ist in Gemeinden unterteilt, von denen jede ihre eigene Matriz (Mutterkirche) hat. Steht man auf der Praça Tiradentes mit Blick auf das Museu da Inconfidência, liegt Pilar zur Rechten (westlich), Antônio Dias und Santa Efigênia befinden sich links (östlich).

Für einen Ausblick auf die Kirchen und Dächer der Stadt geht man von der Praça Tiradentes nach Nordosten und folgt der Rua Conselheiro Quintiliano fünf Minuten lang in Richtung Mariana.

Praça Tiradentes & Umgebung

Die **Praça Tiradentes** ist das Herz der Stadt und wird von einigen der großartigsten Museen und Kirchen Ouro Pretos gesäumt.

Museu da Inconfidência MUSEUM
(Praça Tiradentes; Erw./Kind 8/4 R$; ⌚ Di–So 12–17.30 Uhr) Das historische Museum auf der südlichen Seite der Praça Tiradentes nimmt ein schönes Gebäude ein, das zwischen 1784 und 1854 entstand (früher waren darin die Kommunalverwaltung und ein Gefängnis untergebracht). Es beherbergt das Grab von Tiradentes, Dokumente der Inconfidência Mineira, Folterinstrumente und wichtige Werke von Manuel da Costa Ataídes und Aleijadinho.

Museu do Oratório MUSEUM
(www.museudooratorio.org.br; Adro da Igreja do Carmo 28; Eintritt 4 R$; ⌚ 9.30–17.30 Uhr) Dieses Museum zeigt eine wunderbare Sammlung aus handgeschnitzten *oratórios* – Miniaturaltären für den Haushalt – sowie tragbaren Schreinen aus dem 17. Jh. Zu finden ist es in der Casa do Noviciado, einem dreistöckigen Kolonialgebäude, in dem Aleijadinho gelebt haben soll, während er in der Igreja NS do Carmo arbeitete.

Igreja NS do Carmo KIRCHE
(Brigadeiro Mosqueira; Eintritt 2 R$; ⌚ Mo–Sa 8.30–11.30 & 13–17, So 10–15 Uhr) Erbaut zwischen 1766 und 1772, ist diese schöne Kirche ein Gemeinschaftswerk der bedeutendsten Künstler der Region. Die Fassade sowie zwei Seitenaltäre schuf Aleijadinho.

Museu de Ciência e Técnica da Escola de Minas MUSEUM
(Praça Tiradentes; Eintritt 6 R$; ⌚ Di–So 12–17 Uhr) Hier sind Edelsteine aus der ganzen Welt zu sehen. Daneben verfügt das Museum über ein **Observatorium** (⌚ Sa 20–22 Uhr).

Ouro Preto

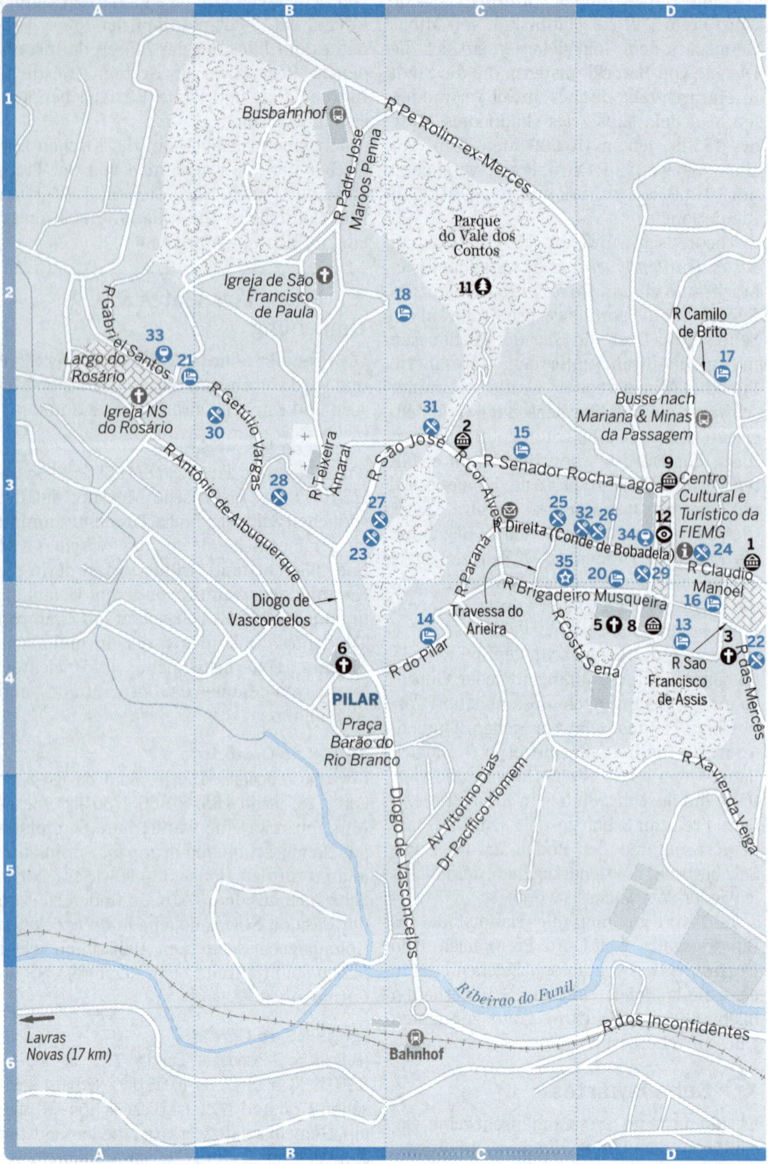

Antônio-Dias-Gemeinde

Igreja de São Francisco de Assis KIRCHE (www.museualeijadinho.com.br; Largo de Coimbra s/n; Eintritt 8 R$; Di–So 8.30–12 & 13.30–17 Uhr) Nach Aleijadinhos Meisterwerk, den *Propheten* in Congonhas, ist diese Kirche das wichtigste Stück brasilianischer Kolonialkunst. Ihr Äußeres versah Aleijadinho selbst mit Bildhauereien, vom Specksteinmedaillon über die Wasserspeier bis hin zum franziskanischen Kreuz mit zwei Querbalken. Das Innere wurde von Aleijadinhos Partner, Manuel da Costa Ataíde, malerisch gestaltet.

Ouro Preto

Sehenswertes

Observatorium .... (siehe 9)
1 Casa de Tomás Antônio Gonzaga D3
2 Casa dos Contos C3
3 Igreja de São Francisco de Assis D4
4 Igreja NS da Conceição de Antônio Dias E4
5 Igreja NS do Carmo D4
6 Matriz NS do Pilar B4
7 Mina do Chico-Rei F4
8 Museu da Inconfidência D4
9 Museu de Ciência e Técnica da Escola de Minas D3
Museu do Aleijadinho .... (siehe 4)
Museu do Oratório .... (siehe 5)
10 Oratório Vira-Saia F4
11 Parque do Vale dos Contos C2
12 Praça Tiradentes D3

Schlafen

13 Brumas Hostel D4
14 Goiabada com Queijo C4
15 Grande Hotel Ouro Preto C3
16 Pousada do Mondego D4
17 Pousada Nello Nuno D2
18 Pousada São Francisco C2
19 Pouso Café com Arte E4
20 Pouso do Chico Rei D3
21 Solar do Rosario A2

Essen

22 Bené da Flauta D4
23 Café e Cia B3
24 Café e Livraria Cultural D3
25 Café Geraes C3
26 Casa do Ouvidor D3
27 Chafariz B3
28 Chocolates Ouro Preto B3
29 Chocolates Ouro Preto D3
30 Hannah B3
31 O Passo C3
32 Quinto do Ouro D3

Ausgehen & Nachtleben

33 Barroco e Barraco A2
34 Taberna Xagrille D3

Unterhaltung

35 Teatro Municipal C3

Igreja NS da Conceição de Antônio Dias

KIRCHE

(Rua da Conceição s/n; Eintritt 8 R$; ⌚ Di–Sa 8.30–12 & 13.30–17.30, So 12–17 Uhr) Aleijadinhos Vater, Manuel Francisco Lisboa, entwarf dieses Gotteshaus, das zwischen 1727 und 1770 errichtet wurde. Aleijadinho selbst liegt ganz in der Nähe des Altars von Boa Morte begraben.

Museu do Aleijadinho

MUSEUM

(www.museualeijadinho.com.br; Rua da Conceição; Eintritt im Ticket für die Igreja NS da Conceição inbegriffen; ⌚ Di–Sa 8.30–12 & 13.30–17, So 12–17 Uhr) Hinter der Igreja NS da Conceição zeigt dieses Museum – eine Hommage auf Brasiliens größten Barockkünstler – Werke von Aleijadinho und anderen Meistern aus dem 18. Jh. Zu sehen sind u. a. Kruzifixe und Oratorien (Nischen mit Heiligenbildern, die böse Geister fernhalten sollen) sowie eine Sammlung religiöser Figuren.

Mina do Chico-Rei MINE
(Dom Silvério 108; Eintritt 10 R$; ⌚8–17 Uhr) Unweit der Matriz NS da Conceição de Antônio Dias liegt die verlassene Mine von Chico-Rei. In den niedrigen Gängen gibt's wenig zu sehen, aber sie sind der perfekte Ort, um über die faszinierende Geschichte des berühmten Königs nachzusinnen, der zum Sklaven und dann wieder zum König wurde (s. S. 188).

Casa de Tomás Antônio Gonzaga HISTORISCHES GEBÄUDE
(Cláudio Manoel 61) In diesem Bau aus dem 18. Jh. konspirierten Gonzaga und die anderen Inconfidentes, um die portugiesische Herrschaft in Brasilien zu beenden.

Pilar-Gemeinde

Matriz NS do Pilar KIRCHE
(Praça Monsenhor Castilho Barbosa; Eintritt 8 R$; ⌚Di–So 9–10.45 & 12–17 Uhr) Im Südwesten der Stadt steht die zweitopulenteste Kirche Brasiliens (nach der São Francisco in Salvador). Sie ist mit 434 kg Gold und Silber geschmückt und stellt eines der herausragendsten Kunstsammelsurien des Landes dar. Man beachte die Kronleuchter in Form von Wildvögeln, die verschnörkelten Kirchentüren und die Haare auf dem Kopf von Jesus (sie sind echt!).

Casa dos Contos MUSEUM
(São José 12; ⌚Di–Sa 10–18, So 10–16, Mo 14–18 Uhr) GRATIS Die Schatzkammer aus dem 18. Jh. diente zugleich als Gefängnis für Mitglieder der Inconfidência. Nun werden in der restaurierten Villa Ausstellungen zur Geschichte des Goldes (und zu Geld im Allgemeinen) in Brasilien gezeigt.

Parque do Vale dos Contos PARK
(www.valedoscontos.com.br; ⌚7–17 Uhr) An der Stelle des botanischen Gartens aus dem 18. Jh. wurde dieser öffentliche Park angelegt. Er schlängelt sich am Fluss entlang vom Busbahnhof bis zur Kirche der Pilar-Gemeinde, unter der Brücke der benachbarten Casa dos Contos hindurch. Als ruhiger Ort mit schönem Ausblick eignet er sich wunderbar für ein Picknick oder eine Pause von den Menschenmengen und Kopfsteinpflastern.

Santa-Efigênia-Gemeinde

Igreja de Santa Efigênia dos Pretos KIRCHE
(Santa Efigênia 396; ⌚Di–So 8.30–16.30 Uhr) Die Kirche aus dem 18. Jh. wurde durch Gold aus der Chico-Rei-Mine finanziert und von der Sklavengemeinde erbaut. Sie ehrt Santa Efigênia, die Prinzessin von Nubien. Das äußere Bildnis der NS do Rosário stammt von Aleijadinho. Der Legende nach spendeten Sklaven für die Kirchenkassen, indem sie ihre von Goldflocken bedeckten Haare in den Taufbecken wuschen oder Goldpulver unter den Fingernägeln und in Zahnlöchern schmuggelten.

Capela do Padre Faria KIRCHE
(Rua da Padre Faria s/n; Eintritt 3 R$; ⌚Di–So 8.30–16.30 Uhr) Ouro Pretos älteste Kapelle, zwischen 1701 und 1704 erbaut, steht am äußersten östlichen Rand der Stadt hinter einem dreibalkigen päpstlichen Kreuz (1756), das die weltliche, geistliche und materielle Macht des Papstes repräsentiert. Benannt ist sie nach einem der ursprünglichen *bandeirantes* (Abenteurern, die im 17. und 18. Jh. das Inland Brasiliens erkundeten), Padre Faria. Aufgrund der lückenhaften Dokumentation bleibt unbekannt, welche Künstler hier arbeiteten.

Oratório Vira-Saia SCHREIN
(Ecke Barão do Ouro Branco & Ladeira de Santa Efigênia) Dies ist das berühmteste von mehreren *oratórios*, die im frühen 18. Jh. von Bewohnern Ouro Pretos in den Straßenecken errichtet wurden, um böse Geister fernzuhalten. Weitere Beispiele sind auf der Rua dos Paulistas und in Antônio Dias zu finden.

Geführte Touren

AGTOP STADTRUNDGANG
(☎3551-2655; 4-/8-stündige Tour für bis zu 10 Pers. auf Portugiesisch 118/165 R$, Ganztagestour auf Englisch, Französisch oder Spanisch 185 R$) Offizielle Stadtführungen kann man in der Touristeninformation buchen. Die hier genannten Preise stammen von einer offiziellen Liste; mit dem Guide selbst lässt sich eventuell ein besserer Deal aushandeln. Das Büro hilft auch bei der Organisation von Wanderungen und Ausritten in der Umgebung.

Feste & Events

Dank des riesigen Studentenanteils von Ouro Preto geht's beim hiesigen **Karneval** (www.carnavalouropreto.com) im Februar/März

SEMANA SANTA IN OURO PRETO

Die Semana Santa (Karwoche) wird in ganz Brasilien gefeiert, doch in Ouro Preto sind die Festlichkeiten besonders umwerfend. Vier Tage lang verwandelt sich die Stadt in eine gigantische Bühne. Den Beginn markiert die feierliche Fußwaschung am Donnerstagabend und die Kreuzabnahme Christi von einem riesigen Kreuz vor der Igreja de São Francisco am Karfreitag.

Das schönste Ereignis wird aber bis in die frühen Morgenstunden des Ostersonntags aufgespart. Samstag gegen Mitternacht beginnen Einheimische damit, Säcke mit buntem Sägemehl an den Straßenecken der ganzen Stadt zu öffnen – der Startschuss für ein die ganze Nacht andauerndes, öffentliches Kunstprojekt, bei dem auf einer Strecke von 3 km die Kopfsteinpflasterstraßen von Ouro Preto mit fantasievollen Mustern versehen werden. Der riesige Teppich markiert die Route der Osterprozessionen am kommenden Morgen. Bis in die frühen 1960er-Jahre folgte Ouro Preto der alten portugiesischen Tradition, die Straßen, durch die die Osterparade zog, mit Blumen und Blättern zu schmücken. In jüngerer Zeit werden aber gefärbte Lederfetzen, Sand, Kaffeesatz und Sägemehl als Materialien für diese *tapetes coloridos* (bunten Teppiche) bevorzugt.

Besucher dürfen bei der Gestaltung der Bilder gern mitmachen. Eine kurze Nacht ist dann aber vorprogrammiert, denn erst weit nach Mitternacht kommt die Sache ins Rollen. Spontan gibt's die ganze Nacht lang überall Musik und alles andere, was gute Laune macht. Ein paar Nachzügler sind noch bis Sonnenaufgang damit beschäftigt, an der Praça Tiradentes, dem Platz, der zuletzt für den Verkehr gesperrt wird, letzte Feinarbeiten zu erledigen. Wer seinen Schönheitsschlaf braucht, sollte am Samstagabend früh schlafen gehen und am Sonntag um 5 Uhr aufstehen, um die Schönheit zu bewundern, die sich über Nacht entfaltet hat. Als ob bunter Schnee gefallen wäre!

Die Bilder – einige religiös, andere profan – wechseln jedes Jahr und überdauern nur wenige kurze Stunden. Nur Augenblicke, nachdem die Prozession vorübergezogen ist, kommen die städtischen Hilfskräfte mit Schaufel und Besen und säubern die Straßen – bis zum nächsten Jahr.

wild und fröhlich zu. Die Stadtregierung veranstaltet kostenlose Livekonzerte auf zahlreichen Bühnen im historischen Zentrum, während die ganze Woche über Dutzende *blocos* (Trommel- und Tanzprozessionen) durch die Straßen ziehen; zwei der besten sind Balanço da Cobra und Bloco do Caixão.

Die Prozessionen zur **Semana Santa** (Osterwoche; März/April) sind ein wahres Spektakel (s. S. 185).

Einmal jährlich am 21. April, dem **Tiradentes-Tag**, beansprucht Ouro Preto die symbolische Rolle als Hauptstadt des Bundesstaates wieder für sich. Weitere erwähnenswerte Kulturevents sind das Filmfestival **CineOP** (www.cineop.com.br) Mitte Juni, das Literaturfestival **Forum das Letras** (www.forumdasletras.ufop.br) Ende Mai/Anfang Juni sowie das einmonatige **Festival de Inverno** (Winterfest). Jedes Jahr im September zieht das **Festival Tudo é Jazz** fünf Tage lang Jazzmusiker aus Brasilien und der ganzen Welt an.

Für Minas ist Congado das, was Candomblé für Bahia und Quimbanda (auch Macumba genannt) für Rio ist: der örtliche Ausdruck des afrochristlichen Synkretismus. Die wichtigsten **Congado-Feiern** finden zu Ehren der Jungfrau do Rosário (23.–25. Okt. in der Capela do Padre Faria), zu Neujahr und am 13. Mai (dem Jahrestag der Abschaffung der Sklaverei) statt.

Schlafen

Praça Tiradentes & Umgebung

Brumas Hostel HOSTEL **$**
(☎3551-2944; www.brumashostel.com.br; Antônio Pereira 43; B ab 35 R$, EZ/DZ ab 90/130 R$; P @) Unschlagbare Lage! Hinter dem Museu da Inconfidência bietet das HI-Hostel in renovierten Räumlichkeiten gepflegte Schlafsäle und Privatzimmer. Die Außenküche mit Lounge blickt auf die umgebenden Hügel.

★ **Pouso do Chico Rei** GASTHOF **$$**
(☎3551-1274; www.pousodochicorei.com.br; Brigadeiro Musqueira 90; EZ/DZ ab 190/220 R$, ohne Bad 90/160 R$; @) Diese sehr gut erhaltene Villa aus dem 18. Jh. gegenüber der Carmo-Kirche ist die beste Mittelklasseoption von Ouro Preto. Sie entzückt mit kolonialem

Charme, Holzböden und einem Frühstücksraum voller handbemalter Antikschränke. Jeder Raum ist einzigartig, die meisten haben historische Möbel und einen tollen Ausblick. Die zwei billigsten Zimmer teilen sich ein Bad. Unbedingt vorab buchen.

Antônio-Dias-Gemeinde

Pouso Café com Arte B&B $

(☎ 3552-2671; cafe.comarte@bol.com.br; Rua das Mercês 45; EZ/DZ 75/85 R$, mit Gemeinschaftsbad 50/75 R$, 4BZ 180 R$; 📶) Dona Consuelo vermietet in ihrem fröhlichen Heim eine Handvoll einfacher Zimmer mit Parkettböden und bunten Wandbehängen. Dank der Lage gleich unterhalb der Igreja São Francisco ein tolles Preis-Leistungs-Verhältnis.

Pousada Nello Nuno POUSADA $

(☎ 3551-3375; www.pousadanellonuno.com.br; Camilo de Brito 59; EZ/DZ/3BZ 110/140/175 R$) Nordöstlich der Praça Tiradentes findet man diese ruhig gelegene, familienbetriebene *pousada*. Um einen mit Steinplatten ausgelegten Hof reihen sich saubere *apartamentos* (Zimmer mit Bädern) mit jeder Menge Kunst. Man spricht Französisch und Englisch.

Pousada do Mondego POUSADA $$$

(☎ 3551-2040; www.mondego.com.br; Largo de Coimbra 38; EZ/DZ ab 294/354 R$, Suite ab 495 R$; @📶) Dieses elegante Gasthaus – in einem kolonialen Herrenhaus aus dem 18. Jh. untergebracht, zeitgenössisch eingerichtet, mit schönen Kunstwerken und einem Blick auf die Igreja de São Francisco de Assis – ist Teil des exklusiven internationalen Verbunds der Hotels de Charme. Abzug gibt's für die winzigen Fenster der Standardzimmer, die direkt unter dem Dachvorsprung versteckt liegen, und den bis spät in die Nacht andauernden Partylärm aus den angrenzenden *repúblicas* (Studentenunterkünfte).

Pilar-Gemeinde

Goiabada com Queijo HOSTEL $

(☎ 3552-3816; goiabadacomqueijohostel@gmail.com; Rua do Pilar 44; B/Zi. 30/90 R$; 📶) Auf halber Strecke zwischen der Praça Tiradentes und dem Bahnhof liegt dieses hübsche Dreizimmerhostel, das von seiner weit gereisten Besitzerin Liliane liebevoll eingerichtet wurde. Sie gibt den Gästen das Gefühl, zu Hause zu sein, spricht Deutsch und Englisch und zeigt einem mit Begeisterung die geheimen Schätze der Stadt.

Pousada São Francisco HOSTEL, PENSION $

(☎ 3551-3456; www.pousadasaofranciscodepaula.com.br; Padre Penna 202; B/EZ/DZ unten ab 30/50/60 R$, EZ/DZ/3BZ/4BZ oben 100/110/160/200 R$; @📶) An einem grünen Hang voller tschirpender Vögel steht dieses Gästehaus mit mehrsprachigen Mitarbeitern und einer Gästeküche. Die beiden oben gelegenen Zimmer mit Panoramablick sind die besten. Vom Busbahnhof folgt man den Schildern fünf Minuten bergab und biegt direkt vor der Igreja São Francisco de Paula nach links. Wer spätnachts ankommt, kann anrufen, um sich abholen zu lassen.

Grande Hotel Ouro Preto HOTEL $$

(☎ 3551-1488; www.grandehotelouropreto.com.br; Rua das Flores 164; EZ/DZ/3BZ 195/235/260 R$, Suite ab 230/290/360 R$; @📶🏊) Oscar Niemeyers Grande Hotel ist von innen viel schöner als von außen. Es liegt zentral, hat einen Pool und einen Barbereich mit Blick über die Stadt und ist weit und breit die einzige modernistische Architektur. Das macht das Hotel auch irgendwie zu einem Schandfleck. Ein besserer Deal als die sterilen, engen Standardzimmer sind die zweigeschossigen Suiten.

Solar do Rosario HOTEL $$$

(☎ 3551-5200; www.hotelsolardorosario.com.br; Getúlio Vargas 270; DZ/Suite unter der Woche ab 360/715 R$, am Wochenende ab 415/826 R$; ❄@📶🏊) Die Lage dieses Viersternehotels gegenüber der Rosário-Kirche ist beneidenswert, und es ist gleichzeitig die nobelste Unterkunft, die hier in den letzten Jahren eröffnet hat. Im Herrenhaus aus dem 18. Jh. befinden sich geräumige Zimmer, die luxuriösen Suiten im Kolonialstil sind im modernen Anbau untergebracht. Alle weiteren Annehmlichkeiten, die gar kein Ende nehmen wollen, liegen in der schönen, terrassierten Anlage hinter dem Komplex. Pools drinnen und draußen und eine Sauna sind nur zwei dieser Extras.

Essen

Viele günstige Imbisse säumen die lebhaften Straßen Direita und São José sowie die Praça Tiradentes.

Praça Tiradentes & Umgebung

Café e Livraria Cultural CAFÉ $

(☎ 3551-3239; Cláudio Manoel 15; Snacks 8,50–17 R$; ⏰ 9–19 Uhr) Unmittelbar unterhalb der

Touristeninformation versteckt sich dieses entspannte Café mit unverputzten Steinwänden, einfachem Essen, raffinierten Kaffeegetränken und einer langen Bier- und Weinliste. Ein guter Ort, um sich zur Orientierung in den Stadtplan zu vertiefen.

Chocolates Ouro Preto CAFÉ **$**
(☎3551-7330; www.chocolatesouropreto.com.br; Praça Tiradentes 111; Snacks 4–13 R$; ⏰9–19 Uhr) Die Schokoladenfabrik von Ouro Preto ist bekannt für ihre heiße Schokolade und weitere sündige Genüsse. Serviert werden auch Sandwiches, Suppen und herzhafte Snacks. Es gibt eine **zweite Filiale** (Getúlio Vargas 66) mit denselben Öffnungszeiten und Preisen.

Quinto do Ouro SELBSTBEDIENUNG **$**
(Direita 76; 42 R$ pro Kilo; ⏰11–15 Uhr) Einheimische lieben dieses Lokal mit Kilopreisen im Untergeschoss an der Hauptstraße von Ouro Preto wegen seines qualitätvollen und vielfältigen *mineira*-Essens. Die Fleischgerichte werden direkt nach dem Bestellen frisch gegrillt.

Café Geraes INTERNATIONAL **$$**
(☎3551-5097; Direita 122; Hauptgerichte 29–52 R$; ⏰12–24 Uhr) Betuchte Studenten und Künstler kommen gern in diesen angesagten Laden und trinken Wein, fachsimpeln und genießen die Salate und Nudel-, Lachs- und Steakgerichte. Unter der Woche zur Mittagszeit lohnt sich der *prato executivo* – ein Hauptgericht, Salat, Nachtisch, Saft oder Kaffee für nur 25 R$. Das **Escadabaixo** im Erdgeschoss serviert exakt dieselben Gerichte, hat aber eher die Atmosphäre einer Kellerhalle.

Casa do Ouvidor MINEIRA **$$**
(☎3551-2141; www.casadoouvidor.com.br; Direita 42; Hauptgerichte 24–51 R$; ⏰11–15 & 19–22 Uhr) Unterhalb der Praça Tiradentes befindet sich das Ouvidor, das schon zahlreiche Auszeichnungen für seine *comida mineira* abgeräumt hat. Der altertümliche Speisesaal im oberen Stock ist abends besonders schön, wenn er bei gedämpfter Beleuchtung seinen rustikalen Charme entfaltet. Unbedingt mit leerem Magen kommen – die Portionen sind riesig.

Antônio-Dias-Gemeinde

Bené da Flauta INTERNATIONAL **$$$**
(☎3551-1036; São Francisco de Assis 32; Hauptgerichte 29–79 R$; ⏰12–22 Uhr) Direkt unterhalb der Igreja de São Francisco nimmt dieses Restaurant zwei Stockwerke eines kolonialen *sobrado* (Herrenhaus) ein. Die offene Atmosphäre, der Ausblick und die Weinkarte runden die Gerichte mit Forelle, Steak, Pasta und *mineira*-Spezialitäten würdig ab – alles hier hat ein gewisses Flair.

Pilar-Gemeinde

Café e Cia SELBSTBEDIENUNG **$**
(☎3551-6515; São José 185; 41,90 R$ pro Kilo; ⏰11–16 Uhr) Seit eh und je beliebt, hat dieses Café einen luftigen Sitzbereich hinter dem Haus mit Blick auf den kleinen Bach. Das Mittagsbüfett mit Selbstbedienung umfasst vor allem *mineira*-Gerichte.

★ **O Passo** ITALIENISCH **$$**
(São José 56; Pizza 24–54 R$; ⏰12–24 Uhr) In einem reizenden Gebäude aus dem 18. Jh. besticht dieses Restaurant durch persönliche, von Kerzenlicht erhellte Räume mit Marmorwänden. Auf der langen Speisekarte stehen Pizza, Pasta und Salate, außerdem gibt's eine gute Weinkarte. Die entspannte Terrasse im Freien mit Blick über die Casa dos Contos lädt nach dem Abendessen zu einem gemütlichen Drink ein. Dienstagabends ist *rodízio de pizzas* (All-you-can-eat-Pizza, 29,90 R$) angesagt. Nicht verpassen!

Chafariz BÜFETT **$$**
(☎3551-2828; São José 167; All-you-can-eat 40 R$; ⏰12–16.30 Uhr) In dieser Institution bekommt man eine vielseitige Deko aus alten Fotos, religiöser Kunst, brasilianischen Flaggen und Antiquitäten zu sehen – und es gibt eines der besten (allerdings auch teuersten) Büfetts in ganz Minas. Auf der Speisekarte finden sich traditionelle Leibspeisen aus der Region wie *lombo* (Schweinelende), Minas-Käse zum Abschluss und *goiabada* (Guavenpaste) als Nachtisch. Die Kellner bringen außerdem *cachaća*-Shots, Kaffee und *jabuticaba*-Likör – alles im Preis inbegriffen.

Hannah JAPANISCH, NAHÖSTLICH **$$**
(www.hannahop.com.br; Getúlio Vargas 241; Hauptgerichte 22–50 R$; ⏰18–24 Uhr) Der Newcomer in Ouro Pretos Gastronomieszene serviert eine unkonventionelle, aber leckere Mischung aus japanischem und vorderasiatischem Essen: von Tempura, Yakisoba (Bratnudeln) und *temaki* (Sushitüten) bis hin zu Lamm mit Couscous oder *koftas* (Fleischbällchen) in Tomatensoße. Das *rodizio de comida japonesa* am Mittwochabend ist ein toller Deal: Es bietet Sushi, soviel man will, und weitere japanische Köstlichkeiten für nur 44,90 R$.

CHICO-REI

Brasiliens erster Sklavereigegner war der afrikanische Stammeskönig Chico-Rei. Anfang des 18. Jhs., mitten im Wahnsinn des Goldrausches, wurde ein kompletter Stamm mitsamt König in Afrika gefangen genommen, nach Brasilien verfrachtet und dort an einen Minenbesitzer in Ouro Preto verkauft.

Der König, Chico-Rei, fungierte als Vorarbeiter der in der Mine tätigen Sklaven. Er schuftete auch sonn- und feiertags und konnte sich so schließlich von seinem Herrn freikaufen, woraufhin er seinen Sohn Osmar befreite. Zusammen erlösten Vater und Sohn ihren Stamm aus der Sklaverei.

Anschließend kaufte die Gemeinschaft die sagenhaft reiche Goldmine Encardadeira, und Chico-Rei übernahm wieder seine königlichen Aufgaben; er hielt in Vila Rica Hof und feierte die afrikanischen Festtage in traditionellen Gewändern. Diese Neuigkeiten erreichten auch den portugiesischen König, der umgehend verbieten ließ, dass sich Sklaven freikaufen konnten. Heute gilt Chico-Rei unter den Afrobrasilianern als Volksheld.

Ausgehen & Unterhaltung

Abends und an den Wochenenden treffen sich die Studenten auf der Praça Tiradentes und bevölkern die Bars an der nahe gelegenen Direita.

Barroco e Barraco BAR
(www.barrocoebarraco.com.br; Gabriel Santos 16; ⌚Mo–Do 14–22, Fr & Sa 16 Uhr–open end) In dieser Künstlerbar versammeln sich jeden Nachmittag und Abend die Einheimischen, um Wein zu trinken und hausgemachte Barsnacks (15–25 R$) zu genießen. Man sitzt an Tischen auf dem Gehsteig oder auf Kissen an der Steinmauer mit Blick auf die Igreja NS do Rosário. Im angeschlossenen Geschäft werden lokale Kunstwerke verkauft, und an den meisten Freitag-/Samstagabenden gibt's Livekonzerte.

Taberna Xagrille BAR
(tabernaxagrille.com.br; Praça Tiradentes 64; ⌚Di–Do 18 Uhr–open end, Fr–So 12 Uhr–open end) Versteckt in einem kleinen Keller aus dem 18. Jh., gleich unterhalb des Praça Tiradentes, liegt dieses Bar-Restaurant mit regelmäßigem Jazz, Tango, MPB (Música Popular Brasileira) und anderen Livekonzerten.

Teatro Municipal THEATER
(Casa da Ópera; casadaoperaop.blogspot.com; Brigadeiro Musqueira s/n) Das 1769 erbaute Theater ist das älteste von Minas Gerais. Es verfügt über 280 Sitzplätze und veranstaltet gelegentlich Liveshows.

Orientierung

Die meisten Straßen der Stadt haben gleich zwei Namen: den offiziellen und den, der von den Einheimischen verwendet wird, da der eigentliche Name zu lang ist. So wird z. B. die Rua Conde de Bobadela, die von der Praça Tiradentes wegführende, wichtigste Durchfahrtsstraße, allgemein als Direita bezeichnet, und die Rua Conselheiro Quintiliano, die Straße nach Mariana, auch Rua das Lajes genannt. Um das Chaos perfekt zu machen, sind die Straßennamen meist gar nicht angeschrieben.

Praktische Informationen

Banco do Brasil (São José 189)

Bradesco (Praça Tiradentes 44)

Centro Cultural e Turístico da FIEMG (☎3551-3637; www5.fiemg.com.br; Praça Tiradentes 4; ⌚9–19 Uhr) Bietet Infos in Englisch, Spanisch und Französisch sowie eine Broschüre, die alle Öffnungszeiten der Museen und Kirchen auflistet und einen groben Stadtplan enthält.

Compuway (Praça Tiradentes 52A; 4 R$ pro Std.; ⌚Mo–Fr 8–21, Sa 9–18 Uhr) Internet im Herzen der Stadt.

HSBC (São José 201)

An- & Weiterreise

BUS

Fernbusse fahren von Ouro Pretos größtem **Busbahnhof** (☎3559-3252; Rua Padre Rolim 661) am nordwestlichen Ende der Stadt ab (10 Gehminuten oberhalb der Praça Tiradentes). Wenn viel los ist, sollte man sein Ticket einen Tag vorher kaufen.

Pássaro Verde (www.passaroverde.com.br) bietet Verbindungen nach Belo Horizonte (25 R$, 2 Std., 6–20 Uhr stündlich); **Útil** (☎3551-3166; www.util.com.br) fährt nach Rio (*convencional/executivo/semi-leito* 76/107/119 R$, 10 und 22 Uhr, tgl.) und São Paulo (129 R$, 11 Std., 7.30 und 19 Uhr, tgl.); der Bus nach São Paulo hält auch in São João del Rei (51 R$, 4 Std.).

Um nach Mariana oder Minas de Passagem zu gelangen, nimmt man einen lokalen Transcotta-Bus (S. 190, 3,20 R$, 6–23 Uhr alle 20 Min.) von der lokalen Bushaltestelle gleich nordöstlich der Praça Tiradentes.

ZUG

Ferrovia Centro-Atlântica (S. 197) betreibt einen restaurierten historischen Touristenzug, der an den Wochenenden zwischen Ouro Preto und Mariana pendelt (1 Std., einfach/hin & zurück 40/50 R$; klimatisiert 60/80 R$). Er startet Freitag und Samstag zweimal täglich, Sonntag dreimal täglich vom **Bahnhof** (☎ 3551-7705; Praça Cesário Alvim 102) Ouro Pretos. Die 18 km lange Strecke ist schön, braucht aber Zeit und schlängelt sich den ganzen Weg über an einer Flussschlucht entlang. Fährt man in Ouro Preto ab, hat man von der rechten Seite aus den besten Blick, ab Mariana von der linken.

ℹ Unterwegs vor Ort

Ein kleiner Bus von Viação Turin (2 R$) fährt zwischen dem Busbahnhof und Capela do Padre Faria auf der Ostseite der Stadt und hält unterwegs im historischen Zentrum an vielen Stellen.

Mariana

☎ 0XX31 / 54 000 EW. / 712 M

Edle Kolonialarchitektur und zwei der schönsten Plätze in Minas zieren das entzückende 1696 gegründete Mariana, das eine der ersten Siedlungen des Staates war und auch als seine erste Hauptstadt diente. Da es nur 14 km von Ouro Preto entfernt liegt, kann Mariana auf einem Tagesausflug besucht oder als Ausgangspunkt für die Erkundung beider Städte genutzt werden. In seinem kompakten historischen Zentrum findet man sich besser zurecht als in jenem von Ouro Preto. Nicht nur, weil es kleiner ist, sondern auch, weil die Hügel nicht so steil sind. Die Erdgeschosse vieler historischer Herrenhäuser wurden mittlerweile zu Läden, Boutiquen und Künstlerwerkstätten umgebaut, in denen man nach Lust und Laune stöbern kann.

Sehenswertes

Alle Sehenswürdigkeiten liegen nahe beieinander. Zwei Häuserblocks bergauf von der Touristeninformation und der Bushaltestelle für Busse aus Ouro Preto prangt die Praça Minas Gerais mit einem der schönsten Ensembles öffentlicher Gebäude im ganzen Bundesstaat.

Igreja São Francisco de Assis — KIRCHE

(Praça Minas Gerais; Eintritt 2 R$; ⏲ Di–So 9–12 & 13–16 Uhr) Marianas schönste Kirche entwarf Aleijadinho, dessen Arbeit auch an den Kanzeln und in Details der Inneneinrichtung zu sehen ist. Die Deckenpaneele in der Sakristei wurden von dem einheimischen Künstler Ataíde bemalt, der hier mit 94 anderen Seelen begraben liegt.

Praça Gomes Freire — PLATZ

Einen Häuserblock unterhalb der Praça Minas Gerais erstreckt sich die Praça Gomes Freire mit einem Teich, einem Pavillon und von gewaltigen Bäumen beschatteten Parkbänken. Ein toller Ort, um sich zu setzen und alle Welt an sich vorüberziehen zu lassen.

Catedral Basílica da Sé — KIRCHE

(☎ 3558-2785; www.orgaodase.com.br; Praça Cláudio Manuel; Orgelkonzerte 24 R$; ⏲ Di–So 8–18 Uhr, Orgelkonzerte Fr 11.30, So 12.15 Uhr) Die Hauptattraktion der Kathedrale ist ihre fantastische deutsche Orgel von 1701, bemalt im Stil der damals portugiesischen Kolonie Macau und mit geschnitzten Holzengeln verziert. Zweimal wöchentlich finden Orgelkonzerte statt.

Museu Arquidiocesano de Arte Sacra — MUSEUM

(☎ 3557-2581; Frei Durão 49; Eintritt 5 R$; ⏲ Di–So 8.30–12 & 13.30–17 Uhr) Neben der Kathedrale zeigt dieses Museum Skulpturen von Aleijadinho, Gemälde von Ataíde und andere sakrale Objekte.

Cia Navegante Teatro de Marionetes — MARIONETTENTHEATER

(☎ 3557-3927; www.cianavegante.com.br; Seminário 290; ⏲ 9–18 Uhr) Im alteingesessenen Marionettentheater, das von dem lokalen Künstler Catin Nardi gegründet wurde,

ABSTECHER

MINAS DA PASSAGEM

Auf halbem Weg zwischen Ouro Preto und Mariana liegt diese historische **Goldmine** (☎ 3557-5000; www.minasdapassagem.com.br; Erw./Kind 30/26 R$; ⏲ Mo & Di 9–17, Mi–So bis 17.30 Uhr), die 1719 geöffnet wurde. Bei den Führungen fährt man mit alten Seilbahnen in den Schacht ein. Die Guides erläutern die Geschichte der Mine und die lokalen Fördermethoden; anschließend besucht man einen unterirdischen See und einen Schrein für die vielen schwarzen Sklaven, die bei Sprengungen des Felsens starben. Alle Busse zwischen Preto und Mariana (3,20 R$) lassen einen auf Wunsch hier aussteigen.

kann man bei der Herstellung von Marionetten zuschauen und auch alte bewundern, die schon in brasilianischen TV-Miniserien aufgetreten sind.

Igreja NS do Carmo KIRCHE
(Praça Minas Gerais; ⌚9–11.45 & 13–16 Uhr) Obwohl die Kirche auf dem Hauptplatz 1999 bei einer Feuersbrunst schwer beschädigt wurde, blieb der originale Rokoko-Chor (als einziges unversehrtes Element) erhalten.

Schlafen

Hostel Mariana HOSTEL $
(☎3557-1435; www.hostelmariana.com.br; Mestre Vicente 41; B/EZ/DZ 50/70/130 R$;) Ein paar Blocks unterhalb des Hauptplatzes steht Marianas HI-Hostel mit den besten Preisen der Stadt sowie sauberen Schlafsälen und Privatzimmern (alle mit eigenem Bad).

Pouso da Typographia POUSADA $$
(☎3557-1577; Praça Gomes Freire 220; EZ/DZ/3BZ Fr–So 100/180/200 R$, Mo–Do 180/260/300 R$;) Reinschauen lohnt sich hier schon wegen der alten Druckmaschinen im Foyer. Aber auch die zentrale Lage am schönsten Platz Marianas ist unschlagbar. In den vorderen Zimmern kann es am Wochenende etwas laut werden.

Hotel Providência HOTEL $$
(☎3557-1444; www.hotelprovidencia.com.br; Dom Silvério 233; EZ/DZ/3BZ/4BZ 116/204/275/314 R$;) Zwei Blocks bergauf von der Praça Minas Gerais bietet dieses Hotel einladende Zimmer mit weißer Bettwäsche und hohen Decken. Es ist in einem Gebäude von 1849 untergebracht und teilt sich einen Pool mit der katholischen Schule nebenan.

Essen & Ausgehen

★ **Lua Cheia** SELBSTBEDIENUNG $
(☎3557-3232; Dom Viçoso 58; 27 R$ pro Kilo; ⌚Mo–Fr 11–15, Sa & So bis 16 Uhr) Marianas bestes Restaurant mit Kilopreisen liegt einen Block südlich der Praça Gomes Freire und lockt mit einem reichhaltigen Büfett sowie stimmungsvollen Sitzbereichen im luftigen Kolonialgebäude oder im schirmbestandenen Hinterhof.

O Rancho BÜFETT, PIZZERIA $$
(☎3558-1060; Praça Gomes Freire 108; All-you-can-eat-Büfett 22 R$, Pizza 26–40 R$; ⌚Di–So 11–15 & 18–24 Uhr) Das O Rancho ist gemütlich und auf *mineira*-Gerichte spezialisiert. Auf dem Holzofen steht immer ein blubbernder Suppentopf, und wer mal eine Pause von Reis mit Bohnen braucht, bekommt hier auch eine Pizza.

Bar Scotch & Art BAR
(Praça Minas Gerais 57; ⌚Di–So 18.30–2 Uhr) Das Angebot in der Eckbar umfasst eine große Auswahl an Getränken und hausgemachten Snacks. Serviert werden diese in den gemütlichen Innenräumen oder auf der Schieferterrasse mit Blick auf die Praça Minas Gerais.

Praktische Informationen

Bradesco (Av Salvador Furtado) Geldautomaten einen Block unterhalb des Kathedralenplatzes.

Mundo Virtual Lan House (Praça da Sé 52; 2,50 R$ pro Std.; ⌚Mo–Sa 8–22, So 9–21 Uhr) Relativ schnelles Internet sowie Skype.

Postamt (Padre Gonçalves Lopes) Gleich unterhalb der Kathedrale.

Terminal Turístico (☎3557-1158; www.mariana.org.br; Praça Tancredo Neves; ⌚8–12 & 13.30–17 Uhr) Gleich außerhalb der Altstadt auf dem Platz, auf dem die Busse aus Ouro Preto halten. Bietet Infos zur Stadt und geführte Touren.

An- & Weiterreise

Regelmäßig fahren Transcotta-Busse (S. 188) zwischen Ouro Preto und Mariana (3,20 R$, 30 Min., 6–23 Uhr mind. 2-mal stündlich). In Mariana befindet sich die Bushaltestelle gegenüber der Touristeninformation auf der Praça Tancredo Neves; in Ouro Preto nimmt man den Bus von der lokalen Bushaltestelle nordöstlich der Praça Tiradentes.

Marianas Busbahnhof für Fernbusse, die Rodoviária dos Inconfidentes, liegt ca. 2 km außerhalb der Stadt. Angesteuert werden u. a. Belo Horizonte (28 R$, 2½ Std., mehrmals tgl.) und São Paulo (119 R$, 11 Std., tgl. 18.30 Uhr). Auch der Transcotta-Bus ab Ouro Preto hält hier auf seinem Weg in die Innenstadt von Mariana.

Marianas malerischer, orangeweißer Bahnhof liegt nur zwei Blocks von der örtlichen Haltestelle für Busse nach Ouro Preto entfernt. Züge (S. 197) von Mariana nach Ouro Preto fahren freitags bis sonntags zweimal täglich. Ein Museum und ein Spielplatz helfen dabei, sich die Wartezeit am Bahnhof zu vertreiben.

Lavras Novas

☎0XX31 / 1000 EW. / 1510 M

Lavras Novas, benannt nach den 1704 hier neu entdeckten Goldvorkommen, liegt 17 km von Ouro Preto entfernt auf einem Hochplateau und wird von einem weitläufigen Bergpanorama eingerahmt. Als das Gold Ende des 18. Jhs. langsam versiegte, ließ sich in dem Dorf eine kleine Gemeinde befreiter Sklaven nieder, und viele ihrer Nachkommen leben hier bis heute. Die kopfsteingepflasterte Hauptstraße führt an bunten Häusern vorbei und direkt auf den Mittelpunkt des Ortes, die **Igreja NS dos Prazeres**, zu.

In den letzten zehn Jahren hat der Tourismus Lavras für sich entdeckt, und dank der frisch asphaltierten Zugangsstraße gibt's einen kleinen Boom an neuen *pousadas* und Ökotourismus-Agenturen; an betriebsamen Wochenenden hat man manchmal das Gefühl, dass sich hier mehr Gäste als Einheimische tummeln. Wer weniger zahlen und die friedliche Ruhe des abgelegenen Örtchens genießen will, sollte unter der Woche herkommen.

Aktivitäten

Rund um den Ort offerieren mehrere Anbieter geführte Wanderungen und Reittouren zu Attraktionen der Umgebung, z. B. zu den Wasserfällen **Três Pingos** und **Namorados**. Wer sein eigenes Ding machen will, besorgt sich eine kostenlose, aber sehr einfache Wanderkarte in der Pousada Palavras Novas.

Schlafen & Essen

Unter der Woche ist in den *pousadas* wenig los, am Wochenende und rund um die Feiertage (wenn der Mindestaufenthalt zwei Nächte beträgt) sollte man aber reservieren.

Taberna Casa Antiga e Chalés Galo do Campo CHALET **$$**
(☎ 9957-8189; www.lavrasnovas.com.br/galodocampo; Alto do Campo 213; DZ unter der Woche 180–220 R$, am Wochenende 220–280 R$) Am Ortsrand stehen unter Bäumen diese netten Chalets, die auf Pferdekoppeln und die Berge der Umgebung blicken. Das rustikale, aber schicke **Restaurant** mit Bar gleich nebenan ist von Kerzen beleuchtet und verfügt über Sofas und Sitznischen mit Vorhängen; auf der Speisekarte steht internationale Küche und an den Wochenenden spielen Livebands Blues.

Palavras Novas POUSADA **$$**
(☎ 3554-2025; www.pousadapalavrasnovas.com.br; NS dos Prazeres 1110; DZ unter der Woche/am Wochenende ab 180/240 R$, Chalet mit Whirlpool unter der Woche/am Wochenende 320/400 R$;) Wer etwas Luxus sucht, findet hier alles, was das Herz begehrt: Feuerstellen, Nachmittagstee, Whirlpools, DVD-Player auf den Zimmern, eine Sauna, einen Wellnessbereich und einen beheizten Pool, eine schöne Bergkulisse und an den Wochenenden Livemusik. Jedes Wochenende werden Gruppenwanderungen angeboten.

An- & Weiterreise

In Ouro Preto starten vor dem Bahnhof (*nicht* dem Busbahnhof) lokale Busse von **Transcotta** (☎ 3551-2385) nach Lavras Novas (5,10 R$, 45 Min.). Von Dienstag bis Freitag verkehren täglich drei Busse in jede Richtung, montags vier und samstags sowie sonntags jeweils einer.

Congonhas

☎ 0XX31 / 49 000 EW. / 871 M

Die kleine Industriestadt wurde durch die beeindruckende Präsenz von Aleijadinhos außergewöhnlichen *Propheten* an der Basílica do Bom Jesus de Matosinhos vor der Bedeutungslosigkeit bewahrt. Fast scheint es, als führten die pathetischen Statuen ein Ballett auf, und es ist ein besonderes Gefühl, sich zwischen ihnen zu bewegen. Sie sind Aleijadinhos Meisterstück und das berühmteste Kunstwerk Brasiliens. Allein, um sie zu sehen, lohnt sich der Aufwand, hierherzukommen.

Congonhas liegt 72 km südlich von Belo Horizonte, 3 km abseits der Schnellstraße BR-040. Die Stadt wuchs mit der Goldsuche im nahen Rio Maranhão heran. Heute wird ihre Wirtschaft durch den Eisenerzabbau in der Umgebung bestimmt.

Sehenswertes

Aleijadinho schuf *Die Propheten* zwischen 1800 und 1805, als er bereits ein alter Mann war, krank und verkrüppelt. Alle zwölf alttestamentarischen Figuren, die symmetrisch vor der **Basílica do Bom Jesus de Matosinhos** angeordnet sind, wurden aus einem oder zwei Specksteinblöcken herausmodelliert. Jede trägt eine Botschaft in lateinischer Sprache: Einige sind optimistische Prophezeiungen, andere warnen vor dem Ende der Welt.

Viel ist schon über diese Skulpturen geschrieben worden – über ihre dynamische Eigenschaft, den Eindruck von Bewegung (sehr ähnlich einem Hindutanz oder Ballett), wie sie einander ergänzen und wie ihre Anordnung verhindert, sie isoliert zu betrachten. Der Dichter Carlos Drummond de Andrade schrieb, dass die ausdrucksstarken Gesichter und Gesten „herrlich, schrecklich, ernst und milde" seien, und kommentierte „die Art, wie die menschen-

ALEIJADINHO

Antônio Francisco Lisboa (1738–1814), heute weltweit bekannt als Aleijadinho (kleiner Krüppel), war der Sohn eines portugiesischen Architekten und einer schwarzen Sklavin. Seinen Spitznamen bekam er irgendwann in den 1770er-Jahren, als der Künstler unter einer schrecklichen Krankheit zu leiden begann. Dies kann Syphilis oder vielleicht Lepra gewesen sein – so oder so verlor er Finger und Zehen und konnte seine Unterschenkel nicht mehr bewegen.

Davon unbeeindruckt band sich Aleijadinho Hammer und Meißel an seine Arme und arbeitete weiter. Mit seiner Arbeit führte er die Kunst seines Landes aus den Exzessen des Barocks hin zu einer feineren, anmutigeren Form, bekannt als Barroco Mineiro.

Die *mineiros* haben allen Grund, auf Aleijadinho stolz zu sein – er ist in der Kunstgeschichte eine international bekannte Persönlichkeit. Anhand von Bildern studierte er die Traditionen des europäischen Barocks und Rokokos, entwickelte aber seinen eigenen einzigartigen Stil weiter und benutzte dabei nur Materialien aus der Natur, z. B. Speckstein und Holz. Aleijadinhos Engel tragen seine stilistische Signatur: gelocktes Haar, weit geöffnete Augen und feiste, runde Wangen.

Viele Jahre lang arbeitete Manuel da Costa Ataíde aus dem nahe gelegenen Mariana erfolgreich mit Aleijadinho zusammen. Gemeinsam gestalteten sie mehrere Kirchen: Aleijadinho formte die Fassade und einige Stücke des Innenraums, Ataíde bemalte die Innenflächen. Mit seinen geheimen, selbst gemischten pflanzlichen Farbstoffen rundete Ataíde viele von Aleijadinhos Schöpfungen ab.

Aleijadinhos Grab befindet sich in der Matriz NS da Conceição de Antônio Dias in Ouro Preto, nur 50 Schritte von seinem Geburtsort entfernt. 1973 wurde er auf öffentliche Anordnung zum Schutzpatron der brasilianischen Künste ernannt. *Die Propheten* in Congonhas, die Igreja de São Francisco de Assis und die Fassade der Igreja de NS do Carmo, beide in Ouro Preto, wurden alle von Aleijadinho aus dem Stein geschlagen, ebenso wie unzählige Reliquien in Mariana, Sabará, Tiradentes und São João del Rei.

großen Statuen überlebensgroß erscheinen, da sie mit dem Himmel im Rücken auf den Betrachter herabsehen".

Bevor er an den *Propheten* arbeitete, schnitzte Aleijadinho die hölzernen Statuen (oder beaufsichtigte seine Assistenten beim Schnitzen), die in den sechs kleinen **Kapellen** unterhalb aufgestellt wurden. Die Kapellen selbst – ebenfalls nach Aleijadinhos Entwürfen gebaut – und ihre Anordnung auf dem abschüssigen Grundstück sind großartig. Wunderschön fällt das Licht vor dem dunklen Berghintergrund auf die blassen Kuppeln.

Jede Kapelle zeigt eine Szene aus der Passion Christi, und einige davon stellen Jesus mit einem roten Mal am Hals dar. Obwohl nur wenig über Aleijadinhos politische Gesinnung bekannt ist, interpretieren etliche einheimische Historiker dies so, dass Aleijadinho damit Parallelen zwischen dem gemarterten Christus und dem getöteten Unabhängigkeitskämpfer Tiradentes ziehen wollte. Aleijadinhos Skulpturen römischer Soldaten stützen diese Theorie: Sie haben alle zwei linke Füße und tragen knöchelhohe Stiefel – Schuhe, die unter den Kolonialportugiesen beliebt waren.

Feste & Events

Vom 7. bis 14. September findet hier eines der bedeutendsten religiösen Feste von Minas statt, das **Jubileu do Senhor Bom Jesus do Matosinhos**. Jedes Jahr strömen etwa 600 000 Pilger nach Congonhas, um Gelübde abzulegen, gesegnet zu werden und Almosen zu geben und zu empfangen. Genauso spektakulär sind die Prozessionen der **Osterwoche** (April/Mai), vor allem die Aufführungen am Karfreitag.

Schlafen & Essen

Man kann einen frühen Bus nach Congonhas nehmen und nachmittags wieder zurückfahren. Da es hier außer Aleijadinhos Kunstwerk nicht viel zu sehen gibt, bleiben die wenigsten über Nacht. Was für eine Übernachtung spricht, ist die Möglichkeit, die Statuen kurz nach Sonnenaufgang zu betrachten, wenn sie im morgendlichen Licht besonders schön zur Geltung kommen.

Hotel Colonial HOTEL **$**
(☎ 3731-1834; www.hotelcolonialcongonhas.com.br; Praça da Basílica 76; EZ/DZ 60/120 R$; 📶) Direkt gegenüber Aleijadinhos Meisterstücken

steht das Colonial, dessen riesige Gänge und hohe Decken noch vom verblassten Glanz vergangener Zeiten zeugen. Die meisten Zimmer sind geräumig und die Bäder überraschend modern.

Cova do Daniel MINEIRA **$$**

(☎3731-1834; Praça da Basílica 76; Hauptgerichte für 2 Pers. 45–60 R$; ⌚Di–So 11–23, Mo 9–18 Uhr) Das Restaurant im Erdgeschoss des Hotel Colonial hat sich auf *mineira*-Klassiker wie *feijão tropeiro* und *tutu à mineira* spezialisiert. Eine empfehlenswerte Mittagsoption für Tagesausflügler.

An- & Weiterreise

Congonhas liegt an der Busstrecke zwischen Belo Horizonte und São João del Rei, weshalb sich diese beiden Städte am besten als Ausgangspunkt für einen Tagesausflug eignen. **Viação Sandra** (www.viacaosandra.com.br) fährt diese Strecke mehrmals täglich (21 R$, 1½ Std. ab Belo Horizonte; 26 R$, 2 Std. ab São João).

Unterwegs vor Ort

Der Busbahnhof befindet sich an der Avenida Júlia Kubitschek, die, von den Sehenswürdigkeiten aus betrachtet, am anderen Ende der Stadt liegt. Von hier fahren alle 30 bis 60 Minuten Nahverkehrsbusse zur Basilika und zu den *Propheten* (2,45 R$, 15 Min.). Um sich den Statuen aus dem optimalen Blickwinkel zu nähern und den besten ersten Blick zu erhaschen, steigt man aus, sobald der Bus die Kirche passiert hat (wenn es bergab geht). Derselbe Bus bringt einen auch wieder zum Busbahnhof zurück, oder man nimmt ein Taxi (15 R$, 10 Min.).

São João del Rei

☎ 0XX32 / 84 000 EW. / 898 M

Am Südende der Serra do Espinhaço zwischen mehreren Bergzügen gelegen, bietet São João del Rei einen einzigartigen Einblick in eine *cidade histórica*, die nach dem Ende des Goldbooms im 19. Jh. weniger vom Zerfall bedroht war wie andere Städte. Das heutige São João versprüht die unbefangene, urbane Vitalität einer modernen Stadt – eine willkommene Abwechslung zum benachbarten, in der Vergangenheit stehen gebliebenen Tiradentes. Im Zentrum zeugen Hochhäuser und weitere Anzeichen davon, dass das Brasilien des 21. Jhs. hier angekommen ist. Und dennoch lauert hinter jeder Ecke eine unerwartete koloniale Überraschung. Das historische Zentrum steht unter Denkmalschutz und birgt zwei gute Museen, einige der schönsten Kirchen des Landes und prächtige alte Herrenhäuser – eines davon gehörte dem noch immer populären Tancredo Neves, der kurz vor seiner Vereidigung zum Präsidenten starb. Die Kirchen werden jeden Abend von Scheinwerfern angestrahlt und tragen so zum hübschen Stadtbild bei.

Die Stadt wird durch den Córrego do Lenheiro zweigeteilt – dieser ist eigentlich nur ein glorifizierter Bach in einem betonierten Kanal. Zwei steinerne Brücken aus dem 18. Jh. ziehen die Grenzen zur Altstadt und sind die Wahrzeichen des kolonialen Zentrums.

Sehenswertes

Die Öffnungszeiten variieren beträchtlich. Montags ist kein guter Besuchstag, da die meisten Attraktionen geschlossen sind.

Igreja de São Francisco de Assis KIRCHE

(Padre José Maria Xavier; Eintritt 3 R$; ⌚Di–Sa 8–17, So bis 14, Mo bis 16 Uhr) Auf einem palmbeschatteten Platz steht diese Barockkirche von 1774, die zwei **Skulpturen von Aleijadinho** (am zweiten Altar links) beherbergt; ihre Fassade basiert auf den Entwürfen Aleijadinhos und ist eine der schönsten in ganz Minas. Im hinteren Bereich führen Pfeile zum Grab des Politikers Tancredo Neves, das für die Brasilianer eine Pilgerstätte ist. Das lokale Ribeiro-Bastos-Orchester samt -Chor spielt sonntags um 9.15 Uhr geistliche Barockmusik.

Museu Regional São João del Rei MUSEUM

(☎3371-7663; Praça Severiano Resende s/n; Eintritt 1 R$, So Eintritt frei; ⌚Di–Fr 10.30–17.30, Sa & So 13.30–17.30 Uhr) Zu den besten Heimatmuseen von Minas Gerais zählt diese Kolonialvilla aus dem 19. Jh. mit drei Etagen voller Antikmöbel, sakraler Kunst und Kulturrelikten.

Museu de Arte Sacra MUSEUM

(☎3371-7005; Praça Embaixador Gastão da Cunha 8; Erw./ermäßigt 5/2,50 R$; ⌚Mo–Fr 12–17, Sa 9–13 Uhr) Ein Gebäude, das zwischen 1737 und 1850 als öffentliches Gefängnis diente, beherbergt heute das Museu de Arte Sacra, das vor Kurzem renoviert wurde und eine kleine, aber beeindruckende Kunstsammlung aus den Kirchen der Stadt zeigt.

Igreja de NS do Carmo KIRCHE

(Getúlio Vargas; Eintritt 4 R$; ⌚8.30–11 & 13–17 Uhr) Die Kirche aus dem 18. Jh. beherrscht

São João del Rei

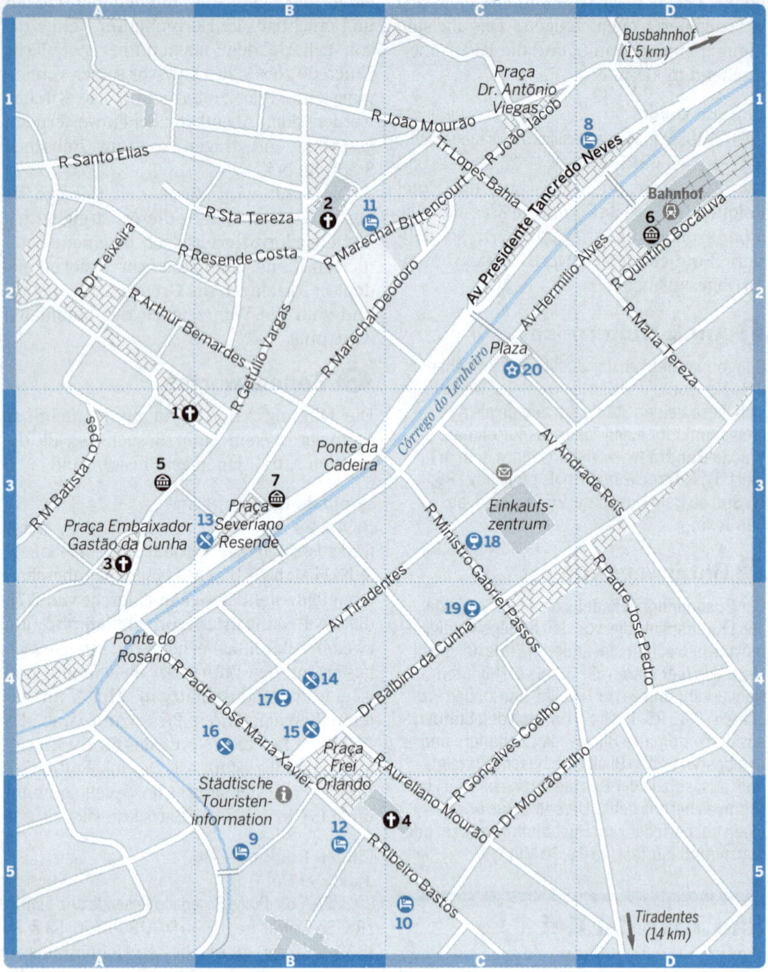

das Bild der dreieckigen Praça (Platz), die, ebenso wie das Frontispiz und die Figuren über der Tür, von Aleijadinho entworfen wurde. In der zweiten Sakristei befindet sich eine unvollendete Skulptur Christi.

Catedral de NS do Pilar KIRCHE
(Getúlio Vargas; ⌚8.30–11 & 13–20 Uhr) 1721 begann der Bau von São Joãos Kathedrale, deren Inneres Goldaltäre und edle portugiesische Fliesen schmücken. Zwei der berühmten Stadtorchester treten hier auf: Mittwochs spielt das Lira-Sanjoanense-Orchester zur Messe um 19 Uhr, donnerstags und freitags ist das Ribeiro-Bastos-Orchester zu hören.

Igreja de NS do Rosário CHURCH
(Praça Embaixador Gastão da Cunha; ⌚8.30–10.30 Uhr) Diese schlichte Kirche erbaute man 1719 zu Ehren des Stadtheiligen, der die Sklaven beschützte.

Feste & Events

In São João wird immer irgendetwas gefeiert. Es gibt Dutzende von Festivals, sowohl religiöse als auch weltliche. Die Touristeninformation hat die komplette Liste.

Besonders farbenprächtig sind die **Osterprozessionen** (März/April), die nach jahrhundertealten portugiesischen Traditionen

São João del Rei

Sehenswertes
1 Catedral de NS do Pilar ... A3
2 Igreja de NS do Carmo ... B2
3 Igreja de NS do Rosário ... A3
4 Igreja de São Francisco de Assis ... C5
5 Museu de Arte Sacra ... A3
6 Museu Ferroviário ... D2
7 Museu Regional São João del Rei ... B3

Schlafen
8 Hotel Brasil ... D1
9 Pousada Beco do Bispo ... B5
10 Pousada Casarão ... C5
11 Pouso Aconchegante ... B2
12 Villa Magnolia Pousada ... B5

Essen
13 Churrascaria Ramon ... B3
14 Dedo de Moça ... B4
15 Monte Alverne ... B4
16 Restaurante Villeiros ... B4

Ausgehen & Nachtleben
17 Armazém ... B4
18 Del Rei Café ... C3
19 São Jorge Bar Divertido ... C4

Unterhaltung
20 Teatro Municipal ... C2

ablaufen und von der Musik der zwei Barockorchester der Stadt begleitet werden, die hier seit 1700 ununterbrochen auftreten. Die Einheimischen behaupten zu Recht, ihr **Karneval** (Februar/März) sei der beste in Minas Gerais. Die **Semana da Inconfidência** vom 15. bis 17. April feiert die erste Unabhängigkeitsbewegung Brasiliens und findet ihren Höhepunkt in einer Pferdeprozession zwischen São João und Tiradentes.

Schlafen

Im Dezember, wenn die Studenten Prüfungen haben, und während anderer Feiertage wie Karneval oder Ostern sollten Unterkünfte auf jeden Fall im Voraus gebucht werden.

Wer unbedingt sparen muss, ist in São João besser beraten als in Tiradentes.

Pouso Aconchegante PENSION $
(☎3371-2637; Bittencourt 61; Zi. 40–60 R$ pro Pers.) In diesem Einfamilienhaus nahe der Carmo-Kirche werden zehn sehr schlichte Zimmer mit Gemeinschaftsbad vermietet. Alles ist mit buntem Kitsch dekoriert.

Hotel Brasil HOTEL $
(☎3371-2804; Av Presidente Tancredo Neves 395; 45 R$ pro Pers., mit Gemeinschaftsbad 35 R$;) Nahe dem Bahnhof auf der anderen Seite der Fußgängerbrücke steht dieses flippige Überbleibsel aus dem 19. Jh. mit hohen Decken und schlichten Zimmern, einige davon mit Blick auf den Fluss. Das Management ist genauso altmodisch wie die Inneneinrichtung. Es gibt kein Frühstück.

Villa Magnolia Pousada POUSADA $$
(☎3373-5065; www.pousadavillamagnolia.com.br; Ribeiro Bastos 2; EZ/DZ unter der Woche ab 116/145 R$, am Wochenende 156/195 R$; @) Eine weitere bezaubernde Unterkunft gegenüber der Igreja de São Francisco. Dieses stilvoll renovierte Herrenhaus aus dem 19. Jh. bietet Bettwäsche aus Baumwolle, übergroße Handtücher, geräumige Zimmer, einen Pool, schattenspendende Bäume und einen Gemeinschaftsbereich mit Kunstbüchern.

Pousada Beco do Bispo POUSADA $$
(☎3371-8844; www.becodobispo.com.br; Beco do Bispo 93; EZ/DZ 150/210 R$;) In einer ruhigen Sackgasse, einen Block von der Igreja de São Francisco entfernt, versteckt sich diese *pousada* mit gemütlichen Zimmern mit Queen- und Kingsize-Betten, edler Baumwollbettwäsche, Fernsehern mit internationalem Empfang und einem von Palmen eingerahmten Pool. Die Besitzerin Nitza spricht mehrere Sprachen – sie hat in Italien und den USA gelebt und teilt ihre Liebe zu São João mit ihren Besuchern.

Pousada Casarão POUSADA $$
(☎3371-7447; www.pousadacasarao.com; Ribeiro Bastos 94; EZ/DZ 100/170 R$;) Die Pousada Casarão ist in einem renovierten Herrenhaus hinter der Igreja de São Francisco untergebracht und verbindet geschmackvoll Alt und Neu. Viele Zimmer sind mit Antiquitäten ausgestattet, alle haben aber moderne Bäder. Durch die Fenstertüren im Frühstückszimmer kann man den Pool sehen.

Essen

Restaurante Villeiros SELBSTBEDIENUNG $
(☎3372-1034; Padre José Maria Xavier 132; unter der Woche/am Wochenende 29,90/39,90 R$ pro Kilo; ⏲11–15 Uhr) Selbstbedienungsrestaurant mit einem vielfältigen Angebot nahe der Igreja de São Francisco. Das Villeiros ist bei Einheimischen sehr beliebt und hat hinterm Haus einen netten Hof.

BUSSE AB SÃO JOÃO DEL REI

ZIEL	PREIS (R$)	FAHRT-DAUER (STD.)	UNTERNEHMEN
Belo Horizonte	47	3½	Sandra (www.viacaosandra.com.br)
Caxambu	46	3½	Sandra (www.viacaosandra.com.br)
Congonhas	27	2	Sandra (www.viacaosandra.com.br)
Ouro Preto	52	4	Útil (www.util.com.br)
Petrópolis	60	4½	Paraibuna (www.paraibunatransportes.com.br)
Rio	68	5½	Paraibuna (www.paraibunatransportes.com.br)
São Paulo	80	7½	Gardénia (www.expressogardenia.com.br)

Dedo de Moça BRASILIANISCH **$$**
(Aureliano Mourão 101; Hauptgerichte für 2 Pers. 23–48 R$; ⏲ tgl. 18.30–24, So auch 12–16 Uhr) Das populäre Lokal im Zentrum ist halb Bar, halb Restaurant, auf dessen Speisekarte kreative Neuinterpretationen der traditionellen *mineira*-Küche stehen. Zu den beliebten lokalen Spezialitäten zählen *acarajé mineira* – Augenbohnenkrapfen mit verschiedenen Füllungen wie regionalem Käse, Würstchen, *carne seca* (getrocknetes Rindfleisch) und Zitronengras – oder *filé cataúá* – mit Catauá-Käse überbackenes Steak an frischer Tomaten-Basilikum-Soße.

Churrascaria Ramon CHURRASCARIA **$$**
(☎ 3371-3540; Praça Severiano Resende 52; Hauptgerichte für 2 Pers. 39–66 R$; ⏲ 10–22 Uhr) Ramon rühmt sich perfekt zubereiteten Fleisches und traditioneller *mineira*-Leibspeisen. Ein Schnäppchen macht man mit dem *prato feito* (Fleisch, Bohnen, Reis, Salat und Kartoffelsalat) für 16 R$.

Monte Alverne INTERNATIONAL **$$**
(☎ 3371-7413; Praça Frei Orlando 26; Hauptgerichte 30–40 R$; ⏲ Mo–Sa 18–23, So 12–23 Uhr) Zentral gelegenes Lokal mit Blick auf die gegenüberliegende Igreja de São Francisco. Es gibt brasilianische Küche mit modernen internationalen Einflüssen. Auf der Speisekarte stehen Salate, Risottos, Pasta, Fleisch und Fisch.

Ausgehen & Unterhaltung

Das Nachtleben der Stadt spielt sich größtenteils im Süden entlang der Avenida Tiradentes ab.

Armazém BAR
(Av Tiradentes 801; ⏲ 18 Uhr–open end) Die gemütliche kleine Bar erinnert an eine rustikale Hütte, die mitten in die Großstadt versetzt wurde. Jeden Abend drängen sich hier viele Leute und genießen Häppchen und Drinks.

Del Rei Cafe BAR
(☎ 3371-1368; Ecke Av Tiradentes & Gabriel Passos; ⏲ 9 Uhr–open end) Diese gut besuchte Eckbar mit vielen Tischen an der Straße ist perfekt, um Leute zu beobachten. Jeden Tag versammeln sich hier die Einheimischen und genehmigen sich ein frühes Bier oder einen Mitternachtssnack.

São Jorge Bar Divertido CLUB
(☎ 3371-2582; www.saojorgebardivertido.com.br; Balbino da Cunha 18; ⏲ 23–5 Uhr) Sehr beliebt bei Leuten in den Zwanzigern, die hierherkommen, um die ganze Nacht bei Livemusik (Rock, Samba usw.) zu tanzen und zu flirten.

Teatro Municipal DARSTELLENDE KUNST
(www.facebook.com/teatrosaojoaodelrei; Av Hermilio Alves) Das alte Theater im Herzen der Stadt wurde 1893 erbaut und bietet das ganze Jahr über Veranstaltungen (viele kostenlos).

Praktische Informationen

Bradesco (Av Hermilio Alves 200)

RM 10 Serviços (Av Andrade Reis 120; 3 R$ pro Std.; ⏲ Mo–Fr 8–18, Sa bis 12 Uhr) Zentral gelegenes Internetcafé.

Städtische Touristeninformation (☎ 3372-7338; cultura@saojoaodelrei.mg.br.gov; Praça Frei Orlando 90; ⏲ 8–18 Uhr) Gegenüber der Igreja São Francisco de Assis.

An- & Weiterreise

BUS

São Joãos **Busbahnhof** (☎ 3373-4700; Rua Cristóvão Colombo) liegt 1,5 km nordöstlich des Zentrums. Eine Liste der Fahrtziele ist in der Tabelle auf S. 196 zu finden.

Regelmäßig verkehren Busse (3 R$) zwischen São João und Tiradentes (Details s. S. 196).

ZUG

Der wunderbare Touristenzug *Maria-Fumaça* (S. 197) pendelt an Wochenenden und Ferientagen zwischen São João del Rei und Tiradentes. Der Bahnhof liegt östlich vom Stadtzentrum.

Unterwegs vor Ort

Lokale Presidente-Busse (grau mit roten Buchstaben) fahren zwischen dem Zentrum und dem Busbahnhof hin und her (2,25 R$, 10 Min.). Vom Ausgang des Busbahnhofs aus liegt die Haltestelle für lokale Busse linker Hand auf der anderen Straßenseite (vor der Drogaria Dose Certa).

Alternativ nimmt man ein traditionelles Taxi für 15 R$ oder ein **Motorradtaxi** (☎ 3371-6389) für 4 R$ vom Busbahnhof.

Um vom Zentrum zum Busbahnhof zurückzukehren, kann man vor dem Bahnhof in einen lokalen Bus steigen.

Tiradentes

☎ 0XX32 / 7000 EW. / 927 M

Vermutlich nirgendwo sonst in Minas verbinden sich kolonialer Charme und malerische Landschaft so harmonisch wie in Tiradentes. Urige historische Häuser, eingerahmt von üppigen Wildblumen, heben sich vor einer Kulisse aus hübschen blauen Bergen ab, die von Wanderwegen überzogen sind. Wer unter der Woche hier ist, kann die zahlreichen Attraktionen des Ortes am besten genießen. An den Wochenenden strömen Horden von Besuchern in den Ort und begutachten die alten Geschäfte und Boutiquen. Da kommt man sich ein wenig wie in einem Freizeitpark vor. Die plötzlich steigende Anzahl an Pferdekutschen verpasst dem Ort außerdem schnell ein markantes Aroma!

Das Zentrum von Tiradentes ist eine kompakte und malerische Anhäufung von Kopfsteinpflasterstraßen und Blumengärten. Vom Hauptplatz, dem **Largo das Forras**, ziehen sich die Kolonialbauten der Stadt einen Hügel hinauf und gipfeln schließlich in der wunderschönen Igreja Matriz de Santo Antônio. Vom Vorplatz der Kirche hat man einen umwerfenden Blick auf die ziegelgedeckten Kolonialgebäude, das grüne Tal und die hoch aufragende Steinwand der Serra de São José. Wer den Hügel unmittelbar über dem Busbahnhof bis zum grasbewachsenen Platz vor der **Igreja de São Francisco de Paula** hinaufsteigt, wird mit einer weiteren Postkartenansicht der Stadt belohnt.

Geschichte

Ursprünglich Arraial da Ponta do Morro (Dörfchen auf einem Hügel) genannt, wurde Tiradentes zu Ehren des gemarterten Helden der Inconfidência (s. S. 697), der von einer Farm in der Nähe stammte, umbenannt.

NICHT VERSÄUMEN

DIE QUALMENDE MARIA

Natürlich gibt's auch Busse, die einen zwischen São João del Rei und Tiradentes hin- und herchauffieren können. Das ist aber nicht zu vergleichen mit einer Fahrt in einem echten Dampfzug aus dem 19. Jh.! Alle an Bord und los geht die zischende, Rauch speiende Reise durch ein gewundenes Tal der Serra de São José nach Tiradentes. Die Bahnstrecke führt durch eines der ältesten Goldabbaugebiete in Minas, in dem überall noch Überreste des Bergbaus aus dem 18. Jh. zu sehen sind. Wer die Augen offen hält, kann vielleicht einen modernen *garimpeiros* (Goldwäscher) erspähen, der immer noch auf der Suche nach dem Fund seines Lebens ist.

Gebaut wurde die *Maria-Fumaça* (die „Qualmende Maria", wie sie hier heißt) in den 1880er-Jahren, als die Textilindustrie begann, sich in São João zu etablieren. Sie war eine der ersten Bahnstrecken Brasiliens. Mehr über ihre Geschichte erfährt man im **Museu Ferroviário** (Eintritt 3 R$, mit Zugticket kostenlos; ⏲ Mi–So 9–11 & 13–17 Uhr) in São Joãos **Bahnhof** (☎ 3371-8485; Av Hermílio Alves).

Die heute von **Ferrovia Centro-Atlântica** (FCA; ☎ 0800-285-7000; www.trensturisticos.fcasa.com.br) betriebenen Züge fahren freitags, samstags, sonntags und an Feiertagen jeweils zweimal täglich (einfach/hin & zurück 40/50 R$, Kinder von 6 bis 12 Jahren zum halben Preis). Startet man von São João aus, so hat man die beste Aussicht, wenn man auf der linken Seite sitzt. Wer in Tiradentes gerne mehr Zeit verbringen möchte, als der Zugfahrplan zulässt, kann mit dem Bus wieder zurückfahren (es gibt regelmäßige Verbindungen zwischen beiden Städten).

Zwischen Mariana und Ouro Preto verkehrt eine ähnliche historische Bahn. Infos dazu gibt's auf S. 189.

Tiradentes

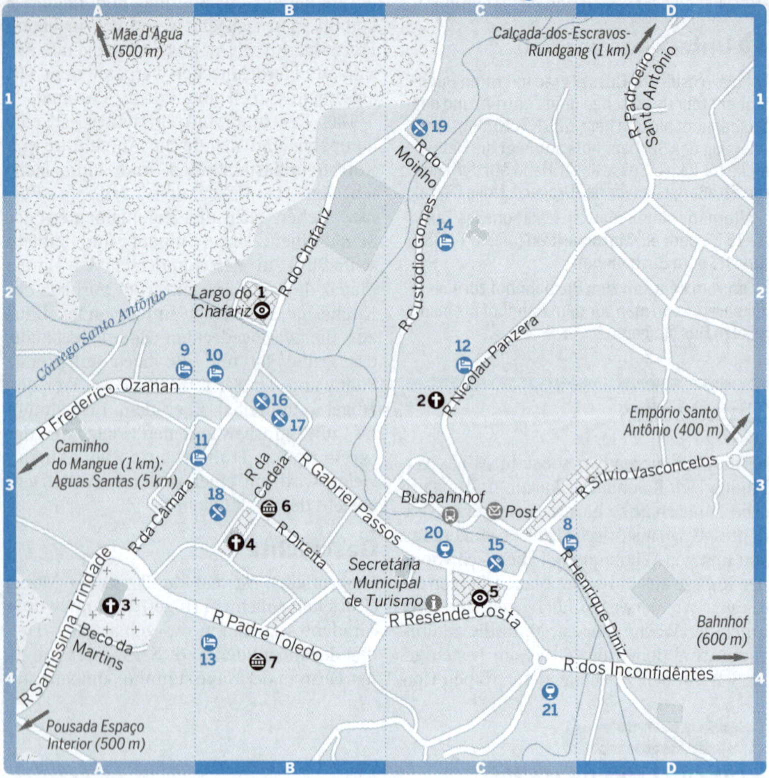

Tiradentes

Sehenswertes
1 Chafariz de São José B2
2 Igreja de São Francisco de Paula C3
3 Igreja Matriz de Santo Antônio A4
4 Igreja NS Rosário dos Pretos B3
5 Largo das Forras C4
6 Museu de Sant'Ana B3
7 Museu do Padre Toledo B4

Schlafen
8 Hotel Solar da Ponte C3
9 Pousada Arco Iris A2
10 Pousada da Bia B2
11 Pousada do Ó B3
12 Pousada Pé da Serra C2
13 Pousada Richard Rothe B4
14 Pouso Alforria C2

Essen
15 Bar do Celso C3
16 Divino Sabor B3
17 Estalagem do Sabor B3
18 Tragaluz B3
19 Viradas do Largo C1

Ausgehen & Nachtleben
20 Confidências Mineiras C3
21 Petruccio C4

Der Ort befindet sich in der Mitte eines Dreiecks, das die drei größten Städte Brasiliens formen, und ist in den letzten Jahren zum Anziehungspunkt für Künstler und andere urbane Flüchtlinge geworden. Heute leben im historischen Zentrum der Stadt nur noch ein Dutzend Familien, die ursprünglich aus Tiradentes stammen, und vermischen sich mit Neuankömmlingen aus aller Welt.

Sehenswertes

Bei unserem Besuch wurde das alte Stadtgefängnis von Tiradentes gerade renoviert, um danach das neue **Museu de Sant'Ana** (Ecke

Direita & Rua da Cadeia) zu beherbergen, ein Museum mit 270 Abbildern der Heiligen Anna aus Holz, Stein und Terrakotta vom 17. Jh. bis in die Gegenwart. Die Idee dazu stammt vom Gründer des Museu do Oratório in Ouro Preto und die Eröffnung ist für Mitte 2014 geplant.

Igreja Matriz de Santo Antônio KIRCHE
(Padre Toledo s/n; Eintritt 5 R$; ⏲ 9–17 Uhr) Benannt nach dem Schutzpatron von Tiradentes, war diese Kirche einer der letzten Entwürfe von Aleijadinho. Das goldene Interieur ist reich an Symbolen aus dem Alten Testament. Erwähnenswert sind die mehrfarbige Orgel, die in Portugal gebaut und 1798 mit einem Esel hierhergebracht wurde, sowie die sieben goldenen, von Phönixen gehaltenen Kerzenständer aus geflochtenen Ketten. Die Sonnenuhr vor der Kirche stammt aus dem Jahre 1785.

Igreja NS Rosário dos Pretos KIRCHE
(Praça Padre Lourival; Eintritt 3 R$; ⏲ Di–So 10.45–17 Uhr) Diese schöne Kirche mit ihren vielen Bildern schwarzer Heiliger wurde 1708 von und für Sklaven erbaut. Da sie tagsüber keine freie Zeit hatten, bauten sie nachts – man achte auf die nächtliche Ikonografie wie den achtzackigen schwarzen Stern und den Halbmond in den Deckenmalereien.

Chafariz de São José BRUNNEN
(Rua do Chafariz) 1749 errichtete der Stadtrat einen Brunnen nördlich des Córrego Santo Antônio, der aus drei Abschnitten besteht: einen zum Trinken, einen zum Wäschewaschen und einen, um Pferde zu tränken. Die nahe Quelle Mãe d'Agua speist ihn über eine alte Rohrleitung aus Stein.

Museu do Padre Toledo MUSEUM
(Padre Toledo 190; Eintritt 10 R$; ⏲ Di–So 10–17 Uhr) Das renovierte und 2012 neu eröffnete Museum widmet sich dem Priester und Helden der Inconfidência, Padre Toledo, der in diesem Haus mit 18 Zimmern lebte, wo sich die Inconfidentes erstmals versammelten. Hier sind regionale Antiquitäten und Dokumente des 18. Jhs. zu sehen, aber auch einige Deckengemälde, die sich kunstvoll im verglasten Fußboden spiegeln.

Aktivitäten

Am Fuß der Serra de São José erstreckt sich ein 1 km breiter Streifen von unter Naturschutz stehendem Atlantischem Regenwald mit mehreren hübschen Wanderwegen. Die meisten sind nicht eindeutig gekennzeichnet, und Einheimische warnen davor, auf dem Caminho do Mangue Wertgegenstände bei sich zu tragen oder allein zu wandern. Um aktuelle Infos auf Englisch über die Sicherheit der Wege, über Hiking-Möglichkeiten auf eigene Faust oder lokale Führer zu erhalten, kann man sich an Bia in der Pousada da Bia oder John Parsons im Hotel Solar da Ponte wenden. Einige Agenturen in der Stadt organisieren Gruppenwanderungen von zweieinhalb bis fünfeinhalb Stunden Länge.

Mãe d'Agua WANDERWEG
Der beliebteste und einfachste Trail führt zur Mãe d'Agua, der Quelle, die den Brunnen Chafariz de São José speist. Vom Brunnenplatz aus geht man durch ein Tor (geöffnet von 8 bis 16 Uhr) und folgt dem Pfad zehn Minuten Richtung Norden entlang eines Steinviadukts in den Urwald hinein. Ein Zauber liegt über den sonnengefleckten Tälern und hohen Bäumen, in denen Affen umhertollen.

Calçada dos Escravos WANDERWEG
(Trilha do Carteiro) Dieser dreistündige Rundgang führt durch offene Felder bis hinauf zu einem windgepeitschten Pass mit großartigem Blick auf die *serra*. Er schließt einen Teil der alten Straße ein, die von Sklaven zwischen Ouro Preto und Rio de Janeiro gebaut wurde.

Um den Beginn des Weges zu erreichen, läuft man vom Busbahnhof zur Igreja de São Francisco de Paula hoch, nimmt dann die Kopfsteinpflasterstraße nordwärts und geht bei der ersten Kreuzung geradeaus weiter. An der zweiten Kreuzung hält man sich leicht links und folgt dem braunen Schild, das in Richtung Serra São José/Trilha do Carteiro weist. Kurz, nachdem man die Pousada Recanto dos Encantos rechts passiert hat, wendet man sich an der Gabelung nach rechts (bergauf) und läuft mehrere Hundert Meter weiter. Nach der Hausnummer 878 (links) durchquert man ein Tor und sucht nach einem Wegweiser, der auf die Calçada dos Escravos hinweist. Auf der wackeligen Brücke über den Strom biegt man nach links und steigt dann in Richtung Pass auf.

Caminho do Mangue WANDERWEG
Der Caminho do Mangue, den man am besten in Begleitung eines Führers begeht, führt in zwei Stunden vom Westteil der Stadt in die *serra* hinauf bis nach Aguas Santas. Dort findet man einen Mineralpool und ein einfaches, von Portugiesen geführtes Restaurant.

Feste & Events

Tiradentes ist ein beliebter Mittelpunkt nationaler Veranstaltungen. Zwei der größten und ältesten Events sind die **Mostra de Cinema** (www.mostratiradentes.com.br) in der zweiten Januarhälfte und das **Festival de Cultura e Gastronomia** (gastronomiatiradentes.com.br) in der zweiten Augusthälfte, die den internationalen Film bzw. Weltklasseköche nach Tiradentes holen. Ende Juni werden die Straßen von Motorrad-Oldtimer-Fans bevölkert, die das **Bike-Fest Tiradentes** (www.grupoberg.com.br) mit Bier, Essen, Blues und Rock 'n' Roll feiern. Zu den jüngeren Events zählen das **Festival de Fotografia** (www.fotoempauta.com.br) Anfang März sowie ein brandneues Weinfest, das erst im Juni 2013 ins Leben gerufen wurde.

Schlafen

Tiradentes richtet sich vor allem an Betuchtere und Paare auf der Suche nach Romantik. Wer aufs Geld achten muss und/oder alleine unterwegs ist, kommt am besten werktags, wenn die *pousadas* Nachlass gewähren.

Pousada da Bia POUSADA $

(3355-1173; www.pousadadabia.com.br; Ozanan 330; EZ/DZ unter der Woche 110/140 R$, am Wochenende 110/160 R$;) Vor den Toren der Altstadt betreibt die französisch- und englischsprachige Besitzerin Bia eine angenehme *pousada* mit einem Frühstückshaus, einem Kräutergarten und einem Poolbereich. Die Räume rechts vom Garten haben einen schöneren Ausblick, aber weniger Privatsphäre als jene auf der linken Seite. Es gibt auch zwei neue Deluxe-Zimmer (180–200 R$ pro Paar, plus 30 % pro zusätzliche Person).

Pousada Arco Iris POUSADA $

(3355-1167; Ozanan 340; EZ/DZ 70/120 R$;) Diese altmodische Unterkunft bietet den Vorteil, zu niedrigen Preisen am Rand der Altstadt zu wohnen. Die Zimmer hinten sind heller und geräumiger als jene im Haupthaus.

Pouso Alforria POUSADA $$

(3355-1536; www.pousoalforria.com.br; Custódio Gomes 286; EZ/DZ 225/285 R$; @) Diese abgeschiedene *pousada* liegt einen fünfminütigen Fußmarsch nördlich vom Zentrum. Hier warten acht Zimmer und ein Leseraum voller Kunstbücher. Man spricht Englisch und Französisch.

Pousada do Ó POUSADA $$

(3355-1699; www.pousadadoo.com.br; Chafariz 25; EZ/DZ 160/180 R$;) Zwei Blocks unterhalb der Kirche steht mitten im Herzen des kolonialen Zentrums dieses reizende Haus aus dem 18. Jh. Die sieben Zimmer reihen sich um einen Garten und wurden kürzlich durch vier weitere Räume im darüber liegenden Gebäude ergänzt. Nr. 8 und 11 sind die besten.

Pousada Pé da Serra POUSADA $$

(3355-1107; www.pedaserra.com.br; Nicholau Panzera 51; EZ/DZ unter der Woche 158/178 R$, am Wochenende 178/198 R$;) Dieser Familienbetrieb thront oberhalb des Busbahnhofs auf einem Kamm. Von den neuen Zimmern genießt man einen tollen Panoramablick – die Lage, der Garten und die Poolanlage entschädigen für die sonst recht einfache Ausstattung.

Pousada Espaço Interior POUSADA $$

(3355-1406; www.pousadaespacointerior.com.br; Santíssima Trindade 420; Zi. 180–280 R$;) Wer eine ruhige Umgebung mag, weder Pool noch Internet braucht und auch kein Problem mit einem kurzen Fußmarsch stadtauswärts hat, der ist in dieser *pousada* 500 m hinter der Matriz-Kirche richtig. Die prunkvollen Zimmer liegen um einen Garten und verfügen über 3,50 m hohe Decken, große Fenster und einen tollen Blick auf die Berge. Eine Suite hat sogar einen Kamin.

★ **Hotel Solar da Ponte** POUSADA $$$

(3355-1255; www.solardaponte.com.br; Praça das Mercês; Zi. unter der Woche 507–731 R$, am Wochenende 676–975 R$; @) Diese prächtige Nachbildung eines Herrenhauses aus der Kolonialzeit ist eines der nobelsten Hotels in Brasilien mit erstklassigem Essen und Service. Auf den Zimmern findet man frische Blumen, Antiquitäten sowie komfortable Stühle und Betten. Es gibt ein Lesezimmer mit Kamin und im Garten kostenlosen Nachmittagstee.

Pousada Richard Rothe POUSADA $$$

(3355-1333; www.pousadarichardrothe.com.br; Padre Toledo 124; Zi. 350–380 R$; @) An einer malerischen Straße im historischen Zentrum steht diese stilvolle *pousada* mit Suiten und einem Leseraum mit Kamin. Hinter dem Gebäude erstreckt sich ein geschützter Wald, der bei Sonnenaufgang von spielenden Affen besucht wird.

Essen

Divino Sabor SELBSTBEDIENUNG $

(Gabriel Passos 300; 32,90 R$ pro Kilo; Di–So mittags) Einheimische lieben die hiesigen

Selbstbedienungs-Angebote, darunter gegrilltes Fleisch und *mineira*-Spezialitäten.

Estalagem do Sabor MINEIRA $$
(☎3355-1144; Gabriel Passos 280; Hauptgerichte 26–45 R$; ⌚Mo–Fr 12–16 & 19–21.30, Sa 11–22, So 11–16 Uhr) Zu den feinsten Restaurants in Tiradentes zählt das Estalagem, das sich auf Fleischgerichte und *comida mineira* spezialisiert hat; hinzu kommt eine Auslese an guten Weinen.

Bar do Celso MINEIRA $$
(Largo das Forras 80A; Hauptgerichte 18–28 R$; ⌚Mi–Mo 11.30–21 Uhr) Am Hauptplatz liegt dieses von Einheimischen geführte Restaurant mit *mineira*-Küche zu angemessenen Preisen. Wer nicht gerade ein riesiges Loch im Bauch hat, wird froh sein über den *prato mini* für 16 R$, eine kleine Portion für eine Person.

Empório Santo Antônio BÜFETT $$
(Belica 133A, Parque das Abelhas; All-you-can-eat 30 R$, Hauptgerichte 20–44 R$; ⌚Mi–Fr 11.30–16, Sa & So bis 17 Uhr) Fünf Minuten nordöstlich vom Hauptplatz gelegen und ohne Touristenhype. Das beste Preis-Leistungs-Verhältnis bietet das All-you-can-eat-Wochenendbüfett mit einer breiten Auswahl an Gemüse, Salaten, Nudelgerichten, klassischer *comida mineira* und internationalen Speisen wie Dorsch nach portugiesischer Art mit Kartoffeln und Oliven.

★ **Viradas do Largo** MINEIRA $$$
(☎3355-1111; www.viradasdolargo.com.br; Rua do Moinho 11; Hauptgerichte 29–58 R$; ⌚Mi–Mo 12–22 Uhr) Am Ende einer ruhigen Gasse fernab vom Trubel der Innenstadt liegt eines der besten Restaurants der Region für traditionelle *mineira*-Küche. An den Wochenenden wird's so voll, dass die Gäste auch den schönen Hof und den Garten belagern.

Tragaluz REGIONAL $$$
(☎3355-1424; www.tragaluztiredentes.com; Direita 52; Hauptgerichte 40–65 R$; ⌚Mi–Mo 19 Uhr–open end) Dieses Restaurant rühmt sich selbst innovativer Hausmannskost. Die Desserts schmecken himmlisch; empfehlenswert ist die *goiabada frita Tragaluz*, Guavenpaste mit Cashewnüssen auf *catupiry*-Käse mit Guaveneis serviert.

Pau de Angu REGIONAL $$$
(Estrada para Bichinho Km 3; Hauptgerichte für 2/4 Pers. ab 68,90/115,70 R$; ⌚Mi–Mo 11.30–17 Uhr) In ländlicher Atmosphäre zwischen Tiradentes und der Künstlergemeinde Bichinho gelegen. Dies ist ein toller Ort, um *linguiça* (Schweinsbratwurst mit Knoblauch), scharfe Soßen und alles, was mit *mineira* zu tun hat, zu probieren. Die Portionen sind riesig und machen zwei bis fünf Leute satt.

Ausgehen & Nachtleben

Auf dem Largo das Forras buhlen jeden Abend drei beliebte Bars – alle mit Tischen im Freien und gelegentlicher Livemusik – um die Gunst der Gäste.

Petruccio BAR
(Paolucci 20; ⌚Mi–So 18 Uhr–open end) In dieser Eckbar gleich östlich vom Hauptplatz schnappt man sich am besten einen Tisch unter den Palmen und schlürft eine Tabaroa-*cachaça* (hergestellt im nahe gelegenen Bichinho), einen doppelten Caipivodka (die Spezialität des Hauses) oder ein Bier (zwölf Sorten im Angebot).

Confidências Mineiras BAR
(☎3355-2770; Gabriel Passos 26; ⌚Mi–Fr 18–23, Sa 12–23, So 12–18 Uhr) Diese Bar lockt mit gemütlicher Atmosphäre bei Kerzenschein. Wo sonst kann man bei Dutzenden auf traditionelle Weise hergestellten und größtenteils in Minas destillierten *cachaça*-Sorten ein Schwätzchen halten? Im dazugehörigen Ladengeschäft **Ateliê de Cachaça** gleich die Straße hinunter (Nr. 210A) werden über 500 Sorten Alkohol verkauft.

Praktische Informationen

Bradesco (Passos 43) Zahlreiche Geldautomaten, unweit vom Hauptplatz.

Secretária Municipal de Turismo (☎3355-1212; www.tiradentes.mg.gov.br; Resende Costa 71; ⌚So–Do 9–18, Fr & Sa bis 20 Uhr) Auf dem Hauptplatz; bietet Stadtpläne plus Infos zu Hotels und geführten Touren.

An- & Weiterreise

BUS

Der **Busbahnhof** von Tiradentes liegt gleich nördlich vom Hauptplatz auf der anderen Seite des Stromes. Zwei Busunternehmen, Presidente und Vale do Ouro, fahren regelmäßig zwischen Tiradentes und São João del Rei hin und her (3 R$, 30 Min.). Dank dieser freundschaftlichen Konkurrenz wartet man tagsüber nie länger als 45 Minuten auf einen Bus. Zwischen 19 und 22 Uhr pendelt nur noch Vale do Ouro, und die Busse sind seltener unterwegs. Wer den letzten verpasst, nimmt ein Taxi für etwa 50 R$.

Mit etwas Planung kann man einen der Direktbusse von Tiradentes nach Rio erwischen. Am Morgen sammelt der Bus von **Paraibuna** (www.

paraibunatransportes.com.br) aus São João del Rei (Mo–Sa 8 Uhr, So 10 Uhr) Fahrgäste vor dem Bahnhof von Tiradentes auf (nicht am Busbahnhof!). Allerdings muss man sein Ticket in São João kaufen und deutlich machen, dass man in Tiradentes zusteigt. In die Gegenrichtung funktioniert dies ebenfalls – man nimmt den Paraibuna-Bus (Mo–Sa 7 Uhr, So 14 Uhr) und sagt beim Ticketkauf, dass man in Tiradentes abgesetzt werden möchte; auch dem Busfahrer sollte man Bescheid geben.

ZUG

Für Infos zum Touristenzug, der Tiradentes mit São João del Rei verbindet, siehe Kasten S. 19. Der Bahnhof befindet sich ungefähr 700 m südöstlich vom Hauptplatz.

Caxambu

☎ 0XX35 / 22 000 EW. / 895 M

Lange bevor Perrier die Singlebars von Manhattan eroberte, wurde das Wasser Caxambus von internationalen Kennern in höchsten Tönen gelobt. Es gewann sowohl 1903 bei der Viktor-Emanuel-III-Ausstellung in Rom als auch 1904 bei der Weltausstellung in Saint Louis die Goldmedaille.

Caxambu ist der ehrwürdigste einer Reihe von Thermalkurorten im Süden von Minas, die gemeinsam den Circuito das Águas bilden. Allerdings verblich seine Pracht der Jahrhundertwende immer mehr, bis hin zur Schäbigkeit. Dennoch ist Caxambu ein praktischer Ausgangspunkt für Reisen zu den Attraktionen im Süden von Minas und durchaus einen Blick wert.

Aktivitäten

Parque das Águas PARK, QUELLE

(Eintritt 5 R$, individuelle Attraktionen 5–15 R$; 7–18 Uhr) Dieser weitläufige Park, der an ein verblichenes Disneyland erinnert, umfasst zauberhafte Gärten, Kanäle, einen Geysir, einen quellengespeisten Außenpool und einen Sessellift, der 800 m bis zur Christusstatue auf dem Morro-Cristo-Hügel fährt. Highlight ist das 1912 erbaute **Balneário Hidroterápico**, in dem man ein heißes Bad, therapeutische Duschen oder Saunagänge genießen kann.

Schlafen & Essen

Außerhalb der Hauptsaison gibt's in Caxambu oft gute Angebote. Bei den nobleren Hotels sind nun die Mahlzeiten inklusive und viele verfügen über einen Wellnessbereich.

Überall im Ort werden Honig, Fruchtliköre und Eingemachtes verkauft.

Palace Hotel HOTEL $

(☎ 3341-3341; www.palacehotel.com.br; Dr Viotti 567; EZ/DZ 122/129 R$, inkl. alle Mahlzeiten 170/189 R$;) Dieses Kolonialhotel ist ein unschlagbarer Deal. Der Pool hinterm Haus hat eine Wasserrutsche, und die Aufenthaltsräume im Erdgeschoss versprühen den Charme des 19. Jhs.

Apart-Hotel São José HOTEL $

(☎ 3341-3133; www.aptsaojose.hpgvip.ig.com.br; Major Penha 264; EZ/DZ 70/120 R$;) Viele Extras warten in dieser Budgetoption – z. B. ein Pool und eine Sauna.

Hotel Caxambu HOTEL $$

(☎ 3341-9300; www.hotelcaxambu.com.br; Major Penha 145; EZ/DZ inkl. Frühstück ab 187/220 R$, inkl. alle Mahlzeiten 272/320 R$;) Hinter der historischen Fassade des Caxambu verstecken sich moderne Annehmlichkeiten. Hier gibt's einen Pool und ein Restaurant.

Coreto SELBSTBEDIENUNG $

(Praça 16 de Setembro 59; 23,90 R$ pro Kilo; 11–15 Uhr) Caxambus neuestes Selbstbedienungsrestaurant hat sich auf Biosalate und *mineira*-Küche aus dem Holzofen spezialisiert. Das Lokal liegt direkt gegenüber dem Musikpavillon auf dem Stadtplatz.

Tarantella ITALIENISCH $$

(☎ 3341-2161; João Pinheiro 326; Hauptgerichte 28–57 R$; 18–23 Uhr) Neben italienischen Klassikern serviert dieses Restaurant noch eine weitere Spezialität, nämlich geräucherte Forelle.

Praktische Informationen

Bradesco (Dr Viotti 659)

Secretaria de Turismo (☎ 3341-5701; www.caxambu.mg.gov.br; Praça 16 de Setembro 24; Mo–Fr 8–18 Uhr) Im Rathaus, neben dem Parque das Águas.

An- & Weiterreise

Der **Busbahnhof** liegt 1 km südlich vom Zentrum an der Praça Cônego José de Castilho Moreira.

Expresso Gardénia (www.expressogardenia.com.br) bietet täglich um 8.10 Uhr und sonntags bis freitags um 22.40 Uhr Verbindungen nach Belo Horizonte (93 R$, 6 Std.). **Cometa** (www.viacaocometa.com.br) fährt 4-mal täglich nach São Paulo (51 R$, 7 Std.). Nach Rio de Janeiro (47–66 R$, 5 Std.) und Resende (22–30 R$, 2 Std.) – das Tor zum Parque Nacional de Itatiaia – betreibt **Cidade do Aço** (www.cidadedoaco.com.br) täglich einen *executive*-Bus um 8 Uhr sowie von Sonntag bis Freitag einen Nachtbus um 24 Uhr.

Aiuruoca & Vale do Matutu

☎ 0XX35 / 6200 EW. / 989 M

Etwa eine Stunde östlich von Caxambu liegt das Vale do Matutu, ein grünes, von Wasserfällen und Bergen flankiertes Tal. Unter den Gipfeln rundum sticht der 2293 m hohe Pico do Papagaio hervor, das Herzstück des **Parque Estadual da Serra do Papagaio**. In der Gegend gibt's tolle Wandermöglichkeiten. Zugang zum Tal hat man über eine unbefestigte Straße 20 km südlich der Stadt Aiuruoca. Man kann hier gut ein paar Tage verbringen, sich dem Rhythmus der Natur hingeben, ein Buch lesen, wandern und schwimmen.

Sehenswertes & Aktivitäten

Am anderen Ende des Tals fungiert der 100-jährige **Casarão do Matutu** als Verwaltungsgebäude der AMA-Matutu, einer Gemeindeorganisation, die sich dem nachhaltigen Tourismus widmet. Falls jemand da ist, kann man sich hier Infos zum Tal und zum Wandern vor Ort holen.

Es empfiehlt sich, einen Führer zu nehmen, was sich im Casarão oder bei Mandala das Águas arrangieren lässt. Beliebte Ziele sind der nahe gelegene Wasserfall **Cachoeira do Fundo** (ein mittelschwerer, 10 km langer Rundweg von vier Stunden Länge, 15–20 R$ pro Pers.) oder die Hauptattraktion des Tales, der **Pico do Papagaio** (eine anspruchsvolle, 13 km lange Wanderung mit 800 m Steigung, ab 60 R$ pro Pers.).

Lokale Anbieter wie **Portal Matutu Ecoturismo** (www.facebook.com/portalmatutu) und **MMA Ecoturismo** (www.ajuru.com.br) organisieren Wanderungen und Reitausflüge.

Schlafen & Essen

In den letzten Jahren sind im ganzen Tal *pousadas* wie Pilze aus dem Boden geschossen; die meisten servieren Mahlzeiten.

Pousada Dois Irmãos POUSADA $

(☎ 3344-1373; Coronel Oswaldo 204, Aiuruoca; EZ/DZ 50/100 R$) Diese Option ist super für alle, die spätabends in Aiuruoca ankommen und schnell einen Schlafplatz brauchen.

★ **Mandala das Águas** POUSADA $$

(☎ 9948-5650; www.mandaladasaguas.com.br; Vale do Matutu, Km 15; EZ/DZ inkl. Halbpension unter der Woche 120/220 R$, am Wochenende 140/240 R$; 📶) Fast am anderen Ende des Tals liegt das ruhige Mandala mit großen Zimmern, Veranden mit Hängematten, einem tollen Blick auf den Pico do Papagaio und Pfaden zu Schwimmgruben im Fluss unterhalb des Hotels. Die amerikanisch-brasilianischen Besitzer bereiten ihre herzhaften, hausgemachten Gerichte mit Zutaten aus dem eigenen Garten zu.

Pousada Pé da Mata POUSADA $$

(☎ 3344-1421; www.pousadapedamata.com.br; Estrada Aiuruoca/Matutu, Km 12; Zi./Chalet inkl. Vollpension 170/200 R$) Die hübsche *pousada* nahe einem Wasserfall am Fuße des Pico do Papagaio bietet einen wunderbaren Blick über das Tal. Das Essen wird auf einem *fogão à lenha* (Holzofen) zubereitet.

★ **Kiko & Kika** BRASILIANISCH $$

(☎ 9927-4853; Estrada Aiuruoca/Alagoa, Km 1,8; Hauptgerichte 30–50 R$; ⏲ Do & Fr 12–16 & 19–21, Sa 12–21.30, So 12–16.30 Uhr) Nur 2 km südlich von Aiuruoca gibt's erstklassige Küche in ländlicher Atmosphäre. Das Restaurant wird von einem Paar mit französischen und Schweizer Wurzeln betrieben und ist auf Forelle – frisch oder geräuchert – spezialisiert. Zum urigen Flair tragen hölzerne Küchenutensilien und frische Kräuterlimonade bei.

An- & Weiterreise

Die Bushaltestelle Aiuruocas liegt an der zentralen Praça Côn José Castilho. Ein Bus von Viação Sandra fährt täglich (13,85 R$, 1 Std.) um 18.15 Uhr und unter der Woche zusätzlich um 10 Uhr von Caxambu nach Aiuruoca. Die Rückfahrt nach Caxambu erfolgt unter der Woche um 5.20 und 11.10 Uhr, am Samstag um 5.20 Uhr.

Zu den abgelegeneren *pousadas* im Vale do Matutu kommt man nur mit eigenem Auto (Achtung, unwegsame Straße!) oder per **Taxi** (☎ 99 44-1601, 3344-1601; www.ajuru.com.br/taxi; einfache Fahrt von Aiuruoca 120 R$, von Caxambu 190 R$). Im Tal angekommen, ist der schönste Weg alles zu erkunden immer noch zu Fuß.

Diamantina

☎ 0XX38 / 46 000 EW. / 1113 M

Abgeschieden, aber traumhaft – das ist Diamantina, eine der besterhaltenen und am wenigsten besuchten Kolonialstädte Brasiliens. Von einsamen Bergen umgeben, war es einst die entlegenste koloniale Minenstadt in Minas und der Beginn der Estrada Real, der alten Straße, die bis zur Küste führte und die mit dem Schweiß, Blut und den Tränen Tausender afrikanischer Sklaven gebaut wurde. Diamantinas noble Herrenhäuser und verwinkelte Gassen haben sich in den letzten 200 Jahren kaum verändert. 1999 zum Unes-

Diamantina

Diamantina

Sehenswertes

1 Casa da Chica da Silva C4
2 Casa de Juscelino Kubitschek A3
3 Igreja de NS do Carmo D3
4 Igreja de NS do Rosário dos Pretos D3
5 Mercado Municipal C2
6 Museu do Diamante B2
7 Santo-Antônio-Kathedrale C3

Aktivitäten, Kurse & Touren

8 Biotrópicos B2

Schlafen

9 Hotel Tijuco B1
10 Pousada Capistrana C2
11 Relíquias do Tempo B2

Essen

12 Al Árabe D2
13 Apocalipse Restaurante C2
14 Casa Velha C3
15 Deguste C3

Ausgehen & Nachtleben

16 Livraria Café Espaço B C2
17 Recanto do Antônio C2

co-Weltkulturerbe ernannt, ist diese *cidade histórica* auch der Geburtsort von Juscelino Kubitschek, dem früheren brasilianischen Präsidenten und Gründer Brasílias.

Wie die meisten Minenstädte wurde auch Diamantina an steilen Hängen erbaut. Der Busbahnhof liegt hoch oben an einem Steilhang 500 m über der Stadt, was auf dem Weg nach unten ganz schön hart für die Knie ist und auf dem Weg zurück echte körperliche Anstrengung bedeutet. Der zentrale Platz ist die Praça Conselheiro Mota, die von der **San-**

to-Antônio-Kathedrale beherrscht wird – beide umgangssprachlich bekannt als Sé.

Sehenswertes

Diamantinas **Kirchen** (Eintritt 2 R$ pro Kirche) haben ganzjährig, aber zu unterschiedlichen Zeiten geöffnet, am besten checkt man im Touristenbüro den aktuellen Plan.

Casa de Juscelino Kubitschek MUSEUM
(☎3531-3607; São Francisco 241; Eintritt 3 R$; ⌚Di–Sa 8–17, So bis 13 Uhr) Das Haus, in dem der ehemalige Präsident seine Kindheit verbrachte, ist voller Gedenkstücke und spiegelt seine einfache Herkunft als Enkelkind tschechischer Einwanderer wider. Kubitschek selbst war der Überzeugung, dass sein frühes Leben in Diamantina ihn stark beeinflusst hat.

Museu do Diamante MUSEUM
(☎3531-1382; Eintritt 1 R$; ⌚Di–Sa 9–17, So 9–13 Uhr) Zwischen der Praça JK und der Kathedrale steht das Haus von Padre Rolim, einem der Inconfidentes. Heute dient es als Museu do Diamante, das religiöse Kunst, alte Fotos, Möbel, Waffen u. a. aus den Diamantenzeiten zeigt.

Mercado Municipal MARKT
(Gemeindemarkt; Praça Barão Guaicuí) Der Markt wurde 1835 von der Armee erbaut und ist ein beliebter Treffpunkt, wenn an Freitagabenden Livemusik gespielt wird oder samstagmorgens der Lebensmittel- und Kunsthandwerksmarkt stattfindet. Die Holzbögen des Gebäudes inspirierten Niemeyer bei seiner Gestaltung des Präsidentenpalastes in Brasília.

Casa da Chica da Silva HISTORISCHES GEBÄUDE
(☎3531-2491; Praça Lobo de Mesquita 266; ⌚Di–Sa 12–17.30, So 8.30–12 Uhr) GRATIS Einst war die Kolonialvilla das Heim des Diamantenhändlers João Fernandes de Oliveira und seiner Geliebten, der früheren Sklavin Chica da Silva. Die ausgestellten Gemälde und Gedichte (nur auf Portugiesisch) geben einen Eindruck vom Lebensstil der extravaganten Mulattin.

Igreja de NS do Carmo KIRCHE
(Rua do Carmo) Goldene Schnitzereien und eine vergoldete, in Diamantina gebaute Orgel schmücken die opulenteste Kirche der Stadt, die zwischen 1760 und 1765 errichtet wurde. Den Turm baute man an die Rückseite der Kirche – angeblich auf Ersuchen von Chica da Silva, damit sie in den vorderen Kirchenbänken sitzen konnte (das portugiesische Recht untersagte Schwarzhäutigen damals, den Bereich vor dem Kirchturm zu betreten).

Igreja de NS do Rosário dos Pretos KIRCHE
Wenn man vom Zentrum bergab läuft, stößt man auf die älteste Kirche der Stadt, die 1731 von Sklaven erbaut wurde. Man sollte sich auch den Baum vor dem Gotteshaus ansehen, in dessen Stamm ein Kreuz eingebettet ist – laut der Legende tauchte es einst als göttliches Zeichen auf, um die Unschuld eines Sklaven zu beweisen, der des Diebstahls beschuldigt wurde.

Casa da Glória MUSEUM
(☎3531-1394; Rua da Glória 298; Eintritt 1 R$; ⌚Di–So 13–18 Uhr) Ein geschlossener, leuchtend blauer Übergang verbindet die zwei Häuser auf beiden Seiten der Straße, die gemeinsam die Casa da Glória bilden. Sie war ursprünglich der Standort der Diamantenaufseher und Palast des ersten Bischofs von Diamantina, derzeit beherbergt sie Diamantinas Institut für Geologie. Zwar verströmt das Gebäude viel historisches Flair, aber außer einer Sammlung von Fotos, Mineralien und deutschen Landkarten aus dem 19. Jh. gibt's hier wenig zu sehen.

Aktivitäten

Rund um Diamantina sind viele interessante Abstecher möglich, etwa in die 14 km nördlich gelegene historische Stadt **Biribiri**, die über eine Schotterstraße durch Biribiris Staatspark zu erreichen ist. Auf der Fahrt dorthin passiert man Klippenmalereien und den Wasserfall **Cachoeira da Sentinela** auf der rechten Seite, an dem man baden kann.

Gruta do Salitre HÖHLE
(⌚Sa 9–12 & 14–17, So 9–12 Uhr) 9 km südöstlich im Dorf Curralinho liegt diese schöne Quarzithöhle. Sie wird von der Naturschutzorganisation **Biotrópicos** (☎3531-2197; www.biotropicos.org.br; Praça JK 25) verwaltet, deren Mitarbeiter – professionelle Umweltschützer – exzellente Infos zu den Attraktionen der Region geben, Guides empfehlen und gelegentlich auch selbst Touren anbieten.

Caminho dos Escravos WANDERN
Die von Sklaven erbaute Straße ist über einen Zugangspunkt 3 km nördlich der Stadt zu erreichen. Sie verläuft von Diamantina 20 km nach Nordosten durch zerklüftetes Hochland nach Mendanha. Am besten unternimmt man die Wanderung mit einem Führer (Kontaktinfos in der Touristeninformation), denn der Weg ist teilweise unterbrochen und schlecht ausgeschildert.

ABSEITS DER ÜBLICHEN PFADE

EINE MYSTISCHE ZUFLUCHT IM SÜDLICHEN MINAS

Wer sich für Mystizismus oder Aberglauben interessiert oder auch nur auf der Suche nach einem idyllischen Ort zum Ausspannen ist, sollte einen Abstecher in das bizarre **São Thomé das Letras** (7000 Ew., Höhe 1291 m, Vorwahl ☎35) erwägen. Nördlich von Caxambu auf einem Plateau mit Blick auf das umliegende Ackerland gelegen, erscheint São Thomé wie eine Welt für sich. Vielleicht erklären sich daher sein Ruf unter brasilianischen Mystikern als eine der sieben heiligen Städte der Welt und die vielen Sichtungen von fliegenden Untertassen, die hier gemacht wurden.

Das Wort „Letras" im Namen bezieht sich auf die rätselhaften Inschriften in einigen der vielen Höhlen der Gegend, wie der **Carimbado** und **Chico Taquara** (beide 3 km außerhalb) sowie der **Gruta de São Thomé**, einer kleinen Höhle im Herzen der Stadt. Eher bodenständige Attraktionen sind die nahe gelegenen Wasserfälle **Euboise** (3 km), **Prefeitura** (7 km) und **Véu de Noiva** (12 km), außerdem die Gebäude der Stadt, die aus wunderschönen Quarzitplatten gefertigt wurden. Im Ort stehen zwei nette Kirchen: die **Igreja Matriz de São Thomé** (1785) auf der grünen Praça da Matriz und die aus unbearbeiteten Steinen erbaute **Igreja de Pedra** bergab Richtung Bushaltestelle. Für einen tollen Blick auf die Berge bei Sonnenauf- und -untergang steigt man zum **Aussichtspunkt** hinauf, der 500 m oberhalb der Stadt liegt.

Im Ort gibt's viele günstige *pousadas* und Restaurants. Einen Block bergaufwärts von der Gruta de São Thomé liegt die **Pousada Serra Branca** (☎3237-1200; www.pousadaserrabranca.com.br; João de Deus 7; EZ 40 R$, DZ 70–90 R$;) mit billigen *apartamentos;* ein Stück weiter unten beherbergt ein altes Steinhaus die **Pousada Arco Iris** (☎3237-1212; www.pousarcoiris.com.br; João Batista Neves 225; EZ/DZ ab 100/120 R$; @), die schönste Budgetoption von São Thomé – samt Sauna und Pool! Zentrale Lokale sind das exzellente, familienbetriebene **Restaurante da Sinhá** (☎3237-1348; Capitão Pedro José Martins 31; 24,90 R$ pro Kilo; ⌚So–Fr 11–16, Sa bis 22 Uhr) mit *mineira*-Küche und Kilopreisen, das **Ser Criativo** (☎3237-1266; Praça Getúlio Vargas 18; Pizza ab 25 R$; ⌚18–22 Uhr) mit Holzofenpizzas und das **Restaurante das Magas** (☎3237-1344; Camilo Rios 2; Hauptgerichte für 2 Pers. 35–48 R$; ⌚Do–Di 11.30–17 & 19–22 Uhr) in einem 180 Jahre alten Steinhaus, das anspruchsvolle *mineira*-Gerichte serviert.

Die **Touristeninformation** (☎3237-1276; turismo@saotomedasletras.mg.gov.br; José Cristiano Alves 4; ⌚9–17 Uhr) von São Thomé liegt gleich hinter dem Hauptplatz, der Praça da Matriz. Hier bekommt man eine Broschüre auf Portugiesisch mit einem (sehr) groben Stadtplan. Außerdem gibt's Infos zu Highlights in der Umgebung.

Während des dritten oder vierten Wochenendes im August zieht das **Festa de Agostomit** mit Livemusik und anderen Feierlichkeiten zahlreiche Pilger an.

Am Busbahnhof São Thomés, der 1 km nördlich des Zentrums liegt, fahren einmal täglich Coutinho-Busse auf einer holprigen, aber malerischen Schotterstraße nach/von Caxambu, allerdings nur bei gutem Wetter (19,10 R$, 2¼ Std., Abfahrt in Caxambu 14.15 Uhr, Rückfahrt ab São Thomé 9.15 Uhr). Alternativ verbindet Trectur (10,65 R$, 1 Std., 6-mal tgl.) São Thomé und das nahe Três Corações miteinander. Dort kann man nach São Paulo (51 R$, 5 Std.) oder Belo Horizonte (74 R$, 5 Std.) umsteigen.

Feste & Events

Diamantina pflegt die Tradition abendlicher Serenaden, der **Vesperata**. Diese Konzerte finden nur an manchen Samstagen zwischen März und Oktober statt. Am Vesperata-Abend ziehen um 20 Uhr einheimische Musiker in einer Parade auf die kleine Praça am nördlichen Ende der Rua da Quitanda, verschwinden in Hauseingängen und tauchen dann auf den beleuchteten Balkonen der umliegenden Herrenhäuser wieder auf. Ein Dirigent in der Mitte des Platzes leitet die Aufführung. Um in der ersten Reihe zu sitzen, bezahlt man am besten für einen Tisch in einer der Bars am Platz. Ein Stehplatz auf den Gehwegen ist kostenlos. An den Vesperata-Wochenenden sind die Hotels oft ausgebucht und fordern meist einen Mindestaufenthalt von zwei Nächten, daher sollte man im Voraus planen. Alle aktuellen Daten gibt's bei der Touristeninformation.

Schlafen

Wer spätabends ankommt und nur ein einfaches Bett braucht, findet gegenüber vom Busbahnhof mehrere Budgethotels.

Pousada Capistrana POUSADA $
(☎ 3531-6560; www.pousadacapistrana.com.br; Campos Carvalho 35; EZ 60 R$, DZ 120 R$; P 📶) Zwar sind die Zimmer hier etwas beengt, doch die Lage mitten in Diamantinas historischem Viertel ist schwer zu überbieten. Parkmöglichkeiten vorhanden.

Diamantina Hostel HOSTEL $
(☎ 3531-2003; www.diamantinahostel.com.br; Rua do Bicame 988; B/DZ 40/80 R$) Diamantinas Hostel liegt in einem Wohngebiet auf einem Hügel, 1 km nordwestlich vom Busbahnhof und 15 Gehminuten von der Altstadt entfernt. Die Schlafsäle und Doppelzimmer sind einfach, haben aber meist Privatbäder. Vom Frühstücksraum im Obergeschoss und der Gästeküche hat man einen tollen Ausblick. Es gibt auch Waschmaschinen.

Relíquias do Tempo POUSADA $$
(☎ 3531-1627; www.pousadareliquiasdotempo.com.br; Macau de Baixo 104; EZ 140–180 R$, DZ 187–250 R$, 4BZ 295–399 R$; 📶) In diesem historischen Haus mit fantastischer Aussicht, antiken Möbeln und Werken einheimischer Künstler wird man in die Vergangenheit zurückversetzt. Der Nachmittagstee – ein Hochgenuss – wird im rustikalen Speiseraum serviert. Im Erdgeschoss befinden sich auch eine Kapelle und ein kleines Geschichtsmuseum.

Hotel Tijuco HOTEL $$
(☎ 3531-1022; www.hoteltijuco.com.br; Macau do Meio 211; EZ/DZ unter der Woche ab 80/135 R$, am Wochenende 130/170 R$) Das modernistische Tijuco, entworfen von Niemeyer, bietet geräumige Zimmer und einen effizienten Service, wie ihn meist nur Hotelketten haben. Für 10 R$ mehr gibt's eine Veranda mit Ausblick dazu – das lohnt sich! Am Treppenaufgang hängen Fotos von Juscelino Kubitschek.

Essen

Apocalipse Restaurante SELBSTBEDIENUNG $
(☎ 3531-3242; Praça Barão do Guaicuí 78; 39,90 R$ pro Kilo; ⌚ 11–15.30 Uhr) Im Speiseraum oben gibt's nicht nur ein internationales Mittagsbüfett (bezahlt wird nach Gewicht), sondern auch einen schönen Blick auf den Markt.

Al Árabe NAHÖSTLICH $$
(☎ 3531-2281; Praça Dr Prado 124; Sandwiches 17 R$, Hauptgerichte 29–45 R$; ⌚ Mo–Sa 10.30–23 Uhr; 🖉) Vom einfachen Snack (ab 4 R$) bis zu ausgefeilten Gerichten für zwei ist hier alles dabei. Der libanesisch-brasilianische Chefkoch zaubert eine verlockende Vielfalt von Spezialitäten aus dem Nahen Osten, darunter auch vegetarische Gerichte.

Casa Velha PIZZERIA $$
(Direita 106; Pizzas 26–47 R$, Hauptgerichte für 2 Pers. 49–51 R$) In der obersten Etage des Hauses, in dem Juscelino Kubitschek geboren wurde, ist heute das Restaurant Casa Velha untergebracht. Es hat Holzböden, hohe Fenster mit Blick auf die Kathedrale und eine Speisekarte, die von Pizza bis *comida mineira* variiert. An den Wänden hängt eine Sammlung mit Fotos von Kubitschek – unbedingt ansehen!

Deguste CRÊPERIE $$
(Beco do Mota 31A; Hauptgerichte 16,90–23,90 R$; ⌚ Di–So 19–24 Uhr) Dieses in Rot- und Senftönen gehaltene Lokal mit Rock'n'Roll-Motto hat sich auf Crêpes zum Selbermachen, Salate und Pastagerichte spezialisiert. Dazu gibt's Säfte, Milchshakes und Eiscreme. Deguste liegt in einer Seitenstraße gleich oberhalb der Kathedrale.

O Garimpo MINEIRA $$$
(☎ 3531-1044; www.pousadadogarimpo.com.br; Av da Saudade 265; Hauptgerichte 35–60 R$; ⌚ Mo–Fr 18–22, Sa & So 12–16 Uhr) Das Restaurant in der Pousada do Garimpo ist bekannt für seine lokalen Gerichte, seine Spezialität ist aber *bambá do garimpo*, eine Komposition aus den Tagen der Diamantenförderung mit Schweinekoteletts, Bohnen, Reis, gehacktem Kohl und *angu* (Maisbrei) – damit werden selbst die hungrigsten Gäste satt. Am Wochenende gibt's hier auch ein All-you-can-eat-Büfett für 33 R$.

Ausgehen & Nachtleben

Freitagabends ab 18 Uhr sollte man den Mercado Municipal besuchen, um die **Sexta Nossa** zu erleben. Bei der Happy Hour vergnügen sich die Einheimischen mit Getränken und regionalem Essen, begleitet von Live-*chorinho* (Instrumentalmusik), Samba und Blues.

Ein weiteres klassisches Wochenendevent in Diamantina ist **Café no Beco**: Es findet jeden Sonntagmorgen von 8 bis 13 Uhr auf der Beco da Tecla statt, einer Fußgängerzone zwischen der Kathedrale und dem Marktplatz. Die Einheimischen verkaufen Selbstgebackenes, spielen Livemusik und bieten den Passanten kostenlosen Kaffee und Tee an.

Livraria Café Espaço B CAFÉ
(☎3531-6005; Beco da Tecla 31; ⏲Mo–Sa 9–24, So 11–14 Uhr; 📶) Dieses Café mit Buchladen ist ein relaxter Ort, um die Boheme von Diamantina zu treffen. Hier kann man in Büchern stöbern (darunter einige englische), das kostenlose WLAN nutzen und sich bei Kaffee, Tee, Wein und leichten Gerichten – z.B. Salaten, Pasta, Forelle und Fondues – entspannen.

Recanto do Antônio BAR
(☎3531-1147; Beco da Tecla 39; ⏲Di–So 11–15 & 18–24 Uhr) Mit Steinwänden und Balkendecken präsentiert sich dieses gesellige Bar-Restaurant. Am Wochenende wird Livemusik gespielt, und das *sanduiche de filé* (Steaksandwich) ist einer der leckersten Barsnacks weit und breit.

Praktische Informationen

Banco do Brasil (Praça da Sé) Hinter der Kathedrale.

Bradesco (Praça Barão do Guaicuí) Direkt unterhalb des Mercado Municipal.

Compuway (☎3531-9600; Beco Modesto de Almeida 80; 2,50 R$ pro Std.; ⏲Mo–Sa 8–21 Uhr) Internet und Skype.

Secretaria de Turismo (☎3531-9532; turismo@diamantina.mg.gov.br; Praça Antônio Eulálio 53; ⏲Mo–Sa 9–18, So bis 14 Uhr) Hier bekommt man einen Stadtführer auf Portugiesisch, der aber auch einen Stadtplan enthält.

An- & Weiterreise

Vom **Busbahnhof** an der höchsten Spitze Diamantinas fahren täglich sieben Busse von Pássaro Verde (S. 188) nach Belo Horizonte (75 R$, 5 Std., 0–18 Uhr). Die benachbarte historische Stadt Serro wird zweimal täglich angefahren (22 R$, 2½ Std.). Ein Taxi zwischen dem Busbahnhof und dem Stadtzentrum kostet rund 12 R$.

Diamantinas kleiner Flughafen liegt 7 km westlich der Stadt und hatte zur Zeit unserer Recherchen alle kommerziellen Flüge eingestellt.

Serro & Umgebung

☎0XX38 / 21 000 EW. / 781 M

Das Kolonialstädtchen Serro wurde 1714 gegründet und schmiegt sich südlich von Diamantina an einen Hang. Die wunderschöne Gegend ist bei brasilianischen Touristen ziemlich beliebt, internationale Traveller haben sie aber noch nicht entdeckt. Gerade deshalb hat sich Serro ein gelassenes und traditionelles *mineiro*-Flair bewahrt. Der hier hergestellte Käse soll der beste in Minas sein.

Gut geeignet für einen Stopp auf dem Weg gen Norden, von Serro in Richtung Diamantina, sind die Bergdörfchen **Milho Verde** und **São Gonçalo do Rio das Pedras** (nicht mal 35 km entfernt), die tolle Wandermöglichkeiten bieten – darunter einige der schönsten Abschnitte der originalen Estrada Real (die „Königliche Straße“ aus dem 18. Jh., die Diamantina mit der Küste von Rio de Janeiro verband).

Sehenswertes

Serros Hauptattraktion sind seine historischen Gebäude. Neben den unten beschriebenen Sehenswürdigkeiten gibt's noch drei weitere Kirchen aus dem 18. Jh. mit regelmäßigen Öffnungszeiten, die einen Besuch lohnen: die **Igreja de NS do Carmo** (⏲9–17 Uhr), die **Igreja do Bom Jesus do Matozinhos** (⏲Mo–Sa 13–17 Uhr) und die **Capela de NS do Rosario** (⏲Mo–Sa 13–17 Uhr). Der Eintritt kostet jeweils 2 R$.

Capela de Santa Rita KIRCHE
(⏲Mo–Sa 9–13 Uhr) Das eindrucksvollste Bauwerk im Ort ist die graziöse, mit einem Turm versehene Capela de Santa Rita, zu der vom Hauptplatz aus steile Treppen schnurgerade nach oben führen.

Chácara do Barão do Serro HISTORISCHES GEBÄUDE
(⏲Mo–Sa 13–17 Uhr) GRATIS Unterhalb der Stadt steht dieses reizende Herrenhaus, das Einblicke in das Leben der Freiherren im Serro des 19. Jhs. gibt.

Feste & Events

Anfang Juli findet in Serro mit der seit 1728 gefeierten **Festa de NS do Rosário** eines der ältesten Feste in Minas statt. Stellvertretend für die drei traditionellen Gesellschaftsgruppen Brasiliens marschieren die Bewohner dabei bunt gekleidet durch die Stadt: Die *caboclos* (Nachkommen von Indios und Portugiesen) geben mit Pfeil und Bogen den Rhythmus an und liefern sich (nachgeahmte) Auseinandersetzungen mit den mit Schwertern und Gitarren bewaffneten *marujos* (Europäern), während die *catopês* (Afrikaner) in einem alten Dialekt lamentieren und auf Instrumenten trommeln, die leere Teller symbolisieren sollen.

Schlafen & Essen

Serro bevölkern unzählige billige Speiselokale, die meist *comida mineira* servieren, die Auswahl an Hotels ist jedoch begrenzt.

Bessere Orte, um die Nacht zu verbringen, sind die Städte São Gonçalo und Milho Verde mit ihrer ländlichen Ruhe; in den Zimmerpreisen der dortigen *pousadas* sind oft Mahlzeiten inbegriffen.

Pousada Riques Matriz POUSADA $
(☎3541-1770; Alferes Luiz Pinto 82; EZ/DZ 30/60 R$, EZ mit Bad 25 R$) Die Zimmer in diesem historischen Haus in der Nähe der Praça Matriz in Serro sind einfach, aber der Preis stimmt.

★ Refúgio dos Cinco Amigos POUSADA $
(☎3541-6037; www.pousadarefugio5amigos.com.br; Largo Félix Antônio 160, São Gonçalo; Zi. inkl. Frühstück 50 R$ pro Pers., inkl. Vollpension 70 R$; WLAN) Seit über drei Jahrzehnten empfängt die rustikale, von Schweizern betriebene *pousada* neben der grünen Kirche in São Gonçalo Gäste. Im Holzofen werden köstliche Mahlzeiten zubereitet, außerdem gibt's ein Lesezimmer mit Kamin.

Pousada do Capão POUSADA $$
(☎3541-6068; www.pousadacapao.com; Rua da Nascente 550, São Gonçalo; EZ/DZ inkl. Frühstück & Abendessen 125/175 R$, Chalet 175/220 R$) Versteckt vor den Toren São Gonçalos liegt diese zauberhafte *pousada*, deren Zimmer und Chalets sich um eine Grünfläche reihen. Der ausgebildete Koch und amerikanische Auswanderer Peter und seine brasilianische Frau Marcia sind vollendete Gastgeber – sie verwöhnen ihre Gäste mit hausgemachten Likören, Gebäck, internationaler Hausmannskost und Insidertipps zu lokalen Attraktionen (auch Wanderungen zu Wasserfällen).

Praktische Informationen

Centro de Informações Turísticas (☎3541-2754; www.serro.tur.br; Praça João Pinheiro 154; ⏲8–17 Uhr) Hält einen hilfreiche Plan mit den alten Villen und Kirchen Serros bereit und bietet Infos über São Gonçalo sowie Milho Verde.

An- & Weiterreise

Serros Busbahnhof liegt einen Block unterhalb des historischen Zentrums. Ziele sind u. a. Belo Horizonte (60–81 R$, 6 Std., 4-mal tgl.), Conceição do Mato Dentro (19 R$, 2 Std., 3- bis 4-mal tgl.) und Diamantina (22 R$, 2½ Std., 2–3-mal tgl.).

Milho Verde und São Gonçalo do Rio das Pedras sind von Serro oder Diamantina aus zu erreichen. Von Serro fahren zweimal täglich TransFacil-Busse (5 R$) über Milho Verde (1 Std.) nach São Gonçalo (1½ Std.). Von Diamantina verkehrt täglich ein Diamantinense-Bus (Mo–Sa 15 Uhr, So 18 Uhr) zuerst nach São Gonçalo (10 R$, 2 Std.) und weiter nach Milho Verde (12 R$, 2½ Std.).

Parque Nacional da Serra do Cipó

☎0XX31

Der **Parque Nacional da Serra do Cipó** (www.icmbio.gov.br) GRATIS, 100 km nordöstlich von Belo Horizonte, ist einer der schönsten Parks in Minas. Hier gedeiht hauptsächlich Cerrado- sowie Hochlandvegetation und bedeckt die Serra do Espinhaço, welche die Wasserbecken der beiden Flüsse São Francisco und Doce voneinander trennt. In niedrigeren Höhenlagen findet man Wasserfälle und grüne, farnbewachsene Flusstäler mit einzigartigen Orchideen. Zur Tierwelt des Parks gehören Mähnenwölfe, Tamarine (Affen), Ameisenbeutler, Jaguare, Fledermäuse und der farbenprächtige *sapo de pijama* (Pyjamafrosch).

Der Park ist riesig; die beliebtesten Routen führen über die *serra* und nehmen einige Tage in Anspruch. Infos und Wanderkarten gibt's bei der **Parkverwaltung** (☎3718-7151), ein paar Kilometer südöstlich des Ortes Cardeal Mota. Zwei besonders lohnenswerte Tageswanderungen sind der 16 km lange Rundweg von der Parkverwaltung zum 70 m hohen Wasserfall **Cachoeira da Farofa** und der 24 km lange Rundweg zu der 80 m tiefen Schlucht **Cânion das Bandeirinha**.

Drei empfehlenswerte lokale Touranbieter bieten Wanderungen, Rafting, Reitausflüge und/oder Mountainbiketouren in den Park an: **Bela Geraes Turismo** (☎3718-7394; serradocipogeraes.com.br), **Cipoeiro Expedições** (☎9611-8878; www.cipoeiro.com.br) und **Tropa Serrana** (☎9983-2356; www.tropaserrana.blogspot.com).

Schlafen & Essen

Zelten ist im Park verboten, doch es gibt zwei Campingplätze an der Hauptstraße nahe dem Wasserfall Véu de Noiva, 5 km nördlich des Abzweigs zur Parkverwaltung: **Grande Pedreira** (☎3718-7007; www.pousadagrandepedreira.com.br; Stellplatz 25–30 R$ pro Pers., DZ 130–170 R$) liegt an einem Hang mit Blick auf den Wasserfall (in der Ferne) und vermietet Zeltplätze sowie Privatzimmer in der eigenen *pousada* auf dem Hügel; **Veu da Noiva** (☎3718-7096; www.acmmg.com.br/

veudanoiva.html; Schnellstraße MG-010, Km 99,5; Stellplatz 34 R$ pro Pers.; 📶 🏊) hat einen Pool (mit Frischwasser), eine Snackbar und einen direkten Zugang zum Wasserfall über einen 200 m langen Fußpfad. Busse halten auf Anfrage an beiden Campingplätzen.

Hotel Cipó Veraneio HOTEL **$$$**
(☎3718-7000; www.cipoveraneiohotel.com.br; Schnellstraße MG-10, Km 94; DZ inkl. Mahlzeiten ab 509 R$; ❄ 📶 🏊) Wer mit dem Bus unterwegs ist und in der Nähe der Parkverwaltung übernachten möchte, der hat mit dem Cipó Veraneio die am günstigsten gelegene Unterkunft gefunden. Es befindet sich zwar direkt an der Straße, hat aber eine sehr gute Ausstattung, darunter auch ein äußerst beliebtes Restaurant und einen Pool.

ℹ An- & Weiterreise

Von Belo Horizonte fahren Serro- und Saritur-Busse zum Park (23 R$, 2½ Std., 6–16 Uhr mehrmals tgl.). Wer zur Parkverwaltung möchte, steigt am Hotel Cipó Veraneio aus und geht dann 3 km Richtung Osten zu Fuß weiter oder fährt per Anhalter. Auf der rechten Straßenseite, gleich hinter dem Hotel, aber noch vor der Brücke über den Rio Cipó, führt eine beschilderte Schotterstraße Richtung Park.

Campinggelegenheiten findet man erst nach dem Städtchen Cardeal Mota, weitere 5 km Richtung Norden.

Tabuleiro

☎0XX31

Nördlich vom Parque Nacional da Serra do Cipó, aber noch im Unesco-Biosphärenreservat Serra do Espinhaço, liegt der 273 m hohe **Cachoeira Tabuleiro**, Brasiliens dritthöchster Wasserfall. Man erreicht ihn vom Städtchen Tabuleiro aus, etwa 180 km nördlich von Belo Horizonte.

5 km östlich des Wasserfalls befindet sich das **Tabuleiro Eco Hostel** (☎3654-3288; www.tabuleiroecohostel.com.br; Joaquim Costinha 1B, Vila do Tabuleiro; Campingplatz 30 R$, B 50 R$, DZ 110–150 R$; 📶). Hier kann man sein Zelt auf grasbewachsenen Terrassen aufschlagen oder sich ein Bett in einem Schlafsaal bzw. ein Einzel- oder Doppelzimmer nehmen. Diese sind in einer Reihe von bunten Gebäuden am Hang untergebracht. Zu den Hosteleinrichtungen zählen eine DVD-Bibliothek, eine Küche, Waschmaschinen und ein Bar-Restaurant mit Snacks. Die Hostelbesitzer organisieren Klettertouren, kombiniert mit einer Wanderung oder einem Reitausflug zu den nahen Felsenmalereien, Wasserfällen, Schluchten oder Badestellen. In der Stadt gibt's außerdem ein paar *pousadas* und Lokale.

Um vom Hostel zum Wasserfall zu kommen, geht man in westlicher Richtung durch die Innenstadt von Tabuleiro. Nach etwa 3 km ist der **Parque Estadual Serra do Intendente** (☎3531-3919; Eintritt 5 R$) erreicht. Vom Eingang aus führt ein gut markierter, 2 km langer Pfad steil hinunter zum Fluss, verläuft sich dann aber, sodass man den Rest des Weges flussaufwärts von einem Felsen zum anderen hüpfen muss. Den ganzen Tag über hat man einen spektakulären Blick auf den Wasserfall. Während der Trockenzeit ist es möglich, im natürlichen Pool am Fuße der Kaskade zu schwimmen.

ℹ An- & Weiterreise

Der erste Teil ist leicht: Man nimmt einen Viação-Serro-Bus von Belo Horizonte nach Conceição do Mato Dentro (44 R$, 4 Std., 6–16 Uhr 6-mal tgl.). Die Herausforderung besteht aber darin, von Conceição nach Tabuleiro zu kommen; lokale Busse fahren nur montags, mittwochs und freitags um 15 Uhr bzw. samstags um 14 Uhr, sie kehren an denselben Tagen um 8 Uhr wieder zurück nach Conceição (5 R$, 1 Std.). Ein Taxi zwischen Conceição und Tabuleiro kostet 70 R$ pro Strecke.

Bequemer sind die Shuttledienste, die (mit Voranmeldung) vom Hostel in Tabuleiro aus organisiert werden können: Vom Zentrum Belo Horizontes oder vom Flughafen Confins kostet die Fahrt nach Tabuleiro 300 R$ (bis zu 4 Pers.).

Parque Natural do Caraça

☎0XX31 / 1297 M

Etwa 100 km östlich von Belo Horizonte erstreckt sich im Herzen der Serra do Espinhaço der Parque Natural do Caraça – ein Ort der Glückseligkeit. Durch eine Bergkette vom Rest der Welt abgeschirmt, bildet er eine 110 km² große Übergangszone zwischen den Ökosystemen der Mata Atlântica (Atlantischer Regenwald) und dem Cerrado. Herzstück des Parks ist das in ein schüsselförmiges Tal eingebettete ehemalige Kloster und Internat, in dem schon mehrere brasilianische Präsidenten die Schulbank drückten. Die katholische Gemeinde, die in der neogotischen Kirche ihre Gottesdienste abhält, hat das Anwesen in eine *pousada* umgewandelt, die auch von ihr verwaltet wird.

In der Umgebung ragen mehrere Gipfel auf – darunter der **Pico do Sol** (mit 2070 m der höchste Berg der Serra do Espinhaço) –

NICHT VERSÄUMEN

DIE MÄHNENWÖLFE VON CARAÇA

Der Mähnenwolf – auf Portugiesisch *lobo guará* – ist der größte Wildhund Südamerikas. Er lebt unbeschwert im unter Naturschutz stehenden Cerrado (Savanne) des Parque Natural do Caraça. Vor einigen Jahren hatte einer der Geistlichen von Caraça die Idee, sich – ganz im Zeichen Franz von Assisis – mit den Wölfen anzufreunden. Zwei Jahre lang lockte er die Tiere geduldig mit Essen in Richtung Kirche und gewann so ihr Vertrauen.

Mittlerweile ist die Fütterung zum nächtlichen Ritual avanciert, dem Übernachtungsgäste der Pousada Santuário do Caraça beiwohnen können. Nach dem Abendessen im alten steinernen Refektorium des Klosters wandeln die Besucher in den Hof. Das zeremonielle Tablett mit Küchenabfällen für die Wölfe wird unmittelbar nach Sonnenuntergang auf die Steinplatten gestellt, die menschlichen Gäste mit Popcorn, Kräutertee und *cachaça* versorgt. Und dann beginnt das Warten.

Selbst in Nächten, in denen die Wölfe nicht kommen, ist das meditative Vergnügen, unter den Sternen zu sitzen, sich zu unterhalten und die Ruhe Caraças zu genießen, ein magisches Erlebnis, das die meisten Besucher lange begleiten wird. Aber wer geduldig wartet, wird belohnt ... leise Geräusche von Pfoten, plötzliche Stille unter den Versammelten, etwas huscht die Treppen hinauf, die wilden Augen dieser wunderbaren Kreaturen blitzen für einen Moment auf, sie stehlen das bereitgestellte Mahl – dann verschwinden sie wieder in der Dunkelheit der Nacht.

und aus Bächen werden Wasserfälle sowie natürliche Schwimmstellen. Die Hänge sind von einfach zugänglichen Wanderwegen überzogen, alle markiert und in einer praktischen Wanderkarte eingezeichnet, die am Parkeingang erhältlich ist. Die meisten Wanderungen, auch den vierstündigen Rundweg zum herrlichen **Wasserfall Cascatona**, kann man allein machen. Andere, tückischere Touren sollte man nur mit Guide unternehmen (auf www.santuariodocaraca.com.br/turismo/guias.php finden sich die Kontaktdaten mehrerer Guides).

Schlafen & Essen

★ **Pousada Santuário do Caraça** POUSADA **$$**
(☎ 3837-2698; www.santuariodocaraca.com.br; EZ/DZ/3BZ/4BZ ab 157/218/323/399 R$, EZ/DZ/3BZ mit Gemeinschaftsbad 112/157/229 R$; @ 📶) In dieser friedvollen Unterkunft warten sowohl einfache *quartos* mit Gemeinschaftsbädern in der Nähe des Gartenhofes als auch *apartamentos* – die besten befinden sich im Ala do Santuário (Sanctuary-Flügel). Alle Preise beinhalten drei *mineira*-Mahlzeiten aus lokalen Produkten. Das Highlight des Hauses ist die nächtliche Wolfsfütterung. Vorab reservieren.

Falls möglich, sollte man unter der Woche kommen, da dann die Preise 10 % billiger sind und man mehr Chancen hat, die Wölfe zu sehen und die Ruhe Caraças zu genießen. Wenn wenig los ist, wird das Frühstück im Speisesaal im Erdgeschoss serviert, wo man seine Eier selbst auf dem Holzofen braten kann.

An- & Weiterreise

Die nächstgelegenen Städte beim Park sind Barão de Cocais und Santa Bárbara.

Pássaro Verde (www.passaroverde.com.br) betreibt regelmäßig Busse von Belo Horizonte nach Barão de Cocais (27 R$, 2 Std., 6–20.30 Uhr alle 2 Std.). Ab Ouro Preto fahren Busse von **Vale do Ouro** (☎ 3551-5679) nach Santa Bárbara (26 R$, 2½ Std., 7.25 und 13.40 Uhr, Mo–Sa).

Der Vale-Zug von Belo nach Vitória, der täglich verkehrt, hält unterwegs außerhalb von Barão de Cocais in Dois Irmãos (regulär/*executivo* 14/26 R$, Abfahrt in Belo Horizonte um 7.30 Uhr, Ankunft in Dois Irmãos um 9 Uhr).

Von Santa Bárbara, Barão de Cocais oder Dois Irmãos aus bezahlt man für die 30-minütige Taxifahrt nach Caraça etwa 70 R$. Um ein Taxi vorab zu reservieren, ruft man **Célio do Táxi** (☎ 9689-3098) an. Daran denken, dass der Park nur von 7 bis 17 Uhr geöffnet ist (bzw. bis 21 Uhr für Gäste der *pousada*).

Parque Nacional de Caparaó

☎ 0XX32

Dieser 250 km² große Nationalpark umfasst die höchsten Berge Südbrasiliens, darunter den **Pico da Cristal** (2798 m), den **Pico do Calçado** (2766 m) und den dritthöchsten

Berg des Landes, den **Pico da Bandeira** (2892 m). Beliebt bei Bergsteigern und Wanderern aus ganz Brasilien, bietet er Panoramablicke auf das Caparaó-Tal, das Minas Gerais und Espírito Santo trennt. In niedrigeren Höhenlagen wird das weite und felsige Hochland durch Überreste der Mata Atlântica (Atlantischer Regenwald) ergänzt.

Zum **Parkeingang** (www.icmbio.gov.br; Eintritt 11 R$; ⏲7–22 Uhr) geht's von der nächsten Stadt, Alto do Caparaó, 2 km bergaufwärts. Zwischen November und Januar fällt sehr viel Regen. Die beste Zeit für klares Wetter ist zwischen Juni und August – obwohl dies die kältesten Monate sind. Warme Kleidung mitbringen!

Der klassische Aufstieg zum Pico da Bandeira kann ohne Kletterausrüstung oder Führer bewältigt werden, da der Pfad nur allmählich ansteigt und gut markiert ist. Ein Taxi von der Stadt bis zum Startpunkt des Wegs beim Tronqueira-Campingplatz, vom Parkeingang 8 km bergauf an einer steilen unbefestigten Straße gelegen, kostet zwischen 70 und 80 R$. Jenseits von Tronqueira sind Autos verboten. Von hier beginnt der 9 km lange allmähliche Aufstieg zum Gipfel. Die meisten Besucher gehen an einem Tag hinauf und wieder zurück nach Alto do Caparaó, aber mit einem eigenen Zelt kann man auf die zu Espírito Santo gehörende Seite des Parks wechseln, über Nacht dort campen und dann am folgenden Tag den gleichen Weg wieder zurückgehen. Das Gelände am Pico da Bandeira ist auf der Espírito-Santo-Seite steiler als auf der Minas-Seite, was einem einige sehr dramatische Ausblicke beschert, und es gibt drei Wasserfälle mit idyllischen Badestellen – **Farofa**, **Aurélio** und **Sete Pilões** – in der Nähe des letzten Campingplatzes, Macieira.

Schlafen & Essen

Auf der zu Minas Gerais gehörenden Seite des Parks liegen zwei offizielle Campingplätze: Tronqueira und Terreirão, 4,5 km weiter, der die Mitte des 9 km langen Wegs von Tronqueira zum Gipfel markiert. Zwei weitere Campingplätze gibt's auf der Espírito-Santo-Seite des Parks: bei der Casa Queimada, den Pfad entlang 4,5 km unterhalb des Gipfels; und Macieira 4,5 km weiter auf einer unbefestigten Straße. Man sollte die gesamte Verpflegung und Vorräte mitnehmen und im Voraus telefonisch bei der **IBAMA** Plätze reservieren (Instituto Brasileiro do Meio Ambiente e dos Recursos Naturais Renováveis; Brasilianisches Institut für Umwelt und erneuerbare natürliche Energien; ☎3747-2086; Stellplatz 6 R$). Alle Plätze haben Spültoiletten und kalte Duschen.

Pousada Querência Hostel HOSTEL $
(☎3747-2566; www.picodabandeiratur.tur.br/querencia.htm; Av Pico da Bandeira 1061; Zi. 50 R$ pro Pers., mit Gemeinschaftsbad 40 R$) Trotz ihrer ungünstigen Lage im hintersten Teil der Stadt hat diese HI-Herberge gute Einrichtungen inklusive einer Gästeküche. Sie organisiert Raftingausflüge und Exkursionen zum Sonnenaufgang über dem Pico da Bandeira. Der Besitzer der *pousada* betreibt auch das Hostel Rio Claro. Dieses liegt in einem 14 km entfernten Schutzgebiet, erzeugt mithilfe eines Wasserfalls Energie und bietet Unterkunft für bis zu zehn Personen (30 R$ pro Pers., Verpflegung selbst mitbringen).

Pousada Vale Verde POUSADA $
(☎3747-2529; Praça da Matriz 25; EZ/DZ 30/60 R$) In dieser grellgrünen *pousada* in der Nähe der Bushaltestelle auf dem Hauptplatz werden einfache Zimmer geboten. Billige Gerichte bekommt man im Selbstbedienungsrestaurant auf der gegenüberliegenden Seite des Platzes.

Pousada do Bezerra POUSADA $$
(☎3747-2628; www.pousadadobezerra.com.br; Av Pico da Bandeira; EZ/DZ inkl. Frühstück 119/168 R$, inkl. Halbpension 146/208 R$; ❄@🛜🏊) Das Bezerra liegt am nächsten zum Parkeingang und serviert im Restaurant köstliche Forelle. Halbpension beinhaltet Frühstück und Mittagessen, außerdem gibt's eine Sauna.

ℹ An- & Weiterreise

Um Caparaó mit dem Bus von Belo Horizonte oder Vitória (Espírito Santo) zu erreichen, fährt man zuerst in das kleine Manhumirim 25 km außerhalb des Parks. **Pássaro Verde** (www.passaroverde.com.br) verbindet Belo dreimal täglich mit Manhumirim (80–88 R$, 6 Std.), ab Vitória schickt **Águia Branca** (www.aguiabranca.com.br) täglich um 18.30 Uhr einen Direktbus nach Manhumirim (35 R$, 4¼ Std.).

Von Manhumirim verkehren täglich acht Busse von Rio Doce nach Alto Caparaó (4,85 R$, 45 Min., 6.30–20 Uhr, Rückfahrt 6.25–21.10 Uhr). Mit dem Taxi sind es 30 Minuten (50 R$). Manhumirims **Palace Hotel** (☎33 3341 2255; Av Lauro Silva 656; EZ/DZ 55/90 R$, mit Gemeinschaftsbad 40/65 R$; ❄@🛜), schräg gegenüber dem Busbahnhof, ist absolut ausreichend, wenn man hier übernachten muss.

Alternativ verkehrt ein Águia-Branca-Bus um 7.20 Uhr von Vitória nach Manhuaçu (36 R$, 4 Std.), wo täglich acht Rio-Doce-Busse nach Alto Caparaó (9,70 R$, 1½ Std.) abfahren.

ESPÍRITO SANTO

3,5 MIO. EW.

Vitória

0XX27 / 328 000 EW.

Von der kolonialen Vergangenheit der Hauptstadt Espírito Santos ist nicht mehr viel zu sehen. Als Erstes fällt Besuchern Vitórias heutzutage wahrscheinlich der Industriehafen ins Auge. Doch die Strände östlich des Zentrums sind schön, die Einwohner der Stadt, *capixabas* genannt, begegnen einem warmherzig und die florierende Wirtschaft hat dafür gesorgt, dass es hier zahlreiche Bars, Universitäten, Nachtclubs, Restaurants und Hotels gibt.

Mehrere Brücken verbinden die Überreste des alten Vitória, das auf einer Insel direkt vor der Küste gebaut wurde, mit dem Festland. Die besten Strände der Stadt sind Canto und Camburí im Norden sowie die berühmte Praia da Costa im Süden in der Schwesterstadt Vila Velha.

Sehenswertes

Stadtzentrum

Anchieta-Palast PALAST

(3636-1032; www.palacioanchieta.es.gov.br; Praça João Clímaco; Di–Fr 9–17, Sa 10–17, So 10–16 Uhr) GRATIS Vitórias prachtvollstes Bauwerk ist die einstige Jesuitenuniversität und -kirche, die heute als Sitz der Landesregierung dient. Bei den 40-minütigen Führungen sieht man die Fundamente aus dem 16. Jh., vor Ort gefundene Artefakte und das Grab von Padre José de Anchieta (1534–1597), eines frühen Missionars, der als „Apostel Brasiliens" bejubelt wird. Die Wochenendrundgänge (90 Min.) führen in weitere Räume, die unter der Woche von Regierungsbeamten genutzt werden.

Parque Moscoso PARK

(Av Cleto Nunes) Die *capixabas* spazieren und relaxen gern im Parque Moscoso westlich vom Stadtzentrum.

Vila Velha

Auf der anderen Seite des Flusses und südlich von Vitória liegt Vila Velha, die erste portugiesische Koloniegründung in Espírito Santo.

Convento da Penha KLOSTER

(conventodapenha.org.br; 5.45–16.45 Uhr) Ein Muss ist der Convento da Penha auf dem dicht bewaldeten Morro da Penha. Vom Gipfel genießt man ein fantastisches Panorama, und auch die 1558 gegründete Kapelle ist interessant. Als bedeutende Pilgerstätte zieht der Convento zur Osterzeit Massen von Gläubigen an, die der Nossa Senhora da Penha die Ehre erweisen wollen und den Hügel manchmal sogar auf ihren Knien erklimmen.

Garoto SCHOKOLADENFABRIK

(www.garoto.com.br; Praça Meyerfreund 1, Vila Velha; Mo–Fr 9–18, Sa 8.30–14 Uhr) Brasiliens beste Schokolade wird in der Fabrik Garoto gleich abseits der Rodovia Carlos Lindenberg hergestellt und verkauft. Man nimmt den Bus 500 nach Vila Velha und steigt dort in den Bus 525 oder 526 um. Wer vorher reserviert, kann an einer einstündigen **Fabrikbesichtigung** (3320-1709; Eintritt 10 R$) in Englisch oder Portugiesisch teilnehmen.

Strände

Praia da Costa STRAND

Der schönste Strand der Stadt ist die Praia da Costa in Vila Velha. Hier gibt's weniger Hotels und Restaurants als am Camburí, doch man kann gut schwimmen und Wellen reiten. Allerdings empfiehlt es sich, immer ein Auge auf den Horizont haben – riesige Supertanker tauchen oft mit überraschender Geschwindigkeit auf!

Praia do Camburí STRAND

Die 5 km lange Praia do Camburí säumen Kioske, Restaurants, Nachtbars und Mittelklassehotels. In der Nähe der Brücke sollte man besser nicht im Wasser planschen, da es dort zu verschmutzt ist.

Schlafen & Essen

Es ist schöner, am Strand zu übernachten, der abends menschenleer wird, als im Stadtzentrum. Da sich viele Besucher unter der Woche in den Unterkünften der Stadt einquartieren, senken etliche Hotels an den Wochenenden die Preise. Gute Budgetunterkünfte sind in Vitória Mangelware. Unbedingt probieren sollte man die Spezialität der Region, *moqueca capixaba*, eine Mischung aus Meeresfrüchten, die in einer *panela de barro* (Tontopf) geschmort werden.

Cannes Palace Hotel HOTEL $

(3232-7200; www.hotelcannes.com.br; Av Jerônimo Monteiro 111; EZ/DZ 99/119 R$;) Das altersschwache Hochhaus ist nicht ganz so baufällig, wie es von außen scheint, und liegt günstig in der Nähe des Busbahnhofs

EINE SICHERE ZUFLUCHT FÜR EINEN BEDROHTEN PRIMATEN

Der *muriqui* (Spinnenaffe) ist der größte Primat der Neuen Welt und ein überwältigendes Geschöpf. Männchen werden etwa 1,5 m groß, die Bewegungen und Gestalt des Tieres können erschreckend menschlich wirken. Dank seinen fotogenen Qualitäten wirbt es auf Postern für den Artenschutz in Brasilien, in der freien Natur kann es aber recht schwer werden, eines zu sehen. Zum Zeitpunkt der Recherche gab es weltweit nur noch etwa 3000 Exemplare, darunter gerade einmal 900 Tiere der noch selteneren Gattung der Nördlichen Spinnenaffen. Im Vergleich dazu stehen geschätzte 400 000 *muriquis* zur Zeit der portugiesischen Kolonisierung.

Drei Faktoren erklären diesen drastischen Rückgang: die Zerstörung ihres Lebensraums, der Mata Atlântica (Atlantischer Regenwald), ihre eigene sanftmütige Art (ihr Name bedeutet in der Tupi-Sprache „unbekümmerte Typen") und ihr langsamer Fortpflanzungszyklus. *Muriqui*-Weibchen bringen nach einer Tragzeit von acht Monaten meist nur ein einziges Junges zur Welt und dieses bleibt bis zu drei Jahre lang bei der Mutter, die sich in dieser Zeit nicht wieder neu paart. *Muriquis* bewegen sich sehr langsam und sind weniger streitlustig als die meisten ihrer Artgenossen – eigentlich verbringen sie den Großteil ihrer Zeit damit, zu essen, zu spielen und sich gegenseitig zu umarmen! So waren sie seit jeher einfache Beute für Jäger.

Das abgelegene und wenig besuchte Naturschutzgebiet **Estação Biológica de Caratinga** (www.preservemuriqui.org.br/estacao.htm) im Osten von Minas ist der beste Ort, um frei lebende Spinnenaffen zu beobachten. Es hat bei der Rettung des *muriquis* vor dem Aussterben eine entscheidende Rolle gespielt. 1944, als der Kaffeebauer Feliciano Abdalla sich der Bewahrung eines großen Stücks Atlantischen Regenwaldes auf seiner Besitzung verschrieb, gab es hier nur noch acht Spinnenaffen. 40 Jahre später wurde die Estação Biológica gegründet, und seitdem haben Forschungs- und Schutzbemühungen zu einem größeren Verständnis des Spinnenaffens geführt und seine Zahl hat sich wieder beeindruckend erhöht. Heute leben in diesem Schutzgebiet etwa 330 Nördliche Spinnenaffen, etwa ein Drittel der Weltpopulation dieser bedrohten Art.

und des Palácio Anchieta. Alle Zimmer haben Klimaanlagen und Holzböden. Die beste Budgetoption der Stadt.

Ibis Vitória HOTEL $$
(☎2104-4850; www.ibis.com.br; João da Cruz 385, Praia do Canto; Zi. am Wochenende/unter der Woche 139/159 R$;) Tolle Lage gleich am Rand des Triângulo das Bermudas, Vitórias Zentrum des Nachtlebens, und nur ein paar Blocks von der Praia do Canto entfernt. Folglich sind die Preise in diesem Haus der Ibis-Kette ausgesprochen fair. Frühstück kostet extra. 1,5 km nördlich des Camburí-Strandes liegt ein weiteres Ibis.

Senac Ilha do Boi HOTEL $$$
(☎3345-0111; www.hotelilhadoboi.com.br; Bráulio Macedo 417; EZ/DZ ab 387/440 R$;) Wer mal eine Nacht im Luxus schwelgen will, ist hier richtig. Das Hotel steht oben auf einem Hügel mit herrlichem Blick auf die Bucht. Der Service ist tadellos, die Ausstattung, zu der ein Tennisplatz, ein Solarium, eine Pianobar sowie Pools und Saunas gehören, einfach traumhaft.

Pirão FISCH & MEERESFRÜCHTE $$$
(☎3227-1165; www.piraovitoria.com.br; Joaquim Lírio 753, Praia do Canto; Hauptgerichte für 2 Pers. 85–170 R$; Mo–Fr 11.30–16 & 18.30–23, Sa & So 11.30–17 Uhr) In den letzten 25 Jahren hat sich das Pirão mit seinen preisgekrönten *moquecas* und *tortas capixabas* (Meeresfrüchte-Frittata mit Oliven und Palmherzen) einen Ruf als hervorragendes Restaurant erworben.

Lareira Portuguesa PORTUGIESISCH $$$
(☎3345-0329; www.lareiraportuguesa.com.br; Av Saturnino de Brito 260, Praia do Canto; Hauptgerichte für 2 Pers. 150–180 R$; Mo–Sa 11.30–15 & 19–24, So 11.30–16.30 Uhr) Der herrliche Garten und die portugiesischen Fliesen verleihen diesem Restaurant ein verführerisches und kultiviertes Flair. Köstliche Fischgerichte dominieren das Menü, es gibt aber auch südeuropäische Klassiker wie gebratene Ziege sowie etliche portugiesische Desserts.

Ausgehen & Unterhaltung

Die *capixabas* lieben das Nachtleben. Am meisten los ist im passend benannten Viertel Triângulo das Bermudas (Bermudadrei-

Die Primaten in ihrem natürlichen Lebensraum zu sehen ist ein faszinierendes Erlebnis, und dank des Expertenwissens der lokalen Guides haben Besucher überdurchschnittlich gute Chancen für eine Sichtung der Affen. Um einen Tagesbesuch zu arrangieren (120 R$ inkl. Guide und rustikales Mittagessen), schreibt man eine E-Mail oder ruft das **Parkbüro** (☎33-3322-2540; preservemuriqui@gmail.com; Fazenda Montes Claros, Ipanema) an. Man sollte feste Schuhe mitbringen, um die Hügel besteigen zu können, und keine rote Kleidung tragen – *muriquis* betrachten Rot als Zeichen von Aggression. Der Mai ist ein besonders guter Monat für einen Besuch, da die Lieblingsfutterquelle der *muriquis*, der *Mabea fistulifera*, in Blüte steht und die Tiere sich lange Zeit an einem einzigen Ort aufhalten, um sich am Nektar des Baumes zu laben.

Ipanema und Caratinga sind die nächstgelegenen Verkehrsknotenpunkte beim Park. **Pássaro Verde** (www.passaroverde.com.br) betreibt täglich zwei Busse von Belo Horizonte nach Ipanema (100 R$, 8 Std.) sowie einen frühen Morgenbus von Ouro Preto nach Caratinga (68 R$, 5½ Std.). **São Geraldo** (www.saogeraldo.com.br) schickt einen Direktbus von Vitória (Espírito Santo) nach Caratinga (48 R$, 6½ Std., tgl. 22.25 Uhr).

Von Caratinga oder Ipanema nimmt man den Rio-Doce-Bus (15 R$, 2 Std. ab Caratinga; 7 R$, 1 Std. ab Ipanema) und bittet den Fahrer, an der Estação Biológica anzuhalten. Von der Bushaltestelle bis zur Hauptverwaltung des Parks sind es zu Fuß 2 km auf einer unbefestigten Straße. Auf vorherige Anfrage kann **Antônio Bragança** (☎8882-6886; antonio_braganca@hotmail.com), der Leiter der Forschungsstation, manchmal Leute von Ipanema bis zum Park mitnehmen.

Ipanema ist der beste Ort für eine Übernachtung. Das zentral gelegene Hotel **Italia Palace** (☎3314-1793; www.italiapalacehotel.com; Av 7 de Setembro 383; EZ/DZ mit Ventilator 52/96 R$, mit Klimaanlage & Minibar 97/140 R$; ❄📶) bietet ein exzellentes Preis-Leistung-Verhältnis.

Unabhängig davon, ob man das Schutzgebiet besucht oder nicht, bei **Preserve Muriqui** (www.preservemuriqui.org.br/ing/abraco.htm) 🍃 erfährt man mehr über die Erhaltung des *muriqui*.

eck), in dem es etliche Bars, Lokale und Nachtclubs gibt. Epizentrum ist die Kreuzung Rua Joaquim Lírio und Rua João da Cruz, hippe Menschentrauben hängen aber auch an der Curva da Jurema herum. Bis in den frühen Morgen verkaufen hier Buden Snacks und Essen.

Theatro Carlos Gomes THEATER
(www.secult.es.gov.br; Praça Costa Pereira) Das Theater ist architektonisch von der La Scala in Mailand inspiriert und zeigt Produktionen nationalen Ranges zu günstigen Preisen. Auf der Website steht das aktuelle Programm („Espaços culturais" auf der linken Seite anklicken).

ℹ Praktische Informationen

Geldautomaten verschiedener Banken findet man im Busbahnhof.

PIT (www.vitoria.es.gov.br/turismo.php) Vitórias Stadtverwaltung betreibt drei Touristeninformationskioske: in der Ankunftshalle des Flughafens (☎3235-6350; ⏰7–20.30 Uhr), gegenüber Plattform 6 im Busbahnhof (☎3203-3666; ⏰Mo–Fr 6–20.30, Sa bis 12 Uhr) sowie am Strand in der Curva da Jurema (☎3382-3053; ⏰Mo–Fr 7–16 Uhr).

ℹ An- & Weiterreise

BUS

Vitórias belebter, moderner Busbahnhof liegt gleich westlich der Altstadt. In der Tabelle auf S. 216 findet man eine Liste der Fahrtziele.

FLUGZEUG

Der **Flughafen Eurico Salles** (VIX; ☎3235-6300) liegt 10 km nordöstlich des Stadtzentrums in Goiabeiras. Von hier gehen regelmäßig Flüge nach Belo Horizonte, Rio, São Paulo und in weitere brasilianische Städte.

ZUG

Companhia Vale do Rio Doce (S. 179) betreibt täglich einen Zug nach Belo Horizonte (*econômica/executiva* 56/87 R$, 13 Std.). Er startet von der Estação Ferroviária Pedro Nolasco, 5 km westlich der Innenstadt Vitórias in Cariacica.

ℹ Unterwegs vor Ort

Vom Flughafen zum Stadtzentrum und zurück fährt der Stadtbus 212 mit der Aufschrift *„aeroporto/rodoviári"* (2,45 R$). Taxis vom Flughafen

BUSSE AB VITÓRIA

ZIEL	PREIS (R$)	FAHRTDAUER (STD.)	UNTERNEHMEN
Belo Horizonte	78–95	9	São Geraldo (www.saogeraldo.com.br), Itapemirim (www.itapemirim.com.br)
Ouro Preto	67	7–8	São Geraldo (www.saogeraldo.com.br), Itapemirim (www.itapemirim.com.br)
Porto Seguro	85–121	9–11	Águia Branca (www.aguiabranca.com.br)
Rio	75–129	8	Águia Branca (www.aguiabranca.com.br)
Salvador	159	20	Águia Branca (www.aguiabranca.com.br)

kosten um die 20 R$ zur Praia Canto und 30 R$ ins Zentrum.

Stadtbusse (2,45 R$) fahren an diversen Haltestellen außerhalb des Busbahnhofs ab, die Route ist immer an der Seite des Busses angeschrieben. Ins Zentrum kann man jeden Bus nehmen, der die Avenida Vitória entlangfährt; hinter dem gelben Palácio Anchieta auf der linken Straßenseite steigt man aus. Zur Praia do Camburí kommt man mit allen Bussen, die auf der Avenida Dante Michelini verkehren. Zur Praia do Canto und zum Triângulo das Bermudas bringen einen die Busse auf der Avenida Saturnino de Brito. Und nach Vila Velha bzw. zur Praia da Costa fahren der komplett gelbe Bus 500 von Transcol und alle Busse mit Ziel „Praia da Costa".

Itaúnas

0XX27 / 2500 EW.

Itaúnas, 270 km nördlich von Vitória in der Nähe der Grenze zu Bahia gelegen, wird von einem riesigen staatlichen Naturschutzgebiet und ausgedehnten Sanddünen eingefasst. Die meiste Zeit im Jahr scheint das Städtchen nur ein verschlafenes Fischerdorf zu sein. Von Silvester bis zum Karneval (Februar/März) und erneut im Juli mausert sich Itaúnas jedoch zum Partymekka voller junger Brasilianer, die von den rauschenden *forró*-Partys, aber auch von der traumhaften Umgebung angelockt werden.

Itaúnas ist einer der wenigen Orte, an denen man noch das angenehme Gefühl bekommen kann, ganz am Ende der Welt angelangt zu sein – und das trotz der regelmäßig hereinschwappenden Touristenwellen. In den letzten Jahren hat sich die Anzahl der *pousadas* (Gästehäuser) von kaum einer Handvoll auf zwei Dutzend erhöht. Dennoch gehen Einheimische und Fremde völlig ungezwungen miteinander um. Viele Besucher verfallen dem unbekümmerten Zauber der Stadt und bleiben letztendlich länger als geplant.

Vor 50 Jahren umgaben Sanddünen das ursprüngliche Dorf Itaúnas, das 1 km näher am Meer lag als der jetzige Ort – heute sind der alte Kirchturm und andere Ruinen vollständig im Sand begraben und nur durch ein kleines Schild markiert.

Sehenswertes & Aktivitäten

Parque Estadual de Itaúnas — PARK

Der 36,7 km² große Parque Estadual de Itaúnas erstreckt sich 25 km die Küste entlang und birgt beeindruckende 20 bis 30 m hohe Sanddünen, die einen wundervollen Blick auf den Atlantik und die umgebenden Mangrovenwälder und -sümpfe gewähren. In der Wildnis leben Affen, Faultiere, *jaguatiricas* (Wildkatzen) und Meeresschildkröten – Letztere kommen von September bis März ans Ufer, um ihre Eier zu legen.

Das **Parkbüro** (3762-5196; pei@iema.es.gov.br; 8–17 Uhr) befindet sich im Dorf neben der Brücke über den Rio Itaúnas. Dort gibt's einen Souvenirladen und sehr informative Ausstellungen zur einheimischen Flora, Fauna und Kultur.

2013 wurde der **Trilha do Tamandaré** eröffnet, ein leichter, 700 m langer Naturpfad, der gleich gegenüber der Brücke am Parkbüro beginnt, sich den Fluss entlangschlängelt und über die Dünen zum Strand führt. Unterwegs sieht man unzählige Vögel und Schmetterlinge. Eine weitere beliebte Wanderroute in Stadtnähe ist der 1 km lange Dünenpfad, der einen zu mehreren Strand-*barracas* (Stände, die Bier und Meeresfrüchte verkaufen) bringt. Von der Stadt aus überquert man einfach die Brücke über den Rio Itaúnas und folgt der Schotterstraße, bis die Dünen schräg abfallen – hier beginnt der Wanderpfad und das Klettern kann losgehen. Auf der Spitze der ersten Düne bietet sich ein toller Panoramablick auf den Ozean.

Ambitioniertere Wanderer können in nördlicher Richtung 8 km den Strand entlanglaufen bis zum **Riacho Doce**, einem kleinen Fluss, der die Grenze zwischen Espírito Santo und Bahia bildet. Dass man angekommen ist, erkennt man am handgemalten Schild auf der anderen Seite: Sorria, voce está na Bahia – Lächle, du bist in Bahia! Hier findet man die **Pousada do Celsão** (☎9951-9834; Zi. mit Ventilator/Klimaanlage 90/100 R$; ❄), deren Restaurant köstliche hausgemachte Gerichte (25 R$) serviert. Vorsicht vor dem Haus-Papagei, er wird versuchen, mit in die Hängematte zu klettern! Auf dem Rückweg folgt man seinen eigenen Spuren am Strand entlang zurück (am besten bei Ebbe) oder lässt sich von einem der Pickups oder Schulbusse mitnehmen, die gelegentlich auf der 16 km langen Straße in die Stadt zurückfahren.

Casinha de Aventuras OUTDOOR
(☎3762-5081; www.casinhadeaventuras.com.br; Av Bento Daher; ⏲Jan. & Juli tgl. 9–18.30 Uhr, restliches Jahr Di–Sa 9–12 Uhr) Nicht weit von der Bushaltestelle im Stadtzentrum arrangiert dieser etablierte Anbieter Kajaktrips auf dem Rio Itaúnas sowie Reitausflüge und Touren mit dem Dünenbuggy. Außerdem werden hier Fahrräder vermietet.

Feste & Events

Ende Juli findet in Itaúnas das zehntägige **Festival Nacional de Forró** (FENFIT; www.facebook.com/fenfit.itaunas) statt. Aus dem ganzen Land kommen berühmte Künstler, um rund um die Uhr mit viel Tanz und Musik zu feiern. Ein noch größeres Ereignis ist **Reveillon** (Silvester), das jedes Jahr bis zu 10 000 Besucher anzieht. Zum örtlichen Karneval strömt eine feierfreudige junge Gästeschar.

Schlafen

Casa da Praia POUSADA $
(☎3762-5106; Lage s/n; Zi. 110–150 R$; ❄) In einer Seitenstraße liegt eine der schönsten *pousadas* des Orts, von deren Terrasse hinter dem Haus man direkt auf den Fluss blickt. Anlage und Zimmer sind makellos und der ganze Stolz der Besitzer.

ABSEITS DER ÜBLICHEN PFADE

GRÜNE ABSTECHER IN ESPÍRITO SANTO

Naturliebhabern bietet Espírito Santo ein paar Attraktionen abseits ausgetretener Pfade. Sie sind alle von Vitória mit dem Auto auf einer Tagestour zu erreichen, können aber auch zu einem längeren Trip von Süd nach Nord Richtung Bahia kombiniert werden.

Vitória am nächsten liegt das **Museu de Biologia Professor Mello Leitão** (☎0xx27-3259-1182; www.museude biologiamelloleitao.gov.br; José Ruschi 4, Santa Teresa; Eintritt 2 R$; ⏲Di–So 8–17 Uhr) in der 82 km entfernten hübschen Bergstadt Santa Teresa. Es widmet sich der Arbeit des einheimischen Umweltschützers Augusto Ruschi (1915–1986), der bahnbrechende Studien zur bemerkenswerten Vielfalt der Kolibris und Orchideen der Region durchgeführt hat und schon frühzeitig ein starker Vorkämpfer des Umweltschutzes in Brasilien war. Die grüne Anlage ist eine friedliche Oase und bietet die Gelegenheit, viele örtliche Pflanzen- und Kolibriarten zu sehen.

Keine 100 km weiter nördlich liegt die **Reserva Biológica de Comboios** (☎0xx27-3274-1209; www.tamar.org.br/centros_visitantes.php?cod=6; ⏲8–12 & 13–17 Uhr), Espírito Santos Hauptquartier der Organisation Tamar, die sich der Erhaltung von Schildkröten verschrieben hat (s. Kasten S. 453). Im Aquarium des Reservats kann man gigantische Meeresschildkröten beobachten und danach 7 km weiter nördlich nach Regência fahren, wo die Einwohner des Strandortes ihren Lebensunterhalt durch eine Kombination aus Fischfang und Umweltschutz verdienen. Man erreicht das Reservat von der Stadt Linhares aus über eine 23 km lange unbefestigte Straße.

Weitere 30 km nördlich von Linhares liegt in Richtung der Grenze zu Bahia die **Reserva Natural Vale** (☎0xx27-3371-9703; www.vale.com/EN/aboutvale/initiatives/natural-reserve; Schnellstraße BR-101, Km 121; ⏲8.30–16.30 Uhr), ein 218 km² großes privat betriebenes Schutzgebiet mit Atlantischem Regenwald, das aufgrund seiner riesigen biologischen Artenvielfalt zum Unesco-Weltnaturerbe erklärt wurde. Besucher können in der einfachen, aber bequemen **Lodge** (☎0xx27-3371-9797; EZ/DZ inkl. Vollpension ab 228/296 R$; ❄) des Reservats übernachten und das Wegenetz in der Umgebung erkunden.

Pousada Ponta de Areia POUSADA $

(☎ 3762-5295, 9713-3170; itaunasbixao@gmail.com; Manoel Joaquim Junior; EZ/DZ 50/80 R$) Die einladende *pousada* versteckt sich in einer Seitenstraße und ist nicht sichtbar ausgeschildert. Um sie zu finden, fragt man die Einheimischen nach Bixão, dem freundlichen und weit gereisten Besitzer, der auch eine exzellente Infoquelle für Radler ist, die die Küste hoch- bzw. runterfahren.

Pousada & Camping A Nave POUSADA, CAMPINGPLATZ $

(☎ 3762-5102; www.anave.tur.br; Ítalo Vasconcelos; Campingplatz 30 R$ pro Pers., EZ/DZ ab 60/90 R$; @) Die rustikalen Zimmer in dieser *pousada* haben geschnitzte Holztüren – ein Werk des Besitzers und Bildhauers Júlio. An der strohgedeckten Bar kann man abends wunderbar an ein paar Drinks nippen. Auch der dazugehörige Campingplatz mit Blick über einen Mangrovenwald und Sanddünen ist ausgesprochen schön.

Pousada Zimbaue POUSADA $

(☎ 3762-5023; www.guiaitaunas.com.br/zimbaue.html; Cabral da Silva 6; EZ/DZ/3BZ ab 80/100/150 R$; ❄@) Die fröhliche Unterkunft gleich am Hauptplatz punktet mit weißer Bettwäsche, kostenlosen Gästefahrrädern, einem Gemeinschaftsbereich mit DVD-Player und Internetzugang, einem Kinderspielbereich und einem Café.

Pousada dos Corais POUSADA $$

(☎ 3762-5200; www.pousadadoscorais.com.br; Barcelos 154; DZ 150–200 R$; ❄@📶🏊) Wer unter der Hitze leidet, sollte diese *pousada* wählen, die Zimmer mit Klimaanlage, bequeme Gemeinschaftsbereiche und einen Pool bietet.

Essen

Rund um Itaúnas gibt's zahlreiche günstige Möglichkeiten, etwas zu essen. Besonders ansprechend sind die Handvoll *barracas* am Strand – Sal da Terra, Tartaruga and Itamar –, wo man die Meeresfrüchte und das Bier mit Blick aufs Meer genießen kann. Die Öffnungszeiten sind saisonabhängig und ändern sich häufig.

Jack Dunas BURGER $

(Av Bento Daher; Snacks ab 8 R$; ⌚11–24 Uhr) Das einstmals (jedenfalls war es so, bevor die Anwälte von McDonald's an die Tür klopften) als McDunas bekannte Lokal ist ein praktischer Ort für Burger, Säfte und andere schnelle Snacks.

Dona Tereza FISCH & MEERESFRÜCHTE $$

(☎ 3762-5031; Leite da Silva; Hauptgerichte 17–58 R$; ⌚11–24 Uhr, Nebensaison bis 20 Uhr) Dieses äußerst empfehlenswerte Restaurant mit Terrasse wird von einer Familie betrieben; man sollte nicht überrascht sein, wenn der achtjährige Enkelsohn die Bestellung aufnimmt! Ein tolles Angebot ist das Tagesgericht (*prato feito*, auf der Karte einfach „pf" genannt) – für nur 17 R$ gibt's Fisch, Reis und Bohnen. Vom Hauptplatz läuft man einen Block in Richtung Fluss.

Dona Pedrolina FISCH & MEERESFRÜCHTE $$

(☎ 3762-5296; Linoria Lisboa Vasconcelos; Hauptgerichte 17–58 R$; ⌚11.30 Uhr–open end, Nebensaison bis 20 Uhr) Gleich um die Ecke vom Dona Tereza liegt ein weiteres familiengeführtes Restaurant. Die einfachen Fisch-, Reis- und Bohnengerichte sind sehr preiswert. Wer sich etwas gönnen will, kann *moqueca de camarão* (Garneleneintopf) bestellen – für 115 R$ werden drei Personen satt.

Restaurante Sapucaia INTERNATIONAL $$

(☎ 8143-9345; Barcelos; Hauptgerichte 27–48 R$; ⌚Dez.–Karneval, Osterwoche & Juli 19–23 Uhr) Nur in der Hochsaison geöffnet hat dieses angesehene Restaurant. Es genießt einen guten Ruf für seine innovativen Meeresfrüchte- und Pastagerichte, z. B. *ravioli de camarão e banana* (Ravioli gefüllt mit Garnelen, Ricotta und Bananen). Auf keinen Fall sollte man sich die Spezialität des Hauses entgehen lassen: Carpaccio aus selbst geräuchertem Fisch.

Ausgehen & Unterhaltung

Während der Hauptsaison dringen aus jedem offenen Fenster und Hauseingang in Itaúnas die hämmernden Beats von *forró* und *axé* (ein afrobrasilianischer Popmusikstil mit Einflüssen aus Samba, Rock, Soul und anderen Musikrichtungen). Wirklich los geht's eigentlich erst nach Mitternacht, dann aber wird bis zur Morgendämmerung gefeiert.

Bar Forró LIVEMUSIK

(www.forrodeitaunas.com/bar-forro) An Neujahr, Karneval und während des Festival do Forró im Juli ist hier das Zentrum des Trubels.

Bar da Ponte BAR

Direkt neben der Brücke bietet diese Bar an Neujahr, Karneval und im Juli Livesamba und -reggae.

Bar da Ana BAR

(☎ 3762-5261; Rua Prof Deolinda Lage; ⌚18 Uhr–open end) In der ganzjährig geöffneten Knei-

DIE KRIEGER DER GOITACÁ

Frühe europäische Entdecker berichteten von Begegnungen mit den furchterregenden langhaarigen, groß gewachsenen, robusten und angsteinflößenden Kriegern der Goitacá, Küstenbewohnern der Grenzregion zwischen den Bundesstaaten Rio und Espírito Santo. Der Stamm hatte die Invasion rivalisierender Tupi-Völker lange erfolgreich abgewehrt, und selbst die Europäer fanden trotz ihres technologischen Vorteils keine Mittel, die Goitacá gefangen zu nehmen. Wenn sie gejagt wurden, bewegten sie sich im Wasser und im Dschungel so schnell fort, dass niemand ihnen folgen konnte, weder zu Fuß noch zu Pferd oder mit dem Boot.

Der Legende nach konnte ein Goitacá einem Hirsch hinterherlaufen und ihn mit seinen bloßen Händen fangen, einen Hai lediglich mithilfe eines Stücks Holz erlegen (dabei zwangen die Jäger einen Holzstock in das Maul des Hais, sodass dieser es nicht mehr schließen konnte, und zogen dann mit ihren Händen die Eingeweide heraus). Das Volk der Goitacá (ca. 12 000 Menschen) wurde nie im Kampf besiegt. Gegen Ende des 18. Jhs. raffte es jedoch eine Pockenepidemie vollständig dahin – die Portugiesen hatten die Seuche eigens zu diesem Zweck vorsätzlich eingeführt.

pe in einer Seitenstraße schauen die Einwohner auf einen Drink und unkonventionelle Snacks wie Garnelen-Kürbis-Cannelloni vorbei, ab und zu gibt's auch Livemusik.

Buraco do Tatu LIVEMUSIK
(www.forroburacodotatu.com.br) Bietet eine Mischung aus *forró* und Reggae.

Orientierung

Die Hauptstraße in den Ort hinein macht einen Bogen um den Dorfplatz und führt dann wieder hinaus. Die Busse halten kurz vor dem Hauptplatz, in dessen Nähe sich auch die meisten Geschäfte, Restaurants und *pousadas* befinden. Der Strand liegt 1 km östlich, auf der gegenüberliegenden Seite der Brücke über den Rio Itaúnas. Die wenigen Schotterstraßen des Dorfes sind nicht ausgeschildert, aber ein paar Stadtpläne, die am Platz und unweit der Brücke zu den Dünen hängen, helfen bei der Orientierung.

Praktische Informationen

Obwohl viele Geschäfte Kreditkarten akzeptieren, gibt's keine Banken in Itaúnas; also genug Bargeld mitbringen.

An- & Weiterreise

Der nächstgelegene Ort mit Fernstreckenverbindungen ist das 23 km südlich gelegene Conceição da Barra. **Águia Branca** (www.aguiabranca.com.br) betreibt täglich drei Busse von Vitória nach Conceição (*convencional/executivo* 49/65 R$, 5 Std.).

Von Conceição nach Itaúnas fährt täglich um 7, 12.30 und 15.30 Uhr ein Mar-Aberto-Regionalbus (6,05 R$, 40 Min.), von Itaúnas geht's um 8, 13.30 und 16.30 Uhr zurück nach Conceição. Montags und freitags verkehrt um 10.30 Uhr ganzjährig ein zusätzlicher Bus nach Itaúnas (Rückfahrt 11.30 Uhr); im Sommer fahren zahlreiche weitere Busse. Wer in Conceição abends hängen bleibt, hat dort die Wahl zwischen mehreren *pousadas*.

Um Richtung Norden nach Bahia zu reisen, nimmt man in Conceição zunächst einen Águia-Branca-Bus nach São Mateus, das an der wichtigsten Schnellstraße liegt (8 R$, 1 Std.). Von hier fahren zwei Busse nach Porto Seguro: um 18.15 Uhr (55 R$, 6 Std., tgl.) und um 0.25 Uhr (78 R$, 6 Std., Mo–Sa).

Guarapari

☎ 0XX27 / 105 000 EW.

Etwa eine Stunde südlich von Vitória finden sich einige wunderschöne Strände. Viele Traveller übersehen diesen Küstenstreifen meistens, bei Brasilianern aber steht Guarapari als Urlaubsziel hoch im Kurs. Entsprechend entspannt und fröhlich geht's hier zu. In der Umgebung der Stadt liegen 23 Strände, alle umrahmt von einer malerischen Bergkulisse. Das Stadtzentrum befindet sich auf einer kleinen Halbinsel, 500 m südlich des Busbahnhofs auf der gegenüberliegenden Seite der Brücke; der Strand beginnt 200 m weiter östlich.

Sehenswertes

Der beste Strand ist die **Praia do Morro** nördlich der Stadt. Doch Vorsicht, der sogenannte „heilende" schwarze Monazitsand soll tatsächlich radioaktiv sein! Im Zentrum erstrecken sich von Norden nach Süden die kleine **Praia dos Namorados** – im Gestein der umgebenden Felsen haben sich herrliche

Wasserbecken gebildet –, die **Praias Castanheiras** und **Areia Preta** mit noch mehr radioaktivem Sand, aber kristallklarem Wasser. Die **Praia do Meio**, auch Siribeira genannt, wartet mit tollen Felsenpools und hervorragenden Schnorchelmöglichkeiten auf, die **Praia Enseada Azul** präsentiert sich als ein langer Strandstreifen von wunderbarer natürlicher Schönheit. An der **Praia dos Padres**, die man nur über einen Pfad von der Enseada Azul aus erreicht, funkelt das Wasser in einem fantastischen Grün. Am südlichsten Ende der Stadt liegt **Meaípe**, das vor allem für seine Strandlokale bekannt ist.

Schlafen

Camping Club do Brasil CAMPING $

(☎ 3262-1325; www.campingclube.com.br/es_01.htm; Praia de Setiba; Stellplatz 34,50/8,70 R$ pro Pers./Zelt) Der Platz liegt wenige Kilometer nördlich der Stadt und nur einen Steinwurf vom Setiba-Strand entfernt.

Hotel Atlântico HOTEL $$

(☎ 3361-1551; www.hotelatlanticoguarapari.com.br; Av Edísio Cirne 332; DZ mit Straßen-/Meerblick ab 230/250 R$, Suite mit Meerblick 350 R$;) Gleich gegenüber der Praia dos Namorados im Zentrum von Guarapari steht dieses gut ausgestattete Hotel. Die Zimmer haben Panoramaterrassen, außerdem lockt das Haus mit einer Sauna, einer Poolbar und kostenlosen Sonnenschirmen am Strand.

Porto do Sol HOTEL $$$

(☎ 3161-7100; www.hotelportodosol.com.br; Av Beira Mar 1; EZ/DZ ab 294/364 R$;) Die Lage des von Wasser umgebenen Luxushotels zwischen dem Zentrum und der Praia do Morro ist unschlagbar. In allen Zimmern gibt's Panoramaaussicht aufs Meer, die Deluxe-Suiten sind mit WLAN-Zugang, DVD-Player und Whirlpool ausgestattet. Manchmal klettern Meeresschildkröten bis auf die Felsen direkt unterhalb der Zimmer.

Essen

An allen Stränden, besonders aber an der Praia do Morro, verkaufen Dutzende *barracas* preiswerte frische Meeresfrüchte und regionale Gerichte. Der klassische Ort, um *moqueca capixaba* (Espírito Santos berühmten Meeresfrüchteeintopf) zu probieren, ist Meaípe 10 km südlich der Stadt.

Restaurante João de Barro SELBSTBEDIENUNG, MINEIRA $

(☎ 3262-8825; Getúlio Vargas 226; unter der Woche/am Wochenende 33,90/35,90 R$ pro Kilo; ⏲ 11–16 Uhr) Das Selbstbedienungsrestaurant im Zentrum ist mit Wandbildern, Regalen voller *cachaça* und einem alten Holzofen dekoriert und hat sich auf *comida mineira,* die Küche von Minas Gerais, spezialisiert.

★ **Cantinho do Curuca** FISCH & MEERESFRÜCHTE $$$

(☎ 3272-2009; www.cantinhodocuruca.com.br; Av Santana 96, Meaípe; Hauptgerichte für 2 Pers. 49–165 R$; ⏲ Mo–Sa 11–22, So bis 21 Uhr) Schon mehrfach wurde die *moqueca* in dem Strandrestaurant in Meaípe zur besten in ganz Brasilien gewählt. Alle möglichen Zutaten von Fisch über Tintenfisch bis zu Garnelen und Bananen landen in den Tontöpfen, die in der Küche beständig brodeln. Wer zeitig kommt, kann einen der wenigen Tische mit Blick aufs Wasser ergattern.

Restaurante Gaeta FISCH & MEERESFRÜCHTE $$$

(☎ 3272-1202; Av Santana 47, Meaípe; moqueca für 2 Pers. 70–255 R$) Das Strandlokal strebt nach dem Titel des besten Meeresfrüchterestaurants der Region und bietet eine riesige Auswahl an Eintöpfen. In den Ton-*panelas* (Kasserollen) brutzeln alle möglichen Zutaten, von *moqueca de camarão pequeno* (mit winzigen Shrimps), über die hauseigene Erfindung *moqueca de banana* bis hin zur Spezialität des Hauses, *moqueca das três ilhas* (Hummer, Garnelen und Wolfsbarsch).

Praktische Informationen

Die **Touristeninformation** (☎ 3262-8759; seltur@guarapari.es.gov.br; Paulo de Águiar 68; ⏲ 8–18 Uhr), im Zentrum gleich westlich der Brücke, hält Karten und Infomaterial in portugiesischer Sprache bereit. Entlang der zentralen Rua Joaquim da Silva Lima gibt's mehrere Banken mit Geldautomaten. Internetcafés findet man im Zentrum und an der Praia do Morro.

An- & Weiterreise

Planeta (☎ 3223-5761) schickt von 7.30 bis 21.30 Uhr etwa stündlich Busse (11,70 R$, 1¼ Std.) von Vitória zu Guaraparis **Busbahnhof** (João Gomes de Jesus 50).

Die Strände südlich von Guarapari

☎ 0XX28

45 Autominuten von Guarapari entfernt stößt man auf drei Strandgemeinden, die einen Nachmittagsausflug wert sind. 20 km südlich von Guarapari liegt **Ubu**, eine ver-

schlafene kleine Strandstadt mit einem schönen Meeresufer. **Anchieta** (8 km weiter südlich), ist eine der ältesten Siedlungen Espírito Santos und birgt ein Heiligtum aus dem 16. Jh., das von dem berühmten Jesuitenpriester José de Anchieta gegründet wurde. Die nette Küstenoase **Iriri** (8 km südlich von Anchieta) ist sehr beliebt bei den *mineiros*, die in den Sommermonaten (besonders an Karneval) in Scharen hierherkommen und das Dorf in ein fröhliches, familienorientiertes Ferienresort verwandeln.

Jedes Jahr im Juni nehmen passionierte Anhänger von Padre Anchieta hier an der Pilgerreise **Passos de Anchieta** (Spuren von Anchieta) teil, einer 100 km langen Strandwanderung von Vitória nach Anchieta.

Sehenswertes

Praia de Ubu STRAND

Dieser lange, malerische Sandstreifen wird an einem Ende von einer Klippe begrenzt. Die Mitte des Strandes markiert eine Meerjungfrauenstatue.

Santuário Nacional Padre Anchieta KIRCHE

(Eintritt 2 R$; Di–Fr 9–12 & 14–17, Sa & So 9–12 Uhr) Die Stadt Anchieta wird von dieser Kirche aus dem 16. Jh. dominiert, die eine beeindruckende Hügellage hat und in Blau- und Weißtönen gehalten ist. Ein wunderschöner, 150 Jahre alter Kastanienbaum beschattet die hübsche Plaza vor dem Gebäude. Das angeschlossene Museum zeigt Relikte, die bei der Renovierung der Kirche entdeckt wurden, sowie Highlights der Kirchenarbeit des Jesuitenpriesters José de Anchieta unter den *índios* (Ureinwohner).

Praia de Iriri STRAND

Zahlreiche Esslokale und *pousadas* säumen den schönen sichelförmigen Strand von Iriri, der sich in eine geschützte Bucht schmiegt und an beiden Enden von Felsvorsprüngen flankiert wird.

Schlafen & Essen

★ **Recanto da Pedra** POUSADA $

(3534-1599; www.recantodapedra.com.br; Av Beira Mar 16; EZ/DZ 90/150 R$;) Das Recanto da Pedra bietet das beste Preis-Leistungs-Verhältnis der Gegend. Es liegt malerisch auf Felsen am nördlichen Ende des Strands von Iriri. Viele Zimmer haben Balkone, von denen die Gäste aus der Vogelperspektive auf die gewundene Küstenlinie schauen können. Das Restaurant serviert hervorragendes Essen – es ist einfach toll, hier zu faulenzen und die Schwimmer zu beobachten, die für einen kurzen Drink an der Bar aus dem Wasser auftauchen.

Hotel Pontal das Rochas HOTEL $$

(3534-1369; www.pontaldasrochas.com.br; Av Beira Mar s/n; DZ mit Straßen-/Meerblick ab 230/280 R$;) Am äußersten Ende des Strandes von Iriri befindet sich auch dieses erstklassige Hotel. Es bietet alle erdenklichen Annehmlichkeiten, u. a. ein Panoramarestaurant, eine Sauna und einen Pool, der in die über dem Wasser aufragenden Felsen gebaut wurde.

Restaurante do Português FISCH & MEERESFRÜCHTE $$

(3534-1222; Alpoim 558; Hauptgerichte für 2 Pers. 40–85 R$; 11–21 Uhr) Einen halben Block vom Strand entfernt tischt dieses Lokal großzügige Portionen leckerer Meeresfrüchte auf. Abends gibt's einen *prato individual* für Einzelgäste (14 R$). Im Obergeschoss werden ein paar spartanische Zimmer für Budgetreisende vermietet (50 R$ pro Pers.).

Moqueca do Garcia FISCH & MEERESFRÜCHTE $$$

(3536-5050; www.peixadadogarcia.com.br; Praia de Ubu; Hauptgerichte für 2 Pers. 68–174 R$; 10.30–17, Sa & So bis 18 Uhr) Dieses bejubelte Restaurant unten am Meeresufer in Ubu feiert gerade seinen 50. Geburtstag. Es serviert anspruchsvolle *capixaba*-Küche mit einem starken Fokus auf *moquecas*.

An- & Weiterreise

Ab Guarapari schickt Planeta halbstündlich Busse nach Ubu (3,60 R$, 30 Min.), Anchieta (5,05 R$, 40 Min.) und Iriri (6,20 R$, 1 Std.).

Domingos Martins

0XX27 / 32 000 EW. / 542 M

Wenn man die Küste Espírito Santos verlässt und sich ins bergige Landesinnere begibt, wird die Landschaft immer dramatischer, der Einfluss der Alten Welt immer ausgeprägter und die Temperatur immer geringer. Von Mai bis August ist in dieser Region Hochsaison – dann schwärmen die Brasilianer landeinwärts, um die seltenen Freuden des Winters wie kühle Nächte, Fondue und ein loderndes Feuer zu genießen.

Im Hochland der Serra Capixaba liegt das hübsche Domingos Martins mit deutschem Charakter, von den Einheimischen auch

Campinho genannt. Es ist ein guter Ausgangspunkt für die Erkundung der nahe gelegenen Wälder, Flüsse und Berge. Seine deutschen Wurzeln zeigen sich an den zweisprachigen Schildern, die überall in der Stadt angebracht sind, auf vielen lokalen Speisekarten, die deutsch beeinflusste Küche anbieten, und am geordneten Aufbau des Hauptplatzes, einem hübschen Treffpunkt mit Bänken, Bäumen und einer alten lutherischen Kirche.

Sehenswertes

Casa da Cultura MUSEUM
(☎ 3268-2550; www.domingosmartins.es.gov.br; Av Presidente Vargas 531; ⌚ Di–Fr 8–17, Sa & So 9–12 & 13.30–16 Uhr) GRATIS Die inoffizielle Touristeninformation Casa da Cultura liegt gegenüber der ersten Bushaltestelle in der Stadt und bietet eine Vielzahl an Infos zu Domingos Martins und Umgebung. Oben befindet sich ein Museum mit Fotos, Dokumenten und Haushaltsgegenständen, die aus dem Jahr 1847 stammen, als sich die ersten Siedler aus Pommern in dieser Kolonie niederließen.

Instituto Reserva Kautsky GÄRTEN
(☎ 3268-2300; institutokautsky.blogspot.com.br; ⌚ nach Absprache) GRATIS Blumenfreunde sollten das Instituto Reserva Kautsky besuchen. Gegründet wurde es von dem Botaniker Roberto Kautsky, der in seinem Heim am südlichen Stadtrand und in diesem Reservat in den Bergen mehr als 100 Orchideenarten kultiviert hat. Um einen Besuch zu arrangieren, ruft man unter der Woche zwischen 8 und 17 Uhr im Instituto an oder kontaktiert Cristina Freitosa unter assessoria.ik@gmail.com.

Feste & Events

Jedes Jahr in der zweiten Julihälfte findet das **Festival Internacional de Inverno** statt, ein zehntägiges Treffen brasilianischer und internationaler Musiker, die tagsüber Unterricht geben und abends bei Konzerten auf dem Hauptplatz der Stadt auftreten.

Schlafen & Essen

Solar da Serra POUSADA $$
(☎ 3268-1691; pousadasolardaserra@hotmail.com; Gerardt 91; EZ/DZ mit Ventilator ab 90/150 R$, mit Klimaanlage 130/200 R$; ❄📶) Auf einem steilen Hügel nur ein paar Blocks vom Hauptplatz entfernt steht diese moderne *pousada* im deutschen Stil. Sie bietet geräumige, saubere Zimmer mit hübschem Ausblick auf die umgebende Hügellandschaft. Die hinteren Räume sind wochentags ein echtes Schnäppchen, wenn die Preise um 30 bis 50 % sinken. Oben sind die Wochenendpreise angegeben.

Sabor Café Expresso CAFÉ $
(☎ 3268-3263; Lazer 54; Strudel 5 R$, Gerichte zum Festpreis 8,50–12 R$; ⌚ Mo–Sa 8.30–22, So ab 9.30 Uhr) Hausgemachte Kuchen, Strudel mit Apfel (oder Banane!) und heiße Schokolade mit Schlagsahne sind die Spezialitäten dieses Straßencafés im Herzen der Fußgängerzone. Außerdem gibt's köstliche und preiswerte *pratos feitos*.

Choperia Fritz Frida DEUTSCH $$
(☎ 3268-1808; Av Presidente Vargas 782; Hauptgerichte ab 28 R$; ⌚ Mi–Mo 10–23 Uhr) Das teils aus Holz erbaute Gebäude mit Panoramafenster im oberen Stock und Blick auf den Hauptplatz serviert Pizza, Bier und alte deutsche Lieblingsgerichte. Wer eine halbe Portion bestellt, erhält 30 % Rabatt.

An- & Weiterreise

Montags bis samstags machen sich täglich zehn Busse auf den 42 km langen Weg (10 R$, 1 Std.) von Vitória zum **Busbahnhof** (☎ 3268 1243; Rua Bernardino Monteiro) in Domingos Martins; sonntags sind es acht. Auch alle Busse zwischen Vitória und Belo Horizonte stoppen auf Wunsch an der Hauptstraße direkt vor den Toren der Stadt; von hier kann man für die letzten 3 km zum Hauptplatz ein **Taxi** (☎ 9928-3893) rufen. Eine Fahrt zum Hauptplatz kostet 15 R$.

Parque Estadual da Pedra Azul

Der wundervolle **Landespark** (☎ 3248-1156; pepaz@iema.es.gov.br; ⌚ 8–17 Uhr) GRATIS liegt 50 km westlich von Domingos Martins an der Schnellstraße BR-262 und ist eine der Attraktionen, die man in Espírito Santo nicht verpassen sollte. Dramatisch erhebt sich das Herzstück des Parks, die **Pedra Azul** (500 m), über den grünen Hügeln. Die massive Felszunge ist von bläulichem Moos bedeckt, das seinen Farbton je nach Sonneneinstrahlung ändert – ein tolles Fotomotiv!

Ranger führen **Wanderungen** (☎ 27-9739-8005; Wanderung 10 R$; ⌚ Sa & So 9 & 13.30 Uhr; wochentags nach Absprache) zu den neun **natürlichen Pools** des Parks durch. Bei dem mittelschweren Aufstieg hat man einen großartigen Blick auf die Pedra Azul und die Wälder und das Ackerland der Gegend. Man sollte Badeklamotten mitnehmen und festes Schuhwerk anlegen, denn es gibt einen kurzen Abschnitt, auf dem man mithilfe von Seilen eine steile Felswand erklimmen muss. Die Wanderung dauert drei Stunden (hin & zurück) und muss im Voraus gebucht werden, besonders an Wochentagen, wenn es keine festen Termine gibt. Achtung: Es ist nicht mehr erlaubt, auf eigene Faust im Park zu klettern und zu campen!

Fjordland Cavalgada Ecológica (☎32 48-0054; cavalgadapedraazul.com.br; 20-/100-minütige Ausritte 25/60 R$) leitet Reitausflüge auf den Rücken schöner norwegischer Fjordpferde rund um die Pedra Azul.

Schlafen & Essen

In der Gegend gibt's etliche schicke Resorthotels, von denen viele Vollpension anbieten.

Tre Fiori CHALET **$$**
(☎3248-1124; pousadatrefiori@gmail.com; Rota do Lagarto, Km 3, Aracê; DZ im Chalet unter der Woche/am Wochenende 150/180 R$) Tre Fiori schmiegt sich in ein grünes Tal am Fuß der Pedra Azul, 3 km abseits der Schnellstraße an der gewundenen Rua do Lagarto. Es bietet vier Doppelchalets und vier weitere Zimmer mit Panoramaterrassen und tollem Ausblick. Der Besitzer hat familiäre Verbindungen zur italienischen Trento-Region und eröffnete vor Kurzem das benachbarte Restaurant **Don Lorenzoni Due** (Hauptgerichte 39–69 R$).

Pousada Pedra Azul POUSADA **$$$**
(☎3334-2420; www.pousadapedraazul.com.br; Rota do Lagarto, Km 1,5; DZ 320–400 R$, Suite 470–610 R$;) Die *pousada* der Spitzenklasse, die in einem Garten nur 500 m vom Hauptquartier des Parks liegt, ist eine der ältesten der Region. Der brasilianische Architekt Zanine entwarf das vorwiegend aus Ziegeln und Holz errichtete Haus mit Balkonen im Alpenstil und pagodenähnlichen Dächern. Es punktet mit Annehmlichkeiten wie einem Pool, einer Sauna, Tennisplätzen, einem See und einem Wasserfall. Die hohen, geräumigen Zimmer wurden 2013 vollständig renoviert und warten mit Badewannen und bequemen Sesseln auf.

★**Valsugana** ITALIENISCH **$$**
(☎3248-1126; abseits der Schnellstraße BR-262, Km 89,5; Hauptgerichte 29–52 R$; ⏲Sa & So mittags, ganzjährig Sa abends, April–Sept. Fr & Sa abends) Dank der herzhaften italienischen Küche und der grandiosen Aussichten auf die Pedra Azul ist das Valsugana eines der nettesten Restaurants der Gegend. Neben Klassikern wie *saltimbocca* (mit Prosciutto und Salbei gefülltes Kalbsschnitzel) oder Spinatravioli mit Ricotta und Walnüssen finden sich auch innovative Gerichte auf der Karte – alle Speisen werden aus frischen lokalen Produkten zubereitet. Auch die Weinkarte ist hervorragend.

An- & Weiterreise

Busse von Águia Branca fahren 2 km ins Parkinnere. In Vitória kauft man eine Fahrkarte nach Fazenda do Estado (19 R$, 2 Std., 5–18.30 Uhr, 10-mal tgl.) und bittet den Fahrer, bei Kilometer 88 anzuhalten. Diese Bushaltestelle befindet sich direkt gegenüber der *pousada* und dem Restaurant Peterle. Von hier geht's zu Fuß auf der Rota do Lagarto, einer kurvenreichen Kopfsteinpflasterstraße, 2 km hinauf bis zum Parkeingang.

São Paulo (Bundesstaat)

☎ 11 / 41,2 MIO. EW.

Inhalt ➡

Gut essen

- Maní (S. 248)
- Patuá da Baiana (S. 248)
- Mocotó (S. 260)
- Cantinho da Lagoa (S. 273)
- Baronesa Landscape (S. 267)

Schön übernachten

- Hotel Emiliano (S. 245)
- Pousada Picinguaba (S. 273)
- We Hostel Design (S. 244)
- Na Mata Suites (S. 276)
- Guest 607 (S. 245)

Auf zum Bundesstaat São Paulo

Es ist schwer, über São Paulo zu sprechen, ohne Superlative zu benutzen. Die größte Stadt der Südhalbkugel! Die besten Museen! Die tollsten Restaurants! Der schlimmste Verkehr (man kann schließlich nicht alles haben)! São-Paulo-Stadt, von den Einheimischen liebevoll Sampa genannt, ist wirtschaftlich, finanziell, industriell und kulturell das Herz Brasiliens und dank der Scharen von Globetrottern derzeit das angesagteste Reiseziel in ganz Lateinamerika.

Weiter landeinwärts locken die 2500 m hohen Gipfel der Serra da Mantiqueira, und wer sich auf einen Trip nach Iporanga begibt, darf sich auf unberührten Atlantischen Regenwald freuen. Nicht zu vergessen natürlich das Meer: Einige der besten Strände Südostbrasiliens erstrecken sich vor der dschungelbewachsenen Berglandschaft nahe Ubatuba. Und auch die Sandstreifen von Ilhabela, Sao Paulos schickstem Inselparadies, können sich sehen lassen.

Reisezeit

São Paulo

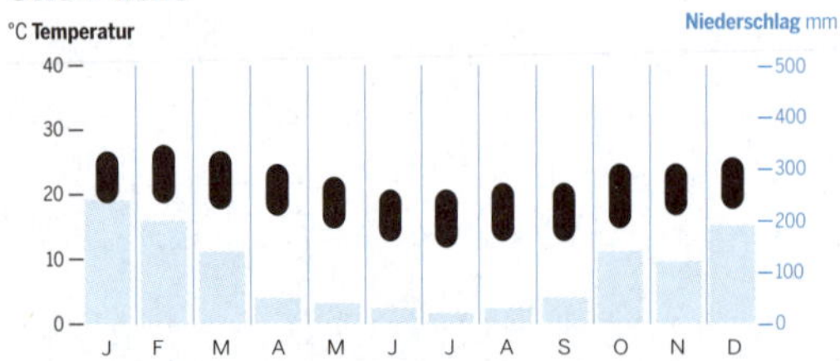

Dez.–Feb. Trotz Tropenschaueralarm lockt Sampa mit massig Sonnenschein.

März & Sept. Kühlere Luft, bessere Wintersportbedingungen und die Restaurantwoche.

Juni & Juli In den Bergen ist die Winterjacke ein Muss, aber genau darin liegt der Reiz.

Anreise & Unterwegs vor Ort

Die gleichnamige Hauptstadt des Bundesstaates ist Brasiliens wichtigstes Zentrum für internationale Reisen. Dutzende von Airlines bieten internationale Direktflüge zu São Paulos Flughafen Guarulhos, und aus vielen Nachbarländern stehen direkte Busverbindungen zur Verfügung. Außerdem dient die Metropole als wichtiger Knotenpunkt für Inlandsreisen; Flüge in alle Teile Brasiliens sind relativ erschwinglich. Das Autobahnnetz des Staates gehört zu den besten in ganz Südamerika, sodass ein Mietwagen eine gute Alternative ist, auch wenn man in São-Paulo-Stadt selbst wegen der schlechten Ausschilderung und des entsetzlichen Verkehrs manchmal fast verrückt wird. Wahlweise kann man einen der zahlreichen guten Fernbusse nehmen, die São Paulo mit Zielen im ganzen Bundesstaat und in anderen Teilen des Landes verbinden.

SÃO PAULO (STADT)

☎ 0XX11 / 11,3 MIO. EW. (STADT), 19,9 MIO. EW. (GROSSRAUM) / 760 M

São Paulo ist ein Monstrum. Enorm, einschüchternd und – jedenfalls auf den ersten Blick – keine Schönheit. Für Reisende ist die Stadt erst einmal schwer zu fassen, und vielleicht hat der eine oder andere auch das Gefühl, dass die Mühe nicht lohnt, sich auf sie einzulassen. Selbst die voreingenommensten *paulistanos* (Einwohner von São-Paulo-Stadt) stöhnen ständig über den Smog, den Verkehr, die baufälligen Bürgersteige und die immer größer werdende Kluft zwischen Arm und Reich, erzählen dann aber im gleichen Atemzug, dass sie niemals woanders leben wollten. Wenn einen eben diese Menschen zu ihren Lieblingsplätzen führen, werden die Gründe dafür sonnenklar. Vielleicht zeigen sie einem die unzähligen Arthousekinos und experimentellen Theater der Metropole. Sind es Genießer, lernt man die schicken Bistros und Gourmetrestaurants kennen, auf denen São Paulos Ruf als Feinschmeckerparadies gegründet ist. Handelt es sich um Szenegänger, sollte man vor dem Streifzug durch die rund um die Uhr tobende Clubszene und die lärmenden Undergroundbars den eigenen Espressopegel noch etwas aufstocken. Doch egal nach welchen Vergnügungen einem der Sinn steht, Sampa (so der Spitzname der Stadt) hat sie höchstwahrscheinlich im Überfluss.

Das rege Kulturleben wird von Brasiliens größter und gebildetster Mittelschicht gestützt und durch Hunderte verschiedene ethnische Gruppen bereichert, darunter die größte Gemeinde Menschen japanischer Herkunft außerhalb Japans, die größte italienische Gruppe außerhalb Italiens sowie einer recht großen arabischen Gemeinde, die vor allem aus libanesischen und syrischen Einwanderern besteht. Darüber hinaus gibt's hier 1 Mio. Menschen deutscher Abstammung sowie große chinesische, armenische, griechische, syrische, koreanische, polnische und ungarische Gemeinden. São Paulo wartet auch mit der größten offenen Schwulenszene Lateinamerikas auf. Der brasilianische Schmelztiegel enthält eine wahrlich bunte Mischung!

Im Großraum der Stadt wohnen etwa 20 Mio. Menschen. Damit ist São Paulo die drittgrößte Metropole der Welt. Es kommen aber noch mehr beeindruckende Zahlen dazu – erstklassige Museen und Kulturzentren: 150; Spitzenrestaurants: 12 500 (plus 52 verschiedene Landesküchen); experimentelle Theater und Kinos: 420. Sampas Nachtclubs und Bars gehören zu den besten des Kontinents (und bei 15 000 Bars ist eine ordentliche Zechtour drin) und die Lokale sind sogar auf der Weltrangliste ganz oben dabei. Der unermüdliche Puls der Stadt, der rund um die Uhr schlägt, steht dem von New York oder London in nichts nach und kann sehr anstrengend sein – selbst für den entschlossensten Hipster! Aber hey, vielleicht verleiht genau das die Energie, die man eben braucht, um eine der großartigsten Städte der Welt zu entdecken.

Geschichte

Die Geschichte der Stadt São Paulo spiegelt größtenteils die des gesamten Bundesstaates wider. In den ersten drei Jahrhunderten nach Ankunft der Jesuiten 1554 wuchs der Ort als Übernachtungsstätte für Glücksjäger auf dem Weg ins Landesinnere und für die Bauern der nahen Zuckerplantagen nur schleppend.

Nach Brasiliens Unabhängigkeit 1822 wurde São Paulo zur Landeshauptstadt ernannt, eine Entscheidung, aus der die Gründung der Hochschule für Rechtswissenschaften folgte – die wohl erste öffentliche höhere Bildungsanstalt Brasiliens. Als ein immer bedeutenderes politisches und intellektuelles Zentrum führte São Paulo schon bald sowohl den Kampf zur Beendigung der Sklaverei als auch zur Gründung einer Republik an.

Die Geschicke der Stadt wurden Ende des 19. Jhs. neu bestimmt, als die Bauern der Re-

Highlights

1. Der atemberaubenden Küstenstrecke von **São Sebastião** (S. 274) bis nach Rio de Janeiro folgen.
2. Sich in **São-Paulo-Stadt** (S. 225) ganz auf die dortige Küche, Kultur, den Kaffee und die verrückte Stimmung einlassen.
3. Von der Spitze des **Banespa-Gebäudes** (S. 234) São Paulos Skyline bestaunen.
4. Nördlich von **Ubatuba** (S. 271), wo Berge und Meer aufeinandertreffen, wilde, einsame Strände entdecken.
5. Alles hinter sich lassen auf **Ilhabela** (S. 275), dem idylli-

schen Inselparadies der Reichen und Schönen aus São Paulo.

6 Wandern im alpinen Wunderland São Paulos, der **Serra da Mantiqueira** (S. 267).

7 In den legendären Clubs von **São Paulo** (S. 260) ordentlich mit dem Hintern wackeln.

8 Im **Parque Estadual do Alto do Ribeira** (S. 277) nahe Iporanga mitten im unberührten Atlantischen Regenwald eine Höhlenklettertour unternehmen.

gion begannen, Zucker durch einen neuen weltweiten Liebling zu ersetzen: Kaffee. Auch heute noch säumen einige der Herrenhäuser dieser Kaffeebarone die Avenida Paulista. Die Millionen Nachfahren der Einwanderer, die auf diesen Plantagen arbeiteten – hauptsächlich Italiener und Japaner – sind ein weiteres Erbe des Kaffeebooms.

Als die Kaffeepreise zu Beginn des 20. Jhs. einbrachen, stand trotzdem noch genügend Kapital zur Verfügung, um die Stadt in ein wahres Industriekraftwerk zu verwandeln. Von den Fabrikjobs angezogen, schwappte eine weitere Einwandererwelle aus aller Welt heran, und die Bevölkerung São Paulos verdoppelte sich zwischen 1920 und 1980 praktisch in jedem Jahrzehnt. In den 1980er-Jahren nahm die Zuwanderung aus dem Ausland zwar ab, dafür strömten jedoch Arbeiter aus dem von Dürren geplagten Nordosten hierher. Viele fanden Jobs beim Bau der neuen Wolkenkratzer der Metropole. Leider wuchs die Stadt viel schneller als die Investitionen in ihre Infrastruktur – sichtbare Folgen sind heute die üblen Verkehrsstaus und die dürftig entwickelten Slums.

In den letzten Jahren hat sich das explosionsartige Wachstum verlangsamt und São Paulo ist mittlerweile als Brasiliens Banken-, Industrie- und Kulturhauptstadt etabliert. Als solche kommt die Metropole in den Genuss des Löwenanteils des derzeitigen brasilianischen Wirtschaftsbooms. Mittlerweile wollen auch Arbeitssuchende aus dem Ausland ein Stück vom Kuchen abhaben. Als ein Austragungsort der FIFA-Fußballweltmeisterschaft 2014 hat Sampa entscheidende Fortschritte bei der Modernisierung seiner Infrastruktur gemacht und u. a. sein Metro-, S-Bahn- und Autobahnnetz stark ausgebaut. Verkehr, Kriminalität und Verschmutzung machen den Stadtoberen aber nach wie vor zu schaffen und bleiben schwerwiegende Probleme, allerdings ziehen die hiesige dynamische Kultur und Wirtschaft nach wie vor die besten, hellsten Köpfe aus ganz Brasilien und aller Welt an.

Sehenswertes

Die stimmungsvolle Altstadt, das Centro Velho, liegt zwischen der Praça da Sé, der Metrostation Luz und der Praça da República. In diesem Fußgängerlabyrinth von kann man eine Fülle von Baustilen bestaunen – immer schön nach oben schauen, denn auf Augenhöhe gibt's nur wenig reizvolle Geschäfte des täglichen Bedarfs.

Praça da Sé & Umgebung

Das alte Herz der Stadt, die **Praça da Sé** (Platz der Kathedrale) hat zwar schon bessere Tage gesehen, zieht aber nach wie vor eine lebendige Mischung von bunten Straßenhändlern über nüchterne Geschäftsleute bis hin zu – leider – einer ganzen Meute Taschendiebe und Obdachlose an. Den Platz krönt die **Catedral da Sé** (Karte S. 232 f.; ⌚8–17 Uhr) mit ihrer eindrucksvollen Kuppel, ein neobyzantinisches Bauwerk, das in den 1920ern den ursprünglichen Bau aus dem 18. Jh. ersetzte – ob zum Guten oder Schlechten, sei dahingestellt. Trotzdem ist ihr üppiges Inneres nach wie vor einen Blick wert. Auf der anderen Seite der Praça da Sé steht die bescheidenere, aber authentischere **Igreja do Carmo** (Karte S. 232 f.). Sie stammt aus den 1630er-Jahren, und ihr Hochaltar ist bis heute erhalten.

700 m nördlich der Kathedrale erstreckt sich die **Rua 25 de Março**, die traditionelle Domäne der libanesischen Händler São Paulos und noch heute eine lebendige, überfüllte Markt- und Einkaufsgegend, in der man erstaunliche Schnäppchen in den unterschiedlichsten Bereichen der Waren machen kann, von Kleidung bis zu Elektronikartikeln.

★ Mercado Municipal MARKT

(Karte S. 232 f.; www.mercadomunicipal.com.br; Rua da Cantareira 306; ⌚Mo–Sa 7–18, So bis 16 Uhr) In dem überdachten Marktgebäude, ein Belle-Époque-Juwel aus Buntglas und einer Reihe mächtiger Kuppeln, werden hauptsächlich frisches Obst, Gemüse und Trockenwaren und einige klassische Sampa-Spezialitäten wie Mortadellabrote und *pasteis* (die mit Fleisch, Käse oder Fisch gefüllten frittierten Teigtaschen) angeboten. An Sonntagen gibt's hier häufig Livemusik, allerdings wird der Markt an etwa einem Sonntag im Monat für Instandhaltungsarbeiten geschlossen. Leider existiert kein regelmäßiger Zeitplan für diese Schließungen.

Páteo do Colégio WAHRZEICHEN

(Karte S. 232 f.; ☎3105-6899; www.pateodocolegio.com.br; Praça Páteo do Colégio; Erw./Stud. 6/3 R$; ⌚Di–Fr 9–16.45, Sa & So bis 16.30 Uhr) Der Páteo do Colégio markiert exakt die Stelle, an der São Paulo 1554 von den Jesuitenbrüdern José de Anchieta und Manoel da Nóbregra gegründet wurde. Allerdings stammt das heutige Gebäude aus den 1950er-Jahren und ist ein Nachbau des Klosters, das sich hier einst befand.

Das Innere beherbergt eine nette kleine Sammlung von Originalrelikten aus den ersten Tagen der Stadt sowie eine Reihe interessanter Zeichnungen, die São Paulos Wachstum in den letzten fünf Jahrhunderten dokumentieren. Wer zwischendurch mal eine Pause braucht, sollte das Café im **Museu Anchieta** ansteuern.

Caixa Cultural KULTURZENTRUM
(Karte S. 232 f.; ☎ 3321-4400; www.caixacultural.com.br; Praça da Sé 111; ⏲ Di–So 9–21 Uhr) GRATIS Dieses Kulturzentrum, gefördert von Brasiliens Staatsbank Caixa Economica, nimmt ein grandioses Gebäude im neoklassizistischen Stil mit gebieterischer Fassade aus schwarzem Marmor ein. In den ersten beiden Stockwerken werden Wechselausstellungen bedeutender brasilianischer Künstler gezeigt, und die Vorstandsetage im sechsten Stock wurde in ein Museum zur Geschichte der Bank verwandelt.

Solar da Marquesa HISTORISCHES GEBÄUDE, MUSEUM
(Karte S. 232 f.; www.museudacidade.sp.gov.br; ⏲ Di–So 9–17 Uhr) GRATIS In einer der schmalen Seitenstraßen steht São Paulos letztes überlebendes Herrenhaus aus dem 18. Jh. Früher war die einfache, aber wunderschöne Villa das Zuhause einer Geliebten des Kaisers Dom Pedro I. Sie beherbergt heute das bescheidene **Museu da Cidade de São Paulo**, das sich an mehreren Standorten der Geschichte der Stadt widmet

Igreja de São Francisco de Assis KIRCHE
(Karte S. 232 f.; Largo de São Francisco) Erbaut im 17. und 18. Jh., ist diese Kirche gleich westlich der Kathedrale ein klassisches Beispiel für portugiesischen Barock und eines der am besten erhaltenen Kolonialbauwerke der Metropole (eigentlich handelt es sich um zwei nebeneinander stehende Kirchen mit demselben Namen: Das Gotteshaus rechts datiert ebenfalls ins 17. Jh., ist architektonisch jedoch weniger bedeutend).

Triângulo & Anhangabaú

Gleich nördlich der Praça da Sé liegt das **Triângulo**, ein Dreieck, das in etwa von der **Praça da Sé**, dem **Mosteiro São Bento** und der **Prefeitura** (Rathaus) begrenzt wird. Es besteht aus schmalen Fußgängerstraßen und turmhohen Bürogebäuden, die im späten 19. und frühen 20. Jh. als kommerzielles Herz der Stadt dienten. Obwohl heute die Avenida Paulista und die Vila Olímpia das große Geld anziehen, wird auch im Triângulo noch reger Handel betrieben, vor allem in der **Bovespa** (Karte S. 232 f.; ☎ 3233-2000; www.bovespa.com.br; Rua XV (15) de Novembro 275, Centro; ⏲ Mo–Fr 10–17 Uhr) GRATIS, Lateinamerikas größter Aktienbörse. Man kann das lebendige Handeln auf dem Börsenparkett heute nicht mehr live verfolgen, doch die prächtige Hauptlobby dient als Museum und zeigt kleine, oft ausgezeichnete Wechselausstellungen brasilianischer Kunst, die öffentlich zugänglich sind, wenn gerade keine Sonderveranstaltung stattfindet.

Von der Praça do Patriarca überquert man in westlicher Richtung das **Viaduto de Chá** von 1892, das, ebenso wie das aus derselben Ära stammende **Viaduto Santa Efigênia** ein Stück weiter nördlich, über das **Vale do Anhangabaú** führt. Lange Zeit waren die beiden gusseisernen Brücken gleichbedeutend mit São Paulos kultureller und wirtschaftlicher Vormachtsstellung. „Anhangabaú" bedeutet in der Sprache der Tupi-Guarani „Tal der Dämonen", und die Eingeborenen glaubten, hier lebten böse Geister. Nach Einbruch der Dunkelheit sollte man die Gegend meiden.

★ Theatro Municipal THEATER
(Karte S. 232 f.; ☎ 3397-0300; www.teatromunicipal.sp.gov.br; Praça Ramos de Azevedo) Das Theater im Stil des Pariser Palais Garnier ist São Paulos schönstes Gebäude; mit der Errichtung wurde 1903 begonnen. Die reich verzierte Fassade scheint die Architektur aller erdenklichen Stile in sich zu vereinen, von Barock bis Art nouveau, und das Innere ist mit Gold und Marmor ausgekleidet. Vor Ort finden die besten Klassik-, Opern- und Ballettaufführungen der Stadt statt. Über die kostenlosen Führungen informiert man sich am besten im Voraus.

Edifício Martinelli HISTORISCHES GEBÄUDE
(Karte S. 232 f.; www.prediomartinelli.com.br; São Bento 405; ⏲ Führungen halbstündl. Mo–Fr 9.30–11.30 & 14.30–16.30, Sa 9–13 Uhr) GRATIS São Paulos erster Wolkenkratzer ist ein mächtiger Beaux-Arts-Bau aus dem Jahre 1929. Oben auf der Aussichtsplattform im 26. Stock steht sogar eine Villa. Von dort aus genießt man ganz umsonst die umwerfende Aussicht. Führungen gibt's halbstündlich zu den oben angegeben Zeiten.

Centro Cultural Banco do Brasil KULTURZENTRUM
(Karte S. 232 f.; www.bb.com.br/cultura; Álvares Penteado 112; Kino/Ausstellungen 2–6 R$; ⏲ Di–So

São Paulo

9–21 Uhr) GRATIS In einem außergewöhnlichen, liebevoll renovierten Beaux-Arts-Gebäude veranstaltet das Kulturzentrum innovative Ausstellungen zeitgenössischer Kunst und zeigt ausgezeichnete Filmreihen sowie Theateraufführungen.

Praça da República & Umgebung

Nur ein paar Blocks nordwestlich des Anhangabaú erstreckt sich die **Praça da República**, ein stets lebendiger Platz, der sich samstags und sonntags in einen auf Kunsthandwerk, Gemälde, Münzen und Edelsteine spezialisierten Markt verwandelt. Das Gebiet nördlich des Platzes hat sich zu einem der Lieblingsorte der schwul-lesbischen Gemeinde entwickelt, während im Süden ein dichtbebautes Gebiet aus Geschäftshotels, riesigen Bürogebäuden und, besonders entlang der **Avenida São Luís**, Apartmenthäusern liegt, die einst zu den prestigeträchtigsten der Metropole gehörten.

Alle Fans von Caetano Veloso sollten die Ecke **Avenida Ipiranga** und **Avenida São João** ansteuern, die in seinem Song *Sampa* vorkommt. Nennenswerte Sehenswürdig-

keiten gibt's hier nicht, aber die geschäftige Kreuzung fasst die Stadt ziemlich gut im Kleinen zusammen.

Edifício Copan HISTORISCHES GEBÄUDE

(Karte S. 232 f.; www.copansp.com.br; Av Ipiranga 200) Entworfen wurde das Edifício Copan vom mittlerweile verstorbenen Meister der Moderne Oscar Niemeyer. Seine geschwungene Fassade und die schmalen *brises soleil* (dauerhafte Sonnenblenden) des Gebäudes sind zu einem Wahrzeichen São Paulos geworden. Im Erdgeschoss befindet sich eine schräge Einkaufspassage, aber die oberen Stockwerke mit privaten Apartments sind tabu.

Der linksgerichtete Architekt entwarf das Gebäude, um sämtliche Klassen unter einem Dach zusammenzubringen, wobei er sowohl großzügige Wohnungen für Reiche als auch winzige Wohnstudios für die armen Arbeiter integrierte, eine echte Rarität in der klassenbewussten Stadt.

Edifício Itália

HISTORISCHES GEBÄUDE, AUSSICHTSPUNKT

(Karte S. 232 f.; ☎ 2189-2997; www.edificioitalia.com.br; Ecke Av São Luís & Av Ipiranga; ⌚ Mo–Fr 15–16 Uhr) GRATIS Mit seinen 46 Etagen ist dieser **Wolkenkratzer** gleich südlich der Praça da República der höchste im Zentrum. Sein Restaurant im obersten Stock, das **Terraço Italia**, bietet mit den besten Blick über São Paulo, aber das Essen ist teuer und höchstens passabel. Während der angegebenen Öffnungszeiten kann man die Aussicht umsonst genießen. Ansonsten muss man dafür an der Bar des Restaurants (12–22 Uhr) ein überteuertes Guaraná Soda bestellen.

Luz

In einer raueren Gegend gleich nördlich der Innenstadt gelegen, hat sich Luz dank der umfassenden Renovierung einer Reihe grandioser Gebäude der Jahrhundertwende rund um den **Parque da Luz** zu einem ganz besonderen Kulturzentrum entwickelt. Auch die Grünanlage wurde einer sorgfältigen Erneuerung unterzogen. Sie beherbergt mächtige tropische Bäume und diskret platzierte moderne Skulpturen, außerdem zeigt die Polizei dort immer wieder Präsenz und sorgt somit für Sicherheit.

Gegenüber dem Park befindet sich die **Estação da Luz** (Karte S. 232 f.; Praça da Luz), ein klassischer Bahnhof aus der spätviktorianischen Zeit, der ausschließlich mit aus Großbritannien importierten Materialen erbaut und 1901 fertiggestellt wurde. Inzwischen hat er wieder beinahe seine ganze frühere Pracht zurückgewonnen. Er wird nach wie vor von den Zügen des weitläufigen Vorstadtnetzes São Paulos genutzt und ist durch einen sehr langen Tunnel mit der Metrô Luz verbunden.

★ Pinacoteca do Estado MUSEUM

(Karte S. 232 f.; www.pinacoteca.org.br; Praça da Luz 2; Erw./Stud. 6/3 R$, Sa frei; ⌚ Di–So 10–18 Uhr) Dieses neoklassizistische Museum wartet mit einer ausgezeichneten Sammlung brasilianischer Kunst (hauptsächlich von *paulistano*-Künstlern) vom 19. Jh. bis heute auf,

São Paulo Zentrum

São Paulo Zentrum

Highlights
1 Banespa ... E5
2 Mercado Municipal ... F4
3 Mosteiro São Bento ... E4
4 Pinacoteca do Estado ... E1
5 Theatro Municipal ... C5

Sehenswertes
6 Bovespa ... D5
7 Caixa Cultural ... E6
8 Casa da Imagem ... E6
9 Catedral da Sé ... D7
10 Centro Cultural Banco do Brasil ... D6
11 Hochschule für Rechtswissenschaften D6
12 Edifício Copan ... A5
13 Edifício Itália ... B5
14 Edifício Martinelli ... D5
15 Estação da Luz ... D2
16 Estação Júlio Prestes ... C1
17 Igreja de Santo Antônio ... D6
Igreja de São Francisco de Assis (siehe 11)
18 Igreja do Carmo ... E6
19 Memorial da Resistência ... D2
20 Museu da Língua Portuguesa ... D2
21 Páteo do Colégio ... E6
22 Praça da Sé ... E7
23 Prefeitura da Cidade de São Paulo ... D6
24 Solar da Marquesa ... E6

Aktivitäten, Kurse und Touren
25 SP Free Walking Tour ... B5

Schlafen
26 155 Hotel ... A7
27 Hotel Marabá ... B4
28 Novotel Jaraguá São Paulo ... B6

Essen
29 Estadão ... B6
30 Ramona ... B6
31 Rinconcito Peruano ... C3

Ausgehen & Nachtleben
Alberta #3 ... (siehe 30)
Bar da Dona Onça ... (siehe 12)
Café Floresta ... (siehe 12)

Unterhaltung
Sala São Paulo ... (siehe 16)
Theatro Municipal ... (siehe 5)

Shoppen
32 Feira da República ... B4
33 Galeria do Rock ... C4

SÃO PAULO KOSTENLOS!

Man kann es nicht schönreden – Brasilien ist nicht billig und São Paulo das teuerste Pflaster von allen. Das bedeutet aber nicht, dass man nicht auch mit wenig Geld Spaß haben kann. Die besten kostenlosen Attraktionen:

Museu Afro-Brasil (www.museuafrobrasil.com.br; Parque do Ibirapuera, Moema; ⌚Di–So 10–17 Uhr) Das bedeutende, äußerst interessante Museum im Parque do Ibirapuera lockt im dritten Stock mit einer Dauerausstellung zu fünf Jahrhunderten afrikanischer Einwanderung. Diese erinnert auch an die 10 Mio. Afrikaner, die bei dem Aufbau der Nation ihr Leben ließen. In der ersten und zweiten Etage gibt's wechselnde zeitgenössische Ausstellungen mit Afrikabezug.

Banespa (Karte S. 232 f.; João Brícola 24; ⌚Mo–Fr 10–15 Uhr) Für eines der besten Panoramen in ganz Sampa sollte man sich auf die Spitze dieses 161 m hohen Wolkenkratzers begeben. Brasiliens Version des Empire State Buildings wurde 1939 fertiggestellt. Man kann kostenlos zur Aussichtsplattform im obersten Stock hinauffahren und den tollen Blick über die Stadt genießen.

Um sich in die Besucherliste einzutragen, braucht man übrigens einen Ausweis. Außerdem muss man sich zweimal anstellen: einmal für die Anmeldung und dann noch einmal für die Fahrt mit dem Fahrstuhl. Die Aussicht ist ein Traum, aber leider gilt auf der Plattform eine strenge Zeitbeschränkung von fünf Minuten.

Casa da Imagem (Karte S. 232 f.; ☎3106-5122; www.casadaimagem.sp.gov.br; Roberto Simonsen 136-B, Centro; ⌚Di–So 9–17 Uhr) Das neu eröffnete Museum in einer renovierten Kolonialvilla im Stadtzentrum beherbergt eine wunderschöne Ausstellung mit 710 000 historischen Fotografien (und Erklärungen auf Englisch). Ein echtes Highlight für alle, die an der Geschichte São Paulos interessiert sind. Alle drei Monate gibt's eine neue Ausstellung zu einem bestimmten Thema. Auch das Gebäude selbst lohnt einen Abstecher hierher. Es verfügt über Fresken aus den 1880er-Jahren, die bei den Restaurierungsarbeiten freigelegt wurden.

Mosteiro São Bento (Karte S. 232 f.; www.mosteiro.org.br; Largo de São Bento s/n; ⌚Mo–Mi & Fr 6–18, Do 6–8 & 11.30–18, Sa & So 6–12 & 16–18 Uhr) Das nüchterne, aber beeindruckende Mosteiro São Bento zählt zu den ältesten und bedeutendsten Kirchen der Stadt und stammt aus dem Jahre 1598, auch wenn die neugotische Fassade nur bis ins frühe 20. Jh. zurückreicht. Drinnen kann man beeindruckendes Buntglas bewundern. Bei der Sonntagmesse um 10 Uhr sind meistens auch gregorianische Gesänge zu hören.

SP Free Walking Tour (Karte S. 232 f.; www.spfreewalkingtour.com; ⌚Mi & Sa 11.30 Uhr) Sampas 450-jährige Geschichte wird zweimal pro Woche in einen langen, aber faszinierenden Rundgang durch den historischen Stadtkern gepackt. Er startet und endet neben der C.I.T. an der Praça da República. Jeden Donnerstag und Sonntag um 15.30 Uhr gibt's eine Avenida-Paulista-Tour mit Informationen über die Metropole heute. Ausgangspunkt ist die Banco-do-Brasil-Filiale an der Ecke Paulista/Rua Augusta auf der Jardins-Seite.

darunter auch Werke solch großer Namen wie Portinari und Di Cavalcanti. Renovierungsmaßnahmen haben es in einen angenehmen Ort verwandelt, an dem man gut einen Nachmittag zubringen kann. Das hübsche Café bietet einen Blick auf den benachbarten Parque da Luz.

Museu da Língua Portuguesa MUSEUM
(Karte S. 232 f.; www.museulinguaportuguesa.org.br; Praça da Luz; Erw./Stud. 6/3 R$; ⌚Di–So 10–18 Uhr) Von diesem Museum wird die eine Hälfte der Estação da Luz eingenommen. Die faszinierende Dauerausstellung zeichnet die Entwicklung der brasilianischen Sprache im Unterschied zum europäischen Portugiesisch nach und präsentiert kreative Wechselinstallationen, die die brasilianische Literatur feiern. Allerdings sind die Beschreibungen auf den dazugehörigen Tafeln (ironischerweise?) ausschließlich auf Portugiesisch.

Estação Júlio Prestes HISTORISCHES GEBÄUDE
(Karte S. 232 f.; Largo General Osório 66) Der imposante Bahnhof im Beaux-Arts-Stil der Jahrhundertwende (jedoch erst in den 1930er-Jahren fertiggestellt) beherbergt die

Estação Pinacoteca (☎3324-1000; www.pinacoteca.org.br; Erw./Stud. inkl. Eintritt zur Pinacoteca do Estado 6/3 R$; ⏲Di–So 10–18 Uhr). Diese gehört zur Pinacoteca do Estado und lockt mit Sampas drei besten Galerien für moderne Kunst sowie einer ausgezeichneten Dauerausstellung brasilianischer Modernisten. Hier findet man auch die Ausstellung **Memorial da Resistência** (Karte S. 232 f.; www.memorialdaresistenciasp.org.br; ⏲Di–So 10–17.30 Uhr) GRATIS. Sie ist in den Zellen untergebracht, wo während Brasiliens Militärdiktatur politisch Andersdenkende eingesperrt und gefoltert wurden.

Museu de Arte Sacra MUSEUM
(Museum für Sakrale Kunst; www.museuartesacra.org.br; Tiradentes 676; Erw./Stud. 6/3 R$; ⏲Di–So 10–18 Uhr, letzter Einlass 17.30 Uhr) Das beste Museum seiner Art in Brasilien zeigt Werke des renommierten Bildhauers Antônio Aleijadinho aus dem 18. Jh. sowie etwa 200 weitere sakrale Arbeiten aus dem 17. bis 20. Jh. Es ist in einem Luz-Kloster aus dem 18. Jh. untergebracht, das zu São Paulos besterhaltenen Bauwerken aus dieser Epoche zählt.

Ein neuer Anbau beherbergt eine erstaunlich große, kunstvolle neapolitanische Krippe sowie eine Sammlung weiterer Krippen aus aller Welt. Das Museu de Arte Sacra liegt nur 50 m von der Metrô Tiradentes entfernt.

Liberdade

Seit Langem dient dieser Stadtteil, der sich einen kurzen Fußmarsch südlich der Praça da Sé erstreckt, als traditionelles Herz der japanischen Gemeinde in Sampa. Obwohl die meisten neuen asiatischen Einwanderer heutzutage aus China und Korea stammen, ist diese eher raue Gegend noch immer mit japanischen Läden und Restaurants gespickt, und in den ansonsten ruhigen Gassen gibt's haufenweise Juwele asiatischer Kultur zu entdecken.

Am Hauptplatz des Viertels, der **Praça da Liberdade**, hält die Metro, zudem findet hier sonntags ein Markt statt. In Richtung Süden auf der Galvão Bueno kommt man an vielen asiatischen Geschäften und Lokalen sowie ein paar ziemlich vernachlässigten Gärten im japanischen Stil vorbei.

Museu Histórico da Imigração Japonesa MUSEUM
(Museum Japanischer Einwanderung; ☎3209-5465; www.bunkyo.bunkyonet.org.br; São Joaquim 381; Erw./Stud. 6/3 R$; ⏲Di–So 13.30–17.30 Uhr) Dieses bescheidene, aber faszinierende Museum im siebten Stock eines Bürogebäudes in Liberdade dokumentiert die Ankunft und Integration der japanischen Gemeinde. Fotos, Objekte aus jener Zeit und der Nachbau einer typischen Einwanderer-Farmunterkunft in Originalgröße erzählen eine anrührende Geschichte, von der Ankunft der ersten 781 Siedler an Bord der *Kasato-Maru*, die 1908 in Santos anlegte, bis zum heutigen Tag. Ausweis mitnehmen.

Higienópolis, Pacaembu & Barra Funda

Nordwestlich der Avenida Paulista liegt der grüne Stadtteil **Higienópolis**, eines der traditionellsten gehobeneren Viertel der Metropole und ein schöner Ort für einen Spaziergang. Die Praça Buenos Aires, ein von Bäumen durchzogener Platz im europäischen Stil, ist Lunge und Spielplatz des Viertels. Weiter in Richtung Nordwesten geht's nach **Pacaembu**, ein Villenviertel, dessen ausschweifend luxuriöse Wohnhäuser an die teuersten Ecken von Los Angeles erinnern. Schließlich erreicht man **Barra Funda**, eine eher ruhige Gegend, die aber nachts dank einiger der hippsten Clubs São Paulos zum Leben erwacht.

Museu do Futebol MUSEUM
(Karte S. 238 f.; www.museudofutebol.org.br; Praça Charles Miller s/n, Pacaembu; Erw./Stud. 6/3 R$, Do frei; ⏲Di–So 9–17 Uhr; 👪) Versteckt unter den Tribünen des bunten Pacaembu-Stadions im Art-déco-Stil gelegen, widmet sich das neueste Museum der Stadt Brasiliens größter Leidenschaft: dem Fußball. Die Multimedia-Ausstellungen auf zwei Stockwerken begeistern die Besucher fast genauso sehr wie ein WM-Spiel – das gilt sogar für Leute, die keine Fußballfans sind.

Hin kommt man mit dem Bus 917M-31 „Morro Grande", der in der Avenida Dr Arnaldo bei der Rua Cardoso de Almeida vor der Metrô Clínicas abfährt. Beim Lebensmittelladen Pão de Açúcar in der Avenida Pacaembu aussteigen.

Memorial da América Latina DENKMAL
(☎3823-4600; www.memorial.sp.gov.br; Auro Soares de Moura Andrade 664, Barra Funda; ⏲Di–So 9–18 Uhr) GRATIS Diese auf den ersten Blick nicht sehr einladend wirkende Oscar-Niemeyer-Schöpfung ist so etwas wie ein Miniatur-Brasília mit einer Reihe von Glas- und Zementbauten in einer wunderschönen,

wenn auch verwirrenden Vielfalt an Formen und Größen. Vor einiger Zeit wurde der weitläufige Komplex extra einer Renovierung unterzogen, um ihn attraktiver und interessanter zu machen.

Der Salão dos Atos ist ein zeremonieller Ort, an dem man Cândido Portinaris gewaltiges Gemälde *Tiradentes* bestaunen kann. Die kreisrunde Galeria Marta Traba de Arte Latino-Americano präsentiert zeitgenössische Kunst aus ganz Lateinamerika, und der Pavilhão de Criatividade stellt eine vielfältige Sammlung mit lateinamerikanischer Kunst und Kunsthandwerk aus.

Avenida Paulista, Jardins & Umgebung

Früher war dies der Bezirk der Kaffeebarone und ihrer Herrenhäuser. In den 1950er-Jahren wurde die **Avenida Paulista** (oft einfach „Paulista" genannt) „manhattanisiert". Heute reihen sich hier modernistische Bürotürme aneinander. Nur wenige der Gebäude sind von architektonischem Interesse, aber in ihrer Gesamtheit kommen sie ziemlich beeindruckend daher. Die Gegend ist auch eine der belebtesten der Stadt, tags wie nachts, und vollgestopft mit Restaurants, Läden, Theatern und Cafés. Direkt an der Paulista, gegenüber vom Museu de Arte de São Paulo (MASP) erstreckt sich der **Parque Siqueira Campos** (Karte S. 238 f.; ⏲ 6–18 Uhr), eine wunderschön gestaltete und gepflegte Grünanlage, die den Atlantischen Regenwald, der für die Metropole gefällt wurde, wiederauferstehen lässt. Ein bemerkenswert ruhiger Rückzugsort direkt neben São Paulos geschäftigster Straße!

Entlang der Rua Augusta nördlich der Paulista befindet sich **Baixo Augusta**, São Paulos ehemaliger Rotlichtbezirk. Im letzten Jahrzehnt hat sich die Gegend zu einem Tummelplatz für die schwule, trendbewusste und alternative Szene entwickelt, und in den Bars und Nachtclubs wimmelt es nach 22 Uhr von jungen, ambitionierten Mehrfachgepiercten.

An die südliche Flanke der Paulista grenzt **Jardins**, der grünste und schickste zentrale Stadtbezirk mit einigen der luxuriösesten Wohnsiedlungen und dekadentesten Läden der Metropole, und natürlich die **Rua Oscar Freire** (Brasiliens Rodeo Drive und auf der Liste der Luxusshoppingmeilen auf Platz 8) mit ihren unglaublichen Boutiquen und edlen Esstempeln.

★ Museu de Arte de São Paulo (MASP) — MUSEUM

(Karte S. 238 f.; www.masp.art.br; Av Paulista 1578, Bela Vista; Erw./Stud. 15/7 R$, Do frei; ⏲ Di & Do–So 10–18, Mi bis 20 Uhr) Sampas ganzer Stolz zeigt die umfassendste Sammlung westlicher Kunst in Lateinamerika. Das Museum schwebt über einem Platz, der sich sonntags in einen Antiquitätenmarkt verwandelt. Es wurde von der Architektin Lina Bo Bardi entworfen und 1968 fertiggestellt und ist für viele ein Klassiker der Moderne; einige wenige, wenn auch lautstarke Kritiker sehen es jedoch als wahre Abscheulichkeit.

Die Ausstellung hingegen überzeugt auf ganzer Linie und reicht von Goya über El Greco bis zu Manet. Besonders beeindruckend ist die Impressionistensammlung. Außerdem sind ein paar grandiose brasilianische Gemälde zu sehen, darunter drei großartige Werke von Cândido Portinari. Bedauerlicherweise scheint das Museum aber vernachlässigt zu werden: Die öffentlichen Anlagen sehen teilweise recht schäbig aus. Noch schockierender war 2007 jedoch der Diebstahl einiger Gemälde von Portinari und Picasso, durch den ans Licht kam, dass das Museum trotz seiner milliardenschweren Sammlung weder über Bewegungsmelder noch Infrarotkameras verfügte. Glücklicherweise wurden die beiden Gemälde schließlich wiedergefunden, auch wenn die Diebe nie überführt oder identifiziert werden konnten.

Parque do Ibirapuera

Als grüne Lunge des Zentrums von São Paulo ist der **Parque do Ibirapuera** ein ausgezeichneter Zufluchtsort vor der schier endlosen Weite aus Beton. Zusätzlich dient die 2 km² große Grünanlage als blühendes kulturelles Zentrum mit einer Reihe von Museen, Aufführungsorten und dem Gelände für die renommierte **Biennale**.

1954 zur Feier des 400. Stadtgeburtstags eingeweiht, wurde der Park vom berühmten Landschaftsarchitekten Roberto Burle Marx entworfen. Einige sehenswerte Bauwerke, die meisten durch einen langen, unverwechselbar gewundenen Gehweg miteinander verbunden, sind das Werk von Oscar Niemeyer. Am Nordeingang steht Victor Brecherets gigantisches **Monumento Bandeiras**, aufgestellt 1953 zur Erinnerung an die frühen Pioniere São Paulos. Ein Ententeich nimmt den größten Teil der westlichen Parkhälfte ein, und drumherum gibt's jede Menge schattige Wege.

Um hierherzukommen, geht's per Metro bis zur Station Vila Mariana und dann mit dem Bus 775-A „Jardim Aldagiza" weiter. Im Park befinden sich haufenweise Imbissstände, aber für eine anständige Mahlzeit sollte man das **Prêt** (unter der Woche/am Wochenende 49/56 R$; ⏲Di–Fr 12–16, Sa & So 12.30–17 Uhr) Museu de Arte Moderna ansteuern, das ein ausgezeichnetes Büfett in einem lichtdurchfluteten, minimalistischen Speisesaal serviert.

Museu de Arte Moderna MUSEUM
(www.mam.org.br; Erw./Stud. 5,50/2,75 R$, So frei; ⏲Di–So 10–18 Uhr) Brasiliens ältestes **Museum für Moderne Kunst** besitzt eine feine Sammlung brasilianischer Modernisten wie Anita Malfatti und Di Cavalcanti sowie Werke von Miró, Chagall, Picasso und Dufy. Die öffentlichen Räume sind Wechselausstellungen vorbehalten. Auf der Website findet man das aktuelle Programm.

Pinheiros, Vila Madalena & Cidade Universitária

Westlich von Jardins erstreckt sich **Pinheiros**, ein weitläufiges Wohnviertel, mit immer gleichen Apartmenthochhäusern und hervorragenden Restaurants. Im Herzen des größeren Pinheiros befindet sich das deutlich flacher bebaute, fußgängerfreundliche **Vila Madalena**. Lange Zeit eine Enklave der Bohème, hat es sich in den letzten Jahren zu einer beliebten Alternative zu den teuren Clubs und Lokalen des nahen **Vila Olímpia** entwickelt. Das Epizentrum der Bar- und Restaurantszene ist die Ecke Rua Mourato Coelho und Rua Aspicuelta – hier wird es zur Happy Hour recht voll, und am Wochenende bleibt es das bis in die frühen Morgenstunden. Hier gibt's außerdem eine Reihe interessanter Läden, Cafés und Kunstgalerien.

Westlich von Pinheiros liegt auf der anderen Seite des Rio Pinheiros die prestigeträchtige Universität von São Paulo (USP). Der ruhige, von Bäumen gesäumte Campus lädt zu einem entspannten Spaziergang ein.

Museu de Arte Contemporânea da Universidade de São Paulo (MAC-USP) MUSEUM
(☎3091-3039; www.mac.usp.br; Rua da Praça do Relógio 160, Cidade Universitária; ⏲Mo & Do 10–20, Mi & Fr–So bis 18 Uhr) GRATIS Mitten auf dem grünen Campus der Universität von São Paulo bietet das großartige Museum die vielleicht beste Sammlung brasilianischer Kunst seit 1960 sowie ein paar Werke internationaler Meister, von Max Ernst bis Robert Rauschenberg.

SÃO PAULO BIENAL

Die **Bienal de São Paulo** (www.bienal.org.br; Parque do Ibirapuera, Moema), die der Biennale in Venedig nachempfunden und 1951 ins Leben gerufen wurde, hat sich zu einem der wichtigsten Kunstevents der Welt entwickelt. Viele der Teilnehmer sind Künstler, die von ihrem Heimatland nominiert wurden. Darüber hinaus wählt ein Gastkurator ein Thema aus und lädt ihren oder seinen eigenen Favoriten ein. In Bestform bietet die Bienal der Welt die Chance, wirklich anregende zeitgenössische Kunst zu sehen, auf jeden Fall beeindruckt sie aber durch ihre schiere Größe und Vielfalt.

Das Event findet normalerweise von Oktober bis Dezember in Jahren mit gerader Jahreszahl in einem weitläufigen Pavillon – entworfen von Oscar Niemeyer, dem Meister der modernen brasilianischen Architektur – im grünen Parque do Ibirapuera statt. In den vergangenen Jahren war der Eintritt frei, dies kommt jedoch immer auf die Finanzlage an.

Casa da Xiclete GALERIE
(Karte S. 246; ☎2579-9007; www.casadaxiclet.com; Fradique Coutinho 1855, Vila Madalena; ⏲Mi–So 14–20 Uhr) Ein heruntergekommenes Haus am Rand des Viertels dient als Zuhause/Galerie des gleichnamigen Künstlers, der sich mit Kollegen, die größtenteils ebenfalls hier wohnen, zu einem Kollektiv zusammengeschlossen hat.

Fortes Vilaça GALERIE
(Karte S. 246; ☎3032-7066; www.fortesvilaca.com.br; Fradique Coutinho 1500, Vila Madalena; ⏲Di–Fr 10–19, Sa bis 18 Uhr) In einem weiten, von Zementwänden umschlossenen Raum werden einige der berühmtesten zeitgenössischen Künstler ausgestellt.

Instituto Tomie Ohtake MUSEUM
(Karte S. 246; ☎2245-1900; www.institutotomieohtake.org.br; Brigadeiro Faria Lima 201, Pinheiros; ⏲Di–So 11–20 Uhr) GRATIS Dieses Kulturinsti-

Avenida Paulista, Jardins & Umgebung

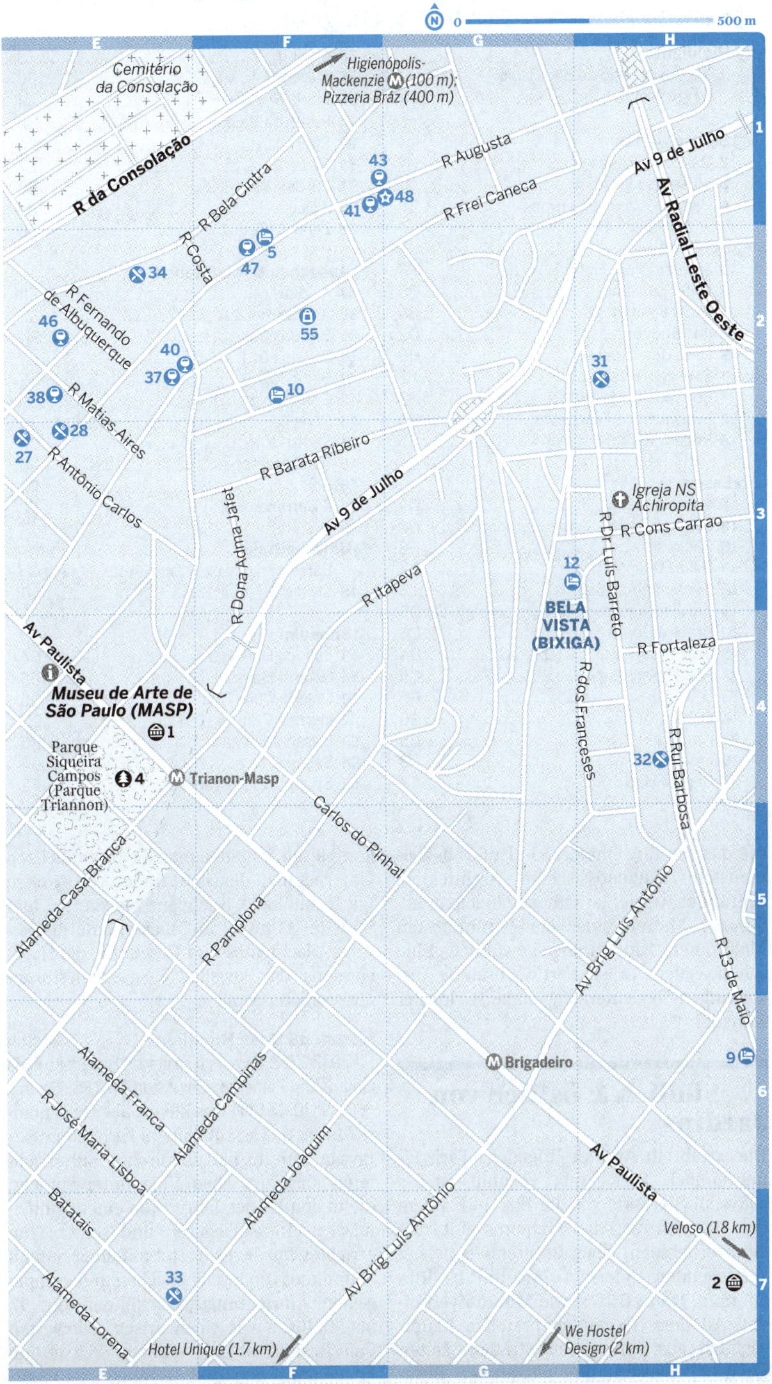
0
500 m
Cemitério da Consolação
Higienópolis-Mackenzie (100 m); Pizzeria Bráz (400 m)
R da Consolação
R Augusta
R Frei Caneca
Av 9 de Julho
Av Radial Leste Oeste
R Bela Cintra
R Costa
R Fernando de Albuquerque
R Matias Aires
R Antônio Carlos
R Barata Ribeiro
R Dona Adma Jafet
R Itapeva
Igreja NS Achiropita
R Cons Carrao
R Dr Luís Barreto
BELA VISTA (BIXIGA)
R Fortaleza
R dos Franceses
R Rui Barbosa
Av Paulista
Museu de Arte de São Paulo (MASP)
Parque Siqueira Campos (Parque Triannon)
Trianon-Masp
Carlos do Pinhal
Alameda Casa Branca
R Pamplona
Av Brig Luís Antônio
R 13 de Maio
Brigadeiro
Alameda Franca
Alameda Campinas
R José Maria Lisboa
Alameda Joaquim
Batatais
Alameda Lorena
Veloso (1,8 km)
Hotel Unique (1,7 km)
We Hostel Design (2 km)

Avenida Paulista, Jardins & Umgebung

Highlights
1 Museu de Arte de São Paulo (MASP) ... E4

Sehenswertes
2 Casa das Rosas ... H7
3 Museu do Futebol ... B1
4 Parque Siqueira Campos ... E4

Schlafen
5 Augusta Park Hotel ... F2
6 Hotel Emiliano ... C6
7 Hotel Fasano ... B5
8 Ibis Budget ... D2
9 LimeTime Hostel ... H6
10 Pauliceia Hostel ... F2
11 Pousada Dona Ziláh ... B3
12 Pousada dos Franceses ... G3
13 Regent Park Suite Hotel ... C5

Essen
14 Asia House ... D4
15 Bacio di Latte ... C4
16 Bacio di Latte ... D6
17 Bella Paulista ... D2
18 Benjamin Abrahão ... C5
19 Bio Alternativa ... D3
20 Brasil a Gosto ... C6
21 Capim Santo ... D4
22 Casa Santa Luzia ... C5
23 D.O.M. ... B6
24 Dalva e Dito ... B6
25 Figueira Rubaiyat ... B5
26 Fran's Café ... D3
27 Gopala Hari ... E3
28 Madhu ... E3
29 Maremonti ... B6
30 Maria Brigadeiro ... A4
31 Patuá da Baiana ... H2
32 Speranza ... H4
33 St. Louis ... E7
34 Tordesilhas ... E2
35 Z Deli ... B5
36 Zena Caffé ... C6

Ausgehen & Nachtleben
37 A Lôca ... E2
38 Astronete ... E2
39 Bar Balcão ... B4
40 Bar da Lôca ... E2
41 Beco 203 ... F1
42 Café Suplicy ... C5
43 Caos ... F1
44 Santo Grão ... C6
45 Suco Begaço ... B5
46 Volt ... E2
47 Z Carniceria ... F2

Unterhaltung
Barretto ... (siehe 7)
48 Studio SP ... G1

Shoppen
49 Espaço Havaianas ... B4
50 Galeria Melissa ... B5
51 Galeria Ouro Fino ... C5
52 Livraria Cultura ... D3
53 Livraria da Vila ... B5
54 Salinas ... B4
55 Shopping Frei Caneca ... F2

tut, das von Ruy Ohtake, São Paulos bedeutendstem zeitgenössischem Architekten, gegründet wurde, ist Othakes in Japan geborener Mutter, einer der berühmtesten Malerinnen São Paulos, gewidmet. Eine schöne Galerie präsentiert wechselnde Ausstellungen bedeutender, zumeist lokaler Künstler.

Südlich & östlich von Jardins

Die extrabreite Avenida Brigadeiro Faria Lima (einfach „Faria Lima" genannt) ist das südwestliche Ende von Jardins und zudem die Hauptstraße, die Pinheiros mit den stinkvornehmen, aber größtenteils wenig verlockenden Vierteln **Morumbi**, **Vila Olímpia**, **Itaím Bibi** sowie **Moema** verbindet. All diese Gegenden bestehen hauptsächlich aus verstopften Straßen, kalten Luxushochhäusern und glitzernden Bürokomplexen, in denen man die profitabelsten Unternehmen der Stadt findet, von Banken bis Technologie. Nachdem das klar ist, hier nun der Hinweis auf massenhaft Restaurants, Nachtclubs und Geschäfte, die Hardcorefans der jeweiligen Sujets bestimmt ausprobieren wollen.

Museu da Casa Brasileira MUSEUM
(☎3032-3727; www.mcb.sp.gov.br; Brigadeiro Faria Lima 2705, Pinheiros; Erw./Stud. 4/2 R$, So frei; ⊙Di–So 10–18 Uhr) Das kleine, aber charmante Museu da Casa Brasileira ist in einer extravaganten, im palladianischen Stil errichteten klassizistischen Villa untergebracht, die in den 1940er-Jahren von einem einheimischen Industriebaron und seiner Frau errichtet wurde. Es wartet mit einer bunten Sammlung von brasilianischen und europäischen Einrichtungsgegenständen des 17. bis 20. Jhs. sowie einem frisch renovierten Café/Restaurant mit schönen Plätzen im Freien auf.

Fundação Maria Luisa e Oscar Americano MUSEUM, GÄRTEN

(☎3742-0077; www.fundacaooscaramericano.org.br; Av Morumbi 4077, Morumbi; Erw./Stud. 10/5 R$; ⏱Museum & Café Di–So 10–17.30 Uhr) Dieser schöne Rückzugsort ist das Zuhause des Paares, das die grüne, gehobene Vorstadt Morumbi mit aufgebaut hat. Er bietet beeindruckende Gärten und eine tolle Sammlung von Gemälden, Skulpturen und anderen Kunstgegenständen aus dem 18., 19. und 20. Jh. Das zum Museum umgestaltete Haus aus den 1950er-Jahren ist ein kleines Meisterwerk des brasilianischen Modernismus. Es gibt auch ein tolles Café, das traditionellen High Tea (eine Mischung zwischen Nachmittagstee und Abendessen) für 55 R$ anbietet.

Museu Paulista MUSEUM

(www.mp.usp.br; Parque de Independência, Ipiranga; Erw./Stud. 6/3 R$, erster So im Monat frei; ⏱Di–So 9–17 Uhr) Inmitten versaillesartiger Gärten im östlichen Außenbezirk Ipiranga befindet sich das ursprünglich als Denkmal für Brasiliens Unabhängigkeit von Portugal ins Leben gerufene Museu Paulista. Der Legende nach erklärte Dom Pedro die Unabhängigkeit an den Ufern eines nahen Flusses. Dank des Standortes auf einem Hügel genießt man hier eine tolle Aussicht, doch die wahren Highlights sind die Grünanlagen und der Palast.

Kurse

Polyglot SPRACHKURSE

(☎3744-4397; www.polyglot.com.br; Eng Luiz Carlos Berrini 96, Brooklyn) Eine der renommiertesten Sprachschulen für Portugiesischkurse.

CEL-LEP SPRACHKURSE

(☎3743-7728; www.br.cellep.com) CEL-LEP ist auf Englisch und Spanisch spezialisiert, bietet aber auch Portugiesischkurse in verschiedenen Ecken der Stadt an, u. a. in der Avenida Paulista und in Vila Madalena.

Geführte Touren

Flavia Liz di Paolo KULTUR, SHOPPEN

(☎98119-3903; www.flavializ.com) São-Paulo-Expertin Flavia Liz hat enthusiastische, mehrsprachige und maßgeschneiderte Führungen durch die Stadt und Umgebung im Programm. Interesse an Architektur, Shoppen, Kunstgalerien, Museen, Favelas (Slums) oder anderen speziellen Themen oder Orten? Dann ist sie die richtige Ansprechpartnerin.

NICHT VERSÄUMEN

BRASILIENS SCHMELZTIEGEL

Dank Brasiliens unvergleichlicher ethnischer Vielfalt gibt's so etwas wie das typisch brasilianische Gesicht nicht – das ist auch der Grund, weshalb brasilianische Pässe auf dem Schwarzmarkt so gefragt sind: Viele Gesichter gehen als brasilianisch durch. Für ein tieferes Verständnis der Geschichte der Einwanderung in São Paulo lohnt sich ein Besuch des **Memorial do Imigrante** (www.memorialdoimigrante.sp.gov.br; Visconde de Paraiba 1316, Moóca; Erw./Stud. 4/2 R$; ⏱Di–So 10–17 Uhr) im östlichen Vorort Moóca. 1887 erbaut, wurde es einst **Hospedaria dos Imigrantes** genannt und diente als – nicht immer freundliches – Auffanglager für Einwanderer, bevor sie zu ihrer ersten Arbeitsstelle in Brasilien, meist auf einer großen Plantage, gebracht wurden.

Das Denkmal fünf Gehminuten von der Metrô Bresser entfernt.

Feste & Events

Die Großereignisse der Stadt sind die **Bienal de São Paulo** und die **Gay-Pride-Events**. 1997 zog São Paulos erste Schwulenparade noch magere 3000 Teilnehmer an. In weniger als einem Jahrzehnt hat sie sich jedoch zum größten Pride-Event der Welt entwickelt, das beinahe 3 Mio. Menschen anlockt.

Karneval KARNEVAL

(⏱Feb./März) Die Feierlichkeiten reichen zwar nicht an die in Rio heran, aber es gibt Partys in der ganzen Stadt.

Restaurantwoche ESSEN

(www.restaurantweek.com.br; Mittag-/Abendessen 34,90/47,90 R$; ⏱Feb./März & Aug./Sept.) Zweimal im Jahr locken über 100 Restaurants für zwei Wochen mit speziellen Menüs und Sonderangeboten Gäste an.

Virada Cultural MUSIK

(www.viradacultural.org; ⏱Ende April/Anfang Mai) Eine durchgehende, kostenlose 24-Stunden-Party mit kulturellen, vor allem musikalischen, Events überall in der Metropole.

Internationale Kunstmesse KUNST

(www.sp-arte.com; ⏱April) Diese nationale und internationale Kunstausstellung ist eine der größten weltweit.

Mostra Internacional de Cinema FILM
(www.mostra.org; ⌚Okt.) Brasiliens größtes Filmfestival wartet mit zahlreichen Vorführungen in der ganzen Stadt auf.

Reveillon NEUJAHR
(⌚31. Dez.) Wenn das neue Jahr eingeläutet wird, verwandelt sich die Avenida Paulista in eine riesige Partymeile.

Schlafen

São Paulos einziger Stadtteil mit einem internationalen Ambiente, das unkonventionelle *bairro* (Viertel) **Vil a Madalena** 6 km westlich der Praça da Sé, wartet mit einer hippen Hostelszene, schicken Boutiquen, innovativen Galerien und einem ausgelassenen Nachtleben auf. Etwas teurer, aber sehr schön ist der grüne, vornehme Bezirk **Jardim Paulista** 5 km südwestlich des Centro. Viele Hostels findet man außerdem in den Wohngebieten **Paraíso** und **Vila Mariana** am südöstlichen Ende der Avenida Paulista – nicht ganz so zentral, aber dank der nahe gelegenen Metrostationen gut angebunden. Im Centro, der Gegend rund um den Bahnhof Estação da Luz und der Innenstadt gibt's jede Menge günstige Hotels, aber leider auch eine hohe Kriminalität und Prostitution. Deshalb sollte man extrem vorsichtig sein und nachts nicht herumlaufen. Am besten hält man sich an die etwas sicherere Umgebung der Praça da República.

Nicht von den günstigeren Angeboten für Hotels in **Belem, Mooca** und **Parada Inglesa** verführen lassen! Sie liegen weitab vom Schuss in den beiden am wenigsten attraktiven Zonen der Metropole, dem Norden und Osten.

Zentrum

Akasaka HOTEL $
(☎3207-1500; www.akasakahotel.com.br; Praça da Liberdade 149, Liberdade; DZ/3BZ/4BZ 135/150/210 R$; ❄📶) Das frisch renovierte, preiswerte Hotel in guter Lage gegenüber der Metrostation bietet schlichte, aber saubere und erst kürzlich modernisierte Zimmer. Eine gute Wahl für alle, die sich für die japanische und koreanische Subkultur der Stadt interessieren. Frühstück gegen Aufpreis.

155 Hotel BOUTIQUE-HOTEL $$
(Karte S. 232 f.; ☎3150-1555; www.155hotel.com.br; Martinho Prado 173, Consolacão; DZ 165 R$, Suite 330 R$; ❄@📶) Ein schwulenfreundliches, erschwingliches Boutiqe-Hotel mit 76 Zim-

Spaziergang: Sampas Centro Velho

START/ZIEL PRAÇA DA REPÚBLICA
STRECKE & DAUER 3,5 KM; ZWEI STUNDEN

Das Stadtzentrum gleicht einer lebendigen Museumsausstellung architektonischer Schmuckstücke. Am besten unternimmt man die schöne Tour an einem Wochentag (am Wochenende oder nachts ist die Gegend zu gefährlich).

Los geht's an der 1 **Praça da República**, dann die Avenida Ipiranga entlang und links in die Avenida São Luís. Dort genießt man einen guten Ausblick auf eines der höchsten Gebäude der Metropole, das 46-stöckige 2 **Edifício Itália** (S. 231). Weiter die Straße hinunter sollte man sich das gedrungene, graue Haus am Ende des kleinen Parks auf der linken Seite genauer anschauen, das wie ein Gefängnis aussieht: die 3 **Stadtbibliothek Mario de Andrade**. Links abbiegen in die Rua Xavier de Toledo mit der Bibliothek auf der linken Seite und der Straße runter in Richtung Metrostation Anhangabaú folgen. Immer noch auf der Rua Xavier de Toledo geht's zum 4 **Theatro Municipal** (S. 229), ein barockes Gebäude mit Jugendstileinsprenkelungen. Gegenüber, auf der rechten Seite, liegt das 5 **Viaduto do Chá**, eine Eisenbrücke von 1892, benannt nach einer Teeplantage, die es hier einmal gab. Der Fußgängerverkehr wurde zu heftig für die alte Brücke; 1938 wurde eine neue eröffnet.

Beim Überqueren der Brücke eröffnet sich ein toller Blick links auf den 6 **Parque Anhangabaú**. Gegenüber geht's geradeaus auf die 7 **Praça do Patriarca** mit der 8 **Igreja de Santo Antônio,** São Paulos Hauptkirche zu Beginn des 17. Jhs, die im 18. Jh. wiederaufgebaut wurde.

Etwa 20 Schritte dahinter rechts in die Rua São Bento abbiegen und weiter bis zum 9 **Largo de São Francisco** gehen. Der kleine dreieckige Platz wird von zwei Kirchen, die beide 10 11 **Igreja de São Francisco de Assis** (S. 229) heißen, und dem angesehenen 12 **Rechtskolleg** gesäumt. Hinter der umstrittenen Statue eines Franzosen, der eine Eingeborenenfrau küsst, führt die Rua Senador Feijó zur

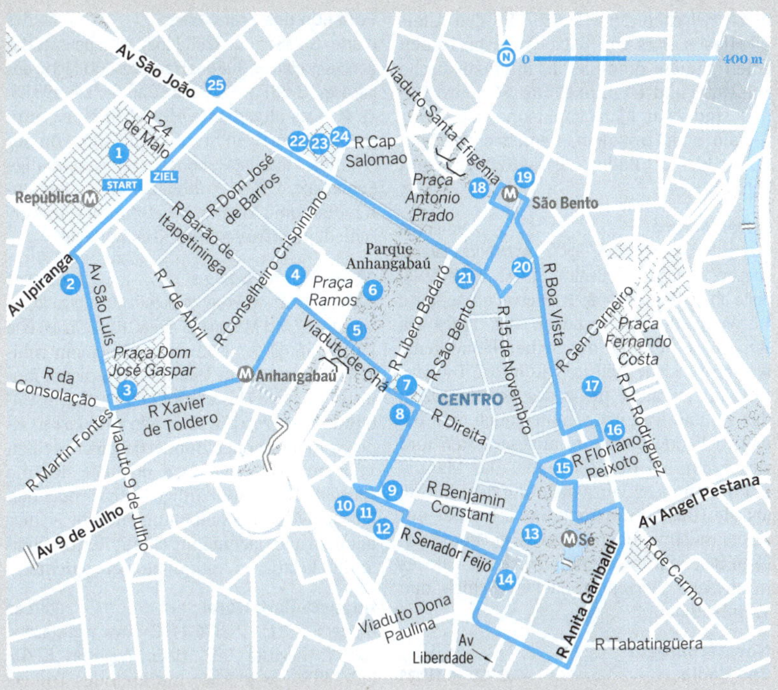

berühmten 13 **Praça da Sé** (S. 229). Dort herrscht eine ausgelassene Stimmung, man muss aber gut auf seine Taschen aufpassen! Es folgt ein Besuch der riesigen 14 **Catedral da Sé** (S. 228). Anschließend geht's über den Platz zur 15 **Caixa Economica Federal**. Hier wird nicht nur das Geld der Stadt verwaltet, denn das Gebäude fungiert zudem als ein tolles Kulturzentrum (Caixa Cultural), das Werke brasilianischer Künstler ausstellt. Jetzt rechts abbiegen in die Rua Floriano Peixoto und bis zum Ende durchgehen, wo sich der rosafarbene 16 **Solar da Marquesa** (S. 229) erhebt. Folgt man der Straße weiter nach links, kommt die 17 **Praça Páteo do Colégio** (S. 228) ins Blickfeld, wo São Paulo 1554 gegründet wurde. Davor verläuft die Rua Boa Vista. Mit der Praça da Sé im Rücken spaziert man bis zum Ende der Straße und erreicht so den 18 **Largo de São Bento** sowie das 19 **Mosteiro São Bento** (S. 234), ein Kloster mit Basilika, in dem Konzerte mit gregorianischen Gesängen veranstaltet werden.

Beim Verlassen des Platzes schlendert man die Fußgängerzone Rua São Bento bis zur Avenida São João hoch. Links in die Avenida São João und danach gleich wieder links abbiegen. Auf der rechten Seite thront das Art-déco-Bauwerk 20 **Banespa.** Für einen kompletten Rundumblick auf Sampa geht's hinauf ins oberste Stockwerk. Nun die gleiche Strecke wieder zurück bis zur Rua São Bento und dann immer geradeaus auf der Avenida São João marschieren. Links, hinter der São Bento, erhebt sich das 21 **Edifício Martinelli** (S. 229). Danach überquert man das Vale de Anhangabaú, das man vorher schon mal vom Viaduto do Chá aus gesehen hat.

Im Anschluss geht's ein Stückchen die Avenida São João bis zum 22 **Largo de Paiçandú** hoch. Hinter der hübschen Kirche 23 **NS do Rosário dos Homens Pretos** stößt man auf das prächtige 24 **Monumento á Mãe Preta** (Monument der Schwarzen Mutter). Die Statue zeigt eine afrikanische Sklavin, die ein weißes Baby stillt. Das Gedicht am Sockel ist Ausdruck ihrer Klage, dass ihre eigenen Kinder hungern müssen.

Nachdem man weiter bis zur 25 **Kreuzung der Avenida São João mit der Avenida Ipiranga** marschiert ist, die durch Caetano Velosos wundervolles Lied *Sampa*, eine Ode an die Stadt, unsterblich wurde, biegt man noch ein letztes Mal links ab und erreicht so wieder den Ausgangspunkt der Tour: die Praça da Rebública.

mern zwischen dem Centro und den Alterna-Hipster-Bars von Baixo Augusta. In den edlen Suiten dominieren minimalistische Schwarz- und Grautöne. Die Standardzimmer sind zwar nicht ganz so stylish, überzeugen aber trotzdem, denn sie verfügen über kleine Bäder, Parkettböden und Schreibtische.

Hotel Marabá HOTEL $$$

(Karte S. 232 f.; ☎ 2137-9500; www.hotelmaraba.com.br; Ipiranga 757, Centro; EZ/DZ 350/420 R$, Suite ab 650 R$; P ❄ @ ☁)Dieses umgebaute Bürogebäude gleich neben der Praça da República punktet mit seiner bemerkenswerten Stilsicherheit und Komfort. Die Unterkunft ist nicht mehr das Schnäppchen, das sie mal war, aber immer noch eine beeindruckende Bleibe im angesagtesten und sichersten Teil des Zentrums. Das Marabá hat nur ein paar Jahre mehr auf dem Buckel als die Hipsterbewegung, erweckt aber mit seiner hochwertigen Bettwäsche und schicken Beleuchtung den Eindruck, als habe es in diesem Viertel in Sachen Schick den Trend gesetzt.

Novotel Jaraguá São Paulo BUSINESSHOTEL $$$

(Karte S. 232 f.; ☎ 2802-7000; www.accorhotels.com.br; Martins Fontes 71, Centro; EZ/DZ 525/555 R$; P ❄ @ ☁) Die Accor-Kette hat sich des alten Hotel Jaraguá angenommen, das lange das eleganteste Hotel in São Paulos Innenstadt war. Alle Zimmer sind geräumig, üppig und in fröhlichen, satten Farben eingerichtet. Ab dem 20. Stock bieten sie einen wahrlich atemberaubenden Blick auf die Metropole. Je nach Belegung erhält man hier manchmal bis zu 50 % Preisnachlass.

Avenida Paulista, Paraíso & Vila Mariana

LimeTime Hostel HOSTEL $

(Karte S. 238 f.; ☎ 2935-5463; www.limetimehostels.com; 13 de Maio 1552, Bela Vista; B ab 35 R$, Zi. ohne Bad 120 R$; @ ☁) In hervorragender Lage nur einen Katzensprung von der Avenida Paulista, der Metrô Brigadeiro und der Haltestelle der Flughafenbusse am Hotel Maksoud Plaza entfernt lockt das mit Graffiti übersäte Hostel mit Extras wie Flachbildschirmen und Schließfächern samt Stromanschluss. Der Besitzer – ein strubbelhaariger DJ namens Bebeto – weiß alles über das Nachtleben der Stadt. Ohne Frühstück, aber mit einem kostenlosen Caipirinha pro Abend!

Pousada dos Franceses POUSADA $

(Karte S. 238 f.; ☎ 3288-1592; www.pousadadosfranceses.com.br; Rua dos Franceses 100, Morro dos Ingleses; B 50 R$, EZ/DZ/3BZ ab 84/125/198 R$; @ ☁) Das altgediente Hostel in einer ruhigen, vorortartigen Straße nicht weit von der Avenida Paulista beherbergt anständige Schlafsäle, helle, angenehme Gemeinschaftsräume und private Zimmer in verschiedenen Größen und Komfortlevels.

★ **We Hostel Design** HOSTEL $$

(☎ 2615-2262; www.wehostel.com.br; Morgado de Mateus 567, Vila Mariana; B 48–60 R$, DZ ohne Bad 150–170 R$; @ ☁) 2012 wurde in einem ruhigen Wohngebiet in Vila Mariana dieses fantastische neue Hostel eröffnet. Die beste Unterkunft ihrer Art in ganz São Paulo ist in einer wunderschönen hundertjährigen weißen Villa untergebracht. Egal ob man sich die Gästeküche, die weitläufige Veranda oder den kitschigen Aufenthaltsraum ansieht – hier hat man alles fachmännisch mit Retromobiliar und kostbaren Antiquitäten eingerichtet.

Augusta Park Hotel HOTEL $$

(Karte S. 238 f.; ☎ 3124-4400; www.augustapark.com.br; Augusta 922, Baixo Augusta; EZ/DZ 210/248 R$; ❄ @ ☁ ≋) Inmitten des Trubels von Baixo Augusta überzeugt das Augusta Park mit tollen Angeboten für etwas altmodische Zimmer in praktischer Lage (besonders wenn man in den Genuss von einem der Rabatte kommt, bei denen man bis zu 50 R$ sparen kann). Die Räume sind nicht unbedingt luxuriös, aber gemütlich und verfügen alle über separate Sitzecken und kleine Küchen.

Pauliceia Hostel HOSTEL $$

(Karte S. 238 f.; ☎ 2503-2773; www.pauliceiahostel.com.br; Herculano de Freitas 250, Bela Vista; B 49–60 R$, DZ/3BZ 150/200 R$; @ ☁) Dank dieses relativ neuen Hostels, nur zwei Häuserblocks vom Geschehen in Baixo Augusta entfernt, kann man jetzt nach einer Zechtour im coolsten Partybezirk der Stadt umsonst nach Hause stolpern. In einem gut erhaltenen ehemaligen Wohnhaus führen schicke Parkettfußböden zu verschiedenen Sechs- und Neunbettschlafsälen mit Ventilatoren und Etagenbädern. Es gibt auch ein paar Privatzimmer.

Ibis Budget HOTEL $$

(Karte S. 238 f.; ☎ 3123-7752; www.ibishotel.com; Rua da Consolação 2303, Consolação; Zi. 180 R$; ❄ @ ☁) Groß und ziemlich seelenlos, bietet dieses Kettenhotel immerhin eine tolle Lage und Spitzenpreise. Die Zimmer sind spartanisch und eher schlafsaalartig, aber absolut ausreichend.

Jardins & Umgebung

★ **Guest 607** POUSADA $
(☎2619-6007; www.guest607.com.br; João Moura 607, Pinheiros; B 60 R$, EZ/DZ/3BZ ohne Bad ab 148/158/178 R$; ❄@📶) Diese farbenprächtige Gastropension wurde von Cássia Saldanha ins Leben gerufen, die nach Aufenthalten in Italien und Großbritannien wieder nach Brasilien zurückkehrte und ein zweistöckiges Stadthaus in eine kreative Unterkunft mit guter Küche verwandelte. Die Zimmer sind klein, doch dafür sprüht die Unterkunft nur so vor Charakter und beherbergt noch dazu ein schickes Bistro, in dem dreimal am Tag Mahlzeiten zubereitet werden. Wer auf Design wie aus dem Hochglanzmagazin steht, trifft mit dem Guest 607 sowieso genau die richtige Wahl! Das Hotel liegt nur 800 m zu Fuß von der Rua Oscar Freire in Jardins entfernt.

Pousada Dona Ziláh POUSADA $$
(Karte S. 238 f.; ☎3062-1444; www.zilah.com; Alameda Franca 1621, Jardins; EZ/DZ 148/184 R$; P❄@📶) Ein seltener Fund: Das hübsche, straff geführte Gästehaus ist in einer Villa im spanischen Stil im Herzen von Jardins untergebracht. Die Zimmer verteilen sich rund um einen Innenhof über einem niedlichen internationalen Bistro und sind klein und schlicht, aber sehr geschmackvoll und ordentlich.

Hotel Emiliano BOUTIQUE-HOTEL $$$
(Karte S. 238 f.; ☎3068-4399; www.emiliano.com.br; Oscar Freire 384, Jardins; DZ ab 1739 R$; P❄@📶🏊) Schick, hell und minimalistisch. Das beste Hotel der Stadt strahlt mit hochwertigen Laken, makellosem Service und einem sonnendurchfluteten Pool auf dem Dach geschmackvollen Luxus aus, ohne sich dabei allzu ernst zu nehmen. Es bietet die perfekte Mischung zwischen cool (nicht übertrieben luxuriös) und opulent (aber nicht bieder) ... und dann ist da noch der dekadente Wochenendbrunch für 125 R$. Göttlich!

Hotel Unique DESIGNHOTEL $$$
(☎3055-4710; www.hotelunique.com.br; Av Brigadeiro Luis Antônio 4700, Jardim Paulista; DZ ab 1 486 R$; P❄@🏊) Das von Ruy Ohtake entworfene Unique, dessen Form an ein Stück Wassermelone erinnert, ist ganz gewiss São Paulos architektonisch anspruchsvollstes Hotel. Es wird von Rockstars und Fashionistas frequentiert. Die Zimmer mit torartigen Fenstern sind elegant-minimalistisch, und Bar und Pool auf dem Dach bieten mit den besten Ausblick in der Stadt.

Hotel Emiliano BOUTIQUE-HOTEL $$$
(Karte S. 238 f.; ☎3896-4000; www.fasano.com.br; Vittorio Fasano 88, Jardins; DZ ab 1644 R$; P❄@🏊) Das kleine, aber ultrakultivierte Hotel scheint direkt aus Mailand hierher versetzt worden zu sein: Der graue Marmor bringt die exquisiten Antiquitäten aus der Ära um die 1930er-Jahre in den Zimmern und Gemeinschaftsbereichen wunderbar zur Geltung und das Haus strahlt eine Zurückhaltung und Formalität aus, die man in Brasilien nur selten findet. Allein der zenmäßige Pool auf dem Dach ist den Preis schon wert. Viele Zimmer bieten außerdem einen herrlichen Ausblick.

Regent Park Suite Hotel HOTEL $$$
(Karte S. 238 f.; ☎3065-5555; www.regent.com.br; Oscar Freire 533, Jardins; EZ/DZ am Wochenende 345/373 R$, unter der Woche 368/398 R$; P❄📶🏊) Schicke Lage und komplett ausgestattete, üppige, unaufdringlich stilvolle Einzimmerapartments. Am besten quartiert man sich in einem der oberen Stockwerke ein, von denen man einen guten Blick über Jardins genießt.

Vila Madalena

Sampa Hostel HOSTEL $
(Karte S. 246; ☎3031-6779; www.hostelsampa.com.br; Girassol 519, Vila Madalena; B ab 40 R$, EZ/DZ/3BZ 95/120/180 R$; @📶) 2008 eröffnete das beste und gleichzeitig älteste Hostel der jungen Hostelszene in Vila Madalena. Hier gibt's Vier- und Achtbettschlafsäle, preiswerte Privatzimmer, einen coolen Fernsehraum und Kochmöglichkeiten.

Vila Madalena Hostel HOSTEL $
(☎3034-4104; www.vilamadalenahostel.com.br; Francisco Leitão 686, Vila Madalena; B ab 40 R$, DZ ohne Bad 130 R$; ❄@) Das unaufdringliche Hostel besticht mit künstlerischer Note und Stilmöbeln. Der exzentrische Eigentümer hat's übrigens nicht so mit rowdyhaften Backpackern.

Casa Club Hostel HOSTEL $
(Karte S. 246; ☎3798-0051; www.casaclub.com.br; Mourato Coelho 973, Vila Madalena; B ab 35 R$, DZ 110 R$; @) Auch wenn die Schlafsäle mit bis

Vila Madalena

0 — 200 m

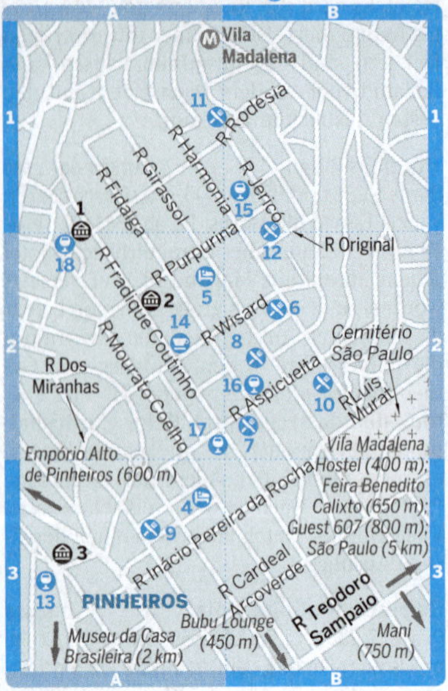

Vila Madalena

Sehenswertes

1 Casa da Xiclete A1
2 Fortes Vilaça A2
3 Instituto Tomie Ohtake A3

Schlafen

4 Casa Club Hostel A3
5 Sampa Hostel A2

Essen

6 Bacio di Latte B2
7 Feijoada da Lana B2
8 Feirinha Gastronômica B2
9 Julice Boulangère A3
10 Lá da Venda B2
11 Mercearia São Pedro A1
12 Pitanga B1

Ausgehen & Nachtleben

13 Canto da Ema A3
14 Coffee Lab A2
15 Farol Madalena B1
16 Filial B2
17 São Cristóvão A2
18 SubAstor A2

zu 16 Betten ziemlich voll und beengt sind, ist dies dank der öffentlich zugänglichen Hinterhofbar São Paulos geselligstes Hostel. Es hat eine gute Lage für das Nachtleben und die Kunstszene von Vila Madalena.

Essen

São Paulos Restaurantszene ist ebenso weitläufig wie die Stadt selbst – hier kommen garantiert alle Geschmäcker auf ihre Kosten. Genügsame können aus den allgegenwärtigen *lanchonetes* wählen – Eckbars, die durstigen Gästen Bier und hungrigen komplette Mahlzeiten für unter 12 R$ servieren. Darüber hinaus bieten Hunderte ethnische Gruppen ihre Spezialitäten feil, von libanesischer bis uruguayischer Küche.

Auch wenn die Lokale schon um 19 Uhr öffnen, sind die meisten an Werktagen erst gegen 21 Uhr voll, am Wochenende noch später. Dann nehmen viele Küchen noch bis 1 Uhr oder länger Bestellungen entgegen. Bei nächtlichem Heißhunger stehen außerdem zahlreiche, sehr gute 24-Stunden-Optionen zur Verfügung.

Zentrum

Estadão FAST FOOD $

(Karte S. 232 f.; www.estadaolanches.com.br; Viaduto 9 de Julho 193, Centro; Sandwiches 10–22 R$; ⌚ 24 Std.) Diese klassische *lanchonete* serviert rund um die Uhr Essen für die Arbeiterschaft. Spezialität des Hauses, ein Sandwich mit *pernil* (Schweinelende), reichlich Käse nach Wunsch (Provolone!) und gebratenen Zwiebeln, ist eines von Sampas kulinarischen Highlights.

Rinconcito Peruano PERUANISCH $

(Karte S. 232 f.; ☎ 8974-2965; Aurora 451, Centro; Hauptgerichte 13,70–32,80 R$; ⌚ Mo 12–17, Di–Sa bis 23, So bis 21 Uhr) Preiswerte peruanische Gerichte wie *ceviche* und *lomo saltado* erwarten den unerschrockenen Reisenden in diesem authentischen Lokal im zweiten Stock eines unauffälligen Gebäudes im zwielichtigen peruanischen Bezirk der Innenstadt. Man sollte hier immer auf der Hut sein (tagsüber ist es meist ok, aber nicht vergessen: Dies ist das „Cracolândia" von Sampa), aber dafür macht man dank peruanischer Köche, Kellner und Kundschaft eine authentische Erfahrung.

Aska JAPANISCH $

(Galvão Bueno 466, Liberdade; Hauptgerichte 12–16 R$; ⌚ Di–So 11–14 & 18–21.40 Uhr) Ein Stück Japan in São Paulo. Dampfende Schüsseln voll Ramen-Nudeln mit Schweinefleisch locken Horden von Menschen in dieses Nudelrestaurant in Liberdade, das mit unverschämt günstigen Preisen lockt.

★ Ramona BRASILIANISCH, FUSIONSKÜCHE $$

(Karte S. 232 f.; www.casaramona.com.br; Av São Luís 282, Centro; Hauptgerichte 33–49 R$; ⏲ Mo–Fr 12–15 & 20 Uhr–open end, Sa 13–16 & 20–2 Uhr; 📶) Das neue Lokal nahe der Praça da República erfreut sich zu Recht großer Beliebtheit: Die modernen Gerichte bieten *paulistanos* einen Grund, sich abends ins Centro zu begeben. Im Retroambiente mit der obligatorischen Indiemusik zur Untermalung werden Gäste mit unvergesslichen Gerichten verwöhnt, z. B. Süßkartoffeln und haufenweise Knoblauch als Vorspeise oder perfekt zubereitetem Fisch des Tages mit einer Kruste aus Nüssen. Außerdem gibt's klasse Cocktails und leckere Desserts!

Chi Fu CHINESISCH $$

(Praça Carlos Gomes, Liberdade; Hauptgerichte 18–50 R$; ⏲ Mo–Fr 11–16 & 18–22, Sa & So 11–17 Uhr) Dieses kantonesische Lokal in der Nähe der Metrostation Liberdade ist zu 100 % authentisch und erscheint nur solange teuer, bis man die Portionen sieht: Ein Gericht reicht für drei (und ein kleines Pferd). Die Einrichtung, die runden Tische, die Sitzarrangements und das Personal, das kaum Portugiesisch spricht – alles stammt direkt aus China. Klasse Restaurant, allerdings darf man nicht damit rechnen, freundlich bedient zu werden.

Avenida Paulista, Jardins & Umgebung

In Jardins kann man sich richtig ausleben: Der Bezirk bietet eine unglaubliche Dichte einiger der berühmtesten Restaurants Brasiliens und obendrein auch noch ein paar überraschende Alternativen zu wirklich vernünftigen Preisen.

Bacio di Latte EISCREME $

(Karte S. 238 f.; ☎ 3662-2573; www.baciodilatte.com.br; Oscar Freire 136, Cerqueira César; Kugel ab 8 R$; ⏲ Mo–Sa 12–23, So bis 22 Uhr; 📶 👪) 🍃 Ein Schotte und zwei Italiener haben geschafft, was zuvor niemand außerhalb von Buenos Aires bewerkstelligen konnte: in Südamerika hervorragende italienische Eiscreme herzustellen. Die Eisdiele wurde 2011 und 2012 zur besten der Stadt gewählt und ist gleichzeitig auch die beste des Landes. Weitere Filialen gibt's in **Vila Madalena** (Karte S. 246; Harmonia 337, Vila Madalena; 📶) und **Bela Cintra** (Karte S. 238 f.; Bela Cintra 1829, Cerqueira César).

Maria Brigadeiro SÜSSIGKEITEN $

(Karte S. 238 f.; www.mariabrigadeiro.com.br; Capote Valente 68, Pinheiros; Süßigkeiten 3,50 R$; ⏲ Mo–Sa 9–19 Uhr; 👪) *Der* Laden für *brigadeiro* (Schokokonfekt aus Kondensmilch, Butter und Schokoladenpulver), auch in leckeren Gourmetversionen wie Pistazie, *doce de leite* (gezuckerte Kondensmilch) mit Walnüssen und *cachaça* (Spirituose aus Zuckerrohr) erhältlich. Es handelt sich um Brasiliens erstes *atelier*, das sich der kultigsten Süßspeise des Landes verschrieben hat. Gäste, die sich hinsetzen, bekommen auch einen Espresso, aber man muss sich auf ein Gewühl von Menschen im Schokoladentaumel einstellen. Das Maria Brigadeiro befindet sich nur einen Häuserblock von der Metrô Oscar Freire entfernt, die noch vor Erscheinen dieses Bandes den Betrieb aufnehmen soll

St. Louis BURGER $

(Karte S. 238 f.; www.stlouisburger.com.br; Ecke Batataes & Joaquim Eugênio de Lima, Jardins; Burger 21–30 R$; ⏲ Di–Sa 12–15 Uhr & tgl. 18.30–22.30 Uhr) In São Paulo nimmt man Burger mindestens genauso ernst wie Pizza (es herrscht ein regelrechter Gourmetburger-Krieg). Diese kleine schlichte Burgerbude sechs Blocks südwestlich der Avenida Paulista ist eine der besten der Stadt und der amerikanische Eigentümer hat den „Verkohlungsgrad" regelrecht perfektioniert. Unser Liebling ist der Pepper Crust (30 R$).

Benjamin Abrahão PADARIA $

(Karte S. 238 f.; ☎ 3061-4004; www.benjaminabrahao.com.br; José Maria Lisboa 1397, Jardins; Sandwiches 9,70–22,30 R$, Büfett 25,40 R$; ⏲ 6–21.30 Uhr; 👪) Der in Frankreich geborene Brasilianer, der eine der besten *padarias* (Bäckereien) der Stadt betreibt, erlernte das Brotbacken bereits mit 13 Jahren, und zwar bei Einwanderern aus Österreich, Deutschland und der Schweiz. Die Sandwiches sind immer gut, ebenso wie sämtliche anderen Backwaren.

Asia House SELBSTBEDIENUNG, ASIATISCH $

(Karte S. 238 f.; ☎ 3064-0493; www.asiahouse.com.br; Augusta 1918, Jardins; 42,70 R$ pro Kilo; ⏲ Di–Sa 11–15.30) Dieses Pro-Kilo-Büfett-Restaurant gleich abseits der Avenida Paulista bietet sich für überraschend gutes und blitzschnelles Sushi (hauptsächlich mit Farmlachs) zu fairen Preisen an. Daneben gibt's auch klassische japanische und chinesische Gerichte von Tempura bis Kung-Pao-Hühnchen.

Casa Santa Luzia SELBSTVERSORGER $
(Karte S. 238 f.; ☎3897-5000; www.santaluzia.com.br; Alameda Lorena 1471, Jardins; ⏲Mo–Sa 8–20.45 Uhr) Feinkost und importierte Marken.

Bio Alternativa VEGETARISCH $
(Karte S. 238 f.; ☎3898-2971; www.bioalternativa.com.br; Alameda Santos 2214, Jardins; Büfett 27 R$; ⏲Mo–Fr 12–15 Uhr;) Nur einen Block von der Avenida Paulista entfernt liegt diese vegetarische Oase, die ein Mittagsbüfett mit bis zu einem halben Dutzend warmer Speisen kredenzt, einige davon vegan und alle aus sorgfältig ausgewählten, meist Biozutaten zubereitet.

Capim Santo BRASILIANISCH, SELBSTBEDIENUNG $$
(Karte S. 238 f.; ☎3068-8486; www.capimsanto.com.br; Rocha Azevedo 471, Jardins; Hauptgerichte abends 48–98 R$, Mittagsbüfett unter der Woche/Sa/So 49/67/73 R$; ⏲Di–Fr 12–15 & 19.30–24, Sa 12.30–16, So 12.30–17 & 20–24 Uhr;) In einem entspannten Innen- und Außenbereich mit hübscher brasilianischer Einrichtung serviert Spitzenkoch Morena Leite ausgezeichnete Landesküche aus vornehmlich lokalen Biozutaten. Das unter der Woche angebotene Büfett ist eine erschwingliche Option für alle, die dieses Restaurant der Extraklasse einmal ausprobieren möchten.

Zena Caffé ITALIENISCH $$
(Karte S. 238 f.; www.zenacaffe.com.br; Peixoto Gomide 1901; Hauptgerichte 27–57 R$; ⏲So–Mi 12–0, Do–Sa bis 1 Uhr;) Obwohl man ihn wirklich überall sieht, auch im Fernsehen – in *Homens Gourmet* (Gourmetmänner) –, ist der Koch Carlos Bertolazzi bescheiden und sehr sympathisch geblieben. Sein Menü reflektiert hauptsächlich die Küche seiner ligurischen Heimat, mit zünftiger und authentischer Hausmannskost zu angemessenen Preisen. Die Gnocchi, Focaccia und das Ragù schmecken hervorragend, aber auch mit den anderen Gerichten trifft man eine gute Wahl.

Z Deli DELI $$
(Karte S. 238 f.; www.zdelisanduiches.com.br; Haddock Lobo 1386, Cerqueira César; Sandwiches 21–32 R$; ⏲Mo–Do 12–0, Fr & Sa bis 1, So bis 23 Uhr) In diesem winzigen Laden sind die Kellner beinahe manövrierunfähig. Das Z Deli macht sich São Paulos sonderbare Kombination aus überlieferter jüdischer Geschichte und dem Mangel an typischen Gerichten, die normalerweise damit einhergehen, zunutze. Hier gibt's leckere Delikatess-Pastrami, Roastbeef- und Truthahnsandwiches, Bagels, Räucherlachs und echten Käsekuchen!

★ **Maní** BRASILIANISCH $$$
(☎3085-4148; www.manimanioca.com.br; Joaquim Atunes 210, Jardim Paulistano; Hauptgerichte 49–72 R$; ⏲Di–Sa 12–15, Di–Sa 20–23.30, Fr & Sa ab 20.30, So 12–16.30 Uhr) Etwas ganz Besonderes ist dieses Lokal mit rustikalem Schick, das von einem brasilianisch-spanischen Pärchen tadellos geführt und oft als Sampas bestes brasilianisches Restaurant bezeichnet wird. Das einfallsreiche langsam gekochte Ei (1½ Stunden bei 63°C) ist am bekanntesten, aber auch der neu interpretierte Waldorfsalat und die hausgemachten Pommes frites mit Filet Mignon sind wahre kulinarische Meisterwerke. Wer nicht aufs Geld achten muss, kann das saisonale Fünfgängemenü (160 R$) oder das weitaus opulentere Probiermenü (*degustação* mit/ohne Wein 450/310 R$) bestellen.

Patuá da Baiana BAHIANISCH $$$
(Karte S. 238 f.; ☎3115-0513, 98312-5302; patuadabaiana@bol.com.br; Luis Barreto 74A, Bela Vista; Gerichte 75–100 R$; ⏲nur mit Reservierung) Ein teurer Spaß, den wir hier wahrscheinlich gar nicht anführen sollten. Doch die Erfahrung, in dem Undergroundlokal in der Wohnung der bahianischen Schönheit Bá zu essen, ist einfach unbezahlbar. Eine Reservierung und gute Kontakte sind zwingend erforderlich. Wen Bá sympathisch findet, der erhält einen herzlichen Empfang und wird den ganzen Abend lang mit bahianischen Spezialitäten verwöhnt. Auf dem Speiseplan stehen wahrscheinlich *acarajé* (frittierte Krabbenbällchen mit einer Panade aus Augenbohnen), *moqueca* (Fischeintopf) und *bobó de camarão* (Krabben mit Manioksoße) – die Auswahl trifft Bá. Außerdem hält sie ihre Gäste den ganzen Abend lang mit ihren meisterhaften Caipirinhamixkünsten bei Laune. Kurzum: Diesen Abend wird man nicht so schnell vergessen.

Figueira Rubaiyat STEAKHAUS $$$
(Karte S. 238 f.; ☎3087-1399; www.rubaiyat.com.br; Haddock Lobo 1738, Jardins; Steaks 74–135 R$; ⏲Mo–Fr 12–15.30 & 19–24, So 12–18 Uhr;) In seiner Weitläufigkeit und Üppigkeit gleicht das Grillrestaurant dem riesigen 150-jährigen Feigenbaum, der sich auf der Außenterrasse breit macht. Vor Ort gibt's die vielleicht besten Fleischgerichte in ganz Sampa. Wir empfehlen das argentinische oder brasilianische *picanha* (103 R$) – man lebt schließlich nur einmal! Daneben werden noch eine Reihe weiterer Delikatessen serviert, von frischen Austern bis zu Amazonasfisch.

D.O.M. BRASILIANISCH, EUROPÄISCH $$$

(Karte S. 238 f.; ☎3088-0761; www.domrestaurante.com.br; Barão de Capamena 549, Jardins; 4-/8-Gänge-Menu 320/440 R$; ⊙Mo–Fr 12–15 & 19–24 Uhr, Sa 19–24 Uhr) Das von dem bekannten brasilianischen Koch Alex Atala geführte kleine, täuschend legere brasilianische Restaurant serviert mit die edelsten Speisen in ganz Sampa, und das will was heißen. Es hält sogar den sechsten Platz auf der Liste der *S. Pellegrino World's 50 Best Restaurants* von 2013, der Feinschmecker-Hitliste schlechthin. Viele sagen, dass dies *der* Ort für absolut umwerfendes und innovatives brasilianisches Essen ist, uns persönlich hat es allerdings bisher noch nicht umgehauen. Unbedingt reservieren.

Brasil a Gosto BRASILIANISCH $$$

(Karte S. 238 f.; ☎3086-3565; www.brasilagosto.com.br; Azevedo do Amaral 70, Jardins; Hauptgerichte 52–98 R$; ⊙Di–Do 12–15 & 19–24, Fr & Sa 12–17 & 19–1, So 12–17 Uhr; 🛜) Gemütlich, modern und eine der besten Adressen für Gerichte aus selbst angebauten Zutaten. Das Lokal hat sich auf innovative Versionen klassischer Zutaten und regionale Gerichte aus ganz Brasilien spezialisiert.

Dalva e Dito BRASILIANISCH $$$

(Karte S. 238 f.; ☎3068-4444; www.dalvaedito.com.br; Padre João Manuel 1115, Jardins; Hauptgerichte 48–125 R$; ⊙Mo–Sa 12–15 & 19 Uhr–open end, So 12–17 Uhr; 🛜) Chefkoch Alex Atala eröffnete dieses lässige brasilianische Restaurant 2009 mit einigen Startschwierigkeiten. Das samstägliche Mitternachtsangebot *galinhada* (Büfett mit Reis und Hühncheneintopf für 59 R$) war vielleicht die Rettung für seinen schönen Laden mit der authentischen und herzhaften Küche. Es ist auf 80 Personen begrenzt, die hier bereits ab 23 Uhr Schlange stehen. Als Lohn für die Mühe kommt man in den Genuss nächtlicher Sambarhythmen.

Baixo Augusta & Umgebung

Madhu INDISCH $

(Karte S. 238 f.; ☎3262-5535; www.madhurestaurante.com.br; Augusta 1422, Baixo Augusta; Gerichte 14,90–19,90 R$; ⊙Di–Fr 12–22.30, Sa & So ab 13 Uhr; 🛜🖉) Brasiliens erstes indisches Fast-Food-Restaurant überzeugt mit Schlichtheit und einem Hauch von Stil. Es kredenzt gutes Curry und Naan inmitten der geschäftigen Rua Augusta.

Gopala Hari LAKTO-VEGETARISCH, INDISCH $$

(Karte S. 238 f.; ☎3283-1292; www.gopalahari.com.br; Antônio Carlos 429, Consolação; 3-Gänge-Menü 25 R$; ⊙Mo–Fr 11.30–15, Sa 12–15 Uhr; 🖉) Günstig, elegant, köstliches Essen: Das indische vegetarische Mittagslokal bietet täglich zwei verschiedene Menüs inklusive Suppe, Hauptgang und Dessert. Die Gerichte sind schlicht, werden aber sorgfältig zubereitet und serviert.

★ Tordesilhas BRASILIANISCH $$$

(Karte S. 238 f.; ☎3107-7444; www.tordesilhas.com; Bela Cintra 465, Consolação; Hauptgerichte 42–75 R$; ⊙Di–Fr 12–15 & 19–24 Uhr, Sa 12–17 & 19–24 Uhr, So 12–17 Uhr; 🛜) Hinter einem dichten Pflanzengewirr in einem goldgelben kolonialen Herrenhaus kreiert Küchenchefin Mara Salles einige der authentischsten Gerichte, die die zeitgenössische brasilianische Küche der Stadt zu bieten hat, z. B. perfekt gegrillten Amazonasfisch und sonnengetrocknetes Rind mit Palmherzen.

Vila Madalena & Pinheiros

Keinesfalls verpassen sollte man die tolle **Feirinha Gastronômica** (Karte S. 246; www.feirinhagastronomica.com.br; Praça Benedito Calixto, Pinheiros; Snacks 4–20 R$; ⊙So 11–19 Uhr), einen lebendigen Gastronomiemarkt, auf dem jeden Sonntag Amateur- und Spitzenköche ihre Kochkunst zur Schau stellen.

Mercearia São Pedro BOTECO $

(Karte S. 246; Rodésia 34, Vila Madalena; Vorspeise für 2 Pers. 18–37 R$; ⊙Mo–Fr 9–1, Sa ab 10, So 11–18 Uhr) Diese traditionelle Bar fünf Gehminuten von der Metrô Vila Madalena hat ihren ganz eigenen Charakter. Abends herrscht gewaltiger Andrang: Scharen von sexy Bohemiens genehmigen sich schön kaltes Flaschenbier, frische *pastels* (gefüllte frittierte Pasteten; 4,50 R$) und leckeres, herzhaftes Essen wie *picanha* (Rostbraten) mit gebratenen Zwiebeln. Hier kann man viel Spaß haben, ohne seine Hosen dalassen zu müssen, wie der Brasilianer sagt.

★ Feijoada da Lana BRASILIANISCH $$

(Karte S. 246; Aspicuelta 421, Vila Madalena; feijoada unter der Woche/am Wochenende 30/55 R$; ⊙Di–Fr 12–15.30, Sa & So 12.30–17 Uhr) Lana, eine ausgebildete Journalistin, serviert in einem kleinen Haus in Vila Madalena ihre äußerst beliebte Version des brasilianischen Natio-

(Fortsetzung auf S. 260)

1

2
VERACE PIZZA NAPOLETANA
Certificada pela Associazione Verace Pizza Napoletana
BRÁZ

KEVIN RAUB ©

1. Maremonti 2. Bráz Pizzaria 3. Speranza

Pizza Paulistana

Dank der vielen italienischen Einwanderer, die sich Ende des 19. Jhs. in São Paulo (S. 225) niederließen, verfügt die Stadt über eine der größten italienischen Gemeinden außerhalb Europas und eines der bestgehüteten kulinarischen Geheimnisse Südamerikas. Laut den Einheimischen sind auf ihre Pizza sogar die Italiener neidisch!

Bráz Pizzaria

Das **Bráz** (www.brazpizzaria.com.br) lässt die besten italienischen Restaurants alt aussehen. Hier macht man es einfach den Brasilianern nach, bestellt ein Brahma-Bier vom Fass (*chope*) und die Vorspeise *pão de calabresa* (warmes Brot mit Wurstfüllung sowie würzigem Olivenöldip) – und schon kann das Festmahl beginnen!

Speranza

Im **Speranza** (Karte S. 238 f.; www.pizzaria.com.br; Treze de Maio 1004, Bixiga; Pizza 33,50–61 R$; ⏲Mo–Sa 18–1, So bis 24 Uhr; 👪), einem der ältesten und traditionellsten Lokale des italienischen Viertels Bixiga, serviert die Famiglia Tarallo bereits seit 1958 leckere Pizza. Eine perfekte Mahlzeit besteht aus köstlichen Bruschettas als Appetitanreger und einer klassischen Margarita. Wobei die Calzone ebenfalls zum Niederknien ist …

Maremonti

Der noble Neuling unter den italienischen Restaurants, das **Maremonti** (Karte S. 238 f.; www.maremonti.com.br; Padre João Manuel 1160, Jardins; Pizza 33–89 R$; ⏲mittags & abends), bietet eine fast zu große Auswahl, punktet jedoch mit vier von der *Associazione Pizzaiuoli Napoletani* zertifizierten Varianten: Die Margarita garantiert himmlische Geschmackserlebnisse!

Iguaçu-Fälle

Kaum etwas beeindruckt mehr als das Donnern und Rauschen des Rio Iguaçu, der sich zwischen Brasilien und Argentinien erstreckt und Ursprung der Iguaçu-Fälle (S. 295) ist. Auf einem mehr als 3 km langen und 80 m hohen Areal stürzen sich ganze 275 Kaskaden in die Tiefe. Das Gebiet ist breiter als die Victoria-Fälle, höher als die Niagara-Fälle und auch noch schöner als beide.

Auf brasilianischer Seite

Als größte Attraktion des Parque Nacional do Iguaçu gilt die Trilha das Cataratas, der „Wasserfall-Wanderweg". Auf der 1200 m langen Route entlang des Rio Iguaçu reiht sich ein schönes Fotomotiv an das nächste. Darüber hinaus bekommt man einen tollen Überblick über das Gebiet. Der Pfad endet am Fuße der grandiosen Garganta do Diablo (Teufelsschlund). Auf einem Steg gelangen Besucher bis in die Mitte des Flusses und spüren die Kraft des Wassers, das sie auf allen Seiten umschließt. Umwerfend ... und sehr nass!

Auf argentinischer Seite

Der argentinische Parque Nacional Iguazú liefert einen echten Gänsehautmoment, denn hier führt der 2 km lange erhöhte Steg von der Estación Garganta del Diablo auf die Garganta del Diablo, wo man hautnah, urplötzlich und beinahe schockierend abrupt mit der Macht von Mutter Natur konfrontiert wird. Das Donnern und Rauschen des Wassers ist elektrisierend.

Bootstouren

Wer die Wasserfälle von oben bestaunt, erspäht vermutlich auch ein paar Wagemutige, die sich das Schauspiel

TCYUEN / GETTY IMAGES ©

JOHN W BANAGAN / GETTY IMAGES ©

VISUALS UNLIMITED, INC. / GETTY IMAGES ©

1. Iguaçu-Fälle
2. Bootsfahrt, Iguaçu-Fälle
3. Schwalbenschwanz

von unten ansehen. Die Boote auf der argentinischen Seite fahren näher an die Garganta do Diablo heran. Auf brasilianischer Seite sind die Touren etwas teurer, aber besser organisiert. Außerdem haben die Boote einen Extramotor und sind sicherer. Mehr Informationen dazu gibt's unter den Stichworten „Macuco Safari" auf S. 300 und „Iguazú Jungle Explorer" auf S. 295.

Outdoorabenteuer

Der Parque Nacional do Iguaçu umfasst 550 km² größtenteils undurchdringlichen Regenwald. Wanderungen machen morgens mehr Spaß. Dann herrschen kühlere Temperaturen und Vögel sowie andere Tiere sind aktiver. Hier kann man Schmetterlinge, Papageien, Sittiche, Spechte, Kolibris, Tukane, Eidechsen und Spinnen sowie scheuere Zeitgenossen wie Affen, Rehe, Faultiere und Ameisenbären beobachten. **Cânion Iguaçu** (☎3529-6040; www.campodedesafios.com.br) bietet weitere Aktivitäten wie Seilrutschen, Abseilen und Rafting an.

Rundflüge

Auf brasilianischer Seite hat man die Gesamtheit der Wasserfälle im Blick, in Argentinien kommt man näher an sie heran, aber das Nonplusultra sind Helikopterflüge: Helisul neben dem Eingang zum Parque Nacional do Iguaçu wartet mit einer zehnminütigen Tour für bis zu vier Personen auf.

Vale Europeu

In den 1830er-Jahren besiedelten italienische und deutsche Einwanderer das Vale Europeu. Im malerischen Tal des Itajaí-Flusses nahe Blumenau (S. 318) liegen ein paar Städte und Dörfer mit traditionsbewussten Einwohnern. Diese leben in Fachwerkhäusern und brauen Biere nach dem deutschen Reinheitsgebot.

Städte & Dörfer

Wer sich ein genaues Bild von den deutschen Wurzeln dieser Region machen möchte, sollte das 30 km nördlich von Blumenau gelegene Pomerode ansteuern. Dort sprechen etwa 70 % der Bevölkerung Deutsch! Bei der Festa Pomerana (Pommersches Fest) im Januar wird das norddeutsche Erbe gefeiert. Das **Museo Pomerano** (3387-0408; Harmann Weege 111; Eintritt Erw./Kind 2/1 R$; Di–Fr 10–11.30 & 13–17, Sa & So 10–16 Uhr) geht der Stadtgeschichte auf den Grund. Die italienische Seele des Vale Europeu lebt in Nova Trento 61 km südlich von Blumenau weiter, wo im Januar die einheimische Gastronomie mit dem Traubenfest zelebriert wird. Außerdem befindet sich hier eine bedeutende Pilgerstätte, das Santuário Santa Paulina. Das Dach der modernen Kirche erinnert an zwei aneinandergelehnte Skisprungschanzen. *Jeden Monat* wird das Gotteshaus von sage und schreibe 40 000 Gläubigen und Touristen besucht! Das gartenreiche Timbó wurde von Deutschen und Italienern gegründet und ist laut UN-Untersuchungen einer der besten Orte zum Leben in ganz Brasilien.

Feste

Blumenaus gigantisches Oktoberfest (S. 318) – die „größte deutsche Party auf dem amerikanischen Kontinent" – dauert

1

17 Tage, die vollgepackt sind mit Volksmusik, Tanz und natürlich Bier. (Eigentlich ist das Oktoberfest in Ontario größer, aber wer wird denn so kleinlich sein ...?)

Outdoorabenteuer

Das Vale Europeu eignet sich ganz wunderbar zum Fahrradfahren. Die Beschreibung für eine geniale Tour, den Circuito Vale Europeu, findet man unter www.circuitovaleeuropeu.com.br. Wer sich für Ökotourismus interessiert, kann sich auf www.valeeuropeu.com.br informieren und bei der Touristeninformation in Blumenau die umfassende Broschüre *Vale Europeu* besorgen.

Die schönste Unterkunft

Ein gutes Preis-Leistungs-Verhältnis, deutsche Gastfreundschaft und große Zimmer mit Bergblick erwarten die Besucher der **Pousada Bergblick** (☎3387-0952; www.bergblick.com.br; Georg Zeplin 120; EZ/DZ 155/255 R$, EZ/DZ mit Balkon & Whirlpool 225/335 R$; ❄📶) in Pomerode.

Das beste Restaurant

Den leckersten *marreco* (gefüllte Knäkente) von ganz Santa Catarina gibt's im **Abendbrothaus** (☎3378-1157; www.abendbrothaus.blogspot.com; Henrique Conrad 1194, Vila Itoupava; Gerichte 55 R$; ⏲So 11.30–15.30 Uhr) in Vila Itoupava, 25 km nördlich von Blumenau.

Die beste Brauerei

Heimweh? Dann sorgen Pilsner, helles, starkes Ale sowie Weiß-, Bock und Starkbier in der Schornstein Kneipe (S. 322) für Abhilfe. Darüber hinaus verfügt die Brauerei über die tollste Probierstube. Wer handwerklich gebrautes Bier mag, *muss* hier einfach Halt machen.

STOCKBRAZIL / ALAMY ©

1. Joinville (S. 315)
2. Radfahrer, Santa Catarina (S. 303)
3. Bayerische Blaskapelle, Blumenau (S. 318)

MARCELO RUDINI / ALAMY ©

MICHAEL FRITZEN / ALAMY ©

1

Vale dos Vinhedos

Brasilien ist nicht das erste Land, das passionierten Weinexperten durch die Lappen rutscht, doch echte Kenner schwärmen bereits von den überragenden preisgekrönten Schaumweinen, Merlots und Chardonnays aus dem südbrasilianischen Vale dos Vinhedos.

Weinproben

Harte Arbeit, Innovationen und ein guter Boden haben die überwiegend italienischen Einwandererfamilien von Weinherstellern in den 1870ern 150 Jahre später in viel gepriesenen Winzer verwandelt: 2013 war das Vale dos Vinhedos unter den zehn besten Wein-Reisezielen der Zeitschrift *Wine Enthusiast*. Über 30 Weingüter, ländliche Gasthöfe und Restaurants liegen an der Estrada do Vinho und an der Via Trento, einer malerischen Rundtour.

Vinícola Almaúnica

Almaúnicas (☎3459-1384; www.almaunica.com.br; RS 444, Km 17,35; ⊙Mo–Fr 8–12 & 13.30–15.30, Sa 10–13 Uhr) GRATIS Syrahs und Quatro Castas gehören zu den am höchsten prämierten Rotweinen der Region. Der Besitzer hält sich oft im Verkostungsraum auf.

Casa Valduga

Das **Valduga** (☎2105-3122; www.casavalduga.com.br; Via Trento 2355; Weinprobe und Führung 20 R$; ⊙9.30–18.15 Uhr), einer der einflussreichsten brasilianischen Weinbaubetriebe, bietet von 9.30 bis 16 Uhr stündlich Gratisverkostungen und Führungen durch sein Weingut sowie die *pousada*.

Vinícola Miolo

Im **Vinícola Miolo** (☎0800-970-4165; www.miolo.com.br; Estrada do Vinho, Km 21; Weinprobe

LUCAS BRENTANO / GETTY IMAGES ©

STRINGER/BRAZIL / CORBIS ©

1. Weingut **2.** Weinprobe
3. Weinfässer

ANTONELLO / GETTY IMAGES ©

10 R$; ⌚Mo–Sa 8.30–17, So 9–16 Uhr) sind die Champagner, aber auch die Cabernet Sauvignons und die Merlots bemerkenswert. Der riesige Komplex erstreckt sich um einen künstlichen See. Alle halbe Stunde finden Führungen statt.

Gastronomie

Das **Valle Rustico** (S. 332) liegt in einer einsamen, dunklen, unbefestigten Straße (keine Sorge, es ist geöffnet). Koch Rodrigo Bellora verwendet möglichst viele Zutaten aus dem Biogarten des Restaurants. Im Gegensatz zu vielen Trattorias der Gegend steht bei Mamma Gema (S. 333) die Qualität im Mittelpunkt.

Geführte Touren

Vale das Vinhas (☎3451-4216; www.valedasvinhastur.com.br; Barão do Rio Branco 245; inkl. Weinprobe ab 65 R$ pro Pers.; ⌚7.30–18 Uhr) veranstaltet dreistündige Ausflüge zu drei Weingütern im Vale dos Vinhedos sowie eine Tagestour.

Caminhos de Pedra (☎3454-5702; www.caminhosdepedra.org.br; Erny Hugo Dreher 227, Sala 10; 10 R$ pro Pers.) organisiert Selbstfahrertrips zu architektonischen Relikten des 19. Jhs.

Die besten Unterkünfte

Von den romantischen Steinhäusern der Pousada Borghetto Sant'Anna (S. 332), die rustikalen Charme mit komfortablem Luxus kombiniert, genießt man einen fantastischen Blick auf das Tal.

Das **Hotel & Spa do Vinho Caudalie** (☎2102-7200; www.spadovinho.com.br; RS 444, Km 21; EZ/DZ ab 407/490 R$, Suite ab 840 R$; ❄@📶🏊) wartet mit einer unverstellten Aussicht auf die Weingärten auf und punktet mit einem Schwimmbecken, einem Weinfasswhirlpool und einem noblen Lokal.

Niemeyers Brasília

Oscar Ribeiro de Almeida Niemeyer Soares Filho starb am 5. Dezember 2012, nur zehn Tage vor seinem 105. Geburtstag, sein Erbe lebt jedoch in Brasiliens futuristischer Hauptstadt (S. 350) weiter. Der große Architekt war der kreative Kopf hinter dem offenen, sinnlich geschwungenen Design der öffentlichen Gebäude Brasílias sowie anderer aufsehenerregender Bauten des Landes. Er besaß das einzigartige Talent, Beton in architektonische Meisterwerke zu verwandeln.

Im September 1956 erhielt Niemeyer Besuch vom brasilianischen Präsidenten Juscelino Kubitschek, einem Bewunderer seiner Arbeit. Mit den Worten „Oscar, wir werden die Hauptstadt Brasiliens bauen" begann das legendäre Vorhaben und mit der Unterstützung des Landschaftsarchitekten Lucio Costa wurde der Traum Wirklichkeit. Das Projekt konnte erstaunlich schnell umgesetzt werden: Bereits am 21. April 1960 war Brasília vollendet. Später bereute der Perfektionist Niemeyer die Eile, das Ergebnis überzeugt trotzdem.

Obwohl Niemeyer Atheist war, zählt die Catedral Metropolitana (S. 355) in Form einer Dornenkrone zu seinen innovativsten Werken. Ihre weiten Buntglasflächen sollen „die Menschen mit dem Himmel, dem Paradies ihres Herrn, verbinden". Das Himmelmotiv setzt sich im nahe gelegenen einfachen, aber eindrucksvollen Museu Nacional (S. 354) fort. Um die weiße Kuppel führt eine Rampe bis zum Eingang, die an Saturn und seine Ringe erinnern soll. Die Dachkuppeln des Congresso Nacional (S. 355) fallen weniger ins Auge. Sie symbolisieren die Offenheit der Regie-

1

rung gegenüber allen politischen Ideologien und spiegeln die optimistische Zukunftsvision wider, die Brasília verkörpern sollte. Inspiriert von Kubitscheks Worten „Was ist Brasília, wenn nicht der Beginn eines neuen Morgens für Brasilien?“ schuf Niemeyer den modernen Palacio da Alvorada (Palast der Morgendämmerung; S. 356) als offiziellen Sitz des Präsidenten. Die einfache Bauart ist ein Gegenentwurf zu den Exzessen früherer Staatsoberhäupter.

Niemeyer war politisch linksgerichtet und gestaltete Brasília nach sozialistischen Prinzipien. Plattenbauten sollten das Entstehen reicher Wohnviertel verhindern. Der Architekt war mit Fidel Castro befreundet, der einst über ihn sagte: „Niemeyer und ich sind die letzten Kommunisten auf diesem Planeten.“ Aufgrund dieser politischen Einstellung wurde er während der Militärdiktatur in den 1960er-Jahren verfolgt und ins Exil getrieben. Erst als das Land Mitte der 1980er-Jahre zur Demokratie zurückgefunden hatte, kam er zurück. Er arbeitete bis zu seinem Tod und erlebte mit, wie Brasilien endlich damit begann, das Versprechen, das mit dem Bau Brasílias verbunden war, umzusetzen.

Auch wenn Niemeyer von Lobpreisungen nicht viel hielt, kann man Präsidentin Dilma Roussef schwer widersprechen, die seinen Tod folgendermaßen kommentierte: „Heute verlor Brasilien ein Genie. Es ist ein Tag der Trauer.“

JANE SWEENEY / GETTY IMAGES ©

1. Congresso Nacional (S. 355) 2. Catedral Metropolitana (S. 355) 3. Palácio da Alvorada (S. 356)

2

RUY BARBOSA PINTO / GETTY IMAGES ©

3

ALAN WEINTRAUB/ARCAID / CORBIS ©

(Fortsetzung von S. 249)

nalgerichts *feijoada*. Auf Präsentation wird nicht so viel Wert gelegt wie in kostspieligeren Lokalen oder Hotels, aber dafür bekommt man herzlichen Service, eine leckere Mahlzeit und (am Wochenende im Preis inbegriffen!) *batidinhas de limão,* eine Art Caipirinha mit Limettensaft. Wir (und Anthony Bourdain!) halten Lanas *feijoada* für die beste, die es in São Paulo zu diesem Preis gibt – und man muss nicht bis Samstag darauf warten!

Pitanga BRASILIANISCH **$$**
(Karte S. 246; ☎3816-2914; www.pitangarestaurante.com.br; Original 162, Vila Madalena; Buffet Mo–Do/Fr/Wochenende 39/45/49 R$; ⏲Di–Fr 12–15.30 & 19–24, Sa & So 12–17 Uhr;) Hinter einem Vorhang aus Weinreben versteckt sich eine koloniale Minivilla, die in ein originelles, luftiges Restaurant verwandelt wurde. Das tägliche kreative und herzhafte brasilianische Mittagsbüfett reicht von sensationellen Ravioli mit Büffelmozzarella und Basilikum bis zu der Spezialität *feijoada mit Krabben*.

Lá da Venda BRASILIANISCH, SÜSSIGKEITEN **$$**
(Karte S. 246; www.ladavenda.com.br; Harmonia 161, Vila Madalena; Hauptgerichte 26–45 R$; ⏲Mo–Fr 11–21, Sa ab 9, So bis 17.20 Uhr;) Chefköchin Heloisa Bacellar hat ihre Backfertigkeiten in Frankreich perfektioniert. Sie leitet die charmant-kitschige Restaurant-Bäckerei, in der auch Haushaltswaren zum Verkauf stehen, und wartet mit ausgezeichneter brasilianischer Hausmannskost auf. Ihr *pão de queijo,* mit *canastra*-Käse zubereitet, ist das berühmteste Käsegebäck in ganz Sampa. Darüber hinaus gibt's sündhaft süße Süßigkeiten. Für vieles verwendet sie Biozutaten. Verspeist werden ihre Leckereien von einer hippen Kundschaft, die die Kalorien dann beim anschließenden Shoppen niedlicher Haushaltsartikel wieder abtrainiert.

Julice Boulangère BÄCKEREI **$$**
(Karte S. 246; ☎3097-9144; www.juliceboulangere.com.br; Lacerda Franco 536, Pinheiros; Frühstück 28,10–52,50 R$; ⏲8.30–20 Uhr) Original französisches Feeling stellt sich in diesem wunderbaren Laden ein, der 2012 zur besten Bäckerei Sampas gewählt wurde. Mit einem nie endenden Strom an köstlich frischem Brot und perfektem Cappuccino sowie einer villenähnlichen, begrünten Terrasse gibt er sein Bestes, um die Gäste vergessen zu lassen, dass sie sich in der größten Stadt der Südhalbkugel befinden.

Großraum São Paulo

★ Mocotó NORDÖSTLICHE KÜCHE **$$**
(☎2951-3056; www.mocoto.com.br; Nossa Senhora do Loreto 1100, Vila Madeiros; Hauptgerichte 22,90–36,90 R$; ⏲Mo–Sa 12–23, So bis 17 Uhr) Das Essen in diesem herrlichen regionalen Restaurant lohnt einen Ausflug in die Zona Norte. São Paulos beliebtester und beeindruckendster Koch hat das Lokal von seinem Vater übernommen und bereitet hier Spezialitäten aus dem Nordosten des Landes zu. Nun bedient Rodrigo Oliveira plötzlich *paulistanos*, die zuvor noch nicht mal wussten, wo Vila Madeiros überhaupt liegt! Am Wochenende gibt's mittags richtig leckere Hausmannskost zu vernünftigen Preisen, gefolgt von ein oder zwei Gläsen *cachaça nach Originalrezept*. Man erreicht das Mocotó, indem man die blaue Metrolinie bis Tucuruvi nimmt und dann mit dem Taxi (16–20 R$) weiterfährt.

Ausgehen & Nachtleben

Dank des italienischen Erbes schmeckt der Kaffee in São Paulo gemessen an brasilianischen Standards ausgezeichnet. **Santo Grão**, **Café Suplicy** und **Café Floresta** verwenden die besten Bohnen Brasiliens: Hochland-Arabica, meist aus Minas Gerais.

Gute, massenkompatible Bars findet man in **Vila Madalena** (die Ecke Aspicuelta/Mourato Coelho ist an Wochenenden wirklich sehenswert!) sowie in der Rua Mario Ferraz in **Itaim Bibi**, wo sich die Reichen, Mutigen und Schönen vergnügen, und im angesagten **Baixo Augusta**, wo sich neben der „GLS-Szene" (portugiesisch für Schwule, Lesben und Sympathisanten) die künstlerischen Alterna-Hipsters tummeln. Auch in der **Avenida Paulista** geht's während der Happy Hour in und vor den Bars nahe Joaquim Eugênio de Lima heiß her.

Wer in Sampa feiern möchte, muss dafür einiges hinblättern: Die Eintrittspreise der hiesigen Clubs können sich gut und gern mit denen in New York und Moskau messen. Normalerweise öffnen die Läden nicht vor Mitternacht, werden erst nach 1 Uhr richtig warm und platzen dann bis 5 Uhr oder länger aus allen Nähten. Für später gibt's noch die After-Hour-Lokalitäten. Zu den trendigsten Vierteln zählen **Vila Olímpia** (protzig, teuer, Elektromusik) und **Barra Funda/Baixo Augusta** (Rock, alternativ, bodenständig). In manchen Clubs kann man zwischen dem regulären Eintritt von etwa 10 bis 40 R$ oder noch mehr und dem teureren *consumação* wählen, bei dem ein gewisser Betrag auf Getränke anrechenbar ist. In den meisten Schuppen erhält man einen Nachlass, wenn man sich vorher per E-Mail oder Telefon auf die Liste setzen lässt. Die Karte, die man am Eingang erhält, sollte man nicht verlieren, denn die Barkeeper halten darauf die Drinks fest; man bezahlt alles, wenn man geht.

Sofern Geld keine Rolle spielt und die exklusivsten Clubs der Stadt gerade gut genug für einen sind, ist Itaim Bibi die richtige Adresse. Dort liegen die Eintrittspreise um die 300 R$. Einen Besuch lohnen **Provocateur** (www.provocateurclubsp.com.br), **Black Calavados** (www.clubbc.com.br) und **Disco** (www.club disco.com.br) – oder vielleicht auch schon nicht mehr, die Trends ändern sich hier nämlich ständig.

Time Out (www.timeout.com/sao-paulo) listet viele Unterhaltungs- und Kulturtipps auf. Der portugiesischsprachige *Guia da Folha* kann online abgerufen werden (www.guia.folha.uol.com.br) und liegt freitags der Zeitung *Folha de São Paulo* bei.

Zentrum

★ Alberta #3 BAR

(Karte S. 232 f.; www.alberta3.com.br; Av São Luís 272, Centro; Eintritt 15–35 R$; ⏲ So & Mo geschl.) Endlich eine klasse Bar im Centro! Die dreistöckige Hipster-Location direkt bei der Praça da República hat sich von den Hotelbars und -lobbys der 1950er-Jahre inspirieren lassen und spielt hauptsächlich Classic Rock, Jazz und Soul. Oft legt auch ein DJ auf der kleinen Tanzfläche auf. Freier Eintritt zwischen 19 und 22 Uhr.

Bar da Dona Onça BAR, BRASILIANISCH

(Karte S. 232 f.; ☎ 3129-7619; www.bardadonaonca.com.br; Av Ipiranga 200, Centro; Hauptgerichte 34–54 R$; ⏲ Mo–Sa 12–23, So bis 17 Uhr; WLAN) Im Edifício Copan befindet sich eine der besten Bars im Zentrum, und das nicht nur wegen der Besucherscharen und hervorragenden Getränke. Die angesehene Köchin Janaina Rueda zaubert hier fantastische brasilianische Gerichte:Hühnchen mit Okra, leckere Schweinewade und die vielleicht beste *feijoada* der ganzen Stadt (samstags).

Choperia Liberdade KARAOKE

(Rua da Glória 523, Liberdade; consumação So & Di–Mi 10 R$, Do–Sa 10 R$; ⏲ 19–4 Uhr) Wer nach altmodischer Karaoke sucht, sollte sich zu diesem Kitschklassiker aufmachen, der mit Weihnachtsbeleuchtung, Leuchtbildern, Partyzubehör und erleuchteten Aquarien dekoriert ist. Er zieht eine gemischte Klientel an: Szenegänger, ernsthafte Karaokesänger mit japanischen Wurzeln, brasilianische Babyboomer und neugierige Twens auf Kneipentour.

Café Floresta CAFÉ

(Karte S. 232 f.; www.cafefloresta.com.br; Av Ipiranga 200, Centro; ⏲ 6.20–1 Uhr) Mit seinen antiken Wandgemälden, dem ausgezeichneten Kaffee und der tollen Lage im Erdgeschoss des Niemeyer-Gebäudes Edifício Copan in der Nähe der Praça da República ist dieses Stehcafé ein Favorit aller Traditionalisten. Der cremige Espresso (3 R$) schmeckt einfach hervorragend.

Avenida Paulista, Jardins & Umgebung

★ Veloso BOTECO

(www.velosobar.com.br; Conceição Veloso 56, Vila Mariana; ⏲ Di–Fr 17.30–0.30, Sa ab 12.45, So 16–23 Uhr) In diesem kleinen tollen Laden nahe der Metrostation Vila Mariana sollte man früh aufkreuzen, denn er verfügt nur über wenige Tische. Hier gibt's die besten Caipirinhas der Stadt in exotischen Geschmacksrichtungen (*jabuticaba*, Sternfrucht mit Basilikum, Mandarine mit *dedo-de-moça*-Paprika; 15–19 R$) und unglaublich gute *coxinhas* (eine Art Geflügelkroketten mit *catupiry*-Käse und Gewürzen; 20 R$). Darüber hinaus ist die hausgemachte scharfe Soße die beste, die uns bisher in Brasilien serviert wurde. Man kann sich auf die Liste setzen lassen, aber bevor man einen Tisch ergattert, ist man in der Regel schon angetrunken und pappsatt.

MyNy Bar COCKTAILBAR

(☎ 3071-1166; www.mynybar.com.br; Pedroso Alvarenga 1285, Itaim Bibi; Cocktails 26–37 R$; ⏲ Mo–Fr 12–15 & 18 Uhr–open end, Sa 20 Uhr–open end) Brasiliens mit Abstand beste Cocktailbar. Hier nimmt man die Sache so ernst, dass ostereigroße Eiswürfel eingesetzt werden, damit sie ja nicht schmelzen und die präzisen Mixkreationen verwässern. Der Laden ist sehr attraktiv und verströmt das dunkle, sexy Ambiente einer Flüsterkneipe aus der Prohibitionszeit. Gäste können z. B. einen Cocktail namens Penizillin (zwei verschiedene Whiskeysorten, Ingwerextrakt, Limettensaft und Honig) oder eine Bloody Mary (unserer Meinung nach eine der wenigen trinkbaren Versionen in Südamerika) bestellen.

ABSTECHER

EIN ZUG! EIN ZUG!

Die hübsche Stadt **Paranapiacaba** wurde von der britischen São Paulo Railway Company gegründet. Sie liegt 40 km südöstlich von São Paulo mitten im Atlantischen Regenwald der Serra do Mar und hat sich ihre typischen englischen Eigenarten bewahrt, einschließlich einer groben Kopie des Big Ben. Aufgrund ihrer Abgeschiedenheit ist sie erstaunlich gut erhalten. Es gibt ein ordentliches Straßenraster, gesäumt von englischen Gebäuden aus Holz und Backstein, darunter das klassische viktorianische Holzhaus des Chefingenieurs der Eisenbahn namens Castelinho. Dieses wurde in das **Museu do Castelo** (Caminho do Mendes; Di–So 9–16 Uhr) GRATIS mit Möbeln der damaligen Zeit umgewandelt. Paranapiacaba dient zudem als guter Ausgangspunkt für Tagestouren im **Parque Estadual Serra do Mar**.

Am stylischsten kommt man mit dem 1950er-Jahre-Touristenzug **Expresso Turístico Paranapiacaba** (0800-055-0121; www.cptm.sp.gov.br;) in die Stadt, der sonntags um 8.30 Uhr von der Estação Luz in São Paulo Richtung Estação Paranapiacaba abfährt. Unbedingt im Voraus buchen – Züge sind in Brasilien ein Novum und bei diesem handelt es sich um die zweitälteste operierende Lok des Landes, die sich vor allem im Sommer äußerst großer Beliebtheit erfreut. Kein Betrieb am zweiten Sonntag des Monats.

★ Santo Grão CAFÉ, FRÜHSTÜCK

(Karte S. 238 f.; 3062-9294; www.santograo.com.br; Oscar Freire 413, Jardins; Kaffee 4,80–11,50 R$, Hauptgerichte 19–60 R$; Mo 10–13, Di–Sa 9–1, So bis 24 Uhr;) Eine der besten Kaffee-Adressen in ganz São Paulo. Der Cappuccino ist mindestens so gut wie in Italien. Die Bohnen werden im Hinterzimmer geröstet, während auf der kleinen Terrasse koffeinbefeuerte Unterhaltungen im Gange sind. Auf der Bistrokarte stehen vielseitige Gerichte von *huevos rancheros* und Waffeln zum Frühstück bis zu außergewöhnlicheren Hauptgerichten wie Baby Beef nach thailändischer Art und Lachs im Pistazienmantel. Hier könnte man stundenlang sitzen und die verrückte Meute beobachten.

Café Suplicy CAFÉ

(Karte S. 238 f.; 3083-0666; www.suplicycafes.com.br; Alameda Lorena 1430, Jardins; 7.30–22 Uhr) Edler Industrieschick und verdammt guter Kaffee und Gebäck.

Suco Begaço SAFTBAR

(Karte S. 238 f.; www.sucobagaco.com.br; Haddock Lobo 1483, Jardins; Saft 5,90–12,50 R$; 8–18, So ab 12 Uhr;) Das hippe Café kredenzt die besten Säfte der Stadt und serviert täglich bis zu 600 Gläser gemischt mit Wasser, Orangensaft, Tee oder Kokoswasser. Es gibt auch umwerfend leckere und preiswerte Salate und Sandwiches zum Selbstzusammenstellen.

Skye BAR

(www.unique.com.br; Av Brigadeiro Luis Antônio 4700, Jardim Paulista; 12–1 Uhr) Für die Dachbar im obersten Stock des Hotel Unique sollte man sich wenigstens ein bisschen in Schale werfen. Das noble Design und der unvergleichliche Ausblick machen sie zum perfekten Ort, um bei Sonnenuntergang einen Cocktail zu schlürfen.

Bar Balcão BAR

(Karte S. 238 f.; 3063-6091; Melo Alves 150, Jardins; 18–1 Uhr) Dank des guten Weins, der ausgezeichneten leichte Gerichte und des schlichten, aber eleganten Designs, das eine clever serpentinenförmige Theke ziert, erfreut sich dieses Jardins-Schmuckstück besonders bei gut betuchten Designern und Künstlern großer Beliebtheit.

Baixo Augusta

★ Caos BAR

(Karte S. 238 f.; www.caos584.com.br; Augusta 584, Baixo Augusta; Di–Fr 20 Uhr–open end, Sa ab 21 Uhr) Antike Fahrräder, Radkappen, Haushaltsgeräte, Schlüsselringe – in dem alternativen Laden ist neben allen erdenklichen Dekostücken auch das Beste des gesamten Stadtviertels vertreten: Inmitten des Schrottplatz-Ambientes sieht man knutschende Lesben, Bierliebhaber mit den Gebräuen der brasilianischen Kleinbrauereien, Autofanatiker im angeregten Gespräch über die richtige Linierung sowie staunende Gringos. Einfach fabelhaft!

Beco 203 CLUB

(Karte S. 238 f.; www.beco203.com.br; Augusta 609, Baixo Augusta; Eintritt 15–30 R$; Di–Sa ab 23 Uhr) Dieser schnörkellose Ableger des gleichnamigen Clubs in Porto Alegre platzt dienstags vor jugendlichen Anarchisten und Popfans unter 30 aus allen Nähten. An anderen Abenden gibt's hauptsächlich Indierock.

Astronete BAR, CLUB

(Karte S. 238 f.; www.astronete.com.br; Matias Aires 183, Baixo Augusta; Eintritt 20–40 R$; ⏲Do–Sa 22–5 Uhr) Nach einigen Jahren immer noch eine der Lieblingslocations für Anhänger der Gegenkultur: Freaks, Nerds und *alternativos* pilgern für eine Dosis Rock, Elektro, Indie und Soul hierher. Entwickelt sich langsam zu einem Klassiker in Baixo Augusta.

Z Carniceria BAR

(Karte S. 238 f.; www.zcarniceria.com.br; Augusta 934, Baixo Augusta; Hauptgerichte 18–31 R$; ⏲Di–Mi & So 19–1, Do–Sa bis 2 Uhr; 📶) „Underground goes exclusive" in dieser Kultbar an der Rua Augusta, die mit Metzgerchic von Türklinken aus Hackbeilen bis zu Kuhschädeln an den Wänden aufwartet. Wird hauptsächlich von der Indie-Rockabilly-Szene frequentiert, aber auch andere Richtungen sind vertreten.

Volt BAR

(Karte S. 238 f.; Haddock Lobo 40, Baixo Augusta; consumação 30 R$; ⏲Fr & Sa 21–2 Uhr) Besitzer Facundo Guerra hat diesen hippen Laden mit Neonschildern ausgestattet, die einst die Häuser mit zweifelhaftem Ruf in der Rua Augusta erleuchteten. Heute ziehen sie die Jungen und Reichen an wie das Licht die Motten.

Barra Funda

D-Edge CLUB

(☎3665-9500; www.d-edge.com.br; Auro Soares de Moura Andrade 141, Barra Funda; Eintritt 20–70 R$; ⏲Mo & Mi–Sa 23 Uhr–open end) Mit einer der eindrucksvollsten Soundanlagen und einer Reihe weltberühmter DJs ist dieser gemischte Schwulen-und-Hetero-Club ein absolutes Muss für alle Electronica-Fans.

Vila Madalena & Pinheiros

São Cristóvão BOTECO

(Karte S. 246; Aspicuelta 533, Vila Madalena; Hauptgerichte 36–74 R$) In dieser stimmungsvollen Bar kann man sich vor Fußball-Fanartikeln aus der Sammlung des Besitzers gar nicht retten. Es sind über 3500 Stücke!

Empório Alto de Pinheiros KNEIPE

(www.altodospinheiros.com.br; Vupabussu 305, Alto de Pinheiros; Hauptgerichte 18–41 R$; ⏲So–Do 12–24, Fr & Sa bis 1 Uhr) Nach seinem Beginn als Biergeschäft hat sich dieser lokale Geheimtipp zu einer richtiggehenden Gourmet-Bierbar gemausert. *Cerveza*-Kenner machen sich ganz verrückt angesichts der Frage, welches der 400 Flaschenbiere oder der (für Brasilien) Riesenauswahl an zehn Fassbieren sie probieren sollen – darunter sind

ABSTECHER

EMBU

Das 1554 gegründete Embu hat die meiste Zeit seiner Existenz als kleines, ruhiges Kolonialdorf verbracht. Im 20. Jh. wurde es von São Paulo vereinnahmt, dessen Zentrum sich nur 30 km westlich befindet. Trotzdem konnte der Ort viel von seinem kolonialen Kern bewahren, größtenteils dank der Hippies, Künstler und Intellektuellen, die ihn seit den 1970er-Jahren als Zuflucht vor dem Betondschungel von São Paulo auserkoren haben. Heute ist er ein beliebtes Wochenendziel für *paulistanos*, wenn die einheimischen Künstler ihre Waren auf der **Feira** (Markt; Largo dos Jesuitas; ⏲Sa & So 9–18 Uhr) anbieten. In der Gegend rund um diesen Open-Air-Markt gibt's jede Menge Antiquitäten- und Handwerksläden, in denen man an anderen Wochentagen prima stöbern kann.

Direkt am Hauptplatz liegt eine **Touristeninformation** (Centro De Atendimento Ao Turista; ☎4704-6565; Largo 21 de Abril; ⏲Mo–Fr 8–17, Sa & So 9–18 Uhr). **O Garimpo** (☎4704-6344; www.ogarimpo.com; Rua da Matriz 136; Hauptgerichte 26–65 R$; ⏲11.30–22 Uhr; 📶) ist eine angenehme Adresse, wenn der Magen knurrt. Das Lokal hat eine Veranda, einen kolonialen Speisesaal, einen Biergarten, eine Kneipe und eine riesige Speisekarte, auf der man alles von deutschen Spezialitäten bis zu *moquecas* (bahianischer Fischeintopf in mehreren Varianten) findet.

Von São Paulo gelangt man mit dem EMTU-Bus 033 „Embu" (3,35 R$, 1 Std., etwa alle 15 Min.) hierher, der an der Haltestelle **Teodoro Sampaio 323** (Karte S. 238 f.), etwa 100 m von der Metrô Clínicas entfernt, startet.

auch weniger bekannte Sorten von brasilianischen Kleinbrauereien. Die Preise liegen zwischen 7 und 515 R$ pro Getränk.

★ **SubAstor** COCKTAILBAR
(Karte S. 246; ✆ 3815-1364; www.subastor.com.br; Delfina 163, Vila Madalena; ⊙ Di–Do 20–3, Fr & Sa bis 4 Uhr) Der dunkle intime Laden im Flüsterkneipenstil befindet sich unter einem *boteco* namens Astor (wo man ebenfalls außergewöhnlich gutes Essen und leckere Caipirinhas bekommt), daher auch der Name „Unter Astor". Hier werden exzellente Mixkünste zur Schau gestellt: Es gibt sowohl den allgegenwärtigen, aber sehr leckeren *caju amigo* (Zuckerrohrschnaps und Cashewsaft) als auch innovative, formvollendet zubereitete trinkbare Kunstwerke.

Filial BAR
(Karte S. 246; www.barfilial.com.br; Fidalga 254, Vila Madalena; Hauptgerichte 18–38 R$; 📶) Mit einem umfangreichen *cachaça*-Menü, cremigem *chope* (Fassbier) und fantastischen brasilianischen Snacks (z. B. *bolinhos de queijo*, gebratene Käsebällchen), die bis spätabends serviert werden, zieht die beliebte Bar in Vila Madalena zahlreiche junge und feierwütige Leute an.

Coffee Lab CAFÉ
(Karte S. 246; www.raposeiras.com.br; Fradique Coutinho 1340, Vila Madalena; Kaffee 5–12 R$; ⊙ Mo–Fr 10–19, Sa 11–20 Uhr) Diese Mischung aus Café und Baristaschule untersteht der charmanten Brasilianerin Isabela Raposeiras, ein Koffeinjunkie und internationale Kaffeekennerin. Ein toller Laden für alle, die Wert auf sortenreine Röstungen und außergewöhnliche Kreationen legen.

Canto da Ema CLUB
(Karte S. 246; www.cantodaema.com.br; Faria Lima 364, Pinheiros; Eintritt 16–28 R$; ⊙ Mi & Do 22.30–4, Fr & Sa bis 5, So 19–24 Uhr) Wer eine Pause von São Paulos teuren Tanzlokalen braucht, ist in diesem entspannten, intimen Club genau richtig: Er ist auf *forró universitário* spezialisiert, eine leichter zugängliche Version der dynamischen Tanzmusik aus Brasiliens Nordosten.

✩ Unterhaltung

Livemusik

★ **Studio SP** LIVEMUSIK
(Karte S. 238 f.; www.studiosp.org; Augusta 591, Baixo Augusta; ⊙ Di–Sa 23 Uhr–open end) Das geräumige, eher alternative Kulturzentrum gilt als angesagteste Location der Stadt für Livemusik aus der Gegend. Zu den ersten Auftritten kommt man umsonst rein.

Bourbon Street Music Club JAZZ, SALSA
(✆ 5095-6100; www.bourbonstreet.com.br; Rua dos Chanés 127, Moema; Eintritt 35–65 R$; ⊙ Di & Mi 22.30 Uhr–open end, Do ab 23.30, Fr & Sa ab 24 Uhr) Sampas erste Adresse für Livejazz und -blues. Im Bourbon Street sind schon Größen wie B.B. King und Ray Charles aufgetreten.

Barretto MPB, JAZZ
(Karte S. 238 f.; ✆ 3896-4000; www.fasano.com.br; Vittorio Fasano 88, Jardins; Eintritt 37 R$; ⊙ Mo–Fr 19–3, Sa ab 20 Uhr) Zweifellos einer der besten Orte der Welt für Livemusik. Die Bar im Hotel Fasano erinnert an das Vorkriegsmailand und lockt erstklassige Jazzmusiker sowie beliebte brasilianische Musiker an, die normalerweise nur in großen Hallen auftreten.

Klassik, Ballet & Oper

Theatro Municipal THEATER, OPER
(Karte S. 232 f.; ✆ 3223-3022; www.teatromunicipal.sp.gov.br; Praça Ramos de Azevedo, Centro) Opern, klassisches Ballett und Symphoniekonzerte werden in São Paulos kunstvollstem Theater dargeboten. Zum Zeitpunkt der Recherche war das Theater aufgrund umfassender Renovierungsarbeiten geschlossen. Auf der Website kann man sich über die Fortschritte und alternative Veranstaltungsorte informieren.

Sala São Paulo KLASSIK
(Karte S. 232 f.; ✆ 3367-9500; www.salasaopaulo.art.br; Praça Júlio Prestes, Centro) Der runderneuerte Bahnhof Estação Júlio Prestes ist nicht nur für seine hervorragende Akustik berühmt, sondern vor allem auch als ausgezeichneter Veranstaltungsort für klassische Musik.

Zuschauersport

São Paulos drei bekannteste Fußballmannschaften sind der **São Paulo FC** (www.saopaulofc.net), der im Estádio do Morumbi zu Hause ist (ein Austragungsort für die Olympischen Spiele 2016 mit einer Kapazität von 67 428 Personen), die **Palmeiras** (www.palmeiras.com.br), die vermutlich noch vor Erscheinen dieses Reiseführers in die neue Nova Arena Palestra Itália nahe Barra Funda umziehen werden (60 000 Sitzplätze), und die **Corinthians** (www.corinthians.com.br), die bei unserem Besuch noch im Estádio do Pacaembu mit 40 199 Sitzen spielten, aber sehr bald in die Arena de Itaquera 24 km östlich des Centro umziehen wollen, die für 820 Mio. R$

SÃO PAULO FÜR SCHWULE & LESBEN

Lateinamerikas größte und sichtbarste Schwulen- und Lesbengemeinde bietet tags wie nachts eine schwindelerregend vielfältige Auswahl. Hier gibt's nicht nur einschlägige Bars und Discos, sondern auch Restaurants, Cafés und sogar ein Einkaufszentrum: Das **Shopping Frei Caneca** (Karte S. 238 f.; ☎ 3472-2000; www.freicanecashopping.com; Frei Caneca 569, Baixo Augusta; ⏲ Mo–Sa 10–22, So 14–20 Uhr), auch bekannt als „Shopping Gay Caneca", richtet sich an eine weitgehend schwule Klientel. Mitte Juni wird das Festival **São Paulo Pride** (www.gaypridebrazil.org/sao-paulo) gefeiert, das vermutlich größte Schwulen- und Lesbentreffen der Welt. São Paulo ist außerdem die einzige Stadt in Brasilien, in der öffentliche Liebesbekundungen gleichgeschlechtlicher Paare quasi zum Stadtbild gehören, zumindest in bestimmten, „sicheren" Vierteln. Dazu gehören das Gebiet nördlich der Praça da República, das eher von der Arbeiterklasse bevölkert wird, die Rua Frei Caneca gleich nördlich der Avenida Paulista, die ein alternatives Publikum anzieht, sowie die Rua da Consolaçao in Jardins, die größtenteils von Sampas besser betuchten Schwulen und Lesben dominiert wird.

Nicht entgehen lassen sollte man sich die Bars um die Praça Benedito Calixto (S. 263) in Pinheiros an Samstagnachmittagen nach dem Straßenmarkt, die Ecke Frei Caneca/Peixoto Gomide in Baixo Augusta, wo am frühen Abend in sowie vor der ansonsten unauffälligen *lanchonete* (Snackbar) **Bar da Lôca** (Karte S. 238 f.; Ecke Frei Caneca & Peixoto Gomide, Baixo Augusta; ⏲ 6–1 Uhr) vorgeglüht wird, das **Bella Paulista** (Karte S. 238 f.; ☎ 3214-3347; www.bellapaulista.com; Haddock Lobo 354, Cerqueira Cesar; Sandwiches 23,90–33,90 R$; ⏲ 24 Std.; 📶), ein 24-Stunden-Restaurant, in dem sich alle treffen, wenn die Clubs schließen, und das von Hetero- und Homosexuellen gleichermaßen frequentierte D-Edge (S. 263). Weitere Schwulen- & Lesbentreffs:

The Week (☎ 3868-9944; www.theweek.com.br; Guaicurus 324, Lapa; Eintritt 35–70 R$; ⏲ Sa 24–8, So 17–24 Uhr) Opulent und höhlenartig: Dieser Club ist der Ort für alle, die verschwitzte, fitnessstudiogestählte nackte Oberkörper mögen. Mit zwei Tanzflächen, drei Lounges, sechs Bars, einer hochmodernen Licht- und Soundanlage und einem Outdoorpool ist man hier in einer eigenen schwulen Welt.

A Lôca (Karte S. 238 f.; ☎ 3159-8889; www.aloca.com.br; Frei Caneca 916, Baixo Agusta; ⏲ Mi–So 0 Uhr–open end) Noch immer die herrschende Königin des Trash-Chics ist dieser weitschweifige Club der Bezugspunkt für Sampas *alternativos* – Schwule, Heteros, Männer, Frauen und diverse Kombinationen. Die Musik reicht von Punk bis zu Electronica und Discoklassikern.

Bubu Lounge (☎ 3081-9546; www.bubulounge.com.br; Rua dos Pinheiros 791, Pinheiros; consumação 30–60 R$; ⏲ Do–Sa 24 Uhr–open end, an einem So pro Monat geöffnet) Bubu hat alles: Schwule, Lesben, Bisexuelle und massig Heteros in Partylaune strömen in den größten und besten Club der Stadt. Die Leute stehen um den Häuserblock herum Schlange, um sich dann drinnen auf mehreren Ebenen beschallen zu lassen. Samstags stehen u. a. Live-MPB und 80er-Mukke auf dem Programm.

Farol Madalena (Karte S. 246; ☎ 3032-6470; www.farolmadalena.com.br; Jericó 179, Vila Madalena; Eintritt 12 R$; ⏲ Do 19–1, Fr & Sa bis 2, So bis 24 Uhr) Einer der angesagtesten Lesbenclubs der Metropole. Der kleine Schuppen lockt die jungen Damen zum Abendessen (Hauptgerichte 29–37 R$) sowie mit Livemusik und DJs am fortgeschritteneren Abend an.

Bar Vermont (☎ 3071-1320; www.vermontitaim.com.br; Pedroso Alvarenga 1192, Itaim Bibi; ⏲ Do 19–2, Fr & Sa 21–5, So 17–24 Uhr) Wer nicht so auf oberkörperfreie Technofans steht, dem bietet diese moderne GLS-Bar eine seltene, aber interessante Alternative. Auf der oberen Etage gibt's das Übliche (Cocktails und DJ-Musik), unten dagegen herrscht eine gemütlichere Stimmung mit Livesamba, MPB u. Ä., außerdem bekommt man dort auch etwas zu essen. Ziemlich schicke Klientel.

Fran's Café (Karte S. 238 f.; ☎ 3083-1019; www.franscafe.com.br; Haddock Lobo 586, Jardins; ⏲ 24 Std.; 📶) In dem gemütlichen, sehr schwulen Ableger eines klassischen Sampa-Cafés kann man sich mit den einheimischen Jungs um einen Tisch draußen streiten.

neu gebaut wurde. Dieses neue Stadion ist von der Metrô Corinthians-Itaquera erreichbar und wird 2014 Austragungsort für sechs FIFA-Weltmeisterschaftsspiele sein.

Shoppen

In der Rua 25 de Março, gleich nördlich des historischen Zentrums, kann man erstaunliche Schnäppchen machen. Hier wird eine schwindelerregende Vielfalt äußerst preisgünstiger Waren aus aller Welt angeboten. Topmode und teure Möbel findet man bei einem Bummel auf der Rua Oscar Freire und den umliegenden Straßen in Jardins. Ein Luxusshoppingerlebnis der Extraklasse bietet das 2012 eröffnete **Shopping JK Iguatemi** (www.jkiguatemi.com.br; Juscelino Kubitschek 2041, Vila Olímpia; ⌚Mo–Sa 10–22, So 14–20 Uhr) in Vila Olímpia – purer Luxus und allein wegen des schieren Überflusses einen Besuch wert.

Buchläden

Livraria Cultura BÜCHER
(Karte S. 238 f.; ☎3170-4033; www.livrariacultura.com.br; Av Paulista 2073, Bela Vista; ⌚Mo–Sa 9–22, So 12–20 Uhr; 👪) Über drei Ladenflächen im Erdgeschoss des Conjunto-Nacional-Gebäudes erstreckt sich die beste Buchhandlung der Stadt. Sie wartet mit einer großen Auswahl an englischsprachigen Büchern sowie Reiseführern auf und beherbergt noch dazu ein nettes Café.

Livraria da Vila BÜCHER
(Karte S. 238 f.; ☎3062-1063; www.livrariadavila.com.br; Alameda Lorena 1731, Jardins; ⌚Mo–Sa 10–22, So 11–20 Uhr) Ein Juwel zeitgenössischer Architektur und ein toller Buchladen.

Kleidung & Schuhe

Espaço Havaianas SCHUHE
(Karte S. 238 f.; ☎3079-3415; www.havaianas.com; Oscar Freire 1116, Jardins; ⌚Mo–Sa 10–20, So 12–18 Uhr; 👪) In dem Vorzeigeladen für Brasiliens beliebteste Strandschuhe findet man Flip-Flops in allen vorstellbaren Farben und Designs, und das zu durchaus vernünftigen Preisen. Der Innenraum ist eine inspirierende minimalistische Kreation von Isay Weinfeld, die der Kundschaft an Ästhetik in nichts nachsteht.

Galeria Melissa SCHUHE
(Karte S. 238 f.; ☎3083-3612; www.melissa.com.br; Oscar Freire 827; ⌚Mo–Fr 10–19, Sa bis 17 Uhr) Ein Tempel für teures Plastikschuhwerk mit kühnen und einzigartigen Kreationen verschiedener internationaler Designer wie Vivienne Westwood, Zaha Hadid und Karim Rasheed. Genauso augenfällig ist die ständig wechselnde Fassade des Geschäfts, die einer Reihe angesehener brasilianischer Künstler jeweils abwechselnd als Leinwand dient: Mit jeder neuen Schuhkollektion entsteht eine komplett neue Ladenfront.

Galeria do Rock KLEIDUNG
(Karte S. 232 f.; ☎3223-8402; www.galeriadorock.com.br; São João 439, Centro; ⌚Mo–Fr 10–18.30, Sa bis 18 Uhr) Das siebenstöckige Einkaufszentrum ist ein anthropologisch faszinierender Ort, an dem sich São Paulos Subkulturen treffen – von Punks über Goths bis zu Heavy-Metal-Fans. Hunderte Läden bieten von CDs über Konzert-T-Shirts bis zu schwarzen Capes und extremen Piercings einfach alles an. Es geht immer um die drei Konzepte Kunst, Musik und Attitude.

Galeria Ouro Fino BEKLEIDUNG
(Karte S. 238 f.; ☎3082-7860; www.galeriaourofino.com.br; Augusta 2690, Jardins; ⌚Mo–Sa 11–20 Uhr) Von hüfthohen Stiefeln bis zu Tarnklamotten für Clubpartys – dieses altmodische Einkaufszentrum auf drei Etagen hat sich zum absoluten Mekka für *alternativo*-Einkäufer entwickelt und lockt mit 110 Läden.

Salinas BADEBEKLEIDUNG
(Karte S. 238 f.; www.salinascompras.com.br; Melo Alves 344, Cerqueira Cesar; ⌚Mo–Fr 10–19, Sa bis 18 Uhr) Schon immer davon geträumt, mit einem Hauch von nichts am Strand zu liegen? Salinas ist eine der angesagtesten Bikinimarken des Landes. Die Stücke der neuen Kollektionen kosten zwischen 188 und 398 R$, aber im oberen Stockwerk findet man Schnäppchen der letzten Saison ab 40 R$.

Märkte

Feira da República KUNSTHANDWERK
(Karte S. 232 f.; Praça da República; ⌚Sa & So 9–17 Uhr) Ein Freiluftmarkt, der auf Kunsthandwerk und Gemälde spezialisiert ist.

Feira Benedito Calixto ANTIQUITÄTEN
(Praça Benedito Calixto, Pinheiros; ⌚Sa 9–19 Uhr) Noch ein Freiluftmarkt mit Kunsthandwerk und Antiquitäten sowie Essensständen und Livemusik.

Souvenirs

★**Casa da Vila** KUNSTHANDWERK, WOHNKULTUR
(☎5575-2757; www.casadavila.com.br; Capitão Calvalcanti 82, Vila Mariana; ⌚Mo–Fr 10–19, Sa bis 16 Uhr) 🍃 Diese wunderschön erhaltene Villa aus dem Jahre 1929 in einer ruhigen Wohnstraße liegt in Gehweite der Metrô Vila Mariana und ist der beste Ort in Sam-

ABSTECHER

SERRA DA MANTIQUEIRA

Die wunderschönen grünen Gipfel der Serra da Mantiqueira, 180 km nordöstlich von São Paulo, ziehen zahlreiche *paulistanos* auf Mountainbikes oder in Wanderlaune an und sind auch an Winterwochenenden ein beliebtes Ausflugsziel für sonnenverwöhnte Einheimische, die sich an dem ungewohnten Gefühl erfreuen, Wollklamotten zu tragen. **Campos do Jordão**, Brasiliens höchstgelegene Stadt, ist ein kitschiger Ort und praktischer Ausgangspunkt für die Erkundung der umliegenden Gipfel, die einigen der letzten überlebenden Urwald-*araucária* (Paraná-Kiefern) ein Zuhause bieten. Außerdem genießt man hier eine spektakuläre Aussicht auf das Paraíba-Tal.

Der **Horto-Florestal-Staatspark** (☎ Empfang 3663-3762; Eintritt 6 R$ pro Fahrzeug; ⌚ 9–16 Uhr) 14 km östlich von Campos beheimatet das größte *araucária*-Reservat des Bundesstaates und wartet mit herrlichen Wanderwegen in verschiedenen Schwierigkeitsgraden auf. Eine der besten Gipfelrouten in den umliegenden Bergen führt auf die 1950 m hohe **Pedra do Baú**. Für einen fahrbaren Untersatz wendet man sich an **Desafius** (☎ 3664-6096; www.desafius.com.br; Frei Orestes Girardi 3159, Capivari) in Campos. **Altus** (☎ 3663-4122; www.altus.tur.br; Roberto Simonsen 1724, Vila Inglesa) organisiert Wanderungen, Klettertrips, Mountainbiketouren und andere Outdooraktivitäten.

Campos selbst lockt eine gut betuchte Klientel an. Zur Hochsaison im Juli fallen bis zu eine Million Touristen in der Stadt ein (Mindestaufenthalt ist dann eine Woche; unter der Woche und außerhalb der Wintermonate kann man mit starken Vergünstigungen rechnen). Preisbewusste Reisende sollten sich an das **Campos do Jordão Hostel** (☎ 3662-2341; www.camposdojordaohostel.com.br; Pereira Barreto 22; B/DZ 86/253 R$; P ᯤ) halten, das in einem imposanten Gebäude aus dem frühen 20. Jh. untergebracht ist. Kanadischen Kitsch und Flair gibt's in der **Canadá Lodge** (☎ 3663-1697; www.canadalodge.com.br; Plínio de Godoy 403, Capivari; DZ ab 944 R$; P @ ᯤ), luxuriösen Service im traditionellen **Grande Hotel Campos do Jordão** (☎ 3260 6000; www.grandehotelsenac.com.br; Frei Orestes Girardi; DZ mit Vollpension ab 1190 R$; P ❄ @ ᯤ ≋).

Die Stadt sieht sich selbst als ein wichtiges Gastronomiezentrum und hat auch tatsächlich nach São Paulo die meisten Sternerestaurants des Bundesstaates aufzuweisen. Allerdings sind die Lokale teuer und meist ist die Umschreibung mehr Schein als Sein. Der Aufstieg zum **Baronesa Landscape** (☎ 3662-1121; www.baronesavonleithner.com.br; Alto da Boa Vista 3025; Hauptgerichte 15–38 R$; ⌚ Do–So Frühstück, Mittag- & Abendessen), einem tollen Café in einem beeindruckenden verglasten Gebäude hoch über der Stadt im Wald, lohnt sich jedoch. Im **Arte da Pizza** (☎ 3668-6000; www.grandehotelsenac.com.br; Grande Hotel, Frei Orestes Girardi, 3549, Capivari; Pizzas 35–81 R$; ⌚ Do–So Aug.–Juni abends, Juli mittags & abends) holen die Angestellten die Pizzas während des Backens dreimal aus dem Holzofen und übergießen sie mit Olivenöl, damit sie nicht austrocknen. Das preisgekrönte **Harry Pisek** (☎ 3663-4030; www.harrypisek.com.br; Pedro Paulo 857; Hauptgerichte 37,90–78,90 R$; ⌚ Mo–Fr 11–17, Sa bis 24,So bis 18.30 Uhr; ᯤ) wird von Küchenchef Pisek geleitet, der die Kunst der Wurstherstellung in Deutschland gelernt hat und seine Gäste mit hervorragenden hausgemachten Würsten überzeugt. Die beiden Lokale sind zwar teuer, aber ihren Preis wert.

Touristeninformationen liefert **C.I.T.** (☎ 3663-1098; Praça João de Sá s/n, Capivari; ⌚ Mo–Sa 9–20, So bis 14 Uhr).

Campos wird von **Passaro-Marron-Bussen** (www.passaromarron.com.br) bedient. Diese fahren von hier nach São Paulo (35,90 R$, 3 Std., 6-mal tgl.) und täglich einmal direkt zum Flughafen Guarulhos (34,35 R$, 3½ Std., 8 Uhr). Außerdem bietet **1001** (www.autoviacao1001.com.br) eine tägliche Verbindung nach Rio de Janeiro (49 R$, 5 Std., 15.45 Uhr).

pa für hochwertiges Fair-Trade-Kunsthandwerk. Über 3000 Artikel aus 27 brasilianischen Bundesstaaten sind in den Räumen des Gebäudes jeweils nach Thema sortiert. Ein absolutes Muss!

ℹ Orientierung

Aufgrund seines rasanten und planlosen Wachstums hat São Paulo kein durchgängiges Straßennetz, sondern eher einen Mischmasch aus verschiedenen Netzen, die sich mehr oder weni-

ABSEITS DER ÜBLICHEN PFADE

SÃO PAULOS STRANDOASEN

Der Bundesstaat hält viel mehr Strände bereit, als wir in diesem Kapitel jemals auflisten könnten. Neben den beschriebenen Küstenorten lohnen auch die Sandstreifen der im Folgenden aufgelisteten Städte einen Besuch – vor allem, weil einige von ihnen noch nicht aus allen Nähten platzen.

Santos

Santos ist vielleicht nicht supersauber, besticht dafür aber durch seine Nähe zu São-Paulo-Stadt: Es liegt bei flüssigem Verkehr gerade mal eine Stunde außerhalb der Metropole und hat stark vom Öl-Boom profitiert. Hier findet man viele tolle Bars und Restaurants. Für die Einwohner ist Boqueirão zwischen den Kanälen 3 und 4 der beste Strand. Zudem gibt's in Santos einen 5335 m langen Garten direkt am Strand, der es ins Guinness-Buch der Rekorde geschafft hat.

Cometa (www.viacaocometa.com.br) bietet vom Terminal Intermunicipal do Jabaquara in São Paulo eine regelmäßige Busverbindung nach Santos (20,50 R$, 1¼ Std.).

Guarujá

Das einst glamouröse Guarujá mit seinen schönen Stränden entlang des Küstenabschnitts, der São Paulo am nächsten liegt, leidet unter der starken Bebauung (Betontürme säumen die Sandstreifen, die oft vor Wochenendausflüglern überquellen). Wenn man nicht weiter weg reisen kann, stellt es jedoch nach wie vor eine gute Wahl für einen schnellen Ausflug dar. Seit kürzlich Wasser und Sand gereinigt wurden, ist das Interesse an der Stadt, die in den 1970er-Jahren der Inbegriff des Chics war, wieder ein wenig erwacht. Surfer aufgemerkt: Entlang der Praia do Tombo und Praia do Éden gibt's ziemlich gute Wellen und man kann dem Trubel etwas entgehen. Dorthin gelangt man über einen Pfad, der von der Straße zu den Stränden von Pernambuco und Iporanga abgeht.

ger konzentrisch vom historischen Zentrum ausbreiten. Dieses Wirrwarr und ein Mangel an einfach zu identifizierenden Sehenswürdigkeiten machen es unglaublich einfach, sich in dieser Stadt komplett zu verirren.

Die Avenida Paulista, Sampas Hauptstraße, liegt oben auf einem flachen Hügel und ist von Wolkenkratzern gesäumt. Sie trennt das hauptsächlich von Arbeitern bewohnte Centro von den schickeren Vierteln im Süden. An ihrem westlichen Ende teilt ein Häuserblock, der von der Avenida Rebouças und der Rua da Consolação begrenzt wird, die Metropole in ihre östliche und westliche Hälfte.

Im Norden der Avenida Paulista erstreckt sich der Teil der Stadt, der im Allgemeinen als Centro bezeichnet wird. Dazu gehören unter anderem die Praça da República und ihre Umgebung, das traditionell italienische Viertel Bela Vista (auch bekannt als Bixiga), Luz, ein frisch instandgesetztes kulturelles Zentrum, und das traditionell japanische Liberdade. Nicht zu vergessen der alte Handels- und historische Kern rund um die Praça da Sé und ihre Kathedrale, einschließlich Triângulo und Anhangabaú.

Die zehn Blocks südlich der Paulista sind ein sehr grüner Bezirk namens Jardins (der offizielle Name lautet Jardim Paulista), in dem sich der Großteil der schickeren Restaurants und Boutiquen befindet. Noch weiter südlich stößt man auf das überaus grüne und flach bebaute reine Wohnviertel Jardim Europa, außerdem das kaum weniger exklusive Jardim America. Südöstlich von Jardim Europa erstreckt sich der ausufernde Parque do Ibirapuera, während im Westen die teuren Viertel Pinheiros und Vila Madalena liegen. Im Süden von Jardim Europa locken die vornehmen Bollwerke Vila Olímpia und Itaím Bibi, beides zunehmend wichtige Geschäftszentren.

Der *Guia São Paulo* ist wahrscheinlich die beste Navigationshilfe für die Stadt. Er bietet Straßenkarten, Hotel- und Restaurantauflistungen, Buslinien und außerdem das übersichtlichste Straßenregister. Man erhält ihn für etwa 30 R$ an Kiosken überall in São Paulo.

Touristeninformationen stellen kostenlose, benutzerfreundliche Karten der wichtigsten Stadtviertel zur Verfügung.

Praktische Informationen

GELD

Geldautomaten findet man überall in der Stadt. Die von Bradesco, HSBC und Banco do Brasil sind gebührenfrei und für Traveller am leichtesten zu bedienen. Fast alle Automaten werden aus Sicherheitsgründen jedoch von 22 Uhr bis 6 Uhr außer Betrieb gesetzt. Immer die *in* den Bankgebäuden benutzen. *Immer!*

Ultra-Busse (www.viacaoultra.com.br) fahren mehrmals täglich vom Terminal Intermunicipal do Jabaquara in São Paulo nach Guarujá (34 R$, 1¼ Std.).

Boiçucanga & Umgebung

Die entspannte Surferstadt Boiçucanga eignet sich wunderbar als Basislager zur Erkundung des Küstenstreifens, der sich von São Sebastião gen Westen erstreckt. Die Fülle an Stränden, viele vor dem Hintergrund der alles überragenden Serra do Mar, ist bemerkenswert, und in den nahen Orten Camburi und Maresias, die sich in letzter Zeit zu ziemlichen Partystädten entwickelt haben, kann man prima surfen. Juqueí dient als beliebtes Familienausflugsziel.

Boiçucanga wird von **Litorânea-Bussen** (www.litoranea.com.br) angesteuert, die in São Paulo (42 R$, 4 Std., 6-mal tgl.), Guarujá (26 R$, 2 Std., 3-mal tgl.) und São Sebastião (10,25 R$, 40 Min., 3-mal tgl.) starten.

Ilha do Cardoso

Dieses ökologische Naturschutzgebiet nahe der südlichen Grenze mit Paraná bietet so viel Wildnis, wie man im Bundesstaat São Paulo nur erwarten kann, sowie grandiose natürliche Badebecken, Wasserfälle und unberührte Strände. Hier leben nur 400 Einwohner und Autos sind verboten. Der dunkle Sand und das braun-graue Wasser schrecken die Neu-Hippies nicht ab, die von der Abgeschiedenheit dieser Gegend angelockt werden.

Zweimal pro Tag fahren **Intersul-Busse** (www.intersul-transporte.com.br) vom Busbahnhof Barra Funda in São Paulo nach Cananéia (56 R$, 5 Std.), wo zahlreiche private Betreiber im Hafen Bootstouren zur Insel anbieten. Es gibt keinen Einheitspreis, aber man sollte sich auf etwa 20 R$ pro Person einstellen (mind. 4 Pers. pro Boot). Cananéia erreicht man außerdem von Iguape (22,80 R$, 1¾ Std.) via Pariquera.

MEDIZINISCHE VERSORGUNG

Einstein-Krankenhaus (☎ 2151-1233; www.einstein.com.br; Albert Einstein 627, Morumbi) Das Einstein liegt im Südwesten von Morumbi und ist eines der besten Krankenhäuser Lateinamerikas.

Sírio-Libânes Hospital (☎ 3155-0200; www.hospitalsiriolibanes.org.br; Dona Adma Jafet 91, Bela Vista) Hochmodernes Krankenhaus in Bela Vista nahe der Avenida Paulista.

NOTFALL

Deatur-Touristenpolizei (☎ 3257-4475; Rua da Consolação 247) Spezielle Polizeieinheit nur für Touristen und mit englischsprachigen Beamten.

POST

Correios (www.correios.com.br) Filialen in ganz São Paulo.

SICHERHEIT

Kriminalität ist in São Paulo ein Problem, allerdings hauptsächlich in den Außenbezirken der Stadt und in der Regel nicht gegen Touristen – außer man hat das Pech, Opfer eines *arrastão* zu werden: Bei diesem bewaffneten Überfall auf ein Restaurant werden blitzschnell alle Gäste ausgeraubt (kommt leider immer häufiger vor). Als allgemeine Faustregel gilt: nachts und am Wochenende im Zentrum besonders vorsichtig sein (da sind weniger Leute auf der Straße) und im Bus, um die Praça da Sé sowie in den Metrolinien 1 (blau) und 3 (rot) wegen Taschendieben aufpassen. Ansonsten sollte man einfach das normale Maß an Vorsicht walten lassen, mit dem man sich auch in anderen Großstädten bewegen würde. Generell dürften der Verkehr, die überwältigenden Menschenmassen und die Umweltverschmutzung die größten Probleme sein, mit denen man sich herumschlagen muss.

TOURISTENINFORMATION

C.I.T (Karte S. 232 f.; ☎ 3331-7786; www.cidadedesaopaulo.com; Praça da República) Flughafen (Terminal 1 & 2; ⏲ 6–22 Uhr) Mercado Municipal (Karte S. 232 f.; Rua da Cantareira 306, Rua E, Portão 4; ⏲ Mo–Sa 9–18, So 7–16 Uhr) Paulista (Karte S. 238 f.; Av Paulista 1853; ⏲ 7–18 Uhr) Olida (Karte S. 232 f.; São João 473) Busbahnhof Tietê (Rodoviário Tietê, Santana; ⏲ 6–22 Uhr) Die Stände der städtischen Touristeninformation bieten gute Stadtpläne und hilfreiche Karten zur Erkundung einzelner Viertel. Sie veröffentlichen außerdem monatlich einen aktuellen Veranstaltungskalender sowie einen speziellen auf die schwul-lesbische Gemeinde ausgerichteten Führer.

Das Personal spricht Englisch, die Schalter in Paulista, Mercado Municipal und Olida sind allerdings am hilfreichsten.

VISA

Polícia Federal (☎3538-5000; www.dpf.gov.br; Hugo Dantola 95, Lapa; ⌚Mo–Fr 8–16.30 Uhr) Visaverlängerungen gibt's in diesem Büro 4 km westlich der Barra-Funda-Metro.

An- & Weiterreise

BUS

São Paulos vier Fernbusbahnhöfe sind alle mit der Metro zu erreichen. Leider gibt's keine festen Regeln dazu, von wo welche Reiseziele bedient werden. Über Verbindungen kann man sich bei **Socicam** (www.socicam.com.br) unter „Consulta De Viagens" informieren.

Der Hauptbusbahnhof Terminal Tietê befindet sich 4,5 km nördlich des Centro. Er ist der größte Busbahnhof Südamerikas. Hier starten Busse zu Städten auf dem gesamten Kontinent. Wenn möglich, sollte man es vermeiden, frühmorgens oder spätnachmittags anzukommen, denn der Verkehr ist einfach grauenhaft.

Beispielangaben zu Reisedauer und *executivo*-Ticketpreisen von São Paulo siehe unten.

Busse nach Santos starten etwa jede halbe Stunde am Terminal Intermunicipal do Jabaquara beim Ende der südlichen Metrolinie (Metrô Jabaquara). Es gibt außerdem das Terminal Bresser am Memorial do Imigrante im östlichen Bezirk Brás. Von dort geht's in den Süden des Bundesstaates Minas Gerais. Das Terminal Barra Funda liegt in der westlichen Zone beim Memorial da Ámerica Latina. Hier machen sich Busse auf den Weg zu Zielen im Bundesstaat São Paulo und in Paraná, einschließlich Iguape und Cananéia, sowie ins Pantanal.

FLUGZEUG

Für viele internationale Airlines ist São Paulo der wichtigste brasilianische Standort und daher die erste Station zahlreicher Traveller. Bevor man hier eine Inlandsverbindung bucht, sollte man sich darüber informieren, von welchem Flughafen man abreisen muss, da auch der Internationale Flughafen Guarulhos (für die Weltmeisterschaft nun in GRU Airport umbenannt) 25 km östlich des Zentrums von einigen nationalen Airlines angesteuert wird. Fast alle Inlandsflieger und alle internationalen Maschinen starten von Terminal 1 oder 2 im Hauptgebäude, nur Azul, Trip und Passaredo findet man im neuen 2 km entfernten Terminal 4. Die Terminals sind rund um die Uhr durch einen kostenlosen alle vier Minuten verkehrenden Shuttlebus verbunden. Es gibt Pläne, weitere Inlandsfluggesellschaften dorthin zu verlegen. Außerdem soll 2014 das neue und glamouröse Terminal 3 eröffnet werden.

Vom Flughafen Congonhas (CGH), 14 km südlich des Zentrums, werden ausschließlich inländische Ziele bedient. Hier bestehen u. a. die meisten Flüge nach Rio (Flughafen Santos Dumont), etwa zwei pro Stunde.

Unterwegs vor Ort

BUS

Mit 15 000 Bussen und 1333 Linien ist das von **SPTrans** (☎ gebührenfrei 156; www.sptrans.

BUSSE AB SÃO PAULO

ZIEL	PREIS (R$)	FAHRTDAUER (STD.)	UNTERNEHMEN
Angra dos Reis	62	7½	Reunidas (www.reunidas.com.br)
Asunción (Paraguay)	159	20	Pluma (www.pluma.com.br)
Belo Horizonte	97	8	Cometa (www.viacaocometa.com.br)
Brasília	105	15	Real Expresso (www.realexpresso.com.br)
Buenos Aires (Argentinien)	324,50	36	Pluma (www.pluma.com.br)
Curitiba	94	6	Cometa (www.viacaocometa.com.br)
Florianópolis	124	11	Catatrinense (www.catarinense.net)
Foz do Iguaçu	165	15	Pluma (www.pluma.com.br)
Montevideo (Uruguay)	310	32	Eucatur (www.eucatur.com.br)
Parati	48	6	Reunidas (www.reunidas.com.br)
Pantanal (Cuiabá)	224	26	Eucatur (www.eucatur.com.br)
Pantanal (Campo Grande)	177	13½	Andorinha (www.andorinha.com)
Recife	388	45	Itapemirim (itapemirim.com.br)
Rio de Janeiro	99	6	1001 (www.autoviacao1001.com.br)
Salvador	291	32	São Geraldo (www.saogeraldo.com.br)
Santos	20,50	1¼	Cometa (www.viacaocometa.com.br)
Santiago (Chile)	355,50	54	Pluma (www.pluma.com.br)

com.br) betriebene gigantische öffentliche Verkehrssystem São Paulos das komplexeste der Welt. Während der Stoßzeiten platzen die Busse (3 R$) aus allen Nähten und haben manchmal auch Taschendiebe an Bord. Man sollte immer ein Auge auf seine Sachen haben, besonders auf Handys in Taschen oder Rucksackseitentaschen. Die Kioske der städtischen Touristeninformation sind ausgezeichnete Anlaufstellen für Fragen rund um die Busse.

VOM/ZUM FLUGHAFEN

Passaro Marron (www.passaromarron.com.br) bietet zwei Busverbindungen zum Flughafen. Der **Airport Bus Service** (www.airportbusservice.com.br; 38 R$) ist das praktischste Transportmittel vom/zum GRU Airport: Die Busse halten am Aeroporto Congonhas, an den Busbahnhöfen Barra Funda und Tiête, der Praça da República und verschiedenen Hotels nahe der Avenida Paulista sowie Rua Augusta. Am günstigsten sind die zwischen 5 und 24 Uhr alle 15 Minuten startenden Airport-Service-Linien 257 und 299 zu/von der Metrô Tatuapé (4,60 R$, 30–45 Min.; leicht zu verwechseln mit dem bereits erwähnten Airport Bus Service – sie fahren direkt nebeneinander vor dem Terminal 2 ab). Wer zum Flughafen will, muss aus der Metrô Tatuapé nach links gehen und auf das Shopping Metrô Boulevard Tatuapé zuhalten. Vom Fußgängerüberweg aus sieht man die Busse links unten an der Straße.

Guarucoop (www.guarucoop.com.br) hat ein Monopol auf Taxis vom internationalen Flughafen und verlangt astronomische Preise für eine Fahrt in die Stadt (115,97 R$ zur Avenida Paulista und 124,80 R$ nach Vila Madalena).

Den Flughafen Congonhas erreicht man mit der Buslinie 875A-10 „Perdizes-Aeroporto" von der Metrô São Judas oder aber mit einem regulären Taxi (30–50 R$ von/zu den meisten populären Stadtvierteln).

METRO

Mit der ausgezeichneten **Metrô São Paulo** (www.metro.sp.gov.br) kommt man in sehr viele Ecken der Stadt. Die Züge sind billig, sicher und schnell und verkehren von 4.40 Uhr bis Mitternacht. Ein Einzelticket kostet 3 R$. Aufladbare **Bilhete-Único-Karten** lohnen sich wegen der Rabatte bei kombinierten Bus- und U-Bahn-Strecken. Noch vor Erscheinen dieses Reiseführers soll die Linie 4 (gelb) neue touristenfreundliche Haltestellen wie Rua Oscar Freire, Higienópolis und das Morumbi-Stadion ansteuern.

TAXI

Taxis gibt's zuhauf, aber aufgrund der großen Entfernungen und des Verkehrs können sie sehr teuer sein. Eine Fahrt von Jardins ins historische Zentrum kostet z. B. zwischen 30 und 40 R$. Alle Wagen sollten über Gebührenzähler verfügen – den Fahrer unbedingt darauf hinweisen, wenn dieser das Taxameter nicht anschaltet. Falls er es dann immer noch nicht tut, steigt man am besten wieder aus. Wer ein Taxi nehmen muss, kann es bei **Ligue Táxi** (☎ 2101-3030; www.liguetaxi.com.br) oder **Coopertax** (☎ 2095-6000; www.coopertax.com.br) versuchen. Die einfachste, sicherste und coolste Art, in Sampa ein Fahrzeug zu rufen, ist jedoch die bei den örtlichen Taxifahrern sehr beliebte 99Taxis-App.

PAULISTA-KÜSTE

São Paulos Küste, bei den Einheimischen unter dem Namen Litoral Paulista bekannt, ist im Norden am spektakulärsten. Das gilt vor allem für die Gegend rund um Ubatuba, wo die mit Dschungel bedeckten Gipfel der Serra do Mar bis hinunter zum Atlantik reichen.

Ubatuba

☎ 0XX12 / 79 000 EW.

In die reiche Flora der Mata Atlântica gehüllt, bilden die Gipfel der Serra do Mar einen dramatischen, smaragdgrünen Hintergrund für die kurvenreiche Küste von Ubatuba. Die Region hat sich zum Ferienziel der gut betuchten Paulistanos entwickelt und lockt mit eleganten Strandhäusern sowie einer Reihe stilvoller Hotels und *pousadas*, besonders südlich der Stadt. Richtung Norden, im benachbarten Parati (Bundesstaat Rio de Janeiro), sind die Strände oft schwerer zugänglich, aber dafür umso wilder und ursprünglicher, zudem erstreckt sich der selten besuchte Parque Nacional Serra da Bocaina über die Staaten São Paulo und Rio de Janeiro.

Ubatuba selbst („Centro" genannt) ist abgesehen von der hübschen Uferpromenade, der schönen Bucht und einigen kleinen Stränden recht uninspirierend, aber ein guter Startpunkt für Ausflüge zur Nord- und Südküste und auch das Nachtleben kann sich sehen lassen.

Sehenswertes & Aktivitäten

Die schönsten Strände der Stadt erreicht man am besten per Fahrrad (Ubatuba hat ziemlich viele Radwege). In der malerischen Bucht sieht man jede Menge Stehpaddler. Das wahre Highlight sind allerdings die außerhalb gelegenen Sandstreifen und malerischen Inseln. Darüber hinaus bietet das Touristenbüro Infos zu Wanderungen und geführten Touren im nahen Nationalpark, der mit guten Wanderwegen durch die dicht bewaldete Küstenlandschaft lockt.

In Ubatuba kann man auch sehr gut Vögel beobachten, besonders im Oktober.

ABSTECHER

AMERIKANISCHE BRASILIANER

Als die US-amerikanischen Südstaaten 1865 den Amerikanischen Bürgerkrieg verloren, sah der brasilianische Kaiser Dom Pedro II. Dollarzeichen vor seinen Augen. Im Austausch gegen die hochmodernen Methoden des Baumwollanbaus, die sie mitbringen würden, bot er Plantagenbauern aus den Südstaaten billig Land an und lockte so 10 000 von ihnen nach Brasilien.

Fast alle neuen Einwanderer siedelten sich in der Mitte des Bundesstaates São Paulo an. Dort fanden sie Anbaubedingungen vor, die denen im Süden der USA erstaunlich ähnlich waren. Sie pflanzten Pekannüsse, Pfirsiche, Mais und Baumwolle an – genauso, wie sie es auch auf heimischem Boden getan hatten. Gemeinschaftlich versuchten sie jedoch, sich von der brasilianischen Kultur fernzuhalten: Sie ehrten weiterhin die Flagge der Konföderation und hielten an ihrer Sprache und vielen ihrer Gebräuche fest. Einen Luxus mussten sie allerdings aufgeben – die Sklaverei, für deren Beibehaltung sie so hart gekämpft hatten. Forschungen weisen darauf hin, dass nur sehr wenige ehemalige Konföderierte auch in Brasilien noch Sklaven besaßen.

In den benachbarten Städten **Americana** und **Santa Bárbara d'Oeste**, beide ca. 100 km nordwestlich von São Paulo gelegen, kann man noch heute die Nachkommen der *confederados* Englisch mit eindeutigem Südstaatenakzent sprechen hören. Jedes Jahr hält die Fraternity of American Descendants – die wichtigste soziale Einrichtung der Gemeinde – vor Ort ein traditionelles Picknick mit Grillhähnchen, Keksen und Pfirsichkuchen ab.

Piracicabana (www.piracicabana.com.br) bietet direkte Busverbindungen vom und zum Busbahnhof Tietê in São Paulo an (33,55 R$, 2 Std.).

Uba's Adventures FAHRRADVERLEIH
(☎ 3282-3947; www.ubasadventure.com.br; 25 R$ für 24 Std.) Leihräder.

Bootstouren

Am Itaguá-Strand starten Bootsausflüge zur beliebten **Ilha Anchieta** (ca. 60 R$, 3–4 Std.). Anchieta ist ein Naturschutzgebiet voll seltener Fisch- und Vogelarten, die hier ungestört in ihrem natürlichen Habitat leben. Zusätzlich werden Touren in weniger überlaufene Gebiete angeboten. Diese Minikreuzfahrten überzeugen mit beneidenswerten Ausblicken auf die Küste und das schöne, tiefgrüne Wasser. Man kann sie an der Touristeninformation oder in vielen Hotels und Pensionen buchen. Alternativ verhandelt man direkt mit den Veranstaltern, die entlang der Promenade am Strand von Itaguá lange Tische aufstellen. Weitere Bootstouren beginnen in den Stadtteilen Enseada und Saco da Ribeira. Außerdem besteht die Möglichkeit dem örtlichen **Tamar-Projekt** einen Besuch abzustatten (www.tamar.org.br), das sich für den Schutz einheimischer Schildkröten und deren Eier einsetzt.

Strände

Rund um Ubatuba verteilen sich auf 100 km 74 Strände und 15 Inseln. Die beiden besten Sandstreifen der Stadt sind **Vermelha** (gut zum Surfen) und **Cedro** (etwas abgeschiedener), beide zu Fuß oder mit dem Rad erreichbar. An der Küste fahren regelmäßig Busse entlang. Zu den schönsten Stränden südlich von Ubatuba gehören **Vermelha** (3 km), **Enseada** (8 km), **Flamengo** (12 km, am Ponta do Flamengo), **do Lázaro** (16 km) und **Domingos Dias** (18 km). Die große, laute Partyszene feiert 6 km südlich von Ubatuba an der **Praia Grande**.

Nördlich der Stadt erstrecken sich die Sandstreifen am Fuße steiler Hügel. Sie sind schwerer zu finden, eignen sich aber super zum Bodyboarden und Surfen und lohnen den Aufwand, das gilt vor allem für **Vermelha do Norte** (9 km), **Itamambuca** (15 km), **Félix** (17 km), **Prumirim** (23 km), **Ubatumirim** (33 km) und **Picinguaba** (43 km).

Schlafen

Wer kein Auto hat, quartiert sich am besten im Centro ein. Von dort kann man ganz bequem in einen der örtlichen Busse (3 R$) zu den Stränden steigen.

Ecotrip Hostel HOSTEL $
(☎ 3833-4036; www.ecotriphostel.com.br; Dom Joao III 573, Centro; B 45–50 R$, EZ/DZ 100/140 R$; @ 🛜 ❄) Die liebenswerte englischsprachige Malu leitet dieses einladende einfache Hostel im Centro, den besten Ort, um andere

Traveller zu treffen. Es liegt nur fünf Häuserblocks vom Wasser entfernt und verfügt über eine schöne Außenküche, einen kleinen Pool sowie, je nach Saison, Frühstücksobst aus dem versteckten Garten.

Hotel Solar das Águas Cantantes HOTEL $$
(☎ 3842-0178; www.solardasaguascantantes.com.br; Estrada Saco da Ribereira 951, Lázaro; EZ/DZ 270/300 R$; ❄📶🏊) Dieser grandiose weiß getünchte Kolonialbau wird vom Sohn des ursprünglichen österreichischen Eigners geführt. Die Zimmer umringen einen grünen Innenhof, und das Haus ist nur einen kurzen Spaziergang von der atemberaubenden (wenn auch überfüllten) Praia do Lázaro entfernt. Hohe Decken geben den Räumen nüchterne Eleganz. Das hauseigene Sternerestaurant ist für seinen Meeresfrüchteeintopf und ausgezeichnete Gerichte (Hauptgerichte für 2 Pers. 79–157 R$) bekannt.

Torre del Mar POUSADA $$
(☎ 3832-2751; www.pousadatorredelmar.com.br; Milton de Holnda Maia 210, Itagua; Zi. 265 R$; ❄📶🏊) Ein wenig abseits des Rummels liegt diese im Mittelmeerstil weiß getünchte *pousada*. Bei Reisenden erfreut sie sich großer Beliebtheit, auch wegen der hilfsbereiten englischsprachigen Eigentümer. Die 18 Zimmer sind zwar recht klein, aber gut in Schuss. Außerdem gibt's tolle Gemeinschaftsräume, einen fantastischen Innengarten und eine perfekte kleine Dachterrasse mit Pool.

A Pousadinha POUSADA $$
(☎ 3832-2136; www.ubatuba.com.br/pousadinha; Guarani 686, Itaguá; EZ/DZ 180/200 R$; ❄📶) Die ehemalige Pension bietet nur sieben kleine, schlichte, aber luftig-stilvolle Zimmer rund um einen engen zitronengelben Innenhof – ein echtes Schnäppchen an diesem teuren Küstenstreifen.

★ Pousada Picinguaba POUSADA $$$
(☎ 3836-9105; www.picinguaba.com; Picinguaba; Zi. mit Abendessen 950 R$; 🏊) In einem kleinen Fischerdorf nördlich von Ubatuba findet man eine der bezauberndsten *pousadas* der ganzen Region. Sie hat gerade mal neun Zimmer und wird von einem französisch-portugiesischen Pärchen geleitet. Die Einrichtung ist dezent und wurde sorgfältig zusammengestellt, um eine ganz besondere Atmosphäre zu schaffen. Sie reicht von Originalkunstwerken und -möbeln bis hin zu Tischen am Pool, die einen Blick auf die ruhige Bucht gewähren. Ein fabelhafter versteckter Rückzugsort, der genau in der richtigen Entfernung zum traditionellen Fischerdorf liegt. Brasilien vom Feinsten.

Itamambuca Eco Resort RESORT, CAMPINGPLATZ $$$
(☎ 3834-3000; www.itamambuca.com.br; Praia de Itamambuca; Zeltplatz ab 72 R$ pro Pers., DZ ab 556 R$; ❄@📶) 🍃 Die einfachen, farbenfrohen und größtenteils aus recyceltem Holz und Bambus gebauten Zimmer sind von dichter Vegetation umgeben und nur einen kurzen Spaziergang von einem der eindrucksvollsten Strände der Gegend entfernt: Dementsprechend ist das Resort jeden verprassten Centavo wert. Zu den Attraktionen gehören ein schönes Spa, Vogelbeobachtungsexkursionen, viele Kinderangebote, ein Outdoor-Fitnessstudio und tolle Kajakausflüge auf dem ruhigen Fluss. Die Campingeinrichtungen sind zwar teuer, dafür aber erstklassig – es gibt sogar Kühlschränke und Kochgelegenheiten! Kein Wunder also, dass sich hier massenweise Stammgäste aufhalten und oft gleich mehrere Wochen bleiben. Außerdem kann man rustikale Chalets mieten (für 2 Pers. in der Neben-/Hochsaison 135/218 R$, fette Rabatte für Langzeitgäste).

Essen

Azul-marinho, eine lokale Eintopfspezialität aus Fisch, Reis und grünen Bananen, sollte man sich nicht entgehen lassen. Im Zentrum wird das einfache Gerichte von mehreren günstigen Lokalen für 12 bis 18 R$ angeboten.

★ Integrale BÄCKEREI $
(www.padariaintegrale.com.br; Esteves da Silva 360, Centro; Sandwiches 5,50–12 R$; ⏰ Mo–Sa 7.30–20.30, So bis 19 Uhr; 📶🍷) 🍃 Zweifellos ist diese wundervolle Bäckerei – angeblich die erste Brasiliens – etwas ganz Besonderes an der Küste. Man hat die Wahl zwischen allerlei Vollkornbroten, Broten ohne Chemikalien und Konservierungsstoffe, Salaten, Sandwiches, Quiches und Snacks. Der fürs Mittagessen zuständige französische Koch war zehn Jahre lang beim Cirque du Soleil! Darüber hinaus bekommt man starken Biokaffee, den man sich ebenso wie alle anderen Leckereien auf der schönen Terrasse zu Gemüte führen kann.

Cantinho da Lagoa BRASILIANISCH, FISCH & MEERESFRÜCHTE $$
(Prumirim; Hauptgerichte 39–45 R$; ⏰ 9–20 Uhr) Die raffinierten Gerichte, die in dieser vor-

trefflichen Strandbude auf den Felsen des Prumirim Beach kredenzt werden, sind der Erfahrung des Besitzers in den Küchen Londons geschuldet. Fabio, im hiesigen Dorf geboren, hat eines der besten Gerichte des Küstenstreifens kreiert: *cajutapu* (Palmherzpasta mit gegrillten Krabben und einer Soße aus *juçara*-Beeren). Den extrafreundlichen Service und einen der schönsten Strände der Gegend gibt's gratis dazu. Toll für einen Tagesausflug.

Bardolino ITALIENISCH **$$**
(www.restaurantebardolino.com.br; Esteves da Silva 18, Centro; Hauptgerichte 28–74 R$; ⌚12–1 Uhr) Das stilvolle Restaurant in einem der wenigen Kolonialgebäude in der winzigen Altstadt des Centro hat sich auf frische italienische Nudelgerichte und Meeresfrüchte spezialisiert. Dies ist eines der wenigen Lokale, in denen man das Gefühl hat, für die Kreationen eines Profikochs einen wirklich angemessenen Preis zu bezahlen (die meisten Gerichte kosten zwischen 30 und 40 R$).

Terra Papagalli FISCH & MEERESFRÜCHTE **$$$**
(Xavantes 537, Itaguá; Hauptgerichte für 2 Pers. 97–119 R$; ⌚Dez. & Jan. 12–24 Uhr, März–Nov. Mo & Di geschl.) Das intime Restaurant am Wasser ist das am wenigsten touristische und das kreativste unter den ansonsten recht charakterlosen Lokalen. Jeden Abend stehen eine Handvoll Gerichte auf der Speisekarte, je nachdem, was tagsüber gefangen wurde (uns hat man leckere *dourada* mit einer traumhaften Tamarindensoße und Paranussreis serviert). Kerzenlicht sorgt für eine romantische Stimmung.

Peixe com Banana FISCH & MEERESFRÜCHTE **$$$**
(☎3832-1712; Guarani 255, Itaguá; Hauptgerichte für zwei 72–145 R$; ⌚11.30–22 Uhr) Von den Plastiktischdecken und der touristischen Lage am Meer sollte man sich auf keinen Fall täuschen lassen. Dieses Meeresfrüchtelokal ist eines der beliebtesten weit und breit und für seine tolle *azul-marinho-Interpretation* (103 R$ für 2 Pers.), frischen Fisch sowie *moquecas* bekannt.

☆ Unterhaltung

Blues on the Rocks LIVEMUSIK
(www.bluesontherocks.com.br; Chico Santos 17, Itaguá; Eintritt 5–15 R$; ⌚Dez.–Feb. 19 Uhr–open end, März–Nov. So–Di geschl.) Dieser extrem beliebte Laden für Rock, Blues und Jazz steht verlässlich auf Platz eins der besten Adressen für Livemusik an der Paulista-Küste.

ℹ Praktische Informationen

C.I.T. (☎3833-9123; Ecke Conceição & Iperoig, Centro; ⌚8–18 Uhr) Die Touristeninformation befindet sich in dem blau-weißen Kolonialgebäude Paço da Nóbrega am Wasser und hat gute lokale Tipps sowie hilfreiche Karten für die umliegenden Strände parat.

HSBC (Conceição 85, Centro) Gebührenfreier Geldautomat einen Häuserblock nördlich der Rua Thomaz Galhardo.

ℹ Anreise & Unterwegs vor Ort

Es gibt in Ubatuba zwei größere Busbahnhöfe. Busse nach São Paulo (54 R$, 4 Std., 10-mal tgl.), São Sebastião (20 R$, 70 Min., stdl.; umsteigen in Caraguátatuba) und zu anderen Zielen innerhalb des Bundesstaates starten am **Busbahnhof Litorânea** (www.litoranea.com.br; Maria Victória Jean 381, Centro) am Rand der Innenstadt, etwa 1,5 km von der Touristeninformation und vom Strand entfernt.

Für Busse nach Parati (11,20 R$) und Rio de Janeiro (68 R$) muss man sich zum **Busbahnhof São Jose** (Thomaz Galhardo 513, Centro) an der Hauptstraße, ein paar Blocks vom Strand entfernt, aufmachen.

Örtliche Busse (3 R$, ca. stdl. 7–20 Uhr) fahren die Küstenstraße rauf und runter und kommen mindestens bis auf Wandernähe an die meisten Strände heran. Die wichtigste Haltestelle im Zentrum befindet sich in der Rua Hans Staden 488 zwischen den beiden Fernbusbahnhöfen.

São Sebastião

Als eine der wenigen Städte an der Paulista-Küste, die sich einen Teil ihres kolonialen Charmes erhalten haben, sitzt São Sebastião an einem dramatischen Kanal, der das Festland von der Ilha de São Sebastião (allgemein als „Ilhabela" bekannt) trennt, nur 15 Minuten Fahrt mit der Fähre entfernt. Für hiesige Verhältnisse sind die Preise bescheiden, aber das aus gutem Grund: Es gibt keine nahen Strände und der Ort selbst ist ein wichtiges Öllager, in der riesige Tanker die Schönheit der Natur ein wenig beeinträchtigen. Trotzdem eignet er sich für einen netten Zwischenstopp, wenn man nach Ilhabela unterwegs ist.

Informationen gibt's bei **C.I.T.** (Secretaria de Turismo e Cultura; ☎ext 203 012-3892-2620; www.saosebastiao.sp.gov.br/turismo; Altino Arantes 174; ⌚Mo–Do 9–18, Fr & Sa bis 22, So 13–19 Uhr) im Hafenviertel im überschaubaren kolonialen Herzen der Stadt.

Schlafen

Hotel Roma PENSION $$

(☎3892-4622; www.hotelroma.tur.br; Praça Major João Fernandes 174; 3BZ/4BZ 165/205 R$; P ❄ @ ≋) Im Kolonialviertel bietet das Hotel Roma schnickschnackfreie klimatisierte Drei- und Vierbettzimmer, die rund um einen kargen Innenhof im kolonialen Hauptgebäude liegen. Außerhalb der Hochsaison werden manchmal auch Doppelzimmer angeboten. Für Gruppen ist diese Unterkunft nach wie vor eine gute Wahl in toller Lage.

Pousada da Ana Doce POUSADA $$

(☎3892-1615; www.pousadaanadoce.com.br; Expedicionários Brasilieros 196; EZ/DZ 165/220 R$; ❄ ≋) Ordentliche, fröhliche kleine Zimmer rund um einen freundlichen Innenhof voller Topfpflanzen. Die Pension im kolonialen Stadtkern ist die charmanteste der gesamten Region, nicht zuletzt dank der vernünftigen Preise. Vorab buchen.

Essen

Das ausgezeichnete vor Ort hergestellte Rocha-Eis, das z. B. bei Altino Arantes 90 verkauft wird, muss man probieren, egal ob als *sorvete* (Eiscreme) oder *picolês* (Eis am Stiel). Sorten wie *milho verde* (Mais), *cóco queimado* (gebrannte Kokosnuss) und *banana caramelada* (karamellisierte Banane) sind einfach unvergesslich.

Atobá BÜFETT $$

(☎3892-4878; www.atobarestaurante.com.br; Praça Major João Fernandes 218; unter der Woche/am Wochenende 39,80/45,30 R$ pro Kilo; ⏲11.30–16 Uhr; 👪) In einem Kolonialgebäude am Hauptplatz der Stadt lockt das Atobá mit einem hochwertigen Mittagsbüfett. Abgerechnet wird nach Kilogramm. Für die kleinen Extras wie eine gute Auswahl an Körnern und haufenweise gerösteter Knoblauch gibt's von uns zusätzliche Pluspunkte.

An- & Weiterreise

Der Busbahnhof befindet sich direkt neben der Küstenstraße, nur einen kurzen Spaziergang vom kolonialen Stadtzentrum entfernt. **Litorânea** (www.litoranea.com.br) verkehrt regelmäßig nach São Paulo (43,25 R$, 3½ Std., 13-mal tgl.) sowie direkt zum Internationalen Flughafen Guarulhos 40,80 R$, 4 Std., 4-mal tgl.), nach Boiçucanga (10,25 R$, 40 Min., 3-mal tgl.) und zu anderen Zielen entlang der Küste in Richtung Santos. **Util** (www.util.com.br) bietet Verbindungen nach Rio (85 R$, 7 Std., 4-mal tgl.) mit Zwischenstopp in Parati an.

Ilhabela

☎0XX12 / 28 000 EW. (WINTER), 120 000 EW. (SOMMER)

Hoch über der schmalen Meerenge, die sie vom Festland trennt, erhebt sich die 350 km² große Ilhabela (Schöne Insel). Sie verdankt ihren Namen den Vulkangipfeln, ihren herrlichen Stränden, dem dichten tropischen Dschungel und den 360 Wasserfällen. Fast 85% der Insel wurden in einen Park und ein Unesco-Biosphärenreservat verwandelt. Das Eiland bietet einer bemerkenswerten Anzahl von Pflanzen und Tieren wie Tukanen und Kapuzineräffchen Schutz. Im 16. und 17. Jh. wurde Ilhabela von Piraten belagert, deshalb liegen im Wasser verstreut Schiffswracks, die als hervorragende Tauchziele gelten. Außerdem kann man Dschungelwanderungen unternehmen, Windsurfen und an den Stränden faulenzen.

Im Sommer sind die Mücken (besonders die *borrachudos*) mörderisch, deshalb sollte man immer reichlich Insektenschutzmittel dabeihaben. Während dieser Zeit ist die Insel zudem mit urlaubenden *paulistas* überlaufen. Am besten kommt man nicht an einem Freitagabend an oder reist an einem Sonntagmorgen ab, da dann der Verkehr, die Warteschlange zur Fähre und die erhöhten Preise für Unterkünfte die paradiesische Erfahrung erheblich trüben könnten.

Sehenswertes

Vila Ilhabela in der Nordwestecke der Insel beherbergt ein paar gut erhaltene Kolonialgebäude, darunter auch die 1532 von Sklaven errichtete **Igreja NS da Ajuda**, die **Fazenda Engenho d'Agua** in Itaquanduba aus dem Jahre 1582 und die **Fazenda Santa Carmen** am Strand von Feiticeira. 2 km landeinwärts vom Perequê-Strand (nahe des Fährterminals) lockt **Cachoeira das Tocas** mit verschiedenen kleinen Wasserfällen sowie tiefen Badebecken und Wasserrutschen.

Strände

Von den geschützten Stränden im Norden der Insel ist die mit dem Auto über eine ungeteerte Straße erreichbare **Praia Jabaquara** am meisten zu empfehlen. An der Ostseite der Insel, wo eine stärkere Brandung herrscht, erstreckt sich die wunderschöne **Praia dos Castelhanos** (prima zum Campen oder Surfen), hinter der steil der Urwald aufragt. Von der Stadt Borrifos im Süden der Insel kann man in vier Stunden zur **Praia Bonete** wandern, einem windigen

Surferstrand auf der Südseite der Insel, den man hauptsächlich mit örtlichen Fischern teilen muss.

Aktivitäten

Maremar Aventura Turismo OUTDOORAKTIVITÄTEN
(☎3896-3679; www.maremar.tur.br; Praça Elvira Storace 12, Perequê) Diese empfehlenswerte Agentur in der Nähe der Fähre organisiert Akivitäten wie Schonerfahrten rund um die Insel (ab 50 R$ pro Pers.) sowie Tagesausflüge in das idyllische Fischerdorf Bonete mit seinem gleichnamigen Strand (150 R$) und zur Praia de Castelhanos (70 R$). Darüber hinaus gibt's hier Leihfahrräder (15/30 R$ pro Std./Tag).

Schlafen

Am Wochenende sollte man reservieren, besonders im Sommer. Die Preise sind hoch, sodass sich einige Traveller entschließen, lieber im günstigeren São Sebastião abzusteigen.

Camping Canto Grande CAMPINGPLATZ **$**
(☎3894-1713; www.cantogrande.com.br; Riachuelo 5638, Praia Grande; Stellplatz 35 R$ pro Pers.; P @ WLAN) Der freundliche Enzo führt diesen Rasenplatz am Strand, der sich ca. 6 km südlich der Fähranlegestellen erstreckt und neben warmen Duschen, Stromanschlüssen (ganzen 330!), einem gurgelnden Bach, einem einfachen Restaurant und WLAN auch noch einen Liegestuhl- und Sonnenschirmverleih zu bieten hat.

★ **Na Mata Suites** POUSADA **$$**
(☎3895-8771; www.namatasuites.com.br; Benedicto Mariano Leite 690, Barra Velha; DZ 160 R$; P ❄ @ WLAN) Versteckt in einem kleinen Flecken Regenwald wartet die unglaublich charmante *pousada* mit vier Bungalows auf. Geführt wird sie von einem englisch-brasilianischen Pärchen mit zwei Kindern. Tom und Silvia sind die perfekten Gastgeber und haben aus ihrem eigenen Privatdschungel eine bemerkenswerte Oase gemacht. Die Bungalows haben eine gute Ausstattung und rustikale Terrassen, auf denen man wunderbar frühstücken kann (wenn man nicht doch lieber am Pool sitzt). Zudem garantiert die einzigartige Lage ausreichend Privatsphäre. Tom organisiert Segel- oder Stehpaddelstunden und auf Wunsch auch Mountainbikes. Seine Frau und er haben es einfach drauf, die richtige Atmosphäre zu schaffen.

Pousada Catamarã Brasil POUSADA **$$**
(☎3894-1034; www.pousadacatamarabrasil.com.br; José Batista dos Santos 273, Curral; DZ ab 220 R$; ❄ WLAN Pool) Die farbenfrohe Pension versteckt sich in einer der holprigen Seitenstraßen. Alle Zimmer sind sehr gemütlich, und außerdem gibt's einen kleinen hübschen Pool inmitten eines herrlich grünen Gartens. Preiswert, aber nicht übermäßig gastfreundlich.

Bonns Ventos Hostel HOSTEL **$$**
(☎3896-5676; www.bonnsventoshostel.com.br; Benedito Serafim Sampaio 371, Perequê; B/EZ/DZ/3BZ 60/230/240/312 R$; P ❄ @ Pool) Von dem praktischen HI-Hostel voller Zen sind es nur 500 m bis zum Fährdock. Das Bonns Ventos ist besser als manch andere Herberge, allerdings sollte man sich an die Vier- und Sechsbettzimmer halten (Privatzimmer gibt's anderswo günstiger).

Pousada Mariola POUSADA **$$$**
(☎3896-4141; www.pousadamariola.com.br; Chico Reis 304, Saco da Capela; EZ/DZ ab 280,50/297 R$; P ❄ WLAN Pool) Eine fabelhafte Wahl! Die von einem Ingenieur geleitete, auf Granitstein errichtete *pousada* thront hoch oben auf einem Hügel mit einer Wahnsinnsaussicht. Eine süße, palmengesäumte Kopfsteinpflasterstraße führt hinauf zu der exklusiven Unterkunft mit zwölf geräumigen Zimmern. Das Dekor ist asiatisch und von den Terrassen genießt man einen genialen Blick auf die Segelboote und das Meer.

DPNY Beach BOUTIQUE-HOTEL **$$$**
(☎3894-3000; www.dpnybeach.com.br; José Pacheco do Nascimento 7668; Zi. unter der Woche/Wochenende ab 730/820 R$; P ❄ @ WLAN Pool) Dieser superhippe Zufluchtsort für Fashionistas aus São Paulo steht direkt im Sand der Praia Curral und ist das Gegenteil von dezent. Wenn sich die Kundschaft nicht sowieso schon generell dem Motto „mehr ist mehr" verschrieben hätte, wäre der übertriebene Mittelmeerstil fast schon zu schrill. Die Zimmer sind exquisit eingerichtet und bieten Extras wie Nespresso-Maschinen. Außerdem gibt's einen riesigen Pool und ein haremartiges Spa. Hintergrundmusik à la Miami begleitet einen überallhin. Darüber hinaus locken hier die Hippie Chic Beach Bar, die schickste Bar-Lounge der Insel, und das Tróia, das edelste Restaurant (Hauptgerichte 35–109 R$).

Essen & Ausgehen

Einige Lokale schließen während der Nebensaison schon früher, man sollte also immer einen Plan B haben.

Cheiro Verde
BRASILIANISCH $

(☎ 3896-3245; www.cheiroverdeilhabela.com.br; Rua da Padroeira 109, Vila; Gerichte 19,20 R$; ⏰ Mo–Do 11.30–17, Sa & So bis 22 Uhr; 👪) Der beste Ort in Vila für ein großzügiges *prato feito* (Tagesgericht) mit gegrilltem Fleisch oder Fisch, Reis, Bohnen und Salat. Das einfache, aber saubere und luftige Lokal zieht Touristen und Einheimische gleichermaßen an. Auf einem Monitor an der Tür wird die täglich wechselnde Speisekarte angezeigt.

Cura
BÜFETT $

(☎ 3896-1341; Princesa Isabel 337, Perequê; 39,40 R$ pro Kilo; ⏰ Mo–Fr 11.30–16, Sa & So bis 18 Uhr; 👪) Ilhabelas bestes Pro-Kilo-Restaurant ist eine geräumige und gemütliche Lokalität gegenüber dem Strand von Perequê.

Capitano
ITALIENISCH $$

(☎ 3896-5241; www.pastadelcapitano.com.br; Pedro Paula de Moraes 703, Saco de Capela; Nudelgerichte 36–52 R$; ⏰ Mi–So 19.30–1.30 Uhr, Dez.–Feb. & Juli tgl.) Fabio Piscioto kommt aus dem traditionellsten italienischen Viertel São Paulos und hat sich nach über 30 Jahren als Grafikdesigner der Gastronomie zugewandt. Alle sind begeistert von seinen einfachen, schnörkellosen Nudelgerichten und auch wir können nur staunen: Die Tagliatelle mit Tintenfischtinte und Krabben schien nämlich von Minute zu Minute besser zu schmecken.

Prainha do Julião
FISCH & MEERESFRÜCHTE $$

(☎ 3894-1867; www.prainhadojuliao.com.br; Raichuelo 5370, Julião; Hauptgerichte 28–58 R$; ⏰ 10–18 Uhr; 👪) Abseits der Hauptstraße auf der Südseite der Insel befindet sich diese edle Adresse am Julião, dem am einfachsten zu erreichenden Strand Ilhabelas. Dieser ist herrlich unberührt und eine Art Geheimtipp. In dem Restaurant werden überdurchschnittlich gute Meeresfrüchte serviert – mit richtigem Gemüse!

ABSTECHER

PARQUE ESTADUAL DO ALTO DO RIBEIRA (PETAR)

Iporanga – 1576 gegründet, nachdem man hier Gold gefunden hatte – versteckt sich in den Hügeln des Vale do Ribeira nahe des Grenzgebietes São Paulo/Paraná. Auch heute noch lockt die umliegende Region mit unberührtem Atlantischem Regenwald. Aufgrund ihres Artenreichtums ist sie zudem von internationaler Bedeutung. Die Stadt eignet sich ausgezeichnet als Basislager für Besuche im **Parque Estadual do Alto do Ribeira**. Dieses 360 km² große staatliche Schutzgebiet verfügt über 280 katalogisierte Höhlen und ist als Brasiliens Capital das Grutas (Höhlen-Hauptstadt) bekannt.

PETARs Núcleos de Visitação sind gut organisierte Besucherzentren mit zahlreichen Infos zu Höhlentrips, Reiseführern und Campingplätzen. Es gibt vier davon: Der **Núcleo de Santana** (www.petaronline.com.br/petar.htm; 9 R$ pro Pers., plus Fahrzeug 6 R$) 18 km nordwestlich der Stadt bietet gute Einrichtungen für Besucher und Camper, darunter ein neues Café und eine Ausstellungshalle, fünf Höhlen und einen 3,5 km langen Wanderweg zu einem wunderschönen Wasserfall. Rund um den **Núcleo Ouro Grosso** (13 km nordwestlich der Stadt) findet man einfache Unterkünfte für Gruppen sowie Kochmöglichkeiten, zwei Höhlen und einen Wanderweg. Der **Núcleo Casa de Pedra** (9 km über die Straße plus 3 km über einen Wanderweg, nordwestlich der Stadt) dient als Basislager für einen Besuch der Casa de Pedra, die für ihren 215 m hohen Eingang und den unberührten Atlantischen Regenwald berühmt ist. Und der zentral im Park gelegene **Núcleo Caboclos** (www.petaronline.com.br/caboclos.htm; Eintritt/Camping 6/12 R$), 86 km über die Straße von der Stadt entfernt, verfügt über gute Campingeinrichtungen, einfache Besucherunterkünfte sowie mehrere Höhlen.

Für Details sowie Reservierungen von Zeltstellplätzen und Höhlentouren wendet man sich an **PETAR** (Parque Estadual do Alto do Ribeira; ☎ 15-3552-1875; www.petaronline.com.br). **Ecocave** (☎ 15-3556-1574; www.ecocave.com.br) organisiert empfehlenswerte Expeditionen zu den Höhlen sowie Wander-, Abseil- und Tubing-Abenteuer entlang des örtlichen Flusses.

Von São Paulos Barra-Funda-Busbahnhof bietet **Transpen** (www.transpen.com.br) Verbindungen nach Apiaí an (69 R$, 5 Std., 3-mal tgl.), wo man einen 15-Uhr-Bus des Anbieters **Princesa dos Campos** (www.princesadoscampos.com.br) nach Iporanga nehmen kann (4,60 R$, 1¾ Std.). Die Rückfahrt erfolgt um 7 Uhr.

O Borrachudo BURGER, BAR $$
(☎3896-1499; www.borrachudo.com.br; Carvalho 20, Vila; Sandwiches 7,30–20,40 R$; ⏲14 Uhr–open end) Die entspannte Café-Bar in einem Kolonialgebäude am Vila-Ufer serviert leckere Burger aller Art (auch mit Lachs, Strauß und in Guinness eingelegtem Filet) sowie diverse Gourmetsandwiches und über 125 verschiedene Biersorten.

Hippie Chic Beach Bar LOUNGE
(www.dpnybeach.com.br; DPNY Beach, José Pacheco do Nascimento 7668, Curral;) Leise wummernde Lounge-Musik, tropisch-hippes Dekor und Tische im Sand – die schickste Bar der Insel lockt reiche *paulistas* an, die unbedingt die Designerfummel der aktuellen Saison vorführen möchten. Bier kostet etwa 8 R$, die Spezialcocktails gibt's für 22 R$.

Orientierung

Die Fähre vom Festland trifft am Stadtteil Barra Velha ein, der nahtlos an Perequê ein Stück weiter nördlich anschließt. 7 km weiter nördlich liegt die historische Stadt Vila. An der Westküste der Inseln führen gute Straßen entlang, die Süd- und Ostküste hingegen sind nur per Boot oder zu Fuß erreichbar, abgesehen von einer unbefestigten Piste, die nur mit Vierradantrieb befahrbar ist und bis zur Praia dos Castelhanos an der Westküste verläuft.

Praktische Informationen

Die **Touristeninformation** (Sectur; ☎3895-7220; www.ilhabela.sp.gov.br; Praça Vereador José Leite dos Passos 14, Barra Velha; ⏲9–18 Uhr) liegt 100 m vom Fährterminal in Barra Velha entfernt. Es ist möglich, seinen Besuch bereits vorab auf www.ilhabela.org zu planen und sich dort auf Englisch über die Geschichte, Wanderrouten, Tauch- oder andere Abenteueraktivitäten sowie vieles mehr zu informieren.

Wer ein Auto mit auf die Insel bringt, kann an Sommerwochenenden die langen Warteschlangen für die **Fähre** (☎0800-773-3711; www.dersa.sp.gov.br) umgehen, indem er vorab bucht (unter der Woche/am Wochenende hin & zurück 83,10/124,60 R$).

Geldautomaten in Barra Velha, Perequê und Vila Ilhabela (Vila) akzeptieren auch internationale Bankkarten.

Anreise- & Unterwegs vor Ort

Die 15-minütige Fährverbindung zwischen São Sebastião und Ilhabela wird täglich von 6 Uhr bis Mitternacht jede halbe Stunde angeboten, danach einmal pro Stunde. Autos kosten unter der Woche 14,10 R$, am Wochenende 21,20 R$, Motorräder 7,10 R$ bzw. 10,60 R$. Fußgänger fahren gratis mit. Wer zum Festland übersetzt, zahlt eine Umweltsteuer (2 R$ für Motorräder, 5 R$ für Autos).

Ein örtlicher Bus (2,20 R$, alle 30 Min., 5.35–1.40 Uhr) bedient die gesamte Insel und hält auch an der Fähre. Normalerweise warten Taxis von **Chame Taxi** (☎3895-8587) am Fährdock.

Eine recht anständige Straße erstreckt sich über die gesamte Westküste. Zudem durchquert eine unbefestigte Piste (22 km) die Insel. Um auf die andere Seite von Ilhabela zu gelangen, braucht man entweder Vierradantrieb, ein Boot oder ein gutes, kräftiges Paar Wanderbeine, doch es gibt gute Nachrichten: Die Straße wird gerade geteert.

Iguape & Umgebung

☎0XX13 / 29 000 EW.

1538 von den Portugiesen gegründet, um Brasilien gegen die Spanier zu verteidigen, ist Iguape eine der ältesten Städte des Landes und eine der wenigen an der Küste São Paulos, die sich ihr koloniales Erscheinungsbild bewahrt haben. Eine laufende Initiative des Bundesstaates hilft bei der Restaurierung des alten Zentrums, das lange vernachlässigt wurde. Auch wenn die Strände ein kleines Stück entfernt liegen, dient der Ort als wirklich entspanntes Basislager zur Erkundung der Region.

Sehenswertes

Ihren kolonialen Charme versprüht Iguape rund um den weiß getünchten Hauptplatz **Largo da Basílica** und die **Basilika** (8–20 Uhr) aus dem 18. Jh. Nach 1,5 km erreicht man auf der Straße nach Barra do Ribeira die Abzweigung zum **Mirante do Morro do Espia**, ein Aussichtspunkt mit tollem Panoramablick über den Hafen und die Region.

Iguape liegt an einer schmalen Meerenge vor der **Ilha Comprida**, einer langen und dünnen Insel (86 km lang, 3 km breit). Diese ist von einer Mischung aus Mangrovenbäumen und Atlantischem Regenwald bedeckt und hat einen ununterbrochenen Strand, der sich über ihre gesamte Atlantikküste erstreckt. Eine mautpflichtige Brücke verbindet die Stadt mit der Insel.

Schlafen & Essen

Auf dem Largo da Basílica gibt's ein paar günstige Pizzerias und Lokale.

Silvi Hotel HOTEL $
(☎3841-1421; www.silvihotel.com.br; Sandoval Trigo 515; EZ 75–130 R$, DZ 115–170 R$, 3BZ 150–210 R$;

) Ein bescheidenes gelb-grünes Hotel im Motelstil. Die Zimmer sind schlicht, aber vollkommen in Ordnung, die Angestellten freundlich und hilfsbereit. Unten befindet sich ein ganz gutes Restaurant mit einem Büfett zu vernünftigen Preisen sowie etwas teureren À-la-Carte-Gerichten.

Pousada Solar Colonial POUSADA **$$**
(3841-1591; solarcolonial@terra.com.br; Praça da Basílica 30; EZ/DZ 90/150 R$;) In einem schönen Kolonialgebäude direkt am Hauptplatz bietet diese Pension schlichte, saubere, neu renovierte Zimmer. Gefrühstückt wird in einem hellen Speisesaal mit bodentiefen Fenstern und Blick auf den Platz. Die Zimmer haben nur Ventilatoren.

Panela Velha FISCH & MEERESFRÜCHTE **$$$**
(3841-1869; 15 de Novembro 190; Hauptgerichte für 2 Pers. 77–170 R$; Di–Sa 11–23, So & Mo bis 17 Uhr;) Das gepflegte, makellose kleine Lokal gilt als beste Wahl der Stadt. Es hat sich auf einfache, aber meisterhaft zubereitete lokale Meeresfrüchtegerichte spezialisiert: *moquecas* und *caldeiradas*, gegrillten frischen Fisch aus dem Meer oder Fluss (nicht gezüchtet) und Paella.

Praktische Informationen

Die **Touristinformation** (3841-1016; Av Princesa Isabel 708; 8–18 Uhr) ist in einem kleinen Gebäude nahe dem Hauptplatz untergebracht. Geldautomaten mit ausländerfreundlichen Funktionen findet man hinter der Basilika.

Anreise & Unterwegs vor Ort

Intersul (www.intersul-transporte.com.br) bietet täglich vier Busverbindungen zwischen Iguape und São Paulo (52 R$, 3½ Std.). Um nach Cananéia zu gelangen (22,80 R$, 1¾ Std.), muss man in Pariquera-Açu umsteigen. Nahverkehrsbusse fahren über die Brücke nach Ilha Comprida. Wer ein Auto mit Vierradantrieb hat, kann auch am langen, flachen Strand der Ilha Comprida entlangfahren und die Fähre nach Cananéia nehmen (unter der Woche/am Wochenende 9,10/13,70 R$ pro Fahrzeug, Passagiere frei), allerdings sollte man seinen Ausflug mit der Ebbe abstimmen.

Paraná

10,4 MIO. EW.

Gut essen

➡ Manu (S. 285)
➡ Barolo (S. 283)
➡ Fim da Trilha (S. 294)
➡ Mar e Sol (S. 293)
➡ Vó Bertila (S. 298)

Schön übernachten

➡ Hotel das Cataratas (S. 297)
➡ Motter Home (S. 283)
➡ Hostel Natura (S. 295)
➡ Grajagan Surf Resort (S. 293)
➡ Curitiba Eco Hostel (S. 282)

Auf nach Paraná

Seit sich Paraná 1853 vom Bundesstaat São Paulo abgespalten hat, wurde es immer wieder mit seinem größeren Nachbarn im Norden verglichen. Tatsächlich haben die beiden einige Superlative gemeinsam, denn sie gehören zu den Bundesstaaten mit dem höchsten Lebensstandard und der gebildetsten Bevölkerung.

Curitiba verkörpert mit seinem effizienten Nahverkehrssystem, einer innovativen Architektur und ausgezeichneten Stadtparks Paranás Erfolg. Sie ist zwar kein Touristenmagnet, wartet aber mit europäisch anmutender Kultur und hervorragenden Restaurants auf. Sonnenanbeter und Surfer schwärmen von der Ilha do Mel und dem Parque Nacional do Superagüi, wo es noch große Gebiete unberührten Regenwaldes und ursprüngliche Küstenstriche mit einigen der unerschlossensten und idyllischsten Strände Südbrasiliens gibt.

Ein Highlight sind auch die Iguaçu-Fälle, die seit Menschengedenken Ehrfurcht und Bewunderung hervorrufen.

Reisezeit

Foz do Iguaçu

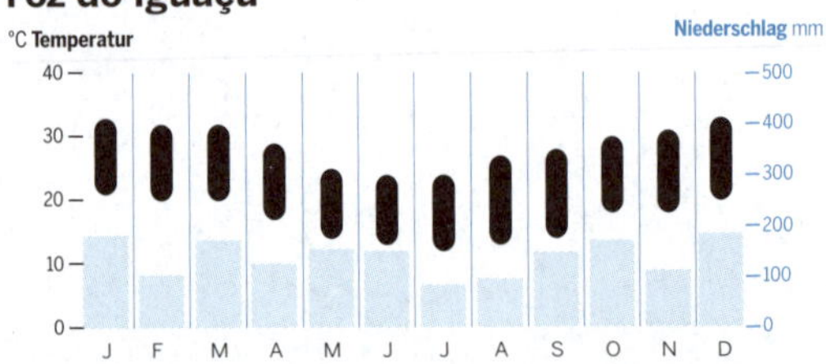

Mai & Sept. Nebensaisonpreise, weniger Besucher und akzeptables Wetter an den Iguaçu-Fällen.

Dez.–Feb. In der Hochsaison Sonne an den Iguaçu-Fällen und auf der Ilha do Mel.

Aug. Angenehme Tage im weder kalten noch schwülen Curitiba

Geschichte

Wie vieles in Südbrasilien wurde auch Paraná von den portugiesischen Kolonisten weitgehend ignoriert. Selbst ein kurzer Goldrausch im 17. Jh. änderte daran nichts, wurden doch wenig später größere Vorkommen in Minas Gerais entdeckt. Als sich der Paraná 1853 von São Paulo abspaltete, basierte die Wirtschaft auf der Rinderzucht und dem Anbau von *erva-maté* (Tee). Die Regierung unterstützte die Einbürgerung von Italienern, die die Wirtschaftsentwicklung fördern sollten. Einwanderungswellen von Deutschen, Ukrainern und Polen folgten. Die Immigration und der Bau der Eisenbahn machten Curitiba zu einer der reichsten Städte des Landes.

An- & Weiterreise

Verkehrsknotenpunkt des Bundesstaates ist Curitiba. Von hier verkehren Busse und Flieger in alle bedeutenden Städte Brasiliens. Ein Personenzug bedient die Strecke zwischen Curitiba und Paranaguá an der Küste. In Foz do Iguaçu gibt's einen kleinen internationalen Flughafen, außerdem fahren von dort Direktbusse nach São Paulo, Rio de Janeiro und in alle großen Städte im Süden des Landes.

CURITIBA

☎ 0XX41 / 1,75 MIO. EW.

Curitiba ist nicht unbedingt hübsch, wird aber schon seit Langem als eines der besten Stadtplanungsmodelle der Welt gepriesen. Dass es nicht wie jeder andere brasilianische Ort aussieht, verdankt es den mutigen Initiativen, die Bürgermeister Jaime Lerner in den 1970er-Jahren ergriff. Er regierte Curitiba drei Amtsperioden lang, verwandelte die Altstadt in einer heimlichen Nacht-und-Nebenaktion auf einer Länge von sechs Blocks

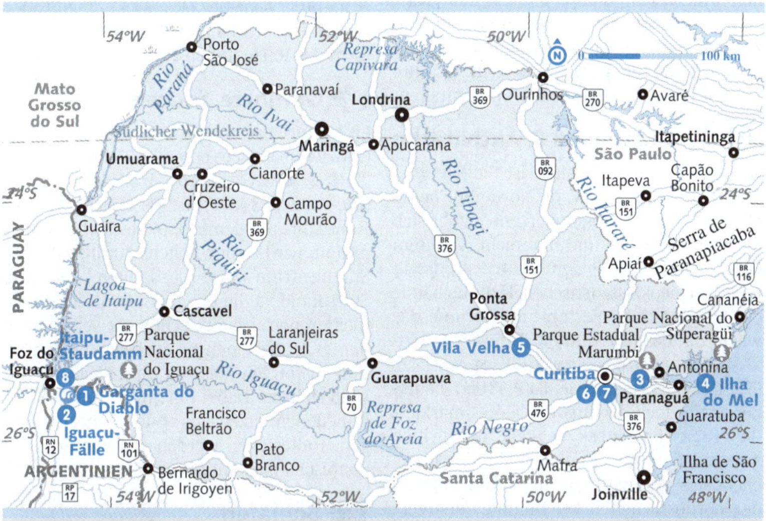

Highlights

1. An der **Garganta do Diablo** (S. 300) das tosende Wasser der Iguaçu-Fälle hören und die Gischt im Gesicht spüren.
2. Einen Bootsausflug zu den **Iguaçu-Fällen** (S. 300) unternehmen.
3. Mit dem **Serra Verde Express** (S. 286) nach Morretes fahren.
4. An den wilden Stränden der autofreien **Ilha do Mel** (S. 290) faulenzen.
5. Die uralte „steinerne Stadt" **Vila Velha** (S. 288) bewundern.
6. Herrliche Kunstwerke und atemberaubende Architektur in Curitibas **Museu Oscar Niemeyer** (S. 282) erleben.
7. Im **Manu** (S. 285), dem angesagtesten Restaurant des Südens, wesentlich preiswerter als anderswo auf Michelin-Stern-Niveau schlemmen.
8. Die beeindruckende Ingenieursleistung des gigantischen **Itaipu-Staudamms** (S. 302) bewundern.

in eine Fußgängerzone und schuf fünf eigene Expressbusspuren mit futuristischen, röhrenartigen Einstiegsplattformen. Lange bevor dies in Mode kam, setzte sich Lerner für Recycling und ökologische Nachhaltigkeit ein und ließ großflächig Bäume pflanzen sowie Parks anlegen. So wurde Curitiba zu Brasiliens effizientester Stadt. Heute kann man sich hier leichter fortbewegen als in jeder anderen Großstadt des Landes. Für urbane Probleme wie Obdachlosigkeit, Luftverschmutzung und Armut wurden innovative Lösungsansätze entwickelt. Curitiba bietet eine Lebensqualität, wie es sie in Brasilien kein zweites Mal gibt. Mit den vielen Grünflächen, einer gebildeten Bevölkerung und guter Infrastruktur ist dies kein schlechter Ort, um sich zu regenerieren und das Land in seiner Höchstform zu genießen.

Die Stadt wird einer der zwölf Austragungsorte der Fußballweltmeisterschaft 2014 sein. Dank der zahlreichen bereits vorhandenen Unterkünfte ist sie gut auf das große Sportevent vorbereitet – und es besteht kein Zweifel daran, dass die Einwohner das internationale Spotlight nutzen werden, um ihre Heimat von der besten Seite zu präsentieren.

Sehenswertes & Aktivitäten

Lebensader der Innenstadt ist die **Rua das Flores**, die offiziell XV. de Novembro heißt. Die 500 m lange Fußgängerzone eignet sich ideal zum Shoppen und Bummeln. An ihrem Ostende liegt die **Praça Santos Andrade** mit dem neoklassizistischen Hauptgebäude der **Universidade Federal do Paraná**, das wiederum das Museum der Universität **MusA-UFPR** (www.proec.ufpr.br; XV de Novembro 695, 1. OG; ⌚ Mo–Fr 9–18, Sa 9–13 Uhr) beherbergt. Nördlich der Rua das Flores markiert die **Praça Tiradentes** die Stelle, wo Curitiba gegründet wurde. Heute ist ihr hervorstechendstes Wahrzeichen die **Kathedrale** an der nordöstlichen Ecke. Dahinter erstreckt sich der **Largo da Ordem**, das alte kolonialzeitliche Herz der Stadt. Wunderschön restaurierte Gebäude, in denen hippe Kunstgalerien, Kneipen und Cafés untergebracht sind, säumen die für den Autoverkehr gesperrten Kopfsteinpflasterstraßen. Am Sonntagvormittag findet auf der Praça Garibaldi ein bunter **Kunst- & Kunsthandwerksmarkt** (Praça Garibaldi; ⌚9–14 Uhr) statt.

★Museu Oscar Niemeyer MUSEUM
(MON; ☎3350-4400; www.museuoscarniemeyer.org.br; Marechal Hermes 999; Erw./Kind 6/3 R$; ⌚Di–So 10–18 Uhr) Errichtet wurde das Museum von seinem Namensgeber höchstpersönlich, der ebenfalls für den Bau eines großen Teils von Brasília verantwortlich zeichnete. Das exotische, wie ein Auge geformte Gebäude ist mit witzigen tanzenden Figuren in kräftigen Farben verziert. Wanderausstellungen huldigen brasilianischen und internationalen Künstlern des 20. und 21. Jhs. und im Keller gibt's eine hervorragende Dauerausstellung über Niemeyer selbst.

Jardim Botânico GARTENANLAGE
(☎3264-1800; www.jardimbotanicocuritiba.com.br; Eng Ostoja Roguski; ⌚Dez.–März 6–21 Uhr, April–Nov. 6–20 Uhr) Im Süden der Stadt erstreckt sich der Jardim Botânico, ein großer Blumengarten mit Skulpturen und zahlreichen Gehwegen. Das zentrale Gewächshaus aus Glas und Metall ist eher ein dekoratives Vorzeigeobjekt als ein botanisches Wunder.

Oi Torre Panorâmica AUSSICHTSPUNKT
(☎3339-7613; Castro Vellozo 191; Erw./Kind 4/2 R$; ⌚10–19 Uhr, April–Nov. Mo geschl.) Einen tollen Bick über Curitiba bietet die Aussichtsplattform des 109 m hohen Torre Panorâmica.

Geführte Touren

Linha Turismo STADTRUNDFAHRT
(www.turismo.curitiba.pr.gov.br; Stadtrundfahrt 27 R$; ⌚März–Okt. Di–So 9–17.50 Uhr alle 30 Min., Nov.–Karneval 8.45–18 Uhr, alle 15 Min.) Wer die Rundfahrt mit dem Doppeldeckerbus unternimmt, wird zu den Sehenswürdigkeiten im Stadtzentrum und außerhalb gebracht. Startpunkt ist die Praça Tiradentes. Teilnehmer können sich aussuchen, an welchen vier der 23 Attraktionen sie aussteigen möchten, und später von dort mit dem nächsten Bus weiterfahren. Dabei darf man auch an verschiedenen Tagen aus- und wieder einsteigen. Haltestellen werden auf Englisch und Spanisch angekündigt.

Schlafen

★Curitiba Eco Hostel HOSTEL $
(☎3274-7979; www.curitibaecohostel.com.br; Tramontin 1693; B 40 R$, EZ/DZ/3BZ 80/100/140 R$, DZ/4BZ mit Klimaanlage 150/220 R$; ❄@≋) Das von Wald umgebene HI-Hostel am Stadtrand ist eine der schönsten Herbergen des Landes. Die geräumigen Zimmer in leuchtendem Orange haben geflieste Böden und Zugang zu einer tollen Terrasse sowie einem großen kabinenartigen Fernsehraum. Leider dauert die Fahrt mit dem „Tramontina"-Bus von der Praça Rui Barbosa hierher 20 Minuten.

Motter Home HOSTEL $
(☎3209-5649; www.motterhome.com.br; Desembargador Motta 3574; B 38–40 R$, Zi. mit Gemeinschaftsbad 100 R$, Zi./4BZ 120/200 R$; @📶) Im grünen Mercês, 15 Gehminuten vom Largo da Ordem entfernt, wartet das auffällige kanarigelbe Herrenhaus aus den 1950er-Jahren mit Türmchen, markanter Kunst, Gemeinschaftsräumen im Retrostil, originalen Hartholzböden und kuriosen Türgriffen auf. Dass Alleinreisende den Doppelzimmerpreis zahlen müssen und sogar in den teuersten Doppelzimmern Handtuchgebühren anfallen, schmälert den guten Eindruck jedoch etwas.

Curitiba Casa HOSTEL $
(☎3044-7313; www.curitibacasahostel.com; Brasílio Itiberê 73; B 38–44 R$, Zi. 110 R$; @📶) Trotz der merkwürdigen Lage 15 Minuten östlich der *rodoferroviária* (Bus- und Bahnhof) hat dieses neue Hostel mehr Fans als *futebol*. Sauber, farbenfroh und elegant.

Garden Curitiba Hotel HOTEL $$
(☎3222-2524; www.gardencuritiba.com.br; Ébana Pereira 405; EZ/DZ/3BZ 155/199/263 R$; @📶) Nichts Aufregendes, aber zweifellos eine der netteren Unterkünfte Curitibas. In der gemütlichen Bleibe herrscht ein familiares kleinstädtisches Flair, zudem ist das Personal sympathisch und hilfsbereit. Oft sind die Preise viel niedriger als hier angegeben.

L'Avenue Apart Hotel APARTMENTHOTEL $$
(☎3222-5525; www.lavenueaparthotel.com.br; XV de Novembro 526; EZ/DZ/3BZ 170/190/230 R$; ❄📶) Das geschmackvolle, aber nicht besonders hippe Hotel hat 63 Suiten mit Kochnische und Wohnbereich und ist eine der wenigen Unterkünfte in der Rua das Flores. Einige Quartiere sind in besserem Zustand oder besser geschnitten als die anderen. Gutes Preis-Leistungs-Verhältnis.

San Juan Johnscher BOUTIQUE-HOTEL $$$
(☎3302-9600; www.sanjuanhoteis.com.br; Barão do Rio Branco 354; EZ/DZ 280/330 R$, Suiten ab 365 R$; ❄📶) Hinter einer schönen neoklassizistischen Fassade bewahrte sich das renovierte Hotel viele der originalen architektonischen Details, ohne dass moderne Annehmlichkeiten vernachlässigt wurden. Holzböden, bemalter Stuck und Schwarz-Weiß-Fotografien verleihen den 24 Räumen eine Aura dezenter Eleganz.

Essen

Der **Mercado Municipal** (www.mercadomunicipaldecuritiba.com.br; 7 de Setembro 1865; ⏲Mo 7–14, Di–Sa bis 18, So bis 13 Uhr), der Stadtmarkt gegenüber vom Busbahnhof, beherbergt Brasiliens ersten Bio-Food-Court. Die **Rua 24 Horas** in der Nähe der Praça General Osório ist ein netter zur Straße gewandter, abgeschlossener Food Court (hat aber nicht 24 Std. geöffnet!). Ein Büfett mit zehn Gerichten (4,95 R$) bietet die lokale Kette **Spich** an.

Bouquet Garni SELBSTBEDIENUNG $
(www.restaurantebouquetgarni.com; Carvalho 271; Buffet in der Woche/am Wochenende 19/25 R$; ⏲11–15 Uhr; 📶🖊) 🌿 Fast alle Zutaten, die in diesem vegetarischen Biorestaurant verwendet werden, stammen vom Bauernhof des Besitzers. Das Menü wechselt täglich und wird stets aus frischen saisonalen Produkten zubereitet. Wer mit dem Rad kommt, erhält 10 % Rabatt.

Yü ASIATISCH $$
(www.yurestaurante.com.br; Praça Osório 485; 58,90 R$ pro Kilo; ⏲Mo–Fr 11.30–15, Sa & So 12–15.30 Uhr) Dieses etwas teurere Pro-Kilo-Lokal spiegelt den bedeutenden Anteil der asiatischen Immigranten in Curitiba wider. Es serviert außergewöhnlich gute koreanische, chinesische und japanische Gerichte, z. B. Sushi, Sashimi und fantastischen *lula apimentada* (würziger Tintenfischsalat). Der Espresso ist kostenlos.

Madero BURGER $$
(www.restaurantemadero.com.br; Kellers 63; Burger & Fritten 16,80–29,90 R$; ⏲Mo–Do 11.45–14.30 & 18.15–23.30, Fr 18.15–24, Sa 11.45–24, So bis 23.30 Uhr; 📶) Küchenchef des Jahres, Restaurant des Jahres ... Nein, das Madeiro ist kein Restaurant mit drei Michelin-Sternen, sondern ein Burgerladen, allerdings ein ausgezeichneter! Während der Happy Hour montags bis donnerstags von 18.15 bis 19.45 Uhr zahlt man sogar noch weniger als ohnehin schon. Ein gutes lokales Bier und eine *doce de leite petit gâteau* (besser als Sex) runden das Geschmackserlebnis ab. Derselbe Koch betreibt auch das **Madero Prime** (www.restaurantemadero.com.br; Jaime Reis 254; Hauptgerichte ca. 35 R$), das 2012 zum besten Steakhaus der Stadt gewählt wurde.

★ **Barolo** ITALIENISCH $$$
(☎3243-3434; www.barolotrattoria.com.br; Av Silva Jardim 2487; Hauptgerichte für 2 Pers. 51–100 R$; ⏲Mo–Sa 12–14.30 & 19–24, So bis 16 Uhr; 📶) Die gehobene Trattoria liegt nicht in Curitibas touristischem italienischen Viertel, lohnt aber auf jeden Fall einen Besuch. Alle Pasta-

Curitiba

0 400 m
Motter Home (1,3 km); Torre Panorâmica (2 km)
Av Jaime Reis
R 13 de Maio
Opera de Arame (5 km)
Museu Oscar Niemeyer (2 km)
Passeio Público
Av Presidente Carlos Cavalcanti
R Conselheiro Araújo
R Amintas de Barros
R Marechal Deodoro
Praça João Candido
Praça Garibaldi
P.I.T.
Largo da Ordem
R do Rosario
R Barão do Cerro Azul
R Riachuelo
R Presidente Faria
Staatliche Universität von Paraná
Praça Santos Andrade
Aeroporto-Executivo-Bushaltestelle
R XV de Novembro
R dez Clotário Portugal
Alameda Cabral
R dez Ermelino de Leão
R Ébano Pereira
Augusto Stellfeld
Praça Tiradentes
Altes Rathaus
R Cândido de Leão
XV de Novembro (R das Flores)
R Benjamin Constant
R Comendador Macedo
R Saldanha Marinho
R Cruz Machado
R Carlos de Carvalho
R Marechal Deodoro
R Conselheiro Laurindo
R Tibagi
R Mariano Torres
R Nilo Cairo
R Monsenhor Celso
R José Loureiro
R Cândido Lopes
Praça General Osório
Clube do Malte (550 m); Manu (950 m)
R Voluntários da Pátria
R Pedro Ivo
R Barão do Rio Branco
R André de Barros
R João Negrão
R Francisco Torres
R Doutor Faivre
R General Carneiro
R da Paz
R Amaral
Comendador Araujo
R Vison de Nácar
P.I.T.
Travessa Frei Caneca
R Westfalen
R Alameda Dr Muricy
Av Marechal Floriano Peixoto
Lourenço Pinto
Av Presidente Afonso Camargo
R 24 Horas
Emiliano Perneta
Curitiba-Eco-Hostel-Bushaltestelle
Praça Rui Barbosa
R Visconde de Guarapuava
Praça Eufrásio Corrêia
Av 7 de Setembro
R Doutor Pedrosa
Av 24 de Maio
Curitiba Eco Hostel (7 km)
Barolo (1 5 km)
Av Silva Jardim
Internationaler Flughafen Afonso Pena (16 km)
Vd Colorado
Rodoferroviária
Bahnhof
P.I.T.
Curitiba Casa (650 m); Jardim Botânico (1 km)
1
2
3
4
5
6
7
8
9
10
11
12
13
14
15
16
17
18
19
20
21
A
B
C
D
E
F
G

Curitiba

Highlights
1 Staatliche Universität von Paraná D2
2 Largo da Ordem B1

Sehenswertes
3 Kunst- & Kunsthandwerksmarkt B1
4 Kathedrale C1
5 MusA-UFPR D2
6 Teatro Guaíra D1

Aktivitäten, Kurse & Touren
7 Linha-Turismo-Bushaltestelle B1
8 Linha-Turismo-Bushaltestelle B2
9 Linha-Turismo-Bushaltestelle C2

Schlafen
10 Garden Curitiba Hotel A1
11 L'Avenue Apart Hotel C2
12 San Juan Johnscher C3

Essen
13 Bouquet Garni A3
14 Madero B1
15 Madero Prime A1
16 Mercado Municipal F3
17 Yü A2

Ausgehen & Nachtleben
18 Bar Triângulo B2
19 Txapela B2
20 Vox C3

Shoppen
21 Shopping Estação D4

gerichte – zuerst sucht man die Nudelart aus, dann die Soße – werden in gusseisernen Pfannen serviert und sind eine echte Offenbarung. Wir empfehlen Barolo (roter Pfeffer, Sahne, Broccoli und Tomate). Abends sollte man vorab reservieren.

★ **Manu** BRASILIANISCH **$$$**
(☎ 3044-4395; www.restaurantemanu.com.br; Dom Pedro II 317; 4-/6-/8-Gänge-Menü 86/129/165 R$, mit Wein 161/244/297 R$; ⌚ Di–Sa 8–1.30 Uhr; 📶) Die junge Manoella Buffara ist Curitibas am heißesten gehandelte Küchenchefin. Ihre Laufbahn beeindruckt ebenso sehr wie ihre Küche. Sie arbeitete in zwei der weltberühmtesten Restaurants, dem Noma in Kopenhagen und dem Alinea in Chicago. Das Manu im In-Viertel Batel bietet jeden Abend drei köstliche Menüs in drei Preisklassen an. Klassiker wie *bobó de camarão* (himmlische Maniokpaste mit getrockneten Shrimps, Kokosnussmilch und Cashewnüssen) oder das Sonntagshuhn, eine Art Topf mit gebratenem Geflügel, werden unorthodox mit ungewöhnlichen Weinen aus Griechenland oder Marokko kombiniert. An diesem Ort kommen Feinschmecker zusammen und tauschen sich über raffinierte kulinarische Meisterwerke aus. Das Essen reicht an eine Qualität heran, die zwei Michelin-Sterne verdient hätte, und kostet wesentlich weniger als 300 €! Reservierung erforderlich.

Ausgehen & Nachtleben

An warmen Abenden strömt das Partyvolk aus den Kneipen und Cafés hinaus auf die Straßen rund um die Praça Garibaldi und den Largo da Ordem.

Txapela BAR
(☎ 3233-6810; www.txapela.com.br; Ébano Pereira 269; Tapas 4,76–60 R$; ⌚ 17–1 Uhr, So geschl.) Dieses Irrenhaus ist Curitibas *bar du moment*. Zwei Einheimische kamen nach ihrem Aufenthalt in Spanien mit Träumen von Tapas und *jamón serrano* zurück, die in ihren Köpfen weitertanzten. Und jetzt muss man hier sogar an einem Montag um 18.30 Uhr draußen Schlange stehen ...

Clube do Malte BAR
(www.clubedomalte.cm.br; Des Motta 2200; ⌚ Mo–Do 11.30–24, Fr & Sa bis 1 Uhr; 📶) Bierfans können sich freuen, denn dies ist eine der besten Adressen für Biere aus regionalen Kleinbrauereien. Besucher haben die Qual der Wahl zwischen zehn Fassbieren. Dazu gibt's empfehlenswerte Kneipenkost.

Vox CLUB
(Barão do Rio Branco 418; ⌚ Mi, Do 19–1, Fr & Sa 20–6 Uhr) Das Gebäude mit der kolonialen lachsfarbenen Fassade und einem Balkon voller Blumen ist sehr hübsch, aber die Leute in diesem Club sehen noch viel besser aus. Im Untergeschoss legen einheimische DJs Pop und Electro auf, während es oben bei Kerzenlicht und Antiquitäten in der eleganten Lounge mit den restaurierten klassischen Gemälden romantisch zugeht.

Bar Triângulo BAR
(Rua das Flores) In der 75 Jahre alten Bar kann man wunderbar Leute beobachten.

Unterhaltung

Opera de Arame THEATER
(☎ 3355-6071; João Gava, Parque Pedreira Paulo Leminski; ⌚ Di–So 8–22 Uhr) Die Glas-Metall-Kon-

struktion gehört zu Curitibas außergewöhnlichsten und auffälligsten Wahrzeichen. Das Theater liegt in dem Steinbruchpark und hat auch eine Freiluftbühne, auf der das ganze Jahr über nationale Künstler auftreten.

Sport

Curitibas Arena da Baixada wird in Vorbereitung auf die Fußball-WM 2014 für 234 Mio. R$ renoviert. Wenn sie 2014 neu eröffnet, sollen täglich sechs öffentliche Führungen angeboten werden. Sie ist das Heimatstadion des Vereins **Atlético Paranaense** (www.atleticoparanaense.com).

Orientierung

Das historische Stadtzentrum wird im Osten von der Praça Santos Andrade und dem nahe gelegenen hübschen Passeio-Público-Park begrenzt, im Westen von der Praça General Osório und der Rua 24 Horas. Die lebhafte Fußgängerzone Rua das Flores verläuft quer durch den alten Ortskern. Gleich nördlich davon erstreckt sich der Largo da Ordem, Curitibas koloniales Zentrum und der Mittelpunkt des Nachtlebens.

Praktische Informationen

In den hiesigen Touristenbüros gibt's zahlreiche Hochglanzbroschüren, Karten und zahlreiche hilfsbereite Mitarbeiter, die etwas Englisch sprechen. Der *rodoferroviária*-Touristenschalter liegt im Bahnhofsbereich hinter dem Busbahnhof und ist nicht mit dem unbedeutenden *rodoferroviária*-Infoschalter vor dem Busbahnhof zu verwechseln. Internetcafés (WLAN-Anschlüsse) werden in Curitiba immer seltener. In der Regel bieten die Unterkünfte WLAN und Internetzugang.

Banco do Brasil (Praça Tiradentes 410)

HSBC (XV de Novembro) Einer von zahlreichen Geldautomaten in der Fußgängerzone.

P.I.T. (Postos de Informações Turísticas, Touristeninformation; ☎ 3352-8000; www.turismo.curitiba.pr.gov.br; Rua 24 Horas) Filialen findet man am Flughafen (Ankunftshalle Flughafen; ⏲ 7–23 Uhr), an der rodoferroviária (Rodoferroviária; ⏲ 8–18 Uhr), auf der Praça Garibaldi (Praça Garibaldi 7; ⏲ Mo–Sa 9–18, So 9–16 Uhr) und am Oi Torre Panorâmica (Castro Vellozo 19, Oi Torre Panorâmica; ⏲ 10–19 Uhr, April–Nov. Mo geschl.).

Polícia Federal (☎ 3251-7500; www.dpf.gov.br; Sandália Monzon 210, Santa Cândida)

An- & Weiterreise

BUS & ZUG

Curitibas Busbahnhof und Bahnhof sind in einem Komplex aus drei Bereichen untergebracht, der **rodoferroviária** (☎ 3320-3121; www.rodoferroviaria.com.br; Av Pres Affonso Camargo 330) genannt wird. Dieser liegt 2 km südöstlich des Zentrums und wurde bei unserem Besuch gerade für 34 Mio. R$ renoviert. Fast alle Busunternehmen, die Ziele innerhalb von Paraná ansteuern, findet man hinter dem zweiten Bereich. Der Bahnhof erstreckt sich hinter den beiden Busbahnhofabschnitten.

Die Zugfahrt von Curitiba nach Paranaguá über die Serra do Mar ist einer der Höhepunkte der Brasilienreise.

FLUGZEUG

Der **Internationale Flughafen Afonso Pena** (CWB; ☎ 3381-1153; Av Rocha Pombo s/n, São José dos Pinhais) 18 km südöstlich des Centro bietet Verbindungen in Städte überall in Brasilien.

NICHT VERSÄUMEN

BITTE EINSTEIGEN!

Die Fahrt mit dem **Serra Verde Express** (☎ 3888-3488; www.serraverdeexpress.com.br; Estação Ferroviária) zwischen Curitiba und Morretes bietet einen grandiosen Ausblick auf furchterregende Gebirgsschluchten, tropisch-grüne Tiefebenen und den blauen Atlantik. Unterwegs erlebt man, wie sich Klima und Natur verändern: Das Wetter wird wärmer und schwüler, die Vegetation üppiger und grüner.

Der Zug startet jeden Tag um 8.15 Uhr in Curitiba und fährt durch die üppig grüne Serra do Mar hinunter in die historische Stadt Morretes, die er um 11.15 Uhr erreicht. Dabei überwindet er einen Höhenunterschied von 900 m. Zurück geht's montags bis samstags um 15 Uhr und sonntags um 16 Uhr. Paranaguá steuert der Zug an Wochenenden nur um 7.30 Uhr an. Die Rückfahrt erfolgt um 14 Uhr. Tickets der Economy-/Touristenklasse nach Morretes und Paranaguá kosten 57/74 R$. Wenn man in Curitiba losfährt, bietet die linke Seite die beste Aussicht (auf der Rückfahrt dementsprechend die rechte Seite). Leider lässt einem das Computer-Ticketsystem keine Wahl, sondern vergibt abwechselnd Tickets links oder rechts (viel Glück!). Im Sommer muss man seinen Platz unbedingt vorab reservieren. Preise und Abfahrtszeiten ändern sich häufig, deshalb auf jeden Fall vorher am Bahnhof oder auf der Website vorbeischauen.

BUSSE AB CURITIBA

ZIEL	PREIS (R$)	FAHRTDAUER (STD.)	UNTERNEHMEN
Asunción	144,50	14	Pluma (www.pluma.com.br)
Buenos Aires (AR)	321,50	34	Pluma (www.pluma.com.br)
Joinville	27	2	Catarinense (www.catarinense.net)
Morretes	18	1½	Graciosa (www.viacaograciosa.com.br)
Paranaguá	22	1½	Graciosa (www.viacaograciosa.com.br)
Florianópolis	65	4	Catarinense (www.catarinense.net)
São Paulo	94	6	Itapemirim (www.itapemirim.com.br)
Foz do Iguaçu	116	10	Catarinense (www.catarinense.net)
Porto Alegre	112	12	Pluma (www.pluma.com.br)
Rio de Janeiro	135	13	Penha (www.vendas.nspenha.com.br)
Santiago (CL)	382,50	54	Pluma (www.pluma.com)
Vila Velha	23	1½	Graciosa (www.viacaograciosa.com.br)

Die Preise gelten für *executivo-Busse* (falls vorhanden).

Unterwegs vor Ort

URBS (www.urbs.curitiba.pr.gov.br) ist für Curitibas hochmodernes Bussystem verantwortlich. Eine Fahrt im Stadtgebiet kostet 2,60 R$ (So 1 R$).

ZUM/VOM FLUGHAFEN

Alle 30 Minuten verkehrt der Aeroporto-Centro-Bus (2,60 R$, 30 Min.) von der Avenida 7 de Setembro zum Flughafen. Der noblere **Aeroporto Executivo** (☎3381-1326; www.aeroportoexecutivo.com.br; 10 R$) steuert zwischen 5.20 und 0.30 Uhr alle 15 bis 20 Minuten ausgewählte Haltestellen im Stadtzentrum an. Für Touristen am praktischsten sind der Busbahnhof, das Teatro Guaíra und die Receita Federal.

MORRETES

☎0XX41 / 16 000 EW.

Dieses ruhige Kolonialstädtchen in einer smaragdgrünen Ebene am Fuße der Serra do Mar wurde 1721 am Ufer des Rio Nhundiaquara gegründet. Seine hübschesten Kolonialgebäude verteilen sich rund um die Praça Lamenha Lins und in der Rua das Flores, dem kopfsteingepflasterten Fußweg am Fluss. Die **Touristeninformation** (☎3462-1024; Praça dos Imigrantes; ⏲Sa & So) ist in einem kleinen Kiosk gleich hinter dem Flussufer nahe der *pousada* Nhundiaquara untergebracht. Nicht weit von hier erhebt sich die große **Igreja Matriz** (Hauptkirche).

Eine kulinarische Besonderheit der Region ist der *barreado,* ein im Tongefäß geschmorter Fleischeintopf. Ursprünglich wurde das Gericht während des mehrtägigen Karnevals (Februar/März) gekocht, um die Feiernden zu verköstigen, inzwischen aber bekommt man es das ganze Jahr über.

Sehenswertes & Aktivitäten

Der Rio Nhundiaquara lässt sich mit Schlauchreifen befahren, die man im Dorf Porto de Cima in der Pousada do Oasis (18 R$ mit Transport) ausleihen kann.

Parque Estadual Marumbi NATURPARK

(☎3462-1155) Morretes größte Attraktion neben dem malerischen kolonialen Stadtzentrum ist der Parque Estadual Marumbi, ein Paradies für Kletterer und Naturfreunde. Hier erstreckt sich ein Netz alter Pionierwege, die im 17. und 18. Jh. die einzige Verbindung zwischen der Küste und dem Hochland darstellten.

Calango Expedições ABENTEUERTOUREN

(☎3462-2600; www.calangoexpedicoes.com.br; Estação Ferroviária; ⏲Mo–Sa 9–18, So bis 16 Uhr) Der nachhaltige Spezialist für Abenteuertouren bietet Outdoorausflüge an. Zu den Optionen zählen Kajakfahrten (60 R$, 1½ Std.) sowie Mountainbike- (60 R$, 3 Std.) und Jeeptouren (60 R$, 3 Std.) in der landschaftlich beindruckenden Umgebung.

Schlafen & Essen

Fast alle Restaurants liegen in der Largo Dr José Pereira am Flussufer und sind nur mittags geöffnet.

NICHT VERSÄUMEN

VILA VELHA

Vila Velha, auch als die „steinerne Stadt" bekannt, liegt im Campos Gerais, 93 km westlich von Curitiba. Kernstück des Parks sind die 23 im Laufe von Jahrmillionen entstandenen *aretinhas* (Sandsteinpfeiler). Die mysteriösen Felsformationen aus roter Erde – manche sehen wie Stiefel oder Flaschen aus – bilden vor dem Hintergrund des blauen Himmels und der grünen Vegetation bizarre Silhouetten.

Außerdem kann man in dem Park noch ein weiteres geologisches Wunder bestaunen: eine Reihe von *furnas* (Kratern), die infolge unterirdischer Erosion entstanden sind. Auf der 90-minütigen Bustour durch das Schutzgebiet hält man zunächst an der Lagoa Dourada, einer hübschen Lagune, in der es von verschiedenen Vögeln nur so wimmelt. Beim nächsten Stopp besichtigt man zwei klaffende, bis zu 54 m tiefe Krater.

Von Curitiba geht's mit einem **Princesa-dos-Campos-Bus** (www.princesadoscampos.com.br) nach Vila Velha (22,80 R$, 1½ Std.). Jeder Bus nach Ponta Grossa hält dort, aber am besten fährt man schon um 6, 7, 8.15 oder 9.45 Uhr los, um genug Zeit für die Besichtigung des ganzen Parks zu haben. Zunächst sollte man das dortige **Besucherzentrum** (☎ 0xx42-3228-1138; Brasilianer/Ausländer 18/25 R$; ⏲ Mi–Mo 8.30–17.30 Uhr) ansteuern, in dem ein einführendes Video gezeigt und Tickets für die verschiedenen Touren verkauft werden.

Hotel Nhundiaquara POUSADA $
(☎ 3462-1228; www.nundiaquara.com.br; General Carreiro 13; EZ Wochenende/in der Woche 80/60 R$, Zi. ohne Bad 80 R$, DZ/4BZ 120/200 R$; 📶) In erstklassiger Lage direkt am Flussufer erhebt sich das älteste Gebäude der Stadt. Es verfügt über schlichte holzvertäfelte Zimmer mit hohen Decken, schiefen Böden und engen Bäder samt spärlich fließendem Wasser, versprüht aber trotzdem einen gewissen altmodischen Charme und lädt zum Verweilen ein.

Das hauseigene Restaurant überzeugt mit seinen *barreado* (30 R$). Dieser wird auf einer schönen Terrasse im Kolonialstil serviert, von der man auf eine hübsche Biegung des Rio Nhundiaquara blickt. Frühstücken (die morgendliche Mahlzeit ist übrigens ziemlich nichtssagend) darf man dort leider nicht.

Pousada do Oasis POUSADA $
(☎ 3426-1888; www.pousadadooasis.com.br; Estradas das Prainhas, Porto de Cima; EZ/DZ 90/140 R$, Chalets 140–200 R$; ❄ @ 📶 🏊) Ein malerischer Fußweg führt zu den niedlichen geräumigen Chalets, die von Wald, blühenden Büschen und tropischem Flair umgeben sind und als großartige Basis zur Erkundung des Parque Estadual Marumbi dienen. Hier kann man auch Schlauchreifen ausleihen. Von Morretes fahren nur sporadisch Busse hierher, deshalb nimmt man besser ein Taxi (10–15 R$).

Estação Graciosa BRASILIANISCH $$
(☎ 3462-2009; Cons Sinimbú 271; Hauptgerichte für 2 Pers. 45–80 R$; ⏲ Di–Fr 11–16, Sa & So bis 18 Uhr) In einem blauen schindelgedeckten Haus gegenüber vom Bahnhof liegt das Estação Graciosa, das mit Folklorekunst und nicht gerade dazu passenden Möbeln eingerichtet ist. Von der geräumigen Veranda blickt man auf den Garten, in dem Zitronenbäume blühen – die perfekte Umgebung, um die örtlichen Spezialitäten zu genießen.

Restaurante Casarão BRASILIANISCH $$
(☎ 3462-1314; www.barreado.com.br; Largo Dr José Pereira 25; Hauptgerichte für 2 Pers. 39–87 R$; ⏲ Mo–Sa 11–15.30, So bis 17 Uhr) Ein gehobenes Restaurant, von dessen Balkon man auf den Fluss schaut.

ℹ An- & Weiterreise

Der Bahnhof befindet sich an einem hübschen Platz im Stadtzentrum. Hier startet der Serra Verde Express (S. 286) täglich um 15 Uhr und sonntags um 16 Uhr nach Curitiba. 1 km nördlich liegt der Busbahnhof. **Viação Graciosa** (www.viacaograciosa.com.br) verkehrt alle 30 Minuten nach Paranaguá (8 R$, 1 Std.) und Curitiba (15 R$, 1½ Std., 8–10-mal tägl.).

PARANAGUÁ

☎ 0XX41 / 140 500 EW.

Diese farbenfrohe alte Hafenstadt, die friedlich am Ufer des Rio Itiberê liegt, verströmt ein angenehmes Flair tropischer Dekadenz. Paranaguá spielte für den Handel seit Ende des 18. Jhs. eine wichtige Rolle, von der heute noch einige imposante Kirchen und öffentliche Gebäude zeugen. Viele wurden inzwischen sorgfältig restauriert. Für Besu-

Paranaguá

cher ist der Ort vor allem ein Ausgangspunkt zur Ilha do Mel und zum Parque Nacional do Superagüi.

Sehenswertes

Die kolonialen Kirchen der Stadt sind schlicht, aber beeindruckend. Mehrere Gebäude stammen aus dem 18. Jh., darunter die **Igreja São Francisco das Chagas** (15 Novembro s/n; Mo–Sa 9–11 & 14–18, So 14–18 Uhr) und die **Igreja de São Benedito** (Conselheiro Sinimbu s/n; 7–18 Uhr), die für Paranaguás Sklaven errichtet wurde.

Museu de Arqueologia e Etnologia MUSEUM
(Archäologie- & Ethnologiemuseum; 3721-1200; XV de Novembro 575; Mo–Fr 9–18, Sa & So bis 16 Uhr) GRATIS In einem Jesuitenkolleg aus dem 18. Jh. befindet sich dieses überraschend interessante kostenlose Museum. Es zeigt indigene Artefakte, primitive und Volkskunst sowie alte Werkzeuge und Maschinen.

Igreja de NS do Rosário KIRCHE
(Marechal Deodoro; 8–16 Uhr) Teile der ältesten kolonialzeitlichen Kirche der Stadt stammen aus dem Jahre 1578.

Schlafen & Essen

Ein vielfältiges Angebot preiswerter Gerichte in einem kolonialzeitlich dekorierten Food Court findet man im **Mercado Municipal del Café** (Carneiro 458; Mahlzeiten 12–40 R$; 6–18 Uhr).

Hotel Ponderosa HOTEL $
(3423-2464; Prescilinio Corrêa 68; EZ/DZ 50/70 R$, DZ mit Ausblick 80 R$;) Das restaurierte Kolonialgebäude an einer Ecke ist kaum zu übersehen. Mit seinen hohen Decken und langen Fluren erinnert es an eine großartige Vergangenheit. Die Zimmer mit Blick auf den Hafen sind besonders hübsch, weil sie viel Licht abbekommen und mit einem herrlichen Blick auf das Ufer punkten.

Paranaguá

Sehenswertes
1 Igreja de NS do Rosário B2
2 Igreja de São Benedito A1
3 Igreja São Francisco das Chagas C2
4 Museu de Arqueologia e Etnologia B2

Schlafen
5 Hostel Continente C2
6 Hotel Ponderosa C2

Essen
7 Danubio Azul C2
8 Gruta da Garoupa C2
9 Mercado Municipal del Café B2

Hostel Continente HOSTEL $
(3423-3224; www.hostelcontinente.com.br; Carneiro 300; B 38 R$, EZ ohne/mit Klimaanlage 60/70 R$, DZ 80/95 R$;) Saubere, aber kleine Schlafräume und Doppelzimmer in beneidenswerter Lage gegenüber dem Fährdock. Zu den Einrichtungen des HI-Hostels zählen ein Waschraum und eine Gemeinschaftsküche. Die hauseigene Bar ist ein beliebter lokaler Treffpunkt.

Gruta da Garoupa SELBSTBEDIENUNG $
(3423-3896; XV de Novembro 120; 24,90 R$ pro Kilo; Mo–Sa 11.15–14.15 Uhr) Das gehobene

por-kilo-Lokal bietet eine große Auswahl an hausgemachten Hauptgerichten – es gibt sogar braunen Reis! Kaffee und Nachtisch sind inklusive. Unbedingt *chico balanceado* probieren, wenn vorhanden. Dabei handelt es sich um eine optisch abstoßende, aber leckere Mischung aus Bananen, Baiser und *manjar branco* (Kokosnusspudding).

Danubio Azul

BRASILIANISCH, FISCH & MEERESFRÜCHTE **$$**

(www.restaurantedanubioazul.com.br; XV de Novembro 95; Hauptgerichte für 2 Pers. 28–84 R$, Pizza 25–40 R$; ⊙ Mo–Sa 11–15 & 19–24, So bis 15 Uhr) Paranaguás bestes Restaurant serviert hervorragenden Fisch. Spezialität des Hauses ist das schmackhafte Filet Mignon. Der weite Meerblick macht die langweilige Einrichtung wieder wett. Allerdings muss man quasi Bestechungsgeld bezahlen, um ein Gericht für eine Person zu bekommen. Budgetbewusste Traveller können preiswertere Pizza bestellen.

Praktische Informationen

Fumtur (☎ 3420-2940; www.fumtur.com.br; Av Arthur de Abreu 44; ⊙ Mo–Sa 8–18, So 11–14 Uhr) Die städtische Touristeninformation ist gut mit Broschüren und Karten zur Ilha do Mel ausgestattet. Im Busbahnhof befindet sich eine weitere Filiale (☎ 3420-2785; ⊙ 8–18 Uhr).

HSBC (Faria Sobrinho 371) Gebührenfreier Geldautomat.

An- & Weiterreise

Boote von **Abaline** (☎ Pontal do Sul 3455-2616; www.abaline.com.br; Paranaguá-Fähranleger) fahren den ganzen Tag über zur Ilha do Mel (einfach/hin & zurück 16/32 R$). Unterwegs halten sie in Nova Brasília (1½ Std.) und in Encantadas (2 Std.). Während der Hochsaison geht's in Paranaguá um 8.30, 9.30, 11, 13, 15, 16.30 und 18 Uhr los, während der Nebensaison lediglich um 8.30 und 15.30 Uhr.

Boote zum Parque Nacional do Superagüi (25 R$, 1 Std.) starten zwischen 14.30 und 15 Uhr von vier Docks nordöstlich des Ilha-do-Mel-Piers. Nach Guaraqueçaba (20 R$, 9 Uhr, 2 Std.), wo sporadisch Fähren nach Superagüi ablegen, verkehren Boote von drei Docks südwestlich des Ilha-do-Mel-Piers.

Vom **Busbahnhof** (☎ 3420-2925) am Ufer fahren ganztägig Viação-Graciosa-Busse (S. 287) nach Curitiba (19 R$, 1½ Std.) und Morretes (4 R$, 1 Std.). An Sonntagen startet der Serra Verde Express (S. 286) nach Paranaguá (5 Std.). Die Abfahrt in Curitiba erfolgt um 7.30 Uhr, zurück geht's um 13.30 Uhr.

ILHA DO MEL

☎ 0XX41 / 1100 EW.

Die wie eine Sanduhr geformte Insel am Eingang zur Baía de Paranaguá ist der urtümlichste und malerischste Ort für einen Strandurlaub im gesamten Süden Brasiliens. Sie verfügt über wilde Strände, gute Wellen zum Surfen und malerische Küstenwanderwege. Ihre Ruhe und den geringen Grad der Erschließung verdankt sie zum Teil ihrer isolierten Lage. Die Ilha do Mel ist nur per Boot zu erreichen. Sandige Wege durchziehen das Eiland, auf dem es kein einziges Auto gibt. Stattdessen verursachen Brasiliander, die auf Fahrrädern Surfbretter transportieren, und verzückte Ausländer in neuen Havaianas Verkehrsstaus auf den hübschen Pfaden.

Die üppigere nördliche Hälfte der Insel ist ein ökologisches Reservat, eine Tour ins Landesinnere ist dort verboten. Im hügligeren südlichen Teil liegen drei kleine Dörfer: Nova Brasília und Praia do Farol in der Nähe der Landenge und Encantadas an der äußersten Südspitze.

In den Sommerferien fallen Scharen junger Leute auf der Insel ein und es kann recht rowdyhaft zugehen. Die meiste Zeit aber dient die Ilha do Mel – der Name bedeutet nicht zu Unrecht „Honiginsel" – als Refugium für Surfer, Camper, Strandurlauber und Traveller, die Ruhe und Einfachheit suchen.

Sehenswertes

Die pittoreske, aus den 1760er-Jahren stammende verlassene **Fortaleza de NS dos Prazeres** (Festung Unserer Lieben Frau der Freuden) liegt 3 km von Nova Brasília entfernt hinter der Praia da Fortaleza. Nachdem man sie besichtigt hat, kann man zum Ausguck hinaufsteigen, der einen unglaublichen Blick auf die Bucht bietet.

1872 wurde auf Geheiß von Dom Pedro II. der **Farol das Conchas** (Leuchtturm von Conchas) errichtet. Er steht auf dem Gipfel eines Hügels am östlichsten Punkt der Insel. Hier genießt man einen Panoramablick über das Eiland, die Bucht und die Serra do Mar und unvergessliche Sonnenuntergänge.

Der Legende nach wohnen in den kleinen Höhlen an der Südspitze der Ilha do Mel, den **Grutas das Encantadas**, schöne Meerjungfrauen, die alle verzaubern, die sich in ihre Nähe wagen. Von Encantadas und der Praia da Fora ist der Weg zu den Höhlen markiert.

ABSEITS DER ÜBLICHEN PFADE

PARQUE NACIONAL DO SUPERAGÜI

Der Nationalpark in der Baía de Paranaguá umfasst die Inseln Superagüi und Peças und gehört zum 4700 km² großen Schutzgebiet für Atlantischen Regenwald in den Bundesstaaten Paraná und São Paulo, das 1999 von der Unesco zum Weltnaturerbe erklärt wurde. Es gibt hier Mangrovenwälder und Salzmarschen, in denen eine erstaunliche Vielfalt an Vogel- und Pflanzenarten gedeiht, darunter zahlreiche Orchideen sowie Kolibris, Tukane, Rosalöffler und hübsche Purpurtangare. Allabendlich kehren bei Sonnenuntergang Hunderte – manchmal auch Tausende – Rotschwanzamazonen zurück zu ihren Schlafplätzen im Blätterdach auf der Insel **Papagaio**. In den Gewässern zwischen der Ilha do Superagüi und der Ilha do Mel werden oft Delfine gesichtet. Andere Säugetiere wie Agutis, Pakas, Rehe, Brüllaffen und Pumas sind da scheuer. Zudem ist das Schutzgebiet ein Refugium der gefährdeten Schwarzkopflöwenäffchen, die sich jedoch nur selten zeigen.

Besucher dürfen den Nationalpark leider nicht betreten, können aber mit Motorbooten um die Inseln herumfahren. Die Touren starten an der Ilha do Mel und im winzigen Fischerdorf **Barra do Superagüi**, einer der wenigen Siedlungen innerhalb des Schutzgebietes. Es lohnt sich, einen Tag in dem vom Tourismus noch relativ unberührten Dorf zu verbringen.

Montags bis samstags zwischen 14.30 und 15 Uhr verkehrt eine Fähre von Paranaguá (25 $, 3 Std.) zur Ilha do Superagüi. Man kann sein Glück auch mit den sporadischen Booten ab Guaraqueçaba (45 Min.) oder den Wassertaxis von der Ilha do Mel versuchen. Ein privates Boot für bis zu fünf Personen kostet mindestens 250 R$. Um die Überfahrt im Voraus zu arrangieren, wendet man sich an Dalton in der **Pousada Superagüi** (☎ 3482-7149; www.pousadasuperagui.com.br; Principal s/n; Zi. pro Pers. 40 R$; @).

Aktivitäten

Wer die Inseln in der Nähe erkunden möchte, kann ein Boot mieten. Die Ilha do Superagüi (400 R$ hin und zurück, 40 Min.) und die Ilha das Palmas (400 R$ hin und zurück) erreicht man mit **Táxi Náutico** (☎ 9128-9769) von der Praia do Farol aus. Zur Ilha das Peças verkehren Boote (300 R$, 4–5 Std.), die am selben Dock starten wie die Inselfähre in Nova Brasília.

Surfen & Schwimmen

Auf der Ilha do Mel mangelt es nicht an Stränden. An denen in der Bucht schwappt warmes Wasser an weißen Sand, während die dem Ozean zugewandten Abschnitte mit großen Wellen aufwarten. Fast alle Sandstreifen sind unberührt und nur durch windgepeitschte Dünen, bewaldete Hügel sowie Felsvorsprünge begrenzt. Die **Praia da Fora** und die **Praia Grande** liegen 20 Gehminuten (2 km) von Nova Brasília bzw. 40 Gehminuten (4 km) von Encantadas entfernt. Nach Auskunft der einheimischen Surfer gibt's dort im Winter die besten Breaks von ganz Paraná.

Die **Praia do Farol** ist der lange Sandstrand zwischen der Anlegestelle von Nova Brasília und dem Farol das Conchas. Dahinter erstreckt sich ein sumpfiges, grasbewachsenes geschütztes Gebiet mit *retinga*, die auch die natürliche Schönheit des Strands bewahrt. Surfer treffen sich am Fuße des Hügels und wagen sich an die legendären **Ondas das Paralelas**.

Wer sich nicht auf ein Surfbrett stellen will, zieht vielleicht die ruhigeren, wärmeren Gewässer der Strände an der flachen Bucht vor. Im Norden liegt die oft menschenleere **Praia da Fortaleza**, wo man im Schatten der portugiesischen Festung aus dem 18. Jh. baden kann. Die **Praia da Fora** ist der beste Strand in der Nähe der Siedlung Encantadas, denn es gibt dort große Wellen und ein paar Stände, an denen man *cerveja* (Bier) und *sucos* (Fruchtsäfte) bekommt.

SUP Paradise SURFEN, STEHPADDELN
(☎ 3426-8196; www.astraldailha.com.br; ⏲ 10–18 Uhr) Dieser gut organisierte Veranstalter bei der Pousada Astral da Ilha in Vila do Farol ist die richtige Adresse für Surfunterricht (80 R$ pro Std.) und Kurse im Stehpaddeln (120 R$ pro Std.).

Radfahren

Mit dem Fahrrad kann man der Hitze besser entfliehen und landet schneller am Strand.

Eduardo FAHRRADVERLEIH
(☎ 3426-8076; 10/40 R$ pro Std./Tag) Hinter der Mercearia da Trilha in der Nähe von Vila do Farol werden Strandräder ohne Gangschaltung vermietet. Achtung: Wegen gro-

Ilha do Mel

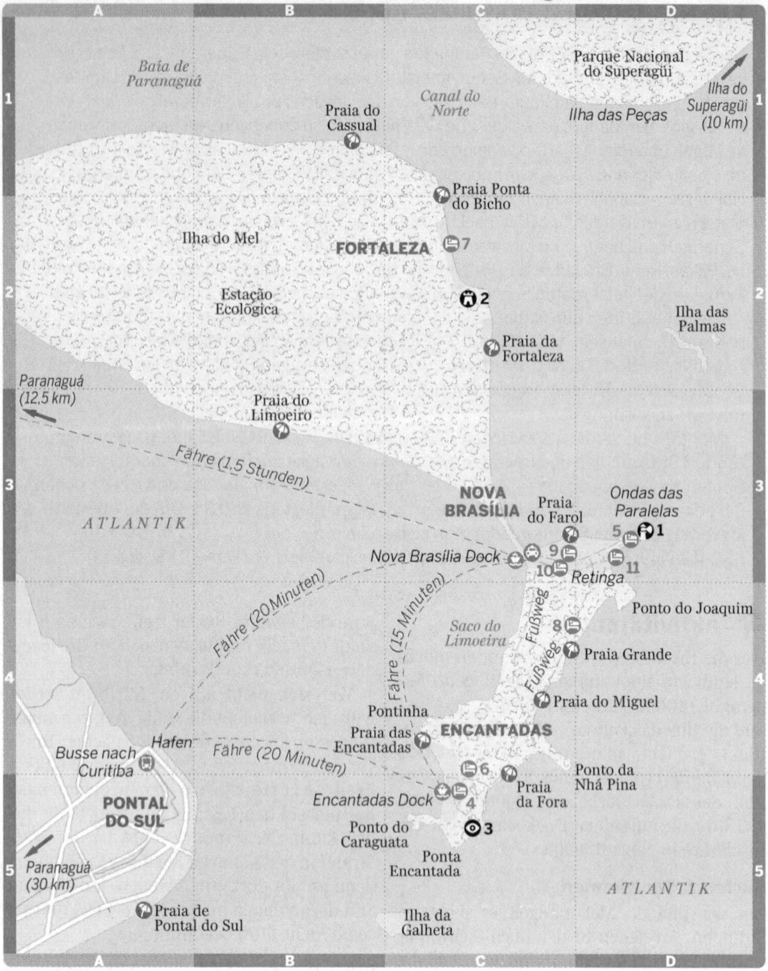

Ilha do Mel

Sehenswertes

1 Farol das Conchas ... D3
2 Fortaleza de NS dos Prazeres ... C2
3 Grutas das Encantadas ... C5

Schlafen

4 Caraguatá ... C5
5 Enseada das Conchas ... D3
6 Fim da Trilha ... C4
7 Fortaleza Pousadas ... C2
8 Grajagan Surf Resort ... C4
9 Pousada das Meninas ... C3
10 Pousadinha Ilha do Mel ... C3
11 Treze Luas ... D3

ßer Felsbrocken auf dem Weg kommt man nicht mit dem Rad bis Encantadas.

Schlafen & Essen

In den wenigen **pousadas** (Pensionen) rund um Fortaleza kann man im Sommer den Menschenmassen entfliehen, allerdings ist man dort gut eine Stunde zu Fuß und 3 km vom Pier in Nova Brasília entfernt. Fällt der Besuch in die Ferien oder auf ein Sommerwochenende, sollte man seine Unterkunft unbedingt vorab reservieren. Zwischen April und November gibt's Preisnachlässe zwischen 20 und 50 %.

Nova Brasília & Praia do Farol

★ Pousada das Meninas POUSADA **$$**
(3426-8023; www.pousadadasmeninas.com.br; Zi. mit/ohne Bad 170/230 R$, Chalets 280 R$;) Diese *pousada* wurde aus Treibholz und Recyclingmaterial gebaut. Sie verbindet den Charme eines Gästehauses mit der Herzlichkeit einer Familie. Die einfachen, aber geschmackvollen Zimmer liegen um einen netten Garten mit Hängematten und überaus kitschiger Dekoration.

Pousadinha Ilha do Mel POUSADA **$$**
(3426-8026; www.pousadinha.com.br; Zi. 90–260 R$, Zi. ohne Bad 80–120 R$;) In dem neuen Anbau der Unterkunft befinden sich schicke Zimmer, die aus regionalem Hartholz errichtet wurden und mit Hängematten sowie solargeheiztem Wasser ausgestattet sind. Sie zählen zu den besten auf der Insel. Alles ist ein bisschen beengt, aber komfortabel. Das auch öffentlich zugängliche hauseigene **Restaurant** lockt mit Pasta und Meeresfrüchten (Hauptgerichte für 2 Pers. kosten 58–79 R$).

Marimar Farol HOSTEL **$$**
(3426-8032; www.hostelmarimar.com.br; B 60 R$, Zi. mit Ventilator 175 R$, mit Klimaanlage 210 R$;) Vom Anleger in Nova Brasília kommt man als Erstes zu diesem HI-Hostel mit angenehmen, rustikalen Privatzimmern samt Holzbrettwänden sowie Vierbettzimmern. Absolutes Highlight ist die riesige Terrasse mit einem Blick über die schöne Vegetation bis zum Meer.

Treze Luas POUSADA **$$**
(3426-8067; www.pousadatrezeluas.com.br; Zi. ohne/mit Klimaanlage 200/300 R$, zum Strand 350 R$;) Skurrile Kunstwerke und Bettwäsche bringen frische Farbe in die bezaubernde *pousada*. Das Treze Luas wartet mit glänzenden Wänden aus gebeiztem Holz, kühlen Fliesenböden und einigen privaten Balkonen auf. Zum Strand hin gibt's ein paar neue Zimmer und im Gemeinschaftsbereich stehen ein Flachbildfernseher sowie moderne Möbel. Von einer gemeinschaftlichen Veranda blickt man auf einen behelfsmäßigen Zengarten, in dem grellrote Brasiltangare gehalten werden. Das Ganze wäre perfekt, würde der Unmut dieser Vögel den Gästen nicht entgegenschlagen, wenn es ihnen an Mindestverpflegung mangelt.

Enseada das Conchas POUSADA **$$**
(3426-8040; www.pousadaenseada.com.br; EZ/DZ/3BZ 210/280/370 R$;) Die vier geräumigen Zimmer der schicken Pension sind bunt gestrichen und die Dekoration folgt Themen wie „Sonnenaufgang“ oder „Aquamarin“. Auf der breiten Terrasse mit Liegestühlen und einem Strohdach fläzen sich etwa zwölf Katzen. Die *pousada* liegt nur ein paar Schritte vom Leuchtturm und dem besten Surferstrand der Insel entfernt.

★ Mar e Sol
BRASILIANISCH, FISCH & MEERESFRÜCHTE **$**
(Praça Felipe Valentim; Mahlzeiten 14–22 R$; 11–22 Uhr) Im Mar e Sol auf dem Weg zum Leuchtturm bekommt man köstlichen Fisch, Krabben- oder Krebs-*moquecas* (Meeresfrüchteeintopf für 75–120 R$ für 2 Pers.), Meeresfrüchterisottos und günstigere Tagesgerichte. Hauspapagei Junior gibt Empfehlungen. Leider werden die besten Gerichte nicht für eine Person zubereitet, d. h. Einzelreisende sind hier an der falschen Adresse.

Praia Grande & Praia da Fora

★ Grajagan Surf Resort POUSADA **$$$**
(3426-8043; www.grajagan.com.br; EZ/DZ ohne Meerblick 253/390 R$, mit Meerblick 400/620 R$;) Wohlhabende Surfer, die das Leben genießen wollen, treffen mit der *pousada* eine hervorragende Wahl. Die indonesisch inspirierten Räumlichkeiten sind bei Weitem die luxuriösesten der Insel. Jedes Zimmer verfügt über einen Balkon und eine Hängematte mit Meerblick. Obwohl das Grajagan mit seinen 26 Zimmern die größte Unterkunft der Ilha do Mel ist, merkt man davon nichts, wenn man sich unter einer der vielen versteckten Duschen im Freien abbraust oder durch die grüne, umweltfreundliche Anlage streift. Die skurrile Surferbar und das gehobene **Restaurant** (großartige Vollkornteigpizzas für 43–59 R$) warten mit wunderbar detailreichen Holzschnitzereien sowie einem beeindruckenden Mosaikfußboden (zwei Jahre akribischer Arbeit) auf und stehen auch Nichtgästen offen.

Encantadas

Trotz der Partyszene am Strand kommt Encantadas ruhiger und familienorientierter daher als Nova Brasília. Die beiden Orte liegen 4,5 km auseinander und der Weg ist kompromisslos der Sonne ausgesetzt.

Hostel Encantadas Ecologic HOSTEL $
(☎ 9142-8087; hostel_ecologic@hotmail.com; Encantadas; B 30 R$, Zeltstellplatz 50 R$, DZ mit/ohne Bad 90/70 R$; 📶) 🍃 Ilha do Mels preiswerteste Unterkunft ist eine farbenfrohe und ökologisch nachhaltige Option, aber aufgrund schlechter E-Mail-Kommunikation sind Reservierungen schwierig.

Marimar Encantadas HOSTEL $$
(☎ 3426-9052; www.hostelmarimar.com.br; Encantadas; B/EZ/DZ/3BZ 60/150/175/245 R$; @📶) Das beliebte Hostel gegenüber dem Strand von Encantadas bietet mit einem großzügigen Frühstück, gemütlichen Gemeinschaftsbereichen, einer Gemeinschaftsküche und einer Strandterrasse das beste Preis-Leistungs-Verhältnis auf der Insel. Vor Ort kann man Fahrräder und Surfbretter leihen (10/30 R$ pro Std./Tag).

O Recanto do Francês II. POUSADA $$
(☎ 3426-9105; www.recantodofrances.com.br; EZ/DZ 140/150 R$; 📶) In Sachen Charme und Preis-Leistungs-Verhältnis hat uns die nur wenige Schritte vom Mar-do-For-Strand gelegene *pousada* voll und ganz überzeugt. Sie punktet mit einem herrlichen Garten und wird von sympathischen französischen Besitzern geführt, die tolle Crêpes machen (nachmittags). Whisky, der blinde Yorkshireterrier, kann wunderbar Fußball spielen. Das günstigere **Recanto I.** ist 200 m näher am Strand, besitzt aber weniger Flair.

★ **Fim da Trilha** POUSADA $$$
(☎ 3426-9017; www.fimdatrilha.com.br; EZ/DZ 245/350 R$; ❄@📶) 🍃 Vom Weg zu den Grutas das Encantadas zweigt ein kurvenreicher Pfad ab, der zu diesem ökologisch nachhaltigen Paradies führt. Die geräumige Terrasse zieren blühende Grünpflanzen und sprudelnde Fontänen und die Zimmer sind geschmackvoll eingerichtet. Das öffentlich zugängliche **Restaurant** ist das beste der Insel und wartet mit einer hervorragenden scharfen Paella auf, die – man staune – auch in Einzelportionen (37–46 R$) gereicht wird.

Caraguatá POUSADA $$$
(☎ 3426-9097; www.caraguata-ilhadomel.com.br; Encantadas; DZ ab 320 R$; ❄@📶) 🍃 Nur einen Katzensprung von der Anlegestelle entfernt verteilen sich die mit Blumenkästen und Grünpflanzen geschmückten hübschen Chalets des Caraguatá. Die gemütlichen Zimmer sind unterschiedlich groß, haben aber alle gebeizte Holzdecken, weiß getünchte Wände und blütenweiße Bettwäsche. Das von einem liebenswerten argentinisch-brasilianischen Pärchen geführte Haus ist eine der wenigen Luxusoptionen.

Praça de Alimentação FISCH & MEERESFRÜCHTE $
(Mar da Fora; Hauptgerichte 15–40 R$; ⏲11–18 Uhr; 👪) Dieser Restaurantkomplex am Strand südlich von Encantadas serviert einfache, frische und preiswerte Mittagsgerichte. Samstagabends wird bis spät in die Nacht *forró* (Volksmusik aus dem Nordosten) gespielt.

Shams NAHÖSTLICH $
(Hauptgerichte 8–15 R$; ⏲So–Fr 13–24, Sa bis 2 Uhr) Yassir, dessen Eltern aus dem Libanon stammen, hat ein paar Plastiktische auf den Sand gestellt und verkauft jetzt wie am Fließband köstliche Schawarma, Falafel, hausgemachte Burger und – einen Trommelwirbel bitte – Banoffee Pie (britischer Bananen-Toffee-Kuchen)!

ℹ Orientierung

Fast alle Unterkünfte befinden sich in Nova Brasília, das beide Inselhälften miteinander verbindet, und an der Praia do Farol, dem sich östlich anschließenden Strand. Am östlichsten Punkt steht als Orientierungspunkt ein Leuchtturm auf einem *morro* (Hügel). Die kleine Siedlung Encantadas liegt am Südende der Insel; sie ist der dem Festland nächste Punkt. Ein 6 km langer Weg an der Ostküste erstreckt sich zwischen den beiden Ortschaften und führt an unerschlossenen Stränden wie der Praia da Fora, der Praia do Miguel und der Praia Grande vorbei.

ℹ Praktische Informationen

Es gibt auf der Insel keine Banken, Geldautomaten und Apotheken. Touristenbüros findet man bei den Anlegestellen in **Nova Brasília** (☎ 3254-1516; www.turismo.pr.gov.br; Fähranleger, Nova Brasília; ⏲9–19 Uhr) und **Encantadas** (Encantadas; ⏲8–18 Uhr).

Ilha do Mel Online (☎ 3426 8065; www.ilhadomelonline.com; 9 R$ pro Std.; ⏲9–21 Uhr) Das hübsche blaue Haus auf dem Weg zwischen Nova Brasília und Farol das Conchas bietet Internetzugang, Crêpes, den besten Espresso der Insel, Ferienzimmer und Infos über die Insel.

ℹ An- & Weiterreise

Am Fähranleger gegenüber der Touristeninformation in Paranaguá starten im Sommer um 8.30, 9.30, 11, 13, 15, 16.30 und 18 Uhr Boote (32 R$ hin & zurück) des Unternehmens Abaline (S. 290). In der Nebensaison verkehren sie nur um 8.30 und 15.30 Uhr. Zuerst steuern sie Nova Brasília (1½ Std.), dann Encantadas (2 Std.) an. Zurück zum Festland nach Paranaguá geht's von Nova Brasília um 7.30, 8.30, 10.30, 13.30, 15.30, 17 und 18.30 Uhr, von Encantadas jeweils eine halbe Stunde früher.

Viação Graciosa (S. 288) bietet täglich sechs Fährverbindungen von Curitiba nach Pontal do Sul (28 R$, 2½ Std.) auf dem Festland gegenüber von Encantadas, von wo man in 30 Minuten nach Nova Brasília oder Encantadas (24 R$ hin & zurück) übersetzen kann. Während der Hochsaison starten in Pontal von 8 bis 20 Uhr und von Ilha do Mel zwischen 7 und 20 Uhr alle 30 Minuten Boote. In der Nebensaison fahren sie stündlich.

Für sperriges Gepäck steht ein ganzes Bataillon holzkarrenschiebender Träger bereit. Der Transport von Nova Brasília bis Farol kostet 25 R$ und bis zur Praia Grande 35 R$.

Unterwegs vor Ort

Wer dem Fußweg an der Küste entlang von Nova Brasília bis nach Encantadas folgt, muss dafür 1½ Stunden einplanen. Alternativ nimmt man die Inselfähre (einfach/hin & zurück 8/15 R$, 20 Min., 7–9-mal tgl.). Vorsicht: Auf den Pfaden in der Nähe von Fortaleza und der Estação Ecolõgica sollte man sich vor Schlangen in Acht nehmen – unser Autor wurde dort 45 Minuten lang am Weiterkommen gehindert!

IGUAÇU-FÄLLE & UMGEBUNG

☎ 0XX45 / 256 000 EW.

Der Rio Iguaçu entspringt in den Küstengebirgen von Paraná und Santa Catarina und schlängelt sich über 600 km Richtung Westen. Unterwegs münden ein paar Dutzend Nebenflüsse in ihn, sodass sich seine Fluten majestätisch ausbreiten. Er beschreibt einen Bogen durch die prächtige Waldlandschaft, ehe er schließlich an den Iguaçu-Fällen tosend in die Tiefe stürzt.

Tausende Jahre bevor die Kaskaden von den Europäern „entdeckt" wurden, waren sie eine heilige Begräbnisstätte der Tupi-Guarani und der Paraguas. 1541 stieß der Spanier Don Alvar Nuñes auf die Wasserfälle und taufte sie „Saltos de Santa María". Der Name setzte sich allerdings nicht durch, stattdessen hielt sich die Bezeichnung der Tupi-Guaranis: Iguaçu (Große Wasser). 1986 erklärte die Unesco das Gebiet zum Weltnaturerbe und 2011 folgte eine weitere Auszeichnung als eines der sieben neuen Naturwunder.

Iguaçu-Fälle

0 — 5 km

Foz do Iguaçu

In den 18 Jahren, als der 1982 fertiggestellte Itaipu-Staudamm gebaut wurde, erlebte die brasilianische Stadt Foz do Iguaçu eine Periode schnellen Wachstums. Damals stieg die Bevölkerungszahl um mehr als das Fünffache und es ging hier sehr rau zu. Mittlerweile hat sich die Lage aber beruhigt.

Geführte Touren

Wer beide Seiten der Wasserfälle an einem Tag sehen will, ohne dass es hektisch wird, kommt nicht um eine geführte Tour herum. Fast alle Hotels in Foz do Iguaçu bieten Ausflüge nach Argentinien für rund 130 R$ an. Wenn man den Trip trotzdem lieber auf eigene Faust unternehmen möchte, spart man 30 R$ und ein paar Stunden.

Macuco Ecoaventura/ Safari BOOTSTOUREN, WANDERUNGEN
(☎ 3529-9665, 3574-4244; www.macucosafari.com.br; Brasilien) Bootsausflüge und Wanderungen auf der brasilianischen Seite.

Iguazú Jungle Explorer BOOTSTOUREN
(☎ 42-1696; www.iguazujungle.com; Argentinien) Flussabenteuer auf der argentinischen Seite.

Schlafen

In der Avenida das Cataratas auf dem Weg zu den Wasserfällen liegen Ketten- und Standardhotels. Wenn die gewählte Unterkunft nicht ausgebucht ist, sollte man versuchen, einen besseren Preis auszuhandeln.

★ **Hostel Natura** HOSTEL $
(☎ 3529-6949; www.hostelnatura.com; Av das Cataratas, Km 12,5; Zeltstellplatz/B pro Pers. 28/40 R$,

Foz do Iguaçu

Foz do Iguaçu

Schlafen

1 Favela Chic D5
2 Hotel Del Rey A1
3 Hotel Rafain Centro C3
4 Hotel Rouver C5
5 Pousada Sonho Meu A1

Essen

6 Beduinos B4
7 Chef Lopes B3
8 Famiglia Maran B2
9 Oficina do Sorvete B4
10 Trapiche B3
11 Tropicana A3
12 Vó Bertila C3

Ausgehen & Nachtleben

13 Capitão Bar B5
14 Rafain Chopp B5
15 Zeppelin Old Bar D5

DZ/3BZ ohne Bad 105/110 R$, 3 BZ 150 R$; ❄📶🏊) 12 km von der Stadt entfernt auf dem Weg zu den Wasserfällen liegt das Natura an einem herrlichen Fleckchen inmitten kleiner Seen und üppiger Vegetation. Draußen findet man jede Menge Platz zum Relaxen und eine quirlige Bar. Der Service ist erstklassig und umfasst Beförderungsmittel, Abendessen sowie andere Extras.

Pousada Sonho Meu POUSADA **$**
(☎3573-5764; www.pousadasonhomeufoz.com.br; Mem de Sá 262; DZ/3BZ 160/200 R$; ❄@📶🏊) Von außen sieht es aus wie ein Verwaltungsgebäude, aber drinnen erwartet die Gäste eine echte Oase, kaum 50 m vom lokalen Busbahnhof entfernt. Die Zimmer sind einfach mit Bambus dekoriert, der wunderbare Pool lockt mit einer Mini-*catarata* (Wasserfall) und es gibt einen Frühstücksbereich sowie eine Gästeküche im Freien. Überall herrscht eine herzliche Atmosphäre. Es wird nur Bargeld akzeptiert.

Während der Hochsaison gehören keine Einzelzimmer zum Angebot, aber in der Nebensaison können Alleinreisende hier für 80 R$ übernachten.

Favela Chic HOSTEL **$**
(☎3027-5060; www.favelachichosteliguassu.com; Raul de Mattos 78; Zeltstellplatz pro Pers. 18 R$, B ab 35 R$, EZ/DZ 90/110 R$, mit Gemeinschaftsbad 50/80 R$; ❄@📶) Der warmherzige britische Auswanderer Nick ist das Herz und die Seele dieses künstlerisch inspirierten Hostels, das Pluspunkte für seine gesellige Bar und die englischen Pfannengerichte zum Frühstück bekommt. Kein Witz: Im Garten hinter dem Haus bietet ein ausgesprochen gemütlicher Lieferwagen Schlafplätze für zwei Personen. Außerdem kann man seit Kurzem neue Doppelzimmerhütten im Hippieschick buchen.

Hotel Rouver HOTEL **$**
(☎3574-2916; www.hotelrouver.com.br; Av Jorge Schimmelpfeng 872; EZ/DZ/3BZ ab 90/110/150 R$; ❄@📶🏊) Das vor nicht allzu langer Zeit renovierte Rouver hat etwas von der Atmosphäre eines Boutique-Hotels. Es wartet z. B. mit einem kostenlosen Abholservice vom Flughafen, Kabelfernsehen und einem einfachen kontinentalen Frühstück auf.

Hotel Del Rey HOTEL **$$**
(☎2105-7500; www.hoteldelreyfoz.com.br; Tarobá 1020; EZ/DZ ab 255/290 R$; ❄@📶🏊) Eine gastfreundliche, saubere, angenehme Unterkunft mit geräumigen, komfortablen Zimmern, hervorragenden Einrichtungen und einem riesigen Frühstücksbüfett.

Hotel Rafain Centro HOTEL **$$**
(☎3521-3500; www.rafaincentro.com.br; Deodoro 984; EZ/DZ 270/345 R$; ❄@📶🏊) Diese renovierte Viersternebleibe ist ansprechender als die meisten Megahotels der Stadt. Sie besitzt Stil und Sinn für künstlerische Details. Die Angestellten sind freundlich und die einfachen Zimmer verfügen über große Balkone. Darüber hinaus gibt's einen Pool und eine Terrasse. Gelegentlich können sich die Gäste über erhebliche Preissenkungen freuen.

★ **Hotel das Cataratas** HOTEL **$$$**
(☎2102-7000; www.hoteldascataratas.com; Zi. ohne/mit Wasserfallblick ab 1000/1405 R$, Suiten ab 1530 R$; ❄@📶🏊) Auf der argentinischen Seite bietet das Sheraton einen spektakulären Blick, muss sich in Sachen Geschmack und (Orient-Express-)Stil aber dieser hinreißenden noblen Unterkunft geschlagen geben, die in der Gegend rund um die Wasserfälle ihresgleichen sucht. Das grandiose rosafarbene Kolonialgebäude liegt innerhalb des Parque Nacional do Iguaçu direkt gegenüber dem Hauptweg zu den Kaskaden. Bei seiner Renovierung 2010 wurde das Hotel um ein Spa (Massage ab 260 R$) und ein Fitnesscenter erweitert. Der brasilianische, in Spanien ausgebildete Nachwuchsküchenchef bereitet in dem schickeren der beiden Restaurants auf dem Gelände kreative Gerichte wie Cerrado-Wildschwein und Alligatorterrine zu, die im nüchternen Itapu-Speisesaal (wenn er denn geöffnet ist) kredenzt werden. Große Zimmer mit Hartholzfußböden und blau geflieste Bäder sorgen für Entspannung. Auch der Pool kann sich sehen lassen.

Essen

Die beste Küche und den besten Service bietet Puerto Iguazu in Argentinien. Wir empfehlen das **La Rueda** (www.larueda1975.com).

Tropicana CHURRASCARIA **$**
(www.pizzariareopicana.com.br; Kubitschek 228; Büfett 22 R$; ⏲11–16 & 19–23 Uhr) Ein tolles All-you-can-eat-Restaurant für Sparsame.

Famiglia Maran SELBSTBEDIENUNG, BÜFETT **$**
(☎3027-1212; Barroso 1968; 19,20 R$ pro Kilo; ⏲24 Std.) In der Bäckerei und Cafeteria werden alle Geschmäcker zufriedengestellt. Zum Angebot gehören Sandwiches, Pastagerichte, reichhaltige warme Speisen und ein unwiderstehliches Suppenbüfett (16,50 R$, 18–5.30 Uhr).

Beduinos NAHÖSTLICH **$**
(www.beduinos.com.br; Deodoro 755; Hauptgerichte 7–19 R$; ⌚Di–So 18–24 Uhr) Foz' libanesische Gemeinde ist die zweitgrößte des Landes nach der in São Paulo. Spezialitäten der nahöstlichen Küche bietet dieser großartige arabische Imbiss, darunter Schawarma und *esfihas* (Teig mit Rindfleischfüllung mit Gemüse und Hummus). Die Einrichtung ist nichts Besonderes, aber es gibt einen hübschen und beliebten Innenhof.

Oficina do Sorvete CAFÉ **$**
(www.oficinadosorvete.com.br; Av Jorge Schimmelpfeng 244; Sandwiches/Eiscreme pro Kilo 37,50/39,50 R$; ⌚13–1.30 Uhr; 📶👪) Gegen die Hitze helfen fast 50 farbenfrohe Eiscremesorten, deren Bandbreite von traditionellen *(doce de leite)* über exotische *(jabuticaba)* bis hin zu recht kuriosen (Red Bull) Geschmacksrichtungen reicht.

★ **Vó Bertila** PIZZERIA **$$**
(www.vobertilla.com.br; Bartolomeu de Gusmão 1116; Pizza 17–57 R$, Pasta für 2 Pers. 39–68 R$; ⌚18–24 Uhr) Dieses legere, familiengeführte Lokal wartet mit großen Holzofenpizzas und authentischen Pastagerichten auf. Es ist ein gemütlich mit Hartholz eingerichtetes bodenständiges italienisches Restaurant – davon findet man in Brasilien viele ausgezeichnete. Platzt meist aus allen Nähten.

Trapiche BRASILIANISCH, FISCH & MEERESFRÜCHTE **$$$**
(☎3527-3951; Deodoro 1087; Hauptgerichte für 2 Pers. 85–129 R$; ⌚Mo–Sa 17–1, So 12–24 Uhr) Dank der riesigen Portionen *moqueca* und anderer großartiger Meeresfrüchteeintöpfe wird man hier mehr als satt – jedenfalls wenn die Küche tatsächlich wie oben aufgeführt geöffnet ist. In die teuersten Kreationen kommen Hummer und Austern (die einen langen Weg vom Meer hinter sich haben, aber nichtsdestotrotz köstlich schmecken). Jeden Abend gibt's ein großes Meeresfrüchtebüfett (79,90 R$), falls man sich bei dieser ozeanischen Vielfalt nicht für ein Gericht entscheiden kann.

Chef Lopes BRASILIANISCH **$$$**
(www.cheflopes.com.br; Barroso 1713; Hauptgerichte 26–94 R$; ⌚11.30–15.30 & 18–23.30 Uhr; 📶) Gemütlich ist etwas anderes, aber der riesige Essraum bietet ein *por-kilo*-Mittagsbüfett (39,90 R$), von dem die Einheimischen schwärmen. Außerdem wird das Chef Lopes sogar den Gästen des Hotel das Cataratas für ein Abendessen empfohlen, als einziges Restaurant in Foz. Auf der Speisekarte stehen zahlreiche verhältnismäßig günstige Gerichte mit argentinischen Steaks wie *bife do chorizo* und frischer lokaler Fisch wie *congrio* und *surubi*.

🍷 Ausgehen & Nachtleben

Nachts konzentriert sich die Action auf die Avenida Jorge Schimmelpfeng. Dort findet man lebhafte Innenhofbars für die Abendstunden und Clubs, in denen Tanzwütige bis zum Morgen feiern können. Gut einläuten lässt sich die Nacht z. B. im **Rafain Chopp** (Av Jorge Schimmelpfeng 450; ⌚16–3 Uhr; 📶) und in der **Capitão Bar** (☎3572-1512; www.capitaobar.com; Av Jorge Schimmelpfeng 288; Pizza 25 R$; 📶).

★ **Zeppelin Old Bar** LIVEMUSIK
(www.zeppelinoldbar.com; Raul Mattos 222; Verzehrgebühr 4–20 R$; ⌚Di–Sa 21 Uhr bis spät; 📶) Tolle Bar mit hervorragenden Cocktails und Livemusik. Donnerstags und samstags versammeln sich hier die Ortsschönheiten.

ℹ Orientierung

Die von Norden nach Süden führende Avenida Brasil ist die Hauptstraße der Stadt. 4,5 km nordöstlich davon liegt der Fernbusbahnhof. Vom lokalen Busbahnhof unmittelbar nördlich der Avenida República Argentina gelangt man zum Flughafen (15 km südöstlich) und zum Parque Nacional do Iguaçu (17 km südöstlich).

Südlich von Foz do Iguaçu bildet der Zusammenfluss des Rio Paraná mit dem Rio Iguaçu das Dreiländereck zwischen Paraguay, Brasilien und Argentinien (durch Obelisken markiert). Die Ponte Presidente Tancredo Neves überspannt den Rio Iguaçu 6 km außerhalb des Zentrums und verbindet Brasilien mit dem argentinischen Puerto Iguazú. Gleich nördlich des Stadtzentrums führt die Ponte da Amizade über den Rio Paraná hinüber in die schäbige paraguayische Stadt Ciudad del Este, Brasiliens Shoppingparadies.

ℹ Praktische Informationen

Fast alle Hotels und Hostels bieten ihren Gästen Internetzugang, überdies steht im Zentrum von Foz WLAN frei zur Verfügung. Überall in der Stadt stößt man auf Banken und Wechselstuben.

Banco do Brasil (Brasil 1377) Geldautomaten und Geldwechsel.

Correios (www.correios.com.br; Praça Getúlio Vargas 72; ⌚Mo–Fr 9–17 Uhr)

Hospital Municipal (☎3521-1951; Adoniran Barbosa 370; ⌚24 Std.)

HSBC (Xavier da Silva 660) Gebührenfreier Geldautomat. Es gibt eine weitere Filiale in der Avenida Brasil 1131.

Polícia Federal (☎3576-5500; www.dpf.gov.br; Av Paraná 3471)

PIT (☎0800-45-1516; www.iguassu.tur.br; Av das Cataratas 2330, Vila Yolanda; ⌚7–23 Uhr) Karten und detaillierte Infos über die Gegend. Das Hauptbüro befindet sich Richtung Wasserfälle in der Avenida das Cataratas außerhalb der Stadt in Vila Yolanda und ist mit der Buslinie 120 zu erreichen. Außerdem gibt's Filialen am Flughafen (☎0800-45-1516; www.iguassu.tur.br; Aeroporto Internacional de Foz do Iguaçu/Cataratas; ⌚8–22 Uhr), am Fernbusbahnhof (☎0800-45-1516; www.iguassu.tur.br; Av Costa e Silva 1601; ⌚7–18 Uhr) und am lokalen Busbahnhof (☎0800-45-1516; www.iguassu.tur.br; Kubitschek 1310; ⌚7.30–18 Uhr).

An- & Weiterreise

BUS

Der **Fernbusbahnhof** (☎3522-3336; Av Costa e Silva 1601) liegt 4,5 km außerhalb des Zentrums.

In der Tabelle unten stehen einige Abfahrtszeiten und *executivo*-Preise (falls vorhanden).

FLUGZEUG

Bei unserem Besuch wurde der **Internationale Flughafen Cataratas** (IGU; ☎3523-4244) in Foz gerade restauriert. Von hier bestehen tägliche Verbindungen nach Lima, Rio, Salvador, São Paulo, Campinas, Curitiba und Porto Alegre. Wer sich bei der Anreise im Flugzeug auf der linken Seite einen Platz sucht, genießt einen schönen Blick auf die Wasserfälle.

Unterwegs vor Ort

Im Nahverkehr kostet eine Busfahrt 2,90 R$. Der lokale Busbahnhof ist als **TTU** (Terminal Turístico Urbano; Av Juscelino Kubitschek) bekannt.

VOM/ZUM BUSBAHNHOF

Die Linien 105 und 115 (2,90 R$) legen die 6 km zwischen dem Fern- und dem lokalen Busbahnhof in der Innenstadt zurück (beim TTU starten sie am Ala 3). Ein Taxi schlägt mit 15 R$ zu Buche.

GÜNSTIG NACH BUENOS AIRES

Wer die Preise der Nachtbusse nach Buenos Aires vergleicht, sollte wissen, dass es wesentlich billiger ist, von Brasilien aus zu reisen als von Puerto Iguazú auf der argentinischen Seite, wo man statt 210 R$ umgerechnet 351 R$ berappen muss. Allerdings starten die Busse in Argentinien häufiger und bieten mehrere Serviceklassen.

VOM/ZUM FLUGHAFEN

Bus 120 „Aeroporto/Parque Nacional" fährt von 5.25 bis 24 Uhr alle 22 Minuten zum Flughafen (2,90 R$, 30 Min.) und zu den Kaskaden auf der brasilianischen Seite (40 Min.). Er verkehrt vom TTU und jeder Haltestelle in der Avenida Juscelino Kubitschek südlich von Barbosa. Die Linie 120 „Centro/TTU" fährt vom Flughafen zum Centro (der Ausgang befindet sich ganz hinten links; man halte nach dem blauen „Ônibus"-Schild Ausschau).

Wagen am offiziellen Taxischalter in der Ankunftshalle kosten 45 R$ zum Centro und 20 R$ zum Park.

VON/ZU DEN WASSERFÄLLEN

Auf der brasilianischen Seite der Wasserfälle nimmt man den Bus mit der Aufschrift „Aeroporto/P Nacional" (2,90 R$) bis zum Parkeingang. Er steuert den TTU und jede Haltestelle in der Avenida Juscelino Kubitschek sowie in der Avenida Jorge Schimmelpfeng an.

Die argentinische Seite erreicht man mit dem Bus nach Puerto Iguazú (4 R$, 1 Std.), der zwischen 7.15 und 19 Uhr (So ab 8 Uhr) alle 15 Minuten (So alle 30 Min.) in der Mem de Sá gleich gegenüber dem örtlichen Busterminal startet. Vom Busbahnhof in Puerto Iguazú bietet **Río Uruguay** (www.riouruguaybus.com.ar) Verbindungen zu den Wasserfällen (60 A$ hin & zurück, 30 Min.).

BUSSE AB FOZ DO IGUAÇU

ZIEL	PREIS (R$)	FAHRTDAUER (STD.)	UNTERNEHMEN
Asunción	54	5	NSA (www.nsa.com.py)
Buenos Aires	210	19	Crucero del Norte (www.crucerodelnorte.com.ar)
Campo Grande	124	15	Eucatur (www.eucatur.com.br)
Curitiba	115	10	Catarinense (www.catarinense.net)
Florianópolis	140	12	Pluma (www.pluma.com.br)
Rio de Janeiro	230	23	Kalowa (www.expressokaiowa.com.br)
São Paulo	165	14	Kalowa (www.expressokaiowa.com.br)

Parque Nacional do Iguaçu (Brasilien)

Am unübersehbaren Eingang zum **Parque Nacional do Iguaçu** (☎3521-4400; www.cataratasdoiguacu.com.br; Eintritt Ausländer/Mercosul/Brasilianer 41,10/32,85/24,60 R$; ⏲8.30–17 Uhr) gibt's Toiletten, Geldautomaten, Schließfächer, Souvenirläden und jede Menge Parkmöglichkeiten. Wer ein Ticket erstanden hat, wird an Bord eines kostenlosen Doppeldeckerbusses gelotst. Um zu den Wasserfällen zu kommen, fährt man bis zur dritten Haltestelle, die sich am Hotel das Cataratas (S. 297) befindet. Ab hier folgt man der **Trilha das Cataratas**, dem „Wasserfallweg". Der 1200 m lange Pfad am Ufer des Iguaçu entlang endet an der **Garganta do Diablo**. Dann geht's mit dem Panoramaaufzug nach oben, wo man einen tollen Blick auf die Kaskaden genießt. Vor Ort führt ein kurzer Weg an der Straße entlang zur **Porto-Canoas-Haltestelle** mit einem netten Restaurant, das ein ausgezeichnetes Mittagsbüfett (45 R$) anbietet, und einem preiswerteren Imbissstand. Beide haben Sitzplätze auf einer hübschen Terrasse, von denen man auf die Sandbänke des Flusses blickt.

Achtung: An den Wasserfällen ist es immer nass, Wasser aber verstärkt das Sonnenlicht – darum Regenzeug *und* Sonnencreme mitnehmen. Insektenschutzmittel ist ein Muss auf jedem Wanderweg. Ach ja: Auf der brasilianischen Seite ist der Sonnenstand zum Fotografieren vormittags günstig.

Aktivitäten

Bootstouren

Viele behaupten, dass man die Wasserfälle erst richtig kennenlernt, wenn diese mit ihrer ganzen Wucht auf einen herabregnen. Von beiden Seiten der Grenze bringen Boote Wagemutige unter die Kaskaden.

Macuco Safari (☎3574-4244; www.macucosafari.com.br; 140 R$ pro Pers.) bietet auf brasilianischem Boden die spektakuläre Gelegenheit dazu. Der Ausflug beginnt mit einer 3 km langen Fahrt durch den Dschungel. Un-

WEITERREISE NACH ARGENTINIEN & PARAGUAY

Viele Nationalitäten dürfen ohne Visum nach Argentinien und Paraguay einreisen, darunter auch Deutsche, Österreicher und Schweizer. Dennoch ist es ratsam, aktuelle Infos einzuholen, bevor man die Grenze überquert. Wer Fragen hat, kann sich an das **Argentinische Konsulat** (☎3574-2969; www.mrecic.gov.ar; Travessia Bianchi 26; ⏲Mo–Fr 10–15 Uhr) bzw. an das **Paraguayische Konsulat** (☎3523-2898; Deodoro 901; ⏲Mo–Fr 8.30–12.30 & 13.30–16 Uhr) in Foz wenden.

Nach Puerto Iguazú, Argentinien

Achtung: Kaum ein Busfahrer wartet an der brasilianischen Einwanderungsbehörde, bis die Grenzformalitäten erledigt sind, deshalb muss man ein Ticket verlangen, dann den Pass abstempeln lassen und anschließend den nächsten Bus nehmen. Aufgepasst, denn die Fahrer fragen zwar meistens, ob jemand auf der brasilianischen Seite aussteigen muss, allerdings auf Portugiesisch oder auf Spanisch, und manchmal vergessen sie es auch. Viele Traveller verpassen die Haltestelle und bekommen später ernsthafte Scherereien bei der Wiedereinreise, müssen z. B. heftige Strafgebühren zahlen.

Bei Tagesausflügen auf die argentinische Seite der Fälle sollte man keinesfalls seine Einreisegenehmigung für Brasilien vergessen, denn man verlässt das Land und muss sie bei den brasilianischen Behörden abgeben. Auf der Rückreise bekommt man eine neue. An der argentinischen Einwanderungsbehörde halten die Busse immer und die Fahrer warten, bis alle Passagiere die Formalitäten erledigt haben. Obwohl die Grenzen 24 Stunden geöffnet sind, verkehren die Busse nur bis 19 Uhr. Also muss man unbedingt die vorletzte Linie zurück nach Brasilien nehmen, ansonsten kommt danach kein Bus mehr, mit dem man nach Erledigung der Grenzformalitäten weiterreisen kann.

Nach Ciudad del Este, Paraguay

Zur Grenze gelangt man mit einem der Busse, die in der Avenida Juscelino Kubitschek gegenüber dem TTU (S. 299; 3,60 R$, 30 Min.) starten, oder per Taxi. Dort lässt man seinen Reisepass stempeln und fährt mit dem nächsten Bus oder Taxi nach Ciudad del Este oder geht zu Fuß über die Ponte da Amizade (Freundschaftsbrücke).

terwegs erklärt der englischsprachige Guide Travellern die Flora und Fauna des Parks. Der zweite Teil ist ein kurzer Spaziergang (600 m) zum kleinen Wasserfall Salto de Macuco, wo man ein bisschen planschen kann. Schließlich geht's an Bord eines Zodiacs, mit dem man eine 4 km lange Fahrt durch flaches Wasser und Stromschnellen und unter dem als „drei Musketiere" bekannten Wasserfall hindurch unternimmt. Ja, dabei wird man nass! Die Bootsfahrt dauert 30 Minuten, der gesamte Ausflug zwei Stunden.

Macuco Safari hat außerdem einen gemütlicheren dreieinhalbstündigen Bootsausflug oberhalb der Fälle im Programm.

Man erreicht den Veranstalter, indem man an der zweiten Haltestelle aus dem Doppeldeckerbus aussteigt.

Wandern

In Begleitung eines vom Park gestellten Führers (es gibt auch englischsprachige Guides) können Besucher Wanderungen unternehmen. Wer der **Trilha Poço Preto** (☎3529-9627; www.macucoecoaventura.com.br; 135 R$ pro Pers.) folgen möchte, einem 9 km langen Weg, der in der Nähe des Eingangs beginnt (den Bus an der ersten Haltestelle verlassen) und an der kleinen, vogelreichen Lagoa do Poço Preto endet, muss sich an Macuco Safari (S. 300) wenden. Eine kurze Bootsfahrt und (optional) eine Kajaktour machen den gut durchorganisierten Ausflug komplett. Der Rückweg führt über die **Trilha das Bananeiras** ; man kann sich aber auch zurückbringen lassen.

Abenteuersport

Abenteuerlustigen bietet **Cânion Iguaçu** (☎3529-6040; www.campodedesafios.com.br) die Möglichkeit, von Baumkrone zu Baumkrone zu balancieren (Arvorismo, 70 R$), sich abzuseilen (70 R$) und zu raften (80 R$; Stromschnellen der Klassen II–III je nach Wasserstand). Der Eingang befindet sich bei der dritten Bushaltestelle gegenüber dem Hotel das Cataratas.

Parque Nacional Iguazú (Argentinien)

In dem **Schutzgebiet** (☎054-3757 491 469; www.iguazuargentina.com; Erw./Kind 85/45 AR$; ⏲8–18.30 Uhr, Sept.–März bis 17.30 Uhr) auf der argentinischen Seite kann man ebenfalls eine Menge unternehmen, wobei man weite Strecken zu Fuß zurücklegen muss. Im riesigen Eingangsbereich gibt's diverse Serviceeinrichtungen wie Gepäckschließfächer, einen Geldautomaten und ein Restaurant. Der Gebäudekomplex grenzt an einem Bahnhof, vom dem alle 30 Minuten Züge zur Cataratas-Station fahren. Dort beginnen der Wasserfall- und der Höhenwanderweg zur **Garganta del Diablo**.

> **PESOS BITTE!**
>
> Beim Ticketkauf für den Parque Nacional Iguazú (Argentinien) werden weder Kreditkarten, noch Euros, Dollars oder Reais akzeptiert. Entweder wechselt man Geld in Foz oder zieht am Eingangstor zum Park Geld aus dem Automaten. Es gibt innerhalb des Schutzgebietes noch einen weiteren Bankautomaten, allerdings steht dieser hinter den Kassen.

Aktivitäten

Bootstouren

Viele behaupten, dass man die Wasserfälle erst richtig kennenlernt, wenn sie mit ihrer ganzen Wucht auf einen herabregnen. Von beiden Seiten der Grenze bringen Boote Wagemutige unter die Kaskaden, doch auf der argentinischen Seite ist dieses Abenteuer deutlich billiger.

Iguazú Jungle Explorer (S. 301) hat zwei Ausflüge im Programm. Die einstündige Gran Aventura (310 A$) umfasst eine 8 km lange Jeepfahrt durch den Dschungel und eine 6 km lange Bootstour den Iguazú hinunter. Dabei erlebt man hautnah den Salto San Martin und die Garganta del Diablo. Los geht's stündlich an der Touristeninformation beim Eingang.

Wer sich dagegen hauptsächlich für die „Wasserfalltaufe" interessiert, kann auch die kürzere Aventura Nautica (150 AR$) wählen. Die zwölfminütige Fahrt beginnt am Anleger gegenüber der Isla San Martín (alle 20 Min.). Die Tour beinhaltet eine schnelle Fahrt durch den Canyon und eine kräftige Dusche. Für Kameras und andere Geräte bekommt man Schutztaschen. Alles, was nicht darin verstaut ist, wird klatschnass, auch man selbst!

Tickets gibt's am Parkeingang oder im Büro von Iguazú Jungle Explorer in der Nähe der Estación Cataratas.

Wandern

Wer den Regenwald im Nationalpark erkunden möchte, sollte beim **Centro de Visitantes** (☎0xx54-3757-49-1445) unweit des

Eingangs Halt machen und sich nach dem Sendero Macuco erkundigen. Der rund 7 km lange Weg ist eine der wenigen Möglichkeiten, das Schutzgebiet auf eigene Faust kennenzulernen. An sechs Stationen kann man Erläuterungen zur Flora lesen, zu der Bambus, Palmitos und Pionierpflanzen gehören. In diesen Teilen des Parks leben Säbelpipras, Riesentukane und eine Gruppe Brauner Kapuziner. Der Weg endet am **Arrechea-Wasserfall**, einer 20 m hohen Kaskade, die unten ein hübsches, natürliches Becken ausgehöhlt hat.

Frühmorgens ist die beste Zeit für eine Wanderung. Die Tour muss vor 16 Uhr (im Winter 15 Uhr) angetreten werden.

Itaipu-Staudamm

Am Paraná-Fluss 14 km nördlich von Foz liegt der **Itaipu-Staudamm** (☎ 0800-645-4645; www.turismoitaipu.com.br; Tancredo Neves 6702; Panorama-/Sondertour 22/56,10 R$; ⌚ reguläre Tour stdl. 8–16 Uhr), der sich ein Kopf-an-Kopf-Rennen mit dem Drei-Schluchten-Damm in China um den Rang des größten Wasserkraftwerks der Welt liefert.

Die Zahlen beeindrucken, denn die Dammanlage ist fast 9 km lang und über 200 m hoch. Der bei der Errichtung verwendete Beton würde ausreichen, um eine zweispurige Autobahn von Moskau nach Lissabon zu bauen. Auf dem Höhepunkt der Bautätigkeit arbeiteten die Handwerker in einem atemberaubenden Tempo – ihre Leistung hätte ausgereicht, um stündlich ein 20-stöckiges Bürohochhaus hochzuziehen. Kein Wunder also, dass der Spaß stolze 18 Mrd. US$ verschlang!

Der Bau des Damms rief heftige Kontroversen hervor. Kritiker des Projekts schätzen, dass etwa 700 km² Wald durch seine Errichtung vernichtet oder geschädigt wurden. Mehrere Pflanzenarten sind ausgestorben. Viele Siedlungen der indigenen Guarani und Tupi wurden zerstört, ebenso wie die eindrucksvollen Sete-Quedas-Wasserfälle. Auf der anderen Seite beträgt die Gesamtkapazität des Kraftwerks 14 000 MW sauberen Stroms. Um die gleiche Strommenge in einem ölbetriebenen thermoelektrischen Kraftwerk zu erzeugen, bräuchte man täglich 434 000 Barrel Öl, fast 5 Mio. Liter – und würde so Unmengen an Kohlendioxid in die Atmosphäre schleudern.

Itaipu Binacional, die brasilianisch-paraguayische Behörde, die den Damm verwaltet, hat versucht, auf derartige Kritik möglichst umsichtig zu reagieren. Sie rief mehrere innovative Programme ins Leben: Tiere, die durch die Überflutung ihren Lebensraum verloren, wurden umgesiedelt, es gab Wiederaufforstungsprogramme und Gemeinden, die vom Bau betroffen waren, erhielten Entschädigungen.

Das für Öffentlichkeitsarbeit des Itaipu-Staudamms zuständige Team tat alles, um die Leistung der Anlage ins beste Licht zu rücken. Teilnehmer der regulären Tour *(visita panorâmica)* bekommen dementsprechend jede Menge Propaganda zu hören. Auf einen kurzen Film folgt die Besichtigung der zentralen Aussichtsterrasse, von der man einen Panoramablick auf den Komplex genießt. Alle Infos gibt's auf Portugiesisch und Englisch. Wer sich für die Technik des Staudamms interessiert, sollte sich dem sehr interessanten **Spezialrundgang** (*circuito especial;* Mindestalter 14 Jahre; 8, 8.30, 10, 10.30, 13.30, 14, 15.30 und 16 Uhr) anschließen. Während der zweistündigen Führung wird man faszinierende Details zu dieser beeindruckenden Ingenieurleistung erfahren.

Wenn man wissen will, wie das technische Meisterwerk die örtliche Flora und Fauna in Mitleidenschaft gezogen hat, kann man das **Ecomuseu** (Erw./Stud. 8,80/4,40 R$; ⌚ Di–So 8–16.30 Uhr) besuchen.

Zum Itaipu-Staudamm fahren die Buslinien 101 und 102 (2,90 R$, 30 Min.). Sie starten alle 15 Minuten am TTU (S. 299) in Foz do Iguaçu.

Santa Catarina

6,25 MIO.

Inhalt ➡

Gut essen

- ➡ Bistrô Santa Marta (S. 313)
- ➡ Urucum (S. 327)
- ➡ Bar do Arante (S. 315)
- ➡ Basement English Pub (S. 320)

Schön übernachten

- ➡ Janela de Márcia (S. 312)
- ➡ Pousada Natur Campeche (S. 314)
- ➡ Pousada La Roca (S. 326)
- ➡ Quinta do Bucanero (S. 327)
- ➡ Tucano House (S. 312)

Auf nach Santa Catarina

Das Leben ist ein Strandparadies. Dies trifft zumindest auf diesen sonnigen Bundesstaat zu, der mit einer 560 km langen, spektakulären Küstenlinie aufwartet: Verlassene Sandstreifen findet man im Süden der Ilha de Santa Catarina, ein tolles Nachtleben im Norden der gleichen Insel. Wellenreiter sind in den Dörfern Guarda do Embaú und Praia do Rosa südlich von Florianópolis richtig. Santa Catarina hat aber noch mehr als Strand und Sonne zu bieten. Im Landesinneren ist der starke Einfluss der deutschstämmigen Bewohner zu spüren. Am offensichtlichsten wird er während des Oktoberfests von Blumenau mit Volkstanz, Akkordeonspiel und Bier – alpenländische Architektur und frisches Bräu kann man jedoch das ganze Jahr über genießen. Wie auch die anderen südlichen Bundesstaaten hat Santa Catarina einen der höchsten Lebensstandards in Brasilien und eine gute Infrastruktur. Bei all den blonden, blauäugigen Menschen vergisst man manchmal, dass man immer noch in Lateinamerika ist!

Reisezeit

Florianopolis

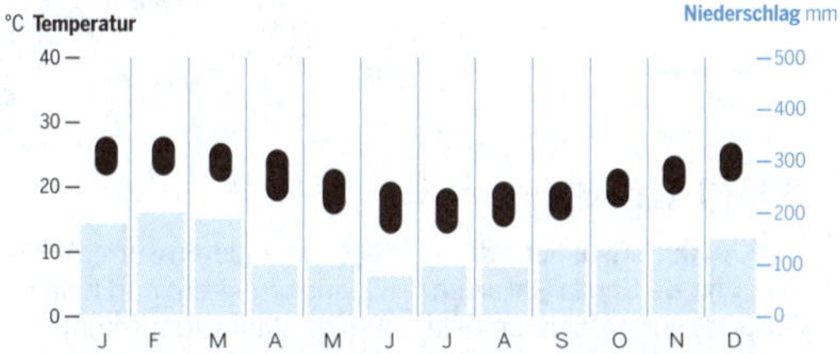

Jan., Feb. & Okt. Ob Sommer- oder Oktoberfest: In Blumenau gibt's immer Bier und Bratwurst.

März & April Auch nach dem Karneval scheint in Florianópolis noch die Sonne.

Juni & Juli In der Serra Geral wird der Winter gefeiert – schön brasilianisch kitschig.

Geschichte

In den 1820er-Jahren erkannte das unabhängige Brasilien die Bedeutung dieser Region an der Grenze zwischen spanischem und portugiesischem Amerika. Der Kaiser lud deutschsprachige Einwanderer ein, den Landstrich zu besiedeln. Gleichzeitig dienten sie ihm im Falle eines spanischen Aufstands als Puffer. Die deutschen Neuankömmlinge – und die Italiener, die ihnen folgten – machten sich nie die typische Plantagenkultur des Nordostens zu eigen. Stattdessen schufen sie ein Wirtschaftssystem, das auf familiengeführten Farmen basierte. Dieses macht sich in Santa Catarina noch heute in einer Politik der Chancengleichheit und einer gerechten Einkommensverteilung bemerkbar.

ℹ Anreise & Unterwegs vor Ort

Florianópolis ist der Verkehrsknotenpunkt des Bundesstaates, Bus- und Flugverbindungen gibt's zu allen größeren Städten Brasiliens. Von Joinville gehen Direktflüge nach São Paulo, von wo aus Anschluss in andere Großstädte besteht. Die meisten Ziele innerhalb Santa Catarinas sind von Florianópolis per Bus gut zu erreichen.

ILHA DE SANTA CATARINA

Die Ilha de Santa Catarina hat eine lebhafte und abwechslungsreiche Küstenlinie, von den sanften, überfüllten Buchten des Nordens bis zu den wilden, von Klippen eingerahmten Stränden des Südens. Doch es sind nicht nur die Strände, die diese bezaubernde Insel ausmachen. Ein geschützter Kiefernwald schirmt die Ostküste ab, während die Dünen nahe der Praia da Joaquina eine regelrechte Mondlandschaft bilden. Schroff fällt der Gebirgsrücken mit üppiger Mata Atlântica (Atlantischem Regenwald) bis zur lieblichen Lagoa da Conceição hin ab.

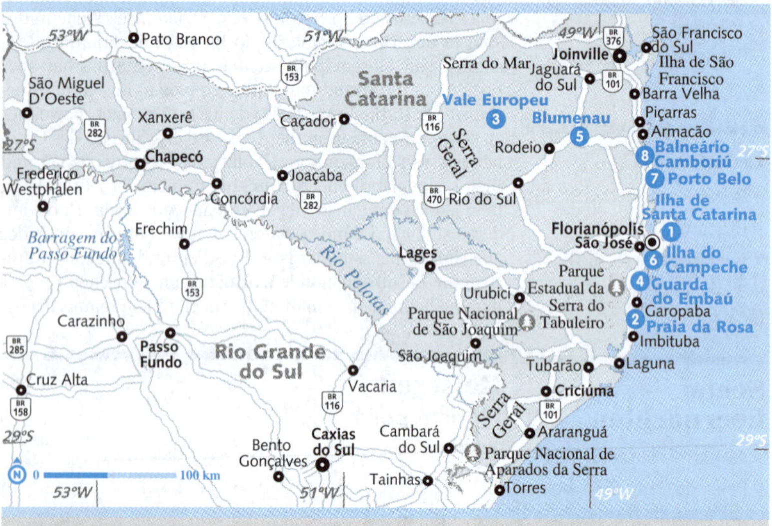

Highlights

1 An der Küste der schönen **Ilha de Santa Catarina** (S. 304) surfen, schnorcheln und Sonne tanken.

2 Die Surferszene im atemberaubenden **Praia do Rosa** genießen (S. 325).

3 Santa Catarinas Biertraditionen im **Vale Europeu** (S. 322) kennenlernen.

4 Mit anderen Surfern und Sonnenanbetern durch den Rio da Madre zum Traumstrand von **Guarda do Embaú** (S. 325) waten.

5 Das drittgrößte Oktoberfest der Welt in **Blumenau** (S. 318) erleben.

6 Im kristallklaren Wasser vor der herrlichen **Ilha do Campeche** (S. 314) schnorcheln.

7 Am **Porto Belo, Bombas** und **Bombinhas** (S. 324) „Strand, wechsle dich" spielen.

8 Durch den amüsanten Parque Unipraias in **Balneário Camboriú** (S. 322) von Strand zu Strand ziehen.

Eigentlich gehört die gesamte Insel zu Florianópolis, doch es ist das Zentrum Floripa, auch bekannt als Centro, das die politische Machtzentrale von Santa Catarina, Südbrasiliens Kulturhauptstadt und das Tor zum Rest der Insel bildet. Andere *bairros* (Viertel) wirken mitunter wie unabhängige kleine Städte mit eigener Infrastruktur und Persönlichkeit.

Zwischen Weihnachten und Anfang März sollte man sich auf Menschenmassen und teure Preise einstellen. Außerhalb der Hochsaison können die Preise dann um 20 bis 40 % fallen.

Florianópolis

☎ 0XX48 / 421 000 EW.

Florianópolis (Floripa) hat zwei Gesichter. Auf dem Festland liegt das Industriegebiet mit den Bezirken Estreito und Coqueiros. Jenseits der Bucht befinden sich auf der Insel das historische Stadtzentrum und das schicke Viertel Beira-Mar Norte. Zwei malerische Brücken verbinden die beiden Stadthälften miteinander. Die alte Hängebrücke Ponte Hercílio Luz ist für den Verkehr nicht mehr geöffnet, doch erhellt sie noch immer den Nachthimmel und dient als prägendes Wahrzeichen der spektakulären Skyline von Floripa.

Darüber hinaus ist Florianópolis ein praktischer Verkehrsknotenpunkt: Von hier aus sind alle 42 Strände der Insel innerhalb einer Autostunde zu erreichen.

Sehenswertes & Aktivitäten

Mit ihren schattigen Wegen und einem rund 100 Jahre alten Feigenbaum ist die einladende **Praça XV de Novembro** Mittelpunkt dieser Stadt.

★ Museu Histórico de Santa Catarina MUSEUM

(☎ 3028-8091; www.mhsc.sc.gov.br; Praça XV de Novembro 227; Eintritt 2 R$; Di–Fr 10–18, Sa & So bis 16 Uhr) Zu Kolonialzeiten diente das Geschichtsmuseum als Gouverneurspalast. Die kunstvollen Parkettböden und fantastischen Decken aus dem 19. Jh. sind absolut sehenswert.

Schlafen

In Florianópolis herrscht ein Mangel an günstigen Unterkünften. Allerdings purzeln die Preise außerhalb der Hochsaison (Dez.–März) enorm; dann werden auch Mittelklassehotels erschwinglich. Die wenigsten Reisenden bleiben jedoch mehr als eine Nacht, denn das eigentliche Highlight sind die Strandbezirke ringsum.

Centro Sul Hotel HOTEL $

(☎ 3222-9110; www.centrosulhotel.com.br; Praça Hercílio Luz, 652; EZ/DZ/3BZ 98/129/159 R$; ❄@📶) Der Zahn der Zeit hat bereits ordentlich an dieser komfortablen, kitschigen Budgetunterkunft genagt, die kurz CSH genannt wird, aber die Zimmer sind sauber und die Preise in Ordnung, selbst in der Hauptsaison. Der Besitzer kann ein bisschen abschreckend sein, doch die übrigen Mitarbeiter sind sehr hilfsbereit.

Floripa Hostel – Centro HOSTEL $

(☎ 3225-3781; www.floripahostel.com.br; Duarte Schutel 227; B 50, DZ 115 R$; @📶) In einer Wohngegend auf halbem Weg zwischen Stadtzentrum und Beira-Mar Norte gelegen, ist das gepflegte HI-Hostel von beiden Seiten aus zu Fuß gut erreichbar. Die Küche und die gemeinschaftlich genutzten Waschgelegenheiten sind makellos, die Etagenbetten aus stabilem Holz und die Zimmer nach Geschlechtern getrennt. Leider müssen Alleinreisende in den Doppelzimmern für zwei Personen zahlen.

★ Cecomtur Executive HOTEL $$

(☎ 2107-8800; www.cecomturhotel.com.br; Arcipreste Paiva 107; EZ/DZ 164/194 R$; ❄📶🏊) Zwar ist das effiziente Businesshotel nicht besonders originell, doch es bietet alles, was man braucht: moderne, saubere, geräumige Zimmer, sympathischen, englischsprachigen Service und ein paar andere Annehmlichkeiten. In puncto Preis-Leistungs-Verhältnis unser Favorit, insbesondere, weil das Management problemlos ca. 50 R$ mehr verlangen könnte.

Florianópolis Palace HOTEL $$

(☎ 2106-9633; www.floph.com.br; Artista Bittencourt 14; EZ/DZ 176/202 R$; ❄@📶) Das schickste Hotel in der Altstadt ist auch unter dem etwas albernen Spitznamen „The Floph" bekannt. In den oberen Etagen bieten die Zimmer einen herrlichen Panoramablick über die Stadt.

Essen

Florianópolis bietet wirklich für jeden Geschmack etwas ... von Restaurants, mit denen Vegetarier nichts falsch machen können, bis hin zu großen Platten mit Fleisch und Meeresfrüchten.

Ilha de Santa Catarina

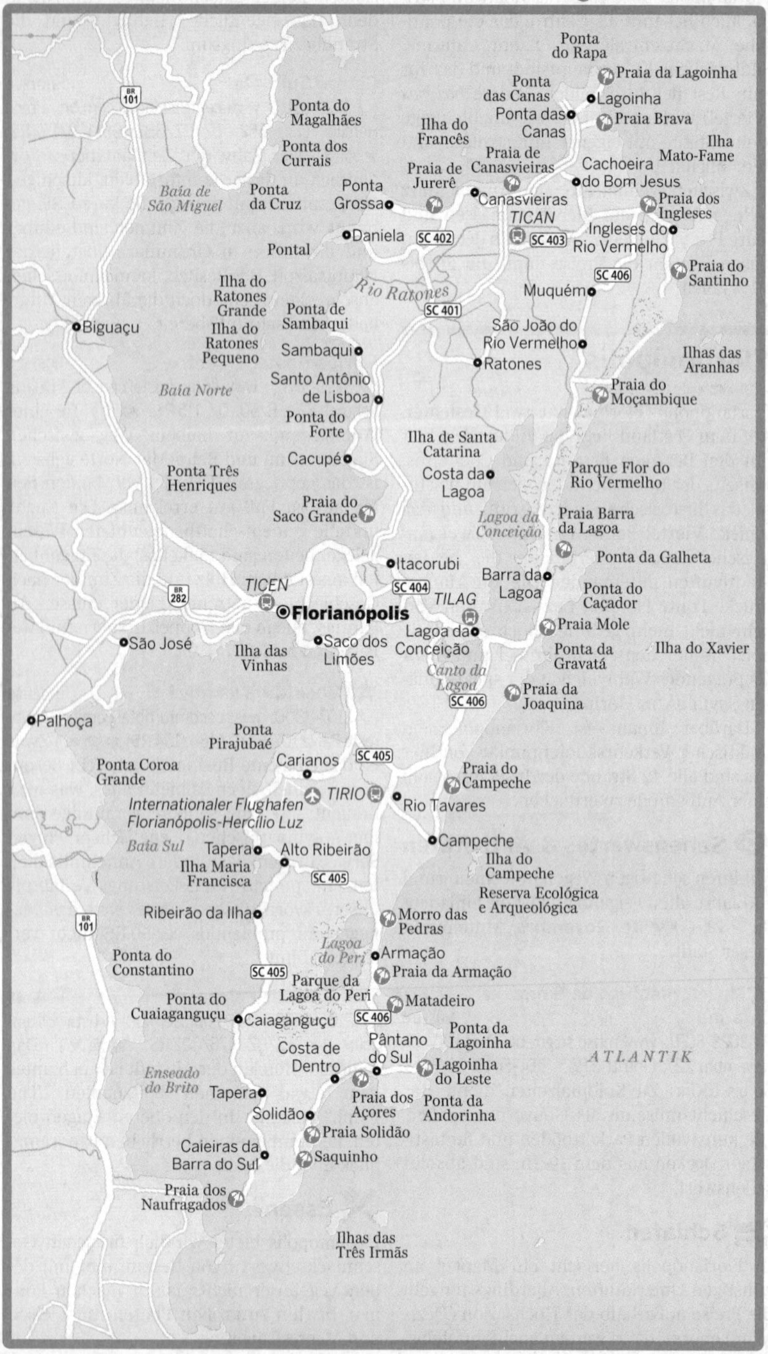

O Padeira de Sevilha BÄCKEREI $

(☎3025-3402; www.opadeirodesevilha.com.br; Esteves Júnior 2144; Snacks 2,50–10 R$; ⏲Mo–Fr 6.50–20.30, Sa 7–14 Uhr; 📶) Ein Mittelpunkt des sozialen Lebens ist diese Bäckerei, die zu den 30 besten in Brasilien zählt: Man sitzt an einem 11 m langen Tisch beisammen und delektiert sich an der gigantischen Auswahl an frischen Broten und süßen Teilchen, die nach rund 200 ausgewählten Rezepten zubereitet werden.

Café Cultura CAFÉ $

(www.cafeculturafloripa.com.br; Praça XV de Novembro 352; Gerichte 10–34,90 R$; ⏲Mo–Fr 9–21, Sa bis 19 Uhr; 📶) Den besten Kaffee von Floripa gibt's in diesem renovierten neukolonialen Gebäude. Geröstet werden die Bohnen im Haus von einem ehemaligen Starbucks-Barista aus Kalifornien. Gesundes Frühstück, Salate, Waffeln und Paninis runden das exzellente Angebot ab. Das Mittagsmenü ist ein echtes Schnäppchen (22,90 R$).

Central SELBSTBEDIENUNG $

(Vidal Ramos 174; unter der Woche/am Wochenende 39,90/45,90 R$ pro Kilo; ⏲Mo–Fr 11–15 Uhr; 📶) Preisgekröntes Büfettrestaurant mit Kilopreisen, aber einer edleren Auswahl an täglich wechselnden Gerichten. Oberste Priorität ist die Qualität der hausgemachten Leckereien. Gelegentlich stehen die Menschen bis auf die Straße Schlange. Vielleicht ist in der anderen **Filiale** (Esteves Junior 242; unter der Woche/am Wochenende 39,90/45,90 R$ pro Kilo; ⏲Mo–Sa 11–15 Uhr) ja weniger los.

★ **Forneria Catarina** PIZZERIA $$

(☎3333-0707; www.forneriacatarina.com.br; Esteves Júnior 604; Pizza 30–57 R$; ⏲18–24 Uhr; 📶) Angesichts der Tatsache, dass São Paulo weit, weit weg ist, gibt's in dieser noblen Pizzeria im besten Sampa-Stil wirklich herausragende *pizza paulistana*, und das zu sehr viel angenehmeren Preisen. Die perfekte Kombination ist unserer Meinung nach halb *Rustica* (Rucola, Parmaschinken), halb *Siciliana* (gegrillte Aubergine, geräucherter Mozzarella).

Box 32 FISCH & MEERESFRÜCHTE $$

(www.box32.com.br; Mercado Municipal; Hauptgerichte 28,50–98 R$; ⏲Mo–Fr 10–20, Sa bis 15 Uhr) In der historischen Bar mit Restaurant im Mercado Municipal gibt sich öfter mal Lokalprominenz die Ehre, wenn zur Happy Hour schäumendes Bier aus eigener Herstellung, frische Meeresfrüchte und *pata-negra*-Schinken aus Spanien serviert werden.

SCHWULES FLORIPA

Floripa wird mehr und mehr zu Brasiliens zweiter Schwulenhauptstadt. Die hiesige **Parada da Diversidade** (www.diversidadefloripa.org.br), ist inzwischen eine der größten „Pride-Celebrations" des Landes. Während des Karnevals (Feb./März) finden auch LGBT- und „Gay Pop"-Events statt. Da die Stadt sicherer und günstiger ist als Rio, zieht es viele Schwule und Lesben hierher.

Beliebte Treffpunkte im Centro sind der **Concorde Club** (☎3222 1981; www.conca.com.br; Av Rio Branco 729; Eintritt 25–35 R$) und das **Mix Cafe** (www.mixcafe.com.br; Menino Deus 47; Eintritt nach 24 Uhr 20 R$; ⏲Fr–So 11 Uhr–open end). Unter den Stränden lockt vor allem die Praia Mole, denn dort befindet sich mit dem Club **The Week** (www.theweek.com.br; Hotel Beach Eco Village, Praia Mole) eine echte Institution.

Ausgehen & Nachtleben

Viele Nachtschwärmer zieht es an die Lagoa, doch auch das Centro und die Umgebung bergen ein paar Hotspots.

★ **Boteco Zé Mané** BOTECO

(Desembargador Pedro Silva 2360; Hauptgerichte 14–25 R$; ⏲Mo–Do 18–24, Fr & Sa bis 1, So bis 23.30 Uhr; 📶) Es lohnt sich, den langen Weg aufs Festland zu diesem großartigen *boteco* (kleine Freiluftbar) in Coqueiros auf sich zu nehmen. Raffinierte Caipirinhas (15 R$), verfeinert mit Bergamotte, Basilikum, rosa Pfeffer oder unserem Favoriten, *jabuticaba* (intensiv schmeckende, traubenartige Frucht), halten die feierwütige Klientel bei Laune. Das umgebaute Kolonialgebäude direkt am Wasser ist eine achtminütige Busfahrt vom TICEN entfernt (Linie 664 „Itaguaçu" oder 665 „Abraão"; 2,90 R$).

Gato Mamado BAR

(www.gatomamado.com.br; Saldanha Marinho 351; ⏲Di–Fr 18–4 Uhr) Zur Happy Hour ist diese winzige Bar (und wir meinen *wirklich winzig*) der König des Centro. Ihre Gäste (darunter viele Bohemiens) ergießen sich bis auf den Bürgersteig und trinken Schornstein-Bier aus Pomerode vom Fass (eine Seltenheit außerhalb des Vale Europeu; 6 R$). Die Happy Hour startet gegen 21 Uhr; erst dann wird es voll.

Florianópolis

Florianópolis

Highlights
1 Museu Histórico de Santa Catarina D3

Sehenswertes
2 Praça XV de Novembro D3

Aktivitäten, Kurse & Touren
3 Scuna Sul B1

Schlafen
4 Cecomtur Executive D3
5 Centro Sul Hotel D3
6 Florianópolis Palace D3
7 Floripa Hostel – Centro B2

Essen
8 Box 32 ..... C3
9 Café Cultura D3
10 Central C2
11 Central D3
12 Forneria Catarina C1
13 O Padeira de Sevilha C2

Ausgehen & Nachtleben
14 Gato Mamado D3

Unterhaltung
15 Concorde Club C2

Orientierung

Die wichtigsten Sehenswürdigkeiten, Hotels und Restaurants liegen östlich der Busbahnhöfe für den Nah- bzw. Fernverkehr. Rund 2 km nördlich des Zentrums zieht sich die Avenida Beira Mar Norte an der Baía Norte entlang. Die Uferpromenade lockt Jogger, Radfahrer und Spaziergänger an, die die frische Brise und den Ausblick auf das Festland genießen.

Praktische Informationen

Bargeld kann man in den Wechselstuben in der Rua Felipe Schmidt umtauschen.

C.A.T (☎3228-1095; www.visitefloripa.com.br; Rodoviária; ⏲Mo–Fr 8–17.30, Sa & So 9–18 Uhr) Die netten Angestellten am Busbahnhof verteilen Stadtpläne von Florianópolis bzw. Landkarten der Ilha da Santa Catarina.

HSBC (Schmidt 376) Gebührenfreier Geldautomat.

Polícia Militar (☎3229-6000; www.pm.sc.gov.br) Militärpolizei.

Anreise & Unterwegs vor Ort

BUS

Der **Fernbusbahnhof** (☎3212-3100; Av Paulo Fontes 1101) befindet sich ein paar Blocks westlich der Praça XV de Novembro. Von hier fahren Busse in sämtliche größeren Städte Südbrasiliens. Außerdem gibt's internationale Verbindungen nach Asunción (tgl. 15 Uhr), Buenos Aires (tgl. 22.15 Uhr) und Santiago (Di 0.35 Uhr). Busse nach Montevideo verkehren wochentags um 12.45 Uhr, samstags und sonntags um 14.30 Uhr.

Fahrtzeiten und Preise für *executivo*-Busse ab Florianópolis siehe Tabelle unten.

FLUGZEUG

Täglich starten am **Internationalen Flughafen Florianópolis-Hercílio Luz** (FLN; ☎3331-4000; Rod Deputado Diomício Freitas 3393, Bairro Carianos), 12 km südlich von Florianópolis, Maschinen nach Buenos Aires, Brasília, Campinas, Porto Alegre, Rio de Janeiro und São Paulo.

Vom TICEN (S. 309) verkehren die Buslinien 183 „Corredor Sudoeste" (35 Min.) und 186 „Corredor Sudoeste Semi-Direto" (25 Min.) zwischen 5.20 und 0.30 Uhr regelmäßig zum Flughafen. Eine Taxifahrt kostet 28 bis 32 R$.

Unterwegs vor Ort

Die Stadt ist der Verkehrsknotenpunkt der Ilha de Santa Catarina; innerhalb einer Autostunde erreicht man jeden Winkel auf der Insel.

AUTO

Um die Strände der Insel einfacher erkunden zu können, lohnt sich möglicherweise ein Mietwagen. Allerdings sind die Preise hierfür generell hoch (ab 120 R$ pro Tag) und am Wochenende kann der Verkehr tödlich sein.

Localiza (☎0800-979-2020; www.localiza.com; Rodoviária; ⏲6–24 Uhr) Zuverlässige und teure südamerikanische Kette mit Schaltern am Flughafen und am Busbahnhof.

BUS

Busse mit Fahrtzielen in der näheren Umgebung starten am **TICEN** (Terminal de Integração Centro; Av Paulo Fontes s/n) einen Block östlich des Fernbusbahnhofs von Florianópolis. Anschlussbusse zu den Stränden fahren an drei außerhalb gelegenen Terminals ab: TIRIO (Rio-Tavares-Terminal), TILAG (Lagoa-Terminal) und TICAN (Canasvieiras-Terminal).

Wer die südlichen Strände sehen möchte, darunter Armação, Pântano do Sul und die Costa de Dentro, nimmt den Bus 410 („Rio Tavares") und steigt am TIRIO in die Linie 563 um. Die östlichen Strände erreicht man, indem man mit der Linie 330 („Lagoa da Conceição") bis zum TILAG fährt und dort einen zweiten Bus nimmt, z. B. die 360 bis Barra da Lagoa.

Reisende nach Canasvieiras und an die nördlichen Strände nehmen die Linie 210 vom TICEN zum TICAN. Mit einem Einzelfahrschein (2,90 R$; wird am TICEN-Ticketschalter bezahlt) darf man einmal umsteigen. Alle zuvor genannten Busse fahren an der Plattform B ab.

BUSSE AB FLORIANÓPOLIS

ZIEL	PREIS (R$)	FAHRTDAUER (STD.)	UNTERNEHMEN
Asunción (PRY)	177	21	Pluma (www.pluma.com.br)
Blumenau	35	3	Catarinense (www.catarinense.net)
Buenos Aires (ARG)	295	25	Pluma (www.pluma.com.br)
Curitiba	65	5	Catarinense (www.catarinense.net)
Foz do Iguaçu	138	14	Catarinense (www.catarinense.net)
Guarda do Embaú	11	1½	Paulotur (www.paulotur.com.br)
Garopaba	17,40	2	Paulotur (www.paulotur.com.br)
Joinville	44	2½	Catarinense (www.catarinense.net)
Montevideo (URY)	209	18	EGC (www.egc.com.uy)
Porto Alegre	82	6	Eucatur (www.eucatur.com.br)
Rio de Janeiro	178	17	Itapemirim (www.itapemirim.com.br)
Santiago (CHL)	367	46	Pluma (www.pluma.com.br)
São Paulo	123	12	Catarinense (www.catarinense.net)

Im Norden der Insel

Der Norden der Insel zwischen der Praia de Jurerê und der Praia dos Ingleses ist auf Massentourismus ausgelegt: ruhige familienfreundliche Gewässer, neue verbreiterte Straßen mit besserer Anbindung zum Flughafen und jede Menge gesichtslose Hotels und Restaurants.

Santo Antônio de Lisboa

An der Westküste gelegen, gehört Santo Antônio de Lisboa zu den ältesten Gemeinden der Insel. Seine Anmutung eines altmodischen Fischerdorfs wird durch Kopfsteinpflaster und azorische Architektur unterstrichen. Das markanteste Bauwerk ist die **Igreja da NS da Necessidade** aus dem Jahre 1750.

Santo Antônios Lage am Meer und seine Fischertradition garantieren köstliche Meeresfrüchte. In der **Marisqueira Sintra** (www.marisqueirasintra.com.br; XV de Novembro, 147; Hauptgerichte für 2 Pers. 62–120 R$; ⏲ 12–15.30 & 19.30–23 Uhr) werden wunderbare Dinge mit Oktopus, portugiesischen *cataplanas* (Meeresfrüchteeintöpfe) & Co. angestellt und die Lage am Wasser ist einer Postkarte würdig.

Canasvieiras

Canasvieiras ist nicht gerade der atmosphärischste Ort der Insel, bietet aber leichten Zugang zur **Praia de Jurerê** und **Praia de Canasvieiras**. An beiden Stränden kann man windsurfen, angeln und Wasserski fahren. Im Nachtleben der Stadt geht's richtig ab, wenn massenhaft junge Leute in die Bars und Clubs ausschwärmen. Außerhalb der Saison dagegen ist es hier ziemlich verschlafen und viele Hotels sind vollständig geschlossen.

Das **Floripa Hostel – Canasvieiras** (☎ 3266-2036; Dr João de Oliveira 517; B/DZ 50/130 R$; @ 📶), ein etwas institutionell wirkendes HI-Hostel, erfüllt alle Herbergsnormen: freundliches englischsprachiges Personal, Etagenbetten und Spinde, Gemeinschaftsbad, Küche und TV-Raum. Es liegt nur zwei Blocks vom Strand entfernt.

Praia da Lagoinha & Praia Brava

Den nordöstlichen Zipfel der Ilha de Santa Catarina bildet eine schmale Halbinsel. Man erreicht sie über Straßen, die sich gemächlich um die Hügel bis zum Meer winden. Hier wirken die Ortschaften eleganter als in der Umgebung, obwohl die Strände ebenfalls zugebaut sind. Die **Praia da Lagoinha** ein sichelförmiger Sandstreifen, ist auf drei Seiten von Felsklippen umrahmt, sodass das Wasser ruhig bleibt. Weiter im Süden wartet die **Praia Brava** mit wilderen Wellen auf, die für einen stetigen Zustrom an Surfern sorgen.

Schlafen

Villabella Villaggio POUSADA $$
(☎ 3284-2017; www.villabellavillaggio.com.br; Av Epitácio Bittencourt 470, Praia Brava; DZ ab 250 R$, Chalets 520 R$; ❄ @ 📶 🏊) Santa Catarinas italienisches Kulturerbe offenbart sich auf liebevolle Art in Design und Dekor der luxuriösen Villabella Villaggio. Auf jedem Zimmer haben die Gäste entweder die Praia da Lagoinha oder die Praia Brava im Blick. Die Chalets aus dunklem Holz (teils von wieder aufgeforsteten Eukalyptusbäumen) tragen einen eleganten Landhausstil zu Schau.

Pousada da Vigia POUSADA $$
(☎ 3284-1789; www.pousadadavigia.com.br; Cônego Walmor Castro 291, Lagoinha; DZ ab 300 R$; ❄ 📶 🏊) Die pinkfarbene Unterkunft gewährt Aussicht auf die Praia da Lagoinha – und was für eine Aussicht! In den herrlichen Gärten verteilen sich gerade mal zehn Gästezimmer. Der Service ist aufmerksam und reicht noch bis zum Strand, den man über einen 200 m langen Pfad erreicht. Zimmer Nr. 4 hat uns wahrlich umgehauen.

Praia dos Ingleses & Praia do Santinho

Die **Praia dos Ingleses**, einst einer der schönsten Strände der Insel, ist inzwischen seiner Popularität zum Opfer gefallen und heute mit Hochhaushotels und überteuerten Restaurants zugepflastert.

Weiter südlich liegt die ruhigere **Praia do Santinho**, die durch geschützte Dünen abgeschirmt wird. Dank der beständigen Brandung ist sie der beste Surfstrand im Norden der Insel, aber trotzdem nicht überlaufen.

Schlafen

Pousada do Atobá POUSADA $$
(☎ 3269-2560; www.pousadadoatoba.com.br; Servidão Ipê do Costão 146; EZ/DZ/Chalet 210/230/260 R$; ❄ @ 📶 🏊) In diesem Schmuckstück von einer *pousada* (Pension) ist das Preis-Leistungs-Verhältnis superb. Die englischsprachige Besitzerfamilie kümmert sich wirklich rührend um ihre Gäste, und die luftigen,

hellen Zimmer gehen auf einen gepflegten Garten hinaus. Bus Nr. 264 („Ingleses") vom TICAN hält nur 30 m entfernt.

Solar do Santinho POUSADA $$$
(☎ 3269-4168; www.pousadasolardosantinho.com.br; Estrada Vereador Onildo Lemos 2197; EZ/DZ 200/350 R$;) Ein Englisch sprechendes Pärchen „zum Anfassen" führt diese *pousada* mit 14 Zimmern, die sich etwa 100 m vom Strand entfernt zwischen Bäumen versteckt. Die zweistöckigen Gästezimmer sind geräumig und mit Küchenzeilen, Balkonen und geschmackvoller Kunst ausgestattet. Überall auf dem Grundstück stehen Buddhastatuen. Die Unterkunft bereitet ihre Abwässer selbst auf, das Duschwasser ist sonnenbeheizt.

Ostküste

Mit Blick auf den offenen Ozean bietet die Ostküste die saubersten Gewässer der Insel, die längsten Strände und die anspruchsvollsten Surfreviere.

Barra da Lagoa & Umgebung

Im Norden verbinden sich die **Praia do Moçambique** und die **Praia Barra da Lagoa** zu einem einzigen, 14 km langen, atemberaubenden Strand, den ein dichter Pinienwald von der Straße trennt. Hier sind die Surfbedingungen durchgängig ideal: An der Praia Barra da Lagoa gibt's eine sanfte Dünung und flache Gewässer – sie ist also auch für Anfänger geeignet. Größere Herausforderungen hält hingegen der lange Abschnitt der Praia do Moçambique bereit. Sie steht unter Naturschutz, weshalb nur die nähere Umgebung von Barra da Lagoa bebaut ist. Restaurants, Bars und *pousadas* sind reichlich vorhanden, der nächste Geldautomat, der ausländische Karten akzeptiert, befindet sich allerdings in Lagoa-Stadt.

Schlafen

Backpackers Share House HOSTEL $
(☎ 3232-7606; www.backpackersfloripa.com; Servidão da Prainha 29; B/DZ/3BZ 50/140/195 R$;) Vom Barra-da-Lagoa-Strand aus auf der anderen Seite der Fußgängerbrücke erhebt sich diese irre, weiße Festung mit einem frisierten Motorrad auf dem Dach. Hier tummelt sich eine internationale Partymeute. Zu den Extras gehören die kostenlose Nutzung von Surfbrettern und weiterem Strandspielzeug, Ausflüge und Grillabende.

Floripa Hostel – Barra da Lagoa HOSTEL $$
(☎ 3232-4491; www.floripahostel.com.br; Inelzyr Bauer Bertoli s/n; B 58, DZ 150 R$;) Das mit Abstand netteste der drei HI-Hostels auf der Insel nimmt ein zweckmäßiges Gebäude nur 150 m vom Strand entfernt ein. Es ist eine willkommene Alternative zu den teuren Hotels in Lagoa. Die Privatzimmer haben eine tolle Ausstattung (Kunst und Kabel-TV), und in den zahlreichen Mehrbettzimmern schlafen nie mehr als vier Personen.

Pousada Oceanomare CHALET $$
(☎ 3269-7200; www.pousadaoceanomare.com.br; Rodovia João Gualberto Soares 8579; EZ/DZ 250/300 R$;) Nördlich der Praia do Moçambique eignet sich diese neue Unterkunft hervorragend für Familien: Es gibt einen tollen Pool, eine Sonnenterrasse und viele andere Zerstreuungen für kleine Leute, sodass die Eltern sich in den modernen Holzchalets am bewaldeten Hang entspannen können.

Abgerundet wird das nette Paket durch ein Restaurant, ein kleines Spa mit Sauna und einen Naturpfad, der sich hügelaufwärts und hinüber nach Canasvieiras schlängelt.

Praia Mole

Die Praia Mole ist berühmt für Wellen der Spitzenklasse und eine international bekannte Partyszene, vor allem in der schwul-lesbischen Community. Der Strand ist ein Traum – was auch für die Körper der meisten gilt, die hier surfen oder in der Sonne brutzeln. Normalerweise herrscht ordentlich Betrieb, aber das ist Teil des Reizes.

Um die Brandung richtig auskosten zu können, sollte man sich bei **Nexus Surf Experience** (www.nexussurf.com; Rodovia Jornalista Manoel de Menezes 2031, Nr. 6) für eine Surftour, Unterricht oder ein anderes Inselabenteuer unter freiem Himmel anmelden.

Direkt gegenüber vom Strand bietet **Bangalôs da Mole** (☎ 3232-0723; www.bangalosdamole.com.br; Rod Jornalista Manoel de Menezes 1007; EZ/DZ 160/180 R$, Bungalows 260–300 R$;) geräumige Suiten und zweistöckige Bungalows, alle mit kühlen, gekachelten Böden und hohen Decken.

Praia da Joaquina

Schon von Weitem sieht man die riesigen weißen Dünen von „Joaca", etwa 3 km südlich der Praia Mole. Diese gewaltigen, sandigen Hügel haben einen neuen Sport inspiriert – Sandsurfing. Man leiht sich ein Sandboard, schleppt es bis auf die Spitze der Düne und macht sich dann auf die schnelle, schmutzige Fahrt bergab.

Das gute alte traditionelle Surfen ist allerdings noch immer die Nr. 1 an der Praia da Joaquina, an der lang und schnell laufende, kraftvolle und bis zu 3 m hohe Wellen heranrollen. Weitere Infos und jede Menge Ausrüstung findet man im Surfshop **Swell** (☎3232-0366; Estrada Geral da Joaquina 834; ⏲9–21 Uhr).

An der Straße nach Joaquina gibt's eine Handvoll Schlafmöglichkeiten, darunter das einfache **Cris Hotel** (☎3232-5380; www.crishotel.com; Estrada Geral da Joaquina 1; DZ/3BZ 190/260 R$, mit Meerblick 240/380 R$; ❄📶), ein echter Veteran. Es punktet mit seiner erstklassigen Lage direkt am Strand und modernen Elementen, die einen netten Kontrast zu dem alternden Gebäude bilden.

Lagoa da Conceição

Dank ihrer spektakulären Landschaften, aufregender Wassersportoptionen und nächtelanger Partys ist die Lagoa da Conceição eine beliebte Alternative zu den Stränden. Bewaldete Hügel bilden eine fabelhafte Kulisse für die hübsche Lagune. Das gleichnamige Städtchen, die meiste Zeit fest in der Hand von Touristen, sitzt auf einer Sandbank, welche den See in zwei Hälften teilt, und ist das actiongeladene Zentrum der Insel.

Es ist ein großer Spaß, die ausgetretenen Pfade zu verlassen und an der unverbauten Westküste der Lagune zu wandern. Vom Stadtzentrum bis **Costa da Lagoa** sind es 6 km. Das kleine Dorf ist sonst nur per Boot zugänglich.

Aktivitäten

Geschäfte für **Surfer**, **Kitesurfer**, **Taucher** und **Stehpaddler** säumen das Ufer der Lagoa da Conceição und haben sich ebenfalls in Barra da Lagoa an der Ostküste angesiedelt. Auch der Ökotourismus gewinnt immer mehr Anhänger: Man kann hier wunderbare Wanderungen unternehmen.

Reefifi SURFEN, FAHRRADVERLEIH
(Henrique Veras do Nascimento 151; ⏲10.30–22 Uhr) Der nette Surferladen verleiht Surfbretter (35 R$ pro Tag), Fahrräder (35 R$ pro Tag) und Boards für Stehpaddler (35 R$ pro Tag). Surfunterricht kostet 70 R$.

Scuna Sul BOOTSTOUREN
(☎3232-4019; www.scunasul.com.br; Fahrten 50 R$) Bootsausflüge in der Bucht im Centro führen zu einigen portugiesischen Festungen aus dem 18. Jh. Derselbe Anbieter betreibt ein Piraten-Partyboot in Canasvieiras.

Schlafen

Am Südufer der Lagune gibt's jede Menge *pousadas*. Man fährt einfach über die Brücke und weiter auf der Rua das Rendeiras Richtung Osten. Außerhalb der Hauptsaison fallen die Preise um 15 bis 40 %.

★ **Janela de Márcia** B&B $$
(☎9958-1782; www.janelademarcia.com; Dr Alfredo Daura Jorge 131; EZ/DZ 220/275 R$; ❄@📶) Márcia, eine brasilianische Heimkehrerin mit umwerfender gastfreundlicher Persönlichkeit, schwingt in diesem intimen B&B das Zepter – man wage bloß nicht, es als *pousada* zu betiteln! Das Janela liegt versteckt in einem noblen Wohnviertel, fünf Gehminuten vom TILAG entfernt. Márcia war früher als Kuratorin für lateinamerikanische Kunst in den USA tätig und hat ein Auge für dezente Designerschätzchen, die sie in den drei gemütlichen Gästezimmern gekonnt in Szene gesetzt hat.

Hier dreht sich alles um den interkulturellen Austausch, wenn die perfekte Gastgeberin und der anspruchsvolle Gast in den Gemeinschaftsbereichen aufeinandertreffen ... einfach genießen!

★ **Tucano House** HOSTEL $$
(☎3207-8287; www.tucanohouse.com; Rua das Araras 229; B 50 R$, Zi. 180 R$, ohne Bad 160 R$; ❄@📶🏊) 🌿 Lila und Caio, die Besitzer dieses Ökohostels mitten im Herzen des Lagoa-Trubels, sind Geschwister und eine Augenweide. Ihr ehemaliges Elternhaus ist mit solarbeheizten Duschen und Regenwasserzisternen ausgestattet und wartet mit tollen Extras wie kostenlosen Leihrädern und Surfbrettern auf. Außerdem werden Ausflüge in einem umgebauten VW-Bus angeboten. An dem kleinen Pool und der Bar im vorderen Hof ist immer etwas los.

Pousada Ilha da Magia CHALET $$
(☎3232-5038; www.pousadailhadamagia.com.br; Av Santiago 23; EZ/DZ 220/260 R$; ❄📶🏊) Gegenüber der Lagune stehen niedliche Cottages in verschiedensten Stilen, von alpin bis zeltförmig. Brastemp-Minibars aus den 1950er-Jahren verleihen dem Ganzen eine wunderbare Retronote.

Essen

Gelateria Max EISCREME $

(Av Afonso Delambert Neto 619; Eiscreme 5–9 R$; Mo–Fr 12.30–20, Sa & So bis 23 Uhr) Dank italienischer Ausbildung und Ausrüstung ist das cremige *gelato* wohl eins der besten in ganz Brasilien. Zum Sterben gut: Pistazie, *doce de leite* und Madagaskar-Vanille (die Favabohnen werden aus dem Mutterland importiert).

Café Cultura CAFÉ $$

(www.cafeculturafloripa.com.br; Severino de Oliveira 669; Snacks 6,50–36,90 R$; 9–0.30 Uhr;) Frühstück bis 13 Uhr, Waffeln, Salate, Paninis und vollwertige Hauptgerichte – in Floripas bestem Café gibt's etwas für jedermann, dafür sorgen ein früherer Starbucks-Barista aus Kalifornien und seine brasilianische Frau, eine Kaffeeerbin. Der Laden brummt von morgens bis in die Nacht, der Service kann einen allerdings ganz schön auf die Palme bringen.

Black Sheep SUSHI $$

(Av das Rendeiras 1956; Algenrollen 8–25 R$; Mo–Mi 19–22.30, Do bis 23, Fr & Sa bis 24 Uhr) Sushi gibt's überall, doch das „schwarze Schaf" sticht heraus. Sowohl der japanisch-brasilianische Chefkoch als auch seine Frau und Geschäftspartnerin haben die Kunst der Sushizubereitung in Nobu erlernt (genau, *das* Nobu in Japan). Nichts, rein gar nichts, wird mit Frischkäse gemacht, aber noch überraschender sind wohl die ausgesprochen fairen Preise. Sehr zu empfehlen: das *omakase* (Chefmenü) für 75 R$.

★ **Bistrô Santa Marta** BRASILIANISCH $$$

(3371-0769; www.bistrosantamarta.com.br; Laurindo Januário da Silveira 1350; Hauptgerichte 25–65 R$; Mo–Sa 19–1 Uhr) Wer bereit ist, Lagoa-Stadt hinter sich zu lassen und 2 km nach Canto da Lagoa – einer 4 km langen *Via Gastronomica* mit 16 Restaurants – zu fahren, wird mit einem unglaublichen Preis-Leistungs-Verhältnis belohnt. Dieses niedliche moderne Bistro mit gerade mal sechs Tischen bietet eine sehr übersichtliche, aber hervorragende Speisekarte (Filet Mignon, Hummer, Oktopus, Lamm) und im Hintergrund läuft Loungemusik in angemessener Lautstärke. Die liebenswerten Gastgeber sind Milene und Branco, ein *gaúcho*-Pärchen (d. h., sie stammen aus Rio Grande do Sul), und Köchin Barbara, die Englisch spricht. Dieses Trio kreiert ein Abendessen, das man so schnell nicht vergessen wird.

Ausgehen & Nachtleben

★ **The Black Swan** PUB

(www.theblackswan.com.br; Manuel Severino de Oliveira 592; Hauptgerichte 17,50–29,50 R$; Di–Fr 16 Uhr–open end, Sa & So 12–2 Uhr;) In dem authentischen Pub mit englischem Management wird eine große Auswahl an Bieren als Pint ausgeschenkt – alle kosten 19,50 R$ und sind seltener als der namengebende schwarze Schwan. Außerdem laufen Sportkanäle auf zehn Fernsehern und donnerstags bis samstags gibt's Livemusik. Wer Hunger hat, kann sich über Fish 'n' Chips oder deftiges englisches Frühstück hermachen. Der Himmel!

John Bull Pub LIVEMUSIK

(www.johnbullfloripa.com.br; Rua das Rendeiras 1046; Gerichte 20 R$; Dez.–März Di–Sa 22–4 Uhr, April–Nov. Mi geschl.) Legendäre Musikkonzerte. Ein besonderes Extra ist der Blick auf die Lagune.

Confraria Club CLUB

(7811-7705; www.confrariaclub.com.br; João da Costa 31; Do–Sa 23–5 Uhr) Hipper geht's kaum – wenn man überhaupt reinkommt. In dem aufwendig umgebauten Gebäude im Kolonialstil legen international berühmte DJs auf.

Praktische Informationen

Die Banco do Brasil und die Bradesco befinden sich beide an der Ecke Moacyr Pereira Junior und José Henrique Veras.

ACIF (3232-8326; www.acif.org.br; Nossa Senhora da Conceição 30; Mo–Fr 10–14 Uhr) Die Privatorganisation fördert den Tourismus in Lagoa und ist die beste Adresse für fundierte Touristeninfos zur Region.

Polícia Militar (3232-1490; www.pm.sc.gov.br; Av das Rendeiras 966) Polizei.

Im Süden der Insel

Der Süden mit seinen weißen Sandstränden und Bergen, die mit dem Meer zu verschmelzen scheinen, ist der ursprünglichste und malerischste Teil der Insel. Doch die hiesigen Bewohner finden sich im unvermeidlichen Kampf zwischen Fortschrittsgläubigen und Bewahrern wieder. Während die einen das dicke Geschäft mit Touristen riechen, fürchten die anderen, ihr Stück vom Paradies werde bald dem Norden ähneln. Diese gegensätzlichen Interessen dürften sich nur schwer in Einklang bringen lassen.

Noch behalten die Ortschaften hier ihren idyllischen Reiz. Die Strände sind weniger überfüllt (die angesagtesten Surfspots mal ausgenommen) und die Atmosphäre ist um einiges lockerer als in den meisten anderen Ecken der Insel.

An der Südspitze liegt die **Praia dos Naufragados**, die nur über einen 4 km langen, ebenen und schattigen Pfad vom Dorf Caieiras da Barra do Sul aus zu erreichen ist. Als Lohn winken ein malerischer Leuchtturm und eine fantastische Aussicht auf die nahe gelegenen Inseln.

Ribeirão da Ilha

Mehr als jeder andere Ort hat sich das kleine Dorf Ribeirão da Ilha sein azorisches Erbe erhalten: kopfsteingepflasterte Straßen und mit bunten Ziegeln gedeckte Häuser. Das Ortsbild wird von der schönen, 1806 erbauten **Igreja NS da Lapa do Riberão** bestimmt.

Angesichts der Lage des Dorfes mit Blick auf die Wattebenen überrascht die lokale Spezialität kaum: Austern, so saftig und frisch, wie man sie sich nur wünschen kann. Ein, zwei Dutzend sollte man sich im unglaublich stimmungsvollen **Ostradamus** (☎ 3337-5711; www.ostradamus.com.br; Rod Baldicero Filomeno 7640; Austern 33–38 R$, Hauptgerichte für 2 Pers. 83–168 R$; ⏲ Di–Sa 12–23, So bis 18 Uhr; 📶) am Pier gönnen.

Campeche

Campeche ist eine unkonventionelle Heimat für Künstler, Massagetherapeuten und andere Freidenker, die den Massen der Städte und den touristischen Hochburgen zu entfliehen suchen.

Die 5 km lange **Praia do Campeche** steht unter Schutz, der Strand ist gänzlich unbebaut. Dennoch reichen die Eigentumswohnungskomplexe so nah an den Sandstreifen, wie es das Gesetz erlaubt. Einsame Dünen und eine donnernde Brandung, die sich in beide Richtungen kilometerweit ausdehnt, garantieren relativ viel Ruhe für Schwimmer und Sonnenanbeter. Am südlichen Ende des Strands setzen Boote (hin & zurück 70 R$) zur **Ilha do Campeche** über. In dem Naturschutzgebiet kann man wandern und schnorcheln gehen. 20 R$ günstiger sind die Boote der Fischerkooperative am Armação-Strand.

Der Besitzer der unglaublich charmanten und sehr sozialen **Pousada Natur Campeche** (☎ 3237-4011; www.naturcampeche.com.br; Servidão Familia Nunes 59; EZ/DZ ab 273/341 R$; ❄📶🏊) 🍃 hat die ganze Welt bereist und Souvenirs gehamstert, die jetzt die Zimmer im Landhausstil schmücken. Sie sind einzigartig, exotisch und so gestaltet, dass man einen möglichst schwachen ökologischen Fußabdruck hinterlässt. Dafür sorgen z. B. solarbeheizte Duschen. Hängematten, ein üppiger Garten und künstlerisch angehauchte Gemeinschaftsbereiche komplettieren das Ganze. Die *pousada* ist nur 100 m von der Praia do Campeche entfernt. Ziemlich perfekt, oder?

Armação

Die kleine Stadt existiert seit dem 18. Jh., als sie als Zentrum für den Walfang diente. Ihre beeindruckende **Igreja Santa Ana** stammt noch aus jenen Tagen. Walfang wird nicht mehr praktiziert, die Fischereiindustrie blüht jedoch weiterhin.

Von Armação aus hat man Zugang zu drei Stränden, alle ausgezeichnete Surfspots. Im Norden der Stadt ist der **Morro das Pedras** wegen der beständigen rechtsbrechenden Wellen beliebt – unter Umständen wird man aber kämpfen müssen, um eine Welle reiten zu können. Die **Praia da Armação** weiter im Süden ist ein Fest für Surfer, besonders das nördliche Ende des Strands. Für ein kleines Abenteuer folgt man einem kurvigen Pfad an der felsigen Küstenlinie bis zum atemberaubenden **Matadeiro**, einem fast verlassenen Strand, der von dichten Pflanzen umgeben ist.

Von Armação aus weiter im Landesinneren liegt die **Lagoa do Peri**, ein herrlicher, in grüne Landschaft gebetteter See. Unbekannter und weniger besucht ist Conceição, wo man wunderbar schwimmen und wandern kann. Der Ausgangspunkt zum See liegt 1 km südlich der Praia de Armacão an der Hauptstraße Richtung Stadt – man kann den großen Eingang zum Park nicht verfehlen.

🛏 Schlafen & Essen

Pousada Alemdomar POUSADA **$$**
(☎ 3237-5600; www.alemdomar.com.br; Tulia de Oliveira 403; EZ/DZ 190/250 R$; @📶) Hat man den Hiper-Bom-Supermarkt passiert, folgt man der unbefestigten Euclides João Alves ca. 400 m südlich des Eingangs zum Park Lagoa do Peri und biegt bei der ersten Gelegenheit links ab. Die Pousada Alemdomar ist ein kleines New-Age-Paradies. Sechs einfache Gästezimmer beschwören Ruhe und die Einheit mit der Natur. Hinter dem Hauptgebäude

dürfen Gäste über den hölzernen Pfad bis direkt zur Lagoa do Peri gehen.

Nutri Lanches DELI $
(Thomaz dos Santos 4615; Sandwiches 7–8,25 R$; Di–So 8–20 Uhr) Als „eine Überdosis Gesundheit" preist Nutri Lanches seine gesunden Sandwiches, Salate und Gebäck an. Das Mittagsbüfett biegt sich unter einer unglaublichen Anhäufung selbst gemachter Leckerbissen (24 R$ pro Kilo).

Pântano do Sul

Noch immer bewohnen Fischer mit azorischer Abstammung das Dorf Pântano do Sul, dessen Strand mit Fischerbooten und Imbissbuden für Meeresfrüchte gesprenkelt ist. In der von Bergen umringten geschützten Bucht schwappt ruhiges, kühles Wasser an die Küste – ideal für ein (Sonnen-)Bad.

In Pântano kann man sich von einem einheimischen Fischer zum entfernten verlassenen Strand **Lagoinha do Leste** bringen lassen oder in 90 Minuten dorthin wandern. Auf dem Marsch kann es drückend heiß werden – man sollte also frühzeitig aufbrechen und ausreichend Wasser mitnehmen. Die Lagoinha do Leste bietet mit die beständigste und kraftvollste Brandung der Insel, weshalb man unterwegs durchaus auf Surfer trifft.

In der rustikalen **Bar do Arante** (3237 7022; Gerichte 15–30 R$) gibt's Meeresfrüchte. Sie ist eine echte Institution: Stammgäste haben im Laufe der Jahre die Wände mit Gedichten und Kunst zugekritzelt.

Costa de Dentro & Umgebung

Hier ist die Straße zu Ende … und genauso fühlt es sich auch an. In den winzigen Städten gibt's eine Handvoll Unterkünfte und Restaurants, im Wesentlichen aber bleiben sie den Fischern und Bauern vorbehalten. Die Costa de Dentro bietet einen Zugang zu den herrlichen, ruhigen Gewässern der **Praia dos Açores** – was sie zu einer perfekten Zuflucht vor der Surfergemeinde macht. Oder man fährt ganz bis ans Ende zur **Praia Solidão** oder nach **Saquinho**.

Schlafen

Albergue do Pirata HOSTEL $
(3389-2727; www.alberguedopirata.com.br; Ferreira s/n; Zelt/B/Zi. ohne Bad 20/35/50 R$ pro Pers.;) Ein spartanisches Hostel mit günstigen Schlafgelegenheiten, ca. 500 m vom Strand entfernt.

★**Pousada Sítio dos Tucanos** GASTHAUS $$
(3237-5084; www.pousadasitiodostucanos.com; Ferreira 2776; DZ ab 230 R$;) Ca. 1,5 km hinter der Costa de Dentro, hoch oben, abgeschieden und von Ackerland umgeben, liegt diese deutsche *pousada*, in der mehrere Sprachen gesprochen werden. Sie ist unglaublich urig und verfügt über rustikal-schicke Zimmer (meist mit Balkon) sowie lichtdurchflutete Gemeinschaftsbereiche (dank hoher Fenstertüren). Wer mit dem Bus 563 anreist, kann vorher anrufen und sich an der Bushaltestelle 800 m entfernt abholen lassen.

DAS FESTLAND

Nördlich und südlich von Florianópolis ziehen feiner Sand und fantastische Wellen Sonnenanbeter, Surfer und Strandgutsammler an. Im Landesinneren verläuft die Serra Geral parallel zur Küste und schützt so einige der entlegensten Reiseziele im südlichen Brasilien. Hier hält sich Santa Catarinas deutsches und italienisches Erbe am hartnäckigsten.

Joinville

0XX47 / 515 000 EW.

Auch wenn Joinville weder mit Blumenaus historischem Zentrum noch mit einem Bierfest aufwarten kann, hat es doch ein paar ganz eigene Besonderheiten. Dies ist z. B. abgesehen von Moskau der einzige Ort mit einer Bolschoi-Ballettakademie, ein Umstand, der einhergeht mit einem jährlichen **Tanzfestival** (www.festivaldedanca.com.br) – eins der größten und bekanntesten weltweit! Außerdem pflegt Joinville seine deutschen Wurzeln. Diese kommen in der „neoalpinen" Architektur der Stadt und in den gepflegten Parkanlagen zu Ausdruck. Die Wirtschaft lebt von der Metall- und Kunststoffverarbeitung sowie von IT-Firmen. Doch die Industrie wird feinsäuberlich vor den Augen der Besucher verborgen gehalten. Im Ergebnis führt das zu einer großen Stadt mit den guten Sitten einer kleinen.

Sehenswertes & Aktivitäten

Ein Blick auf Joinville und die Baia da Babitonga bietet sich dem, der sich auf den Weg zum Morro do Boa Vista, rund 10 km östlich des Zentrums, macht. Vom 250 m hohen **Mi-**

Joinville

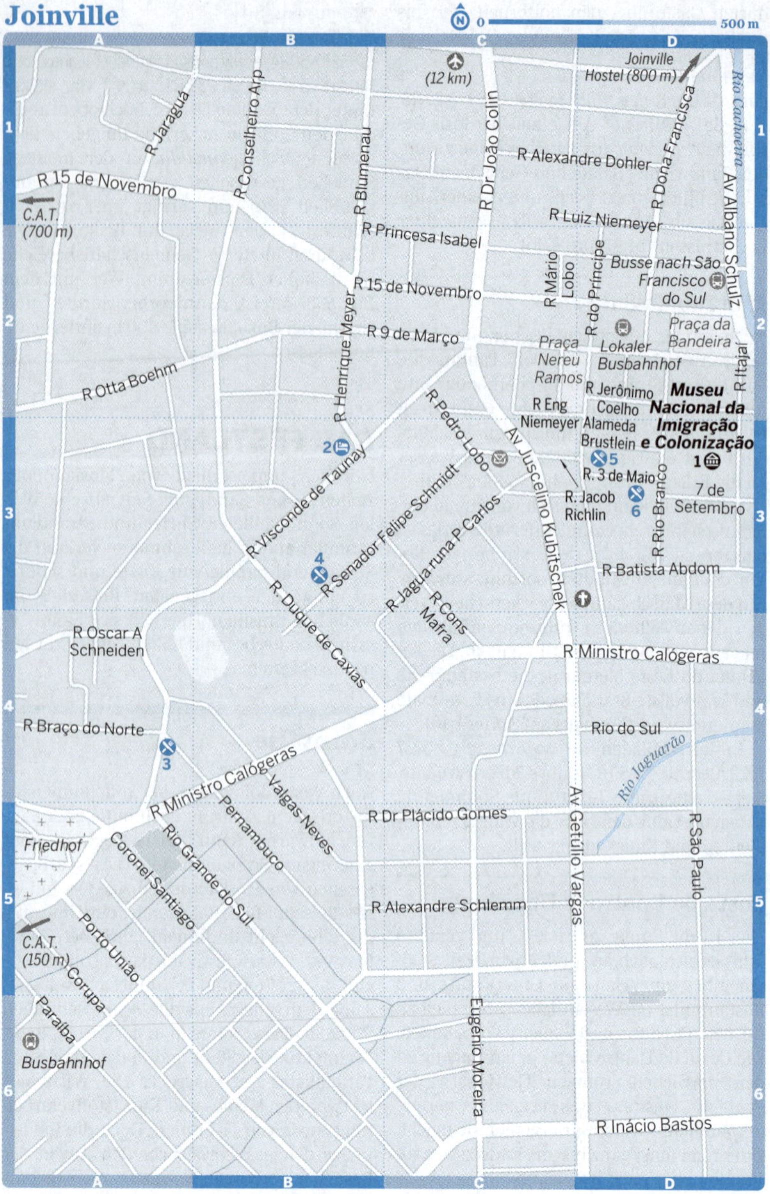

rante (Rua Saguaçu), einem Turm mit Wendeltreppe, genießt man ein 360-Grad-Panorama.

★ **Museu Nacional da Imigração e Colonização** MUSEUM

(Nationalmuseum für Immigration & Kolonialisierung; ☎ 3433-3736; www.museunacional.com.br; Rio Branco 229; ⌚ Di–Fr 9–17, Sa & So 12–18 Uhr) GRATIS In einem eleganten Palast aus dem Jahr 1870 untergebracht, dokumentiert dieses Museum die Einwanderungsgeschichte Santa Catarinas. Einfach der beeindruckenden, von Palmen gesäumten **Alameda das Palmeiras** folgen.

Joinville

Highlights
1 Museu Nacional da Imigração e Colonização D3

Schlafen
2 Hotel Tannenhof B3

Essen
3 Biergarten A4
4 Delicatesse Viktoria B3
5 Frankfurt Espresso Bar D3
6 Tempeiro Crioulo D3

Barco Príncipe III BOOTSTOUREN
(☎3455-4444; www.barcoprincipe.com.br; Erw./Kind inkl. Mittagessen 140/70 R$; ⏲Bootsfahrten 10 Uhr;) Das berühmte Ausflugsschiff fährt durch die Baia da Babitonga und hält anderthalb Stunden in São Francisco do Sul. Es legt 10 km vom Zentrum entfernt im Viertel Espinheiros ab, allerdings nur, wenn sich mehr als 100 Passagiere an Bord einfinden. Ein ziemlich teurer Spaß, aber jeder schwärmt davon!

Schlafen

Joinville Hostel HOSTEL $
(☎3424-0844; www.joinvillehostel.com.br; Dona Francisca 1376; B ab 55 R$, EZ/DZ 100/130 R$, ohne Bad 90/120 R$; @) Wer sich in seinem HI-Hostel wie zu Hause fühlen will, ist hier genau richtig. In die Besitzerin, Kely, verliebt man sich sofort. Sie schafft eine heimelige Atmosphäre, die sich bis über die großen Grünflächen und den kleinen Garten erstreckt. In dem Hostel wurde ein bisschen mehr Wert auf Deko und Details gelegt als üblich. Nur rund zehn Gehminuten vom Centro entfernt.

Hotel Tannenhof HOTEL $$
(www.tannenhof.com.br; Visconde de Taunay 340; EZ/DZ ab 214,50/247,50 R$; @) Das angenehme Mittelklassehotel hat mehr Persönlichkeit als die vielen Hotelkettenableger in der Stadt, wenn auch von der altmodischen deutschen Sorte. Die Standardzimmer sind riesig – es gibt also keinen Grund, eines der teureren zu nehmen – und verfügen über Minibars und Schränke (europäischer Kitsch pur!). Ein Bonus ist die Lage an der lebendigsten Straße von Joinville.

Essen & Ausgehen

Visconde de Taunay heißt Joinvilles Restaurant- und Barmeile. Unentschlossen? Dann ist der Gourmettempel im **Parque Opa** (Max Colin 1589) die richtige Anlaufstelle. Außerdem ist es der beste Ort, um Joinvilles hervorragendes Bier mit dem entzückenden Namen Opa zu kosten.

Tempeiro Crioulo SELBSTBEDIENUNG $
(3 de Maio 94; 23,90 R$ pro Kilo; ⏲Mo–Sa 11–14.30 Uhr;) In dem zentral gelegenen *por-kilo*-Restaurant werden die Gäste mit einem verlockenden Angebot herzhafter brasilianischer Gerichte und Salate verwöhnt. Zum Sterben gut ist *carne ensopada* (Rindfleischeintopf).

Frankfurt Espresso Bar CAFÉ $
(Alameda Brustlein 46; Snacks 2,50–5,90 R$; ⏲Mo–Sa 9–22 Uhr;) Trendiges Café mit einer tollen Terrasse, auf der man die prachtvollen Palmen im Blick hat.

★ **Biergarten** BRASILIANISCH $$
(www.biergarten.com.br; Visconde de Taunay 1183; Hauptgerichte 25–68 R$; ⏲Mo 17–1, Di–Sa 11–1, So 1–18 Uhr) Joinvilles angenehmstes Restaurant ist ein geselliger Ort, an dem regionale Spezialitäten wie *marreco* (gestopfte Knäkente, 45,90 R$) mit „Eisenbahn"-*chope* (Bier vom Fass) hinuntergespült werden. An den schick-rustikalen Picknicktischen herrschen stets reges Treiben und gute Laune. Auch die Kellner sind prima.

Delicatesse Viktoria CAFÉ $$
(☎3422-0570; www.delicatesseviktoria.com.br; Felipe Schmidt 400; Nachmittagsbüfett 29,50 R$ pro Pers.; ⏲Mo–Sa 9–20 Uhr, Büfett ab 15.30 Uhr) Der traditionsreiche Klassiker ist zwar leicht angestaubt, aber die helle Terrasse mit Korbmöbeln und Spitzendecken auf den Tischen wirkt sehr einladend. Dort wird *café colonial* kredenzt, die brasilianische Version des britischen High Tea (eine Art frühes Abendessen).

Praktische Informationen

C.A.T. (☎3433-5007; www.turjoinville.com.br; XV de Novembro; ⏲8–17 Uhr) Joinvilles Touristeninformationskioske sind hilfreich, liegen aber sehr unpraktisch in den Randbezirken der Stadt. Filialen findet man am Flughafen (☎3427-4409; Santos Dumont 9000; ⏲Mo–Fr 7.30–13.30 & 16–22, So 11–14.30 & 16–20.30 Uhr), in der Casa Krüger (☎3427-5623; Rod SC301; ⏲9–17 Uhr) und an der Baltazar Buschle (☎3453-0177; Ottokar Doerffel; ⏲9–17 Uhr).

HSBC (Jerônimo Coelho 128) Gebührenfreie Geldautomaten.

BUSSE AB JOINVILLE

ZIEL	PREIS (R$)	FAHRTDAUER (STD.)	UNTERNEHMEN
Blumenau	26	2	Catarinense (www.catarinense.net)
Curitiba	32	2	Catarinense (www.catarinense.net)
Florianópolis	47	2½	Catarinense (www.catarinense.net)
Foz do Iguaçu	124	16	Pluma (www.pluma.com.br)
Porto Alegre	94	9	Pluma (www.pluma.com.br)
Rio de Janeiro	152	16	Penha (www.vendas.nspenha.com.br)
São Paulo	98	8	Catarinense (www.catarinense.net)

Anreise & Unterwegs vor Ort

BUS

Der **Busbahnhof** (☎ 3433-2991; Paraíba 769) liegt 2 km südwestlich des Stadtzentrums. Nahverkehrsbusse machen sich alle 15 Minuten auf den Weg in die City. **Viacão Verdes Mares** (www.vmares.com.br) betreibt Busse zur Ilha de São Francisco; sie fahren am Busterminal (12 R$) und (noch praktischer und günstiger) im Centro (8,25 R$) ab. Fahrtzeiten und *executivo*-Preise ab Joinville siehe Tabelle oben.

FLUGZEUG

Vom **Flughafen Joinville-Lauro Carneiro de Loyola** (JOI; ☎ 3481-4000; Av Santos Dumont 9000), 13 km nördlich der Stadt, gehen regelmäßig Flüge nach Campinas, São Paulo und Rio. Um ihn zu erreichen, nimmt man Bus 800 „Iririú" (2,90 R$) bis zum Terminal Iririú und steigt dort in den Cubatão-Bus zum Flughafen um.

Blumenau

☎ 0XX47 / 309 000 EW.

Blumenau ist nicht die einzige Stadt in Santa Catarina, die deutsche Siedler gründeten, indem sie ihre Kompetenzen als Bierbrauer und ihre Vorliebe für alpenländische Architektur nach Südamerika brachten. Doch sie ist die bekannteste. Und das verdankt sie zumindest teilweise ihrem hemmungslos übertriebenen **Oktoberfest** (☎ 3326-6901; www.oktoberfestblumenau.com.br; Vila Germânica; Eintritt 20 R$ pro Tag). Der jährliche ausschweifende Bierumtrunk gehört zu den größten Straßenfesten Brasiliens – direkt nach dem Karneval in Rio.

Das Oktoberfest machte Blumenau berühmt, es ist aber nicht der entscheidende Punkt, der der Stadt ihren deutschen Charakter verleiht. Überall im historischen Zentrum sieht man typisch deutsche Motive. Die Restaurants haben sich auf Jägerschnitzel und Bratwurst spezialisiert, und vor Ort werden einige Biersorten gebraut. Am aufschlussreichsten ist vielleicht die hoch aufgeschossene blonde Bevölkerung, von der ein Großteil zu Hause immer noch Deutsch spricht.

Sehenswertes

Die wichtigsten Feste finden im **Parque Vila Germânica** (www.parquevilagermanica.com.br; Alberto Stein 199) statt, teils riesiger Konferenzsaal, teils kitschiges Alpindorf. Die Anlage ist sehenswert, selbst wenn gerade kein Event ansteht, denn sie beherbergt ein paar gute Restaurants, Bars und Gourmetläden (und man wird jede Menge Lederhosen sehen). Um sie zu erreichen, steigt man an der Avenida Beira Rio in die Linie 31 „Proeb-Fonte via Caçadores".

Rua XV Novembro STADTVIERTEL

In der Rua XV Novembro finden sich die besten Beispiele für deutsche Architektur in der Stadt, u. a. das **Castelinho da XV** (heute ein Havan-Kaufhaus), das nach dem Vorbild des Rathauses von Michelstadt erbaut wurde.

Museu de Família Colonial MUSEUM

(☎ 3381-7516; Alameda Duque de Caxias 78; Eintritt 3 R$; ⏰ Di–So 10–16 Uhr) Über Blumenaus Anfänge informiert dieser Häuserkomplex, den in den 1850er-Jahren Stadtgründer Hermann Bruno Otto Blumenau bewohnte. Im weitläufigen Hofgarten liegt der Katzenfriedhof seiner Tochter, auf dem Pepito, Mirko, Bum, Putzi, Schnurr und andere geliebte Stubentiger ihre letzte Ruhe gefunden haben – ein hübsches Fleckchen, um ein wenig zu entspannen.

Museu da Cerveja MUSEUM

(Praça Hercilio Luz; ⏰ Mo–Fr 9–18, Sa & So bis 17 Uhr) GRATIS Wer sich mehr für Gastronomie als Geschichte interessiert, ist im kleinen Museu da Cerveja richtig.

Blumenau

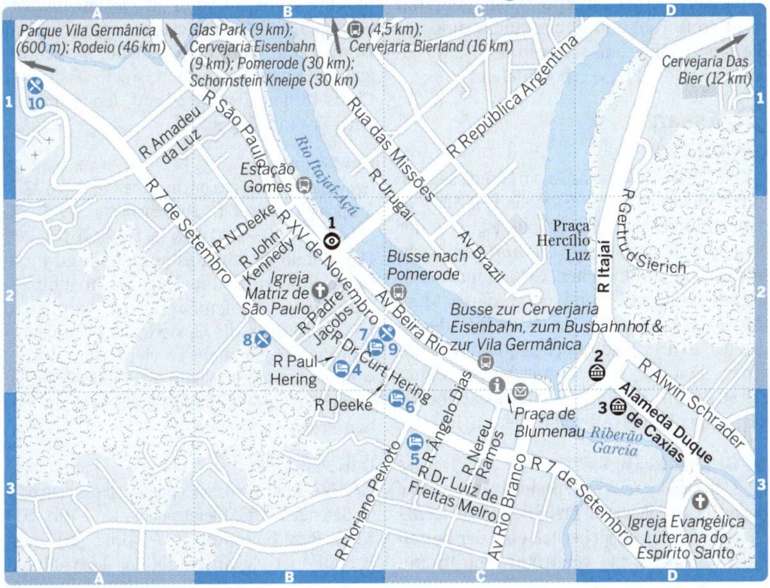

Schlafen

Wer plant, Blumenau während des Oktoberfests zu besuchen, sollte rechtzeitig eine Unterkunft buchen.

Ibis HOTEL **$**
(☎3221-4700; www.ibishotel.com; Paul Herring 67; Zi. am Wochenende/unter der Woche 125/145 R$; ❄@📶) Ja, es ist eine Kette, doch das schnittige Hotel (110 Zimmer, eröffnet 2004) fungiert als eine Art Trendsetter in Blumenau. Die Räumlichkeiten sind mit sämtlichem modernem Schnickschnack ausgestattet und sehr gepflegt. Holzböden verleihen dem Gebäude eine klassische Note. Das Frühstück kostet 14 R$.

Hotel Hermann POUSADA **$**
(☎3322-4370; www.hotelhermann.com.br; Floriano Peixoto 213; EZ/DZ/3BZ 64/105/145 R$, klimatisiert 80/115/155 R$; ❄@📶) Optimale Budgetunterkunft in einem alten Fachwerkhaus voller knarzender Böden. Die einfachen Zimmer sind sehr gut in Schuss und das gesamte Grundstück verströmt das gemütliche Flair vergangener Zeiten.

★ **Hotel Glória** HOTEL **$$**
(☎3326-1988; www.hotelgloria.com.br; 7 de Setembro 954; EZ/DZ/3BZ ab 125/160/210 R$; ❄@📶) Ein echter Klassiker in Blumenau

Blumenau

Sehenswertes
1 Castelinho da XV B2
2 Museu da Cerveja D2
3 Museu de Família Colonial D3

Schlafen
4 Hotel Glória B2
5 Hotel Hermann C3
6 Hotel Plaza Blumenau C3
7 Ibis B2

Essen
8 Babilônia B2
9 Basement English Pub C2
Cafehaus Glória ..... (siehe 4)
10 Don Peppone A1

ist das Glória mit seinem holzgetäfelten Eingang, Buntglas und einem traditionellen deutschen Café. 2012/2013 wurden die Zimmer modernisiert, doch das Hotel verkörpert nach wie vor ein Stück Alte Welt. Die „neuen" Räume warten mit einem dezenten Stil auf, der Wasserdruck in den Duschen ist explosiv. Geniales Frühstück!

Hotel Plaza Blumenau BUSINESSHOTEL **$$**
(☎3231-7000; www.plazahoteis.com.br; 7 de Setembro 818; EZ/DZ ab 275/306 R$; ❄📶🏊) Das beste Preis-Leistungs-Verhältnis aller Topunterkünfte in Blumenau bietet dieses moderne

Businesshotel. An ihm ist nichts besonders Bemerkenswertes, aber die Zimmer sind recht groß, Pool und Fitnessstudio rund um die Uhr geöffnet und selbst in der Hauptsaison sinken die Preise schon mal um 25 %.

Essen

Cafehaus Glória CAFÉ $

(☎3322-6944; www.cafehaus.com.br; 7 de Setembro 954; Büfett ab 19 R$; ⊙Mo–Sa 6–20 Uhr) In dem altmodischen Kaffeehaus ist stets der Teufel los, denn der *café colonial*, ein Nachmittagsbüfett mit Kuchen, Gebäck und Sandwiches, ist legendär und ein absolutes Muss (Mo–Fr 36 R$ pro Kilo, Sa 15–20 Uhr All-you-can-eat 26 R$). Traditioneller und brasilianischer kommt das Mittagsbüfett daher (29,50 R$ pro Kilo). Im Winter lockt abends ein Suppenbüfett (All-you-can-eat 19 R$).

★ **Basement English Pub** PUB $$

(☎3340-0534; www.basementpub.com.br; Paul Hering 35; Hauptgerichte 14–38 R$; ⊙Mo–Sa 18–24 Uhr; 📶) Dies ist sicherlich eine der besten Bars Brasiliens. Sie verströmt eine traumhaft authentische Pubatmosphäre und bietet eine große Auswahl an lokalen Biersorten (ab 5,50 R$). Mindestens genauso genial ist die gediegene Kneipenküche: Burger, gegrillte Schweinerippchen sowie Fish and Chips treffen den Nagel auf den Kopf. Oft wird Livemusik gespielt.

Babilônia BRASILIANISCH $$

(www.babiloniaonline.com.br; 7 de Setembro 1213, Shopping Neumarkt; Hauptgerichte 16–48 R$; ⊙So–Do 11.30–22.30, Fr & Sa bis 23.30 Uhr; 📶) Das Babilônia, ein Restaurant im europäischen Stil, wurde aus Curitiba in Blumenaus bestes Einkaufszentrum verpflanzt. Hier verputzen die Gäste leckere Gourmetspeisen, die gar nicht so viel kosten, insbesondere montags (Sushi zum halben Preis) und dienstags (italienische Küche zum halben Preis).

Don Peppone ITALIENISCH $$

(☎3322-9090; www.donpepponeexpress.com.br; 7 de Setembro 2013; Hauptgerichte für 2 Pers. 53–83 R$, Pizza 60–79 R$; ⊙17–24 Uhr; 📶) Dom Peppone ist eleganter, als das Logo ahnen

SPRECHEN SIE DEUTSCH?

Die ersten deutschen Einwanderer holte Dom Pedro I. in den 1820er-Jahren ins Land. Da es um den Süden des gerade unabhängig gewordenen Brasiliens Streitigkeiten mit Argentinien und Uruguay gab, wollte der Kaiser die Region mit treuen Anhängern besiedeln. In den 1850er- und den 1890er-Jahren kam es zu ersten Einwanderungswellen, weitere folgten rund um die beiden Weltkriege. Entgegen verbreiteter Vorstellungen waren die meisten Deutschen, die es in den 1940er-Jahren hierher verschlug, politische und wirtschaftliche Flüchtlinge – und keine Nazi-Größen auf der Flucht.

Für über ein Jahrhundert war Deutsch die dominierende Sprache in weiten Teilen von Südbrasilien. Da die Einwanderer aus vielen Regionen Deutschlands kamen und verschiedene Dialekte sprachen, sahen sie sich ihrer ureigenen babylonischen Sprachverwirrung gegenüber. Oft griffen sie auf eine Art Kreolisch zurück, das Portugiesisch und indigene Sprachen vereinte. Die Italiener standen vor einem ähnlichen Problem und . verließen sich auf „Talia", ein Gemisch aus Dialekten, das vor allem auf denen aus der Region Veneto basierte.

Das 20. Jh. hat von der deutschen Sprache in Brasilien seinen Tribut gefordert. Die Weltkriege führten zu ihrer Unterdrückung in öffentlichen Institutionen wie Schulen und Behörden. Industrialisierung und zunehmende wirtschaftliche Integration brachten die Region in engeren Kontakt mit portugiesischen Muttersprachlern. Mit der Ausbreitung von Radio und Fernsehen, beides dominiert von nationalen Sendern, wurde die Verwendung des Portugiesischen weiter forciert, vor allem bei den Jüngeren.

In der Stadt Pomerode führte eine Reihe von Faktoren dazu, dass die deutsche Sprache erhalten blieb. Erst die jüngste Generation hat den Anschluss Pomerodes durch angemessene Straßen an Blumenau erlebt. Bis dahin war die Stadt von ihren Nachbarn weitestgehend isoliert. Darüber hinaus sprachen alle ursprünglichen Siedler den gleichen Dialekt (Pommersch), sodass es keine Notwendigkeit gab, auf Portugiesisch als Lingua franca auszuweichen. Außerdem waren die Siedler Lutheraner, Deutsch entsprechend die Sprache ihres Gottesdienstes. Heutzutage bemüht sich eine wachsende Bewegung, die bilingualen Gemeinden in Brasilien zu erhalten.

BUSSE AB BLUMENAU

ZIEL	PREIS (R$)	FAHRTDAUER (STD.)	UNTERNEHMEN
Balneário Camboriú	17	1½	Catarinense (www.catarinense.net)
Curitiba	37	4	Catarinense (www.catarinense.net)
Florianópolis	35	3	Catarinense (www.catarinense.net)
Joinville	24	2	Catarinense (www.catarinense.net)
Piçarras	19	2	Catarinense (www.catarinense.net)

lässt, und zeigt, dass es in Blumenau noch eine andere ethnische Küche jenseits von Würstchen und Sauerkraut gibt.

Shoppen

Aus Blumenau stammen hochwertige Kristall-und Glaswaren.

Glas Park GLAS & KRISTALL
(☎ 3327-1261; Rudolf Roedel 233; ⏲ Mo–Fr 9–18, Sa bis 13 Uhr) Vor Ort informiert ein Kristall- und Glasmuseum über die Geschichte der Glasindustrie und -kunst. Spannende Vorführungen.

Praktische Informationen

Correios (Post; www.correios.com.br; Praça Dr Blumenau)

HSBC Gebührenfreie Geldautomaten.

Kongress- & Besucherbüro Blumenau e Vale Europeu (☎ 3322-6933; www.blumenau.com.br; Ecke XV de Novembro & Nereu Ramos; ⏲ Mo–Fr 9–12 & 13–18, Sa & So 8–12 Uhr) Infos zum Vale Europeu und die praktischste Touristeninformation der Stadt.

Anreise & Unterwegs vor Ort

Der **Busbahnhof** (☎ 3323-2155; 2 de Setembro 1222) liegt 6 km westlich des Zentrums. In die Innenstadt gelangt man mit dem Bus 11 „Aterro via 2 de Setembro" (2,90 R$) von der gegenüberliegenden Seite der Avenida 2 de Setembro Richtung Estação Gomes; oder man nimmt ein Taxi (15 R$). In die Gegenrichtung fährt der Bus an der Estação Dr Blumenau ab. Regelmäßig gibt's Verbindungen nach Balneário Camboriú, Florianópolis, Joinville und Curitiba.

Ins Vale Europeu verkehren stündlich Busse von **Volkmann** (www.turismovolkmann.com.br) von der Avenida Beira Rio Richtung Pomerode (4,45 R$). **Expresso Presidente** (www.expressopresidente.com.br) bricht siebenmal täglich vom Busbahnhof in Blumenau in das 30 km entfernte Timbó auf (8 R$, 45 Min.). **Reunidas** (www.reunidas.com.br) fährt viermal am Tag von Blumenau nach Nova Trento (17,50 R$, 2 Std.).

Im Kasten oben stehen Fahrtzeiten und *executivo*-Preise ab Blumenau.

Nördlich von Florianópolis

Die abwechslungsreichen und einladenden Strände entlang der Küste nördlich von Florianópolis sind Fluch und Segen zugleich. Als Segen winken kristallklare Gewässer und feiner Sand, ganz zu schweigen von den endlosen Sonnentagen. Der Fluch sind die Hotelburgen und Eigentumswohnungen, die den Blick auf die bewaldeten Hügel und emporragenden Felsen verstellen.

Balneário Camboriú

☎ 0XX47 / 108 000 EW.

Balneário Camboriú gilt als Rio des armen Mannes. Tatsächlich wartet die Stadt mit einer riesigen Christusstatue, wunderschönen Stränden, einem rasanten Nachtleben und einem langen Strandabschnitt auf, an dem sich die Hochhäuser türmen; noch dazu heißt die Uferstraße Avenida Atlântica – das sieht verdächtig nach Copacabana aus! Offensichtlich haben die Stadtentwickler abgekupfert, doch in zwei Punkten überflügelt Camboriú Rio: Einerseits ist es neuer und die Infrastruktur – von den Bettenburgen bis zu den trendigen Bars – entsprechend besser in Form, andererseits zahlt man nur einen Bruchteil der Copacabana-Preise. Gar nicht so übel!

Im Sommer schwillt die Bevölkerung auf fast 1 Mio. Menschen an, wenn hier Argentinier, Brasilianer und Paraguayer einfallen, um einen der heißesten Partyplätze Brasiliens zu erobern. Wie Rio gilt auch Camboriú als schwulenfreundlicher Ort und ist bekannt für seinen *teleférico* (Seilbahn), der einen großen zentralen *morro* mit nicht einem, sondern gleich zwei Stränden verbindet – das gibt's sonst nirgendwo. Familien schätzen Camboriú für seine kinderfreund-

NICHT VERSÄUMEN

EIN BIER, POR FAVOR!

Die typischen Biermarken Skol, Brahma und Antarctica sind gute Waffen gegen die Tropenhitze, aber, unter uns: Geschmack ist nicht ihre Stärke. Glücklicherweise schaffen die deutschen Einwanderer im Vale Europeu Abhilfe. Dort gibt's seit Mitte des 19. Jhs. eine echte Bierkultur mit echtem Bier: Pils, Helle, Bock- und Weizenbiere … es ist alles dabei. Die folgenden Brauereien (mit Probierstuben) in und rund um Blumenau zählen zu den besten in der Region.

Cervejaria Eisenbahn (☎3488-7307; www.eisenbahn.com.br; Bahia 5181, Blumenau; ⏲Mo–Sa 16–24, So 10–1 Uhr) Mal ehrlich: Da Schincariol den Laden aufgekauft hat, könnte dieser eigentlich mehr in das Besuchererlebnis investieren. Dennoch: Die Brauerei ist weltweit bekannt und Touren (5 R$) starten von 14 bis 19 Uhr immer zur vollen Stunde.

In der kleinen Probierstube warten zwölf Biere, darunter das erste Bio-Pils Brasiliens, ein Rauchbier und „Lust", eine besonders edle Sorte, die nach der Champagnermethode gebraut wird. Dazu werden Snacks gereicht. An der Haltestelle Estação Dr Blumenau auf der Avenida Beira Rio steigt man in den „Passo Manso"-Bus (2,90 R$) und sagt dem Fahrer, dass man bis zur Cervejaria Eisenbahn fahren will.

Schornstein Kneipe (☎3333-2759; www.schornstein.com.br; Hermann Weege 60, Pomerode; ⏲Mo 17–24, Do & Fr ab 12, Sa & So ab 11 Uhr; 📶) In der hervorragenden Kleinbrauerei werden zwei Sorten Pils, ein India Pale Ale (unser Favorit), Weiß- und Bockbier sowie ein Imperial Stout hergestellt. Um eine Führung zu arrangieren, ruft man vorher an. Zur Brauerei fährt stündlich ein Bus von **Volkmann** (www.turismovolkmann.com.br) von der Avenida Beira Rio Richtung Pomerode (4,45 R$).

Cervejaria Bierland (☎3323-6588; www.bierland.com.br; Gustavo Zimmermann 5361, Blumenau; ⏲Di–Fr 16.30–24, Sa ab 10 Uhr) Niemals ein Bier nach seinem Etikett beurteilen! Die Bierland-Biere schmecken sehr viel besser, als ihre Verpackung vermuten lässt. Hier werden insgesamt acht Sorten gebraut, u. a. ein helles Ale, ein Bockbier und eins nach Wiener Art. Vier Sorten gibt's immer vom Fass, dazu wird Finger Food gereicht. Bierland befindet sich 12 km vom Centro entfernt in Itoupava Central.

Cervejaria Das Bier (☎3397-8600; www.dasbier.com.br; Bonifácio Haendchen 5311, Gaspar; ⏲Mi–Fr 17–24, Sa 15–24, So 11–19 Uhr) Hier werden zwei Pilsner nach dem deutschen Reinheitsgebot gebraut, außerdem ein braunes und ein helles Ale sowie ein Weizen. Das hiesige Essen schmeckt besser als in den zuvor genannten Brauereien. Führungen gibt's nach vorheriger Vereinbarung. Santa Terezinha schickt täglich sieben Busse von Blumenau nach Gaspar (7,60 R$).

lichen Attraktionen und die Nähe zur Beto Carrero World.

Die **Touristeninformation** (☎3367-8005; www.secturbc.com.br; ⏲8–18 Uhr) am Busbahnhof wird von der Stadt betrieben, jene an der Avenida Atlântica Ecke Rua 51 gehört zum Themenpark **Beto Carrero World** (☎3261-2222; www.betocarrero.com.br; Inácio Francisco de Souza 1597; Erw./Kind/Senior 80/70/44 R$; ⏲9–18 Uhr; 👪).

Sehenswertes

★ **Parque Unipraias** NATURSCHUTZGEBIET
(☎3404-7600; www.unipraias.com.br; Av Atlântica 6006; ⏲Dez.–Feb. 9–20 Uhr, März–Nov. 9.30–18 Uhr; 👪) Der ganze Stolz der Stadt ist der 6 ha große Stadtpark mit insgesamt 500 m Spazierwegen, ihr Clou allerdings der **Bondinho** (Seilbahn; ☎3404-7600; www.unipraias.com.br; Erw./Kind 36/18 R$; 👪), ein von Italienern gebautes Seilbahnsystem mit insgesamt drei Stationen: Von Barra Sul geht's auf den 240 m hohen Morro da Aguada und wieder hinunter zur Praia Laranjeiras. Die 3,2 km lange spektakuläre Fahrt über den Atlantischen Regenwald dauert 30 Minuten.

Ganz oben befinden sich die Achterbahn **Yoohooo!** (Tickets 20 R$; 👪), die mit 60 Sachen 700 m in die Tiefe rast, und der **ZipRider** (Tickets 39 R$), eine 750 m lange Seilrutschpartie zur Praia Laranjeiras – beides macht riesigen Spaß! Im Juni und August ist der Park meist nur an den Wochenenden geöffnet; vor dem Besuch macht man sich besser noch mal schlau.

Strände STRÄNDE
Kristallklares Wasser und bewaldete Hügel im Hintergrund bieten die **Praia Laranjeiras**, der belebteste und der Stadt am nächsten gelegene Strand, sowie sechs weitere Strände, die sich südlich entlang der Costa Brava erstrecken. 4 km nördlich verspricht die **Praia dos Amores** auf dem Weg nach Itajai gute Surfbedingungen, ebenso wie die **Praia Atalaia** in Itajai, 10 km nördlich von Camboriú.

Cristo-Luz-Statue WAHRZEICHEN
(☎3367-4042; www.cristoluz.com.br; Indonésia 800; Eintritt 20 R$; ⌚Mo–Sa 16–24, So ab 10 Uhr) Die 33 m hohe Statue des Cristo Luz hält einen Sombrero in der Hand, aus dem nachts ein Scheinwerfer – manchmal in leuchtenden Farben – die Stadt illuminiert. Im Sommer gibt's häufig von 19 Uhr an Livemusik.

Schlafen

Außerhalb der brechend vollen Sommermonate sind Rabatte von bis zu 50 % drin.

Rezende House HOSTEL $$
(☎3361-1008; www.rezendepousada.com.br; Rua 3100, 780; B/EZ/DZ/3BZ 55/119/159/209 R$; @📶) Wegen seiner Lage inmitten der Strand- und Party-Action füllt sich dieses Hostel in der Hochsaison rasant schnell. Es ist eines der wenigen, dessen Schlafsäle mit Balkonen aufwarten. Auch die Privatzimmer sind top (dort liegen sogar Föhne bereit!). Das Management besteht übrigens darauf, dass Ausländer eine Anzahlung leisten; am besten bucht man über die HI-Website.

Pousada Villa Atlântica POUSADA $$
(☎3367-3821; www.villa-atlantica.com.br; Rua 3300, 415; EZ/DZ 180/200 R$; ❄@📶) Etwas idyllischer ist diese preisgünstige *pousada* nur zwei Blocks vom Strand entfernt in Barra Sul. Die einfachen, sauberen Zimmer sind in hellen Farben gehalten und mit modernen Extras wie Flachbildfernsehern ausgestattet.

Mercure Hotel HOTEL $$$
(☎3056-9500; www.mercure.com.br; Av Atlântica 2010; EZ/DZ 498/572 R$, mit Meerblick 590/659 R$; ❄@📶🏊) Das trendige Mercure (hier lautet die Parole sehen und gesehen werden) ist einer der angesagtesten Spots von Camboriú. In dem eleganten Hotel kann man das müde Haupt im Herzen der Praia-Central-Action betten. Klare Linien dominieren die modernen Zimmer, ein willkommener Kontrast zu den grellen türkisfarbenen Gängen. Außerdem gehören zwei Pools, ein Fitnessstudio, ein Spa und ein tolles Restaurant zur Anlage.

Essen

Madero BURGER $
(www.restaurantemadero.com.br; Ecke Av Atlântica & Rua 2900; Burger 19,80–36,90 R$; ⌚11.45–0.30 Uhr; 📶) Curitibas beste Burgerbraterei hat sich für ihre schicke Camboriú-Filiale ein wirklich schönes Grundstück am Strand ausgesucht. Die leckeren Fleischbratlinge werden zwischen noch leckerere Brötchenhälften gebettet, man sollte aber unbedingt Platz lassen für den teuflisch guten Nachtisch *doce de leite petit gâteau.*

Sapore Speciale SELBSTBEDIENUNG, FISCH & MEERESFRÜCHTE $$
(www.spaorespeciale.com.br; Av Atlântica 2010; 53 R$ pro Kilo; ⌚9–24 Uhr, März–Nov. bis 20 Uhr) Das noble Lokal ist im Mercure Hotel untergebracht, aber unabhängig. Hier gibt's wochentags ein *por-kilo*-Mittagessen der Extraklasse mit einer tollen Auswahl an Fleisch-, Fisch- und Meeresfrüchtegerichten, das sich am Wochenende in ein „Hummer für alle"-Büfett verwandelt (87 R$). Auf der Abendkarte dominieren Fisch und Meeresfrüchte à la carte (Hauptgerichte 28–125 R$).

Bistrô Palatare FRANZÖSISCH/ITALIENISCH $$$
(☎3366-3699; www.balnear.com/palatare; Rua 2550, 699; Hauptgerichte 36–68 R$; ⌚Fr & Sa 19.30–24 Uhr) Ein sehr zugängliches Pärchen betreibt das beste moderne Restaurant der Stadt. Seine Spezialität sind französische und italienische Gerichte, die aber nur Freitag- und Samstagabend an gerade mal acht Tischen serviert werden. In der Küche hat Zé Eduardo das Sagen. Er zaubert Hauptgerichte wie Enten-Confit mit Gorgonzola-Polenta und gegrilltes Zitronengras mit Ingwerkrabben, die seine Frau Margeret dann im Speisesaal verteilt. In der Tat nur mit Reservierung.

Ausgehen & Nachtleben

Camboriús Nachtleben rockt! In der Stadt sind ein paar der bekanntesten Clubs der Welt zu finden. Sie werden groß und geraten schneller wieder in Vergessenheit, als man gucken kann. Während unserer Recherchen war das **Green Valley** (☎3360-8097; www.greenvalley.art.br; Rio Mamoré 1083) gerade total angesagt. Manchmal ist der Andrang so hef-

ABSTECHER

AUF NACH NORDEN, IHR SONNENANBETER

Obwohl die Küste südlich von Florianópolis mit besonders naturbelassenen Traumstränden und hübschen Badeorten prangt, hat auch die Nordküste von Santa Catarina ihre Reize. Hier ein paar sehenswerte Ecken:

Ilha do São Francisco

Das entzückende, 1504 von Franzosen gegründete **São Francisco do Sul**, 45 km östlich von Joinville, ist Brasiliens drittälteste Stadt (nur Bahia und São Vicente sind älter). Wegen ihres dekadenten kolonialen Flairs steht ihr historischer Kern auf der Patrimonio Histórico (Liste des nationalen Kulturerbes). Der Ort bildet das Tor zur Ilha do São Francisco, einem beliebten Ziel von Sonnenanbetern und Surfern. Busse von **Viacão Verdes Mares** (www.vmares.com.br) verkehren regelmäßig von Joinville zur Ilha de São Francisco (8,25–12 R$).

Penha & Armação

110 km nördlich von Florianópolis liegen diese beiden benachbarten Dörfer an der Nordküste einer Halbinsel. Der sichelförmige Strand fasst eine Bucht ein, in der bunte Fischerboote ankern. An Sommerwochenenden, wenn sich der Hauptstrandabschnitt in eine riesige *festa* (Party) verwandelt, ändert sich ihre idyllische Atmosphäre zwar ein bisschen, dennoch wirken die beiden Orte mehr wie Fischerdörfer als Baderesorts. Nach Penha verkehrt **Catarinense** (www.catarinense.net) mehrmals täglich ab Blumenau (20 R$; 2 Std.) sowie ab Joinville (17 R$, 1½ Std.) mit Halt in Piçarras (6 km nördlich).

Porto Belo, Bombas & Bombinhas

Von Porto Belo, etwa 60 km nördlich von Florianópolis, fächert sich eine kleine Halbinsel auf. Hier bieten klare, smaragdgrüne Gewässer mit die besten Tauchmöglichkeiten im Süden Brasiliens.

Porto Belo ist ein Fischerdorf, weshalb sein Strand von einem großen Dock und in der Bucht ankernden Booten dominiert wird. Die Hauptbadestrände sind die **Praia Bombinhas** (9 km von Porto Belo entfernt) und die benachbarte **Praia Bombas** (3 km). Kleine Hotels und Fischrestaurants säumen beide Sandstreifen.

In Balneário Camboriú starten täglich vier bis sechs Busse von **Praiana** (www.praiana.com.br) Richtung Bombinhas (13,50 R$, 1½ Std.), die unterwegs in Porto Belo halten (10 R$, 1 Std.). Zudem machen sich den ganzen Tag über zahlreiche Busse von der Rua Santa Catarina, neben Camboriús Busbahnhof, auf den Weg nach Porto Belo. **Viação Navegantes** (www.viacaonavegantes.net) betreibt wochentags sechs Busse ab Florianópolis (13,50 R$, 1¾ Std.), am Wochenende weniger.

tig, dass man sich wie bei einem Livekonzert fühlt. Wer es gern etwas ruhiger mag, wird die zig netten Bars an der Avenida Atlântica mögen.

Taj Bar BAR
(☎3264-0464; www.tajbar.com.br; Av. Atlântica 5710; Cocktails 12–26 R$; ⏲Di–So 18 Uhr–open end; 📶) Groß, schön und mit Loungeflair kommt diese angesagte Bar daher. So sähe es aus, wenn Buddha Brasilianer wäre. Keine Frage, die Macher der Taj Bar haben sich von der Pariser Marke Buddha Bar inspirieren lassen. Ein Abend hier ist Ess-, Bar- und *balada*-Erlebnis in einem. Kreative Cocktails und solide thailändisch-indische Gerichte (Hauptgerichte 28–90 R$) sorgen dafür, dass man nirgendwo anders hin muss.

Am besten kommt man vor 22 Uhr, danach ist es Glückssache, ob man noch eingelassen wird. Ab 21 Uhr legen DJs auf.

Chaplin Bar BAR
(☎3367-0250; Av Atlântica 2200; ⏲12–4 Uhr) Dieser Klassiker serviert herrlich kaltes *chope* (ab 5,20 R$) am belebtesten Abschnitt der Avenida Atlântica.

ℹ An- & Weiterreise

Pro Tag fahren vier bis sechs Busse von **Praiana** (www.praiana.com.br) via Porto Belo (10 R$, 1 Std.) nach Bombinhas (13,50 R$, 1½ Std.). Häufigere Verbindungen nach Porto Belo erwischt man von der Haltestelle an der Rua Santa Catarina neben dem Busbahnhof (4,20 R$). Stündlich machen sich Busse auf den Weg nach

Florianópolis (21,50, 1½ R$), Joinville (20 R$, 1½ Std.) und Blumenau (17,50 R$, 1½ Std.).

Südlich von Florianópolis

Seine Wellen haben diesen Küstenabschnitt auf die Landkarte befördert. Längst verschwunden sind die ruhigen Fischerdörfer und fast verlassenen Strände, die einst die Südküste von Florianópolis sprenkelten. Während die einheimische Bevölkerung weiterhin überwiegend von azorischen Fischern abstammt, tut man sich schwer, sie unter den sonnengebräunten Surfern und Bikinischönheiten ausfindig zu machen. Die Strände ohne große Brandung – und davon gibt's einige – hat man spaßbedürftigen Familien überlassen, die sich jeden Sommer ihre Dosis Sonne und Sand abholen.

Guarda do Embaú

☎ 0XX48

Berühmt für seine hervorragende linksbrechende Welle an der Flussmündung, findet sich Guarda do Embaú oft auf der Liste der besten Surfspots Brasiliens wieder. Das war aber längst nicht alles! In der superentspannten Surferkommune mit Bohemienflair ergießt sich der Fluss ins Meer und schafft so eine traumhafte Kulisse – das ultimative Postkartenmotiv! Surfer und Sonnenanbeter waten durch das Flussbett des bildschönen Rio da Madre, um zu den Stränden zu gelangen. Ein tolles Ziel für Wellenreiter, Backpacker und andere relaxte Zeitgenossen.

In dem winzigen Dorf gibt's eine Reihe Restaurants, jede Menge gut ausgestattete Surfläden und ein paar schicke Boutiquen. Mehr Infos zu Guarda findet man unter www.guardadoembau.com.br.

Schlafen & Essen

Am Strand stehen etwa ein halbes Dutzend Cocktail- und Sandwich-*barracas* (Stände). Wer ausgehen möchte, findet ein oder zwei ganz gute Optionen am Fluss.

Sun Hostel Pousada Magia da Guarda HOSTEL $
(☎ 3283-2316; www.pousadamagiadaguarda.com.br; Estrada Geral 713; Zi. 40 R$ pro Pers., mit Küchenzeilen 50 R$;) Entspannt, farbenfroh und mit künstlerischer Ader kommt die schlichte, aber nette und geradezu unfassbar günstige Bleibe nur ein paar Gehminuten vom Strand daher. Frühstück wird nicht serviert.

Canto da Guarda POUSADA $$
(☎ 3283-2375; cantodaguarda@bol.co.br; Inês Maria de Jesus; EZ/DZ ab 140/160 R$, klimatisiert ab 160/190 R$;) Gerade mal zehn Zimmer bilden diese niedliche, geschmackvolle Option im mittleren Preissegment. Eigentlich gibt's keinen Grund, eine teurere Bleibe als die zweigeschossigen Standardzimmer zu wählen, denn sie sind preisgünstig und sehr komfortabel. Nett: die Hängematten auf den Veranden.

Zululand CHALETS $$
(☎ 3283-2093; www.zululand.com.br; Servidão Emerenciana s/n; DZ nicht klimatisiert 220 R$, Bungalows klimatisiert ab 330 R$;) Zululand, Eigentum des bekannten Models/Schauspielers/Surfers Paulo Zulu, besteht aus einer Ansammlung ungewöhnlich geformter zweigeschossiger Bungalows mit toller Ausstattung (Kunst, Flachbildfernseher), die inmitten üppiger Tropenvegetation stehen.

Big Bamboo FISCH & MEERESFRÜCHTE $$$
(www.bigbamboo.com.br; Beira do Rio da Madre; Hauptgerichte für 2 Pers. 46–89 R$; 12–24 Uhr) Eine solide Wahl für Fisch und Meeresfrüchte mit Bio-Note und gute, selbst gebraute Biere mit Blick auf den Fluss, das Meer und den Strand. Das Big Bamboo gehört dem Vater von Fernando Prass; Andenken an den brasilianischen Fußballer dienen als Deko.

An- & Weiterreise

Den ganzen Tag über verkehren Busse von **Paulotur** (www.paulotur.com.br) von Florianópolis nach Guarda (11 R$, 2 Std.). Wer weiter Richtung Süden nach Praia do Rosa fahren will, nimmt einen der stündlich fahrenden Paulotur-Busse im Dorf zurück zur BR-101 (2,35 R$, 10 Min.), hält an der Bushaltestelle nahe der Unterführung auf der Südseite der Straße einen Garopaba-Bus an (6 R$, 30 Min.) und steigt am Abzweig nach Praia do Rosa aus. Dort geht's dann mit einem Nahverkehrsbus weiter in den Ort (2,60 R$).

Praia do Rosa

☎ 0XX48

Praia do Rosa, Santa Catarinas elegantester Küstenort, liegt rund 15 km südlich von Garopaba. Der hiesige Strand, seine gesamten 3 km, sind Model- und Fotografenterrain. Dies ist eine der Traumdestinationen Brasiliens: Im Hintergrund erheben sich kleine Sanddünen, an den Seiten dienen Auswüchse der üppigen Mata-Atlântica-Vegetation als Begrenzung. Außer dem Bilderbuchstrand hat Rosa noch zwei Dinge zu

ABSEITS DER ÜBLICHEN PFADE

SERRA GERAL

Hoch in den Bergen der Serra do Rio do Rastro, eines Ablegers der Serra Geral, liegt **São Joaquim**, etwa 290 km südwestlich von Florianópolis. Das Städtchen im Tal des Rio Canoas ist berühmt für Apfelplantagen, von denen viele von der hiesigen japanischen Bevölkerung angelegt wurden. Und dann wäre da noch der Schnee: Anfang Juli findet das jährliche Festival de Inverno (Winterfest) statt. **Reunidas** (www.reunidas.com.br) bietet täglich eine Busverbindung von Florianópolis nach São Joaquim (45 R$, 5½ Std., 18.30 Uhr).

Bom Jardim da Serra wurde in den 1870er-Jahren von *gaúchos* (Cowboys) gegründet und ist als „Hauptstadt des Wassers" bekannt. Sie wartet in der Tat mit vielen Seen und Wasserfällen auf. Etwa 45 km südlich von São Joaquim nimmt hier zudem die haarsträubende und spektakulär kurvenreiche **Estrada da Serrado Rio Rastro** ihren Anfang, eine Straße, die sich in Serpentinen durch die Berglandschaft Richtung **Parque Nacional de São Joaquim** schlängelt. Der Park umfasst eine atemberaubende Landschaft mit grasbewachsenen Hochebenen, dichte Araukarienwälder und den höchsten Gipfel Santa Catarinas, den **Morro da Igreja** (1822 m). Eine Infrastruktur ist so gut wie nicht vorhanden. Wanderwege führen zu Aussichtspunkten und Wasserfällen. Ein Bus von **Nevatur** (www.nevatur.com.br) fährt um 17.30 Uhr nach Bom Jardim da Serra (57 R$, 5 Std., Mo, Mi, Fr & So).

Die netteste Stadt ist **Urubici** 60 km nordöstlich von São Joaquim und ganz in der Nähe des Morro da Igreja. Dort befindet sich die **Pedra Furada**, ein riesiger Stein mit einem Umfang von 30 m. Dies ist erstklassiges Terrain für Abenteuersportarten wie Drachenfliegen oder Abseiling. Eine weitere Besonderheit ist das Wetter: Hier wurde 1996 die kälteste Temperatur Brasiliens aller Zeiten gemessen: frostige –17,8 °C! Reunidas fährt zweimal täglich nach Urubici (42 R$, 4 Std., 12 & 18.30 Uhr).

bieten: eine umweltbewusste Bevölkerung und eine fantastische Brandung. Vor allem Letztere hat in den 1970er-Jahren aus dem bescheidenen Fischerdorf, das über dem Strand thront, eine der mondänsten Surferkommunen des Landes gemacht.

Im Winter verwandelt sich die Bucht in ein Kinderzimmer für Südkaper (aus der Familie der Glattwale). Die Mütter und Kälber können vom Strand aus beobachtet werden.

In Praia do Rosa gibt's keine Banken. Der nächste Geldautomat befindet sich in Garopaba.

Aktivitäten

Turismo Vida Sol e Mar WALBEOBACHTUNG
(☎ 3355-6111; www.vidasolemar.com.br; Estrada Geral da Praia do Rosa; Touren am Wochenende/unter der Woche 140/90 R$ pro Pers.; ⏲ Touren 8 & 11 Uhr) Im Winter (Juni–Okt.) zieht es Hunderte von Südkapern an die Küste Santa Catarinas. Wenn man auf Tuchfühlung mit ihnen gehen möchte, ist dieser umweltbewusste Tourveranstalter die richtige Wahl. Die Boote fahren in Garopaba ab und bleiben 90 Minuten oder länger auf dem Wasser (je nachdem, wo sich die Tiere gerade tummeln). Jede Gruppe wird von einem IBF-Wissenschaftler begleitet, aber natürlich gibt's keine Garantie dafür, dass man Wale sichten wird.

Schlafen

Entlang der höchsten Straße der Stadt, Caminho do Rei, stehen ein paar Unterkünfte mit herrlichem Blick.

★ **Pousada La Roca** POUSADA $$
(☎ 3355-7020; www.pousadalaroca.com.br; Caminho do Rei; EZ/DZ 180/250 R$; ❄ 📶) Die neuen argentinischen Besitzer haben frischen Wind in die *pousada* mit dem besten Preis-Leistungs-Verhältnis am Caminho do Rei gebracht. Kühle Steinwände und glänzende Holzböden vermitteln ein stilvolles Ökoflair, und vom neuen Gemeinschaftsbalkon samt schicken Loungemöbeln blickt man aufs Meer. Die unteren Etagen werden von Pflanzen eingerahmt.

Albergue Explorer HOSTEL $$
(☎ 3355-7003; www.albergueexplorer.com.br; Francisco Marques; B/DZ 50/220 R$; @ ❄) Es gibt preisgünstigere Privatzimmer in der Gegend, aber die Schlafsäle (alle mit eigenem Bad, einer sogar mit eigener Küche) sind gut in Schuss. Auf der gemeinschaftlichen Veranda eröffnet sich ein toller Ausblick, zum

Haus gehört ein kleiner Pool mit Wasserfall, und die Betreiber, Paulo und Francis, sind sehr nett. Paolo spricht Englisch und Francis Spanisch.

Frühstück gibt's nur während der Hauptsaison und in den Ferien.

★ **Quinta do Bucanero** POUSADA **$$$**
(☎ 3355-6056; www.bucanero.com.br; Estrada Geral da Praia do Rosa; DZ ab 705 R$; ❄ 📶 🏊) Rosas ansprechendste Unterkunft ist sprichwörtlich in die Klippe hineingebaut, ringsum erstreckt sich Dschungel. Die zehn Zimmer dieses kleinen Schmuckstücks wurden in hellen Farben gestaltet und bieten Fünfsternekomfort sowie Veranden mit unglaublichem Ausblick. Ihre Betreiber sind sehr gastfreundlich. An dem traumhaften Pool hat man die Lagunen und das Meer im Blick. Von der *pousada* führt ein Privatweg zum Strand. Ein Boot gibt's auch.

Essen & Ausgehen

Am Strand haben sich gute Bars angesiedelt, ansonsten ist er aber größtenteils unbebaut.

★ **Urucum** FISCH & MEERESFRÜCHTE **$$$**
(☎ 3355-7330; www.restauranteurucum.blogspot.com; Estrada Geral da Praia do Rosa; Hauptgerichte für 2 Pers. 78–112 R$; ⏲ 13–24 Uhr, Nebensaison Di & Mi geschl.; 📶) Chefkoch Rafael Miralha stammt aus Espírito Santo und hat im Süden Kaliforniens gearbeitet, bevor er sich mit einem *capixaba*-Rezeptbuch im Gepäck in Rosa niedergelassen hat. Er ist auf *moquecas* (Meeresfrüchteeintöpfe) nach Espírito-Santo-Art spezialisiert (gesünder und leichter als die Bahia-Version). Neben der bombastischen Aussicht gibt's köstliches Essen in Tontöpfen, die ganz offensichtlich viel benutzt werden. Ein Volltreffer.

Tigre Asiático ASIATISCH **$$$**
(☎ 3355-7045; www.tigreasiaticorestaurante.com.br; Centrinho do Rosa; Hauptgerichte 42–77 R$; ⏲ 19–23 Uhr; 📶) Der „asiatische Tiger" gilt als Santa Catarinas bestes Strandrestaurant diesseits von Floripa und schickt einen auf eine Reise nach Indonesien und Thailand. Aus brasilianischen Zutaten entstehen Fusionsgerichte, die man in romantischem Ambiente bei Kerzenlicht unter den wohlwollenden Blicken zahlreicher Buddhas genießen kann. Am besten schmecken die saisonalen Speisen; unser feurig-scharfer Oktopus war ein Gedicht, das Sushi sollte man hingegen auslassen.

Nebenan ist das **Tigre Cafe** (Centrinho do Rosa; Snacks 7–16 R$; ⏲ 8–22 Uhr) die beste Adresse für Süßigkeiten, Kaffee und Snacks.

An- & Weiterreise

Zahlreiche Nahverkehrsbusse fahren nach Garopaba (3,40 R$, 40 Min.). Dort hat man Anschluss nach Florianópolis (18,50 R$, 2 Std.) mit **Paulotur** (www.paulotur.com.br) sowie nach Imbituba („Ibiraquera", 3,90 R$, 1 Std.), von wo **Santo Anjo** (www.santoanjo.com.br) und **Eucatur** (www.eucatur.com.br) achtmal pro Tag nach Porto Alegre (66 R$, 6 Std.) verkehren.

Rio Grande do Sul

10,7 MIO. EW.

Inhalt ➡

Gut essen

- Valle Rustico (S. 332)
- Belle du Valais (S. 339)
- Mamma Gema (S. 333)
- Casa di Paolo (S. 339)
- Atelier das Massas (S. 333)

Schön übernachten

- Parador Casa da Montanha (S. 341)
- Pousada Borghetto Sant'Anna (S. 332)
- Jardim Secreto Pousada (S. 338)
- Pousada Corucacas (S. 341)
- Pousada das Missões (S. 345)

Auf nach Rio Grande do Sul

Von den atemberaubenden bewaldeten Schluchten der Nationalparks bei Cambará do Sul und den herabstürzenden Flüssen in der Nähe von Bergdörfern wie Gramado bis zum fantastischen Vale dos Vinhedos, wo Winzer mit italienischen Wurzeln tolle Weine produzieren: Rio Grande do Sul ist in vielerlei Hinsicht nicht typisch brasilianisch.

Im kulturell eigenständigsten und südlichsten Bundesstaat leben auf ihre Unabhängigkeit bedachte Einwohner, deren Alltag von der Rinderzucht und der Cowboykultur geprägt ist. Die *gaúchos,* wie sie genannt werden, sind ein stolzes und traditionsbewusstes Völkchen. Nicht wundern, wenn man auf dem Land ältere Herrschaften mit breitkrempigen Hüten und traditioneller Kleidung trifft. Nach alter Manier essen die Leute hier am liebsten gegrilltes Fleisch oder *churrasco.* Zu trinken gibt's immer und überall – selbst in der kosmopolitischen Hauptstadt Porto Alegre – den regionalen *chimarrão* (Matetee).

Reisezeit

Porto Alegre

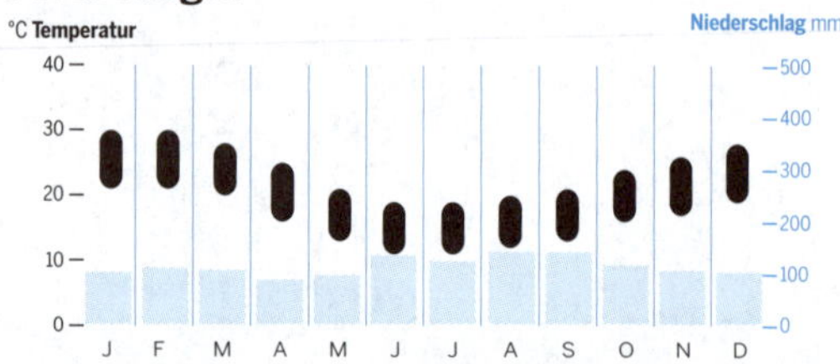

Jan.–März Während der Erntezeit im Vale dos Vinhedos sind die Tage heiß und die Nächte kalt.

Mai–Okt. Höhere Preise, doch in Cambará do Sul sieht man vielleicht brasilianischen Schnee.

Dez. & Juni–Juli Gramado ist zu Weihnachen ein bergiges Winterwunderland.

Geschichte

Während sie in einem von Spaniern und Portugiesen heiß umkämpften Landstrich wohnten, nutzten die Einwohner von Rio Grande do Sul den Konflikt, um sich eine ganz eigene Identität zuzulegen. Während der unglückseligen Guerra dos Farrapos, einem zehn Jahre andauernden Bürgerkrieg, der 1845 endete, erklärte die Region sogar ihre Unabhängigkeit. Eine Welle von Einwanderern aus Deutschland, Italien und der Schweiz im späten 19. Jh. verstärkte die kulturellen Unterschiede der Gegend zusätzlich.

Anreise & Unterwegs vor Ort

Porto Alegre ist das Drehkreuz des Bundesstaates. Von hier aus kommt man per Flugzeug und Bus in jede größere Stadt Brasiliens. Hervorragende Straßen und ein gut ausgebauter regionaler Busverkehr machen das Reisen einfach.

Highlights

1. Über den Rand des Cânion da Fortaleza im **Parque Nacional da Serra Geral** (S. 340) blicken.
2. Im **Vale dos Vinhedos** (S. 335) von Weinprobe zu Weinprobe fahren.
3. Durch das faszinierende Ruinengelände der Jesuitenmission in **São Miguel das Missões** (S. 344) streifen.
4. Der grandiosen Trilha do Rio do Boi im **Parque Nacional de Aparados da Serra** (S. 340) folgen.
5. In einer traumhaften brasilianischen Winterlandschaft durch **Gramado** (S. 337) spazieren und sich Fondues schmecken lassen.
6. Bei einem *chimarrão mestre* in **Porto Alegre** (S. 330) lernen, wie ein *gaúcho* Tee zu schlürfen.
7. Im prächtigen **Parador Casa da Montanha** (S. 341) übernachten.

Porto Alegre

PORTO ALEGRE

☎ 0XX51 / 1,4 MIO. EW.

Porto Alegre, an den Ufern der riesigen Süßwasserlagune Lagoa dos Patos gelegen, ist der bedeutendste Hafenort im Süden Brasiliens und spielt eine wichtige Rolle im Mercosul (Wirtschaftsverbund für den Gemeinsamen Markt Süd- und Mittelamerikas).

Aufgrund der gut durchdachten Planung des Stadtzentrums ist dieses nicht nur ein Verkehrsknotenpunkt, sondern die Stadt bewahrt gleichzeitig auch zahlreiche großartige neoklassizistische Gebäude. Eine über Jahre betriebene progressive Politik trug zur Förderung einer lebhaften Kunst- und alternativen Musikszene bei. Die gut organisierten Lesben- und Schwulengemeinden erhielten das Recht, ihre Lebensgemeinschaften eintragen zu lassen.

Leider nahm die Kriminalität in den letzten Jahren beständig zu, sodass es in der Innenstadt nach Einbruch der Dunkelheit gefährlich werden kann. Tagsüber fühlt man sich in Porto Alegre wohler als in vielen anderen südlichen brasilianischen Metropolen. 2014 wird die Stadt einer der Austragungsorte der Fußball-WM sein.

Sehenswertes

Porto Alegres Herz bildet die Praça 15 de Novembro mit dem 1869 errichteten Mercado Público (S. 333). In dem alten Gebäude herrscht tagsüber ein reges Treiben, wenn die Verkäufer ihre frischen Produkte, Fleisch und Meeresfrüchte und natürlich den überaus wichtigen *erva maté* für den *chimarrão* (Tee) anpreisen.

Drei Blocks weiter in Richtung Süden stößt man auf die malerische Praça da Matriz, auf der sich die neoklassizistische **Catedral Metropolitana** aus dem frühen 20. Jh. erhebt. An der Nordseite stehen das elegante **Teatro São Pedro** (☎ 3227-5100; www.teatrosaopedro.com.br; Praça Mal Deodoro) aus den

Porto Alegre

Highlights
1 Catedral Metropolitana ... B3
2 Mercado Público ... B2
3 Museu de Arte do Rio Grande do Sul ... B2

Sehenswertes
4 Biblioteca Público ... B3
5 Museu Histórico Júlo de Castilhos ... B3
6 Teatro São Pedro ... B3

Aktivitäten, Kurse & Touren
7 Linha Turismo ... C4

Schlafen
8 Eko Residence Hotel ... C3
9 Hotel Continental Business ... C2
10 Lido Hotel ... B3

Essen
11 Atelier das Massas ... C3
Banco 40 ... (siehe 13)
Bar Gambrinus ... (siehe 13)
12 Boteco Natalicio ... C4
13 Café do Mercado ... B2
14 Sabor Natural ... A2

Ausgehen & Nachtleben
15 Chale da Praça XV ... C2

Unterhaltung
16 Casa da Cultura Mario Quintana ... A3
17 Vitraux ... D2

1850er-Jahren und die **Biblioteca Público** (☎3224-5045; www.bibliotecapublica.rs.gov.br; Ekke Riachuelo & General Câmara; ⌚Mo 14–17, Di–Fr 9–19, Sa 14–18 Uhr) mit ihrer schönen, skulpturenreichen Fassade.

Museu de Arte do Rio Grande do Sul MUSEUM
(www.margs.rs.gov.br; Praça da Alfândega; ⌚Di–So 10–19 Uhr) GRATIS Eine Fußgängerpromenade führt zur Praça da Alfândega. An diesem sehr grünen Platz befindet sich das Museu de Arte do Rio Grande do Sul. In dem beeindruckenden neoklassizistischen Gebäude kann man Werke regionaler Künstler bewundern. Das einladende Bistrot de MARGS im Erdgeschoss ist ein idealer Ort, um mittags im Grünen einen Happen zu essen.

Museu Histórico Júlo de Castilhos MUSEUM
(www.museujuliodecastilhos.blogspot.com; Duque de Caxias 1205; ⌚Di–Sa 10–17 Uhr) GRATIS Nicht weit von der Praça da Matriz zeigt das Museu Histórico Júlo de Castilhos in einem typischen Wohnhaus aus dem 19. Jh. *gaúcho*-Artefakte.

Geführte Touren

Porto Alegre 10 BOOTSTOUR
(☎3211-7665; www.portoalegre10.com.br; Av Presidente João Goulart 551; Erw./Kind 20/10 R$) Unter der Woche finden die einstündigen Flusstouren um 10.30, 16.30 und 17.30 Uhr statt und am Wochenende stündlich von 11.30 bis 18.30 Uhr. Die Boote starten hinter dem Centro Cultural do Usino Gasômetro.

Linha Turismo STADTTOUR
(www.portoalegre.travel; Travessa do Carmo 84; 15 R$; ⌚Di–So 9–17.30 Uhr) 90-minütige Busfahrten zu den historischen Stätten der Stadt, darunter eine Tour zur *zona sul* (südliche Zone), bei der Porto Alegres südöstliche Ausläufer erkundet werden.

Schlafen

Zum Karneval sind die Hotels schnell ausgebucht. Mittlerweile bleiben die meisten Budgetreisenden in Cidade Baixa, wo eine gute Hostelszene entstanden ist.

★ **Porto Alegre Eco Hostel** HOSTEL $
(☎3019-2449; www.portoalegreecohostel.com.br; Luiz Afonso 276; B ab 37 R$, EZ/DZ ohne Bad 70/100 R$, DZ ab 120 R$; @ 📶 🏊) Einst war diese tolle Herberge in einer ruhigen Straße mitten in Cidade Baixa ein Wohnhaus aus den 1930er-Jahren. Sie ist mit Möbeln aus recyceltem Holz gefüllt, strotzt vor Umweltbewusstsein und hat einen hübschen Garten. Alle Mitarbeiter sprechen Englisch.

Casa Azul HOSTEL $
(☎3084-5050; www.casaazulhostel.com; Gen Lima e Silva 912; B 35–45 R$, Zi. ohne Bad 100 R$; ❄ @ 📶) Willkommen im Partyhostel! Die Casa Azul befindet sich im Zentrum des Geschehens von Cidade Baixa und die wunderbare Bar im Vorraum dient als vorabendlicher Treffpunkt. Pluspunkte gibt's außerdem für die künstlerische Dekoration, die freundlichen Manager und die Küche auf dem Dach.

Lido Hotel HOTEL $
(☎3228-9111; www.lidohotel.com.br; Gen Andrade Neves 150; Zi. unter der Woche/am Wochenende 146/104 R$; ❄ 📶) Die angenehme, zentral gelegene Unterkunft verfügt über eine schicke Lobby und einfache, aber geräumige Zimmer. Frühstück kostet 10 R$ extra.

PROGRESSIVE POLITIK IN RIO GRANDE DO SUL

Rio Grande do Suls lange Geschichte ist voller Widersprüchlichkeiten. Die staatlichen *farroupilhas* (politische Extremisten) erhoben sich in den 1830er- und 1840er-Jahren gegen den brasilianischen Herrscher und riefen eine kurzlebige Republik aus. In den späten 1970ern führten Streiks der *gaúcho*-(Cowboy-)Gewerkschaften zu einer Schwächung der Militärjunta, die im Land herrschte. 2001 fand in Porto Alegre das erste Weltsozialforum (eine Art Weltwirtschaftsforum für Linke) statt. Und im März 2004 erklärte das höchste Gericht des Staates einer überwiegend katholischen Bevölkerung, dass gleichgeschlechtliche Lebensgemeinschaften ein Bürgerrecht sind.

In progressiven politischen Kreisen ist Porto Alegre bekannt für sein innovatives Modell der Lokalpolitik – den Bürgerhaushalt. 1989 startete die Arbeiterpartei den Versuch, die direkte Demokratie zu steigern und den Bürgerhaushalt zu etablieren. Diese radikale Reform ist ein komplexes System, das den Einwohnern direkten Einfluss auf die Verwendung der Haushaltsmittel gibt. Im Prinzip verschafft es auch mittellosen, ungebildeten und auf andere Art entrechteten Bürgern die Möglichkeit, am Entscheidungsprozess teilzunehmen. In der Praxis zeigte sich eine Tendenz, dass Geld vor allem in den ärmeren Stadtteilen ausgegeben wird. Außerdem stellten allgemeine Studien fest, dass der Bürgerhaushalt eine größere Regierungstransparenz und ein größeres Ausmaß von Bürgerbeteiligung zur Folge hat.

Anschließend experimentierten in ganz Brasilien Gemeinden mit dem Konzept, das heute bereits von 140 Kommunen übernommen wurde. Inzwischen hat es weltweit Fuß gefasst, z. B. in Lateinamerika, Europa, Nordamerika (Teile Chicagos, New Yorks sowie Vallejos in Kalifornien) und Indien, wo das kleine Dorf Hiware Bazar in Maharashtra, dem es dringend an Wasser, Bildung und anderem fehlte, damit mustergültige Autarkie erlangt hat.

Der Erfolg der Region deutet darauf hin, dass Haushalte, die von Bürgern für Bürger verwaltet werden, der Trend der Zukunft sein könnten.

Hotel Continental Business BUSINESSHOTEL **$$**
(☎3027-1600; www.hotelcontinentalbusiness.com.br; Praça Otávio Rocha 49; EZ/DZ am Wochenende 145/157 R$, unter der Woche 227/258 R$; ❄@📶) Wenig Charme, aber viel Komfort. Das hoch aufragende Hotel hat günstige kleine, stilvolle Zimmer und wartet mit einem professionellen Service auf.

★**Pousada Borghetto Sant'Anna** POUSADA **$$$**
(☎3453-2355; www.borghettosantanna.com.br; Linha Leopoldina 868; Suite 290 R$, Cottages 350–380 R$; ❄@📶) 4 km von Bento entfernt bieten mehrere romantische Steinhäuser oberhalb des Vale dos Vinhedos einen fantastischen Blick auf das Tal. In Anlehnung an die Toskana vereinen die Unterkünfte rustikalen Charme mit üppigem Komfort und zurückhaltender Bauweise, bis hin zu integrierten Natursteinen in den Duschen. Das Frühstück ist enttäuschend, doch die Aussicht macht das wett.

Sheraton Porto Alegre BUSINESSHOTEL **$$$**
(☎2121-6000; www.sheraton-poa.com.br; Olavo Barreto Viana 18; EZ/DZ ab 712/769 R$; ❄@📶🏊) Die hübschesten Bleiben der Stadt befinden sich 3 km östlich des Zentrums im gehobenen Viertel Moinhos de Vento. In den Straßen reihen sich originelle Cafés und schicke Boutiquen aneinander. Darüber hinaus erstreckt sich hier der beliebte Parque Moinhos.

Eko Residence Hotel APARTMENT, HOTEL **$$$**
(☎3215-7600; www.residencehotel.com.br; Av Des André da Rocha 131; EZ/DZ ab 384/440 R$; ❄@📶🏊) 🍃 Dieses schlichte Hotel in der Nähe des Parque Farroupilha verfügt über 97 Apartments, Solarduschen, einen senkrechten Garten und Regenwassertoiletten. Außerdem ist ein stromerzeugender Windgenerator in Planung und es locken satte Rabatte (bis zu einem Preis von 160 R$). Langzeitgäste schätzen die Kochgelegenheiten in den Zimmern und das vernünftige Umweltschutzprogramm.

✖ Essen

★**Valle Rustico** BRASILIANISCH **$$$**
(☎3459-1162; www.vallerustico.com.br; Linha Marcílio Dias s/n; 3-Gänge-Menü 68 R$; ⌚Mi–Sa 18.30–24, So 12–15 Uhr; 📶) 🍃 Das beste Res-

taurant der Weinregion liegt in einer einsamen, dunklen, unbefestigten Straße – doch keine Sorge, es ist geöffnet. Der Speisesaal im Erdgeschoss wartet mit einer stimmungsvollen Holzbalkendecke auf. Koch Rodrigo Bellora kommt aus der Gegend und bietet jeden Abend zwei Optionen: ein Pizza-*rodízio* (40 R$), das gut ist, aber trotzdem kein Muss, und ein modernes dreigäniges Menü. Er verwendet stets so viele Zutaten aus dem hauseigenen Biogarten wie möglich. In Kombination mit Vinhedos-Weinen sind Gerichte wie das Pilzrisotto oder das Filet Mignon mit einer *chimichurri*-Soße echte Knüller.

Sabor Natural SELBSTBEDIENUNG **$**
(Siqueira Campos 890; Büfett 15 R$; ⏲ Mo–Fr 11–15 Uhr; 🖉) Vegetarier werden ihre Freude an diesem fleischlosen All-you-can-eat-Biobüfett (Suppen, Salate und zahlreiche andere tierfreundliche Speisen) haben, an dem man sich mittags laben kann.

Tudo Pelo Social BRASILIANISCH **$**
(www.restaurantetudopelosocial.com.br; João Alfredo 448; Mahlzeiten 9–30 R$; ⏲ Mo–Sa 11–14.45 & 18–23.45, So bis 14.45 Uhr) Dank seiner preisgekrönten Standardgerichte (einfache Grillspeisen, Reis, Pommes frites und Salat), die in Riesenportionen zu günstigen Preisen serviert werden, erfreut sich dieses gigantische Restaurant in Cidade Baixa großer Beliebtheit. Er platzt immer aus allen Nähten.

★ **Atelier das Massas** ITALIENISCH **$$**
(Riachuelo 1482; Hauptgerichte 21,80–41,90 R$; ⏲ Mo–Fr 11–14 & 19–23.30, Sa 11–15 & 19–23.30 Uhr; 📶) An Atmosphäre herrscht hier ebenso wenig Mangel wie an hausgemachter Pasta, deshalb gehört die winzige Bar ganz oben auf den Merkzettel. Die Wände der künstlerisch angehauchten Innenstadtkneipe sind vollgepackt mit Originalkunstwerken und abgefahrenen Fotos. Auch die Speisekarte kommt kreativ daher. Zum Angebot zählt ein unwiderstehliches Büfett mit Antipasti und köstlichen Nudelgerichten.

Mamma Gema ITALIENISCH **$$**
(www.mammagema.com.br; Estrada RS 444, Km 18,9; Hauptgerichte für 2 Pers. 56–62 R$; ⏲ Di–Fr 12–15.30, Sa–So bis 16 Uhr) Im Gegensatz zu vielen anderen Trattorias der Region liegt bei Mamma Gema der Schwerpunkt auf Qualität, nicht auf Quantität. Der Besitzer, ein ehemaliger Fußballprofi, erntet seine eigenen Wildpilze für dieses und ein zweites Restaurant in Garibaldi, und die perfekt zubereiteten Pastagerichte sowie Risottos, etwa die mit Kürbis gefüllte *tortei bolognese*, sind herausragend. Im angeschlossenen Weinladen findet man die besten Tropfen der Region auf einem Fleck.

Boteco Natalicio BOTECO **$$**
(www.botecónatalicio.com.br; Genuíno 217; Hauptgerichte 18,90–29,90 R$; ⏲ Mo–Fr ab 17, Sa ab 12 Uhr; 📶) Rund 200 Sprüche von Komikern und Einheimischen schmücken die Wände dieser lebhaften zweistöckigen Open-Air-Bar an der Grenze zwischen Centro und Cidade Baixa. Hier trifft sich eine wilde Truppe von Leuten aus der Gegend, die es nach *chope* (Fassbier) dürstet und sich dazu regionale Delikatessen wie mit Honig geräucherte Schweinerippchen und knusprige Krabbensandwiches mit *catupiry*-Käse gönnen.

Mercado Público MARKT **$$**
(www2.portoalegre.rs.gov.br/mercadopublico; ⏲ Mo–Fr 7.30–19.30, Sa bis 18.30 Uhr) Porto Alegres geschäftiger Markt bietet eine Fülle von kulinarischen Genüssen. Wir empfehlen das **Banco 40** (www.banca40.com.br; Mercado Público; Snacks 4–14 R$; ⏲ Mo–Fr 8–19.30, Sa bis 18.30 Uhr), wo es die unvergleichliche *bomba royal* (eine prunkvolle Kreation aus Eiscreme und Obstsalat; 8,90 R$) gibt, das **Gambrinus** (www.gambrinus.com.br; Mercado Público; Hauptgerichte 28–68 R$; ⏲ Mo–Fr 11–21, Sa bis 16 Uhr), ein traditionelles portugiesisches Meeresfrüchterestaurant (Hauptgerichte ab 28 R$), und das **Café Do Mercado** (www.cafedomercado.com.br; Mercado Público; ⏲ Mo–Fr 8.30–19.30, Sa 9–17 Uhr), eines der besten Cafés der Stadt.

Galpão Crioulo CHURRASCARIA **$$**
(www.churrascariagalpaocrioulo.com.br; Parque Maurício Sirotsky Sobrinho; Büfett mittags/abends 44,90/54,90 R$; ⏲ 11.30–15 & 19.30–23.30 Uhr) Echtes *gaúcho*-Land bedeutet echtes Fleisch. In einer der besten – und touristischsten – *churrascarias* der Stadt kann man richtig toll schlemmen. Der ausgewiesene *Mestre do Chimarrão* (*chimarrão*-Meister) garantiert, dass auch die lokale Spezialität *maté* zum Erlebnis wird. Die Livemusik ist kitschig, doch die Gäste scheinen sie zu lieben.

🍷 Ausgehen

Cidade Baixa und das noble Moinhos de Vento sind die Zentren des Nachtlebens von Porto Alegre. Es gibt in der Stadt auch eine sehr aktive Schwulen- und Lesbenszene: Zu den besten Anlaufstellen zählen die **Casa**

do Lado (☎ 9143-1401; www.casadolado.com.br; Rua da República 546; Verzehrgebühr 20–25 R$; ⊙ Fr & Sa 23–6 Uhr), das **Cabaret** (☎ 3307-8998; www.cabaretpoa.com.br; Av Independencia 590; ⊙ 23–7 Uhr) und das **Vitraux** (☎ 3221-7799; www.vitraux.com.br; Conceição 492; ⊙ Fr & Sa ab 23, So ab 22 Uhr).

★ **Dirty Old Man** BAR
(www.dirtyoldman.com.br; Lima e Silva 956; Cocktails 8–10 R$; ⊙ Di–So ab 18 Uhr) Diese Bar mit dem furchtbaren Namen (eine Reminiszenz an Bukowski) in Cidade Baixa ist ein Muss, wenn man sich für die *sehr* regionalen Biere aus Kleinbrauereien interessiert. Baldhead vom Fass wird in echten Schoppen serviert (8–12 R$). Die Gäste hier sind ebenso selten und ungewöhnlich wie das Bier.

Apolinário BOTECO
(www.apolinariobar.com.br; José do Patrocínio 527; Getränke 10–32 R$; ⊙ Mo–Fr ab 17.30 Uhr, Sa ab 19 Uhr; 📶) Gehobene Kneipe, die mit regionalen Bieren aus Kleinbrauereien lockt.

Chale da Praça XV. BRASILIANISCH
(www.chaledapracaxv.com.br; Praça 15 de Novembro; Hauptgerichte 20–48 R$; ⊙ 12–24 Uhr) Die beliebte Bar, die ein nettes Gartenhaus im viktorianischen Stil mit riesiger Terrasse einnimmt, zieht jede Menge Gäste an, besonders sonntags.

☆ Unterhaltung

Kulturzentren

Casa da Cultura Mario Quintana KULTURZENTRUM
(☎ 3221-7147; www.ccmq.rs.gov.br; Rua dos Andradas 736; ⊙ Mo–Fr 14–21, Di–Fr ab 9, Sa & So ab 12 Uhr) Das Kulturzentrum in einem rosafarbenen Gebäude im Barockstil beherbergt ein Kino und zwei belebte Cafés. Im Café Santode Casa (7. OG) werden gute Livemusik und ein fantastischer Sonnenuntergang über der Lagoa dos Patos geboten.

Sport

Grêmio (www.gremio.net) und **Internacional** (www.internacional.com.br) sind die bekannten, rivalisierenden Vereine der Stadt. Letzterer nutzt das Stadion, wo auch die Spiele der Fußball-WM 2014 in Porto Alegre stattfinden werden, obwohl 2012 die Arena do Grêmio, eines der modernsten Stadien Südamerikas, eröffnet wurde. In das renovierte Beira-Rio-Stadion 4 km südlich vom historischen Stadtzentrum passen 52 000 fanatische Fans. Die Erweiterung der Metrolinie 2 wird dorthinführen.

ℹ Orientierung

Der Mercado Público (Öffentlicher Markt) ist das Zentrum der Stadt und ihr Verkehrsknotenpunkt mit einer Metrostation und dem lokalen Busbahnhof. 2 km südlich des Centro lockt Cidade Baixa mit den besten Hotels und dem wildesten Nachtleben Porto Alegres. Der vornehme Shopping- und Nightlifebezirk Moinhos de Vento befindet sich 3 km östlich des Centro.

ℹ Praktische Informationen

GELD

Banco do Brasil (Av Uruguaí 185) Geldwechsel und Bankautomaten.

HSBC (Gen Câmara 250) Gebührenfreier Geldautomat.

NOTFALL

Polícia Federal (☎ 3235-9000; Av Ipiranga 1365)

EIN TOAST AUF DEN CHIMARRÃO

Es waren die Guarani-Indianer, die den spanischen Siedlern die Freuden des *chimarrão* (Matetee) nahebrachten. Sie zeigten ihnen, wie man das auch als *erva maté* bekannte teeähnliche Getränk mit einer *bomba* (Strohhalm) aus einer ausgehöhlten *cuia* (Kürbis) schlürfte. *Chimarrão* wird aus den Blättern des Matebaums gemacht, der in der Pampa (Grasebene in Argentinien, Uruguay und Südbrasilien) wächst.

Die *gaúchos*, die riesige Viehherden hüteten, wurden schnell süchtig nach der angenehmen, gleichermaßen aufputschenden und beruhigenden Wirkung dieses Drinks. Heute bekommt diese alte Tradition einen Popularitätsschub von Wissenschaftlern und Pseudowissenschaftlern, die dem Getränk alle möglichen gesundheitsfördernden Wirkungen von Blutdrucksenkung bis zu Steigerung der Intelligenz zuschreiben. Harte Fakten stehen allerdings noch aus.

Jeder, dem man mit einer Kürbisflasche begegnet (und das ist praktisch jeder), wird einem etwas vom Inhalt anbieten. Alternativ steuert man das Galpão Crioulo (S. 333) an und beginnt seine ganz persönliche Fallstudie.

BUSSE AB PORTO ALEGRE

ZIEL	PREIS (R$)	FAHRTDAUER (STD.)	UNTERNEHMEN
Buenos Aires	226	18	Pluma (www.pluma.com.br)
Cambará do Sul	32	5½	Citral (www.citral.com.br)
Canela	33	2½	Citral (www.citral.com.br)
Chuí	134	7	Planalto (www.planaltopassageiros.com.br)
Curitiba	162	12	Pluma (www.pluma.com.br)
Florianópolis	82	6	Santo Anjo (www.santoanjo.com.br)
Foz do Iguaçu	143	19	Unesul (www.unesul.com.br)
Gramado	31	2½	Citral (www.citral.com.br)
Montevideo	172	12	TTL (www.ttl.com.br)
Pelotas	64	3½	Embaixador (www.expressoembaixador.com.br)
Rio de Janeiro	247	24	Penha (www.vendas.nspenha.com.br)
Rio Grande	80	4½	Planalto (www.planaltopassageiros.com.br)
Sânto Angelo	117	7	Ouro e Prata (www.ouroeprata.com)
São Francisco de Paula	20	3	Citral (www.citral.com.br)
São Paulo	177	18	Penha (www.vendas.nspenha.com.br)
Torres	40	3	Unesul (www.unesul.com.br)

TOURISTENINFORMATION

C.I.T (☎ 0800-51-7686; www.portoalegre.travel; Praça 15 de Novembro; ⏲ Mo–Sa 9–18 Uhr) Busbahnhof (Rodoviária; ⏲ 8–17.30 Uhr) Flughafen (Ankunftshalle, Terminal 1; ⏲ 8–22 Uhr) Cidade Baixa/Linha Turismo (Travessa do Carmo 84) In Porto Alegre gibt's mehrere gut organisierten Touristeninformationskioske.

ℹ An- & Weiterreise

BUS

Den geschäftigen **Fernbusbahnhof** (☎ 3210-0101; www.rodoviaria-poa.com.br; Largo Vespasiano Julioveppo 70) 1,5 km nordöstlich des Centro erreicht man mit der Metro. Ein Taxi ins Stadtzentrum kostet 10 R$. Chuí an der uruguayischen Grenze wird tagsüber und nachts von jeweils zwei Bussen angesteuert. Alternativ fährt man bis nach Pelotas und steigt dort um.

FLUGZEUG

Porto Alegres Flughafen **Aeroporto Internacional Salgado Filho** (POA; ☎ 3358-2000; Av Severo Dulius) liegt 6 km vom Stadtzentrum entfernt. Zwischen Terminal 1 und 2 verkehren kostenlose Shuttlebusse. Die meisten Airlines nutzen das Terminal 1, doch Webjet und Azul starten vom Terminal 2. Es gibt Flüge zu wichtigen Zielen in Brasilien sowie nach Buenos Aires, Lissabon, Montevideo und Panama-Stadt. Der Flughafen ist per Taxi (25 bis 30 R$, 15 Min.) oder Metro (1,70 R$, 30 Min.) erreichbar.

ℹ Unterwegs vor Ort

Haltestellen von Porto Alegres Metro, **Trensurb** (www.trensurb.gov.br; 1,70 R$; ⏲ 5–23.20 Uhr), befinden sich in der Estação Mercado (am Hafen), der Estação Rodoviária (nächste Haltestelle) und am Flughafen (drei Haltestellen dahinter). Cidade Baixa erreicht man mit der Buslinie T5 vom Flughafen und mit den Linien 282, 2821 und 255 vom Busbahnhof. Die Metrostation und der Busbahnhof liegen zwischen den Terminals 1 und 2 (näher an Terminal 2). Ein Shuttlebus soll Erstere noch vor Erscheinen dieses Reiseführers mit den beiden Terminals verbinden.

SERRA GAÚCHA

Nördlich von Porto Alegre erstreckt sich eine malerische Bergkette, die Serra Gaúcha. Besonders reizvoll ist die Landschaft, die mit bewaldeten Hängen und unvermittelt auftauchenden Bergklippen aufwartet, von denen nicht selten Wasserfälle in die Tiefe stürzen, zwischen Nova Petrópolis und Gramado.

Die ersten Siedler der Gegend (um 1824) waren Deutsche, gefolgt von Italienern (ab den 1870er-Jahren). Auch heute noch ist man auf das europäische Erbe stolz. Die Berge sind kaum höher als 1000 m, dennoch erinnern Architektur und Atmosphäre in Gramado und Canela an Schweizer Alpendörfer. In Bento Gonçalves und dem in der Nähe gelegenen Vale dos Vinhedos hegen und pflegen die Nachfahren der italienischen Einwanderer die boomende Weinindustrie.

Bento Gonçalves

☎ 0XX54 / 107 200 EW.

Bedenkt man das italienische Erbe der Region und die trockene bergige Landschaft, verwundert es nicht, dass Rio Grande do Sul ein Zentrum des Weinanbaus wurde. Das Hauptquartier dieser im Aufschwung begriffenen Industrie ist das 124 km nördlich von Porto Alegre gelegene Bento Gonçalves, eine ausgesprochene Mittelklassestadt, die außer einem guten Zugang zu den Weingütern der Gegend wenig zu bieten hat. Als Ortseingang dient das Pórtico da Pipa, ein gigantisches, wie ein Weinfass geformtes Tor und Sinnbild für die Verbindung der Stadt zum Wein.

Schlafen & Essen

Angesichts der zahlreichen wunderbaren Gasthöfe im Vale dos Vinhedos, die nur einen Katzensprung entfernt sind, gibt's kaum Gründe, in Bento zu übernachten – es sei denn, man ist auf öffentliche Verkehrsmittel angewiesen.

Pousada do Chalé POUSADA $

(☎ 3452-2763; www.pousadadochale.com.br; São Paulo 787; EZ/DZ ab 100/140 R$, Suite 140/205 R$;) Nur gut 1 km vom Centro bietet Bentos charmanteste Unterkunft moderne Zimmer in einem gelb-braunen Haus, das einer Berghütte ähnelt. Sie befindet sich auf einem gepflegten Anwesen im Nordosten der Stadt.

Hotel Vinocap BUSINESSHOTEL $

(☎ 3455-7100; www.vinocap.com.br; Barão do Rio Branco 245; EZ/DZ ab 90/125 R$; @) Ein überaus angenehmes, zentral gelegenes Geschäftshotel, das gut für den Weintourismus gerüstet ist.

Canta Maria ITALIENISCH $$$

(☎ 3453-1099; www.cantamaria.com.br; RST-470, Km 217; Büfett 49,50–62 R$; ⏲ Mo–Sa 11.30–15 & 19–23, So bis 15 Uhr) In der Nähe des Pórtico da Pipa zieht dieses altehrwürdige Restaurant mit seinem Tischbüfett für 49,50 R$, das *cappelletti*-Suppe, Salat, Pasta, *galeto* (junges Grillhühnchen), *linguiça*, Schweinerippen, Polenta und gebackenen Käse umfasst, Gäste an. Für 62 R$ gibt's ein *rodízio* (bunte Mischung) aus Grillfleisch und Lamm, allerdings lohnt sich diese Variante nur dann, wenn man echtes Verlangen danach verspürt. Wer vorher anruft, wird kostenlos abgeholt.

Praktische Informationen

C.A.T. (☎ 3453-6699; www.bentogoncalves.rs.gov.br; Marechal Deodoro 70; ⏲ Mo–Sa 10–16 Uhr) Gute Touristeninformation mit einer unverzichtbaren Karte des Vale dos Vinhedos. Am Pórtico da Pipa befindet sich eine weitere Filiale (☎ 3453-2555; Pórtico da Pipa; ⏲ Mo–Fr 8.30–17.30, Sa & So bis 17 Uhr).

HSBC (Marechal Deodoro 30) Gebührenfreier Geldautomat.

Anreise & Unterwegs vor Ort

Vom **Fernbusbahnhof** (☎ 3452-1311; www.rodoviariabento.com.br; Gomes Carneiro 19) 1 km nördlich des Stadtzentrums fahren Bento (S. 336) und **Ozelame** (www.ozelame.com.br) stündlich nach Porto Alegre (26,50 R$, 2½ Std.) sowie nach Caxias do Sul (7 R$, 1¼ Std.), wo Verbindungen nach Canela, Gramado und Cambará do Sul bestehen. **Unesul** (www.unesul.com.br) verkehrt täglich nach Santo Ângelo (79 R$, 7½ Std., 8.55, 14 & 19.55 Uhr).

Wer ins Vale dos Vinhedos will, nimmt einen der **Transportes-Monte-Bello-Busse** zur Capela das Nevas in der Via Trento (3 R$, 30 Min., tgl. 10.30, 11.55, 16.30 & 18 Uhr). Von dort sind einige Weingüter wie die Casa Valduga und die Pousada Borghetto Sant'Anna zu Fuß zu erreichen. Am bequemsten ist es aber, ein Fahrzeug zu mieten oder an einer örtlichen geführten Tour teilzunehmen.

Pinto Bandeira

Das schläfrige Pinto Bandeira 15 km nordöstlich von Bento Gonçalves ist neben dem etablierteren Vale dos Vinhedos ein weiteres Weingebiet, dessen Boden sich wohl besser für Schaumweine eignet. In der Gegend gibt's einige charmante Unterkünfte und Möglichkeiten zur Verkostung.

Bento (www.bentotransportes.com.br) fährt dreimal täglich hierher (8,30 R$, 1 Std., 11, 16 & 17.35 Uhr) und passiert unterwegs die Abzweigungen zu zahlreichen Kellereien.

Weitere Infos siehe unter www.asprovinho.com.br.

Sehenswertes

Cave Geisse WEINGUT

(☎ 3455-7461; www.vinicolageisse.com.br; Linha Jansen s/n; Weinproben 10–40 R$; ⏲ Sa & So 10–17 Uhr) Das von dem berühmten chilenischen Weinproduzenten Mario Geisse gegründete Cave Geisse stellt die international am höchsten gelobten brasilianischen Schaumweine her und könnte im Ausland schon bald Kultstatus erlangen.

Don Giovanni WEINGUT, POUSADA **$$**
(☎3455-6294; www.dongiovanni.com.br; Linha Amadeus, Km 12; Zi am Wochenende/unter der Woche 275/200 R$; ⏲Mo–Sa 9–17.30, So bis 13 Uhr; ❄📶🏊) Besuchern von Pinto Bandeira bietet das Don Giovanni Unterkunft und Weinverkostung an einem Ort. Die acht geräumigen Zimmer sind von einer edlen rustikalen Ästhetik und warten mit einem tollen Blick über die 50 ha großen Rebberge auf. Das Gut ist vor allem für seine tollen Schaumweine berühmt.

Gramado

☎0XX54 / 32 200 EW.

Das kleine Urlaubsgebiet in den Bergen, das sich selbst als „natürlich europäisch" bezeichnet, ist nicht so sexy wie Ipanema und nicht so verlockend wie Amazonien, aber eines der schicksten in ganz Brasilien. Das Städtchen kommt tatsächlich ein bisschen wie ein Schweizer Bergdorf daher. In Boutiquen werden avantgardistische Glasarbeiten und Gourmetschokolade verkauft, die örtlichen Restaurants bieten Fondues an und die Hotels sehen aus wie Schweizer Chalets. Infrastruktur, Sicherheit und Landschaft ähneln der gleich großer Städte in Europa und Nordamerika (Fußgänger auf Zebrastreifen werden hier tatsächlich beachtet!). Manchmal driftet das alpine Thema ins Kitschige ab, was allerdings nicht allzu sehr stört. Darüber hinaus ist der Lebensstandard des winzigen Alpenparadieses auf einem ganz anderen Niveau als in anderen Orten des Landes.

Gramado

Sehenswertes
1 Aldeia do Papai Noel D1

Aktivitäten, Kurse & Touren
2 Passeio Panorâmico Gramado B2

Schlafen
3 Hotel Casa da Montanha B1
4 Hotel Vovó Carolina B1
5 Jardim Secreto Pousada A3
6 Pousada Metodista B1

Essen
7 Belle du Valais B2
8 Cantina di Capo C2
9 Casa di Paolo C2
10 Josephina Café B2
11 Serra Grill A1

Gramado

Im August findet in Gramado das **Festival de Gramado** (www.festivaldegramado.com.br) statt, Brasiliens renommiertestes Filmfestival.

Sehenswertes & Aktivitäten

Três Coroas, 24 km südlich von Gramado, ist einer der brasilianischen Raftinghotspots.

Lago Negro SEE

1,5 km südöstlich des Stadtzentrums erstreckt sich ein von Hortensien umgebener hübscher künstlicher See voller Schwanenboote.

Aldeia do Papai Noel PARK

(☎ 3286-7332; www.papainoel.com; Bela Vista 353; ⌚ Fr & Sa 10.30–20, So & Mi 10.30–18 Uhr) Etwas näher am Zentrum als der Lago Negro lockt dieser Weihnachtsthemenpark mit einem tollen Blick auf das Vale do Quilombo.

Geführte Touren

Passeio Panorâmico Gramado STADTTOUR

(☎ 3286-9324; www.jardineiradashortensias.com.br; Av das Hortênsias 1710; Tour Erw./Kind 16/8 R$; ⌚ 10, 11.20, 14 & 16 Uhr) Die zweistündige Bustour gibt einen Überblick zu der Geschichte, Architektur und den Naturschönheiten der Stadt.

Schlafen

Hier genannte Preise gelten für die Hochsaison in Gramado: die Winterwochenenden von Juni bis August. Rund um Weihnachten und während des Filmfestivals muss man oft noch mehr berappen.

Lanai Hostel Gramado HOSTEL $$

(☎ 3295-1120; www.lanaihostelgramado.com.br; Rua dos Fontes 462; B 55 R$, DZ/3BZ 200/250 R$; ❄@📶) Dieses neue Hostel 1,5 km vom Hauptplatz besteht aus zwei geräumigen Villen und ist von hübschen Gärten umgeben. Es gibt unterschiedlich eingerichtete private Zimmer und Schlafsäle, doch als eigentliches Highlight gilt die fantastische Aussicht von der Gemeinschaftslounge und den Filmvorführräumen.

Pousada Metodista POUSADA $

(☎ 3286-2299; Av Borges de Medeiros 2889; Zi. 85 R$ pro Pers.; 📶) Sieben der Zimmer in den heiligen Hallen hinter der Methodistenkirche haben große Bäder im Industriestil. Seit ihrer kürzlichen Renovierung verfügen sie zudem über neue Boxspringbetten und gemütliche Steppdecken. Wer sich Hostelpreise wünscht, aber auch Ruhe und Frieden sucht, trifft mit der Unterkunft eine gute Wahl.

Hotel Vovó Carolina HOTEL $$

(☎ 3286-2433; www.vovocarolina.com.br; Av Borges de Medeiros 3129; EZ/DZ ab 180/217 R$; ❄📶) Ein zentral gelegenes Hotel mit 19 kleinen Zimmern samt Teppichböden sowie einem nüchternen Service und einem kuchenreichen Frühstück.

Aardvark Inn POUSADA $$

(☎ 3286-0806; www.aardvarkinn.com.br; Mestre 18; EZ/DZ ab 280/300 R$; @📶) Das kleine Gasthaus in einem Wohngebiet ist auf angenehme Weise warm und kuschelig. Alle Zimmer sind geräumig, mit Elementen aus überarbeitetem Altholz gestaltet und mit parabenfreien Badartikeln ausgestattet. Sie haben weiße Lehmwände und meistens auch einen privaten Gartenzugang. Für Gramado sind die Nebensaisonpreise ein echtes Schnäppchen!

★ **Jardim Secreto Pousada** POUSADA $$$

(☎ 3286-2023; www.pousadajardimsecreto.com.br; F G Bier 110; Zi. ab 350 R$; ❄📶) Drei Englisch sprechende Geschwister in den Zwanzigern führen diese unglaublich hübsche, gastfreundliche *pousada* 800 m vom Hauptplatz entfernt. Weitläufige Gärten und Obstbäume, die mit Zwergen, Vogelkäfigen und anderem ländlichen Schnickschnack gespickt sind, umgeben die Unterkunft. Wenn es überhaupt etwas auszusetzen gibt, dann ist es der Mindestaufenthalt von vier Nächten in der Hochsaison und zwei Nächten am Wochenende in der übrigen Zeit.

Hotel Casa da Montanha HOTEL $$$

(☎ 3295-7590; www.hotelcasadamontanha.com.br; Av Borges de Medeiros 3166; Zi. ab 1053 R$; ❄@📶🏊) Von außen erinnert das Hotel an eine rustikale Berghütte und von innen an eine luxuriöse Schweizer Jagdhütte. Die Gästezimmer verströmen ein sehr nobles, altmodisches Flair. Weitere Vorzüge sind ein beheiztes Schwimmbecken, ein romantischer Whirlpool und das Restaurant La Caceria (Hauptgerichte 43–86 R$), das sich auf frische Forelle und Wildgerichte spezialisiert hat.

Essen

Zahlreiche Lokale haben sich auf die italienische, deutsche oder Schweizer Küche spezialisiert. Die Rua Coberta wird von Straßencafés gesäumt. Viele Restaurants schließen nach den Karnevalsfeierlichkeiten für einen Monat, andere öffnen in der Nebensaison nur von Donnerstag bis Sonntag.

ABSTECHER

CANELA & PARQUE ESTADUAL DO CARACOL

Obwohl es ihm an Gramados Raffinesse mangelt, hat das benachbarte Canela einen ganz eigenen Kleinstadtcharme. In seinem rund um den grünen Marktplatz mit der beeindruckenden gotischen **Catedral de Pedra** (Kathedrale aus Stein) gelegenen Zentrum reihen sich Geschäfte und Cafés aneinander. Darüber hinaus gibt's hier günstigere Unterkünfte und einen bequemeren Zugang zu den Naturparks, die mit tollen Wanderrouten aufwarten. Touristische Informationen bietet **C.I.T.** (3282-2200; www.canelaturismo.com.br; Largo da Fama 77; 8–19 Uhr).

Zu den Hauptattraktionen in der Nähe des Städtchens gehören der **Parque Estadual do Caracol** (3278-3035; Eintritt Erw./Kind 12/6 R$; 8.45–17.45 Uhr) 7 km nordöstlich und die spektakuläre **Cascata do Caracol**, ein 130 m frei hinabstürzender Wasserfall.

Citral-Busse (www.citral.tur.br) verkehren im 20-Minuten-Takt von/nach Gramado (2,10 R$, 20 Min.). Außerdem bestehen Verbindungen nach São Francisco de Paula (7,15 R$, 1 Std.), wo man in Busse nach Cambará do Sul (12,35 R$, 1½ Std.) umsteigen kann, sowie nach Caxias do Sul (12,60 R$, 2 Std.), von wo **Ozelame** (www.ozelame.com.br) nach Bento Gonçalves (7 R$, 1½ Std.) fährt. Viele Busse steuern Porto Alegre (32 R$, 2½ Std.) an. **Viação Canelense** startet täglich um 8.15, 12.10 und 17.30 Uhr zum Parque do Caracol (2 R$, 20 Min.); zurück nach Canela geht's von Montag bis Freitag um 8.35, 12.25 und 18 Uhr und am Sonntag um 8.40, 13.55 und 18 Uhr.

Serra Grill SELBSTBEDIENUNG **$**
(www.restauranteserragrill.com.br; São Pedro 567; 39,90 pro Kilo; 11–15 Uhr) Die Leute stehen bis um die Ecke Schlange, um zum hochklassigen Büfett zu gelangen. Dieses umfasst ein tolles, abwechslungsreiches Aufgebot an Grillfleisch, gut zubereiteter Pasta und herzhafteren regionalen Hauptgerichten.

Josephina Café CAFÉ **$$**
(www.josephinacafe.com.br; Pedro Benetti 22; Hauptgerichte 16.50–43.50 R$; Di–So 11.30–23 Uhr;) Gramados bestes Café hat wenig künstlichen touristischen Schick und ist herrlich atmosphärisch. Hier gibt's Espresso und Süßes, aber auch anspruchsvollere Bistrogerichte.

Cantina di Capo ITALIENISCH **$$**
(www.cantinadicapo.com.br; Av das Hortênsias 2174; Hauptgerichte für 2 Pers. 61–92 R$; 11.30–15 & 19–23.30 Uhr;) Wie so oft in Südbrasilien wird in der Cantina di Capo ganz schön dick aufgetragen, doch das Essen in der beliebten Trattoria macht die rotgrüne Deko, die einen fast erschlägt, wieder wett. Wir empfehlen die Pasta Di Capo (Olivenöl, Filet Mignon, Salbei, Basilikum, Majoran, sonnengetrocknete Tomaten und Büffelmozarella).

Belle du Valais SCHWEIZER KÜCHE **$$$**
(3286-1744; www.belleduvalais.com.br; Av das Hortênsias 1432; Hauptgerichte 60–93 R$; April–Dez. Mo–Fr 19–24 Uhr, Sa & So 12–15 Uhr & 19–24 Uhr) Fondue gibt's in Gramado wie Sand am Meer, aber dieses elegante Lokal kredenzt eines der besten in ganz Brasilien und überzeugt mit tadellosem Service. Auf der Karte stehen außerdem auf Vulkangestein gegarte Filets und eine Fülle beeindruckender Fleisch- und Fischgerichte. Zu allen findet sich auf der hervorragenden *Serra-Gaúcha*-Weinkarte ein schön dazu passendes Getränk. Vorab reservieren.

Casa di Paolo ITALIENISCH **$$$**
(www.casadipaolo.com.br; Garibaldi 23; Büfett 53 R$; 11.30–15 & 19–23 Uhr) In dieser Filiale des berühmtesten *galeto*-(Junges-Grillhühnchen-)Restaurants nicht weit vom Vale dos Vinhedos kommt man in den Genuss üppiger Tischbüfetts: Das bedeutet unbegrenzt *cappelletti*-Suppe, Salat, Pasta, überbackener Käse, Polenta und natürlich *galeto*. Ein echtes Muss!

Praktische Informationen

HSBC Gebührenfreier Geldautomat.

Touristeninformation (3286-1475; www.gramado.rs.gov.br; Av Borges de Medeiros 1646; 9–19 Uhr) Gut ausgestattet.

Anreise & Unterwegs vor Ort

Die Stadt ist klein genug, um alles zu Fuß zu erreichen. Vom **Busbahnhof** (3286-1302; Av Borges de Medeiros 2100) bietet **Citral** (www.citral.con.br) Verbindungen nach Porto Alegre (31 R$, 2½ Std., 15-mal tgl.) und verkehrt alle 20 Minuten nach Canela (2,10 R$, 20 Min.).

Cambará do Sul

☎ 0XX54 / 6500 EW.

Ihren Ursprung hat die staubige Grenzstadt 186 km nordöstlich von Porto Alegre in der Viehzucht. Sie verströmt nach wie vor eine authentische *gaúcho*-Atmosphäre und dient als Ausgangspunkt für Besuche des Parque Nacional de Aparados da Serra und des Parque Nacional da Serra Geral. Die beiden Schutzgebiete werden zusammen gern als „Brasilianischer Grand Canyon" bezeichnet, was allerdings etwas dick aufgetragen ist.

Cambará do Sul liegt auf einer Höhe von 1000 m und erfreut sich in den Wintermonaten (Mai–Okt.) großer Beliebtheit, denn hier schneit es häufiger als anderswo im Bundesstaat. Leider steigen zu dieser Zeit die Preise.

Der Ort nennt sich selbst „Honighauptstadt" – und in einigen Geschäften kann man die lokale Süßigkeit auch probieren.

Sehenswertes & Aktivitäten

Parque Nacional de Aparados da Serra
SCHLUCHTEN

(☎ 3251-1227; Eintritt 6 R$; ⏲ Di–So 8–17 Uhr) Dieser herrliche Park 18 km von Cambará do Sul entfernt nimmt eine Fläche von 102,5 km² an der Grenze der Bundesstaaten Rio Grande do Sul und Santa Catarina ein. Hier weicht das langweilige Weideland einer Reihe toller Canyons, die bis zu 720 m tief abfallen.

Außerdem bewahrt das Schutzgebiet eines der letzen *araucária*-Waldstücke (Brasilkiefer) des Bundesstaates – der Grund für den Nationalparkstatus. Seine Hauptattraktion ist aber der **Cânion do Itaimbezinho**, ein schmaler 5800 m langer und 600 bis 720 m tiefer Canyon mit parallel verlaufenden Felswänden. Zwei Wasserfälle stürzen in die Schlucht, die der Rio Perdiz auf seinem Weg zum Meer gebahnt hat.

Es gibt im Park drei Wanderrouten. Die 2 km lange**Trilha do Vértice** führt zu einem Aussichtspunkt mit tollem Blick über den Canyon und auf die Cascata do Andorinhas. Eine herrliche Aussicht auf die Schlucht bietet auch die **Trilha Cotovelo** (3 km, hin & zurück 2½ Std.), die am Véu-de-Noiva-Wasserfall vorbeiführt. Dagegen genießt man auf der **Trilha do Rio do Boi** einen ganz anderen Blickwinkel, denn der Weg, der am Eingang Posto Rio do Boi beginnt, verläuft 7 km lang am Boden der Schlucht. Man erreicht ihn am besten von Praia Grande in Santa Catarina aus. Bitte nicht allein losmarschieren: Für diese schwierige Wanderung über den steinigen, felsigen Pfad braucht man einen Guide. In der Regenzeit ist die Route wegen Überschwemmungsgefahr gesperrt.

Parque Nacional da Serra Geral
SCHLUCHTEN

GRATIS Im Parque Nacional da Serra Geral, 23 km von Cambará do Sul entfernt, gibt's Schluchten, die mit dem Itaimbezinho konkurrieren können. Der **Cânion da Fortaleza** ist 8 km lang und 900 m tief. Die leicht ansteigende **Trilha do Mirante** führt 7 km bis zum Ende des Canyons, wo sich ein grandioser Blick auf den Wasserfall **Cachoeira do Tigre Preto** eröffnet.

Am Abgrund balanciert auf einem schmalen Sockel der Monolith **Pedra do Segredo**. Der **Cânion Malacara** verdankt seine Form dem gleichnamigen Fluss. Wer der **Trilha Piscina do Malacara** folgt, gelangt zu einem Naturschwimmbecken, randvoll mit kühlem, kristallklarem Wasser, und genießt ein wunderschönes Panorama. Bei unserem Besuch gab es im Park praktisch keine Infrastruktur, doch angeblich soll sich das bald ändern.

Cachoeira dos Venâncios
WASSERFALL

(Eintritt 5 R$) 18 km westlich von Cambará do Sul führt die 4 km lange Trilha da Cachoeira zu einem kleinen, aber dennoch spektakulären Wasserfall.

Geführte Touren

Lokale Unternehmen bieten Transport und Führer zu den Canyons. Außerdem kann man Ausritte und Klettertouren unternehmen. Einige Veranstalter gehören der ABETA an, der strengen brasilianischen Ökotourismusvereinigung.

Cânion Turismo
WANDERN, ABENTEUERTOUREN

(☎ 3251-1027; www.canyonturismo.com.br; Getúlio Vargas 1098; ⏲ 8–12 & 13–18 Uhr) Die maßstabsgetreuen Modelle der Schluchten in dieser tollen Agentur ermöglichen einen hilfreichen Blick auf das Gebiet. Geführte Trekkingtouren, z. B. auf der Trilha do Rio do Boi, kosten etwa 389 R$ für eine Person und sinken auf 138 R$ pro Person bei zehnköpfigen Gruppen.

Guia Aparados Da Serra
WANDERN, ABENTEUERTOUREN

(☎ 3251-1173; www.guiaaparadosdaserra.com.br) Bietet ganz ähnliche Leistungen an.

Schlafen

Cambará hat viele günstige Familienpensionen. Teurere Unterkünfte liegen außerhalb. Wildes Zelten in den Parks ist verboten. Die

Angestellten in der Touristeninformation helfen dabei, einen öffentlichen Campingplatz zu finden.

Hier genannte Preise gelten für die Hauptsaison von Mai bis Oktober. Außerhalb dieser Zeit kann man mit 25% Rabatt und mehr rechnen.

Vila Ecológica POUSADA **$**
(☎ 3251-1351; www.vilaecologica.blogspot.com.br; João Pazza 1166; EZ/DZ 50/100 R$; @📶) Wer nach dem äußeren Anschein urteilt, würde die auf einem Hügel hinter der Casa do Turista gelegene Vila Ecológica keines zweiten Blickes würdigen. Doch innen bietet sie die Zimmer mit dem besten Preis-Leistungs-Verhältnis in Cambará, die mit Heizdecken, Heizungen sowie DVD-Playern ausgestattet sind und mit umweltfreundlichen Materialien eingerichtet wurden. Ein freundliches Pärchen kümmert sich um alles, auch um das empfehlenswerte kleine Restaurant (Hauptgerichte 12–25 R$). Sie sprechen sogar Englisch.

Pousada Paraíso POUSADA **$**
(☎ 3251-1352; Raupp 678; EZ/DZ 80/120 R$; 📶) Am Dorfrand. Das freundliche, zweistöckige Haus verfügt über frische, einfache Zimmer und hat Platz für bis zu 40 Gäste. Einer der besten Deals der Stadt.

★ **Pousada Corucacas** POUSADA **$$**
(☎ 3251-1123; www.corucacas.com; RS 020, Km 1; EZ/DZ inkl. Frühstück & Abendessen 130/250 R$; 📶) 1 km von Cambará entfernt an der Straße nach Ouro Verde stößt man auf diesen attraktiven Bauernhof mit rustikalen Zimmern vor einer weiten Landschaft voller Seen und Brasilkiefern. Die Möglichkeiten zum Reiten und Wandern gleich vor der Haustür sind schier grenzenlos, und ein Kamin wärmt am Abend den Gemeinschaftsraum.

Estalagem da Colina CHALETS **$$**
(☎ 3251-1746; www.estalagemdacolina.com.br; Av Getúlio Vargas 80; DZ 227–269 R$, 4BZ 440 R$; @📶) Zehn stilvolle Chalets aus Holz mit Sky-TV, Minibars und einer Heizung, einige auch mit Massagewannen. Während der Wintermonate versammeln sich die Gäste am Kamin im Haupthaus und kosten dort regionale Obstliköre.

Refúgio Ecológico Pedra Afiada LODGE **$$**
(☎ 0xx51-3532-1059; www.pedraafiada.com.br; Praia Grande; DZ inkl. Mahlzeiten 250–780 R$; @📶) Das einsame Gasthaus liegt traumhaft mitten im Cânion Malacara in Praia Grande (Santa Catarina) und lockt mit einem herrlichen Steinkamin für kühle Nächte sowie einer herrlichen Dachterrasse für klare Tage. Vor Ort bestehen zahlreiche Möglichkeiten zum Wandern, Reiten, Raften und Abseilen. Mittags kann man im empfehlenswerten Bistro essen (die Mahlzeiten dort sind nicht im Preis enthalten).

Parador Casa da Montanha CAMPINGPLATZ **$$$**
(☎ 3295-7575; www.paradorcasadamontanha.com.br; Zi. inkl. Nachmittagstee 380–780 R$) Auf halbem Weg zwischen Cambará und Itaimbezinho befindet sich die nobelste Unterkunft der Gegend. Sie wurde nach dem Vorbild luxuriöser afrikanischer Safaricamps gestaltet. Die einzigen beheizten Zelte Brasiliens thronen erhöht in einer Bilderbuchlandschaft mit Blick auf einen Brasilkiefernwald und kombinieren Komfort mit Rustikalität – das Ergebnis ist außergewöhnlich beschaulich.

Essen

Die Möglichkeiten zum Abendessen sind in Cambará beschränkt, doch immerhin gibt's einige hübsche Cafés und Bistros.

Cabana Café CAFÉ **$**
(Dona Úrsula; Speisen & Getränke 5–27 R$; ⏲ Jan.–Feb. & Juli 11–23 Uhr, März–Juni & Aug.–Dez, 11–16 & 19–23 Uhr; 📶) Die freundlichen Besitzer und der schicke, hüttenartige Charakter machen das Cabana zu einem schönen Ort für ein leichtes Mittagessen mit Crêpes oder leckeren Pasteten.

★ **O Casarão** BÜFETT **$$**
(☎ 3251 1711; www.galeteriacasarao.com.br; João Francisco Ritter 969; Büfetts 33,50–56,50 R$; ⏲ Di–So 11.30–15.30 & 18.30–22 Uhr) Dieses hervorragende, aus anheimelndem Hartholz errichtete Restaurant serviert das heimische Essen italienischer Kolonisten in Brasilien. Zum Standardbüfett gehören Biosalate, hausgemachte Pasta und Suppen. Wir empfehlen, dazu eine Hausspezialität wie *galeto* (junges Grillhühnchen) oder Forelle zu bestellen. Auf der Karte stehen außerdem örtliche Weine und Grappas.

Galpão Costaneira BÜFETT **$$**
(Dona Úrsula 1069; Büfetts 20–30 R$; ⏲ Mo–Sa 11.30–15 & 19.20–22.30, So bis 15 Uhr; 📶) Cambarás zweites Spitzenlokal ist in einem rustikalen Bauernhaus untergebracht und wartet mit einem herzhaften Büfett auf. Am besten schmeckt es mit am Tisch zubereiteter *picanha* (Rindfleisch), würziger linguiça und europäischem Käse.

Praktische Informationen

Casa do Turista (☎3251-1320; www.cambaradosul.rs.gov.br; Av Getúlio Vargas 1720; ⌚8–18 Uhr) Am hinteren Ende der Stadt in der Straße nach Fortaleza.

Anreise & Unterwegs vor Ort

Cambarás winziger **Busbahnhof** (Dona Úrsula TK) liegt mitten in der Stadt. Von Montag bis Sonntag bietet **Citral** (www.citral.tur.br) um 6 Uhr eine Verbindung von Porto Alegre hierher (32 R$, 5½ Std.). In der Gegenrichtung verkehrt ein Bus um 6.30 oder 13.30 Uhr nach São Francisco de Paula (12,35 R$, 1 Std.), wo man in Linien nach Porto Alegre (20,30 R$, 3 Std.), Canela (7,50 R$, 1 Std.) oder Gramado (8,45 R$, 1 Std.) umsteigen kann.

Expresso São Marcos (www.expressosaomarcos.com.br) verkehrt täglich zweimal nach Caxias do Sul (22,50 R$, 2½ Std., Fr–Mi 7.30 & Mo–Sa 10.45 Uhr). Dort fahren stündlich Busse von **Ozelame** (www.ozelame.com.br) nach Bento Gonçalves (7 R$, 1¼ Std.). Praia Grande (9,15 R$, 1¼ Std.), ein aufkommendes Ökotourismusziel am Boden der Schlucht in Santa Catarina, wird täglich von einem Bus angesteuert, der um 9.45 Uhr startet. Wer von Norden kommt, steigt in Torres via Tainhas um.

Die Parks werden nicht von öffentlichen Bussen angesteuert. Eine Hin- und Rückfahrt mit dem Taxi dorthin kostet 60 R$. Lokale Tourveranstalter sind eine gute Alternative, vor allem wenn man die Möglichkeit hat, sich einer kleinen Gruppe anzuschließen.

ROTA MISSÕES

Kurz nach der Entdeckung der Neuen Welt erlaubten die portugiesischen und spanischen Könige den katholischen Orden, Missionen zur Konvertierung der Einheimischen zu gründen. Die Jesuiten waren am erfolgreichsten. Sie errichteten eine Reihe von Missionen in Paraguay, Bolivien, Brasilien und Argentinien. In ihrer Blütezeit während der 1720er-Jahren umfasste dieser blühende „Staat“ 30 Missionsdörfer, die von mehr als 150 000 Guarani bewohnt wurden. Heute sind sie jedoch nur noch Ruinen und bilden zusammen die Rota Missões (Missionsroute), ein Netz aus Pilgerstätten für Gläubige und Neugierige. Sieben befinden sich in Brasilien (im Nordwesten von Rio Grande do Sul), acht im Süden Paraguays und 15 im Nordosten Argentiniens. Einen hervorragenden Überblick über die brasilianischen Missionsorte gibt die Website der **Rota Missões** (www.rotamissoes.com.br).

Santo Ângelo

☎ 0XX55 / 76 200 EW.

Diese kleine hübsche Stadt ist ein regionales Drehkreuz und Startpunkt für die Erkundung der brasilianischen Missionen. An der **Praça da Catedral** steht die beeindruckende Kathedrale, eine zeitgenössische Kopie der Kirche von São Miguel das Missões. Wenige Blocks weiter nördlich erinnert das **Monumento ao Índio** an Sepé Tiaraju, den Anführer der Widerstandsbewegung im Guaranikrieg.

Geführte Touren

Ohne eigenes Auto ist es schwierig, alle Missionen zu besuchen. Alternativ kann man eine geführte Tour buchen, sollte die empfohlenen Unternehmen aber so früh wie möglich kontaktieren.

Caminho das Missões WANDERN, RADFAHREN
(☎3312-9632; www.caminhodasmissoes.com.br; Antunes Ribas 984) Anspruchsvolle Wander- und Radtouren zu den Missionen (3–14 Tage).

Marino Theobald GEFÜHRTE TOUREN
(☎9961-3826; marino_theobald@yahoo.com.br; 180 R$/Tag) Marino organisiert maßgeschneiderte Ausflüge zu den brasilianischen Missionen, darunter eine dreitägige Rundtour nach São João Batista, São Miguel das Missões und zum Santuário de Caaró, sowie Trips zu internationalen Missionen in Argentinien und Paraguay. Er spricht Portugiesisch, Spanisch und Deutsch.

Schlafen & Essen

Turis Hotel HOTEL $
(☎3313-5255; www.santoangeloturishotel.com; Antônio Manoel 726; EZ/DZ 55/90 R$, mit Klimaanlage 75/110 R$; ❄📶) Die Zimmer sind sehr unterschiedlich, aber keines wird jemals einen Designpreis gewinnen. Trotzdem ist das Hotel einen Block westlich der Praça da Catedral eine solide Budgetoption.

Hotel Maerkli HOTEL $$
(☎3313-2127; www.versarehoteis.com.br; Av Brasil 1000; EZ/DZ 158/215 R$; ❄@📶) Eine etwas nettere Unterkunft, die sich an Geschäftsreisende und Touristengruppen richtet und einen freundlichen sowie aufmerksamen Service bietet. Teilweise sind die Standardzimmer recht eng. Die bessere Wahl trifft man mit den geräumigen Superior-Zimmern, in denen halbrunde Schreibtische stehen. Das Maerkli befindet sich in der

DAS VERLORENE PARADIES

1608 befahl der Gouverneur der spanischen Provinz von Paraguay dem Jesuitenführer Fray Diego de Torres, die einheimischen Tupi und Guarani zu konvertieren. Daraufhin gründeten Mitglieder dieser katholischen Ordensgemeinschaft zahlreiche Missionen, viele davon in Südbrasilien und in Teilen von Südparaguay sowie Nordargentinien. Anders als ihre Brüder im Rest der Neuen Welt machten sie einen kollektiven Versuch, die Ureinwohner zu konvertieren, ohne ihre Kultur oder Sprache zu vernichten. So wurden die Missionen zu Zentren für Kultur, Bildung und Religion. Die Künste blühten, indem sie die europäische und Guarani-Musik und -Malerei vereinten. Gelehrte schufen eine Schriftform der Tupi-Guarani-Sprache und veröffentlichten ab 1704 mehrere Werke. Dazu verwendeten sie eine von Südamerikas ersten Druckerpressen. Zudem brachten die Missionen hochentwickelte Skulpturen, Metallarbeiten, Keramiken und Musikinstrumente hervor. In einem Zeitalter der Monarchie und institutionalisierten Sklaverei waren sie eine Insel des Idealismus, in denen der Reichtum gerecht verteilt wurde. Religion, Intellekt und Kunst wurden zu gleichen Teilen gefördert.

Von Beginn an waren die Missionen bedroht. In den 1620er-Jahren wurden sie von portugiesischen *bandeirantes* schikaniert, Banden von *paulistas*, die in den Gebäuden nach Gold suchten und die *índios* versklavten. Tausende *índios* wurden gefangen, und die 13 Missionen in Guayra (dem heutigen Paraná) aufgegeben. Zu Beginn der 1630er-Jahre sammelten sich die Jesuiten an 30 Orten in der nordwestlichen Ecke des heutigen Rio Grande do Sul, in Argentinien und in Paraguay. Diese Häuser, jetzt nur noch Ruinen, bilden die heutige Rota Missões (Missionsstraße).

Zum großen Teil war es der Erfolg der Missionen, der auch zu ihrem Untergang führte. Die auf ihre Unabhängigkeit bedachten Jesuiten brachten nicht nur Rom in Verlegenheit, sondern auch die spanischen und portugiesischen Könige. Der Vertrag von Madrid von 1750 schrieb vor, dass die Stätten unter portugiesische Herrschaft gestellt werden sollten, was die Einheimischen nicht vor der Versklavung schützen konnte. 1754 wurde den Guarani befohlen, ihr Land zu verlassen, aber sie weigerten sich, ihre Siedlungen aufzugeben, und so begann der Guaranikrieg. 1756 griff eine gemeinsame spanisch-portugiesische Armee die Missionen an, tötete mehr als 1500 Guarani und verkaufte noch viele mehr in die Sklaverei, was die Guarani-Bevölkerung erheblich reduzierte. Dies war das tragische und blutige Ende eines beeindruckenden sozialen Experiments.

Große Denker – von Voltaire bis Montesquieu – sahen die Missionen als reale Verkörperung der christlichen Utopie, die von den gleichen Kräften zerstört wurde, die sie geschaffen hatte. Robert De Niro und Jeremy Irons erzählen diese Geschichte in dem Film *Mission* (1986), einer bewegenden fiktionalen Rekonstruktion der Ereignisse.

Hauptstraße, einen Block westlich der Praça Leônidas Ribas.

Kemper's Haus CAFÉ $
(www.kempershaus.com.br; Marquês do Herval 1763; Hauptgerichte 14–19 R$; ⌚Mo–Fr 8.30–20, Sa 8.30–19, So 14–20 Uhr; 📶) In dem neuen Café gibt's Frühstück, himmlische Süßigkeiten und Espresso sowie ein kleines, aber ausgezeichnetes Angebot an Risottos, Sandwiches und Quiches. Zudem ist das Kemper's mit Abstand das atmosphärischste Lokal in der Gegend.

Quick BRASILIANISCH $
(Ecke Av Brasil & Marquês do Herval; Hauptgerichte 27–35 R$, 30,90 pro Kilo; ⌚11.30–24 Uhr; 📶) Bis 14 Uhr kommt man in den Genuss eines herzhaften Mittagsbüfetts, abends bestellt man dagegen à la carte. Das Essen ist einfach, geschmackvoll und sorgfältig zubereitet.

ℹ Praktische Informationen

HSBC (Marechal Floriano Peixoto 1470) Gebührenfreier Geldautomat.

ℹ Anreise & Unterwegs vor Ort

Der **Busbahnhof** (☎3313-2618; www.rodoviariasantoangelo.com.br; Sete Povos das Missões 419) liegt 1 km westlich vom Zentrum. **Unesul** (www.unesul.com.br) verkehrt dreimal täglich nach Bento Gonçalves (79 R$, 7½ Std., 10, 13.55 & 21.35 Uhr). Wer Foz do Iguaçu in Paraná zum Ziel hat, nimmt um 18 Uhr **Tracisa-Bus** (☎3512-5544) nach Santa Rosa (9,20 R$, 1 Std.) und steigt dort in den Unesul-Bus um 20 Uhr nach Foz (106,40 R$, 12 Std.) um. **Ouro e Prata** (www.

ouroeprata.com.br) bietet regelmäßige Verbindungen zwischen Santo Ângelo und Porto Alegre (117 R$, 7 Std., bis zu 10-mal tgl.).

Antonello Turismo (☎ 3312-2184) fährt viermal täglich nach São Miguel das Missões (9 R$, 1½ Std., 7, 11. 15.30 & 16.45 Uhr). Wer die brasilianischen Missionsstätten besuchen möchte, kann bei **Pontual** (☎ 3313-6000; www.pontualautolocadora.com.br; Marquês do Herval 1845; ab 110 R$ pro Tag; ⏲ Mo–Fr 8.30–12 & 14–18, Sa 9–12 Uhr) ein Auto mieten.

VON/NACH URUGUAY

Die Grenzstadt Chuí/Chuy erstreckt sich 245 km südlich von Rio Grande. Der Ort ist sowohl brasilianisch als auch uruguayisch. Als Grenze dient die Hauptverkehrsstraße: Auf der nördlichen (brasilianischen) Seite heißt sie Avenida Uruguaí, auf der südlichen (uruguayischen) Seite Avenida Brasil. Im letzten Jahrzehnt hat sich die urugayische Seite zu einem einzigen Duty-free-Markt entwickelt, der von morgens bis abends Brasilianer anzieht. Er ist nicht besonders interessant (außer für Brasilianer, die Elektronik kaufen wollen), doch die verstärkte Sicherheit hat in den vergangenen Jahren dazu geführt, dass Chuí/Chuy für eine Grenzstadt als ziemlich sicher gilt. Wer hier länger bleibt, tut dies meistens, um beim Besuch weiter entfernt gelegener uruguayischer Attraktionen die relativ billigen Unterkünfte zu nutzen. Die Bleibe mit dem besten Preis-Leistungs-Verhältnis, das **Etnico Hostel** (☎ 548-4474-2281; www.etnicohostel.com.uy; Laguna Negra 200; B 260 UR$, EZ/DZ 520/800 UR$; @ 📶), befindet sich drei Blocks von der Grenze entfernt in Uruguay. Der dreisprachige Gastgeber Rodrigo ist sehr hilfsbereit und wartet außerdem mit köstlichen hausgemachten Muffins und Kuchen zum Frühstück auf.

Der brasilianische **Grenzposten** (☎ 3265-2523; www.dpf.gov.br; BR-471, Km 650; ⏲ 24 Std.) liegt einige Kilometer nördlich der Stadt an der Hauptstraße. Man braucht kein Visum und keinen Einreise- bzw. Ausreisestempel für Chuí. Für die Weiterreise nach Uruguay muss man den Fahrer allerdings bitten, am Grenzübergang anzuhalten, um einen Ausreisestempel zu bekommen. Der urugayische **Grenzposten** (☎ 598-4474-2072; www.dnm.minterior.gub.uy; Ruta 9; ⏲ 24 Std.) befindet sich 2,5 km südlich der Stadt. Hier hält der Bus erneut, damit die uruguayischen Beamten den brasilianischen Ausreisestempel und (gegebenenfalls) das uruguayische Visum kontrollieren können. Wer umgekehrt von Uruguay nach Brasilien einreist, bekommt dort einen Ausreisestempel.

Sowohl **Brasilien** (☎ 598-9-9904-5757; www.consbraschuy.org; Tito Fernandez 147; ⏲ Mo–Fr 9–15 Uhr) als auch **Uruguay** (☎ 3265-1151; www.emburuguai.org.br; Venezuela 311; ⏲ Mo–Fr 9–15 Uhr) unterhalten im brasilianischen Teil von Chuí Konsulate. Deutsche, Österreicher und Schweizer benötigen für Uruguay kein Visum.

Die Büros der Busgesellschaften, die Verbindungen nach Montevideo und in andere uruguayische Orte anbieten, reihen sich auf der uruguayischen Seite in der Calle Leonardo Oliveira nahe der Avenida Brasil aneinander. **Rutas del Sol** (☎ 598-4471-2048; Leonardo Oliveira 121) verkehrt täglich um 1, 5, 8, 12.45, 18.15 sowie 23.15 Uhr und **Cot** (☎ 4474-4697; www.cot.com.uy; Leonardo Oliveira 111) täglich um 11.30 Uhr sowie montags bis freitags um 4 Uhr nach Montevideo (456 UR$, 5 Std.) – wer dorthin will, trifft mit diesen beiden Unternehmen die beste Wahl. Der brasilianische **Busbahnhof** (☎ 3265-1498; Venezuela 247) liegt etwa drei Blocks von der Avenida Brasil entfernt. **Embaixador** (www.expressoembaixador.com.br) fährt täglich fünfmal nach Pelotas (42 R$, 4 Std.) und zweimal nach Rio Grande (39 R$, 4 Std., 7 & 15.30 Uhr). **Planalto** (www.planaltopassageiros.com.br) bedient Porto Alegre (129 R$, 7 Std., 12.15 & 23 Uhr).

São Miguel das Missões

☎ 0XX55 / 7400 EW.

São Miguel das Missões, 53 km südwestlich von Santo Ângelo, beherbergt die am besten erhaltene und interessanteste brasilianische Missionsstätte: **São Miguel Arcanjo** (Erw./Kind. 5/2,50,R$; ⏲ März–Sept. 9–12 & 14–18 Uhr; Okt.–Feb. bis 20 Uhr). Die elegante Kirche wurde von einem italienischen Architekten und Jesuitenbruder entworfen und zählt seit 1984 zum Unesco-Welterbe. Sie ist umgeben von den geheimnisvollen Ruinen der Jesuitensiedlung, die das Gefühl eines verlorenen Paradieses wachrufen. An einem schönen Tag dürften die vielen Schnappschüsse die Smartphone-Akkus ordentlich beanspruchen.

Zur archäologischen Anlage gehört auch das tolle kleine **Museu das Missões** (☎ 3381-1291; www.museudasmissoes.blogspot.com) von Lúcio Costa, der u. a. wegen seines Plans zum Bau von Brasília berühmt wurde. Es zeigt eine beeindruckende Sammlung von religiösen Artefakten, die in den Ruinen gefunden wurden. Die fantastische, etwas kitschige **Sound & Light Show** (São Miguel Arcanjo; Erw./Kind 5/2,50 R$; ⏲ Nov.-Jan. 21.30 Uhr, Feb.–April & Aug.–Okt. 20 Uhr, Mai–Juli 19 Uhr) erzählt die Geschichte der Missionen.

🛏 Schlafen & Essen

Der letzte Bus nach Santo Ângelo fährt vor Beginn der Sound & Light Show ab. Es ist also eine gute Idee, hier zu übernachten. In der Nähe des Busbahnhofs gibt's ein paar einfache Restaurants.

★ **Pousada das Missões** HOSTEL $
(☎ 3381-1202; www.pousadatematica.com.br; São Nicalau 601; B/EZ/DZ/3BZ 65/90/145/180 R$; ❄@📶☒) Während Studentengruppen die Schlafsäle bevorzugen, entscheiden sich anspruchsvollere Traveller wahrscheinlich eher für die privaten Zimmer, die statt einer Nummer einen Guarani-Namen mit Erklärung haben. Die Herberge befindet sich auf einem gepflegten Grundstück direkt hinter der archäologischen Stätte; man muss nur den Schildern am Eingang zu folgen. Von Dezember bis Februar öffnet hier abends auch ein anständiges Restaurant.

Tenondé Park Hotel HOTEL $$
(☎ 3381-2000; www.tenonde.com.br; São Miguel 664; EZ/DZ 156/220 R$; ❄@📶☒) Mit einer Architektur im Missionsstil, stilvollen Zimmern und einem guten Restaurant wartet dieses an ein Resort erinnernde Hotel auf. Zur tollen Ausstattung gehören Tennisplätze, ein Fußballplatz und ein Swimmingpool.

ℹ Praktische Informationen

Das **Secretaria Municipal Turismo** (☎ 3381-1294; www.saomiguel-rs.com.br; ⌚ Mo–Sa 13.30–17 Uhr) bietet in der Nähe des Eingangs zur Mission Infos für Besucher.

ℹ An- & Weiterreise

Vom **Busbahnhof** (☎ 3381-1226) in Missões verkehrt **Antonello Turismo** unter der Woche viermal täglich (9 R$, 1 Std., 6.30, 8, 12 & 18.15 Uhr) nach Santo Ângelo, am Samstag dreimal (8, 12 & 17.30 Uhr) und am Sonntag zweimal (8 & 17 Uhr).

Andere brasilianische Missionen

São João Batista RUINEN
(⌚ 9–17 Uhr) GRATIS Auf halbem Weg zwischen Santo Ângelo und São Miguel stößt man auf Überreste von **São João Batista**. Mit etwas Fantasie erkennt man die Umrisse von Kirche, Friedhof und Schule.

Santuário de Caaró KIRCHE
(⌚ 7–19 Uhr) GRATIS 20 km westlich von São Miguel ist im **Santuário de Caaró** die religiöse Geschichte des Landes noch am lebendigsten. Ein einfaches Monument ehrt die drei Priester, die 1626 von *bandeirantes* getötet wurden. Ein Opfer, Roque González, wurde heiliggesprochen. Besonders im November, zu Roques Jahrestag, versammeln sich hier Pilger.

São Lourenço Mártir RUINEN
(⌚ 9–17 Uhr) GRATIS 1690 gründeten argentinische Jesuiten **São Lourenço Mártir**, das 18 km westlich der Abzweigung nach São Miguel und 9 km nördlich der Straße nach São Luiz Gonzaga (BR-285) liegt. Vor Ort sind die Reste von Kirche, Friedhof und Schule zu erkennen und es gibt eine Ausstellung mit Fundstücken. Das beeindruckendste Exponat, das große Bildnis von São Lourenço, das einst die Kirche schmückte, kann im Museu das Missões (S. 344) in São Miguel bewundert werden.

São Nicolau RUINEN
(⌚ 24 Std.) GRATIS Früher war die Mission 120 km westlich von Santo Ângelo ein Kunstzentrum, in dem Malereien, Keramiken und Holzskulpturen geschaffen wurden. Heute sind in der archäologischen Stätte nur noch der steinerne Weinkeller der Jesuiten und einige verstreute Ruinen erhalten. Auf der gegenüberliegenden Straßenseite im **Secretaria Municipal Turismo** (☎ 3363-1034; www.saonicolau.rs.gov.br; Salvador Pinheiro Machado; ⌚ Mo–Fr 8–11.30 & 13.30–17 Uhr) gibt's eine kleine Ausstellung zur Kultur der Guarani-Jesuiten. In der modernen Igreja Matriz, die sich gegenüber von den Ruinen auf der anderen Straßenseite erhebt, werden drei wiederentdeckte heilige Darstellungen von Santo Antônio, Santo Izidro und Senhor dos Passos gezeigt.

Wer so weit gekommen ist, kann die Nacht 50 m von der Missionsstätte entfernt in der **Pousada dos Jesuítas** (☎ 9634-5411; pousada_dos_jesuitas@yahoo.com.br; Nilza de Moura Silva 1046; 25 R$ pro Pers.; @📶) verbringen, die von der herzlichen Diana geführt wird.

LITORAL GAÚCHO

Auf dem Papier klingt es großartig: ein 500 km langer sandiger Streifen brasilianischer Küste, der sich von Torres an der Santa-Catarina-Grenze bis nach Chuí an der uruguayischen Grenze erstreckt. Leider kann die Wirklichkeit nicht mit der Vorstellung mithalten. Das Wasser ist meist trüb und die Strände sind eintönig, doch immerhin eignet sich die Brandung zum Surfen.

Torres

☎ 0XX51 / 34 600 EW.

Torres an der Grenze zu Santa Catarina ist eine nette, wenn auch nicht atemberaubende Ausnahme an der langweiligen Küste des

Bundesstaates. Die Stadt erstreckt sich 205 km nördlich von Porto Alegre und hat schöne (aber volle) Strände, die mit Basaltfelsen sowie bewachsenen Dünen durchsetzt und von lebhaften Promenaden gesäumt sind.

Am Hauptstrand, der Praia Grande, geht's recht ruhig zu. Im Süden schließt sich die kleinere Prainha an, im Norden die Praia dos Molhes, ein berühmter Surfspot, wo der Rio Mampituba dramatisch ins Meer fließt. Ernsthafte Surfer steuern auch die Praia da Cal, 2 km südlich der Praia Grande, an.

Im Winter bringen die antarktischen Strömungen kalte, harte Winde mit an die Küste. Die Menschenmassen verschwinden und fast alle Hotels schließen von Mai bis November.

Jedes Jahr im April findet in Torres das wunderbare **Festival Internacional de Balonismo** (Internationales Heißluftballonfestival; www.festivaldebalonismo.com.br) statt.

Sehenswertes & Aktivitäten

Parque Estadual da Guarita NATURSCHUTZGEBIET
Der Parque Guarita, etwa 2 km südlich der Avenida Beira Mar, ist ein wunderschönes, natürliches Fleckchen, und der gleichnamige Strand in der Nähe gilt als der schönste der Stadt.

Felipe Raupp Escola de Surf SURFEN
(☎ 9991-4049; www.frsurf.com.br; Paket mit 5 Einheiten ab 550 R$) Felipe Raupp genießt einen guten Ruf und ist *der* Mann für alle Surfneulinge. Er hat anspruchsvolle mehrtägige Kurse im Angebot.

Geführte Touren

Marina BOOTSTOUREN
(☎ 3626-2933; www.barcosmarina.com.br; Erw./Kind 40/25 R$; ⌚ Jan.–April 11.15, 15.15 & 17.15 Uhr) Der Veranstalter organisiert Bootsfahrten zur Ilha dos Lobos, einem Naturschutzgebiet, in dem vom Januar bis April eine Seelöwenkolonie lebt. Man erreicht die Agentur, indem man vom Ende der Avenida Silva Jardim am Rio Mampituba entlang bis zur Ponte Pênsil geht.

Schlafen

Hier genannte Preise gelten für den Sommer (Dez.–Feb.). Von März bis November kann man mit Rabatten zwischen 20 und 40 % rechnen. Während des Heißluftballonfestivals gibt's dagegen eine Erhöhung von 25 %.

★ **Pousada da Prainha** HOTEL $$
(☎ 3626-2454; www.pousadadaprainha.com.br; Alferes Feirreira Porto 138; EZ/DZ 108/168 R$, mit Klimaanlage 128/188 R$; ❄ 📶) Nettes Hotel im Kolonialstil, einen Block von der ruhigen Prainha entfernt, mit einem fantastischen Preis-Leistungs-Verhältnis.

Solar Inn POUSADA $$
(☎ 3626-3731; www.solarinn.com.br; Av Beira Mar 1713; EZ/DZ 230/250 R$, mit Meerblick ab 320 R$; ❄ 📶 🏊) Tolle Lage am Strand, deutsche Architektur und eine angenehme Größe (nur 22 Zimmer): Dieser recht neue Gasthof an der Prainha ist spitze!

Essen

Doce Art CAFÉ $
(Av Silva Jardim 295; Sandwiches 4–15 R$; ⌚ 8–22 Uhr; 📶) Kaffee, frische Säfte und leckere Teilchen am Morgen, Sandwiches und Pasta am Mittag.

Cantinho do Pescador FISCH & MEERESFRÜCHTE $$
(www.cantinhodopescador.com; Av Beira Mar 210; Hauptgerichte für 2 Pers. 27–83 R$; ⌚ 11–24 Uhr; 📶) Das Meeresfrüchterestaurant mit einem Open-Air-Bereich gilt als das beste Lokal der Stadt. Hier werden aus lokal gefangenen Fischen empfehlenswerte Gerichte zubereitet. Das Cantinho do Pescador liegt in Richtung Praia dos Molhes und bietet einen tollen Blick auf den Rio Mampituba.

Restaurante A Prainha FISCH & MEERESFRÜCHTE $$
(Joaquim Porto 151; Hauptgerichte für 2 Pers. 49–135 R$; ⌚ 11.30–15.30 & 19–23 Uhr) Zwei Blocks vom Strand entfernt kredenzt dieses Lokal mit einer hübschen schattigen Veranda Fisch und typisch brasilianische Gerichte.

Praktische Informationen

Casa do Turista (☎ 3664-1411 Nebenstelle -710; www.torres.rs.gov.br; Av Barão do Rio Branco 315; ⌚ 8–23 Uhr) Ausgezeichnete städtische Touristeninformation.

HSBC (Ecke Borges de Medeiros & Júlio de Castilhos) Gebührenfreier Geldautomat.

Anreise & Unterwegs vor Ort

In der kleinen Stadt erreicht man alles zu Fuß, auch den **Busbahnhof** (☎ 3664-1787; www.rodoviariatorres.com.br; Av José Bonifácio 524). Von dort bestehen u. a. Verbindungen nach Porto Alegre (39 R$, 3 Std.) und Florianópolis (43 R$, 5 Std., 6-mal tgl.). Wer nach Cambará do Sul will, fährt mit einem Bus von **Expresso São**

Marcos (www.expressosaomarcos.com.br) in die staubige Kleinstadt Tainhas (18 R$, 2½ Std., 3-mal tgl.), wo zweimal täglich um 9.15 und 17.30 Uhr ein Bus nach Cambará (7 R$, 1 Std.) startet. Alternativ ruft man bei **Alex Offmann** (☎ 0xx54-8438-3200; Tainhas) an, der das einzige Taxi im Ort betreibt (70 R$, 30 Min.).

Rio Grande

☎ 0XX53 / 197 200 EW.

Rio Grande wurde 1737 an der Mündung des Lagoa dos Patos gegründet, um die umkämpfte Südgrenze des portugiesischen Reiches zu bewachen. Der älteste Ort der Region hatte seine Blütezeit während des 19. Jhs., als sein Hafen wichtig für den profitablen Rinderhandel wurde. Er besitzt eine hübsche Altstadt mit einigen interessanten kolonialen und neoklassizistischen Gebäuden. Das hervorragende **Museu Oceanográfico** (☎ 3231-3496; www.museu.furg.br/museu_oceanografico; Capitão Heitor Perdigão 10; Eintritt 5 R$; ⏲ Di–Sa 9–11.30 & 14–18 Uhr) GRATIS ist eines der besten Lateinamerikas.

Schlafen & Essen

★ **Paris Hotel** HISTORISCHES HOTEL **$**
(☎ 3231-3866; www.hotelvillamoura.com.br; Marechal Floriano Peixoto 112; EZ/DZ 62/100 R$, mit Bad 87,50/125 R$; 📶) Rio Grande do Suls ältestes Hotel wurde 1826 erbaut und lässt mit hohen Decken, antiken Möbeln sowie einem grünen Innenhof seinen früheren Glanz erahnen. Zu diesem Preis wäre es dumm, nicht in einem antiken Bett zu schlafen und auf einer Veranda aus dem 19 Jh. zu relaxen, auf der sich schon Dom Pedro II. entspannte.

Marco's FISCH & MEERESFRÜCHTE **$$$**
(www.restaurantemarcos.com.br; Av Silva Paes 400; Hauptgerichte 40–88 R$; ⏲ Mo–Sa 11.30–14 & 19–23.30, So 11.30–14.30 Uhr; 📶) Das eher teure Lokal ist das beste der Stadt und hat eine sehr gute Karte. Hier gibt's leckeren Fisch und Garnelen aus der Gegend.

An- & Weiterreise

Vom **Busbahnhof** (☎ 3232-8444; www.rodoviariariogrande.com.br; Vice-Almirante Abreu 737) bestehen Verbindungen in alle größeren Städte Südbrasiliens. **Embaixador** (www.expressoembaixador.com.br) fährt zweimal täglich nach Chuí (42 R$, 4 Std., 7 & 15.30 Uhr) an der Grenze zu Uruguay. Außerdem starten alle 30 Minuten Busse nach Pelotas (10 R$, 1 Std.), dem größten Verkehrsknotenpunkt der Region. **Planalto** (www.planaltopassageiros.com.br) verkehrt täglich siebenmal nach Porto Alegre (84 R$, 5 Std.).

Brasília & Goiás

Inhalt ➡

Gut essen

- Nossa Cozinha Bistrô (S. 359)
- Aquavit (S. 359)
- Chão Nativo I. (S. 363)
- Pireneus Café (S. 370)
- Fazenda Babilônia (S. 370)

Schön übernachten

- Villa do Comendador Eco-Resort (S. 370)
- Baguá Pousada (S. 375)
- Pousada do Ipê (S. 366)
- Pousada Tajupá (S. 369)
- Hotel Parque das Primaveras (S. 372)

Auf nach Brasília & Goiás

Brasília wurde als utopische, aber praktikable Alternative zum modernen urbanen Chaos konzipiert. Viele Menschen bewundern die futuristische Architektur und den avantgardistischen Stil, doch Kritiker bemängeln, die hyperorganisierten thematischen Blocks seien nicht alltagstauglich. Als Brasiliens Regierungssitz ist Brasília ein Zentrum der Bürokraten und zudem die einzige ausschließlich im 20. Jh. errichtete Stadt, die zum Unesco-Welterbe zählt.

Goiás umschließt den Distrito Federal (DF) und zieht zu Unrecht kaum Besucher an: Feuerrote Sonnenuntergänge vor den grünen geschwungenen Hügeln des dramatischen Cerrado (Savanne) bieten eine ideale Kulisse für unvergleichliche Bilder. Hier kann man leicht einige Wochen verbringen. Die Hauptattraktionen sind neben den malerischen kolonialen Orten wie Cidad de Goiás und Pirenópolis auch die therapeutischen heißen Quellen bei Caldas Novas und die Flüsse, Wasserfälle und Waldwege im Parque Nacional da Chapada dos Veadeiros.

Reisezeit

Brasília

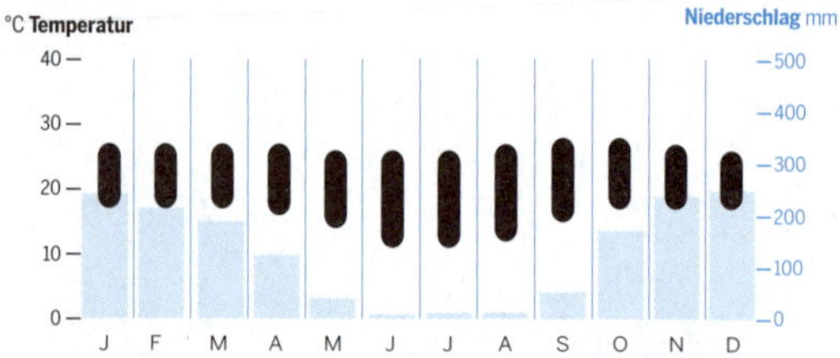

Semana Santa Vermummte *farricocos* übernehmen die Straßen von Cidade de Goiás.

50 Tage nach Ostern Festa do Divino Espírito in Pirenópolis.

Nov. & Dez. Der atemberaubende Cerrado zeigt sich in seiner ganzen Pracht.

Geschichte

Nach den Goldfunden in Minas Gerais brachen viele *bandeirantes* (Gruppen umherziehender Abenteurer, die das Landesinnere erkundeten) auf die Suche nach noch mehr wertvollem Metall und natürlich nach indigenen Sklaven ins Landesinnere auf. 1682 gelangte eine *bandeira*, die von Bartolomeu Bueno da Silva angeführt wurde, in die Region. Da Silva machte sich die indigenen Goyaz gefügig, indem er auf einem Teller etwas *cachaça* (Zuckerrohrschnaps) anzündete,

Highlights

1. Die lässige Kolonialstadt **Pirenópolis** (S. 366) erkunden.
2. Nachts, wenn die **Praça dos Três Poderes** (S. 355) in einem fantastischen Licht erstrahlt, Brasílias futuristische Architektur auf sich wirken lassen.
3. Am Beispiel des **Santuário Dom Bosco** (S. 354) erleben, wie mit dem Vorurteil „Alle Kirchen sehen gleich aus" aufgeräumt wird.
4. Durch die einzigartige Flora des Hochland-Cerrado im **Parque Nacional da Chapada dos Veadeiros** (S. 372) wandern.
5. Im **Templo da Boa Vontade** (S. 361) spirituellen Halt suchen oder einen Spaziergang der anderen Art unternehmen.
6. Über die Felsen der natürlich geformten Mondlandschaft des **Vale da Lua** (S. 374) hüpfen.
7. Durch die Kopfsteinpflastergassen der **Cidade de Goiás** (S. 364) bummeln.
8. Sich in den Thermalquellen des **Hot Park** (S. 372) in Rio Quente Entspannung pur gönnen.

den die Einheimischen für Wasser hielten. Dann drohte er damit, alle Flüsse in Brand zu stecken, wenn sie ihm nicht ihre Goldminen zeigten. Daraufhin gaben ihm die Goyaz den Namen *anhanguera* (alter Teufel). Drei Jahre später kehrte da Silva aus Goiás zurück in seine Geburtsstadt São Paulo, im Gepäck ein paar Überlebende, Gold und indigene Sklaven. Aufgrund der abgeschiedenen Lage der Region war der Goldrausch quasi zu Ende, bevor er richtig begonnen hatte.

1889 wurde Goiás offiziell zum Bundesstaat erklärt. Das Leben hier verlief bis in die Mitte der 1950er-Jahre ziemlich ruhig, doch dann wurde ein Stück Land ausgegliedert, um darauf Brasília zu bauen. Den Plan, die Hauptstadt ins Inland zu verlegen, verfolgte bereits 1823 der brasilianische Staatsmann José Bonifácio. Durch die Verlagerung der Kapitale von Rio de Janeiro ins Landesinnere erhoffte er sich, die gewaltigen Ressourcen im Binnenland besser zu erschließen. Er konnte mit seiner Idee nur wenige begeistern, bis Dom Bosco, ein in Turin lebender Salesianer-Priester, prophezeite, dass irgendwo zwischen dem 15. und 20. Breitengrad in Brasilien eine neue Zivilisation entstehen würde. Plötzlich fand Bonifácios Projekt viele Unterstützer und 1891 legte die Verfassung das Gebiet für eine neue Hauptstadt fest.

Es sollte allerdings bis 1955 dauern, bis der Traum von Brasília klare Konturen anzunehmen begann: Präsident Kubitschek gab den Startschuss und Architekt Oscar Niemeyer nahm die Herausforderung an. Millionen armer Bauern aus dem Nordosten arbeiteten rund um die Uhr und stampften Brasília – unglaublich, aber wahr – innerhalb von nur dreieinhalb Jahren aus dem Boden. Offiziell fand die Verlegung der Hauptstadt von Rio nach Brasília am 21. April 1960 statt.

Die Metropole wurde zu einem Symbol für die Entschlossenheit des Landes, zu einer großen Wirtschaftsmacht aufzusteigen, und lenkte von fortwährenden gesellschaftlichen und wirtschaftlichen Problemen ab. Auch Goiás florierte, dieses Mal aufgrund des „grünen Goldrauschs“: Der gigantische Soja- und Zuckerrohrboom machte viele Bauern fast über Nacht zu Millionären. Heute gehört Goiás zu den wohlhabendsten und komfortablen Bundesstaaten Brasiliens.

Aufgrund seiner riesigen Ausmaße büßte es 1989 erneut Land ein: Die Hälfte der Fläche wurde abgetrennt und zum Bundesstaat Tocantins erklärt.

BRASÍLIA

061 / 2,6 MIO. EW.

Auch in fortgeschrittenem Alter bleibt die einst futuristische Hauptstadt Brasiliens ein eindrucksvolles Denkmal nationaler Entschlossenheit. Sie löste Rio de Janeiro 1960 als Regierungssitz ab. Die visionären Köpfe hinter dem Projekt waren Präsident Juscelino Kubitschek, Architekt Oscar Niemeyer, Stadtplaner Lucio Costa und Landschaftsarchitekt Burle Marx.

Aus der Luft betrachtet erinnert das Jahrtausenddesign Brasílias an die Form eines Flugzeugs (oder, wem das besser gefällt, an die eines Kolibris). Die architektonischen Wunderwerke reihen sich am Eixo Monumental (der den Rumpf des Flugzeugs bildet) aneinander, während sich die Wohn- und Büroblocks an den ausgebreiteten Flügeln (den *asas*) befinden.

Aufgrund der weiten Entfernungen und grauenhaften sechsspurigen Autobahnen, die durch komplizierte Straßenknoten miteinander verbunden sind, ist Brasília wahrlich nicht fußgängerfreundlich. Obwohl es einer Feuerprobe gleicht, sich ein Auto zu mieten, überblickt man erst hinter dem Steuer eines Wagens das große Ganze, jedenfalls einigermaßen. Den besten Eindruck vom Grundriss der Stadt gewinnt man auf einem Rundflug.

Sehenswertes

Brasílias bedeutendste Bauten liegen an einem rund 5 km langen Abschnitt des Eixo Monumental. Im „Cockpit“ am unteren Ende befinden sich die interessantesten Regierungsgebäude. Die Reihenfolge der im Folgenden aufgelisteten Sehenswürdigkeiten orientiert sich am Eixo Monumental, beginnend am „Heck“. Wer die Attraktionen mit öffentlichen Verkehrsmitteln erkunden möchte, nimmt die Buslinien 104 und 108, zusätzlich muss man sich auf einige lange Spaziergänge einstellen.

Das „Heck“-Ende des Eixo Monumental

Obwohl auf allen Stadtplänen Brasílias Flugzeugform mit dem Cockpit unten und dem Heck oben dargestellt ist, liegt Letzteres eigentlich im Nordwesten der Stadt. Hierher verkehren die Buslinien 312, 331 und 343 von den Bussteigen C8 bis C10 des örtlichen Busbahnhofs.

ADRESSEN FÜR KLUGE KÖPFCHEN

Man mag es kaum glauben, doch Brasílias Adressen – eine Abfolge von Zahlen und Buchstaben – sollen einem das Leben tatsächlich leichter machen. Dafür muss man aber natürlich erst einmal wissen, wofür die ganzen Abkürzungen stehen.

Ein Beispiel für eine Adresse ist SQS 704, Bloco Q, Casa 29. Das bedeutet, sie befindet sich in der Super Quadra Sul (Süd) 704, *bloco* (Block) Q, *casa* (Haus) 29. Die erste Ziffer der Adresse (7) gibt die Lage östlich oder westlich des Eixo Rodoviário (Hauptverkehrsachse von Nord nach Süd) an: Ungerade Zahlen stehen für das Gebiet westlich, gerade Zahlen für das Gebiet östlich davon; und je höher die Zahl, desto weiter ist der Ort vom Zentrum entfernt. Die letzten beiden Ziffern (04) geben die Entfernung in nördlicher oder südlicher Richtung vom Eixo Monumental an. Demnach liegt die gesuchte Adresse vier Blocks südlich des Eixo Monumental und vier Blocks östlich des Eixo Rodoviário (1, 3, 5, 7). Auch hier gilt: Je höher die Zahl, desto weiter ist sie vom Zentrum entfernt.

Folgende Abkürzungen sollte man sich einprägen:

Asa Norte/Asa Sul Die beiden „Flügel" der Stadt sind durch Hauptstraßen, die *eixos rodoviários*, miteinander verbunden. Ein N (Norte) oder S (Sul) nach einer Abkürzung verrät, auf welcher Seite des Eixo Monumental man die Adresse findet.

SBN/SBS (Setor Bancário Norte/Sul) Bankensektoren zu beiden Seiten des Eixo Monumental.

SCEN/SCES (Setor de Clubes Esportivos Norte/Sul) Hauptsektoren für Freizeit und Erholung an den Ufern des Lago do Paranoá.

SCLN/SCLS (Setor Comércio Local Norte/Sul) Haupteinkaufsviertel zwischen den *superquadras*.

SCN/SCS (Setor Comercial Norte/Sul) Büroblocks des Privatsektors gleich neben den großen Einkaufszentren.

SDN/SDS (Setor de Diversões Norte/Sul) Die großen *conjuntos* (Einkaufszentren) zu beiden Seiten des Eixo Monumental.

SEN/SES (Setor de Embaixadas Norte/Sul) Botschaftsviertel.

SHIN/SHIS (Setor de Habitações Individuaís Norte/Sul) Wohngebiete rund um den See. Der SHIN ist über den Eixo Norte zu erreichen, in den SHIS gelangt man über die Brücken bei der Avenida das Nações.

SHN/SHS (Setor Hoteleiro Norte/Sul) Die Hotelsektoren zu beiden Seiten des Eixo Monumental.

SMHN/SMHS (Setor Médico Hospitalar Norte/Sul) Krankenhaussektoren zu beiden Seiten des Eixo Monumental, jeweils neben dem SCN und dem SCS.

SQN/SQS (Super Quadras Norte/Sul) Die einzelnen *superquadras* in den wichtigsten Wohnflügeln des *plano piloto*.

Noch Fragen?!

Memorial JK MUSEUM

(Karte S. 352 f.; ☎ 3226-7860; www.memorialjk.com.br; Praça do Cruzeiro; Erw./Kind 12/6 R$; ⏲ 9–18 Uhr) Das Grabmal von Präsident Juscelino Kubitschek befindet sich im Memorial JK. Es liegt unterhalb einer schaurig schönen Buntglasplatte, die von der französischen Künstlerin Marianne Peretti angefertigt wurde. Im Museum ist die aus 3000 Büchern bestehende Privatbibliothek von JK zu sehen, ebenso wie eine Bilddokumentation der Geschichte Brasílias. Nicht verpassen: Durch die Hintertür gelangt man zu Kubitscheks Ford Galaxie, Baujahr 1973.

Museu dos Povos Indígenas MUSEUM

(Karte S. 352 f.; ☎ 3223-3760; Praça Buriti; ⏲ Di–So 9–18 Uhr) GRATIS Gegenüber dem Memorial JK, in einem Gebäude des Architekten Niemeyer, das von den kreisförmigen Hütten der indigenen Yanomani inspiriert wurde, ist das Museu dos Povos Indígenas untergebracht. Es beherbergt eine kleine, aber bunte Ausstellung indigener Artefakte, die von den Anthropologen Darcy und Berta Ribeiro

Brasília

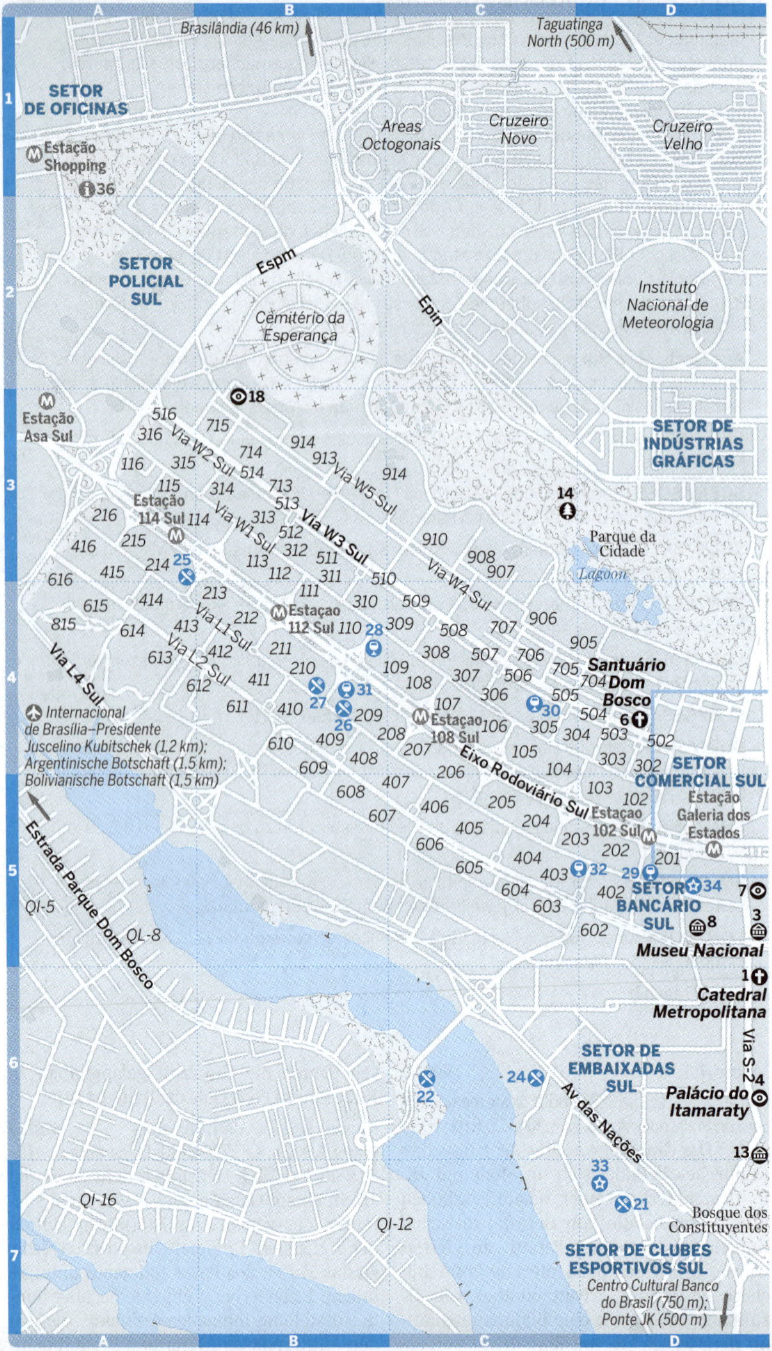

A
B
C
D
1
2
3
4
5
6
7
Brasilândia (46 km)
Taguatinga North (500 m)
SETOR DE OFICINAS
Estação Shopping
36
Areas Octogonais
Cruzeiro Novo
Cruzeiro Velho
SETOR POLICIAL SUL
Espm
Epin
Cemitério da Esperança
Instituto Nacional de Meteorologia
18
Estação Asa Sul
SETOR DE INDÚSTRIAS GRÁFICAS
Via W2 Sul
Via W5 Sul
Via W1 Sul
Via W3 Sul
Via W4 Sul
Via L1 Sul
Via L2 Sul
Via L4 Sul
Estação 114 Sul
14
Parque da Cidade
Lagoon
Estaçao 112 Sul
Santuário Dom Bosco
6
Estaçao 108 Sul
Eixo Rodoviário Sul
Internacional de Brasília–Presidente Juscelino Kubitschek (1,2 km); Argentinische Botschaft (1,5 km); Bolivianische Botschaft (1,5 km)
SETOR COMERCIAL SUL
Estação Galeria dos Estados
Estaçao 102 Sul
25
28
31
27
26
30
32
29
34
7
3
8
SETOR BANCÁRIO SUL
Museu Nacional
1
Catedral Metropolitana
Estrada Parque Dom Bosco
QI-5
QL-8
22
24
SETOR DE EMBAIXADAS SUL
Av das Nações
Via S-2
4
Palácio do Itamaraty
13
33
21
Bosque dos Constituyentes
QI-16
QI-12
SETOR DE CLUBES ESPORTIVOS SUL
Centro Cultural Banco do Brasil (750 m); Ponte JK (500 m)

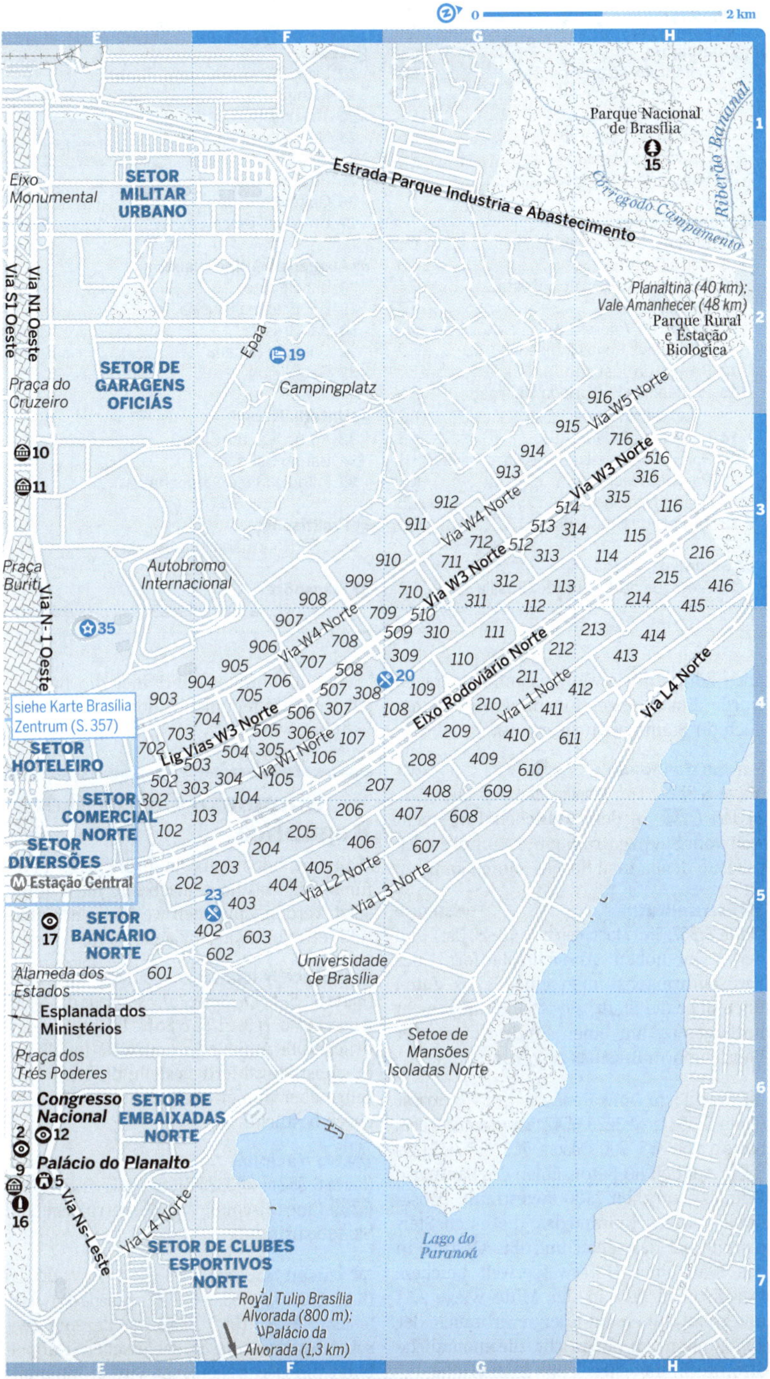
0
2 km
E
F
G
H
1
2
3
4
5
6
7
Parque Nacional de Brasília
15
Ribeirão Bananal
Córrego do Campamento
Estrada Parque Industria e Abastecimento
Eixo Monumental
SETOR MILITAR URBANO
Via N1 Oeste
Via S1 Oeste
Planaltina (40 km); Vale Amanhecer (48 km)
Parque Rural e Estação Biologica
Epaa
19
Campingplatz
SETOR DE GARAGENS OFICIÁS
Praça do Cruzeiro
10
11
Via W5 Norte
Via W4 Norte
Via W3 Norte
Autobromo Internacional
Praça Buriti
Via N-1 Oeste
35
Via W4 Norte
20
Eixo Rodoviário Norte
Via L1 Norte
Via L4 Norte
siehe Karte Brasília Zentrum (S. 357)
SETOR HOTELEIRO
Lig Vias W3 Norte
Via W1 Norte
SETOR COMERCIAL NORTE
SETOR DIVERSÕES
Estação Central
23
Via L2 Norte
Via L3 Norte
17
SETOR BANCÁRIO NORTE
Universidade de Brasília
Alameda dos Estados
Esplanada dos Ministérios
Setoe de Mansões Isoladas Norte
Praça dos Três Poderes
Congresso Nacional
SETOR DE EMBAIXADAS NORTE
2
12
9
Palácio do Planalto
5
16
Via Ns-Leste
Via L4 Norte
SETOR DE CLUBES ESPORTIVOS NORTE
Lago do Paranoá
Royal Tulip Brasília Alvorada (800 m); Palácio da Alvorada (1,3 km)
916
915
914
913
912
911
910
909
908
907
906
905
904
903
716
516
316
515
315
116
514
314
115
513
313
114
216
712
512
711
312
113
215
416
710
311
112
214
415
709
510
111
213
414
708
509
310
212
413
707
309
110
211
412
706
508
308
109
210
411
705
507
307
108
209
410
611
704
506
306
107
208
409
610
703
505
305
106
207
408
609
702
504
304
105
206
407
608
503
303
104
205
406
607
502
302
103
204
405
102
203
404
202
403
402
603
602
601

Brasília

Highlights
1 Catedral Metropolitana ... D6
2 Congresso Nacional ... E6
3 Museu Nacional ... D5
4 Palácio do Itamaraty ... D6
5 Palácio do Planalto ... E6
6 Santuário Dom Bosco ... D4

Sehenswertes
7 Biblioteca Nacional ... D5
8 Caixa Cultural ... D5
9 Espaço Cultural Lucio Costa ... E6
10 Memorial JK ... E3
Museu de Valores ... (siehe 8)
11 Museu dos Povos Indígenas ... E3
12 Palácio da Justiça ... E6
13 Panteão da Pátria e da Liberdade Tancredo Neves ... D6
14 Parque da Cidade ... C3
15 Parque Nacional de Brasília ... H1
16 Pavilhão Nacional ... E7
17 Teatro Nacional ... E5
18 Templo da Boa Vontade ... B3

Schlafen
19 Albergue da Juventude Brasília ... F2

Essen
20 Lagash ... G4
21 Mangai ... D7
22 Mormaii Surf Bar ... C6
23 Nossa Cozinha Bistrô ... F5
24 Pier 21 ... C6
25 Pizza à Bessa ... A3
26 Quitinete ... B4
27 Universal Diner ... B4

Ausgehen & Nachtleben
28 Bar Beirute ... B4
29 Bar Brahma Brasília ... D5
30 Bar Brasília ... C4
31 Chiquita Bacana ... B4
32 Gate's Pub ... D5

Unterhaltung
33 Arena Futebol Clube ... D7
34 Bar do Calaf ... D5
35 Estadio Mané Garrincha ... E4

Praktisches
36 CAT Rodoviária Interestadual ... A1

Transport
Rodoviária Interestadual ... (siehe 36)

und Eduardo Galvão zusammengetragen wurde. Ein sandiger Innenhof wird immer noch für Stammesrituale genutzt.

Parque da Cidade PARK
(Karte S. 352 f.; Eixo Monumental, Asa Sul; ⏲5–24 Uhr) GRATIS In dem hübschen Park nicht weit vom Stadtzentrum gibt's zahlreiche Kioske, an denen man Snacks kaufen kann.

★ **Fernsehturm** FERNSEHTURM
(Karte S. 357; Eixo Monumental; ⏲8–20 Uhr) Von der 75 m hohen Aussichtsplattform des Fernsehturms hat man einen ganz guten Blick über die Stadt; sie ist allerdings nicht hoch genug, um einen Eindruck von der Flugzeugform Brasílias zu gewinnen.

★ **Santuário Dom Bosco** KIRCHE
(Karte S. 352 f.; ☎3223-6542; www.santuariodombosco.org.br; W3 Sul, Quadra 702; ⏲7–19 Uhr) GRATIS Auf den 80 Betonsäulen des Santuário Dom Bosco ruhen 7500 angestrahlte Mosaikteilchen aus Muranoglas, die einen Sternenhimmel darstellen und das Gestühl in das Blau einer Unterwasserwelt tauchen. Der Kronleuchter in der Mitte wiegt 2,5 t und treibt mit einem Energieverbrauch, der 435 Glühbirnen entspricht, die monatliche Stromrechnung ganz schön in die Höhe.

Alle 20 Minuten fährt hier die Buslinie 107 (vom Haltepunkt E7 des örtlichen Busbahnhofs) vorbei.

Complexo Cultural da República

Während Niemeyers ursprüngliche Pläne für Brasília bis heute nach und nach umgesetzt werden, entstehen westlich der Catedral Metropolitana ganz neue Attraktionen.

Biblioteca Nacional BIBLIOTHEK
(Karte S. 352 f.; ☎3325-6257; Esplanada dos Ministérios; ⏲Mo–Fr 9–21, Sa & So bis 18 Uhr) Das eindrucksvolle Äußere der neuen Nationalbibliothek ist längst fertiggestellt, die Bibliothek selbst aber immer noch nicht mit allen Büchern bestückt.

Teatro Nacional THEATER
(Karte S. 352 f.; ☎3325-6105; ⏲Mo–Fr 8–18 Uhr) GRATIS Eine Mischung aus Wasserrutsche und Skateboardrampe.

★ **Museu Nacional** MUSEUM
(Karte S. 352 f.; ☎3325-5220; Esplanada dos Ministérios; ⏲9–18.30 Uhr) GRATIS Das dezente Zwischengeschoss dieses sphärischen Kuppelbaun von Oscar Niemeyer wird größtenteils

von an der Decke befestigten Stützen getragen. Markenzeichen des Gebäudes ist die geschwungene Rampe, die aus seinem Sockel entspringt und sein Äußeres wie ein Saturnring umläuft.

★ **Catedral Metropolitana** KIRCHE
(Karte S. 352 f.; ☎3224-4073; www.catedral.org.br; Esplanada dos Ministérios; ⏲8–18 Uhr) GRATIS Mit ihren 16 geschwungenen Außensäulen und den wellenförmigen Wänden aus Buntglas bietet die Catedral Metropolitana einen himmlischen Anblick. Am Eingang werden Besucher von den eindringlichen Blicken der Statuen der *Vier Evangelisten* begrüßt, die ebenso wie die schwebenden Aluminiumengel im Innern von Ceschiatti angefertigt wurden.

Setor Bancário Sul

Wer auf der Suche nach Kultur ist, wird nicht unbedingt an Brasilías Bankenviertel denken, doch dort gibt's tatsächlich Museen. Und die sind auch noch umsonst!

Caixa Cultural MUSEUM
(Karte S. 352 f.; ☎3206-9450; SBS Q4, Lote 3; ⏲Mo–Fr 9–21 Uhr) GRATIS In der Lobby der Caixa Cultural befindet sich ein kleines Museum mit allerlei Krimskrams aus der Welt der Finanzen, von alten Lotteriescheinen bis zu hölzernen Safes. Die Ausstellungsstücke selbst sind nur im Vorbeigehen und für einen kurzen Blick interessant. Vielmehr machen die großartigen Wandbilder aus Buntglas, die jeweils einen brasilianischen Staat repräsentieren, einen Besuch hier so lohnenswert.

Museu de Valores MUSEUM
(Karte S. 352 f.; ☎3414-2099; ⏲Di–Fr 10–17.30, Sa & So 14–18 Uhr) GRATIS Wer sich für Münzen interessiert, sollte im Hauptsitz der Banco Central do Brasil vorbeischauen. Hier wird Geld aus der ganzen Welt und eine komplette Serie der brasilianischen Währung gezeigt, darunter auch ein Schein im Wert von 1 000 000 Cruzeiros. Am Eingang muss der Reisepass vorgezeigt werden.

Praça dos Trés Poderes

Im Cockpit stehen die interessantesten Gebäude rund um die **Praça dos Trés Poderes**. Sie ist eine Synthese aus den Ideen der Architekten Niemeyer und Costa und vereint in sich verschiedene Denkmäler, Museen sowie Regierungsgebäude. Auf dem Areal findet man auch beeindruckende Skulpturen wie *Os Candangos* von Bruno Giorgi, *A Justiça* von Alfredo Ceschiatti und Niemeyers *O Pombal* (die stark an eine Wäscheklammer erinnert). Wer die Treppen hinuntergeht, kann im **Espaço Cultural Lucio Costa** (Karte S. 352 f.; ☎3325 6244; Praça dos Trés Poderes; Eintritt frei; ⏲9–18 Uhr) GRATIS zudem ein maßstabsgetreues Modell der Stadt bewundern.

Die Praça erlebt man bei Tag ganz anders als bei Nacht, deshalb besucht man sie am besten zweimal. Nach Einbruch der Dunkelheit wirft die unwirkliche Beleuchtung einen unheimlichen Glanz über die futuristischen Gebäude, so als ob sie vom Licht eines landenden Ufos beleuchtet würden. Weil es Berichte über nächtliche Überfälle gibt, sollte man den Taxifahrer bitten zu warten, während man sich den Platz anschaut. Achtung: Wer Shorts oder Sandalen trägt, dem wird der Zutritt zu den Regierungsgebäuden verwehrt.

★ **Palácio do Itamaraty** REGIERUNGSGEBÄUDE
(Bogenpalast; Karte S. 352 f.; ☎3411-8051; www.itamaraty.gov.br; ⏲Mo–Fr 14–16, Sa & So 10–15 Uhr) GRATIS Eines der imposantesten Gebäude Brasílias ist der Palácio do Itamaraty, in dem das Außenministerium seinen Sitz hat. Es besteht aus einer Reihe von Bogen, die über einem glitzernden Wasserbecken und entlang von schwimmenden, von Burle Marx gestalteten Gärten verlaufen. Bruno Giorgis Skulptur *Meteor* erhebt sich vor dem Palast und besteht aus fünf Marmorblöcken, die jeweils einen Kontinent symbolisieren.

Palácio da Justiça REGIERUNGSGEBÄUDE
(Karte S. 352 f.; ☎3216-2025; ⏲Mo–Fr 14–16, Sa & So 10–15 Uhr) Zwischen den Außenbogen des Palácio de Justicia plätschert Wasser in einen Koi-Teich. Bei unserem Besuch war die Anlage leider nicht öffentlich zugänglich – schade angesichts des hübschen Gartens im Inneren.

★ **Congresso Nacional** REGIERUNGSGEBÄUDE
(Parlament; Karte S. 352 f.; ☎3216-1771; ⏲9.30–17 Uhr) GRATIS Der Congresso Nacional mit seinen fotogenen „Schüsseln" und den Zwillingstürmen ist auch von innen eines der interessantesten Bauwerke der Stadt. Neben den farblich abgehobenen Kammern des Senats (blau) und des Repräsentantenhauses (grün) – im typischen Stil der 1960er-Jahre – gibt's außerdem einen architektonisch interessanten „Zeittunnel" sowie eine Ausstel-

lung alter Bänke und Mikrofone des Senats aus dem Jahre 1867.

Die gewölbte Kuppel, die das Repräsentantenhaus überdacht, soll ein Symbol dafür sein, dass man hier offen für alle Weltanschauungen ist.

★ **Palácio do Planalto** PALAST
(Karte S. 352 f.; ☎ 3411-2042; ⏱ So 9.30–14.30 Uhr) GRATIS Ein weiteres beeindruckendes Werk Niemeyers. Mit den geschwungenen Konturen seines Äußeren sowie den glänzenden Pfeilern und einer schwungvollen Rampe im Innern ist der Palácio do Planalto eines der weltweit besten Beispiele für den Modernismus. Teilnehmer der Führung dürfen sogar einen Blick in das Büro des Präsidenten werfen. Vor den Toren findet am Wochenende jede Stunde und unter der Woche alle zwei Stunden ein zeremonieller Wachwechsel statt.

Panteão da Pátria e da Liberdade Tancredo Neves MUSEUM
(Karte S. 352 f.; ☎ 3325-6244; ⏱ 9–17 Uhr) GRATIS Dieses neue Museum ist den Helden der brasilianischen Geschichte gewidmet. Über einen steilen Treppenaufgang gelangt man zu einer ewig brennenden Flamme, die an Tancredo Neves erinnert: Neves gewann die Wahl zum Präsidenten, starb aber, bevor er sein Amt antreten konnte. Bei einer steifen Brise ist die Flamme nicht ganz ungefährlich, doch für die tolle Aussicht auf die Praça dos Trés Poderes sollte man das Risiko in Kauf nehmen.

Pavìlhão Nacional DENKMAL
(Karte S. 352 f.) Immer am ersten Sonntag jeden Monats wechselt das Militär in einer feierlichen Zeremonie Brasílias größte (286 m²) und höchste Flagge am Fahnenmast des Pavilhão Nacional. Nach der Idee Sergio Bernardes' wurden 24 einzelne Fahnenstangen zusammengeschweißt, die die Einheit der 24 Staaten Brasiliens symbolisieren.

Setor de Clubes Esportivos (SCE)

★ **Centro Cultural Banco do Brasil** MUSEUM
(CCBB; ☎ 3310-7087; SCES, Trecho 2, Conjunto 22; ⏱ Di–So 9–21 Uhr) GRATIS Brasílias wichtigstes zeitgenössisches Museum beherbergt zwei Galerien mit faszinierenden Ausstellungen, ein Indie-Kino, ein Café und einen Buchladen. Von 11 bis 23 Uhr fährt alle 90 Minuten ein kostenloser weiß-gelber Bus mit dem Ziel CCBB den Eixo Monumental entlang. Hinter dem Museum sieht man die **Ponte JK**, die über den Lago do Paranoá führt. Das Design der Brücke mit ihren drei Bogen ist wohl an das Monster von Loch Ness angelehnt.

★ **Palácio da Alvorada** PALAST
(Palast der Morgendämmerung; ☎ 3411-2317; SCEN; ⏱ Do 15–17.30 Uhr) GRATIS Der Amtssitz des Präsidenten wurde von Oscar Niemeyer entworfen und war 1958 das erste Gebäude, das in der Stadt eingeweiht wurde. Damit war es der Einweihung Brasílias selbst um ganze zwei Jahre voraus. Sein Name „Palast der Morgendämmerung" bezieht sich auf JKs Beschreibung der Metropole als „ein neuer Morgen in der Geschichte Brasiliens".

Adrett gekleidete Wachen, die Dragões da Independência (Drachen/Dragoner der Unabhängigkeit), bewachen die Tore. Sie gehören einem speziellen Soldatenregiment an, das bis in die Zeit des Unabhängigkeitskriegs zurückgeht. Man erreicht den Palast mit der Linie 104, die am Haltepunkt A16 des örtlichen Busbahnhofs startet.

Im Norden

Parque Nacional de Brasília PARK
(Karte S. 352 f.; ☎ 3465-2013; Eintritt 3 R$; ⏱ 8–16 Uhr) Am nördlichen Stadtrand befindet sich der 30 km² große Parque Nacional de Brasília, der mit seinen natürlichen Badestellen zum Entspannen einlädt. In dem Schutzgebiet leben zahlreiche bedrohten Arten wie Hirsche, Ameisenbären, Riesengürteltiere und Mähnenwölfe. Bus 128.1 verkehrt vom städtischen Busbahnhof zum Haupttor. Am Wochenende ist hier sehr viel los. Im Besucherzentrum kann man sich detaillierter informieren.

Geführte Touren

Esat Aerotaxi RUNDFLÜGE
(☎ 9981-1917; Flug für max. 3 Pers. 500 R$) Der schnellste und aufregendste Weg, den verwirrenden, aber durchdachten Grundriss Brasílias zu durchschauen, ist ein atemberaubender zehnminütiger Helikopterflug mit Esat Aerotaxi. Am Flughafen geht's los.

Catedral Turismo City Tour BUSTOUR
(Karte S. 357; ☎ 3201-1222; www.catedralturismo.com.br; Tagestickets 25 R$) „Brasília Tour" ist der einzige offizielle Stadttourbus. Auf einer Rundroute fährt er an allen wichtigen Attraktionen vorbei und sorgt so für stressfrei-

Brasília Zentrum

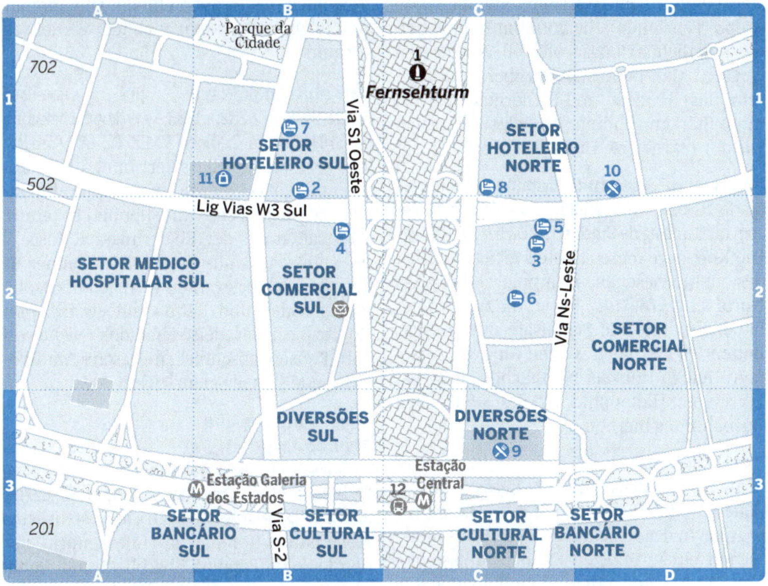

Brasília Zentrum

Highlights
1 Fernsehturm C1

Aktivitäten, Kurse & Touren
Catedral Turismo City Tour .... (siehe 1)

Schlafen
2 América Bittar B1
3 Aristus Hotel C2
4 Econotel B2
5 Hotel Diplomat C2
6 Kubitschek Plaza C2
7 Phenícia Bittar Hotel B1
8 Torre Palace Hotel C1

Essen
9 Conjunto Nacional C3
Marietta .... (siehe 8)
10 Shopping Brasília D1

Shoppen
11 Pátio Brasil B1

Transport
12 Rodoviária Plano Piloto C3

es Sightseeing. Tickets bekommt man an einem Kiosk vor Shopping Brasília (S. 359).

Billy Deeter TOUREN
(☎ 8112-3434; www.mrbrasilia.com) Mehrsprachige Thementouren kann man bei Billy Deeter buchen, der in den USA geboren wurde, aber schon seit seiner Kindheit in Brasília lebt. Er organisiert für Gruppen und Privatpersonen speziell zugeschnittene Rundfahrten, die auch interessante Einblicke abseits der Touristenpfade bieten.

Schlafen

Mittlerweile haben in Brasília fast ausschließlich Hotelketten das Zepter übernommen, deswegen muss man recht tief in die Tasche greifen. Budgetbleiben verlangen hier Preise, die man andernorts in Mittelklasseunterkünften zahlt. Anonyme, hoch aufragende Hotels sind die Regel, die größtenteils im zentral gelegenen, verkehrsreichen Sector Hoteleiro liegen. Für alle, die es auf die Einkaufszentren abgesehen haben, sind die Hotels im SHN (Setor Hoteleiro Norte) am praktischsten, die im SHS (Setor Hoteleiro Sul) bieten aber ein besseres Preis-Leistungs-Verhältnis. Wenn das Geschäft nicht so richtig läuft, geben fast alle Unterkünfte das ganze Jahr über erhebliche Preisnachlässe. Sich nach dem besten Angebot umzusehen lohnt sich also.

Entlang der Via W3 Sul operieren versteckt einige nicht registrierte günstige *pousadas* (Pensionen), die 2008 im Rahmen einer staatlichen Razzia offiziell geschlossen wurden. Man muss sich darüber im Klaren sein, dass Hygiene und Sicherheit nicht zu ihren Stärken gehören. Im Folgenden listen wir nur registrierte Unterkünfte auf.

Albergue da Juventude Brasília HOSTEL **$**
(Karte S. 352 f.; ☎ 3343-0531; www.brasiliahostel.com.br; Camping de Brasília; EZ/DZ 57/105 R$; @) Die Korridore dieses Hostels gleich westlich des ausgewiesenen Campingsektors Asa Norte sind groß und luftig, die 20 Zimmer blitzblank, und die Schlafsäle mit je sechs Betten (es gibt auch welche für zwei Personen) haben Einzelschließfächer. Bus 143 fährt vom Haltepunkt E2 des städtischen Busbahnhofs hierher.

Hotel Diplomat HOTEL **$**
(Karte S. 357; ☎ 3204-2010; SHN, Quadra 2, Bloco L; Hütte/EZ/DZ ab 99/139/159 R$; ❄ 📶) Dieses triste Hotel in der Nähe des Fernsehturms punktet mit einem üppigen Frühstück, kostenlosem WLAN und erheblichen Rabatten am Wochenende. Im Untergeschoss befinden sich die günstigsten Zimmer.

Econotel HOTEL **$$**
(Karte S. 357; ☎ 3204-7337; www.hoteleconotel.com.br; SHS, Quadra 3, Bloco B; EZ/DZ/3BZ ab 159/189/219 R$; P ❄ 📶) Das Econotel im SHS kommt einem Budgethotel noch am nächsten, wobei die Zimmer neuer, frischer und besser ausgestattet sind als viele der anderen zum Stillstand gekommenen Optionen höherer Preisklasse. Am besten spart man sich den Aufschlag für die „Luxus"-Zimmer – die Standardversion ist nämlich nicht schlechter.

América Bittar HOTEL **$$**
(Karte S. 357; ☎ 3034-3355; www.hoteisbittar.com.br; SHS, Quadra 4, Bloco B; EZ/DZ 180/210 R$; P ❄ @ 📶 🏊) Seit den Renovierungsarbeiten verlangen die Betreiber des Hotels, das nun zur Bittar-Kette gehört, deutlich höhere Preise. Auch wenn das WLAN extra kostet, zählt die moderne, freundliche Unterkunft im Businessstil zu den günstigeren Optionen im SHS.

Aristus Hotel HOTEL **$$**
(Karte S. 357; ☎ 3328-8675; www.aristushotel.com.br; SHN, Quadra 2, Bloco O; EZ/DZ 242/300 R$; P ❄ @ 📶) Wer etwas länger in Brasília ist, der wird die ganzen Aufzüge irgendwann satt haben. Das Aristus ist schön kompakt mit nur zwei Stockwerken. So kann man getrost auch die Treppe nehmen. Die Zimmer sind in Ordnung, wenn auch teilweise etwas schmuddelig.

★ Kubitschek Plaza HOTEL **$$$**
(Karte S. 357; ☎ 3329-3333; www.kubitschek.com.br; SHN, Quadra 2, Bloco E; EZ/DZ 680/810 R$; P ❄ @ 📶 🏊) Ein Klassiker! In den Korridoren und der Lobby sind wunderbare Kunstwerke einheimischer Künstler und bekannte Fotografien aus der Regierungszeit Juscelino Kubitscheks ausgestellt. Die Zimmer in den oberen Stockwerken verfügen über tolle Parkettböden und Betten mit erdfarbenen Kopfteilen im Nadelstreifenlook. Nicht von den Preisen abschrecken lassen: Am Wochenende sinken sie um bis zu 70 %.

Royal Tulip Brasília Alvorada LUXUSHOTEL **$$$**
(☎ 3424-7000; www.royaltulipbrasiliaalvorada.com; SHTN, Trecho 1, Conjunto 1B, Bloco C; EZ/DZ 320/370 R$; P ❄ @ 📶 🏊) Brasílias stylishstes Hotel ist ein Komplex in Hufeisenform, der den Lago do Paranoá überblickt und rechts vom Präsidentensitz liegt. Der berühmte Architekt Ruy Ohtake hat eine futuristische, offene Lobby mit geschwungenen Gängen geschafften, die sich zur drahtigen, an einen Zeppelin erinnernden Decke emporschlängeln. Hier tummeln sich Promis, Models und Architekten. Auf der Website findet man eine Reihe von guten Angeboten.

Phenícia Bittar Hotel HOTEL **$$$**
(Karte S. 357; ☎ 3704-6000; www.hoteisbittar.com.br/hoteis/phenicia/index.php; SHS, Quadra 5, Bloco J; EZ/DZ 300/370 R$; P ❄ @ 📶) Am schönsten und hellsten sind die Nichtraucherzimmer mit gefliestem Boden im dritten Stock dieses Viersternehotels, das entfernt an eine riesige Eierschachtel erinnert.

Torre Palace Hotel HOTEL **$$$**
(Karte S. 357; ☎ 3961-5555; www.torrepalace.com.br; SHN, Quadra 4, Bloco A; EZ/DZ 340/390 R$; ❄ @ 📶) Hinter einer renovierungsbedürftigen Fassade verstecken sich sehr saubere klimatisierte Zimmer, die Wert auf Funktionalität, nicht auf Charakter legen. Dafür entschädigt jedoch das libanesische Restaurant Tanoor.

Essen

Die Brasilianer selbst mögen Brasília für langweilig halten, Feinschmecker kommen allerdings leidenschaftlich gerne hierher, denn die Hauptstadt hat die höchste Dichte an Sternerestaurants im ganzen Land. Rund um den SCLS 209/210, 409/410 und 411/412, sozusagen ein kulinarisches Dreieck (dort pulsiert außerdem das Nachtleben) gibt's die beste Auswahl. Weitere gute Restaurants findet man in der Umgebung des SCLS 405 mit Tex-Mex-, portugiesischen, deutschen, thailändischen, japanischen, chinesischen und vegetarischen Lokalen.

Nicht vergessen darf man natürlich die Einkaufszentren. Das **Shopping Brasília** (Karte S. 357; www.brasiliashopping.com.br; Quadra 5, Asa Norte SCN), das **Pátio Brasil** (Karte S. 357; Asa Sul, W3 SCS) und das **Conjunto Nacional** (Karte S. 357; www.conjuntonacional.com.br; SDN CNB, Conjunto A) verfügen alle über eine zentrale Lage und haben Gastronomiebereiche, die für fast jeden Geschmack etwas bereithalten. Im SCES bietet **Pier 21** (Karte S. 352 f.) von allen Shoppingcentern die größte Dichte an Restaurants, Bars und Nachtclubs; Geschäfte gibt's hingegen nur wenige.

Marietta SANDWICHES **$**

(Karte S. 357; ☎3327-3892; www.marietta.com.br; Shopping Brasília, 2. OG; Sandwiches 11–19,90 R$; ⏲10–23 Uhr) In dem Sandwichladen bekommt man das Beste, was die Hauptstadt zu bieten hat: ein dreieckiger Dreifachdecker mit Rucola, Büffelmozzarella und sonnengetrockneten Tomaten. Die Säfte, ebenso wie die mordsmäßigen Salate, sind preisgekrönt.

★Nossa Cozinha Bistrô FUSIONSKÜCHE **$$**

(Karte S. 352 f.; ☎3326-5207; www.nossacozinhabsb.blogspot.com.br; SCLN 402, Bloco C; Hauptgerichte 27,50–38 R$; ⏲11.30–15 & 19.30–24 Uhr, So geschl.; ᯤ) An der Rückseite des Bloco C wartet dieses herausragende, fast provisorisch wirkende Bistro mit einem ausgezeichneten Preis-Leistungs-Verhältnis auf. Der in den USA ausgebildete Chefkoch bereitet Köstlichkeiten wie Schweinerippchen zu (saftig, zart und einfach unwiderstehlich!). Für brasilianische Verhältnisse ist die Rechnung eine angenehme Überraschung.

Mangai NORDÖSTLICHE KÜCHE **$$**

(Karte S. 352 f.; ☎3225-0186; SCES, Trecho 2, Loja 41; 25 R$ pro Kilo; ⏲Mo–Do 12–15 & 18–22, Fr–So 12–22 Uhr) In dem renommierten Restaurant kreiert der aus Natal stammende Chefkoch João Pessoa erfinderische Spezialitäten aus Bahia, die nach Gewicht berechnet werden – zu erstaunlich niedrigen Preisen. Wir empfehlen das *sovaco-de-cobra,* eine Art getrocknetes Rindfleisch mit Zuckermais. Das Lokal befindet sich am Fuß der Ponte JK und ist zur Mittagszeit immer gut besucht.

Quitinete BÄCKEREI **$$**

(Karte S. 352 f.; ☎3422-0506; SCLS 209; Pizzas 17–33 R$; ⏲7–24 Uhr) Ein schicker Delikatessenladen mit Bäckerei, das exquisite Desserts (lecker: *tartellete de limão* – Zitronentörtchen) und den besten Kaffee der Stadt (vor Ort geröstet) serviert. Auch die Pizzas erfreuen sich großer Beliebtheit und es gibt einen Lieferservice.

Mormaii Surf Bar INTERNATIONAL **$$**

(Karte S. 352 f.; ☎3248-1265; SHIS, Quadra do Lago 10, Bloco E, Lote 8; Sandwiches 15–25 R$; ⏲10–1 Uhr) Mittags trifft man hier auf Einheimische, die es sich im Freien auf der Terrasse am Seeufer gut gehen lassen, und dazu ein leckeres Sandwich und die Spezialität des Hauses, *açaí na tigela,* eine erfrischende, sorbetähnliche Speise mit pürierten Palmfrüchten, Guaraná-Sirup, Bananen und Honig, genießen. Am Wochenende zieht die Bar direkt am See (im Pontão) auch eine grölende Meute von Partygängern an.

Pizza à Bessa PIZZERIA **$$**

(Karte S. 352 f.; ☎3345-5252; www.pizzaabessa.com.br; SCLS, Quadra 214, Bloco C, Loja 14; Pizza-rodízio 28,50 R$; ⏲18–24 Uhr; ❄) Kaum zu glauben, wie billig das *rodízio* (All-you-can-eat) hier ist. Außerdem kann man abenteuerliche Zutaten wie Kürbis- und Brokkolipüree sowie die unerhört leckere Dessertpizza mit einer Riesenkugel Speiseeis probieren. Ebenfalls traumhaft: die Pizza mit *queijo coalho* und *rapadura* (getrockneter Zuckerrohrsaft).

★Aquavit MODERN **$$$**

(☎3369-2301; www.restauranteaquavit.com; SMLN, Trecho 12, Conj 1; Menü 95–135 R$; ⏲Mi–Sa 21–2 Uhr) Auf einem hübschen Balkon mit Blick auf den Lago Paranoá wird eine faszinierende wechselnde Speiseauswahl an sechs kulinarischen Meisterwerken kredenzt, die aus frischen Cerrado-Zutaten bestehen. Dies ist wahre Kochkunst aus den Händen des preisgekrönten Küchenchefs Simon Lau. Vorab reservieren!

Universal Diner INTERNATIONAL **$$$**

(Karte S. 352 f.; ☎3443-2089; SCLS, Quadra 210, Bloco B, Loja 30; Gerichte 49–95 R$; ⏲Mo–Sa 12–15 & 19–24, So 11–17 Uhr) Ein geschmackvollschickes Schrottplatzfeeling erwartet die Gäste dieses vielseitigen, bis oben hin mit flippigem Krimskrams und antikem Schnickschnack vollgestopften Restaurants, ein weiteres Juwel brasilianischer Kochkunst in Brasília. Das Filet au Poivre lässt einem das Wasser im Mund zusammenlaufen und ist eine hervorragende Wahl. Serviert wird das Ganze auf Tischsets à la Vinyl-LP.

Lagash NAHÖSTLICHE KÜCHE $$$
(Karte S. 352 f.; ☎ 3273-0098; SCLN, Quadra 308, Bloco B, Loja 11/17; Gerichte 30–75 R$; ⏲ Mo–Sa 12–16 & 19–24, So 12–17 Uhr) Seine Mischung aus marokkanischer, libanesischer und syrischer Küche bringt dem spärlich dekorierten Lokal Jahr für Jahr die Auszeichnung als bestes Restaurant mit Gerichten des Nahen Ostens in Brasília ein. Das Lamm in allen Variationen ist köstlich.

Ausgehen & Nachtleben

Gate's Pub BAR
(Karte S. 352 f.; SCLS 403; Eintritt 15–20 R$; ⏲ Di–So 21–3 Uhr) Das Gate's behauptet, die älteste Bar in der Stadt zu sein. In Anlehnung an das Klavierlogo gibt's an den meisten Abenden Livemusik mit einem Schwerpunkt auf Rock, Reggae und Funk; anschließend wird bis zum Ladenschluss Tanzmusik gespielt.

Bar Beirute BOTECO
(Karte S. 352 f.; ☎ 3244-1717; 109 Sul, Bloco A; leichte Gerichte 5–32 R$) Fast schon so etwas wie eine Institution in Brasília. Die Bar hat eine riesige Terrasse im Freien und eine etwas kantigere Klientel als die meisten anderen Adressen. Es ist eine GLS-Location – in Brasilien eine clevere Abkürzung für „Schwule, Lesben und deren Sympathisanten". Also kann jeder herkommen. Einen besseren Ort für ein kaltes Beira, Beirutes hauseigenes Bier, findet man nicht! Darüber hinaus bekommt man Essen im Stil des Nahen Ostens.

Bar Brasília BAR
(Karte S. 352 f.; ☎ 3443-4323; SCLS, Quadra 506, Bloco A, Loja 15A; ⏲ Mo–Do 17–2, Fr & Sa 11.30–2, So 11.30–24 Uhr) Erinnert an die klassischen Bars in Rio und São Paulo. Vervollständigt wird dieses Bild mit einer Theke aus Hartholz, die 1928 aus einer Apotheke ausgebaut wurde, und antiken Fliesenböden. Das Fassbier ist sehr gut, man muss aber wissen, dass die Bedienungen einem immer mehr davon bringen, auch wenn man gar nicht mehr bestellt hat. Man darf sich nicht davor scheuen, einfach mal „Stopp" zu sagen.

Bar Brahma Brasília BAR
(Karte S. 352 f.; ☎ 3224-9313; www.barbrahmasp.com/brasilia; SCLS, Quadra 201, Bloco C, Loja 33; Eintritt 20 R$; ⏲ 11 Uhr–open end) Während der Plan Brahmas, die Weltherrschaft auf dem Biermarkt zu übernehmen, langsam aber sicher Form annimmt, ist diese Bar der erste Schritt in Richtung einer landesweiten Kette derartiger Läden, die für die Biermarke werben. An fast allen Abenden wird Livemusik gespielt; auf der Website findet man eine Liste geplanter Veranstaltungen.

Chiquita Bacana BAR
(Karte S. 352 f.; SCLS 209; ⏲ 17 Uhr–open end) Die *patricinhas* und *mauricinhos*, wie Brasiliens Schickeria liebevoll genannt wird, strömen hinaus zu dieser trendigen Freiluft-*chopperia* (Bierhalle) im Quadra 210, wo die Kellner die verrücktesten Hüte tragen. Bei unserem Besuch waren Renovierungsarbeiten im Gange, danach will sich das Chiquita jedoch in absoluter Bestform präsentieren.

Unterhaltung

Wer an Livemusik interessiert ist, sollte die Auflistung in der Rubrik „Caderno C" der Tageszeitung *Correio Brasiliense* oder in dem kostenlosen monatlich erscheinenden Booklet *Brasilagenda* nachschlagen. Falls man Portugiesisch vesteht, empfiehlt sich die große Onlinequelle für Kultur und Events in der Stadt www.candango.br.

Arena Futebol Clube LIVEMUSIK
(Karte S. 352 f.; ☎ 3224-9401; SCES, Trecho 3, Lote 1; Eintritt 10–15 R$; ⏲ Do–Sa 22–open end, So 19–24 Uhr) Das Geld für die Taxifahrt zu diesem Livemusikmekka, das am Wochenende den Fußballclub im Setor de Clubes Esportivos Sul südwestlich der Praça dos Três Poderes kapert, lohnt sich. Hier schwenken die Töchter von Ministern und Politikern ihre Hüften zu *forró* (Popmusik aus dem Nordosten), Samba und Samba-Funk.

Bar do Calaf LIVEMUSIK
(Karte S. 352 f.; ☎ 3325-7408; www.calaf.com.br; SBS, Quadra 2, Bloco S, Edificio Empire Center; Eintritt 10–25 R$; ⏲ So geschl.) In dem spanischen Restaurant spielt das Essen nur die zweite Geige. Das bunt gemischte Publikum kommt in erster Linie wegen der exzellenten Livemusik – Samba, *pagode* (Pop-Samba) und *choro* (improvisierter Samba) – und nicht wegen der Paella. Montags ist Samba-Funk das große Zugpferd.

Praktische Informationen

BOTSCHAFTEN & KONSULATE

Es gibt in Brasília unzählige Gebäude, in denen Botschaften und Konsulate untergebracht sind. Die meisten befinden sich zwischen den Quadras 801 und 810 im Setor de Embaixadas Sul (Botschaftssektor Süd).

BRASÍLIA – HAUPTSTADT DES DRITTEN JAHRTAUSENDS

1883 prophezeite der italienische Priester John Bosco, dass zwischen dem 15. und dem 20. Breitengrad eine neue Zivilisation entstehen würde, die ihre Hauptstadt am Ufer eines künstlichen Sees zwischen dem 15. und 16. Breitengrad erbauen würde. Viele halten Brasília für diese Stadt, woraufhin in der Gegend einige Sekten gegründet wurden. Wer von Brasílias architektonischen Kunstwerken genug hat, der möchte vielleicht die eine oder andere Kultstätte kennenlernen.

Etwa 45 km östlich von Brasília liegt nahe der Satellitenstadt Planaltina das 1959 von der Hellseherin Tia Neiva gegründete **Vale do Amanhecer** (Tal der Morgendämmerung; ☎3388-0537; ⏲10–24 Uhr). Das Tal ist eigentlich eine kleine Stadt, in der man ägyptische, griechische, aztekische, indische, trojanische, afro-brasilianische, Roma- und Inka-Rituale beobachten (oder ihnen beiwohnen) kann. Die Medien in diesem Ort glauben, dass im 3. Jahrtausend eine neue Zivilisation entstehen wird. Der Haupttempel beruht auf einer spirituellen Eingebung von Tia Neiva. In seiner Mitte bildet ein riesiger Davidstern einen See, der von einem Pfeil durchbohrt wird. Aus Brasilías Zentrum gelangt man mit dem Bus 617 dorthin.

63 km westlich von Brasília, nahe der Stadt Santo Antônio do Descoberto (Goiás), befindet sich die **Cidade Ecléctica** (Eklektische Stadt; ☎3626-1391; ⏲8–18 Uhr). Sie wurde 1956 von dem ehemaligen Flugzeugpiloten Yokanam gegründet. Die Gruppe hier hat es sich zum Ziel gesetzt, alle Religionen auf der Welt in Brüderlichkeit und Gleichheit zu vereinen. Wer möchte, kann auch an den Zeremonien teilnehmen, muss aber die strengen Kleidervorschriften beachten. Frauen dürfen keine langen Hosen tragen (nur Röcke) und Männer keine Shorts. Wer nicht angemessen gekleidet ist, bekommt eine spezielle Tunika verpasst.

Der **Templo da Boa Vontade** (Tempel des Guten Willens; Karte S. 352 f.; ☎3245-1070; www.boavontade.com; SGAS, Quadra 915, Lotes 75/76; ⏲24 Std.) wurde 1989 von der Legion of Goodwill als Symbol universeller Solidarität erbaut. Zu ihm gehören sieben Pyramiden, die zusammen einen Kegel bilden. Diesen krönt ein 21 kg schwerer Rohkristall. Um ihn zu besichtigen, muss man die Schuhe ablegen und über die innere Spirale den schwarzen Pfad hinaufgehen. Zurück geht's auf dem weißen Pfad (hier nichts durcheinander bringen). Dabei wird einem leicht schwindelig. Es gibt außerdem einen interessanten ägyptischen Meditationsraum (2 R$) – da fühlt man sich gleich wie Tutenchamun (natürlich wird hier alles sehr ernst genommen; unangebrachte Scherze verkneift man sich also besser). Dorthin gelangt man vom Stadtbusbahnhof mit Bus 105 oder 107.

GELD

Banken, die Devisen tauschen, liegen ganz in der Nähe des städtischen Busbahnhofs im Setor Bancário Sul (SBS; Bankensektor Süd) und im Setor Bancário Norte (SBN; Bankensektor Nord). In allen großen Einkaufszentren, an Busbahnhöfen und am Flughafen stößt man auf zahlreiche Geldautomaten, die Cirrus, MasterCard und Visa akzeptieren. Reisebüros tauschen US-Dollars.

MEDIZINISCHE VERSORGUNG

De Base do Distrito Federal (☎3315-1200; SMHS 101)

Santa Lúzia (☎3445-6000; SHLS, Quadra 716, Conjunto E)

NOTFALL

Krankenwagen (☎192)

Feuerwehr (☎193)

Polizei (☎190)

POST

Hauptpost (Karte S. 357; SHS, Quadra 2, Bloco B; ⏲Mo–Fr 9–17 Uhr) Weitere Filialen gibt's in der Ankunftshalle des Flughafens und in den großen Einkaufszentren.

REISEBÜROS

Im Hotelkomplex des **Hotel Nacional** und am Flughafen findet man unzählige Reisebüros, deren Mitarbeiter beim Buchen von Flügen und bei der Mietwagensuche helfen.

TOURISTENINFORMATION

Die besten Tipps bieten die Infostände am **Flughafen** (☎3364-9102; www.vemviverbrasilia.com.br; Internationaler Flughafen Presidente Juscelino Kubitschek; ⏲7–22 Uhr) und am **Rodoviária Interestadual** (Karte S. 352 f.; Nova Rodoviária Interestadual; ⏲7–22 Uhr), ein Stopp auf dem Weg ins Zentrum lohnt sich also. Eine Auflistung der Sehenswürdigkeiten findet man auch in den Broschüren, die an jeder Rezeption

BUSSE AB BRASÍLIA

ZIEL	PREIS (R$)	FAHRTDAUER (STD.)	UNTERNEHMEN
Belém	320	35	Transbrasiliana (www.transbrasiliana.com.br)
Cuiabá	162–169	20	Expresso São Luiz (www.expressosaoluiz.com.br), Eucatur (www.eucatur.com.br)
Goiânia	30–45	3	Viação Goiania (www.viacaogoiania.com.br), Araguarina (www.araguarina.com.br), Viação São Luiz (www.viacaosaoluiz.com.br), Eucatur (www.eucatur.com.br)
Porto Velho	347	42	Andorinha (www.andorinha.com)
Rio de Janeiro	160–229	17	Itapemirim (www.itapemirim.com.br
Salvador	185	22	Rápido Federal, Real Expresso (www.realexpresso.com.br)
São Paulo	161-228	14	Rápido Federal, Real Expresso (www.realexpresso.com.br)

der größeren Hotels und in Reisebüros ausliegen. Im Hotelviertel gibt's zwar ein paar CAT-Büros, diese haben aber nur sporadisch geöffnet oder kein Infomaterial auf Lager.

ℹ An- & Weiterreise

Jeden Tag kommen zahlreiche Touristen und Lobbyisten nach Brasília. Der internationale Flughafen bietet Verbindungen zu allen größeren brasilianischen Städten. Fast alle Besucher fliegen hierher, denn wer die Metropole über den Landweg erreichen will, hat lange Strecken zu bewältigen. Brasília ist Austragungsort der Fußball-WM. Die Spiele finden im neuen **Estadio Mané Garrincha** (Karte S. 352 f.) statt.

BUS

Vom schicken neuen Fernbusbahnhof **Rodoviária Interestadual** (Karte S. 352 f.; SMAS, Trecho 4, Conjunto 5/6) 3 km südwestlich des äußeren Asa Sul werden Ziele in ganz Brasilien bedient. Vom Haltepunkt E7 des lokalen Busbahnhofs **Empresa Santo Antônio** (☎ 3328-0834; www.grupoamaral.com.br) gibt's täglich zwei Verbindungen nach Alto Paraíso (29 R$, 7.15 & 13.30 Uhr, 4½ Std.); der spätere Bus fährt weiter nach São Jorge (39 R$, 5½ Std.).

FLUGZEUG

Von Brasílias **Aeroporto Presidente Juscelino Kubitschek** (BSB; ☎ 3364-9037; www.aeroportobrasilia.net) 12 km südlich des Zentrums starten Maschinen nach ganz Brasilien sowie nach Atlanta (USA), Lima (Peru), Lissabon (Portugal), Miami (USA) und Panama-Stadt (Panama). Das bequemste Transportmittel zum/ab dem Flughafen ist der **Ônibus Executivo Aeroporto** (☎ 3344-2769; www.tcb.df.gov.br; Fahrpreis 8 R$; ⏲ 6.30–23 Uhr), der zwischen dem Rodoviária Plano Piloto (dem Busbahnhof) und dem rechten Ende der Ankunftshalle verkehrt.

Flüge können über die Reisebüros im Komplex Hotel Nacional (S. 361) gebucht werden. Wer den persönlichen Kontakt zu den Airlines sucht, wendet sich an die entsprechenden Büros am Flughafen.

ℹ Unterwegs vor Ort

Die Estação Shopping der **Metrô DF** (www.metro.df.gov.br; unter der Woche/am Wochenende 2/3 R$; ⏲ Mo–Fr 6–23.30, Sa & So 7–19 Uhr) verbindet den Rodoviária Interestadual mit dem örtlichen Busbahnhof **Rodoviária Plano Piloto** (Karte S. 357) im Zentrum (Estação Central); dieselbe Route bedient der Stadtbus 108.8 (2 R$, 20 Min.). Ansonsten ist die Metrô DF nur interessant, wenn man zu den Restaurants und Bars im Asa Sul möchte. Sie fährt vom städtischen Busbahnhof zu den riesigen Vororten Ceilândia und Samambaia und hält alle zwei Blocks an Stopps mit aufsteigenden Bezeichnungen (102 Sul, 104 Sul, etc.). Die letzte Abfahrt erfolgt um 23.30 Uhr.

Trotz dramatischer Verzögerungen soll das Brastra-Straßenbahnnetz laut offiziellen Angaben bis zur Fußball-WM 2014 fertiggestellt werden. Dadurch erhält Brasília als erste Stadt Südamerikas ein modernes Straßenbahnsystem. Es soll 23 Schienenkilometer umfassen, den Flughafen mit dem Asa Norte verbinden sowie Luftverschmutzung und Verkehrsstauungen um 30 % reduzieren.

Its (☎ 3224 8000; www.itsrentacar.com.br; SHS Quadra 1, Hotel Nacional; ⏲ Mo–Fr 8–18, Sa 8–12 Uhr) vermietet für günstige 20 R$ am Tag Autos mit begrenzter Kilometerzahl.

GOIÁS

6 MIO. EW.

Goiás, eine weite wilde Region mit grünen Hügeln und tiefen Tälern, ist vom malerischen Cerrado Zentalbrasiliens geprägt. Die Landwirtschaft ist der dominierende Wirtschaftsfaktor, so sorgen Soja-, Biodiesel- und Ethanolindustrie dafür, dass der Bundesstaat trotz seiner Ausmaße zu den reichsten des Landes zählt. Glücklicherweise konnte seine eindrucksvolle Schönheit in einer Reihe faszinierender Nationalparks bewahrt werden. Darüber hinaus laden hübsche Kolonialstädte (www.cidadeshistoricasgoias.com.br) dazu ein, die viel gelobte Regionalküche zu kosten.

Anreise & Unterwegs vor Ort

Brasília dient als Tor nach Goiás mit täglichen Flugverbindungen in alle größeren Städte Brasiliens. Wer sich von einer mehrtägigen Busfahrt nicht abschrecken lässt, kann auch auf dem Landweg anreisen: Von der Küste aus geht's über das malerische Minas Gerais nach Goiás und vom Pantanal nach Cuiabá und Campo Grande.

Der Bundesstaat hat eine Menge zu bieten und ist ein beliebter Zwischenstopp für Traveller auf ihrem Weg durch das Landesinnere. Zwischen den größeren Städten verkehren regelmäßig Busse. Die Straßenverhältnisse sind im Großen und Ganzen gut, ein Mietwagen ist also eine echte Alternative.

Goiânia

0XX62 / 1,3 MIO. EW.

Goiás' Hauptstadt Goiânia ist ebenso wie Brasília auf dem Reißbrett entstanden, allerdings schon 1933, also fast 30 Jahre vorher. Sie wurde vom Stadtplaner Armando de Godói entworfen und besteht aus einer angenehmen Mischung aus Parks, von Bäumen gesäumten Alleen sowie hohen Gebäuden, die um kreisförmig verlaufende Straßen herumliegen. Zu sehen gibt's recht wenig, doch die Metropole dient als wichtiger Transportknotenpunkt: Wer den Bundesstaat bereist, wird hier unweigerlich öfters durchkommen.

Schlafen

In der Nähe des riesigen Busbahnhofs findet man unzählige Unterkünfte jeder Preisklasse. Mittel- und Spitzenklassehotels gewähren Rabatte von bis zu 50 %, wenn das Geschäft gerade nicht so gut läuft.

Rodohotel HOTEL **$**
(3224-2664; www.rodohotel.com.br; Rua 44 554; EZ/DZ mit Ventilator 70/90 R$, mit Klimaanlage 90/120 R$;) Traveller, die nach einer kurzen Nacht mit einem frühen Bus am nächsten Morgen weiterfahren wollen, treffen mit dem einigermaßen günstigen Hotel gegenüber dem Nordausgang des Busbahnhofs eine gute Wahl.

Goiânia Palace HOTEL **$$**
(3224-4874; www.goianiapalace.com.br; Av Anhanguera 5195; EZ/DZ/3BZ ab 115/155/185 R$;) Ein Traum in Rosa! Die Art-déco-*apartamentos* (Zimmer mit eigenem Bad) aus Holz und Ziegelstein sind mit Kleiderschränken und riesigen Spiegeln bis zum Boden ausgestattet, und das Personal spricht Englisch.

Crystal Plaza Hotel HOTEL **$$**
(3267-4500; www.crystalplazahotel.com.br; Rua 85 30, Setor Sul; EZ/DZ 155/165 R$; P@) Die Standardzimmer des zentral gelegenen Hotels unweit der Praça Cívica sind doppelt so groß wie anderswo. Im Gebäude gibt's praktischerweise ein Tourismusbüro.

Essen & Ausgehen

Goiânia wartet mit leckeren regionalen Spezialitäten und einem pulsierenden Nachtleben auf.

★ **Chão Nativo I** GOIÂNIANISCH **$$**
(3233-5396; www.chaonativo1.com.br; Av República do Líbano 1809, Setor Oeste; Menü zum Festpreis 32,90 R$; 11–15.30 Uhr) In diesem „All-you-can-eat"-Sammelsurium darf man sich selbst aus einer Vielfalt an blubbernden Kesseln mit einfallsreichen und köstlichen goiânianischen Kreationen bedienen. Das Chão Nativo wurde wiederholt für die beste einheimische Küche der Stadt ausgezeichnet.

Piquiras INTERNATIONAL **$$$**
(3281-4344; www.piquiras.com; Rua 146 464, Setor Marista; Gerichte 41–96 R$; Mo–Fr 11–15 & 18–open end, Sa & So 11.30 Uhr–open end) Südlich der Innenstadt tischt das beliebte Lokal großartige einheimische Köstlichkeiten auf. An den Wochenenden bevölkern Goiânias junge Wilde die weitläufige Veranda. Auf Gerichte von der Karte wird eine Gebühr von 17 R$ aufgeschlagen!

Celsin & Cia BAR
(3215-3043; Rua 22 475, Setor Oeste; Mo–Fr 17–open end, Sa 11–open end, So 11–17 Uhr) Ein sehr gemischtes Publikum pilgert zu jeder Tages- und Nachtzeit in Scharen hierher und belegt die 65 Tische im Freien unter den beleuchteten Mandelbäumen.

Praktische Informationen

Goiânia ist sauber, relativ sicher und auf effiziente Weise organisiert. Durchreisende finden alles

Nötige von Essen über Geldautomaten bis zu einer Postfiliale im Einkaufszentrum des riesigen Busbahnhofs. Wer als Nächstes die Nationalparks oder Kolonialstädtchen besuchen will, der sollte sich schon hier mit Bargeld versorgen.

Anreise & Unterwegs vor Ort

Vom **Aeroporto de Goiânia** (☎3265-1500) 6 km nordöstlich des Stadtzentrums bestehen Verbindungen nach Rio, São Paulo und zu weiteren großen Städten in Brasilien. Meistens ist es allerdings billiger (und bequemer!) ins nahe gelegene Brasília zu fliegen.

Am riesigen **Busbahnhof/Einkaufszentrum** (☎3240-0000) starten Busse nach Brasília (30–45 R$, 3 Std., stdl.), Cuiabá (139 R$, 16 Std., 6-mal tgl.), Caldas Novas (**Viação Estrela**; www.nacionalexpresso.com.br; 28 R$, 2½ Std., 2-mal tgl.), Pirenópolis (**Viação Goiânésia**; www.viacaogoianesia.com.br; 14,50 R$, 2½ Std., 1-mal tgl. um 17 Uhr), Alto Paraíso (Empresa São José, 71 R$, 7 Std., 1-mal tgl.) und Cidade de Goiás (**Empresa Moreira**; www.empresamoreira.com.br; 25 R$, 3 Std., stdl.).

Viele nach Goiânia verkehrende Busse halten zuerst an der Station Campinas. Wenn einem der Bahnhof nicht geradezu lächerlich groß vorkommt, sollte man an Bord bleiben – dann hat man das Ziel nämlich noch nicht erreicht!

Cidade de Goiás

☎0XX62 / 24 700 EW.

Cidade de Goiás erstreckt sich entlang des Rio Vermelho und wird von der schroffen Serra Dourada eingerahmt. Es ist ein verschlafener Ort mit von Laternen erleuchteten Kopfsteinplastergassen und weiß getünchten Häusern im Kolonialstil. Die ehemalige Hauptstadt des Bundesstaates, früher unter dem Namen Vila Boa (und kurz darauf als Goiás Velho) bekannt, gehört seit 2002 zum Unesco-Welterbe. Während der Semana Santa (Karwoche) erscheinen die wunderschönen barocken Kirchen in festlichem Glanz und der Ort quillt vor Besuchern fast über. Jedes Jahr am 25. Juli, dem Datum der Stadtgründung 1727, besucht der Gouverneur des Bundesstaates Cidade de Goiás, das in dieser Zeit für drei Tage erneut zur Kapitale wird.

Sehenswertes

Bei einem Stadtspaziergang sticht sofort die großartige Kolonialarchitektur aus dem 18. Jh. ins Auge. In den engen Straßen und flachen Häusern werden die berühmten lokalen *frutas cristalizados*, glasierte Früchte, in zahlreichen Geschmacksrichtungen verkauft. Damit kann man sich wunderbar für die Besichtigung der sieben Kirchen Cidade de Goiás' stärken.

Cidade de Goiás

Highlights
1 Museu das Bandeiras ... C5

Sehenswertes
2 Casa de Cora Carolina ... C2
3 Chafariz-de-Cauda-Springbrunnen ... C5
4 Espaço Cultural de Goiandeira do Courto ... B2
5 Igreja da Boa Morte ... C4
6 Igreja São Francisco de Paula ... B3
Museu de Arte Sacra ... (siehe 5)
7 Palácio Conde dos Arcos ... C4

Schlafen
8 Casa da Ponte ... C3
9 Pousada do Ipê ... C1

Essen
10 Casa do Doce ... C3
11 Casarão ... C3
12 Flor do Ipê ... C1

Praktisches
13 CAT-Touristenbüro ... C3
14 Stadtverwaltung ... C2

★ Museu das Bandeiras MUSEUM
(☎3371-1087; Praça Brasil Caiado; Eintritt 3 R$; ⌚Di–Sa 9–18, So bis 14 Uhr) Das faszinierende Museu das Bandeiras ist ein ehemaliges Gefängnis, das von 1766 bis 1950 in Betrieb war und später als Rathaus genutzt wurde. Heute werden hier jede Menge interessante Antiquitäten und originale Möbelstücke gezeigt. Ein echtes Highlight für sich sind außerdem die 1,50 m dicken Zellenwände aus dem Holz der *aroeira* (Pfefferbaum). Auf dem Platz vor dem Gebäude steht der 1778 errichtete **Chafariz-de-Cauda-Springbrunnen**, der – abgesehen vom frischeren Wasser – unverändert und perfekt erhalten ist.

Museu de Arte Sacra MUSEUM
(Eintritt 3 R$; ⌚9–17 Uhr) Dieses interessante Museum in der alten **Igreja da Boa Morte** (Praça Castelo Branco) beherbergt eine gute Sammlung von Arbeiten des renommierten lokalen Bildhauers Viega Vale aus dem 19. Jahrhundert.

Casa de Cora Carolina MUSEUM
(☎3371-1990; Dom Cândido Penso 20; Eintritt 4 R$; ⌚Di–Sa 9–16.45, So bis 15 Uhr) Geburtsort und Wohnhaus der bekannten hiesigen Dichterin.

Cidade de Goiás

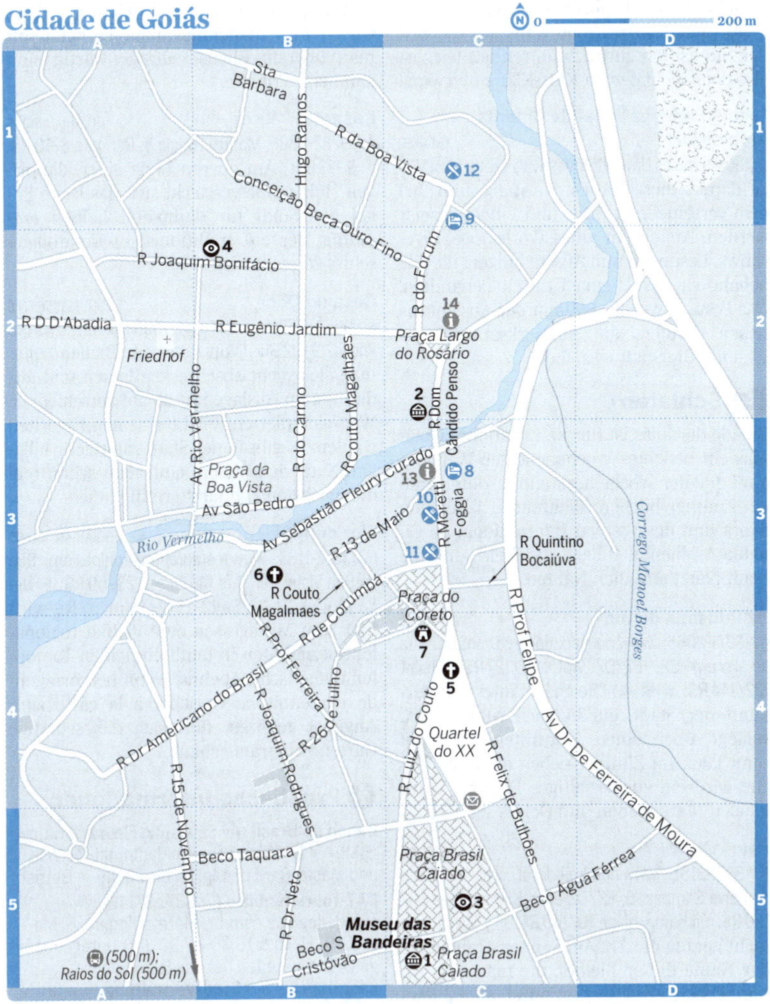

Palácio Conde dos Arcos PALAST
(☎3371-1200; Praça Castelo Branco; Eintritt 3 R$; ⊙Di–Sa 8–17, So bis 13 Uhr) Das restaurierte Domizil des Gouverneurs aus der Kolonialzeit.

Igreja São Francisco de Paula KIRCHE
(Praça Zaqueu Alves de Castro; ⊙Di–Do 13–17, Sa & So 9–13 Uhr) GRATIS Dieses Gotteshaus aus dem Jahre 1761 ist die eindrucksvollste und älteste der sieben Kirchen vor Ort.

Espaço Cultural de Goiandeira do Courto KUNSTZENTRUM
(☎3371-1303; Joaquim Bonifácio 19; Eintritt 3 R$; ⊙Di–Sa 9–12 & 14–17, So 9–13 Uhr) Alle Werke, die hier präsentiert werden, bestehen aus buntem Serra-Dourada-Sand in 551 verschiedenen Farben. Sie waren der Pixelkunst Jahrzehnte voraus – und das von Hand gemacht!

Feste & Events

Semana Santa KARWOCHE
Als Höhepunkt der Karwoche gilt die nächtliche Prozession am Mittwoch, die der Gefangennahme Christi nachempfunden ist. Nun werden die Straßenlaternen ausgeschaltet und Tausende von Menschen marschieren mit Fackeln in der Hand durch die Gassen. Angeführt wird dieser Zug von 40 unheimli-

chen Figuren mit spitzen Kappen, den *farricocos,* deren farbenfrohe Kluft auf die Zeit der Inquisition zurückzuführen ist. Hier ist also doch nicht der Ku-Klux-Klan unterwegs!

Festival International de Cinema Ambiental THEATER

(Internationales Umweltfilmfestival) Über fünf Tage dauert dieses Festival Anfang Juni, bei dem verschiedene Filme und Videos gezeigt werden. Außerdem gibt's Workshops, Liveshows, Lesungen und Ausstellungen, die alle behandeln das Thema Umwelt behandeln. Das Festival wurde 1999 mit der Absicht ins Leben gerufen, die Aufmerksamkeit der Welt auf die Stadt zu ziehen.

Schlafen

Cidade de Goiás ist für die Einwohner Goiânias ein beliebtes Wochenendziel. Wer also am Ende der Woche herkommt, sollte vorab ein Zimmer buchen. Während der Semana Santa und des Festival International de Cinema Ambiental steigen die Preise und die Stadt platzt aus allen Nähten.

★Pousada do Ipê POUSADA **$**

(☎3371-2065; www.pousadadoipego.com.br; Rua do Forum 22; EZ/DZ Apt. 111/127 R$, Chalet 122/144 R$;) Die charmanteste Unterkunft der Stadt, ein herrlich ruhiger Ort, verfügt über einen begrünten Innenhof samt Pool. Im Zimmer neben der alten Küche wird ein zuckerhaltiges Frühstück mit lokalen Marmeladen und Gelees serviert.

Raios de Sol HOTEL **$$**

(☎3371-3161; www.hotelraiodesol.com; Av Dario de Paiva Sampaio 6; EZ/DZ ohne Klimaanlage 60/120 R$, mit Klimaanlage 70/140 R$;) Vielleicht nicht gerade die Art von Sonnenstrahlen (so der Name dieser Bleibe), die man sich für sein Leben erhofft, zumindest aber bietet das Hotel am Busbahnhof ein gutes Preis-Leistungs-Verhältnis und erspart nächtlichen Ankömmlingen eine mühsame Wanderung hügelaufwärts ins Zentrum.

Casa da Ponte HOTEL **$$**

(☎3371-4467; Moretti Foggia s/n; EZ/DZ 70/150 R$; P) Bei den Tagesdecken mit Blümchenmuster scheiden sich die Geister, doch dafür liegt das kitschige Hotel in einer netten Gegend der Stadt mit Blick über den Rio Vermelho.

Essen

Empadão ist der König der Speisen in Cidade de Goiás. Die schmackhafte, herzhafte Pastete gefüllt mit Fleisch, Gemüse, Käse, Oliven und manchmal auch Ei bekommt man überall. Ebenso allgegenwärtig sind kandierte Früchte.

Casarão GOIÂNIANISCH **$**

(☎9282-9826; Moretti Foggia 8; Gerichte 8–10 R$; ⏲9–23 Uhr) Am oberen Ende einer klapprigen Holztreppe versteckt sich das beste Lokal der Stadt für dampfend heißen *empadão,* der auf traditionellem Keramikgeschirr gereicht wird.

Casa do Doce SÜSSIGKEITEN **$**

(☎9651-5759; Moretti Foggia; Süßigkeiten 23 R$ pro Kilo; ⏲9–22 Uhr) Von den paar Bienen sollte man sich nicht abschrecken lassen und aus der bunten Auslage mit 28 auf verschiedene Weise kandierten Früchten seinen Favoriten wählen. Es gibt in der Stadt zahlreiche Filialen. Nach dem Essen kann man schon mal den nächsten Zahnarzttermin planen.

Flor do Ipê GOIÂNIANISCH **$$**

(☎3372-1133; www.restauranteflordeipe.com; Rua da Boa Vista; Gerichte für 2 Pers. 23–50 R$; ⏲Di–Sa 12–15 & 19–24, So 12–15 Uhr) Für 27 R$ wird hier zum Mittagessen eine Vielfalt regionaler Spezialitäten in teuflisch heißen Tontöpfen aufgetischt. Abends, wenn hervorragende einheimische Gerichte à la carte zum Angebot gehören, füllt sich das schattige Gartenrestaurant schnell.

Praktische Informationen

Banco do Brasil (Av Sebastião Fleury Curado; ⏲Mo–Fr 11–16 Uhr) Der Geldautomat für Visa und MasterCard ist täglich bis 22 Uhr in Betrieb.

CAT-Touristenbüro (☎3371-7714; www.cidadedegoias.com.br; Moretti Foggia; ⏲Mo–Fr 7.30–11.30 & 13.30–17.30 Uhr) Unregelmäßige Öffnungszeiten. Ist das Büro unbesetzt, kann man bei der **Stadtverwaltung** (Praça Largo do Rosário) nachfragen.

Post (Aguavi; ⏲Mo–Fr 9–17 Uhr)

An- & Weiterreise

Der Busbahnhof liegt von der Praça Brasil Caiado 500 m in südlicher Richtung leicht bergab. Hier gibt's regelmäßige Verbindungen nach Goiânia (25 R$, 3 Std.), von wo Ziele im gesamten Bundesstaat bedient werden.

Pirenópolis

☎0XX62 / 23 000 EW.

Das Erste, was bei einem Besuch in „Piri" auffällt, ist die eigentümliche Mischung aus Art déco und portugiesischer Kolonialarchi-

FESTA DO DIVINO ESPÍRITO SANTO

Pirenópolis ist bekannt für die 1819 ins Leben gerufene **Festa do Divino Espírito Santo**, oft auch als As Cavalhadas bezeichnet.

50 Tage nach Ostern verwandelt sich die gesamte Stadt drei Tage lang in einen mittelalterlichen Schauplatz. Zur Feier des Sieges, den Karl der Große über die Mauren errungen hatte, finden mittelalterliche Turniere, Tanzaufführungen und andere Festlichkeiten statt, darunter die nachgestellte Schlacht zwischen Mauren und Christen auf der weit entfernten Iberischen Halbinsel. Die Krieger sitzen auf geschmückten Pferden und tragen bunte Kostüme und Stiermasken. Am Ende werden die Mauren auf dem Schlachtfeld besiegt und zum Christentum bekehrt. Somit ist also der klare „Beweis" erbracht, dass sich Ketzerei nicht auszahlt…

Bei dem Festival geht's sehr fröhlich zu; es ist eher folkloristisch als religiös. Wer gerade in der Gegend ist, sollte sich das ebenso umwerfende wie eigentümliche Spektakel nicht entgehen lassen – es zählt zu den faszinierendsten in Brasilien.

tektur. Doch die skurrile Stadt, die seit 1989 zum Patrimonio Nacional (Nationalerbe) gehört und am Rio das Almas auf feuerroter Erde erbaut wurde, hat noch viel mehr zu bieten. Sie ist ein weiteres koloniales Juwel mit goldener Vergangenheit, unterscheidet sich jedoch von den anderen Städten ihrer Art im Bundesstaat.

Der entspannte Ort verströmt etwas Esoterisches, ein gewisses Hippieflair, und die Straßen säumen jede Menge exzentrische Künstlerwerkstätten. Darüber hinaus eignet sich Pirenópolis hervorragend als Ausgangspunkt, um die 73 Wasserfälle in der Gegend zu besuchen.

Sehenswertes & Aktivitäten

Gleich zwei interessante Museen sind dem Festo do Divino Espírito Santo gewidmet, das Museo do Divino und das Museu das Cavalhadas.

★ Museu do Divino MUSEUM

(☎ 3331-1460; Bernardo Sayão; Eintritt 4 R$; ⌚ Mi–So 11–17 Uhr) Im städtischen Museu do Divino sieht man die Masken und Kostüme, die während des Festo do Divino Espírito Santo getragen werden. Erstere werden von einheimischen Kunsthandwerkern nach einer Methode gefertigt, die sie seit Jahren von Generation zu Generation weitergeben.

★ Museu das Cavalhadas MUSEUM

(☎ 3331-1166; Direita 39; Eintritt 2 R$; ⌚ 10–17 Uhr) Das private Museum ist vollgestopft mit grellen und bunten Artefakten, die bei einer vom Besitzer geführten Tour scheinbar zum Leben erweckt werden. Wer vor verschlossener Tür steht, wird durch ein Schild dazu aufgefordert, zu klingeln.

Igreja NS do Carmo & Museu de Arte Sacra KIRCHE, MUSEUM

(Rua do Carmo; Eintritt 2 R$; ⌚ Mi–So 11–17 Uhr) Piris bekannteste Kirche stammt aus dem Jahre 1750 und beherbergt das Museu de Arte Sacra.

Igreja NS do Rosário Matriz & Museu da Matriz KIRCHE, MUSEUM

(Praça de Matriz; Eintritt 2 R$; ⌚ Do–Mo 7–17 Uhr) Die älteste Kirche der Stadt wurde 1732 errichtet. Nach einem verheerenden Feuer 2002 (vermutlich Brandstiftung) ist sie mittlerweile wieder zugänglich. Drinnen informiert das Museu da Matriz über die Geschichte des Gotteshauses und die noch immer andauernden Renovierungsarbeiten. Der restaurierte Altar stammt aus der ehemaligen Sklavenkirche (Sklaven war der Zutritt zur Igreja NS do Rosário Matriz nicht gestattet).

Igreja NS do Bonfim KIRCHE

(Rua do Bonfim) Von den Portugiesen erbaut und voller Charisma präsentiert sich die 1750 geweihte Igreja NS do Bonfim, ein einfaches, rechteckiges Gebäude aus Lehmziegeln mit Holzfußboden und -decke. Flankiert wird sie von zwei Seitenkapellen. Der vergoldete, türkisfarbene Altar und die Kanzel aus Holz bieten einen hübschen Anblick, allerdings war der Innenraum bei unserem Besuch wegen Renovierungsarbeiten nicht zugänglich.

Santuário de Vida Silvestre – Fazenda Vagafogo NATURSCHUTZGEBIET

(Vagafogo-Naturschutzgebiet; ☎ 3335-8515; www.vagafogo.com.br; geführte Wanderung 16 R$; ⌚ Mo–So 9–17 Uhr) 6 km nordwestlich der Stadt liegt dieses privat verwaltete 44 ha große Naturschutzgebiet, ein guter Ort um

Pirenópolis

Pirenópolis

Highlights
1 Museu das Cavalhadas A3
2 Museu do Divino B2

Sehenswertes
3 Igreja NS do Bonfim D2
4 Igreja NS do Carmo & Museu de Arte Sacra B2
5 Igreja NS do Rosário Matriz & Museu da Matriz B3

Schlafen
6 Pousada Cavalhadas B3
7 Pousada O Casarão A3
8 Pousada Rio das Almas D2
9 Pousada SESC Pirenópolis D2
10 Pousada Tajupá A3

Essen
11 Bacalhau da Bibba C2
12 Boca do Forno A3
13 Nori C2
14 Pireneus Café C1
15 Restaurante Nena C2

Ausgehen & Nachtleben
16 A Confraría do Boxea C2
17 Seo Rosa Cachaçaria C2

Shoppen
18 Adobe Ceramicas C1
19 Claudia Azeredo A3
20 Rosane Régis B2

Praktisches
21 CAT-Touristenbüro C3

Transport
22 Busbahnhof A2

Tiere zu beobachten. Selbst wenn man nicht viele davon zu Gesicht bekommt, bietet die nicht sehr anstrengende Wanderung eine willkommene Abwechslung von der Hitze (es gibt zwei natürliche Pools, die zum Schwimmen einladen). Das Reservat ist aus der Stadt zu Fuß über die Rua do Carmo in Richtung Norden zu erreichen. Anschließend den Schildern folgen.

Am Wochenende serviert das Café im Besucherzentrum einen unerhört leckeren Brunch (35 R$; 9–16.30 Uhr) mit einer kunterbunten Mischung hausgemachter Marmeladen aus wild wachsenden Cerrado-Früchten.

Reserva Ecológica Vargem Grande WASSERFALL
(☎3331-3071; www.vargemgrande.pirenopolis.tur.br; Eintritt 20 R$; ⏲9–17 Uhr) Der 360 ha große Park befindet sich auf privatem Grund 11 km östlich der Stadt an der Straße nach Serra dos Pireneus und wartet mit zwei äußerst beeindruckenden Wasserfällen, der **Cachoeira Santa Maria** und der **Cachoeira do Lázaro** auf. Beide verfügen über kleine Flussuferstrände und natürliche Becken zum Schwimmen. Sie sind ein Muss für alle, die in dieser Gegend Kaskaden besichtigen wollen.

Wer ohne eigenes Auto herkommt, ist vor Ort auf einen Führer angewiesen.

Parque Estadual da Serra dos Pireneus PARK
Der Name des Parks, der 18 km nordöstlich der Stadt liegt, ist die brasilianische Version des Begriffs „Pyrenäen". Zum Bouldern und Klettern ist dies der beste Ort im Staat. Auf dem Weg sind Wasserfälle und interessante Steingebilde zu bestaunen, von denen einige aus der Zeit des Gondwanalands stammen. Man darf das Schutzgebiet nur mit einem offiziellen Führer betreten, den hiesige Agenturen vermitteln.

Am ersten Vollmond im Juli feiern die Einheimischen die Festa do Morro mit einer Prozession zum Morro dos Pireneus (einige zum Beten, andere nur zum Spaß), wo auf dem Pai eine kleine Kapelle steht. Das Festival ist eine moderne Tradition und mehr New Age als religiös, mit einer Party am Ende.

Schlafen

In Pirénopolis gibt's quasi an jeder Ecke eine *pousada*, doch am Wochenende und zu Festen (dann verdreifachen sich die Preise mitunter!) sollte man seine Unterkunft vorab reservieren.

Pousada SESC Pirenópolis POUSADA $
(www.sescgo.com.br; Rua dos Pireneus 45; EZ/DZ 118/150 R$; ❄ 🏊) Zimmer 1 bis 3 gebucht? Glückwunsch zum besten Deal der Stadt! Die Suiten sind gut in Schuss, haben separate Wohnzimmer, sehr schöne Bäder, gewölbte Decken und nebenbei noch denselben Preis wie die Doppelzimmer. Reservierungen sind über die Website vorzunehmen.

★ **Pousada Tajupá** POUSADA $$
(☎3331-1305; www.pousadatajupa.com.br; Rua 4 Quadra 65; Chalet 180 R$; P ❄ 📶 🏊) Vom Busbahnhof führt ein kurzer Fußmarsch über eine kopfsteingepflasterte Straße zu den einfachen, aber geschmackvoll eingerichteten und sensationell günstigen Chalets dieser *pousada*. Hier kann man sich bestens erholen.

Pousada Arvoredo POUSADA $$
(☎3331-3479; www.arvoredo.tur.br; Av Abercio Ramos Qd 17 Lt 15; am Wochenende EZ/DZ 250/280 R$, werktags EZ/DZ 120/140 R$; ❄ 📶 🏊) 🍃 In dieser Unterkunft mit hervorragendem Preis-Leistungs-Verhältnis wird das Thema nachhaltiger Tourismus sehr ernst genommen (alle Ziegel wurden aus alten Häusern in Goiânia wiederverwertet). Die Veranden sind herrlich und die Zimmer groß sowie mit natürlichem Kunsthandwerk ausgestattet.

Pousada O Casarão POUSADA $$
(☎3331-2662; www.ocasarao.pirenopolis.tur.br; Direita 79; EZ/DZ 170/250 R$; ❄ 📶 🏊) Das Kolonialgebäude stammt aus dem späten 19. Jh., im Innern erwartet einen aber ein herrlich modernes und geschmackvoll eingerichtetes Landhaus. Weitläufig, stattlich und günstig.

Pousada Rio das Almas POUSADA $$
(☎3331-2744; www.pirenopolis.tur.br/pousadariodasalmas; Rua dos Pireneus 81; Chalet für 2 Pers. 200 R$, zusätzliches Bett 50 R$; P ❄ 📶) In den rustikalen Chalets schnuppert man mitten in der Stadt Landluft. Sie liegen in einem grünen Garten am Ufer des Rio das Almas. Ruhig, heimelig und ein guter Deal für Gruppen.

Pousada Cavalhadas POUSADA $$
(☎3331-1261; www.pousadacavalhadas.com.br; Praça do Matriz 1; pro Pers. unter der Woche/am Wochenende 80/100 R$; ❄ 📶) Preise wird die einfache praktisch gelegene Pousada gegenüber der Igreja Matriz nicht gewinnen, sie ist jedoch eine der besten und sichersten Budgetunterkünfte rund um die *praça*.

★ Villa do Comendador Eco-Resort RESORT $$$

(☎ 3331-2424; www.villadocomendador.com.br; GO 431, Km 1; EZ/DZ 225/250 R$, Bungalow EZ/DZ 450/580 R$; P ❄ @ 📶 ≋) 1 km außerhalb der Stadt befindet sich diese 2007 eröffnete Unterkunft, die erste ihrer Art in Pirenópolis, die von brasilianischen Umweltschutzgruppen das Prädikat „echt Öko" verliehen bekommen hat. Hier gibt's Pools, Spielplätze, Möglichkeiten zum Reiten und Volleyball spielen und einen herausragenden Blick auf den Cerrado. Ein Paradies für Kinder!

Taman Baru BUNGALOWS $$$

(☎ 3331-3880; www.tamanbaru.com.br; Estrada dos Pireneus, Km 2; EZ/DZ Apt. 270/370 R$, Bungalow 360/410 R$; P ❄ @ 📶 ≋) Die romantische, leicht balinesisch angehauchte Unterkunft versteckt sich in einem Wald gleich östlich der Stadt. Sowohl die farbenfrohen Bungalows als auch der himmlische Infinity-Pool bieten eine tolle Aussicht über den Cerrado.

Essen

Die meisten Restaurants und Cafés reihen sich in der Rua do Rosário, auch bekannt als Rua do Lazer, aneinander. Am Wochenende verwandelt sich die Straße in eine Fußgängerzone mit Tischen im Freien und unzähligen lebhaften Besuchern aus Goiânia. Günstigere Lokale mit Büfettangeboten findet man in der Rua da Aurora. Fast alle Restaurants haben am Montag Ruhetag, manche öffnen sogar nur am Wochenende.

★ Pireneus Café CAFÉ $

(☎ 3331-3047; www.pireneuscafe.com.br; Rua dos Pireneus 41; Sandwiches 18–25 R$) Ein gehobeneres Café mit Blick auf die Praça do Coreto. Die gegrillten Focaccia-Sandwiches sind eine Offenbarung und auch der Kaffee ist erste Sahne.

Boca do Forno PIZZERIA $$

(☎ 3331-1790; Travessa Santa Cruz s/n; Pizza 28–47 R$, rodízio 20 R$; ⊙ Di–So 18–24 Uhr) Der Besitzer dieses gemütlichen Lokals stammt aus Brasiliens Pizza-Hauptstadt São Paulo. Wen das nicht beeindruckt, der wird es umso mehr nach dem ersten Stück Pizza sein. Mittwochs ist hier *rodízio* (All-you-can-eat) angesagt. Ein echtes Fest für die Geschmacksnerven.

Nori JAPANISCH $$

(☎ 3331-1645; do Rosário 30; Sushi 10–15 R$, Hauptgerichte 20–28 R$) Tolles Sushi in einem zeltähnlichen Speiseraum.

Restaurante Nena BÜFETT $$

(☎ 3331-1470; Rua da Aurora 4; Büfett 25 R$; ⊙ Fr–So 12–16 Uhr) Eine der netteren Buffetoptionen in der Stadt mit tollen regionalen Gerichten und einer großen Auswahl an Salaten. Möglichst früh herkommen, sonst ist das Beste schon weg.

CAFÉ COLONIAL: DAS ESSEN DER TROPEIROS

Nachdem die *bandeirantes* Goiás' Gold abgesahnt hatten, traten die *tropeiros* (berühmte brasilianische Maultiertreiber) in ihre Fußstapfen, eroberten die Region und brachten Sklaven von der Küste Brasiliens hierher. Unterwegs war die Verpflegung knapp, und so nahmen die *tropeiros* verschiedene Nahrungsmittel der afrobrasilianischen, portugiesischen und indigenen Kulturen an, um die lange Reise ohne die Kühlung der Vorräte zu überstehen.

Diese lange Zeit vergessene Subkultur der brasilianischen Küche erweckt **Fazenda Babilônia** (☎ 3331-1226; GO 431A, Km 24; ⊙ Sa & So 8–17 Uhr) zu neuem Leben. Dabei handelt es sich um eine aus dem Jahre 1800 stammende Zuckerplantage und *fazenda* (Farm), die seit 1965 als Patrimonial Nacional (Nationalerbe) geführt ist. Jedes Wochenende ist hier, 24 km südwestlich von Pirenópolis, historische Gastronomie angesagt, wenn die restaurierte *fazenda* das faszinierende Frühstück mit dem Namen Café Colonial serviert. Herzhaftes Fleisch, Käse und Gebäck sind die Höhepunkte der schier endlosen Liste der Leckereien. *Carne de porco* (ein saftiges Gericht mit Schweinefleisch, das zur Aufbewahrung in seinem eigenen Fett konserviert wird), *mané pelado* (ein süßer Kuchen aus geraspeltem Maniok, Eiern, Käse und Kokosmilch) und *matula galinha* (Hühnchen mit Safran, Eiern, würziger Paprika und geröstetem Mais, eingewickelt in einer Maishülse) runden dieses aufregende Festmahl ab, das aus etwa 28 Gerichten besteht, von denen man vermutlich noch nie etwas gehört, geschweige denn probiert hat. Das Ganze gibt's für schlappe 25 R$; ein toller Rundgang durch die *fazenda* selbst gehört auch noch dazu.

Bacalhau da Bibba FISCH & MEERESFRÜCHTE $$$
(☎3331-2103; Rua do Rosário 42; Gerichte für 2 Pers. 50 R$; ⏰Fr & Sa 10–15 & 19–23, So 10–15 Uhr) Da kabeljauchzt das Herz! In diesem Restaurant gibt's nichts anders als *bacalhau*! Das ist aber noch lange nicht das Einzige, was das Lokal so skurril macht. Es ist nebenbei auch noch ein Antiquitätenladen!

Ausgehen

A Confraría do Boxea KNEIPE
(☎3331-1518; Rua do Rosário 38; Bier 5–26 R$; ⏰Di–Do ab 17, Fr–So ab 12 Uhr) Nicht nur Bierliebhaber sollten hier ein paar Abende verbringen, um alle 35 Sorten auf der Karte zu probieren.

Seo Rosa Cachaçaria BAR
(☎3331-2046; Rua do Rosário 17; cachaça 4–37 R$; ⏰So–Do ab 16, Fr & Sa ab 11 Uhr) In der Bar stehen über 300 verschiedene Sorten *cachaça* zur Auswahl.

Shoppen

Die Rua Aurora, Rua Rosário und Rui Barbosa sind gesäumt von Läden, die kommerzialisiertes Kunsthandwerk aus der Region verkaufen. Hier gibt's alles: Silber und Keramiktöpfe, bunte Tücher und Sklavenstatuen. Wer auf der Suche nach etwas Einzigartigerem ist, sollte in den Künstlerwerkstätten am Circuito de Criação vorbeischauen (einen Flyer dazu bekommt man im CAT-Büro).

Adobe Ceramicas KERAMIK
(☎3331-1084; Rua dos Pireneus 67) Dank der Lehmtöpferei in Cristina Galeãos Atelier eine der interessanteren Werkstätten.

Rosane Régis SCHMUCK
(☎3331-3148; 24 de Outubro 20) Nach dem Motto „Es ist nicht alles Gold, was glänzt" formt Rosane Régis seit über 25 Jahren ihre Kunstwerke aus dem Silber der Region.

Claudia Azeredo MODE
(☎3331-1328; www.claudiaazeredo.com.br; Direita 58) Wer sich in der Welt der Mode wohler fühlt, schaut bei Claudia Azeredo vorbei und nimmt ihre kreativen, gefärbten Stoffe genauer unter die Lupe.

Praktische Informationen

Arena LAN House (Sizenando Jayme; 3 R$ pro Std.; ⏰9–24 Uhr) Internetzugang.

Banco do Brasil (☎3331-1182; Sizenando Jayme 1; ⏰Mo–Fr 11–16 Uhr) Geldautomat für Visa und MasterCard.

Bradesco (Sizenando Jayme 5)

CAT-Touristenbüro (☎3331-2633; www.pirenopolis.com.br; Rua do Bonfim 14; ⏰8–18 Uhr)

Hospital Nossa Senhora do Rosário (☎33 31-3309; Av Neco Mendonça 38)

An- & Weiterreise

Vom **Busbahnhof** (☎3331-1080; Av Neco Mendonça) 500 m nordwestlich der Igreja Matriz fahren Busse nach Brasília (21 R$, 3 Std.) und Anápolis (5,75 R$, 1½ Std.), wo man in eine Linie nach Goiânia umsteigen kann. Außerdem besteht von Piri eine Direktverbindung nach Goiânia (12,50 R$, 3 Std., 9.15 Uhr). In der Stadt bewegt man sich am besten zu Fuß oder mit dem Motorradtaxi fort.

Caldas Novas

☎0XX64 / 70 500 EW.

Probleme mit dem Bluthochdruck nach einem Besuch in Brasília? Spielt die Verdauung nach einem Stopp in einem Fernfahrerlokal in Minas verrückt? Geschafft von den ausgiebigen Karnevalsfestivitäten in Salvador? Dann ist Caldas Novas mit seinen über 30 Heilquellen genau das Richtige! Während der Ferienzeit nimmt die Einwohnerzahl des schicken Erholungsortes übrigens gern mal um 130 000 Menschen zu!

Aktivitäten

In Caldas Novas gibt's für fast jedes Zipperlein das richtige Heilbad, doch nicht alle sind öffentlich zugänglich. Neben den Hotels und *pousadas* findet man in der Stadt und der Umgebung ein paar gute Bäder, die allerdings abends schließen. Vom Zentrum aus liegt **SESC Caldas Novas** (EZ 138–156 R$, DZ 188–216 R$, 3BZ 258–229 R$; ⏰Mo–So 8–20 Uhr) am praktischsten und hat außerdem gute Preise. Die elf Thermalbecken im SESC-Komplex sind gut in Schuss und von der Praça Matriz zu Fuß zu erreichen. Etwas weiter außerhalb lockt der extravagante **di Roma Acqua Park** (☎3455 9393; Rua São Cristóvão 1110; ⏰Mo–So 7–17 Uhr) mit dem weltweit ersten thermalen Wellenbad, Wasserrutschen, einem gemächlich fließenden Fluss, Restaurants und zahlreichen Therapiebecken.

Schlafen & Essen

In den Ferien und an langen Wochenenden ist die Stadt oft überfüllt, daher empfiehlt sich eine Reservierung. Es gibt in Caldas Novas vor allem Kettenhotels und meist ähneln

ABSEITS DER ÜBLICHEN PFADE

RIO QUENTE

Der **Rio-Quente-Aquapark**, 22 km von Caldas Novas, wartet mit dem einzigen Thermalwasserfluss der Welt auf. Hier gibt's so viel Action, dass man Schwimmhäute zwischen den Fingern bekommt, bevor man alles ausprobiert hat. Jede Menge Spaß verspricht auch der **Hot Park** (☎3512-8040; www.hotpark.com; Erw./Kind 105/79 R$; ⌚9.30–17 Uhr, in der Nebensaison Do geschl.), eine Art bewässertes Disneyland für braungebrannte brasilianische Schönheiten, das ein rutschiges Vergnügen auf 22 000 m² bietet. Außerdem ist die 2,5 Mio. R$ teure, aus Kanada importierte Halfpipe die einzige ihrer Art in Lateinamerika.

sich die Zimmer aller Kategorien sehr – Auswahlkriterium sollte das Angebot rund um die Thermalquellen sein. Wer sich ein Budget gesetzt hat, wird dieses während der Hochsaison vermutlich sprengen. Gute Restaurants sind Mangelware, deswegen essen die meisten Besucher in ihrer jeweiligen Unterkunft.

Hotel Parque das Primaveras RESORT $$$
(☎3453-1355; www.hpprimaveras.com.br; Rua do Balneário 1; EZ/DZ 405/625 R$; P ❄ @ ☎ ≋) Die dschungelartige *pousada* ist eine Topadresse. In den vier Thermalbecken fühlt man sich nicht so beobachtet wie anderswo.

Thermas di Roma RESORT $$$
(☎3453-9393; www.diroma.com.br; Av Santo Amaro 1800; Zi. 678 R$; P ❄ @ ☎ ≋) Das kürzlich renovierte riesige Resort ein paar Kilometer außerhalb der Stadt hat neun Thermalbecken und ein tolles Angebot für die Kleinen (sogar eine Seilrutsche!).

SESC Caldas Novas RESORT $$
(www.sescgo.com.br; Av Ministro Elias Bufaiçal 600; EZ/DZ 172/198 R$; P ❄ @ ☎ ≋) Eine große Erholungsanlage mit elf Thermalbecken und einem für Caldas Novas guten Preis-Leistungs-Verhältnis. Buchungen sind nur über die Website möglich.

Hotel Roma HOTEL $$
(☎3453-1335; www.diroma.com.br; Praça Mestre Orlando 368; Zi. 345 R$; ❄ ☎ ≋) Mit seinen sechs Thermalbecken, dem Whirlpool und der riesigen Sauna erinnert das Hotel ein bisschen an den Film *Am Goldenen See*. Die Lage am Hauptplatz ist aber nur schwer zu toppen.

Dody's GOIÂNIANISCH $$
(☎3454-5127; Praça Mestre Orlando; Hauptgerichte 20–43 R$; ⌚Di–So 12–15 & 19–23.30 Uhr) Das praktisch gelegene Lokal kredenzt Gerichte mit Cerrado-Aromen zu fairen Preisen. Wie wär's mit einer Portion eingelegter *pequis?*

Panneteria Famiglia Amoroso PIZZERIA $$
(☎3453-6623; Rua Turismo Qd 4; Pizzas 25–42 R$; ⌚So–Do 19–23, Fr & Sa bis 24 Uhr) Das Angebot dieser kleine Backstube kann sich sehen lassen: 91 verschiedene Holzofenpizzas.

ℹ Praktische Informationen

Banco do Brasil (☎3453-1186; Capitan João Crisostómo 325) Geldautomat für Visa und MasterCard.

CAT-Touristenbüro (☎3454-3564; www.caldasnovas.com.br; Praça Mestre Orlando; ⌚8–18 Uhr) Am wichtigsten Platz der Stadt. Die Angestellten helfen bei der Suche nach einer Unterkunft und bei Fragen zu den Thermalquellen. Im Busbahnhof befindet sich ein weiteres, kleineres Büro.

Post (☎3455-4107; Capitan João Crisostómo 361)

ℹ An- & Weiterreise

Der Busbahnhof liegt am Ende der Rua Antônio Coelho de Godoy. In der Hochsaison gibt's Verbindungen nach São Paulo (130–180 R$), ansonsten muss man zuerst nach Goiânia (27 R$, 3 Std.) fahren.

Parque Nacional da Chapada dos Veadeiros

In diesem spektakulären Nationalpark in der höchsten Gegend des Zentralen Westens erlebt man auf einer Fläche von 650 km² die einzigartige Landschaft und Flora des Hochland-Cerrado.

Mit beeindruckenden Wasserfällen sowie Schluchten, natürlichen Schwimmstellen und Stränden, die mit ihren Weinpalmen Oasen ähneln, ist das Schutzgebiet beliebtes Ziel für Ökotouristen. Zur Schönheit der Gegend tragen außerdem der endlose Himmel, die exotische Flora und die wellenähnlichen Hügel bei. Die überragende Landschaft erhebt sich größtenteils über Quarzkristall und buntem Sandstein. Sie zieht auch Esoteriker an, die in der Gegend alternative Gemeinschaften und einen aufkeimenden *esoturismo* betreiben. Alles ist bemerkenswert gut gepflegt:

Im Umkreis von mehreren Kilometern stößt man auf keine einzige Bierdose.

Traveller, die des Parks wegen hier sind, quartieren sich entweder im 38 km entfernten **Alto Paraíso de Goiás** oder im winzigen 2 km vom Eingang des Schutzgebietes entfernten **São Jorge** ein. Die beste Zeit für einen Besuch ist von April bis Oktober, bevor die Flüsse in der Regenzeit über die Ufer treten und die Zufahrtswege rutschig werden. Um die Hauptattraktionen zu sehen, muss man zwei Tage einplanen.

Sehenswertes & Aktivitäten

Wer den **Park** (3455-1114; www.chapadadosveadeiros.com; Eintritt 3 R$; Di–So 8–18 Uhr, Einlass nur bis 12 Uhr) erkunden möchte, braucht einen zugelassenen Führer. Private Guides können über das Besucherzentrum, den lokalen Verband der Führer (ACV-CV) oder Hotels in Alto Paraíso oder São Jorge gebucht werden. Mit ihnen unternimmt man Halbtagestouren (100 R$) zu den drei Höhepunkten: *canions* (Canyons) und *cariocas* (Felsen), die meist miteinander kombiniert werden, da sie auf derselben Route liegen, und *cachoeiras* (Wasserfälle). Diese Ausflüge für bis zu zehn Personen sind im Preis für den Guide inbegriffen.

Die **Canions-Cariocas-Route** folgt dem Rio Preto mitten im Park, der zwei große Schluchten (einfallsreich Canyon I und Canyon II genannt) mit blanken 20 m hohen Wänden auf jeder Seite in den Sandstein geschnitten hat – ein atemberaubender Anblick. Von natürlich gebildeten Plattformen am Ende des Flusses kann man ins kalte Wasser springen. Canyon I ist von September bis Mai überflutet und somit unzugänglich. Am Ende des Flusstals stößt die **Cario-**

EINZIGARTIGER CERRADO

Den Cerrado einfach nur „Savanne Südamerikas" zu nennen würde dem extrem vielfältigen und komplexen Ökosystem nicht gerecht werden. Zugegeben, er sieht einen Teil des Jahres wie buschiges Grasland aus. Wer aber zur richtigen Zeit herkommt, erlebt einen grandiosen Blumengarten von gigantischem Ausmaß und atemberaubender Schönheit. Genau genommen handelt es sich auch gar nicht um Grasland, sondern teilweise sogar eher um eine Art Wald. Verwirrung perfekt? Hier kommt die Erklärung:

Man kann den Cerrado in vier verschiedene Bereiche aufteilen, von denen jeder ein Mosaik aus savannenähnlichem Lebensraum darstellt. *Cerradão* ist trockener Cerrado-Wald, entweder kompakte Baumgruppen oder kleine Waldinseln; *campo limpo* (saubere Feld) besteht komplett aus Gras; im *cerrado sensu stricto* findet man niedrige, buschige Vegetation ohne einen einzigen Grashalm; und im *campo sujo* (dreckiges Feld) vermischen sich alle Varianten. Die unterschiedlichen Bereiche sind selbst für Laien mit bloßem Auge recht leicht zu unterscheiden. Bedenkt man aber, dass sich die Pflanzenarten, die jede dieser komplexen Klassifikationen ausmachen, von einem Bereich zum anderen enorm unterscheiden können, beginnt man zu erahnen, welcher gewaltigen Artenvielfalt der Cerrado einen Lebensraum bietet. Tatsächlich sind 44 % der mindestens 10 000 Pflanzenarten hier nirgendwo sonst auf der Welt zu finden.

Darüber hinaus bietet das Ökosystem des Cerrado aber auch einen Lebensraum für einige der spektakulärsten und bedrohtesten Säugetiere Brasiliens wie den Mähnenwolf, das Riesengürteltier, den Pampashirsch und den Großen Ameisenbär, ebenso einer Vielzahl akut gefährdeter und nur hier lebender Vogelarten, darunter die Weißflügel-Nachtschwalbe, das Pfauen- und das Wachtelsteißhuhn und der prachtvolle Kobaltämmerling. Das Fortbestehen all dieser Arten hängt von dieser einzigartigen Gegend ab.

Leider wird dieser Kampf ums Überleben mit jedem Jahr härter. Seit den 1970er-Jahren sind weite Teile – und zwar ganze 80 % – der heimischen Vegetation des Cerrado stark verändert worden und werden heute für den Anbau von Sojabohnen, Reis, Mais, und Weizen sowie die Viehzucht genutzt. Die Zerstörung und damit das Verschwinden des Lebensraums schreitet so schnell voran wie in nur wenigen anderen Ökoregionen der Welt, und es gibt keine Anzeichen dafür, dass sich das in naher Zukunft ändern wird.

Obwohl im Bundesstaat Goiás ein Großteil der heimischen Vegetation aus dem Cerrado besteht, ist sie im Parque Nacional Chapada das Guiamaraes und im Parque Nacional da Chapada dos Veadeiros besonders einzigartig, denn die beiden Schutzgebiete erstrecken sich in einer atemberaubend schönen Umgebung vor dem Hintergrund einer felsigen Bergkette aus zerklüfteten Klippen.

cas-Route (benannt nach zwei Mädchen aus Rio, die hier in den 1980er-Jahren verschwanden) auf den Wanderweg zum Canyon II und führt zu interessanten Steinformationen und einem Wasserfall.

Wer sich für die etwas anspruchsvollere (und lohnendere) **Cachoeiras-Tour** entscheidet, gelangt zum Salto do Rio Preto I und II, zwei spektakulären Wasserfällen (80 bzw. 120 m hoch), die nur 30 m voneinander entfernt herabstürzen. Sie befinden sich in einem malerischen Tal am Ende eines Wanderwegs, der durch eine typische Cerrado-Landschaft mit Wiesen und Uferwäldern verläuft. In dem kleinen See unter dem Wasserfall II kann man baden. Die Sonne schafft unter Wasser eindrucksvolle Effekte. Man sollte jede Menge zu trinken und Sonnencreme mitnehmen, denn beim Rückweg über einen 6 km langen Aufstieg ist die Sonne oft gnadenlos.

Vale da Lua TAL

(Tal des Mondes; Eintritt 10 R$; 7–17.30 Uhr) Das Vale da Lua ist eine einzigartige Sehenswürdigkeit im Gebiet Chapada dos Veadeiros. In Millionen von Jahren hat der Rio São Miguel hier Felsformationen geschaffen, die wie eine Mondlandschaft aussehen. Die himmlische Mischung aus Quarz-, Sand- und Lehmfelsen leuchtet in bunten Farben und das eiskalte smaragdgrüne Wasser tut sein Übriges zur entrückten Atmosphäre.

Um das Tal zu besuchen, braucht man keinen Führer, denn es liegt außerhalb des Nationalparks. Während der Regenzeit, in der es zu plötzlichen Überschwemmungen kommen kann, sollte man aber trotzdem einen Guide buchen oder sich wenigstens vorab bei Einheimischen nach der aktuellen Lage erkundigen.

Um herzukommen, folgt man der Straße Richtung Alto Paraíso und biegt am ersten unmarkierten Weg auf der rechten Seite ab – von dort führt eine 4 km lange Wanderung in das Tal des Mondes (der Weg ist eventuell nicht ausgeschildert, da einige Guides die Schilder entfernen, um sich unentbehrlich zu machen). Wer die Abzweigung verpasst, kann auch die Hauptstraße nehmen, dann ist es ein 11 km langer Marsch. Sonnenschutz und Wasser einpacken!

Alto Paraíso de Goiás

0XX61 / 7000 EW.

Kristalle, Dreadlocks und schmutzige Füße sind im 38 km vom Park entfernten Alto Paraíso, einem der schrägsten Orte Brasiliens, allgegenwärtig. Hier gibt's nicht viel mehr zu tun, als den inneren Hippie freizulassen, auf Kristall-Shoppingtour zu gehen, den Ausflug zum Chapada dos Veadeiros zu planen und sich ausgiebig zu erholen.

Geführte Touren

Die meisten Traveller wählen das Dorf São Jorge als Ausgangspunkt. Dennoch ist es einfacher (wenn auch teurer), den Ausflug in den Chapada dos Veadeiros von Alto Paraíso aus zu organisieren.

Travessia Ecoturismo ABENTEUERTOUR

(3446-1595; www.travessia.tur.br; Av Ari Valadão Filho 979; Mo–Fr 8–19, Sa & So 9–14 Uhr) Ein ausgezeichnetes Öko-Reisebüro in Alto Paraísos Hauptstraße, das alles Mögliche in Chapada organisieren kann, darunter auch Abenteueraktivitäten wie Canyoning oder Abseilen. Transport und Englisch sprechende Guides sind inklusive.

Schlafen & Essen

Alto Paraíso hat eine große Auswahl an Übernachtungsmöglichkeiten mit einigen guten Optionen zum Ausruhen und Krafttanken. Am Wochenende und in der Hochsaison steigen die Preise allerdings um 30 % und mehr.

Pousada Veadeiros POUSADA $

(3446-1820; das Nascentes 129; EZ/DZ 80/100 R$; @) Die coolen und etwas kitschigen kleinen Hütten nicht weit vom Busbahnhof entfernt sind jeweils nach einem einheimischen Vogel benannt und in den Farben seines Gefieders ausgestattet (bei manchen tut etwas Fantasie Not, um den Vogel der Hütte zuzuordnen!). Nach dem CAT-Büro (S. 375) geht's an der ersten Abzweigung nach rechts. Wenn man ein Gebäude erreicht, das aussieht wie das Schloss von König Artus, ist man fast am Ziel angekommen.

Pousada Camelot Inn RESORT $$

(3446-1581; www.pousadacamelot.com.br; GO 118, Km 168; Zi./Suite 143/273 R$; P @) Apropos mittelalterliches Schloss: In diesem nachgebauten Exemplar am Ortseingang kann man sogar übernachten, z. B. in der Merlin Suite. Eigentlich ist die *pousada* eher ein Resort mit einem 20 ha großen Garten, Themensuiten, einer Sauna, Pools im Freien und sogar einem Hubschrauberlandeplatz!

Oca Lila SELBSTBEDIENUNG **$$**
(☎3446-1006; Av João Bernardes Rabelo 449; Mittagessen 30 R$ pro Kilo, Gerichte 18–30 R$; ⏲12–24 Uhr, Di geschl.; ✎) Komplett natürliches und vegetarisches Mittagsbüfett, das nach Gewicht bezahlt wird. Wir empfehlen das Oca Lila. Abends gibt's Gerichte à la carte (mit hervorragender Pizza) und ein bisschen *vida nocturna*.

Praktische Informationen

Banco do Brasil (Av Ari Valadão Filho 690; ⏲Mo–Fr 10–15 Uhr) Geldautomat für Visa und MasterCard.

CAT-Touristenbüro (☎3446-1159; www.altoparaiso.go.gov.br; Av Ari Valadão Filho s/n; ⏲8–18 Uhr) An der Hauptstraße, 200 m vom Busbahnhof entfernt. Grundsätzlich hilfreich, nur das Infomaterial ist dürftig.

An- & Weiterreise

Ab Goiânia verkehrt ein morgendlicher Bus von Empresa São José nach Alto Paraíso (71 R$, 7 Std.). In der entgegengesetzten Richtung gibt's montags, mittwochs und freitags jeweils zwei Verbindungen.

Zweimal täglich starten Busse vom Haltepunkt E7 des städtischen Busbahnhofs in Brasília nach Alto Paraíso (30 R$, 4½ Std., 7.15 & 13.30 Uhr). Der Bus um 13.30 Uhr fährt weiter nach São Jorge und passiert Alto Paraíso gegen 18 Uhr (9 R$, 1 Std.). Er ist in seinen An- und Abfahrtszeiten recht flexibel, deshalb sollte man etwas früher da sein. Zurück nach Brasília geht's um 8.30 und 16.30 Uhr.

São Jorge

☎0XX61 / 1200 EW.

Sandige Straßen und eine relaxte Atmosphäre – dieses ehemalige Zentrum des Kristallbergbaus 2 km vom Eingang zum Nationalpark entfernt versprüht trotz seiner Lage im Landesinneren Strandortfeeling. Obwohl Alto Paraíso für das Planen von Ausflügen in den Parque Nacional da Chapada dos Veadeiros praktischer ist als São Jorge, übernachten zahlreiche Traveller lieber in diesem viel schöneren Örtchen, das näher am Schutzgebiet liegt und eine heimeligere Atmosphäre ausstrahlt.

Schlafen & Essen

Es gibt in São Jorge jede Menge sehr gute *pousadas* zu meist ausgesprochen fairen Preisen, obwohl diese an den Wochenenden beträchtlich in die Höhe schnellen. Ein Zeltstellplatz ist schon ab 20 R$ pro Person drin. Der schattige **Camping Taiuá** (☎9822-9666; 20 R$ pro Pers.) befindet sich am Ortseingang und gilt als beste unter mehreren ähnlichen Optionen.

Pousada Flor do Cerrado POUSADA **$**
(☎3455-1059; EZ/DZ 75/85 R$; ❄📶) Klein, gemütlich und die beste der günstigeren Unterkünfte im Ort. Alle Möbel sind aus Holz, die Ausstattung ist urig und die Hängematten sorgen für lässiges Abhängen im Schatten. Bei den Preisen kommt schon mal das Gefühl auf, die Besitzer übers Ohr gehauen zu haben!

Pousada Bambu Brasil POUSADA **$$**
(☎3455-1004; www.bambubrasil.com.br; Rua 1 Quadra 1; unter der Woche/am Wochenende Zi. 140/190 R$; P❄@📶≋) Für Paare ein hervorragender Deal. In dieser bezaubernden *pousada* mit von Hand bemalten Möbeln und Hängematten direkt am Pool kann man in stylischer Atmosphäre ausspannen. Kinder unter zwölf Jahren sind nicht zugelassen.

★ **Baguá Pousada** POUSADA **$$$**
(☎3455-1046; www.baguapousada.com.br; Rua 1 Qd 16; Bungalow 420 R$; P❄@📶≋) 🍃 Die riesigen (82 m²!) und stilvollen Bungalows dieser Designer-/Öko-*pousada* und der im Safari-Schick eingerichtete Gemeinschaftsbereich haben die Messlatte der Eleganz in Goiás ein gewaltiges Stück höher gelegt. Darüber hinaus liegt die Unterkunft dem Parkeingang am nächsten.

Lua de São Jorge PIZZERIA **$$**
(☎3455-1054; Rua 1 Qd 1; Pizza 22–46 R$; ⏲Do–So ab 18 Uhr) Nach intensiver Recherchearbeit hier das Ergebnis: Dies ist die beste der zahlreichen Pizzerias mit Holzofen im Ort!

Praktische Informationen

CAT-Touristenbüro (☎3455-1090; ⏲8–18 Uhr) Am Busbahnhof beim Ortseingang gibt's einen kleinen Touristenstand, dessen Angestellte einem bei der Suche nach einem Guide helfen.

An- & Weiterreise

São Jorge hat am Ortseingang einen winzigen Busbahnhof, braucht diesen aber nicht so richtig. Um 13.30 Uhr besteht von der Plattform E7 des Busbahnhofs in Brasília täglich eine Verbindung nach São Jorge (39 R$, 5½ Std.) über Alto Paraíso. Dieser Bus fährt täglich um 7 Uhr wieder zurück; er startet in der Hauptstraße. Der Privattransport von und nach Alto Paraíso kostet etwa 120 R$.

Mato Grosso & Mato Grosso do Sul

5,5 MIO. EW.

Inhalt ➡

Gut essen

- Avalom Grill (S. 414)
- Cantina Romana (S. 410)
- Pantanal Grill (S. 420)
- A Casa do João (S. 420)
- Da Mata Bistro (S. 384)

Schön übernachten

- Pousada do Parque Eco Lodge (S. 384)
- Cristalino Jungle Lodge (S. 386)
- Pousada Araras Eco Lodge (S. 406)
- Bonito HI Hostel (S. 419)
- Turis Hotel (S. 409)

Auf nach Mato Grosso

Mato Grosso war einst Brasiliens Wilder Westen, ein Land, das nur Forschern, Einheimischen, Wilderern, Goldsuchern und Naturfreunden bekannt war. Heutzutage machen seine atemberaubende Landschaft und die vielfältige Fauna das Gebiet zu einem erstklassigen Reiseziel für Ökotouristen und Angler.

Wenngleich der Amazonas glamouröser ist, kann man im Pantanal besser Wildtiere und Vögel beobachten. Die Gegend zählt zu den wichtigsten und fragilsten Ökosystemen auf dem Planeten. Cuiabá, Corumbá und Campo Grande sind gute Ausgangspunkte ins Sumpfland.

Doch die Region hat noch einiges mehr zu bieten, z. B. die Stadt Alta Floresta im äußersten Norden, wo der Cerrado Amazonien weicht, und die Serra do Bodoquena rund um Bonito, ein atemberaubendes Wunderland. Dazwischen erstreckt sich der Parque Nacional da Chapada dos Guimarães, der mit einer grandiosen Aussicht aufwartet.

Reisezeit

Das Pantanal

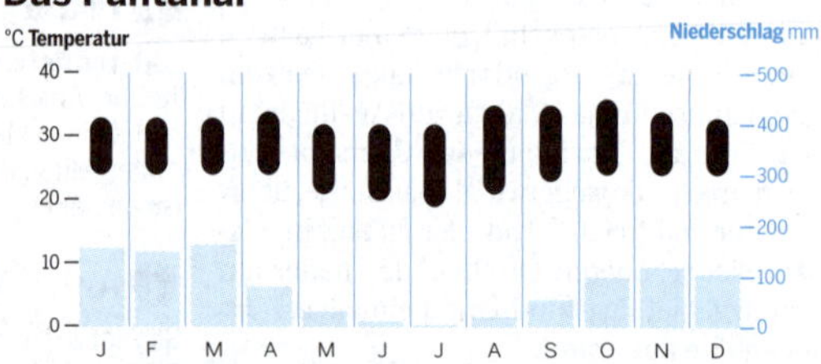

Feb. Karnevalsfeiern in Corumbá; die größten der Region.

Juni–Aug. Die beste Zeit für Jaguartouren im Pantanal.

Nov.–Jan. In Bonito ist es nun am wärmsten und das Wasser besonders verlockend.

Highlights

1 Während der 145 km langen Fahrt auf der **Transpantaneira** (S. 393) im nördlichen Pantanal faszinierende Tiere beobachten.

2 In **Abismo de Anhumas** (S. 417) nahe Bonito zum Mittelpunkt der Erde reisen.

3 Den Sonnenuntergang im **Parque Nacional da Chapada dos Guimarães** (S. 385) bewundern.

4 Das wunderbare Vogelparadies rund um die **Cristalino Jungle Lodge** (S. 386) im südlichen Amazonasdschungel besuchen.

5 Beim Schnorcheln in der kristallklaren Wasserwelt des **Recanto Ecológico Lagoa Azul** (S. 387) über die zahlreichen exotische Fische staunen.

6 Während der ausgelassenen Karnevalspartys in **Corumbá** (S. 413) auf den Straßen tanzen.

7 Am Internationalen Angelfestival in **Cáceres** (S. 387) teilnehmen.

Geschichte

Gemäß dem Vertrag von Tordesillas gehörte das Gebiet von Mato Grosso zu Spanien. Jahrelang beschränkte sich die Erkundung auf Expeditionen von Abenteurern und Jesuitenmissionaren. Nachdem im frühen 18. Jh. Gold entdeckt worden war, strömten jedoch Tausende Glücksritter in die Region. Um Cuiabá zu erreichen, mussten sie die Stammesgebiete indigener Volksgruppen durchqueren, von denen viele furchterregende Krieger waren. Zu ihnen zählten die *caiapó*, die sogar die Siedlung bei Goiás angriffen, die *bororo* des Pantanals, die zur Sklavenarbeit in den Bergwerken gezwungenen *parecis*, die *paiaguá*, die mehrere große portugiesische Flottillen besiegten und von Zeit zu Zeit Panik in Cuiabá auslösten, und die *guaicuru*, geübte Reiter und Krieger, die lange gegen die Europäer kämpften. Als die Goldvorkommen versiegten, wurde Mato Grosso wieder zu einer abgelegenen, kaum beachteten Provinz, deren Einwohner sich von der Landwirtschaft und Fischerei ernährten. Noch im 19. Jh. konnte man nur mittels einer mehrwöchigen Schiffsreise über den Rio Paraguai von Mato Grosso nach Rio de Janeiro gelangen.

Die riesige Entfernung zur Hauptstadt begünstigte die Entstehung einiger separatistischer Gruppen. Erst die Gründung der Republik 1889, die Verlegung einer Telegrafenleitung zu Beginn des 20. Jhs. und der Bau von ein paar Straßen verband Mato Grosso langsam wieder mit der Welt. Mit der staatlichen Politik der 1940er- und 1950er-Jahre zur Verbesserung der Infrastruktur im Binnenland und dem Bau der neuen Hauptstadt Brasília ab 1960 kamen zahlreiche Menschen aus dem Nordosten und dem Süden des Landes in die Region. Sie wollten an dem landwirtschaftlichen Boom teilhaben, der bis heute anhält.

1979 wurde Mato Grosso geteilt und der neue Bundesstaat Mato Grosso do Sul aus der Taufe gehoben. In beiden Gebieten dient die Landwirtschaft mit Rinderweiden, Zuckerrohr- und Sojaplantagen als Haupteinnahmequelle – Felder erstrecken sich überall dort, wo die Natur nicht rechtlich geschützt ist.

Es gibt in Mato Grosso nach wie vor viele indigene Einwohner. Im Norden des Bundesstaates leben mehrere Stämme wie schon vor Jahrhunderten. Die *erikbatsa*, die für ihre feinen Federarbeiten berühmt sind, findet man bei Fontanilles und Juima, die *nhambikuraa* unweit von Padroal und die *cayabi* in der Nähe von Juara. Der Parque Indígena Aripuanã bietet den indigenen *cinta larga* eine Heimat und im Parque Indígena do Xingu, der in den 1950er-Jahren als Reservat für mehrere indigene Gruppen geschaffen wurde, haben sich Stämme niedergelassen, die unter der Verwaltung der Fundação Nacional do Indio (Funai) stehen.

ℹ An- & Weiterreise

Cuiabá und Campo Grande sind die Verkehrsknotenpunkte der Region. Hier bestehen tägliche Flugverbindungen nach Rio, São Paulo und Brasília. Die meisten Reisenden, die aus Bolivien anreisen, unternehmen die malerische Zugfahrt von Santa Cruz nach Quijarro und überqueren die Grenze nach Brasilien in Corumbá, das mit allen Orten weiter westlich auf dem Landweg verbunden ist. Mato Grosso do Sul grenzt im Süden außerdem an Paraguay. In Campo Grande starten regelmäßig Busse zur dortigen Grenze.

MATO GROSSO

Mato Grosso bedeutet übersetzt „dichter Wald". Das staubige Land mit seinen gewellten Hügeln, endlosen Plantagen, Savannen und Flüssen, die zu den besten Angelrevieren weltweit zählen, ist Teil der Hochebene, die durch das Binnenland verläuft. Hier erstrecken sich drei von Brasiliens größten Ökosystemen, das Pantanal, Amazonien und der Cerrado.

Cuiabá

☎ 0XX65 / 551 000 EW.

Diese boomende Grenzstadt schmort unter der Sonne von Mato Grosso dahin. Eigentlich besteht sie aus zwei vom Rio Cuiabá getrennten Städten: Alt-Cuiabá und Várzea Grande (dort liegt auch der Flughafen).

Der Name des Ortes entstammt der Sprache der *bororo* und bedeutet „mit Pfeilen fischen", wobei Cuiabá zunächst durch Gold und erst später durch Landwirtschaft zu einer der in den letzten 30 Jahren am schnellsten wachsenden Hauptstädte eines brasilianischen Bundestaates wurde. Die Bevölkerungsexplosion ist mittlerweile abgeebbt, doch der Ort bleibt weiterhin sehr lebendig und eignet sich zudem bestens als Ausgangspunkt für Ausflüge ins Pantanal sowie nach Chapada dos Guimarães und Bom Jardim.

Geschichte

1719 war der *paulista* Pascoal Moreira Cabral auf der Jagd nach indigenen Gruppen am

Rio Cuiabá, als er Gold entdeckte. Es folgte ein Goldrausch, doch viele, die sich auf die Suche nach dem Edelmetall machten, erreichten die neue Siedlung Cuiabá nie. Die von São Paulo aus über mehr als 3000 km lange Reise dauerte auf dem Fluss fünf Monate; unterwegs fanden die Schatzsucher nur wenig zu essen und litten gleichzeitig unter endlos vielen Moskitos, Stromschnellen, strapaziösen Landmärschen, Krankheiten und der Hitze.

Mit dem Ende des Goldrausches und dem Niedergang der Minen wäre Cuiabá wieder von der Landkarte verschwunden, hätten nicht der Boden entlang des Rio Cuiabá und der Fluss selbst den Menschen ermöglicht, vom Ackerbaus und Fischfang zu leben.

1835 zur Hauptstadt von Mato Grosso ernannt, blieb Cuiabá – abgesehen von einem kurzen Aufschwung als Versorgungsposten im Krieg gegen Paraguay in den 1860er-Jahren – eine Provinzstadt im Hinterland. Erst mit der Errichtung Brasílias und dem Einsetzen einer massiven industriellen Landwirtschaft ist es endgültig in der modernen Welt angekommen.

Cuiabá gehört zu den Gastgeberstädten der Fußball-WM 2014.

Sehenswertes

Museu Histórico de Mato Grosso MUSEUM
(☎ 3613-9234; museuhistoricodemt.blogspot.com; Praça da República 131; ⏲ Di–Fr 8–20, Sa 8–15 Uhr) GRATIS In einem wunderschön restaurierten Gebäude aus der Kolonialzeit an der Praça da República bietet das Museum einen interessanten Einblick in die Geschichte des Bundesstaates. Jeder Raum ist einer anderen Epoche gewidmet und Besucher können umfangreiche Sammlungen von Silber, Waffen sowie weiteren Artefakten bewundern. Zudem sind Gemälde des einheimischen Künstlers Moacyr Freitas mit historischen Ereignissen zu sehen. Dabei räumt sich Freitas eine ordentliche Portion künstlerische Freiheit ein – ein Beispiel dafür ist *Destrução do Quilombo do Piolho*, auf dem sich ein nordamerikanischer Adler ohne Kopffedern über erschöpften, leicht verwirrten Sklaven in die Lüfte erhebt.

Museu Rondon MUSEUM
(☎ 3615-8489; Av Fernando Correia da Costa; ⏲ Di–Sa 7.30–11.30 & 13.30–17.30, So 9–17.30 Uhr, Mo 13:30–17.30 Uhr, Zoo Di–So) GRATIS Dieses kleine Museum zeigt Ausstellungsstücke zu indigenen Völkern, darunter kunstvoller Kopfschmuck und gefährlich wirkende Waffen. Es befindet sich auf dem Gelände der Bundesuniversität von Mato Grosso (UFMT), zu dem auch ein kleiner **Zoo** gehört.

Hierher gelangt man mit der Buslinie 103 Richtung Jd Universitário (1,85 R$), der in der Avenida Tenente Coronel Duarte hält. Hat man den Campus erreicht, liegt das Museum hinter dem Wasserpark; der Zoo wiederum befindet sich quer über den Campus in entgegengesetzter Richtung. Bei Sonnenuntergang fliegen zahlreiche Reiher herbei, die sich hier ihr Schlafplätzchen suchen.

Museu do Morro da Caixa D´Agua Velha MUSEUM
(☎ 3617-1274; Comandante Costa; ⏲ Mo–Fr 8–12 & 13–17 Uhr) GRATIS Cuiabás wohl seltsamstes Museum präsentiert skurrile Exponate zum Thema Wasser, z. B. alte Rohre oder Duschköpfe. Interessanter ist das Gebäude selbst, bei dem es sich um den alten Wassertank der Stadt handelt, der 1882 nach dem Vorbild römischer Aquädukte gebaut wurde.

Centro Geodésico da America do Sul DENKMAL
(Barão de Melgaço) Nur einen kurzen Fußmarsch entfernt stößt man auf einen Obelisken, der nach Meinung der Stadtbewohner das Centro Geodésico da America do Sul, den Mittelpunkt Südamerikas, markiert. Logischerweise gibt's davon nur einen, doch die Einwohner von Chapada dos Guimarães beanspruchen diesen ebenfalls für sich. Wer der Wahrheit auf den Grund gehen möchte, kann ja Google Earth zu Rate ziehen!

Mercado do Porto MARKT
(☎ 3313-3332; ⏲ Mo–Sa 6–18, So bis 12 Uhr) Unweit des städtischen Aquariums liegt der Mercado do Porto. Außer einem Fischmarkt, der die Gelegenheit bietet, sich die Meerestiere vor ihrer kulinarischen Verarbeitung anzusehen, gibt's hier auch einen Gemüse- und Gewürzmarkt.

Geführte Touren

Cuiabá ist ein guter Ausgangspunkt zur Transpantaneira-Straße sowie zum Parque Nacional Chapada dos Guimarães und zu den Wasserattraktionen in der Gegend rund um Bom Jardim. Tourveranstalter in der Stadt bieten Ausflüge zu all diesen Orten an (s. S. 404).

Feste & Events

Die **Festa de São Benedito** findet in der ersten Juliwoche in der Igreja NS do Rosário und der Capela de São Benedito statt. Das

Cuiabá Zentrum

Cuiabá Zentrum

Sehenswertes
1 Centro Geodésico da America do Sul B6
2 Museu do Morro da Caixa D'Agua Velha A5
3 Museu Histórico de Mato Grosso E5

Aktivitäten, Kurse & Touren
4 Joel Souza Ecoverde Tours F2

Schlafen
5 Amazon Plaza Hotel C2
6 Hostel Ecoverde F2
7 Hotel Mato Grosso D3

Essen
8 Mistura Cuiabana E4

Ausgehen & Nachtleben
9 Bar Presidente D3
10 Conde de Azambuja F1

Praktisches
11 CAT-Touristenbüro C4
12 Sedtur F2

Ganze erinnert eher an die Umbanda-Religion als an den Katholizismus. So werden farbenprächtige, traditionelle Tänze aufgeführt und es gibt regionale Gerichte wie *bolos de queijo* (Käsebällchen) und *bolos de arroz* (Reisbällchen).

Schlafen

Cuiabás Unterkünfte enttäuschen etwas, aber dafür sind sie günstig. Unter der Woche und in der Nebensaison (November bis Mai) locken häufig Rabatte.

Hostel Ecoverde HOSTEL **$**
(☎ 3624-1386; www.ecoverdetours.com.br; Celestino 391; EZ/DZ ohne Bad 40/60 R$; 📶) Das Hostel ist in einem 100 Jahre alten atmosphärischen Kolonialhaus untergebracht. Der Besitzer und Experte bezüglich wild lebender Tiere, Joel Souza von Ecoverde Tours, gehört zu den Begründern des Ökotourismus in der Region. In seiner gemütlichen Bleibe gibt's jede Menge alte Radios und Bücher über das Pantanal sowie einen Innenhof samt Garten, eine Waschmaschine und eine Gästeküche.

Skala Palace HOTEL **$**
(☎ 3621-3067; Av Jules Rimet 26; EZ/DZ 80/120 R$; ❄ 📶) Dieses frisch renovierte Hotel schraubt den Standard in Cuiabá um einige Längen hoch. Es ist die beste unter den Unterkünf-

ten am Busbahnhof – ideal für Traveller, die spät ankommen oder früh abreisen.

Gran Odara Hotel LUXUSHOTEL **$$**
(☎ 3616-2014; www.hotelgranodara.com.br; Av Miguel Sutil 8344, Ribeirão da Ponte; EZ/DZ 242/340 R$; P ❄ @ ᯤ) Mit seiner exquisiten Rezeption macht das Gran Odara Eindruck und auch die geschmackvoll eingerichteten Zimmer können sich sehen lassen. Darüber hinaus bietet es das beste Preis-Leistungs-Verhältnis in dieser Preisklasse. Leider liegt es etwas vom Zentrum entfernt.

Amazon Plaza Hotel HOTEL **$$$**
(☎ 2121-2000; www.hotelamazon.com.br; Av Getúlio Vargas 600; EZ/DZ/3BZ 315/435/493 R$; P ❄ @ ᯤ ≋) Viersternebleibe mit Dschungelthema, extragroßen Zimmern und einem kitschigen Poolbereich samt riesigen Kokosnüssen aus Plastik.

Hotel Mato Grosso HOTEL **$$**
(☎ 3614-7777; www.hotelmt.com.br; Costa 643; EZ/DZ/3BZ 105/125/169 R$; P ❄ ᯤ) Saubere Zimmer in zentraler Lage und ein gutes Preis-Leistungs-Verhältnis.

Essen

Das Zentrum ist abends so gut wie menschenleer, aber in der nahe gelegenen Avenida Getúlio Vargas findet man ein paar gute Restaurants.

Mistura Cuiabana SELBSTBEDIENUNG **$**
(☎ 3624-1127; Pedro Celestino; 21,50 R$ pro Kilo; ⌚ Mo–Fr 11–14.30 Uhr) In einem kolonialzeitlichen Eckhaus gibt's ein exzellentes Mittagsbüfett mit regionalen Spezialitäten. Die gebratenen Bananen schmecken besonders lecker.

Giusseppe Pizzaria & Restaurante SELBSTBEDIENUNG, PIZZERIA **$$**
(☎ 3027-3055; Praça Santos Dumont 59; Mittagsbüfett 39 R$ pro Kilo, Pizza 29–41 R$; ⌚ 11–23 Uhr) Zur Mittagszeit kommen viele Geschäftsleute her, um das reichhaltige und günstige Büfett zu genießen. Lächelnde, satte Einheimische sind immer ein gutes Zeichen.

Choppão BOTECO **$$**
(www.choppao.com.br; Praça 8 de Abril; Hauptgerichte für 2 Pers. 50–80 R$) Diese Institution in Cuiabá nimmt eine ganze Kreuzung ein und bietet großzügige Portionen an Fisch- und Fleischgerichten für zwei Personen. Dazu kann man eisgekühltes *chope* (Bier vom Fass) in Krügen bestellen.

Getúlio SELBSTBEDIENUNG **$$**
(☎ 3624-9992; www.getuliogrill.com.br; Av Getúlio Vargas 1147; Gerichte für 2 Pers. 32–55 R$; ⌚ Di–So 11–14.30 & ab 17 Uhr) Bei jungen *cuiabános* erfreut sich die schicke Adresse großer Beliebtheit. Es gibt eine ansehnliche Weinkarte, zudem legen jeden Abend DJs im Patio unter freiem Himmel auf. Samstags wird im Obergeschoss gefeiert.

Pizza na Pedra PIZZERIA **$$**
(☎ 3622-0060; Praça Eurico Gaspar Dutra 45; Pizza 29–89 R$; ⌚ Di–So 18–24 Uhr) In der Pizzeria an der Praça Popular bekommt man dienstags und donnerstags für 28 R$ exzellente Pizzas à la *rodízio* (All you can eat). Man sollte noch Platz lassen für die süßen Dessertpizzas.

Peixaria Popular FISCH & MEERESFRÜCHTE **$$$**
(☎ 3322- 5471; Av São Sebastião 2324; Festpreismenü 44 R$; ⌚ Mo–Fr 11–15 & 19–24, Sa & So 11–17 Uhr) Für das Mittagsmenü muss man Hunger mitbringen. Es umfasst drei regionale Fischgerichte samt Beilagen und ist ein echtes Muss!

Ausgehen & Nachtleben

Das Nachtleben konzentriert sich auf die Gegend rund um die Praça Popular (alias Praça Eurico Gaspar Dutra) sowie entlang der Avenida Getúlio Vargas.

Tom Choppin BAR
(☎ 3627-7227; www.tomchoppin.com.br; Rua das Laranjeiras 701; ⌚ Mo–Sa 17 Uhr–open end) Tolle Drinks und eine herrliche Aussicht machen die hoch über der Stadt gelegene Open-Air-Bar mit MPB (Música Popular Brasileira) zu einem beliebten Treffpunkt der gut Betuchten. Montags sorgt *choro* (improvisierte Instrumentalmusik) für Stimmung. Das Tom Choppin befindet sich auf halbem Weg zwischen *centro* und Zoo.

Confrade BRAUEREI
(☎ 3027-2000; www.confrade.com.br; Av Mato Grosso 1000; ⌚ 17 Uhr–open end) Neben den üblichen Biersorten schenkt die Kleinbrauerei auch mit Karamell, Minze und Sirup verfeinertes *chope* aus, allerdings hält man sich besser an Altbekanntes. Jeden Abend spielen Livebands MPB. Es gibt sogar einen Spielbereich für Kinder!

Bar Presidente BAR
(☎ 3613-8500; Av Getúlio Vargas; ⌚ Mo–Sa 8–23 Uhr) Eine zentrale Lage für ein paar Bierchen in nicht zu schäbiger Umgebung.

Conde de Azambuja BAR
(Praça da Mandioca; ⌚19 Uhr–open end) Wer feuchtfröhliche Partystimmung den Edelschuppen vorzieht, ist in dieser Altstadtbar an der richtigen Adresse. Von der nicht gerade hübschen Einrichtung lenkt jede Menge Bier ab und meist hat man hier viel Spaß. Donnerstags und sonntags steht Livemusik auf dem Programm.

Shoppen

Casa do Artesão KUNST & KUNSTHANDWERK
(☎3611-0500; Rua 13 de Junho 315; ⌚Mo–Fr 8.30–17.30, Sa bis 13.30 Uhr) In den sieben thematisch unterschiedlich gestalteten Verkaufsräumen werden Kunsthandwerk und Süßigkeiten aus Mato Grosso präsentiert, z. B. Keramik- und Holzarbeiten, Strohkörbe und *pequi*-Cremelikör.

Praktische Informationen

GELD

Geldautomaten (bis 22 Uhr zugänglich) für Visa bzw. MasterCard findet man vor dem Flughafen.

Banco do Brasil (Av Getúlio Vargas 915; ⌚Mo–Fr 11–16 Uhr)

HSBC (Av Getúlio Vargas 346)

MEDIZINISCHE VERSORGUNG

Hospital Geral (☎3624-5284; 13 de Junho Ecke Thogo da Silva Pereira)

NOTFALL

Feuerwehr (☎193)

Krankenwagen (☎192)

Polizei (☎190)

POST

Post (Praça da República 101; ⌚Mo–Fr 9–17, Sa 8–12 Uhr)

REISEBÜROS

Dreams (☎3027-5382; Av Isaac Póvoas 586) In der Agentur westlich der Innenstadt kann man In- und Auslandsflüge buchen.

TOURISTENINFORMATION

CAT-Touristenbüro (Praça Rachid Jaudy; ⌚Mo–Fr 8–18 Uhr) Bei unserem Besuch aufgrund von Renovierungsarbeiten geschlossen, es gibt jedoch Infostände in der Ankunftshalle des Flughafens und am Busbahnhof.

Sedtur (☎3613-9300; www.sedtur.mt.gov.br; Voluntários da Pátria 118; ⌚Mo–Fr 14–18 Uhr) Das Büro des Tourismusministeriums verfügt über viele Karten und Broschüren auf Portugiesisch.

An- & Weiterreise

Die Airlines **Gol** (☎0300-115-2121; www.voegol.com.br), **TAM** (☎3614-2555; www.tam.com.br), **Azul** (☎0800-884-4040; www.voeazul.com.br) und **Avianca Brasil** (☎4004-4040; www.avianca.com.br) verkehren von Cuiabá zu vielen wichtigen Flughäfen in Brasilien (allerdings nicht nach Corumbá in Mato Grosso do Sul). Avianca Brasil und **Trip** (☎3682 2555; www.voetrip.com.br) fliegen außerdem nach Alta Floresta.

Darüber hinaus gibt's zahlreiche Busverbindungen nach Poconé (15 R$, 2½ Std., 6-mal tgl.), die erste um 6 Uhr. Chapada dos Guimarães (11 R$, 1 Std.) wird ab 6.30 Uhr stündlich von Expresso-Rubi-Bussen angesteuert. Wer einen Tagesausflug dorthin unternehmen möchte,

BUSSE AB CUIABÁ

ZIEL	PREIS (R$)	FAHRTDAUER (STD.)	UNTERNEHMEN
Alta Floresta	135–161	13½	Nova Integração (www.novaintegracao.com.br) Viagem Verde (www.viagemverde.com.br)
Brasília	140–169	15	Eucatur (www.eucatur.com.br), Expresso São Luiz (www.expressosaoluiz.com.br)
Cáceres	43–47	4	Eucatur (www.eucatur.com.br), Viagem Verde (www.viagemverde.com.br)
Campo Grande	82–102	11	Andorinha (www.andorinha.com), Eucatur (www.eucatur.com.br), Motta (www.motta.com.br), Nova Integração (www.novaintegracao.com.br), Viação São Luiz (www.viacaosaoluiz.com.br), Viação Ouro e Prata (www.viacaoouroeprata.com.br)
Goiânia	110–140	15	Eucatur (www.eucatur.com.br), Expresso São Luiz (www.expressosaoluiz.com.br)
Porto Velho	130–155	24	Eucatur (www.eucatur.com.br), Gontijo (www.gontijo.com.br), Rotas (www.nacionalexpresso.com.br)

sollte früh aufbrechen. Weitere Fahrtziele siehe Tabelle S. 383.

Unterwegs vor Ort

Der Marechal-Rondon-Flughafen (☎ 3614-2511) liegt 7 km von Cuiabá entfernt in Várzea Grande. Die Busse 24 und 55 (2,95 R$) ins Stadtzentrum starten am Las Velas Hotel (beim Verlassen des Flughafens links halten und 100 m bis zur Avenida Getúlio Vargas laufen). Ein Taxi kostet 30 R$. Die Busse zum Flughafen fahren an der Praça Ipiranga ab.

Vom **Busbahnhof** (☎ 3621 3629) 3 km nördlich des Zentrums an der Schnellstraße nach Chapada dos Guimarães verkehren Centro-Busse zur Praça Alencastro (2,95 R$). Die Busse mit der Aufschrift „Centro", die außerhalb des Busbahnhofs starten, verkehren häufiger. Sie halten auf Nachfrage vor dem CAT-Büro in der Avenida Isaac Póvoas. Wer im Busbahnhof ein Taxi nimmt, zahlt bis ins Zentrum 20 R$. Bus 7 pendelt zwischen Flughafen und Busbahnhof.

Referência (☎ 3682-6689; www.referencia.com.br) und **Localiza** (☎ 3682-7900; www.localiza.com) sind verlässliche Autovermietungen mit Filialen im Flughafen. Für das Pantanal ist der Volkswagen Gol das beste Auto. Während der Regenzeit (Nov.–März) braucht man einen Wagen mit Allradantrieb und etwas Offroad-Erfahrung.

Chapada dos Guimarães

☎ 0XX65 / 17 800 EW.

Die Gegend um Chapada dos Guimarães ist so unbekannt wie spektakulär. Sie erinnert an den Südwesten der USA und wirkt überraschend anders als das restliche Mato Grosso. Der gleichnamige Ort liegt 800 m höher als die Provinzhauptstadt Cuiabá und dient als perfekter Ausgangspunkt für eine Erkundung der Umgebung. Darüber hinaus verfügt er über einen der grünsten Hauptplätze in Brasilien.

Rund um den Park gibt's zahlreiche Attraktionen. Auf dem Weg von Cuiabá nach Chapada kommt man am **Rio dos Peixes**, **Rio Mutaca** und **Rio Claro** vorbei, die am Wochenende beliebte Badestellen der *cuiabânos* sind. Außerdem passiert man drei mächtige Täler, das **Vale do Salgadeira**, das **Vale do Paciência** und das **Vale do Rio Claro**, sowie den 80 m hohen steilen Bergsturz namens **Portão do Inferno** (Höllentor).

In **Salgadeira**, 14 km von Cuiabá entfernt, kann man unter einem Wasserfall duschen oder in einem der vier Restaurants unterhalb der imposanten Klippen ein Bierchen zischen. Eine Tour fürs Fotoalbum!

Schlafen & Essen

Es gibt einen guten Campingplatz in Salgadeira, direkt vor dem Aufstieg zum Chapada-Park. Alternativ findet man in Chapada selbst viele Übernachtungsmöglichkeiten.

Pousada Bom Jardim GASTHOF **$$**
(☎ 3301-2668; www.pousadabomjardim.com.br; Praça Dom Wunibaldo; EZ/DZ mit Ventilator ab 75/100 R$, DZ/3BZ mit Klimaanlage ab 95/135 R$; ❄ 📶) Die Ventilatoren der Zimmer in der *pousada* am zentralen Platz sind äußerst leistungsfähig, deswegen lohnt sich die klimatisierte Variante kaum. Sehr beliebt bei Backpackern.

Turismo Hotel HOTEL **$$**
(☎ 3301-1176; www.hotelturismo.com.br; Fernando Corrêa da Costa 1065; EZ/DZ 212/283 R$; ❄ 🏊) Eine makellose, von einer deutschen Familie geführte Unterkunft. Das traditionelle Frühstück wird zum Schutz vor Fliegen unter einer Glashaube serviert.

★ **Pousada do Parque Eco Lodge** LODGE **$$$**
(☎ 3391-1346; www.pousadadoparque.com.br; Estrada do Parque Ecológico, Km 52; EZ/DZ 270/370 R$; ❄ @ 🏊) 🍃 Diese gehobene Ökolodge direkt bei einem 150 ha großen Park, der erst kürzlich unter Naturschutz gestellt wurde, ist die dem Parkeingang am nächsten gelegene Unterkunft (4,5 km). Zum Bau wurden ausschließlich recycelte Materialien verwendet – die Dächer z. B. bestehen aus Milchkartons. Vorab buchen!

Pomodori ITALIENISCH, BRASILIANISCH **$$**
(Caldas 60; Hauptgerichte 22–32 R$; ⏱ Mo–Fr ab 16, Sa & So ab 12 Uhr) Im hübschesten Restaurant des Stadtzentrums laben sich die Gäste an italienischen Gerichten und gefülltem Gebäck.

Felipe SELBSTBEDIENUNG **$$**
(☎ 3301-1860; Cipriano Curvo 596; Mahlzeiten unter der Woche/am Wochenende 30/33 R$ pro Kilo; ⏱ 12–23 Uhr) In dem extravaganten Imbiss am Hauptplatz kann man sich für wenig Geld den Magen vollschlagen. Der Preis wird pro Kilo berechnet.

★ **Da Mata Bistro** MODERN **$$$**
(☎ 3301-3483; Abzweigung von der Estrada do Mirante, Km 1; Gerichte 42–90 R$; ⏱ Fr 20–2, Sa 17–2, So 11–17 Uhr) Das romantische Bistro mit großartigem Ausblick wird von den Eigentümern des ebenfalls empfehlenswerten **Morro dos Ventos** (der Ausschilderung folgen) geführt. Es bietet erstklassige moderne bra-

silianische Küche. Wir empfehlen das grandiose Sonntagsbüfett mit hausgemachter Pasta. Das Lokal liegt 4 km östlich der Stadt an der Schnellstraße MT-251 in Richtung Campo Verde.

Restaurante Cachoeirinha INTERNATIONAL **$$$**
(☎ 9216-3497; MT-251, Km 51; Mahlzeiten für 2 Pers. 45–97 R$; ⏲ 8.30–17 Uhr) Inmitten eines privaten Parkgeländes direkt unterhalb zweier schöner Wasserfälle kredenzt das Cachoeirinha u. a. kostspieliges, aber unvergessliches *pintado na telha* (auf Tonplatten gegrillter Seewolf). Von der 10 R$ teuren Eintrittsgebühr werden 5 R$ verrechnet.

Praktische Informationen

Wer mit einem fahrbaren Untersatz unterwegs ist, sollte sich bei der **CAT-Touristeninformation** (☎ 3301-2045; Penn Gomes s/n; ⏲ Mo–Sa 7–18 Uhr) eine Karte besorgen, auch wenn diese nicht gerade durch Detailreichtum glänzt – man wird sie brauchen!

Banco do Brasil (Praça Dom Wunibaldo)

Bradesco (Fernando Corréia da Costa 868)

Post (Fernando Corréia da Costa 848) Einen Block vom Hauptplatz entfernt.

An- & Weiterreise

Expresso-Rubi-Busse starten zwischen 6.30 und 19.30 Uhr stündlich vom Busbahnhof in Cuiabá nach Chapada-Stadt (11 R$, 1¼ Std.). Wer nur nach Véu de Noiva will, bittet den Fahrer, am Parkeingang 10 km westlich der Stadt zu halten. Die schönste Aussicht hat man, wenn man aus Cuiabá kommend rechts sitzt.

In entgegengesetzter Richtung fährt der erste Bus in Chapada-Stadt um 5.45 und der letzte um 19.30 Uhr ab. Chapadas Busbahnhof liegt zwei Blocks vom Hauptplatz (Praça Dom Wunibaldo) entfernt.

Parque Nacional da Chapada dos Guimarães

☎ 0XX65

Der erst 1989 gegründete Parque Nacional da Chapada dos Guimarães wird nur selten erwähnt, wenn man von den eindrucksvollsten Nationalparks Brasiliens spricht. Hoffen wir, dass das so bleibt! Am Parkeingang befindet sich ein **Besucherzentrum** (☎ 3301-2045; www.chapadadosguimaraeas.tur.br; ⏲ 8–17 Uhr) GRATIS, allerdings sollte man bedenken, dass der Zugang zu den Attraktionen des Schutzgebietes kontrolliert wird, um einen zu großen Andrang zu vermeiden. Am besten kommt man unter der Woche, wenn es hier ruhiger zugeht.

Die größten Highlights sind der Wasserfall Véu de Noiva und die bunten Felsnasen der Cidade de Pedra. Ersteren kann man als einzigen Teil des Parks auf eigene Faust besuchen, für alle anderen Bereiche muss man einen zertifizierten Guide anheuern. Aufgrund der fehlenden Infrastruktur gibt's derzeit leider keine Möglichkeit, auf die Cidade de Pedra zu steigen.

Sehenswertes

Véu de Noiva WASSERFALL
(Brautschleier) Der 86 m hohe senkrecht herunterstürzende Wasserfall ist das Postkartenmotiv des Parks. Ein kleiner Weg führt zu einem Aussichtspunkt auf den Felsen hoch über der Schlucht – einem der schwindelerregendsten Punkte hier. Die Kaskade befindet sich 15 km westlich der Stadt Chapada dos Guimarães und ist mit dem Bus aus Cuiabá zu erreichen, der auf Nachfrage an der Straße zum Park hält. Nach dem Besuch winkt man einfach den nächsten Bus heran, der dort auf dem Weg nach Chapada-Stadt vorbeikommt. Bei der Ankunft zuerst über die Klippe zur Rechten bergab gehen.

Cidade de Pedra BERG
(Steinerne Stadt) Zerklüftete Sandsteinformationen ragen oben auf riesigen Klippen gen Himmel, die in das grüne Tal abfallen. Die beste Zeit um herzukommen ist der Sonnenuntergang, wenn das rote Licht die ganze Gegend in ein Meer aus Farbe und Licht verwandelt. Die Cidade liegt 20 km nördlich von Chapada-Stadt an der Straße nach Água Fria.

Mirante de Geodésia AUSSICHTSPUNKT
Der *mirante* (Aussichtspunkt) ist der inoffizielle Mittelpunkt Südamerikas, allerdings erinnert er eher an eine Kanalabdeckung als an eine wichtige geografische Markierung. Immerhin genießt man hier einen atemberaubenden Ausblick! Zur Rechten sieht man die Skyline von Cuiabá und dahinter das Flachland, das in das Pantanal übergeht. Der Aussichtspunkt liegt außerhalb des Nationalparks. Um herzugelangen folgt man der letzte Straße in Chapada-Stadt, die rechts abzweigt, und folgt ihr 8 km bis zu einem unbefestigten Weg. Die Schlucht ist nur ein paar hundert Meter entfernt.

Geführte Touren

Alle Veranstalter in Cuiabá, die auf S. 404 genannt werden, bieten Ausflüge zum Park an. Die meisten Besucher entscheiden sich für eine der folgenden drei Rundtouren: den

ABSEITS DER ÜBLICHEN PFADE

PRIVATES NATURERBERESERVAT DER CRISTALINO JUNGLE LODGE

Im gesichtslosen **Alta Floresta**, 873 km nördlich von Cuiabá, endet die Straße. Dahinter erstreckt sich in Richtung Norden der weite Amazonasdschungel. Die Stadt selbst hat keine Attraktionen, aber es gibt einen guten Grund herzukommen: das Cristalino-Naturerbereservat, eines der besten Gebiete Amazoniens, um seltene Vögel und Säugetiere wie den gefährdeten Weißnasensaki, Tapire, Riesenotter, Dreifingerfaultiere sowie fünf Großpapageienarten zu beobachten.

Am Ufer des Rio Cristalino 39 km nördlich von Alta Floresta liegt inmitten amazonischer Flora und Fauna die **Cristalino Jungle Lodge** (☎3521-1396; www.cristalinolodge.com.br; EZ/DZ Pauschalpreis ab 500/400 R$ pro Person). Auf dem Gelände gibt's einen 50 m hohen Beobachtungsturm und ein 20 km umfassendes Wegenetz für Vogelfreunde (die Gegend zählt zu den Top 50 der Vogelbeobachtung weltweit). Die neuen VIP-Bungalows bieten naturverbundenen Luxus. Im Preis enthalten sind Transport, Verpflegung, ein Guide, Exkursionen und Versicherung. Ein Zimmer in der Hochsaison muss man weit im Voraus buchen.

Wer nicht die Zeit oder das Geld hat, in der Dschungellodge zu übernachten (neben einer Angeltour die einzige Möglichkeit, dem hiesigen Tierreich näherzukommen), kann mit **Floresta Tours** (☎3521 7100; www.florestatour.com.br; ⏲Mo–Fr 8–17, Sa bis 12 Uhr) für etwa 200 R$ pro Nase neunstündige Tagesausflüge ins Naturerbereservat unternehmen (Transport, Führer, Exkursionen und das Mittagessen in der Lodge sind inbegriffen). Der Veranstalter betreibt ein Büro im **Floresta Amazônica Hotel** (☎3512 7100; www.fah.com.br; Av Perimetral Oeste 2001; EZ/DZ 80/100 R$; ❄@≋) in Alta Floresta. Touren müssen vorab gebucht werden.

Von Cuiabá fahren die Busunternehmen **Nova Integração** (www.novaintegracao.com.br) und **Viagem Verde** (www.viagemverde.com.br) Richtung Norden nach Alta Floresta (135–161 R$, 13½ Std.). Trip (S. 383) und Avianca (S. 383) fliegen täglich hierher.

Circuito das Cachoeiras (Wasserfalltour; ab 110 R$ pro Pers. – ohne Véu de Noiva), den **Circuito Vale do Rio Claro** (Claro-Flusstal-Tour; ab 130 R$ pro Pers. – mit Véu de Noiva) oder den **Roteiro da Caverna Aroe Jari e Lagoa Azul** (Aroe-Jari-Höhlen-Tour; ab 130 R$ pro Pers. plus 20 R$ Eintritt zur Höhle), der einen Abstecher zum Mirante de Geodésia und zur größte Sandsteinhöhle Brasiliens umfasst. Die Exkursionen beginnen um 9 Uhr und enden um 18 Uhr. Sie sollten vorab gebucht werden, besonders im Juli, August und September.

Chapada Explorer ÖKOTOUR
(☎3301-1290; www.chapadaexplorer.com.br; Praça Dom Wunibaldo 57, Chapada dos Guimarães; ⏲Mo–Fr 8–11 & 14–17, Sa & So 8–11 Uhr) Eine ausgezeichnete Agentur mit Sitz in Chapada. Sie wird von jungen Einheimischen betrieben, die sich für den Ökotourismus einsetzen und versuchen, die Bevölkerung von den Vorteilen umweltfreundlichen Verhaltens zu überzeugen. Zum Programm gehören Touren zu allen Attraktionen der Gegend für Gruppen bis maximal zehn Personen. Verpflegung muss man selbst mitbringen und die Eintrittsgelder sind nicht im Preis enthalten.

Bom Jardim

☎0XX65

Wer es nicht nach Bonito schafft, kann alternativ die weniger besuchten Wasserattraktionen von Nobres, 150 km nördlich von Cuiabá, ansteuern. Kristallklare Flüsse mit unzähligen tropischen Fischen, Höhlen, Wasserfällen und Papageien machen die Gegend zu einem lohnenswerten Abstecher, egal ob man einen Tagesausflug von Cuiabá aus unternimmt oder in Vila Bom Jardim übernachtet.

Sehenswertes & Aktivitäten

Wer die Hauptattraktionen sehen möchte, braucht einen Guide. Entweder wendet man sich dafür an einen der Tourveranstalter in Cuiabá oder sucht vor Ort einen Führer. In Vila Bom Jardim gibt's einen **natürlichen Swimmingpool**, der während der heißesten Stunden des Tages für Abkühlung sorgt.

Lagoa das Araras SEE
(⏲ab 17 Uhr) 15 Gehminuten von Bom Jardim (einfach einen Einheimischen nach dem Weg fragen; er ist leicht zu finden) erstreckt sich die Lagoa das Araras. An dem See ver-

sammeln sich jeden Abend um 17 Uhr Touristen, um die Ankunft mehrerer Gruppen bunter Papageienarten zu beobachten, die hier die Nacht verbringen.

★ Recanto Ecológico Lagoa Azul SCHNORCHELN
(Schnorcheln 65 R$) 8 km von Bom Jardim entfernt kann man im „Reino Encantado" (Verzaubertes Reich) schnorcheln und sich im „Rio Triste" (Trauriger Fluss) treiben lassen. Ganz in der Nähe befinden sich ein paar Höhlen (der Guide zeigt einem den Weg) mit bizarren Felsformationen und dösenden Fledermäusen.

Cachoeira da Serra Azul WASSERFALL, SCHNORCHELN
(SESC Serra Azul, Rosario Oeste; Schnorcheln 50 R$) Dieser 50 m hohe Wasserfall stürzt in einen 8 m tiefen, leuchtend blauen Naturpool. Vor Ort gibt's einen Waldweg und exzellente Schnorchelmöglichkeiten.

Schlafen & Essen

Pousada Mangueiras POUSADA $
(☎3376-1345; www.pousadamangueiras.com.br; Av Getúlio Vargas 1501, Bom Jardim; EZ/DZ 70/150 R$; ❄📶) Eine schicke Option in Vila Bom Jardim, die mit Holzmöbeln aufwartet und ein Reisebüro beherbergt.

ANGELRAUSCH IN CÁCERES

Jeden September zieht der kleine Ort Cáceres mit seinem **Festival Internacional de Pesca**, laut dem Guinness-Buch der Rekorde das größte Angelsportereignis der Welt, 150 000 Besucher an. Schon seit 1979 steuern fanatische Angler aus etwa 15 Ländern den Rio Paraguai an, um den größten *pintado*, *dourado* oder *pacu* zu fangen und dann wieder freizulassen. Der Sieger erhält ein Auto oder Motorboot im Wert von 30 000 R$. Am Fluss treten Tanzgruppen auf und den etwa 1500 einheimischen Kindern wird erzählt, was die ökologischen Vorteile sind, wenn man die Fische nach dem Fangen wieder freilässt. Im **Büro von Sematur** (☎3223-3455; Rua Riachuelo 1; ⏲Mo–Fr 12–18 Uhr) unweit des Flussufers gibt's weitere Infos. Man geht in Richtung Wasser und folgt der Straße nach rechts bis zum Ende.

Pousada Rota das Aguas POUSADA $$
(☎3102-2019; www.rotadasaguas.tur.br; Rodovia 241, Km 65; Zi. 190 R$; ❄📶🏊) 🌿 Diese tolle Bleibe außerhalb der Ortschaft punktet mit ihrer hübschen Umgebung und ihrer Lage nur wenige Schritte von der Hauptattraktion der Region, dem Recanto Lagoa Azul, entfernt. Außerdem beherbergt sie ein gutes **Restaurant** (25 R$ pro Pers.).

Vista da Serra SELBSTBEDIENUNG, PIZZERIA $
(☎9628-0014; Vila Bom Jardim; Büfett 20 R$ pro Kilo) Selbstbedienungsbüfett am Mittag und Abendessen bzw. Pizza à la carte. Eine verlässliche Option.

ℹ An- & Weiterreise

Täglich verkehrt ein Bus von Cuiabá nach Bom Jardim (14.30 Uhr, 38 R$, 2 Std.). Zurück geht's um 5 Uhr morgens. Bei den geführten Touren ab Cuiabá ist die Hin- und Rückfahrt bereits im Preis enthalten.

Poconé

☎0XX65 / 32 000 EW.

Diese rosafarbene Stadt ist die wichtigste Anlaufstelle für alle, die von Cuiabá aus nach Süden ins Pantanal reisen. Hier beginnt außerdem die Transpantaneira. Poconé wirkt immer noch wie ein verschlafenes Grenzörtchen – ein Einheimischer drückte es so aus: „Hier machen selbst die Restaurants zum Mittagessen dicht!" Die Bewohner, von denen viele von den indigenen *beri-poconeses* abstammen, fühlen sich ihren Traditionen stark verbunden.

Im Mai feiert Poconé eine Woche lang die **Semana do Fazendeiro e do Cavalo Pantaneiro** mit einem Rindermarkt und mehreren Rodeos.

Geführte Touren

Transpantanal GEFÜHRTE TOUREN
(☎3345-2343; www.transpantanal.com.br; Av Aníbal de Toledo 1895; ⏲Mo–Fr 7.30–18, Sa bis 12 Uhr) Die einzige Agentur in der Stadt, die auf ambitioniertere Angler ausgerichtet ist. Zum Angebot gehören siebentägige Angel-Pauschaltouren auf den Flüssen Cuiabá, São Lourenço, Piquiri und Paraguai (mind. 12 Pers.).

Schlafen

Die besten Unterkünfte, vor allem dann, wenn man über die Transpantaneira weiterreisen möchte, liegen einige Kilometer außerhalb der Stadt am Beginn der Straße.

GRENZÜBERGANG NACH BOLIVIEN

Neben dem Angelfest (s. Kasten S. 387) ist eine Reise zur bolivianischen Stadt San Matías der einzige weitere Grund für einen Besuch von Cáceres. Der kleine Busbahnhof des Ortes liegt zehn Blocks nördlich des Flussufers. (Achtung: Der Bus aus Cuiabá hält zuerst am größeren Bahnhof unmittelbar außerhalb des Stadtzentrums in Vale do Araguaia namens „Terminal Rodoviario de Cáceres" – hier NICHT aussteigen!)

Zweimal täglich, um 4.30 und 10 Uhr, starten Busse zur bolivianischen Grenze bei Corixio (21 R$); zurück geht's um 7.30 und 12.30 Uhr. Wer ein Ticket kaufen möchte, wird nach seinem Reisepass gefragt. Von Corixio aus verkehren mehrere Minibusse nach San Matías. Vor der Fahrt muss man bei der **Bundespolizei** (☎3211-6330; Av Getúlio Vargas 2125; ⏲8–18 Uhr) in Cáceres, 4 km von der Stadt entfernt unweit der *prefeitura* (Rathaus), einen Ausreisestempel holen.

Pousada Pantaneira POUSADA $
(☎3345-3357; www.pousadapantaneira.com.br; Rodovia Transpantaneira, Km 0; EZ/DZ 50/80 R$) Die einfache *pousada* mit *churrascaria* (Grillrestaurant) am Startpunkt der Transpantaneira ist eine gute Ausgangsbasis, um die Weiterfahrt auf der Straße zu organisieren.

Hotel Skala HOTEL $
(☎3345-1407; www.skalahotel.com.br; Praça Bem Rondon 64; EZ/DZ 70/120 R$; ❄@) Poconés beste Übernachtungsmöglichkeit im Zentrum verfügt über geräumige, wenn auch dunkle Zimmer. Direkt nebenan befindet sich das stilvollste Restaurant der Stadt, das Tradição.

Essen & Ausgehen

Cheiro Verde SELBSTBEDIENUNG $
(☎3345-3005; Praça Bem Rondon; Büfett 15 R$ pro Person) Einfache hausgemachte Mahlzeiten in sauberer Umgebung.

Atellier do Luizão BAR
(☎3345-2733; Generoso Ponce 1101) Diese kleine Bar gehört zu einem Kunsthandwerksladen mit Souvenirs und Dekoartikel, die vor Ort hergestellt werden. Viele Motive sind – wenig überraschend – von der Tierwelt des Pantanals inspiriert.

Praktische Informationen

Banco do Brasil (Campos Sales) Der Geldautomat für Visa bzw. MasterCard funktioniert leider nicht immer.

CAT-Büro (☎3345-1575; Praça Menino Jésus; ⏲Mo–Fr 7–13 Uhr) Infos zu *pousadas* und eine Karte der Transpantaneira.

Post (Coronel Salvador Marques 335)

An- & Weiterreise

Die Busse von/nach Cuiabá halten zuerst am Busbahnhof zehn Blocks vom Zentrum und fahren dann weiter zur Praça da Matriz. Hinter der Matriz-Kirche verläuft die Straße, die zur Transpantaneira führt.

Busse von Cuiabá nach Poconé (15 R$, 2 Std., etwa alle 3 Std.) verkehren zwischen 6 und 19 Uhr. Von 6 bis 19.30 Uhr gibt's insgesamt sechs Verbindungen in die Gegenrichtung. Alternativ nimmt man einen der Wagen von **Ponto de Taxi** (☎3345-1140) an der Praça da Matriz, die einen bei voller Besetzung für 30 R$ pro Person bis nach Cuiabá bringen.

DAS PANTANAL

Das Amazonasbecken mag mehr Ruhm und Ehre einheimsen, doch dort behindert dichtes Laubwerk die Sicht. Die bessere Adresse zur Tierbeobachtung ist das Pantanal mit seinen offenen Weiten.

Im Herzen Südamerikas gelegen, hat dieses größte Feuchtgebiet der Erde die 20-fache Größe der Everglades in Florida – rund 210 000 km²! Etwas weniger als 100 000 km² gehört zu Bolivien und Paraguay, der Rest zu Brasilien, aufgeteilt auf die Bundesstaaten Mato Grosso und Mato Grosso do Sul.

Es gibt in der Region wenige Menschen und keine Städte. Die Entfernungen sind so gewaltig und die Transportmöglichkeiten zu Lande so dürftig, dass man auf kleine Flugzeuge und Motorboote angewiesen ist. Geländewagen kommen nur zu bestimmten Jahreszeiten vorwärts. Die wichtigste Straße, die tief ins Pantanal hineinführt, ist die **Transpantaneira**. Diese erhöhte, unbefestigte, von kleinen Holzbrücken unterteilte Route endet 145 km südlich von Poconé bei Porto Jofre. Inzwischen wird anscheinend der geplante Bau der umstrittenen Strecke von Porto Jofre nach Corumbá (an der Grenze zu Bolivien), der aufgrund ökologischer Bedenken und fehlender Mittel lange zurückgestellt wurde, wieder in Erwägung gezogen.

Das Pantanal

0 ——— 100 km

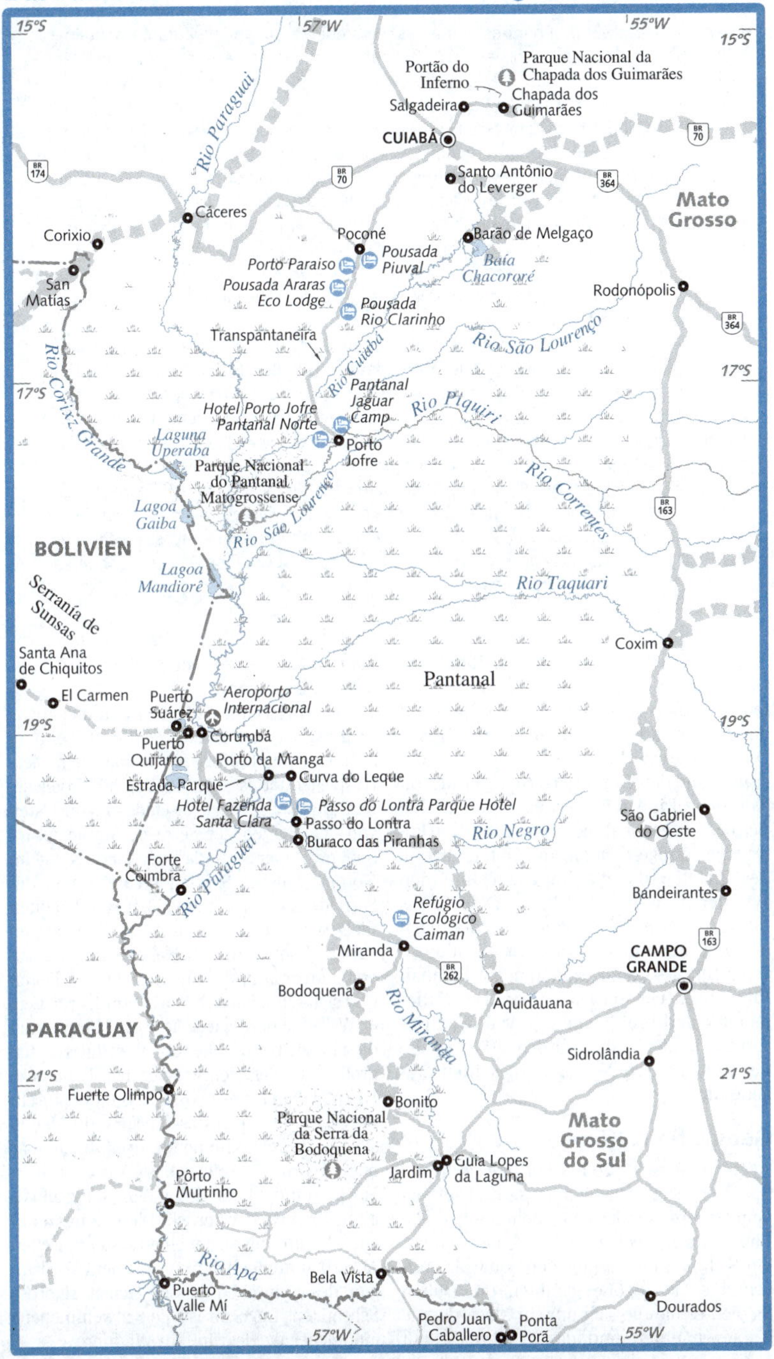

DIE KÜCHE DES PANTANALS

Die *pantaneiros* (Einwohner des Pantanals) verstehen es, regionale Zutaten zu kulinarischen Köstlichkeiten zu verarbeiten. Bei Reisen durch das Gebiet wird man viele Restaurants entdecken, die lokale Spezialitäten anbieten – einfach einkehren und probieren.

In der Küche des nördlichen Pantanals dreht sich fast alles um Fisch. *Pacu, dourado* und *pintado* sind die am häufigsten verwendeten Speisefische; sie werden *frito* (gebraten), *grelhado* (gegrillt), *assado* (gebacken) oder *defumado* (geräuchert) serviert. *Dourado* und *pacu* haben viele kleine Gräten, die sich aber leicht vom Fleisch lösen lassen, wenn sie langsam gegart wurden. *Pacu* wird häufig gebacken und mit einer Soße namens *escabeche* serviert, die aus Zwiebeln, Tomaten und Paprika besteht. Großer Beliebtheit erfreut sich auch der mit grobem Salz gewürzte und anschließend gegrillte *pintado*. Zu den weiteren Spezialitäten zählen *peixe à urucum* (Fisch mit Gewürzen, Kondensmilch, Kokosmilch und geschmolzenem Mozzarella) und Piranhasuppe, laut den *pantaneiros* ein Aphrodisiakum.

Auf den Farmen und im südlichen Pantanal zeugen die Gerichte von einem stärkeren Einfluss der Rinderwirtschaft und des Getreideanbaus in der Region. Hier kommen *carne seca com abobora* (gedörrtes Rindfleisch mit Kürbis) und *paçoca-de-pilã* (gedörrtes Rindfleisch mit Maniokmehl, das mit Bananen und ungesalzenem Reis verzehrt wird) auf den Tisch. Daneben gibt's *arroz de carreteiro* (Reis mit gedörrtem Rindfleisch an gebratenem Maniok und Bananen) und *galinha caipira* (Hühnchen mit weißem Reis und *pequi*, einer kleinen, gelben Frucht aus dem Cerrado). Vorsicht, nicht in die *pequi* beißen, die Samen haben Stacheln! Die Nachspeisen des Pantanals sind süß und lecker. Zu den beliebtesten Varianten gehören *furrundu*, bestehend aus Papayastängeln (von der Pflanze der Frucht), Zuckerrohrsaft und Kokosnuss, sowie Eiscreme aus *bocaiúva*, einer weiteren lokalen Obstsorte.

Der **Parque Nacional do Pantanal Matogrossense** umfasst 1350 km² im Südwesten von Mato Grosso, aber der größte Teil des Pantanals befindet sich in Privatbesitz. Die Zusammenarbeit zwischen dem Ökotourismus und den Landbesitzern in der Region (vor allem Rinderzüchter) hat einen großen Beitrag zur nachhaltigen Erhaltung der Umwelt beigetragen. Durch die Unterstützung der Züchter, die die Koexistenz mit den Wildtieren fördert, wird das Defizit, das durch die saisonbedingten Überflutungen entsteht, überbrückt, das sonst mit intensiverer (und dadurch zerstörender) Viehhaltung abgedeckt werden müsste. Der Nationalpark und drei kleinere private Naturreservate in der Nähe wurden 2000 in die Liste der Unesco-Weltnaturerbestätten aufgenommen.

Geografie & Klima

Auch wenn *pantano* auf Portugiesisch und Spanisch „Sumpf" bedeutet, ist das Pantanal kein Sumpf, sondern vielmehr eine große Flussmarsch. Geologisch handelt es sich um ein Sedimentbecken aus dem Quartär. Aufgrund seiner Größe glaubten die frühen Siedler, es handle sich um ein Meer, das sie Xaraés nannten und das gleichzeitig mit dem Amazonasmeer vor 65 Mio. Jahren auszutrocknen begann.

Die jahreszeitlich überschwemmte Ebene ist 2000 km vom Atlantik entfernt, befindet sich aber nur 100 bis 200 m über dem Meeresspiegel und ist rundum von höher gelegenen Landstrichen eingeschlossen: im Osten von den Bergen der Serra de Maracaju, im Süden von der Serra da Bodoquena sowie im Norden von der Serra dos Parecis und der Serra do São Geronimo. Aus diesen Regionen fließt der Regen ins Pantanal und bildet den Paraguai sowie dessen Nebenflüsse, die zuerst südwärts und dann nach Osten fließen und sich schließlich in den Atlantik ergießen.

Während der Regenzeit (Nov.–März) treten die Flüsse über die Ufer und überfluten einen großen Teil des niedrig gelegenen Pantanals. Es entstehen *cordilheiras*, Vegetationsinseln oberhalb des Hochwasserpegels, in denen sich die Tiere zusammendrängen. Im Januar oder Februar erreicht das Wasser seinen Höchststand (bis zu 3 m) und im März geht es allmählich wieder zurück. Diese jahreszeitliche Überflutung macht einen systematischen Ackerbau unmöglich und setzt dem Vordringen des Menschen in das Gebiet rigorose Schranken. Dagegen ist die Schwemmebene ein reicher Weidegrund für Wildtiere.

Die Überschwemmungen reichern den Boden, der sonst aufgrund der massiven Entwässerung nicht fruchtbar wäre, mit Nährstoffen an. Das Wasser wimmelt von Fischen und die Teiche sind schützende Ökonischen für viele Tiere und Pflanzen. Zudem besiedeln riesige Kolonien von Sumpfvögeln mehrere Quadratkilometer in der Region.

Während der Trockenzeit geht das Wasser dann wieder zurück, die Lagunen und Marschen trocknen aus und frisches Gras sprießt aus der Savanne (geht im Pantanal oft ohne klare Abgrenzung in Waldgebiete über). Nun konkurrieren die Falken, Störche und Kaimane (*jacarés*) miteinander um die Fische in den verbliebenen Teichen. Wenn Letztere schrumpfen und austrocknen, kriechen die Kaimane auf der Suche nach Wasser herum und trotzen der Dürre, bis wieder der Regen einsetzt.

Reiseplanung

Reisezeit

Besucher sollten während der Trockenzeit (Mai–Sept.) herkommen. Die besten Bedingungen zur Vogelbeobachtung herrschen zwischen Juli und September. Dann bevölkern Vögel die Landstriche, aus denen das Wasser zurückgewichen ist und nun leuchtend grünes Gras sprießt. Scheue Jaguare erspäht man am ehesten zwischen Juni bis November, wenn Zugang zu allen Gebieten besteht und man tiefer in die Wildnis vordringen kann.

Überflutungen, unaufhörliche Niederschläge und Hitze machen das Reisen in der Regenzeit (Nov.–April) sehr schwierig, auch wenn selbst diese Monate schöne Seiten haben – dann nämlich drängen sich das Vieh und die Wildtiere auf den *cordilheiras*. Da die Inseln nun aber von dichter Vegetation bedeckt sind, kann es schwerer werden, die Wildtiere zu entdecken. Im Februar und März gibt's die heftigsten Regenfälle. Die Straßen werden unpassierbar und das Reisen wird zu einem logistischen Albtraum. Ungefähr einmal pro Jahrzehnt erreicht die Überflutung katastrophale Ausmaße mit Todesopfern unter Mensch und Tier.

Von Juni bis August, den trockensten Monaten, hat man sicher die besten Chancen, Jaguare zu sehen. Die Hitze erreicht ihren Höhepunkt von Dezember bis Februar, wenn das Thermometer verbreitet auf über 40 °C klettert. Jetzt verwandeln sich die Straßen in Brei, und Moskitos schwärmen in Bataillonsstärke aus. Viele Hotels schließen, und im nördlichen Pantanal pausieren auch die Touranbieter.

Angler finden die besten Bedingungen in den ersten Wochen der Trockenzeit (April–Mai) vor, wenn sich die über die Ufer getretenen Flüsse allmählich in ihre Betten zurückziehen. So mancher Einheimischer hat über die gesamte Trockenzeit hinweg schon rund 80 kg Fisch mit der Angel aus dem Wasser gezogen. Tatsächlich ist das Pantanal einer der tollsten Angelgründe weltweit. Es gibt hier drei Arten von Piranhas und die schmackhaften *dourados*, robuste, lachsähnliche Burschen, die von den Einheimischen als Flusstiger bezeichnet werden. Sie bringen mehr als 9 kg auf die Waage und machen Jagd auf andere Fische. Zu den weiteren ausgezeichneten Fängen gehören *pacu*, *suribim*, *bagre*, *giripoca*, *piraputanga*, *piapara*, *cachara*, *pirancajuva* und *pintado* – um nur ein paar zu nennen.

Während die Jagd untersagt ist, darf man mit den erforderlichen Genehmigungen zwischen Februar und Oktober angeln. Ein Verbot gilt aber in der *piracema* (Laichzeit) von November bis März, wobei der Zeitrahmen nach den jeweiligen Flussbedingungen jährlich variiert. In den Filialen der Banco do Brasil werden dreimonatige Angelgenehmigungen für das Pantanal ausgestellt, aber man muss sich zuerst das Antragsformular unter www.imasul.ms.gov.br ausdrucken. Landesweit gültige Genehmigungen für ein Jahr bekommt man in den IBAMA-Büros in **Campo Grande** (☎0xx67-3317-2952; Padre João Crippa 753), **Corumbá** (☎0xx67-3231-6096; Firmo Matos 479) und **Cuiabá** (☎0xx65-3648-9100; Av Historiador Rubens de Mendonça 5250).

Das gehört ins Gepäck

Im Pantanal gibt's kaum Geschäfte, man muss sich also gut auf die Reise vorbereiten. Die Trockenperiode ist zugleich die kühlere Jahreszeit. Garderobentechnisch sollte man sich auf heiße Tage, kühle Nächte, Regen und Moskitos einstellen. Ungeeignet sind Kleidungsstücke in Rot (verschreckt Tiere), Gelb (zieht Moskitos an) und Schwarz (staut die Hitze und zieht ebenfalls Moskitos an). Zudem gehören Sonnenschutzmittel, Sonnenbrille, ein Hut, leichte Kleidung, Turnschuhe oder Stiefel, leichte Regenkleidung und etwas Wärmeres für die Abende in den Rucksack. Vor Moskitos schützen lange Hosen und langärmlige Hemden, Vitamin B12 und Insektenschutzmittel.

(Fortsetzung auf S. 404)

1

2

JANE SWEENEY / GETTY IMAGES ©

1. Kanufahrt, Pantanal 2. Kaiman (S. 656)
3. Holzbrücke, Pantanal

Fahrt auf der Transpantaneira

1970 beschloss die Regierung, im Pantanal (S. 388) eine Straße von Cuiabá nach Corumbá zu errichten. Nachdem diese bereits bis Porto Jofre 145 km von Poconé führte, stellten sich die Verantwortlichen die Frage, ob man wirklich in einer Region bauen sollte, die sechs Monate im Jahr unter Wasser steht. Anschließend traf sie die weise Entscheidung, das Projekt zu stoppen. Zurück blieb eine aufgeschüttete Schotterpiste, die Transpantaneira.

Rund um die Straße, an der es mehrere Übernachtungsmöglichkeiten gibt, lebt eine reiche Fauna, zu der *jacarés* (Kaimane), Wasserschweine und Vögel gehören. Wer in Cuiabá losfährt, sollte bereits um 4 Uhr morgens starten, denn so erreicht man die Transpantaneira zum Sonnenaufgang, wenn die Tiere erwachen. Unter der Woche ist hier weniger los und es wird dementsprechend nicht so viel Staub aufgewirbelt. Offiziell beginnt die Straße in Poconé, wobei auch oft das Holzschild und die Wachstation 17 km weiter südlich als Startpunkt bezeichnet werden. Wir raten Travellern in Poconé aufzutanken. Normalerweise schafft man es zwar mit einer Tankfüllung nach Porto Jofre und zurück, geht aber trotzdem besser auf Nummer sicher: Wer falsch kalkuliert, muss an der Tankstelle am Hotel Porto Jofre nämlich den doppelten Preis zahlen.

Richtung Süden passiert man mehr als 125 kleine Holzbrücken und zahlreiche metergroße Schlaglöcher. Bei Km 18 steht eine Statue des hl. Franziskus, Patron der Ökologie, die von einem Priester in Poconé gefertigt wurde. Im Barara, einer kleinen Bar bei Km 32, kann man ein Bier trinken und *galinhada* (Hühnchen und Reis) oder Backfisch essen. Hier werden auch Tickets für den lohnenswerten Aussichtsturm neben der Pousada Araras Eco Lodge (S. 406) verkauft.

Hinter Km 105 wird die Landschaft dichter und wilder – man ist im Revier der Jaguare! Wer die scheuen Raubtiere sehen möchte, sollte das Campo do Jofre gleich nördlich von Porto Jofre ansteuern.

Capoeira

Capoeira kombiniert Elemente aus Kampf, Spiel und Tanz. Die Sportart wurde vor über 400 Jahren von afrobrasilianischen Sklaven als Mittel der Selbstverteidigung gegen ihre Herren entwickelt. Heute ist sie eine einzigartige künstlerische Ausdrucksform aus Bahia (S. 423).

Ursprünge

Capoeira soll auf einen rituellen afrikanischen Tanz zurückgehen. Die Sklavenhalter verboten die Kampfkunst und verbannten sie aus den Hütten ihrer Leibeigenen *(senzalas)*, die fortan heimlich im Wald trainierten. Um diesen Akt des Widerstands vor den Autoritäten zu verbergen, wurde Capoeira später zu einer Art akrobatischem Tanz weiterentwickelt.
Ursprünglich diente das Händeklatschen und Anschlagen des *berimbau* (Musikinstrument mit einer Saite, das wie eine Angelrute aussieht) als Warnung vor dem sich nähernden Sklavenbesitzer. Nach und nach wurden die Elemente aber in den Tanz integriert und geben nun den Rhythmus vor.

Die Sportart war bis in die 1920er-Jahre verboten. In den 1930ern bewirkte Mestre Bimba, dass sie sich von einem Mittel der Auflehnung zu einer künstlerischen Ausdrucksform entwickelte, die in Bahia zu einer Institution wurde.

Traditionen & Varianten

Heute existieren zwei Varianten der Kampfkunst: die langsame und leise Capoeira Angola, ursprünglich gelehrt von Mestre Pastinha, und die aggressivere Capoeira Regional, eingeführt von Mestre Bimba. Anhänger der ersten Form zufolge stammt Capoeira aus Angola, wohingegen sie laut der zweiten Fraktion in den Plantagen von Cachoeira und den Städten der *recôncavo*-Region geboren wurde.

1. Capoeira-Tänzer, Salvador **2.** Capoeira-Tänzer, Itacaré

Die Bewegungen sind fließend und kreisförmig und die Kämpfer agieren spielerisch und respektvoll, wenn sie sich zum Schein Schläge versetzen. Capoeira wird von zwei Kämpfern in einer *roda* (Kreis) aus Zuschauern/Kämpfern vorgeführt, die in die Hände klatschen und singen. Neben dem *berimbau* sorgen weitere Instrumente wie *pandeiro* (Tamburin), *agogô* (Glocke) und *atabaque* (Trommel) für die musikalische Begleitung. Die Sportart gewinnt Jahr um Jahr mehr Anhänger. Überall in Brasilien, besonders in Bahia, sieht man, wie Leute am Strand die Bewegungsabläufe trainieren, und in Touristengebieten bilden sich auf der Straße oft ganz plötzlich *rodas*.

Zuschauen

Abends dringt in Salvadors Pelourinho (S. 428) Musik aus den vielen Capoeira-Studios in der Gegend um das Teatro San Miguel Santana. Man kann einfach hineingehen und zuschauen, sollte sich aber nicht wundern, wenn man um ein kleines Eintrittsgeld gebeten wird: Damit unterstützt man die Betreiber. Hier ist Capoeira authentischer als in touristischen Gegenden. Wer nämlich den Kampftänzern im Terreiro de Jesus oder im Erdgeschoss des Mercado Modelo zusieht, wird innerhalb von Sekunden nach Kleingeld gefragt. Professionellere Capoeira wird außerdem in Folkloreshows präsentiert, beispielsweise in Salvadors berühmtem Balé Folclórico da Bahia.

Kurse

Kurse gibt's im Pelourinho. Anderswo in Bahia werben *capoeiristas* häufig in Jugendherbergen für ihren Unterricht. Eine Stunde kostet ca. 30 R$. Am besten zieht man eine bequeme weite Hose an, in der man sich gut bewegen kann.

Candomblé

Die wilde, geheimnisvolle Candomblé-Religion ist tief in der Bahia-Kultur verwurzelt und verbindet unzählige Afrobrasilianer mit ihren westafrikanischen Vorfahren.

Afrikanische Wurzeln

Candomblé ist die orthodoxeste Religion, die von den Nago, Yoruba und Jeje aus Afrika nach Brasilien gebracht wurde. Der afrikanische Begriff bezeichnet einen Tanz zu Ehren der Götter. Rituale werden von einem *pai de santo* oder einer *mãe de santo* (wörtlich: „Heiligenvater" oder „Heiligenmutter", die Candomblé-Priester) geleitet und in einer *casa de santo* oder einem *terreiro* (Haus des Gottesdienstes) ausgeübt. Zeremonien finden in der Yoruba-Sprache statt.

Orixás

Im Mittelpunkt der Religion stehen *orixás* (Gottheiten). Wie die Götter der griechischen Mythologie besitzt jede *orixá* eine eigene Persönlichkeit und Geschichte. Candomblé-Anhänger glauben, dass alle Menschen von Geburt an einen eigenen Schutzgott haben. Dieser wird durch ein Ritual, das Jogo dos Búzios (Muschelspiel), bestimmt, indem ein *pai* oder eine *mãe de santo* mehrmals eine Handvoll *búzios* (Muscheln) wirft. Durch deren Anordnung deuten sie das Schicksal, die Zukunft und die vergangene Beziehung des jeweiligen Gläubigen zu den Göttern. Neben weiblichen und männlichen *orixás* gibt's auch einige, die ihr Geschlecht wechseln können, darunter Logunedé, Sohn der beiden männlichen Gottheiten Ogun und Oxoss.

1

Praktizierter Glaube

Um gesund zu bleiben, opfern die Candomblé-Anhänger ihrer jeweiligen *orixá* Speisen und andere Gaben. Iemanjá, Göttin oder Königin des Meeres, stimmt man mit Parfüm, Blumen, Kämmen und Spiegeln gnädig. Der eitle Oxúm, Gott des Süßwassers und der Wasserfälle, wird mit Ohrringen, Ketten, Champagner sowie Honig überhäuft. In Bahia und Rio versammeln sich in der Silvesternacht und am Neujahrstag Anhänger afrobrasilianischer Kultreligionen, in Salvador am 2. Februar. Dann machen sich Millionen Brasilianer zum Strand auf, um Iemanjá zu ehren. Sie werfen Blumen, Parfüms, Früchte und sogar Schmuck ins Meer, um die Mutter des Wassers zu erfreuen und im neuen Jahr Schutz und Glück zu erhalten.

Zeremonien

Die festlichen Zeremonien finden in reich dekorierten Hallen, sogenannten *terreiros*, statt. Während Trommler kraftvolle Rhythmen spielen, bewegen sich Tänzerinnen (meist sind nur wenige Männer darunter) kreisförmig im Uhrzeigersinn und singen Gebete in Yoruba-Sprache. Das Ritual verkörpert eine Reise durch die Jahrhunderte und stellt eine Kontaktaufnahme zu den Vorfahren dar. Geleitet wird es von der *mãe de santo* oder dem *pai de santo*. Durch Glockenläuten beschwört man die Geister: Wenn sich eine *orixá* zeigt, nehmen die Tanzenden deren Eigenschaften an. Eine gute Liste mit *terreiros* gibt's unter www.bahia-online.net/Candomble.htm.

JAN SOCHOR / ALAMY ©

1. Candomblé-Anhänger
2. Yemanjá-Fest
3. Tanzende Frauen, Yemanjá-Fest

LATINCONTENT / GETTY IMAGES ©

LATINCONTENT / GETTY IMAGES ©

CRISTIANO BURMESTER / GETTY IMAGES ©

1. Tauchen, Fernando de Noronha (S. 532) 2. Baía dos Porcos (S. 533) 3. Morro do Pico 4. Ostpazifische Delfine

I LOVE NATURE! - I LOVE BRAZIL! / GETTY IMAGES ©

2

MAURICIO M FAVERO / GETTY IMAGES ©

4

JOÃO VIANNA / GETTY IMAGES ©

Fernando de Noronha

Für viele Brasilianer ist eine Reise zu dem 350 km vor Natal im Atlantik gelegenen Archipel (S. 532), der aus einer mittelgroßen und 20 kleinen Inseln besteht, der Traumurlaub ihre Lebens. Doch was macht die ehemalige Strafkolonie und Militärbasis so besonders?

Schönheit

Klein, aber oho: Die Kombination aus langen Sandstränden, üppiger Vegetation, hohen Felsgipfeln, Wellen, die sich an dramatischen Klippen brechen, und Inselchen sucht auf der Welt ihresgleichen.

Naturschutz

Ein Großteil des Archipels unterliegt strengen Nationalparkbestimmungen: Die Fauna und Flora der Inseln und die hiesige Meereswelt werden vor äußeren Einflüssen geschützt. Aufgrund der begrenzten Besucherzahl gibt's immer wunderbar viel Platz, zudem sorgen Umweltschutzorganisationen für gesunde Delfin- und Schildkrötenpopulationen.

Strände

Die 17 von warmem klarem Wasser gesäumten Sandbuchten der Hauptinsel gehören zu den schönsten Stränden Brasiliens. Sie erstrecken sich teils vor dicht bewachsenen Hängen und Klippen. Manche werden von Landzungen oder malerischen Inseln vor der Küste geschützt und eignen sich ideal zum Schwimmen und Schnorcheln, andere bieten mit ihrem starken Wellengang traumhafte Surfbedingungen.

Tauchen & Schnorcheln

Dank einer Sichtweite von über 30 m, herrlich warmem Wasser und einer vielfältigen Meereswelt – u. a. tummeln sich hier Schildkröten, Delfine und (harmlose) Haie – wartet Noronha mit den besten Tauchspots Brasiliens und fantastischen Bedingungen zum Schnorcheln auf.

Strandleben

Brasilien ist für seine wunderschönen Strände berühmt. Ceará, Piauí und Maranhão warten mit besonders paradiesischen Flecken auf. Von den südöstlichen Ausläufern Cearás bis São Luís erstrecken sich auf 1000 km lange von Dünen begrenzte Sandstreifen und kleinere von Palmen bestandene Buchten.

Jericoacoara

Diese hippe, entspannte Traveller-Enklave (S. 573) befindet sich in einem Nationalpark ohne asphaltierte Straßen und bietet alles, was das Herz begehrt: majestätische Dünen, gut Kite- und Windsurfbedingungen, jede Menge Partys am Strand, Musikbars, tolle Restaurants und Dutzende preiswerte *pousadas*.

Atins

Wer das Gefühl haben möchte, das Ende der Zivilisation erreicht zu haben, sollte dem Rio Preguiças ins winzige Atins (S. 593) folgen. Ein paar Pensionen säumen die Sandpisten und nur einen kurzen Fußmarsch entfernt lockt der Lençóis-Maranhenses-Nationalpark mit hohen Dünen und Frischwasserlagunen.

Icaraí de Amontada

Icaraí (S. 573) ist gerade weit genug von Fortaleza entfernt, um seine ruhige Atmosphäre zu bewahren. Das Örtchen liegt an einem malerischen von Palmen gesäumten Strand. Fischerboote schaukeln auf dem Wasser und nur selten sind mehr als eine Handvoll Menschen in Sichtweite. Ein echter Geheimtipp mit ein paar wunderbaren *pousadas* und Restaurants.

Canoa Quebrada

Dieses Backpackerziel zieht auch immer mehr Familien an. Canoa (S. 569) erstreckt sich an einem schier endlosen Strand, der auf einer Seite von rosa Felsen, auf der anderen von hohen Dünen gesäumt wird. Hier kann man Tandemflüge mit dem Gleitschirm unternehmen oder auf Beachpartys zu Reggaemusik tanzen.

1

3

SLOW IMAGES / GETTY IMAGES ©

ALEX ROBINSON/JAI / CORBIS ©

1. Paragliden, Canoa Quebrada (S. 569) **2.** Praia de Ponta Negra (S. 546), Natal **3.** Fußball am Strand, Atins (S. 593) **4.** Windsurfen, Jericoacoara (S. 573)

TIM HUGHES / GETTY IMAGES ©

1

Flussreisen

Im Amazonasgebiet (S. 596) sind die Flüsse die Straßen und Bootstouren einmalige Erlebnisse. Ausflüge dauern eher Tage als Stunden. Die meiste Zeit verbringt man auf dem Oberdeck, beobachtet das Ufer, kippt ein paar Bier und unterhält sich. Auf dem mittleren Deck baumeln Hängematten. Dort findet man Ruhe zum Lesen, für ein Nickerchen oder eine Nachhilfsstunde Portugiesisch mit dem Nachbarn. Abends wird es abrupt dunkel und der Nachthimmel über dem Fluss raubt einem manchmal den Atem.

Vielen Travellern reicht eine zwei- oder dreitägige Fahrt völlig. So romantisch das Ganze auch erst mal klingen mag, kann der Ausflug wegen des unablässig dröhnenden Motors und konstant plärrender Musik irgendwann sehr ermüdend sein. Tiere sieht man so gut wie nie, da gewöhnlich großer Abstand zum Ufer gehalten wird. Am besten legt man nur eine Strecke mit dem Boot zurück und fliegt ansonsten, denn dann bleibt mehr Zeit für andere Aktivitäten. Die Preise für Flüge und Kreuzfahrten ähneln sich sehr.

Eine nette Route führt von Belém nach Santarém (2 Tage). Rund um Belém spürt man bereits die Auswirkungen der Gezeiten. Unterwegs passiert man die Flussenge von Breves, die Steilufer von Monte Alegre und den Hauptstrom nahe Santarém. (Die Santarém-Manaus-Tour verläuft ausschließlich auf dem Hauptkanal.) Auf dem Rio Negro, vor allem auf dem Oberlauf, sind kaum Boote unterwegs. Hier erstrecken sich riesige Flussarchipele. Ebenfalls malerisch ist das Stück zwischen Porto Velho und Manaus: Auf dem Rio Madeira betritt

ALEX ROBINSON / GETTY IMAGES ©

LONELY PLANET IMAGES / GETTY IMAGES ©

PAULO NEVES DE OLIVEIRA JUNIOR / GETTY IMAGES ©

1. Unterwegs auf dem Amazonas
2. Kartenspielen mit anderen Reisenden
3. Hängemattenschlaflager

man Amazonien gewissermaßen durch die Hintertür.

➡ Man braucht eine Hängematte, Seile und eine leichte Decke (falls es mal kühl wird). Meist gibt's ein paar private Kajüten mit Schlafkojen, eigenen Bädern und Klimaanlagen, für den Preis bekommt man aber fast schon ein Flugticket.

➡ Früh an Bord gehen, um einen guten Platz für die Hängematte zu finden (möglichst weit weg von den Toiletten).

➡ Auf allen Booten werden Mahlzeiten serviert (z. T. inbegriffen), die Hygiene lässt jedoch zu wünschen übrig. Besser mit Burgern und Sandwiches vom Bordimbiss vorliebnehmen.

➡ Trinkwasser, Snacks und Toilettenpapier mitbringen.

➡ Es wird zwar nicht viel geklaut, aber Ausländer sind dennoch verführerische Opfer. Besondere Vorsicht ist in Häfen geboten (manchmal legen die Boote mitten in der Nacht an).

➡ Kameras, Handys und andere Wertgegenstände nie unbeaufsichtigt in der Hängematte liegen lassen. Reißverschlüsse am Rucksack sollten mit Schlössern gesichert werden.

➡ Freundschaft mit Mitreisenden schließen, damit sie ein Auge aufs Reisegepäck haben.

➡ Den Rucksack mit einem dünnen Kabel und einem Schloss an einem der Stützpfähle an Deck befestigen; manchmal schnappen sich Diebe ein Gepäckstück und springen damit über Bord, wo schon ein Komplize mit einem Boot wartet. Nicht hinterherspringen – die Kapitäne warten weder auf einen noch kehren sie um.

(Fortsetzung von S. 391)

Außerdem nicht fehlen sollten ein Fernglas, ein Handtuch, eine gute Taschenlampe und natürlich eine Kamera; wer richtig gute Fotos schießen möchte, muss zusätzlich ein Stativ und ein Teleobjektiv (geeignet ist eine Brennweite von etwa 300 mm) einpacken.

Gesundheit

Es gibt im Pantanal keine Malaria, aber gelegentlich bricht in der Region Denguefieber aus. Die Behörden ergreifen normalerweise sehr schnell Vorsorgemaßnahmen, und der Moskitoüberträger lebt meist eher in den Städten als auf dem Land. Wer aber auf Nummer sicher gehen möchte, sollte sich vor der Abreise über die aktuelle Lage informieren. Eine gute Quelle ist auch der Lonely Planet Band *Healthy Travel – Central & South America* von Tony Gherardin und Isabelle Young.

Medizinische Einrichtungen bieten Cuiabá, Corumbá und Campo Grande.

Geführte Touren

Zu den besten Startpunkten für Touren ins Pantanal zählen Cuiabá im Norden (Transpantaneira) und Campo Grande im Süden (Estrada Parque). Corumbá an der bolivianischen Grenze hat als Ausgangsbasis in den letzten Jahren zunehmend an Bedeutung verloren. Exkursionen kann man von jedem dieser Orte aus organisieren.

Ausflüge ab Cuiabá kosten etwas mehr als in Campo Grande oder Corumbá, sind dafür aber auch professioneller (kleinere Gruppen, besser ausgebildete Guides) und führen tiefer ins Feuchtgebiet hinein. Wer keine Zeit zum Suchen, aber ausreichend Geld hat und einen verlässlich guten Guide haben möchte, sollte sich an **Focus Tours** (www.focustours.com) in den USA wenden. Der Veranstalter hat sich auf Trips in die Natur spezialisiert und ist aktiv an den Bemühungen zur Erhaltung des Pantanals beteiligt.

Von Cuiabá

Von Cuiabá aus, Mato Grossos Hauptstadt, veranstalten kleine Touranbieter Safaris entlang der Transpantaneira. Im Preis enthalten sind Transport, Unterkunft auf Farmen sowie die Führer; diese sprechen Englisch und sind im Allgemeinen gut ausgebildet. Bei Ausflügen mit kleinen Gruppen steigen die Chancen, scheuere Tiere zu entdecken. In Cuiabá herrscht ein gesunder Wettbewerb zwischen den Veranstaltern, der nicht so hart ist wie in Mato Grosso do Sul. Man-

DIE WAHL DES RICHTIGEN GUIDES IM PANTANAL

Der Tourismus im Pantanal ist ein einträgliches Geschäft und in der Vergangenheit haben einige Anbieter Kunden mit unlauteren Taktiken geködert. Auch wenn nun endlich gegen diese Betrügereien vorgegangen wird, sollte man einige Dinge beachten, um in den Genuss einer möglichst sicheren und schönen Tour zu kommen.

- Keine übereilten Entscheidungen treffen, schon gar nicht, wenn man gerade erst aus dem Nachtbus gestiegen ist.
- Seine Wahl nicht vom Kostenfaktor abhängig machen. Billig ist nur selten gleichbedeutend mit guter Qualität.
- Mit anderen Travellern sprechen und sie nach ihren Erfahrungen fragen. Vorsicht: In Bezug auf Campo Grande machen sich konkurrierende Tourveranstalter oft gegenseitig schlecht. Man sollte sich nur auf direkte Quellen verlassen.
- Die Optionen vergleichen und dabei bedenken, dass es sich bei dem Agenturbetreiber oder -anbieter nicht immer um den Guide handelt. Da man mit diesem drei bis fünf Tage in der Wildnis verbringen wird, sollte man verlangen, den Führer – falls möglich – vorab kennenzulernen.
- Nie sein Bargeld einem Mittelsmann geben. Bustickets nicht über Vermittler kaufen.
- Wer auch nur ein bisschen an nachhaltigem Tourismus interessiert ist, sollte keine Geschäfte mit Agenturen oder Lodges machen, die die fragile Umwelt schädigen. Keine Tiere für Fotos hochheben bzw. überhaupt anfassen.
- Bei preiswerten Gruppentouren bekommt man selten die interessantesten und schwerer zu entdeckenden Spezies zu sehen. Ernsthafte Tierbeobachter sollten sich einen teureren privaten Guide leisten – sie werden es nicht bereuen.

che Agenturen nutzen sogar die gleichen Camps im Pantanal.

Die Exkursionen sind gut organisiert und recht komfortabel, preislich ist man ab etwa 350 R$ pro Tag dabei. Diese Investition lohnt sich, wenn man ein ernsthaftes Interesse an der Beobachtung von Tieren hat. Einige Veranstalter bieten von Juni bis November „Jaguartouren" im Gebiet Porto Jofre an (ca. 700 R$ pro Tag) – eine exzellente Chance, die Großkatzen live zu erleben.

★Pantanal Nature NATURTRIP
(☎ 00xx65-9994-2265; www.pantanalnature.com.br; Rua Professor Francisco Torres 48; Hoch-/Nebensaison 700/450 R$ pro Tag) Unter der Leitung von Ailton Lara hat sich diese Agentur mit professionellen Touren und fachkundigen Guides schnell einen erstklassigen Ruf erarbeitet. Darüber hinaus betreibt Pantanal Nature ein Jaguarcamp (S. 407) unweit von Porto Jofre, wo man die scheuen Raubkatzen in der Trockenzeit beobachten kann.

Pantanal Explorer NATURTRIP
(☎ 0xx65-3682-2800; www.pantanalexplorer.com.br; Av Governador Ponce de Arruda 670, Várzea Grande) Inhaber Andre von Thuronyi setzt sich schon seit 30 Jahren für nachhaltigen Tourismus ein und kämpft entschlossen gegen schädliche staatliche Eingriffe ins Pantanal. Er engagiert sich zudem aktiv beim Schutz des Hyazintharas und des Riesenotters. Seine Agentur ist an die Pousada Araras Eco Lodge (S. 406) angeschlossen.

Joel Souza Ecoverde Tours NATURTRIP
(☎ 00xx65-9638-1614; www.ecoverdetours.com.br; Pedro Celestino; 370–400 R$ pro Tag) Dieser ausgezeichnete Veranstalter im Hostel Ecoverde (S. 381) wartet mit 25-jähriger Erfahrung und professionellen Führern auf. Joel Souza kämpft gemeinsam mit Betreibern ortsansässiger *pousadas* für umweltfreundlichen Tourismus. Auf dem Programm stehen Touren auf Deutsch, Englisch, Französisch, Portugiesisch und Spanisch.

Natureco NATURTRIP
(☎ 00xx65-3321-1001; www.natureco.com.br; Benedito Leite 570; ab 400 R$ pro Tag) Ein bewährter Anbieter, geführt von Munir Nasr.

Von Campo Grande

Im Süden kommt man über die Städte Corumbá, Campo Grande, Aquidauana und Miranda ins Pantanal, wobei die meisten Backpacker die Route über Campo Grande oder Corumbá wählen. Aquidauana und Miranda wiederum erfreuen sich bei brasilianischen Anglern und Travellern mit gehobenen Ansprüchen großer Beliebtheit.

Die preiswerteren Agenturen in Mato Grosso do Sul bieten alle ähnliche Pauschaltrips in Camps entlang der Estrada Parque an, einer 117 km langen, durch die Region verlaufenden unbefestigten Straße, die auch als Nhecolândia bekannt ist. Die Estrada Parque liegt eigentlich näher an Corumbá als an Campo Grande, wenn man aber nicht aus Bolivien kommt bzw. dorthin reist, lohnt es kaum, den Weg nach Corumbá nur für eine Tour auf sich zu nehmen. Fast alle Veranstalter in Corumbá haben auch Büros in Campo Grande, das als Verkehrsknotenpunkt besser an andere Regionen Brasiliens angeschlossen ist. Wer nach Bonito reisen möchte, sollte zuerst ins Pantanal fahren, denn die Exkursionen enden in Buraco das Piranhas, das wiederum näher an Bonito als an Campo Grande liegt.

In den letzten Jahren hat sich Campo Grande verstärkt auf Traveller eingestellt. Dank des neuen Busbahnhofs vor den Stadttoren wurde der aufdringlichen Belagerung frisch angekommener Reisender im Zentrum ein Ende bereitet. Zudem reagierte die Stadt endlich auf Beschwerden von Besuchern und ging gegen Lodges vor, die sich nicht an umwelttechnische Vorgaben hielten. Darüber hinaus unternimmt sie etwas gegen betrügerische Anbieter. Es gibt zwar nach wie vor Probleme, aber nun bewegen sich die Dinge in die richtige Richtung. Die billigsten Touren sind chaotisch und die Gruppen meist sehr groß, aber dafür bieten sie mit etwa 200 R$ pro Tag eine günstige Möglichkeit, das Pantanal und seine Fauna zu erkunden.

★Pantanal Viagens & Turismo NATURTRIP
(☎ 00xx67-3321-3143; www.pantanalviagens.com.br; Joaquim Nabuco 200, loje 9 im alten Busbahnhof) Die renommierte Agentur arbeitet hauptsächlich mit der durch und durch empfehlenswerten Pousada Passo do Lontra zusammen. Sie veranstaltet Trips für mittlere bis hohe Budgets, aber auch professionelle und zuverlässige Pauschaltouren.

Pantanal Discovery NATURTRIP
(☎ 00xx67-9163-3518; www.gilspantanaldiscovery.com.br; Dom Aquino 610, Hotel Nacional; Camping/Zi. 550/650 R$ pro 3 Tage) Besitzer Gil tritt sehr bestimmt auf und stellt nicht jeden zufrieden, wird aber besser bewertet als die meisten Budgetagenturen der Stadt.

Von Corumbá

Fast alle Tourveranstalter, die früher in Corumbá ansässig waren, sind inzwischen nach Campo Grande umgezogen. Einige Unternehmen aus Campo Grande arbeiten hier unter anderen Namen.

Canaã Viagens e Turismo NATURTRIP
(0xx67-3231-3667; www.pantanalcanaa.com.br; Colombo 245) Renommierte Agentur, die auf teurere Angeltouren am Rio Paraguai spezialisiert ist. Angeboten werden Trips in zwei *barco*-Hotels (Bootshotels), außerdem stehen zweimal pro Woche Kurztouren von drei Tagen und zwei Nächten auf dem Programm. Die Preise verstehen sich inklusive Verpflegung, Angelausflügen, Guides und Transport.

Schlafen

Es gibt im Pantanal drei Unterkunftsarten: *pousadas* mit Vollpension (von einfach bis luxuriös), *fazendas* (Hotels im Ranch-Stil, die Ausritte und oft auch Leihboote anbieten) und *pesqueiros*, die vor allem Angler ansprechen und Boote sowie die nötige Ausrüstung verleihen. Wer Zweifel hat, ob er sich in einer Budgetbleibe wohlfühlt, sollte besser mehr Geld für einfachen Komfort (ein Bett, fließendes Wasser und die Hoffnung, unzähligen Moskitostichen zu entgehen) ausgeben. Das kostet kaum mehr und ist die Investition um eines guten Schlafes willen wirklich wert.

Reist man auf eigene Faust durch die Gegend, beinhalten die Preise üblicherweise bescheidene Unterkünfte, drei Mahlzeiten und mindestens eine Exkursion am Tag. Getränke – sogar Soda und Wasser – kosten extra. Die Transportkosten sind fast nie in den Zimmerpreisen enthalten und können das eigene Budget stark belasten. In Cuiabá hängt die An- und Weiterreise – egal in welcher Kombination aus Geländewagen, Boot, Pferd und Flugzeug – immer vom Wetter ab.

Aus diesen Gründen ist es zumeist billiger und logistisch betrachtet stressärmer, die Dienste eines Reiseveranstalters in Anspruch zu nehmen. Der Transport ist dann im Preis enthalten, außerdem haben die Veranstalter auch oft Zugang zu entfernteren Lodges.

An der Transpantaneira

An der Transpantaneira gibt's jede Menge Unterkünfte, wobei von rustikal bis edel alles geboten wird. Sie sind im Folgenden von Norden nach Süden geordnet.

Pousada Piuval POUSADA $$$
(0xx65-3345-1338; www.pousadapiuval.com.br; Transpantaneira, Km 10; EZ/DZ mit Vollpension 295/440 R$;) Bei der ersten *pousada* an der Transpantaneira muss man Kompromisse eingehen; einerseits geht's hier recht kommerziell zu (zum Programm gehören Kaiman-Fütterungen), andererseits ist die Bleibe auch komfortabel. Sie liegt auf einem 70 km² großen Gelände und erfreut sich bei deutschen Urlaubern und Vogelbeobachtern großer Beliebtheit. Der Pool ist wunderbar, ebenso die Bootsausflüge bei Sonnenuntergang. Zum Angebot gehören außerdem Ausritte, Wanderungen und Nachtsafaris.

Porto Paraiso FAZENDA $$
(0xx65-3345-2271; www.portalparaiso.com.br; Transpantaneira, Km 17; EZ/DZ mit Vollpension 190/310 R$;) Eine Unterkunft auf einer kleinen Büffel- und Rinderfarm nahe dem Beginn der Transpantaneira. Rund um den edlen Poolbereich erstreckt sich eine ausgezeichnete Campinganlage, überdies kann man hier wunderbar Vögel beobachten.

★ **Pousada Araras Eco Lodge** POUSADA $$$
(0xx65-3682-2800; www.araraslodge.com.br; Transpantaneira, Km 32; EZ/DZ 469/674 R$;) Diese alteingesessene Lodge bietet den größten Luxus an der Transpantaneira. Die Zimmer verfügen über Tagesdecken mit traditionellen Motiven sowie schöne, durch Bambusvorhänge voneinander getrennte Patios samt Hängematten. Von einem Hochsitz aus kann man Vögel wie Hyazintharas beobachten (an der Rezeption ist eine Liste mit hier lebenden Vogelarten erhältlich). Fast alle Essenszutaten stammen aus eigenem Anbau.

Pousada Rio Clarinho FAZENDA $$
(0xx65-9977-8966; www.pousadarioclarinho.com.br; Transpantaneira, Km 40; EZ/DZ inkl. Mahlzeiten & Exkursionen 180/340 R$;) Auf der rustikalen, direkt am Rio Clarinho gelegenen *fazenda* wird man von Vogelgezwitscher geweckt. Am Ufer gibt's einen kleinen Steg für Schwimmer und in dem Waldgelände leben über 260 Vogelarten sowie Wasserschweine und Riesenotter. In der Küche werden traditionelle Pantanal-Gerichte zubereitet und alle Exkursionen sind im Preis inbegriffen.

Hotel Porto Jofre Pantanal Norte LODGE $$$
(0xx65-3637-1593; www.portojofre.com.br; Transpantaneira, Km 145; EZ/DZ 370/622 R$; März–Okt.;) Das Luxushotel am En-

de der Straße zieht hauptsächlich gut betuchte Sportangler an. Zur Anlage mitten in der Wildnis gehören ein kleiner Flugplatz, ein nettes Restaurant und ein Bootshafen.

Pantanal Jaguar Camp CAMP **$$$**
(www.pantanaljaguarcamp.com.br; EZ/DZ 300/670 R$;) Sechs Zelte im afrikanischen Stil mit Privattoiletten, komfortablen Betten und einem Restaurant. Eine tolle Ausgangsbasis für Bootstrips zur Jaguarbeobachtung. Das Camp wird von Pantanal Nature (S. 405) betrieben. Die Jaguartouren sind im Preis inbegriffen.

Rund um Miranda

Es gibt in der Gegend mehrere hervorragende Luxus-*fazendas*.

Refúgio Ecológico Caiman LODGE **$$$**
(0xx11-3706-1800; www.caiman.com.br; EZ/DZ inkl. Mahlzeiten & 3 Exkursionen 1929 R$;) Die 520 km² große Lodge 36 km nördlich von Miranda ist ein Pionier auf dem Gebiet des Ökotourismus und zugleich ein exklusives Stück Pantanal für einige wenige Privilegierte. Zur Auswahl stehen drei Unterkünfte: Sede, die Haupt- und gleichzeitig luxuriöseste Lodge, Cordilheiro, das abgelegenste und rustikalste Gebäude mit einem Aussichtsturm, und eine verspieltere Bleibe namens Baiazinha mit der schönsten Poolterrasse und der besten Lage zur Beobachtung von Jaguaren. Auf dem Grundstück leben etwa 40 dieser Raubkatzen sowie 300 Aras. Touren werden von mehrsprachigen Guides geleitet. Im Preis enthalten sind Vollpension und zahlreiche Aktivitäten von Kanutouren bis zu Ausritten. Zur Hauptsaison gibt's einen Mindestaufenthalt von drei Nächten.

An der Estrada Parque

Die Estrada Parque zweigt von der Hauptstraße (BR-262) zwischen Campo Grande und Corumbá ab: bei Buraco das Piranhas 72 km vor Corumbá und 324 km hinter Campo Grande. Der erste Streckenabschnitt führt 47 km ins Pantanal hinein, ehe die Straße einen Bogen schlägt und wieder Richtung Corumbá verläuft. Bei Porto da Manga bringt ein Lastkahn Fahrzeuge über den Rio Paraguai, danach erreicht die Estrada Parque bei Lampião Aceso etwa 12 km vor Corumbá erneut die BR-262.

Um die Straße zu erreichen, kann man den Bus von Campo Grande nach Corumbá nehmen und mit den Betreibern der jeweiligen Lodge vereinbaren, einen gegen eine kleine Gebühr beim Wachtposten Posto Florestal an der Kreuzung Buraco das Piranhas abzuholen. Bei Passo do Lontra, 7 km hinter Buraco das Piranhas, überquert man den Rio Miranda. Von dort bis zur Curva do Leque gibt's viele Unterkünfte.

Hotel Fazenda Santa Clara FAZENDA **$$**
(00xx67-3384-0583; www.pantanalsantaclara.com.br; 3/4 Tage Camping 350/400 R$, B 550/650 R$, Zi. 600/750 R$;) Die beste Budgetlodge im südlichen Pantanal zielt auf den Backpackermarkt ab. Besuche sind nur im Rahmen von drei- oder viertägigen Pauschalpaketen möglich, die man im Büro der *fazenda* im Busbahnhof von Campo Grande bucht. Man muss mit großen Gruppen rechnen.

Passo do Lontra Parque Hotel LODGE **$$$**
(0xx67-3245-2407; www.passodolontra.com.br; Estrada Parque, Km 10; EZ/DZ 345/390 R$;) Eine komfortable Anlage mit *apartamentos* (Zimmer mit Bädern) und Chalets am Flussufer in gut zugänglicher Lage gleich am Beginn der Estrada Parque. Safaris führen am Rio Miranda entlang.

An- & Weiterreise

Wer von Mato Grossos Hauptstadt Cuiabá ins Pantanal reisen möchte, sollte zunächst Poconé ansteuern. Campo Grande, Hauptstadt von Mato Grosso do Sul, ist der wichtigste südliche Zugangspunkt ins Feuchtgebiet, während sich Corumbá als Startort eignet, wenn man auch nach Bolivien möchte und wenig Zeit hat. Die Straße von Campo Grande nach Corumbá führt über Aquidauana und Miranda; auf einem Teil der Strecke verkehrt der Pantanal-Express (S. 412).

Von Brasília aus gibt's Direktflüge nach Cuiabá und Campo Grande und von Rio sowie São Paulo Anschlussflüge. Corumbá wird derzeit nur von kleineren lokalen Anbietern bedient. Hier starten auch Maschinen nach Campo Grande via Bonito.

Unterwegs vor Ort

Die wenigen Straßen im Pantanal sind unbefestigt und nach Regenfällen oft gesperrt. Da es Unterkünfte, Verpflegung und Getränke nur in den Lodges gibt und das Angebot an öffentlichen Verkehrsmitteln dürftig ist, haben es Individualreisende schwer. Ein Mietwagen stellt nur in der Trockenzeit eine Option dar, es sei denn, man verfügt über Offroad-Erfahrung. Nur die Transpantaneira in Mato Grosso und die Estrada

Parque in Mato Grosso do Sul führen tief in das Gebiet hinein. Wer sich viel Stress ersparen möchte, hält sich an einen Tourveranstalter oder vereinbart mit den Betreibern der gebuchten Lodge rechtzeitig vorab seine Abholung.

MATO GROSSO DO SUL

Mato Grosso do Sul wurde 1977 geschaffen, als die Militärregierung befand, dies wäre der beste Weg, um eine so große Region zu verwalten und zu entwickeln (Zyniker meinten, es ging darum, mehr gut bezahlte Verwaltungsstellen für Mitläufer des Regimes zu schaffen.) Doch schon vor der Trennung unterschied sich das Gebiet in wirtschaftlicher und sozialer Hinsicht vom nördlichen Mato Grosso.

Im späten 19. Jh. kamen viele Einwanderer aus dem Süden und Südosten Brasiliens in die Region, weshalb es im Süden eine größere Zahl kleiner Farmen und eine intensivere Landwirtschaft gibt als im Norden, der von großen Farmen und Ranches geprägt ist. Dies verdankt die Gegend der fruchtbaren roten Erde *(terra roxa)*.

Der Wohlstand, den die *terra roxa* schuf, hat zur Entwicklung des modernen landwirtschaftlichen Sektors in Mato Grosso do Sul beigetragen. Vor allem wird Soja angebaut, aber auch Weizen, Reis und Baumwolle; außerdem stößt man hier auf zahlreiche Rinderfarmen. Der Bundesstaat umfasst zudem zwei Drittel des Pantanals und die Serra da Bocaina, zwei wunderbare Naturgebiete, die sich sowohl bei in- als auch bei ausländischen Touristen großer Beliebtheit erfreuen.

Campo Grande

☎ 0XX67 / 787 000 EW.

Das nicht wegen seiner schönen Frauen, sondern wegen der roten Erde als Cidade Morena bekannte Campo Grande ist die Hauptstadt von Mato Grosso do Sul – ein moderner Ort und das wichtigste Tor ins südliche Pantanal. Mangan, Reis, Soja und Rinder sind die traditionellen Quellen des Wohlstandes, doch der Bildungssektor (es gibt hier vier Universitäten), der Handel und der Tourismus holen immer mehr auf.

Campo Grande liegt 716 km südlich von Cuiabá und 403 km südöstlich von Corumbá. Bei seiner Gründung 1875 hieß es noch Santo Antônio de Campo Grande und war ein kleines Dorf. Das Wachstum begann mit der 1914 eröffneten Eisenbahnstrecke. Durch ein Dekret des Militärmachthabers Präsident Ernesto Geisel wurde der Ort 1977 zur Hauptstadt des von Mato Grosso abgetrennten neuen Bundesstaates Mato Grosso do Sul erklärt.

Campo Grande

Sehenswertes
1 Feira Central B1

Aktivitäten, Kurse & Touren
2 Stadtrundfahrt B4
Pantanal Discovery .... (siehe 7)
3 Pantanal Viagens & Turismo A3

Schlafen
4 Alkimia Hotel A4
5 Bahamas Apart Hotel D3
6 Hotel Colonial A3
7 Hotel Nacional A3
8 Jandaía Hotel C3
9 Pousada Dom Aquino C3
10 Turis Hotel A3

Essen
11 Ceará D3
12 Comitiva Pantaneira D3
13 Galpão Gaucho A4

Shoppen
14 Casa do Artes B4

Praktisches
15 CAT Feira Central B1
16 CAT Morada dos Bais B4

Transport
17 Bus zum Pantanal Express B4

Sehenswertes

Bis die neuen Attraktionen eröffnen, die gerade im Parque das Nações Indígenas errichtet werden, gibt's in Campo Grande wenig zu sehen, aber nachts geht's hier lebhaft zu.

Aquario do Pantanal AQUARIUM
(Parque das Nações Indígenas) Im Sommer 2014 soll das aufstrebende Forschungszentrum mit Aquarium eröffnet werden. Dann könnte es schnell zur Hauptattraktion der Stadt avancieren. Bald leben hier 263 Arten an Pantanal-Fischen und weitere einheimische Tiere in gigantischen Tanks, die ein Fassungsvermögen von unglaublichen 6,6 Mio. Liter Wasser haben.

Museu das Culturas Dom Bosco MUSEUM
(☎ 3326-9788; Parque das Nações Indígenas; Erw./Kind 5/2,50 R$; ⏲ Di–Fr 8–18, Sa & So 13–18 Uhr) Das Museum ist von seinem alten Standort in ein für 2 Mio. R$ neu errichtetes Gebäude des italienischen Architekten Massimo Chi-

Campo Grande

appetta umgezogen. Der 3400 m² große Neubau im Parque das Nações Indígenas zeigt eine erstklassige Sammlung von mehr als 10 000 Insekten sowie eine schöne neue Ausstellung mit Kopfschmuck der *bororo* und weiteren Artefakten der *moro*, *karajá* und *xavante*.

Feira Central MARKT
(☎ 3324-8129; Av Calógeras & 14 de Julho; ⏰ Mi, Fr & Sa 17 Uhr–open end, So 10 Uhr–spät) Ein toller Lebensmittel- und Einkaufsmarkt unter freiem Himmel mit japanischen Nudel- sowie vielen weiteren Essens- und Verkaufsständen. Am Wochenende sind hier zahlreiche Feierlustige unterwegs.

Geführte Touren

Infos über Touren ins Pantanal siehe S. 404.

Stadtrundfahrt BUSTOUR
(☎ 3321-0800; www.campograndecvb.com.br/roteiros; Av Afonso Pena; Tickets 18 R$; ⏰ Di–So) Steuert insgesamt 42 regional bedeutsame Stätten an. Tickets gibt's im CAT-Büro.

Schlafen

Die Gegend rund um den alten Busbahnhof ist recht zwielichtig, deshalb sollte man seine Bleibe mit Bedacht aussuchen.

★ **Turis Hotel** HOTEL $
(☎ 3382-2461; www.turishotel.com.br; Kardec 200; EZ/DZ/3BZ 83/128/169 R$; ❄@📶) Diese ausgezeichnete Unterkunft ist modern und minimalistisch und damit entschieden zu hip für ihre Lage. Sie bietet das beste Preis-Leistungs-Verhältnis in der Stadt.

Pousada Dom Aquino GASTHOF $
(☎ 3384-3303; www.pousadadomaquino.com.br; Aquino 1806; EZ/DZ/3BZ mit Klimaanlage 75/105/126 R$, EZ ohne Klimaanlage 69 R$; ❄📶) Eine Entspannungsoase mitten in der Stadt, superfreundliches Personal und internationales Kabelfernsehen. Vorab reservieren.

Alkimia Hotel HOTEL $
(☎3324-2621; Av Afonso Pena 1413; EZ-/DZ-Apt. 100/150 R$; ❄@) Zwei Blocks vom alten Busbahnhof entfernt in einer etwas sichereren Gegend erwarten einen makellose Zimmer, geräumige Bäder und ein Preisnachlass bei Barzahlung.

Hotel Colonial HOTEL $
(☎3382-6061; Kardec 211; EZ/DZ/3BZ mit Klimaanlage 80/120/140 R$, EZ ohne Klimaanlage 70 R$; ❄📶) Die Zimmer sind trostlos, doch das macht das grandiose Frühstück wieder wett. Außerdem darf man den Pool im dazugehörigen gehobeneren Hotel Internacional nebenan mitbenutzen.

Hotel Nacional HOTEL $
(☎3383-2461; www.hotelnacionalpantanal.com.br; Dom Aquino 610; EZ/DZ mit Klimaanlage 65/100 R$, ohne Klimaanlage 45/80 R$; ❄@📶) Eine einfache Budgetunterkunft, beliebt bei brasilianischen Studentengruppen.

Bahamas Apart Hotel HOTEL $$
(☎3303-9393; www.bahamasaparthotel.com.br; José Antônio 1117; Standard EZ/DZ 236/306 R$, Luxus 378/452 R$; P❄@📶≋) Das schicke Hochhaushotel mit aquamarinblauen Fenstern hat zweistöckige *apartamentos* mit Einbauküchen, Wohn- und Essbereichen sowie kleinen Innenhöfen. Hier gibt's für den Preis den größten Luxus in der Stadt.

Jandaía Hotel HOTEL $$
(☎3316-7700; www.jandaia.com.br; Barão do Rio Branco 1271; EZ/DZ 214/269 R$; P❄@📶≋) Ein gehobenes Businesshotel mit eleganten Zimmern, Marmorböden, zwei anständigen Restaurants und einem Fitnesszentrum. Das Personal spricht Englisch.

Essen

Campo Grande hat den dritthöchsten Bevölkerungsanteil an Japanern in Brasilien. Auf vielen Speisekarten stehen deshalb *sobá*-Nudeln, die von den Einwanderern aus Okinawa mitgebracht wurden. Zudem gibt's zahlreiche von der paraguayischen Küche beeinflusste Gerichte. Großer Beliebtheit erfreut sich z. B. *Sopa paraguaia*, ein herzhafter Kuchen aus Eiern, Getreide, Milch, Käse und Zwiebeln. Ein weiterer Favorit der Stadtbewohner ist *tereré*, kalter und erfrischender Matetee. Sonntagabends schließen die meisten Restaurants.

Galpão Gaucho SELBSTBEDIENUNG $
(☎3382-5108; Kardec 187; Mahlzeiten 18 R$) All you can eat zu günstigen Preisen. Außerdem ist das zentral gelegene Lokal sonntags geöffnet.

★ **Cantina Romana** ITALIENISCH $$
(☎3324-9777; www.cantinaromana.com.br; Rua da Paz 237; Hauptgerichte für 2 P. 30–48 R$; ⊙Di–So 11–14 & 18–23 Uhr) Eine supergünstige altmodische Cantina und Pizzeria, die mit einem tollen Service, Riesenportionen und einer authentischen Umgebung bezaubert. Wir empfehlen *tagliarini alla cacciatora* für zwei Personen (35 R$).

Comitiva Pantaneira SELBSTBEDIENUNG $$
(☎3383-8799; www.comitivapantaneira.com.br; Dom Aquino 2221; unter der Woche/am Wochenende 34,90/39,90 R$ pro Kilo; ⊙11–15 Uhr) In dem weitläufigen Restaurant werden die ausgezeichneten rustikalen *pantaneira*-Gerichte nach Gewicht berechnet. Bei Einheimischen beliebt.

Fogo Caipira BRASILIANISCH $$$
(☎3324-1641; www.fogocaipira.com.br; José Antônio 145; Gerichte 28–65 R$; ⊙Do–Fr 11–14 & 19–23, Sa bis 24, So bis 16 Uhr) Campo Grandes einziges Sternelokal und eine echte Institution in der Region. Die besten Gerichte in diesem Restaurant wie *galinhada* (Hühncheneintopf, 6 Std., 61 R$) und *pacu recheado* (ein leckerer, mit Maniok und Gewürzen gefüllter Fisch, 3 Std., 65 R$) müssen vorbestellt werden. Das Essen ist zwar teuer, aber sein Geld wert.

Ceará FISCH & MEERESFRÜCHTE $$$
(☎3321-3927; Dom Aquino 2249; Mahlzeiten für 2 Pers. 48–80 R$, Mittagsbüfett unter der Woche/am Wochenende 40/48 R$; ⊙Di–So 11–15 & 18–23 Uhr) Eine der besten *peixarias* (Fischrestaurants) der Stadt. Der *pintado* in Tomatensugo mit Bananen und *mandioca* (Maniok) ist ein kulinarischer Leckerbissen.

Casa Colonial MODERN $$$
(☎3383-3207; www.casacolonial.com.br; Av Afonso Pena 3997; Hauptgerichte 45–70 R$; ⊙Mi–So 11–14.30, Di–So 18:30–24 Uhr) Das edle Bar-Restaurant mit der mittelalterlich-romantischen Atmosphäre verfügt über einen öffentlich zugänglichen Weinkeller.

Ausgehen

Campo Grandes Nachtleben kennt keine Pause, insbesondere rund um den Block 3900 der Avenida Afonso Pena östlich der Innenstadt, wo sich jede Menge angesagter Bars befinden.

Cachaçaria Brasil BAR
(☎3313-6731; www.cachacariabrasilms.com.br; Av Fernando Correa da Costa 165; ⊙Mo–Sa 17–2 Uhr)

Samba, über 100 verschiedene *cachaça*-(Zuckerrohrschnaps-)Sorten und Fußball-Liveübertragungen machen die neue Bar zu einem beliebten Treffpunkt von Jung und Alt. Mit ihrer Strandatmosphäre samt Bambusdeko, der großen Speise- und Getränkekarte, den Billardtischen und der allabendlichen Livemusik bietet sie für jeden Geschmack etwas.

Barbaquá BAR
(☎ 3321-8576; Rio Grande do Sul 375; ⊙ Mo–Sa 18 Uhr–open end) Die wunderschöne, von Kerzen beleuchtete Bar ist in einem restaurierten Gebäude voller Kunstwerke aus der Region untergebracht. Ihre intime Atmosphäre, die allabendlichen Jazz- und MPB-Konzerte und der köstliche *tereré* ziehen eine Künstlerklientel an.

Café Mostarda BAR
(☎ 3301-9990; www.cafemostarda.com.br; Av Afonso Pena 3952; ⊙ Di–So 18 Uhr–open end) Diese nette Open-Air-Bar in der Avenida Afonso Pena dient als beliebter Treffpunkt der Reichen und Schönen. Abends wird Livemusik gespielt.

Shoppen

Casa do Artes KUNST & KUNSTHANDWERK
(☎ 3383-2633; Av Calógeras 2050; ⊙ Mo–Fr 8–18, Sa bis 12 Uhr) Zum Angebot der Casa do Artes gehören farbenprächtige indigene Keramik, Kunsthandwerk aus Holz, sakrale Kunst und Likör aus der Region.

Praktische Informationen

GELD

Banco do Brasil (Av Afonso Pena 2202; ⊙ Mo–Fr 11–16 Uhr) Geldautomat für Visa und MasterCard und Geldwechsel.

Bradesco (Av Afonso Pena 1828; ⊙ Mo–Fr 11–16 Uhr) Geldautomat für Visa und MasterCard.

INTERNETZUGANG

Matrix Cyber Café (☎ 3029-6706; Av Calógeras 2069; 2,50 R$ pro Std.; ⊙ Mo–Sa 7.30–19 Uhr)

MEDIZINISCHE VERSORGUNG

Clínica Campo Grande (☎ 3323-9000; Marechal Rondon 1703)

Santa Casa (☎ 3322-4172; Rua 13 de Mayo)

NOTFALL

Feuerwehr (☎ 193)

Krankenwagen (☎ 192)

Polizei (☎ 190)

POST

Postfiliale (☎ 3389-5100; Ecke Av Calógeras & Dom Aquino; ⊙ Mo–Fr 8–17.30, Sa 8–11.30 Uhr)

Postfiliale (☎ 3389-5137; Rui Barbosa 2810)

TOURISTENINFORMATION

Kleine Infoschalter findet man im **Busbahnhof** (☎ 3314-4448; Rodoviária; ⊙ 6–22 Uhr), im **Flughafen** (☎ 3363-3116; Ankunftshalle für internationale Flüge; ⊙ 6.15–24 Uhr) und auf dem Gelände der **Feira Central** (☎ 3314-3872; Feira Central; ⊙ Mi–So 18–22 Uhr).

BUSSE AB CAMPO GRANDE

ZIEL	PREIS (R$)	FAHRTDAUER (STD.)	UNTERNEHMEN
Bonito	59	5	Cruzeiro do Sul (www.cruzeirodosulms.com.br)
Brasília	210–236	16	Motta (www.motta.com.br), São Luiz (www.expressosaoluiz.com.br)
Corumbá	81–103	6	Andorinha (www.andorinha.com)
Cuiabá	90–106	10	Andorinha (www.andorinha.com), Eucatur (www.eucatur.com.br), Motta (www.motta.com.br), Nova Integração (www.novaintegracao.com.br), São Luiz (www.expressosaoluiz.com.br), Viação Ouro e Prata (www.viacaoouroeprata.com.br)
Foz do Iguaçu	125	14	Nova Integração (www.novaintegracao.com.br)
Ponta Porã	62	6	Expresso Queiroz (www.expressoqueiroz.com.br)
Rio de Janeiro	204	23	Andorinha (www.andorinha.com)
São Paulo	146–173	15	Andorinha (www.andorinha.com), Motta (www.motta.com.br)

CAT Morada dos Bais (☎3314-9968; Av Afonso Pena; ⏲Di–Sa 8–18, So 9–12 Uhr) Die beste Touristeninformation der Region ist zusammen mit einem der Künstlerin Lidia Bais gewidmeten Museum in einem großen cremefarbenen Kolonialbau, dem Morada dos Bais, untergebracht. Hier sind freundliche Angestellte (die meisten sind Touristikstudenten) tätig, die allerdings keine Touranbieter für das Pantanal empfehlen. Pluspunkte gibt's für den exzellenten Stadtplan und die umfangreiche Datenbank mit Hotels und Sehenswürdigkeiten im ganzen Bundesstaat.

ℹ Anreise & Unterwegs vor Ort

BUS

Der schicke neue **Busbahnhof** (☎3313-8707; Av Gury Marques 1215) liegt 6 km außerhalb von Campo Grande an der Straße nach São Paulo. Von hier fahren die Linien 061, 085, 087, 162, 165 und 189 ins Zentrum (2,85 R$). Um die Stadtbusse zu nutzen, braucht man einen *passe de ônibus* (Buspass) von **Assetur** (☎0800-647-0060; www.assetur.com.br; Visconde de Taunay 345), der an Zeitungsständen, in Apotheken oder an den Kiosken der Bushaltestellen erhältlich ist. Es gibt ihn als Einmal- *(unitario)* oder als aufladbaren *(recarregável)* Pass. Ein Taxi ins Zentrum kostet rund 25 R$.

Die Busse nach Corumbá halten unterwegs in Miranda und Aquidauana und lassen einen bei Bedarf an der Kreuzung mit der Estrada Parque aussteigen. Direkte Minibusse von **Vanzella** (☎3255-3005; www.vanzellatransportes.com.br) verkehren um 13 und 15 Uhr nach Bonito (80 R$). Sie starten am Flughafen.

FLUGZEUG

Der **Aeroporto Internacional de Campo Grande** (☎3368-6050; Av Duque de Caixas) 7 km außerhalb der Stadt wird vom Indubrasil-Bus (2,85 R$, alle 30 Min.) bedient, der am Busbahnhof abfährt. Ein Taxi kostet 30 R$.

Nationale Airlines bieten tägliche Verbindungen zwischen Campo Grande und São Paulo, Cuiabá, Corumbá, Rio, Brasília und Porto Velho. Bald soll es außerdem Flüge nach Asunción in Paraguay geben.

ZUG

Der **Pantanal Express** (Trem do Pantanal; ☎3043-2233; www.serraverdeexpress.com; Av Afonso Pena, Morada dos Bais; nach Aquidauana 120 R$, nach Miranda 150 R$) verkehrt einmal im Monat zwischen Campo Grande und Miranda (11 Std.) mit einem Halt in Aquidauana (5 Std.). Er folgt einer malerischen Route, ist allerdings nicht besonders schnell. Die Abfahrt erfolgt am Bahnhof, 18 km vom Zentrum entfernt, den man von der Morada dos Bais (S. 412) aus erreicht (25 R$).

Der Zug startet samstags um 8 Uhr in Campo Grande und fährt sonntags um 8 Uhr von Miranda zurück; in Aquidauana gibt's einen längeren Aufenthalt über die Mittagszeit.

Corumbá

☎0XX67 / 104 000 EW.

Dieser schöne alte Ort nahe der bolivianischen Grenze ist auch als Cidade Branca (Weiße Stadt) bekannt und thront 403 Straßenkilometer nordwestlich von Campo Grande auf einem steilen Hügel über dem Rio Paraguai. Auf der anderen Seite des Ufers erstreckt sich das Pantanal bis zum Horizont. Corumbá besteht aus zwei Teilen: Im oberen Bereich befindet sich ein Großteil der Geschäfte, im unteren der Hafen.

Die Stadt wurde 1776 von Hauptmann Luis de Albuquerque gegründet. Bis 1840 hatten sich hier der weltweit größte an einem Fluss gelegene Binnenhafen entwickelt und rund ein Dutzend ausländischer Konsulate nieder-

Corumbá

Sehenswertes
- 1 Art Izu ... C2
- 2 Muhpan ... B1
- 3 Museu do Pantanal ... B1

Aktivitäten, Kurse & Touren
- 4 Canaã Viagens e Turismo ... D3

Schlafen
- 5 Hotel El Dorado ... D4
- 6 Hotel Nacional ... B3
- 7 Hotel Santa Rita ... B2
- 8 Santa Mônica Palace Hotel ... B2

Essen
- 9 Avalom Grill ... B2
- 10 Laço do Ouro Churrascaria ... B2
- 11 Peixaria do Lulu ... C2
- 12 Vivabella ... A1

Shoppen
- 13 Casa de Artesão ... C2

Praktisches
- 14 Mutum Turismo ... B1
- 15 Post ... B1

Transport
- 16 Bus zur bolivianischen Grenze ... B2
- 17 Lokaler Busbahnhof ... C1
- 18 Fernbusbahnhof ... C4

gelassen. Eindrucksvolle Gebäude am Ufer spiegeln die Zeit des Wohlstands wider, die Corumbá im 19. Jh. prägte. Mit dem Bau des Eisenbahnnetzes verlor der Ort seine Bedeutung als Hafenstadt und der Niedergang war nicht mehr aufzuhalten. Einmal im Jahr erwacht er jedoch erneut zum Leben – an einem langen Wochenende Mitte Februar, zu den größten **Karnevalsfeierlichkeiten** (www.carnavaldecorumba.com.br) der Region. Die Tradition fand ihren Weg in die Stadt durch größtenteils aus Rio stammende Marineoffiziere, die hier stationiert worden waren und damit für Stimmung sorgen wollten.

Sehenswertes & Aktivitäten

Corumbás großartigste Sehenswürdigkeit ist zweifellos das Pantanal. Vom höchsten Punkt der Gegend, dem **Morro Urucum** (1100 m) 20 km südlich der Stadt, erhält man einen ersten Vorgeschmack darauf. Die Christusstatue, die über dem Busbahnhof auf einem Hügel thront, nennt sich **Cristo Rei do Pantanal**.

Muhpan MUSEUM

(Museu de História do Pantanal; ☎ 3232-0303; www.muhpan.org.br; Manoel Cassava 275; ⏲ Di–Sa 13–18 Uhr) GRATIS Die schickste Attraktion am Hafen. Interaktive Ausstellungsstücke erzählen die Geschichte der Entstehung des Pantanals und des harten Kampfes, den die hiesigen Siedler zu bestehen hatten. Der Bau des Museums ist Teil verschiedener Maßnahmen, um die Hafengegend attraktiver zu machen. So hofft man, die stockende Tourismusindustrie wiederzubeleben.

Museu do Pantanal MUSEUM

(Instituto Luiz de Albuquerque; ☎ 3231-5757; Praça da República; ⏲ Mo–Fr 8–12 & 14–17.30 Uhr) GRATIS Im Instituto Luiz de Albuquerque sind eine interessante Sammlung indigener Artefakte, moderne Kunst aus der Region sowie eine Bibliothek untergebracht.

Corumbá

0 — 500 m

Forte Junqueira FESTUNG

(☎ 3231-5828; Cáceres 425; ⊙ Mo–Fr 9.30–11 & 14–16.30 Uhr) Die einzige erhaltene Festung in Stadtnähe besteht aus einem kleinen sechseckigen Gebäude mit 50 cm dicken Mauern. Als eigentliches Highlight gilt jedoch der grandiose Blick über den Rio Paraguai und auf das Pantanal.

Man erreicht das Forte Junqueira, indem man der Dom Aquino in östlicher Richtung folgt und am Sportplatz links abbiegt. Am Ufer angekommen, geht's etwa zehn Minuten weiter gen Osten. Eine unbeschilderte Tür links vom Haupttor ist der Eingang.

Art Izu KULTURELLES BAUWERK

(Av Cuiabá 558; ⊙ Mo–Fr 7–11 & 13–17 Uhr) Izulina Xavier gehört zu den bedeutendsten Künstlern in Corumbá. Ihr Wohnsitz sticht einem dank der riesigen Vogelskulpturen und der Bronzestatue von São Francisco samt der originellen Straßenpflasterung vor dem Haus sofort ins Auge.

Rio-Paraguai-Bootstour BOOTSTOUR

Die drei- bis fünfstündigen Touren auf dem Rio Paraguai schließen einen Besuch der Base Fluvial de Ladário, Brasiliens ältestem, am Fluss gelegenem Waffendepot aus dem Jahre 1872, mit ein. Bei den längeren Exkursionen steht außerdem ein Zwischenstopp fürs Angeln auf dem Programm. Die Ausflüge können über jedes Reisebüro gebucht werden und haben eine Mindestteilnehmerzahl von 20 Personen.

Schlafen

Es gibt einige preiswerte Hotels in der Nähe des Fernbusbahnhofs, die sich anbieten, wenn man nur eine Nacht in Corumbá verbringt. Attraktivere Unterkünfte liegen näher am Ufer und an den Restaurants sowie Bars im Zentrum.

Hotel El Dorado HOTEL $

(☎ 3231-6677; Porto Carreiro 554; EZ/DZ/3BZ 100/148/160 R$; ❄ 📶) Das Hotel um die Ecke vom Busbahnhof bietet das beste Preis-Leistungs-Verhältnis in der Stadt.

Hotel Santa Rita HOTEL $

(☎ 3231-5453; www.santaritahotel.com; Dom Aquino 860; EZ/DZ/3BZ 70/130/180 R$; ❄ 📶) Günstige, zentral gelegene Bleibe, die pragmatischen Ansprüchen absolut genügt, jedoch keinen bleibenden Eindruck hinterlässt.

Hotel Nacional HOTEL $$

(☎ 3234-6000; www.hnacional.com.br; América 936; EZ/DZ 158/200 R$; ❄ @ 📶 🏊) Die Zimmer im luxuriösesten Hotel der Stadt sind hübscher, als es die charakterlosen Flure vermuten lassen.

Santa Mônica Palace Hotel HOTEL $$

(☎ 3234-3000; www.hsantamonica.com.br; Coelho 345; EZ/DZ 136/185 R$; ❄ @ 📶 🏊) Bei Reisegruppen erfreut sich das Hotel in einem älteren Gebäude im Zentrum großer Beliebtheit. Kürzlich wurden zwar Modernisierungsmaßnahmen vorgenommen, aber Telefone und Minibars ausgelassen, die dadurch wie Museumsstücke wirken.

Essen

★ **Avalom Grill** INTERNATIONAL $$

(☎ 3231-4430; Frei Mariano 499; Mahlzeiten 21–59 R$; ⊙ 11–15 & 19–23 Uhr) Wie es von sich selbst sagt, führt das atmosphärische, gehobene Lokal seine Gäste auf eine kulinarische Reise durch die Geschichte Corumbás, bei der diverse Siedlergruppen berücksichtigt werden und indigene, portugiesische, französische, spanische sowie italienische Gerichte auf der Speisekarte stehen. Es ist der Konkurrenz weit voraus!

Peixaria do Lulu FISCH & MEERESFRÜCHTE $$

(☎ 3232-7855; Dom Aquino 738; Mahlzeiten für 2 Pers. 35–50 R$; ⊙ Mo–Sa 10.30–15 & 18.30–22, So 10.30–15 Uhr) Corumbás Nummer eins in Sachen Bratfisch. Von der einfachen Aufmachung sollte man sich nicht täuschen lassen – in dem gut geführten, herzlichen Familienbetrieb kommen erstklassige regionale Fischgerichte auf den Tisch.

Vivabella ITALIENISCH $$

(☎ 3232-3587; Arthur Mangabeira 1; Mahlzeiten für 2 Pers. 28–35 R$; ⊙ Mo–Sa 17 Uhr–open end) Das italienische Bar-Restaurant thront scheinbar gefährlich nahe am Abgrund auf einem Hügel über dem Rio Paraguai. Seine Hauptattraktion ist die Terrasse, die eine schöne Aussicht auf den Sonnenuntergang über dem Pantanal und das ferne Bolivien bietet.

Laço do Ouro Churrascaria CHURRASCARIA $$

(☎ 3231-7371; Frei Mariano 556; Mahlzeiten für 2 Pers. 32–59 R$, Pizzas 22–27 R$; ⊙ 10–2 Uhr) Dieses gesellige Lokal punktet mit extragroßen Bier-*garrafas*, die unter freiem Himmel serviert werden. An Wochenenden platzt der Laden aus allen Nähten.

Shoppen

Casa de Artesão KUNST & KUNSTHANDWERK

(Dom Aquino 405; ⊙ Mo–Fr 8.30–11 & 13.30–17 Uhr) Heutzutage beherbergt das alte Ge-

AN- & WEITERREISE NACH/IN BOLIVIEN

Fronteira-Busse (2,50 R$, 15 Min.) fahren zwischen 6 und 19 Uhr alle 25 Minuten von der Praça Independência in Corumbá zur bolivianischen Grenze. Ein Taxi vom Stadtzentrum kostet etwa 27 R$. Wer allein oder zu zweit unterwegs ist, nimmt besser ein Motorradtaxi (15 R$).

Sämtliche Ausreiseformalitäten werden bei der **Polícia Federal** (☎3234-7822; www.dpf.gov.br; ⏲Mo–Fr 8–11 & 14–17, Sa & So 9–13 Uhr) an der Grenze abgewickelt. Brasilien und Bolivien haben keine übereinstimmenden Bürozeiten, daher muss man eventuell in Corumbá übernachten, wenn man außerhalb dieser anreist. Für die Fahrt nach Bolivien brauchen Deutsche, Österreicher und Schweizer kein Visum. Wer dennoch Fragen hat oder sich über die aktuellen Bedingungen informieren möchte, kann das **Bolivianische Konsulat** (☎3231-5605; coliviancorumbams@hotmail.com; Porto Carrero 1650; ⏲Mo–Fr 8–12.30 & 14–16.30 Uhr) in Corumbá besuchen.

In Bolivien legen *colectivos* (3 B$) und Taxis (10 B$) die 3 km lange Strecke zwischen der Grenze und dem Quijarro-Bahnhof zurück, von dem man nach Santa Cruz weiterfahren kann. Der *Tren Regional* (21 Std., 115 B$) ist der langsamste und billigste Zug. Er startet täglich außer sonntags um 12.45 Uhr. Am schnellsten, komfortabelsten und teuersten ist der *Ferrobus* (14 Std., 257 B$), der dienstags, donnerstags und samstags um 7 Uhr verkehrt. Der mittelschnelle *Expreso Oriental* (16 Std., 127 B$) fährt dienstags, donnerstags und sonntags um 16.30 Uhr ab. Nach Möglichkeit sollte man sein Ticket vorab kaufen.

Die Straße von Puerto Quijarro nach Santa Cruz wurde stark verbessert. In den kommenden Jahren wird der Busverkehr auf dieser Strecke vermutlich stark zunehmen.

fängnis Künstler statt Kriminelle, die ihr indigenes Kunsthandwerk in den ehemaligen Zellen verkaufen.

Praktische Informationen

GELD

Einige Ladeninhaber in der Rua 13 de Junho tauschen unter der Hand Reais, US-Dollars, Euros und Bolivianos. Die im Folgenden genannten Banken haben Geldautomaten, die ausländische Karten akzeptieren.

Banco do Brasil (13 de Junho 914)

Bradesco (Delamare 1067)

HSBC (Delamare 1068)

M@b Cyber (Antônio Maria Coelho 192; 2,50 R$ pro Std.; ⏲Mo–Sa 8–21 Uhr)

MEDIZINISCHE VERSORGUNG

Hospital Santa Casa (☎3231-2441; 15 de Novembro 854)

NOTFALL

Bundespolizei (☎3231 5848; Praça da República 51; ⏲Mo–Fr 8–11.30 & 13.30–17.30 Uhr)

INTERNETZUGANG

Die meisten Internetcafés schließen schon um 18 Uhr.

POST

Post (Delamare 708; ⏲Mo–Fr 8.30–17, Sa 8–11.30 Uhr)

REISEBÜROS

Touren ins Pantanal sowie Boots- und Angelausflüge in die nähere Umgebung werden von allen Reisebüros in Corumbá sowie nach Absprache auch von den Schifffahrtsbüros in der Rua Manoel Cassava organisiert. Weitere Infos über Ausflüge von Corumbá ins Pantanal siehe S. 404.

Mutum Turismo (☎3231-1818; www.mutumturismo.com.br; Frei Mariano 17; ⏲Mo–Fr 8–18, Sa bis 13 Uhr) Zuverlässiger, bewährter Veranstalter für Flusskreuzfahrten im Pantanal.

An- & Weiterreise

Corumbá ist eine Durchgangsstation für die Ein- und Ausreise nach bzw. von Bolivien. Um auf dem Flussweg nach Paraguay zu gelangen, muss man sich mit den Bootsleuten am Hafen einig werden – und das wird nicht billig!

BUS

Vom **Fernbusbahnhof** (☎3231-2033; Rua Porto Carreiro) bestehen regelmäßige Verbindungen nach Campo Grande (81–103 R$, 6 Std.). Um Geld zu sparen, sollte man sein Ticket allerdings bereits im Voraus kaufen. **Cruzeiro do Sul** (www.cruzeirodosulms.com.br) verkehrt einmal täglich nach Bonito (65 R$, 7 Std.).

Das Stadtzentrum ist vom Busbahnhof aus leicht zu Fuß zu erreichen. Alternativ nimmt man ein Motorradtaxi für 5 R$.

FLUGZEUG

Der **internationale Flughafen** (☎3231-3322; Santos Dumont, Bairro Aeroporto) liegt 3 km westlich vom Zentrum. Leider gibt's nur ein begrenztes Flugangebot. Die einzige regelmäßige Verbindung ist ein Trip/TAM-Flug nach Campo Grande via Bonito.

Unterwegs vor Ort

Von der Haltestelle vor dem Fernbusbahnhof fährt der Cristo-Redentor-Bus (2 R$) zum **lokalen Busbahnhof** (Rua 13 de Junho), wobei man die Strecke auch problemlos zu Fuß zurücklegen kann. Vor Ort verkehrt der **Popular-Nova-Bus** stündlich zum Flughafen.

Ein Taxi vom Stadtzentrum zum Flughafen kostet rund 15 R$. Darauf achten, dass der Gebührenzähler eingeschaltet ist. Falls der Wagen kein Taxameter hat, sollte man vorab einen Preis vereinbaren, da Touristen gern über den Tisch gezogen werden.

Bonito & Umgebung

☎ 0XX67 / 19 500 EW.

Bonito ist Brasiliens Vorzeigemodell in Sachen Ökotourismus. Der in eine Wasserlandschaft eingebettete Ort im Südwesten des Mato Grosso do Sul hätte für sich genommen nur wenig zu bieten, wären da nicht die spektakuläre Natur und die örtlichen Behörden, die sich für ihre Erhaltung einsetzen. Hier gibt's Höhlen mit Seen und beeindruckenden Tropfsteinen, schöne Wasserfälle und unglaublich klare, von üppigen Wäldern umgebene Flüsse, in denen Taucher Hunderte von Fischen beobachten können.

Seit Bonito Anfang der 1990er-Jahre den nachhaltigen Tourismus für sich entdeckt hat, erreichen die Besucherzahlen jedes Jahr neue Rekorde. 2000 wurde deshalb der 76 km² große Nationalpark Serra da Bodoquena gegründet. Einige der Attraktionen liegen innerhalb des Schutzgebietes, das größtenteils nicht öffentlich zugänglich ist.

In der Stadt konzentriert sich das Leben auf eine einzige Straße, die 3 km lange Rua Coronel Pilad Rebuá. Dort findet man alles, was man braucht.

Sehenswertes & Aktivitäten

Bonita hat wenige Attraktionen, aber man sollte unbedingt einen Ausflug zu den Sehenswürdigkeiten der Umgebung machen.

Project Jibóia SCHLANGENSHOW

(☎ 3255-2328; www.projetojiboia.com.br; Nestor Fernandes 610; Eintritt 25 R$; ⌚19 Uhr) Bei dem Ein-Mann-Projekt geht's darum, Vorurteile über Schlangen aus der Welt zu schaffen. Die unterhaltsame Show (auf Portugiesisch) dauert 90 Minuten und bezieht das Publikum stark mit ein, wobei man am Ende fast schon zärtliche Gefühle und neuen Respekt für die Königsboas hegt.

Aquario do Bonito AQUARIUM

(Coronel Pilad Rebuá; Eintritt 20 R$; ⌚9–23 Uhr) Wer einen *pacú* nicht von einer *piraputanga* unterscheiden kann, möchte vielleicht dieses Aquarium mit Pantanal-*peixes* besuchen.

Balneário Municipal SCHWIMMEN

(Eintritt 15 R$; ⌚8–18 Uhr) Bonitos einzige Naturattraktion, die ohne Guide oder Tour zugänglich ist. Das natürliche Schwimmbecken mit klarem Wasser und vielen Fischen befindet sich am Rio Formoso, 7 km südöstlich der Stadt. Hier kann man den ganzen Tag in der Gesellschaft Einheimischer verbringen, Mittagessen gibt's an einem der Stände. Auf dem Gelände lassen sich regelmäßig Großpapageien blicken. Zu erreichen ist das Bad per Motorradtaxi (einfache Fahrt 7 R$).

Villa Rebuá ABENTEUERSPORT

(Coronel Pilad Rebuá; 30 R$ pro 40 Min.) Felsenklettern und *arvorismo* („Baumkronenpfade") über einem Parkplatz mit tollem Ausblick auf Bonito.

Taboa Fabrica KULTURTRIP

(☎ 3255-2556; www.taboa.com.br; Flinto Muller; Eintritt 25 R$; ⌚14–20 Uhr) Es ist schwer, den genauen Zweck der Taboa Fabrica zu beschreiben, aber man sieht ein wenig Keramik, kann dabei zusehen, wie Kunsthandwerk hergestellt wird und darf am Ende *cachaça kosten*.

Geführte Touren

Wenn die Touren überall in Brasilien so gut organisiert wären wie in Bonito, wäre das Traveller-Leben um einiges einfacher. Die örtliche Verwaltung hat strenge Regulierungen für die Erkundung der Naturattraktionen in der Gegend erlassen, weil sich viele auf privatem Land befinden und um den Auswirkungen auf einige urtümliche Gebiete entgegenzuwirken. Bei den meisten Sehenswürdigkeiten gibt's ein Tageslimit an Besuchern und alle Stätten dürfen nur mit einem autorisierten und registrierten Guides aufgesucht werden. Nicht alle Führer sprechen Englisch.

Die zahlreichen Reisebüros in der Stadt bieten eine bunte Mischung verschiedener Touren an, aber am einfachsten lässt sich ein Ausflug im eigenen Hotel arrangieren, denn dort ist der Hin- und Rücktransport häufig im Preis inbegriffen. Manchmal hängen die Kosten aber auch von der Gruppengröße ab – vorher nachfragen.

BONITO: EINE WUNDERSCHÖNE WASSERWELT

Wenn man einen Haufen exotischer Fische kaufen, sie in einen Pool setzen und dann mit einer Taucherbrille in das Becken steigen würde, hätte man eine ungefähre Vorstellung von Bonitos größter Attraktion. Doch wie entstand die wunderschöne Naturlandschaft? Das Wasser der Flüsse stammt aus unterirdischen Quellen in einem Kalksteinsockel, der fast frei von Lehm ist und Kalziumkarbonat freisetzt. Dieses wiederum setzt sich an den Unreinheiten des Wassers ab, weshalb Schwebstoffe auf den Grund sinken. Aus diesem Grund wird man während der Flusstouren auch dazu aufgefordert, im Wasser zu schweben und den Boden nicht zu berühren. Ergebnis des Ganzen ist ein natürliches Aquarium, eingerahmt von üppigem Wald, das sich perfekt für die Beobachtung faszinierender Fischarten eignet.

Zu den absoluten Highlights gehören das Schnorcheln und *flutação* (sich treiben lassen) im kristallklaren Wasser. Achtung: Es darf keine Sonnencreme verwendet werden. Andere abenteuerliche Aktivitäten sind z. B. das Abseilen und Schwimmen in unterirdischen Seen sowie das Entlanghangeln an *arvorismos* (Seilstege in Baumwipfeln mit einem genialen Ausblick). Viele der besten Touren dauern einen ganzen Tag und schließen ein Mittagessen ein.

Wer in der Hochsaison nach Bonito kommt, sollte weit im Voraus reservieren. Um die größten Attraktionen der Region zu sehen, braucht man volle drei Tage.

Gruta do Lago Azul HÖHLE

(halbtägige Exkursion 36 R$) Eine günstige Sehenswürdigkeit. Die große Höhle mit einem leuchtenden unterirdischen See und Tropfsteinformationen liegt 20 km westlich von Bonito. Sie ist ein gern gewähltes Postkartenmotiv der Stadt und lohnt stets einen Besuch. Ein unvergessliches Erlebnis beschert sie einem jedoch nur von Ende Dezember bis Anfang Januar, wenn das Sonnenlicht im richtigen Winkel hineinscheint.

★ Abismo de Anhumas ABENTEUERTOUR

(www.abismoanhumas.com.br; Abseilen 460 R$, Gerätetauchen 630 R$) Beim Abstecher zum Abismo de Anhumas 20 km westlich von Bonito könnte man fast auf die Idee kommen, man würde zum Mittelpunkt der Erde reisen. Am Ende des 72 m tiefen Lochs erstreckt sich ein unterirdischer See mit unglaublichen Tropfsteinformationen. Das **Abseil-Trainingscenter** (Rua General Osório) befindet sich in der Stadt. Man muss die Übungen erfolgreich bis 18 Uhr am Tag vor dem geplanten Besuch abgeschlossen haben.

Teilnehmer der Tour seilen sich zunächst zum See ab und schnorcheln dann (die Sichtweite beträgt 30 m). Wer einen Basistauchschein hat, kann auch mit Geräten tauchen. So oder so, man wird sich vorkommen wie in einer anderen Welt – zweifellos ist der Abismo de Anhumas mit Abstand Bonitos unvergesslichste Sehenswürdigkeit. Leider sind nur 18 Besucher pro Tag zugelassen.

Nascente Azul SCHNORCHELN

(www.nascenteazul.com.br; ganzer Tag inkl. Mittagessen 140 R$) Bonitos bestgehütetes Geheimnis ist diese fabelhafte neue *flutação*-Attraktion 29 km außerhalb der Stadt. Der Ausflug beginnt mit einer 1900 m langen Waldwanderung zu einer wunderschönen *nascente* (Quelle), ein indigoblaues Tor zum Mittelpunkt der Erde. Von hier aus lässt man sich gemütlich auf einem kristallklaren Waldfluss zurück zum Ausgangspunkt der Tour treiben.

Rio da Prata SCHNORCHELN

(www.riodaprata.com.br; 5-stündiger Trip inkl. Mittagessen 198 R$; ⏲6.30–14 Uhr) Das fabelhafte Programm am Rio da Prata beinhaltet eine Wanderung durch den Regenwald sowie eine tolle Schnorchelstrecke (3 km) im erstaunlich klaren, fischreichen Rio Olha d'Agua und im Rio da Prata. Letzterer hat zwar eine nicht ganz so ungetrübte Sicht, bietet aber eine fantastische Gelegenheit, riesige *pacus* und beängstigende Schwertfische zu beobachten. Die nachmittägliche Besichtigung von Buraco das Araras (25 R$), die oft im Anschluss stattfindet, kann man allerdings getrost vergessen – es sei denn, man ist wild darauf, Aras zu beobachten.

Boca da Onça Ecotour SCHWIMMEN, WASSERFALL

(☎3268-1711; www.bocadaonca.com.br; Trekking inkl. Mittagessen 123 R$, inkl. Abseilen 275 R$; ⏲9.30–18 Uhr) Die Boca da Onça Ecotour 59 km nordwestlich von Bonito ist ein gepflegter 4 km langer Waldweg zu elf Wasser-

Bonito

fällen, in deren Becken man teilweise ein kurzes, erfrischend kühles Bad nehmen kann. Als Highlight gilt die im ganzen Bundesstaat bekannte 156 m hohe imposante Boca-da-Onça-Kaskade.

Wer den Abseilkurs im **Trainingscenter** (Coronel Pilad Rebuá) besteht, hat außerdem die Möglichkeit, sich von der nachweislich höchsten Plattform Brasiliens hinunterzulassen. Zur *fazenda* muss man danach 880 Stufen hinaufkraxeln. Lohn der Mühe ist ein tolles Mittagessen. Anschließend ruht man sich an einem natürlichen Flusswasserteich aus, in dem es von Fischen nur so wimmelt.

Reserva Ecológica Baía Bonita SCHNORCHELN, TIERRESERVAT

(3-stündige Tour 152 R$; ⏲ 6–19 Uhr) Zur 7 km südöstlich von Bonito gelegenen Reserva Ecológica Baía Bonita gehört das Aquário Natural und die Trilha dos Animais. Bei der Halbtagestour schnorchelt man in einer wunderschönen natürlichen Quelle, die 30 Fischarten und Wasserpflanzen beherbergt, und unternimmt danach eine kurze 900 m lange Floßfahrt auf dem Rio Baía Bonita. Im Preis sind Taucheranzug, Schnorchel und Mittagessen enthalten.

Wer will, besucht hinterher noch die **Trilha dos Animais**, einen Zoo mit Tieren aus der Region, darunter eine Anakonda, ein gut abgerichteter Tapir und ein süßer Ozelot.

Rio Sucuri SCHNORCHELN

(3-stündiger Trip 138 R$) 20 km südwestlich von Bonito gibt's eine 1500 m lange Schnorchelroute, die durch Quellen und einen kristallklaren Fluss mit Unterwasservegetation führt, alles umgeben von einem üppigen Wald. Leider liegt der Rio Sucuri recht weit draußen in der Wildnis. Das Areal ist eher was für Pflanzen- als für Fischfreunde.

Schlafen

In den letzten Jahren haben in Bonito mehrere neue Unterkünfte eröffnet, deshalb ist

Bonito

Sehenswertes
1 Aquario do Bonito ... D3
2 Project Jibóia ... A1

Aktivitäten, Kurse & Touren
3 Boca-da-Onça-Trainingscenter ... B2
4 Abseil-Trainingscenter ... D3
5 Taboa Fabrica ... C4
6 Villa Rebuá ... D3

Schlafen
7 Hotel Pousada Águas de Bonito ... B4
8 Pousada Muito Bonito ... B2
9 Pousada Remanso ... C2
10 Pousada São Jorge ... C2
11 Wetiga Hotel de Natureza ... A1

Essen
12 A Casa do João ... D3
13 Cantinho do Peixe ... C2
14 O Casarão ... C3
15 Pantanal Grill ... C3
16 San Marino Pizza ... B2
17 Tapera ... D3
18 Vicio da Gula Café ... C3

Ausgehen & Nachtleben
Taboa Bar ... (siehe 14)

Praktisches
19 Agência Ar ... C3

es nicht mehr so schwer, in der Hauptsaison ein Nachtquartier zu finden. Trotzdem sollte man sein Zimmer in dieser Zeit vorab buchen. Außerhalb der Saison gibt's in den gehobenen Bleiben oft Rabatte von bis zu 50 %. Nachfolgend nennen wir die Preise für die Hauptreisezeit (Dezember–März), damit niemand einen Schock bekommt!

★ Bonito HI Hostel HOSTEL $
(☎3255-1462; www.ajbonito.com.br; Lúcio Borralho 716; B 50 R$, Apt. mit/ohne Klimaanlage 150/100 R$; ❄@📶🏊) Das gepflegte HI-Hostel gehört zu den besten Brasiliens und bedient hier als einzige Unterkunft das unterste Preissegment. In dem Backpackerparadies wurde an alles gedacht, z. B. an Hängematten, Pools, einen Wäscheservice, einen Fahrradverleih und an mehrsprachiges Personal. Es gibt Schlafsäle mit privaten Badezimmern und die Einzelzimmer um die Ecke des Hauptgebäudes haben Hotelstandard.

Pousada Muito Bonito POUSADA $
(☎3255-1645; www.hotelmuitobonito.com.br; Coronel Pilad Rebuá 1444; EZ/DZ/3BZ 60/110/140 R$; P❄@📶) Es wird schwer sein, ein besseres Preis-Leistungs-Verhältnis in der Stadt zu finden als in dieser tollen Budget-*pousada*. Besitzer Mario Doblack spricht fünf Sprachen und hat äußerst gepflegte, preiswerte Zimmer im Angebot, die um einen kleinen Innenhof angeordnet sind. Zudem weiß er jede Menge über die Gegend zu berichten – er zählt zu den Guides, die schon vor dem Touristenboom in Bonito etabliert waren. Seine Pension liegt nur drei Blocks vom Busbahnhof entfernt.

Pousada São Jorge GASTHOF $
(☎3255-4046; Coronel Pilad Rebuá 1605; EZ/DZ/3BZ 70/120/180 R$; ❄@📶) Die Angestellten sprechen Englisch, die Leitung besteht aus einem freundlichen Pärchen, das Frühstück schmeckt lecker und das Preis-Leistungs-Verhältnis ist gut. Leider sind ein paar Zimmer recht dunkel.

Wetiga Hotel de Natureza LUXUSHOTEL $$
(☎3255-5100; www.wetigahotel.com.br; Coronel Pilad Rebuá 679; EZ/DZ/3BZ 324/374/488 R$; P❄@📶🏊) Beeindruckender als die einfachen Zimmer, die auf den Garten und den Pool blicken, ist das bemerkenswerte Gebäude aus Stein und Holz. In der Nebensaison sollte man nach Rabatten fragen.

Hotel Pousada Arizona HÜTTEN $$
(☎3255-4190; http://hotelpousadaarizona.com.br; Águas Marinhas 680; EZ/DZ/3BZ 241/353/490 R$; ❄@📶🏊) Bunte Bungalows aus Holz und Backstein säumen den besten Pool (samt Bar) der Stadt. Zu der idyllischen Anlage 2 km von der Hauptstraße gehören 16 Hütten.

Pousada Remanso HOTEL $$
(☎3255-1137; www.pousadaremanso.com.br; Coronel Pilad Rebuá 1515; EZ/DZ/3BZ 149/218/291 R$; P❄📶🏊) Dank ihrer Hängematten, des hübschen Gartens und des Pools ist die kürzlich renovierte Mittelklasseunterkunft direkt im Zentrum ihr Geld wert.

Hotel Pousada Águas de Bonito POUSADA $$
(☎3255-2330; www.aguasdebonito.com.br; Rua 29 de Maio 1679; EZ/DZ/3BZ 274/350/458 R$; ❄@🏊) Hat etwas mehr Flair als die einschlägige Konkurrenz. Die geräumigen Zimmer sind modern eingerichtet und die im zweiten Stock verfügen über Terrassen.

Essen

Wie man es von einem Touristenmekka erwartet, bietet Bonito eine internationale Auswahl an Lokalen mit hochwertiger Küche.

Vicio da Gula Café SANDWICHES $
(☎3255-2041; Coronel Pilad Rebuá 1852; Sandwiches 7–22 R$; ⌚12–2 Uhr) In dem beliebten Eckcafé kommen leckere Burger, Pommes frites und *açaí na tigela* (beerenartige Frucht, serviert in einer Schüssel) auf den Tisch.

San Marino Pizza PIZZERIA $$
(☎3255-2656; Luiz da Costa Leite 1543; Pizzas 29–39 R$; ⌚Mi–Mo 18–24 Uhr) Die Vier-Käse-Pizza dieser Filiale der gleichnamigen Pizzeria in Campo Grande ist die beste der Stadt.

O Casarão SELBSTBEDIENUNG $$
(☎3255-1970; Coronel Pilad Rebuá 1835; Büfett 24,90 R$) Gut besuchtes Büfettlokal in der Hauptstraße.

Tapera REGIONALE KÜCHE $$
(☎3255-1757; Coronel Pilad Rebuá 1957; Portionen für 2 Pers. 40–60 R$) Obwohl es sich um eines der ältesten Restaurants der Stadt handelt, musste das helle Tapera in den letzten Jahren hart für seinen guten Ruf arbeiten. Es kredenzt üppige Fischgerichte und Rindfleischplatten.

Cantinho do Peixe FISCH & MEERESFRÜCHTE $$
(☎3255-3381; Coronel Pilad Rebuá 1437; Mahlzeiten 27–60 R$; ⌚Mo–Sa 11–15 & 18–23 Uhr) In dem einfachen Lokal gleich hinter der Hauptstraße wird frisch aus dem Rio Miranda gefischter *pintado* (eine Art Wels) zu 15 schmackhaften Kreationen verarbeitet. Wir empfehlen *pintado á urucum*, ein Gericht, das Lasagne ähnelt, geschmort in einer Soße aus Tomaten, Kondensmilch und Mozzarella.

★ **Pantanal Grill** CHURRASCARIA $$$
(☎3255-2763; Coronel Pilad Rebuá 1808; Mahlzeiten für 2 Pers. 28–60 R$; ⌚10–23 Uhr; ❄) Lust auf Capybara mit Schinken? Oder auf Ananas-Pekari? Dann ab zum Pantanal Grill. Für das Essen muss man zwar tief in die Tasche greifen, aber dafür bekommt man hier ausgefallene Gerichte. Keine Sorge, das Fleisch stammt aus der Zucht, nicht von Wildtieren.

★ **A Casa do João** FISCH & MEERESFRÜCHTE $$$
(☎3255-1212; www.casadojoao.com.br; Nelson Felicio 664A; Hauptgerichte für 2 Pers. 33–66 R$; ⌚11.30–14.30 & 18–23.30 Uhr) Bonitos beste Adresse für Fisch hat sich besonders mit *traíra* (ein Raubfisch) einen Namen gemacht, die für jeden Appetit in verschiedenen Portionsgrößen serviert wird. Das Mobiliar besteht aus recyceltem Holz von umgestürzten Bäumen aus der Region.

Ausgehen

Taboa Bar BAR
(☎3255-1862; www.taboa.com.br; Coronel Pilad Rebuá 1837; ⌚17 Uhr–open end) Eine mit Graffitis besprühte Institution in der Hauptstraße, wo Einheimische und Touristen einträchtig die Spezialität des Hauses genießen: *pinga* (Zuckerrohrschnaps) mit Honig, Zimt und Guarana.

Praktische Informationen

Es gibt in Bonito kein offizielles Touristenbüro, aber das ist auch nicht nötig. Alle Hotels bieten die Infos, die Touristen brauchen, und verschwenden keine Zeit, um ihnen diese auch nahezubringen.

Die Reiseagenturen werden streng kontrolliert und die Preise sind festgesetzt, man kann sich die Suche nach Schnäppchen also sparen. In einigen Veranstaltern wird man jedoch freundlicher bedient als in anderen. Abgesehen davon organisieren die Betreiber vieler Unterkünfte für ihre Gäste Ausflüge ohne Aufpreis.

Agência Ar (☎3255-1008; www.agenciaarbonito.com.br; Coronel Pilad Rebuá 1184; ⌚24 Std.) Kommerziell ausgerichtete Agentur mit tollem Angebot, die besonders mit ihrem 24-Stunden-Service punktet.

Banco do Brasil (Luiz da Costa Leite 2279; ⌚9–14 Uhr)

Bradesco (Rebuá 1942)

Krankenhaus (☎3255-3455; Pedro Apóstolo 201)

Post (Coronel Pilad Rebuá 1759; ⌚Mo–Fr 8–11.30 & 13–16 Uhr)

An- & Weiterreise

Cruzeiro do Sul (S. 415) ist das einzige Busunternehmen mit Verbindungen nach Bonito. Fünfmal täglich verkehrt es zwischen Campo Grande und Bonito (59 R$, 5 Std.). Der erste Bus zurück nach Campo Grande macht sich bereits um 5.30 Uhr auf den Weg. Direktverbindungen gibt's nur um 8 und um 12 Uhr. Vanzella (S. 312) betreibt einen schnelleren Minibusservice nach Campo Grande (80 R$; 7.30 & 10.30 Uhr); Fahrgäste werden vor ihrer Unterkunft abgeholt und zum gewünschten Hotel gebracht. Wer nach Foz do Iguaçu will, sollte zuerst nach Campo Grande reisen und dort in einen Direktbus umsteigen.

Jeden Tag verkehrt ein Bus nach Corumbá (65 R$, 7 Std., 12 Uhr), wo Verbindungen nach Bolivien bestehen. Darüber hinaus startet täglich um 12 Uhr ein Bus nach Ponta Porã (52 R$, 5 Std.) zum Grenzübergang nach Paraguay.

Azul (S. 383) bietet Flüge zwischen Bonito und dem Campinas-Flughafen von São Paulo (ab 140 R$, 1½ Std.) an.

Unterwegs vor Ort

Leider liegen viele der Attraktionen recht weit außerhalb der Stadt und es gibt keine öffentlichen Verkehrsmittel. Bucht man Touren in Hotels, ist der Hin- und Rücktransport oft im Preis inbegriffen – ein Service, den die Reisebüros nur äußerst selten bieten (wenn doch, muss man dafür extra zahlen).

Der örtliche Shuttlebus von Vanzella (S. 412) bringt einen zu jedem gewünschten Ausflugsziel, solange mindestens vier Passagiere zusammenkommen. Für Gruppen ist es jedoch eventuell günstiger, an einem beliebigen Ponto de Táxi einen Wagen für den ganzen Tag zu buchen (je nach Strecke 60–150 R$) – man zahlt so viel wie für ein Mietauto, spart aber die Benzinkosten. Wer alleine reist, nimmt ein Motorradtaxi: Zum Rio Sucuri (38 km lange Fahrt) und zur Gruta do Lago Azul (38 km lange Rundfahrt) muss man mit etwa 45 R$ rechnen, zum Rio da Prata (100 km lange Rundfahrt) mit 90 R$ und nach Boca da Onça (120 km lange Rundfahrt) mit 80 R$. Die Fahrer warten auf einen, während man die Sehenswürdigkeiten besichtigt. Die Preise sind fest, deshalb sollte man nicht handeln.

Ponta Porã

☎ 0XX67 / 78 000 EW.

Es ist ein seltsames Gefühl, eine Straße zu überqueren und plötzlich in einem anderen Land zu stehen. Genau das passiert den Besuchern von Ponta Porã, einer munteren kleinen Grenzstadt, die durch die Avenida Internacional vom paraguayischen Ort Pedro Juan Caballero getrennt wird. Beim Bier gibt's drüben statt Skol Pilsen, und die Preise für Elektronikartikel purzeln in den Keller. Doch abgesehen davon fällt kaum auf, dass sich hier eine Grenze erstreckt, denn Portuñol, die Mischsprache aus Portugiesisch und Spanisch, wird auf beiden Seiten gesprochen. Wer nach Ponta Porã kommt, gehört entweder zu den brasilianischen Schnäppchenjägern oder will nach Paraguay reisen. Man bleibt hier höchstens deshalb länger als eine Nacht, wenn man ins Krankenhaus muss.

Die Gegend ist zwar bei Weitem nicht mit den Vorstädten Rios zu vergleichen, dennoch sollte man Vorsicht walten lassen, besonders nachts.

Schlafen & Essen

Hotel Guarujá HOTEL **$**
(☎ 3431-9515; Guia Lopes 63; EZ/DZ 70/135 R$; ❄ 📶) Das Hotel ist zwar etwas heruntergekommen, aber mit seinen geräumigen *apartamentos* immer noch eine recht gute Budgetoption.

Pousada do Bosque POUSADA **$$**
(☎ 3431-1181; www.hotelpousadadobosque.com.br; Av Presidente Vargas 1151; EZ-/DZ-Apt. 95/170 R$; ❄ 📶 🏊) Eine grüne Oase in einem besseren Teil der Stadt, gleich außerhalb des Zentrums. Für Ponta Porá ist die *pousada* fast schon zu hübsch.

Hotel Barcelona HOTEL **$$**
(☎ 3437-2500; www.hotelbarcelona.com.br; Guia Lopes 50; EZ/DZ 135/165 R$; P ❄ @ 📶 🏊) Die netteste Unterkunft im Zentrum hat große Zimmer mit alten Möbeln und einen Pool.

Mania de Pizza PIZZERIA **$$**
(☎ 3431-2620; Tiradentes 754; Pizzas 20–35 R$; ⌚ 18–24 Uhr) Hier hat man die Qual der Wahl zwischen 55 unterschiedlichen Belägen, darunter kreative Varianten wie Korea und Stroganoff sowie süße Dessertpizzas. Liefert auch nach Hause.

Shoppen

Shopping China EINKAUFSZENTRUM
(☎ 0xx36-74343; Ruta V c/Callejón Internacional, Pedro Juan Caballero; ⌚ Mo–Sa 8.30–19, So 9–14 Uhr) In dem Megastore bekommt man so gut wie

GRENZÜBERGANG NACH PARAGUAY

Eigentlich überquert man nur die Straße, trotzdem sind die rechtlichen Formalitäten ein wahres Chaos. Sie werden bei der **Bundespolizei** (☎ 3437-0500; Presidente Vargas; ⌚ Mo–Fr 9–12 & 13–16 Uhr) im Stadtzentrum abgewickelt. Außerhalb der Öffnungszeiten erhält man nur dann einen Stempel, wenn man beweisen kann, dass man unbedingt weiterreisen muss (z. B. indem man sagt „Ich will hier nicht übernachten!"). Die **Paraguayische Einreisebehörde** (☎ 3431-6312; Dr Francis; ⌚ 7–21 Uhr) liegt 2 km östlich der Stadt in einem großen pinkfarbenen Gebäude neben Goodyear. Sie hat bis 21 Uhr geöffnet. Es gibt leider keine Klingel, falls man zu spät eintrifft.

Vom Busbahnhof in der Alberdi in Pedro Juan Caballero bestehen stündliche Verbindungen nach Asunción, (80 000–110 000 G, 7 Std.) und Concepción (35 000 G, 4 Std.).

alles von Johnny Walker bis hin zu Canon, und das zu äußerst günstigen Preisen.

ℹ Anreise & Unterwegs vor Ort

Vom **Busbahnhof** (☎ 3431 4145) 4 km außerhalb des Stadtzentrums verkehrt **Expresso Quieroz** (www.expressoqueiroz.com.br) stündlich nach Campo Grande (62 R$, 6 Std.). Täglich um 14.30, 16 und 21 Uhr bedient **Motta** (www.motta.com.br) São Paulo (190–260 R$, 25 Std.). Cruzeiro do Sul (S. 415) bietet jeden Tag um 6.30 Uhr eine Verbindung nach Bonito (10 R$, 1 Std.) und fährt zudem zweimal täglich nach Corumbá (120 R$, 13½ Std, 5 & 14 Uhr). Zwischen dem Hauptbusbahnhof und dem zentral gelegenen lokalen Busbahnhof pendelt bis 22 Uhr alle 45 Minuten ein Stadtbus (2,85 R$).

Wer nach Foz do Iguaçu möchte, steigt am Busbahnhof in der Alberdi in Pedro Juan Caballero (in Paraguay) in einen Bus nach Ciudad del Este (80 000–90 000 Guaraní, 8 Std., 3-mal tgl.; ebenfalls in Paraguay), das wiederum unmittelbar an Foz do Iguaçu angrenzt. Man benötigt kein paraguayisches Visum, um nach Foz do Iguaçu zu gelangen, aber einen Einreisestempel.

Bahia

13,5 MIO. EW.

Inhalt ➡

Gut essen

- Maria Mata Mouro (S. 441)
- Portinha (S. 477)
- Caranguejo de Sergipe (S. 441)
- Cozinha Aberta (S. 487)
- Souza Bar (S. 454)

Die schönsten Strände

- Trancoso (S. 476)
- Boipeba (S. 459)
- Caraíva (S. 478)
- Praia do Espelho (S. 478)

Auf nach Bahia

In dem umwerfend schönen nordöstlichen Bundesstaat trifft Afrika auf Südamerika. Die verwegene Mischung aus zwei offensichtlich verschiedenen Kulturen – klassische portugiesische Architektur und afrikanische Trommelrhythmen, katholische Gotteshäuser und Candomblé (die afrobrasilianische Religion) – ist einzigartig und macht Reisende regelrecht süchtig. Bahias Herz ist Salvador, die schmucke Kolonialstadt mit vergoldeten Kirchen, Kopfsteinpflaster, lebhaften Festivals, kraftvollen Trommelklängen, die von Steinwänden widerhallen, und Capoeiristas, die ihre Kämpfe vor der Kulisse historischer Gebäude aus dem 16. Jh. austragen. Doch Bahia ist mehr als seine Hauptstadt: Der Staat mit einer 900 km langen Küste beherbergt Welterbestätten, einsame Strände und paradiesische Inseln. Im Süden ziehen idyllische Küstenorte und ein Unterwasserpark von Weltformat Sonnenhungrige und Taucher an. Im Parque Nacional da Chapada Diamantina im Inland warten Wasserfälle und ruhige Wanderwege auf Entdecker.

Reisezeit

Salvador

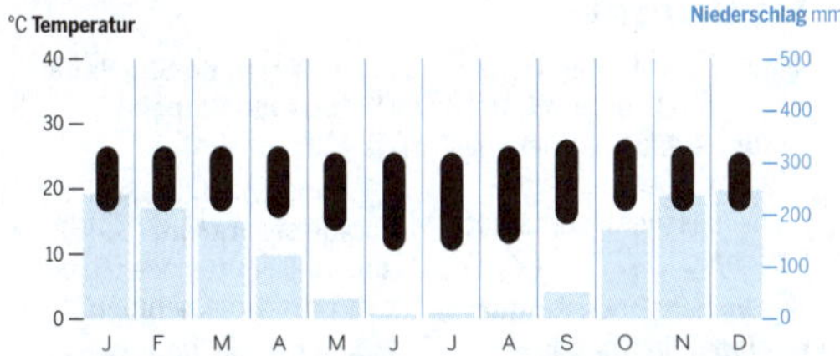

Dez.–März Volle Pensionen und Menschenmassen in Salvador zum Karneval im Februar.

April–Sept. Herrlich warme Temperaturen, ab und zu Regentage.

Okt. & Nov. Nur wenige Touristen, aber sommerliches Wetter.

Geschichte

Vor der Ankunft der Portugiesen lebte im Inland und an der Küste der Region, die heute unter dem Namen Bahia bekannt ist, eine Vielzahl verschiedener ethnischer Gruppen, die ein Dutzend Sprachen sprachen. Viele dieser Volksstämme wurden von den Portugiesen ausgelöscht. Einige jedoch – z. B. die Pataxó (s. Kasten S. 479) – leben noch immer in der Gegend. Sie betrieben Landwirtschaft,

Highlights

1 Der berühmten Trommlergruppe Olodum in **Salvador** (S. 426), Lateinamerikas inspirierender afrobrasilianischer Hauptstadt, lauschen.

2 Im herrlichen **Parque Nacional da Chapada Diamantina** (S. 488) über wilde Hochlandebenen wandern und in kühlen Wasserfällen baden.

3 Mit dem Schnellboot um die entzückenden Inseldörfer **Morro de São Paulo** (S. 456) und **Boipeba** (S. 459) sausen.

4 Am Strand des Surferparadieses **Itacaré** (S. 462) eine Welle reiten oder Capoeira-Unterricht nehmen.

5 In **Arraial d'Ajuda** (S. 474) ein Picknick genießen, die Küste erkunden und heiße Strandpartys mitfeiern.

6 Vor der TAMAR-Station in **Praia do Forte** (S. 453) kleinen Meeresschildkröten beim Schlüpfen zusehen.

7 Auf der Peninsula de Maraú im relaxten Fischerdorf **Barra Grande** (S. 460) alles hinter sich lassen.

8 In **Ilhéus** (S. 464) in den Fußstapfen des großen brasilianischen Schriftstellers Jorge Amado wandeln.

9 Im entlegenen **Parque Nacional Marinho de Abrolhos** (S. 482) zwischen tropischen Fischen tauchen.

bauten Maniok, Süßkartoffeln und Mais an, gingen auf die Jagd, fingen Fische und sammelten Früchte im Wald. Viel mehr ist über die indigene Bevölkerung nicht bekannt, die zum großen Teil nach der Ankunft der Europäer verschwand.

Portugiesische Seeleute sichteten erstmals im Jahre 1500 Land in der Nähe von Porto Seguro, doch es sollte noch ein Jahr dauern, bis der italienische Seefahrer Amerigo Vespucci der Legende zufolge an Allerheiligen (1. Nov.) in die Bucht von Salvador einlief und sie Baía de Todos os Santos nannte. Zwei Generationen später, im Jahre 1549, kehrte Tomé de Souza im Auftrag der portugiesischen Krone zurück, um Brasiliens erste Hauptstadt zu gründen – Salvador da Bahia.

Um das neue Land wirtschaftlich zu nutzen, bauten die Kolonisten im fruchtbaren *recôncavo* (die Region wurde nach der konkaven Form seiner Bucht benannt), das die Baía de Todos os Santos umgibt, Zuckerrohr und später Tabak an. Die Portugiesen zwangen die einheimische Bevölkerung zur Sklavenarbeit auf den Feldern, und als sich herausstellte, dass das nicht ausreichte, schaffte man afrikanische Sklaven in schwindelerregend großen Mengen hierher. Zwischen 1550 und 1850 wurden mindestens 3,6 Mio. Sklaven von Afrika nach Brasilien gebracht. Der Großteil von ihnen endete schließlich im Nordosten.

Weil sie so zahlreich waren, gelang es den Sklaven, viel von ihrer afrikanischen Kultur zu bewahren. Als man ihnen beispielsweise die Ausführung ihrer religiösen Riten verbot, verlegten die Sklaven ihre Candomblé-*terreiros* (Zusammenkünfte) in den Untergrund und gaben ihren Göttern die Namen katholischer Heiliger. Speisen und Musik aus Afrika bereicherten das Leben der Schwarzen und Weißen gleichermaßen, und die afrikanische Kultur beeinflusste die sich neu entwickelnde brasilianische sehr.

Während die Kolonie bestand, herrschte durchgehend das strenge portugiesische Plantagensystem, das die Sklaven bis zu ihrer Befreiung im Jahr 1888 an das Land band. Neben Zucker- und Tabakfeldern legten die Portugiesen auch Viehfarmen an, die sich ins Landesinnere und von dort in Richtung Westen in den *sertão* (ins Hinterland) und nach Minas Gerais ausbreiteten und von dort wiederum in Richtung Nordwesten nach Piauí.

Rohstoffe wurden exportiert, gleichzeitig importierte man Sklaven und europäische Luxusgüter. Bahia war das wirtschaftliche Herz des kolonialen Brasiliens und Salvador da Bahia zwischen 1549 und 1763 die Hauptstadt. Sie bildete das Zentrum der Zuckerindustrie, die dem Land bis zum internationalen Einbruch der Zuckerpreise in den 1820er-Jahren seinen Reichtum bescherte. Die boomende Gold- und Kaffeewirtschaft im Süden trugen dann noch zu Salvadors Niedergang bei.

Bahias Industrialisierung begann Mitte des 19. Jhs. und schritt mit der Entwicklung von Banken und Industrien langsam voran, denn auf neuen Bahnlinien konnten Güter aus dem Landesinneren zu Salvadors großem Hafen gebracht werden. Fabriken entstanden, und die Wirtschaft, einstmals eine Monokultur der Zuckerrohrindustrie, diversifizierte. Das wichtigste Ereignis des späten 19. Jhs. war die Freilassung der Sklaven, die vielen Einwohnern Bahias die Freiheit brachte.

Im 20. Jh. halfen die Ölfunde, die man in den 1940er-Jahren gemacht hatte, Bahia aus seiner wirtschaftlichen Stagnation heraus und trugen zur kontinuierlichen Modernisierung des Staates bei. Bis heute ist Salvador ein wichtiger Hafen, von dem aus Soja, Obst, Kakao, Chemikalien und Zuckerrohr – das als hocheffizienter Biotreibstoff erneut eine herausragende Rolle spielt – ausgeführt werden. In den letzten Jahrzehnten hat sich der Tourismus als bedeutender Industriezweig etabliert. Den Gewinn investierte der Staat in den Aufbau einer dringend benötigten Infrastruktur und ins Gesundheitswesen.

An- & Weiterreise

Bahias wichtigster Flughafen befindet sich in der Hauptstadt Salvador, doch auch von Porto Seguro gibt's regelmäßige und preiswerte Flüge.

Die Schnellstraße BR-101 folgt der Küstenlinie Bahias, bleibt dabei aber etwa 50 bis 75 km im Landesinneren. Sie ist die wichtigste Verkehrsader des Staates und wird von den meisten Überlandbussen genutzt. Gute Küstenstraßen verlaufen nur zwischen Canavieiras und Itacaré sowie von Salvador in Richtung Norden zur Grenze nach Sergipe.

Unterwegs vor Ort

In Bahia herumzukommen, ist kinderleicht – man findet immer irgendein Transportmittel, das einen ans Ziel bringt. Neben Bussen verkehren in ländlichen Gegenden auch Kombis und *bestas* (Vans, die eine bestimmte Strecke abfahren und unterwegs überall Fahrgäste absetzen und aufsammeln) sowie Sammeltaxis.

SALVADOR

0XX71 / 2,68 MIO. EW.

Mit der Energie und schlichten Schönheit von Salvador da Bahia können es nur wenige Städte aufnehmen. Einst die prachtvolle Hauptstadt der großen portugiesischen Kolonie in der Neuen Welt, ist sie heute das afrobrasilianische Juwel des Landes. Das Stadtzentrum mit seinen prächtigen Farben ist ein lebendes Museum für goldbeschlagene Kirchen und die Architektur des 17. und 18. Jhs. Zudem konzentriert sich in Salvador eine atemberaubende Künstlerszene. Regelmäßig finden wilde Volksfeste statt, und nahezu täglich hämmern Trommler vor einer Kulisse aus Kolonialgebäuden ihre kräftigen Rhythmen. Abends bilden sich auf den Plazas und öffentlichen Plätzen Capoeira-Kreise und der Geruch von *acarajé* (Kroketten aus Bohnen und Shrimps) und weiteren afrikanischen Köstlichkeiten erfüllt die Luft. Andernorts in der Stadt beherrscht ein anderer Geist die Massen: Religiöse Anhänger halten mystische Candomblé-Zeremonien ab, bei denen sie ihre afrikanischen Götter feiern und Kontakt zu ihnen aufnehmen. Es gibt weltweit keinen anderen Ort, an dem die Nachfahren afrikanischer Sklaven ihr Erbe so bewahrt haben wie in Salvador – angefangen von Musik und Religion bis hin zu Essen, Tanz und Kampfkunsttraditionen.

Neben den vielen Sehenswürdigkeiten innerhalb Salvadors lockt gleich außerhalb der Stadt eine herrliche Küste – fantastisch, um die tropische Pracht Bahias kennenzulernen.

Als einer der zwölf Austragungsorte der FIFA-Weltmeisterschaft 2014 wartet Salvador gespannt auf den Zuschaueransturm. Allerdings kommen die Vorbereitungen für das Event nur langsam in die Gänge. Zum Redaktionsschluss liefen die Restaurierungsarbeiten am alten Fonte-Nova-Stadion an und die Offiziellen der Stadt diskutierten Pläne für die Verbesserung der oft überfüllten öffentlichen Verkehrsmittel.

Geschichte

1549 landete Tomé de Souza an der Praia Porto da Barra, um auf Befehl des portugiesischen Königs Brasiliens erste Hauptstadt zu gründen. De Souza brachte Stadtpläne, eine Statue, 400 Soldaten und 400 Siedler mit, darunter auch Priester und Prostituierte. Er gründete den Ort an einer Stelle, von der aus man ihn gut verteidigen konnte: auf einer Felsspitze im Meer. Nach einem Jahr war aus Schlamm und Stroh eine Stadt entstanden, und 1550 war der Schutzwall errichtet, der feindliche Angriffe der indigenen Bevölkerung abhalten sollte. Für die nächsten drei Jahrhunderte blieb Salvador da Bahia die wichtigste Stadt Brasiliens.

Während der ersten Jahre war die Stadt vom Zuckerrohrexport abhängig, danach vom Tabak, der in der fruchtbaren *recôncavo*-Region am Nordende der Baía de Todos os Santos angebaut wurde. Später wurde die Viehzucht eingeführt, die zusammen mit dem Gold und den Diamanten aus dem Landesinneren Bahias den immensen Reichtum Salvadors begründete, der sich in den prächtigen Barockbauten der Stadt widerspiegelt.

Afrikanische Sklaven wurden erstmals Mitte des 16. Jhs. nach Salvador gebracht. 1587 zählte der Historiker Gabriel Soares etwa 12 000 Weiße, 8000 bekehrte *índios* und 4000 schwarze Sklaven. Die Anzahl der Afrobrasilianer nahm schließlich so weit zu, dass sie die Hälfte der Stadtbewohner ausmachten. Mehrmals bedrohten Aufstände der Schwarzen die Sicherheit Salvadors.

Salvador war nach Lissabon die zweitwichtigste Stadt des portugiesischen Imperiums. Sie war der Stolz des kolonialen Brasiliens, berühmt für ihre vielen vergoldeten Kirchen, prachtvollen Villen und zahlreichen Feste. Doch schon im 17. Jh. war sie ebenfalls für ihr schlüpfriges öffentliches Leben, für ihre Wollust und Dekadenz berüchtigt – und zwar so sehr, dass die Bucht den Spitznamen Baía de Todos os Santos e de Quase Todos os Pecados (Bucht aller Heiligen und nahezu aller Sünden) erhielt!

Bis 1763 blieb Salvador der brasilianische Sitz der Kolonialregierung, danach wurde er wegen des Niedergangs der Zuckerrohrindustrie nach Rio verlegt.

Salvador

Sehenswertes

1 Museu Carlos Costa Pinto A5
2 Museu de Arte da Bahia B5
3 Museu de Arte Moderna B3
Solar do Unhão .... (siehe 3)

Schlafen

4 Pousada Baluarte D1

Ausgehen & Nachtleben

5 Beco dos Artistas B4

Unterhaltung

Jam no MAM .... (siehe 3)
6 Queens Club C4
7 Teatro Castro Alves B4

Salvador

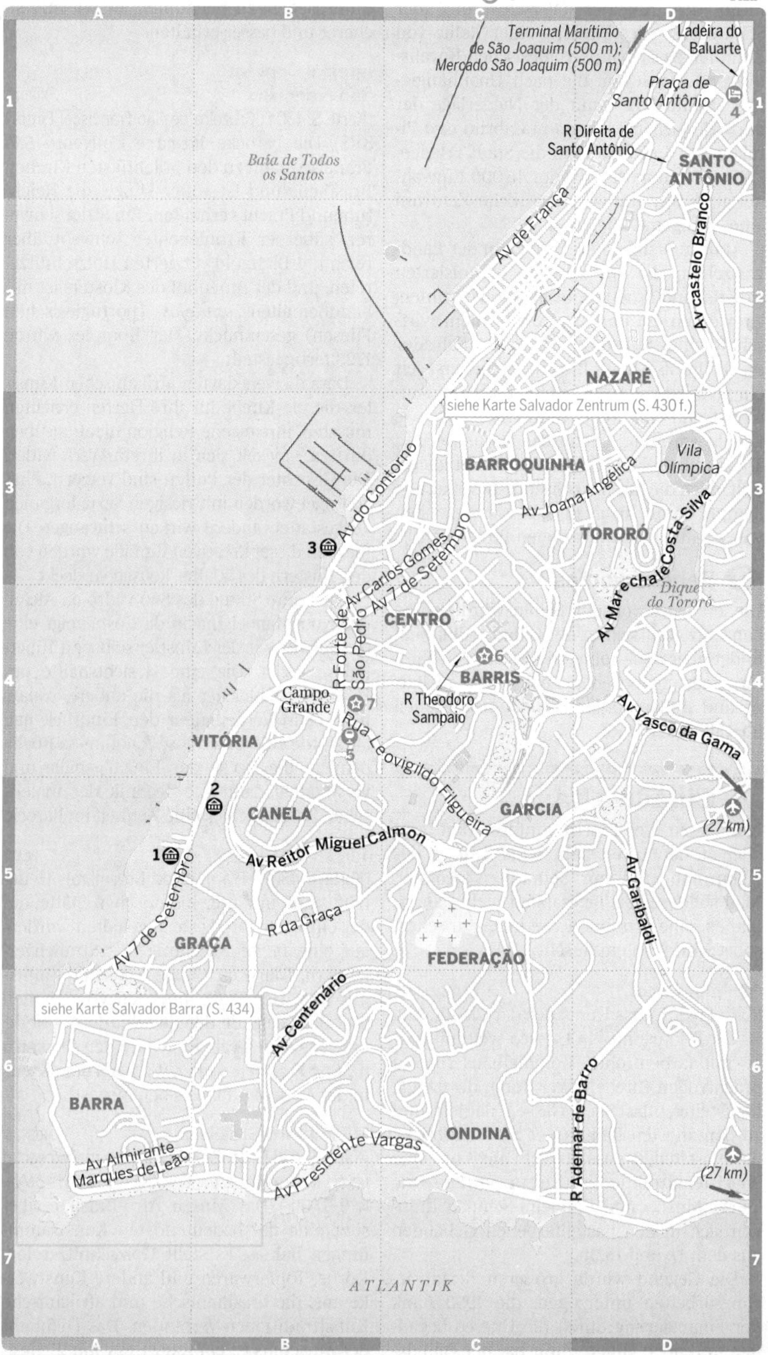
0
1 km
Terminal Marítimo de São Joaquim (500 m); Mercado São Joaquim (500 m)
Ladeira do Baluarte
Praça de Santo Antônio
4
R Direita de Santo Antônio
SANTO ANTÔNIO
Baía de Todos os Santos
Av de França
Av castelo Branco
NAZARÉ
siehe Karte Salvador Zentrum (S. 430 f.)
Vila Olímpica
BARROQUINHA
Av do Contorno
Av Joana Angélica
TORORÓ
Av Marechal Costa Silva
3
Av Carlos Gomes
Av 7 de Setembro
R Forte de São Pedro
Dique do Tororó
CENTRO
6
BARRIS
Campo Grande
7
R Theodoro Sampaio
Rua Leovigildo Filgueira
VITÓRIA
5
Av Vasco da Gama
2
CANELA
GARCIA
(27 km)
1
Av Reitor Miguel Calmon
Av 7 de Setembro
Av Garibaldi
R da Graça
GRAÇA
FEDERAÇÃO
siehe Karte Salvador Barra (S. 434)
Av Centenário
BARRA
R Ademar de Barro
ONDINA
Av Presidente Vargas
Av Almirante Marques de Leão
(27 km)
ATLANTIK
A
B
C
D
1
2
3
4
5
6
7

1798 war die Stadt Schauplatz der Conjuração dos Alfaiates (Verschwörung der Schneider) – des Beginns einer Reihe von Kämpfen zwischen portugiesischen Royalisten und Menschen, die nach Unabhängigkeit strebten. Erst mit der Niederlage der portugiesischen Truppen in Cabrito und Pirajá am 2. Juli 1823 fand die Stadt Frieden. Zu jener Zeit hatte Salvador 45 000 Einwohner und war das wirtschaftliche Zentrum eines riesigen Gebiets.

Aufgrund sinkender Erträge in der Landwirtschaft, die auf schlecht organisierten Arbeits- und Produktionsabläufen beruhten, kam es im 19. und 20. Jh. zu einem wirtschaftlichen Stillstand. Heute ist Salvador die drittgrößte Stadt Brasiliens, und erst seit ein paar Jahrzehnten zeichnet sich ein Aufwärtstrend ab. Neue Industriezweige wie Erdölgewinnung, chemische Industrie und Tourismus haben die Kassen der Stadt gefüllt, doch die rasch wachsende Bevölkerung kämpft immer noch mit schwerwiegenden wirtschaftlichen und sozialen Problemen.

Sehenswertes

Die eindrucksvollsten Sehenswürdigkeiten konzentrieren sich in der Cidade Alta. Man findet aber auch lohnende Museen in Vitória, einen malerischen Leuchtturm in Barra und andere faszinierende Attraktionen überall in der Stadt.

Cidade Alta

Egal, was die Touristeninformation sagt oder an den Türen steht – die Kirchen des Pelourinho sind nur sporadisch geöffnet. Man sollte seinen Tagesablauf nicht danach planen, eine von ihnen von innen zu sehen, sonst wird man enttäuscht.

★ Pelourinho — STADTVIERTEL

(Karte S. 430 f.) Das Herzstück der Cidade Alta ist der Pelourinho, ein Unesco-Weltkulturerbe mit farbenfrohen Kolonialhäusern und prachtvollen Kirchen. Wer durch die engen, kopfsteingepflasterten Gassen flaniert und zu den ältesten Bauten der Stadt aufblickt, wird feststellen, dass der Pelô nicht nur eine Touristenattraktion ist. Kulturzentren sowie Tanz-, Musik- und Capoeira-Schulen drängen sich in den pastellfarbenen Gebäuden aus dem 17. und 18. Jh.

Die Gegend wurde größeren Restaurierungsarbeiten unterzogen, die 1993 dank der Finanzierung durch die Unesco begannen und noch laufen. Zwar hat der Pelô dabei an Charme verloren, doch es ist noch untertrieben, zu behaupten, er sei jetzt sicherer und besser erhalten.

Igreja e Convento São Francisco — KIRCHE

(Karte S. 430 f.; Cruzeiro de São Francisco; Eintritt 3 R$) Die barocke Igreja e Convento São Francisco zählt zu den prächtigsten Kirchen Brasiliens und ist voller Dinge, die Reichtum und Pracht verheißen. Ein 80 kg schwerer, silberner Kronleuchter schwebt über reich mit Blattgold verzierten Holzschnitzereien, und der Innenhof des Klosters ist mit handbemalten *azulejos* (portugiesischen Fliesen) geschmückt. Der Komplex wurde 1723 fertiggestellt.

Dass die versklavten afrikanischen Künstler, die die Kirche für ihre Herren errichten mussten, ihre eigene Religion nicht ausüben durften, spiegelt sich in ihrem Werk wider: Die Gesichter der Putten sind verzerrt, einige Engel wurden mit riesigen Sexualorganen ausgestattet, andere wirken schwanger. Die meisten dieser kreativen Einfälle wurden von den Küstern des 20. Jhs. keusch verdeckt.

Die bunte Statue des São Pedro da Alcântara von Manoel Inácio da Costa zeigt eine Gestalt, die wie der Künstler selbst an Tuberkulose leidet. Die eine Gesichtshälfte des Heiligen ist bleicher als die andere, sodass man beim Vorbeilaufen den Eindruck hat, als würde er kränker. José Joaquim da Rocha bemalte die Decke der Eingangshalle und verwendete dafür die Technik der malerischen Raumillusion, eine Neuheit im Barock.

Terreiro de Jesus — PLATZ

(Karte S. 430 f.; Praça 15 de Novembro) Heute trifft man an dieser historischen Stätte, auf der einst religiöse Feste abgehalten wurden, auf eine bunte Mischung aus Straßenverkäufern, Touristen, Capoeiristas und Einheimischen. Den Platz umgeben vier Kirchen und das Gebäude der **Faculdade de Medicina** aus dem 19. Jh. Er geht in den **Cruzeiro de São Francisco** über, der nach dem Kreuz in der Mitte des Platzes benannt ist.

Museu Afro-Brasileiro — MUSEUM

(Karte S. 430 f.; ☎3283-5540; www.mafro.ceao.ufba.br; Terreiro de Jesus; Erw./Kind 6/3 R$; ⏲Mo–Fr 9–17 Uhr) Das Museu Afro-Brasileiro besitzt eine der bedeutendsten Kunstsammlungen Bahias. Es stellt Holzschnitzereien, Körbe, Töpferwaren und andere Kunstwerke aus, die brasilianische und afrikanische Kunsttraditionen verbinden. Das Highlight des Museums ist ein Raum, der mit 27 riesigen beeindruckenden Holztafeln des in Argentinien geborenen Künstlers Carybé ausgestattet ist. Er war der vielleicht bekannteste Künstler des 20. Jhs. in Salvador. Die mit Intarsien aus Muscheln und Metall verzierten Paneele zeigen stilisierte Darstellungen der *orixás* (Gottheiten der afrobrasilianischen Religionen).

Daneben gibt's eine sehenswerte Ausstellung mit Fotos, sakralen Objekten und zeremoniellen Kleidungstücken, die die afrikanischen Wurzeln des brasilianischen Candomblé aufzeigen. Während unserer Recherchen war das Museum am Wochenende geschlossen, aber es plant, auch am Samstag zu öffnen.

Igreja da Ordem Terceira do Carmo — KIRCHE

(Karte S. 430 f.; Largo do Carmo; Eintritt gegen Spende) Ursprünglich 1636 errichtet, brannte die Kirche später bis auf die Grundmauern nieder; der heutige neoklassische Bau stammt von 1828. Im Hauptschiff befinden sich eine französische Orgel und ein barocker Altar mit der skandalträchtigen Statue der Nossa Senhora do Carmo. Kirchenhistoriker behaupten, dass die Figur nach dem Bild von Isabel II. gehauen wurde, der Tochter Garcia d'Ávilas, des größten Grundbesitzers im Nordosten.

Der als O Cabra (Halbblut) bekannte Künstler war ein Sklave ohne jede künstlerische Ausbildung, der angeblich in Isabel II. vernarrt war. Das Christuskind, das die Statue in ihren Armen wiegt, trägt negroide Züge – hat sich O Cabra vielleicht so das Kind seiner Liebe vorgestellt? O Cabra brauchte acht Jahre, um die lebensgroße Christusfigur fertigzustellen (1630), für dessen Blut er 2000 Rubine verwendete. Ausgestellt ist die Statue im kleinen Museum der Kirche.

Catedral Basílica — KIRCHE

(Karte S. 430 f.; Terreiro de Jesus; Eintritt gegen Spende) Die Catedral Basílica stammt von 1672 und ist ein Meisterwerk jesuitischer Architektur. Ihr Inneres ist elegant und schlicht gestaltet: Mit Marmor verkleidete Wände und Pfeiler betonen die Raumhöhe. Die Sakristei schmückt ein schöner, aus Palisanderholz geschnitzter Torbogen, und die Kuppel und der Boden sind bemalt.

Largo do Pelourinho — PLATZ

(Karte S. 430 f.) Auf dem abschüssigen Largo do Pelourinho, einem großen Platz, stand einst der *pelourinho* (Pranger) und wurden Sklaven versteigert (ob man sie hier außerdem öffentlich auspeitschte, darüber streiten die Historiker).

Museu da Cidade — MUSEUM

(Karte S. 430 f.; ☎3321-1967; Largo do Pelourinho 1; Eintritt 3 R$; ⌚Mo & Mi–Fr 9–18, Sa 13–17, So 9–13 Uhr) Wie die Stadt selbst besteht auch das Museu da Cidade aus einer bunten Sammlung von Altem und Neuem, Sakralem und Profanem. Gezeigt werden u. a. Candomblé-*orixá*-Kostüme, persönliche Gegenstände des Dichters Castro Alves (der Autor von *O Navio Negreiro* – „Sklavenschiff" – war eine der ersten Personen des öffentlichen Lebens, die sich gegen die Sklaverei aussprachen), traditionelle Lumpenpuppen, mit denen der Alltag in der Kolonialzeit nachgestellt wird, sowie Gemälde und Skulpturen.

Igreja NS do Rosário dos Pretos — KIRCHE

(Karte S. 430 f.; Largo do Pelourinho; Eintritt gegen Spende) 1704 schenkte der König von Portugal der Irmanidade dos Homens Pretos (Bruderschaft der Schwarzen) das Land, auf dem Sklaven und Befreite in ihrer Freizeit die lavendelblaue Igreja NS do Rosário dos Pretos errichteten. Sie brauchten fast 100 Jahre für die Fertigstellung. Die Rokokofassade weist Stilelemente des Candomblé auf (einen Führer danach fragen) und hat fliesenverkleidete, indigen anmutende Türme.

Fundação Casa de Jorge Amado — MUSEUM

(Karte S. 430 f.; ☎3321-0070; www.jorgeamado.org.br; Largo do Pelourinho; Eintritt 3 R$, Mi Eintritt frei; ⌚Mo–Fr 10–18, Sa bis 16 Uhr) Literarisch Interessierte sollten unbedingt in der Fundação Casa de Jorge Amado vorbeischauen. Hier erfahren Besucher etwas über das Leben eines der bekanntesten brasilianischen Autoren. Eine Wand mit Amados Büchern in allen wichtigen Sprachen zeugt von seiner großen Popularität.

Praça da Sé — PLATZ

(Karte S. 430 f.) Auf der schicken, L-förmigen Praça da Sé stehen kühlende Springbrunnen und die eingezäunte Ruine der gleichnamigen Kirche. Am Ende der Plaza befindet sich der **Plano Inclinado Gonçalves** (Karte S. 430 f.), eine Standseilbahn von 1874, deren Kabinen mit Platz für 30 Fahrgäste zwischen der Cidade Alta und der Cidade Baixa über beängstigend steile Fahrspuren hin- und herpendelten. Seit 2011 ist die Seilbahn nicht mehr in Betrieb, aber ihre Restaurierung ist geplant.

Salvador Zentrum

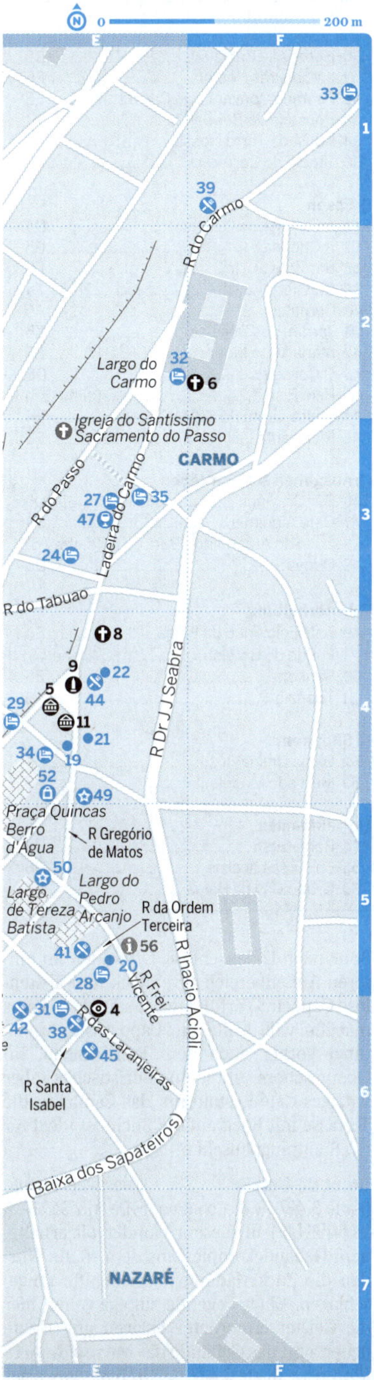

★ Elevador Lacerda HISTORISCHES GEBÄUDE
(Karte S. 430 f.; ☎ 3322-7049; Fahrt 0,25 R$; ⏲ 7–23 Uhr, an Sommerwochenenden & Karneval länger geöffnet) Der schön restaurierte Elevador Lacerda im Art-déco-Stil verbindet die Cidade Alta mit dem Comércio über vier Lifte, die in etwa 30 Sekunden 72 m zurücklegen. Jesuiten installierten um 1610 den ersten handbetriebenen (mit Seilen und Flaschenzügen funktionierenden) Lift, um Waren und Passagiere vom Hafen zur Siedlung zu transportieren. 1868 wurde eine Eisenkonstruktion mit scheppernden, dampfbetriebenen Aufzügen eingeweiht, die 1928 durch ein elektrisch betriebenes System ersetzt wurde. Gegenüber vom Lift befinden sich die eindrucksvollen Bögen der Câmara Municipal, des Rathauses aus dem 17. Jh., in dem gelegentlich Kulturausstellungen stattfinden.

Praça Municipal PLATZ
(Karte S. 430 f.; Praça Tomé de Souza) Einst war die Praça Municipal das politische Zentrum im kolonialen Brasilien. Heute ist sie ein belebter Platz, auf dem man Leute beobachten kann und einen tollen Panoramablick über die Bucht hat. Der eindrucksvolle **Palácio Rio Branco** (Karte S. 430 f.; ☎ 3322-7255; Praca Municipal) wurde 1919 wieder aufgebaut. In dem Originalbau von 1549 befanden sich die Büros von Tomé de Souza, Brasiliens erstem Generalgouverneur.

Museu de Arqueologia e Etnologia MUSEUM
(Museum für Archäologie & Ethnologie; Karte S. 430 f.; ☎ 3283-5530; www.mae.ufba.br; Faculdade de Medicina, Terreiro de Jesus; Eintritt 6 R$; ⏲ Mo–Fr 10–17 Uhr) Unterhalb vom Museu Afro-Brasileiro zeigt das Museu de Arqueologia e Etnologia Töpferwaren, Pfeile und Bögen, Masken und Federkopfschmuck der indigenen Bevölkerung Brasiliens. Zwischen den gewölbten Steinfundamenten sind auch Glas- und Porzellanstücke aus dem 19. Jh. zu sehen, die bei Ausschachtungsarbeiten für die Metro gefunden wurden.

Ladeira do Carmo MONUMENT
(Karte S. 430 f.) Vom Pelourinho führt die steile Ladeira do Carmo zu den **Escadas do Carmo**. Die breite Treppe bildete die Kulisse für den Film *O Pagador de Promessas* (1962, *Fünfzig Stufen zur Gerechtigkeit*), der als erster brasilianischer Streifen bei den Filmfestspielen in Cannes einen Preis (die Goldene Palme) gewann. Die Stufen führen hinunter zur **Igreja do Santíssimo Sacramento do Passo** (1737), die schon seit Ewigkeiten „wegen Renovierungsarbeiten“ geschlossen ist.

Salvador Zentrum

Highlights
1 Elevador Lacerda ... B6
2 Pelourinho ... D5

Sehenswertes
3 Catedral Basílica ... D5
4 Escola Olodum ... E6
5 Fundação Casa de Jorge Amado ... E4
6 Igreja da Ordem Terceira do Carmo ... F2
7 Igreja e Convento São Francisco ... D6
8 Igreja NS do Rosário dos Pretos ... E4
9 Ladeira do Carmo ... E4
Largo do Pelourinho ... (siehe 9)
Mercado Modelo ... (siehe 53)
10 Museu Afro-Brasileiro ... D5
11 Museu da Cidade ... E4
12 Museu de Arqueologia e Etnologia ... D5
13 Palácio Rio Branco ... B6
14 Plano Inclinado Gonçalves ... C4
15 Praça da Sé ... C5
16 Praça Municipal ... B6
17 Terreiro de Jesus ... D5

Aktivitäten, Kurse & Touren
18 Associação Artística e Cultural Diaspora ... D6
19 Associação Brasileira de Capoeira Angola ... E4
20 Atelier Mestre Lua Rasta ... E5
21 Fundação Mestre Bimba ... E4
22 SENAC ... E4
23 Toursbahia ... D5

Schlafen
24 Albergue do Pelô ... E3
25 Bahiacafé Hotel ... C5
26 Casa do Amarelindo ... D4
27 Hostel Cobreu ... E3
28 Hostel Galeria 13 ... E5
29 Hostel Solar dos Romanos ... E4
30 Hotel Villa Bahia ... D6
31 Laranjeiras Hostel ... E6
32 Pestana Convento do Carmo ... E2
33 Pousada do Boqueirão ... F1
34 Pousada Terra Nossa ... E4
35 Studio do Carmo ... E3

Essen
36 A Cubana ... D4
37 A Cubana ... B5
38 Bar Zulu ... E6
39 Cafélier ... F1
40 Camafeu ... A5
41 Jardim das Delicias ... E5
42 Maria Mata Mouro ... E6
43 O Coliseu ... D6
Pelô Bistrô ... (siehe 36)
44 Restaurante do SENAC ... E4
45 Ristorante La Figa ... E6

Ausgehen & Nachtleben
46 Bar Cravinho ... D5
47 Café Alquimia ... E3
Casa do Amarelindo Bar ... (siehe 26)
48 Odoyá ... D6

Unterhaltung
49 Balé Folclórico da Bahia ... E4
Fundo do Cravinho ... (siehe 46)
50 Sankofa ... E5
51 Topázio ... D6

Shoppen
52 Bahia Online ... E4
53 Mercado Modelo ... A5

Praktisches
54 Bahiatursa ... D5
55 Emtursa Lacerda ... B6
56 Grupo Gay da Bahia ... E5

Cidade Baixa

Zwischen all den modernen Wolkenkratzern im Comércio findet man hier ein paar fantastische Bauten aus dem 19. Jh. in verschiedenen Stadien des Verfalls.

Mercado Modelo MARKT
(Karte S. 430 f.; www.mercadomodelobahia.com.br; Praça Cayru; ⌚Mo–Sa 9–19, So bis 14 Uhr) 1986 beschädigte ein Feuer das ursprüngliche Zollamt von 1861; nach dem Wiederaufbau wurde es in einen Touristenmarkt, den Mercado Modelo, umgewandelt. Wenn im Hafen Schiffe mit Nachschub an Sklaven eintrafen, hielt man die Sklaven in den feuchten Tiefen dieses Gebäudes bis zu ihrer Versteigerung fest. Nachtwächter berichten von allerlei Spuk nach Ladenschluss. Oft finden im hinteren Außenbereich Livemusik und kostenlose Capoeira-Vorführungen statt. Wer Fotos machen will, sollte die Capoeiristas unbedingt vorher nach dem Preis fragen. Im Obergeschoss gibt's ein touristisches, aber witziges Café-Restaurant, das Camafeu; die Terrasse mit Blick auf die Bucht ist ideal für ein Shoppingpäuschen.

Solar do Unhão HISTORISCHES GEBÄUDE
(Karte S. 427; Av do Contorno; ⌚Di–Fr & So 13–19, Sa bis 21 Uhr) In diesem wundervoll erhaltenem Gebäudekomplex aus dem 18. Jh. wurden die Zuckerladungen der Schiffe umgeschlagen. Einer Legende zufolge gehen hier die Geister ermordeter Sklaven um. Heute beherbergt das Gebäude das **Museu de Arte Moderna** (Karte S. 427; ☎3117-6139; www.mam.

ba.gov.br; Contorno s/n; Erw./Kind 6/3 R$; ⏲Di–Fr & So 13–19, Sa bis 21 Uhr) GRATIS, das avantgardistische Wechselausstellungen zeigt.

Samstagabends ist das Museum Schauplatz für Jazz- und Bossa-nova-Konzerte. Der Skulpturengarten am Hügelhang bietet einen schönen Blick auf die Bucht, der bei Sonnenuntergang besonders reizvoll ist. Man sollte mit dem Taxi kommen – Busse fahren hier nicht vorbei, und laufen empfiehlt sich nicht, denn auf der einsamen Strecke werden Touristen oft ausgeraubt.

Vitória

Die Lebensader dieses grünen Vororts bildet ein stark befahrener Boulevard zwischen Barra und dem Pelourinho.

Museu Carlos Costa Pinto MUSEUM
(Karte S. 427; ☎3336-6081; www.museucostapinto.com.br/museu.asp; 7 de Setembro 2490; Eintritt 5 R$; ⏲Mo & Mi–Sa 14.30–19 Uhr) Das hübsche zweistöckige Herrenhaus birgt einige der besten Kunsthandwerksstücke in Salvador. Sie stammen aus der Sammlung des Patriziers Carlos de Aguiar Costa Pinto und seiner Frau Margarida, die beide Ende des 19. Jhs. in Bahia geboren wurden. Schaukästen präsentieren Exponate aus Gold, Kristall, Porzellan und Silber ebenso wie sehr schön geschnitzte Schmuckstücke aus Koralle und Fächer aus Schildpatt. Unbedingt das Café im Freien besuchen.

Museu de Arte da Bahia MUSEUM
(Karte S. 427; ☎3117-6902; 7 de Setembro 2340; Erw./Kind 5/3 R$; ⏲Di–Fr 13–19, Sa & So 14–19 Uhr) In einem schönen neokolonialen Gebäude ist dieses Museum untergebracht, das Arbeiten bahianischer Künstler zeigt, darunter Gemälde von José Teófilo de Jesus (1758–1817) und Zeichnungen des argentinischen Künstlers Carybé.

Nördlich des Zentrums

Zu den Sehenswürdigkeiten nördlich des Zentrums gelangt man mit dem Taxi oder man nimmt an der Talstation des Elevador Lacerda den Bus nach Ribeira oder Bomfim.

★**Igreja NS do Bonfim** KIRCHE
(☎3316-2196; Praça Senhor do Bonfim; ⏲Di–Do & Sa 18.30–12 & 14–18, Fr & So 5.30–12 & 14.30–18 Uhr) Aus dieser berühmten Kirche aus dem 18. Jh., ein paar Kilometer nördlich vom Comércio auf der Itapagipe-Halbinsel, stammen die *fitas* (bunten Bänder), die man in Salvador überall sieht, ein Souvenir aus der Kirche und ein Symbol für ganz Bahia. Ihre Berühmtheit verdankt die Bonfim der Kraft, Wunderheilungen bewirken zu können, was sie zum beliebten Heiligtum gemacht hat.

In der Sala dos Milagres (Raum der Wunder) auf der rechten Seite der Kirche hinterlassen Gläubige, die um Heilung bitten, Fotos und *ex votos,* Wachsrepliken von Körperteilen, die repräsentieren, was geheilt wurde oder noch geheilt werden soll.

Wer eine *fita* kauft und um sein Handgelenk bindet, geht eine monatelange Bindung ein: Jeder der drei Knoten steht für einen Wunsch, der sich erfüllt, wenn die *fita* abfällt. Sie abzuschneiden bringt Unglück.

Mercado São Joaquim MARKT
(⏲9–18 Uhr) GRATIS Für eingefleischte Marktgänger ist der Mercado São Joaquim genau das Richtige – eine kleine Stadt aus improvisierten Verkaufsständen am Wasser, ungefähr 2 km nördlich des Elevador Lacerda. Pfützen aus grünem Schleim, ein Fleischerviertel (das Unvorbereitete zu strikten Vegetariern werden lässt) und Bars, in denen raue Hände Gläser mit noch rauerer *cachaça* (Zuckerrohrschnaps) umklammern, zeigen, dass hier das echte Leben herrscht.

Barra

Aus der stark frequentierten Küste von Barra ragen drei Landzungen, die Festungen aus der Kolonialzeit tragen: das **Forte São Diogo**, das **Forte Santa Maria** sowie das besonders eindrucksvolle **Forte de Santo Antônio da Barra**. Letztere, Bahias älteste Festung, wurde 1698 erbaut und wird gemeinhin nach dem innerhalb ihrer Mauern stehenden Leuchtturm (dem ältesten Südamerikas) Farol da Barra genannt. Heute beherbergt die auffällige Anlage das hervorragende, unten beschriebene Schifffahrtsmuseum. Man sollte sich zu den Einheimischen gesellen, um von der Wiese auf dem Felsvorsprung hinter dem Fort den Sonnenuntergang zu beobachten, denn in ganz Brasilien sinkt nur auf der Halbinsel Salvadors die Sonne ins Meer.

★**Museu Náutico da Bahia** MUSEUM
(Schifffahrtsmuseum Bahia; Karte S. 434; ☎3264-3296; www.museunauticodabahia.org.br; Largo do Farol da Barra s/n, Forte de Santo Antônio da Barra; Erw./Stud. 10/5 R$; ⏲Di–So 8.30–19 Uhr, Jan. &

Salvador Barra

Salvador Barra

Highlights
1 Museu Náutico da Bahia A4

Sehenswertes
Forte de Santo Antônio da Barra..(siehe 1)

Aktivitäten, Kurse & Touren
2 Diálogo C1
3 Idioma Escola de Português C2
4 Salvador Bus A3

Schlafen
5 Âmbar Pousada C3
6 Che Lagarto D3
7 La Villa Françaíse D2
8 Open House Barra C2
9 Pousada Estrela do Mar B3
10 Pousada Noa Noa A3
11 Pousada O Ninho B3

Essen
12 Cabana da Cely B3
13 Caranguejo de Sergipe D3
14 Caranguejo do Porto D3
15 Leuchtturm B3

Ausgehen & Nachtleben
16 Barravento D3
17 Floripa C2
18 Pereira A2

Unterhaltung
19 Off Club B3

Shoppen
20 Shopping Barra D2

Juli tgl.) Neben der tollen Aussicht bietet das Forte de Santo Antônio da Barra ein ausgezeichnetes Schifffahrtsmuseum. Es zeigt Exponate aus der Zeit der portugiesischen Seefahrt und faszinierende Ausstellungsstücke zum Sklavenhandel. Alles ist auf Portugiesisch und Englisch erklärt, was in Bahia selten vorkommt. Von der hübschen Caféterrasse genießt man einen herrlichen Blick auf den Sonnenuntergang.

Strände

Die **Praia Porto da Barra** ist wie der Pelourinho: klein, malerisch und normalerweise voller Händler, die alles Mögliche verkaufen. Ungefähr die Hälfte der hier Anwesenden sind Ausländer. Das Wasser der Bucht ist klar und ruhig, und man kann fantastisch Leute beobachten. Links vom Leuchtturm liegt die **Praia do Farol da Barra**, deren Brandung Surfer anzieht. Rund um Barras Hafenviertel gibt's jede Menge Bars und Restaurants, und nachts ist alles gut beleuchtet, aber zu späterer Stunde wird die Gegend etwas zwielichtig.

In einer 40-minütigen Busfahrt (bei viel Verkehr dauert es länger) gelangt man vom Zentrum gen Osten zu weniger überfüllten Stränden mit sauberem Wasser. Die Fahrt lohnt sich. An den beliebten Stadtstränden **Piatã** (25 km) und **Itapuã** (27 km) plätschern ruhige Wellen auf den weißen Sand, auf dem *barracas* (Buden) stehen und Palmen sich im Wind wiegen. An den Stränden von **Stella Maris** (31 km) und **Flamengo** (33 km) ist der Wellengang sehr viel stärker, die *barracas* sind spärlicher gesät, und Sanddünen und mehr Pflanzen schaffen einen natürlicheren Hintergrund. Am besten nimmt man einen Bus Richtung Itapuã, Aeroporto oder Praia do Flamengo und vergewissert sich, dass er die Küste *(via orla)* entlang und bis zum gewünschten Ziel fährt.

Kurse

Capoeira, Tanz & Percussion

Kurse in Capoeira, afrikanischem Tanz und Percussion lassen sich im Pelourinho leicht über Hostels und *pousadas* arrangieren. Die Preise variieren je nach Saison, Angebot und Anzahl der Teilnehmer, in der Regel kostet ein Kurs rund 30 R$ pro Stunde.

Associação Artística e Cultural Diaspora TANZ
(Diaspora-Kunstzentrum; Karte S. 430 f.; ☎ 3323-0016; 3. OG, Cruzeiro de São Francisco 21; Preise variieren; ⌚ Mo–Fr 10–18 Uhr) Am besten schaut man vorbei, um sich über die Kurse in traditionellem und zeitgenössischem afrobrasilianischem Tanz, Capoeira und Percussion aktuell zu informieren.

★ **Associação Brasileira de Capoeira Angola** CAPOEIRA
(Karte S. 430 f.; ☎ 9266-7881; www.capoeirabrasilbahia.com; Gregório de Mattos 38; einstündiger Kurs 30 R$, Rabatte bei längerer Verpflichtung; ⌚ Kurse Di & Mi 13–15 Uhr; 👪) Der freundliche Capoeira-Verein bietet zweiwöchige Kurse an, die für alle Altersgruppen geeignet sind (Kinder ab fünf Jahren). Man sollte bequeme, weite Hosen tragen, in denen man sich gut bewegen kann.

Atelier Mestre Lua Rasta MUSIK
(Karte S. 430 f.; ☎ 3488-3600; www.atelierlua.com.br; Acciole 3; Preise variieren) Wer einen Trommelkurs machen will, sollte in diesem Laden mit vom *mestre* (Meister) persönlich gefertigten Musikinstrumenten vorbeischauen. Meister Lua gibt auch Capoeira-Unterricht und bietet Übernachtungsmöglichkeiten an (25 R$ pro Pers.).

Fundação Mestre Bimba CAPOEIRA
(Karte S. 430 f.; ☎ 3322-5082; Gregório de Mattos 51) Diese Schule leitet der Sohn von Mestre Bimba, Begründer der Capoeira Regional.

Kochen

SENAC KOCHEN
(Karte S. 430 f.; ☎ 3186-4000; www.ba.senac.br; Largo do Pelourinho 13–19; ab 30 R$; ⌚ Mo–Sa 9–11 & 12–17 Uhr) Ein Muss für Feinschmecker ist die bahianische Kochschule SENAC, in der sowohl Einheimische als auch Touristen Kochkurse belegen. Einer davon widmet sich ausschließlich der Zubereitung von beliebten Straßensnacks wie *acarajé*. Das hübsche Kolonialgebäude beherbergt zudem ein kostenloses Museum zur bahianischen Gastronomie und einige Restaurants – besonders gut ist das von Studenten geführte *buffet típico* (S. 440).

Sprachen

Hostels und *pousadas* in Salvador können Sprachkurse und Privatlehrer vermitteln. Üblich ist eine Mindestlaufzeit von einer Woche. Infos zu aktuellen Preisen erhält man in den Schulen.

Diálogo SPRACHE
(Karte S. 434; ☎ 3264-0007; www.dialogo-brazilstudy.com; Dr João Pondé 240, Barra; ⌚ Mo–Sa 9–18 Uhr) Die Sprachkurse erhalten unter-

Baía de Todos os Santos & Recôncavo

schiedliche Kritiken von Reisenden, aber einige Lehrer sollen hervorragend sein. Zu den Vorteilen gehören der sprachliche Austausch mit brasilianischen Studenten, Ausflüge in der Stadt und Sambakurse.

Idioma Escola de Português SPRACHE
(Karte S. 434; ☎ 3267-7012; www.portugueseinbrazil.com; Greenfeld 46, Barra; ⏲ Mo–Fr 8–18 Uhr) Wenn man in Barra wohnt, liegt diese Sprachschule praktisch. Sie bietet Gruppenunterricht und Privatstunden sowie Ausflüge, z. B. im Rahmen von bahianischen Koch-Workshops und Tauchkursen.

Geführte Touren

Salvador Bus TOUR
(Karte S. 434; ☎ 3356-6425; www.salvadorbus.com.br; Av 7 de Setembro s/n; Erw./Kind 45/30 R$; ⏲ Mo–Sa 9.30–18.45 Uhr) Wer wenig Zeit hat, springt in den offenen Sightseeingbus dieses Unternehmens, z. B. am Farol da Barra oder Mercado Modelo im Zentrum. Er bietet mehrsprachige Touren und klappert viele Haltestellen von Rio Vermelho bis zur Igreja do Bonfim ab, unterwegs kann man überall ein- oder aussteigen. Das Büro in Barra fungiert sowohl als Internetcafé (9–21 Uhr, 6 R$ pro Std.) als auch als Reisebüro, das Ausflüge zu schwer erreichbaren Zielen (z. B. Mangue Seco) arrangiert.

Toursbahia TOUR
(Karte S. 430 f.; ☎ 3320-3280; www.toursbahia.com.br; Cruzeiro de São Francisco 4, Pelourinho; ⏲ Mo–Sa 9–18 Uhr) Äußerst professioneller, mehrsprachiger Veranstalter für lokale und landesweite Exkursionen.

Feste & Events

Salvador feiert wilde Feste, die sowohl im Katholizismus als auch im Candomblé verankert sind. Neben dem Karneval, der natürlich der Höhepunkt des Jahres ist, gibt's viele andere Events, besonders im Januar und Februar.

Procissão do Senhor Bom Jesus dos Navegantes RELIGIÖS
(⏲ 1. Jan.) Bei der maritimen Prozession wird das Bildnis des Bom Jesus von der Igreja NS da Conceição in der Cidade Baixa in nördlicher Richtung die Bucht entlang zur Igreja de NS da Boa Viagem gebracht. Im Anschluss gibt's ein Fest an der Praia da Boa Viagem.

Festas de Reis RELIGIÖS
(⏲ 6. Jan.) Am Dia de Reis werden bei einer Prozession die Statuen der *reis magos* (weise Männer) zu einer Krippe in der Igreja da Lapinha getragen.

Lavagem do Bonfim RELIGIÖS

(2. Do im Jan.) Salvadors größtes Fest neben dem Karneval wird zu Ehren des Heiligen gefeiert, der unter Bahias Candomblé-Anhängern die größte Gefolgschaft hat: Senhor do Bonfim. Eine Gruppe *baianas* (als bahianische „Tanten" verkleidete Frauen) läuft in ritueller Bekleidung und mit Körben voller Blumen den 6 km langen Weg von der Igreja NS da Conceição in der Cidade Baixa zur Igreja NS do Bonfim.

Dort vollziehen die Frauen eine rituelle *lavagem* (Waschung) der Kirchenstufen, überwacht von katholischen Priestern und *mães de santo* (Candomblé-Priesterinnen). Anschließend wird bis in die Nacht ein ausgelassenes Straßenfest gefeiert.

Festa de Iemanjá RELIGIÖS

(2. Febr.) Das wahrscheinlich wichtigste Fest des Candomblé huldigt der *orixá Iemanjá*, der Göttin des Meeres und der Fruchtbarkeit. Morgens ziehen Gläubige zur Praia Rio Vermelho hinunter, wo Zeremonien abgehalten werden, um Opfergaben wie Blumen, Kuchen, Bilder, Bierdosen und Parfumflakons zu segnen. Auf dem anschließenden Straßenfest, das bis spät in die Nacht dauert, wird es voll. Es spielen einige der besten Bands von Salvador.

Festa de São João RELIGIÖS

(22.–25. Juni) Feuerwerk und Straßenpartys entstehen plötzlich überall in der ganzen Stadt, und der *jenipapo*-Likör (aus einer feigenartigen Frucht) fließt in Strömen.

Festa de NS da Conceição RELIGIÖS

(8. Dez.) Candomblistas ehren die *orixá*-Erscheinungsform des Heiligen, *Iemanjá*, mit einer Prozession und verschiedenen Zeremonien in der Cidade Baixa.

Passagem do Ano Novo NEUJAHR

(31. Dez.) Silvester wird ebenso begeistert gefeiert wie Karneval, besonders an den Stränden.

Schlafen

Eine Unterkunft in der Cidade Alta hat den Vorteil, dass man alle Action gleich um sich hat. Die Viertel am Strand sind jedoch freundlicher (und nur eine kurze Bus- oder Taxifahrt vom Pelourinho entfernt). Santo Antônio ist ein friedliches Quartier mit tollen *pousadas* in renovierten alten Gebäuden, den Pelourinho erreicht man auf einem Spaziergang. Während des Karnevals unbedingt im Voraus reservieren!

Pelourinho

★Hostel Galeria 13 HOSTEL $

(Karte S. 430 f.; 3266-5609; www.hostelgaleria13.com; Accioli 23; B/DZ ab 35/140 R$;) Backpacker lieben dieses Hostel in einem alten Kolonialhaus mit Pool, marokkanischer Lounge und Tapasbar. Zwar ist keine Gemeinschaftsküche vorhanden, doch Frühstück wird bis 12 Uhr serviert. Die Lage ist unschlagbar. Zum Haus gehört die hervorragende Bar Zulu direkt um die Ecke.

Pousada Terra Nossa GASTHOF $

(Karte S. 430 f.; 3321-5267; www.pousadaterranossa.com; Leovigildo de Carvalho 3; B/DZ/3BZ ab 40/120/140 R$;) In der gemütlichen *pousada* warten private Zimmer und Schlafsäle – jeweils mit hohen Zimmerdecken und freiliegenden Backsteinwänden, die daran erinnern, dass man sich in einem der ältesten Gebäude der Stadt befindet. Nachts ist es hier etwas laut, aber die Atmosphäre ist gut.

Hostel Solar dos Romanos HOSTEL $

(Karte S. 430 f.; 3321-6812; www.hostelsolardosromanos.com; Portas do Carmo 14; B 40–50 R$, DZ 120 R$;) Das saubere und preisgünstige Hostel lockt mit einer ungewöhnlichen Kombination: der Lage im Herzen des Pelourinho und einer Terrasse mit Blick zur Bucht. Es gibt einfache Doppelzimmer und eine rund um die Uhr zugängliche Gemeinschaftsküche.

Laranjeiras Hostel HOSTEL $

(Karte S. 430 f.; 3321-1366; www.laranjeirashostel.com.br; Ordem Terceira/Accioli 13; B 41 R$, DZ mit/ohne Bad 140/116 R$; @) Pelôs gehobenstes und attraktivstes Hostel ist das laute, volle Laranjeiras, dessen hohe Schlafsäle über dreistöckige Betten sowie gute Bäder verfügen. Die Doppelzimmer sind überteuert. Nach Karneval sinken die Preise. HI-Mitglieder bekommen Rabatt.

Albergue do Pelô HOSTEL $

(Karte S. 430 f.; 3242-8061; www.alberguedopelo.com.br; Rua do Passo 5; B 30 R$;) Zentral im Pelourinho liegt dieses alteingesessene Hostel mit Betten in schlichten Schlafsälen, einer kleinen, aber gemütlichen Lounge sowie Waschmaschinen.

Bahiacafé Hotel BOUTIQUE-HOTEL $$

(Karte S. 430 f.; 3322-1266; www.bahiacafehotel.com; Praça da Sé 22; DZ ab 190 R$) Das schicke, aber einfache Boutique-Hotel hat zehn mo-

DER KARNEVAL IN SALVADOR

Der Karneval in Salvador gilt als „größte Party der Welt". Darüber ließe sich streiten, aber wie die Organisatoren sagen: Der Karneval von Rio de Janeiro mag vielleicht mehr Besucher anziehen, doch jener in Salvador nimmt dafür eine noch größere Fläche ein (mehrere Kilometer gleichzeitig) als sein Pendant in der Cidade Maravilhosa. Wie auch immer: Zu den sechs Partytagen vor dem Aschermittwoch strömen über 2 Mio. Feierlustige herbei. Die Festivitäten beginnen jeden Nachmittag um ca. 17 Uhr und gehen gegen 5 Uhr morgens zu Ende.

Im Mittelpunkt steht Musik, insbesondere die Umzüge der landesweit berühmten *axé*- und *pagode*-Bands (Bahias Popmusik), die auf dahinschleichenden *trios elétricos* (langen Trucks mit riesigen Lautsprechern) spielen. Zwischen ihnen marschieren ein paar *blocos afros* (Gruppen mit mächtigen Trommeln, die für die afrobrasilianische Kultur werben) und *afoxés* (in Candomblé-Traditionen verwurzelte Gruppen). Ein *trio elétrico* (oder Trommlerzug) bildet zusammen mit seinem Gefolge in einem mit Seilen abgetrennten Bereich einen *bloco*. Die Leute zahlen Unsummen für eine *abadá* (Kleidungsstück) ihrer Lieblingsband, hauptsächlich aus Prestigegründen und wegen der Sicherheit. Wenn man sich entscheidet für *fazer pipoca* (ein „Popcorn" im Straßengewühl zu sein), ist das auch eine tolle Art, Karneval zu feiern, weil man verschiedene Musikrichtungen zu hören bekommt und sich die Mühe spart, eine *abadá* anziehen zu müssen.

Es gibt drei große Umzugsstrecken: Dodô, zwischen Barra und Ondina entlang der Avenida Oceânica; Osmar oder „Avenidas" zwischen dem Campo Grande und der Praça Castro Alves entlang der Avenida Sete de Setembro; und Batatinha im Pelourinho.

Plötzlich auseinanderstiebende Massen (die einer Schlägerei ausweichen) sind die größte Gefahr, die beim Karneval lauert. Also immer auf die Umgebung achten. Die große Polizeipräsenz hilft, die Gewalt aufs Minimum zu reduzieren. Auf der Rundstrecke Barra–Rio Vermelho sollte man den Abschnitt meiden, wo die Küstenstraße am Morro do Cristo schmaler wird – hier kann sich die Stimmung aufheizen.

Wer Karneval in Salvador feiern möchte, sollte im Voraus gut planen. Viele Hostels und *pousadas* bietet Paketangebote, sind aber in der Regel schnell ausgebucht. Es empfiehlt sich ein Blick auf den Stadtplan, bevor man etwas bucht: Einige Viertel sind an Karneval so laut, dass man dort beim besten Willen nicht schlafen kann. Viele Einheimische, die in Barra wohnen, verlassen in dieser Zeit ihr Zuhause und vermieten es an Touristen – für Abenteuerlustige eine gute Alternative.

Weitere Informationen und Details zu den Events und Terminen findet man auf der offiziellen Website des Karnevals in Salvador unter www.carnaval.salvador.ba.gov.br. Englische Hintergrundinformationen zur Musik der Festivitäten bietet die hilfreiche Seite www.salvadorcentral.com/Carnival.htm.

dern eingerichtete Zimmer und eine exzellente Lage nahe dem Geschehen im Pelourinho. Werke einheimischer Künstler schmücken das öffentliche Café in der Lobby, das sich perfekt für einen schnellen Cappuccino zwischen dem Sightseeing am Nachmittag eignet.

★Casa do Amarelindo BOUTIQUE-HOTEL **$$$**
(Karte S. 430 f.; ☎3266-8550; www.casadoamarelindo.com; Portas do Carmo 6; EZ/DZ 378/420 R$, DZ mit Balkon & Blick 530–630 R$; ❄☒) An einem historischen Straßenzug beherbergt ein koloniales Herrenhaus aus dem 19. Jh. dieses charmante Boutique-Hotel – ein echtes Juwel! Die zehn gut ausgestatteten Gästezimmer verfügen über erstklassige Betten, Regenduschen und große Fenster. Außerdem gibt's einen entzückenden Pool auf der Dachterrasse, ein beliebtes Bistro und einen kleinen Fitnessbereich. Kinder dürfen hier erst ab 14 Jahren übernachten.

Hotel Villa Bahia BOUTIQUE-HOTEL **$$$**
(Karte S. 430 f.; ☎3322-4271; www.lavillabahia.com; Largo do Cruzeiro de São Francisco 16; DZ 530–730 R$; ❄☷☒) Dieses Boutique-Hotel in zwei restaurierten portugiesischen Kolonialhäusern legt auf ökologische Nachhaltigkeit Wert (u. a. betreibt es Recycling und beschäftigt lokale Kunsthandwerker). Die 17 Zimmer haben Hartholzböden, Fensterläden und antikes Mobiliar, von massiven Kleiderschränken bis zu funkelnden Kronleuchtern. Zum

Haus gehören eine Panoramaterrasse, ein kleiner Pool und ein gutes Biorestaurant, das auch für Nichtgäste geöffnet ist.

Carmo & Santo Antônio

Hostel Cobreu HOSTEL $
(Karte S. 430 f.; ☎3117-1401; www.hostelcobreu.com; Ladeira do Carmo 22; B 26–30 R$, DZ ohne Bad 130–150 R$; @📶) Einfache Schlafsäle, Doppelzimmer und eine DVD-Videothek bietet das bunte Cobreu. Von den Balkonen überblickt man die malerische Ladeira do Carmo; die Innenräume und das coole Café Alquimia (S. 443) im Erdgeschoss hat ein bekannter Graffitikünstler gestaltet. Reisende loben das hilfsbereite Personal, beklagen sich aber über die schwülen Temperaturen im Sommer.

Pousada Baluarte POUSADA $$
(Karte S. 427; ☎3327-0367; www.pousadabaluarte.com; Ladeira do Baluarte 13; EZ/DZ 140/160 R$; ❄) Ein freundliches französisch-brasilianisches Pärchen betreibt diese Unterkunft, die wie ein heimeliges B&B wirkt und ein warmherziges Flair verströmt. Sie hat nur fünf Zimmer, alle mit Hartholzböden und schönen Blockdrucken des lokalen Künstlers Nilo ausgestattet. Auf der Terrasse wird ein köstliches Frühstück serviert; der Pelourinho ist zehn Gehminuten entfernt.

Pousada do Boqueirão POUSADA $$
(Karte S. 430 f.; ☎3241-2262; www.pousadaboqueirao.com.br; Direita de Santo Antônio 48; DZ/3BZ ab 210/280 R$, EZ/DZ ohne Bad ab 120/150 R$) In zwei benachbarten Häusern aus dem frühen 20. Jh. ist diese elegante *pousada* untergebracht, die geschmackvoll mit Antiquitäten und Kunstwerken bestückt wurde. Die geräumigen Gemeinschaftszimmer liegen an einer Terrasse mit fantastischem Blick auf die Bucht. Dort wird liebevoll das Frühstück serviert.

Studio do Carmo BOUTIQUE-HOTEL $$
(Karte S. 430 f.; ☎3326-2426; www.studiodocarmo.com; Ladeira do Carmo 17; DZ/3BZ/4BZ 300/390/450 R$; ❄) Über einer Kunstgalerie warten hübsche Zimmer – alle mit Parkettböden, großen Fenstern, Kunst, frischen Blumen und kleinen Kochnischen ausgestattet. Das köstliche Frühstück wird einem an die Tür gebracht.

Pestana Convento do Carmo HOTEL $$$
(Karte S. 430 f.; ☎3327-8400; www.pestana.com/en/pestana-convento-do-carmo; Rua do Carmo 1; DZ ab 550 R$; ❄📶🏊) In einem restaurierten Kloster aus dem 17. Jh. ist dieses prachtvolle Hotel untergebracht, dessen elegant möblierte Zimmer Details aus der Alten Welt mit modernem Komfort vereinen. Die Gemeinschaftsbereiche sind sogar noch beeindruckender. Außerdem gibt's eine Steinkapelle und Kreuzgänge.

Barra & die Küstenvororte

Von allen Küstenvororten zieht das lebendige Barra wegen seiner Nähe zum rund 5 km entfernten Pelourinho die meisten Besucher an.

★**Open House Barra** GASTHAUS $
(Karte S. 434; ☎3264-0337; www.openhousebarra.com; Catarino 137, Barra; B/EZ/DZ 44/77/110 R$, DZ mit Gemeinschaftsbad 88 R$; 📶) Alex und Jacqueline, Profikünstler mit guten Verbindungen zur lokalen Musik-, Tanz- und Filmszene, führen das fantastisch farbenfrohe und gemütliche Gästehaus. Ab und zu finden hier Konzerte und Capoeira-Vorführungen statt, insbesondere an Karneval, wenn die *pousada* eines der besten Partyerlebnisse von Salvador bietet.

Pousada O Ninho POUSADA $
(Karte S. 434; ☎3264-6952; www.pousadaoninho.com.br; Afonso Celso 371, Barra; EZ/DZ/3BZ 125/145/180 R$; ❄📶) Zwei Blocks vom Strand entfernt beherbergt ein elegantes Gebäude die lockere, aber stilvolle *pousada* mit ruhiger, gastfreundlicher Atmosphäre. Wegen des guten Preis-Leistungs-Verhältnisses bekommt man nicht immer leicht ein Zimmer, also möglichst lange im Voraus buchen.

Âmbar Pousada GASTHAUS $
(Karte S. 434; ☎3264-6956; www.ambarpousada.com.br; Afonso Celso 485, Barra; B/EZ/DZ 53/130/155 R$; @📶) 🍃 Freundlich und locker kommt diese umweltbewusste *pousada* daher. Sie hat ruhige Schlafsäle und kleine Doppelzimmer – manche Bäder verfügen allerdings nur über eine Trennwand, keine Tür. Dafür gibt's große Gemeinschaftsbereiche und der Strand ist nur zwei Gehminuten entfernt.

La Villa Françaíse POUSADA $
(Karte S. 434; ☎3245-6008; www.lavilafrancaise.com; Recife 222, Barra; B 45 R$, EZ/DZ/3BZ ab 80/120/150 R$; ❄📶) Unsere Leser sind begeistert von der friedlichen Atmosphäre, dem köstlichen Frühstück und den freundlichen Inhabern dieser gemütlichen französisch gestalteten Unterkunft. Die Gäste kön-

nen auch die Küche benutzen, und die Gemeinschaftsbereiche wirken einladend.

Che Lagarto HOSTEL $
(Karte S. 434; ☎3235-2404; www.chelagarto.com; Av Oceânica 84, Barra; B 44–48 R$, DZ 142 R$; ❄ 📶) Auf einem begehrten Grundstück gegenüber vom Strand gelegen, lädt die geräumige Filiale der Hostelkette Che Logarto dazu ein, andere Traveller zu treffen. Allerdings haben sich Reisende über den schlechten Service und die unzulängliche Wartung des Hauses beschwert.

Pousada Noa Noa POUSADA $$
(Karte S. 434; ☎3264-1148; www.pousadanoanoa.com; Av 7 de Setembro 4295, Barra; DZ ab 160 R$; ❄📶) Der Trumpf dieser gastfreundlichen *pousada* ist die Terrasse mit Bar am Meer – ideal, um mit einem Caipirinha in der Hand den Sonnenuntergang zu beobachten. Nur einige der 16 einfach möblierten Zimmer haben Meerblick, aber in den attraktiven Gemeinschaftsbereichen kann man die herrliche Lage am Meer genießen.

Pousada Estrela do Mar HOSTEL $$
(Karte S. 434; ☎3264-4882; www.estreladomarsalvador.com; Afonso Celso 119, Barra; EZ/DZ 135/155 R$, EZ/DZ mit Balkon 180/215 R$) Portugal trifft Tropen in diesem weiß verputzten Haus mit dunkelblauen Läden mitten im Grünen. Innen bringen glatte weiße Wände die leuchtenden bahianischen Gemälde und strahlend blauen Fliesen bestens zur Geltung. Es liegt in Strandnähe, an einer ruhigen, von Bäumen beschatteten Straße.

Essen

In Salvador kann man richtig gut essen gehen. Die typische bahianische Küche ist stark von der afrikanischen beeinflusst und nutzt Zutaten wie Kokosmilch, Tomaten, Meeresfrüchte, Paprika und Gewürze wie Ingwer, Peperoni und Koriander.

Pelourinho

Der Pelourinho ist voller Restaurants. Manche wirken unangenehm touristisch, andere wundervoll charmant.

A Cubana EISCREME $
(Kugel 6–12 R$; ⏲9–22 Uhr) Eine der ältesten und besten Eisdielen Salvadors mit zwei Filialen im Zentrum: im **Pelourinho** (Karte S. 430 f.; ☎3321-6162; Rua Alfredo de Brito 12) und an der **Praça Municipal** (Karte S. 430 f.; ☎3322-7000; Praça Municipal).

★ **Bar Zulu** INTERNATIONAL $$
(Karte S. 430 f.; Laranjeiras 15; Hauptgerichte 14–28 R$; ⏲11–1 Uhr; 📶🍴) Die coole Eckbar mit Restaurant hat auch draußen Tische und serviert eine große Auswahl spanischer Tapas, bahianischer Klassiker und internationaler Gerichte. Dazu gibt's argentinische Weine (10 R$ pro Glas) und Cocktails wie „Galeria 13" mit Limette, Wassermelone und *cachaça*. Sehr beliebt sind die Burger des Hauses und der Schokoladenbrownie mit Eis; zu den hervorragenden vegetarischen Speisen zählen Thai-Curry und Lasagne.

O Coliseu BAHIANISCH $$
(Karte S. 430 f.; ☎3321-5585; www.ocoliseu.com.br; 2. OG, Cruzeiro de São Francisco 9; Hauptgerichte 18–42 R$; ⏲Mo–Sa 11.30–16 & 19–20.30 Uhr; 🍴) Eine große Auswahl regionaler Gerichte offeriert dieses vegetarierfreundliche Restaurant – mittags vom Büfett und abends à la carte. Nach dem Dinner startet um 20.30 Uhr die beliebte Folkloreshow Topázio (S. 444).

★ **Restaurante do SENAC** BÜFETT $$
(Karte S. 430 f.; www.ba.senac.br; Largo do Pelourinho 13; Büfett 40 R$; ⏲11.30–15.30 Uhr) Das beste bahianische Büfett der Stadt kredenzt die Kochschule SENAC, die günstig im Zentrum von Pelourinho liegt. Zu den verführerischen regionalen Gerichten gehören mehrere Arten *moqueca* (ein würziger Eintopf mit Kokosmilch, Pfeffer und Meeresfrüchten oder Fleisch) sowie traditionelle Nachtische, die man andernorts nicht so leicht findet. Das *buffet típico* gibt's in der oberen Etage, nicht zu verwechseln mit dem Selbstbedienungsrestaurant im Erdgeschoss (ca. 29 R$ pro Kilo).

Ristorante La Figa ITALIENISCH $$
(Karte S. 430 f.; ☎3322-0066; www.ristorantelafiga.com; Laranjeiras 17; Hauptgerichte 25–50 R$; ⏲Mo–Sa 11–24, So 12–17 Uhr) In zwanglosem, aber elegantem Ambiente tischt dieser beliebte Italiener – ein Klassiker im Pelourinho – traditionelle Pasta auf, die mit herrlichen frischen Meeresfrüchten aus Bahia angereichert wird.

Jardim das Delicias BAHIANISCH $$$
(Karte S. 430 f.; ☎3321-1449; João de Deus 12; Hauptgerichte 35–65 R$, Hauptgerichte für 2 Pers. 100 R$; ⏲Di & Fr–So 11.30–16 & 18–23 Uhr, Mo & Mi nur mittags) Feinschmecker lieben dieses stilvolle und trotzdem angenehm altmodische Restaurant. Der blumenbedeckte Innenhof ist ein traumhafter Ort, um traditionelle *moqueca* zu probieren oder einfach

mit einem fruchtigen Cocktail in der Hand zu relaxen, während Musiker für die kleine Runde spielen.

★Maria Mata Mouro BRASILIANISCH **$$$**
(Karte S. 430 f.; ☎3321-3929; www.mariamatamouro.com.br; Accioli 8; Hauptgerichte für 2 Pers. 60–100 R$; ⊙12–23 Uhr) Die bilderbuchschöne Gartenterrasse und der elegante Speisesaal laden dazu ein, in gehobenem Ambiente eines der besten Menüs im Pelô zu genießen. Es gibt bahianische Klassiker, frische Meeresfrüchte und raffiniert zubereitete portugiesische Küche sowie eine umfassende Weinkarte. Der talentierte Barkeeper mixt einzigartige Cocktails.

Pelô Bistrô BRASILIANISCH **$$$**
(Karte S. 430 f.; www.casadoamarelindo.com; Hotel Casa do Amarelindo, Portas do Carmo 6; Hauptgerichte 41–59 R$; ⊙8–22 Uhr) Wer elegant frühstücken (24 R$ pro Pers.) oder vorzüglich zu Mittag bzw. zu Abend essen möchte, ist in dem hübschen Bistro im Hotel Casa do Amarelindo (S. 438) richtig. Auf der Speisekarte stehen vor allem Fisch und Meeresfrüchte, z. B. gegrillter Lachs mit Maracuja oder sautierte Shrimps mit Ananasreis. Dazu gibt's eine große Auswahl südamerikanischer Weine.

Carmo

★Cafélier CAFÉ **$**
(Karte S. 430 f.; ☎3241-5095; www.cafelier.com.br; Carmo 50; Snacks & leichte Gerichte 5–20 R$; ⊙Do–Di 14.30–21.30 Uhr) In einem antiken Haus, das dramatisch auf einer Klippe über dem Meer hockt, versteckt sich das urige Café mit herrlichem Blick. Es gibt guten Cappuccino, köstlichen Schokoladenkuchen und offene Weine. Caipirinha wird festlich in altmodischen Kelchgläsern serviert.

Cidade Baixa

Im Comércio gibt's jede Menge billige *lanchonetes* (Snackbars) und Selbstbedienungsrestaurants. Wer etwas Ungewöhnlicheres sucht, sollte an der Bucht entlang nach Süden gehen, wo sich mehrere gehobene (aber teure) Restaurants mit Meerblick befinden.

Camafeu BAHIANISCH **$$**
(Karte S. 430 f.; ☎3242-9751; Mercado Modelo, Praça Cayru; Hauptgerichte 18–45 R$; ⊙Mo–Sa 9–19, So bis 16 Uhr) Bahianische Standardgerichte werden auf der oberen Terrasse des Mercado Modelo serviert. Obwohl das Restaurant touristisch und die Küche nichts Besonderes ist, kommen viele Leute, die einkaufen oder auf die Fähre nach Morro warten, hierher, um Kaffee oder Saft, einen Imbiss, *moqueca* oder ein kühles Bier und den herrlichen Blick über die Bucht zu genießen.

Barra & die Küstenvororte

Viele Restaurants in den Küstenvororten haben ein wundervolles tropisches Ambiente und Tische unter freiem Himmel mit Meerblick. Preisbewusste Reisende finden in Barra zahlreiche Büfettrestaurants, Sandwichlokale, Tapioka-Stände und Supermärkte.

Leuchtturm SELBSTBEDIENUNG **$**
(Karte S. 434; Afonso Celso s/n, Barra; 30 R$ pro Kilo; ⊙Mo–Sa 11.30–15.30 Uhr; 🌶) In einem ruhigen Häuserblock in Strandnähe offeriert das gemütliche Lokal ein Mittagsbüfett inklusive Meeresfrüchte und vegetarische Küche. Man sitzt nett draußen im Schatten hoher Bäume.

★Caranguejo de Sergipe FISCH & MEERESFRÜCHTE **$$**
(Karte S. 434; ☎3248-3331; www.caranguejodesergipe.com.br; Av Oceânica & Fernando Luz, Barra; Hauptgerichte 22–45 R$; ⊙Di–So 11 Uhr–open end, Mo ab 16 Uhr) Dieses immer volle Lokal, ein Favorit der Einheimischen, ist bekannt für frische Krabben und gegrillte Meeresfrüchte mit Gemüse. Unbedingt den fachmännisch zubereiteten Maracuja-Caipirinha – den vielleicht leckersten Drink am Strand – probieren.

Cabana da Cely FISCH & MEERESFRÜCHTE **$$**
(Karte S. 434; ☎3035-0514; www.cabanadacely.com.br; Marques de Leão 183, Barra; Hauptgerichte 18–44 R$; ⊙Mo–Sa 11–24, So bis 17 Uhr) Es ist nicht leicht, in diesem beliebten, relaxten Restaurant einen Platz an den Tischen draußen auf dem Bürgersteig zu ergattern. Vor allem Ehepaare und Familien aus der Nachbarschaft kommen gern auf ein kaltes Bier und frischen Fisch hierher. Einfach wie die Einheimischen dampfend heiße *lambreta* (Muscheln) oder frische Knoblauch-Shrimps bestellen!

Caranguejo do Porto FISCH & MEERESFRÜCHTE **$$**
(Karte S. 434; ☎3245-9197; www.caranguejodoporto.com.br; Av Oceânica s/n, Barra; Hauptgerichte 22–38 R$; ⊙Mo–Sa 12 Uhr–open end) Ein weiterer Hotspot am Wasser für traditionelle bahianische Küche in Barra, z. B. *moqueca*, frische Krabben, *pasteles* (an Empanadas

erinnernde Teigtaschen, die mit Fleisch und anderen Köstlichkeiten gefüllt sind), kalte Biere und Caipirinha. Zu späterer Stunde verbreitet sich in dem lebhaften Restaurant eine lockere Baratmosphäre.

Paraíso Tropical BAHIANISCH **$$**
(☎ 3384-7464; www.restauranteparaisotropical.com.br; Rua Edgar Loureiro 98B, Cabula; Hauptgerichte 30–55 R$; ⏲ Mo–Sa 12–23, So bis 17 Uhr) Feinschmecker nehmen den Umweg ins Paraíso Tropical, das etwas abseits im Wohnviertel Cabula liegt, gern auf sich. Für gut zubereitete bahianische Küche mit kreativem Touch gilt das klassische brasilianische Restaurant schon lange als eines der besten von Salvador. Mittags geht's geruhsam zu, aber am Wochenende muss man sich auf erkleckliche Wartezeiten einstellen.

Ausgehen & Nachtleben

Salvadors Nachtleben tobt vor allem im Pelourinho, dessen Kopfsteinpflasterstraßen Bartische und Livemusik füllen. Hier versammeln sich jede Woche am Terça da Benção (gesegneten Dienstag) nach der Abendmesse Feierlustige auf der Straße.

In Barra gibt's in der Avenida Almirante Marques de Leão und am Ufer rund um den Farol da Barra Partystimmung und Livemusik, auch an der Rua Recife und am Morro do Cristo sind ein paar beliebte Kneipen zu finden. Im Bohemienviertel Rio Vermelho lockt das mit Abstand heißeste Nachtleben der Atlantikküste ein ganz unterschiedliches Publikum an. Am Largo de Santana und am Largo de Mariquita drängen sich Freiluftrestaurants und Bars, die jeden Abend aus sämtlichen Nähten platzen.

Pelourinho & Carmo

Viele Restaurants und Cafés in den Nebenstraßen des Pelourinho spielen abends Livemusik.

Casa do Amarelindo Bar COCKTAILBAR
(Karte S. 430 f.; ☎ 3266-8550; Hotel Casa do Amarelindo, Portas do Carmo 6; ⏲ 12 Uhr–open end) Die schicke, im tropischen Stil gestaltete Bar im hübschen Pelô Bistrô (S. 441) der Casa do Amarelindo eignet sich ideal für einen Schlummertrunk. Noch besser ist die Panoramaterrasse, wo der talentierte Barkeeper nachts Cocktailklassiker mixt.

Bar Cravinho BAR
(Karte S. 430 f.; Terreiro de Jesus 3; ⏲ 11–23 Uhr) Fässer dekorieren die Kiezbar, die von einer bunten Mischung aus Einheimischen und Touristen frequentiert wird. Sie hat sich auf aromatisierte *cachaça* (brasilianischer Zu-

EIN ABEND IN RIO VERMELHO

Von Anfang an war das Küstenviertel Rio Vermelho für die Stadt Salvador von kultureller Bedeutung: Hier erlitten portugiesische Seeleute 1510 vor der Küste Schiffbruch, hier lebte der berühmte Schriftsteller Jorge Amado, und an den hiesigen Stränden findet das wichtige Candomblé-Festival, die Festa de Iemanjá (S. 437), statt, das der Göttin der Mutterschaft und Fruchtbarkeit huldigt. Seit einigen Jahren hat sich das Viertel zudem zu einem Hotspot des Nachtlebens entwickelt.

Man sollte vor Sonnenuntergang ankommen und sich auf dem lebhaften **Largo de Santana** in dem Meer aus Plastiktischen und -stühlen einen Platz suchen. Mehrere Kneipen servieren an den Tischen im Freien kaltes Bier, aber die eigentliche Attraktion ist das traditionelle Straßenessen, das von bunt gekleideten bahianischen Frauen an Ständen überall auf dem Platz zubereitet wird. Besonders legendär sind die *acarajé* (in *dendê*-Öl gebratene Teigbällchen mit scharfen Soßen und Shrimps), die jeden Abend am Stand der **Casa da Dinha** verkauft werden.

Allabendlich gibt's kulturelle Events und kostenlose Konzerte in der Casa de Mãe Iemanja (S. 444) oder im **Mercado do Peixe** an der Küste. Danach kann man im nahen Póstudo (S. 443) etwas trinken gehen, anschließend folgt man dem House-Sound der DJs hinüber zum **Borracharia** (Conselheiro Pedro Luís 101A, Rio Vermelho; Eintritt Frauen/Männer 15/20 R$; ⏲ Fr & Sa 11.30–5 Uhr), einer Reifenwerkstatt, die sich nach Einbruch der Dunkelheit in eine der coolsten Nightlife-Locations verwandelt. Bei einem Brand stark beschädigt, stand sie während unserer Recherchen kurz vor der Wiedereröffnung.

Rio Vermelho erreicht man auf einem halbstündigen Spaziergang entlang der Küste oder auf einer kurzen Busfahrt von Barra aus mit jedem Bus, der mit „Orla“ (Küste) beschriftet ist.

ckerrohrschnaps) spezialisiert; die Hausmarke ist eine mit Nelke aufgegossene Variante.

Café Alquimia BAR

(Karte S. 430 f.; ☎3326-4079; Ladeira do Carmo 22; ⏲17 Uhr–open end) In einer idyllischen, kopfsteingepflasterten Straße, die hügelaufwärts zum Largo do Carmo führt, liegt diese bluesige Café-Bar im Erdgeschoss des Hostels Cobreu (S. 439). Hier treffen sich junge Traveller, Musiker und Künstlertypen. Auf der Speisekarte stehen neben arabischem Fingerfood preisgünstige Cocktails und kaltes Bier.

Odoyá BAR

(Karte S. 430 f.; ☎3322-4397; www.odoya.com.br; Praça Anchieta 1; ⏲11.30 Uhr–open end) Auch wenn die Drinks nur durchschnittlich schmecken und man sich an den Tischen draußen gegen all die Schnorrer durchsetzen muss, ist der Blick abends auf die prächtig beleuchteten Kirchen in der Umgebung einfach unvergesslich. Dabei kann man herrlich bei einem oder zwei Caipirinhas relaxen.

Barra & die Küstenvororte

★ Pereira BAR

(Karte S. 434; ☎3264-6464; Av 7 de Setembro 3959, Barra; ⏲Di–So 12–16 & 17–1 Uhr) Von der Uferstraße, die sich um die Spitze von Barra windet, führt eine Treppe hinauf in diese schicke Kneipe im Stil eines japanischen Restaurants mit Weinbar. Bei ausgezeichnetem *chope* (Fassbier) genießt man den schönen Blick auf den Sonnenuntergang über dem Meer.

Barravento BAR

(Karte S. 434; ☎3247-2577; www.restaurantebarravento.com.br; Av Oceânica 814, Barra; ⏲10–2 Uhr) Direkt am Strand von Barra lädt dieses stilvolle Bar-Restaurant mit einer langen Cocktailkarte zu einem Sundowner ein. Es serviert bahianische Küche, bietet viel Platz und ist fast rund um die Uhr geöffnet – eine gute Option, wenn die Restaurants in der Nähe überfüllt sind.

Póstudo BAR

(☎3334-0484; João Gomes 87, Rio Vermelho; ⏲Mo–Sa 12–15 & 18 Uhr–open end) Das immer angesagte, coole Bar-Restaurant mitten im Zentrum des aktiven Nachtlebens von Rio Vermelho hat Meerblick und eine große Getränkeauswahl.

SALVADOR FÜR SCHWULE & LESBEN

Verglichen mit den Hauptstädten anderer brasilianischer Bundesstaaten ist das Nachtleben der Schwulen- und Lesbenszene Salvadors vielleicht etwas gedämpfter, aber es gibt ein paar versteckte Clubs, die wirklich einen Besuch lohnen.

Kunstkenner und ein junges, schwulenfreundliches Publikum kommen in den **Beco dos Artistas** (Künstlergasse; Karte S. 427; Av Cerqueira Lima, Garcia), eine lebhafte Gasse mit mehreren Bars, in denen sich die Szene gern vor dem Clubbing auf einen Drink trifft. Man erreicht sie mit dem Taxi über die Rua Leovigildo Filgueira. Nach Mitternacht beginnt die Party im **Queens Club** (Karte S. 427; ☎3328-6220; Theodoro Sampaio 160, Barris; ⏲Fr & Sa 23.30–6 Uhr). Hier erwarten einen pulsierende, elektronische Beats, Go-go-Boys und ein Darkroom.

Eine weitere In-Location zum Tanzen ist der **Off Club** (Karte S. 434; ☎3267-6215; www.boiteoffclub.com.br; Dias D'Ávila 33, Barra; ⏲Do–So 22–6 Uhr) in Strandnähe in Barra. Hier legen namhafte DJs auf. Der Veranstaltungskalender steht auf der Website, wo man sich auch auf eine Gästeliste setzen kann.

Floripa BAR

(Karte S. 434; ☎3267-4386; Rua Recife 86, Barra) Inmitten einer lebendigen Barszene zieht dieser Schuppen mit kaltem Bier und niedrigen Preisen feierfreudige Partygänger an. Da es in der Rua Recife mehrere ähnliche Bars gibt, ist diese Straße inzwischen ein Hotspot für Kneipenstreifzüge.

☆ Unterhaltung

Die Bars und Clubs kommen und gehen schnell in Salvador. Deshalb sollte man lieber herumfragen, was gerade angesagt ist. Über Termine für Partys, Konzerte und Vorstellungen informiert die Website **Festa da Semana** (www.festadasemana.com.br/salvador).

Livemusik

Salvador ist das pulsierende Zentrum einer sagenhaften Musikszene. Der Mix von afrikanischen und brasilianischen Traditionen hat zu atemberaubenden Percussionformen geführt, die die *salvadorenhos* in ihren Reggae, Pop, Rock, *pagode* und *axé* einfließen lassen. Außerdem hat die Stadt so einzigartige Musikstile wie *afoxé* und *sambareggae* hervorgebracht. Es dürfte nicht schwerfallen, einige der talentierten Künstler Salvadors auf der Bühne zu erleben, da es in beinahe jeder Bar und jedem Restaurant mindestens einmal pro Woche Livemusik gibt.

In der Hauptsaison finden in den Innenhöfen im Pelourinho fast jeden Abend Konzerte statt; Eintrittspreise schwanken zwischen 0 und 30 R$. Wer wissen will, was abends los ist, sollte folgende Locations abklappern: Largo de Tereza Batista, Largo do Pedro Arcanjo und Praça Quincas Berro d'Água (meist kostenlos). Auf dem Terreiro de Jesus finden gelegentlich Konzerte statt. Oft hört man auch Trommlergruppen, die übend durch Pelourinho ziehen, eine Fangemeinde im Gefolge haben und den Verkehrsfluss blockieren.

Traditionelle Gruppen (zu erkennen an den lauten afrikanischen Trommeln), nach denen man Ausschau halten sollte, sind Ilê Aiyê (die erste Karnevalsgruppe, die nur aus Afrobrasilianern bestand), Dida (nur Frauen), Muzenza und Male Debalê. Mehr in Richtung Pop mit viel Percussion gehen die weltberühmte Gruppe Olodum – eine Dienstagabendinstitution im Pelourinho –, Araketu und Timbalada, die geistigen Kinder des Meisterkomponisten und Musikers Carlinhos Brown. Die Königinnen der salvadorianischen Popmusik, Margareth Menezes, Ivete Sangalo und Daniela Mercury, „proben" auch oft öffentlich.

Wer den Karneval in Salvador nicht miterleben kann, braucht nicht traurig zu sein: Die zwei Monate davor sind fast genauso gut. *Ensaios* (Kostüm- oder Generalproben) präsentieren Gäste mit großem Namen (wer, wird vorher nicht verraten), und die Clubs der Stadt veranstalten spezielle Bälle.

Die größten Shows erlebt man am schönsten Veranstaltungsort Salvadors, im **Teatro Castro Alves** (Karte S. 427; www.tca.ba.gov.br; Praça 2 de Julho, Campo Grande). Im Sommer finden hier im Amphitheater jede Woche Konzerte statt.

★ Jam no MAM LIVEMUSIK
(Karte S. 427; www.jamnomam.com.br; Contorno s/n; Tischgebühr 3–6 R$; ⌚Sa 18 Uhr) Samstagabends gibt's im MAM (Museu de Arte Moderna; S. 432) Jazz und Bossa nova, ein Muss für Musikliebhaber. Man sollte sich vorher das Museum ansehen und den Blick auf den Sonnenuntergang genießen. Zwar liegt die Location in Fußnähe zum Pelourinho, aber man nimmt besser ein Taxi, denn in der ruhigen Gegend kommt es oft zu Raubüberfällen.

Casa de Mãe Iemanja LIVEMUSIK
(☎3334-3041; Guedes Cabral 81, Rio Vermelho; ⌚Fr–So 14–2 Uhr) GRATIS Das nach der Yoruba-Göttin des Meeres benannte Bistro und Kulturzentrum in Rio Vermelho ist ein großartiger Ort, um Livemusik zu hören.

Fundo do Cravinho LIVEMUSIK
(Karte S. 430 f.; www.clubedosamba.com.br; Terreiro de Jesus 5, Pelourinho; Tischgebühr 5 R$; ⌚16–23 Uhr) In der gleichnamigen Gasse hinter der Bar gibt's jeden Abend ab 20 Uhr Livesamba.

Sankofa LIVEMUSIK
(Karte S. 430 f.; ☎3321-7236; www.sankofabrasil.com; Ladeira de São Miguel 7, Pelourinho; Tischgebühr 10–15 R$; ⌚Di 21–3, Mi 19–23, Fr & Sa 21–3 Uhr) In der zentral gelegenen Bar im Pelourinho wird live Salsa und Samba gespielt, DJs legen einen Mix von Reggae bis kongolesische Rumba auf.

Bahia Café Hall LIVEMUSIK
(☎3371-0664; www.bahiacafehall.com.br; Parque de Pituaçu, Paralela; Tickets ab 50 R$; ⌚Shows zu unterschiedlichen Zeiten) Der etwas abgelegene Veranstaltungsort für Konzerte lohnt den Weg. Hier steigen auch große Musikfestivals wie das Forró da Amizade und sind schon Stars wie Seu Jorge aufgetreten.

Folkloreshows & Capoeira

Die Gelegenheit, eine Folkloreshow zu erleben, sollte man sich nicht entgehen lassen: Sie zeigt die einzigartige Vielfalt des bahianischen Musik- und Tanzrepertoires, darunter Livepercussion und Gesang, die Tänze *orixás* und *maculêlê* (Stocktanz) sowie Samba und Capoeira. Authentische Capoeira kann man auch im Pelourinho sehen, denn in vielen Schulen darf man für ein paar Reais beim Unterricht (oft „Show" genannt) zuschauen und Fotos machen.

★ Balé Folclórico da Bahia DARSTELLENDE KÜNSTE
(Karte S. 430 f.; www.balefolcloricodabahia.com.br; Matos 49, Teatro Miguel Santana; Eintritt 40 R$; ⌚Shows Mo–Sa 20 Uhr) Diese international bekannte Ballettkompanie zeigt die faszinierendste professionelle Show.

Topázio DARSTELLENDE KÜNSTE
(Karte S. 430 f.; www.capoeiratopazio.com.br; 2. OG, Cruzeiro de São Francisco 9; ⌚Mo–Sa 20.30 Uhr) Die beliebte Show, die früher im Solar do

OLODUM

Wer durch Salvador geht, sieht überall das rot-gelb-grüne Friedenszeichen, das Symbol der afrobrasilianischen Kulturgruppe Olodum, die der Percussionist Neguinho do Samba 1979 gründete. Ursprünglich war ihr Anliegen, gegen Rassismus vorzugehen und Perspektiven für Bahias Randgruppen aufzuzeigen. Für diese Ziele setzt sich die Organisation noch immer ein, vorwiegend mit Hilfe von Musik: Olodum ist berühmt für seinen typischen Musikstil *bloco afro* bzw. *sambareggae*, der von karibischem Reggae, Salsa und brasilianischem Samba inspiriert ist.

Heute betreibt Olodum eine Schule und die offizielle Band nimmt CDs mit brasilianischen Musikgrößen auf; an Karneval zeigt Olodum eine starke Präsenz im Musikprogramm. Die bunt gemischte Percussiongruppe hat auch in der internationalen Popkulturszene von sich reden gemacht: 1996 drehte Michael Jackson das Musikvideo für seine Single „They Don't Care About Us" mit der Olodum-Truppe in den Straßen des Pelourinho. Weitere Infos über die Organisation findet man auf der Website www.olodum.com.br oder man besucht die **Escola Olodum** (Karte S. 430 f.; Laranjeiras s/n) im Pelourinho.

Unhão aufgeführt wurde, findet inzwischen nach dem Abendessen im O Coliseu (S. 440) statt.

Shoppen

Die meisten Besucher nutzen in Salvador zweierlei Einkaufsmöglichkeiten: Sie schauen im Pelourinho und im Mercado Modelo nach Kunsthandwerk und traditionellen bahianischen Souvenirs oder besuchen große Shoppingcenter wie **Shopping Barra** (Karte S. 434; ☎ 3264-4566; Av Centenário 2992, Barra, SAC) und **Shopping Iguatemi** (Av Tancredo Neves s/n, Iguatemi) gegenüber vom Busbahnhof, in denen man brasilianische Modefans und volle Food Courts antrifft.

Mercado Modelo KUNSTHANDWERK
(Karte S. 430 f.; www.mercadomodelobahia.com.br; Praça Cayru, Cidade Baixa; ⌚ Mo–Sa 9–19, So bis 14 Uhr) Der zweistöckige Markt – früher wurden hier Sklaven gehalten – birgt Dutzende von Ständen. Touristen stöbern nach einheimischem Kunsthandwerk, und Einheimische kommen zum Essen her.

Bahia Online MUSIK
(Karte S. 430 f.; ☎ 3321 0536; www.salvadorcentral.com; João de Deus 22, Pelourinho; ⌚ Mo–Sa 10–22 Uhr) Eine tolle Auswahl an CDs von bahianischen Künstlern bietet dieser Musikladen im Pelourinho; seine Website ist eine hervorragende Informationsquelle für alle, die sich für die Musikkultur der Region interessieren.

Orientierung

Salvador nimmt die Südspitze einer v-förmigen Halbinsel am Eingang zur Baía de Todos os Santos ein. Mitunter findet man sich in der Stadt nur schwer zurecht, da sich viele Einbahnstraßen und Straßen ohne Linksabbiegemöglichkeit durch die Hügel und Täler Salvadors schlängeln. Das Stadtzentrum liegt auf der Buchtseite der Halbinsel und ist durch einen steilen Felsen in zwei Abschnitte geteilt: Cidade Alta (Oberstadt) und Cidade Baixa (Unterstadt).

Das Herz der historischen Cidade Alta bildet der Pelourinho (oder Pelô), das Zentrum des Tourismus und Nachtlebens von Salvador. Er erstreckt sich in der Gegend zwischen Praça da Sé und Largo do Pelourinho.

Von der Praça Castro Alves führt die Avenida 7 de Setembro durch das Centro zur breiten Praça Campo Grande, verläuft dann weiter in südwestlicher Richtung durch das wohlhabende Viertel Vitória bis hinunter zum Eingang der Bucht. An der Spitze der Halbinsel befindet sich der reiche Stadtteil Barra mit dem Leuchtturm und dem beliebten Strand.

Östlich von Barra verläuft eine Straße, deren Name sich ständig ändert (eine davon ist Avenida Presidente Vargas), an der Atlantikküste entlang. Sie führt durch mittelständische Küstenvororte wie Rio Vermelho und vorbei an etlichen Stränden nach Itapuã.

In der Cidade Baixa befinden sich das Comércio (das Geschäfts- und Finanzzentrum der Stadt), die Fähranleger und der Hafen. Im Norden beschreibt die Küste einen Bogen und bildet die Halbinsel Itapagipe, auf der die Viertel Bonfim und Boa Viagem liegen. Die Vororte an der Bucht sind arm, in der Regel wächst das Ausmaß der Armut proportional mit der Entfernung vom Zentrum.

Praktische Informationen

GELD

Banco do Brasil (Cruzeiro de São Francisco 11, Pelourinho) Auch am Flughafen und an mehreren Orten in Barra.

Bradesco (Mattos s/n, Pelourinho) Mit internationalen Geldautomaten im Pelourinho, in Barra, am Busbahnhof und am Flughafen.

Toursbahia (☎3320-3280; www.toursbahia.com.br; Cruzeiro de São Francisco 4, Pelourinho) Wechselt Bargeld und Reiseschecks; in der Nähe gibt's weitere Anbieter.

INTERNETZUGANG

In Salvador kommt man leicht ins Netz. Überall finden sich Internetcafés (4–6 R$ pro Std.); die meisten *pousadas* und viele Restaurants haben WLAN.

Baiafrica Internet Café (Praça da Sé 8, Pelourinho; 4 R$ pro Std.) Schnelles Internet und Flachbildschirme, alle mit Skype und Webkameras ausgestattet.

MEDIZINISCHE VERSORGUNG

Hospital Espanhol (Av 7 de Setembro 4161, Barra)

NOTFALL

Delegacia do Turista (Touristenpolizei; ☎3116-6817; Cruzeiro de São Francisco 14, Pelourinho) Alle Straftaten, in die Touristen verwickelt sind, müssen von der städtischen Touristenpolizei bearbeitet werden. Ein paar Beamte sprechen auch Englisch oder Französisch.

Pronto Socorro (Ambulanz; ☎192)

SICHERHEIT

Im Zentrum, besonders im Pelourinho, ist die Touristenpolizei überall präsent. Während der Hauptsaison und an den lebhaften Dienstagabenden steigt die Zahl der Verbrechen am Pelô (vor allem rund um Karneval). In Bussen und auf überfüllten Plätzen, wo Touristen leicht auszumachen sind, treiben Taschendiebe ihr Unwesen. Um das Risiko eines Überfalls zu mindern, sollte man sich lässig kleiden und, wenn überhaupt, nur billigen Schmuck tragen, nur das Nötigste an Geld und eine Kopie des Passes mitnehmen und sich eine grobe Orientierung verschaffen, bevor man aufbricht.

Am besten trägt man nur eine einzige Bankkarte bei sich. Es empfiehlt sich, die Geldautomaten innerhalb der Banken zu nutzen, da frei stehende Automaten leichter zu hacken sind.

Da der Pelourinho schnell in zwielichtige Gegenden übergeht, sollte man die Touristenstraßen nicht verlassen. Die Cidade Baixa ist nachts und an Wochenenden wie ausgestorben und nicht sicher, und auf den *ladeiras* (steilen Straßen), die von hier zur Cidade Alta führen, sollte man niemals zu Fuß gehen.

Am Strand ist es ratsam, ein Auge auf jugendliche Diebe – oder *capitães d'areia* („Chefs des Sandes") – zu haben, die schnell mit unbewachten Sachen verschwinden.

Nach Einbruch der Dunkelheit oder in Gebieten, in denen man sich nicht sicher fühlt, sollte man lieber ein Taxi nehmen, obwohl Busse abends nicht unbedingt unsicher sein müssen.

TOURISTENINFORMATION

Auch die zahlreichen Reisebüros der Stadt bieten Informationen für Touristen.

Bahiatursa/SAT (www.bahiatursa.ba.gov.br) Flughafen (☎3204-1244; ⌚7.30–23 Uhr) Busbahnhof (☎3450-3871; Av Antônio Carlos Magalhães, Iguatemi) Mercado Modelo (☎3241-0242; Mercado Modelo, Praça Cayru) Pelourinho (Karte S. 430 f.; ☎3321-2463; Rua Francisco Muniz Barreto 12; ⌚Mo–Do 8.30–21, Fr–So bis 22 Uhr) Porto da Barra (Karte S. 434; ☎3264-5440; Av 7 de Setembro, Instituto Mauá, Porto da Barra) Shopping Barra (Karte S. 434; ☎3264-4566; SAC, Shopping Barra) Salvadors Tourismusbehörde ist freundlich, aber ziemlich chaotisch. Am besten ist die Filiale im Pelourinho, die Stadtpläne und Infos zu aktuellen Events in der Stadt hat. Es lohnt auch ein Blick auf die Website www.bahia.com.br.

Quatro Cantos Turismo (☎3264-2000; Marquês de Caravelas 154, Barra; ⌚Mo–Fr 9–18 Uhr) Wenn man in Barra übernachtet, ist dieses Reisebüro eine hilfreiche Anlaufstelle für Karten, touristische Informationen und die Planung von Ausflügen; das Personal hilft auch beim Kauf von Flugtickets oder Reservierungen für Busfahrten.

Disque Bahia Turismo (Dial Tourism Bahia; ☎3103-3103) Hier bekommen Touristen rund um die Uhr Infos und Hilfe (auf Englisch).

Emtursa Lacerda (Karte S. 430 f.; ☎3321-3127; www.emtursa.salvador.ba.gov.br; Elevador Lacerda, Cidade Alta) Die städtische Touristeninformation kann, wie Bahiatursa auch, ganz nützlich sein. Manchmal schleichen sich aber Fehler ein – daher wichtige Infos lieber noch einmal bei der zuständigen Stelle nachfragen.

Grupo Gay da Bahia (Karte S. 430 f.; ☎3322-2552; www.ggb.org.br; Ladeira de São Miguel 24, Pelourinho) Kulturzentrum für Schwule, Lesben und Transsexuelle.

ℹ An- & Weiterreise

BUS

Busfahrkarten werden online nur an Brasilianer, nicht an Ausländer verkauft. Viele Busgesellschaften verkaufen jedoch ihre Fahrkarten direkt oder über Reisebüros in der ganzen Stadt. Im Sommer lohnt es, das Ticket im Voraus zu besorgen. Wer sich unsicher ist, kann sich im Hotel oder Hostel erkundigen; meist helfen die Rezeptionen in Reiseangelegenheiten.

FLUGZEUG

Der **Aeroporto Deputado Luis Eduardo do Magalhães** (SSA; ☎3204-1010; São Cristóvão) wird bedient von **Gol** (☎3204-1603; www.

BUSSE AB SALVADOR

ZIEL	FAHRTDAUER (STD.)	PREIS (R$)	ABFAHRTEN (TGL.)	UNTERNEHMEN
Aracaju	4–6	50–98	8–14	Bomfim (☎3460-0000)
Ilhéus	7–8	74–129	7	Águia Branca (☎4004-1010)
Lençóis	7	59	4–5	Real Expresso (☎3450-2991)
Maceió	11	92–140	2–3	Bomfim
Natal	21	159–182	2	São Geraldo (☎3450-4488)
Penedo	9	70	1	Bomfim
Porto Seguro	11	150	2	Águia Branca
Recife	12	140–159	1	Itapemirim (☎3450-5644) & Penha (☎0800 646 2122)
Rio de Janeiro	28	190–236	2	Águia Branca & Itapemirim
São Paulo	33	280	3	São Geraldo
Vitória	19	140–208	3	Águia Branca

voegol.com.br; airport), **TAM** (☎3365-2324; www.tam.com.br; airport) und **Azul** (www.voeazul.com.br). Es gibt täglich Flüge zu jedem beliebigen Ziel in Brasilien, oft allerdings mit mehreren Zwischenlandungen.

TAP (Air Portugal; ☎3204-1531; www.flytap.com; airport) fliegt von Salvador nach Europa; **American Airlines** (www.aa.com) bietet einen Direktflug nach Miami (USA). In der Regel führen Flüge zu anderen Zielen im Ausland aber über São Paulo oder Rio.

SCHIFF/FÄHRE

Schiffe nach Morro de São Paulo und verschiedenen Zielen in der Baía de Todos os Santos starten vom **Terminal Marítimo Turístico** hinter dem Mercado Modelo und vom **Terminal Marítimo de São Joaquim** (Karte S. 430 f.; ☎3633-1248; Av Oscar Pontes), eine zehnminütige Taxifahrt nach Norden.

ℹ Unterwegs vor Ort

VOM/ZUM BUSBAHNHOF

Salvadors **Busbahnhof** (☎3616-8300) liegt 8 km östlich des Stadtzentrums. Ein Taxi in die Cidade Alta oder nach Barra kostet etwa 25–35 R$. Busse (6 R$) mit der Aufschrift „Praça da Sé" verkehren zum Stadtzentrum; sie starten vor dem Shopping Iguatemi auf der anderen Seite der Fußgängerbrücke vor dem Busbahnhof. Wer in umgekehrter Richtung unterwegs ist, kann zum Busbahnhof jeden Bus mit Ziel Shopping Iguatemi nehmen.

VOM/ZUM FLUGHAFEN

Der Flughafen liegt ca. 30 km östlich des Zentrums. Von hier fahren überraschend wenig und teure Verkehrsmittel ins Zentrum. Die meisten Reisenden nehmen ein Taxi: Für eine Fahrt nach Barra oder in den Pelourinho zahlt man am Flughafen vorab 107 R$. Die Taxistände in der Ankunftshalle akzeptieren Kreditkarten, was praktisch ist, wenn man kein brasilianisches Geld dabeihat. Draußen kosten die Taxis etwas weniger, aber es ist nicht immer leicht, ein freies Fahrzeug zu finden.

Ins Zentrum fahren auch Busse (6 R$, 7.30–20 Uhr). Sie nehmen die kurvige Küstenstraße und brauchen je nach Verkehr ca. 1¼ Stunden in den Pelourinho. Als Ziel ist „Praça da Sé/Aeroporto" angegeben. Die Reise empfiehlt sich nur, wenn man nicht zu viel Gepäck bei sich hat.

Busse zum Flughafen fahren regelmäßig von der Praça-da-Sé-Haltestelle ab, die einen Block südöstlich der Praça Municipal liegt. Angeblich verkehren sie alle 30 Minuten, doch es gibt keinen verbindlichen Fahrplan. Deshalb lieber viel Zeit einplanen! In Barra kann man in denselben Bus einsteigen. Wenn wenig Verkehr ist, dauert die Fahrt etwa eine Stunde, aber zur Rushhour ist man fast zwei Stunden unterwegs.

ÖFFENTLICHE VERKEHRSMITTEL

Die Cidade Alta und Cidade Baixa verbindet der **Elevador Lacerda** (☎3322-7049; Fahrt 0,15 R$; ⏲24 Std.).

Busse fahren kreuz und quer durch die Stadt. Achtung: Man steigt an der Hintertür ein (und zahlt beim hier sitzenden Schaffner), an der Vordertür beim Fahrer wieder aus. Im Zentrum gibt's zwei größere städtische Busbahnhöfe, die entweder Ziel- oder Umsteigepunkte sind: Terminal da França im Comércio und Lapa hinter den Shoppingzentren Lapa und Piedade. Nach Norden zur Igreja NS do Bonfim fährt ein Bus ab der Talstation des Elevador.

Taxis fahren entweder mit eingeschaltetem Gebührenzähler (legal) oder zu einem ausgehandelten Preis, aber nicht immer hat man die Wahl zwischen beiden Varianten.

ABSTECHER

ILHA DE ITAPARICA

Die Baía de Todos os Santos, die 1000 km^2 bedeckt, ist Brasiliens größte Bucht. Ihre 56 Inseln sind üppig bewachsen und reich an historischer Architektur. Besonders gern flüchten Salvadors Bewohner auf die Insel Itaparica. An ihrer Küste reihen sich Ferienhäuser, die Strände sind allerdings eher durchschnittlich. Dennoch unternehmen viele Traveller gerne einen Tagesausflug ins sympathische Inselörtchen Mar Grande (9 km südlich vom Verkehrsknotenpunkt Bom Despacho) mit Bars, Restaurants und einer relaxten Stimmung.

An der Nordspitze wacht das **Forte de São Lourenço** (1711) über die Insel. Die Festung wurde 1711 von holländischen Invasoren gebaut und spielte 1823 beim Kampf um Bahias Unabhängigkeit eine große Rolle. Mitten auf der Insel hat ein riesiger Baum seine Wurzeln um die Ruinen der **Igreja Baiacu** geschlungen und wächst direkt aus ihnen heraus. Itaparicas schönster öffentlicher Strand ist die **Praia Barra Grande** mit klarem Wasser und Wochenendhäusern, die sich gleich vor dem Dorf Mar Grande erstreckt. In der Nähe des Fähranlegers servieren viele gemütliche Restaurants Meeresfrüchte nach bahianischer Art mit Blick auf die Bucht.

Die Bootsfahrt von Salvador ist Teil des Vergnügens. Passagierfähren (3 R$, 40 Min., halbstündlich von 6 bis 18 Uhr, an Wochenenden bis 18.30 Uhr) verkehren zwischen Salvadors Terminal Marítimo Turístico und dem Fähranleger von Mar Grande. Im Sommer sollte man die Rückfahrkarte vorab kaufen.

RECÔNCAVO

Rund um die Baía de Todos os Santos erstreckt sich der grüne, fruchtbare Landstrich des *recôncavo*, der mit Zucker- und Tabakernten Salvador (und der portugiesischen Krone) Reichtum brachte. Die Gewinne, die hier erzielt wurden, kurbelten auch das Wachstum von einst wohlhabenden Städten wie Cachoeira an, das vor Kolonialbauten und Geschichte nur so strotzt.

Cachoeira & São Félix

0XX75 / 46 400 EW.

Cachoeira, liebevoll auch das „Juwel des *recôncavo*" genannt, ist ein verschlafenes Städtchen voller farbenfroher, meist gut erhaltener Kolonialbauten, das nicht durch moderne Gebäude verschandelt wird. Es liegt zu Füßen einer Reihe von Hügeln, die sich an den Ufern des Rio Paraguaçu entlangzieht, direkt ihrer Schwesterstadt São Félix gegenüber. Beide verbindet eine auffällige von Briten erbaute Brücke mit getrennten Bereichen für Autos und Fußgänger. Ein steter Touristenstrom fließt durch die Gegend, angezogen vom besten Tabak Brasiliens, vom Ruf der Stadt als Zentrum des Candomblé und von der großen Tradition der Holzschnitzerei. Wer früh aufbricht, kann beide Städte – Cachoeira und São Félix – auf einem Tagesausflug von Salvador aus besuchen.

Geschichte

Diego Álvares, der Vater der Gründer von Cachoeira, war der einzige Überlebende eines Schiffsunglücks: Sein Schiff segelte in Richtung der Westindischen Inseln und lief 1510 vor Salvador auf ein Riff. Der portugiesische Robinson Crusoe wurde von den indigenen Tupinambá von Rio Vermelho gerettet. Sie nannten die merkwürdige weiße Meereskreatur Caramuru, „Fischmann". Álvares lebte 20 Jahre bei den *indios* und heiratete Catarina do Paraguaçu, die Tochter des mächtigsten Tupinambá-Häuptlings. Ihre Söhne João Gaspar Aderno Álvares und Rodrigues Martins Álvares rotteten die indigenen Völker der Gegend aus, errichteten die ersten Zuckerrohr-*fazendas* und gründeten Cachoeira.

Im 18. Jh. galt Tabak aus Cachoeira als der beste der Welt. Er war begehrt bei Herrschern in China und Afrika. Das „heilige Kraut" wurde auch in Brasilien beliebt, wo es geschnupft, in der Pfeife geraucht oder gekaut wurde.

Sehenswertes & Aktivitäten

Cachoeira ist ein wichtiges Candomblé-Zentrum mit einer der stärksten und vielleicht unverfälschtesten spirituellen Traditionen. Die *terreiros* befinden sich in kleinen Häusern und Schuppen in den Hügeln, wo normalerweise freitag- und samstagabends lange Zeremonien stattfinden. Man kann sich an die Touristeninformation wenden, um Infos über lokale Führer zu bekommen, die Besucher zu den Zeremonien bringen.

Die Stadt pflegt eine Tradition der Schnitzkunst mit starkem afrikanischen Einfluss. In den *ateliers* der beiden besten Schnitzkünstler der Stadt – **Doidão** (Ecke 25 de Junho & 7 de Setembro, Cachoeira) und **Louco** (Rua 13 de Maio, Cachoeira) – lernt man den lokalen Stil kennen. Sie haben montags bis freitags meist von 10 bis 16 Uhr geöffnet.

Kirchen sind in Bahia manchmal geschlossen, auch wenn man zu den angeschlagenen Öffnungszeiten kommt. Eintritt wird nicht erhoben, aber Spenden sind erwünscht.

Igreja da Ordem Terceira do Carmo KIRCHE

(Praça da Aclamação, Cachoeira) Die Igreja da Ordem Terceira do Carmo von 1702 birgt einen vergoldeten Barockaltar, eine getäfelte Decke und schöne *azulejos*.

Igreja Matriz NS do Rosário KIRCHE

(Nery s/n, Cachoeira) Wundervolle *azulejos* und eine von Teófilo de Jesus bemalte Decke sind in dieser zwischen 1693 und 1754 erbauten Kirche zu sehen. Im Museu das Alfaias im oberen Stockwerk befinden sich Überreste des verlassenen Convento de São Francisco do Paraguaçu aus dem 17. Jh.

Igreja de NS da Ajuda KIRCHE

(Largo da Ajuda, Cachoeira) Cachoeiras älteste Kirche, die kleine Igreja de NS da Ajuda, wurde 1595 errichtet, als die Stadt noch Arraial d'Ajuda hieß.

Casa da Câmara e Cadeia HISTORISCHES GEBÄUDE

(Präfektur & Gefängnis; Praça da Aclamação, Cachoeira; ⌚Mo–Fr 8–16 Uhr) GRATIS In der Casa da Câmara e Cadeia wurden im oberen Stockwerk Mitglieder des organisierten Verbrechens und unten andere Spitzbuben gefangen gehalten. Das Gebäude stammt aus dem Jahr 1698 und war 1822 Sitz der Regierung von Bahia.

Museu Hansen Bahia MUSEUM

(☎3425-1453; 13 de Maio, Cachoeira; ⌚Di–Fr 9–17 Uhr, Sa & So bis 14 Uhr) GRATIS Im Geburts- und Wohnhaus der brasilianischen Heldin Ana Néri, die während des Paraguayischen Kriegs die Krankenpflege organisierte, werden heute ausdrucksstarke Blockdrucke und Gemälde des deutsch-brasilianischen Künstlers Hansen Bahia ausgestellt. Er thematisierte das menschliche Leiden und stellte vor allem Prostituierte und Jesus dar.

Museu da Boa Morte MUSEUM

(13 de Maio, Cachoeira; Eintritt gegen Spende; ⌚10–18 Uhr) Ursprünglich entstand die ausschließlich aus Frauen bestehende religiöse Vereinigung Boa Morte (Guter Tod) als Schwesternschaft von Sklavinnen, die dafür sorgte, dass tote Sklaven ein ordentliches Begräbnis erhielten und alte Sklaven freigekauft wurden. Zur Zeit unserer Recherche war das kleine Museum wegen Renovierung geschlossen.

Museu Regional da Cachoeira MUSEUM

(☎3425-1123; Praça da Aclamação 4, Cachoeira; Eintritt 2 R$; ⌚Mo–Fr 8–12 & 14–17, Sa & So 8–12 Uhr) In einer Kolonialvilla aus dem 18. Jh. zeigt das bescheidene Museu Regional da Cachoeira Einrichtungsgegenstände aus der Kolonialzeit sowie Priestergewänder.

Centro Cultural Dannemann MUSEUM

(☎3438-4308; www.centroculturaldannemann.com.br; Salvador Pinto 29, São Félix; ⌚Di–Sa 8–12 & 13–17 Uhr) GRATIS Am Flussufer von São Félix beherbergt dieses Kulturzentrum in einem umgebauten Lagerhaus moderne Kunst. An der Rückseite des Gebäudes sitzen in einem großen, von Tabakgeruch erfüllten Saal weiß gekleidete Frauen mit geblümten Kopftüchern an antiken Holztischen und rollen *charutos* (Zigarren) – genauso, wie es schon seit 1873 gemacht wird. Dannemann-Zigarren gelten als die besten Brasiliens.

Feste & Events

Festa de São João FOLKLORE

(⌚22.–24. Juni) Das größte volkstümliche Fest im Binnenland von Bahia wird mit Folklore, Musik, Tanz und reichlich Essen und Trinken gefeiert.

Festa de NS do Rosário RELIGIÖS

(⌚Mitte Okt.) Ein weiteres religiöses Fest mit großartiger Musik und Küche.

Festa de NS D'Ajuda RELIGIÖS

(⌚Mitte Nov.) Nach der rituellen *lavagem* (Waschung) der Kirche gibt's ein Straßenfest.

Schlafen & Essen

An den Plätzen am Ufer in Cachoeira bieten Verkäufer alles Mögliche feil, von kaltem Bier und Popcorn bis zu regionalen Spezialitäten wie *caldo de cana* (Zuckerrohrsaft).

Pousada do Convento do Carmo POUSADA $

(☎3425-1716; www.pousadadoconvento.com.br; Praça da Aclamação, Cachoeira; EZ/DZ ab 72/105 R$; ❄📶🏊) Das aus dem 18. Jh. stammende Klos-

Cachoeira

ter der Igreja da Ordem Terceira do Carmo wurde in eine komfortable Unterkunft umgewandelt, ohne dass die Atmosphäre darunter gelitten hat. Ihre Zimmer sind geräumig und haben hohe Decken und schwere Holzböden. Zur *pousada* gehört das stilvolle öffentliche Restaurant A Confraria (11–22 Uhr).

Pousada Paraguassú POUSADA $
(☎3438-3369; www.pousadaparaguassu.com.br; Salvador Pinto 3, São Félix; EZ/DZ ab 75/105 R$; ❄📶) Am Flussufer von São Félix liegt das Paraguassú, dessen einfache, gemütliche Zimmer sich um einen kleinen Garten ringen. Auf der luftigen Terrasse am Fluss lässt sich das reichhaltige Frühstücksbüfett genießen und abends gibt's im Restaurant bahianische Küche und Pizza.

Aclamação Restaurante BRASILIANISCH $
(☎3425-3428; Praça da Aclamação 2, Cachoeira; Hauptgerichte 4–38 R$; ⏲11–22 Uhr) Das gut besuchte Eckrestaurant bietet eine große Auswahl leckerer und preisgünstiger Sandwiches, *açai* und traditionelle bahianische Küche. Wir empfehlen das nach dem nahen Rio Paraguaçu benannte Sandwich, auf dem sich Schinken, Käse, Grillhähnchen, Rindfleisch, Tomaten und Salat türmen – für nur 6 R$ fast geschenkt!

Pizzaria Shambhalah PIZZERIA $
(☎3425-3414; Rua Inocência Bonaventura, Cachoeira; Hauptgerichte 12–25 R$; ⏲18–22 Uhr) Backsteinwände, eine abwechslungsreiche Speisekarte und hübsch beleuchtete Tische warten in dieser beliebten Pizzeria mit Blick auf die Plaza. Abends füllt sie sich mit Studenten, einheimischen Paaren sowie Familien.

Baiana's Point BAR
(☎3425-4967; Virgílio Reis, Cachoeira; ⏲17–22 Uhr) Für einen Drink am frühen Abend ist das auf Stelzen über dem Fluss thronende Lokal der richtige Ort. Vorausgesetzt, man wird bedient, denn das Personal arbeitet quälend langsam.

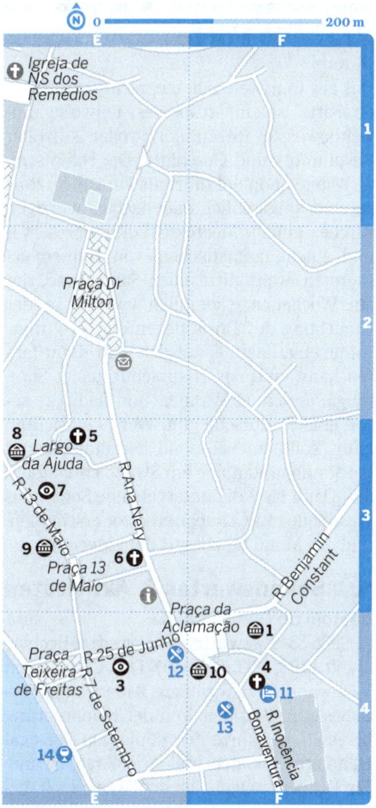

Cachoeira

Sehenswertes

1 Casa da Câmara e Cadeia F4
2 Centro Cultural Dannemann B4
3 Doidão E4
4 Igreja da Ordem Terceira do Carmo F4
5 Igreja de NS da Ajuda E3
6 Igreja Matriz NS do Rosário E3
7 Louco E3
8 Museu da Boa Morte E3
9 Museu Hansen Bahia E3
10 Museu Regional da Cachoeira F4

Schlafen

11 Pousada do Convento do Carmo F4

Essen

12 Aclamação Restaurante E4
13 Pizzaria Shambhalah F4

Ausgehen & Nachtleben

14 Baiana's Point E4
15 Gruta Azul C2

Gruta Azul CAFÉ
(☎ 3425-1295; Praça Manoel Vitorino 2, Cachoeira; ⏲ Sa & So 11–20 Uhr) Einheimische mögen dieses coole abgedunkelte Café mit seiner hübsch gekachelten Bar. Es eignet sich ideal, um etwas zu trinken oder zu essen, während man auf den Bus wartet. Leider hat es nur unregelmäßig geöffnet.

Praktische Informationen

Sowohl in São Félix als auch in Cachoeira gibt's Banken mit Geldautomaten. Weitere Informationen über die Geschichte der Stadt, Flussexkursionen oder Kirchenbesuche bekommt man in der hilfsbereiten **Touristeninformation** (Nery 7; ⏲ Mo–Fr 8–12 & 14–17, Sa & So 9–12 Uhr) in Cachoeira.

An- & Weiterreise

Die Zwillingsstädte haben fast identische Busbahnhöfe, die sich an beiden Flussufern an der Brücke gegenüberliegen: Fast alle Linien starten auf der São-Félix-Seite und sammeln anschließend in Cachoeira Fahrgäste auf, bevor sie die Stadt verlassen.

Täglich fahren etliche Busse von **Transporte Santana e São Paulo** (☎ 3450-4951) nach Salvador (20 R$, 2 Std., 5.30–19 Uhr). Unterwegs halten sie in Santo Amaro (8 R$, 1 Std.).

Um nach Norden, Süden oder Westen weiterzureisen, kann man auch einen der Santana-Busse Richtung Feira de Santana (7 R$, 1½ Std., 12-mal tgl.) nehmen.

Santo Amaro

☎ 0XX75 / 58 000 EW.

Santo Amaro ist ein hübsches koloniales Zuckerverarbeitungszentrum. Nur wenige Touristen verirren sich in diesen einfachen, aber charmanten Ort. Er ist bekannt als Heimat der Geschwister Caetano Veloso und Maria Betânia, zwei der beliebtesten Sänger Brasiliens (die oft im Karneval auftreten). In der Innenstadt herrscht lebhaftes Treiben, vor allem um den kleinen Markt herum. Inzwischen hat die Papierherstellung die Zuckerproduktion als wichtigsten Industriezweig abgelöst. Erkennbar wird dies an den Bambushainen an den Hängen, auf denen einmal Zuckerrohr wuchs, und an der großen Papiermühle vor den Toren der Stadt.

An die goldenen Zeiten von Santo Amaro erinnern die maroden Villen der Zuckerbarone entlang der alten Einkaufsstraße Rua General Câmara und zahlreiche Kirchen. Die größte ist die überladene **Matriz de NS da Purificação** (1668), in der man *azulejos* und die bemalte Decke besichtigen kann. Leider hat eine Diebesbande die meisten ihrer Heiligenbilder gestohlen und nach Frankreich verschoben.

Die **Lavagem da Purificação** (23. Jan.–2. Feb.) wird mit einem Umzug und einer rituellen Reinigung der Kirchentreppen durch *baianas* in traditioneller Kleidung gefeiert, bevor Bands und *trios elétricos* durch die Straßen ziehen.

Von 5.30 bis 19 Uhr fahren beinahe halbstündlich Busse von Salvador nach Santo Amaro (12 R$, 1 Std.). Die meisten setzen ihren Weg nach Cachoeira/São Félix (8 R$, 1 Std.) fort.

NÖRDLICH VON SALVADOR

Die Nordküste Bahias ist nicht so grandios wie die Südküste, aber ihre Strände sind trotzdem sehr schön. Es gibt steile Klippen mit raschelnden Palmen und weißem Sand (der in Richtung Norden immer feiner wird). Das Meer geht an einigen Stellen in ruhige Meeresarme über, an anderen jedoch schlägt es hohe Wellen, auf denen man prima surfen kann. Wenn die *salvadorenhos* einen Tag am Strand verbringen wollen, fahren sie an die Nordküste Bahias. Deshalb sind die Strände in Stadtnähe am Wochenende meist überfüllt. Den Massen entfliehen lässt sich weiter im Norden, wo es viele Kilometer menschenleere, unberührte Küste gibt.

Die Estrada do Coco (Kokos-Schnellstraße) erstreckt sich bis Praia do Forte und trifft dort auf die Linha Verde (Grüne Linie), die bis zur Grenze nach Sergipe verläuft. Wer versucht, in die andere Richtung zu fahren, bekommt schnell das Gefühl, gegen den Strom zu schwimmen. Wegen der begrünten Mittelstreifen auf dem Fernweg sind die Busse gezwungen, in die Stadt hinein und wieder zurück zu fahren, doch das machen die wenigsten. Stattdessen setzen sie ihre Fahrgäste an der Schnellstraße ab, sodass man entweder laufen oder ein anderes Verkehrsmittel finden muss, um in die Örtchen und Fischerdörfer dieses Küstenabschnitts zu kommen. Von Süden nach Norden zu reisen ist viel einfacher.

Praia do Forte

☎ 0XX71

Das bei Touristen beliebte, recht teure Praia do Forte ist ein attraktives, teilweise umweltbewusstes Stranddorf voller stilvoller Restaurants und Geschäfte. Die Hauptstraße Alameda do Sol führt als Fußgängerzone zu einer unglaublich malerischen, winzigen Kirche, einem Meeresschildkrötenreservat und einem fantastischen, von Palmen gesäumten, weiß glitzernden Sandstrand, der am Wochenende ziemlich voll ist. In der Umgebung des Dorfs liegen eine Festungsruine, eine Lagune, auf der man Kanu fahren kann, und das Naturschutzgebiet Sapiranga, in dem es Wander- und Radwege sowie eine Seilrutsche gibt. Wer es einrichten kann, sollte zu Vollmond herkommen und bei Sonnenuntergang am Strand entlanglaufen. Dann lässt die untergehende Sonne das Wasser des Rio Timeantube rot erscheinen, und der Mond taucht aus dem Meer auf.

Sehenswertes & Aktivitäten

Castelo do Garcia d'Ávila RUINE
(☎ 9985-3349; www.fgd.org.br; Alameda do Farol s/n; Eintritt 10 R$; ⏲ 8.30–18 Uhr) Das Castelo von 1552 war das erste größere Bauwerk der Portugiesen in Brasilien. Von der Kolonisierung besessen, gewährte der König von Portugal Händlern, Soldaten und Aristokraten Land. Ein Farmer namens Garcia d'Ávila erhielt dieses Grundstück und wählte den Ort mit Blick auf das aquamarinblaue Meer als seinen Wohnsitz. Heute ist das Castelo zur beeindruckenden Ruine verfallen. Es steht 7 km außerhalb der Stadt und ist per Taxi zu erreichen.

Reserva da Sapiranga WANDERN
(☎ 9985-3349; www.fgd.org.br; Eintritt 10 R$, geführte Wanderungen 5–15 R$; ⏲ 8–17 Uhr) Von der Straße, die zum Castelo verläuft, zweigt ein unbefestigter Weg zur Reserva da Sapiranga ab. Einheimische Studenten führen hier Besucher auf Wanderwegen durch 600 ha sekundären Atlantischen Regenwald. Die Wanderungen können 30 Minuten, aber auch bis zu fünf Stunden dauern. Am beliebtesten ist der Weg hinunter zum Rio Pojuca (Badesachen nicht vergessen!).

Geführte Touren

In der Gegend lassen sich eine Reihe lohnender Touren unternehmen, z. B. Wanderungen und Vogelbeobachtungsausflüge, Spaziergänge über Baumkronenpfade, Kajak- und Walbeobachtungstouren (in der

NICHT VERSÄUMEN

DIE MEERESSCHILDKRÖTEN VON TAMAR

Auf der ganzen Welt leben nur noch fünf Meeresschildkrötenarten und alle sind an Bahias Küsten vertreten. Ein echtes Highlight einer Reise durch diese Region ist ein Besuch des Meeresschildkrötenreservats, das sich dem Schutz von Unechten und Echten Karettschildkröten, Oliv-Bastardschildkröten und Suppenschildkröten sowie ihrer winzigen niedlichen Babys widmet.

Die gemeinnützige Organisation **Projeto TAMAR** (☎ 3676-0321; www.tamar.org.br; Eintritt 16 R$; ⌚ 9–17.30 Uhr) – der Name ist die Abkürzung des portugiesischen Worts für Meeresschildkröte, *tartaruga marinha* – betreibt 18 Stationen, unter denen jene von Praia do Forte wohl die beeindruckendste ist. Hier gibt's mehrere kleine Ausstellungsbecken mit Meeresschildkröten, Seeigeln, Aalen und anderen Meeresbewohnern unterschiedlicher Art und Größe.

Außerhalb der Station passieren die wichtigsten Dinge während der Brutzeit der Schildkröten (Sept.–März) am Strand. Die Forscher von Tamar kümmern sich jedes Jahr um den Schutz von etwa 550 Nistplätzen an der 50 km langen Küste rund um Praia do Forte. Nachdem die Meeresschildkröten ihre feuchten, lederartigen und tischtennisballgroßen Eier im Sand abgelegt und vergraben haben, belassen die Forscher sie entweder am Strand oder bringen sie zum Ausbrüten in die Brutstation. Wenn die Jungen geschlüpft sind, werden sie sofort im Meer freigelassen. Auf diese Weise schlüpfen in Bahia jedes Jahr um die 500 000 Babyschildkröten, aber nur mehrere Hundert erreichen das Erwachsenenalter.

Das Reservat, das direkt hinter der Kirche an Praia do Fortes Hauptplatz liegt, ist interaktiv und für Familien geeignet; während des Besuchs bietet sich ein Mittagessen am Ozean in der Souza Bar (S. 454) an, die zur Station gehört.

Saison). Ein paar professionelle Veranstalter wie **Portomar** (☎ 3676-0101; www.portomar.com.br; Rua da Aurora 1; ⌚ 9–19 Uhr) bieten all diese Trips an und organisieren bei Ebbe beliebte Exkursionen zu den nahe gelegenen *piscinas naturais* (natürlichen Wasserbecken), wo man an dem bunten Korallenriff schnorcheln und tauchen kann.

Schlafen

In Praia do Forte gibt's viele attraktive Mittelklasseunterkünfte, die an Sommerwochenenden schnell ausgebucht sind. In der Rua da Aurora, parallel zur Alameda do Sol, findet man einige erschwinglichere *pousadas*.

Praia do Forte Hostel HOSTEL $
(☎ 3676-1094; www.albergue.com.br; Aurora 3; B/DZ mit Ventilator 52/130 R$, DZ mit Klimaanlage 145 R$; ❄ 📶) Das beliebte HI-Hostel hat eine praktische Lage, saubere Zimmer mit Blick auf einen grasbewachsenen Hof und ein gutes Frühstück. Es gibt auch einen Fahrrad- und Surfbrettverleih.

Pousada Montreux POUSADA $
(☎ 3676-1494; www.praiadofortepousada.com.br; Rua Aurora 22; DZ mit Ventilator/Klimaanlage 150/180 R$; ❄) Zu den preisgünstigeren Unterkünften in Forte zählt das Montreux. Es wird von einem freundlichen schweizerisch-brasilianischen Pärchen geführt und hält saubere, hübsche Zimmer mit Balkon bereit.

Pousada dos Artistas POUSADA $$
(☎ 3676-1147; www.pousadadosartistas.tur.br; Praça dos Artistas s/n; DZ/3BZ 168/218 R$; ❄ 📶) Wie der Name vermuten lässt, betreiben eine Tänzerin und ein Maler/Bildhauer diese freundliche *pousada*. Ihre hübschen Zimmer in kolonialzeitlichem Stil (jedes mit Balkon und Hängematte) blicken auf einen üppigen, tropischen Garten.

Casa Verde Apart APARTMENT $$
(☎ 3676-1531; www.praiadoforteapart.com.br; Peixe Espada 100; Apt. für 3/4 Pers. 180/220 R$; ❄ 📶) Die sechs attraktiven und geräumigen Apartments mitten im Grünen in Strandnähe verfügen über gut ausgestattete Küchen und Balkone mit Hängematten. Ein liebenswertes Paar führt die Anlage – auf Bestellung gibt's gegen einen Aufpreis Frühstück.

Pousada Ogum Marinho POUSADA $$
(☎ 3676-1165; www.ogummarinho.com.br; Alameda do Sol s/n; DZ/3BZ 250/312 R$; ❄ 📶) Einen Block hinter dem Strand warten im Ogum Marinho attraktive Zimmer mit Steinböden, komfortabler Einrichtung und privater Terrasse mit Hängematten.

Pousada Tia Helena POUSADA $$
(☎3676-1198; www.tiahelenapraiadoforte.com.br; Alameda das Estrelas s/n; EZ/DZ mit Ventilator 130/180 R$; 📶) Tia Helena bietet saubere, einfache Zimmer, ein gastfreundliches Ambiente und Preise, die ihre *pousada* zu einer Lieblingsadresse von Budgetreisenden machen.

Tivoli Ecoresort RESORT $$$
(☎3676-4000; www.tivolihotels.com; Av do Farol s/n; EZ/DZ inkl. Halbpension ab 825/990 R$; ❄📶🏊) 🍃 In dem ausgezeichneten Resort stehen die Zeichen auf Luxus: Gehwege winden sich durch den gepflegten Vorgarten an acht Swimmingpools vorbei zum Strand. Die Zimmer haben Veranden, die Küche ist hervorragend und das Spa bietet eine Vielzahl von Anwendungen. Zwar ist das Hotel nicht speziell ökologisch ausgerichtet, spendet aber für soziale Zwecke und Bildungsprogramme.

Essen

Zahlreiche attraktive Restaurants säumen die Fußgängerwege des Orts, aber sie sind teuer und das Essen ist nichts Besonderes. Das beste Ambiente und Preis-Leistungs-Verhältnis findet man in den Seitenstraßen und den gemütlichen Cafés um den Hauptplatz, wo abends in Strömen kaltes Bier fließt.

Exkinão do Lanche SANDWICHES $
(Av do Farol s/n; Hauptgerichte 9–13 R$; ⏲11–22 Uhr; 🅥) Der beliebte Imbiss bereitet Sandwiches nach Wunsch zu. Zur Auswahl stehen *pernil* (Schweinefleisch), *picanha* (Steak) und verschiedene vegetarische Beläge. Man kann die Sandwiches mit zum Strand nehmen oder an einem der schön platzierten Tische draußen essen und dabei zusehen, wie die Strandbesucher vorbeiflanieren.

★ **Souza Bar** BAHIANISCH $$
(☎9987-8638; www.souzabar.com.br; Alameda do Sol s/n, Tamar-Station; kleine Gerichte 10–15 R$, Hauptgerichte für 2 Pers. 40–70 R$; ⏲10–13 Uhr) Inzwischen hat die festliche Souza Bar zwei Filialen im Ort: Das Original liegt herrlich an der Küste in der Station des Tamar-Projekts, im neueren Ableger nahe der Bushaltestelle gibt's Livemusik. Beide sind gute Adressen für frische Muscheln, knusprige *bolinho de peixe* (gebratene Fischbällchen) und Caipirinhas.

Casa da Nati BÜFETT $$
(☎3676-1239; www.casadanati.com.br; Alameda do Sol s/n; Hauptgerichte 18–42 R$; ⏲Mo–Fr 11 Uhr–open end, Sa & So ab 20 Uhr) Seit vielen Jahren ist die Casa da Nati ein Favorit im Ort. Mittags gibt's hier ein hervorragendes Selbstbedienungsbüfett, abends leckere Gerichte à la carte; am Wochenende kann man auch frühstücken. Laternen sorgen beim Abendessen an den hübschen Tischen im Freien für genügend Licht.

Vila Gourmet BRASILIANISCH $$$
(☎3676-1088; www.sobradodavila.com.br; Alameda do Sol; Hauptgerichte ab 2 Pers. 62–95 R$; ⏲8–22 Uhr) Das schicke Lokal im tropischen Stil gehört zur zentral gelegenen Pousada Sobrado da Vila und serviert überdurchschnittlich gute regionale Küche – das liegt an dem frischen Biogemüse und den Eiern, die von einem privaten Bauernhof kommen.

ℹ Orientierung

Busse halten am Nordende der verkehrsberuhigten Hauptdurchgangsstraße Alameda do Sol (auch Avenida ACM genannt). Vor dem Platz und der Kirche sind die Strände zwar überfüllt, aber wenn man fünf bis zehn Minuten an der Küste entlang Richtung Süden geht, findet man noch einen ruhigen Flecken unter Palmen.

ℹ Praktische Informationen

In der Nähe der Bushaltestelle gibt's mehrere Geldautomaten. Als wir für dieses Buch recherchierten, war die nahe Touristeninformation auf unbegrenzte Zeit geschlossen. Bis sie wieder öffnet, kann man sich bei den Reiseveranstaltern in der Stadt über Ausflüge und Aktivitäten informieren.

ℹ Anreise & Unterwegs vor Ort

Praia do Forte liegt 3 km von der Schnellstraße entfernt. **Linha Verde** (☎3460-3636) betreibt regelmäßig Busse vom Busbahnhof in Salvador nach Praia do Forte (8,25–9 R$, 1¾ Std., 5–18 Uhr 14-mal tgl.). Umgekehrt gibt's zwischen 7 und 18.30 Uhr häufig Verbindungen. Informelle Kleinbusse bedienen dieselbe Strecke bis Salvador für 7 R$ – sie holen ihre Fahrgäste in der Nähe der Bushaltestelle ab.

Von Praia do Forte nach Sítio do Conde

Imbassaí ist ein ländlicher Strandort 16 km nördlich von Praia do Forte. Eine hohe Sanddüne und der friedliche Rio Barroso, der parallel zum Strand verläuft, trennen das Dorf vom wunderbaren Strand mit kabbeligen, hohen Wellen. Die meisten Unterkünfte gehören zur Mittel- und Spitzenklasse, preiswert übernachtet man dagegen im **Lujimba Eco Hostel** (☎3677-1056; www.imbassaihostel.com.br; B/DZ ab 31/80 R$;), einem rustikalen Gästehaus mit Holzböden und Strohdach inmitten eines Gartens. Hängematten, Obstbäume und Ausflüge machen das Vergnügen perfekt.

Wer dem Fluss von Imbassaí ein paar Kilometer nach Norden folgt, erreicht das noch ländlichere **Diogo**, das nur wenige Besucher sieht und sich seinen dörflichen Charme bewahrt hat. Wenn man abschalten möchte, lockt das erholsame **Too Cool Na Bahia** (9952-2190; www.toocoolnabahia.com; DZ ab 135 R$;) mit acht farbenfroh eingerichteten Chalets samt Veranda in üppig-grüner Umgebung. Der freundliche Besitzer organisiert Kitesurfen, Kajakfahrten, Ausritte und andere Aktivitäten.

Die meisten Ziele zwischen Praia do Forte und Sítio do Conde erreicht man mit Bussen von **Linha Verde** (3460-3636) ab dem Busbahnhof Salvador (5–18 Uhr fast stündlich). Man sollte dem Fahrer sagen, wo man aussteigen möchte.

Sítio do Conde

0XX75

Feuchte Tiefebenen umgeben diesen ruhigen Arbeiter-Strandort. Im Ort gibt's zwar so gut wie nichts – nur ein paar größere Straßen und eine verschlafene Praça –, aber 1 km von der Praça entfernt liegt ein schöner Strand mit ordentlichen Wellen. Richtung Norden und Süden wird die Küste schnell menschenleer. Dort findet man nur noch aufgepeitschtes Meer, flache Sandstrände und Klippen mit Kokospalmen.

Die **Pousada Talismã** (3449-1252; www.pousadatalisma.com; EZ/DZ 70/100 R$) bietet einfache Unterkünfte mit Meerblick und hat ein hübsches Restaurant. Am Hauptplatz liegt das beliebte Meeresfrüchterestaurant **Zecas & Zecas** (3449-1298; Praça Arsênio Mendes 51; Hauptgerichte für 2 Pers. 24–48 R$; Mo–Sa 12–22 Uhr), das die beste *moqueca* der Stadt serviert. Reisende schwärmen von dem aufmerksamen persönlichen Service (auf Englisch) und der paradiesischen Lage des **B&B Bela Bahia** (3449-7037; www.belabahia.com; Poças; DZ/3BZ 190/250 R$) einige Kilometer außerhalb der Stadt, das von einem relaxten belgisch-brasilianischen Paar betrieben wird.

Nach Sítio do Conde verkehren nur unregelmäßig Direktbusse: Von Salvador aus kann die kurvenreiche Fahrt mit den Buslinien São Luís und Oliveira (45 R$, 7–8 tgl.) mehr als vier Stunden dauern. Alternativ nimmt man einen Bus direkt nach Conde und legt die restlichen 8 km bis Sítio mit einem *topique* (Kleinbus, 3 R$) oder Taxi (ca. 25 R$) zurück. Wer es eilig hat, kann auch die Privattransfers nutzen, die einige *pousadas*, z. B. das B&B Bela Bahia, vom Flughafen Salvador (hin und zurück 500 R$ pro Wagen) aus anbieten.

Mangue Seco

0XX75

Mangue Seco ist ein winziges, wunderbar ländliches Örtchen am Fluss. Es liegt an der Spitze einer Halbinsel, die durch den Rio Real gebildet wird. Der Fluss markiert die Grenze zwischen Bahia und Sergipe. Im Ort selbst findet man nur eine Ansammlung von einfachen Häusern an Sandwegen, eine kleine Kirche und eine Plaza, einen modernen Leuchtturm (der furchtlose Kletterer mit einem tollen Panoramablick belohnt) sowie ein paar freundlichen Herbergen und Restaurants. Er endet an einem riesigen Gebiet mit weißen Sanddünen, hinter denen sich die hellen Sandstrände der bahianischen Küste in Richtung Süden erstrecken. Wegen Mangue Secos isolierter Lage kommen die meisten Besucher im Rahmen einer geführten Tagestour hierher, sodass es nachts ziemlich ruhig ist. Bis zum Ozean sind es etwa 1,5 km. Dort gibt's eine Handvoll einfacher *barracas* mit Hängematten.

Schlafen & Essen

Die kulinarische Spezialität in Mangue Seco ist *aratu*, ein kleines rotes Schalentier, das manchmal als *moqueca* zubereitet wird. Außer in den hervorragenden Restaurants der *pousadas* kann man auch in den einfachen Freiluftrestaurants am Flussufer Meeresfrüchte essen.

Pousada Suruby POUSADA $
(3445-9061; www.pousadasuruby.com.br; DZ ab 130 R$;) Im Suruby wartet eine Reihe von schlichten Zimmern mit Ventilator und Hängematten, die auf einen kleinen Fußweg blicken. Das luftige Restaurant serviert Meeresfrüchte (Hauptgerichte 27–45 R$). Um hierherzugelangen, verlässt man das Dock und läuft nach links am Fluss entlang (Richtung Strand).

★ **Pousada O Forte** POUSADA $$
(3445-9039; www.pousadaoforte.com; Bungalows für 1/2/3 Pers. ab 200/250/310 R$;) Am Rand des Zentrums auf dem Weg

zum Strand befindet sich diese umweltfreundliche *pousada* in französisch-brasilianischem Besitz. Ihre isolierte Lage mit Blick über den Fluss ist einzigartig. Sie hat hübsche Bungalows, einen schönen Swimmingpool und ist auch gut für Familien geeignet.

Recanto de Dona Sula CAFÉ $
(☎3445-9008; Snacks 6–15 R$; ⏲8.30–20.30 Uhr) Hausgemachte Süßigkeiten, Eiscreme und Likör werden hier aus heimischen Früchten zubereitet, und auch der Kaffee ist hervorragend. Das charmante und umweltbewusste Café (Recycling hat oberste Priorität) befindet sich gleich neben der Kirche.

Anreise & Unterwegs vor Ort

Mangue Seco ist recht abgelegen. Die Anreise erfordert eine Kombination von Bus-, Taxi- und Bootsfahrt; es sei denn, man mietet ein eigenes Auto oder schließt sich einem Tagesausflug von Salvador aus an.

Die meisten Traveller gelangen wie folgt nach Mangue Seco: Aus dem Süden fahren Busse von **Bomfim** (www.bomfim.com.br) von Salvador nach Estância (40–57 R$, 3-mal tgl.). Von Norden fährt ein Bomfim-Bus von Aracaju nach Estancia, allerdings wurde diese Strecke zur Zeit unserer Recherche nur sehr unregelmäßig bedient. Von Estancia nimmt man ein Taxi nach Pontal (60 R$) zum Schnellboot zwischen Pontal und Mangue Seco (ca. 40 R$ für 2–4 Pers.). Zwischen Pontal und Estância verkehren auch ab und zu Kleinbusse (8 R$, 90 Min.).

Besonders wenn man zu mehreren reist, lohnt es sich, in seiner Unterkunft in Mangue Seco nach direkteren Reisemöglichkeiten zu fragen. Die Pousada O Forte arrangiert z. B. den Transfer von Salvador (350–400 R$ für bis zu 4 Pers.) und Aracaju (190 R$ für bis zu 4 Pers.).

SÜDLICH VON SALVADOR

Morro de São Paulo

☎0XX75

Morro de São Paulo ist so bezaubernd wie ein Dorf auf einer Insel im Mittelmeer. Schon lange flüchten Traveller und Salvadorianer gern am Wochenende hierher. Zwar ist Morro unverhohlen touristisch, aber viele Besucher stört das nicht, denn es wirkt gleichzeitig wie ein sagenhaftes tropisches Paradies mit Sandwegen, ruhigem Wasser und kerzenbeleuchteten Nachtlokalen. Morro liegt an der Nordspitze der Ilha de Tinharé und verdankt seine Beliebtheit vor allem der entspannten Atmosphäre (es gibt keine Autos auf der Insel) und seiner einzigartigen geografischen Beschaffenheit – drei urwaldüberwucherte Hügel erheben sich genau dort, wo der von Mangroven gesäumte Canal de Taperoá auf das klare, seichte Wasser des Atlantiks trifft.

In der Hauptsaison boomt das Dorf: Am Strand mixen Dutzende von Verkäufern Caipirinhas aus frischem Obst, und jede Nacht steigen fröhliche Partys mit Tanz und Musik.

Sehenswertes & Aktivitäten

Das Wahrzeichen der Stadt ist ein steinernes **Festungstor** oberhalb der Anlegestelle, das aus dem 17. Jh. stammt und jeden Besucher bei der Ankunft begrüßt. Um die Ecke befinden sich die **Festungsruinen** (1630). Ein beliebtes Besucherritual ist es, vom Fort aus den Sonnenuntergang über dem Fluss und den Mangroven anzuschauen. Vom **Leuchtturm** (1835) oberhalb der Festung hat man einen tollen Blick auf die Strände von Morro.

Fast überall an Morros vier Stränden ist das Meer ruhig, flach und warm. Bei Flut verschwinden die schmalen Sandstreifen. An der winzigen **Primeira Praia** gibt's jede Menge *pousadas*, gelegentlich rasante Fußballspiele und ganz ordentliche Wellen zum Surfen. Die breitere **Segunda Praia** (500 m) ist der „Action-Strand", hier stehen Restaurants, Nachtclubs und unzählige Tische und Stühle. Unterkünfte und Boote vor Anker beherrschen das eine Ende der **Terceira Praia** (1 km). Wenn man die beiden Restaurants passiert hat, erreicht man die **Quarta Praia** (2 km), einen schönen Sandstrand mit hohen, sich im Wind wiegenden Palmen. Noch ruhiger und abgeschiedener ist die **Praia do Encanto** (5 km), zu der man nur bei Ebbe gelangt, und weiter abseits auf der Insel **Garapuá**, auf der es eine einzige *pousada* gibt.

Geführte Touren

Ein Muss ist die Bootsfahrt rund um die Insel (80 R$) mit Zwischenstopp an den vor der Küste liegenden Riffen Garapuá und Moreré sowie im Dorf Boipeba und im historischen Cairu. In einem Schnellboot für zehn Personen fliegt man über die Wellen, vorbei an prächtigen Stränden und Mangroven. Unterwegs hat man die Möglichkeit zum Schwimmen oder Schnorcheln und kann eine schwimmende Austernbar besuchen. Ausritte und geführte Wanderungen lassen sich leicht über die zahlreichen lokalen Anbieter auf der Insel buchen. Tauchbegeisterte können sich auf der Website oder persönlich im Büro der **Companhia do Mergulho** (3652-1200; www.ciadomergulho.com; Prainha s/n, Primeira Praia) am Fußweg zum Strand schlaumachen.

Schlafen

In Morro gibt's etliche *pousadas*. An allen großen Feiertagen, insbesondere an Karneval und den Tagen vorher und nachher, muss man unbedingt reservieren. Wer im Sommer an der Segunda Praia absteigt, sollte damit rechnen, dass ihn die wummernden Beats der Nachtclubs nachts wachhalten. Die preiswertesten *pousadas* befinden sich im Zentrum.

Pousada Caravelas POUSADA **$**
(3652-1350; www.caravelaspousada.com; Rua da Fonte Grande; DZ/3BZ 140/170 R$;) Beim historischen Brunnen gleich um die Ecke serviert die kleine, einfache *pousada* ein erstklassiges Frühstück auf dem eigenen Balkon. Bei Kaffee und hausgemachtem Gebäck hat man die seltene Gelegenheit, durch den üppig-grünen Hof schwirrende Kolibris zu beobachten.

Pousada Primeira Praia POUSADA **$**
(3652-1002; www.pousadaprimeirapraia.com.br; Rua da Prainha s/n; DZ 140 R$;) Wie der Name andeutet, ist die *pousada* eine der wenigen an der Primeira Praia. In den einfachen Zimmern dominieren Smaragd- und Türkistöne, manche haben Balkone. Die beliebte Unterkunft befindet sich an einem etwas ruhigeren Strandabschnitt.

Pousada Ninho da Águia GASTHAUS **$**
(3652-1201; www.pousadaninhodaaguia.com; Caminha do Farol s/n; DZ ab 130 R$;) Auf dem Hügel oberhalb der Anlegestelle liegt das friedliche Ninho da Águia in der Tat so hoch wie ein Adlernest – ein Privileg, das man sich mit einer steilen Wanderung verdienen muss. Die freundliche, familienbetriebene *pousada* hat saubere, schlichte Zimmer (von den oberen genießt man einen tollen Ausblick).

Che Lagarto Hostel HOSTEL **$**
(3652-1018; www.chelagarto.com; Fonte Grande; B 32–50 R$, DZ 128–185 R$;) Der Ableger einer Hostelkette liegt günstig in der Nähe des Fähranlegers und des lokalen Nachtlebens und richtet sich an junge Gäste in Partylaune. Dank eines von Wald umgebenen Sonnendecks hat man hier dennoch das Gefühl, mitten im Regenwald zu sein.

Pousada Colibri POUSADA **$$**
(3652-1056; www.pousada-colibri.com; Bungalows 145 R$, Suiten 170–225 R$;) Oben auf dem Hügel befinden sich in einer herrlich üppigen Anlage schöne Hütten und Suiten mit Veranden und Hängematten. Sie sind von Regenwald umgeben und daher ruhig, vom Strand aus läuft man allerdings eine Weile. Zum Glück ist der Transfer des Gepäcks zum Hafen und zurück im Preis inbegriffen. Um zum Colibri zu kommen, nimmt man den Weg zum Brunnen und biegt dann rechts in den ruhigen Waldweg ein.

O Casarão POUSADA **$$**
(3652-1022; www.pousadaocasarao.com; Praça Aureliano Lima 190; B/Bungalows ab 200/280 R$;) Über der Hauptplaza thront eine schön renovierte Kolonialvilla von 1906, deren hübsche Zimmer über klassische Möbel und große Fenster verfügen. Am Hang stehen außerdem Bungalows mit Balkonen. Zu den Einrichtungen gehören zwei Pools: einer mit Bar für Erwachsene, der andere für Kinder. Das romantische Restaurant auf der Terrasse (Hauptgerichte 24–51 R$) ist abends auch für Nichtgäste geöffnet.

Pousada Natal POUSADA **$$**
(3652-1059; www.pousadanatal-msp.com.br; Caminho da Praia s/n; DZ 160 R$;) Einfache Zimmer und nettes Personal bietet die lässige Budgetunterkunft an der Hauptstraße. Sie liegt günstig zwischen dem Hafen und den Stränden. Um sie zu erreichen, folgt man einfach den Menschenmengen, die vom Hafen zum Strand gehen: Sie befindet sich etwa auf halber Strecke zwischen der Plaza und der Primeira Praia.

Pousada Paraíso do Morro POUSADA **$$**
(3652-1121; www.paraisodomorro.com.br; Terceira Praia; DZ ohne/mit Meerblick 180/230 R$;) Das charmante Gästehaus steht ganz im Zeichen von Ruhe und Frieden, seine bunten, schicken Zimmer blicken aufs Meer oder auf den kleinen Garten. Es liegt in der Nähe der hektischen Segunda Praia, aber doch weit genug entfernt, dass Strandpartys und Nachtleben einem nicht den Schlaf rauben.

Pousada Ilha do Sol POUSADA **$$**
(8871-1295; www.minhapousadailhadosol.com.br; Rua da Prainha, Primeira Praia; DZ 180–220 R$;) Am Fuß der steilen Straße, die zum Ozean führt, befindet sich diese alteingesessene *pousada* mit offenen Zweizimmersui-

ten, in denen man die Meeresbrise spüren kann, und Veranden zum Leutebeobachten – ein guter Deal!

Villa das Pedras POUSADA $$$
(☎3652-1075; www.villadaspedras.com.br; Segunda Praia; DZ 450–610 R$;) Die auffällige *pousada* mit leuchtenden Blautönen und klaren modernen Linien gehört zu den stilvollsten an der lebhaften Segunda Praia. Das großzügige Frühstück, Swimmingpool und Bar sowie die Lage direkt gegenüber vom Strand rechtfertigen den Preis. Ein Nachteil des zentralen Standorts ist, dass es nachts laut werden kann.

Essen & Ausgehen

Die Restaurants in Morro richten sich preislich an gut situierte Urlauber, ihre Qualität ist unterschiedlich. Zudem bieten die meisten Lokale nur Gerichte für zwei Personen an, was das Essengehen für Alleinreisende teuer macht. Zum Glück gibt's auf der Insel viele zwanglosere Alternativen. An den Imbissständen am Strand bekommt man *pasteles* und frisch gepresste Säfte. Günstige Bäckereien und Mittagslokale säumen den Weg vom Hauptplatz nach Fonte Grande. Abends erwacht die Segunda Praia mit ihren vielen um Gäste buhlenden Restaurants zum Leben, eine schöne Gelegenheit, mit Sand zwischen den Zehen zu Abend zu essen.

Nach Einbruch der Dunkelheit sollte man bei den geschickten Straßenhändlern in der Rua Caminho da Praia und an der Segunda Praia haltmachen, die aus verschiedensten Früchten, von denen man teilweise vermutlich noch nie etwas gehört hat, leckere Caipirinhas mixen. An der Segunda Praia gibt's auch viele Freiluftbars.

★Pedra Sobre Pedras CAFÉ $
(Segunda Praia; Hauptgerichte 8–15 R$; ⏲24 Std.) Hoch über der Segunda Praia liegt an einer Dachterrasse aus Holz gleich abseits der Promenade dieses kleine Café. Man nimmt sich einen Stuhl und lässt sich mit Crêpes, gut gemixten Caipirinhas und herrlichem Blick über den Strand verwöhnen.

Tia Lita BAHIANISCH $
(www.pousadatialita.com.br; Rua da Prainha, Terceira Praia; Hauptgerichte 15–30 R$; ⏲12–23 Uhr) Das beliebte Restaurant serviert bodenständige Gerichte wie gegrillten Fisch, Hühnchen oder Rindfleisch mit Reis und Salat sowie Sandwiches und *moqueca*. Es liegt in einer schmalen Gasse in der Nähe der Terceira Praia.

Minha Louca Paixão BRASILIANISCH $$
(www.minhaloucapaixao.com.br; Terceira Praia; Hauptgerichte 28–62 R$; ⏲17–23 Uhr) Gut zubereitete Meeresfrüchtegerichte werden hier an eleganten (und ruhigen) Tischen am Meer serviert, was das gehobene Restaurant zu einer der romantischeren Adressen für ein Abendessen am Strand macht. Eine großartige Wahl für eine besondere Gelegenheit!

Café das Artes BRASILIANISCH $$
(☎3652-1057; Praça Aureliano Lima; Hauptgerichte 10–60 R$; ⏲11–23 Uhr) Das hübsche Café fungiert zugleich als Kunstraum; sein Patio mit Blick auf den Platz ist ein entzückender Ort für etwas abendliche Musik. Zu den Spezialitäten des Hauses zählen Meeresfrüchterisotto und in grüner Kokossoße gekochte Shrimps.

Bianco e Nero PIZZERIA $$
(☎3652-1097; Caminho da Praia; Hauptgerichte 18–45 R$; ⏲Di–So 12–23.30, Mo ab 17.30 Uhr) Frische Meeresfrüchtepasta, Pizza aus dem Holzofen, reichhaltige italienische Desserts und offene Weine haben dem modischen Pizzeria-Restaurant zu großer Beliebtheit verholfen. Gegessen wird auf einer geräumigen Terrasse oberhalb der verkehrsberuhigten Durchgangsstraße. Der Service kann recht nachlässig sein; hier bezahlt man für das stilvolle Ambiente.

Sabor da Terra FISCH & MEERESFRÜCHTE $$
(Caminho da Praia; Hauptgerichte 16–45 R$; ⏲12–23 Uhr) Hier werden ausgezeichnete Meeresfrüchte ganz schlicht oder mit bahianischer Würzung zubereitet. Exzellent sind auch die Fisch-*moqueca* und die *casquinha de siri* (gehacktes Krabbenfleisch). An den Tischen entlang des Fußgängerwegs macht es Spaß, Leute zu beobachten und der Livemusik aus den benachbarten Restaurants zu lauschen.

Orientierung

Alle Besucher der Insel, sofern sie nicht mit einem Charterflug ankommen, gehen an der Nordspitze an Land (bei der Ankunft wird eine Touristengebühr von 12 R$ fällig, bei der Abreise zahlt man noch mal 0,62 R$ Kurtaxe). Am Dock warten Leute mit Karren, die Travellern helfen, ihr Gepäck zu transportieren und den Weg zur *pousada* zu finden (vorher den Preis aushandeln).

Oben auf dem Hügel liegt der Hauptplatz (Praça Aureliano Lima) in der Vila; dort gibt's auch eine Touristeninformation und ein paar Restaurants. Die Strände befinden sich links vom Platz. Auf dem Weg dorthin kommt man vorbei an der Hauptstraße, der Rua Caminho da Praia, die voller Lokale und Läden ist. Geht man weiter hügelabwärts, gelangt man zur Küste – zuerst zur Primeira Praia (dem Ersten Strand), dann zur Segunda Praia (dem Zweiten Strand) usw. Der Weg rechts vom Hauptplatz führt durch einen Torbogen die Rua da Fonte hinunter, vorbei an einem mit Quellwasser gespeisten Brunnen, der dem Dorf einst als Trinkwasserquelle diente.

Praktische Informationen

Auf der Insel gibt's ein paar Geldautomaten, aber es ist klug, sich schon auf dem Festland mit ausreichend Bargeld auszustatten, vor allem während der Hauptsaison, wenn Hunderte von Touristen sich am Automaten Nachschub holen wollen. Viele Einrichtungen nehmen auch Kreditkarten an. Apotheken und Internetcafés gibt's reichlich (4–7 R$ pro Std.).

Auf dem Hügel über der Anlegestelle verkauft das **Centro de Informações ao Turista** (3652-1083; www.morrosp.com.br; Praça Aureliano Lima; 8–22 Uhr) Tickets für Schiffe und Inlandsflüge, organisiert Ausflüge und verteilt Karten. Einen ähnlichen Service bieten die Reisebüros überall im Ort und am Strand.

An- & Weiterreise

Zwischen Morro und dem Terminal Marítimo Turístico in Salvador betreiben ein paar Unternehmen Katamarane und *lanchas rapidas* (Schnellboote; 80 R$). In jede Richtung starten täglich sechs bis sieben Boote. Reservieren kann man bei **Biotur** (3641-3327; www.biotur.com.br), **Farol do Morro** (3652-1083; www.faroldomorrotour.com), **IlhaBela** (in Salvador 0xx71-9195-6744; www.ilhabelatm.com.br) oder **Lancha Lulalu** (75-9917-1975) oder in einem Reisebüro auf der Insel. Auf der Fahrt kann's ganz schön schaukeln. Wer besonders empfindlich ist, sollte vorher ein Mittel gegen Seekrankheit nehmen. Auf den kleineren Booten werden die Fahrgäste häufig nass.

Wer von Morro aus direkt zum Flughafen von Salvador möchte, kann sich an **Cassi Turismo** (71-9111-111; www.cassiturismo.com.br) wenden. Das Reisebüro verkauft ein Transferpaket (100 R$, 2-mal tgl.), das die kurze Bootsfahrt nach Bom Jardim und die Busfahrt zum Flughafen einschließt.

Wer aus dem Süden kommt, kann mit einer der häufigen Passagierfähren von Valença flussaufwärts nach Morro (8,70 R$, 1½ Std.) fahren. Mit *lanchas rapidas* (16 R$, 40 Min.) geht die Reise sogar noch schneller.

Zwei kleine Fluggesellschaften fliegen täglich zwischen Salvador und Morro (200 R$, 25 Min.). Buchen kann man bei **Aerostar** (in Salvador 0xx71-3377 4406; www.aerostar.com.br), **Addey Taxi Aéreo** (in Salvador 0xx71-3204 1393; www.addey.com.br) oder im Reisebüro.

Boipeba

0XX75

Südlich der Ilha da Tinharé, auf der anderen Seite des schmalen Rio do Inferno, befindet sich die Ilha de Boipeba. An ihrer Nordostspitze liegt das ruhige, ländliche Dorf Boipeba, von dem es heißt, es erinnere an Morro von vor 20 Jahren. Doch das ändert sich allmählich, seit immer mehr Traveller von diesem kleinen Paradies erfahren. Die unberührte Küste der Insel hat über 20 km schöne, menschenleere Strände, z. B. die bei Tauchern beliebte **Ponta de Castelhanos**.

Schlafen & Essen

Der Ausbau der touristischen Infrastruktur hat in Boipeba die Eröffnung mehrerer neuer *pousadas* mit sich gebracht. Fast alle haben romantische, tropisch gestaltete Bars und Restaurants, die auch für Nichtgäste geöffnet sind. Weitere Lokale für frische Meeresfrüchte säumen den Strand an der Flussmündung ins Meer.

Pousada Pérola do Atlântico POUSADA **$$**
(3653-6096; peroladoatlanticoboipeba@hotmail.com; Rua da Praia s/n; EZ/DZ/3BZ 140/180/210 R$;) Ein üppiger, ruhiger Garten mit zahlreichen Wegen umgibt das einladende Gästehaus am Strand. Die Zimmer haben private Patios mit Hängematten.

Pousada Santa Clara POUSADA **$$**
(3653-6085; www.santaclaraboipeba.com; Travessa da Praia 5; DZ 170–220 R$;) Zehn Gehminuten vom Zentrum entfernt bietet diese ruhige *pousada* große einladende Zimmer inmitten von Grün – ein echtes Refugium. Stammgäste loben besonders das wundervolle Frühstück und das Restaurant des Hauses (Di–So für Nichtgäste geöffnet), die beide lokale Produkte verwenden.

An- & Weiterreise

Von Morro de São Paulo legt um 9.30 Uhr ein Boot nach Boipeba ab; die Rückfahrt nach Morro erfolgt um 14 Uhr (jeweils 75 R$, 2½ Std.). Man kann auch mit einem der vielen Anbieter von Tagesausflügen eine Fahrt nach Boipeba aushandeln. Eine Alternative ist die Anreise mit dem Jeep. Die Transfers von **Bahia Terra** (75-3653-6017; www.boipebatur.com.br) starten an der Segunda Praia in Morro (75 R$, 4-mal tgl.); nach einer einstündigen Jeeptour und einer kurzen Fährüberfahrt (20 R$) erreicht man Boipeba.

Vom Fähranleger in Valença fahren Schnellboote (35 R$, 1 Std., 9–17 Uhr stündlich) nach Boipeba.

Valença

☎ 0XX75 / 88 700 EW.

Am Rio Una liegt Valença, ein kolonialer Fischereihafen und historischer Schauplatz von Kämpfen der Portugiesen gegen indigene Stämme und die Holländer. Für die meisten ist die Stadt nur das Tor nach Morro de São Paulo, doch bei Einheimischen gilt sie auch als Zentrum des Schiffbaus: Hier wurden die Techniken aus dem 15. Jh. jahrhundertelang bewahrt, weshalb Valença mit dem Nachbau der spanischen Galeone *La Niña* für den Film *1492* (1992) über die Reise des Christoph Kolumbus beauftragt wurde.

Um den Bau der *saveiro*-Fischerboote hautnah zu erleben, geht man zum äußersten Ende des Hafens, wo sich der Geruch von Holz, Sägemehl, altem Fisch und Meersalz mit dem wunderbaren Duft von Muskat mischt, der hier in der Sonne trocknet. Ein toller Spaziergang mit schöner Aussicht führt am linken Flussufer stromaufwärts zur **Igreja NS de Amparo** (1757) auf dem Hügel.

Vom Hafen läuft man geradeaus den Hügel hinauf, bis man zur Fußgängerzone im Zentrum kommt. Weiter der Hauptstraße Rua Governador Gonçalves folgend, gelangt man zum Busbahnhof (1 km vom Hafen entfernt). In der Stadt gibt's mehrere Banken und Internetcafés.

Schlafen & Essen

Zwanglose Freiluftbars und Imbissstände säumen das Flussufer unweit der Brücke.

Hotel Guaibim HOTEL $
(☎ 3641-4114; www.guaibimhotel.com.br; Praça da Independencia 74; DZ 100 R$;) Freundliches Personal und saubere, bunt gestrichene Zimmer mit Minikühlschränken warten in diesem einfachen Hotel. Das dazugehörige Restaurant bietet tagsüber bahianische Büfettküche und samstagabends *feijoada* (Bohneneintopf mit Fleisch).

Hotel Portal Rio Una HOTEL $$
(☎ 3641-5050; www.portalhoteis.tur.br; Maestro Barrinha s/n; DZ 185–285 R$;) Das große, attraktive Hotel birgt das beste Restaurant und die besten Zimmer in Valença, alle mit Veranda und Flussblick. Es liegt 1 km vom Fluss entfernt auf der anderen Seite des Hafens.

Mega Chic BRASILIANISCH $
(www.restaurantemegachic.com.br; Maçônica 11; Hauptgerichte 18–35 R$; ⏲ 11.30–16 Uhr) Vom Zentrum aus auf der anderen Seite der Brücke offeriert das Mega Chic ein Selbstbedienungsbüfett, auf der Karte stehen Pasta, Salate, Sandwiches und Cocktails.

An- & Weiterreise

Vom Hafen im Zentrum fahren täglich Boote nach Boipeba, Gamboa und Morro de São Paulo.

Der **Busbahnhof** (☎ 3641-4894) befindet sich einen kurzen Spaziergang (1 km) vom Hafen entfernt (Taxi 15 R$). Águia-Branca-Busse fahren nach Porto Seguro (67–75 R$, 9 Std., 1- bis 2-mal tgl.) und Camamu (11 R$, 1½ Std., 3- bis 4-mal tgl.). Wer nach Salvador will, nimmt einen Bus nach Bom Despacho (16 R$, 2 Std.) auf der Ilha de Itaparica und überquert die Bucht mit der Fähre.

Camamu

☎ 0XX73 / 31 055 EW.

Camamu auf dem Festland, durch die Peninsula de Maraú vor dem offenen Meer geschützt, dient vorrangig als Ausgangspunkt nach Barra Grande. Der Ort ist der Anlaufhafen für viele Fischer in der Region und überblickt ein Labyrinth von mangrovenüberwucherten Inselchen und schmalen Kanälen. 5 km entfernt liegt der wunderschöne **Açaraí-Wasserfall**, der zu Fuß oder mit dem Taxi zu erreichen ist. Wer hier übernachten muss, findet in der Nähe des Fähranlegers ein paar preiswerte familiengeführte *pousadas* und einfache Cafés.

Camamu hat keinen richtigen Busbahnhof; die Busse halten in der Nähe des Hafens. **Cidade Sol** (www.viacaocidadesol.com.br) und **Aguia Branca** (☎ 3255-1823; www.aguiabranca.com.br) fahren mehrmals täglich von/nach Bom Depacho (25–28 R$). Aguia Branca bedient auch Ilhéus (18 R$, 3 Std., 2-mal tgl.) und Ubaitaba (10 R$, 1¼ Std., 3-mal tgl.), wo man in Busse Richtung Süden umsteigen kann.

Barra Grande

☎ 0XX73

An der Nordspitze der Peninsula de Maraú liegt Barra Grande wunderbar abseits der touristischen Pfade. Es ist ein ruhiges Fischerdorf mit sandigen Straßen und einem winzigen, malerischen Ortskern im Schatten von Bäumen. Über Jahrzehnte ein abgeschiedenes Paradies, entwickelt es sich allmählich zu einem Ferienziel brasilianischer Familien. Das Dorf ist ein großartiger Ausgangspunkt, um den Rest der Halbinsel zu erkunden.

Zwischen der Halbinsel und dem Festland erstreckt sich die von zahlreichen Inseln gesprenkelte Baía de Camamu, Brasiliens drittgrößte Bucht. Eine einzige lange, holprige Straße (die nach Regenfällen oft unpassierbar ist) führt über die Halbinsel; sie bietet Zugang zu atemberaubenden Stränden mit kristallklarem Wasser, z. B. zur **Praia Taipús de Fora** (7 km, einer der Topstrände Brasiliens), und zu einigen winzigen Fischerdörfern. Lokale Anbieter organisieren teure Ausflüge zur **Lagoa Azul**, zu Aussichtspunkten und zu Inseln in der Bucht und auf dem Rio Maraú.

Weitere schöne Ziele sind von Barra aus zu Fuß erreichbar. Besucher sollten allerdings berücksichtigen, dass das Ortszentrum zwar klein, die Umgebung dafür aber sehr weitläufig ist. Viele Strände liegen ganze Wanderungen von den *pousadas* entfernt.

Vor dem Dorf, wo die Boote aus Camamu anlegen, erstreckt sich der 2 km lange **Barra-Grande-Strand**, dessen ruhiges Wasser sich prima zum Schwimmen und für Familien mit Kindern eignet. Ein kurzer Fußmarsch am Strand entlang führt zur **Ponta da Mutá**, der Nordostspitze der Halbinsel. Hier markiert ein Leuchtturm die Einfahrt zur Bucht. Jenseits der felsigen Landspitze folgt ein langer Küstenabschnitt. Die **Praia da Bombaça** ist der erste nennenswerte Strand (3,5 km von Barra Grande entfernt), dahinter liegt die **Praia Taipús de Fora** (3,5 km weiter).

Schlafen & Essen

Eine ganze Reihe neuer *pousadas* haben eröffnet, um den Besucherstrom zu beherbergen. Es lohnt sich, die Preise zu vergleichen, bevor man ein Zimmer mietet. In der Nähe vom Hauptplatz gibt's mehrere Supermärkte; einige lässige Strandbars entlang der Praia Barra Grande bieten Speis und Trank. Die hier angegebenen Öffnungszeiten gelten für die Hauptsaison; in der Nebensaison ist meist kürzer geöffnet.

★ Flat Barra APARTMENT $

(☎ 3258-6124; www.flatbarra.com.br; Jose Melo Pirajá s/n; Apt. für 2/3 Pers. 124/144 R$; ❄📶🏊) Gäste können sich in dieser hübschen Anlage wie in ihrem eigenen Strandapartment fühlen. Die Unterkunft wirkt wie eine *pousada* – mit tropischem Grün, einem üppigen Frühstück und einem Pool – allerdings werden hier nicht wie gewohnt Gästezimmer vermietet, sondern Wohneinheiten mit komplett ausgestatteten Küchen, privaten Balkonen und separaten Schlaf- und Wohnbereichen.

Pousada Don Pepe POUSADA $

(☎ 3258-6326; www.pousadadonpepe.com.br; Maraú 1003; DZ/3BZ 140/170 R$; ❄📶) An der Straße, die aus dem Ort hinaus Richtung Nordspitze der Halbinsel führt, bietet die gastfreundliche *pousada* komfortable Unterkünfte in einem fröhlich gelben Haus.

Ponta do Mutá POUSADA $$

(☎ 3258-6028; www.pousadapontadomuta.com.br; Anjo s/n; EZ/DZ ohne Meerblick 280/330 R$, mit Meerblick 290/350 R$; ❄) 🍃 Trümpfe der einladenden *pousada* sind ihre Lage direkt am Strand, in der Nähe des Bootsanlegers, und die Liegestühle mit Meerblick auf einer grünen Wiese. Jedes der hübsch eingerichteten Zimmer hat eine Veranda mit Hängematte; viele blicken aufs Meer.

Pousada Porto da Barra POUSADA $$

(☎ 3258-6349; www.pousadaportodabarra.com.br; Vasco Neto 13; DZ/3BZ ohne Meerblick 270/340 R$, mit Meerblick 304/380 R$; ❄📶) Ebenfalls in der Nähe des Fähranlegers hält die Pousada Porto da Barra Standardzimmer mit Fliesenböden und Hängematten vor der Tür bereit. Sie punktet mit der frischen Meeresbrise und einem grünen Grundstück voller Palmen, nur einen Katzensprung vom Strand entfernt.

Pousada Barrabella POUSADA $$

(☎ 3258-6285; www.pousadabarrabella.com.br; Vasco Neto 3; DZ 236 R$; ❄📶🏊) Die hübsche Unterkunft ist mit Möbeln eines einheimischen Handwerkers ausgestattet und bietet ruhige Zimmer mit Blick aufs Meer oder die Bucht samt privaten Balkonen, ein hervorragendes Restaurant, einen einladenden Swimmingpool mit einem Wasserfall und eine Cocktailbar mit Meerblick.

★ Praça da Taínha BRASILIANISCH $

(Av Jose Melo Piraja; Hauptgerichte 9–32 R$; ⏲ 17 Uhr–open end) Auf dem grasbewachsenen Platz findet man mehrere lässige Lokale, die preisgünstige Crêpes, Pizza, Sandwiches, Tapioka, *moqueca*, Eis und Cocktails servieren, sowie eine Bühne, auf der oft Musiker spielen. Am Abend machen die hübsche Beleuchtung und eine festliche Atmosphäre die Praça zu einem sehr anziehenden Ort.

A Tapera BAHIANISCH $$

(☎ 3258-6119; www.atapera.com.br; Doutora Lili s/n; Hauptgerichte für 2 Pers. 30–60 R$; ⏲ 13–

23 Uhr) Ganz in der Nähe der Plaza bietet das traditionelle Bahia-Restaurant, für viele das beste der Halbinsel, frische Meeresfrüchte, z. B. eine einzigartige Tintenfisch-*moqueca*. Am schönsten sitzt man draußen unter den Bäumen.

Praktische Informationen

In Barra Grande gibt's keine Banken, deshalb sollte man ausreichend Bargeld mitbringen. Nahe dem Eingang zum Fährterminal an der Praia Barra Grande steht ein Kiosk der Touristeninformation; umfassende Informationen über die gesamte Region findet man unter www.barragrande.net.

Anreise & Unterwegs vor Ort

Zwischen Camamu und Barra Grande verkehren Passagierfähren (6 R$, 1½ Std., 7.30–17 Uhr 5- bis 6-mal tgl.) und *lanchas* (30 R$, 20–30 Min., 3- bis 5-mal tgl.). Wer nach Itacaré fahren oder von dort anreisen will, muss sich mit einem Tourveranstalter (ca. 75 R$ pro Pers.) in Verbindung setzen.

Jardineiras mit Allradantrieb (10 R$) warten in der Nähe der Hauptplaza im Ort; sobald sie voll sind, fahren sie zu den Stränden.

Itacaré

0XX73 / 27 000 EW.

Das schöne Itacaré zog lange Zeit vorwiegend Hippies und Surfer an, die von den großen noch unberührten Atlantischen Regenwäldern, malerischen Stränden und zuverlässigen Surferwellen fasziniert waren. Heute säumen etliche *pousadas* und Restaurants die Straßen. Trotz allem strahlt die Stadt noch immer eine entspannte, jugendliche Atmosphäre aus, und die Surfkultur regiert uneingeschränkt. Außerdem engagieren sich viele Einrichtungen in der Gegend im Umweltschutz (überall im Ort weisen Schilder auf „CO_2-freien Tourismus" hin).

Aktivitäten

Der nächste Strand in der Nähe des Orts ist die **Praia da Concha**. Zwar nichts Besonderes, bietet sie aber die beste Infrastruktur – Strandhütten servieren Essen sowie Getränke und vermieten Liegestühle – und das ruhige Wasser ist ideal für Familien mit kleinen Kindern.

Die hübsche Küste südlich von Itacaré eignet sich wegen ihrer Wellen besser zum Surfen als zum Schwimmen. In Buchten zwischen von Regenwald bedeckten Hügeln liegen die Strände **Resende**, **Tiririca** und **Ribeira**. Sie sind 1,5 km von der Stadt entfernt und bieten Schatten unter Palmen sowie schlichte Einrichtungen. Einfach den Schildern (und den vielen Surfern) folgen.

Ein wenig weiter liegt die idyllische **Prainha**, die man über einen Weg von der Praia do Ribeira erreicht. Anschließend folgen die paradiesischen Strände **Engenhoca**, **Havaizinho** und **Itacarezinho**, 12 km südlich der Stadt. Viele Reisebüros organisieren Ausflüge hierher sowie einige Aktivtouren, z. B. Kanufahrten den Fluss hinauf, Rafting, Mountainbiken, Abseilen, Wandern und Reiten. Eine beliebte Exkursion ist der Tagesausflug hoch zur Peninsula de Maraú (70 R$) mit Zwischenstopps an der **Lagoa Azul** und der **Praia Taipús de Fora**.

Leihsurfbretter und Surfstunden können bei den Veranstaltern überall in der Stadt organisiert werden.

Brazil Trip Tour OUTDOORABENTEUER
(9950-9577; www.braziltriptour.com; Pedro Longo 239) Brazil Trip Tour, einer von mehreren zuverlässigen Touranbietern, zeichnet sich durch englischsprachige Führer aus und hat sich auf ökologisch orientierte Touren spezialisiert.

Easy Drop SURFEN
(3251-3065; www.easydrop.com; João Coutinho 140; Ganztageskurs 215 R$, Wochenpaket mit Unterkunft ab 2225 R$) Diese etablierte Surfschule bekommt von Travellern großartige Kritiken und offeriert ein einwöchiges Paket inklusive Surfunterricht und Unterkunft.

Schlafen

Die meisten Gästehäuser gibt's an der Rua Pedro Longo. Ruhiger und idyllischer, trotzdem in der Nähe der Action, wohnt man in den *pousadas* in Condomínio Conchas do Mar. Backpacker und budgetbewusste Reisende sollten die Preise vergleichen: Ständig öffnen neue Hostels, um die herbeiströmenden Surfer zu beherbergen.

★ **Pousada Ilha Verde** POUSADA $
(3251-2056; www.ilhaverde.com.br; Ataíde Setúbal 234; EZ/DZ ab 100/140 R$;) Mitten im Grünen bietet die Pousada Ilha Verde einzigartige Zimmer, bei deren Dekoration sich der Besitzer von seinen Weltreisen inspirieren ließ. Zum Haus gehören private Patios, ein einladender Swimmingpool, viel Platz draußen, wo man die Natur genießen kann, und ein Fair-Trade-Shop mit Kunsthandwerk aus brasilianischem Stroh und Muscheln.

Casa Zazá PENSION $
(☎ 3251-3022; www.casazaza.com; Condomínio Conchas do Mar; DZ/3BZ 135/165 R$; ❄📶🏊) Die von einem freundlichen Holländer geführte Pension hat eine heimelige Atmosphäre, hübsch möblierte Zimmer und eine Veranda mit Hängematten. Außerdem gibt's einen Pool mit Holzterrasse, einen Hinterhof mit schattenspendenden Bäumen und viel Platz zum Relaxen.

Pousada Maresia POUSADA $
(☎ 3251-2338; www.maresiapousada.com.br; Pedro Longo 388; DZ/3BZ 100/150 R$; ❄📶) 🍃 Schlichte Zimmer und ein üppig begrünter Innenhof – ein toller Ort zum Frühstücken – tragen zum Charme der preisgünstigen Unterkunft bei, die auf nachhaltigen Tourismus spezialisiert ist. Sie liegt günstig zwischen Strand und Dorfzentrum.

Pousada Nainas POUSADA $
(☎ 3251-2683; www.nainas.com.br; Praia da Concha; DZ 120 R$; ❄📶) Rund um einen hübschen Garten reihen sich einzigartig gestaltete Zimmer mit romantischen Himmelbetten und lebendig-buntem Dekor. Alle haben private Veranden mit aufgespannten Hängematten, um die tropische Atmosphäre zu genießen.

Concha Tropical Flat APARTMENT $
(☎ 3251-3426; www.conchatropical.com.br; Rua B, Praia da Concha; Apt. für 2/4 Pers. 130/190 R$; ❄📶) Für Selbstversorger eignen sich die modernen Apartments mit Küchen, Flachbildfernsehern und privaten Balkonen mit Meerblick. Frühstück ist nicht im Preis inbegriffen. Es gibt auch eine Grillecke.

Casarão Verde Hostel HOSTEL $
(☎ 3251-2037; www.casaraoverdehostel.com; Castro Alves s/n, Praia da Coroa; B/EZ/DZ 38/80/110 R$; ❄📶) Budgetreisende schwärmen von der freundlichen Rezeption und den sauberen, großen Zimmern in dieser hübschen Kolonialvilla, die mit Pfiff in ein Hostel umgewandelt wurde. Wie der Name sagt, ist sie hellgrün gestrichen.

Pousada Casa Tiki POUSADA $
(☎ 9810-6098; www.casa-tiki.sitew.com; Praia da Concha; B/DZ 40/100 R$, DZ ohne Bad 90 R$; 📶) Das heimelige Flair macht die kleine *pousada* zu einem besonderen Ort: Sie hat nur vier Zimmer (eines davon ein Schlafsaal mit mehreren Betten); das Frühstück wird zwanglos an einem Gemeinschaftstisch serviert. Die Besitzer, ein junges englischsprachiges Paar, mixen Cocktails, die es in sich haben, und geben auch Reisetipps.

Pousada Navio Albergue Camping POP CAMPINGPLATZ $
(☎ 3251-2305; www.pousadanavio.com.br; Praia da Concha; Stellplatz 20 R$ pro Pers., B/DZ mit Ventilator ab 30/80 R$) Schattige Zeltplätze in Strandnähe bietet diese gastfreundliche Backpackeroase. Zu den Einrichtungen zählen gute Duschen, Waschmaschinen und eine Café-Bar. Wer kein Zelt dabeihat, kann auch in Zimmern mit Ventilatoren übernachten.

Albergue O Pharol HOSTEL $
(☎ 3251-2527; www.alberguoepharol.com.br; Praça Santos Dumont 7; B/EZ/DZ 28/90/120 R$; ❄@📶) Bei Backpackern beliebt ist dieses zentral gelegene einfache Hostel mit ordentlichen Zimmern, manche mit eigenem Balkon. Es gibt eine Gemeinschaftsküche und eine Waschküche für Gäste. Einziger Nachteil: Frühstück wird nicht angeboten.

Itacaré Hostel HOSTEL $
(☎ 3251-2510; www.itacarehostel.com; Barbosa 19; B/DZ mit Ventilator 40/110 R$, mit Klimaanlage 48/130 R$; ❄@📶) Mitten im Zentrum des Geschehens bietet das HI-Hostel kleine, saubere Zimmer mit Hängematten davor sowie einen Hof mit Pool. Besonders praktisch sind die Gemeinschaftsküche und der Schalter, der Touren vermittelt.

Pousada Burundanga POUSADA $$
(☎ 3251-2543; www.burundanga.com.br; Condomínio Conchas do Mar; DZ/3BZ 198/245 R$; ❄📶🏊) Das Boutique-Hotel birgt wunderschön möblierte Zimmer, die mit Werken einheimischer Künstler, tropischen Hölzern und Tüchern dekoriert sind. Alle Räume haben eigene Holzterrassen mit Blick ins Grüne.

Essen & Ausgehen

Am besten läuft man Itacarés Hauptstraße entlang, um sich ein Bild vom Angebot zu machen. Abends öffnen aufklappbare Burgerbuden und provisorische Caipirinha-Stände.

Tio Gu Cafe Creperia CRÊPES $
(www.tiogu.com.br; Pedro Longo 488; Hauptgerichte 12–20 R$; ⏲12–23 Uhr; 📶) 🍃 Der ökologisch orientierte Surfertreff hat sich dank perfekt zubereiteter Crêpes (darunter köstliche Varianten mit Schokolade und Kiwi) sowie gesunder Früchte- und Kräutertees eine treue örtliche Stammkundschaft aufgebaut.

Alamaim VEGETARISCH $
(www.restaurantealamaim.com.br; Pedro Longo 377; Hauptgerichte 12–30 R$; ⏲Mo–Sa 14.30–22 Uhr; 🖉) Vegetarische arabische Gerichte von Falafel bis zu Couscous gibt's in diesem

coolen, aber gemütlichen Lokal. Hier kann man sich entspannt zurücklehnen, nachdem man den ganzen Tag über surfen oder schwimmen war.

Tapiocaria Bem Bahia BAHIANISCH $
(Praça Santos Dumont 32; Hauptgerichte 10–22 R$; 12–23 Uhr) Am Hauptplatz serviert das gemütliche Restaurant köstliche Tapioka-Pasteten mit Füllungen nach eigener Wahl. An den Tischen draußen kann man sich mittags oder abends preiswert mit Sandwiches, frischen Säften und Caipirinhas stärken.

Manga Rosa BRASILIANISCH $$
(www.restaurantemangarosa.com.br; Pedro Longo 350; Hauptgerichte 22–45 R$; Mo–Sa 12–23, So ab 17 Uhr) Direkt im Zentrum des Geschehens gelegen, ist das Open-Air-Restaurant mit lockerem tropischem Ambiente zu jeder Tageszeit attraktiv. Auf dem Heimweg vom Strand kann man hier eine Pause bei einer Limonade mit Minze (5 R$) einlegen oder abends frische Gerichte wie Tintenfisch-*ceviche* mit Mango (32 R$) schlemmen.

Boca de Forno PIZZERIA $$
(Almeida 108; Pizzas 18–35 R$; 18–23 Uhr) Jeder schwärmt von den Pizzas (wir empfehlen *carne seca,* geräuchertes Rindfleisch). Serviert wird auf einer Terrasse voller Blumen.

Estrela do Mar FISCH & MEERESFRÜCHTE $$
(3251-2230; Praia da Concha; Hauptgerichte 25–48 R$; Mo–Sa 12–23 Uhr;) Oberhalb des Strands serviert das elegante Estrela do Mar kompetent zubereitete Meeresfrüchte, Pasta und Salate. Es gibt auch ein Kindermenü und eine gute Weinkarte.

Mar e Mel BAR
(3251-2358; www.maremel.com.br; Praia da Concha; Hauptgerichte 18–35 R$; 19–0.30 Uhr) Hierher kommt man, um Live-*forró* zu hören (Di, Do, Sa & So). Es gibt eine große Holzterrasse und jede Menge Meeresfrüchte und Getränke.

Orientierung

Itacaré liegt an der Mündung des Rio de Contas. Ein kurzer Spaziergang von den Arbeitervierteln am Fischereihafen Richtung Osten führt in ein Gebiet, das Pituba genannt wird. Es besteht im Wesentlichen aus einer langen Straße, der Rua Pedro Longo, die von *pousadas*, Restaurants und Geschäften gesäumt ist. Folgt man der Straße ostwärts, gelangt man außerhalb der Stadt zu den schönsten Stränden Itacarés. Nördlich von Pituba liegt die als Condomínio Conchas do Mar bekannte Gegend, wo sich teurere Restaurants und *pousadas* in grünerer Umgebung befinden. Am Ende des Viertels erstreckt sich die kleine Praia da Concha.

Praktische Informationen

In der Nähe des Hauptplatzes gibt's mehrere Wechselstuben und einen Geldautomaten sowie viele Internetcafés (6 R$ pro Std.). Einen Überblick bekommt man unter www.itacare.com.br.

Anreise & Unterwegs vor Ort

Itacarés **Busbahnhof** (3288-2019) liegt gleich außerhalb des Zentrums, aber von den meisten *pousadas* führt ein ziemlicher Fußmarsch dorthin. Ein karrenschiebender *taxista* (7 R$ pro Gepäckladung) ist eine hilfreiche Begleitung zum Hotel oder Hostel.

Um nach Itacaré zu kommen, muss man meistens in Itabuna oder Ilhéus umsteigen. Busse von **Rota** (3251-2181) fahren häufig nach Ilhéus (12 R$, 1½ Std., 5–19.45 Uhr). Nach Porto Seguro (57–61 R$, 8 Std.) gibt's täglich mehrere Verbindungen.

Private Taxiunternehmen wie die sympathische Firma **Ney Taxi** (3251-3050; neytaxiitacare@hotmail.com; Praca dos Cachorros) sind empfehlenswerte Anlaufstellen für Fahrten nach Ilheus (100–140 R$) und Camamu (110 R$) oder für individuelle Ausflüge zu den nahen Stränden und Wasserfällen (hin & zurück 60–100 R$). Wenn man bei der Reservierung Probleme hat, kann man die Hotelrezeption bitten, anzurufen.

Mehrere Agenturen in der Stadt vermieten Autos.

Ilhéus

0XX73 / 220 900 EW.

Helle Gebäude aus dem frühen 20. Jh. und merkwürdig verwinkelte Straßen verleihen dem leicht rauen Ilhéus eine lebendige und verspielte Atmosphäre. Der Ruhm der Stadt beruht auf ihrer Geschichte als reicher Kakaohafen und als Heimat des berühmten brasilianischen Romanciers Jorge Amado, der sie als Schauplatz für eines seiner besten Bücher, *Gabriela, Cravo e Canela* (*Gabriela wie Zimt und Nelken*) verwendete. Ilhéus ist zwar kein touristisches Highlight, lohnt aber einen Zwischenstopp.

Geschichte

Ilhéus war ein verschlafenes Nest, bis 1881 Kakao aus Belém in die Region eingeführt wurde. Da die Zuckerplantagen in einer Krise steckten, kamen arme Landarbeiter und befreite oder geflohene Sklaven aus dem ganzen Nordosten in die Hügel in der Umgebung,

DER LIEBLINGSSOHN BAHIAS

Niemand hat mehr Anteil daran, dass dem Rest der Welt die Kultur von Bahia nicht völlig fremd ist, als Jorge Amado, Brasiliens berühmtester Romancier. Amados Werke wurden in mehr als 49 Sprachen übersetzt und werden auf der ganzen Welt gelesen.

Der 1912 geborene Jorge verbrachte seine Jugend in Ilhéus, wo später viele seiner Romane spielen sollten. Nach dem Gymnasium in Salvador studierte Amado in Rio Rechtswissenschaften. Er wurde dann aber nicht Anwalt, sondern entschied sich für die Schriftstellerei. Mit seinem ersten Roman, *O País do Carnaval*, überraschte der damals 19-Jährige sowohl Kritiker als auch die Öffentlichkeit.

Als überzeugter Kommunist beteiligte sich Amado an der revolutionären Schriftstellerbewegung jener Zeit und veröffentlichte zwei Romane, die im Kakaogürtel um Ilheús spielen: *Cacau* und *Suor*. Ersterer wurde von der faschistisch geprägten Vargas-Regierung verboten, was Amados Popularität aber nur steigerte. Wegen seiner politischen Überzeugungen wurde Amado mehrmals inhaftiert und 1945 als Kandidat der Kommunistischen Partei Brasiliens (PCB) ins Parlament gewählt. Allerdings verlor er seinen Sitz einige Jahre später nach einer Meinungsverschiedenheit mit der Partei. Er verließ Brasilien und lebte mehr als fünf Jahre in Europa und Asien. Nachdem die Verbrechen Stalins bekannt geworden waren, kappte er schließlich seine Verbindungen zur Kommunistischen Partei.

Mit seinem 1958 erschienenen Roman *Gabriela, Cravo e Canela* (*Gabriela wie Zimt und Nelken*) trat er in eine neue Schaffensphase ein, die sich durch einen bildhaften Stil auszeichnete, mit dem er die Eskapaden seiner bahianischen Helden und Heldinnen auf farbenfrohe Weise beschrieb.

Amado starb kurz vor seinem 89. Geburtstag im August 2001 in Salvador.

um am neuen Boom teilzuhaben: Kakao, das *ouro branco* (weiße Gold) Brasiliens.

Schnell, gesetzlos und gewalttätig – der Kampf um die Kakaopflanzungen hatte sämtliche Eigenschaften eines Goldrausches. Nachdem sich die Aufregung gelegt hatte, waren Land und Macht in den Händen einiger unbarmherziger *coroneis* (sogenannte „Oberste") und ihrer angeheuerten Soldaten. Die Landlosen mussten auf den *fazendas* arbeiten, wo sie meist auch lebten und einem harten, paternalistischen Arbeitssystem unterworfen waren. Amado, der auf einer Kakaoplantage aufwuchs, erzählt die Geschichte plastisch in seinem Buch *Terras do Sem Fim* (*Kakao oder Herren des Landes*).

Anfang der 1990er-Jahre litten die Kakaobäume unter *vassoura de bruxa* (Hexenbesen) und trugen keine Früchte mehr. Das versetzte der lokalen Wirtschaft einen schweren Schlag. Obwohl die Krankheit weiterhin grassiert, sieht man auch heute noch Kakao-*fazendas* und Landarbeiter wie die von Amado beschriebenen in den grünen tropischen Hügeln um Ilhéus.

Sehenswertes & Aktivitäten

Das Beste in Ilhéus ist ein Bummel durch die historischen Straßen. Das Zentrum sprenkeln alte Gebäude mit Wasserspeiern, Fußgängerzonen laden zum Schlendern ein.

Casa de Jorge Amado MUSEUM
(Amado 21; Eintritt 2 R$; ⌚ Mo–Fr 9–12 & 14–18, Sa 9–13 Uhr) Die Casa de Jorge Amado, in der der große Schriftsteller mit seinen Eltern lebte, während er an seinem ersten Roman arbeitete, wurde restauriert und in ein hübsches, informatives Museum umgewandelt. Nur wenige Autoren erlangen zu Lebzeiten Anerkennung, aber Jorge Amado wurde noch vor seinem Tod im Jahr 2001 zum nationalen Kulturgut.

Catedral de São Sebastião KIRCHE
(Praça Dom Eduardo; ⌚ 10–20 Uhr) Wahrzeichen der Stadt ist die Kathedrale, erbaut ab 1931, die sich durch eine einzigartig bunte Mischung an Architekturstilen auszeichnet. Geht man bei Sonnenuntergang an den Strand und blickt nach hinten auf die Silhouette des Gotteshauses, wirken die Türme vor den Wolken geradezu märchenhaft.

Igreja de São Jorge KIRCHE
(Praça Rui Barbosa; Eintritt gegen Spende; ⌚ Di–So 10–18 Uhr) Die Igreja de São Jorge ist die älteste Kirche der Stadt. Sie stammt von 1534 und beherbergt ein kleines Museum sakraler Kunst.

Ilhéus

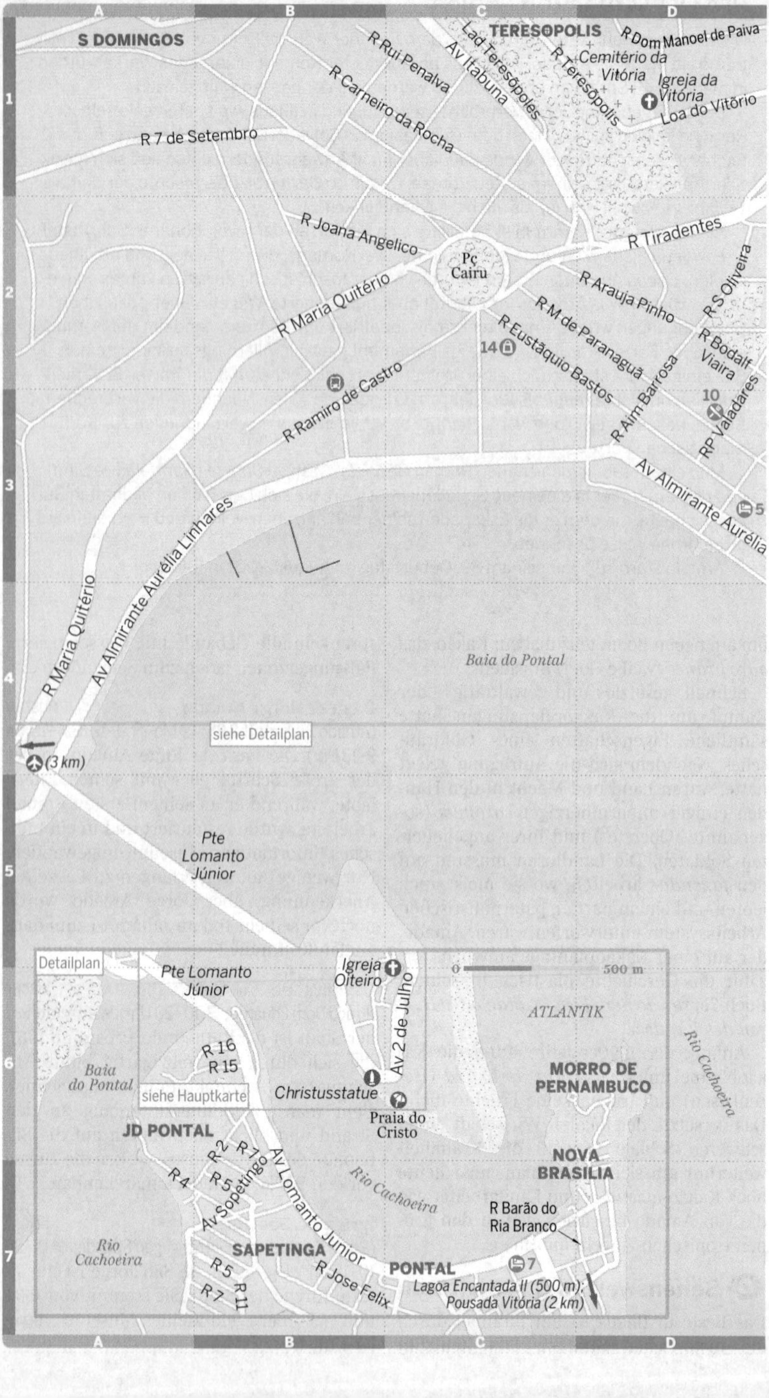
A
B
C
D
1
2
3
4
5
6
7
S DOMINGOS
TERESOPOLIS
R Dom Manoel de Paiva
R Rui Penalva
Lad Teresópoles
Av Itabuna
R Teresópolis
Cemitério da Vitória
Igreja da Vitória
Loa do Vitório
R Carneiro da Rocha
R 7 de Setembro
R Joana Angelico
Pç Cairu
R Tiradentes
R Maria Quitério
R Arauja Pinho
R S Oliveira
R M de Paranaguã
R Bodalf Viaira
14
R Eustãquio Bastos
R Ramiro de Castro
R Aim Barrosa
10
RP Valadares
Av Almirante Aurélia
5
Av Almirante Aurélia Linhares
R Maria Quitério
Baia do Pontal
siehe Detailplan
(3 km)
Pte Lomanto Júnior
Detailplan
Pte Lomanto Júnior
Igreja Oiteiro
Av 2 de Julho
0
500 m
ATLANTIK
Rio Cachoeira
R 16
R 15
Baia do Pontal
siehe Hauptkarte
Christusstatue
Praia do Cristo
MORRO DE PERNAMBUCO
JD PONTAL
R 2
R 7
Av Lomanto Junior
R 4
R 5
Av Sopetingo
Rio Cachoeira
NOVA BRASILIA
R Barão do Ria Branco
Rio Cachoeira
SAPETINGA
R 5
R 11
R 7
R Jose Felix
PONTAL
7
Lagoa Encantada II (500 m); Pousada Vitória (2 km)

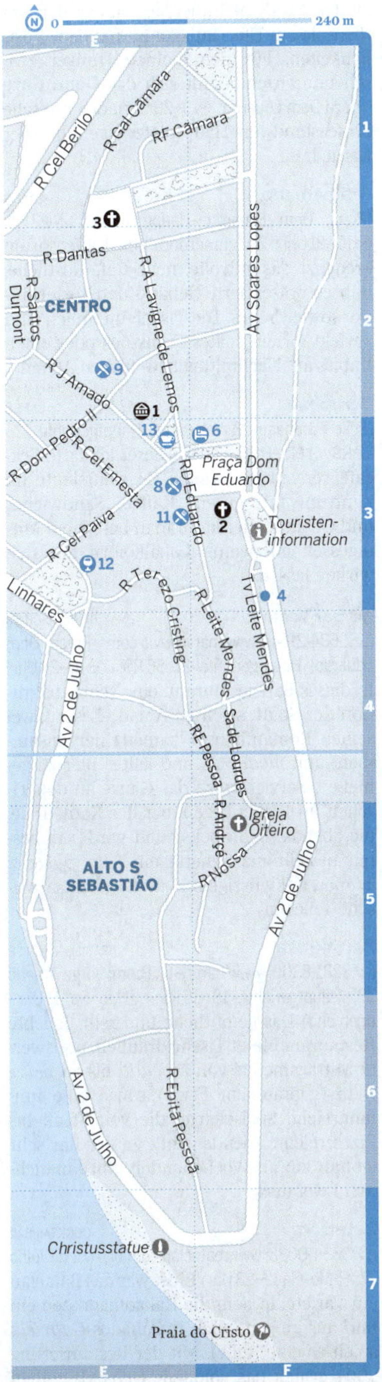

Ilhéus

Sehenswertes
1 Casa de Jorge Amado E2
2 Catedral de São Sebastião F3
3 Igreja de São Jorge E1

Aktivitäten, Kurse & Touren
4 Órbita Turismo e Expedições F3

Schlafen
5 Ilhéus Hotel D3
6 Ilhéus Praia Hotel F3
7 Pousada Pier do Pontal C7

Essen
8 Bar Vesúvio E3
9 Barrakítika E2
10 Berimbau D3
11 Grão Amado E3

Ausgehen & Nachtleben
12 Bataclan E3
13 Dona Café E3

Shoppen
14 Mercado de Artesanato C2

Strände

Die städtischen Strände sind nicht gerade die saubersten (was die hiesigen Surfer aber nicht abhält, sich in die Wellen zu stürzen). Am besten fährt man nach Süden, doch selbst dort könnte man meinen, dass sich die breiten, flachen Strände allenfalls zum Fußballspielen eignen. Erst nach vielen Kilometern verliert das Wasser die braun-trübe Farbe der Flussmündung. An der bei Einheimischen beliebten **Praia dos Milionários** (7 km) gibt's ein paar *barracas*.

Geführte Touren

Ausflüge führen zu einem Faultierzentrum, zur Primavera Fazenda, die einen Einblick in die Herstellung von Kakao ermöglicht, sowie zur Lagoa Encantada, einem staatlichen Schutzgebiet mit Atlantischem Regenwald, Wasserfällen und Wildtieren. Alle Trips können über örtliche Agenturen wie **Órbita Turismo e Expedições** (☎ 3234-3250; www.orbitaexpedicoes.com.br; Rua Leite Mendes 71) gebucht werden.

Feste & Events

Wie jeder Amado-Leser weiß, werden in Ilhéus Feste groß gefeiert. Eines der besten ist die **Festa de São Sebastião** vom 11. bis 19. Januar.

Schlafen

Die besten Hotels von Ilhéus liegen südlich des historischen Zentrums und des Pontal-Viertels und sind nur mit einem eigenen Auto bequem zu erreichen. Im Folgenden werden Unterkünfte aufgelistet, die sich in Fußnähe der Sehenswürdigkeiten im Zentrum befinden.

Ilhéus Hotel HOTEL **$**

(☎3634-4242; www.ilheushotel.com.br; Bastos 144, Centro; EZ/DZ mit Ventilator 80/90 R$, mit Klimaanlage 145/160 R$; ❄📶) Das hohe Hotel aus den 1930er-Jahren bietet einen Hauch früheren Glanzes und einige Zimmer mit Blick über die Bucht. Wer auf seinen Versuch, online zu buchen, keine Antwort erhält, sollte einfach persönlich vorbeischauen: Hier ist man ein wenig in der Vergangenheit stecken geblieben – doch das macht einen Teil des Charmes aus.

Lagoa Encantada II POUSADA **$**

(☎3632-5675; Italia 156, Pontal; DZ 90 R$; ❄📶) Ideal für Budgetreisende ist diese ruhige *pousada* südlich des Zentrums in der Nähe von Flughafen und Strand. Tagsüber lässt sich der 5 km lange Weg ins Zentrum angenehm gehen, vorwiegend am Meer entlang. Abends fahren Busse oder man nimmt ein Taxi (25 R$).

Ilhéus Praia Hotel HOTEL **$$**

(☎2101-2533; www.ilheuspraia.com.br; Praça Dom Eduardo, Centro; EZ/DZ mit Ventilator 180/220 R$, mit Klimaanlage 200/280 R$; ❄📶🏊) Zwar geht das Hochhaushotel schon leicht aus dem Leim, aber der Service ist gut und viele Zimmer haben einen schönen Blick auf die Kathedrale auf der anderen Seite der Plaza. Die relativ hohen Preise erscheinen angesichts der durchschnittlichen Räume übertrieben, doch wenn man nur eine Nacht bleibt und sich das Zentrum ansehen möchte, liegt das Haus höchst praktisch.

Pousada Pier do Pontal POUSADA **$$**

(☎3221-4000; www.pierdopontal.com.br; Av Lomanto Junior 1650, Pontal; DZ ab 200 R$; ❄📶🏊) In friedlicher Lage am Ufer bietet das zeitgemäße Gästehaus einen einladenden Pool und bunt dekorierte Zimmer mit Flachbildfernsehern. Die dazugehörige Sushibar ist auch für Nichtgäste geöffnet.

Essen & Ausgehen

Billige Sandwiches und kalte Getränke bekommt man tagsüber an den Ständen in der Fußgängerzone im Zentrum. Abends verkaufen Straßenhändler gegenüber der Kathedrale am Ufer Tapioka und andere Köstlichkeiten. Für den kleinen Hunger zwischendurch empfiehlt sich das **Dona Café** (Praça Dom Eduardo; ⌚9–20 Uhr), der hübsche Kaffeestand am Hauptplatz gegenüber der Kathedrale.

Grão Amado CAFÉ **$**

(Praça Dom Eduardo; Hauptgerichte 12–22 R$; ⌚10–21 Uhr) Zu verschiedenen Kaffeesorten kredenzt das stilvolle, neue Café köstliche, hübsch präsentierte Gebäck- und Tortenstücke sowie Crêpes. Die Tische im Freien sind perfekt für ein spätes Frühstück oder einen Imbiss am Nachmittag bzw. frühen Abend.

Berimbau CAFÉ **$**

(Ecke Paranaguá & Valadares; Hauptgerichte 12–22 R$; ⌚Mo–Fr 10–17 Uhr) Dieses lebhafte Eckcafé versorgt die vielen Geschäftsleute im Zentrum mit gutem Kaffee, Sandwiches und Gebäck. Hier kann man bei einem Mittagessen ein wenig Lokalkolorit auf sich wirken lassen.

★ **Bar Vesúvio** BAHIANISCH **$$**

(☎3634-2164; www.barvesuvio.com; Praça Dom Eduardo; Hauptgerichte 21–56 R$; ⌚10–24 Uhr) In dieses Bar-Restaurant, eine echte Institution der Stadt, strömen Amado-Leser (zwei seiner Romanfiguren kamen hier zusammen), um *moquecas* und kaltes Bier zu genießen. Serviert wird das Ganze an den Tischen im Freien gegenüber der Kathedrale, die abends schön beleuchtet wird. Am besten bestellt man zuerst ein paar *pasteles arabes*, mit würzigem Fleisch gefüllte arabische Teilchen.

Barrakítika BRASILIANISCH **$$**

(☎3231-8300; www.barrakitika.com; Jorge Amado 39; Hauptgerichte 18–35 R$; ⌚Mo–Sa 11 Uhr–open end) Das gemütliche und sehr beliebte Restaurant bietet Tische draußen, preiswerte Mittagsmenüs von *feijoada* bis zu *peixe frito* (gebratenem Fisch) sowie eine umfangreiche Speisekarte, die von Steak bis Pizza reicht. Abends geht's an der Bar sehr lebhaft zu; an Wochenenden gibt's manchmal Livemusik.

Bataclan COCKTAILBAR

(☎3634-0088; www.bataclan.com.br; Av 2 de Julho 77; ⌚Mo–Sa 19–23 Uhr) Einst war das Bataclan ein Varieté, in dem die Kakaomagnaten ein und aus gingen (auch in Amados *Gabriela* spielt es eine Rolle). Mit der Restaurierung 2004 erhielt das koloniale Gebäude seinen

ABSTECHER

ECOPARQUE DE UNA

60 km südlich von Ilhéus erstreckt sich der **Ecoparque de Una** (☎3633-1121; www.ecoparque.org.br; ⏲Di–So 8–17 Uhr), ein Reservat mit üppigem Atlantischem Regenwald. Hier führen Guides die Besucher über einen 2 km langen Wanderweg, zu dem auch vier Stege in den Baumwipfeln gehören. Die Tour dauert zwei Stunden und endet mit einem erfrischenden Bad im Teich.

Im Park leben seltene Tiere wie das Goldkopflöwenäffchen (*Leontopithecus chrysomelas*). Diese ungewöhnlichen Primaten haben das Aussehen und den stolzen Blick von Miniaturlöwen, ein leuchtendes, gelb-orange-braun gestreiftes Fell, eine goldfarbene Mähne und einen langen, zotteligen Schwanz. Wer Glück hat, bekommt auch die hier heimischen *tatus* (Gürteltiere), *pacas* (Nagetiere), Capybaras oder *veados* (Rehe) zu Gesicht.

Besuche lassen sich über Órbita Expedições (S. 467) organisieren. Als wir für dieses Buch recherchierten, war das Naturschutzgebiet vorübergehend wegen Wartungsarbeiten an den Hängebrücken geschlossen. Das Datum der Wiedereröffnung und die Eintrittspreise erfährt man auf der Website von Órbita.

früheren Glanz zurück. Heute dient es als Restaurant, Lounge und Kulturzentrum, in dem oft Konzerte und Ausstellungen stattfinden. Abends eignet es sich bestens für einen Cocktail, serviert aber auch eine große Auswahl bahianischer Gerichte (Hauptgerichte 26–69 R$).

Shoppen

Mercado de Artesanato MARKT

(Bastos 2; ⏲10–18 Uhr) Der lebhafte Kunsthandwerksmarkt ist ein großartiger Ort, um sich mit Souvenirs aus Bahia einzudecken: Hier findet man die hübschen weißen Kleider, gehäkelten Textilien und den Perlenschmuck, die für die Region typisch sind.

Orientierung

Das Stadtzentrum erstreckt sich zwischen zwei Hügeln auf einer von Stränden umrahmten Landzunge an der Mündung des Rio Cachoeira. Am Südufer der Flussmündung, die eine S-Kurve beschreibt, liegt das moderne Viertel Pontal – um die Brücke zu überqueren, nimmt man ein Taxi.

Praktische Informationen

In den Fußgängerzonen in der Nähe der Kathedrale gibt's viele Geldautomaten und Internetcafés.

Touristeninformation (☎3634-1977; www.brasilheus.com.br; Praça Dom Eduardo; ⏲Mo–Sa 9–17 Uhr) Trotz der angeschriebenen Öffnungszeiten kann man sich nicht darauf verlassen, dass in diesem Kiosk der Touristeninformation jemand arbeitet. Wenn möglich, sollte man hier eine Karte mitnehmen, denn in den gewundenen Straßen von Ilhéus verliert man leicht die Orientierung.

An- & Weiterreise

BUS

Der **Fernbusbahnhof** (☎3634-4121) liegt östlich des Zentrums.

Rota (www.rotatransportes.com.br) bedient die Strecke nach Porto Seguro (47–62 R$, 6 Std., 4-mal tgl.), **Aguia Branca** (www.aguiabranca.com.br) schickt Busse nach Salvador (49–129 R$, 7–8 Std., 7-mal tgl.). Diese umrunden die Baía de Todos os Santos in einer weiten Schleife und sind nur zu empfehlen, wenn man im *recôncavo* haltmachen will. Ansonsten nimmt man besser den Bus nach Bom Despacho auf der Ilha de Itaparica und steigt dort in die Fähre nach Salvador.

Häufigere Busverbindungen hat man in Itabuna, 30 km landeinwärts. Busse dorthin starten am **Stadtbusbahnhof** im Zentrum und vor dem Fernbusbahnhof (5 R$, 40 Min.).

FLUGZEUG

TAM (☎3234-5259; www.tam.com.br; Airport) und **Gol** (☎0800-280-0465; www.voegol.com.br) bieten vom **Aeroporto Jorge Amado** (IOS; ☎3231-7629) in Ilhéus Direkt- und Anschlussflüge zu allen Zielen in Brasilien.

Unterwegs vor Ort

Der Flughafen befindet sich 3,5 km vom Zentrum entfernt in Pontal, ein Taxi dorthin kostet 20 R$.

Zwischen Pontal und dem Zentrum pendeln die grellgelben Busse von Via Metro (2,40 R$) entlang des Ufers.

Vom Zentrum zum Busbahnhof verkehren die Busse mit der Aufschrift „Teotônio Vilela" und „Salobrinho". Taxis kosten 18 bis 25 R$.

Olivença

☎ 0XX73

Olivença ist ein kleiner, charmanter Badeort 16 km südlich von Ilhéus. Zu den Attraktionen zählen ein Spa, dessen Wasser heilende Kräfte haben soll, und ein nahe gelegenes indigenes Dorf. Am grünen Ufer der Stadt gibt's wunderschöne Buchten mit Felsformationen und flachem Sandstrand, kräftige Wellen und ein paar Bars und Restaurants. Südlich von Olivença erstrecken sich Strände mit ruhigerem Wasser.

Die meisten Besucher kommen aber wegen der großartigen Wellen direkt im Norden der Stadt am **Backdoor**, einem der besten Surferstrände Brasiliens, und wegen der touristischen, aber familienfreundlichen Strandhotelanlage **Batuba Beach** (www.batubabeach.com.br; 👪). Dort hat man viele Möglichkeiten vom Abendessen am Strand über Livemusikevents bis zu Surfkursen; weitere Details erfährt man auf der Website.

Vom Busbahnhof in Ilhéus verkehren zwischen 6 und 23 Uhr alle 30 Minuten Stadtbusse (die am Stadtbusbahnhof vorbeikommen) nach Olivença (30 Min.) Sie fahren nahe an den Stränden vorbei, sodass man aussteigen kann, wenn man durch die Scheibe einen Strand sieht, der einem gefällt. Privater Transport kann ebenfalls arrangiert werden, am besten bei den Reisebüros in Ilhéus (ab 75 R$ für bis zu 4 Pers.).

Porto Seguro

☎ 0XX73 / 140 000 EW.

Porto Seguro ist geschichtlich bedeutsam, denn hier landeten 1500 die ersten portugiesischen Seefahrer in dem Land, das heute als Brasilien bekannt ist. Abgesehen von dem kleinen historischen Zentrum mit farbenfrohen Kolonialhäusern wirkt die Stadt aber rauer als viele andere in Bahia, doch das stört die Horden brasilianischer und argentinischer Pauschaltouristen, die sich hier ins Strand- und Partyleben stürzen, nicht. Passend zum turbulenten Nachtleben machen die Straßen am Tag einen ruhigen und heruntergekommenen Eindruck, als müsse sich die Stadt vom Kater nach der Partynacht erholen.

Geschichte

Pedro Cabrals Landung 16 km nördlich von Porto Seguro („Sicherer Hafen") in Coroa Vermelha gilt offiziell als die erste der Portugiesen in Brasilien. Die Seefahrer blieben nur so lange, bis sie ihre Vorräte wieder aufgestockt hatten. Drei Jahre später traf Gonçalvo Coelhos Expedition ein und setzte eine Markierung an der Stelle, wo sich heute Porto Seguros *cidade histórica* (Altstadt) befindet. Die Jesuiten, die zusammen mit ihm angekommen waren, errichteten in Outeiro da Glória eine Kirche, die inzwischen jedoch verfallen ist. 1526 entstanden ein Flottenstützpunkt, ein Kloster und eine Kapelle (Igreja NS da Misericórdia) am Ort der heutigen *cidade histórica*.

Die *indígenas*, die in der Gegend um Porto Seguro lebten, als die Portugiesen dort landeten, waren Tupininquin, keine Pataxó. Sie wurden von den Kolonialisten rasch besiegt und versklavt, doch die Aimoré, Pataxó, Cataxó und anderen Stämme des Binnenlandes widersetzten sich der portugiesischen Kolonialisierung und waren für Porto Seguro eine ständige Bedrohung. Militärische Außenposten wurden entlang der Küste in Belmonte, Vila Viçosa, Prado und Alcobaça errichtet, um sich gegen die Angriffe der Europäer vom Meer her und gegen die Angriffe aus dem Inland durch die *índios* zu wehren.

Den *índios* gelang es zweimal, Porto Seguro einzunehmen und es – Dokumenten aus der Kolonialzeit zufolge – im Jahre 1612 in Schutt und Asche zu legen (was das Beharren der Stadt, Gebäude aus dem 16. Jh. zu besitzen, unglaubwürdig macht).

Porto Seguro

Sehenswertes
1 Memorial da Epopéia do Descobrimento D1
2 Museu do Descobrimento C1

Aktivitäten, Kurse & Touren
3 Pataxó Turismo D5

Schlafen
4 Hotel Estalagem B5
5 Hotel Galeão C4
6 Pousada Brisa do Mar C7

Essen
7 O Beco C6
8 Portinha C7
9 Tia Nenzinha D6

Sehenswertes & Aktivitäten

Wer die steile Treppe zur *cidade histórica* erklimmen will, braucht jede Menge Durchhaltevermögen. In der Altstadt zeigt das **Museu do Descobrimento** (Museum der Entde-

Porto Seguro

ckung; ☎ 3288-5182; Praça Pero Campos Tourinho; Eintritt 3 R$, mit Führer 16 R$; ⏲ 9–17 Uhr) Exponate zu Brasiliens früher Besiedlung, zur Kolonialzeit und zum Leben der Ureinwohner. Gegenüber dem Museum steht **Gonçalo Coelhos Markierungsstein**, nun hinter Glas und von einem Zaun umgeben. Weitere Relikte aus der Vergangenheit sind alte Steinkirchen wie die **Igreja NS da Misericórdia** (1526), die **Igreja NS da Pena** (1772) und die **Capela de São Benedito** aus dem 16. Jh. Die Gegend ist zwar am Abend schön beleuchtet, aber die Treppe nach Einbruch der Dunkelheit gefährlich. Deshalb lieber einen Bus oder ein Taxi nehmen!

Wieder zurück am Strand lohnt das **Memorial da Epopéia do Descobrimento** (☎ 3268-2586; Av Beira-Mar 800; Eintritt 6 R$; ⏲ Mo–Sa 8.30–12.30 & 13.30–17 Uhr) gleich im Norden der Stadt einen Besuch. Im Park steht eine Replik des ersten portugiesischen Schiffs, das an der brasilianischen Küste landete. Der botanische Garten in der Umgebung zeigt auch ein nachgebautes Dorf der Ureinwohner; die Führer sind Nachfahren der Pataxó.

Strände

Nördlich der Stadt erstreckt sich eine von zahlreichen *barracas* und Clubs überzogene lange Bucht, an der ohne sichtbare Grenzen die **Praia Curuípe** (3 km), die **Praia Itacimirim** (4 km), die **Praia Mundaí** (6 km) und die **Praia de Taperapua** (7 km) ineinander übergehen. Der weiße, weiche Sand ist gesäumt von grüner Vegetation, dem ruhigen Meer und großen Strandclubs wie dem Tôa-Tôa (S. 473), in denen MCs und Vortänzer die Gäste bei den beliebten Tänzen dirigieren.

Geführte Touren

Mehrere Tourveranstalter – wie **Pataxó Turismo** (☎ 3288-1256; www.pataxoturismo.com.br; Shopping Rio Mar, loja 3) – offerieren Bootsfahrten zur Praia do Espelho und zur Praia do Curuípe (50 R$, 9 Std.) sowie Ausflüge nach Trancoso und anderen Zielen im Süden. Sehr beliebt sind halbtägige Trips zu den Korallenriffen Recife de Fora und Coroa Alta (70 R$), wo man zwischen den vielen bunten tropischen Fischen fantastisch schnorcheln kann. Leider können wir sie nicht wirklich empfehlen, weil die Touristen angehalten werden, über die Korallenriffe zu laufen, um zu den dahinterliegenden Wasserbecken zu gelangen.

Feste & Events

Porto Seguros **Karneval**, der berühmteste in Bahia nach dem von Salvador, ist relativ klein und sicher. Ein paar *trios elétricos* ziehen die Hauptstraße entlang und spielen *axé*-Musik. Inzwischen kommen ebenso viele Touristen wegen der Partys in Arraial d'Ajuda.

Schlafen

Porto Seguro ist überschwemmt von Hotels. Allerdings reisen auch unglaublich viele Pauschaltouristen hierher, sodass ordentliche Billigunterkünfte in der Hauptsaison schwer zu finden sind. Als Alternative kann man mit der Fähre nach Arraial d'Ajuda übersetzen und dort zum selben Preis in einem hübscheren Hotel absteigen. Die Fahrt zwischen beiden Ortschaften geht schnell und einfach, und in Arraial sind die Unterkünfte besser.

Hotel Estalagem BOUTIQUE-HOTEL **$**
(☎ 3288-2095; www.hotelestalagem.com.br; Marechal Deodoro 66; DZ/3BZ 90/110 R$; ❄ 📶 🏊) Ein Kolonialhaus von 1801 beherbergt dieses erschwingliche Boutique-Hotel, das zu den stilvolleren Adressen in Porto Seguro gehört. Die alten Steine am Eingang stammen aus dem Korallenriff und wurden ursprünglich mit Walöl zusammengehalten. Heute erwarten einen in den renovierten Zimmern dezenter Komfort und private Balkone mit Blick über den Pool.

Pousada Brisa do Mar POUSADA **$**
(☎ 3288-1444; www.brisadomarpousada.com.br; Praça Coelho 188; DZ/3BZ/4BZ 70/100/150 R$; ❄) Mit seinen tadellosen Zimmern und dem freundlichen Willkomm ist das lange schmale Haus ein Juwel für Budgetreisende. Es liegt in der Nähe von Restaurants, der Passarela do Álcool und der Fähre nach Arraial, bietet allerdings keinen Internetzugang.

Hotel Galeão HOTEL **$**
(☎ 3288-2122; www.galeaohotel.com.br; Av dos Navegantes 300; DZ/3BZ 80/105 R$; ❄ 🏊) Dieses ordentliche Hotel hat gepflegte, preisgünstige Zimmer mit kleinen Balkonen und einen Swimmingpool.

Essen & Ausgehen

Die meisten Restaurants liegen an der Passarela do Álcool (Alkoholgasse). Abends stehen hier Kunsthandwerksstände und Straßenkünstler, und Livemusik schwappt bis auf die Plazas. Man sollte unbedingt die

Cocktailstände besuchen, um *capeta* (*guaraná*, Kakaopulver, Zimt, süße Kondensmilch und Wodka) zu probieren – genau das Richtige, um ein bisschen Schwung in den Abend zu bringen!

★ **Portinha** BÜFETT $
(☎3288-2743; www.portinha.com.br; Saldanha Marinho 32; 36 R$ pro Kilo; ⌚12–22 Uhr) Das Portinha, eines der besten *por-kilo*-Restaurants in der Gegend, tischt ein wundervolles Büfett mit Feinschmeckergerichten auf, bei denen einem das Wasser im Munde zusammenläuft – von Pasta mit sonnengetrockneten Tomaten und Basilikum bis zu frischen Fischfilets. Sowohl die Tische auf der Terrasse mitten im Grünen als auch der schicke, rustikale Speisesaal haben viel Atmosphäre. Weitere Filialen findet man in Arraial und Trancoso.

O Beco BRASILIANISCH $
(Ecke Beco & Rua do Cáis; Hauptgerichte 12–30 R$; ⌚Di–So 17 Uhr–open end) Die idyllische Galerie im Freien, gleich bei der Passarela do Álcool um die Ecke, ist voller kleiner Bistros und Cafés, in denen man alles von Sushi über Crêpes bis zu portugiesischem Gebäck bekommt.

Tia Nenzinha BAHIANISCH $$
(Passarela do Álcool 170; Hauptgerichte für 2 Pers. 35–70 R$) Seit 1976 ein Klassiker in Porto, serviert das Tia Nenzinha eine feine Auswahl bahianischer Küche. Probieren sollte man die Spezialität des Hauses, *casquinha de siri* (gehacktes Krabbenfleisch), die auf einem getoasteten Baguette serviert wird.

☆ Unterhaltung

Junges Partyvolk verkauft rund um die Passarela Eintrittskarten für Clubs und Partys (20–60 R$). Von ihnen erfährt man auch, was abends so los ist. Die größeren Strandclubs veranstalten jede Woche abendliche *luaus* (Partys); jene im **Barramares** (☎3679-2980; www.barramares.com.br; Av Beira Mar, Km 6, Praia de Taperapuã) ist die spektakulärste. Es liegt ca. 6 km nördlich der Stadt, auf dem Weg dorthin passieren Nachtschwärmer etliche weitere gute Adressen, u. a. das **Tôa-Tôa** (☎3679-1555; www.portaltoatoa.com.br; Av Beira Mar, Km 5, Praia de Taperapuã). Eine beliebte Party-Location ist die **Ilha dos Aquarios** (☎3268-2828; www.ilhadosaquarios.com.br; Ilha Pacuio; Eintritt 55 R$; ⌚Kasse Di–So 20–5 Uhr, unterschiedliche Partynächte), eine Flussinsel zwischen Porto Seguro und Arraial, wohl wegen der neuen Aquarien und der Insellage. Man erreicht den Komplex in Partynächten mit dem Boot vom Hafen aus (der Transfer ist im Eintritt inbegriffen).

ℹ Praktische Informationen

Banco do Brasil (Av 22 de Abril) Geldautomat.

Bradesco (Praça do Relógio) Geldautomat. Auch an der Avenida dos Navegantes.

Clínica NS d'Ajuda (☎3288-1307; Av dos Navegantes 640) Medizinische Versorgung.

Infokiosk (Praça dos Pataxós; ⌚Mo–Sa 10–18 Uhr)

SICHERHEIT

Statt zu Fuß zu gehen, nimmt man abends an der Avenida Beira Mar besser ein Taxi, denn im Dunkeln kommt es häufig zu Überfällen.

ℹ An- & Weiterreise

BUS

Die Abfahrt von der Schnellstraße BR-101 nach Porto Seguro liegt bei Eunápolis. Der **Busbahnhof** (☎3288-1914) befindet sich 1,5 km außerhalb der Stadt an der Straße nach Eunápolis; Taxis zur Fähre oder ins Zentrum kosten 20 bis 30 R$.

Rota Sul (☎3288-3065) fährt nach Ilhéus (47–62 R$, 6 Std., 4-mal tgl.).

São Geraldo (☎3288-1198) betreibt Fernbusse nach São Paulo (237 R$, 26 Std., 1-mal tgl.) und Rio de Janeiro (171 R$, 16 Std., 1-mal tgl.); die Tickets kauft man über Reiseveranstalter im Zentrum. In der Hochsaison gibt's mehr Verbindungen. **Águia Branca** (☎3288-1039) fährt nach Vitória (90–129 R$, 10 Std., 2-mal tgl.) und Salvador (150 R$, 11 Std., 2-mal tgl.).

Drei Unternehmen steuern Eunápolis (10 R$, 1 Std., 5.30–22 Uhr alle 30 Min.) an, wo es häufigere Busverbindungen gibt.

FLUGZEUG

Gol (☎3268-4460; www.voegol.com.br; airport), **Azul** (www.voeazul.com.br; airport) und **TAM** (☎3288-3399; www.tam.com.br; airport) bieten vom **Aeroporto Internacional Porto Seguro** (BPS; ☎3288-1880), eine kurze Fahrt außerhalb der Stadt, Direkt- und Anschlussflüge zu allen möglichen Zielen in Brasilien. Als wir für dieses Buch recherchierten, fuhren keine Busse zum Flughafen; ein Taxi kostet rund 30 R$.

ℹ Unterwegs vor Ort

Um zu den Stränden nördlich von Porto Seguro zu kommen, nimmt man einen der Busse mit Ziel Riacho Doce, Alto do Mundaí, Campinho–Barramares oder Cabrália, die u. a. an einer Haltestelle an der Praça do Relógio Fahrgäste aufnehmen. Auf dem Rückweg steigt man am Kreisverkehr aus, bevor die Busse zum Busbahnhof weiterfahren. Taxis gibt's überall in der Stadt.

Südlich von Porto Seguro

Südlich von Porto Seguro ist die bahianische Küste besonders bezaubernd. Hier reihen sich unberührte Strände, farbenfrohe Klippen und Stranddörfer mit eigenem Charme aneinander. Weiter südlich wird es zunehmend ländlicher (und weniger touristisch).

Arraial d'Ajuda

☎ 0XX73 / 12 000 EW.

Das auf einem Felsen oberhalb eines bezaubernden Küstenabschnitts thronende Arraial d'Ajuda ist ein friedliches Touristendorf von unbestreitbarem Reiz. Enge, kopfsteingepflasterte Straßen und staubige Gassen winden sich an hohen, schattenspendenden Bäumen vorbei, dazwischen verstecken sich hübsche *pousadas* und Freiluftrestaurants. Massive, bunt gestrichene Fassaden säumen die Plätze, und die Luft ist schwer vom Duft der tropischen Vegetation. Früher war Arraial ein Tummelplatz für Wohlhabende und zog dementsprechend eher betuchtere Touristen an. Noch immer ist es ein extrem beliebter Ferienort bei reichen Argentiniern. In letzter Zeit haben aber Backpacker aus aller Herren Länder und Junghippies ein bisschen frischen Wind in die idyllische Umgebung gebracht.

Sehenswertes & Aktivitäten

Die **Praia Mucugê** ist Arraials größter Touristenstrand. Hier stehen die *barracas* dicht an dicht, und die Musik dröhnt laut. Weiter südwärts erstreckt sich die ebenfalls zugebaute **Praia do Parracho**, wo allerdings eher Strandclubs und ein paar Ferienhausanlagen das Bild beherrschen. Beide Strände sind durch Riffe vor der Küste geschützt. Um die Landspitze herum liegt die schöne **Praia Pitinga** mit rot gestreiften Sandsteinklippen, ruhigem Wasser und ein paar *barracas*. Südlich von Pitinga befinden sich die von hohen Klippen gesäumten Strände **Praia da Lagoa Azul** und **Praia Taípe**, wo die Wellen etwas höher sind.

In Küstennähe bietet der familienfreundliche Wasserpark **Eco Parque** (☎ 3575-8600; www.arraialecoparque.com.br; Estrada da Balsa, Km 4,5; Erw./Kind 85/50 R$; ⏲ 10–17 Uhr; 👪) lange, gewundene Wasserrutschen, ein Wellenbad und einen „langsamen Fluss", den man mit Flößen befahren kann. Es gibt auch eine *tiroleza* (Seilrutsche), Leihkajaks und zahlreiche andere Outdooraktivitäten.

Geführte Touren

Mehrere Anbieter, darunter empfehlenswerte Reiseveranstalter wie **Arraial Trip Tur** (☎ 3575-2805; www.arraialtriptur.com.br; Mucuge s/n) und **Arco-Iris Turismo** (☎ 3575-1672; Mucugê 199), organisieren Tagestouren zu den schönen Stranddörfern südlich von Arraial. Beliebt sind der Trip zu den **Praias Espelho** und **Curuípe** mit Zwischenstopp in Trancoso (50 R$), ein langer Tagesausflug nach **Caraíva** (65 R$) und eine Schnorcheltour zum Korallenriff **Recife de Fora** (75 R$). Zwischen Juli und Oktober gibt's auch Touren, um Buckelwale zu beobachten (150 R$).

Arraial Trip Tur vermietet außerdem Fahrräder (35/10 R$ pro Tag/Std.).

Schlafen

In Arraial findet man zahlreiche schöne *pousadas*, in denen man am liebsten eine Woche bleiben würde. Viele säumen die Straße vom Fähranleger zum Zentrum (auf der Strecke verkehren regelmäßig Busse und Kleinbusse), aber die meisten Besucher ziehen die Unterkünfte im Dorf vor, die näher bei den Restaurants, Geschäften und dem Nachtleben liegen.

Pousada Erva Doce POUSADA **$**
(☎ 3575-1113; www.ervadoce.com.br; Ecke Mucugê & Amendoeiras; DZ 140 R$; ❄📶🏊) Direkt im Dorfzentrum an einer kopfsteingepflasterten Plaza mit Boutiquen und Cafés steht das ruhige Gästehaus, dessen große Zimmer durchdacht designt wurden. Den kleinen Pool umgibt ein tropischer Garten mit einer Freiluftbar und Hängematten – ideal, um hier einen ganzen Nachmittag lang zu faulenzen.

Arraial d'Ajuda Hostel HOSTEL **$**
(☎ 3575-1192; www.arraialdajudahostel.com.br; Campo 94; B/EZ/DZ 53/150/210 R$; ❄@📶🏊) Ein merkwürdiges Gebäude im griechisch-bahianischen Baustil beherbergt das bunte HI-Hostel mit gut ausgestatteten Privatzimmern, Schlafsälen sowie einem Pool im Hof. Traveller schätzen die Gemeinschaftsküche im Freien und die Lage nahe am Strand. Nachts ist die Klimaanlage kostenlos, tagsüber zahlt man pro Zimmer 12 R$ extra.

Vila do Beco POUSADA **$$**
(☎ 3575-1230; www.viladobeco.com.br; Beco dos Jegues 173; DZ ohne/mit Meerblick 220/290 R$; ❄🏊) Das ruhige Anwesen erstreckt sich bis zum Rand der Klippen. Verteilt auf dem üppigen Grundstück stehen weiße Gebäude, und am Ende gibt's einen Pool mit umwer-

fendem Meerblick. Viele der rustikal mit Holzmöbeln und romantischen Moskitonetzen ausgestatteten Gästeunterkünfte sind zweistöckig und haben eine Terrasse.

Atmosphera Pousada POUSADA $$
(☎ 3575-1954; www.atmospherapousada.com.br; Estrada do Mucugê 735; DZ ab 200 R$; ❄ 📶 🏊) Ein neuer Favorit in Arraial ist diese clever und nach ökologischen Kriterien gebaute *pousada* nur ein paar Schritte von der Praia Mucugê entfernt. Das Haus umgibt ein hübscher tropischer Garten. Jedes der 14 Gästeapartments hat zwei Zimmer, einen privaten Balkon mit Badewanne und eine solarbetriebene Dusche.

Pousada Catamarã POUSADA $$
(Ecke Mucugê & Av dos Oitis; EZ/DZ ab 145/195 R$) Komfortable Zimmer mit privaten Veranden nahe beim Strand, ein einladender Pool, eine Poolbar mit schmuckem Strohdach – was will man mehr? Die *pousada* liegt vom Dorf aus bergabwärts an einer Seitenstraße, direkt bevor man zur Praia Mucugê kommt.

Essen

Arraial ist reich an hervorragenden Restaurants, viele davon mit romantischen Tischen im Freien. Ungezwungener geht's am Hauptplatz zu, wo man abends günstige Crêpes, Tapioka, Caipirinhas und traditionelle bahianische Tellergerichte mit Reis, Bohnen und gegrilltem Steak bekommt. Die Stände entlang der Rua do Mucugê verkaufen köstliches Eis.

★ Piazza del Caffé CAFÉ $
(www.piazzadelcaffe.com.br; Mucugê 200; Hauptgerichte 12–24 R$; ⏲ 18 Uhr–open end) An einem malerischen Platz im Dorfzentrum serviert das hübsche Café köstlichen Espresso und Cappuccino, reichhaltige Schokoladenkuchen, frisch gebackenes *pão de queijo* (Käsebrot) und Gourmetsandwiches. Die Tische draußen auf der Veranda oberhalb der Hauptdurchgangsstraße stehen ideal, um Passanten zu beobachten.

Portinha BÜFETT $
(www.portinha.com.br; Mucugê s/n; 36 R$ pro Kilo; ⏲ 11–21 Uhr) Auf den ersten Blick würde man nie vermuten, dass es sich um ein Selbstbedienungslokal handelt: Mit seinen eleganten Tischen draußen und der stilvollen Klientel wirkt es wie eines der gehobenen Restaurants von Arraial. Wie seine Filialen in Porto Seguro und Trancoso bietet das Portinha eine beeindruckende Auswahl an Meeresfrüchten, Salat, Eintöpfen und gegrilltem Fleisch – alles wird auf einem Holzfeuer warmgehalten.

Beco das Cores BRASILIANISCH $
(Ecke Mucugê & Beco das Cores; Hauptgerichte 15–45 R$; ⏲ 17 Uhr–open end) Diese gut besuchte Galerie ist wegen ihrer Atmosphäre und der großen Auswahl sehr beliebt: Hier gibt's köstliches Sushi, Crêpes, Pizza sowie gehobene Küche und im Sommer an den Wochenenden auch Livemusik. An lauen Abenden ist es ein romantischer Ort zum Cocktailtrinken.

Che Empanada ARGENTINISCH $
(Mucuge 430; Hauptgerichte 6–12 R$; ⏲ 11.30 Uhr–open end) Auf argentinische Empanadas, Pizza und kaltes Bier hat sich dieser lässige Imbiss spezialisiert. Man kann draußen auf dem kleinen Platz sitzen oder sich ein paar Empanadas für den Strand einpacken lassen.

Manguti ITALIENISCH $$
(☎ 3575-2270; www.manguti.com.br; Mucugê 99; Hauptgerichte 25–48 R$; ⏲ 18–23 Uhr) Das typisch italienische Restaurant in einem süßen, altmodischen Haus an der Hauptstraße ist für seine herzhaften hausgemachten Gnocchi bekannt. Außerdem serviert es hervorragenden gegrillten Fisch, den man sich auf jede gewünschte Art zubereiten lassen kann.

Boi nos Aires STEAKHAUS $$
(☎ 3575-2554; Mucugê 200; ⏲ Di–Sa 17–24, So 13.30–22.30 Uhr) Zu einer Pause von der berühmten bahianischen Meeresfrüchteküche verlockt die schicke *parrilla* (Steakhaus), die auch eine gute Weinkarte hat. Sie wird oft von argentinischen Urlaubern bevölkert, die ihre Landesküche vermissen.

Rosa dos Ventos BRASILIANISCH $$
(☎ 3575-1271; Alameda dos Flamboyants 24; Hauptgerichte 25–55 R$; ⏲ 16–24 Uhr) Das Rosa dos Ventos zählt zu den besten Restaurants in Arraial. Hier gibt's eine kleine Auswahl hervorragender gegrillter Meeresfrüchte, perfekte Cocktails und dekadente Desserts von Apfelstrudel bis zu italienischen Profiteroles. Im vorderen Innenhof kann man bei Kerzenlicht eine Flasche Wein genießen. Das Lokal liegt an der Straße parallel zur Hauptstraße – einfach die Amendoeiras hinunterlaufen.

Aipim BRASILIANISCH $$
(☎ 3575-3222; Beco do Jegue 131; Hauptgerichte 28–50 R$; ⏲ Mo–Sa 18–24 Uhr, im Jan. auch So 17.30–1 Uhr) Tropischen Chic verströmt das

elegante Restaurant, dessen Einrichtung an die Alte Welt erinnert. Dazu gibt's Musik aus der Neuen Welt, herrliche, gegrillte Meeresfrüchte und offene Weine. Kurz: ein erstklassiges Lokal für einen romantischen Abend in Arraial.

✩ Unterhaltung

Arraial hat im Sommer ein tolles Nachtleben, denn dann veranstalten die Strandclubs (Tischgebühr 25–45 R$) große Partys. Überall begegnet man Leuten, die dafür Werbung machen, und auch in den lokalen Reiseagenturen gibt's aktuelle Infos. Eine weitere beliebte Alternative für Nachteulen sind die Nachtclubs der Ilha dos Aquarios (S. 473), einer Insel zwischen Porto Arraial und Porto Seguro.

Morocha Club CLUB

(www.morochaclub.com; Mucugê 260; Eintritt meist frei; 18 Uhr–open end, Events zu unterschiedlichen Zeiten) Im Ort ist das Morocha der Dreh- und Angelpunkt des Nachtlebens, besonders im Sommer und an Karneval. Am frühen Abend geht's in dem beliebten lokalen Szenetreff und Restaurant entspannt und gemächlich zu. Später wird es voll. Dann stehen Konzerte, Tanzabende, DJs und Themenpartys auf dem Programm.

Praktische Informationen

Im Dorf gibt's mehrere Internetcafés (ca. 6 R$ pro Std.) und Geldautomaten. Touristische Informationen bekommt man an dem gut ausgestatteten Kiosk am Hauptplatz in Höhe der Rua do Mucugê – die Mitarbeiter verfügen über Karten und Broschüren zu allen interessanten Ausflügen und geführten Touren ab Arraial.

Anreise & Unterwegs vor Ort

Auto- und Passagierfähren verkehren von 7 Uhr bis Mitternacht fast ununterbrochen zwischen Porto Seguro und Arraial d'Ajuda; von Mitternacht bis zum frühen Morgen fährt stündlich eine Fähre. Die Preise variieren je nach Strecke und Fähre. Passagiere reisen entweder kostenlos oder bezahlen 2,50 R$; Autos kosten 9,50 bis 12 R$. Die Fahrt dauert 10 bis 15 Minuten. Vom Fähranleger kommt man mit einem Bus oder Kombi nach Arraial (2,50 R$). Man kann auch die 4 km am Strand entlanglaufen, sollte aber keine Wertsachen mitnehmen und nicht alleine losziehen, wenn der Strand menschenleer ist.

Wer am Flughafen in Porto Seguro ankommt und direkt nach Arraial möchte, kann sich auch die Anstrengung ersparen und für den ganzen Weg inklusive Fährüberfahrt ein Taxi nehmen (120 R$).

In Arraial vermieten verschiedene Anbieter Fahrräder, Motorroller, Autos und Strandbuggys. Vor Ausflügen sollte man sich unbedingt eine gute Karte besorgen – bei unserem letzten Besuch blieb unser Buggy an einer unbeschilderten Schotterstraße liegen.

Trancoso

0XX73

Auf einer grasbewachsenen Klippe mit Blick auf fantastische Strände thront Trancoso, dessen ländliche Attitüde stilbewusste Reisende anzieht. Tatsächlich wirkt das Dorf größtenteils wie aus einem Reise- und Freizeitmagazin entsprungen. Es ist kleiner als Arraial und verfügt über ein entspanntes Flair, hübsche Gästehäuser, eine bilderbuchschöne Kirche mit Blick über das Meer sowie verführerische Freiluftbars und -restaurants an einem grasbewachsenen (und autofreien) *quadrado* (Platz). Obwohl sich die Lokale eher an betuchte Touristen richten, übt der von Kerzenlicht erhellte *quadrado* abends eine magische Anziehungskraft aus.

Vom Dorf oben auf der Klippe läuft man zu Fuß 15 Minuten zum Strand hinunter: Wenn man auf dem *quadrado* steht und Richtung Meer blickt, beginnt der Weg rechts der Kirche.

Schlafen

Im Januar und zu allen wichtigen Feiertagen ist Reservieren ein Muss.

Café Esmeralda Albergue PENSION $

(3668-1527; www.trancosonatural.com; Quadrado; Zi. ohne/mit Bad ab 100/120 R$;) Die billigste Unterkunft am *quadrado* ist eine freundliche Herberge mit mehrsprachigen Angestellten sowie ausgesprochen einfachen Zimmern mit Ventilator. Sie liegt hinter dem gleichnamigen Café. Frühstück ist nicht im Preis inbegriffen.

Pousada Jacaranda POUSADA $$

(3668-1155; www.pousadajacaranda.com.br; Jovelino Vieira 102; Bungalows für 1/2 Pers. ab 140/165 R$;) Sechs frei stehende Bungalows aus lokalen, natürlichen Materialien bilden diese ökologisch orientierte Unterkunft, deren Räume mit Kunst dekoriert sind. Auch ein schöner Pool gehört dazu. Die ruhige Lage ist ein Vorteil, wenn man sich erholen möchte, aber zum *quadrado* und zum Strand läuft man recht weit.

Pousada Quarto Crescente PENSION $$

(3668-1014; www.quartocrescente.net; Principal s/n; DZ/3BZ ab 210/270 R$;) Hübsch dekorierte Zimmer mit aufmerksamen Details, drum herum ein Garten. Es gibt eine gut bestückte Bibliothek, einen Pool und ein gutes Frühstücksbüfett. Das Haus liegt in Gehweite vom *quadrado* an der Straße in den Ort.

Bom Astral POUSADA **$$**
(☎ 3668-1270; www.bomastral.net; Quadrado; DZ ab 160 R$; ❄ 📶) Das Bom Astral am *quadrado* bietet ein gutes Preis-Leistungs-Verhältnis. Es beherbergt hübsche, schlichte Zimmer – klein, aber gepflegt. Ein paar haben auch Klimaanlage und Küche, die meisten nur Ventilator.

Pousada Jequitibá POUSADA **$$**
(☎ 3668-1028; www.pousadajequitibatrancoso.com.br; Rua do Bosque s/n; DZ ab 180 R$; ❄) An dem grünen Platz rechts neben dem *quadrado* bietet das Jequitibá ordentliche, nett dekorierte und mit weißen Himmelbetten eingerichtete Zimmer, die sich auf eine Gemeinschaftsterrasse öffnen.

Pousada Porto Bananas POUSADA **$$$**
(☎ 3668-1017; www.portobananas.com.br; Quadrado; DZ ab 250 R$; ❄) Ein urwaldähnlicher Garten mit hochgewachsenen Bäumen umgibt das Porto Bananas, das schöne, minimalistisch eingerichtete Zimmer mit glatten Zementfußböden und hellen Bädern bietet. Von der Dusche blickt man direkt ins tropische Grün draußen – ein toller Start in den Tag.

Pousada Mundo Verde POUSADA **$$$**
(☎ 3668-1279; www.pousadamundoverde.com.br; Telegrafo 43; DZ ohne/mit Blick ab 300/340 R$; ❄ 🏊) Nicht weit vom *quadrado* liegt das elegante Mundo Verde an einer ruhigen Klippe mit Blick aufs Meer. Es hat geräumige, luftige Zimmer in munteren Farben und einen Pool mit spektakulärer Aussicht.

Essen

Bunte Laternen beleuchten abends die Restaurants rund um den *quadrado* – jedes wirkt hübscher als das andere. Allerdings ist die hiesige Gastroszene für ihre hohen Preise bekannt, während man mit Qualität und Service Glück haben kann oder eben nicht. In diesem Dorf bezahlt man vor allem für das Ambiente. Auf dem kleinen Platz hinter dem *quadrado*, wo die Taxis und Busse halten, findet man Snacks, z. B. Eis und Tapioka-Gebäck.

★ **Portinha** BÜFETT **$$**
(www.portinha.com.br; Quadrado; 47 R$ pro Kilo; ⏲ 12–22 Uhr) Das alteingesessene Restaurant beeindruckt seine Gäste mit einem üppigen Büfett (Platz für die große Auswahl an Nachtisch lassen) und romantischen türkisfarbenen Picknicktischen im Schatten von Bäumen auf dem *quadrado*. Es ist eines der wenigen Lokale, die mittags geöffnet haben.

Capim Santo BRASILIANISCH **$$**
(www.capimsanto.com.br; Quadrado; Hauptgerichte 26–48 R$; ⏲ Mo–Sa 17–23 Uhr) Ein Abendessen auf der unglaublich malerischen Veranda dieses alten Hauses oder in dem hübsch beleuchteten Garten daneben ist ein unvergessliches Erlebnis. Das Capim Santo gehört zur gleichnamigen *pousada*. Es hat sich auf frische, innovative Obstsaftkreationen und traditionelle bahianische Meeresfrüchtegerichte mit internationalem Touch spezialisiert.

O Cacau BAHIANISCH **$$$**
(www.ocacautrancoso.com.br; Quadrado; Hauptgerichte 52–85 R$; ⏲ 18 Uhr–open end) Gourmets, die sich für bahianische Küche interessieren, fühlen sich hier wie im Himmel. Das hübsche Lokal serviert modern angehauchte Varianten klassischer Gerichte von *acarajés* über *moqueca* bis zu gegrilltem Hummer. Abgerundet wird alles mit einer großartigen Weinauswahl (hauptsächlich aus Brasilien) und fantastischen Desserts zu erschwinglichen Preisen.

Maritaca ITALIENISCH **$$$**
(☎ 3668-1258; Telégrafo 388; Hauptgerichte 50–80 R$; ⏲ 19 Uhr–open end) Das elegante luftige Maritaca bereitet köstliche dünnkrustige Pizzas – besonders hervorragend schmeckt Carpaccio. Daneben gibt's italienische Pasta und reichhaltige Desserts mit erstklassigen importierten Zutaten. Die Preise sind für eine Pizzeria deftig; sie liegt eben in Trancoso.

Unterhaltung

Irgendwo am *quadrado* wird immer Livemusik gespielt, aber wenn die lokale Legende Elba Ramalho, die „Königin des *forró*", auftritt, sollte man das keinesfalls versäumen. Sie war schon im **Pára-Raio** (www.pararaiotrancoso.com.br; Quadrado; Eintritt frei; ⏲ 17–1 Uhr) zu hören, einem atmosphärischen Restaurant mit Tischen im Freien unter großen Bäumen und einem separaten Tanzbereich, wo DJs auflegen. Im Sommer werden an den *barracas* am Strand abends manchmal Partys mit psychedelischem Dekor und hämmernden Trance-Beats veranstaltet – nach den Promotern mit Flyern Ausschau halten.

Praktische Informationen

Auf dem kleinen Platz, der sich hinter dem *quadrado* versteckt, findet man Geldautomaten, einige Internetcafés, Supermärkte und einen Taxistand. Auch eine Touristeninformation ist vorhanden, die Karten und Informationen bietet. Allerdings war sie geschlossen, als wir dort vorbeischauten.

An- & Weiterreise

Von 6 bis 20.30 Uhr verkehren stündlich Busse von **Aguia Azul** zwischen Trancoso und Arraial d'Ajuda sowie dem Fähranleger (8 R$, 1 Std.), manche fahren weiter nach Porto Seguro. Einige Busse starten vom *quadrado*, aber die meisten halten an der Hauptdurchgangsstraße, die man vom Platz aus zu Fuß Richtung Inland erreicht. Zum selben Preis bedienen auch inoffizielle Kleinbusse die Strecke.

Man kann die 13 km von Arraial d'Ajuda auch an der schönen Küste entlanglaufen, sollte aber nicht alleine losziehen, wenn der Strand menschenleer ist.

Von Trancoso nach Caraíva

27 km südlich von Trancoso und 14 km nördlich von Caraíva liegt die **Praia do Espelho**, einer der zehn schönsten Strände Brasiliens. Die schützenden Riffe vor der Küste sorgen für ruhiges, warmes, klares Wasser, jene näher am Ufer bilden bei Ebbe natürliche Becken. Orange-weiße Klippen trennen Espelho vom Nachbarstrand **Praia do Curuípe**, an der ein paar Spitzenklasse-*pousadas* stehen. Reiseagenturen in Arraial d'Ajuda und Trancoso bieten Tagesausflüge zu diesen Stränden an (was zu empfehlen ist, denn sie sind auf eigene Faust nur schwer und über holprige Straßen zu erreichen). Man kann auch mit einem der zwei bis drei Busse fahren, die Aguia Azul (S. 478) täglich zwischen Trancoso und der Praia do Espelho einsetzt.

Caraíva

☎ 0XX73 / 5200 EW.

Die Zeit vergeht langsam im abgelegenen, schönen Caraíva. Hier gibt's keine Autos, keine Straßen. Selbst Strom war bis 2007 nicht vorhanden. Die unbekümmerte Atmosphäre zieht schon lange Hippies und andere Leute an, die sich nach Ruhe sehnen. Heute, selbst wenn es Handyempfang und Internet gibt, wirkt Caraíva laut den Einheimischen wie Trancoso vor einigen Jahrzehnten. Der Strom fällt häufig aus – laute Generatoren sorgen für die Beleuchtung in den Läden und Cafés entlang der Straßen und – was ganz wichtig ist – halten freitagabends die *forró-Musik* am Laufen.

Das traumhaft pittoreske Dorf liegt am mangrovenbewachsenen Ostufer des Rio Caraíva und an einem langen, einsamen Strand mit heftigen Wellen. Bootsausflüge führen flussaufwärts in Richtung Süden zum Parque Nacional de Monte Pascoal oder nach Corumbau und nordwärts zur Praia do Espelho und zur Praia do Curuípe; sie können leicht über die *pousadas* organisiert werden (ca. 80 R$ pro Pers.). Die meisten Besucher entscheiden sich für den kurzen Abstecher nach **Barra Velha**, das indigene Pataxó-Dorf 6 km entfernt. Man erreicht es zu Fuß, mit dem Boot oder zu Pferd. Wer das Dorf besucht, sollte viel Trinkwasser und – falls man ein wenig Kunsthandwerk kaufen möchte – kleine Geldscheine dabeihaben. Das **Centro Cultural de Tradições Indígenas** (im Sommer Mo–Sa 10–18 Uhr) zeigt Ausstellungen sowie Vorführungen und informiert eingehend über die Pataxó.

Schlafen & Essen

Memoan Hostel HOSTEL $
(☎ 61-9275-7649; www.memoanhostel.com.br; B/DZ ab 50/130 R$) Ein willkommener Neuzugang in Caraíva ist dieses Hostel auf einem großen, bewaldeten Grundstück. Der Eingang liegt an der Hauptstraße des Dorfs; hinter dem Haus gibt's eine Terrasse mit Flussblick. Zur Ausstattung gehören eine Gemeinschaftsküche sowie Doppelzimmer und Schlafsäle (einer nur für Frauen) mit Ventilatoren.

Camping Caraíva CAMPING $
(☎ 9992-6324; www.campingcaraiva.com.br; Stellplatz 30 R$ pro Pers., Hütte 30–130 R$ pro Pers.; WLAN) Der Campingplatz an der Hauptuferstraße hat sandige, schattige Stellflächen und ein paar einfache, aber attraktive Hütten, die sich für Familien oder Gruppen eignen. Im gemeinschaftlichen Loungebereich gibt's WLAN.

★ **Pousada Cores do Mar** POUSADA $$
(☎ 3668-5090; www.pousadacoresdomarcaraiva.com.br; Hütten für 2/3/4 Pers. 230/275/320 R$; Klimaanlage, WLAN) An diesem himmlischen Zufluchtsort am Meer ragen Palmen über Cottages empor und einladende Liegen sind mit Blick aufs Wasser aufgestellt. Traveller schwärmen von dem reichhaltigen Frühstück und von den ruhigen, schön eingerichteten Hütten, die

DIE PATAXÓ

Die etwa 3000 Mitglieder zählenden Pataxó (pa-ta-*scho*) bilden die größte indigene Gruppe. Wie viele andere Völker Brasiliens stehen aber auch sie vor einer ungewissen Zukunft. Historisch gesehen waren die Pataxó immer Überlebenskünstler. Die zähen Kämpfer widersetzten sich den Portugiesen hartnäckig, und bis ins 19. Jh. zählten sie zu den gefürchtetsten indigenen Völkern des Landesinneren. Ihr Widerstand verhinderte ein weiteres Vordringen, aber Anfang des 19. Jhs. schwand ihre Macht.

Heute betreiben die Pataxó Subsistenzlandwirtschaft im Süden von Bahia und sind nebenbei Jäger, Fischer und Sammler. Ähnlich wie die indigenen Gruppen Amazoniens nutzen sie Pflanzen als Heilmittel. Die Regenwälder des südlichen Bahia sind eine wichtige Quelle für traditionelle Arzneien. Die Region bietet eine unglaubliche Artenvielfalt, und viele der Pflanzen und Tiere findet man sonst nirgendwo auf der Erde. Insgesamt nutzen die Pataxó mehr als 90 verschiedene Pflanzen zur Behandlung von Erkältung, Asthma, Fieber, Zahnschmerzen, Rheuma, Anämie und Dutzenden anderer Erkrankungen.

Obwohl die Macht der Heiler in der Gemeinschaft weitgehend anerkannt wird, ringen die Pataxó um die Erhaltung ihrer Traditionen. Wie in anderen indigenen Gemeinschaften nimmt die Jugend die alten Bräuche ihrer Vorfahren nicht aktiv an. Die traditionellen Heiler *(curandeiros)* – sowohl Männer als auch Frauen – haben ihr Wissen nicht an die nächste Generation weitergegeben. In Barra Velha, der größten Pataxó-Gemeinde (mit um die 1800 Menschen), sind alle Heiler über 60 Jahre alt. Wenn sich nichts ändern sollte, sind ihre Kenntnisse in zwei Jahrzehnten unwiederbringlich verloren. Dann wären die heutigen *curandeiros* vielleicht die letzte Generation traditioneller Heiler in der Pataxó-Kultur.

Traurigerweise wurde 2012 aus einem anderen Grund in den Nachrichten über das Thema Gesundheit berichtet. Eine Pataxó-Familie musste darum kämpfen, dass ihr schwer krankes Kind in einem Krankenhaus in Porto Seguro und anschließend in Salvador behandelt wurde. Zwar überlebte es, doch seine Behandlung verzögerte sich durch bürokratische Auseinandersetzungen, wer diese bezahlen würde. Der Fall sorgte bei zahlreichen Bahianern für Aufmerksamkeit.

Neben den internen Problemen der Pataxó lauern auch von außerhalb Gefahren. Da die Bevölkerung von Bahia wächst, verdrängen die Bauern sie von ihrem Land, was immer wieder zu bewaffneten Auseinandersetzungen führt. 2007 gingen 15 Pataxó nach Brasília, um sich für ihre Landrechte einzusetzen. Ob der Stamm überleben und seine Bräuche erfolgreich bewahren kann, wird aber wahrscheinlich weniger von der Regierung abhängen als von den jungen Pataxó, die für das Fortleben ihrer Gemeinde sorgen müssen.

z. B. mit hochwertigen Bettlaken und privaten Terrassen mit Meerblick aufwarten.

Pousada Lagoa POUSADA **$$**
(☎ 3668-5059; www.lagoacaraiva.com.br; DZ/Bungalows 270/315 R$; 📶) 🍃 In dieser *pousada* mit Umweltbewusstsein (sie recycelt, kompostiert und beschäftigt lokale Arbeiter) hat man die Wahl zwischen einfachen, aber stilvollen Bungalows mit kleinen Veranden oder etwas günstigeren Suiten. Am Abend ist das öffentliche Restaurant mit Bar ein beliebter Treffpunkt: Neben frischem Fisch und hausgemachtem Brot kommen Produkte aus dem eigenen Garten der *pousada* auf den Tisch.

Pousada San Antonio Caraíva POUSADA **$$**
(☎ 9962-2123; www.pousadasanantonio.com.br; Hütten für 2/4 Pers. ab 200/320 R$; ❄📶) Auf einem belaubten Stück Land mit Blick aufs Meer verteilen sich die frei stehenden Hütten des San Antonio. Die Zimmer sind hell, komfortabel und einladend, ebenso wie der Loungebereich im Freien, der sich perfekt zum Sonnenbaden eignet.

Boteco do Pará BAHIANISCH **$$**
(Hauptgerichte für 2 Pers. 45–80 R$; ⏲ Mo–Sa 12–23 Uhr) Der entspannte Laden am Flussufer ist eins von mehreren gemütlichen Lokalen, die sich auf frische Meeresfrüchte spezialisiert haben – genau das Richtige, um am Fluss zu relaxen und dabei traditionelle *moqueca* und kaltes Bier zu genießen.

Mangue Sereno ITALIENISCH **$$**
(☎ 9991-1711; www.mangueserenoblogspot.com.ar; Hauptgerichte 28–42 R$; ⏲ Mo–Sa 17–22 Uhr) Hausgemachte Pasta und kreative Meeresfrüchtegerichte haben das hübsche Restaurant in der gleichnamigen *pousada* bei den

Einheimischen berühmt gemacht. In einfachem, romantischem Ambiente kommen Spezialitäten wie Kürbisravioli und Curry-Shrimps auf den Tisch.

An- & Weiterreise

Täglich verkehren zwei (in der Hauptsaison drei) Busse von **Aguia Azul** zwischen Caraíva und der Fähre in Arraial d'Ajuda (16 R$, 2 Std.). Sie halten unterwegs in Trancoso.

Wer weiter nach Norden oder Süden will, nimmt den Bus über Itabela nach Eunápolis (14 R$, 4 Std.), die beide an der Schnellstraße BR-101 liegen. Während unserer Recherche fuhr der Bus jeden Morgen um 6 Uhr ab. Häufigere Verbindungen stehen zur Verfügung, wenn man bereit ist, einen Umweg durch Arraial d'Ajuda zu machen.

Parque Nacional de Monte Pascoal

Am 22. April 1500 sichteten die Portugiesen unter Pedro Álvares Cabral den breiten, 536 m hohen Buckel des Monte Pascoal (Osterbergs) und sahen damit erstmals die Neue Welt. Die Seemänner nannten das Land Terra da Vera Cruz (Land des Wahren Kreuzes).

In dem 225 km² großen **Nationalpark** (☎ 3294-1870; www.icmbio.gov.br; Eintritt 5 R$, geführte Touren für Gruppen bis zu 10 Pers. 40 R$) findet man verschiedene Ökosysteme: Atlantischen Regenwald, Sekundärwald, Sumpfland und Untiefen, Mangrovenwälder, Strände und Riffe. Zu den hier lebenden Tieren zählen mehrere Affenarten, darunter die gefährdeten Klammeraffen, zwei Faultierarten, Ameisenbären, seltene Stachelschweine, Wasserschweine, Hirsche, Jaguare und viele Vogelarten.

In der nordöstlichen Ecke des Parks, unterhalb von Caraíva, lebt eine kleine Gruppe des indigenen Stammes der Pataxó, die den Park seit 2000 leiten. Sie erlauben Besuchern, auf zwei Wegen durch den Park zu wandern, sofern ein Führer dabei ist (Gebühr aushandeln, bevor man sich auf den Weg macht!). Das **Besucherzentrum** (☎ 3294-1110), das derzeit renoviert wird, verkauft Kunsthandwerk der Pataxó.

Die Küstenseite des Parks ist mit dem Boot oder zu Fuß (von Caraíva nach Norden und von Corumbau nach Süden) erreichbar.

Es gibt zwar keine Buslinien direkt zum Park, aber man kann von Porto Seguro mit dem Bus bis Itamaraju (30 km vom Park entfernt) fahren, von wo aus montags bis freitags Busse zum Parkeingang pendeln.

Caravelas

☎ 0XX73 / 22 000 EW.

Caravelas ist ein ruhiger Fischerort am Ufer des von Mangroven gesäumten Rio Caravelas. Besucher kommen in erster Linie wegen des Parque Nacional Marinho de Abrolhos und anderer Riffe, die vor der Küste liegen.

Sehenswertes & Aktivitäten

Caravelas ist ein blühender Fischerort. Einen Eindruck davon bekommt man bei einem Spaziergang am Flussufer, wenn die Fischer mit ihrem Tagesfang zurückkehren. Wenn die Einheimischen an den Strand wollen, gehen sie meistens nach Norden zur **Praia Graučá** (7 km) oder zur abgelegeneren **Praia Iemanjá** (20 km). An beiden Stränden ist das Wasser vom Schwemmsand des Flusses braun gefärbt. Die **Praia Pontal do Sul** (auf der anderen Seite des Rio Caravelas) und der Inselstrand **Coroa da Barra** (30 Min. von der Küste entfernt) sind mit dem Boot erreichbar.

Geführte Touren

Tourveranstalter bieten ganztägige Schnorchelausflüge zu den Riffen und Inseln in der Nähe, z. B. Parcel das Paredes, Sebastião Gomes und Coroa Vermelha. Da die meisten Touristen weiter nach Abrolhos eilen, kommen für diese Touren allerdings nur selten die erforderlichen fünf Teilnehmer zusammen.

Schlafen & Essen

Die Restaurants an der Praia Graučá servieren frische Meeresfrüchte.

Pousada Liberdade POUSADA **$$**
(☎ 3297-2415; www.pousadaliberdade.com.br; Nogueira 1551; DZ/3BZ 200/216 R$; ❄ ≋) Die praktisch gelegene *pousada* bietet Unterkünfte in kleinen Hütten mit Basiskomfort wie Fernsehern und Minikühlschrank. Dank ausziehbarer Betten und eines Pools sind hier auch Familien gut aufgehoben. Ein guter Ausgangspunkt für Ausflüge in den Nationalpark.

Hotel Marina Porto Abrolhos HOTEL **$$**
(☎ 3674-1060; www.marinaportoabrolhos.com.br; Rua da Baleia 333, Praia Graučá; DZ ab 200 R$; ❄ ≋) 7 km von Caravelas entfernt liegt dessen schönstes Hotel mit runden, strohgedeckten Strandhütten rund um einen gigantischen Pool. Es gibt auch einen Tennisplatz, eine Poolbar, einen Fitnessraum und eine Bibliothek.

GROSSE MEERESTIERE

Der Buckelwal gehört zu den eifrigsten Wandertieren der Welt. Bis zu 25 000 km legen die riesigen Schwimmer Jahr für Jahr zurück. Ein ausgewachsener Buckelwal kann bis zu 17 m lang und 36 t schwer werden. Bis ins 20. Jh. hinein wurden die Tiere gejagt und nahezu ausgerottet. Durch das 1966 beschlossene Moratorium zur Regelung des Walfangs erholt sich die Population langsam wieder. Biologen schätzen ihre Zahl inzwischen auf 30 000 bis 60 000.

Buckelwale sind leicht an ihren langen Brustflossen, dem auffälligen Buckel und dem mit knotigen Hautverdickungen übersäten Kopf zu erkennen. Sie fressen ausschließlich im Sommer, wenn sie in Polargewässern schwimmen; ihre Nahrung besteht aus Krill und kleinen Fischen. Im Winter ziehen sie von den Polen in tropische Gewässer, um sich zu paaren. Deshalb ist der Südwinter (Juni–Sept.) die beste Zeit, um sie vor der brasilianischen Küste zu beobachten. Dann kommen die Tiere in großer Zahl hierher, um sich zu paaren und ihre Jungen zu gebären.

Während dieser Zeit fasten die Buckelwale und leben von ihren Fettreserven. Die Konkurrenz um die weiblichen Tiere ist sehr stark. Einem einzigen Weibchen folgt manchmal eine Gruppe (Eskorte genannt) von zwei bis 20 Männchen. Um das Weibchen für sich zu gewinnen, versucht jedes Männchen, sich als das dominanteste zu zeigen – durch Schläge mit der Schwanzflosse, Angriffe und Abwehr, und das mehrere Stunden lang.

Der Gesang der Wale ist die wohl faszinierendste und am wenigsten verstandene Eigenschaft dieser Säugetiere. Innerhalb eines bestimmten Gebiets stimmen alle Wale den gleichen Gesang an – oder Variationen dessen –, während Tiere aus anderen Regionen einen ganz anderen Gesang haben. Nur die Männchen „singen"; jedes „Lied" dauert zehn bis 20 Minuten und wird in einem Zeitraum von mehreren Stunden mehrmals wiederholt (Wissenschaftler haben Walgesänge aufgenommen, die sich über mehr als 24 Stunden hinzogen). Der Walgesang ist unglaublich komplex. Ein Forscherteam der Universidade Estadual de Campinas untersuchte einen Winter lang die Wale vor Abrolhos in Bahia und machte 24 verschiedene Töne aus, die fünf Melodien bildeten.

Niemand weiß, warum die Wale welchen Gesang anstimmen. Dieser ändert sich von Jahr zu Jahr. Ursprünglich dachten die Wissenschaftler, der Gesang spiele beim Paarungsverhalten eine Rolle. Diese Behauptung wird jedoch angezweifelt, da Beobachtungen zeigen, dass die Männchen auch dann singen, wenn es weit und breit keine Weibchen gibt.

In Bahia sind Walbeobachtungstouren inzwischen eine große Touristenattraktion und man kann von zahlreichen Orten aus zu solchen Trips ablegen. Im Winter lassen sich die Tiere oft vor Salvador sichten. Der Parque Nacional Marinho de Abrolhos zählt zu den weltweit besten Plätzen zur Walbeobachtung.

Anderswo in Brasilien gibt's weitere gute Orte zur Beobachtung von Walen, z. B. die Praia do Rosa im Bundesstaat Santa Catarina, wo Muttertiere mit ihren Kälbern bis zu 30 m nah an die Küste herankommen, und Arraial do Cabo im Bundesstaat Rio.

Wer mehr über die riesigen Säugetiere erfahren will, kann in Praia do Forte beim **Brazilian Humpback Whale Project** (www.ecobrasil.org.br) mitarbeiten. Die Freiwilligen verbringen viel Zeit auf hoher See, sammeln Daten und tragen langfristig zum Schutz der Wale bei.

Carenagem BRASILIANISCH **$$**

(☎ 3297-1280; Av das Palmeiras 210; Hauptgerichte 20–32 R$; ⏲ Mo–Sa 12–23 Uhr) Der beliebte Treff bietet eine umfangreiche Karte mit Meeresfrüchten und Fleischgerichten sowie klassische Cocktails und Livemusik an den Wochenenden. An der Avenida das Palmeiras findet man mehrere weitere gute Adressen für ein Abendessen.

ℹ Praktische Informationen

Banco do Brasil (Praça Dr Imbassaí) Mehrere Geldautomaten.

ℹ Anreise & Unterwegs vor Ort

Carvelas und Abrolhos sind nicht ganz leicht zu erreichen. Viele Reisende finden es bequemer, sie im Rahmen einer geführten Tour zu besuchen. Pataxó Turismo (S. 472) in Porto Seguro zählt zu den Anbietern. Tagestouren (20 Std.) kosten ab 520 R$ pro Person und beinhalten die Anreise und einen Tauchgang in Abrolhol, allerdings dauert die Fahrt insgesamt 10 Stunden. Die Preise für die attraktiveren zwei- bis dreitägigen Ausflüge richten sich nach der Zahl der Teilnehmer und der Art der Unterkünfte. Weitere Informationen bekommt man über Pataxó.

Eine beliebte Alternative ist, in der Gegend von Porto Seguro ein Auto zu mieten und nach Caravelas/Abrolhos zu fahren; man kann auch ein Taxi chartern (hin & zurück ca. 750 R$). Andernfalls ist man auf die wenigen Busverbindungen angewiesen. Busse von **Aguia Branca** (www.aguiabranca.com.br) fahren nach Salvador (120 R$, 16 Std.) und Itabuna (58 R$, 10½ Std.). Im Sommer gibt's regelmäßig Busse, in der Nebensaison fahren nur ein paar pro Woche. Ansonsten kommt man über das 74 km westlich gelegene Teixeira de Freitas nach Caravelas. Der **Busbahnhof** (☎3297 -1422) befindet sich im Ortszentrum.

Regionalbusse pendeln zwischen Caravelas und dem benachbarten Dorf Barra (von wo man zur Praia Grauçá kommt) hin und her (6.30–22.30 Uhr alle 30 Min.).

Parque Nacional Marinho de Abrolhos

Der Name des ersten Meeresschutzgebiets in Brasilien soll von einem Seemann stammen, der warnte: Wenn du dich dem Land näherst, öffne deine Augen *(abre os olhos)*. Abrolhos umfasst ein 913 km² großes Gebiet mit Riffen, die für ihr Farbspiel berühmt sind, und einen Archipel aus fünf Inseln, die Charles Darwin an Bord der HMS *Beagle* 1832 besuchte. Heute suchen hauptsächlich Zugvögel und Buckelwale (Juni–Okt.) den Archipel auf, um sich auszuruhen oder ihre Jungen zur Welt zu bringen. Nur auf der Ilha de Santa Bárbara stehen ein paar Gebäude, darunter ein Leuchtturm von 1861.

Die Erhaltung der Inseln ist ein wichtiges Ziel des Ibama (Instituto Brasileiro do Meio Ambiente e dos Recursos Naturais Renováveis; Brasilianisches Institut für Umwelt und erneuerbare natürliche Ressourcen), weshalb man die Ilha da Siriba nur tagsüber für einige Stunden betreten darf. Man besucht ein Meeresschutzgebiet aber sowieso nicht wegen des Landes – man geht hin, um im kristallklaren Wasser zu schnorcheln. In der Trockenzeit (Mai–Sept.) beträgt die Sichtweite bis zu 20 m.

Anreise & Unterwegs vor Ort

Abrolhos liegt 80 km vor der Küste von Caravelas, dem wichtigsten Zugangspunkt zum Schutzgebiet. Hier bieten Tourveranstalter ein- bis dreitägige Trips in den Park an. Tagesausflüge kosten ab 300 R$ pro Person, je nach Nachfrage und gewünschtem Komfort an Bord. Kleine Agenturen wie **Catamarã Sanuk** (☎3297-1344; www.abrolhos.net; Estrelas 80, Caravelas) offerieren zwei- bis viertägige Schonertouren mit Übernachtung und Verpflegung an Bord für 1050 bis 1890 R$ pro Person inkl. Tauchen/Schnorcheln bzw. 682 bis 1176 R$ ohne. Für 25 R$ pro Tag kann man Schnorchel und Flossen leihen.

WESTLICH VON SALVADOR

Die große Attraktion des bahianischen Hinterlandes ist der Parque Nacional da Chapada Diamantina, ein üppig bewachsenes Gebiet mit Hochplateaus, Tälern, Wasserfällen und Flüssen. Möglichkeiten für Trekking- und Outdoorabenteuer gibt's im Überfluss.

Der Rest der Region besteht, im Gegensatz zu diesem grünen Park, aus der bizarren Mondlandschaft des *sertão,* einem riesigen, ausgedörrten Landstrich. Hier schlagen sich am Hungertuch nagende Menschen mit Viehzucht und Ackerbau durch. Wenn die regelmäßig auftretenden gewaltigen Dürren übers Land ziehen, packen sich Tausende von *sertanejos* (Einwohner des *sertão*) ihre Habseligkeiten auf den Rücken und ziehen auf der Suche nach Arbeit in den Süden. Doch mit dem ersten Anflug von Regen kehren sie wieder zurück, um die Bande, die sie an den Landstrich fesseln, zu erneuern.

Feira de Santana

☎0XX75 / 740 000 EW.

Feira de Santana, nach Salvador die zweitgrößte Stadt in Bahia, ist ein wichtiges Zentrum der Rinderzucht, doch für Touristen gibt's nur wenig zu tun und zu sehen. Viele Reisende kommen jedoch auf dem Weg in die Chapada Diamantina oder zum *recôncavo* mit dem Bus hier durch.

Feste & Events

In Feira entstand die mittlerweile weit verbreitete Idee der **Micareta**, eines Karnevals außerhalb der Saison. Wegen einer Überflutung konnte 1937 der Karneval nicht stattfinden. Daraufhin feierte ihn die Stadt einfach später, und die Bewohner beschlossen, diese Tradition unter neuem Namen beizubehalten. Im April oder Anfang Mai strömen Tausende Zuschauer her, um vier Tage lang die Parade der besten *trios elétricos* aus Sal-

KUNSTHANDWERK

In Bahia leben einige der besten Kunsthandwerker Brasiliens. Normalerweise haben sie kleine Läden oder verkaufen ihre Waren auf dem örtlichen Markt. Kunsthandwerk bekommt man auch in Salvador, aber der beste Platz, um sich echte Stücke anzuschauen oder zu kaufen, ist der Ort ihrer Entstehung. Feira de Santana ist bekannt für Lederwaren. Maragojipinho, Rio Real und Cachoeira stellen Töpferwaren her. Caldas do Jorro, Caldas de Cipo und Itaparica haben sich auf Kunsthandwerk aus Stroh spezialisiert. Rio de Contas und Muritiba produzieren Metallarbeiten. Die Ilha de Maré ist berühmt für ihre Spitze. Jequié, Valença und Feira de Santana sind Zentren der Holzschnitzerei. In Santo Antônio de Jesus, Rio de Contas und Monte Santo gibt's handgemachte Leder- und Silberwaren.

vador, Sambaschulen und Folkloregruppen zu erleben. Wer den Karneval von Salvador verpasst hat, kann das Erlebnis hier nachholen. Weitere Informationen bietet die Website www.micaretafeira.com.br.

Schlafen & Essen

In der Nähe des Busbahnhofs liegen mehrere billige Unterkünfte. Bars, Cafés und Restaurants gibt's überall in der Stadt, einige bieten abends Livemusik und *forró*.

Hotel Acalanto HOTEL **$$**
(☎ 3612-6700; www.hotelacalanto.com.br; Torres 77; DZ 208 R$; ❄ ≋) Das komfortable Businesshotel direkt am Busbahnhof ist eine solide Option, wenn man in Feira übernachten muss.

O Picuí BAHIANISCH **$**
(☎ 3221-1018; www.restaurantepicui.com.br; Av Maria Quitéria 2463; Hauptgerichte 15–33 R$; ⌚ Mo–Sa 11–24, So bis 19 Uhr) In diesem beliebten Lokal kommen herzhafte regionale Gerichte von gegrillten Steaks bis zu Lachs in Maracujasoße auf den Tisch.

An- & Weiterreise

Feira ist ein wichtiger Verkehrsknotenpunkt, weil hier drei große Schnellstraßen aufeinandertreffen. Zahlreiche Busse fahren nach Salvador (17 R$, 2 Std.) und Cachoeira (7 R$, 1½ Std.). Busse von Real Expresso kommen auf ihrem Weg von Lençóis nach Salvador ebenfalls durch Feira de Santana.

Lençóis

☎ 0XX75 / 10 400 EW.

Wer in Bahia mal was anderes als Strand und Meer sehen will oder nur für einen einzigen Abstecher ins Hinterland des Nordostens Zeit hat, sollte hierherkommen. Lençóis ist die schönste der alten Diamantenminenstädte in der Chapada Diamantina, einer hügeligen Waldoase im trockenen *sertão*. Die Stadt selbst birgt charmante Kopfsteinpflasterstraßen, bunt gestrichene Gebäude aus dem 19. Jh. und einladende Straßencafés und Restaurants. Die eigentliche Attraktion aber ist die Umgebung: Höhlen, Wasserfälle, idyllische Flüsse und Hochebenen mit toller Aussicht verlocken zu einem Abenteuer. Lençóis kann dabei als Ausgangsbasis für Ausflüge in den umgebenden Parque Nacional da Chapada Diamantina und zu den Sehenswürdigkeiten außerhalb des Parks dienen.

Geschichte

Die Geschichte von Lençóis ist auch die Geschichte des Diamantenbooms und des darauf folgenden Zusammenbruchs. Nachdem die ersten Expeditionen von *bandeirantes* (*paulista*-Forschern und angeheuerten Soldaten) erfolglos endeten, wurden 1822 in Chapada Velha die ersten Diamanten gefunden. Nach großen Streiks am Rio Mucujê 1844 kam ein bunter Haufen von Diamantenjägern aus ganz Brasilien, um hier sein Glück zu finden.

Anfangs suchten sie die Diamanten in Alluvialablagerungen und lebten in improvisierten Zelten, die von den Hügeln aus wie zum Trocknen aufgehängte Bettlaken aussahen – daher der Name der Stadt: Lençóis (Laken). Die Zelte der Diamantsucher wurden zu Dörfern: Vila Velha de Palmeiras, Andaraí, Piatã, Igatu und Lençóis. Übertriebene Geschichten über unendlichen Reichtum lockten Massen in die Diamantina-Minen, aber in der Gegend fanden sich nur große Mengen von trüben Industriesteinen, keine hochwertigen Juwelen.

Auf dem Höhepunkt des Diamantenbooms richteten die Franzosen – die die Diamanten kauften und zur Bohrung des Panamakanals (1881–1889), des Sankt-Gotthard-Tunnels und der Londoner U-Bahn-Tunnel benutzten – ein Vizekonsulat in Lençóis ein. Französische Mode und Bonmots hielten in der Stadt Einzug, aber als die Abbau-

Lençóis

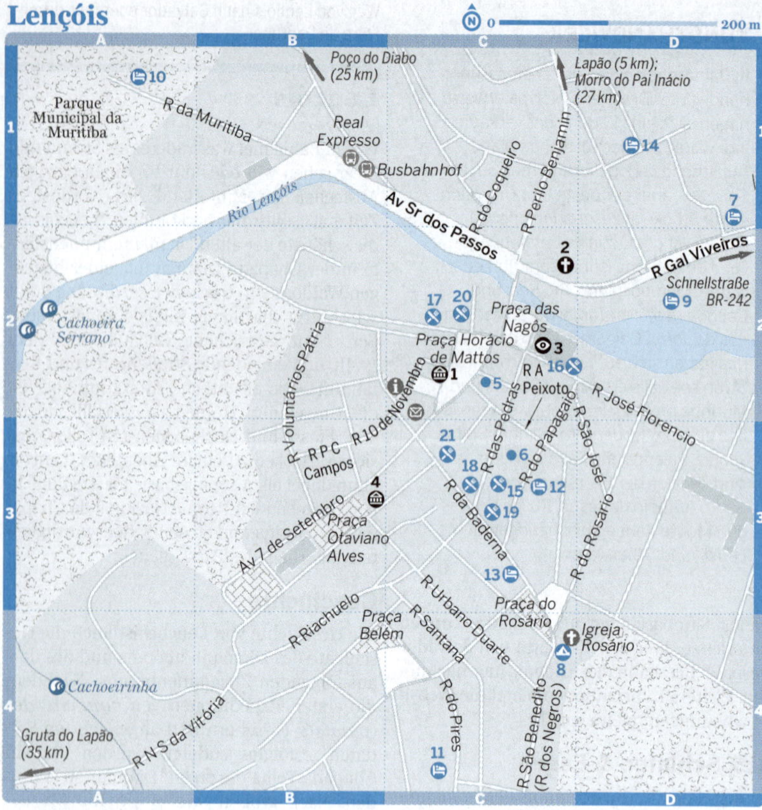

Lençóis

Sehenswertes
1 Französisches Vizekonsulat C2
2 Igreja Senhor dos Passos C2
3 Mercado Cultural C2
4 Prefeitura Municipal B3

Aktivitäten, Kurse & Touren
5 Chapada Adventure C2
6 Fora da Trilha C3
H20 Expedições .... (siehe 11)

Schlafen
7 Alcino Estalagem & Atelier D1
8 Pousada & Camping Lumiar C4
9 Pousada Canto das Águas D2
10 Pousada da Fonte A1
11 Pousada dos Duendes C4
12 Pousada Lua de Cristal C3
13 Pousada Safira C3
14 Vila Serrano D1

Essen
15 Bodega C3
16 Burritos y Taquitos C2
17 Cozinha Aberta C2
18 Lampião C3
19 Maria Bonita Casa de Massas C3
20 O Bode C2
21 Os Artistas da Massa C3

gebiete nichts mehr hergaben, die französische Nachfrage zunehmend zurückging und man die ergiebigeren südafrikanischen Minen entdeckte, war Anfang des 20. Jhs. das Ende des brasilianischen Diamantenbooms besiegelt.

Trotz dieser Entwicklungen ging der Bergbau weiter. In den 1980er-Jahren setzte man dann mächtige und zerstörerische Wasserpumpen ein. Sie steigerten die Produktion, bis sie 1995 schließlich verboten wurden. Die wenigen verbliebenen Bergarbeiter sind zu den alten Methoden zurückgekehrt und schürfen Diamanten in den Flüssen. Nach der Einrichtung des Nationalparks 1985 wurde der Tourismus immer wichtiger und schließlich zur größten Wirtschaftsbranche der Stadt.

Sehenswertes & Aktivitäten

Bei einem kurzen Stadtbummel kommt man an einigen historischen Gebäuden vorbei. Im **Gebäude des französischen Vizekonsulats** (Praça Horácio de Mattos) aus dem 19. Jh. wurde der Diamantenhandel abgewickelt. Die schöne, 1860 erbaute **Prefeitura Municipal** (Praça Otaviano Alves) war das Haus des Obersten César Sá. Angeblich ließ er die neoklassischen Details nachträglich anbringen, um seine Frau zu erfreuen. Den Lehmsteinbau der **Igreja Senhor dos Passos** (Av Senhor dos Passos 220; ⌚10–17 Uhr) errichteten Sklaven zu Ehren des Schutzpatrons der Bergarbeiter.

Kunsthandwerk aus lokalem Holz und Steinen, Lehmseifen und Halbedelsteinschmuck gibt's auf dem schönen alten **Mercado Cultural** (Praça Aureliano Sá; ⌚Mo–Sa 8–23 Uhr). Er liegt oberhalb der Stadt auf dem Hauptplatz und stammt aus dem 19. Jh.

Hiesige Veranstalter organisieren eine große Bandbreite an Outdooraktivitäten im Nationalpark Chapada Diamantina, z. B. Wandern, Abseilen, Klettern, Kajakfahren, Mountainbiken und Reiten. Man kann sie hier gar nicht alle aufzählen, im Folgenden werden einige Wanderungen und Agenturen empfohlen.

Aus der Stadt führen tolle Wanderwege hinaus, die Abenteuerlustige auf eigene Faust erkunden können. Dazu gehört ein 3 km langer Wanderweg, der dem Rio Lençóis stromaufwärts folgt. Zuerst kommt man an einer Reihe von Stromschnellen vorbei, die **Cachoeira Serrano** genannt werden. Zur Rechten befindet sich der **Salão de Coloridas Areias** (Raum des farbigen Sands), wo Kunsthandwerker Material für Sandkunstwerke in Flaschen sammeln. Danach passiert man den **Poço Halley** (Schwimmloch) und erreicht die **Cachoeirinha** (kleinen Wasserfall), der sich links an einem Nebenfluss befindet. Weiter stromaufwärts liegt die **Cachoeira da Primavera** (Frühlingswasserfall) an einem weiteren Nebenfluss links. (Wenn das Wasser niedrig ist, kann man die Wanderung damit beginnen, den steinigen Hang rechts neben dem Bach nach oben zu klettern. Sollte das Wasser höher stehen, muss man sich einen Weg durch die Wälder bahnen – der „Wanderweg", falls man ihn so nennen kann, sollte am Verkehrskreisel starten und parallel zum Fluss verlaufen.)

Eine andere hübsche Wanderung von 4 km Länge folgt der Rua São Benedito (auch Rua dos Negros genannt) ab der Pousada & Camping Lumiar, bis die Straße an einer neuen, teuren Wohnsiedlung endet. Man geht noch ein paar Schritte weiter und biegt dann an der Gabelung nach links in einen Pfad, der bergab führt und einen Bach überquert. Diesem folgt man bis zu einem Bergrücken, von dem aus man den Rio Ribeirão überblickt. Am Fuß dieses Grats liegt der **Ribeirão do Meio**, eine Ansammlung von Pools mit einer natürlichen Wasserrutsche (in Shorts kommen oder irgendwas zum Rutschen mitbringen). Um sich nicht zu verletzen, sollte man nicht die nassen Felsen der Rutsche hochklettern, sondern die trockenen.

Wer weitere Badegelegenheiten sucht, fährt mit dem Morgenbus Richtung Seabra und steigt in Mucugêzinho Bar (25 km) aus. Etwa 2 km stromabwärts liegt der **Poço do Diabo** (Teufelsbrunnen), ein sehr schönes Naturschwimmbecken des Rio Mucugêzinho mit einem 25 m hohen Wasserfall.

Geführte Touren

Die Chapada Diamantina und ihre Umgebung sind ein Wunder der Natur und teilweise noch unberührt, weil sie weniger touristische Infrastruktur aufweisen als viele andere Nationalparks. Da es an markierten Wanderwegen und öffentlichen Verkehrsmitteln fehlt, ist es am einfachsten, bei ei-

ORIENTIERUNG IN LENÇÓIS

Als wir für diesen Reiseführer recherchierten, gab es in Lençóis einige bedeutende Veränderungen: Fast alle Straßen wurden offiziell neu benannt. Die Einheimischen verwenden natürlich weiter die ursprünglichen Namen, was Touristen ziemlich verwirren kann. Manche Läden und Lokale nutzen ihre neue Adresse, andere nicht. Wer nach dem Weg fragt, hat es hier nicht leicht. Zum Glück ist Lençóis klein und man orientiert sich schnell, aber wer nachts ankommt, sollte vorher auf den Stadtplan schauen und bei der Ankunft am Busbahnhof bereits den Weg kennen.

nem Veranstalter vor Ort eine geführte Tour oder längere Wanderung zu buchen.

An den meisten Attraktionen des Parks bezahlt man separat Eintritt (15–20 R$). Inzwischen ist das Eintrittsgeld oft im Preis der geführten Tour inbegriffen (das gilt auch für die unten aufgeführten Preise, die zudem die Verpflegung beinhalten). Bevor man bucht, sollte man sich dessen aber noch einmal vergewissern.

Eine beliebte Tour (160 R$, plus 20 R$ für Schnorcheln) führt zum Rio Mucugêzinho und seinem Schwimmbecken Poço do Diabo, zu den Höhlen Gruta da Lapa Doce (die 850 m lange Höhle entstand durch einen unterirdischen Fluss und bietet eindrucksvolle Stalagmiten und Stalaktiten), Gruta da Pratinha (eine Höhle und ein Fluss mit klarem, hellblauem Wasser) sowie zum Berg Morro do Pai Inácio (von dem 1120 m hohen Gipfel hat man einen atemberaubenden Blick auf das Tal mit den vielen Plateaus).

Angeboten werden auch Touren (170 R$) zum Poço Encantado (die Höhle mit herrlich blauem Wasser ist das Postkartenmotiv von Lençóis) und zum Poço Azul (in dieser mit Regenwasser gefüllten Höhle kann man ebenfalls baden). Man sollte sich vorher nach der Beleuchtung erkundigen. Wenn es geregnet hat, ist das Wasser oft schlammig.

Weitere beliebte Ausflugsziele sind der Wasserfall Fumaça (135 R$) und das Feuchtgebiet Marimbus (160 R$, plus 35 R$ für Kajakfahren).

Wer nicht an einer Tour teilnehmen will, kann sich mit einem Führer auf den Weg zum Nationalpark oder in die umliegende Gegend machen. Guides sind relativ preisgünstig zu bekommen (ca. 150 R$ pro Tag für bis zu sechs Teilnehmer); sie kennen die hiesige Flora und Fauna unglaublich gut und finden die besten Schwimmstellen – all das ist unbezahlbar in einem Park mit nur wenig Hinweisschildern und ausgewiesenen Wanderwegen. Für mehrtägige Wanderungen vermitteln sie auch einfache Unterkünfte mit Verpflegung in Gastfamilien zu einem unschlagbaren Preis von ca. 60 R$ pro Person und Tag.

Die hier aufgeführten Touranbieter sind nur eine kleine Auswahl. Vor Ort gibt's zahlreiche andere ebenfalls empfehlenswerte Veranstalter.

Chapada Adventure OUTDOORAKTIVITÄTEN
(☎ 3334-1933; www.chapadaadventure.com; Praça Horácio de Mattos 114; ⏲ 10–21 Uhr) Freundliche Agentur mit mehrsprachigen Angestellten.

Fora da Trilha OUTDOORAKTIVITÄTEN
(☎ 3334-1326; www.foradatrilha.com.br; Pedras 202; ⏲ 10–21 Uhr) Ist auf Klettern spezialisiert und bietet sogar eine Kletterwand, sodass man hier etwas Unterricht nehmen kann, bevor man in den Nationalpark aufbricht.

H2O Expedições OUTDOORAKTIVITÄTEN
(☎ 3334-1229; www.h2otraveladventures.com; Pousada dos Duendes, Rua do Pires; ⏲ 10–21 Uhr) Tagesausflüge und Trekkingtouren. Auf der Website ist jede Tour mitsamt Schwierigkeitsgrad ausführlich beschrieben.

Feste & Events

Die **Festa de Senhor dos Passos** Fest zu Ehren des Schutzheiligen der Bergarbeiter beginnt am 23. Januar und dauert eine Woche. Am 23. Juni wird die turbulente **Festa de São João** gefeiert, eine große Straßenparty mit traditionellen *forró*-Tänzen, Freudenfeuern vor jedem Haus und köstlichen Straßensnacks. Eins der größten kulturellen Ereignisse des Jahres ist das **Festival de Lençóis** im September oder Oktober – in der Vergangenheit sind hier Berühmtheiten wie Gilberto Gil und Gal Costa aufgetreten.

Schlafen

Die besten *pousadas* von Lençóis sind berühmt für ihr fantastisches Frühstück. Nur selten haben Zimmer eine Klimaanlage, was den meisten Gästen aber nichts ausmacht, weil sie ohnehin den ganzen Tag im Nationalpark verbringen.

★ **Pousada Lua de Cristal** POUSADA $
(☎ 3334-1658; www.pousadaluadecristal.com.br; Patriotas 27; DZ/3BZ 110/180 R$, DZ ohne Bad 80 R$; 📶) Ein ausgesprochen sympathischer Besitzer führt diese charmante neue *pousada*. Sie hat hübsche einfache Zimmer mit antiken Buntglasfenstern, einige blicken auf die Stadt. Ein Plus sind die Frühstückstische im Freien.

Pousada da Fonte POUSADA $
(☎ 3334-1953; www.pousadadafonte.com; Muritiba 3; EZ/DZ 70/120 R$; 📶) Die reizende *pousada* mit Steinwänden, Hängematten im Freien und einer von üppigem Wald umgebenen offenen Frühstücksterrasse hat sechs Zimmer und wirkt wie ein Wochenendhäuschen in den Bergen. Vom Busbahnhof geht's kurz, aber steil den Berg hinauf.

Pousada & Camping Lumiar CAMPING $
(☎ 3334-1241; lumiar.camping@gmail.com; Praça do Rosário 70; Stellplatz ab 20 R$; ❄) Um sein Zelt aufzuschlagen, bietet sich der Lumiar in der

Nähe eines der Hauptplätze der Stadt an. Auf dem hübschen grasbewachsenen Gelände gibt's viele Bäume, warme Duschen, Kochgelegenheiten und sogar einen Angelteich.

Pousada Safira POUSADA $

(☎3334-1443; www.pousadasafira.com; Miguel Calmon 124; DZ 100 R$; 📶) Hier schwingt Dona Eulina, wegen ihrer mütterlichen Wärme und Gastfreundschaft eine Art lokale Berühmtheit, das Zepter. Die bodenständige und einfache, aber gemütliche Unterkunft ist bei Travellern sehr beliebt.

Pousada dos Duendes HOSTEL $

(☎3334-1229; www.pousadadosduendes.com.br; Pires s/n; B/DZ 40/135 R$, DZ ohne Bad 115 R$; @📶) 🍃 Eine Institution für Backpacker ist das Duendes mit seiner coolen Atmosphäre, einem Loungebereich im Freien, Hängematten im Garten und einem auch für Vegetarier geeigneten Restaurant auf dem Gelände. Hier lässt sich alles organisieren – Touren durch den Nationalpark, Ausritte, Kajaktrips – und auf Wunsch bekommt man ein Lunchpaket. Es liegt fünf Gehminuten außerhalb der Stadt.

Alcino Estalagem & Atelier PENSION $$

(☎3334-1171; www.alcinoestalagem.com; Tomba Surrão 139; DZ 280 R$, DZ ohne Bad 190 R$; ❄📶) Die hübsche, gelbe Villa voller Antiquitäten und handbemalter Kacheln wurde von einem einheimischen Künstler gestaltet. Man kann sich dessen Keramikwerkstatt ansehen, in der Bibliothek stöbern oder in dem schönen Innenhof relaxen. Das großzügige Frühstück ist zu Recht berühmt.

Vila Serrano POUSADA $$

(☎3334-1486; www.vilaserrano.com.br; Alto do Bonfim s/n; EZ/DZ 190/250 R$; 📶) 🍃 Mitten im Grünen bietet die edle, umweltbewusst geführte Vila Serrano geräumige Apartments. Sie sind nach den Regeln des Feng-Shui mit romantischen Gardinen und rustikalen Akzenten aus Holz eingerichtet. Auf den privaten Balkonen schaukeln Hängematten.

Pousada Canto das Águas POUSADA $$$

(☎3334-1154; www.lencois.com.br; Av Senhor dos Passos 1; EZ/DZ ab 309/345 R$; ❄📶🏊) 🍃 Das familienfreundliche, nach Kriterien der ökologischen Nachhaltigkeit designte Hotel am Fluss wirkt gehoben, aber dennoch geerdet – ein Bau aus Stein und Hartholz mit großen Fenstern und Blick auf Bäume. Es hat einen Swimmingpool und einen kleinen Fitnessraum; abends erfüllt das Rauschen des Flusses die Zimmer. Die hervorragende São Benedito Cafeteria und das Restaurant Azul sind beide auch für Nichtgäste geöffnet.

Essen

Wanderer können sich in Lençóis in etlichen Bäckereien und Minimärkten verpflegen. Abends herrscht im Ort eine wundervolle Atmosphäre, da viele Restaurants an der Praća Horácio de Mattos und der Rua das Pedras mit Kerzen beleuchtete Tische nach draußen auf das Kopfsteinpflaster stellen.

Burritos y Taquitos MEXIKANISCH $

(☎3334-1083; José Florencio 3; Hauptgerichte 12–32 R$; ⏰Di–So 17–23 Uhr) Eine seltene Gelegenheit, in Bahia mexikanisch zu essen! Das zwanglose, bei Einheimischen beliebte Restaurant serviert authentische Burritos, Tacos und Guacamole. Der Hinterhof blickt auf den Fluss.

O Bode BÜFETT $

(☎9913-0722; Beco do Rio; 24 R$ pro Kilo; ⏰12–15.30 Uhr) Das hübsche, beliebte *por-kilo*-Restaurant hat eine seitlich offene Terrasse über dem Fluss und tischt ein kleines, aber verführerisches Büfett mit Fleisch- und Pastagerichten sowie Salaten auf.

★ **Cozinha Aberta** FUSIONSKÜCHE $$

(☎3334-1321; www.cozinhaaberta.com.br; Barbosa 42; Hauptgerichte 28–44 R$; ⏰12.30–23 Uhr) An Feinschmecker richtet sich dieses Slow-Food-Bistro mit charmanter, heimeliger Atmosphäre. Es serviert bunte Fusionsküche von thailändischen Nudeln über indische Currys bis zu italienischer Pasta.

Maria Bonita Casa de Massas ITALIENISCH $$

(☎3334-1850; www.mariabonitalencois.blogspot.com.ar; Ecke Pedras & Baderna; Hauptgerichte 20–35 R$; ⏰12–15 & 17–23 Uhr) Perfekt zubereitete hausgemachte Fettuccine und Lasagne sind die Spezialitäten des familiengeführten italienischen Ecklokals mit schickem Ambiente. Zu der herzhaften Küche werden offene Weine kredenzt.

Lampião BRASILIANISCH $$

(☎3334-1157; Baderna 51; Mittagsmenü 28 R$; ⏰12–23 Uhr) Das beliebte neue Restaurant hat sich auf die Küche des brasilianischen Nordwestens spezialisiert. An kleinen Zweiertischen im Freien serviert es Fleisch vom Grill, Fisch und Huhn, auch ein preiswertes Mittagsmenü wird angeboten.

Os Artistas da Massa ITALIENISCH $$

(☎3334-1886; Baderna 49; Hauptgerichte 19–28 R$; ⏰12.30–22.30 Uhr) Fantastisch frische handgemachte Pasta und Jazz erwarten die Gäste in diesem Feinschmeckerrestaurant.

Bodega PIZZERIA **$$**
(☎ 3334-1019; Pedras 121; Hauptgerichte 22–35 R$; ⌚ 17–23 Uhr) Der schicke Italiener bietet nicht nur Pizza, Aufläufe und süffige Cocktails, sondern auch tolle Gelegenheiten, um Leute zu beobachten.

Praktische Informationen

Das Onlineportal von Guia Lençóis (www.guialencois.com.br) ist für Touristen eine großartige Informationsquelle. Sehr nützlich – besonders, wenn man mehrere Tage im Nationalpark verbringen möchte – ist auch die englischsprachige Broschüre *Guia Turistico Chapada Diamantina* (29 R$, www.guiachapadadiamantina.com.br) mit Farbfotos, Karten und detaillierten Beschreibungen der Wanderungen in der Region. Man kann sie in der Touristeninformation und in den Geschäften in der Stadt kaufen.

Associação dos Condutores de Visitantes de Lençóis (☎ 3334-1425; Ecke Baderna & 7 de Setembro; ⌚ 8–12 & 14–20 Uhr) Infos über Fremdenführer. Guides lassen sich auch über die diversen Tourveranstalter und Reisebüros engagieren.

Banco do Brasil (Praça Horácio de Mattos 56) Mehrere Geldautomaten.

Post (7 de Setembro s/n; ⌚ Mo–Sa 9–17 Uhr)

An- & Weiterreise

AUTO

Lençóis liegt 13 km abseits der Schnellstraße BR-242, der Hauptverbindung zwischen Salvador und Brasília. 22 km östlich von Lençóis gibt's in Tanquinho an der BR-242 eine Tankstelle. Die Fahrt von Salvador nach Lencois dauert etwa fünf Stunden.

BUS

Wenn man von Süden kommt, ist die Fahrt über Salvador zwar ein Umweg, geht aber viel schneller. **Real Expresso** (☎ 3334-1112; www.realexpresso.com.br) betreibt Busse nach Salvador (59 R$, 7 Std., 4- bis 5-mal tgl.). Sie halten in Feira de Santana, wo man Anschluss fast überallhin hat. Auf jeden Fall einen Pullover einpacken, denn die Busfahrer drehen ihre Klimaanlagen bis zum Anschlag auf.

Parque Nacional da Chapada Diamantina

☎ 0XX75

Inmitten des 1520 km² großen Nationalparks stürzen Wasserfälle über die Berge und Hochebenen der Sincora-Kette in die Flüsse und Bäche und bahnen sich ihren Weg durch grasbewachsene Täler mit sauberen Naturpools.

Ein scheinbar endloses Wegenetz mäandert zwischen Kakteen und Strohblumen, Philodendren, Velosiaceae, Orchideen und Bromelien – sofern sie noch nicht abgepflückt sind. Mehrere Affenarten schwingen sich durchs Blattwerk, in dem *araras* (Aras) hocken. *Veados* (Hirsche) streifen an klaffenden Höhlen vorbei, während *mocós* (einheimische Nagetiere) und *cutia* (Agutis) am Boden herumwieseln. Hin und wieder schärft auch ein *onça pintada* (Jaguar) seine Krallen an einem Baum, aber wahrscheinlich trifft man eher einen niedlichen *quati* (pelziges Raubtier mit braun-gelbem Schwanz).

Die einzigartige natürliche Schönheit der Gegend und die Ruhe ihrer kleinen Kolonialstädte ziehen seit Jahrzehnten einen beständigen Strom brasilianischer und ausländischer Traveller an – und einige von ihnen sind geblieben. Diese neuen Bewohner, die über die Umweltzerstörung und das Schwinden der Tierpopulation entsetzt waren, haben eine Umweltbewegung ins Leben gerufen, die gegen die Ausbeutermentalität der Diamantensucher und vieler Einheimischer agiert. Nach sechs Jahren Kampf gegen die Bürokratie konnte Roy Funch die Regierung 1985 davon überzeugen, den Parque Nacional da Chapada Diamantina einzurichten.

Der Park hat sehr wenig Infrastruktur für Besucher. Insbesondere zu den abgelegenen Ecken verkehren nur selten und unregelmäßig Busse. Man kann aber kostenlos und ohne Genehmigung campen oder in den kleinen Höhlen übernachten. Allerdings sollte man einen Rucksack, einen Schlafsack und ein Zelt, das man sich in Lençóis ausleihen kann, sowie einigermaßen warme Kleidung mitnehmen.

Die Naturattraktionen und Wanderungen, die auf den folgenden Seiten beschrieben werden, stellen nur einen Bruchteil dessen dar, was es in dem weitläufigen Chapada Diamantina zu entdecken gibt: Wer richtig wandern gehen möchte, sollte sich in Lençóis einen detaillierten Wanderführer kaufen.

Geologie

Geologen zufolge entstanden die Diamanten in der Chapada Diamantina vor Jahrmillionen in der Nähe des heutigen Namibias (Bahia war vor der Kontinentalverschiebung mit Afrika verbunden). Mit Kieselsteinen vermischt, wurden sie ins Meer gespült, das

das brasilianische Binnenland bedeckte, und in der Tiefe eingeschlossen, als der Meeresboden versteinerte. Im Laufe der Zeit wurde die Schicht zusammengepresster Steine freigelegt, und die Kräfte der Erosion lösten die Diamanten heraus, die sich dann in den Flussbetten ablagerten.

Tageswanderungen & Ausflüge

Der populärste Tagesausflug in den Park führt zum größten Wasserfall Brasiliens, zur **Cachoeira da Fumaça** (Rauchwasserfall). Den Namen hat man ihm verpasst, weil das Wasser, bevor es die gesamten 420 m zurückgelegt hat, zu Wasserdampf zerstiebt. Für die 6 km lange Wanderung braucht man einen Führer, der sich über einen Tourveranstalter in Lençóis buchen lässt. Man kann auch vom nächstgelegenen Dorf **Capão** (80 km westlich von Lençóis) aufbrechen, wo es mehrere *pousadas* und ein paar Reisebüros gibt. In das mystische Vale do Capão oder **Caeté-Açu** zieht es eine internationale Gemeinschaft von Leuten, die ein alternatives, naturnahes Leben anstreben.

Palmeiras (54 km mit dem Auto ab Lençóis), an der Straße außerhalb des Parks gelegen, ist ein verschlafenes Örtchen, das sich wunderschön an den Fluss schmiegt. Seine Straßen sind von bunten Häusern und mehreren preiswerten *pousadas* gesäumt.

Eine schöne Wanderung führt den Barro Branco entlang von Lençóis zum **Morro do Pai Inácio**, einem 1120 m hohen Berg, von dem man einen brillanten Blick über ein Tal voller Plateaus genießt. Für die einfache Strecke braucht man etwa vier bis fünf Stunden.

Südwestlich von Lençóis befindet sich am Oberlauf des Ribeirão do Meio der hübsche Wasserfall **Cachoeira do Sossêgo**. Unten gibt's einen tiefen Pool und Felsvorsprünge zum Springen. Auf der 7 km langen Wanderung muss man über viele Steine im Flussbett hüpfen. Bei Regen oder Hochwasser sind die mit Flechten bedeckten Felsen sehr rutschig. Deshalb sollte man nicht ohne Führer gehen.

Die **Gruta do Lapão** ist die vermutlich größte Sandsteinhöhle Südamerikas und nur eine 5 km lange Wanderung von Lençóis entfernt. Da der Weg nicht ganz einfach ist, sollte man einen Führer engagieren.

94 km südlich von Lençóis liegt das „Pantanal von Chapada" oder **Marimbus**, eine sumpfige Mikroregion. Hier kann man vom Kanu oder Kajak aus *tucunaré* (Buntbarsche) fangen und Wasserschweine sowie *jacarés* (Kaimane) beobachten. **H20 Expedições** und mehrere andere Agenturen in Lençóis bieten Kajaktouren an (ab 80 R$).

Längere Wanderungen

Auf den Wandertouren den richtigen Weg zu finden ist teilweise sehr schwierig. Deshalb sollten Traveller unbedingt einen Führer engagieren. Wanderungen mit Guide können zwei bis acht Tage dauern und den Teilnehmerwünschen entsprechend organisiert werden. Normalerweise übernachtet man teils in Zelten, teils in Privathäusern und *pousadas*.

Am Fuß des Wasserfalls Fumaça

Die schöne, aber anstrengende 36 km lange Wanderung führt in drei Tagen von Lençóis quer durch den Park nach Capão. Unterwegs macht man Abstecher zu Wasserfällen und gelangt an den Fuß der **Cachoeira da Fumaça**. Hängt man noch einen Zusatztag an, kann man nach Lençóis zurückwandern oder gleich mit dem Großen Rundweg weitermachen. Achtung: Rund um das Becken am Fuß des Wasserfalls tummeln sich zeitweise extrem viele Leute. Dann kann's durchaus passieren, dass man sich die Schlafhöhle mit Unbekannten teilen muss.

Vale do Patí

Diese sehr zu empfehlende Wanderung ist viel einfacher als der Marsch zum Wasserfall Fumaça. Sie beginnt und endet im Vale do Capão und dauert je nach Zahl der Abstecher vier bis sechs Tage. Hier hat man eher die Strecke ganz für sich alleine. Unterwegs bietet sich immer wieder eine atemberaubende Aussicht auf die Ebenen und die spektakulären Tafelberge von Chapada. Zum Essen oder zur Übernachtung kann man auch in Privathäusern einkehren, was sich wesentlich leichter arrangieren und verhandeln lässt, wenn man mit einem örtlichen Führer unterwegs ist.

Großer Rundweg

Der Große Rundweg durch den Park ist etwa 100 km lang und sollte am besten gegen den Uhrzeigersinn absolviert werden. Man braucht dafür etwa fünf Tage, aber um Abstecher zu machen, sollte man mindestens acht einplanen. Besonders, wenn man keine Campingausrüstung samt Essen mit sich herumtragen möchte, ist es am besten, sich von einem kompetenten Guide begleiten zu lassen, der Unterkünfte und Mahlzeiten in Privathäusern organisiert.

Am ersten Tag wandert man von Lençóis durch das Vale do Capão (25 km, ca. 7 Std.); unterwegs bietet sich ein Abstecher zur **Cachoeira da Fumaça** an. In dem gastfreundlichen Tal kann man zelten oder in einer *pousada* übernachten, z. B. in der ökologisch ausgerichteten **Pousada Pé no Mato** (www.penomato.com.br; Ladeira da Vila, 2, Caeté-Açú; B/EZ/DZ ab 50/85/95 R$, Hütten für 2/3/4 Pers. 160/230/300 R$) mit ruhigen preiswerten Schlafsälen, Privatzimmern und frei stehenden Hütten. Ein Touranbieter auf dem Gelände kann beinahe jede erdenkliche Aktivität im Nationalpark arrangieren.

Vom Ort Bomba im Vale do Capão aus überquert man die schöne Ebene von Gerais do Vieira und wandert durch das Hochland des Rio Preto bis zum **Vale do Patí**. Auf der Ebene kann man im Zelt schlafen; wer mit einem Führer unterwegs ist, übernachtet meist in einem Privathaus.

Wer will, erreicht auf einem eintägigen Gewaltmarsch Andaraí. Lohnenswerter ist es jedoch, zuvor in ein bis zwei Tagen das Vale do Patí und den schönen Wasserfall **Cachoeirão** sowie das Gebirge **Morro do Castelo** zu erkunden.

In Andaraí angekommen, sollte man unbedingt Ausflüge zum **Poço Encantado** (56 km von Andaraí) und den faszinierenden Steinruinen von **Igatu** (12 km von Andaraí) aus der Zeit des Diamantenbooms unternehmen. In Andaraí übernachtet man im Zelt oder in der gemütlichen **Pousada Sincorá** (☎ 3335-2210; www.sincora.com.br; Paraguaçu 120; EZ/DZ/3BZ 63/115/145 R$; ❄ 📶), die für ihr köstliches Frühstück bekannt ist. Baden kann man an den nahen Stränden am **Rio Paraguacu**, oder man wandert die kurze Strecke bis zum **Cachoeira do Ramalho**, einem 90 m hohen Wasserfall.

In Igatu lohnt sich die zweistündige Wanderung an der **Rampa do Caim** entlang, mit weitem Blick über das Vale do Patí. Übernachten kann man im charmanten **Flor de Açucena** (☎ 3335-7003; https://sites.google.com/site/igatur; Nova s/n; Stellplatz 30 R$ pro Pers., EZ/DZ ab 80/100 R$; 🍳). Hier gibt's Zeltplätze und an den felsigen Hang gebaute Gästezimmer, sehr viel Grün und eine überwältigende Aussicht. Ein Pfad führt hinab zum Fluss.

Von Andaraí nach Lençóis zurück fahren die meisten Besucher, da der Wanderweg über eine langweilige Schotterstraße verläuft. Wer dennoch wandern will, sollte dafür zwei Tage einplanen und die erste Nacht in der Nähe des Rio Roncador zelten.

Geführte Touren

Viele renommierte Agenturen bieten Gruppentouren in den Park an.

Für mehrtägige Trips empfiehlt sich aber ein eigener Guide, der jeglichen Ausflug in den Park zu einer bereichernden Erfahrung macht. In Lençóis findet man Führer über die Associação dos Condutores de Visitantes de Lençóis, oder man fragt bei den größeren Tourveranstaltern. Auch in *pousadas* werden gute Guides vermittelt. Als wir für dieses Buch recherchierten, lag der Preis für eine Gruppe von bis zu sechs Teilnehmern bei 150 R$, doch dies ändert sich ständig. Die Guides kennen nicht nur die Wege im Park sowie die lokale Flora, Fauna, Geschichte und Geologie, sondern können auch Mahlzeiten und Übernachtungen in den Häusern der Einheimischen organisieren (ca. 60 R$ pro Pers. und Tag).

Ob man nun einen Guide engagiert oder nicht – allein sollte man auf keinen Fall in den Park gehen.

Sergipe & Alagoas

5 MIO. EW.

Inhalt ➡

Schön übernachten

- ➡ Pousada Colonial (S. 506)
- ➡ Pousada da Amendoeira (S. 508)
- ➡ Pousada Aquarela do Brasil (S. 500)
- ➡ Pousada Canto de Yemanjá (S. 505)
- ➡ Pousada Olho D'água (S. 509)

Highlights abseits der üblichen Pfade

- ➡ São Miguel Dos Milagres (S. 508)
- ➡ Laranjeiras (S. 496)
- ➡ Praia Do Francês (S. 504)
- ➡ Japaratinga (S. 508)
- ➡ Pontal de Coruripe (S. 505)

Auf nach Sergipe & Alagoas

Die winzigen Bundesstaaten Sergipe und Alagoas werden vom großen Bahia im Süden überschattet und oft von Travellern übersehen. Nichtsdestotrotz hat sich die schöne Küstenstadt Maceió in den vergangenen Jahren zu einem lebhaften Reiseziel für brasilianische Touristen entwickelt. Neben ökofreundlichen *pousadas* und stilvollen Restaurants gibt's am Meer von Alagoas nach wie vor zahlreiche paradiesartige weiße Sandstrände, smaragdgrüne Gewässer, Palmen und ruhige Dörfer. Das Inland zieht Geschichtsbegeisterte an: Penedo ist eine charmante Flussstadt mit malerischen Kolonialkirchen und hügeligen Kopfsteinpflasterstraßen. Weiter südlich bietet Sergipes Provinzhauptstadt Aracaju zwar weniger Attraktionen, dient aber als Ausgangsbasis zu verschlafenen Kolonialorten. In den abgelegenen Dörfern zeugen historische Kirchen aus dem 17. Jh. von der wichtigen Rolle der Region in den frühen Tagen der europäischen Besiedlung Brasiliens.

Reisezeit

Maceio

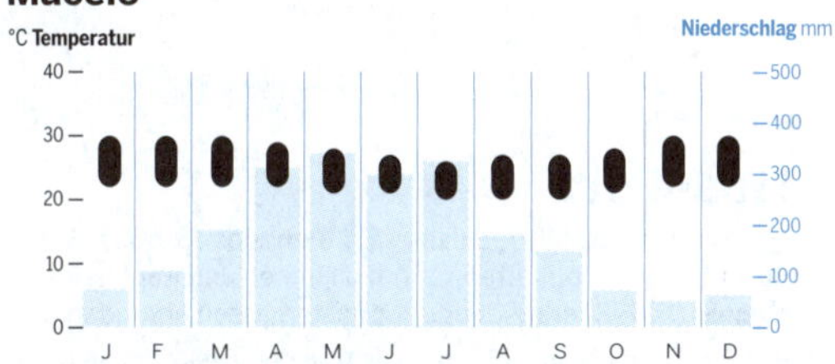

Dez.–Feb. Jetzt kommen massenweise brasilianische Touristen nach Maceió und Aracaju.

März–Aug. Hohe Temperaturen, außerdem kann es regnen. Die Hotelpreise sinken.

Sep.–Nov. Nahezu perfektes Wetter und nur wenige Touristen.

Geschichte

Während des niederländischen Einfalls (1630) konnten viele Sklaven in die Berge hinter den Küstenabschnitten im nördlichen Alagoas und südlichen Pernambuco fliehen. Dort, wo heute die Städte Atalaia, Capela, Viçosa, União dos Palmares und Porto Calvo in Alagoas liegen, wuchsen damals unberührte Wälder. Ihre Früchte und wilde Tiere ernährten die neu gegründeten Siedlungen der Flüchtlinge. Der frühere afrikanische Stammeskönig Zumbi führte mit Palmares die mächtigste der so entstandenen Republiken, auf deren Gebiet sich heute Alagoas und Pernambuco erstrecken. Zuckerrohr und Baumwolle verhalfen der Region im 18. und 19. Jh. zu ihrem Aufstieg. Inzwischen sind neben Zuckerrohr auch Orangen, Mani-

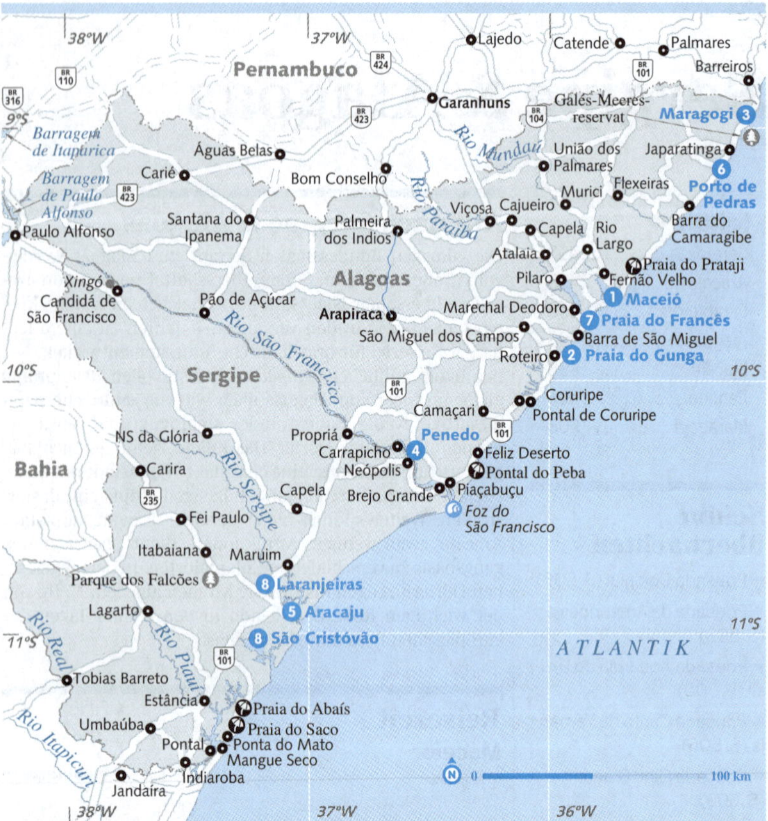

Highlights

1 Mit dem Leihfahrrad die Strandpfade im lebhaften **Maceió** (S. 498) erkunden.

2 Per Strandbuggy durch den weißen Sand der **Praia do Gunga** (S. 504) kurven.

3 An den bunten Korallenriffen vor der Küste von **Maragogi** (S. 508) schnorcheln.

4 **Penedos** (S. 505) Kolonialkirchen und Kopfsteinpflastergassen erkunden.

5 In den Freiluftlokalen von **Aracaju** (S. 493) frische Krabben genießen und *forró*-Musik hören.

6 Mit dem langsamen lokalen Bus nach **Porto de Pedras** (S. 508) und in die Stranddörfer nördlich von Maceió fahren.

7 Sonnenbaden und surfen im angehenden Hotspot **Praia Do Francês** (S. 504).

8 Die Zeit zurückdrehen und Sergipes Kolonialschätze in **Laranjeiras** (S. 496) und **São Cristóvão** (S. 498) bewundern.

ok und der wachsende Tourismussektor bedeutende Wirtschaftsfaktoren in Maceió. Trotzdem stehen Sergipe und Alagoas leider auch für eine extreme Armut im Hinterland sowie für zügellose Korruption.

An- & Weiterreise

Die Schnellstraße BR-101 verläuft in 25 bis 50 km Entfernung zum Meer parallel zur gesamten Küste Sergipes und Alagoas'. Als Hauptverkehrsader der Region wird sie auch von den meisten Überlandbussen genutzt. In den Provinzhauptstädten Aracaju und Maceió befinden sich die wichtigsten Regionalflughäfen.

Unterwegs vor Ort

Ob Bus, Minibus *(besta)*, Sammeltaxi *(taxi colectivo)* oder Motorradtaxi: Im Nordosten gibt's immer irgendein Verkehrsmittel zum nächsten Reiseziel. In dieser Region zahlt es sich aus, kommunikativ und flexibel zu sein, denn es geht hier weniger formell zu als in anderen Gebieten Brasiliens.

SERGIPE

Sergipe ist flächenmäßig Brasiliens kleinster Bundesstaat. Der von Zuckerrohrfeldern geprägte Landstrich wird im Osten von einer Küste begrenzt, an der sich Sümpfe, Mangrovenwälder und Sandstreifen abwechseln. Gleich südlich der Hauptstadt Aracaju erstrecken sich hübsche Strände. Und dann gibt's mit São Cristóvão und Laranjeiras noch zwei verschlafene, malerische Kleinstädte aus der Kolonialzeit.

Aracaju

☎ 079 / 571 000 EW.

Aracajus Küste lockt am Wochenende viele Brasilianer an, ist aber kein Anziehungspunkt für internationale Touristen. Dennoch verbringen viele Traveller, die zwischen Alagoas und Bahia unterwegs sind, ein oder zwei Nächte in der Stadt. Abgesehen vom malerischen Hauptplatz mit der riesigen Kathedrale wirkt das historische Zentrum etwas heruntergekommen. An den Stränden außerhalb von Aracaju haben sich zahlreiche Restaurants und Hotels niedergelassen.

Geschichte

1855 zog der Regierungssitz des Bundesstaates von São Cristóvão nach Aracaju um. Ein Grund dafür war der hervorragende Tiefwasserhafen der Stadt, der dringend für die großen Zuckerfrachter aus Europa benötigt wurde. Zudem stand São Cristóvão kurz vor einem bewaffneten Aufstand. Noch im ersten Jahr nach dem Umzug der Regierung brach in der neuen Hauptstadt eine Epidemie aus, der viele Menschen zum Opfer fielen. Für die Einwohner São Cristóvãos war dies freilich ein Omen, das Aracajus Untergang prophezeite. Im frühen 20. Jh. modernisierte man Aracaju dann umfassend mit Straßenbahnen und anderen Elementen eines modernen urbanen Lebens.

Sehenswertes & Aktivitäten

Oceanário AQUARIUM

(☎ 3243-3214; www.tamar.org.br; Santos Dumont s/n, Atalaia; Erw./Kind 12/6 R$; ⏲ Di–So 9–21 Uhr) Im kleinen, aber interessanten Oceanário leben z. B. Meeresschildkröten, Rochen und Aale. Weitere Becken repräsentieren regionale Süßwassergebiete und deren Arten. Das Aquarium ist Teil des Tamar-Projekts.

Mercado Municipal MARKT

(José do Prado Franco s/n, Centro; ⏲ Mo–Sa 6–18, So bis 12 Uhr) Hier bieten Einheimische eine große Auswahl an Dingen an. Wer mittags in der Innenstadt ist, kann auf dem Markt etwas Einfaches essen und Leute beobachten.

Strände

Raschelnde Palmen prägen die kaum bebaute **Praia Atalaia Nova** (6 km gegenüber dem Rio Sergipe, südöstlich vom Zentrum), an der es ruhiger zugeht als an den weiter südlich gelegenen Stadtstränden **Praia dos Artistas** (7 km), **Praia Atalaia** (9 km) und **Praia Aruana** (11 km). Diese wiederum sind stark erschlossen und bei Einheimischen sehr beliebt. Zudem bekommt man dort günstige Meeresfrüchte. Die **Praia do Refúgio** (18 km) noch weiter südlich ist der schönste und einsamste Strand in der Nähe.

Geführte Touren

Zu den diversen Tagesausflügen örtlicher Reiseagenturen zählen Katamarantrips auf dem Rio São Francisco, die zu den grünen Wassern der **Xingó-Schlucht** oder zum **Foz do São Francisco**, der Meeresmündung des Flusses, führen. Im Rahmen einer Tour erreicht man auch recht gut das ansonsten schwer zugängliche **Mangue Seco** an der Grenze zu Bahia. Freunde exotischer Vögel freuen sich über Exkursionen zum **Parque dos Falcões** (www.parquedosfalcoes.com.br), einem Reservat 45 km von Aracaju. Mehr

VELHO CHICO: FLUSS DER NATIONALEN EINHEIT

Die *nordestinos* (Nordostler) müssen vom Rio São Francisco einfach mit stolzgeschwellter Brust sprechen. Nach dem Amazonas und Paraguay/Paraguai ist dies der drittwichtigste Fluss Brasiliens. Anrainer reden von ihm wie von einem guten Freund – daher der liebevolle Spitzname Velho Chico oder Chicão („Chico" ist eine Verniedlichungsform von „Francisco").

Aufgrund seiner Lage spielte der Strom in der Kolonialzeit eine herausragende Rolle. Sein Oberlauf fließt auf 1500 m Höhe durch die Serra da Canastra in Minas Gerais. Von dort aus schlängelt sich der Rio São Francisco nordwärts durch den Großteil des nordöstlichen *sertão* (Hinterland). Er durchquert Minas Gerais und Bahia, wird zum Grenzfluss zwischen Bahia und Pernambuco bzw. Sergipe und Alagoas und mündet nach 3160 km schließlich in den Atlantik.

Drei Jahrhunderte lang war der „Fluss der nationalen Einheit" die einzige Verbindung zwischen der Küste und den Kleinstädten am äußersten Rand des *sertão*. Nach seiner „Entdeckung" im 17. Jh. stellte er die beste der wenigen Routen dar, die ein Vordringen in das semiaride Landesinnere des Nordostens ermöglichten. Und so erlebten die Landstriche entlang des Ufers einen Aufschwung. Wirtschaftliche Grundlage der neuen Siedlungen war die Rinderzucht, die die Goldschürfer von Minas Gerais im 18. Jh. und später die Arbeiter der *cacao*-(Kakao-)Plantagen im ganzen südlichen Bahia ernährte.

Um die Geschichte dieses Gebietes ranken sich brasilianische Legenden: Sie handeln von mutigen *vaqueiros* (Cowboys), die das Vieh trieben, vom Handel mit Salz (zur Rindermast), vom Aufkommen des Banditentums, von Kämpfen zwischen Großgrundbesitzern und von merkwürdigen Phänomenen wie den Canudos, die einen seltsamen religiösen Fanatismus pflegten und dann grausam vernichtet wurden.

Der langsam fließende São Francisco ist für Brasilien lebenswichtig, da er in einer Region mit verheerenden Dürreperioden zu den wenigen sicheren Wasserquellen zählt. Die reiche Obst- und Gemüseernte des nunmehr bewässerten Flusstals wird z. T. auch exportiert. Sicherlich ist diese lebenserhaltende Bedeutung auch der Grund, weshalb der São Francisco im Zentrum vieler Mythen und Geschichten steht. So soll z. B. das *bicho da água* (Wassermonster) schnaubend auf seinem Grund umherwandeln. Flussschiffer besänftigen diese Chimäre aus Mensch und Tier, indem sie eine Handvoll Tabak ins Wasser werfen. Die *nordestinos* verehren den São Francisco als ein Geschenk, mit dem Gott die Bewohner des dürregeplagten *sertão* für ihre Leiden entschädigen will.

darüber erfährt man bei **Ecotur** (☎3224-9115; www.ecotur.tur.br).

Nozes Tur OUTDOORAKTIVITÄTEN
(☎3243-7177; www.nozestur.com.br; Av Santos Dumont 340, Atalaia; ⏲9–19 Uhr) Bietet eine Auswahl an Tagestouren. Das Büro liegt sehr praktisch am Ufer von Atalaia. Touren können auch online reserviert werden.

Feste & Events

Am 1. Januar feiern die Fischer ihren Schutzheiligen **Bom Jesus dos Navegantes**, indem sie im Schlepptau von dessen Abbild den Rio Sergipe hinunterschippern. Am allergrößten ist jedoch die **Festa de São João** mit Veranstaltungen, die sich über den kompletten Juni erstrecken. Dabei spielen Bands *forró*, die typische Musik aus dem Nordosten Brasiliens. Außerdem wird *quadrilha* (eine Art Squaredance) aufgeführt.

Schlafen

Die meisten Hotels befinden sich an der Uferpromenade im Viertel Atalaia einige Gehminuten von Busbahnhof und Zentrum. Traveller auf Durchreise übernachten vielleicht lieber in der Innenstadt. Wer sich am Strand einquartieren will, sollte wissen, dass die Küste mehrere Kilometer lang ist. Viele Besucher suchen eine Bleibe am nördlichen Ende im Bezirk Coroa de Meio oder an der äußersten Südseite unweit der Passarela do Caranguejo, obwohl es zwischen diesen Bereichen auch jede Menge *pousadas* gibt.

Casa da Vovó Guida GÄSTEHAUS **$**
(☎3243-1847; http://casa-da-vovo-guida.blogspot.com; Rua Cel José F Albuquerque 174, Atalaia; EZ/DZ 100/140 R$; ❄📶🏊) Das familiengeführte Budgethotel nur einen Block vom Strand und fünf Gehminuten nördlich der Passarela do Caranguejo hat 18 saubere Zimmer. Es

schließt um 22 Uhr und das Frühstück ist nicht inklusive, aber dafür spricht die Besitzerin perfekt Englisch.

Pousada Mirante Das Águas POUSADA $
(☎ 3255-2610; www.mirantedasaguas.com.br; Delmiro Golveia 711, Coroa do Meio; DZ 120 R$;) Zwei Blocks vom Ufer in Coroa do Meio bietet die *pousada* Standardzimmer und familienfreundliche Einrichtungen wie einen Spielbereich für Kinder. Sie liegt auf halber Strecke zwischen dem Zentrum und der Passarela do Caranguejo – entweder man nimmt einen langen Fußmarsch in Kauf oder fährt mit dem Bus oder Taxi.

Hotel Jangadeiro HOTEL $
(☎ 3211-1350; www.jangadeirose.com.br; Santa Luzia 269, Centro; EZ/DZ ab 122/145 R$;) Ein paar Straßenzüge südlich des Hauptplatzes im historischen Zentrum stößt man auf dieses etwas veraltete, aber durchaus brauchbare Businesshotel, das sich gut für eine schnelle Übernachtung in Aracaju eignet. Die Zimmer sind mit neuer Bettwäsche, kuscheligen Kissen und Flachbildfernsehern ausgestattet.

Pousada Olá POUSADA $$
(☎ 3243-7045; www.pousadaola.com.br; Niceu Dantas 618, Atalaia; EZ/DZ 133/153 R$;) Die effizient geführte Pension ist eine von mehreren *pousadas* unweit der Passarela do Caranguejo. Sie bietet einen einfachen Zugang zum Strand sowie zu einigen der besten Restaurants und Bars Aracajus. Da diese beliebte Gegend recht weit weg vom Stadtzentrum liegt, muss man teure Taxifahrten zum/vom Busbahnhof oder Flughafen in Kauf nehmen.

Pousada do Sol POUSADA $$
(☎ 2104-7338; www.hotelpousadadosol.com.br; Eng Francisco Manoel de Costa 43, Atalaia; EZ/DZ ab 160/199 R$;) Von dieser *pousada* in Atalaia ist es nur ein Katzensprung zu vielen Uferattraktionen. Die Unterkunft verfügt über schlichte, aber gepflegte und helle Zimmer, einen Pool mit Terrasse und einen Spielbereich für Kinder.

Mercure Aracaju del Mar HOTEL $$
(☎ 2106-9100; www.delmarhotel.com.br; Av Santos Dumont 1500, Atalaia; DZ ab 290 R$;) Ein geschniegelter Newcomer unter den Uferhotels: In dem modernen Hochhaus mit minimalistischem Innendesign sind mehrere Bars und Restaurants sowie ein riesiger Swimmingpool mit Wasserfällen und einer Bar untergebracht. Hier übernachten viele Geschäftsreisende, aber auch Familien.

Essen & Ausgehen

Obwohl Aracaju nicht gerade eine kulinarische Hochburg ist, gibt's hier eine tolle Spezialität: frische Krebse. Gleich südlich von Atalaia servieren die uferseitigen Freiluftrestaurants der beliebten *Passarela do Caranguejo* (Krebsgasse) dieses bekannte lokale Gericht – einfach nach Schildern mit dem Angebot *caranguejo dobrado* (zwei Krebse zum Preis von einem) Ausschau halten. Die Einheimischen lieben besonders die *forró*-Institution Cariri.

In Atalaias Uferpromenade reihen sich zahlreiche Restaurants und Bars aneinander. Dies ist ein guter Ort für einen Abendspaziergang, denn dann werden an Ständen Crêpes, Kokosnüsse und Tapioca-Süßwaren verkauft. Tagsüber haben rund um den Hauptplatz im Stadtzentrum Sandwichläden und Lokale mit Kilopreisen geöffnet. Nachts leert sich die Gegend und wird potenziell gefährlich.

★ **Cariri** FISCH & MEERESFRÜCHTE $$
(☎ 3243-1379; www.cariri-se.com.br; Av Santos Dumont 530, Atalaia; Hauptgerichte 18–35 R$; ⏲ 20 Uhr–open end) Wer nur eine Nacht in Aracaju verbringt, bekommt im wunderbaren Cariri einen Einblick in die lokale Kultur. Zu Gerichten des Nordostens gibt's Live-*forró* im Traditionsstil *pé de serra* (Luis Gonzagas typischer „Fußhügel"-*forró*).

Bada Grill BRASILIANISCH $$
(☎ 3223-3664; Av Santos Dumont 526, Atalaia; Hauptgerichte 25–42 R$; ⏲ Di–Do 11.30–24, Fr & Sa bis 2, So bis 18 Uhr) Gleich nördlich der Passarela do Caranguejo und gegenüber dem Strand lockt das Lokal mit seiner offenen Terrasse Gäste an. Außerdem bietet es Happy-Hour-Drinks und *petiscos* (Snacks) wie die beliebten *lambretas gratinadas* (in Käse gebackene Muscheln).

Maria Flôr BRASILIANISCH $$
(☎ 9129-5360; Av Santos Dumont s/n; Hauptgerichte 25–48 R$; ⏲ Mo–Sa 12–15 & 19–23 Uhr) Abends herrscht in dem stilvollen neuen Restaurant die schönste Atmosphäre am Strand. Gäste können sich auf einen rustikal-eleganten Stilmix mit bunten Holzstühlen und Sitzmöglichkeiten sowie eine frische Meeresbrise freuen. Auf der Karte stehen zahlreiche Gerichte, darunter Kokosnussrisotto, Filet Mignon, kreative Pizzas und Crêpes.

República dos Camarões FISCH & MEERESFRÜCHTE $$
(☎3255-3361; Av Santos Dumont 10, Coroa do Meio; Hauptgerichte 25–32 R$, Hauptgerichte für 2 P. 50–60 R$; ⏲Di–Fr 12–15 & 18–23, Sa & So 12–24 Uhr) Frische, kreativ zubereitete Shrimps sind die Spezialität des Uferlokals wenige Gehminuten von vielen Strand-*pousadas*. Toll für ein Abendessen mit Meeresfrüchten.

New Hakata JAPANISCH $$
(☎3213-1202; www.newhakata.com.br; Av Beira Mar, Anexo ao Iate Clube, 13 de Julho; Hauptgerichte 20–65 R$; ⏲Mo–Sa 11 Uhr–open end, So bis 17 Uhr) Das beliebte japanische Restaurant gleich neben dem Iate Clube (Jachtclub) überzeugt mit frischen Meeresfrüchten, Sushi (All you can eat) und Livejazz.

Point do Coelho BAR
(☎9854-9728; Praca Olimpio Campos; ⏲Mo–Fr 12–21 Uhr) Wer sich gerade im historischen Zentrum der Stadt befindet, sollte die Freiluftbar auf dem Hauptplatz ansteuern, um bei einem Bier den Blick auf die Kathedrale zu genießen. Das Point do Coelho ist einer der wenigen Orte, die auch nach 17 Uhr noch offen haben.

ℹ Orientierung

Aracajus Zentrum am Rio Sergipe ist durch die Sandbank der Ilha de Santa Luzia vor dem Meer geschützt. Südlich der Flussmündung liegen die vorstädtischen Strandviertel Coroa do Meio, Jardim Atlantico (Praia dos Artistas) und Atalaia, zusammengefasst *orla* (Ufer) genannt. Hier wird tagsüber wie abends das meiste geboten.

ℹ Praktische Informationen

Es gibt in Aracaju zahlreiche Geldautomaten. Im Zentrum findet man Internetcafés, aber an den Stränden muss man meist das WLAN in seiner *pousada* nutzen.

TOURISTENINFORMATION

Emsetur (www.emsetur.se.gov.br; ⏲Mo–Fr 10–17 Uhr) Atalaia (www.emsetur.se.gov.br; Praia de Atalaia s/n) Centro (☎3214-8848; www.emsetur.se.gov.br; Rua Propriá) Die hilfreichen Angestellten im zentral gelegenen Hauptbüro der staatlichen Tourismusbehörde haben kostenlose Stadtpläne auf Lager. In der Rodoviária Nova (Neuer Busbahnhof) ist eine weitere Filiale untergebracht.

ℹ An- & Weiterreise

BUS

Fast alle Fernstreckenbusse starten an der **Rodoviária Nova** (Neuer Busbahnhof; ☎3259-2848) 6 km östlich des Stadtzentrums. **Bomfim** (☎3211-2210; www.bomfim.com.br) verkehrt nach Salvador (50–98 R$, 4–6 Std., mehrmals tgl.), Maceió (43–70 R$, 4–5 Std., 4-mal tgl.) und Penedo (17 R$, 3 Std., 1-mal tgl.). Außerdem wird Maceió von **Real Alagoas** (☎3259-2832; www.realalagoas.com.br) und **Guanabara** (www.expressoguanabara.com.br) bedient.

Für die Weiterfahrt nach Penedo empfehlen sich die schnelleren, wenn auch teureren Minibusse (ca. 30 R$, 4-mal tgl.) – einfach vor Ort nach den aktuellen Startpunkten fragen.

FLUGZEUG

Vom **Flughafen** (AJU; ☎3212-8500) 11 km südlich des Zentrums bieten **Gol** (☎0800-280 0465; www.voegol.com.br) und **TAM** (☎3212-8567; www.tam.com.br; Flughafen) Verbindungen in andere brasilianische Städte.

ℹ Unterwegs vor Ort

BUS & TAXI

Ein Taxi vom Zentrum zum Flughafen kostet rund 35 R$, vom Strand etwas mehr. Um von der zentral gelegenen Rodoviária Velha zum Flughafen zu gelangen, nimmt man den Aeroporto-Stadtbus.

Die Stadtbusse starten neben der Rodoviária Nova an einer großen Station mit giebelartigen Dächern. Alle Linien in Richtung Rodoviária Velha (z. B. mit dem Ziel Centro oder Terminal Rodoviária) passieren das Zentrum. Von der Rodoviária Velha fährt der Circular-Cidade-02-Bus (2,10 R$) auf der Avenida Rio Branco südwärts bis zur Endhaltestelle in Atalaia (Terminal Integração Atalaia), von wo der Circular-Praias-01-Bus die südlichen Strände ansteuert.

Wer von den Stränden zum Centro will, steigt in den Santa-Tereza-/Bairro-Industrial-Bus. Alternativ lässt man sich per Taxi für ca. 25 bis 30 R$ vom Zentrum zum Busbahnhof bzw. zu den Stränden bringen.

AUTOVERMIETUNG

An der Uferpromenade von Atalaia findet man mehrere Autovermietungen. Die Agenturen haben stets viel zu tun, da zahlreiche Ziele in der Region einfacher mit einem eigenen Fahrzeug als mit öffentlichen Verkehrsmitteln zu erreichen sind.

Laranjeiras

☎079 / 26 900 EW.

Auf den Gipfeln der drei Hügel rund um dieses Juwel aus der Kolonialzeit thronen Kirchen. Zusammen mit São Cristóvão erreicht man Laranjeiras auf einem schönen kurzen Tagesausflug von Aracaju aus – ein empfehlenswerter Trip für alle, die etwas über die Geschichte Sergipes erfahren wollen.

Der ruhige, erhabene Ort voll malerischer Pflasterstraßen beherbergt hübsche kolonialzeitliche Bauten mit Terrakottadächern und bietet einen Ausblick auf den gewundenen Rio Cotinguiba. An ihm und in seiner Umgebung, in der sich verfallene alte Zuckerraffinerien und Landsitze verstecken, scheinen sämtliche moderne Errungenschaften vorübergegangen zu sein.

Laranjeiras wurde 1605 gegründet. Im 18. und 19. Jh. entwickelte es sich zum Handelszentrum der ertragreichen Zucker- und Baumwollplantagen im Umland. Einst gab es in und um die Stadt über 60 Zuckerfabriken, die für den Export nach Europa bestimmte Produkte den Rio Cotinguiba hinunter nach Aracaju schickten.

Sehenswertes

Die imposante **Trapiche** gegenüber vom Busbahnhof stammt aus dem 19. Jh. und barg früher Fracht, die auf ihre Verschiffung flussabwärts wartete. Auf dem Gipfel des Alto do Bonfim (Bonfim-Höhe) erhebt sich die ebenfalls im 19. Jh. errichtete ansprechende **Igreja NS do Bonfim**. Obwohl die Kirche oft geschlossen ist, lohnt die tolle Aussicht den Aufstieg allemal (der Straße links von Nice's Restaurant folgen).

4 km den Fluss aufwärts stößt man auf die barocke **Igreja de Comandaroba**, 1734 von Jesuiten erbaut. Leider ist sie in schlechtem Zustand und meist nicht zugänglich. Von hier führt ein 1 km langer Tunnel zur **Gruta da Pedra Furada**. Ursprünglich legten Jesuiten die große künstliche Höhle an, um ihren Verfolgern zu entkommen.

Museu de Arte Sacra MUSEUM
(Museum für Sakrale Kunst; ☎ 3281-2486; Praça Dr Heráclito Diniz Gonçalves 39; Eintritt 2 R$; ⊙ Di–Fr 10–17, Sa & So 13–17 Uhr) Das Museum ist in einem wunderschön restaurierten Kolonialgebäude aus dem Jahre 1897 untergebracht. Innen sind noch die originalen Holzböden und Wände mit handgemalten Blumenverzierungen zu sehen. Ein Raum enthält lebensgroße Holzstatuen von Heiligen, die teilweise bei religiösen Prozessionen zum Einsatz kommen. Die Figuren stellen Christus unter dem Kreuz und die Schmerzensmadonna (NS das Dores) dar und haben echte Haare, gespendet von Gläubigen, deren Gebete erhört wurden.

Museu Afro-Brasileiro MUSEUM
(☎ 3281-2418; José do Prado Franco 19; Eintritt 2 R$; ⊙ Di–Fr 10–17, Sa & So 13–17 Uhr) Laranjeiras gilt als Hochburg der afrobrasilianischen Kultur in Sergipe. In diesem Museum wird erklärt, wie Zucker hergestellt und Sklaven gefoltert wurden. Darüber hinaus erfährt man mehr über die afrobrasilianischen Religionen und Traditionen in der Stadt.

Feste & Events

In der letzten Januarwoche steigt in Laranjeiras die **Festa de Reis** (auch Encontro Cultural genannt), ein religiös geprägtes Fol-

DIE WUNDERMACHER

Viele Schreine und Kirchen im Nordosten beherbergen aus Holz geschnitzte Köpfe, Arme, Füße oder andere Körperteile, die von der Decke hängen oder in einem extra Raum stapelweise in Körben liegen. Diese Votivgaben verbinden Religion und volkstümliche Kunst auf einzigartige Weise: Sie werden *milagres* (Wunder) genannt und von Gläubigen gespendet, die um die Heilung bestimmter Leiden wie verletzter Gliedmaßen oder angeborener Missbildungen bitten. Im Gegenzug legen die Bittsteller ein Gelübde ab (meist vor einem bestimmten Heiligen). Dabei versprechen sie z. B. die Aufgabe ihres sündhaften Lebenswandels oder eine lange Wallfahrt, die mitunter sogar auf Knien vollzogen wird.

Oft sind die Hersteller der Votivgaben autodidaktische Kunsthandwerker, deren Arbeiten einen fast kubistischen, primitiven Charakter haben. Besonders talentierte „Wundermacher" formen ihre Werke manchmal nach dem Modell des Leidenden aus Holz oder Ton. Der Ursprung dieses Brauchs ist bis heute unbekannt. Wahrscheinlich gehen die *milagres* auf eine Kombination aus alten iberischen, afrikanischen und indigenen Traditionen zurück. In manchen Gemeinden hält man sie für magische Objekte, die die jeweiligen Gebrechen in sich aufsaugen können.

Im *sertão* (Hinterland) stellen zahlreiche Kirchen und Schreine solche Stücke in einer *casa dos milagres* (Wunderhaus) aus. Besuchern religiöser Feste bieten die *milagre*-Macher ihre Dienste gegen ein geringes Entgelt an.

klorefestival mit Musik und Tanz. Noch authentischer ist die **Semana Folclórico** (Folklorewoche) in der zweiten Augustwoche. Mit bunten religiösen Prozessionen wartet die **Semana Santa** (Karwoche) auf.

Essen

Nice's Restaurant BRASILIANISCH $

(Praça Dr Heráclito Diniz Gonçalves 4; Hauptgerichte 12–25 R$; Mo–Sa 11.30–22 Uhr) Für Touristen hat Laranjeiras zwar nicht allzu viel zu bieten, doch dieses lässige Lokal am Hauptplatz wartet mit Grillfleisch und Meeresfrüchten auf. Am besten nimmt man auf der Terrasse Platz.

An- & Weiterreise

Busse von Coopertalse und São Pedro verbinden Laranjeiras mit der 21 km entfernten Rodoviária Velha in Aracaju (2,50 R$, 25 Min., 6–21.30 Uhr, alle 30 Min.). *Colectivos* (Sammeltaxis) ohne offizielle Registrierung bedienen die Strecke zum gleichen Preis.

São Cristóvão

079 / 75 000 EW.

Auf einem steilen Hügel mit herrlichem Blick auf die Landschaft liegt die Altstadt von São Cristóvão. Verschlafene, kolonialzeitliche Gebäude aus dem 17. und 18. Jh säumen enge Kopfsteinpflastergassen und einige breite Plazas. Bis 1855 war der 1590 gegründete Ort die Hauptstadt Sergipes.

Eines der bemerkenswertesten Bauwerke ist die **Igreja de Senhor dos Passos** (Praça NS dos Passos; Eintritt gegen Spende), deren Deckengemälde von José Teófilo de Jesus stammt. Das **Museu Histórico Sergipe** (3261-1435; www.museuhsergipe.blogspot.com.ar; Praça São Francisco; Eintritt 2 R$; Di–So 10–16 Uhr) im früheren Palácio do Governo zeigt Gemälde von Carybé und anderen Künstlern aus dem Nordosten. Ein Raum wird vor allem Fans des Gesetzlosen Lampião begeistern. Außerdem gibt's hier antike Möbelstücke und andere Überbleibsel aus vergangenen Zeiten zu sehen.

Die einfachen Bäckereien in der Stadt haben alle die lokale Spezialität *queijadas* im Angebot, traditionelles portugiesisches Käsegebäck.

Auf der 28 km langen Strecke zwischen São Cristóvão und der Rodoviária Velha in Aracaju (2,80 R$, 45 Min.) sind viele Busse unterwegs. Die Stadt befindet sich 8 km von der Schnellstraße BR-101 entfernt.

ALAGOAS

Maceió

082 / 932 750 EW.

Das moderne, überschaubare Maceió mit seinem wunderbaren Strand zählt zu den angesagten Reisezielen im Nordosten. Noch ist es im Ausland nicht sehr bekannt, doch die Brasilianer haben es bereits als Urlaubsparadies wiederentdeckt und dem Ort in den letzten Jahren einen nationalen Touristenboom beschert. Die Stadt verfügt über eine kleine, aber lebhafte Restaurant- und Ausgehszene, ein neues Bike-Share-System sowie freundliche, relaxte Straßen, die sonntags für Straßenpartys gesperrt werden. Darüber hinaus dient Maceió als Tor zu herrlich idyllischen Küstenstreifen im Norden und Süden. Die Stadtstrände mit ihrem pulvrigen Sand werden von smaragdgrünem Wasser, Palmen und bunt bemalten *jangadas* (traditionelle Segelboote) gesäumt. Abends flanieren Einheimische auf dem gewundenen Strandweg an strohgedeckten Restaurants und Fußballfeldern vorbei. Da das eigentliche Sightseeing schnell abgehakt ist, hat man ausgiebig Zeit, um in der Sonne zu brutzeln und die entspannte Atmosphäre aufzusaugen.

Sehenswertes & Aktivitäten

Museu Théo Brandão MUSEUM

(3221-2651; Av da Paz 1490; Eintritt 2 R$; Di–Fr 9–17, Sa 14–17 Uhr) Die tollen Ausstellungen des in einem schön renovierten Ufergebäude aus der Kolonialzeit untergebrachten Museums widmen sich der Geschichte und Kultur des Bundesstaates. Am beeindruckendsten ist der Kopfschmuck für Festivals, denn die bis zu 35 kg schweren Stücke in Form von Kirchen strotzen vor Spiegelplättchen, Perlen und bunten Bändern.

Pedala Maceió FAHRRADVERLEIH

(9183-9882; www.pedalamaceio.com.br; Ecke Dr Antonio Gouveia & JP Filho; Verleih 12 R$ pro Std.; 6–23 Uhr) Mit einem Fahrrad oder Dreirad kann man wunderbar den 20 km langen Uferweg der Stadt erkunden. Pedala Maceió betreibt vier Verleihe an den Stränden. Eine weitere praktische Filiale befindet sich gleich vor dem alten Jachtclub an der Spitze der Ponta Verde.

Strände

Maceiós ruhige, smaragdgrüne Küstengewässer werden von einem vorgelagerten Riff geschützt. Zu den schönsten und beliebtesten Stadtstränden zählen die **Praia de Ponta Verde** (4 km vom Zentrum entfernt) und **Jatiúca**. Dort kann man zwei Liegestühle plus Sonnenschirm für ca. 8 R$ pro Nachmittag ausleihen. Achtung: Die Praia do Sobral und die Praia da Avenida in Zentrumsnähe sind verschmutzt! Leider sieht es an der **Praia de Pajuçara** und der **Praia dos Sete Coqueiros** manchmal auch nicht besser aus.

Als schönste Strände nördlich der Stadt gelten **Garça Torta** (14 km) und **Pratagi** (17 km). **Jacarecica** (9 km), **Guaxuma** (12 km) und **Riacho Doce** (17 km) sind weitere tropische Paradiese. Man erreicht sie mit dem Küstenbus nach Riacho Doce, der unterwegs mehrmals hält.

Geführte Touren

Von der Praia de Pajuçara segeln bei niedrigem Wasserstand altmodische, bunt bemalte **jangadas** (Segelboote; 13 R$) 2 km aufs Meer hinaus zu vom Riff geformten **natürlichen Pools** (25 R$). Nach einer kurzen Fahrt kann man sich im klaren Wasser treiben lassen und bei Bedarf eine Schnorchelmaske leihen (10 R$). Die Trips sind mit beliebigen Segelbooten möglich – einfach vorab Infos zu Startzeiten einholen oder bei Strandspaziergängen darauf warten, dass man angesprochen wird. Der Ausflug dauert etwa zwei Stunden.

In Maceió gibt's eine Vielzahl an weiteren Tagesangeboten, darunter eine **Strandtour** (25–30 R$, mit Besuch der Praia do Francês, Barra de São Miguel und Praia do Gunga), ein Bootstrip zu den **Inseln vor der Küste** (70 R$), eine Exkursion nach **Foz do São Francisco** (75 R$) und ein Ausflug zu den **Naturbecken** vor der Küste von Maragogi (65 R$, inkl. Bootsfahrt). Beliebt ist auch die **Nove-Ilhas-Tour** (Neun-Insel-Tour, 70 R$), bei der man zur Lagoa Mundaú schippert und unterwegs an der Seemündung in den Ozean hält.

Im Sommer lassen sich die Ausflüge ganz leicht planen, denn nun tummeln sich jede Menge Vertreter von Reiseagenturen am Künstlermarkt Pajuçaras und bieten dort ihre Dienstleistungen an. Außerhalb dieser Zeit muss man im Voraus planen und die Websites mehrerer Veranstalter besuchen, weil für die meisten Touren eine Mindestteilnehmerzahl erforderlich ist. Wir empfehlen **Marcão Turismo** (☎9981-7896; www.turismomaceio.com.br; Quebrangulo 68, Cruz das Alamas) oder **Edvantur Turismo** (☎9117-5657; www.edvanqueeuvoualagoas.com.br) zu kontaktieren.

Feste & Events

Karneval KARNEVAL
(Mitte Februar) Maceió bietet überschaubare, aber lebhafte Karnevalsfeiern mit all den üblichen Vergnügungen: Musik, Essen, Tanz. Die größeren Feste finden an den außerhalb gelegenen Stränden statt, besonders an der Barra de São Miguel.

Maceió-Musikfestival MUSIK
(www.maceiomusicfest; März) Dieses bedeutende Festival im März zieht die großen Namen der brasilianischen Musikszene an.

Festa Junina RELIGIÖS
(2. Junihälfte) 15 Tage mit Volkstanz, Feuerwerk, Straßenständen, Lagerfeuern, Kostümfesten und jeder Menge Bier zur Wintersonnenwende. Die Festa Junina ist eine portugiesische Tradition, die Mitte Juni am Tag des hl. Antonius beginnt und bis zum Tag des hl. Peter Ende des Monats dauert.

Schlafen

In den letzten Jahren haben an der Uferstraße mehrere Hochhaus-Hotelketten eröffnet. Für die Unterkünfte in Maceió muss man recht tief in die Tasche greifen, vor allem wenn man bedenkt, dass nur wenige *pousadas* wirklich stil- bzw. charaktervoll sind. Doch zum Glück wird man in dieser lebhaften Küstenstadt nicht viel Zeit auf seinem Zimmer verbringen.

Pousada Hotel Maceio POUSADA $
(☎3316-8645; www.pousadahotelmaceio.com.br; Pompeu de Sarmento 455; DZ 150 R$; ❄📶) Eine Pension mit acht Zimmern. Nichts Besonderes, aber sauber und praktisch gelegen – nur einen halben Block vom Strand entfernt! Damit ist sie eine der besseren Bleiben in der Region.

Maceió Hostel e Pousada HOSTEL $
(☎3231-7762; www.maceiohostel.com.br; Almirante Mascarenhas 85, Pajuçara; B/DZ ab 35/120 R$; ❄📶) Tolle Budgetoption in ein paar Blocks Entfernung zum Strand: Das Hostel ist etwas beengt (die Vierbettzimmer bieten wenig Platz für Gepäck), dafür jedoch freundlich und gut organisiert. Die blitzsauberen Doppelzimmer verfügen über Schließfächer und gute Duschen.

Pousada Praia Verde POUSADA $
(☎3327-4040; www.praiaverdemaceio.com.br; Sandoval Arroxelas 822; EZ/DZ ab 120/150 R$; ❄@📶) Diese einladende *pousada* in guter Lage am Strand bietet gepflegte Zimmer mit Flie-

Maceió

senbädern. Für 10 R$ extra gibt's einen Balkon mit Hängematte.

Pousada Aquarela do Brasil POUSADA **$$**
(☎3231-0113; www.pousadaaquareladobrasil.com; Des Almeida Guimaraes 367, Pajuçara; DZ/3BZ ab 140/180 R$;) In unmittelbarer Ufernähe stößt man auf diese hübsche *pousada* mit einfachen, aber dennoch relativ mondänen Zimmern samt Flachbildfernsehern und moderner Kunst. Die Räume im Erdgeschoss warten mit winzigen privaten Terrassen auf.

Hotel Praia Bonita HOTEL **$$**
(☎2121-3700; www.praiabonita.com.br; Dr Antônio Gouveia 943, Pajuçara; EZ/DZ ab 140/170 R$;) Neben den zahlreichen Hochhäusern in der Nachbarschaft wirkt das zweistöckige Uferhotel geradezu zwergenhaft, ist jedoch modern und attraktiv eingerichtet. Es hat einfache, fröhliche Zimmer mit großen Fenstern.

Maceió Mar HOTEL **$$**
(☎2122-8000; www.maceiomarhotel.com.br; Álvaro Otacílio 2991, Ponta Verde; DZ ab 300 R$;) Die geräumigen, hellen Zimmer des Hochhaushotels am Strand besitzen allesamt deckenhohe Fenster, von denen man einen Blick auf das Meer genießt. Das Maceió Mar bietet luxuriöse Annehmlich-

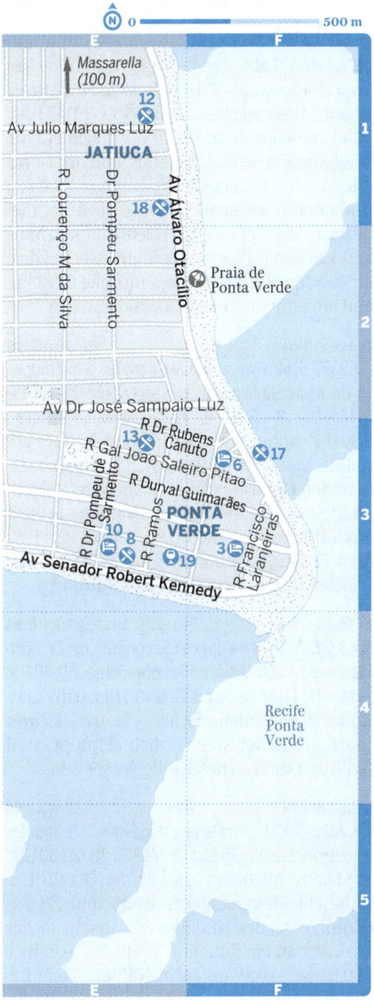

keiten sowie einen Swimmingpool und spricht sowohl Geschäftsreisende als auch Familien an.

Gogó da Ema POUSADA **$$**

(☎ 3327-0329; www.hotelgogodaema.com.br; Francisco Laranjeiras 97, Ponta Verde; EZ/DZ 130/160 R$; ❄) In einer ruhigen Straße unweit zweier schöner Strände liegt das Gogó da Ema (benannt nach einer alten Palme, die 1955 in der Stadt gefällt wurde und Maceió symbolisiert), ein fünfstöckiges Gästehaus mit eher langweiligen Zimmern. Es wird von Travellern ganz unterschiedlich bewertet, ist unserer Meinung nach aber eine gute Option.

Maceió

Aktivitäten, Kurse & Touren

1 Jangadas ... C4
2 Pedala Maceió ... C4

Schlafen

3 Gogó da Ema ... F3
4 Hotel Praia Bonita ... C4
5 Maceió Hostel e Pousada ... B4
6 Maceió Mar ... F3
7 Pousada Aquarela do Brasil ... B5
8 Pousada Hotel Maceio ... E3
9 Pousada Praia Verde ... B4

Essen

El Brujo Cebicheria ... (siehe 18)
10 Kani Mambo ... E3
11 Nakaffa ... D3
12 O Peixarão ... E1
13 Panificação Alteza ... E3
14 Parmegianno ... C3
15 Sorveteria Bali ... B5
16 Sueca Comedoria ... C4
17 Tapioka-Stände ... F3
18 Wanchako ... E1

Ausgehen & Nachtleben

19 29.11 Café & Bistro ... E3
20 Lopana ... D3

Shoppen

21 Mercado Praia de Pajuçara ... C3

Essen

Von lässig bis hip, zwischen zwanglosen Pizzerias und vornehmen Fischlokalen bewegt sich Maceiós eindrucksvolles Restaurantspektrum. Es lohnt also, sich bei einem kleinen Bummel vorab einen Überblick zu verschaffen. Die Strände Pajuçara, Ponta Verde und Jatiúca sind mit Imbissbuden und Speiselokalen gespickt. Wer mehr auf Gourmetküche steht, sollte das Viertel Jatiúca ansteuern, wo man viele Lieblingslokale der Einheimischen findet.

Die Stars der regionalen Seafood-Spezialitäten sind *sururu* (kleine Muscheln) und *maçunim* (Schalentiere), die in Kokossoße gekocht und als Hauptgericht oder in einem *caldo* (Suppe) serviert werden. Zu den weiteren empfehlenswerten Gerichten zählen *peixe agulha* (Hornhecht) und *siri na casca com coral* (Krebs in eigener Schale mit Fischrogen). Zahlreiche **Uferstände** in Ponta Verde haben die nordöstliche Leckerei *beiju de tapioca* im Angebot: Dabei wird Maniokmehl erhitzt, bis es eine feste Konsistenz erlangt, dann wie ein Taco gefaltet und süß oder pikant gefüllt.

Pajuçara & Ponta Verde

Panificação Alteza BÄCKEREI $

(☎3231-0447; Pitão 1181; vorbereitete Gerichte 18–24 R$ pro Kilo; ⏰Mo–Sa 6–20 Uhr) Der Gourmet-Minimarkt mit Kaffeebar und Bäckerei ist der perfekte Ort, um seinen Koffeinhaushalt aufzustocken und frisches Brot, tropische Früchte, Wurst, argentinischen Wein sowie Schokoladenkuchen zu kaufen.

Sueca Comedoria SELBSTBEDIENUNG $

(☎3327-0359; www.suecacomedoria.com.br; Dr Antônio Gouveia 1103, Pajuçara; 35 R$ pro Kilo; ⏰Mo–Fr 11.30–15 & Mo–Do 17.30–21, Sa & So 11.30–16 Uhr) Trotz des Namens serviert das schicke Restaurant gegenüber vom Strand kein schwedisches Essen – es ist ein familiengeführtes Lokal mit Meeresfrüchtegerichten und regionaler Küche, ideal geeignet für ein schnelles Mittagessen, wenn man eine Pause von der Sonne braucht.

Nakaffa CAFE $

(☎3235-6459; www.nakaffa.com.br; Av Carlos Viana 1785, Ponta Verde; Hauptgerichte 12–25 R$; ⏰Mo–Sa 12–24, So 10–24 Uhr) In dem modernen Café gibt's schaumigen Cappuccino, leichte Salate, Gourmetsandwiches und dekadente Schokodesserts. Die beste Wahl für einen Kaffee am Strand nach dem Frühstück.

Sorveteria Bali EISCREME $

(☎3231-8833; www.sorvetesbali.com.br; Av Gouveia 45, Pajuçara; 1/2 Kugeln 4/7 R$) Maceiós beste Eiscreme wird an Tischen im Freien verspeist. Zu den beliebtesten Sorten gehören Walnuss, Guave und Tapioka.

Kani Mambo SELBSTBEDIENUNG $

(☎3377-8000; Av Carlos Viana 2299; Büfett 37 R$ pro Kilo; ⏰11.30–15.30 Uhr) Mit luftigen Picknicktischen und einem Mittagsbüfett, das Salate, Grillsteaks, Meeresfrüchte und tropische Früchte beinhaltet, ist dieses Selbstbedienungslokal gleich gegenüber vom Strand eine willkommene Zuflucht vor der Mittagssonne.

Parmegianno BRASILIANISCH $$

(☎3313-9555; Av Gouveia 1259; Hauptgerichte für 2 Pers. 32–45 R$; ⏰So–Do 11–24, Fr–Sa bis 1 Uhr) In der Filiale der beliebten Restaurantkette gegenüber dem Strand laben sich zahlreiche brasilianische Familien an Gourmetpizzas, Shrimps, Steaks sowie an Fisch- und Hühnchengerichten mit Beilagen wie Bohnen, Reis und Salat.

Jatiúca

★ **Divina Gula** BRASILIANISCH $$

(www.divinagula.com.br; Paulo Brandão Nogueira 85, Jatiúca; Hauptgerichte 29–58 R$; ⏰11–23 Uhr; 🍸👪) Diese lokale Institution hat sich auf die herzhafte Küche Minas Gerais' und des Nordostens spezialisiert. Die *picanhas* (Steaks) sind ebenso lecker wie das *carne de sol* (gesalzenes Grillfleisch) mit Kochbananen, Mais und Zucchini. Es gibt auch eine Speisekarte für Kinder, jede Menge vegetarische Gerichte und eine umfangreiche Cocktailkarte.

Wanchako PERUANISCH $$

(☎3377-6114; www.wanchako.com.br; São Francisco de Assis 93, Jatiúca; Hauptgerichte 25–55 R$; ⏰Mo–Do 19–23.30, Fr 12–16, Fr & Sa bis 19–0.30 Uhr) Lohnt einen Abstecher! In dem peruanischen Lokal voller Kunst kommen Gäste in den Genuss exzellent zubereiteter Meeresfrüchte. Von Montag bis Donnerstag wird das Mittagessen im coolen Anbau serviert, dem **El Brujo Cebicheria** (☎3377-6024; São Francisco de Assis 103; ⏰Mo–Do 12–15 Uhr).

O Peixarão FISCH & MEERESFRÜCHTE $$

(☎3325-7011; www.opeixarao.com.br; Av Dr Júlio Marques Luz 50, Jatiúca; Hauptgerichte 22–40 R$; ⏰Mo–Do 11–17, Fr–So bis 22 Uhr) Hier trifft man zahlreiche Einheimische, die *caldeirada* (portugiesischer Meeresfrüchteeintopf) und Grillfisch mit Garnelensoße verspeisen.

Massarela ITALIENISCH $$

(☎3325-6000; José Pontes Magalhães 271, Jatiúca; Hauptgerichte 18–35 R$; ⏰Mo–Sa 18–22.30 Uhr; ❄) Die fröhliche *cantina* ist *der* Ort für traditionelle hausgemachte Pasta und Ziegelofenpizza. Jedes Nudelgericht macht locker zwei Personen satt. Vor allem im Sommer platzt das Lokal aus allen Nähten. Viele Besucher beschweren sich über den langsamen Service, wenn mal mehr Andrang herrscht.

New Hakata JAPANISCH $$$

(☎3325-6160; www.newhakata.com.br; Paulo B Nogueira 95, Jatiúca; Hauptgerichte 38–55 R$; ⏰So–Do 11–24, Fr & Sa bis 2 Uhr) In einem geräumigen Freiluftbereich kredenzt das beste japanische Restaurant in Maceió zahlreiche Leckereien wie Sushi und Sashimi, Tempura, Nudeln und Calamari. Abends gibt's Livemusik, Caipirinhas und Sake-Cocktails.

Ausgehen & Unterhaltung

Wer relaxt an einem Caipirinha nippen und dabei aufs Meer hinausblicken will, sollte Ponta Verde oder Pajuçara ansteuern.

★ Lopana BAR
(www.lopana.com.br; Viana 27; ⌚11 Uhr–open end) In Maceiós bester Strandbar ist stets was los: Wenn hier Akustikgitarristen spielen und die gutaussehenden Gäste unter riesigen Palmen Bier und Caipirinhas trinken, wirkt das Lopana, als sei es einem Film entsprungen.

29.11 Café & Bistro BAR
(☎3317-1325; Guimarães 882, Ponta Verde; ⌚Mo–Do 19–23, Fr & Sa bis 24 Uhr) Mit seinem modernen Dekor und dem beleuchteten Garten ist dieses Bistro ein stilvolles Ziel für Cocktails, Snacks oder einen Absacker.

Coconut Bar LIVEMUSIK
(☎3325-4884; www.coconutmaceio.com; Av Carlos Viana 2167, Ponta Verde; ⌚18 Uhr–open end) Gleich gegenüber dem Strand in Ponta Verde lockt dieser Open-Air-Club jeden Abend mit Livemusik. Von Samba über *forró* bis Pop und Rock ist alles dabei, außerdem gibt's eine vielfältige Cocktailkarte und Kneipenkost. Ein Garant für gute Stimmung!

Shoppen

Auf dem quirligen Kunsthandwerksmarkt **Mercado Praia de Pajuçara** (am Ufer in Pajuçara; ⌚10–22 Uhr) werden Spitze, Hängematten, Körbe und Keramik verkauft. Mit dem besseren Angebot, was Schnäppchen und die Auswahl betrifft, wartet der **Mercado do Artesanato** (Levada; ⌚Mo–Sa 7–18, So 7–12 Uhr) im Zentrum auf.

Orientierung

Maceió erstreckt sich auf einer zerklüfteten Halbinsel zwischen der Lagoa Mundaú und dem Ozean, die zwei Landzungen besitzt: Auf der einen liegt der örtliche Hafen, während die andere die Praia de Pajuçara und Praia dos Sete Coqueiros von der Praia de Ponta Verde und der langen Praia de Jatiúca weiter im Norden trennt. Das Stadtzentrum befindet sich in Meernähe, 2 km von Pajuçara und 4 km von Ponta Verde entfernt.

Praktische Informationen

Geldautomaten stehen in den Gewerbegebieten entlang der Strände. Außerdem verfügt das Lebensmittelgeschäft **Bom Preço** in Pajuçara über einen. Die meisten Traveller nutzen das Internet von ihrer Unterkunft aus, obwohl es auch in der Stadt Internetcafés gibt.

NOTFALL

Polizei (☎190)

Pronto Socorro (Krankenwagen & Erste Hilfe; ☎3221-5939)

An- & Weiterreise

BUS & TAXI

Der **Busbahnhof** (☎3221-4615; Av Leste Oeste s/n, Feitosa) liegt 4 km nördlich des Zentrums.

Bomfim (☎3336-1112; www.bomfim.com.br) fährt nach Salvador (92–140 R$, 11 Std., 4-mal tgl.) und Aracaju (43–70 R$, 5 Std., 4-mal tgl.). **Real Alagoas** (www.realalagoas.com.br) verkehrt Richtung Norden nach Recife (30–56 R$, 4–5 Std., 10-mal tgl.) und bietet unregelmäßige Verbindungen Richtung Süden nach Penedo (25 R$, 2½ Std.).

Die schnellste Möglichkeit, Penedo zu erreichen, ist mit einem der *colectivo*-Minibusse, die von der Posto-Sobral-Tankstelle im Stadtzentrum abfahren (2¼ Std., 18 R$). Über dieselbe Route gelangt man auch nach Coruripe (10 R$) und Praia do Gunga (8 R$) sowie in mehrere kleinere Orte dazwischen. Man muss sich per Taxi zum Startpunkt der *colectivos* nach Penedo bringen lassen; vom Busbahnhof in Maceió kostet die Fahrt etwa 15 R$.

DEF-Busse verkehren regelmäßig die Küste hinauf nach Maragogi und Porto de Pedras. Unterwegs halten sie in vielen Stranddörfern. Die Preise reichen von 2,50 R$ (nach Paripuera, 1 Std.) bis 12,50 R$ (nach Maragogi, 3½ Std.). Täglich gibt's vier Verbindungen nach/von Maragogi und sechs nach/von Porto de Pedras.

Maragogi erreicht man am schnellsten mit Taxi-*colectivos* (30 R$, 2 Std.). Diese starten an einer Tankstelle nördlich von Maceió, zu der man sich per Taxi bringen lässt (einfach „*colectivos a Maragogi*" sagen). Die Gemeinschaftstaxis fahren erst los, wenn sich vier Passagiere eingefunden haben. Sie sind schneller als die offiziellen Buslinien.

FLUGZEUG

Gol (☎3214-4078; www.voegol.com.br; Flughafen) und **TAM** (☎3214-4048; www.tam.com.br; Flughafen) steuern vom **Aeroporto Zumbi dos Palmares** (MCZ; ☎3036-5200) direkt oder mit Umstieg zahlreiche Städte in Brasilien an.

Unterwegs vor Ort

VOM/ZUM BUSBAHNHOF

Der Ouro-Prêto-Bus bedient das Stadtzentrum (per Taxi ca. 12–15 R$) und der Circular-1-Bus steuert die Strände (per Taxi ca. 20 R$) an.

VOM/ZUM FLUGHAFEN

Maceiós Flughafen liegt 20 km nördlich des Stadtzentrums. Am besten nimmt man einen der schicken Wagen der örtlichen Taxikooperative – einfach ein Taxiticket (60 R$) im Flughafen kaufen und damit zu den wartenden Fahrern am Straßenrand gehen. Außerdem verkehren Busse mit der Kennzeichnung „Aeroporto–Ponta Verde" zwischen Ponta Verde und dem Flughafen (2,50 R$, ca. alle 45 Min.). Sie halten in Pajuçara im nördlichen Bereich der Rua Jangadeiros Alagoanos. Es gibt hier mehrere Haltestellen: Nach Bussen mit der Markierung „Aeroporto" an der Fahrzeugfront suchen.

Südlich von Maceió

Die Südküste von Alagoas ist von malerischen Dörfer mit z.T. herrlichen Stränden geprägt, die an weite Landflächen voller Kokosplantagen grenzen. Touristenhochburgen sind Praia do Francês und Barra de São Miguel.

Praia do Francês

☎ 082

Aufgrund der Nähe zu Maceió (22 km) diente dieses Paradies für Surfer lange fast ausschließlich als Ziel für Tagesausflüge. Jedes Wochenende rollen hier etliche Autos und Busse an, die bei Sonnenuntergang wieder komplett verschwunden sind. Doch allmählich ändert sich das, denn immer mehr Traveller verlieben sich in den Strandort und bleiben über Nacht. Um den ständigen Besucherstrom unterzubringen, sind inzwischen zahlreiche *pousadas* aus dem Boden geschossen.

Der Trubel konzentriert sich auf das Ende des feinen, weißen Sandstreifens, an dem vorgelagerte Riffe für ruhiges, grünes Wasser sorgen. Diverse Restaurants bieten Bier und frittierte Shrimps an. Am südlichen Ende gibt's die beste Brandung des Bundesstaates. Wer keine eigene Ausrüstung dabeihat, kann Body- und Longboards direkt am Wasser ausleihen. Schwimmer bevorzugen den geschützten Riffbereich am nördlichen Strandende. Bereits nach 15 Gehminuten in beliebiger Richtung entkommt man den Menschenmassen.

Schlafen & Essen

Am Strand und im Ort findet man mehrere standardmäßige Restaurants, Pizzerias und Selbstbedienungslokale.

Pousada Ricardinho do Frances POUSADA $
(☎ 3260-1488; www.pousadaricardinhodofrances.com.br; Arrecifes 10; EZ/DZ ab 90/120 R$) Punktet mit einer tollen Lage nicht weit vom Strand, einem fantastischen Frühstück sowie Zimmern samt Privatbalkonen und Hängematten. Momentan eine der besten Unterkünfte im Ort.

Pousada Aconchego POUSADA $$
(☎ 3260-1193; www.pousadaaconchego.com.br; Carapeba 159; DZ ab 150 R$; ❄ 🏊) Nette Zimmer, ein üppiger Garten, Hängematten, ein Pool und freundlicher Service.

Pousada Ecos do Mar POUSADA $$
(☎ 3260-1191; www.pousadaecosdomar.com.br; Carapeba 160; DZ ab 220 R$) Bunte Zimmer mit Flachbildfernsehern und Minikühlschränken. Außerdem gibt's einen Swimmingpool und ein Frühstücksbüfett.

Cesar's Lanches SANDWICHES $
(Hauptgerichte 4–6 R$; ⏲ 10–17 Uhr) Der Strandimbiss ist berühmt für seine saftigen Burger und Sandwiches.

An- & Weiterreise

Vom Busbahnhof in Maceió bietet **Real Alagoas** (☎ 3336-6816) regelmäßige Verbindungen nach/von Praia do Francês (3 R$, 35 Min.).

Barra de São Miguel

☎ 082 / 7500 EW.

Das Zentrum der Kleinstadt liegt am Flussufer und blickt auf die **Praia do Gunga**. Barra selbst ist nicht besonders sehenswert und dient hauptsächlich als Ausgangspunkt zu diesem idyllischen weißen Sandstrand, der sich bis zur Meeresmündung des Rio São Miguel erstreckt. Dank des riesigen Riffs vor der Küste ist das Wasser ruhig genug zum Schwimmen und Kajakfahren.

Es gibt in der Gegend viele *pousadas* und eine gute touristische Infrastruktur, vor allem im Viertel Niquin, ein paar Kilometer vom Pier entfernt. Mit seinem schönen Swimmingpool und einer Terrasse samt Meerblick gilt das **Hotel Portal Duleste** (☎ 3272-1089; www.hotelportalduleste.com.br; Edison Frazão 108, Niquin; EZ/DZ 156/250 R$; ❄ 📶 🏊) als gute Option. Die meisten Traveller, die südlich von Maceió übernachten wollen, steuern allerdings lieber Praia do Francês an.

Morgens starten am Stadthafen Boote nach Praia do Gunga (30 R$). Rund um die Anlegestelle verteilen sich mehrere Freiluftrestaurants.

In der Hochsaison laden an der Praia do Gunga **Strandbuggys** zu einem einstündigen Abenteuer ein. Unterwegs hält man, um die Dünenlandschaft zu fotografieren, und badet in einem natürlichen Pool.

Leider sind die Strandlokale überteuert: Fast alle *barracas* bestehen darauf, dass man pro Person mindestens für 50 R$ speist. Aus diesem Grund bringen viele Besucher ihr eigenes Essen aus Maceió mit oder kaufen Snacks und Sandwiches an den Ständen auf dem riesigen Parkplatz.

ABSEITS DER ÜBLICHEN PFADE

PONTAL DE CORURIPE

Dieses traditionelle, kaum besuchte Fischernest säumt einen langen einsamen Strand mit smaragdgrünem Wasser, um den sich Kokosplantagen erstrecken. In den friedlichen Dorfstraßen halten Frauen vor ihren Häusern ein Schwätzchen, während sie Körbe, Platzdeckchen und Handtaschen aus Palmfasern flechten. Draußen in der Bucht steuern Fischer ihre Boote gleich gegenüber dem Leuchtturm durch die von der Sonne bestrahlte See.

In der **Peixada da Madalena** (☎3273-7234; Ladeira do Farol 248; Hauptgerichte 15–30 R$; ⏲10–18.30 Uhr), einem der Restaurants am Leuchtturm, kann man das Treiben beobachten und dabei frische Meeresfrüchte genießen. Die nach der Candomblé-Göttin der Fruchtbarkeit benannte **Pousada Canto de Yemanjá** (☎3273-7316; www.pousadacantodeyemanja.com; Rua da Praia 244; DZ 140–180 R$; ❄📶) ist eine wahre Zuflucht: Sie verfügt über ein modernes Dekor und lebhafte Farbtöne und liegt außerhalb des Dorfes direkt am Strand.

Die öffentlichen Verkehrsverbindungen nach und von Pontal de Coruripe sind regelmäßig, aber ziemlich informell. Mindestens zweimal täglich (sonntags seltener) passiert der *pinga-litoral*-(Küstenbummler-)Bus nach Maceió (10 R$, 2 Std.) Pontal de Coruripe. Ein weiterer Bus fährt jeden Tag nach Penedo (14 R$, 2½ Std.). Außerdem starten regelmäßig Sammeltaxis nach Maceió (9–18 R$, 1 Std.) – einfach vor Ort nachfragen.

ℹ An- & Weiterreise

Barra de São Miguel liegt 35 km von Maceió entfernt. Fast alle brasilianischen Touristen kommen mit dem Auto hierher, während ausländische Traveller die Praia do Gunga meist auf einem Tagesausflug mit einer der Agenturen in Maceió besuchen (die Standardtouren führen nach Praia do Francês, Barra de São Miguel und zur Praia do Gunga).

Wer auf eigene Faust aus Maceió anreisen möchte, lässt sich per Taxi zur Texaco-Tankstelle im Südwesten der Stadt bringen, wo *colectivos* (Transporter oder Busse) nach Barra de São Miguel starten. Hat man Barra erreicht, geht's mit dem *colectivo*-Taxi nach Praia do Francês (5 R$, 20 Min.).

Marechal Deodoro

☎082 / 48 000 EW.

Marechal Deodoro am Ufer der ruhigen Lagoa Manguaba ist eine friedliche Stadt mit hübschen Kirchen und Kolonialbauten, die noch aus den frühen Siedlertagen stammen. Zwischen 1823 und 1839 war dies die Hauptstadt von Alagoas. Hier gibt's zwar nicht viel zu sehen, dennoch bietet sich der Ort für einen entspannten Tagesausflug von Maceió aus an – wer mit öffentlichen Verkehrsmitteln zu den südlich gelegenen Stränden fahren will, wird ihn vermutlich sowieso passieren. Besucher können die schöne weiß-gelbe Fassade der **Igreja de NS da Conceição** bewundern, die auf dem Hügel oberhalb der Lagune thront, und am Wochenende über den **Markt (bis 12 Uhr)** am Ufer bummeln. Wenn man in den frühen Morgenstunden ankommt, sieht man, wie die Fischer ihre Netze einholen.

Südwestlich von Maceiós Zentrum starten Busse und Minibusse nach Marechal Deodoro (über Praia do Francês; 3 R$, 35 Min.) regelmäßig an einer Haltestelle hinter der Texaco-Tankstelle (Ecke Rua Dias Cabral/Zacarias de Azevedo). Vom Platz in Marechal fahren Busse, Transporter und *colectivo*-Taxis über Praia do Francês (3 R$, 15 Min.) zurück nach Maceió.

Penedo

☎082 / 60 400 EW.

Wichtigste Stadt am unteren São Francisco ist dieses kolonialzeitliche Juwel des Bundesstaates. Zu den Highlights des kaum touristisch geprägten Ortes zählen viele barocke Kirchen, Gebäude aus der kolonialen Ära und Bootstrips auf dem gelegentlich jadegrünen Fluss. Der geschäftige tägliche Markt im Zentrum von Penedo zieht samstags besonders viele Besucher an, denn dann kommen die Bewohner umliegender Dörfer zum Einkaufen her.

Geschichte

Seine günstige Lage am Rio São Francisco machte Penedo seit jeher zu einem Handelszentrum. Duarte Coelho Pereira gründete die Stadt irgendwann zwischen 1535 und 1560, als er den Fluss auf der Verfolgungsjagd der indigenen Caete entlangfuhr, die zuvor einen Bischof getötet hatten. So gilt Penedo als erste koloniale Siedlung am São Francisco. Im 17. Jh. kämpften hier Niederländer und Portugiesen heftig um die Herrschaft über den Nordosten. Während des 19. Jhs. gehörte Penedo zu den Zentren der Sklavenbefreiungsbewegung in Alagoas. Im 20. Jh. verlor es seine Bedeutung als Wirtschaftszentrum, was die Kolonialbauten möglicherweise vor der Zerstörung bewahrte.

Sehenswertes & Aktivitäten

Es gibt in Penedos zahlreiche Kolonialbauten aus dem 17. und 18. Jh., darunter jede Menge Kirchen. Trotz der ausgeschilderten Öffnungszeiten sind diese aber leider nicht immer für Besucher geöffnet – am besten schlendert man durch die Gegend, bis man auf ein Gotteshaus stößt, das offensteht.

Kirchen & Museen

Convento de São Francisco e Igreja NS dos Anjos KIRCHE
(Praça Rui Barbosa; Eintritt 2 R$) Bis zu ihrer Fertigstellung 1759 wurde an der schönsten Kirche des ganzen Bundesstaates fast 100 Jahre lang gebaut. Selbst Dom Pedro II., der zweite und letzte Kaiser Brasiliens, beehrte sie mit einem Besuch. Besondere Aufmerksamkeit verdienen die farbenreiche Decke, der goldene Rokoko-Altar und die Statue des hl. Franziskus links daneben, die der Künstler Aleijadinho schuf.

Igreja de NS da Corrente KIRCHE
(Praça 12 de Abril) In der 1765 fertiggestellten Igreja de NS da Corrente gibt's einige feine portugiesische *azulejos* (Fliesen) in Grün, Purpur und Gold – Farben, die in Brasilien und auch in Portugal eher selten zu finden sind. Die Lemos-Familie war ein großer Förderer der Kirche (ihr Familienwappen ist auf dem Boden eingraviert). Sie setzte sich zudem für die Abschaffung der Sklaverei ein, gehörte also zu den sogenannten Abolitionisten. Sklaven nutzen das Gotteshaus deshalb als Zufluchtsort; einige wurden sogar hinter der Wandvertäfelung versteckt.

Igreja de São Gonçalo Garcia KIRCHE
(Av Floriano Peixoto) In dem kleinen **Oratorium** (Praça Barão de Penedo) der Ende des 18. Jhs. erbauten Igreja de São Gonçalo Garcia verbrachten zum Tode Verurteilte ihre letzte Nacht mit Beten, bevor sie am nächsten Tag gehängt wurden.

Igreja NS do Rosário dos Pretos KIRCHE
(Catedral do Penedo; Praça Marechal Deodoro) Eine von Sklaven errichtete Kirche.

Museu do Paço Imperial MUSEUM
(Praça 12 de Abril 9; Eintritt 4 R$; ⌚ Di–Sa 11–17, So 8–12 Uhr) Das winzige, schön gestaltete Museum belegt die oberste Etage des Hauses, in dem Dom Pedro II. einmal übernachtete. Es zeigt Lampen, Porträts, Möbel und eleganten Pomp aus der Kolonialzeit (17. & 18. Jh.).

Flusstouren

Vom Stadtzentrum schippern regelmäßig Boote (2 R$) zur kolonialzeitlichen Hügelsiedlung **Neópolis**, die mit interessanten Gebäuden und tollem Kunsthandwerk aufwartet. In der Hochsaison kann man eventuell eine geführte Tour nach **Foz do São Francisco** (100 R$ für bis zu 4 Pers.) unternehmen, wo der Fluss an einem Dünenstrand mit Naturbecken ins Meer mündet. Meistens starten die Trips 28 km flussabwärts in Piaçabuçu, das man problemlos mit dem Sammeltransporter oder Bus von Penedo aus erreicht.

Feste & Events

Festa do Senhor Bom Jesus dos Navegantes RELIGIÖS
(⌚ ab 2. So im Januar) Ein viertägiges Fest mit einer prachtvollen Bootsprozession und einer Segelregatta.

Schlafen

Wer sein Hotelzimmer online bucht, muss darauf achten, nach Ergebnissen für Penedo in Alagoas zu recherchieren – ansonsten sucht man wahrscheinlich nach Hotels in der gleichnamigen brasilianischen Stadt im Bundesstaat Rio de Janeiro.

★ **Pousada Colonial** POUSADA $
(☎ 3551-2355; www.pousadacolonialdepenedo.com.br; 12 de Abril 21; DZ/3BZ/4BZ 120/160/200 R$; ❄ 📶) Für die volle Packung von Penedos Kolonialcharme sollte man ein Zimmer in diesem charmanten historischen Haus am Flussufer buchen. Das 1734 errichtete, schön restaurierte Gebäude liegt am Hauptplatz der Stadt und hat gebeizte Holzfußböden, hohe Decken, antike Möbel sowie altmodische Holzjalousien. Einige Räume warten mit einem herrlichen Blick über das Wasser auf.

Pousada Central POUSADA $
(☎ 3551-2460; www.pousadacentral-al.com.br; Floriano Peixoto 64; DZ ab 100 R$; ❄) Hinter dem Hauptplatz auf einem kleineren Platz, der von der Igreja São Gonçalo dominiert wird, stößt man auf diese solide Budgetoption mit einfachen, sauberen, leider etwas dunklen Zimmern.

Hotel São Francisco HOTEL $$
(☎ 3551-2273; www.hotelsaofrancisco.tur.br; Floriano Peixoto 237; EZ/DZ/3BZ ab 120/157/215 R$; ❄📶🏊) Manch einer hält das Hotel im 1960er-Stil für einen Schandfleck in der malerischen Skyline der Stadt. Nichtsdestotrotz verfügt es über relativ moderne Zimmer mit Satelliten-TV und Minibars. Dank der erhöhten Lage über dem Fluss punkten die meisten Räume mit einem hübschen Blick aufs Wasser.

Essen & Ausgehen

Rund um den Hauptplatz am Ufer findet man mehrere Supermärkte, Sandwichstände und Selbstbedienungslokale. Abends, wenn die Betreiber der Bars Plastiktische auf das Kopfsteinpflaster stellen, kann man hier wunderbar ein kühles Bier trinken.

Boteco Velho Chico BRASILIANISCH $
(☎ 3551-2087; Floriano Peixoto 235; Hauptgerichte 15–25 R$; ⏲ 19–23 Uhr) Diese abends geöffnete Bar neben dem Eingang zum Hotel São Francisco (S. 507) zieht lokale Feinschmecker an – einfach nach der Besucherschar Ausschau halten, die an den Gehwegtischen sitzt und regionale Spezialitäten wie die berühmten *caldinhos* (Eintöpfe) aus Shrimps, Kutteln oder Schweinefleisch genießt.

Oratório BRASILIANISCH $$
(Av Beira Rio 301; Mahlzeiten für 2 Pers. 40–58 R$; ⏲ Mo–Fr 9–24, Sa & So bis 2 Uhr) In der lässigschicken Uferbar gibt's ein tolles Frühstück mit Kaffee und Obst, ein günstiges Mittagsmenü und leckere Abendgerichte (Grillfisch und marinierte Shrimps).

Forte da Rocheira BRASILIANISCH $$
(☎ 3551-3273; Rocheira 2; Hauptgerichte 28–45 R$; ⏲ tgl. 11–16, Fr & Sa 18–22.30 Uhr) Statt hier zu Abend zu essen, sollte man sich in der ehemaligen niederländischen Festung mit herrlichem Blick aufs Wasser besser ein paar Drinks gönnen. Das Lokal liegt etwas ab vom Schuss, ist aber dank der vielen wegweisenden Werbeschilder in der Stadt leicht zu finden. Am besten kommt man zum Sonnenuntergang her.

Praktische Informationen

Am Flussufer gibt's eine **Bradesco-Bank** (Av Duque de Caixas 71) mit einem Geldautomat. Zwei weitere Automaten findet man in nächster Nähe am Hauptplatz.

An- & Weiterreise

Penedo hat zwei Verkehrsknotenpunkte. An der informellen Bushaltestelle beim Hauptplatz unweit des Piers starten und halten Taxi-*colectivos* und Transporter, die u. a. nach/von Maceió und Aracaju fahren. Ein paar Blocks weiter den Fluss entlang, hinter dem großen Supermarkt, liegt der kleine Busbahnhof der Stadt. Er wird von größeren Busunternehmen wie Real Alagoas bedient, außerdem kann man hier Tickets kaufen.

DIE MALERISCHE ROUTE NEHMEN

Bei Trips von Penedo nach Maceió lohnt es sich, zwei Extrastunden zu investieren und den *pinga-litoral*-(Küstenbummler-)Bus zu nehmen. Wer sich nicht an ständigen Stopps und Abstechern von der Hauptstraße stört, erhält unterwegs einen erfrischenden Einblick ins Landleben. Man sieht winzige Kirchen, staubige Pfade in den Dschungel, rustikale Fischerhütten und Kinder, die dem vorbeirollenden Bus zuwinken.

Der Bus folgt dem Fluss in Richtung Küste und passiert dabei die verstreuten Häuser der Fischersiedlung Piaçabuçu. Dann bewegt er sich vom Fluss weg und dreht nordwärts nach Pontal do Peba ab, wo er am Strand eine Kehrtwende macht. Anschließend geht's durch Feliz Deserto mit jeder Menge Cowboys, Kokosnüssen, Meeresfrüchten und einer einzigen *pousada*. Etwas weiter nördlich verlässt der Bus die Schnellstraße AL-101 bei Miaí de Cima. Dort findet man keine *pousadas*, trifft aber an den Wochenenden jede Menge Einheimische am Strand. Nach dem nun folgenden Abstecher durch Barreiras und das hübsche Coruripe führt die Reise weiter nach Pontal de Coruripe.

Nächster Halt ist Lagoa do Pau mit Garnelenzucht, Wochenendhäusern und ein paar *pousadas*. Vorbei an Zuckerrohrfeldern und Kokospalmen geht's weiter nach Poxim. Während sich der Bus allmählich Maceió nähert, stoppt er an den Abzweigungen nach Barra de São Miguel und Praia do Francês. Kurz vor der Hauptstadt passiert er noch die riesigen Mündungsgebiete der Lagunen Mundaú und Manguaba. Bei geplanten Aufenthalten in Pajuçara oder an Stränden weiter nördlich heißt es aussteigen, sobald der Bus die Küstenstraße verlässt und das Zentrum von Maceió ansteuert.

NÖRDLICH VON MACEIÓ: STRANDORTE

Viele Traveller bereisen die Küste nördlich von Maceió mit einem Ziel im Kopf: Maragogi und sein spektakuläres der Küste vorgelagertes Korallenriff, das sich wunderbar zum Schnorcheln eignet. Wer mehr als ein oder zwei Tage Zeit hat, sollte sich jedoch nicht die hiesigen rustikalen Stranddörfer entgehen lassen, die mit weißen Sandstreifen, grünem Wasser und riesigen Kokospalmen locken. Abgesehen von ein paar Luxus-*pousadas* haben die entspannten Orte so gut wie keine touristischen Einrichtungen, bieten jedoch einen authentischen Einblick in den lokalen Lebensstil und die Chance, einmal wirklich abzuschalten. Achtung: Unbedingt genug Bargeld mitnehmen, denn es gibt erst wieder in Maragogi Bankfilialen und -automaten.

In Richtung Norden von Maceió aus passiert man zuerst das ruhige Fischerdorf **Barra de Santo Antônio** an der Mündung des Rio Jirituba. Gleich südlich davon liegt die Praia Tabuba, eine schöne, friedliche Bucht mit einigen Bars und Pensionen. Vor dem Strand erstrecken sich ein paar Gezeitenpools an den Riffen – einfach in den Bars nach einer Fahrt mit der *jangada* (Segelboot) dorthin fragen. Als Nächstes folgt **Barra do Camaragibe**, ein weiteres idyllisches Fischerdorf am Rand einer kleinen riffreichen Bucht. Mit *jangadas* gelangt man von dort nach Süden zur Praia do Morro, einem einsamen Strand mit Klippen und klarem Wasser.

Die Weiler zwischen Barra do Camaragibe und Porto de Pedras sind tolle Plätze, um sich zu erholen. **São Miguel dos Milagres** hat schöne Strände mit warmem, flachem Wasser, das von vorgelagerten Riffen geschützt wird. Besucher können sich ein oder zwei Nächte in den stilvollen Bungalows der umweltbewussten **Pousada da Amendoeira** (☎ 3295-1213; www.amendoeira.com.br; Praia do Toque 7; DZ inkl. Halbpension 470–710 R$; ❄ 📶) verwöhnen lassen. Hier gibt's auch ein exzellentes Restaurant mit Meeresfrüchten und regionalen Biogerichten. Wer ein paar Tage bleibt, sollte den ökologischen Touranbieter **Gato do Mato** (☎ 3033-1040; www.gatodomato.com) kontaktieren. Das Unternehmen veranstaltet empfehlenswerte halbtägige Exkursionen, z. B. Kajaktouren, Schnorchel- und Austernsammeltrips. Am besten bucht man schon im Voraus einen Ausflug, da die meisten eine Mindestteilnehmerzahl erfordern.

Porto de Pedras ist ein süßes Fischerdorf und der etablierteste Ort an diesem Straßenabschnitt mit Geschäften, Bars, Restaurants und einem Leuchtturm auf einem Hügel. Weiter nördlich, in **Japaratinga**, wird das flache Gewässer von Korallenriffen geschützt. Die Strände sind von Kokosnusspalmen und Fischerhütten gesäumt. Bei Mondlicht kann man hier mehrere Kilometer ins Meer hineinlaufen. Transporter legen regelmäßig die 10 km lange Strecke nordwärts nach Maragogi (7 R$) zurück.

Um die Orte nördlich von Maceió zu erreichen, hat man mehrere Möglichkeiten: Vom Busbahnhof in Maceió fährt Real Alagoas (S. 503) über Barra do Camaragibe, São Miguel dos Milagres und Porto da Rua nach Porto de Pedras (20 R$, 3½ Std., 5-mal tgl.). Die Strecke wird außerdem von **DEF-Bussen**, Minibussen, *bestas* und *colectivo*-Taxis bedient, die beim Mar-Azul-*posto* (-Tankstelle) am Nordrand von Maceió starten. Dorthin gelangt man am besten mit einem Taxi. Bis ca. 19 Uhr kommt man recht einfach von A nach B.

Verbindungen nach Maceió bieten der *expresso-litoral*-Bus (22 R$, 2½ Std., 2-mal tgl.) und der *pinga-litoral*-Bus (20 R$, 4 Std., 2-mal tgl.). *Bestas/colectivos* nach Maceió (17–25 R$, alle 30 Min.) verkehren häufiger. Mit allen genannten Optionen gelangt man auch nach Pontal de Coruripe, Barra de São Miguel und Praia do Francês.

Bomfim-Busse (www.bomfim.com.br) fahren täglich nach Salvador (73 R$, 11 Std.) und Aracaju (17 R$, 4 Std.). *Topiques* (Transporter) steuern Aracaju, Propriá und am häufigsten Piaçabuçu (2 R$, 40 Min., alle 30 Min. von 6–18 Uhr) an; die genauen Startzeiten erfährt man von den Fahrern, die am Ufer abhängen.

Maragogi

☎ 082 / 28 800 EW.

Diese kleine Stadt wartet mit mehreren *pousadas* und Restaurants am Meeresufer, altmodischen Segelbooten sowie weiten, flachen Stränden auf, an denen abends Kinder Fußball spielen. Obwohl die Sandstreifen nichts Besonderes sind, ist der Ort eines der meistbesuchten Ziele im Bundesstaat. Zu verdanken hat er das den Sandbänken, Riffen und der bunten Unterwasserwelt des **Galés-Meeresreservats** 6 km vor der Küste.

Viele Touristen erkunden das Schutzgebiet auf Tagesausflügen von Maceió aus, aber man kann in Maragogi auch gut ein oder zwei Nächte verbringen. Touren (65 R$) lassen sich problemlos in den Strandlokalen oder Hotels buchen – die Exkursionen werden in der ganzen Stadt stark beworben. Der Veranstalter **Costazul** (☎3296-2125; www.costazulturismo.com.br; Francisco Holanda Cavalcante 6) hilft bei der Buchung von Touren und Zimmern.

Am Ufer bietet die schicke **Pousada Olho D'água** (☎3296-1263; www.pousadaolhodagua.com; Senador Rui Palmeira 94; DZ ab 180 R$) eine Terrasse mit Meerblick, komfortable Zimmer mit Privatbalkonen (teilweise mit toller Aussicht) und einen schönen Swimmingpool. Eine weitere tolle Option – nur fünf Gehminuten nördlich des Platzes in einem Wohngebiet gelegen – ist die **Pousada Maragolfinho** (☎3296-1513; www.pousadamaragolfinho.maragogi.com; Escritor Graciliano Ramos 14; EZ/DZ ab 110/140 R$; ❄📶) mit geräumigen Zimmern, modernen Duschen, hübscher Bettwäsche und einem üppigen Frühstück.

Mehrere Meeresfrüchtelokale servieren neben Fischgerichten auch bahianische Spezialitäten, Pizzas, frische Säfte und Cocktails, und das alles in toller Strandlage im Freien. Großer Beliebtheit erfreut sich z. B. das **Restaurante Frutas do Mar** (☎3296-1403; Senador Rui Palmeira 876; Hauptgerichte 20–35 R$; ⏲8–22 Uhr).

Es gibt in Maragogi eine Banco-do-Brasil-Filiale mit einem Geldautomaten. Weitere Unterkünfte und Restaurants sowie zusätzliche Touristeninfos (inklusive eines Abschnitts auf Englisch) findet man unter www.maragogionline.com.br.

Die schnellste Möglichkeit, von Maragogi nach Maceió zu gelangen, ist eines der Taxi-*colectivos* (30 R$, 2 Std.), die am Hauptplatz starten. Jeder Wagen kann bis zu vier Passagiere mitnehmen, deshalb muss man mit kurzer Wartezeit rechnen, bis das Taxi voll besetzt ist. Der Trip dauert nur rund zwei Stunden, weil die Fahrer scheinbar ein Wettrennen austragen und auf den Küstenstraßen immer wieder in den Verkehr ein- und ausscheren.

DEF fährt viermal täglich vom Hauptplatz nach Maceió (12,50 R$, 3½ Std.) und zu den Stranddörfern südlich von Maragogi.

Reiseagenturen bieten private Transfers, aber da sie unverschämte 170 R$ pro Person berechnen, sollte dies die letzte Option sein.

Pernambuco, Paraíba & Rio Grande do Norte

Inhalt ➡

Gut essen

- Oficina do Sabor (S. 528)
- Palhoça da Colina (S. 538)
- Tapas (S. 554)
- Chica Pitanga (S. 520)
- Camarões Potiguar (S. 549)

Schön übernachten

- Toca da Coruja (S. 554)
- Manary Praia Hotel (S. 548)
- Pousada de São Pedro (S. 527)
- Pousada Ilha do Vento (S. 556)
- Spa da Alma (S. 553)

Auf nach Pernambuco, Paraíba & Rio Grande do Norte

An der 1000 km langen Küste der drei Bundesstaaten in der nordöstlichen Ecke Brasiliens reiht sich vor der Kulisse von Dünen, Palmen und Klippen ein sonniger Sandstrand an den nächsten. Das tropische Meer lädt zum Baden, Schnorcheln, Surfen, Kite- und Windsurfen sowie Tauchen ein. Dörfer und kleine Ortschaften locken mit leckerer Küche, Sundownern und gemütlichen *pousadas*. Außerdem kann man sich bei einer Buggyfahrt über Sand und Dünen den Wind um die Nase wehen lassen. An der Küste liegen vier gänzlich unterschiedliche Städte: Das raue historisch-kulturelle Recife, das charmante Olinda mit seinem Künsterflair, das hübsch restaurierte João Pessoa und die Touristenspielwiese Natal, die für urbanes Ambiente inmitten der Strandidylle sorgen. Absolutes Highlight der Region ist jedoch der 350 km vor der Küste gelegene Archipel Fernando de Noronha. Dieses Inselparadies wartet mit den besten Stränden, Tauchspots und Landschaften Brasiliens auf.

Reisezeit

Recife

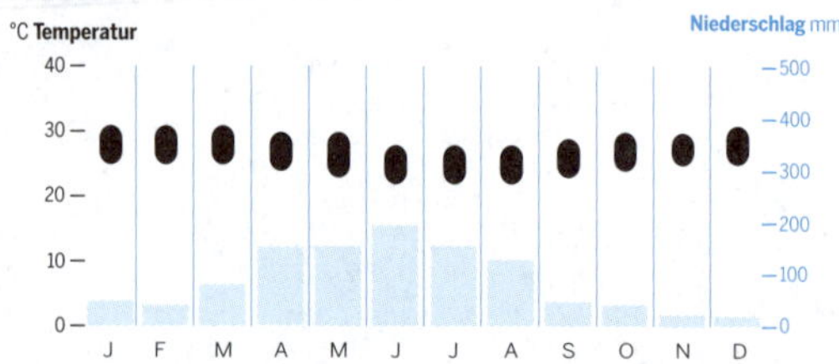

Feb.–März Zum Karneval geht's nach Recife und Olinda – die Preise sind allerdings gesalzen.

April–Juli Regenzeit: niedrigere Preise, kühlere Temperaturen und heftige Niederschläge.

Dez.–Feb. Hochsaison: die sonnigsten, trockensten, geschäftigsten und teuersten Monate.

Geschichte

Diese Gegend Brasiliens war heiß umkämpftes Kolonialgebiet, das sowohl von den Franzosen als auch von den Holländern gegen die Portugiesen verteidigt wurde. Französische Brasilholzhändler hatten sich bereits in der Region angesiedelt, als Portugal 1535 Olinda als Hauptstadt des neuen Kapitanats Pernambuco gründete. Recife diente ursprünglich als Hafen von Olinda. Pernambucos Küstenregion avancierte mithilfe der brutal unterdrückten indigenen Bevölkerung und der afrikanischen Sklaven schnell zu Brasiliens Zuckerrohrproduzent Nummer eins. Die anderen großen Städte der Region, Natal und João Pessoa, entstanden im Mündungsgebiet als Festungen zum Schutz vor kolonialen Rivalen und ihren indigenen Verbündeten.

1631 wurde Olinda von niederländischen Eindringlingen geplündert. Da sich die Holländer auf den Wasserstraßen von Recife fast wie zu Hause fühlten, gründeten sie hier ihre Hauptstadt und gaben ihr den ehrgeizigen Namen Neu-Holland. 1637 wurde Prinz Moritz von Oranien als Regent hierher entsandt. Durch seine aufgeklärte Politik der Glaubensfreiheit wurden größere Konflikte vermieden, als die Holländer ihr Herrschaftsgebiet an der Küste bis nach São Luís (Maranhão) ausdehnten. Als Moritz 1644 zurückbeordert wurde, begannen die Aufstände gegen die protestantische niederländische Herrschaft. 1654 endete diese Episode mit der Vertreibung der Holländer. Olinda wurde wieder aufgebaut. Recife mauserte sich und war Ende des 17. Jhs. schließlich die größte Stadt Südamerikas.

Die Abschaffung der Sklaverei im 19. Jh. führte zum Niedergang der Zuckerindustrie im Nordosten. Brasiliens machtpolitisches und finanzielles Zentrum verlagerte sich in den Südosten, wo sich auch ein Großteil der Bevölkerung ansiedelte; der Nordosten geriet ins Abseits. Im 20. Jh. wurde die Region, vor allem das trockene Landesinnere – der *sertão* – mit großer Armut assoziiert und zahlreiche Menschen zogen in der Hoffnung auf ein besseres Leben vom Nord- in den Südosten.

Im 21. Jh. hat sich vieles verändert, insbesondere seit die Arbeiterpartei 2002 unter Luíz Inácio (Lula) da Silva, der bis 2010 brasilianischer Präsident war, die Regierung stellt. Lula selbst stammte aus dem Nordosten; er wurde in der abgelegenen Stadt Caetés in Pernambuco geboren. Brasiliens Wirtschaftsboom, Regierungsprogramme zugunsten der armen Bevölkerung und das Dirigieren staatlicher sowie privater Investitionen in den Nordosten verbesserten die Situation merklich. Die Arbeitslosenquote ist stark gesunken und die Mittelschicht wächst schnell. Sogar die traditionellen Abwanderungsströme kehren sich um: Nun kehren viele in ihre Heimat im Nordosten zurück, zudem suchen dort sogar einige Brasilianer aus dem Südosten ein besseres Leben. Eine wichtige Rolle spielt dabei der Tourismus an der Küste. Die gesamte Region profitiert von der Wachstumsbranche, vom ehemaligen Fischerdorf Porto de Galinhas, südlich von Recife, bis zu (noch) abgeschiedenen Orten wie São Miguel do Gostoso, nördlich von Natal.

ℹ Anreise & Unterwegs vor Ort

Die wichtigsten Verkehrsknotenpunkte der Region sind Recife und Natal. Beide Städte werden direkt von Europa aus angeflogen. Zudem landen in Recife, Natal und João Pessoa täglich mehrere Flieger aus größeren brasilianischen Städten.

Ein anständiges Busnetz verbindet die Küstenorte miteinander, und zwar sowohl innerhalb der Region als auch darüber hinaus (z. B. Fortaleza und Salvador). Von den wichtigsten Städten bestehen Direktverbindungen nach Rio de Janeiro und São Paulo. Kleinere, abgelegenere Ortschaften werden nur von wenigen Bussen bzw. Transportern pro Tag angesteuert. In manchen Dörfern wie Galinhos gibt's noch nicht einmal tägliche Verbindungen.

Fernando de Noronha erreicht man nur über Flüge ab Recife oder Natal.

Mietwagen bekommt man fast überall. Sie lohnen sich für große Distanzen. Die Preise sind angemessen und die meisten Hauptstraßen in einem akzeptablen Zustand.

PERNAMBUCO

Dieser spannende Bundesstaat wartet mit zwei kulturell und historisch faszinierenden, höchst gegensätzlichen Städten auf, dem großen rauen Recife und seinem sehr viel kleineren charmanteren Nachbarn Olinda. Beide Orte sind für ihre Karnevalsfeierlichkeiten bekannt, die zu den euphorischsten, originellsten und mitreißendsten in Brasilien zählen. Darüber hinaus erstreckt sich 525 km vor Recife im Atlantik das einzigartige tropische Paradies Fernando de Noronha, ein Mekka für Taucher, Schnorchler, Naturliebhaber, Surfer und Strandgänger.

Highlights

1 Während des mitreißenden Karnevals in der Künstlerstadt **Olinda** (S. 524) auf den Straßen tanzen und in die einzigartige Kultur eintauchen.

2 Sich von den erstklassigen Stränden, Landschaften sowie Tauch- und Schnorchelspots des wunderbar einsamen Archipels **Fernando de Noronha** (S. 532) begeistern lassen.

3 Die hippe, aber unprätentiöse internationale Strandszene im wunderschönen **Praia da Pipa** (S. 522) genießen.

4 Kulturelle, kulinarische und historische Attraktionen in **Recife** (S. 514), der besten Stadt der Region, entdecken.

5 An einsamen Stränden in **São Miguel do Gostoso** (S. 555) relaxen.

6 Eine Buggyfahrt am Strand von São Miguel do Gostoso ins abgeschiedene **Galinhos** (S. 556) unternehmen.

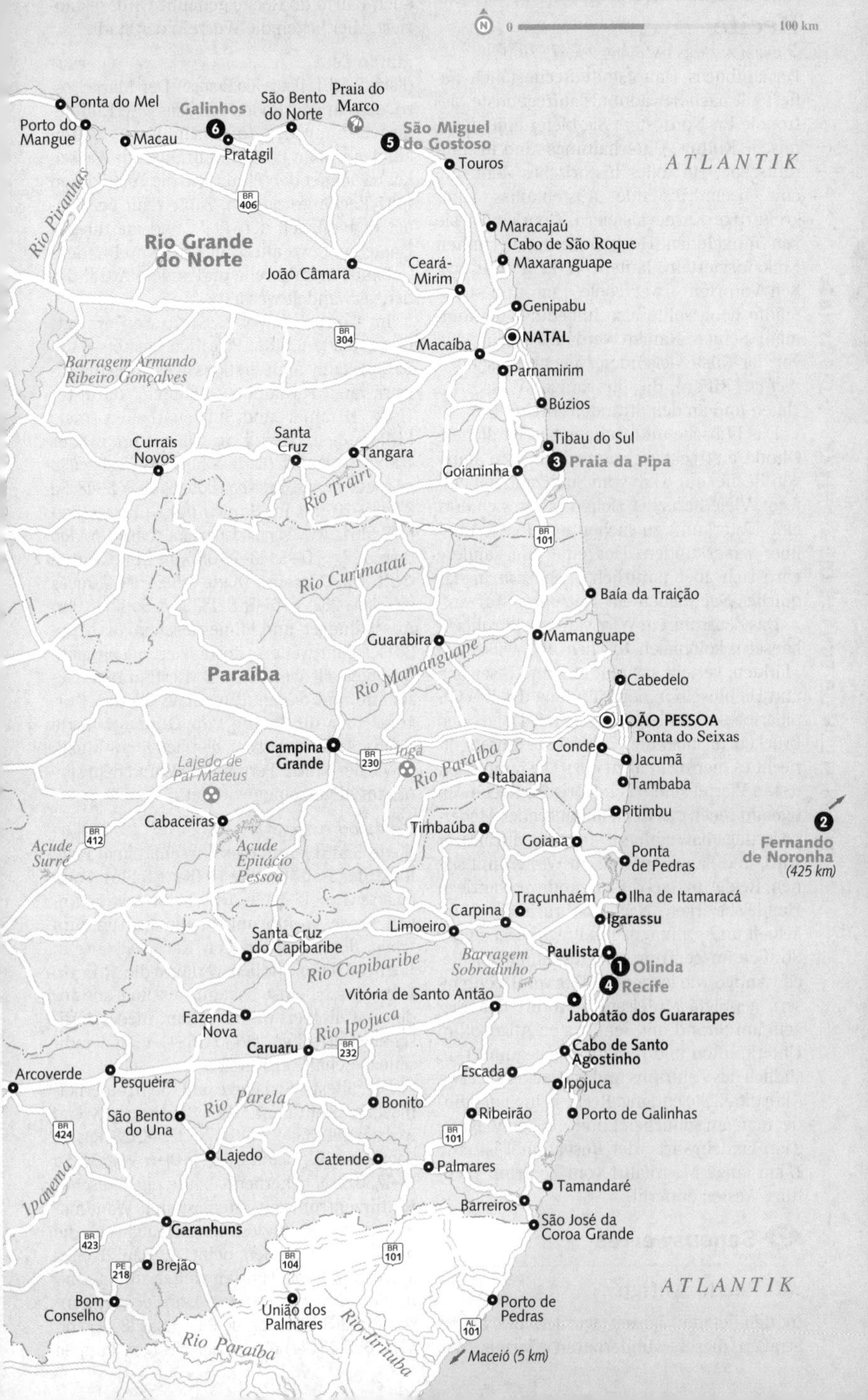

N
0
100 km
Ponta do Mel
Porto do Mangue
Macau
Galinhos
6
Pratagil
São Bento do Norte
Praia do Marco
São Miguel do Gostoso
5
Touros
ATLANTIK
Rio Piranhas
BR 406
Rio Grande do Norte
Maracajaú
Cabo de São Roque
Maxaranguape
João Câmara
Ceará-Mirim
Genipabu
BR 304
NATAL
Macaíba
Barragem Armando Ribeiro Gonçalves
Parnamirim
Búzios
Currais Novos
Santa Cruz
Tangara
Tibau do Sul
3
Praia da Pipa
Goianinha
Rio Trairi
BR 101
Rio Curimataú
Baía da Traição
Guarabira
Mamanguape
Rio Mamanguape
Paraíba
Cabedelo
JOÃO PESSOA
Ponta do Seixas
Campina Grande
BR 230
Ingá
Conde
Jacumã
Rio Paraíba
Lajedo de Pai Mateus
Itabaiana
Tambaba
Pitimbu
Cabaceiras
BR 412
Timbaúba
2
Fernando de Noronha
(425 km)
Açude Surré
Açude Epitácio Pessoa
Goiana
Ponta de Pedras
Traçunhaém
Ilha de Itamaracá
Carpina
Igarassu
Santa Cruz do Capibaribe
Limoeiro
Barragem Sobradinho
Paulista
1
Olinda
Rio Capibaribe
4
Recife
Vitória de Santo Antão
Jaboatão dos Guararapes
Fazenda Nova
Rio Ipojuca
Caruaru
BR 232
Cabo de Santo Agostinho
Arcoverde
Pesqueira
Escada
Ipojuca
Rio Parela
Bonito
São Bento do Una
Ribeirão
Porto de Galinhas
BR 424
BR 101
Lajedo
Catende
Palmares
Ipanema
Tamandaré
Barreiros
Garanhuns
São José da Coroa Grande
BR 423
BR 104
BR 101
PE 218
Brejão
ATLANTIK
Bom Conselho
União dos Palmares
Porto de Pedras
AL 101
Rio Paraíba
Rio Jirituba
Maceió (5 km)

Recife

☎ 0XX81 / 1,5 MIO. EW. (GROSSRAUM 3,7 MIO.)

Pernambucos Hauptstadt Recife („heh-*sie*-fie") gilt nach Salvador als aufregendste Metropole im Nordosten. Sie bietet eine dynamische Kultur-, Unterhaltungs- und Restaurantszene, ein tolles historisches Zentrum, eine beeindruckende Küstenkulisse und großartige Karnevalsfeiern. Geprägt ist sie von funkelnden Hochhäusern, überfüllten Einkaufsvierteln, lautem Verkehr und großen Vororten – wer coole, raue und stolze Städte liebt, sollte also unbedingt herkommen! Seinen Namen verdankt Recife den vor der Küste liegenden wellenbremsenden *recifes* (Riffen), die für ruhiges Wasser im Hafen und an den Stränden sorgen.

Das hübsche und weitaus beschaulichere Olinda erstreckt sich am nördlichen Rand von Recife, nur 6 km vom Stadtzentrum entfernt. Viele Besucher ziehen es vor, sich dort eine Unterkunft zu suchen und Recife tagsüber zu erkunden. Der eine oder andere wird sich aber natürlich auch gern in das quirlige Nachtleben der Metropole stürzen.

Das Zentrum, ein Wirrwarr von Bürohochhäusern, kolonialen Kirchen und wuseligen Märkten, verteilt sich auf mehrere Inselchen und Halbinseln in der Mündung des Rio Capibaribe und anderer Flüsse, mit Dutzenden Brücken, die über die Wasserwege führen (oft riecht es hier nicht allzu gut). Die interessantesten Viertel sind das historische Recife Antigo am Meer, das dank andauernder Modernisierungsmaßnahmen immer attraktiver wird, und Santo Antônio im Westen mit seinen Regierungsgebäuden und geschäftigen Handelsbezirken. Nach Einbruch der Dunkelheit und sonntagnachmittags wirken viele Straßen im Zentrum mit Ausnahme von Recife Antigo wie leergefegt. Der von Hochhäusern geprägte Mittelschichtsvorort Boa Viagem am Strand mit dem besten Angebot an Unterkünften und Restaurants beginnt 3 km südlich des Zentrums und erstreckt sich etwa 5 km die Küste entlang. Recifes Flughafen findet man am südlichen Ende von Boa Viagem, 2 km landeinwärts; der Busbahnhof ist eine 17 km lange Metrofahrt vom Zentrum Richtung Westen entfernt.

Sehenswertes

Recife Antigo

In den letzten Jahren wurden die engen Straßen dieses wunderbaren Viertels, das auch Bairro do Recife genannt wird, restauriert. Hier liegen die Wurzeln der Stadt.

Marco Zero PLATZ

(Karte S. 516 f.; Praça Rio Branco) Der Marco Zero, eine in den Boden eingelassene Kilometermarke mit der Aufschrift „Km 0" mitten auf der großen Praça Rio Branco am Wasser, kennzeichnet den Punkt, wo die Portugiesen 1537 Recife gründeten. Außerdem bezeichnet er inoffiziell den Platz und die direkte Umgebung, wo alte Hafenlager und andere Gebäude in kulturelle und andere Attraktionen verwandelt werden.

Im **Centro de Artesanato de Pernambuco** (Karte S. 516 f.; Praça Rio Branco; ⌚10–20 Uhr) kann man erstklassiges Kunsthandwerk aus Pernambuco kaufen, darunter Holz-, Keramik- und Spitzenarbeiten sowie Lithografien. Weiter westlich sind in der **Caixa Cultural** (Karte S. 516 f.; www.caixacultural.gov.br; Av Alfredo Lisboa 505; ⌚Di–Fr 12–18, Sa & So 10–20 Uhr), im **Santander Cultural** (Karte S. 516 f.; www.santandercultural.com.br; Av Rio Branco 23; ⌚Di–So 13–20 Uhr) und im **Centro Cultural Correios** (Karte S. 516 f.; Av Marquês de Olinda 262; ⌚Di–Fr 9–18, Sa & So 12–18 Uhr) Ausstellungen und Filme zu sehen. Bis Mitte 2014 sollen weitere Restaurierungsprojekte fertiggestellt werden, z. B. Restaurants, Geschäfte und das multimediale **Centro Cultural Cais do Sertão Luiz Gonzaga** (Karte S. 516 f.; Av Alfredo Lisboa), das sich *forró*-Musik sowie der Kultur Pernambucos und dem *sertão* im Allgemeinen widmet.

Praça do Arsenal PLATZ

(Karte S. 516 f.) Auf diesem schattigen Platz lockt der **Paço do Frevo** (Karte S. 516 f.; Praça do Arsenal; ⌚Di–So 9–20 Uhr) mit Ausstellungen sowie Vorführungen und Kursen zum *frevo*, dem traditionellen Karnevalstanz in Recife. Weiter südlich verläuft die **Rua do Bom Jesus**, einst bekannt als Rua dos Judeos, weil hier während der niederländischen Herrschaft (1630–1654) einige jüdische Geschäfte eröffneten.

Die älteste Synagoge auf dem amerikanischen Kontinent, die **Sinagoga Kahal Zur Israel** (Karte S. 516 f.; ☎3224-2128; Rua do Bom Jesus 197; Eintritt 6 R$; ⌚Di–Fr 9–16.30, So 14–17.30 Uhr), beherbergt heute ein jüdisches Kulturzentrum mit interessanten Wandmalereien (auf Portugiesisch und Englisch), die die Rolle der Juden beim Aufbau Recifes aufzeigen. Zwei Häuser weiter unten sind in der **Embaixada dos Bonecos Gigantes** (Karte S. 516 f.; Rua do Bom Jesus 183; Eintritt 4 R$; ⌚8–18 Uhr) einige der riesigen Puppen zu sehen, die beim Karneval in Olinda zum Einsatz kommen. Ein Besuch der Bom Jesus lohnt vor allem während der Feirinha do Recife Antigo (S. 522), dem farbenfrohen Kunsthandwerksmarkt am Sonntag.

Paço Alfândega HISTORISCHES GEBÄUDE
(Karte S. 516 f.; www.pacoalfandega.com.br; Rua da Alfândega 35; Mo–Sa 10–22, So 12–21 Uhr) Das Zollhaus aus dem 19. Jh. wurde inzwischen in ein glitzerndes Einkaufszentrum mit Food Court verwandelt, der zu einem Kaffee oder Snack einlädt.

Santo Antônio

Das Viertel umfasst sowohl die gepflegte **Praça da República** (Karte S. 516 f.) am nördlichen Rand, die von imposanten Regierungsgebäuden aus dem 19. Jh. gesäumt wird, als auch einen betriebsamen Geschäftsbezirk weiter südlich mit Straßen voller Läden, hübscher Fassaden sowie besser und schlechter erhaltenen Kolonialkirchen.

Capela Dourada KAPELLE
(Goldene Kapelle; Karte S. 516 f.; Rua do Imperador; Eintritt 3 R$; Mo–Fr 8–11.30 & 14–17, Sa 8–11.30 Uhr) Dieses barocke Prachtstück wurde zwischen 1696 und 1724 errichtet und gehört zum Convento de Santo Antônio. Ihren Namen verdankt die Kapelle den vielen kunstvoll ausgearbeiteten Goldverzierungen an den Wänden, Altären und der Decke.

Pátio de São Pedro PLATZ
(Karte S. 516 f.) Der für den Verkehr gesperrte Platz mit Bars, Restaurants und bunten Häusern aus dem 19. Jh. zählt zu den ruhigeren Ecken der Gegend und lädt zu einem Drink ein. Die barocke **Concatedral de São Pedro dos Clérigos** (Karte S. 516 f.; Pátio de São Pedro; Mo–Fr 8–12 & 14–17 Uhr) aus dem 18. Jh. schmücken unglaublich schöne Holzschnitzereien, während das **Memorial Chico Science** (Karte S. 516 f.; 3355-3158; www.recife.pe.gov.br/chicoscience; Pátio de São Pedro 21; Mo–Fr 9–17 Uhr) GRATIS an den bekannten Begründer der Musikbewegung *mangue beat* erinnert, der 1997 bei einem tragischen Autounfall in Recife ums Leben kam.

Museu da Cidade do Recife MUSEUM, FORT
(Karte S. 516 f.; 3355 3107; Praça das Cinco Pontas; Eintritt 4 R$; Di–Fr 9–17, Sa & So 13–17 Uhr) Recifes Stadtmuseum ist im Forte das Cinco Pontas (fünfzackiges Fort) untergebracht, das 1630 von den Holländern erbaut wurde. Es zeigt alte Stadtpläne und historische Fotos, könnte allerdings angesichts der faszinierenden Geschichte der Metropole sehr viel interessanter sein.

Werkstatt & Institut Brennand

Die Keramikwerkstatt von Francisco Brennand und das Kunstinstitut seines Cousins Ricardo gehören zu den Highlights der Region und lohnen den Halbtagesausflug nach Várzea am westlichen Rand Recifes. Gleichzeitig sind sie an den Nachmittagen von Dienstag bis Freitag geöffnet. Am bequemsten gelangt man mit dem Taxi hierher (hin & zurück ca. 100 R$ ab Boa Viagem mit jeweils 1½-stündigem Aufenthalt). Alternativ fährt man von Boa Viagem mit einem CDU-/Caxangá-Bus bis zur Endhaltestelle in der Rua Acadêmico Hélio Ramos und nimmt dort für rund 60 R$ ein Taxi (hin & zurück ca. 10 km).

★ **Oficina Cerâmica Francisco Brennand** MUSEUM
(3271-2466; www.brennand.com.br; Várzea; Eintritt 10 R$; Mo–Do 8–17, Fr bis 16 Uhr) Der 1927 geborene Francisco Brennand stammt aus einer irischen Einwandererfamilie und gilt als bedeutendster Keramiker des Landes. Er hauchte der von seiner Familie aufgegebenen Ziegelei neues Leben ein und schuf seine eigene Serie dekorativer Kacheln. Im weitläufigen Innen- und Außenbereich ist heute hauptsächlich sein faszinierendes Werk ausgestellt, das Gemälde, Fliesenarbeiten und Hunderte Originalskulpturen umfasst.

Auf dem inmitten dichten Atlantischen Regenwaldes gelegenen Gelände verteilen sich ein paar Tempel, maurische Bogen und surreale Skulpturen, darunter Reihen mit witzigen Büsten sowie ein Garten mit bizarren männlichen und weiblichen Regenwürmern.

Instituto Ricardo Brennand MUSEUM
(2121-0352; www.institutoricardobrennand.org.br; Alameda Antônio Brennand, Várzea; Eintritt 15 R$; Di–So 13–17 Uhr) In einem pseudomittelalterlichen Schloss in herrlicher Lage präsentiert das Instituto eine gewaltige Sammlung europäischer und brasilianischer Kunstwerke, außerdem Schwerter, Rüstungen und historische Artefakte.

Feste & Events

Der **Karneval** (www.carnavaldorecife.com.br) in Recife präsentiert sich als überwältigendes Spektakel aus bunten Farben, Kostümen, Menschen, Alkohol, großartiger Musik und Tänzern sowie ansteckender Freu-

Recife Zentrum

Recife Zentrum

Sehenswertes

1 Caixa Cultural F3
2 Capela Dourada D3
3 Centro Cultural Cais do Sertão Luiz Gonzaga F3
4 Centro Cultural dos Correios E4
5 Centro de Artesanato de Pernambuco F3
6 Concatedral de São Pedro dos Clérigos C5
7 Embaixada dos Bonecos Gigantes F3
8 Marco Zero F4
9 Memorial Chico Science C5
10 Museu da Cidade do Recife C6
11 Paço Alfândega E4
12 Paço do Frevo F3
Pátio de São Pedro .... (siehe 9)
13 Praça da República D3
14 Praça do Arsenal F3
15 Santander Cultural F4
16 Sinagoga Kahal Zur Israel F3

Essen

17 Bistrô & Boteco F3
18 Salada Mista A3

Ausgehen & Nachtleben

19 Burburinho E4

Unterhaltung

20 Terça Negra C5

Shoppen

21 Casa da Cultura B5
22 Feirinha do Recife Antigo F3
23 Livraria Cultura E4
24 Mercado de São José D5

de. Dieses Zusammenspiel macht eines der mitreißendsten Volksfeste Brasiliens aus, das für sich in Anspruch nimmt, der beste Karneval des Landes zu sein, auch wenn er sehr viel weniger Touristen anzieht als seine Pendants in Salvador und Rio. In der ganzen Stadt werden auf Bühnen Hunderte Musik- und Tanzvorstellungen gezeigt, entscheidend ist jedoch die große Begeisterung der Menschen: Diese sind nicht bloße Zaungäste, sondern tragen aufwendige Kostüme und tanzen tagelang zu allen vorstellbaren brasilianischen Rhythmen, aber ganz besonders zu Recifes eigenem frenetischen *frevo*.

Galo da Madrugada (Hahn des Morgens) der angeblich und wahrscheinlich tatsäc lich größte Karnevals-*bloco* (-gruppe) Welt, stellt auf dem Ponte Duarte Coel

MUSIK IN RECIFE & OLINDA

In Recife und Olinda hört man viel von der sehr beliebten, typisch nordöstlichen Musik *forró*. Es gibt auch Musik aus dem Süden Brasiliens, etwa Samba, *pagode* und *choro*. Aber Pernambuco und vor allem diese beiden Städte repräsentieren eine ganz eigenständige Musik- und Tanzwelt. Hier entstanden verschiedene wunderbare Genres. Fast alle haben etwas mit dem Karneval zu tun und sind von prachtvollen exotischen Kostümen sowie schneller, trommellastiger Musik geprägt.

Ganz oben auf der Liste steht *frevo*, eine fieberhaft schnelle Blas- und Trommelmusik, die zu wildem Tanzen animiert. Die Tänzer kleiden sich in quietschbunte glänzende Kostüme und schleudern kleine, ebenso farbenfrohe Regenschirme in die Luft. *Frevo* soll auf Recifes marschähnliche Karnevalsmusik des 19. Jh. und die Capoeira-Bewegungen derer, die den Bands den Weg freiräumten, zurückgehen. Die Regenschirme lösten die Stöcke oder Messer der Capoeira-Tänzer ab.

Zum *maracatu nação*, auch *maracatu de baque virado* genannt, gehören große afrikanische Trommeln und Tänzer, die wie Mitglieder des portugiesischen Königshofes zur Barockzeit gekleidet sind. Der schräge Gegensatz geht auf die Feierlichkeiten zur Amtseinführung von Anführern der afrikanischen Sklavengemeinschaft zurück. *Maracatu rural* oder *maracatu de baque solto* basiert auf ähnlich durchdringenden Trommelrhythmen, zu denen sich u. a. als Tiere und *baianas* (Damen mit Blumenschmuck und großen Reifröcken) verkleidete Tänzer und die spektakulären *caboclos de lança* (mit Speeren bewaffnete Wachen mit riesigem bienenkorbförmigem Kopfschmuck mit farbenfrohen Quasten) bewegen.

Und dann gibt's noch den *caboclinho*, der sich aus Ritualen brasilianischer indigener Gruppen entwickelte. Verschiedene Charaktere von Königen und Königinnen über Medizinmänner bis zu den *caboclinhos* selbst (*índio*-europäisch gemischte Charaktere mit fantastischem Federkopfschmuck) tanzen dabei energetisch zu Klängen von *pífano*-Flöten, Maracas und großen Trommeln.

Pernambuco ist außerdem eine Wiege des *afoxé*, einem afrobrasilianischen Musik- und Tanzgenre, das von den Rhythmen und dem Geist des Candomblé inspiriert ist.

Eine neuere Musikrichtung, die sich in Recife entwickelte, ist der *mangue beat*, der in den 1990er-Jahren vor allem bei jungen Bands aufkam. Diese mischten Traditionelles wie den *maracatu* mit elektrischen Instrumenten und Rhythmen wie Rap, Hip-Hop und Electronica und bauten damit eine Brücke zwischen der jungen und älteren Generation. Begründer des Genres war der Sänger Chico Science mit seiner Gruppe Nação Zumbi, deren berühmtes Album *Afrociberdelia* von 1996 den Geist der *mangue*-Bewegung meisterhaft in einem Wort zusammenfasste. Science starb 1997 bei einem Autounfall und wird noch heute betrauert. Nação Zumbi spielt weiter.

nen riesigen Hahn auf und lockt mit seinem Umzug am Morgen des Karnevalssamstags ab etwa 8 Uhr über eine Million Menschen in die Innenstadt. Die Feierlichkeiten konzentrieren sich auf ein paar im Zentrum verteilte *polos* (Stangen). Mit die beste Stimmung bieten Recife Antigo (insbesondere der Marco Zero, die Praça do Arsenal und der Paço Alfândega) und Pátio de São Pedro.

Olindas Karneval ist so nahe, dass man am selben Tag in beiden Städten feiern kann, außerdem gibt's jede Menge Überschneidungen bei den Events. Zu dieser Zeit muss man sich sowohl in Recife als auch in Olinda auf horrende Unterkunftspreise und eventuell einen Mindestaufenthalt von drei bis fünf Übernachtungen einstellen. Manche Bleiben sind bereits Monate oder sogar ein Jahr im Voraus ausgebucht.

Schlafen

Im Zentrum gibt's nur vereinzelte, wenig ansprechende Unterkünfte. Das Strandviertel Boa Viagem ist hübscher und sicherer. Hier reicht die Bandbreite von Hostels bis zu Fünfsternehotels.

Cosmopolitan Hostel HOSTEL $
(Karte S. 521; ☎3204-0321; www.cosmopolitanhostel.com; Paulo Setúbal 53, Boa Viagem; B/EZ/DZ 45/130/140 R$; ❄@📶) Dieses helle einladende Hostel in einem umgebauten Familienhaus an einer ruhigen Wohnstraße ist die beste Budgetoption der Stadt, was sein Ambi-

ente und die Lage betrifft. Die Privatzimmer und Sechsbettzimmer (einer ist nur für Frauen) gruppieren sich um einen Garten mit Mango- und Acerolabäumen. Filipe, der nette Besitzer, spricht Englisch und kennt sich in der Gegend bestens aus. Zum behaglichen Flair tragen ein paar flauschige Hasen bei.

Albergue Piratas da Praia HOSTEL **$**
(Karte S. 521; ☎3326-1281; www.piratasdapraia.com; Av Conselheiro Aguiar 2034, Boa Viagem; B mit/ohne Klimaanlage 50/40 R$, Zi. mit/ohne Klimaanlage 150/140 R$; ❄@📶) Vermutlich würde hier niemand ein Hostel vermuten, doch die freundliche farbenfrohe Herberge nimmt das dritte Obergeschoss des Edificio Barão de Camaçari ein (der Eingang liegt in der Rua Osias Ribeiro). Gäste fühlen sich wie bei einem guten Kumpel und können sich über eine gute, saubere Küche sowie den Fahrrad- und Beachvolleyballverleih freuen. Ermäßigung für Studenten mit Ausweis.

Pousada Casuarinas POUSADA **$$**
(Karte S. 521; ☎3325-4708; www.pousadacasuarinas.com.br; Antônio Pedro Figueiredo 151, Boa Viagem; EZ/DZ 150/195 R$, mit Veranda 160/205 R$; ❄@📶🏊) Zwei Schwestern (eine spricht Englisch) führen diese ruhige *pousada* in einem ehemaligen Familienhaus. Die Pension ist ein großartiger Rückzugsort vom Trubel und der Hitze draußen. Sie verfügt über einen schattigen Innenhof, der von blitzblanken Zimmern eingefasst wird. Regionale Folklorekunst bringt Abwechslung ins Dekor.

Pousada Vitória POUSADA **$$**
(☎3462-6446; www.pousadavitoriarecife.com.br; Capitão Zuzinha 234, Boa Viagem; EZ/DZ 165/185 R$; ❄📶) Nicht genug, dass die schnuckelige *pousada* mehr Farbe und Charakter hat als jede andere Bleibe in dieser Preisklasse, sie ist überdies nur 1,5 km vom Flughafen weg, also ideal für Durchreisende. Das Personal holt einen zwischen 6 und 18 Uhr kostenlos ab.

Cult Hotel HOTEL **$$**
(☎2123-2777; www.culthotel.com.br; Av Conselheiro Aguiar 755, Boa Viagem; DZ ab 230 R$; ❄📶🏊) Funktionale, saubere und gemütliche Zimmer, hilfsbereite Angestellte und ein üppiges Frühstück sprechen für sich. Eine Besonderheit sind jedoch die Kunstwerke und Exponate zu Pernambucos Kultur und Geschichte, die das gesamte Hotel schmücken, sowie die umfassenden Infos zur Stadt an der Rezeption und auf der Website.

Hotel Aconchego HOTEL **$$**
(Karte S. 521; ☎3464-2989; www.hotelaconchego.com.br; Félix de Brito Melo 382, Boa Viagem; Zi. 240–300 R$; ❄📶🏊) Solide Gemeinschaftsbereiche, ein bezahlbares 24-Stunden-Restaurant am Pool mit einer Bar und einen mehrsprachigen Service bietet das gut geführte Aconchego. Für den Preis sind die tadellosen Zimmer leider etwas klein. Wir empfehlen die Nummern 203, 206, 303 und 306 im Obergeschoss mit Privatterrassen.

Recife Palace Hotel HOTEL **$$$**
(Karte S. 521; ☎3201-8200; www.goldentulipreciepalace.com; Av Boa Viagem 4070, Boa Viagem; EZ/DZ ab 394/446 R$; ❄📶🏊) Das Mitte der 1980er-Jahre errichtete Strandhotel ist immer noch eines von Boa Viagems luxuriösesten Hotels. In den öffentlichen Bereichen gibt's schwarzen Marmor, poliertes Holz und leuchtendes Messing. Die Zimmer sind groß, gesetzt und sehr gemütlich; fast alle haben Seeblick.

Essen

Recife hat tolle Restaurants, von fröhlichen und geschäftigen Läden bis zu raffinierten Häusern, die mit den besten Lokalen in Rio und São Paulo mithalten können.

Zentrum

Salada Mista SELBSTBEDIENUNG **$**
(Karte S. 516 f.; Rua do Hospício 59, Boa Vista; 25 R$ pro Kilo; ⏲Mo–Fr 10.30–20, Sa bis 16 Uhr) Eines der besten Pro-Kilo-Lokale im Zentrum mit einer großen Auswahl und sauberen, gemütlichen Essbereichen.

Bistrô & Boteco BRASILIANISCH **$$**
(Karte S. 516 f.; Av Alfredo Lisboa, Recife Antigo; Hauptgerichte 23–35 R$, Mittagsbüfett 38 R$; ⏲11.30–1 Uhr) Bei einem Streifzug durch Recife Antigo kann man sich im Bistrô & Boteco bestens mit Grillgerichten, Garnelen und Salaten stärken und dabei den tollen Ausblick auf den Hafen genießen. Das *prime rib de leitão* (Rippchen vom Spanferkel) wird mit verschiedenen Gemüsebeilagen serviert, die à la *rodízio* von umherlaufenden Kellnern an den Tisch gebracht werden.

Ab 15.30 Uhr gibt's leckere *petiscos* (leichte Gerichte) zu den Getränken.

Boa Viagem

La Vague CRÊPERIE **$**
(Karte S. 521; ☎3465-1654; Rua Rui Batista 120; Crêpes 14–23 R$; ⏲18–23.30 Uhr; 🍴) Das hippe halboffene Lokal wartet mit guten, preis-

werten herzhaften oder süßen Crêpes sowie großartigen Salaten auf.

King's Kilo SELBSTBEDIENUNG $
(Karte S. 521; Hipermercado Extra, Av Domingos Ferreira 1818, Boa Viagem; 28,90 R$ pro Kilo, nach 15.30 Uhr 17,90 R$; ⏲ 11.15–20 Uhr) Dieses geschäftige Restaurant bietet ein abwechslungsreiches preisgünstiges Büfett. Man zahlt nach Gewicht.

★ **Chica Pitanga** SELBSTBEDIENUNG $$
(www.chicapitanga.com.br; Petrolina 19, Boa Viagem; mittags/abends 54/47 R$ pro Kilo; ⏲ 11.30–15.30 & 18–22 Uhr; ✎) Näher kann ein Pro-Kilo-Lokal einem Gourmetlokal kaum kommen. Das Chica Pitanga kredenzt eine täglich wechselnde Speiseauswahl mit zwölf verschiedenen Salaten, darunter manchmal Tabouleh-Salat und Karottenmousse, und zehn heiße Gerichte, zu denen eventuell Filet Mignon im Speckmantel und Garnelen mit Parmesansoße zählen. Abends gibt's leichtere regionale Spezialitäten.

Parraxaxá SELBSTBEDIENUNG $$
(www.parraxaxa.com.br; Av Fernando Simões Barbosa 1200, Boa Viagem; 45 R$ pro Kilo; ⏲ 11.30–23 Uhr; 📶) Eine festliche Deko und die Angestellten in Polizei- und Outlaw-Outfits sind das Tüpfelchen auf dem i in diesem lustigen Selbstbedienungsrestaurant mit Nordostthema. Zum Angebot gehören *carne de sol* (gesalzenes Rind), *macaxeira* (eine Art Maniok), *baião de dois* (ein scharfes Gericht mit Reis, Bohnen und Käse), gegrilltes Fleisch und leckere Salate.

Camarada FISCH & MEERESFRÜCHTE $$$
(Karte S. 521; ☎ 3325-1786; www.ocamarada.com.br; Baltazar Pereira 130, Boa Viagem; Hauptgerichte für 2 Pers. 67–120 R$; ⏲ Mo–Sa 11.45–1, So 11.45–24 Uhr; 📶) Das luftige betriebsame Camarada kredenzt erfinderisch zubereitete Garnelengerichte (z. B. in Form von Fondue und Salaten, in Bier mariniert, als *moqueca*, Eintopf). Beliebt ist es aber auch wegen seiner Happy Hour, zu der die Gäste mit eiskaltem Fassbier in der Hand über die Veranda schlendern. Für den kleinen Hunger (und Geldbeutel) bietet sich das leckere *antepasto Camarada* (26 R$) an.

🍷 Ausgehen & Unterhaltung

Recife ist zu Recht stolz auf sein Nachtleben und das hiesige Musikangebot. Hier findet man problemlos für jeden Tag in der Woche einen anderen tollen Laden zum Feiern. Viele liegen in Boa Viagem, doch auch in den Straßen hinter dem Paço Alfândega in Recife Antigo gibt's lebendige Bars. In den Touristeninformationen bekommt man hilfreiche Broschüren zum Unterhaltungsangebot, zudem liefern verschiedene Websites wie www.acontecenorecife.com.br (auf Englisch und Portugiesisch) Veranstaltungstipps.

Die Stadtbewohner begeistern sich für Fußball, auch wenn die beiden erfolgreichsten Teams **Sport** (www.sportrecife.com.br) und **Náutico** (www.nautico-pe.com.br) in ihrer Geschichte schon oft zwischen der nationalen Série A und B wechselten. Náutico spielt in der 46 000 Plätze fassenden **Arena Pernambuco** (www.cidadedacopa.com.br) 20 km westlich der Innenstadt in São Lourenço da Mata. Das Stadion wurde für die WM 2014 errichtet und dient als Austragungsort für fünf Spiele, u. a. einer Achtelfinalbegegnung.

Zentrum

Burburinho BAR
(Karte S. 516 f.; ☎ 3224-5854; www.facebook.com/barburburinho; Tomazina 106, Recife Antigo; ⏲ Mo–Sa 17 Uhr–open end) Das Burburinho zieht Studenten, Journalisten und Künstlertypen an und ist von innen netter, als es von außen wirkt. Meist wird dreimal die Woche Livemusik gespielt. Aktuell gibt's montags Blues (22 Uhr), mittwochs Beatles-Klassiker (20 Uhr) und freitags Bands mit unterschiedlichen Stilen (22 Uhr).

Metrópole SCHWULENBAR
(☎ 3423-0123; clubemetropole.com.br; Rua das Nínfas 125, Boa Vista; ⏲ Fr & Sa 22–6 Uhr) Recifes bester Schwulen- und GLS-Club verfügt über verschiedene Bereiche, darunter eine zentrale Tanzfläche im New-York-Street-Stil mit DJ-Musik und ein Außenbereich mit Pool. Hier finden regelmäßig Themenpartys und Liveauftritte bekannter Künstler statt.

Terça Negra LIVEMUSIK
(Schwarzer Dienstag; Karte S. 516 f.; Pátio de São Pedro; ⏲ Di 20–1 Uhr) Einmal pro Woche erklingen im malerischen Pátio de São Pedro kostenlose tolle afrobrasilianische Songs. Es wird viel getanzt.

Boa Viagem

Guaiamum Gigante BAR
(Karte S. 521; ☎ 3327-1413; Av Boa Viagem, 2° Jardim, Boa Viagem; ⏲ Mo–Sa 11.30–1, So 11.30–23 Uhr) Diese schicke Strandbar mit einer luftigen Veranda platzt allabendlich aus sämtlichen Nähten. Leckere Meeresfrüchte (Gerichte für 2 Pers. 55–98 R$).

Boa Viagem

Boa Viagem

Schlafen

1 Albergue Piratas da Praia B3
2 Cosmopolitan Hostel A1
3 Hotel Aconchego A5
4 Pousada Casuarinas A1
5 Recife Palace Hotel B7

Essen

6 Camarada B1
7 King's Kilo A2
8 La Vague A4

Ausgehen & Nachtleben

9 Dona Carolina B2
10 Guaiamum Gigante B2
11 UK Pub A5

UK Pub LOUNGE

(Karte S. 521; ☎3465-1088; www.ukpub.com.br; Francisco da Cunha 165, Boa Viagem; Eintritt 12–40 R$; ⌚Di–Sa 20 Uhr–open end, So ab 19 Uhr) Die attraktive anglophile Klientel der gehobenen Kneipe weiß das gute Bier (Guinness, Old Speckled Hen und Newcastle; ein Pint kostet ca. 35 R$!) zu schätzen. Donnerstags bis sonntags stehen Livebands und DJs auf dem Programm. Für Stimmung sorgen außerdem die sonntäglichen Sambaabende. Gäste müssen sich ausweisen.

Dona Carolina BAR

(Karte S. 521; ☎3466-2743; www.bardonacarolina.com.br; Av Boa Viagem 123, Boa Viagem; Eintritt Frauen/Männer 30/40 R$; ⌚Do–Sa 20–5 Uhr) In der modernen Bar gibt's donnerstags Live-*brega*, freitags *sertaneja* (beides beliebte Musikstile Nordostbrasiliens) und samstags Samba, der sogar die Antarktis zum Schmelzen bringen würde.

Shoppen

Mercado de São José MARKT

(Karte S. 516 f.; Praça Dom Vital, São José; ⌚Mo–Sa 6–17.30, So bis 12 Uhr) Auf dem betriebsamen Markt im Zentrum werden neben traditionellem Kunsthandwerk aus Pernambuco wie Spitzen- und Lederwaren sowie Palmenkörben und Lehmfiguren Lebensmittel und Heilkräuter verkauft.

Casa da Cultura KUNSTHANDWERK

(Karte S. 516 f.; Floriano Peixoto, Santo Antônio; ⌚Mo–Fr 9–18, Sa bis 17, So bis 14 Uhr) Bis 1973 fristeten in dem Gebäude, einem ehemaligen Gefängnis aus der Kolonialzeit, Inhaftierte ein tristes Dasein. Heute ist dies eine tolle Adresse für Kunsthandwerk aus Pernambuco und T-Shirts.

Feirinha do Recife Antigo KUNST & KUNSTHANDWERK
(Karte S. 516 f.; Rua do Bom Jesus; ⌚ So 14–20 Uhr) Dieser interessante Straßenmarkt hat hochklassiges Kunsthandwerk (Kleider, Schmuck, Keramik) im Angebot. Er erweckt Recife Antigo jeden Sonntagnachmittag zum Leben. In der Nähe locken Bars, in denen oft Livemusik gespielt wird.

Livraria Cultura BÜCHER, MUSIK
(Karte S. 516 f.; Rua da Alfândega; ⌚ Mo–Sa 10–22, So 12–21 Uhr) Der wohl beste Buchladen nördlich von Salvador wartet mit einer großen Auswahl an englischsprachiger Literatur sowie Musik und Filmen auf.

ℹ Praktische Informationen

GEFAHREN & ÄRGERNISSE

Wegen drohender Haiattacken ist das Surfen am Strand von Boa Viagem verboten. Schwimmer sollten nicht bei Flut ins Wasser gehen und den Bereich jenseits des Riffs unbedingt meiden. Seit 1990 wurden an Recifes Küste mindestens 31 Haiangriffe registriert, die meisten in Boa Viagem und am Strand des Viertels Piedade gleich südlich davon.

Obwohl die Kriminalität in den letzten Jahren beträchtlich gesunken ist, verzeichnet die Stadt immer noch eine der höchsten Mordraten Brasiliens. Touristen haben allerdings mehr von Taschendieben zu befürchten, deswegen sollte man seine Umgebung immer im Auge behalten und sich abends von unbeleuchteten Straßen fernhalten. Boa Viagem ist sicherer als die Innenstadt, wobei es auch dort zu Überfällen kommt.

GELD

Am Flughafen gibt's zahlreiche Geldautomaten und die Wechselstube **Confidence Câmbio** (☎ 4004-5700; Flughafen; ⌚ 24 Std.).

Banco do Brasil (Av Dantas Barreto 541, Santo Antônio; ⌚ Mo–Fr 10–16 Uhr, Geldautomaten tgl. 6–22 Uhr) Devisentausch und Geldautomaten.

Bompreço (Av Domingos Ferreira 1380, Boa Viagem; ⌚ Mo–Sa 7–24, So 7–20 Uhr) Der Banco-do-Brasil-Geldautomat in diesem Supermarkt akzeptiert ausländische Karten.

Bradesco (Av Conselheiro Aguíar 3256, Boa Viagem; ⌚ 8–22 Uhr) Die Geldautomaten nehmen Visa und MasterCard an.

INTERNETZUGANG

Caravelas Cybercafé (Rua do Bom Jesus 183, Recife Antigo; 2,50 R$ pro Std.)

Recarga Expressa (Hipermercado Extra, Av Domingos Ferreira 1818, Boa Viagem; 3,60 R$ pro Std.; ⌚ Mo–Sa 8–21, So 10–16 Uhr)

MEDIZINISCHE VERSORGUNG

Real Hospital Português (☎ 3416-1122; www.rhp.com.br; Av Agamenon Magalhães 4760) Großes, modernes rund um die Uhr geöffnetes Privatkrankenhaus mit einer kleineren Filale (Av Conselheiro Aguiar 2502) in Boa Viagem, deren Notaufnahme ebenfalls 24 Stunden in Betrieb ist.

NOTFALL

Polizei (Ecke Av Conselheiro Aguiar & Praça Cidade do Porto, Boa Viagem)

Polizei (Notfall) (☎ 190)

Touristenpolizei (☎ 3322-4867; EG, Flughafen; ⌚ 24 Std.)

POST

Post (Karte S. 521; Hipermercado Extra, Av Domingos Ferreira 1818, Boa Viagem; ⌚ Mo–Fr 8.30–18, Sa 8–12 Uhr)

TOURISTENINFORMATION

In den meisten Touristeninformationen der Metropole, Postos de Informação Turística (PITs) genannt, trifft man auf hilfsbereite professionelle Mitarbeiter, die Englisch sprechen und Traveller mit guten Stadtplänen versorgen.

PIT (☎ 3355-0128; Flughafen; ⌚ 24 Std.)

PIT (☎ 3182-8298; Rodoviária; ⌚ 7–19 Uhr) Am Busbahnhof.

PIT (Karte S. 516 f.; ☎ 3355-3310; Patio de São Pedro, Santo Antônio; ⌚ Mo–Fr 9–17 Uhr)

PIT (Karte S. 516 f.; ☎ 3355-3402; Praça do Arsenal, Recife Antigo; ⌚ 8.30–21 Uhr)

ℹ An- & Weiterreise

AUTO & MOTORRAD

Zu den empfehlenswerten Autovermietungen mit Büros am Flughafen zählen **Avis** (☎ 0800-725-2847, 3322-4016; www.avis.com.br) und **Localiza** (☎ 3471-7329; www.localiza.com).

BUS

Vom großen **Terminal Integrado de Passageiros** (TIP; ☎ 3452-1088), Rodoviária genannt, 17 km westlich des Stadtzentrums, starten die Busse in andere Bundesstaaten und zu vielen Zielen innerhalb Pernambucos. Tickets bekommt man an zahlreichen Verkaufsstellen in Recife. Alternativ ruft man bei **Disk Rodoviária** (☎ 3452-1211; www.diskrodoviaria.com.br) an, einem Busticket-Zustellservice.

Die Busse verkehren u. a. nach Fortaleza (123–177 R$, 13 Std., 3-mal tgl.), João Pessoa (20 R$, 2 Std., 27-mal tgl.), Maceió (34–80 R$, 4–5 Std., 11-mal tgl.), Natal (43–62 R$, 4½ Std., 9-mal tgl.), Rio (358 R$, 38 Std., 3-mal tgl.) und Salvador (127–160 R$, 12–15 Std., 3-mal tgl.).

FLUGZEUG

Vom **Flughafen Guararapes** (REC; ☎ 3322-4353) bestehen Direktverbindungen in etwa 20 brasilianische Städte mit **TAM** (☎ 3322-4663;

FORRÓ FÜR ALLE

In Nordostbrasilien hört man fast überall die Klänge des *forró* (fo-*hoh*). Die einfache ländliche Tanzmusik entstand vor zwei Jahrhunderten und eroberte Brasilien während der 1990er im Sturm. Ursprünglich von drei Musikern mit Akkordeon, Triangel und *zabumba* (eine afrikanische Handtrommel) gespielt, entwickelte sie sich zur Volkstanzmusik im Nordosten mit einfachen Texten, die vom harten Leben auf dem Land, den Versuchungen und Problemen der Liebe und der Schönheit des Tanzes erzählten. Im Grunde umfasst der Begriff *forró* verschiedene Musik- und Tanzstile, u. a. den schnellen *baião*, den noch schnelleren *arrasta-pé* und den eher langsamen *xote*.

Forró ist ein enger Paartanz; der Mann führt. Bei der einfachsten Version macht man zwei Schritte nach links und zwei nach rechts, doch es gibt jede Menge Varianten. Wer das Ganze wirklich genießen möchte, belegt am besten ein bis zwei Kurse.

Die erste Ikone des *forró* war Luiz Gonzaga (1912–1989) aus der kleinen Stadt Exu in Pernambuco. Bekannt als O Rei do Baião (König des Baião), zeichnete er verantwortlich dafür, dass der Sound von Pernambuco im Rest des Landes bekannt wurde. Später beeinflusste er einige international bekannte brasilianische Musiker. Trotz seiner Beliebtheit schaute die Mittelschicht in São Paulo, Rio de Janeiro und anderen südlichen Städten auf den *forró* als Hinterwäldlermusik aus dem Nordosten herab.

In den 1990er-Jahren modernisierten manche *forró*-Musiker ihren Sound. Sie fügten elektrische Gitarren, Keyboards und Drums hinzu. Musik und Tanz wurden zum nationalen Hype. *Forró* füllte eine Lücke: peppige Musik, zu der man zu zweit tanzen konnte. Mittlerweile erlebte auch der ursprüngliche *forró* als *forró pé-de-serra* (*vom Fuß der Berge*) mit Akkordeon, Triangel und *zabumba* ein Comeback.

www.tam.com.br; Flughafen), **Azul** (www.voeazul.com.br; Flughafen), **GOL** (www.voegol.com.br; Flughafen), **Trip** (☎ 0800-887-1118; www.voetrip.com.br; Flughafen) und **Avianca** (www.avianca.com). Zudem gibt's tägliche Flüge nach/von Lissabon mit **TAP Portugal** (☎ 0300-210-6060; www.flytap.com; Flughafen) und nach Miami mit **American Airlines** (☎ 0300-789-7778; www.aa.com; Flughafen) sowie mehrere wöchentliche Flüge nach/von Frankfurt mit **Condor** (www.condor.com) und Panama-Stadt mit **CopaAirlines** (www.copaair.com).

Unterwegs vor Ort

Recife ist sehr weitläufig und einige Busse (2,25 R$; So 1,15 R$) nehmen verschlungene, verwirrende Routen. Manchmal hilft ein Taxi, Zeit zu sparen und Stress zu vermeiden. Strecken und Fahrpläne findet man unter www.granderecife.pe.gov.br (auf Serviços, dann auf Itinerário klicken).

VON/NACH BOA VIAGEM

In Boa Viagem fahren Busse nach Süden die Avenida Domingos Ferreira entlang und Busse Richtung Norden die Avenida Conselheiro Aguiar runter. Der 032-Setúbal-/Conde-da-Boa-Vista-Bus verkehrt nordwärts nach Recife Antigo über die Avenida Guararapes und die Avenida Conde da Boa Vista (westwärts) ins Zentrum und wieder zurück nach Boa Viagem. Die Linien 031 Shopping Center und 033 Aeroporto fahren nordwärts ab Boa Viagem zum **Terminal Cais de Santa Rita** (Karte S. 516 f.) und zurück.

Wer vom Stadtzentrum nach Boa Viagem möchte, kann auch einen der **Setúbal-/Príncipe-Busse** (Karte S. 516 f.) nehmen, die vor der Metrostation Recife starten. Ein Taxi für diese Strecke kostet rund 15 R$.

VOM/ZUM BUSBAHNHOF

Um vom TIP nach Boa Viagem zu gelangen, fährt man mit der Metro zur Haltestelle Joana Bezerra und steigt dort in den Bus nach Joana Bezerra/Boa Viagem. Das Ticket „Integracão A" für 2,25 R$, erhältlich an der Metrostation Rodoviária im TIP, gilt für beide Verkehrsmittel. Von Boa Viagem zum TIP nimmt man in der Avenida Conselheiro Aguiar einen Bus Richtung Joana Bezerra, steigt an der Metrostation Joana Bezerra aus und fährt dann per Metro Richtung Camaragibe bis zur Rodoviária.

Wer außerhalb der Metro-Betriebszeiten (5–23 Uhr) ankommt, zahlt für ein Taxi nach Boa Viagem 45 bis 55 R$.

VOM/ZUM FLUGHAFEN

Prepaidtaxis vom Flughafen nach Boa Viagem kosten zwischen 17 und 26 R$ (von 22–6 Uhr 21–32 R$). Während der Hauptverkehrszeit sind sie günstiger als die Wagen mit Taxameter.

Die klimatisierte Buslinie 042 (2,80 R$) vor der Ankunftshalle steuert Boa Viagem und das Stadtzentrum an, allerdings nicht auf dem direkten Weg, was die Fahrtzeit erheblich verlängert. Während der Hauptverkehrszeit nimmt man besser den Bus 040 CDU/Boa Viagem/Caxangá (zunächst Richtung Süden), der rechts von der

Ankunftshalle in der betriebsamen Avenida Mascarenhas de Morais gegenüber einem Mercedes-Benz-Händler nach Boa Viagem startet.

Die Strecke von Boa Viagem zum Flughafen wird von Aeroporto-Bussen bedient, die in der Avenida Domingos Ferreira abfahren. Vom Zentrum aus steigt man am Terminal Cais de Santa Rita in die Linie 033 Aeroporto.

Olinda

☎ 0XX81 / 368 000 EW.

Das malerische Olinda, das sich auf einem grünen Hügel 6 km nördlich von Recife erstreckt, ist das Gegenstück zum Großstadttrubel und eine Künstlerkolonie voller kreativer Typen. Hier wimmelt es nur so von Galerien, Kunsthandwerksateliers, Museen und reizenden Kolonialkirchen, außerdem ertönt allerorten Straßenmusik. Mit ihren verschlungenen Gassen voller hübscher alter Häuser und herrlichen Aussichten über Bäume, Kirchtürme und rote Dächer ist dies eine der am besten erhaltenen und charmantesten Kolonialstädte Brasiliens. Im historischen Zentrum gibt's einige schöne *pousadas* sowie gute Restaurants und Bars. Darüber hinaus dient der Ort als viel entspannterer Ausgangspunkt als sein großer Nachbar.

Ursprünglich war das 1535 gegründete Olinda die Hauptstadt von Pernambuco. Calvinistische Niederländer plünderten sie und ihre katholischen Kirchen 1631 und brannten sie nieder. Sie wurde wieder aufgebaut, verlor aber im 18. Jh. ihre Vorherrschaft, als Recifes Händler die hiesigen Zuckerbarone in einer blutigen Fehde, der Guerra dos Mascates, ausschalteten. Obwohl zahlreiche Gebäude ursprünglich im 16. Jh. errichtet worden sind, stammt vieles von dem, was man heute sieht, aus dem 18. Jh. oder der Zeit danach. 1982 wurde das malerische historische Zentrum zum Unesco-Welterbe erklärt.

Sehenswertes

Alle Sehenswürdigkeiten sind leicht zu Fuß zu erreichen. Aufgrund der willkürlichen Öffnungszeiten ist es aber unmöglich, alles an einem Tag zu besichtigen.

Am besten nutzt man die Praça do Carmo als Startpunkt, denn hier halten die meisten Busse. Über dem Platz wacht die kürzlich restaurierte **Igreja NS do Carmo** (Praça do Carmo) aus dem Jahre 1580. Etwas weiter die Rua de São Francisco hinauf liegt das große **Convento de São Francisco** (Rua de São Francisco 280; Eintritt 3 R$; ⌚ Mo–Fr 8–12 & 14–17, Sa 8–12 Uhr) mit der **Igreja NS das Neves** aus dem 16. Jh. und zwei später errichteten Kapellen, die über barocke Details und wunderschöne *azulejos* (portugiesische Keramikfliesen) verfügen.

Danach geht's rauf zum Alto da Sé, wo man einen fantastischen Blick auf Olinda und Recife genießt. Vor Ort gibt's einige Imbiss- und Kunsthandwerksstände. Die 1537 errichtete und 1631 niedergebrannte imposante **Igreja da Sé** (⌚ 8–12 & 14–16.30 Uhr) wurde viermal rekonstruiert, zuletzt zwischen 1974 und 1984 im manieristischen Stil. Dabei hat man versucht, ihr ursprüngliches Aussehen wiederherzustellen. Interessant ist die Blindenschrift in einfachem Portugiesisch an der Holztür links im Eingangsbereich.

Fast alle anderen Kirchen öffnen nur zu Gottesdiensten und Gebetszeiten. Die **Igreja da Misericórdia** (Rua Bispo Coutinho; ⌚ Messe Mo–Sa 6.20, So 7.30 Uhr, Gebete Mo–Sa 11.45–12.20 Uhr) von 1540 zieren schöne *azulejos* und vergoldete Holzschnitzereien. Wer der Saldanha Marinho hügelabwärts folgt, stößt auf die restaurierte **Igreja NS do Amparo** (⌚ Messe So 10 Uhr) aus dem Jahre 1613 und die **Igreja NS do Rosário dos Homens Pretos de Olinda** (Largo do Bonsucesso 45; ⌚ Messe Sa 18.30 Uhr), die im 17. Jh. von einer afrikanischen Bruderschaft erbaut wurde.

Auf dem Weg zurück in Richtung Süden passiert man das **Museu de Arte Contemporânea** (☎ 3184-3153; Rua 13 de Maio 149; Eintritt 5 R$; ⌚ Di–So 9–17 Uhr). Es ist in einem Inquisitionsgefängnis aus dem 18. Jh. untergebracht und lohnt sowohl wegen seiner Dauer- als auch seiner Wechselausstellungen einen Besuch. Das **Museu do Mamulengo** (☎ 3493-2753; Rua São Bento 344; Eintritt 2 R$; ⌚ Di–Sa 10–17 Uhr) zeigt eine einzigartige 1000 Stücke umfassende Sammlung, die der nordöstlichen Volkstradition herumziehender Puppentheater gewidmet ist. Die Kirche des riesigen **Mosteiro de São Bento** (Rua São Bento; ⌚ Mo–Sa 8–11.30 & 14.15–17.30, So 8–9.30 & 14.30–17 Uhr) von 1582 schmücken großartige Holzschnitzereien. Gregorianische Gesänge begleiten die sonntägliche Messe um 10 Uhr.

Kurse

Angola Mãe CAPOEIRA
(☎ 3429-9503; angolamae@hotmail.com; Ilma Cunha 243; 1½-stündiger Kurs 15 R$; ⌚ Kurse Mo, Mi & Fr 9 & 19.30, roda So 18.30 Uhr) Bei Angola Mãe kann man sich den langsameren und eher traditionellen Angolastil beibringen

lassen. Die Kreisformation, um die die Capoeira getanzt wird, heißt *roda*.

Geführte Touren

In ganz Olinda wird man unweigerlich den Ruf *„Guia!"* (Führer) hören. Die besten Guides der Stadt sind bei der örtlichen Führergewerkschaft akkreditiert, der **Associação dos Condutores Nativos de Olinda** (ACNO; Av da Liberdade 68). Sie tragen gelbe Hemden mit Namensschildern und ein ACNO-Abzeichen. Der offizielle Preis für eine etwa zweistündige Tour für zwei bis vier Personen beträgt 50 R$.

Feste & Events

Der **Karneval** (carnaval.olinda.pe.gov.br) in Olinda dauert ganze elf Tage. Dann geht's ungezwungen, spontan und ausgelassen zu – in den Großstädten wird nicht so locker gefeiert! Alles beginnt bereits am Sonntag vor dem eigentlichen Karnevalswochenende mit dem Umzug der Virgens do Bairro Novo, einem *bloco* mit mehr als 400 „Jungfrauen" (Männern in Frauenkleidern), die von bis zu 900 000 Partylustigen bejubelt werden. Die Parade startet um 12 Uhr an der Praça 12 de Março.

Es gibt natürlich auch Karnevalveranstaltungen wie Bälle und Vorführungen von *maracatu*- sowie *afoxé*-Tanz- und Musikgruppen, doch alles andere geschieht völlig spontan auf den Straßen. Zahllose großartig kostümierte Musiker und Tänzer bahnen sich ihren Weg durch Massen begeisterter Besucher, die zu den Rhythmen von *frevo*, Samba, *maracatu*, *caboclinho* und *afoxé*

ABSTECHER

CARUARU

Die große **Festa de São João** (Ende Mai bis Ende Juni; auch Festa Junina genannt) in Caruaru (307 000 Ew.), 137 km westlich von Recife, gilt als Brasiliens größtes *forró*-Festival – 30 Tage, in denen Pärchen ununterbrochen zu Akkordeon und Triangel schwofen. Doch die Stadt lohnt das ganze Jahr über einen Besuch, z. B. im Rahmen eines langen Tagesausflugs von Recife aus. Dafür sorgen die tägliche **Feira de Caruaru** (Parque 18 de Maio; 6–17 Uhr), der größte Markt im Nordosten, und die berühmte Keramikkunst aus Alto de Moura, 6 km westlich des Zentrums. Die bunt bemalten kleinen Figürchen, die z. B. tanzen, Hühner jagen und *pífano*-Flöte spielen, folgen der Tradition von Mestre Vitalino (1909–1963), dem Begründer dieses für Caruaru typischen Kunsthandwerks.

Das **Museu do Barro e do Forró** (081-3701-2545; Praça José de Vasconcellos; Eintritt 2 R$; Di–Sa 8–17, So 9–13 Uhr) im Zentrum ist die beste Adresse, um Originalstücke von Mestre Vitalino zu bestaunen. Es zeigt außerdem alle möglichen Exponate zum Vater des *forró* Luiz Gonzaga – inklusive des Schlafanzugs, in dem er gestorben ist.

In Alto de Moura säumen Dutzende Werkstätten und Galerien die Rua Mestre Vitalino. Zu den renommierten Künstlern zählen Manuel Eudócio, Luiz Galdino und Luiz Antônio da Silva. Die Preisspanne für hochwertige Stücke reicht von 20 bis 3000 R$. Das **Museu Casa do Mestre Vitalino** (081-3725-0805; Mestre Vitalino 281; Eintritt frei; Mo–Sa 8–17.30, So bis 12 Uhr) präsentiert Werkzeuge, Habseligkeiten und Repliken berühmter Stücke des Meisters. Fürs Mittagessen empfiehlt sich das **Bode Assado do Luciano** (081-3722-0413; Mestre Vitalino 511; Hauptgerichte für 2 Pers. 25–40 R$; Di–Fr 11–16, Sa & So bis 18 Uhr), der verdientermaßen berühmtesten von zahlreichen *churrascarias* (Grillrestaurants), in denen man Ziegenbraten, die Spezialität Alto de Mouras, probieren kann.

Übernachtungsgäste treffen mit dem **Hotel Eduardo de Castro** (081-3724-8360; www.hoteleduardodecastro.com.br; Amélia Maria da Conceição 148, Pinheirópolis; Zi. 122 R$;), fünf Gehminuten von der Bushaltestelle Caruaru entfernt, eine ordentliche Wahl. Die Mitarbeiter sind freundlich und die Zimmer einfach, aber sauber und mit modernen Klimaanlagen ausgestattet.

Busse verkehren mindestens stündlich von Recife nach Caruaru (19–25 R$, 1½–2 Std.). Caruarus **Busbahnhof** (081-3721-1930; Av José Pinheiro dos Santos s/n) liegt 3 km südwestlich der Innenstadt auf halbem Weg zwischen dem Zentrum und Alto do Moura. Besucher gelangen problemlos per Taxi, Motorradtaxi oder Bus in die Stadt. Die Strecke vom Zentrum nach Alto de Moura werden von Taxis (ca. 25 R$) und der Buslinie 135 (2 R$) bedient, die in der Rua Duque de Caixas neben der Catedral NS das Dores startet.

Olinda

feiern. Die Euphorie und pure Lebenslust muss man einfach selbst erleben. Bekannt ist Olindas Karneval außerdem für *bonecos gigantes*, riesige Puppen, die historische, kulturelle und andere Persönlichkeiten darstellen. Als Programmhöhepunkt gilt der Umzug des huttragenden *boneco* Homem da Meia-Noite (Mitternachtsmann), der am Karnevalssamstag um Mitternacht am Largo do Bonsucesso seinen Auftritt hat.

Schlafen

Wer zum Karneval herkommt, sollte seine Unterkunft mehrere Monate im Voraus buchen und auf massive Preissteigerungen vorbereitet sein.

Albergue de Olinda HOSTEL $

(☎3429-1592; www.alberguedeolinda.com.br; Rua do Sol 233; B/EZ/DZ 38/75/100 R$;) Olindas hervorragendes HI-Hostel befindet sich zwar nicht in einer sonderlich malerischen Straße, verfügt dafür aber über eine moderne Einrichtung, makellose, schlichte Zimmer und einen anständigen Garten mit einem hübschen Swimmingpool, Liegestühlen, einer Outdoorküche und einer Bühne, auf der gelegentlich Livemusik zum Besten gegeben wird.

Olinda

Sehenswertes

1 Convento de São Francisco C2
2 Igreja da Misericórdia B2
3 Igreja da Sé C2
4 Igreja NS do Amparo A2
5 Igreja NS do Carmo C4
6 Igreja NS do Rosário dos Homens Pretos de Olinda A1
7 Mosteiro de São Bento B5
8 Museu de Arte Contemporânea A3
9 Museu do Mamulengo B3

Aktivitäten, Kurse & Touren

10 Angola Mãe A1
11 Associação dos Condutores Nativos de Olinda C3

Schlafen

12 Albergue de Olinda D3
13 Pousada Bela Vista A2
14 Pousada de São Pedro B4
15 Pousada do Amparo A2
16 Pousada d'Olinda B3
17 Pousada dos Quatro Cantos A3

Essen

18 Beijupirá A2
19 Casa de Noca B2
Creperia .... (siehe 16)
20 Estação Café B3
21 Maison do Bomfim C3
22 Oficina do Sabor A2
23 Tapioca Stands B2

Ausgehen & Nachtleben

24 A Fábrica Bar D3
25 Bodega de Véio A2

Pousada Bela Vista POUSADA $
(☎3429-3930; www.hotelbelavista.tur.br; Rua do Amparo 215; EZ 90 R$, DZ 130–150 R$;) Durch die große farbenfrohe Lobby-Lounge erreicht man die zwölf Zimmer dieser Pension, die sich auf drei Etagen verteilen, sowie einen Pool, einen Frühstücksbereich und Terrassen mit einem Ausblick bis nach Recife. Steinwände verleihen der *pousada* ein burgähnliches Ambiente. Leider sind manche der bunt gestalteten, klimatisierten Räume klein, eng und fensterlos.

Pousada d'Olinda POUSADA $
(☎3493-6011; www.pousadadolinda.com.br; Praça João Alfredo 178; B/EZ/DZ 35/80/100 R$, EZ/DZ mit Klimaanlage 100/115 R$;) In dem höhlenartigen Schlafsaal kann es ziemlich laut werden und die Privatzimmer sind nichts Besonderes, doch dank der freundlichen Leitung, der zentralen Lage, des großen Gartens samt Pool und des Mittagessens (Selbstbedienung; 29 R$ pro Kilo) ist die *pousada* trotzdem ein beliebter Treffpunkt Budgetreisender.

★ **Pousada de São Pedro** POUSADA $$
(☎3439-9546; www.pousadapedro.com; Rua 27 de Janeiro 95; EZ/DZ/3BZ 100/160/190 R$;) Die nette Pension liegt in einem Haus aus dem 19. Jh. voller Kunst, Kunsthandwerk und Antiquitäten. Im grünen, schattigen Garten gibt's einen tollen Pool. Einen luxuriösen Aufenthalt verspricht das *apartamento* (250 R$) im Obergeschoss mit Panoramafenstern, einer Terrasse samt großartigem Ausblick und einem Jacuzzi. Vor Ort wird Deutsch, Englisch und Französisch gesprochen.

Pousada dos Quatro Cantos POUSADA $$
(☎3429-0220; www.pousada4cantos.com.br; Prudente de Morais 441; EZ 222–455 R$, DZ 255–523 R$;) Hohe Decken, große Fenster, Holzböden, ansprechende Kunst und ein hübscher Pool machen dieses Haus aus dem 19. Jh. zu einer herrlichen Unterkunft. Die günstigsten Zimmer (Standard) sind in Ordnung, gegen einen Aufpreis von 50 R$ werden jedoch sehr viel hellere einladendere *luxo*-Unterkünfte geboten. Das Personal spricht Englisch.

Pousada do Amparo POUSADA $$$
(☎3439-1749; www.pousadadoamparo.com.br; Rua do Amparo 199; Zi. 240–460 R$;) Diese schicke Bleibe in zwei Häusern aus dem 18. Jh. verfügt über wunderschöne Gärten und punktet mit einem tollen Ausblick auf Recife. Sie hat viel Charme, ist sehr gemütlich und beherbergt zwei exzellente Restaurants. Hier bekommt man wirklich die volle Packung Olinda! Die Mitarbeiter sprechen Englisch.

Essen

In den Kopfsteinpflastergassen der Altstadt verstecken sich zahlreiche gute Lokale. Am besten startet man den Abend mit einem leckeren Tapioka-Snack und einem Bier oder einer Caipirinha von einem der **Tapioka-Stände** (Praça da Sé; Snacks 2–7 R$; ⏲ca. 18–23 Uhr).

Estação Café CAFÉ $
(☎3429-7575; Prudente de Morais 440; 9–30 R$; ⏲Di–So 10–22.30 Uhr) Das Künstlercafé lädt zu einer Verschnaufpause mit Cappuccino, Latte Macchiato und kleinen Gerichten wie Quiches, Salaten und Crêpes ein. Samstags wird ab 19.30 Uhr kostenlose *chorinho*-Musik (sambaähnliche Instrumentalmusik) geboten.

Maison do Bomfim INTERNATIONAL $$
(☎8813-2008; Rua do Bonfim 115; Hauptgerichte 28–56 R$; ⏲Mo 18–24, Di 12–16, Mi–Sa 12–16 & 18–1 Uhr, So 12–21 Uhr) Ein pfiffiger französisch geführter Laden, den es schon seit mehr als einem Jahrzehnt gibt. Er überzeugt mit seiner Kunsteinrichtung sowie leckerem Filet Mignon, Fisch und Shrimps (abends steht auch Pizza auf der Speisekarte). Der Service ist freundlich, aber nicht gerade französisch.

Casa de Noca NORDÖSTLICH $$
(Rua da Bertioga 243; Hauptgerichte für 2 Pers. 50 R$; ⏲11–23 Uhr) Dieses etwas abgelegene Restaurant gilt als Olindas beste Adresse für einfache Küche aus Nordostbrasilien. Hier bekommt man nur ein einziges Gericht, das aus großen Stücken gegrillten *queijo coalho* (ein leichter Käse) mit Scheiben zarten *carne de sol* (gepökeltes Rindfleisch) auf einem Berg gedämpfter *macaxeira.*

Creperia CRÊPERIE $$
(Praça João Alfredo 168; Crêpes 6–32 R$, Pizza 20–30 R$; ✎) Eine gute Adresse für Crêpes, Pizzas und Salate, die man in einem schönen offenen Innenhof unter hohen Bambusbäumen genießt.

★**Oficina do Sabor** BRASILIANISCH $$$
(☎3429-3331; www.oficinadosabor.com; Rua do Amparo 335; Hauptgerichte für 2 Pers. 74–130 R$; ⏲Di–Sa 12–16 & 18–24, So 12–17 Uhr) Spezialität des Hauses ist gebackener Kürbis mit verschiedenen Füllungen – wir empfehlen die fantastische Variante mit Garnelen, Hummer und Passionsfruchtsoße! Auch die Meeresfrüchtegerichte können sich sehen lassen. Zweifellos handelt es sich hierbei um eines der besten Restaurants im Nordosten, das jeden Centavo lohnt.

Beijupirá FISCH & MEERESFRÜCHTE $$$
(www.beijupira.com.br; Saldanha Marinho s/n; Hauptgerichte 45–87 R$; ⏲Mi–Mo 12–24 Uhr) Das romantische Beijupirá mit Blick über Olindas Dächer zählt zu den besten Lokalen der Region für kreative Meeresfrüchteküche. Auf der Karte stehen z. B. Garnelen in Whisky-Bechamel-Soße mit Ananasstückchen und *beijucastanha* (Königsfischfilet) mit Cashewkernkruste an Spinatreis.

Ausgehen & Unterhaltung

Alto da Sé wird am Abend ganz schön voll, wenn Einheimische und Gäste ihre Drinks und Snacks von den Straßenverkäufern kaufen, bei Capoeira zusehen und die Aussicht sowie die Brise genießen. Mittwoch- bis samstagabends und sonntagnachmittags spielen oft Livebands irgendwo in der Stadt Samba, *chorinho* oder andere brasilianische Rhythmen – einfach bei den Angestellten der Touristeninformationen nachfragen. Freitagabends ab 21 Uhr ziehen Musiker durch die Stadt und animieren ihre Zuschauer zum Mitsingen; das Ganze nennt sich *serenata* oder *seresta.*

★**Bodega de Véio** BAR
(Rua do Amparo 212; ⏲Mo–Sa 9–23 Uhr) Die wunderbare kleine Bar dient gleichzeitig als Gemischtwarenladen mit buntem Sortiment (Zahnseide, Spaghetti, Steinschleudern, Geigen ...). Hier gibt's eisgekühltes Flaschenbier, *cachaça*-Shots (starker Zuckerrohrschnaps) und leckere Wurstplatten (12 R$). Das Personal versucht sein Bestes, den Massen von Einheimischen und Touristen Herr zu werden, die sich auf der Straße und der kleinen Terrasse drängen.

A Fábrica Bar BAR
(www.afabricabar.com; Praça do Fortim; ⏲Di–So 17–4 Uhr) In dieser riesigen, beliebten, halboffenen Bar in Meernähe wird jeden Abend Livemusik gespielt, u. a. Samba (Mi & Fr ab 19 Uhr).

Shoppen

Olinda ist voller kleiner Läden und Galerien, in denen eine unglaubliche Vielfalt an Kunst und Kunsthandwerk wie Keramik, Stoffe, Holz- und Steinschnitzereien zum Verkauf stehen. Zahlreiche Arbeiten sind unglaublich farbenfroh, und durch die Geschäfte zu schlendern gehört zu den größten Highlights der Stadt. Als Mekka der Kreativszene gilt die Rua do Amparo, in der einige der besten Künstler und Kunsthandwerker leben, arbeiten und ihre Erzeugnisse ausstellen.

Praktische Informationen

GEFAHREN & ÄRGERNISSE

Kriminalität (meist kleinere Verbrechen) existiert, vor allem während des Karnevals. Abends sollte man einsame Straßen meiden.

GELD

Es gibt in der Altstadt keine Geldautomaten. Die nächsten vor Manipulation geschützten Automaten findet man in der **HSBC-Filiale** (Av Getúlio Vargas 1050, Bairro Novo; ⌚ Mo–Fr 9–17 Uhr, Geldautomaten Mo–Fr 6–22 Uhr), erreichbar mit dem Bus 974 Jardim Atlântico Richtung Norden, der am **Postamt** gegenüber der Praça do Carmo startet.

INTERNETZUGANG

Empório do Carnaval (Prudente de Morais 483; 3,50 R$ pro Std.; ⌚ Mo–Sa 9–17, So 9–14 Uhr) Schnelles Internet inmitten von Karnevalsfiguren.

NOTFALL

Touristenpolizei (☎ 3439-9696; Av Justino Gonçalves; ⌚ 24 Std.) Sehr hilfsbreite englischsprachige Beamte.

TOURISTENINFORMATION

Casa do Turista (☎ 3305-1060; www.olindaturismo.com.br; Prudente de Morais 472; ⌚ 9–18 Uhr) In dem Touristenbüro arbeiten ebenfalls sehr hilfsbereite Angestellte, die aber leider kaum Englisch sprechen. Dafür gibt's auf der umfangreichen Website Infos auf Englisch.

Empetur (☎ 3429-0244; Av da Liberdade s/n; ⌚ 8–18 Uhr) Staatliche Touristeninformation mit freundlichen englischsprachigen Mitarbeitern.

An- & Weiterreise

Der Bus 910 Piedade/Rio Doce fährt etwa alle halbe Stunde von Boa Viagem (in der Avenida Conselheiro Aguiar gibt's verschiedene Haltestellen) nach Olinda und wieder zurück. Die Linien 983 Rio Doce/Princesa Isabel und 992 Pau Amarelo verkehren zwischen dem Terminal Cais de Santa Rita im Zentrum Recifes und Olinda. Tickets für die genannten Strecken kosten jeweils 3,45 R$. Olindas Hauptbushaltestelle liegt an der Praça do Carmo.

Vor der Ankunftshalle des Flughafens von Recife startet der Bus 042 zum Terminal Cais de Santa Rita, wo man in die Linie 983 oder 992 umsteigt. Normalerweise ist es jedoch schneller, den fünfminütigen Fußmarsch zur Metrostation Aeroporto in der Rua 10 de Julho (auf der anderen Seite einer betriebsamen Schnellstraße – ein Übergang für Fußgänger ist für 2014 geplant) auf sich zu nehmen, mit der Metro zur Station Recife im Zentrum (auch Estação Central genannt; 20 Min., 1,60 R$) zu fahren und dann in der Rua Floriano Peixoto vor der Station in den Bus 992 Pau Amarelo nach Olinda (ca. alle 15 Min.) zu steigen.

Von Recifes Busbahnhof aus gelangt man per Metro zur Station Recife im Zentrum und nimmt dort den Bus 992 Pau Amarelo.

Ein Taxi nach Olinda kostet rund 30 R$ ab Boa Viagem, 50 R$ ab dem Busbahnhof in Recife und 60 R$ ab dem Flughafen. Zwischen 22 und 6 Uhr muss man einen Aufschlag von etwa 20 % zahlen.

Die Strände südlich von Recife

Südlich von Recife ist das Meer ruhig, das Wasser klar und die Strände werden von Palmen eingerahmt. Porto de Galinhas liegt 70 km von der Metropole entfernt und hat sich zu einem der beliebtesten Badeorte im Nordosten entwickelt. Noch weiter südlich stößt man auf Tamandaré, wo nicht ganz so viel Andrang herrscht.

Porto de Galinhas

☎ 0XX81 / 10 000 EW.

Vor 20 Jahren war Porto de Galinhas (Hühnerhafen) noch ein einfaches Fischerdorf am Ende einer Schotterstraße. Am palmengesäumten Strand standen nur ein paar Ferienhäuser der Bewohner von Recife. Heute ist es einer der überall in Brasilien boomenden Badeorte mit einigen großen Strandresorts an der Praia Muro Alto und der Praia do Cupe nördlich des Stadtzentrums. In der Urlaubszeit kommen jede Menge feierfreudige Touristen hierher. Für etwas Dorfflair sorgen die verkehrsberuhigten Straßen im Ortskern. Wunderschöne weiße Sandstrände erstrecken sich kilometerlang in beide Richtungen der Stadt.

Porto de Galinhas' Name geht auf die Zeit zwischen 1853 und 1888 zurück, als der Sklavenhandel, aber nicht die Sklaverei selbst in Brasilien verboten war. Schiffe hatten damals vorgeblich Käfige mit Hühnern *(galinhas)* geladen, um die menschliche Fracht zu tarnen. Heute stehen in der Stadt überall verstreut Skulpturen von dumm dreinschauenden Hühnern, die auf recht geschmacklose Weise an die Vergangenheit erinnern.

Die **Touristeninformation** (☎ 3552-1728; Beijupirá; ⌚ 9–20 Uhr) und die **Banco-do-Brasil-Filale** (Beijupirá; ⌚ 9–15 Uhr, Geldautomaten 6–22 Uhr) liegen einander gegenüber in der Straße Beijupirá im Landesinneren.

Aktivitäten

Portos Fischer haben ihren Beruf größtenteils aufgegeben und fahren jetzt Touristen raus zu den **Piscinas Naturais** (Gezeitenpools) in den Korallenriffen 100 m vor dem Hauptstrand. Eines der beliebtesten Postkartenmotive des Städtchens sind Ansammlungen von *jangadas* (Segelboote) mit dreieckigen Segeln auf dem aquamarinblauen Wasser. Um die üppige Meereswelt in den Gezeitenpools genauer betrachten zu können, sollte man sich an einer der vielen Verleihstellen einen Schnorchel und eine Maske besorgen (ca. 7 R$). Ein 45-minütiger Ausflug kostet 15 R$ pro Person.

Die Brandung vor Pontal de Maracaípe, 4 km südlich der Stadt am Ende der Praia de Maracaípe, eignet sich ziemlich gut zum Wind- und Kitesurfen vor allem von Juni bis September. Auch Taucher kommen auf ihre Kosten: Professionalität und hohe Sicherheitsstandards bietet das empfehlenswerte PADI Dive Resort **Aicá Diving** (☎3552-1895; www.aicadiving.com.br; Rua Beijupirá 1001; ⏲8–17 Uhr). Die beste Sicht besteht von Oktober bis März.

Schlafen

Neben den vielen Optionen in der Stadt gibt's auch Unterkünfte an der ruhigeren Praia Maracaípe, einem breiteren, längeren und weniger besuchten Strand etwa 3 km weiter südlich.

Hostel Maracabana HOSTEL $
(☎3552-2963; hostelmaracabana@gmail.com; Rua Sertânia, Maracaípe; B/DZ 50/150 R$; ❄📶) Das neue Hostel hinter der Praia Maracaípe wirkt wie ein gutes Hotel. Es verfügt über großzügige Aufenthaltsbereiche, darunter eine große Dachterrasse, makellos weiße Privatzimmer und klimatisierte Schlafsäle mit Teppichen und guten soliden Etagenbetten aus Holz samt Leselampen. Morgens kommt man in den Genuss eines exzellenten Frühstücks. Eine weitere gute Option in der Gegend ist die gemütliche **Pousada Maleleo** (☎9928-2489; pousadamaleleo@hotmail.com; Praia de Maracaípe; Zi. 260–280 R$; ❄@📶).

Pousada A Casa Branca HOSTEL $
(☎3552-2332; www.pousadaacasabranca.com.br; Praça 18, Loteamento Recanto Porto de Galinhas; B mit/ohne Klimaanlage 50/45 R$, DZ mit/ohne Klimaanlage 150/140 R$; ❄@📶) Porto de Galinhas' gepflegtes HI-Hostel befindet sich ein paar Hundert Meter vom Strand entfernt an einer ruhigen Plaza. Als eine der wenigen anständigen Budgetoptionen in der Stadt bietet es nach Geschlechtern getrennte Schlafsäle und dank der Überwachungskameras einen hohen Sicherheitsstandard.

Pousada Beira Mar POUSADA $$
(☎3552-1052; www.pousadabeiramar.com.br; Av Beira Mar 12; Zi. 190–290 R$; ❄📶) In großartiger Lage direkt am Strand im Ortszentrum lockt diese gemütliche, von Schweizern betriebene und GLS-freundliche Pension mit anständigen Rabatten in der Nebensaison. Die Mitarbeiter sprechen mehrere Sprachen und obendrein gibt's hier auch noch eine Kaffeemaschine.

Essen

Porto de Galinhas ist bekannt für seine Meeresfrüchte, die in zahlreichen guten Restaurants angeboten werden. Die Strandbars servieren günstige frische Krabben.

Churrasco Gaúcho SELBSTBEDIENUNG $
(2. OG, Rua da Esperança 400; 23 R$ pro Kilo, Büfett 29 R$; ⏲10–23 Uhr) Für ein gutes Preis-Leistungs-Verhältnis und eine sättigende Mahlzeit sorgen ein großes Büfett mit Salat, Meeresfrüchten und mehr sowie ein *rodízio de carne* (Kellner gehen von Tisch zu Tisch und bieten Grillfleisch an).

Peixe na Telha FISCH & MEERESFRÜCHTE $$
(☎3552-1323; www.peixenatelha.com.br; Av Beira Mar 40B; Hauptgerichte für 2 Pers. 45–130 R$; ⏲10–16 & 18.30–22 Uhr) Die hervorragenden Gerichte in diesem alteingesessenen Meeresfrüchtelokal werden auf orangefarbenen Dachziegeln *(telhas)* gereicht und auf Wunsch sogar runter zum Strand gebracht. Jeden Nachmittag gibt's Livemusik.

Munganga Bistrô FISCH & MEERESFRÜCHTE $$$
(☎3552-2480; www.mungangabistro.com.br; Rua Piscinas Naturais 32; Hauptgerichte 40–109 R$; ⏲Di–Sa 12–23, So 12–17 Uhr) Das kreative Strandrestaurant serviert drinnen und draußen außergewöhnliche Fischgerichte (wir empfehlen das Terra Mar), Risottos und Paellas für vier Personen.

Ausgehen & Nachtleben

Luz de Limão LOUNGE
(☎8411-9080; Rua Piscinas Naturais; Cocktails 5,50–16 R$; ⏲11–23 Uhr) Eine hippe neue Lounge unter italienischer Leitung mit edlen Sofas, grooviger Musik und asiatisch inspirierten Teppichen.

Birosca CLUB
(☎3552-2699; www.biroscadacachaca.com.br; Rua Beijupirá; ⏲Mo–Sa 22 Uhr–open end) Schon seit über einem Jahrzehnt zieht die selbst ernannte „Tanzbar und *cachaçaria*" Einheimische an, die sich in feuchtfröhlicher Stimmung zu *brega* (Pop aus dem Nordosten), Funk, Techno und anderen Musikrichtungen vergnügen.

Anreise & Unterwegs vor Ort

Bus 195 (11 R$, 2 Std.) verkehrt stündlich von 5.30 bis 16.30 Uhr sowie 19.30 bis 20.30 Uhr vom Terminal Cais de Santa Rita im Zentrum Recifes über Boa Viagem (in der Avenida Domingos Ferreira) und den Flughafen von Recife (vor der Ankunftshalle) nach Porto de Galinhas. In die entgegengesetzte Richtung fahren von 5.10 bis 19.10 Uhr ebenfalls jede Stunde Busse in Porto de Galinhas ab, die am Flughafen und in der Avenida Conselheiro Aguiar in Boa Viagem halten.

Wer aus dem Süden anreist, steigt in Ipojuca aus, wo Busse und Transporter jede halbe Stunde nach Porto de Galinhas (2,20 R$, 45 Min.) starten.

Busse und Kombivans nach Maracaípe (2,20 R$, 10 Min.) steuern alle 15 bis 30 Minuten die Tankstelle an der Ecke Rua Esperança/ Schnellstraße PE-009 in Porto an. Alternativ kann man ein Motorradtaxi (4 R$), einen Buggy (10–15 R$) oder ein Taxi (20 R$) nehmen.

Tamandaré

☎ 0XX81 / 16 000 EW.

Tamandaré, 30 km südlich von Porto de Galinhas (57 Straßenkilometer), ist ein kleiner Badeort mit einem 16 km langen herrlichen, palmengesäumten breiten Strand. Fischerboote bringen Besucher für 15 R$ pro Person raus zu den Gezeitenpools. 8 km nördlich den Sandstreifen hoch erstreckt sich die angesagte, lässige, angenehm leere **Praia dos Carneiros**, die zu den schönsten Stränden Nordostbrasiliens gehört. Sie verfügt über wunderbar ruhiges, klares, flaches Wasser sowie Gezeitenpools in den langgestreckten Felsstreifen vor der breiten Mündung des Rio Formoso.

In Tamandaré selbst gibt's viele Unterkünfte. Die **Pousada Recanto dos Corais** (☎ 3676-2155; www.pousadarecantodoscorais.com.br; Hermes Samico 317; Zi. 90–120 R$; ❄ 📶) wird von einem freundlichen, deutschsprachigen südbrasilianischen Ehepaar geführt. Sie hat bequeme makellose kleine Zimmer und ein gutes Frühstück. Noch ein bisschen niedlicher ist die **Pousada Beira Mar** (☎ 3676-1567; www.pousadabeiramartamandare.com; Almirante Tamandaré 140; EZ 100 R$, DZ 160–180 R$; ❄ 📶) mit hellen schicken Zimmern und einem gepflegten Grundstück direkt am Strand. Das von Österreichern geleitete **Quiosque Pimenta Rosa** (☎ 8648-3806; Rua São José 17; Snacks 3–60 R$; ⏲ 8 Uhr–open end) gilt als beste der zahlreichen Strandbuden. Hier werden *caldinho* (scharfe Bohnensuppe) und frischer Fisch serviert. In der von Italienern betriebenen **Pizzaria do Farol** (☎ 3676-2676; Av Dr Leopoldo Lins; Pizzas 12–33 R$; ⏲ 19–23 Uhr) bekommt man dünne, authentische Holzofenpizza.

An der Praia dos Carneiros reiht sich eine private Kokosnussplantage an die nächste. Direkten Strandzugang bieten nur ein paar ziemlich teure Unterkünfte und Restaurants am Meer, in denen man dementsprechend nicht nur essen, sondern auch einen schönen Tag mit Baden, Schnorcheln, Faulenzen und Spaziergängen verbringen kann. Das ruhige **Sítio da Prainha** (☎ 3676-1681; www.sitiodaprainha.com.br; EZ 330–410 R$, DZ 380–460 R$, inkl. Abendessen; ❄ @ 🏊) am äußersten Nordende, wo der Rio Ariquindá in den Formoso fließt, verfügt über idyllische Edelbungalows sowie ein gutes Restaurant und eine Bar. In den zweistöckigen Chalets des **Pontal dos Carneiros** (☎ 3465-0055; www.pontaldoscarneiros.com.br; DZ Mo–Fr 413 R$, Sa & So 590 R$; ❄ 📶) erwartet Gäste Luxus pur, zudem liegt das beste Lokal der Gegend, das **Beijupirá** (www.beijupira.com.br; Hauptgerichte 46–86 R$; ⏲ 9–17 Uhr), direkt nebenan. Zwischen Prainha und Pontal findet man das **Bangalôs do Gameleiro** (☎ 3676-1421; www.praiadoscarneiros.com.br; DZ 250–400 R$; ❄), die günstigste Unterkunft von Carneiros, mit zwölf gemütlichen Stein- und-Ziegelhütten unter Palmen. Die meisten besitzen eine Küche.

An- & Weiterreise

Die Mehrzahl der Touristen, vor allem die ohne Auto, besuchen Tamandaré im Rahmen eines Tagesausflugs von Porto de Galinhas aus. Wer auf eigene Faust unterwegs ist, muss zunächst mit dem Bus von Galinhas nach Ipojuca fahren, wo Anschluss nach Tamandaré besteht. Auf ihrem Weg durch die Stadt passieren die meisten Busse die Abzweigungen zu den (teilweise ausgeschilderten) Unterkünften und Restaurants an der Praia dos Carneiros, 500 m bis 1 km von der Straße entfernt. Montags bis samstags um 10 und 17.40 Uhr sowie sonntags um 7.30 Uhr bietet **Cruzeiro** (☎ 2101-9000) von der Avenida Dantas Barreto im Süden der Innenstadt Recifes **Busverbindungen nach Tamandaré** (Karte S. 516 f.; 14 R$, 3 Std.). Die Rückfahrt nach Tamandaré erfolgt um 5.20 und 14.20 Uhr (So 16 Uhr).

Nordwärts von der Schnellstraße PE-060 ab Alagoas kommend, steigt man in Barreiros aus, wo etwa alle halbe Stunde bis 20 Uhr Busse und Kombivans nach Tamandaré (3,30 R$, 40 Min.) starten.

Motorradtaxis bringen einen für 7 R$ von Tamandaré zur Praia dos Carneiros.

Fernando de Noronha

0XX81 / 2630 EW.

Während sich Religion, Wissenschaft und Philosophie weiter darüber streiten, was nach dem Tod passiert, gibt's in Brasilien wenig Zweifel: Der Himmel kann nur die zweite Geige nach dem 21 Inseln umfassenden Archipel Fernando de Noronha spielen. Im Atlantik gelegen, 525 km von Recife und 350 km von Natal entfernt, nimmt es Noronhas natürliche Schönheit problemlos mit sämtlichen tropischen Orten der Welt auf. Kristallklares Wasser, eine abwechslungsreiche Unterwasserwelt und spektakuläre tropische Landschaften machen die Inselgruppe schlichtweg einzigartig. Die „Strandbibel" des Landes, *Guia Quatro Rodas Praias*, verleiht fünf Stränden in Brasilien fünf Sterne – drei davon befinden sich hier.

Besucher sollten genügend Zeit mitbringen, denn Noronha eignet sich hervorragend zum Tauchen, Surfen, Schnorcheln, Reiten und Wandern sowie für Ausflüge! Viele Touristen bleiben vier bis fünf Nächte. Dank des **Parque Nacional Marinho de Fernando de Noronha** (Nationaler Meerespark Fernando de Noronha; www.parnanoronha.com.br) und hiesiger Naturschutzprojekte ist die Umwelt zu Land und Wasser so intakt, dass die Einheimischen schon witzeln, dies seien die „Nein"-Inseln: Nein, du darfst das nicht, nein, das darfst du auch nicht, etc.

In der Regel dürfen täglich nur rund 270 Flugzeugplätze mit Passagieren nach Noronha besetzt werden. Deshalb kann der Archipel nicht vom Tourismus überflutet werden und so ist es normalerweise kein Problem, ein einsames Stückchen Traumstrand zu ergattern – auch in der Hochsaison. Für Dezember bis Februar und Juli bis August sollte man Unterkunft und Flug lange im Voraus reservieren. Die Woche vor und nach Silvester ist manchmal schon sechs Monate vorher ausgebucht.

Das Paradies gibt's nicht zum Schnäppchenpreis: Wegen der Transportkosten für alle Waren vom Festland muss man tief in die Tasche greifen und zahlt für Zimmer etwa doppelt so viel wie auf dem Festland. Aber als garantiertes Highlight jeder Brasilienreise lohnt Fernando de Noronha das Geld auf jeden Fall.

Die größte und als einzige bewohnte Insel, Ilha de Fernando de Noronha, ist 10 km lang. Ein Großteil der Bevölkerung lebt im Dorf Vila dos Remédios und in den benachbarten Orten Vila do Trinta, Floresta Velha und Floresta Nova. Eine einzelne befestigte Straße, die BR-363 (oder Transnoronha-Schnellstraße), verläuft 7 km vom Hafen an der nordöstlichen Spitze der Insel durch die Wohngebiete, dann zum Flughafen und runter nach Baía do Sueste an der Südküste. Unbefestigte Nebenstraßen führen zu mehreren Stränden. Der spektakuläre erloschene Vulkankrater Morro do Pico ist der höchste Punkt des Eilandes, 323 m über dem Meeresspiegel – und mehr als 4300 m über dem Meeresboden. „Nein", da darf man nicht raufklettern!

Am meisten Niederschlag fällt von Februar bis Juni, wobei das ganze Jahr über eine angenehme Brise weht. Was die Uhrzeit betrifft, ist der Archipel Brasília eine Stunde voraus.

Geschichte

Der portugiesische Aristokrat Fernão de Loronha erhielt den Archipel 1504 von seinem Freund, dem König Dom Manoel (Manuel I. der Glückliche), betrat ihn jedoch nie und vergaß ihn einfach. Mit Unterbrechungen wurde er dann von den Engländern, den Franzosen (zweimal) und den Niederländern (zweimal) besetzt, bis Portugal die Inseln 1737 letztendlich zurücknahm und zehn Forts errichtete, um sie zu verteidigen. Später wurde Noronha Strafkolonie, Militärstützpunkt (auch für US-Truppen im Zweiten Weltkrieg), amerikanische Raketenabwehrbasis und schließlich Touristenattraktion. Ein Streit zwischen Bauunternehmern und Umweltschützern über die Zukunft des Archipels konnte 1988 beigelegt werden, als 75 % der Fläche, einschließlich der Hauptinsel und der umliegenden Wasserwelt zum nationalen Meerespark erklärt wurden, um die natürlichen Schätze zu bewahren. Seit 2002 sind die Inseln Bestandteil des Unesco-Weltnaturerbes.

Sehenswertes

Zum Centro de Visitantes (S. 539) in Vila do Boldró gehört auch ein kleines von Mitarbeitern des **Tamar-Projekts** geführtes (3619-1171; www.tamar.org.br; Vila do Boldró) Freiluft-**Schildkrötenmuseum** (Vila do Boldró; Eintritt frei; 24 Std.) mit einem Tamar-Infostand und einem Laden.

Forte dos Remédios FESTUNG

(24 Std.) GRATIS Die am besten erhaltene portugiesische Festung des Archipels, Forte dos Remédios, lohnt einen Besuch. Hier genießt man eine tolle Aussicht hinunter auf Vila dos Remédios.

BESUCHERGEBÜHREN FÜR NORONHA

Wer Fernando de Noronha besucht, muss dafür Gebühren entrichten, denn die Regierung des Bundesstaates erhebt eine Umweltsteuer, TPA genannt. Für die ersten vier Tage beträgt diese 45,60 R$, für Extratage werden verschiedene Aufschläge fällig (2013 kostete ein ein-/zwei-/vierwöchiger Aufenthalt 283/752/3226 R$). Man begleicht sie entweder bar oder mit Kreditkarte bei der Ankunft am Flughafen. Wer länger als geplant bleiben möchte, sollte mindestens einen Tag vor dem ursprünglichen Abreisetag zwischen 11 und 17 Uhr zum Flughafen gehen und die Gebühr für die weiteren Tage entrichten – sonst zahlt man doppelt.

Daneben gibt's noch die Gebühr für den Nationalpark, den fast jeder Tourist während seines Aufenthalts besucht. Für Brasilianer werden für bis zu zehn Tage 65 R$, für Ausländer 130 R$ verlangt; als Zahlungsnachweis erhält man eine Plastikkarte mit seinem Namen. Bezahlt wird mit Bargeld (R$, € oder US$) oder per Kreditkarte in einem **Kiosk** (Bosque Flamboyant, Vila dos Remédios; ⌚8–22 Uhr) in Vila dos Remédios, beim Centro de Visitantes (S. 539) in Vila do Boldró oder an den zwei Postos de Informações e Controle (PICs) bei den Parkeingängen, **PIC Golfinho-Sancho** (⌚8–18.30 Uhr) und **PIC Sueste** (⌚8–18.30 Uhr). Dabei muss man den Reisepass vorzeigen. An der Praia do Leão soll ein dritter PIC entstehen. Wer einen Tauchausflug oder eine Bootstour unternimmt, kann zwischen 7 und 9 Uhr am Hafen seine Karte bar in Reais erstehen.

Aktivitäten

Strände

Es gibt 16 oder 17 Strände auf Noronha (je nachdem, wen man fragt). Alle sind sauber, fast menschenleer und sehen aus wie Postkartenmotive. Mit jeweils fünf Sternen wurden die **Baía do Sancho**, die **Praia do Leão** und die **Baía dos Porcos** ausgezeichnet, doch sie haben trotzdem eine Menge Konkurrenz. Porcos ist zu Fuß nur während der Ebbe von der benachbarten Praia da Cacimba do Padre aus zu erreichen. Die Sandstrände in Richtung Mar de Dentro (dem Festland zugewandt) auf der nordwestlichen Seite der Hauptinsel – **Cachorro** (in Vila dos Remédios), **Conceição**, **Boldró**, **Americano, Quixaba** und **Cacimba do Padre** – eignen sich toll zum Surfen.

Von 18.30 bis 8 Uhr sind die Strände im Nationalpark gesperrt. Besucher dürfen die **Praia do Atalaia** mit ihren tollen Gezeitenpools zum Schnorcheln nur im Rahmen einer geführten Wanderung betreten.

Die **Baía dos Golfinhos** ist für Schwimmer und jegliche Wasserfahrzeuge tabu.

Bootstouren

Jeden Tag brechen zahlreiche Boote zu netten dreistündigen Touren auf. Sie starten am Porto (Hafen) und schippern die Nordwestküste der Hauptinsel entlang. Ostpazifische Delfine schwimmen gern um die Boote herum und zeigen Kunststückchen. Ein 40-minütiger Halt zum Schnorcheln in der Baía do Sancho gehört normalerweise ebenfalls mit zum Ausflug. **Naonda** (☎3619-1307; barco naonda@hotmail.com) ist ein empfehlenswerter und mit 100 R$ pro Person zudem einer der günstigsten Anbieter. Gegen einen Aufpreis von 30 R$ gibt's zusätzlich 30 Minuten *planasub* (dabei wird man während des Schnorchelns langsam vom Boot mitgezogen). Wer sich für eine rund vierstündige Tour mit *planasub* und Mittagessen (150 R$) interessiert, sollte **Trovão dos Mares II.** (☎3619-1228) kontaktieren. Im Preis ist der Transport von/zu der Unterkunft enthalten.

Tauchen

Bei einer Sicht von 30 bis 40 m (am besten im Okt.), herrlich warmem Wasser sowie einer gut erhaltenen Meeresflora und -fauna mit farbenfroh leuchtenden Fischen, Ostpazifischen Delfinen und Riesenschildkröten ist das Tauchen rund um Noronha Weltklasse. Hier tummeln sich 230 Fischarten, 15 verschiedene Korallensorten und fünf (harmlose) Haiarten. Wer eine Lizenz hat, zahlt für zwei Tauchgänge inklusive Transport und Ausrüstung 384/404 R$ (Bargeld/Kreditkarte). Open-Water-Kurse kosten 2141/2252 R$, *batismo*-(Tauf-)Tauchgänge für Neulinge bei 350/368 R$.

★ **Atlantis Divers** TAUCHEN
(☎3206-8840; www.atlantisdivers.com.br; Praça dos Remedios, Vila dos Remédios) Brasiliens einziger offizieller Öko- und Abenteuertourismusanbieter steht unter französischer Leitung, ist hoch professionell und ein engagiertes Abeta-Mitglied.

Fernando de Noronha

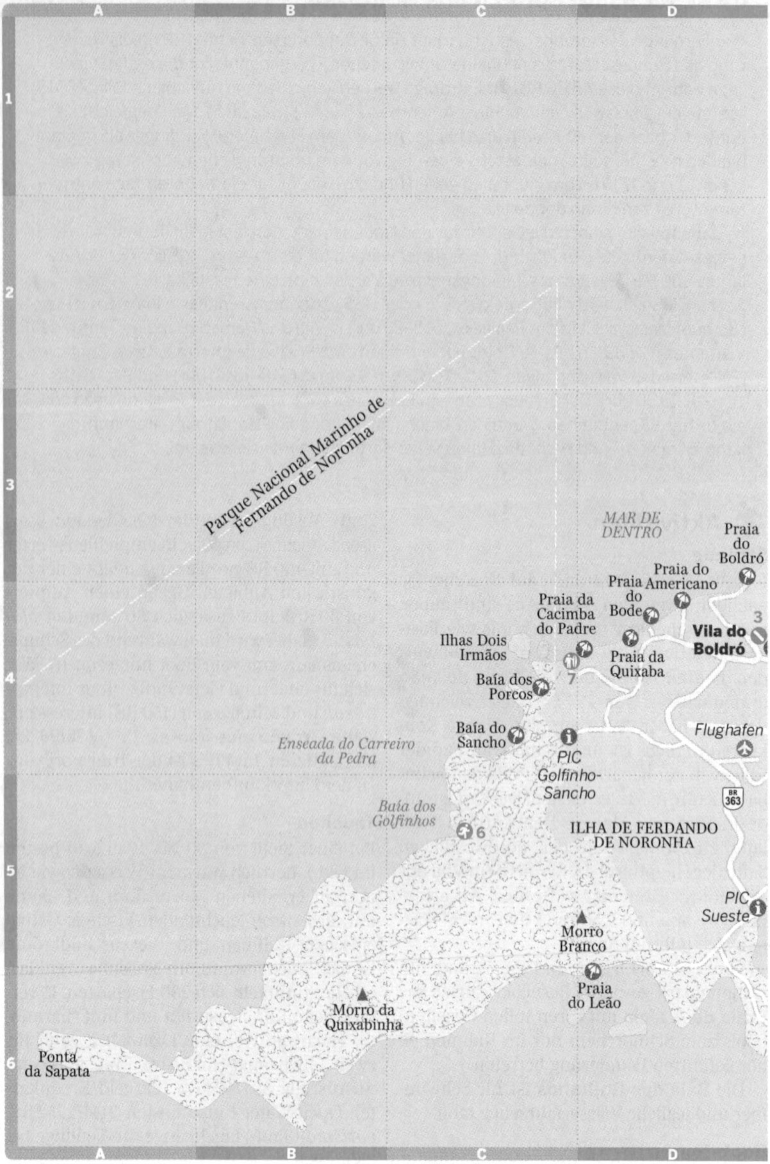

Águas Claras TAUCHEN

(☎3619-1225; www.aguasclaras-fn.com.br; Alameda do Boldró, Vila do Boldró) Ein sehr freundliches PADI National Geographic Dive Center ganz in der Nähe des Centro de Visitantes (S. 539).

Schnorcheln

Auf den Inseln gibt's Hunderte tolle Schnorchelspots, von den Felsen in der Baía do Sancho, um die sich oft harmlose Zitronenhaie tummeln, über den ruhigen Gezeitenpool in Atalaia bis zur Baía do Sueste, wo man bei

Flut zusammen mit den Meeresschildkröten schwimmen kann (die Begleitung durch einen örtlichen Guide kostet 30 R$). Schnorchel und Masken bekommt man für 10 bis 20 R$ pro Tag im Dorf, am Hafen und bei der Baía do Sueste.

Delfine beobachten

Vom Aussichtspunkt **Mirante dos Golfinhos** hat man einen grandiosen Blick auf die meist über 300 Ostpazifischen Delfine, die ab 6.30 Uhr in der Baía dos Golfinhos herumtollen. Von montags bis samstags liefern

Fernando de Noronha

angehende Biologen einen Kommentar auf Portugiesisch dazu.

Wandern

Fast alle Pfade im Nationalpark dürfen nur zusammen mit einem einheimischen Guide betreten werden. Ein toller Weg führt von Vila do Trinta zur **Praia do Atalaia**, wo man wunderbar in den Gezeitenbecken (Schwimmflossen und Sonnencreme sind verboten!) schnorcheln kann. Hin und zurück benötigt man etwa zwei Stunden. Portugiesischsprachige Guides (auf der Insel gibt's etwa 100) verlangen für die Tour 40 bis 60 R$ pro Kopf, wobei meist eine Mindestteilnehmerzahl von zwei Personen gilt. Bei der längeren Variante geht's zusätzlich von Atalaia zur Praia da Caieira mit mehr Gezeitenpools und anspruchsvollem Vulkangestein auf den letzten zwei Kilometern. Sie dauert etwa 4½ Stunden und kostet pro Kopf 50 bis 80 R$. Fábio von Pirata Passeios (S. 538) bietet die Ausflüge auf Englisch oder Italienisch für 75 R$ (nur Atalaia) bzw. 150 R$ (mit Caieira) an. Empfehlenswert ist auch der englischsprachige Biologe **Lisandro de Almeida** (☎3619-1539; lisandro@atairubrasil.com.br); er verlangt 80 R$ bzw. 120 R$ (mit Caieira).

Surfen

An der **Praia da Cacimba do Padre**, dem bekanntesten Surfstrand, finden während der von Dezember bis März dauernden Saison Partys und Wettbewerbe statt. Hier werden die Wellen bis zu 5 m hoch. Am Mar de Dentro gibt's noch mehr gute Surfspots, z. B. Boldró und Bode, und auch die Ilhas Secundárias locken mit einer mächtigen Brandung. Bretter kann man bei **Locadora SolyMar** (Rua São Miguel, Vila dos Remédios; 30–50 R$ pro Tag; ⏲7–21 Uhr) leihen.

Schlafen

In den rund 150 *pousadas* des Archipels reicht der Standard von sehr einfach bis sehr luxuriös. Die meisten Unterkünfte befinden sich in der Gegend Remédios/Trinta/Floresta, wobei nur wenige einen Meerblick bieten. Besucher sollten ihre Bleibe im Voraus buchen; bei dem rund einem Dutzend gehobener Pensionen (ab 500 R$) ist das, außer vielleicht im Mai und Juni, sogar obligatorisch. Manche Häuser verlangen eine komplette Vorauszahlung per Kreditkarte und einen Scan oder ein Foto des Reisepasses. Meist ist der Flughafentransport im Preis inbegriffen.

Casa do Joab PRIVATUNTERKUNFT **$$**
(☎3619-1267; dricaschmidt@gmail.com; Praia da Conceição; EZ/DZ 200/350 R$; ❄@📶) Workaholic Joab und seine Frau Mônica haben ihr einfaches Haus in eine freundliche, geschmackvolle Unterkunft verwandelt. Die Casa do Joab liegt nur ein paar Schritte vom Conceição-Strand weg – das kann keine andere *pousada* bieten. Von drei der vier Zimmer blickt man direkt aufs Meer, und auch der Morro do Pico befindet sich ganz in der Nähe. Übrigens: Wenn Mônica ihren berühmten *pudim de leite* (süßen Pudding mit Kondensmilch) kredenzt, ist einem sogar der Strand egal.

Pousada Golfinho POUSADA **$$**
(☎3619-1837; pousadagolfinhofn.jimdo.com; São Miguel 144, Vila dos Remédios; EZ/DZ 100/160 R$;

(❄ 📶) Die Pension mit dem besten Preis-Leistungs-Verhältnis vor Ort. Frühstück gibt's nicht, aber dafür dürfen die Gäste Küche und Waschmaschine kostenlos nutzen.

Casa de Mirtes PRIVATUNTERKUNFT **$$**
(☎ 3619-1792; www.facebook.com/casa.demirtes; Antônio Alves Cordeiro 457, Floresta Velha; B/DZ 75/170 R$) Einfache, saubere Unterkunft in einem einladenden Privathaus samt Gemeinschaftsküche und einem Grill im Garten. Die Besitzer sprechen kein Englisch, man kann sein Zimmer jedoch über die Reiseagentur Your Way (S. 538) buchen.

Beijupirá Lodge Noronha POUSADA **$$$**
(☎ 3619-1250; www.beijupiralodgenoronha.com.br; Amaro Preto, Floresta Velha; Zi. 690–1180 R$; ❄ 📶) 🍃 Mit seinem bunten Mix an geschmackvoller Kunst und anderen Dekoelementen verströmt das Beijupirá intim-gemütliches Cottage-Flair. Es gibt hier sieben Zimmer, die gleichen Gerichte wie in den gehobenen Fischrestaurants des Besitzers in Olinda und Porto de Galinhas und einen hübschen großen Garten mit Blick auf den Morro do Pico.

Beco de Noronha POUSADA **$$$**
(☎ 3619-1568; www.becodenoronha.com.br; Alameda das Acácias 3, Floresta Nova; Zi. 522–697 R$; ❄ 📶) 🍃 Dank der charmanten selbst gemachten Ökodetails (darunter kurze Wege aus umgedrehten Flaschen) und des wunderbar hilfsbereiten Personals trifft man mit dem aus Holz gebauten Beco eine gute, komfortable Wahl in zentraler Lage.

Pousada do Vale POUSADA **$$$**
(☎ 3619-1293; www.pousadadovale.com; Pescador Sérgio Lino 18, Vila dos Remédios; EZ 558–828 R$, DZ 792–1026 R$; ❄ @ 📶) Das heimelige Vale gilt als eine der freundlichsten und serviceorientiertesten *pousadas* des Archipels. Zwar sind die Zimmer nicht so top, wie die Preise es vermuten lassen, dafür aber hell und hübsch ausgestattet mit Designelementen wie *mantas nordestinas* (farbenfrohe Überwürfe). Der kostenlose Grillabend mit frischem Fisch am Donnerstag trägt erfolgreich zur Verbrüderung von Einheimischen und Gästen bei.

Pousada Mar Aberto POUSADA **$$$**
(☎ 3619-1178; www.pousadamaraberto.com.br; Alameda das Flores 2, Floresta Nova; EZ/DZ 310/392 R$; ❄ 📶 🏊) In den Straßen von Noronhas „Edelviertel" Floresta Nova liegen viele Mittelklassepensionen, darunter das wunderbare Mar Aberto mit einer englischsprachigen Leitung, hübschen Zimmern aus Holz und Ziegelstein samt geräuschlosen Klimaanlagen und einer langen luftigen Veranda. Empfehlenswert sind auch die etwas günstigere **Pousada Alamoa** (☎ 3619-1839; www.pousadaalamoa.com; Alameda das Acácias, Floresta Nova; EZ/DZ 22/340 R$; ❄ 📶) und die **Pousada Algas Marinhas** (☎ 3619-1341; www.pousadaalgasmarinhas.com.br; Alameda das Flores 118, Floresta Nova; Zi. 280 R$; ❄ 📶) mit ihrer strengen Antiraucherpolitik.

Pousada Teju-Açu POUSADA **$$$**
(☎ 3619-1277; www.pousadateju.com.br; Estrada da Alamoa, Boldró; Zi. 1141–1230 R$; ❄ @ 📶 🏊) Fast direkt unter dem Morro do Pico bietet die gut geführte Pousada Teju-Açu ihren Gästen Unterhaltung, ein gutes Restaurant, geräumige, stilvolle Zimmer mit winzigen Bädern und riesigen Betten sowie einen hübschen Poolbereich mit viel Holz.

Pousada Zé Maria POUSADA **$$$**
(☎ 3619-1258; www.pousadazemaria.com.br; Nice Cordeiro 1, Floresta Velha; EZ 798–1958 R$, DZ 838–2418 R$; ❄ @ 📶 🏊) Vom Pool dieser luxuriösen Bleibe genießt man einen beeindruckenden Ausblick auf den Morro do Pico. Die Pousada Zé Maria ist in ganz Brasilien bekannt für ihr reichhaltiges All-you-can-eat-153-R$-Meeresfrüchtebüfett am Mittwoch- und Samstagabend (unbedingt reservieren). Besitzer Zé Maria fängt rund die Hälfte des Essens selbst.

Essen

Açaí e Raízes Noronha CAFÉ **$**
(☎ 3619-0058; BR-363, Floresta Nova; Snacks 7–22 R$; ⏲ 8–23.30 Uhr; 📶) Einheimische und Touristen sitzen hier auf der Veranda, schauen sich die Leute an und essen *açaí,* Tapioka sowie frische Sandwiches. Hier hat man einen sehr guten Empfang des kostenlosen Insel-WLANs.

Pizzaria Namoita PIZZERIA **$$**
(☎ 3619-1914; BR-363, Vila do Trinta; Pizzas 35–55 R$; ⏲ Fr–Mi 19–23 Uhr) São-Paulo-Auswanderer Mauricio Vilela tut sein Bestes, um *pizza paulistana* herzustellen, und das klappt gut, wenn man die Logistik von Noronha bedenkt. Favoriten wie *cearense* (scharfer Grundteig mit Würstchen, Chilis und Mozarella) werden in schöner Atmosphäre unter einem großen Cashewbaum im Vorgarten serviert.

O Pico FUSIONSKÜCHE **$$**
(BR-363, Floresta Velha; Gerichte 12–54 R$; ⏲ 12–15 & 18–23 Uhr) Leckere leichte Mahlzeiten

wie Falafelwraps, Ceviche, Burger und Tapioka sowie Wein und andere Getränke. Darüber hinaus fungiert das O Pico als Kunsthandwerkladen mit originalen Stücken aus dem Nordosten.

Empório São Miguel SELBSTBEDIENUNG $$
(☎3619-1859; Bosque Flamboyant, Vila dos Remédios; 41,90 R$ pro Kilo; ⏲11.30–16 Uhr) Das beste der Pro-Kilo-Lokale in Remédios. Es gibt auch ein paar gute Gerichte von der Karte.

★**Palhoça da Colina** FISCH & MEERESFRÜCHTE $$$
(☎3619-1473; www.palhocadacolina.com; Estrada da Colina, Vila do Trinta; Mahlzeiten 100 R$; ⏲ab 20.30 Uhr) In einer atmosphärischen *palapa*-Hütte mit Tatamimatten und Kissen, das sich im Garten des Hauses eines Einheimischen befindet, bekommt man das beeindruckendste Abendessen auf dem Archipel. Bei der Festmahlzeit darf man so viel vom gegrillten Tagesfang essen, wie man schafft (Barracuda, Thunfisch, Makrele); dieser wird jeweils auf Bananenblättern mit tollen Beilagen wie Rucola-Mango-Salat und Bananen-*farofa* (geröstetes Maniokmehl) serviert. Pro Abend sind 20 Gäste zugelassen, deswegen sollte man besser schon am Vortag reservieren.

Mergulhão MEDITERRAN $$$
(☎3619-0215; Porto; Hauptgerichte 47–75 R$; ⏲Mo–Sa 12–23 Uhr; 📶) Das Mergulhão weiß seine luftige Lage zu nutzen und bietet einen großartigen Blick über den Hafen. Die mediterrane Karte mit brasilianischem Twist gehört zu den innovativsten auf Noronha. Wir empfehlen z. B. *peixe crocante* (knusprig gebratener Fisch, gefüllt mit Garnelen, Käse und Palmherzen) und Risotto oder Pasta mit Meeresfrüchten oder als vegetarische Variante. Dazu kann man Wein und Bier von der kleinen Colorado-Brauerei bestellen.

Ekologiku's FISCH & MEERESFRÜCHTE $$$
(☎3619-1807; Antiga Vila DPV; Hauptgerichte für 2 Pers. 110–120 R$; ⏲19–22.30 Uhr) Unter Anleitung einer kecken bahianischen Dame zeigt das Küchenpersonal dieses dauerhaft guten, coolen Ladens hinter dem Flughafen sein ganzes Können und bereitet fantastische *moquecas capixabas* (Fischeintopf mit Olivenöl statt Palmöl) zu. Leider liegt das Lokal weitab vom Schuss, aber ab vier Personen wird ein kostenloser Transfer geboten. Ein Taxi kostet pro Weg 25 R$.

Ausgehen & Unterhaltung

Bar do Cachorro BAR
(Vila dos Remédios; ⏲12–24 Uhr) Der Dreh- und Angelpunkt von Noronhas Nachtleben. In der „Hundebar" ist jeden Abend etwas los, richtig voll wird's jedoch donnerstags bis sonntags. Ab etwa 22.30 Uhr gibt's tanzbare Musik, u. a. mittwochs Live-*forró* und samstags Samba.

Bar Duda Rei BAR
(Praia da Conceição; ⏲10 Uhr–Sonnenuntergang) Noronhas einzige echte Strandbar punktet mit einer großartigen Kulisse unter ein paar Palmen mit dem Morro do Pico im Hintergrund. Auch das Essen ist gut.

Praktische Informationen

GELD

Die Automaten am Flughafen und im Centro de Visitantes akzeptieren internationale Karten, allerdings geht am Wochenende manchmal das Geld aus. Dementsprechend ist es besser, welches mitzubringen.

INFOS IM INTERNET

Fernando de Noronha (www.noronha.pe.gov.br) Die offizielle Noronha-Website bietet alle erdenklichen Infos.

INTERNETZUGANG

Auf dem ganzen Archipel gibt's kostenloses WLAN, allerdings variiert die Signalstärke je nach Standort und die Geschwindigkeit ist sehr niedrig. Glücklicherweise verfügen die meisten *pousadas* über eigenes, schnelleres Internet.

Cia da Lua (☎3619-1631; Bosque Flamboyant, Vila dos Remédios; WLAN 15 R$ pro 3 Std.; ⏲9–23 Uhr) Anständiges WLAN-Signal eines Privatanbieters.

MEDIZINISCHE VERSORGUNG

Hospital São Lucas (☎3619-0923; Bosque Flamboyant, Vila dos Remédios)

REISEBÜROS

Pirata Passeios (☎9657-6427; piratanoronha@gmail.com; Pousada Aleffawi, BR-363, Vila do Boldró) Der freundliche „Pirata" Fábio spricht Englisch und Italienisch und ist ein erfahrener Tauchlehrer. Er bietet Wanderungen, Inseltouren und die Buchung von Budgetunterkünften an.

Your Way (☎011-99385-7705, 9949-1087; www.yourway.com.br) Ein unverzichtbarer Kontakt! Dieser alteingesessene Ökotourismusspezialist eignet sich perfekt für Alleinreisende, unabhängig vom verfügbaren Budget. Die fließend Englisch sprechende Adriana hilft gerne, die günstigsten Flüge zu den Inseln zu finden, gibt neutrale Tipps und bucht Übernachtungen, Restaurants sowie Aktivitäten, die wirklich zu einem passen – und das ohne Aufschlag. Die Kontaktaufnahme erfolgt per E-Mail oder Telefon.

TOURISTENINFORMATION

Informationen zum Nationalpark gibt's im **Centro de Visitantes** (Vila do Boldró; ⌚8–22 Uhr), beim PIC Golfinho-Sancho (S. 533) und beim PIC Sueste (S. 533).

Posto Informacões Turisticas (Porto; ⌚8–18 Uhr) Am Infostand oberhalb des Hafens bekommt man Karten. In der Ankunftshalle des Flughafens befindet sich ein weiterer Schalter für Touristen.

An- & Weiterreise

Der **Flughafen** (FEN; ☎3619-0950) liegt mitten auf der Hauptinsel. **Trip** (www.voetrip.com.br) und **GOL** (www.voegol.com.br) bedienen beide täglich die Route Recife–Noronha–Recife. Trip verkehrt jeden Tag von Natal nach Noronha und wieder zurück. Ein Hin- und Rückflugticket von beiden Städten aus kostet zwischen 800 und 2000 R$ und sollte so früh wie möglich gekauft werden. Your Way (S. 538) ermittelt oft das beste Angebot.

Auf GOL-Flügen sind Plätze für Inhaber eines brasilianischen und südamerikanischen Airpasses verfügbar, jedoch nicht für Inhaber eines Airpasses für Nordostbrasilien.

Unterwegs vor Ort

Ein guter Busservice (3,10 R$) bedient etwa alle 30 bis 40 Minuten von 6.30 bis 24 Uhr die komplette BR-363-Straße zwischen Hafen, Vila dos Remédios, Flughafen und Baía do Sueste. Die Haltestellenschilder findet man an der Straße. Trampen ist sicher und durchaus üblich.

Taxis (teilweise handelt es sich dabei um Buggys) berechnen Festpreise. Diese liegen je nach Route zwischen 15 und 37 R$. Vom Flughafen nach Vila dos Remédios muss man 21 R$ zahlen.

Eine beliebte Art der Fortbewegung sind Mietbuggys, die man über die Angestellten der *pousadas* buchen kann. Ein verlässliches Fahrzeug kostet 150 bis 250 R$ für 24 Stunden, plus Benzin (Achtung: Auf der Insel gibt's keine Versicherung für Leihfahrzeuge!). Der Buggy wird einem am gewünschten Ort übergeben. Man kann auch Motorräder mieten, wenn man den entsprechenden Führerschein von Zuhause mitgebracht hat.

PARAÍBA

Eingeklemmt zwischen Pernambuco und Rio Grande do Norte liegt der kleine, sonnige Bundesstaat Paraíba, zu dem auch der östlichste Punkt des Kontinents, die Ponta do Seixas, gehört. Dort ist man näher am Senegal als an Südbrasilien. Die friedliche, halbwegs erschlossene Küste dient als wichtigste Wirtschaftsregion des Bundesstaates und wird hauptsächlich von Zuckerrohr- und Ananasplantagen sowie ein bisschen Tourismus am Leben gehalten. Im von Dürren geplagten Landesinneren dominieren Rinderfarmen das Bild, aber es gibt auch einige beeindruckende archäologische Stätten.

João Pessoa

☎0XX83 / 721 000 EW.

Das an der Küste gelegene João Pessoa ist die Hauptstadt von Paraíba und der drittälteste Ort in Brasilien. Es behauptet, mehr Bäume zu bieten als jede andere Hauptstadt, rühmt sich eines Schutzgebietes mit Atlantischem Regenwald, gilt als freundlich und sicher und avanciert zum immer beliebteren Urlaubsziel für brasilianische Familien. Sein sauberer 20 km langer Strand wird von unauffälligen niedrigen Häusern gesäumt (Gebäude mit mehr als vier Stockwerken sind nicht erlaubt). Am besten bucht man eine Unterkunft in den zentral gelegenen Strandvierteln Tambaú, Manaíra oder Cabo Branco. Seit das historische Zentrum 7 km landeinwärts 2007 zum nationalen Kulturerbe ernannt wurde, wird es Schritt für Schritt restauriert und verspricht interessante Spaziergänge. Alles in allem ist „Johannes Person" ein wirklich hübscher Ort für einen Zwischenstopp auf der Reise.

Busreisende kommen am westlichen Rand des Stadtzentrums an, etwa 1 km vom Parque Solon de Lucena und dem zugehörigen See Lagoa entfernt.

Geschichte

Ursprünglich hieß die 1585 gegründete Stadt Vila de Felipéia de NS das Neves. Im 20. Jh. wurde sie nach dem Gouverneur von Paraíba in João Pessoa umbenannt, der bei der Präsidentenwahl in Brasilien 1930 ein Bündnis mit Getúlio Vargas einging. Als er von konkurrierenden politischen Parteien umworben wurde, entgegnete Pessoa entschlossen „Nego!" (Ich lehne ab), was heute in keinem brasilianischen Geschichtsbuch fehlen darf und in Großbuchstaben auf der Flagge des Bundesstaates Paraíba zu lesen ist. Vargas und Pessoa verloren die Wahl und ein paar Monate später wurde Pessoa ermordet. Ironischerweise zog dieses Ereignis eine revolutionäre Gegenbewegung nach sich, die Vargas noch im selben Jahr zur Macht verhalf.

João Pessoa Zentrum

João Pessoa Zentrum

Sehenswertes

1 Basílica NS das Neves C1
2 Casarão dos Azulejos C2
3 Centro Cultural São Francisco C1
4 Hotel Globo A1
5 Igreja de São Pedro Gonçalves A1
6 Igreja NS do Carmo C2

Ausgehen & Nachtleben

7 Cachaçaria Philipéia C2
8 Espaço Mundo A1
9 Vila do Porto A1

Unterhaltung

10 Ateliê Multicultural Elioenai Gomes B2
Casa de Mathilde .... (siehe 8)

Sehenswertes & Aktivitäten

Tambaú & die Küste

Estação Cabo Branco KUNSTZENTRUM

(☎3214-8303; joaopessoa.pb.gov.br/estacaocb; Av João Cirilo Silva s/n; ⏰Di–Fr 9–21, Sa & So 10–21 Uhr) GRATIS Dieses 2008 eröffnete Kulturzentrum 5 km südöstlich von Tambaú wurde von dem berühmten brasilianischen Architekten Oscar Niemeyer entworfen. Die progressive Architektur ist interessanter als die größtenteils enttäuschenden Exponate; eine Ausnahme bilden nur Abelardo da Horas über die Anlage verteilten Skulpturen nackter Frauen. Von der Terrasse im Obergeschoss des sechseckigen gläsernen Hauptgebäudes genießt man einen großartigen Ausblick. Der Bus 507 fährt von der Avenida Epitacio Pessoa in Tambaú hierher.

Wer beim Parkplatz am südlichen Ende des Komplexes nach links hinunter zum Strand (2 Min.) durch den Parque Municipal do Cabo Branco und dann 600 m südwärts am Strand entlanggeht, gelangt zur **Ponta do Seixas**, dem östlichsten Punkt des amerikanischen Kontinents.

Praia de Tambaú STRAND

(Karte S. 542) Die 7 km östlich des Zentrums gelegene Praia de Tambaú ist zwar ein Stadtstrand, aber trotzdem ein nettes Fleckchen, um sich die Zeit zu vertreiben. Gesäumt wird er von Bars, Restaurants, Kokospalmen und einer breiten Promenade. In Richtung Süden erstreckt sich die hübsche Praia Cabo Branco aus Sand, Klippen und Palmen über 5 km bis zum Cabo Branco und zur Ponta do Seixas.

Ilha de Areia Vermelha STRAND

Diese Insel mit rotem Sand erhebt sich jeden Monat an der Hälfte der Tage bei Ebbe vor der Nordküste. Boote fahren von der

Praia de Camboinha 15 km nördlich von Tambaú hierher und bleiben, bis die Flut kommt. Ein Ticket kostet 20 bis 25 R$.

Centro Histórico

Unter der Schirmherrschaft des Iphan, des brasilianischen Instituts für das nationale Kulturerbe, wurden große Teile von João Pessoas historischem Zentrum hübsch restauriert. Mit den verschiedenen Architekturstilen, die von Barock bis Art dèco reichen, lädt die Gegend zu einem Streifzug ein. In den Touristeninformationen bekommt man eine nützliche Karte für Stadtspaziergänge. Wer lediglich Zeit für eine Sehenswürdigkeit hat, besucht am besten das **Centro Cultural São Francisco** (Karte S. 540; ☎3218-4505; Praça São Francisco; Eintritt mit Führung 4 R$; ⏲9–12 & 14–17 Uhr), eines der schönsten Klöster Brasiliens, dessen Errichtung fast zwei Jahrhunderte (1589–1779) dauerte. Ihr Highlight ist die Capela de la Ordem Terceira de São Francisco, deren Altäre üppiger Goldschmuck ziert.

Ein kleines Stück östlich der Praça São Francisco lohnt ein Stopp bei der Praça Dom Adauto. Dort steht der wunderschöne blau gekachelte **Casarão dos Azulejos** (Karte S. 540; Av Visconde de Pelotas) gegenüber einer eindrucksvollen Anlage mit Kirchenbauten, in deren Mitte die **Igreja NS do Carmo** (Karte S. 540; Praça Dom Adauto; ⏲Mo–Fr 9.30–11 Uhr) aus dem 16. Jh. thront. Ganz in der Nähe befinden sich die Praça Dom Ulrico mit der **Basílica NS das Neves** (Karte S. 540; Praça Dom Ulrico) und die **Avenida General Osório** mit einigen besonders hübsch restaurierten Gebäuden. Westwärts die sogenannte Cidade Baixa hinunter warten die beiden benachbarten Plätze **Praça Anthenor Navarro** und **Largo de São Pedro Gonçalves** mit pastellfarbenen Bauten auf, die von der großen **Igreja de São Pedro Gonçalves** (Karte S. 540) aus dem 19. Jh. überragt werden. Das 1928 errichtete **Hotel Globo** (Karte S. 540; Largo de São Pedro Gonçalves 7; ⏲Mo–Fr 9–17, Sa 9–16 Uhr) beherbergt ein kleines Museum und hat eine hübsche Terrasse auf der hinteren Seite mit einem Blick über die Kacheldächer bis zum Fluss.

Feste & Events

João Pessoa bringt sich mit der **Folia da Rua** (Straßenfest) in der Woche vor dem richtigen Karneval (Fr–Fr) schon mal in Stimmung. Dann ziehen *blocos* (Musik- und Tanzgruppen) durch einige Teile der Stadt und locken bis zu einer Million begeisterte Zuschauer an.

Schlafen

★ Slow Hostel HOSTEL $
(Karte S. 542; ☎3021-7218; www.facebook.com/slowhostel; Av Cajazeiras 108, Manaíra; B 38–40 R$; 📶) 🍃 Nur einen Block vom Strand entfernt befindet sich das ausgezeichnete große Slow Hostel, das von der charmanten, hilfsbereiten Marina und ihrer Familie betrieben wird. Ein Großteil der Zimmer – zur Auswahl stehen nach Geschlechtern getrennte sowie gemischte Schlafsäle und zwei Privaträume – verfügt über eigene Bäder. Die Aufenthaltsbereiche sind geräumig und es gibt einen Fahrradverleih sowie verschiedene Aktivitäten wie Yogakurse. Marina liebt ihre Stadt und kennt sie wie ihre Westentasche.

Pousada do Caju POUSADA $$
(Karte S. 542; ☎2107-8700; www.grupocaju.com.br; Av Helena Meira Lima 269, Tambaú; EZ/DZ 221/240 R$; ❄📶🏊) Die professionell geführte Pension zwei Blocks vom Strand entfernt hat einen Pool und einen Spielbereich, außerdem erheben sich hier mehrere gigantische *caju*-(Cashew-)Bäume. Seit kürzlich durchgeführten Renovierungsarbeiten sind die Zimmer nun mit gemütlichen Betten und Steinwänden ausgestattet. Die Gemeinschaftsbereiche schmückt netter brasilianischer Zierrat. In der Umgebung verteilen sich sieben weitere Ableger des Caju unterschiedlichster Qualität und Preise.

Verdegreen Hotel HOTEL $$$
(Karte S. 542; ☎3044-0000; www.verdegreen.com.br; Av João Maurício 255, Manaíra; EZ 297–347 R$, DZ 330–388 R$; ❄📶🏊) 🍃 Umweltbewusste Urlauber treffen mit dem Verdegreen eine hervorragende Wahl. Das Hotel punktet mit solarbeheizten Duschen, einem wiederaufgeforsteten Waldstück, wassersparenden Spültoiletten sowie LED-Fernsehern und -lampen im ganzen Haus. Alles ist wahnsinnig hip und stilvoll in sanften Grün- und Beigetönen sowie mit geschmackvoller Kunst eingerichtet. Auf der gesamten Anlage herrscht Rauchverbot, das Personal ist charmant und hilfsbereit und Gäste können kostenlos Fahrräder leihen.

Essen

Empório Café CAFÉ $
(Karte S. 542; ☎3247-0110; emporiocafejp.com.br; Coração de Jesus 145, Tambaú; 7–20 R$; ⏲14 Uhr–open end; 📋) Zum Angebot dieser angesag-

Tambaú

Tambaú

Sehenswertes
1 Praia de Tambaú D3

Schlafen
2 Pousada do Caju C3
3 Slow Hostel B1
4 Verdegreen Hotel C1

Essen
5 Empório Café D2
6 Giramundo D3

ten Café-Bar im Retro-Indie-Stil gehören preiswerte Salate, Sandwiches, Quiches, Humus sowie Wurst- und Käseplatten – sprich: alles, was das Herz begehrt, auch viele vegetarische Optionen. Zu späterer Stunde strömen die Schönen und Hippen noch zahlreicher herbei und genießen Cocktails und Indie-Klänge.

★ **Mangai** NORDÖSTLICH $$
(☎ 3226-1615; www.mangai.com.br; Av General Édson Ramalho 696, Manaíra; 43,90 R$ pro Kilo; ⌚ 11–22 Uhr) Das spektakuläre regionale Büfett des Mangai lohnt schon allein für sich einen Stopp in João Pessoa. Fast alle Speisen sind mit englischsprachigen Schildchen versehen, zudem gibt's jede Menge vegetarische Optionen sowie leckere Fleisch- und Meeresfrüchtegerichte. Platz lassen für die sündigen Desserts!

Giramundo BRASILIANISCH, DEUTSCH $$
(Karte S. 542; ☎ 3226-2324; Av Almirante Tamandaré s/n, Tambaú; Hauptgerichte 18–27 R$; ⌚ Mo–Sa 18–1 Uhr) Neben den üblichen Meeresfrüchte- und Fleischgerichten kredenzt der beliebte Strandkiosk unter Schweizer-brasilianischer Leitung auch Grill-, Kalbsbrat- und Schübligwürste (aus Schwein und Rind) sowie das Bier der Mikrobrauerei Eisenbahn – das findet man nördlich von Santa Catarina wirklich nicht besonders oft.

Ausgehen & Unterhaltung

Das historische Zentrum wartet mit einem quirligen Nachtleben auf, dafür sorgen einige gute Bars und Livemusik-Locations, die Studenten, Dozenten und lässige Künstlertypen anziehen. Der große Partysamstag wird gegen Mittag mit einer *chorinho*-Einlage (Instrumentalmusik) unter freiem Himmel auf der Praça Rio Branco eingeläutet, die bis etwa 15 Uhr dauert. Danach geht's zu einer Jamsession in der nahe gelegenen **Cachaçaria Philipéia** (Karte S. 540; Beco da Philipéia 39; ⌚ Mo–Sa 14–20 Uhr), einer atmosphärischen altmodischen kleinen Bar, die *caldinho* und verschiedene *cachaça*-Sorten (2 R$ pro Shot) bietet. Bei Sonnenuntergang lockt das **Vila do Porto** (Karte S. 540; ☎ 8791-7786; www.facebook.com/espacoviladoporto; Largo de São Pedro Gonçalves 8; ⌚ Di–Sa 11–23, So 15–23 Uhr), eine Restaurant-Bar, mit seinem hübschen Garten samt Flussblick. Samstags wird hier außerdem ab 22 Uhr Samba gespielt. Abends steht eine Sambavorführung (jeden zweiten Sa von 19–23 Uhr) im **Ateliê Multicultural Elioenai Gomes** (Karte S. 540; www.ateliemulticultural.com.br; Ladeira da Borborema 101) an. Alternativ vergnügt man sich bei einem kalten Bier im geselligen **Espaço Mundo** (Karte S. 540; Praça Anthenor Navarro 53; ⌚ Do–Sa 20–3 Uhr) oder zu Reggaemusik in der **Casa de Mathilde** (Karte S. 540; ☎ 9688-1477; www.facebook.com/casademathildejp; Praça Anthenor Navarro 39). Bis zum späten Nachmittag kann man in der Altstadt problemlos die öffentlichen Busse nutzen (wer mit einer Gruppe unterwegs ist, auch länger), danach sollte man Taxis nutzen.

Tambaús Nachtleben konzentriert sich auf die Rua Coração de Jesus – das Empório Café (S. 541) zählt zu den hippsten Adressen – und die nähere Umgebung sowie auf die Strandkioske, von denen manche Livemusik bieten.

Bolero bei Sonnenuntergang LIVEMUSIK
(Praia do Jacaré; ⌚ Sonnenuntergang) Fast jeder brasilianische Tourist, der nach João Pessoa reist, macht sich bei Sonnenuntergang in den Norden der Stadt auf: Dort spielt der Saxofonist Jurandy Ravels Bolero und wird dabei in einem kleinen Kanu den Rio Paraíba flussauf- und abwärts gezogen. Das tägliche Spektakel ist ein extrem kitschiges, typisch brasilianisches Phänomen – manche Touristen kommen sogar extra aus Natal und Recife hierher. Taxis ab Tambaú (10 km) kosten pro Strecke rund 35 R$.

Verfolgen kann man das Ganze in einer der vier Pfahlbaubars, die dafür 5 bis 7 R$ Eintritt verlangen. Im Jacaré Grill tritt anschließend die Geigerin Belle Soares auf. Wer einen guten Platz erwischen möchte, sollte bereits gegen 16.30 Uhr (im Winter um 16 Uhr), da sein und sich auf schief klingende Vorbands einstellen, die die Wartezeit „versüßen" sollen.

ℹ Praktische Informationen

Banco do Brasil (Av Senador Rui Carneiro 166, Tambaú; ⌚ Mo–Fr 10–16 Uhr, Geldautomaten tgl. 7–22 Uhr) Alternativ findet man am Busbahnhof Automaten von Banco do Brasil und Banco 24 Horas.

PBTUR (☎ 3214-8185; www.destinoparaiba.pb.gov.br) Das Fremdenverkehrsamt von Paraíba betreibt Touristenbüros mit hilfsbereitem, gut informiertem Personal am Busbahnhof (Karte S. 540; ☎ 3218-6655; Rua Francisco Londres, Busbahnhof; ⌚ 8–18 Uhr), in Tambaú (Karte S. 542; Centro Turístico Tambaú, Av Almirante Tamandaré 100, Tambaú; ⌚ 8–19 Uhr) und im historischen Zentrum (Karte S. 540; Hotel Globo, Largo de São Pedro Gonçalves 7; ⌚ Mo–Fr 9–17, Sa bis 16 Uhr).

ℹ An- & Weiterreise

BUS

Vom **Busbahnhof** (Karte S. 540; ☎ 3221-9611; Rua Francisco Londres) werden viele verschiedene Ziele angesteuert, darunter Fortaleza (100–152 R$, 10 Std., 2-mal tgl.), Natal (29–40 R$, 3 Std., 8-mal tgl.), Recife (20 R$, 2 Std., 27-mal tgl.) und Salvador (125–189 R$, 16 Std., Mo–Fr & So 19 oder 19.30 Uhr).

FLUGZEUG

Der **Flughafen Presidente Castro Pinto** (☎ 3041-4200) 8 km westlich des Zentrums bietet Verbindungen nach Rio, São Paulo, Brasília und in größere Städte im Nordosten.

ℹ Unterwegs vor Ort

Stadtbusse fahren am **Terminal de Integração** (Karte S. 540; Padre Azevedo) gegenüber dem Busbahnhof ab. Die **Buslinien 510 und 513** (Karte S. 540) verkehren regelmäßig über den Parque Solon de Lucena nach Tambaú (2,30 R$, 25 Min.); auf dem Rückweg nimmt man in der Avenida General Édson Ramalho oder der Rua Maria Sales einen der Busse Richtung Süden. Eine Taxifahrt vom Busbahnhof nach Tambaú kostet rund 25 R$.

Jacumã & Umgebung

☎ 0XX83 / 4500 EW.

Die Kette von schönen Stränden und kleinen Orten, die sich zwischen Jacumã und Tambaba südlich von João Pessoa aneinanderreihen, scheinen wie geschaffen für einen relaxten, preiswerten Zwischenstopp auf dem Weg nach oder von Recife oder einen Tagesausflug ab João Pessoa.

In Jacumã, dem größten Dorf, gibt's Bars mit abendlicher *forró*-Musik sowie einen schmalen 3 km langen Strand mit farbigen Sandbänken, natürlichen Pools und rosafarbenen Klippen. Schöner sind allerdings andere Strände der Gegend. Die nur 500 m lange Praia de Carapibus, die eine kleine von Buschland bedeckte Landzunge von der Praia de Jacumã trennt, säumen weitere Pools und niedrigere Klippen. Sie geht in die breitere Praia da Tabatinga über, die sich über fast 2 km gen Süden erstreckt. Am hübschesten ist die Praia dos Coqueirinhos rund um die Landspitze am südlichen Ende der Praia Tabatinga mit Kokospalmen, hohen roten Klippen, Süßwasserquellen und ein paar *barracas* (Buden). Leider wird es hier an den Wochenenden oft ziemlich voll. Die **Praia de Tambaba** 4 km weiter südlich ist der einzige offizielle FKK-Strand in der Gegend. Zugang haben nur Frauen, homosexuelle Pärchen oder Männer mit weiblicher Begleitung. Doch auch der badebekleidungspflichtige Teil von Tambaba beeindruckt. Der breite Küstenstreifen ist mit Sandsteinen übersät und verfügt über natürliche Flutenpools. Im August findet dort das einzigartige **Open de Surf Naturista** (Nacktsurffestival) statt.

Außer bei sehr starkem Wellengang kann man an der gesamten Küste am Strand entlangspazieren.

Schlafen & Essen

Pousada das Conchas POUSADA $$
(☎3290-1303; www.conchaspousada.com.br; Praia de Tabatinga; EZ 190 R$, DZ 210–230 R$;) Die Schweizer Besitzerin der wunderbaren rustikalen *pousada* auf einer kleinen Anhöhe direkt über dem Strand von Tabatinga bietet ihren Gästen hell eingerichtete Zimmer inmitten eines gepflegten Gartens. Das Personal ist sehr freundlich und zuvorkommend, außerdem gibt's ein luftiges Restaurant.

Pousada Bemtevi POUSADA $$
(☎3290-1334; www.bemtevipousada.com; Schnellstraße PB-008, Tabatinga; EZ/DZ 150/200 R$;) 1 km hinter dem Strand von Tabatinga liegt gleich neben der Schnellstraße (Verkehrslärm ist trotzdem kein Problem) diese clever gestaltete, schwulenfreundliche Pension unter niederländisch-brasilianischer Leitung. Die zwölf hübschen, modern geschnittenen Zimmer verfügen über schmale Doppelbetten, solarbeheiztes Wasser (es besteht also keine Gefahr durch zweifelhaft installierte Elektroduschen) sowie Privatterrassen mit Blick aufs Meer, den hübschen Garten und den Pool, der abends romantisch beleuchtet wird. Kinder unter zwölf Jahren sind nicht zugelassen.

Pousada dos Mundos POUSADA $$
(☎3290-1356; www.pousadadosmundos.com.br; Praia de Tabatinga; EZ/DZ 130/160 R$;) Luftige Zimmer mit Terrassen samt Hängematten und Flussblick 400 m hinter dem Strand von Tabatinga. Im grasbewachsenen Garten befinden sich ein Pool und eine **Creperia** (Crêpes 13–20 R$, Pizzas 15–40 R$; ⏲8.30–21 Uhr), die zu den besseren Lokalen der Gegend gehört. Kostenlose Leihkajaks.

Restaurante Tulipas BRASILIANISCH $$
(☎3290-1108; Schnellstraße PB-008, Tabatinga; Hauptgerichte für 2 Pers. 40–60 R$; ⏲10–22, Karneval–Weihnachten Mo–Fr bis 18 Uhr) Ein niederländisch-brasilianisches Team leitet dieses farbenfrohe ansprechende Restaurant 1 km hinter dem Strand von Tabatinga, an dessen Wänden zahlreiche Tulpengemälde des Mitbesitzers hängen. Meeresfrüchte sind die Spezialität, aber die Karte bietet von allem etwas. Den Jorge-Amado-Caipirinha, einen Cocktail mit Limetten, Passionsfrucht und mit Zimt und Nelken gewürztem Cachaça, sollte man probieren. Untermalt wird das Ganze von MPB (Música Popular Brasileira).

Anreise & Unterwegs vor Ort

Etwa alle 40 Minuten verkehren Busse von der Rua Cícero Meireles in der Nähe des **Busbahnhofs von João Pessoa** (Karte S. 540) nach Jacumã (5 R$, 45 Min.–1½ Std.). Einzig der Bus um 5.30 Uhr fährt weiter nach Tambaba. Zurück gibt's ebenfalls nur eine tägliche Verbindung (um 17 Uhr). Die Strecke zwischen João Pessoa und Jacumã wird auch von **Sammeltaxis** (Karte S. 540) bedient, die 5 R$ pro Person bzw. 20 R$ für den gesamten Wagen verlangen. In João Pessoa stehen sie unweit der Lagoa und des Busbahnhofs bereit – einfach am Terminal de Integração oder in der Rua Cícero Meireles nach „Jacumã" fragen. Eine reguläre Taxifahrt nach Jacumã kostet etwa 50 R$.

Zwischen Jacumã und den anderen Stränden verkehren Motorradtaxis (5–10 R$) und Taxis.

Das Slow Hostel (S. 541) plant einen praktischen Shuttleservice zwischen João Pessoa und den südlichen Stränden, bei dem Passagiere beliebig oft ein- und aussteigen können. Ein Tagesticket soll etwa 20 R$ kosten. Aktuelle Infos gibt's in den Hostels und *pousadas*.

Auf der Schnellstraße BR-101 aus südlicher Richtung kommend, kann man den Fahrer bitten, an der Abzweigung nach Conde und Jacumã zu halten. Dort steigt man dann in einen Stadtbus, einen Transporter oder ein Sammeltaxi um.

RIO GRANDE DO NORTE

Dieser kleine Bundesstaat im äußersten Nordosten Brasiliens steht für reine Luft, Sonne, feine Strände und Sanddünen. Rio Grande do Norte wartet mit dem spektakulärsten Küstenabschnitt des Landes auf. An dem 500 km langen Streifen reiht sich ein

ABSEITS DER ÜBLICHEN PFADE

DER ZEITLOSE SERTÃO

Das Landesinnere im Nordosten (*sertão*) besteht nicht nur aus von Dürren geplagten Landstrichen und bettelarmen Städten. Die *sertanejos* (Einwohner des Landesinneren) sind ein stolzes Volk mit einer reichen Populärkultur, die sich in ihrer Musik, den Festivals und ihrer Kunstfertigkeit zeigt. Hier draußen, im felsigen Hinterland, gibt's darüber hinaus aber auch eine atemberaubend schöne Natur und faszinierende Zeugnisse einer Geschichte und Urgeschichte, die bis zu den Dinosauriern zurückreicht. Die Städte des *sertão* beherbergen anständige Hotels und *pousadas* und werden von verschiedenen Bussen angesteuert. Am besten besucht man die Gegend im Juni oder Juli, den grünsten und kühlsten Monaten. Cariri Ecotours (S. 550) mit Sitz in Natal hat sich auf Touren in die Region spezialisiert. Einige Highlights im Landesinneren:

Ingá, Paraíba Wunderschöne Gravuren, die auf rund 5000 Jahre geschätzt werden, schmücken die **Pedra do Ingá** (pedradoinga.blogspot.com), einen einzelnen, 23 m langen, fast 4 m hohen Fels mitten im Rio Ingá. Er liegt 95 km westlich von João Pessoa und 46 km von Campina Grande. Letzteres ist für die riesige **Festa Junina** bekannt, die den ganzen Juni über dauert.

Lajedo de Soledade, Rio Grande do Norte Hier findet man bis zu 10 000 Jahre alte Felsmalereien (darunter die ältesten Papgeienbilder der Welt), antike zeremonielle Stätten und Eiszeitfossilien. 75 km südwestlich von Mossoró nahe Apodi veranstaltet das **Museu do Lajedo** (☎ 084-3333-1017; www.lajedodesoledade.org.br; ⏱ Di–So 8–12 & 14–17 Uhr) geführte Touren.

Lajedo da Pai Mateus, Cariri, Paraíba Eine bizarre, beinahe außerirdische Felslandschaft mit runden Felsbrocken, Granitblöcken, Höhlen und antiken Felsmalereien rund 70 km südwestlich von Campina Grande. In letzter Zeit wurden vor Ort diverse brasilianische Filme gedreht. Exzellente Zimmer bietet die **Fazenda Pai Mateus** (☎ 083-2356-1250; www.paimateus.com.br; Zi. 250 R$; ❄📶🏊).

Serra da Capivara, Piauí Die ältesten Zeugnisse menschlicher Existenz auf dem amerikanischen Kontinent sowie 30 000 Felsmalereien in dramatischer Felslandschaft nahe São Raimundo Nonato.

wunderschöner Strand an den nächsten. Viele werden von Felsen mit natürlichen Badebecken gesäumt und erstrecken sich vor der Kulisse hoher Dünen oder Klippen. Die Einheimischen, *potiguares* genannt, gelten als freundlich und hilfsbereit.

Natal

☎ 0XX84 / 804 000 EW.

Rio Grande do Nortes Hauptstadt ist sauber, hell, aber auch ziemlich langweilig. Sie dient als Eingangstor für den Pauschaltourismus entlang der Küste, der sich vor allem an brasilianische Familien richtet. Ihre Hauptattraktionen sind die Urlauberstrände, Buggytouren und andere organisierte Ausflüge sowie Restaurants und das Nachtleben. Wer auf Museen, Theater und wilde, unberührte Sandstreifen aus ist, wird enttäuscht werden.

Fast alle Besucher übernachten im Strandviertel Ponta Negra, das mit einer großartigen Lage vor der Kulisse fantastischer Dünen, beständigem Wellengang und einer quirligen Partyszene punktet. Natals älterer Teil, zu dem das wenig aufregende Zentrum zählt, nennt sich Cidade Alta und erstreckt sich etwa 12 km nordwestlich von Ponta Negra auf einer Halbinsel, die im Westen vom Rio Potengi und im Osten von den Stränden und Riffen des Atlantiks begrenzt wird.

Der Busbahnhof liegt 10 km nordwestlich von Ponta Negra und 6 km südlich des Zentrums, der Flughafen 8 km westlich von Ponta Negra und 15 km südlich des Zentrums. Ein neuer größerer Flughafen, der als Verkehrsachse für den gesamten Nordosten geplant ist, soll im Frühjahr 2014 in São Gonçalo do Amarante 11 km westlich des Zentrums öffnen. Ob dieser Termin eingehalten werden kann, ist allerdings unklar.

Geschichte

Ein früher Versuch der Portugiesen (1535), die Gegend um Natal zu besiedeln, schlug aufgrund der Feindseligkeit der dort lebenden indigenen Potiguar und französischen Brasilholzhändler fehl. Erst am 25. Dezem-

Natal Zentrum

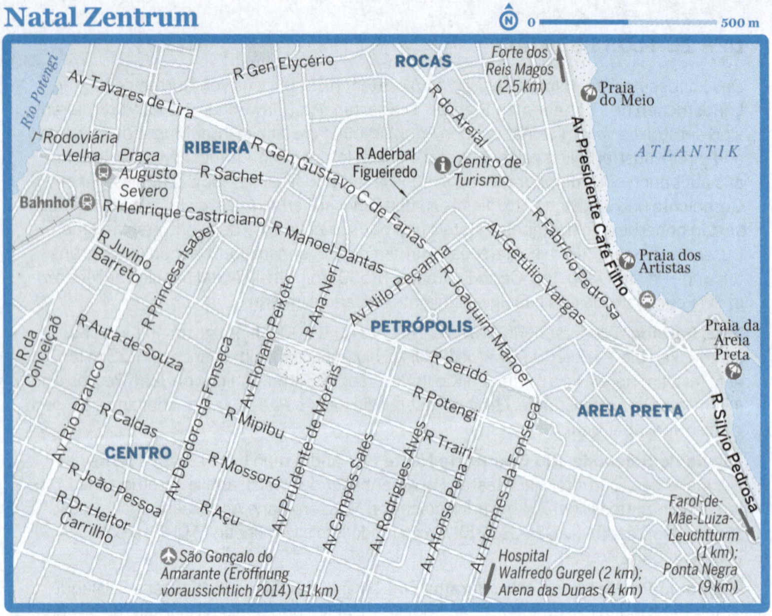

ber 1597 kehrten sie zurück und ankerten mit ihrer Flotte an der Mündung des Rio Potengi. Sie hatten den Auftrag, ein Fort zu errichten, um die Franzosen und die Potiguar in Schach zu halten. Auf dieses Datum geht auch der Name Natal (Portugiesisch für Weihnachten) zurück. Am 6. Januar 1598, dem Tag der Reis Magos (Heilige Drei Könige), begannen die Portugiesen mit dem Bau des Forte dos Reis Magos.

Abgesehen von der holländischen Besetzung in den Jahren 1630 bis 1654 stand Natal stets unter portugiesischer Herrschaft. Im Zweiten Weltkrieg verwandelten die Präsidenten Getúlio Vargas und Franklin D. Roosevelt das verschlafene Städtchen aufgrund seiner strategischen Lage nahe der nordöstlichen Spitze Brasiliens in einen Stützpunkt für alle Operationen der Alliierten in Nordafrika. Tausende von US-Soldaten wurden hier stationiert und der Ort als „Trampolin des Sieges" berühmt. Heute ist er aus gutem Grund als Cidade do Sol (Sonnenstadt) bekannt.

Sehenswertes & Aktivitäten

Forte dos Reis Magos FESTUNG

(Eintritt 3 R$; 8–16.30 Uhr) Das Fort thront noch immer in seiner ursprünglichen Sternform mit fünf Spitzen auf dem Riff an der Spitze der Halbinsel am nördlichen Ende der Stadt. Der Ausblick auf die Stadt, die Ponte-Nova-Brücke und die Dünen bis zum Rio Potengi ist fantastisch. Zur Anlage gehören eine Kapelle, ein Brunnen, Kanonen und Soldatenunterkünfte sowie der Marco de Touros, ein Markierungsstein, den die Portugiesen 1501 an der Praia do Marco nahe São Miguel do Gostoso aufstellten. Er ist das älteste historische Dokument Brasiliens. Für Erfrischung sorgt ein Schokoladen-Pfeffer-Eis in der Snackbar im alten Gefängnis. Eine Taxifahrt von der Praia da Areia Preta (erreicht man mit der Buslinie 56 ab Ponta Negra) zur Festung kostet 12 R$.

Strände in Natal STRAND

Natals nördliche Stadtstrände, die **Praia do Meio** (Karte S. 546), die **Praia dos Artistas** (Karte S. 546) und die **Praia da Areia Preta**, erstrecken sich über 5 km südlich des Forte dos Reis Magos bis zum Leuchtturm Farol de Mãe Luiza. Sie sind wenig attraktiv, recht dreckig und am Wochenende sowie in den Ferien oft überfüllt. Südlich des Leuchtturms führt die Küstenstraße Via Costeira über 8 km südwärts nach Ponta Negra, vorbei an der ruhigen **Praia da Barreira d'Água** mit ihren Resorthotels.

Die 3 km lange **Praia de Ponta Negra** am südlichsten Ende der Stadt ist der netteste

Strand in Natal mit jeder Menge Surfern, Segelbooten und Bars. In den Straßen dahinter findet man die beste Auswahl an Hotels, *pousadas* und Restaurants vor Ort. Die Wellen sind gleichmäßig, wenn auch nicht sehr hoch. Boards können an mehreren Stellen für ca. 10 R$ pro Stunde ausgeliehen werden.

Am südlichen Ende des Strandes liegt der **Morro da Careca**, eine ziemlich hohe Düne, die nach vorn steil ins Meer abfällt. Sie darf nicht betreten werden, denn weitere Abtragungen und Schäden am Atlantischen Primärregenwald auf dem Sandhügel sollen verhindert werden.

Dunas de Genipabu BUGGYFAHRT

Verschiedene Anbieter wie z. B. **Natal Vans** (Karte S. 548; ☎3642-1883; www.natalvans.com.br; Duna Barcane Mall, Av Engenheiro Roberto Freire 3112, Ponta Negra) und **Marazul** (Karte S. 548; ☎3204-7900; www.passeiodebuggy.com.br; Rua Vereador Manoel Sátiro 75, Ponta Negra) veranstalten standardisierte Touren ins Umland, die problemlos in der jeweiligen Unterkunft gebucht werden können. Am beliebtesten und aufregendsten ist der spektakuläre Ausflug über die stark an- und abfallenden Dünen etwa 10 km nördlich des Zentrums nahe Genipabu. Die Buggyfahrt dauert rund eine Stunde.

Teilnehmer werden gefragt, ob sie den Trip *com ou sem emoção* (mit oder ohne Spannung) möchten. Abenteuerlustige dürfen sich auf adrenalingeladene Highlights wie die Todeswand oder die vertikale Abfahrt freuen.

Normalerweise integrieren die Agenturen Genipabu in längere Tagesausflüge (je nach Saison 300–400 R$ pro Buggy). Diese umfassen oft eine 15 km lange Strandfahrt nordwärts von Genipabu nach Jacumã, wo eine Flussüberquerung per Floß ansteht, sowie mehrere Stopps für weitere Aktivitäten wie Ziplining und Dünensurfen. In einen Buggy passen maximal vier Passagiere. Meist setzen die Veranstalter Einzelpersonen gemeinsam in einen Buggy, so wird der Spaß billiger.

Wer auf die Extras verzichten kann und nur über die Genipabu-Dünen fahren möchte, bucht eine Rundtour ab Natal für 200 bis 250 R$ pro Buggy plus 10 R$ pro Person (Gebühr für den Dünenbereich). Bitte nur *bugueiros* (Buggyfahrer) buchen, die von der staatlichen Tourismusbehörde Setur autorisiert sind. Sie haben einen Ausweis von Buggy Turismo mit Foto sowie ein Fahrzeug mit rotem Kennzeichen und Sonnenaufkleber von Rio Grande do Norte (mehr Details siehe unter www.buggyturismo.rn.gov.br).

Feste & Events

Natals **Carnatal** (www.carnatal.com.br) erobert an vier Tagen Anfang Dezember die Straßen des Viertels Lagoa Nova. Zum Programm gehören *trios elétricos* (Bands, die auf riesigen Trucks spielen) und *blocos* (Karnevalsgruppen) mit Namen wie Burro Elétrico (Elektrischer Esel) und Cerveja & Coco (Bier & Kokosnuss). Dies ist der wildeste außersaisonale Karneval des Landes und ein Spitzenersatz für alle, die nicht bei der „richtigen" Party dabei sein können.

Schlafen

Es gibt in Ponta Negra ein großes Unterkunftsangebot für alle Preisklassen.

Republika Hostel HOSTEL $

(Karte S. 548; ☎3236-2782; www.republikahostel.com.br; Porto das Oficinas 8944; B/DZ 40/100 R$; ❄@🛜) Eine Bar mit gedämpftem Licht, gemütliche Fernseh- und Hängemattenbereiche sowie eine große saubere Küche verleihen dieser Bleibe eine heimelige Atmosphäre. Hier kann man wunderbar Mitreisende kennenlernen. Das Hostel ist in einem umgebauten Familienhaus untergebracht und wird von Sofia und Anderson, einem junggebliebenen Team aus Cousin und Cousine, geleitet (er lebte viele Jahre in England und Portugal). Die Schlafsäle und Doppelzimmer sind nichts Besonderes, aber günstig.

Albergue da Costa HOSTEL $

(Karte S. 548; ☎3219-0095; www.alberguedacosta.com.br; Av Praia de Ponta Negra 8932; B/DZ 50/120 R$; ❄@🛜🏊) Gemütliche Schlafsäle, das gute Frühstück, weitläufige Gemeinschaftsbereiche und entspannte Besitzer sprechen für sich. Zudem punktet das freundliche Hostel mit kostenloser Fahrrad- und Skateboardnutzung, einem Surfbrettverleih, regelmäßigen Veranstaltungen (Tanzkurse, Livemusik, Grillabende, etc.) sowie einer Surf- und Kitesurfschule. Vor Ort wird Englisch, Italienisch und Spanisch gesprochen.

Casa Grande Apart-Hotel HOTEL $

(Karte S. 548; ☎3236-3401; www.aparthotelcasagrande.com; Pedro da Fonseca Filho 3050; Zi. 100–140 R$, mit Küche 170–220 R$; ❄🛜🏊) Die geräumigen Zimmer drei Blocks vom Strand bekommt man für einen außergewöhnlich guten Preis; das gilt vor allem für die Nebensaison, wenn sie die Hälfte kosten. Fast alle

Ponta Negra

verfügen über Balkone mit Hängematten und manche bieten außerdem einen Meerblick.

Pousada Castanheira POUSADA **$$**
(3236-2918; www.pousadacastanheira.com.br; Rua da Praia 221; Zi. 329 R$;) Nur einen Block von Ponta Negras Strand entfernt erstreckt sich diese abgeschiedene grüne Anlage. Die zehn kühlen Zimmer mit gefliesten Böden sind mit Bambusmöbeln ausgestattet; drei von ihnen warten mit Meerblick auf. Es gibt einen ansprechenden Poolbereich mit Bar und einen hübschen kleinen Garten vor dem Haus. Das Personal ist freundlich und spricht Englisch.

Pousada Manga Rosa POUSADA **$$**
(3219-0508; www.mangarosanatal.com.br; Erivan França 240; Zi. 240–250 R$;) Die Pension liegt gegenüber dem von Bäumen gesäumten südlichen Ende der Praia Ponta Negra – näher am Meer kann man kaum nächtigen, außer man schläft direkt am Strand. Ihre steinerne Fassade und die Treppen und Balkone aus Holz sorgen für ein erfrischend rustikales Flair, dennoch kommt der Komfort nicht zu kurz. Die 15 Zimmer sind nicht allzu groß, mit ihren Holzmöbeln, Bildern und bunten Decken jedoch hell und ansprechend. Sechs davon verfügen über Meerblick.

Pousada Caicó POUSADA **$$**
(Karte S. 548; 3219-5518; www.pousadacaico.com.br; Desportista José Leão de Oliveira 9148; EZ 120 R$, DZ 160–180 R$;) Nur einen Katzensprung vom Strand beherbergt diese niedliche Bleibe acht kleine, aber makellose, clever eingerichtete Zimmer, in denen zumeist drei bis vier Personen Platz finden. Die hilfsbereiten, freundlichen Besitzer sprechen Englisch und das Frühstück ist gut.

★ **Manary Praia Hotel** BOUTIQUE-HOTEL **$$$**
(Karte S. 548; 3204-2900; www.manary.com.br; Francisco Gurgel 9067; EZ/DZ ab 527/585 R$;

Ponta Negra

Aktivitäten, Kurse & Touren
1 Marazul ... D4
2 Natal Vans ... C3

Schlafen
3 Casa Grande Apart-Hotel ... C3
4 Albergue da Costa ... A1
5 Manary Praia Hotel ... C2
6 Pousada Caicó ... C3
7 Republika Hostel ... A2

Essen
8 Camarões Potiguar ... B1
9 Camarões Restaurante ... B2
10 Casa de Taipa ... C4
11 Cipó Brasil ... C4
Manary-Restaurant ... (siehe 5)
12 Tranquilo ... D4

Ausgehen & Nachtleben
13 Pepper's Hall ... C3
14 Rastapé ... C4
15 Sancho Music Bar ... C4
16 Taverna Pub ... C4

Unterhaltung
17 Decky ... C3

) Eine der charmantesten Unterkünfte im Nordosten! Zur Dekoration des Boutique-Hotels gehören wunderschöne Landschaftsfotos des mittlerweile verstorbenen Gründers und Besitzers Eduardo Bagnoli und geschmackvolles Kunsthandwerk aus der ganzen Welt. Der herrliche Spabereich (nur ein einziger Raum) wurde mit mehr Liebe zum Detail gestaltet als alle Wellnesstempel Brasiliens zusammen. Toll ist auch das **Restaurant** (Karte S. 548; Hauptgerichte 40–90 R$; ⌚11–16 & 19–23 Uhr) am Pool, das mit kreativen Salaten und großartigen Meeresfrüchtegerichten überzeugt. Es zählt zu den besten Lokalen in Natal

Essen

Casa de Taipa BRASILIANISCH $
(Karte S. 548; ☎3219-5798; MA Bezerra de Araújo 130A, Alto de Ponta Negra; Gerichte 7–28 R$; ⌚17–24 Uhr;) Dieses beliebte Lokal mit Palmendach kredenzt ausgezeichnete einheimische Tapioka- und Couscous-Kreationen. Erstere umfassen z. B. kurz gebratene Tapioka-Pfannkuchen mit verschiedenen Füllungen aus Gemüse, Käse und *carne de sol* (gesalzenes Grillfleisch) oder Krabben. Zu empfehlen ist außerdem der Vorspeisenteller mit acht Mini-Tapiokas *(-petiscos)*. Wer nicht auf einen Tisch warten möchte, sollte früh kommen.

Tranquilo SELBSTBEDIENUNG $
(Karte S. 548; Erivan França 94, Ponta Negra; All you can eat 12,90 R$; ⌚11.30–16 & 18–22 Uhr) All-you-can-eat-Restaurant am Strand von Ponta Negra mit einem erstklassigen Preis-Leistungs-Verhältnis. Hier können sich Gäste den Teller mit Reis, Bohnen und Salaten füllen und dann beim Kellner ein Hauptgericht auswählen (Knoblauchgarnelen, Rindfleisch mit Zwiebeln, etc.).

★ **Camarões Potiguar** FISCH & MEERESFRÜCHTE $$
(Karte S. 548; www.camaroes.com.br; Pedro da Fonseca Filho 8887, Ponta Negra; Hauptgerichte für 2 Pers. 63–92 R$; ⌚11.30–15.30 & 18.30–24, So bis 23 Uhr) Dieses helle, stilvolle, kreative Lokal gilt als beste Adresse in der Stadt und ist immer gut besucht. Wie wäre es mit einem Salat Caprese als Vorspeise, gefolgt von einer leckeren Garnelenvariation (im Kürbis, nach Thai-Art oder knusprig gebraten mit Brie-Risotto)? Für alle, denen Krustentiere weniger zusagen, gibt's auch eine große Auswahl an Fisch- und Fleischgerichten.

Bei einem Aperitif im großen Barbereich kann man die Wände bewundern, die aus Weinkorken, Pflanzen und schlammfarbenem Gips, der wie Holz wirkt, bestehen. Wird einem die Wartezeit zu lang, ist das traditionellere, aber ebenso gute Original, das **Camarões Restaurante** (Karte S. 548; ☎3209-2424; Av Engenheiro Roberto Freire 2610, Ponta Negra; Hauptgerichte für 2 Pers. 63–200 R$, für 1 Pers. 45–50 R$; ⌚11.30–15.30 & 18.30–24, So bis 23 Uhr) 400 m entfernt, eine gute Alternative.

Cipó Brasil PIZZERIA $$
(Karte S. 548; ☎3219-5227; Aristides Porpino Filho 3111, Alto de Ponta Negra; Pizzas 23–65 R$; ⌚18–24 Uhr;) Ein allgemeiner Favorit mit Dschungelmotto: In dem spaßigen Lokal gibt's Pizza mit Sesamkruste (zur Auswahl stehen über 30 Varianten, von Shrimps und Käse bis zu Banane und Schokolade) sowie herzhafte und süße Crêpes – so kann die Partynacht beginnen. Wer nicht warten möchte, sollte früh kommen.

Ausgehen & Unterhaltung

Im Viertel Alto de Ponta Negra im oberen Teil der Stadt rund um die Rua MA Bezerra de Araújo und die Rua Aristides Porpino Filho gibt's viele verschiedene Bars, die mittwochs bis samstags zahlreiche Leute anziehen. Sextourismus ist Teil der Szene. Zu den seriöseren Adressen zählen die **Sancho Music Bar** (Karte S. 548; www.sanchomusic.com.br; Aristides Porpino Filho 3163, Ponta Negra; ⏲ Fr–So ab 22 Uhr) mit Livesamba und das **Rastapé** (Karte S. 548; rastapecasadeforro.com.br; Aristides Porpino Filho 2198, Ponta Negra; ⏲ Mi, Fr & Sa 22–4 Uhr), bekannt für Live-*forró*.

In Natals neuer 32 000 Plätze fassender **Arena das Dunas** (Av Salgado Filho) auf halbem Weg zwischen Zentrum und Ponta Negra finden vier Gruppenspiele der Fußball-WM 2014 statt. Dann soll es das Heimstadion der beiden besten Mannschaften der Stadt, **ABC** (www.abcfc.com.br) und **América** (www.americadenatal. com.br), die meist in der nationalen Série B spielen, werden.

Taverna Pub KNEIPE
(Karte S. 548; ☎ 3236-3696; MA Bezerra de Araújo 500, Alto de Ponta Negra; Eintritt 15–45 R$; ⏲ Mo–Sa 22–4 Uhr) Die allseits beliebte an das Hostel Lua Cheia angeschlossene Kneipe wirkt wie einer mittelalterlichen Burg entsprungen. Abends treten verschiedene Livebands auf, wobei das Spektrum von brasilianischen Rhythmen über Discomusik der 1970er-Jahre bis hin zu Blues reicht. Keine Flip-Flops.

Pepper's Hall CLUB
(Karte S. 548; peppershall.com.br; Rua Pedro da Fonseca Filho 3071, Ponta Negra; ⏲ Do–Sa ab 22 Uhr) Ponta Negras neuester In-Club lockt mit einer Mischung aus DJ-Musik, Liverock und *forró* ein buntes Publikum zwischen 18 und 35 an. Der Eingang befindet sich in der Rua Fonseca Filho.

Decky LIVEMUSIK
(Karte S. 548; Av Engenheiro Roberto Freire 9100, Ponta Negra; Eintritt 10 R$; ⏲ Mi–Sa ab 17 Uhr) Eine der beliebtesten Ausgehadressen. Das Decky richtet sich an Gäste jedes Alters. Abends spielen ab 20.30 Uhr Livebands Rock, Blues, Jazz oder MPB. Man kann sich entweder auf der riesigen, windumtosten Terrasse oder drinnen im klimatisierten Hauptraum niederlassen.

ℹ Praktische Informationen

GELD

Am Flughafen, beim Centro de Turismo (S. 550) sowie in den Einkaufszentren **Vilarte** (Av Engenheiro Roberto Freire 2107, Ponta Negra; ⏲ Mo–Sa 9–22, So 10–21 Uhr), **Praia Shopping** (Av Engenheiro Roberto Freire 8790, Ponta Negra; ⏲ 8–22 Uhr) und **Natal Shopping** (Av das Brancas Dunas, Candelária; ⏲ 8–22 Uhr) gibt's Geldautomaten, die ausländische Karten akzeptieren.

INFOS IM INTERNET

Guia Natal (www.guianatal.com.br) Nützliche Website für Touristen.

INTERNETZUGANG

Phone.com (Vilarte, Av Engenheiro Roberto Freire 2107, Ponta Negra; Internet 6 R$ pro Std.; ⏲ 10–21 Uhr) Hier kann man auch Anrufe tätigen, drucken, kopieren, scannen und faxen.

MEDIZINISCHE VERSORGUNG

Hospital Walfredo Gurgel (☎ 3232-7500; www.walfredogurgel.rn.gov.br; Av Salgado Filho, Tirol) Natals größtes öffentliches Krankenhaus; mit einer Notaufnahme.

POLIZEI

Die **Touristenpolizei** ist an der **Praia dos Artistas** (☎ 190, 3202-2920; Av Presidente Café Filho, Praia dos Artistas; ⏲ 8–23 Uhr) und im **Praia Shopping** (Delegacia do Turista; ☎ 3232-7404; Praia Shopping, Av Engenheiro Roberto Freire 8790, Ponta Negra; ⏲ 24 Std.) vertreten.

POST

Post (Praia Shopping, Av Engenheiro Roberto Freire 8790, Ponta Negra; ⏲ Mo–Fr 10–19, Sa 10–14 Uhr)

REISEBÜROS

Cariri Ecotours (☎ 9660-1818, 9993-0027; www.caririecotours.com.br; Travessa Joaquim Fagundes 719, Tirol) Die erfahrene Agentur veranstaltet empfehlenswerte Abenteuertrips an der Küste, z. B. nach Fortaleza, und im Landesinneren, u. a. nach Lajedo de Pai Mateus (S. 545).

TOURISTENINFORMATION

Am Busbahnhof gibt's einen nicht immer besetzten Infostand; ein weiterer Schalter soll am Flughafen öffnen.

Centro de Turismo (Karte S. 546; ☎ 3211-6149; Aderbal Figueiredo 980, Petrópolis; ⏲ Mo–Sa 8–19, So 8–18 Uhr; Touristeninformation Mo–Fr 8–12 Uhr) Das ehemalige Gefängnis unweit der Innenstadt beherbergt heute zahlreiche Kunsthandwerk- und Souvenirstände sowie einen selten geöffneten Infostand für Touristen. Gegen den Hunger helfen die köstlichen *bolinhos de macaxeira* (mit Garnelen oder Fleisch gefüllte Maniokbällchen) im Marenosso Restaurante.

ℹ An- & Weiterreise

AUTO & MOTORRAD

Zu den am Flughafen vertretenen Autovermietungen gehören **Avis** (☎ 3087-1403; www.avis.com.br) und **Localiza** (☎ 3643-1557; www.localiza.com).

BUGGYFAHRTEN IM NORDOSTEN

Mit seinen weiten Stränden, die sich über große Teile der 1800 km langen Küste von Tamandaré (Pernambuco) nach São Luis (Maranhão) erstrecken, ist der Nordosten Brasiliens Mekka für Buggyfahrten. Die vierrädrigen Fünfsitzer, die meist aus VW-Käfer-Karosserien gebaut werden, düsen in der ganzen Region röhrend über Dünen und Sandstreifen. Beladen sind sie mit gut gelaunten Touristen, die die Querfeldeintouren inmitten einer großartigen Landschaft genießen und sich den Wind um die Nase wehen lassen.

Wer damit leben kann, dass die Gefährte 1 l Benzin auf 5 bis 6 km schlucken und einen Höllenlärm verursachen, wird an einem solchen Trip zweifellos viel Freude haben. Ein Passagier sitzt vorne neben dem Fahrer, die anderen (bis zu drei) nehmen auf dem Rücksitz Platz. Der Kunde entscheidet, wie lange der Ausflug dauert und wo gehalten wird. Für einen unterhaltsamen halbtägigen Trip ab Natal bieten sich die Genipabu-Dünen an. Zu den weiteren Möglichkeiten zählt die 180 km lange Fahrt von São Miguel do Gostoso nach Galinhos und wieder zurück, eine großartige Tagestour. Auch längere Exkursionen wie von Natal nach Fortaleza (700 km), von Fortaleza nach Jericoacoara (fast 300 km) oder von Jericoacoara nach Lençóis Maranhenses (300 km) sind relativ problemlos zu organisieren. Der Abschnitt zwischen Natal und Fortaleza gehört zu den schönsten und unberührtesten Küstenlinien Brasiliens. Er ist von bunten Klippen, hügeligen Dünen, Salzebenen, Palmenstränden, Süßwasserlagunen, winzigen traditionellen Fischerdörfern sowie ein paar größeren, bei einheimischen Wochenendausflüglern beliebten Orten gesäumt. Die Tour dauert drei bis fünf Tage, führt an rund 92 Stränden vorbei und kostet etwa 1800 R$ zzgl. Unterkunft und Verpflegung. Wer daran teilnehmen möchte, sollte ausschließlich autorisierte Fahrer (siehe unter „Dunas de Genipabu", S. 547) buchen! Man kann die Route auch in komfortableren Jeeps bewältigen – Ansprechpartner dafür sind u. a. Cariri Ecotours (S. 550) und **Top Buggy** (☎084-4141-6262; www.topbuggy.com.br) in Natal sowie **Nordeste Off Road** (☎3246-4023; www.nordesteoffroad.com; Sala 202, Av Barão de Studart 2360, Joaquim Távora) in Fortaleza.

Es gibt außerdem einen etwas verkürzten Trip von São Miguel do Gostoso nach Fortaleza per Buggy, Jeep oder Pickup mit Allradantrieb für etwa 1200 R$.

Aus Gründen des Umweltschutzes und/oder aus Rücksicht auf andere Strandbesucher sind Fahrzeuge an manchen Stränden und Dünen gar nicht oder nur an bestimmten Tagen zugelassen. Deswegen werden manchmal Umwege übers Landesinnere an Flussmündungen und Mangrovenwäldern vorbei genommen. Aber keine Angst, es gibt immer noch genug Sand, über den man brettern kann!

BUS

An der **Rodoviária Nova** (Neuer Busbahnhof; ☎3205-2931; Av Capitão Mor Gouveia 1237), die in Vorbereitung auf die Fußball-WM 2014 renoviert wurde, starten Langstreckenbusse nach Aracati (nahe Canoa Quebrada, 55–60 R$, 6½ Std., 6-mal tgl.), Belém (310 R$, 36 Std., 9.30 Uhr), Fortaleza (75–110 R$, 8 Std., 6–8-mal tgl.), João Pessoa (27–38 R$, 3 Std., 8-mal tgl.), Recife (43–62 R$, 4½ Std., 8-mal tgl.), Rio de Janeiro (400 R$, 44 Std., Di & Do 13 Uhr) und Salvador (176–202 R$, 21 Std., 2-mal tgl.). Infos zu Verbindungen nach Praia da Pipa siehe S. 555.

FLUGZEUG

Natals **Flughafen Augusto Severo** (☎3087-1270) in Parnamirim wird regelmäßig von Linienmaschinen aus europäischen Städten angesteuert, darunter Frankfurt am Main, Düsseldorf, Basel, Zürich und Wien. Zudem gibt's Verbindungen in diverse brasilianische Städte mit **Azul** (www.voeazul.com.br), **GOL** (www.voegol.com.br), **TAM** (www.tam.com.br; airport), **Trip** (www.voetrip.com.br) und **Avianca** (www.avianca.com).

ℹ Unterwegs vor Ort

BUS

Die Busse 26, 46 und 73 fahren von den Haltestellen nördlich der Rota do Sol in der Avenida Engenheiro Roberto Freire in Ponta Negra nordwärts zu den Einkaufszentren Praia Shopping und Via Direta. Zudem verkehrt die Linie 56 entlang der Via Costeira nach Areia Preta und Richtung Landesinneres zur Rodoviária Velha.

Die Strecke von der Rodoviária Velha nach Ponta Negra wird von den Bussen 54 und 56 bedient. Eine Fahrt innerhalb der Stadt kostet 2,20 R$.

VOM/ZUM BUSBAHNHOF

Um nach Ponta Negra (Avenida Engenheiro Roberto Freire) zu gelangen, steigt man an der Haltestelle gegenüber der Petrobas-Tankstelle neben der Rodoviária Nova in den Bus 66 (2,20 R$). Für ein Taxi zahlt man 30 bis 35 R$. Die Buslinie 20 verkehrt zwischen der Rodoviária Nova und der **Rodoviária Velha** (Karte S. 546; Praça Augusto Severo), einem Nahverkehrsbusbahnhof im Stadtzentrum.

VOM/ZUM FLUGHAFEN

Zur Fußball-WM 2014 soll ein neuer Flughafen in São Gonçalo do Amarante, 11 km westlich des Zentrums, eröffnet werden. Bis dahin fahren Busse mit der Anzeige „Natal" (2,60 R$) vom Flughafen Augusto Severo in die Innenstadt (Praça Cívica). Wer nach Ponta Negra möchte, steigt nach etwa 10 km am Einkaufszentrum Via Direta aus, überquert die Fußgängerbrücke und nimmt den Bus 26, 46 oder 73 (2,20 R$). Ein Taxi vom Flughafen Augusto Severo nach Ponta Negra schlägt mit etwa 43 R$ zu Buche.

Praia da Pipa

☎ 0XX84 / 6500 EW.

Pipa ist einer der magischsten Orte in ganz Brasilien, denn er wartet mit unberührten Stränden vor hohen Klippen, verträumten Lagunen, anständigen Surfbedingungen, zahlreichen Delfinen und Meeresschildkröten, einer großartigen Auswahl an *pousadas*, Hostels, Restaurants aus aller Welt und einem tollen Nachtleben auf. Als er in den 1970er-Jahren von Surfern entdeckt wurde, war er einfach ein weiteres kleines straßenloses Fischerdorf. Heute macht er Jericoacoara als hippstes Strandresort im Nordosten Konkurrenz. Er zieht das Partyvolk aus Natal, João Pessoa, Recife sowie darüber hinaus an und lockt außerdem das ganze Jahr über internationale Besucher herbei. Nach wie vor ist Pipa von entspanntem Flair sowie Individual- und Ökotourismus geprägt. Mit ein wenig Glück kann es sich aufgrund seiner überschaubaren Größe diesen Charakter bewahren, auch wenn sich inzwischen Massen von Tagesausflüglern aus Natal an den Hauptstränden an Tischen unter Sonnenschirmen tummeln.

Obwohl Pipa klein ist, hat man bei der Ankunft manchmal Schwierigkeiten, sich zurechtzufinden. Der zentrale Hauptstrand liegt an der Nordseite. An seinem östlichen Ende windet sich die Küste südostwärts zur Praia do Amor, westlich erstrecken sich die Baía dos Golfinhos und danach die Praia do Madeiro Richtung Nordwesten. Die schmale Hauptstraße, die Avenida Baía dos Golfinhos, verläuft parallel zum Hauptstrand und zur Praia do Amor 2 km durch die Stadt. Von ihr gehen kleine Straßen und Gassen ab, die hinunter zum Strand oder hinauf ins Landesinnere führen. Die in Pipas Zentrum im Landesinneren nennen sich von West nach Ost Céu, Bem-te-vis, Gameleira, Mata und Albacora; von Letzterer zweigt die Albacora ab. Stadtbusse und Tourvans halten am westlichen Ende der Avenida Baía dos Golfinhos, öffentliche Klein- und Minibusse wiederum in der Avenida Baía dos Golfinhos nahe dem südöstlichen Stadtrand.

Sehenswertes & Aktivitäten

Am 1,5 km langen Hauptstrand **Praia da Pipa** (Praia do Centro) liegen Fischerboote, mehrere Bars und Restaurants sowie Felsenbecken bei Ebbe. Westlich davon tollen in der **Baía dos Golfinhos** morgens oft Delfine umher. Die von Klippen gesäumte Bucht erreicht man nur zu Fuß vom Hauptstrand aus. Bei Ebbe braucht man für den Weg etwa 2½ Stunden, kann sich aber zwischendurch mit kaltem Bier, Kokosnüssen und Caipirinhas von einheimischen Händlern stärken. Die **Praia do Madeiro** erstreckt sich von der Landzunge am äußersten Ende der Baía dos Golfinhos nach Norden und beherbergt ein paar verstreute, teurere Hotels. Surfanfänger (Gruppenunterricht 50–60 R$) sind hier an der richtigen Adresse.

Praia do Amor, ein Surfstrand für Fortgeschrittene, ist vom Ostende der Avenida Baía dos Golfinhos zugänglich. Hier und in der Stadt kann man für 50 bis 60 R$ pro Tag Surfbretter ausleihen. Baden kann gefährlich sein.

Die **Lagoa de Guaraíras** hinter der Flussmündung in Tibau do Sul, 8 km nordwestlich von Pipa, zählt zu den eindrucksvollsten Landschaften der Gegend. Bei Sonnenuntergang ist die riesige von Dünen und Mangroven umgebene Lagune besonders atemberaubend. Einen schönen Blick auf den Sonnenuntergang bietet auch die **Creperia Marinas** (Crêpes 8–20 R$; ⏲ 11–20 Uhr) am Hafen. **Bicho do Mangue** (☎ 9928-1087; bichodomangue@yahoo.com.br; 30 R$ pro Pers.) veranstaltet exzellente dreistündige Kajakfahrten, die über Unterkünfte in Pipa gebucht werden können. Die Ausflüge starten etwa eine Stunde, bevor die Flut kommt.

Santuário Ecológico de Pipa NATURSCHUTZGEBIET
(☎ 9982-8044; www.ecopipa.com.br; Eintritt 10 R$; ⏲ Mo–Fr 7–17, Sa & So ab 8 Uhr) Das kleine, privat verwaltete Reservat, ab dem Zentrum 2 km westlich entlang der Hauptstraße gelegen, übernimmt die ehrenvolle Aufgabe, we-

nigstens einen Teil der Küste Pipas vor der Erschließung zu retten. Gut ausgeschilderte Wanderwege führen durch Sekundärwald zu einem beeindruckenden Aussichtspunkt, der einen Blick über die Baía dos Golfinhos und die Praia do Madeiro bietet. Bei Flut erspäht man hier oft große Suppenschildkröten.

Schlafen

In Pipa gibt's etliche Pensionen, Hostels und Hotels, und von schäbigen Absteigen bis Fünfsternebleiben ist alles vertreten. Viele Unterkünfte locken in der Nebensaison mit guten Rabatten.

★ Pousada Xamã POUSADA $
(☎3246-2267; www.pousadaxama.com.br; Cajueiro 12; EZ/DZ 70/120 R$; ❄@📶≋) Am oberen Ende einer Nebenstraße nahe dem südöstlichen Stadtrand versteckt sich eine der besten Budget-*pousadas* im Nordosten. Sie punktet mit der gastfreundlichen Besitzerin Neuza, einwandfreien, hübsch eingerichteten Zimmern, von denen ein Großteil um einen grünen, von Blumen gesäumten Pool und einen Gartenbereich mit Hängematten und Kolibris angeordnet ist, und gutem Frühstück. Für 80 R$ (max. 4 Pers. pro Fahrzeug) wird man von Natals Flughafen abgeholt.

Media Veronica Hostel HOSTEL $
(☎9997-7606; mediaveronicahostel.com.br; Albacora 555; ohne Frühstück B 30 R$, DZ 70–80 R$; @📶) Das Hotel wird von zwei engagierten argentinischen Brüdern betrieben. Es überzeugt mit vernünftigen Preisen, Sauberkeit, Sicherheit und Besucherinfos. Die drei Doppelzimmer auf der Rückseite verfügen über eigene Terrassen mit Hängematten. Frühstück wird nicht serviert, aber dafür gibt's für Gäste spezielle Frühstücksangebote in drei Lokalen in der Nähe.

Sugar Cane Hostel HOSTEL $
(☎3246-2723; www.sugarcanehostel.com.br; Arara 19; B/Zi. 50/120 R$; @📶) Bei Europäern und Nordamerikanern erfreut sich das gesellige Sugar Cane großer Beliebtheit. Die Bar und die Terrassen mit Hängematten eignen sich bestens, um andere Gäste kennenzulernen. In den Schlafsälen, die nur mit Ventilatoren gekühlt werden, kann es ziemlich heiß werden. Empfehlenswert sind außerdem das HI angeschlossene **Pipa Hostel** (☎3246-2151; www.pipahostel.com.br; Arara 105; B/DZ 50/140 R$; ❄@📶≋) und das **Hostel do Céu** (☎3246-2235; www.hosteldoceu.jimdo.com; Rua do Céu 153; B/DZ 40/120 R$; 📶≋).

Paraíso das Tartarugas POUSADA $
(☎9617-3969, 3246-2020; www.paraisodastartarugas.net; Praia do Amor; EZ 80–100 R$, DZ 120–150 R$; @) Wer von einer Nacht in einer Holzhütte nur einen Steinwurf vom Strand entfernt träumt, trifft mit dem „Schildkrötenparadies" eine gute Wahl. Die sechs Zimmer und Apartments sind rustikal, aber sauber und ansprechend; vier davon haben Terrassen direkt am Meer. Bruno, der nette Besitzer, veranstaltet Surfkurse für Anfänger an der Praia Madeiro (60 R$ pro Pers., 1½ Std.) und Surfausflüge zur Bahia Formosa. Die *pousada* liegt 200 m vom Ostende des Hauptstrands am Meer. Bei Flut ist Vorsicht angesagt.

★ Spa Da Alma POUSADA $$
(☎3246-2357; www.spadaalma.tur.br; Rua do Spa 9; DZ 270–330 R$; ❄@📶≋) Die großartige, sehr private Unterkunft inmitten eines großen hügeligen Anwesens 1,5 km jenseits des südöstlichen Ortsrandes bietet Luxus zu äußerst fairen Mittelklassepreisen. Sie verfügt über weit verstreute Bungalows mit großen Fenstern und Veranden zur Bucht hin samt Traumblick auf die Strände darunter, zudem gibt's einen tollen Pool neben dem Restaurant und darunter ein hübsches Spa im Garten mit umfangreichem Angebot.

Pousada Alto da Pipa POUSADA $$
(☎3246 2281; www.pousadaaltodapipa.com.br; Gameleira 555; EZ/DZ 120/180 R$; ❄@📶≋) Diese niedliche, farbenfrohe *pousada* liegt von der Hauptstraße aus bergaufwärts und beherbergt kleine saubere hübsche Zimmer in Pastelltönen. Als eigentliches Highlight gilt jedoch ihr Standort in einem grünen Garten mit Palmen und kleinen Brücken, die über winzige Teiche führen. Barzahler erhalten 20 % Rabatt.

Pousada Tamanduá POUSADA $$
(☎3246-2734; www.pousadatamanduapipa.com.br; Tamanduá 3; Zi. 180 R$; ❄📶≋) Charmante, kleine *pousada* mit sauberen, ansprechenden Zimmern sowie hübschen Treppen und Wegen aus Stein und Holz, die von einem herzlichen jungen Paar betrieben wird.

Morada dos Ventos POUSADA $$
(☎3246-2284; www.moradadosventos.com; Rua dos Colibris 3; DZ 170–220 R$, 4BZ 360 R$; ⏲Mai geschl.; ❄📶≋) Große Zimmer in luftiger Lage, ein gutes Restaurant und ein weitläufiger Garten mit Pool machen die einladende Unterkunft unter brasilianisch-schottischer Leitung zu einer verlässlichen Option.

★ Toca da Coruja POUSADA $$$
(☎ 3246-2226; www.tocadacoruja.com.br; Av Baía dos Golfinhos; Zi. 580–935 R$; ❄@☎≋) Das Toca da Coruja, eine der charmantesten Luxus-*pousadas* Brasiliens, legt Wert auf Umweltschutz und Gemeinschaft. Es verfügt über einen weitläufigen tropischen Garten mit Affen, Vögeln und zwei wunderbaren Pools, die per Kupferionisierung gereinigt werden. Alle Zimmer sind durchweg groß und die Deluxe-Bungalows mit ihren luftigen Veranden im Stil alter Bauernhäuser des Nordostens geradezu gigantisch.

Die Unterkunft besteht aus recycelten Materialien und wurde mit Bauernmöbeln aus dem 19. Jh. eingerichtet. Viele der 70 Mitarbeiter sind Einheimische. Zur großartigen Anlage gehören auch ein erstklassiges Restaurant und eine hübsche Gartenbar. Kinder unter zehn Jahren sind nicht erwünscht.

Essen

Pipa wartet mit tollen Restaurants auf, allerdings ist Qualität schwerer zu finden als günstige Preise.

Dona Branca SELBSTBEDIENUNG $
(Av Baia dos Golfinhos; 10 R$ pro Kilo; ⏲ 12–23 Uhr) Lokale dieser Art sind in beliebten Strandorten wie Pipa eine aussterbende Spezies. Gäste können zwei Fleischspezialitäten vom Grill wählen und sich dann den Teller mit Reis, Bohnen, Salat und anderen Leckereien vom Büfett füllen. Fisch und Garnelen kosten 2 R$ extra. Wer seine Portion nicht schafft, zahlt 3 R$ Strafe.

★ Tapas FUSIONSKÜCHE $$
(☎ 9414-4675; Bem-te-vis 8; Gerichte 7,50–40 R$; ⏲ 18.30–23 Uhr, Mai–Juni geschl.; ✍) Nur ein Stück von der Hauptstraße entfernt stößt man auf ein kulinarisches Geschenk des Himmels. Das Restaurant serviert hauptsächlich brasilianische Tapas mit thailändischen, indischen, französischen und italienischen Einflüssen in legerem, künstlerischem Ambiente. Zu den Spezialitäten zählt frischer Thunfisch mit Sesamkruste, lecker ist jedoch die gesamte Auswahl, auch die Garnelen mit Honig und Ingwer sowie der Rucola-, Kopf-, Mango- und Gorgonzolasalat.

Pan'e Vino ITALIENISCH $$
(Albacora; Hauptgerichte 12–34 R$; ⏲ Di–So 18.30–23 Uhr) Michele, der weit gereiste, in Rom geborene Küchenchef, kredenzt authentische italienische Gerichte. Seine Leidenschaft für frische Zutaten spiegelt sich in der ständig wechselnden Speisekarte wider, auf der z. B. Rosmarinlamm, Fisch mit Kapern, Oliven und Weißwein nach Messina-Art, hausgemachte Pasta und Risottos stehen. Zudem gibt's hier echtes italienisches Basilikum (aus Europa hergeschmuggelt!).

Garagem FISCH & MEERESFRÜCHTE $$
(☎ 3246-2154; Praia do Centro; Hauptgerichte 18–38 R$; ⏲ 10.30 Uhr–Sonnenuntergang) Das Garagem bietet einen tollen Ausblick auf Klippen und Dünen. Es dient als beliebte Bar (die westlichste am Hauptstrand) und ist zudem die beste Adresse in der Stadt für ein Mittagessen (exzellente argentinische *picanha*, frischer Fisch, Sandwiches, Salate). In Vollmondnächten wird Livemusik gespielt.

Rancho da Pipa CHURRASCARIA $$
(Gameleira 47; Hauptgerichte 30–40 R$; ⏲ 18.30–23 Uhr) Während ein hell beleuchteter konkurrierender Laden am Anfang der Straße den einen oder anderen Touristen anlockt, lassen sich im Rancho da Pipa die Einheimischen gute Grillgerichte schmecken. Wir empfehlen *picanha* mit oder ohne Knoblauch und Filet Mignon mit Pfeffersoße.

★ Cruzeiro do Pescador FISCH & MEERESFRÜCHTE $$$
(☎ 3246-2026, 9121-6485; Ecke Av Baía dos Golfinhos & Concris; Hauptgerichte für 1 Pers. 42–59 R$; ⏲ 13–24 Uhr) Auf den ersten Blick sieht das Lokal ziemlich chaotisch aus, doch hier erwarten einen kulinarische Erlebnisse der Extraklasse. Küchenchef Daniel legt Wert auf hausgemachte Raffinesse, sei es bei den handgeschriebenen Speisekarten mit poetischem Touch, dem Essbereich mit romantischem Kerzenlicht, den Produkten aus dem eigenen Garten oder den köstlichen Aromen seiner Küche.

Geräucherte oder gegrillte Meeresfrüchte sind eine hervorragende Wahl, allerdings sollte man sicherheitshalber vorher anrufen, da die Zubereitung mancher Gerichte bis zu zwei Stunden dauern kann. Dies trifft z. B. auf *Seleção do Mar* zu, eine langsam gegrillte Meeresfrüchteköstlichkeit von biblischen Ausmaßen. Das Restaurant befindet sich am südöstlichen Ortsrand, etwa 1,5 km vom Zentrum entfernt.

Ausgehen & Nachtleben

Pipas Nachtleben konzentriert sich auf die Bars Tribus und Oz, die einander in der Avenida Baía dos Golfinhos gegenüberliegen und schnell aus allen Nähten platzen. In derselben Straße gibt's noch weitere Ausgehadressen, die kommen und gehen. Meist wird in mindestens einem Laden Livemusik gespielt.

Boate dos Calangos CLUB
(www.facebook.com/calangos; Av Baía dos Golfinhos; ⏲Fr–So ab 1 Uhr) In dem großen Tanzclub am Ende der Avenida Baía dos Golfinhos sorgen sonntags Live-*forró* und an anderen Abenden europäische DJ-Musik für Stimmung.

Shoppen

Bookshop BÜCHER
(☎8882-7172; Gameleira; ⏲Mi–Fr 17–22, Sa & So 18.30–22 Uhr) Eine gute Auswahl an Büchern in verschiedenen Sprachen, die verliehen und verkauft werden.

Praktische Informationen

Über Pipa gibt's eine Reihe außergewöhnlich hilfreicher, informativer Websites, darunter www.pipa.com.br, www.praiadapipa.com.br und www.mapaguiapipa.com.br.

Es ist ratsam, Bargeld mitzubringen. Oft werden Kreditkarten nicht akzeptiert und dem **Automaten der Banco do Brasil** (Falésia Galeria, Av Baía dos Golfinhos 369; ⏲8–22 Uhr) am westlichen Stadtrand, der als einziger internationale Karten annimmt, geht manchmal das Geld aus.

Calls.Net (Av Baía dos Golfinhos, zw. Bem-te-vis & Céu; Internet 3 R$ pro Std.; ⏲Mo–Sa 10–22, So 14–22 Uhr)

Mandacaru Expedições (☎9988-5892; www.mandacaruexpedicoes.com.br) Dieser exzellente kleine Veranstalter in Pipa organisiert alle möglichen Reisen und Touren durch Brasilien mit Schwerpunkt auf Ökotourismus. Der Besitzer verfügt über ein breitgefächertes Wissen, verlangt keine Extragebühren und legt Wert auf Sicherheitsstandards.

Pipatour (☎3246-2234; www.pipatour.com; Av Baía dos Golfinhos 767; ⏲9–12 & 15–19 Uhr) Hilft bei der Buchung von Flügen, Busreisen und Ausflügen.

GEFAHREN & ÄRGERNISSE

Kriminalität ist in Pipa ein Problem; ein wichtiger Faktor sind dabei crackabhängige Einheimische. Man sollte seine Habseligkeiten niemals unbeaufsichtigt am Strand bzw. Wertsachen im Hotelzimmer liegen lassen.

An- & Weiterreise

Täglich verkehren zwölf Busse (sonntags sind es sechs) des Unternehmens **Oceano** (☎3311-3333; www.expresso-oceano.com.br) von der Rodoviária Nova in Natal nach Pipa (11,50 R$, 2½ Std.) und zurück. Die letzte Abfahrt in beide Richtungen erfolgt um 18 Uhr. Von Natal nach Pipa halten die Busse etwa zehn Minuten nach Start in der Avenida Salgado Filho vor dem Carrefour in Lagoa Nova, die auch von den Buslinien 26, 46 und 73 ab Ponta Negra angesteuert wird. Montags bis samstags stoppen die um 10, 12 und 18 Uhr ab Pipa verkehrenden Busse (allerdings keiner in die Gegenrichtung) an Natals Flughafen Augusto Severo. **Alternativo Vans** (☎9973-0353) bietet dreimal täglich Kleinbusverbindungen von Pipa zur Rodoviária Nova (10 R$, 2½ Std.) und wieder zurück. Auf dem Weg nach Natal lassen die Fahrer Passagiere gegen eine Extragebühr von 5 R$ am Flughafen Augusto Severo aussteigen. Weil sich die Buspläne regelmäßig ändern, sollte man sich vor Ort über den aktuellen Stand informieren.

Ein Taxi zwischen dem Flughafen Augusto Severo und Pipa kostet etwa 120 R$. **Pipa Natureza** (www.pipanatureza.com.br; Av Baía dos Golfinhos 654) bietet zwischen 8 und 23 Uhr einen Transfer für 45 R$ pro Person (mind. 2 Pers.).

Mit dem Bus aus Richtung Süden kommend, steigt man in Goianinha (1½ Std. ab João Pessoa) aus, wo alle paar Minuten hinter der hellblauen Kirche, 250 m von der Hauptstraße entfernt, Kleinbusse nach Pipa (3,50 R$, 50 Min., 5–24 Uhr) starten.

Gegen eine Gebühr von 10 R$ reserviert Pipatour Bustickets von Goianinha nach Recife oder Salvador.

Nördlich von Natal

Der fast 400 km lange Küstenabschnitt zwischen Natal und der Bundesstaatengrenze von Ceará, der anfangs gen Osten, später nach Norden verläuft, entwickelt sich immer mehr zu einem Tummelplatz von Wochenend- und Tagesurlaubern aus Natal. Trotzdem findet man hier nach wie vor Dutzende hübsche Strände. Je weiter man sich von Natal entfernt, desto isolierter und leerer werden sie.

São Miguel do Gostoso

☎0XX84 / 4100 EW.

Gostoso, 110 km von Natal entfernt, wird als Wochenendziel immer beliebter. Der Ort lockt mit exzellenten *pousadas*, Restaurants und Bars sowie einigen nahe gelegenen wunderschönen, oftmals einsamen Stränden. Wer per Chartertourismus etwas Unentdecktes sehen und sich von der Landschaft überwältigen lassen möchte, sollte sich umgehend auf den Weg machen.

Die Geldautomaten von Bradesco und Banco do Brasil an der Hauptstraße akzeptieren ausländische Karten, funktionieren jedoch nicht immer.

Sehenswertes & Aktivitäten

Die wichtigsten Strände der Stadt, die **Praia do Maceió**, **Praia da Xêpa** und die **Praia do Cardeiro**, nehmen einen breiten, durchgehenden, 2 km langen entspannten Sandstreifen ein, aber das wahre Schmuckstück ist die **Praia de Tourinhos**, 8 km weiter westlich am Ende einer Schotterstraße. In der herrlichen, unter der Woche nahezu menschenleeren Halbmondbucht stehen nur ein paar Kioske, sonst nichts. Hierher führt ein Spaziergang entlang der Küste oder eine Fahrt mit dem Motorradtaxi (hin & zurück 20 R$ pro Pers.) oder Buggy (hin & zurück 80 R$ für bis zu 4 Pers.). Die **Ponta do Santo Cristo** am äußersten Ostende von Cardeiro fängt sämtliche Windböen ein und ist bei Wind- und Kitesurfern sehr beliebt. **Clube Kauli Seadi** (☎9197-1297; Praia do Cardeiro) bietet Kurse an und verleiht Ausrüstung.

★ **Buggytouren nach Galinhos** (280/350 R$ einfache Fahrt/hin & zurück für max. 4 Pers.) dauern pro Weg etwa drei Stunden. Auf der 90 km langen Strecke passiert man spektakuläre einsame Strände, Dünen und Lagunen. Die Fahrten bringen die Frisuren der Teilnehmer ganz schön durcheinander und sind einfach unvergesslich. Sie werden über die jeweilige Unterkunft gebucht.

Schlafen & Essen

★ **Pousada Ilha do Vento** POUSADA, HOSTEL $
(☎3263-4048; www.ilhadovento.com.br; Caraúnas 70; B 50 R$, DZ 120–160 R$;) Auf einem weitläufigen Gartengrundstück am Ostende des Ortes wartet diese großartige Bleibe mit makellosen, gemütlichen, gut geschnittenen, hübsch eingerichteten Schlafsälen und Privatzimmern auf. Außerdem sind die weit gereisten italienisch-brasilianischen Betreiber äußerst hilfsbereit und freundlich und es gibt ein leckeres, üppiges Frühstück.

Pousada Casa de Taipa POUSADA $$
(☎3263-4227; www.pousadacasadetaipa.com.br; Bagre Caia Coco 99; DZ 230 R$;) Die liebenswürdigen Besitzer der 300 m vom Strand entfernten *pousada* sprechen Englisch. Ihre Unterkunft ist von der Kultur des Nordostens geprägt und bleibt auch dank der künstlerischen Bestrebungen eines der Inhaber in Erinnerung: Er hat die Tische aus Eier- und Kokosnussschalen gebaut und große wunderschöne Wandgemälde in jedes Zimmer gemalt. Die Quartiere liegen in einem hübschen Garten mit Pool und Restaurant.

Esquina Brasil Bistro CAFÉ $
(☎9156-1920; Av dos Arrecifes 1976; Gerichte 6–25 R$; ⏲Mo–Sa 18–24 Uhr;) In dem einfachen, reizenden Café nahe dem Westende der Hauptstraße bekommt man großartige bekömmliche Gerichte wie Tapioka mit verschiedenen herzhaften und süßen Füllungen, leichte Sandwiches auf indischem Chapati-Brot und fabelhafte Pasta mit Cashewpesto. Sämtliches Grünzeug stammt aus Bioanbau, zudem überzeugen kleine Details wie gemahlene *malagueta*-Chilis.

Bar do Tico FISCH & MEERESFRÜCHTE $$
(Praia do Cardeiro; Hauptgerichte 15–35 R$; ⏲10–20.30 Uhr) Gegenüber dem breiten Strand von Cardeiro kredenzt die schlichte Strandbar schlichte, aber sehr gute Kost. Das *filete de cavala* (Makrele) wird mit Salat, frittierten Kartoffel- oder *macaxeira*-Chips und *farofa* serviert. Dazu passt ein Bier.

An- & Weiterreise

Expresso Cabral (www.expressocabral.com.br) bietet täglich vier Busverbindungen von der Rodoviária Nova in Natal nach Gostoso (12,50 R$, 2½–3 Std.) und zurück. Manchmal muss man in Touros umsteigen. Eine Taxifahrt kostet rund 160 R$. Den Weg zurück nach Natal bedienen gelegentlich Sammeltaxis für 25 R$ pro Person. In Richtung Westen sind keine öffentlichen Verkehrsmittel unterwegs.

Galos & Galinhos

☎0XX84 / 2100 EW.

Allmählich entwickeln sich die beiden abgeschiedenen Fischerdörfer auf einer schmalen Sandbank zwischen Lagune und Meer, 160 km nordwestlich von Natal, zu Ferienzielen. In Galinhos mit seinen sandigen Straßen und dem warmen ruhigen Meer kann man sich bestens erholen; dort befindet sich auch ein Großteil der wenigen Unterkünfte. Unberührte Strände und Dünen erstrecken sich über 2 km westwärts zur Mündung der Lagune und über endlose Weiten entlang der Küste im Osten. Im noch idyllischeren Galos, 3,5 km weiter östlich die Lagune hinauf, leben nur etwa 400 Menschen.

Teilweise herrschen vor Ort gute Windverhältnisse für Kitesurfer, zudem lassen sich problemlos Bootsausflüge, Buggytouren, Ausritte und Kutschfahrten organisieren. Besonders zu empfehlen ist der *passeio ecológico* (180 R$ für 2 Pers.), ein vier- bis fünfstündiger Bootstrip in der Lagune, bei dem Teilnehmer Krebse und Fische fangen und anschließend zum Mittagessen verspeisen.

Schlafen & Essen

Pousada da Dalva POUSADA $
(☎3552-0046; pousadadadalva@gmail.com; Senador Dinarte Mariz s/n, Galinhos; Zi. ohne/mit Klimaanlage 90/180 R$; ❄) Die hübsch eingerichteten unklimatisierten Zimmer im hinteren Teil der Strand-*pousada* sind die beste Budgetoption in Galinhos.

Chalé Oásis POUSADA $$
(☎3552-0024; www.oasisgalinhos.com; Beira Rio, Galinhos; EZ 150–180 R$, DZ 230–290 R$; ❄📶≋) Galinhos' attraktivste Unterkunft wird von der tatkräftigen englischsprachigen Portugiesin Clara geführt, die ein Faible für Primärfarben hat. Zu der Anlage am Ufer der Lagune gehören acht Holzbungalows mit höchst origineller Ausstattung im Strandstil und ein Gartenrestaurant. Claras Begeisterung für ihr Reich ist ansteckend.

Pousada Peixe-Galo POUSADA $$
(☎3552-2001; www.pousadapeixegalo.com.br; Rua da Candelária 30, Galos; Zi. 210 R$; ❄📶≋) Nur 5 m von der Lagune entfernt befindet sich die einzige Unterkunft in Galos. Sie wird von hohen Palmen eingerahmt und verfügt über gemütliche, aber nicht sonderliche aufregende Zimmer, die rund um einen hübschen Pool liegen. Das Personal ist professionell und freundlich, außerdem gibt's einen Aussichtsturm mit Traumblick auf die Halbinsel, die Lagune und das Meer. Nebenan serviert das **Restaurante Irene** (Mittagsbüfett 25 R$, Hauptgerichte für 2 Pers. 25–50 R$; ⏲7–19 Uhr) die besten Gerichte in der Gegend.

Pousada Brésil Aventure POUSADA $$
(☎3552-0085; www.bresil-aventure.com/aventure-et-nature; Senador Dinarte Maris 123, Galinhos; Zi. 180–200 R$; ❄📶≋) Die von einem französischen Tourveranstalter betriebene *pousada* ist ein beliebter Treffpunkt am Strand von Galinhos. Im **Restaurant** (Hauptgerichte 18–52 R$; ⏲10–15 & 19–21.30 Uhr) kommen neben etwas fantasievolleren Kreationen wie Stachelrochen-*moquecas* (Meeresfrüchteeintopf) die üblichen Klassiker auf den Tisch. Hier erlebt man atemberaubende Sonnenuntergänge.

An- & Weiterreise

Galos und Galinhos sind nicht ganz einfach zu erreichen, was einen Teil ihres Charmes ausmacht. Am aufregendsten ist die Anreise per Strandbuggy ab São Miguel do Gostoso (S. 555). Von der Rodoviária Nova in Natal fahren Busse von **Expresso Cabral** (www.expressocabral.com.br) sonntags um 6 Uhr sowie montags bis freitags um 6 und 12 Uhr nach Pratagil (23 R$, 3 Std.) gegenüber der Lagune in Galinhos. Von etwa 8 bis 17 Uhr verkehren Personenfähren von Pratagil nach Galinhos (pro Pers./Boot 2.50/10 R$, 10 Min.) und Galos (pro Pers./Boot 4/40 R$, 15 Min.). Busse von Pratagil nach Natal starten sonntags um 5 Uhr sowie montags bis freitags um 9 und 17 Uhr.

Alternativ nimmt man einen Cabral-Bus Richtung Macau (Abfahrt in Natal 6–18 Uhr, alle 3 Std.) bis zur Abzweigung nach Galinhos *(trevo de Galinhos)* an der Schnellstraße BR-406 (15 R$, 2½ Std.) und dann ein Taxi nach Pratagil (30 R$; zu buchen über Unterkünfte in Galinhos/Galos).

Von Galinhos zurück nach Natal fahren außerdem täglich um 6 Uhr Sammelvans (30 R$).

Wer ein Auto hat, kann es in Pratagil kostenlos und sicher abstellen.

Ein Taxi von Natal nach Pratagil kostet rund 280 R$ (abends 350 R$). Nach Fortaleza zahlt man etwa 900 R$.

Ceará, Piauí & Maranhão

19 MIO. EW.

Inhalt ➡

Gut essen

- Colher de Pau (S. 565)
- Restaurante Senac (S. 588)
- Pimenta Verde (S. 576)
- Coco Bambu (S. 566)
- Restaurante do Antônio (S. 594)

Schön übernachten

- Rancho do Buna (S. 593)
- Casa Lavinia (S. 587)
- Pousada Les Alizés (S. 573)
- Vila Kalango (S. 576)
- Sítio do Alemão (S. 578)

Auf nach Ceará, Piauí & Maranhão

Diese drei nordöstlichsten Bundesstaaten erstrecken sich entlang der einzigen nach Norden gewandten Küste Brasiliens und tief ins trockene Hinterland hinein. Zu beiden Seiten der fröhlichen Metropole Fortaleza liegen Hunderte Kilometer herrlicher Strände, darunter einige der besten Sandstreifen Brasiliens, teils mit wachsenden Urlaubsorten, teils mit kleinen traditionellen Fischerdörfern. Die Perle der herrlichen Küste von Ceará, der angesagte Travellertreff Jericoacoara, verfügt über eine einzigartige Lage in einem Nationalpark voller Dünen.

Eine abenteuerliche Küstenroute führt von Jericoacoara Richtung Westen ins landschaftliche schöne, tierreiche Delta do Parnaíba und in die riesige Weite der hohen Sandberge und klaren Lagunen, die als Lençóis Maranhenses bekannt sind – ein Highlight Brasiliens. Weiter westlich locken zwei der faszinierendsten Juwelen aus der Kolonialzeit: São Luís mit seiner markanten afrobrasilianischen Kultur und der wunderbar verschlafene Nachbarort Alcântara.

Reisezeit

Fortaleza

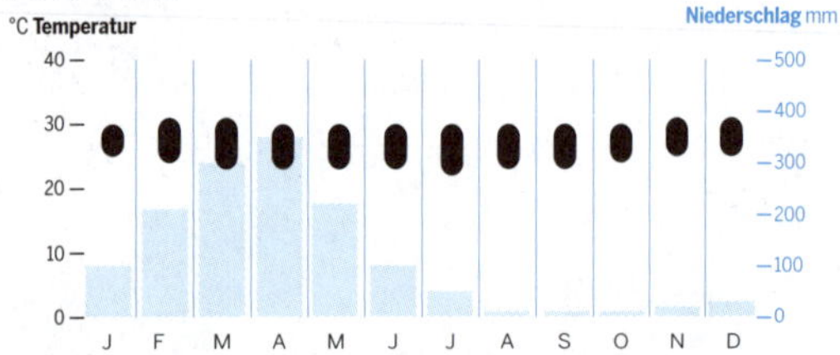

Juni In São Luís herrscht während des Bumba-Meu-Boi-Festivals eine grandiose Stimmung.

Juli–Aug. Jetzt sind die Lençóis Maranhenses am spektakulärsten.

Juli–Jan. Der starke Wind macht die Küste zu einem der weltweit führenden Kitesurfspots.

Geschichte

Weil sich die Portugiesen bei der Besetzung dieses fernen nördlichen Gebietes Zeit ließen, kamen ihnen andere zuvor: Die Franzosen gründeten Maranhãos Hauptstadt São Luís (1612) und die Niederländer Cearás Hauptstadt Fortaleza (1637). Diese feindlichen Einfälle veranlassten die Portugiesen schließlich zum Handeln. Sie vertrieben die beiden konkurrierenden Kolonialmächte innerhalb weniger Jahre. Der größte Teil der portugiesischen Siedler in Ceará stammte von den Azoren. Koloniale Zucker- und Baumwollplantagen, die von Sklaven bewirtschaftet wurden, entwickelten sich zwar in beiden Staaten, doch die Rinderzucht dominierte die Wirtschaft, was auch heute noch oft zutrifft.

Bis 1774 wurde Maranhão mit dem westlich davon gelegenen Pará als eine eigene, vom Rest Brasiliens getrennte Einheit verwaltet. Piauí, das zwischen Ceará und Maranhão liegt, wurde zuerst vom Binnenland her besiedelt, und zwar durch arme Viehhirten, die im 17. und 18. Jh. von Ceará her westwärts und von São Paulo aus nordwärts in die Gegend vordrangen.

Obwohl sie Widerstand leistete, war die indigene Bevölkerung aller drei Staaten im 18. Jh. unterworfen. In der Zeit nach den Kriegen hatten die Kolonisten im Landesinneren mit schweren Dürren zu kämpfen. Nicht weniger als 2 Mio. Menschen starben in den 1870er-Jahren bei Dürren in Ceará; die Überlebenden strömten nach Fortaleza. Anfangs hatte das benachbarte Piauí keinen Zugang zum Meer, vereinbarte aber im 19. Jh. einen Gebietsaustausch mit Ceará, sodass es ebenfalls in den Genuss der Vorteile einer Küste kam. Piauí hat auch heute noch die geringste Bevölkerungsdichte der brasilianischen Bundesstaaten.

Dank seiner Wirtschaft und des Tourismus ist Fortaleza das ökonomische Zugpferd der Region. Einige große Industrieprojekte wurden in den letzten Jahrzehnten bei São Luís angesiedelt, um dort die Wirtschaft anzukurbeln, doch immer noch gehören alle drei Staaten zu den ärmsten des Landes.

ℹ Anreise & Unterwegs vor Ort

Auf Fortalezas internationalem Flughafen landen Maschinen aus Europa und vielen brasilianischen Städten. São Luís und Teresina werden von Inlandsfliegern bedient.

Busse verbinden Fortaleza, Teresina und São Luís mit Natal und Recife im Osten und mit Zielen im Süden wie Brasília, Rio und São Paulo. Außerdem fahren von den größten Städten Busse nach Belém an der Amazonasmündung. Da es auf dem Abschnitt zwischen São Luís und Belém in der Vergangenheit allerdings oft zu Raubüberfällen kam, sollte man besser fliegen – das kann sogar billiger sein als die Busfahrt, wenn man im Voraus bucht. Tatsächlich ist es generell häufig günstiger, die Region per Flugzeug als per Bus zu bereisen bzw. zu verlassen.

Fast alle Orte und Dörfer in der Gegend werden von Bussen angesteuert. Die Straßenqualität hat sich sehr verbessert, doch die Zufahrtswege zu manchen Dörfern an der Küste, darunter die nach Jericoacoara, sind teilweise unbefestigt. Strandbuggys und Geländewagen mit Fahrern ermöglichen Trips die Küste entlang und durch die Dünen. Ein Mietauto ist nützlich, wenn man einige kleinere Orte mit schlechtem Busanschluss besuchen will. Zuvor sollte man sich aber über den Straßenzustand informieren, denn einige der abgelegeneren Straßen sind nur für Allradwagen zugänglich. Dies gilt besonders für den Abschnitt zwischen Paulino Neves und Barreirinhas auf der Strecke zwischen Parnaíba und den Lençóis Maranhenses. Am leichtesten bekommt man einen Mietwagen in Fortaleza.

CEARÁ

In diesem Land der herrlichen Küsten hat Ceará mit seinen fast 600 wunderbaren Strandkilometern den allerschönsten Abschnitt erwischt. Der Facettenreichtum reicht von idyllischen, palmgesäumten kleinen Buchten bis zu 20 km langen Streifen mit starker Brandung. Somit bietet der Bundesstaat in puncto Strandflair alles, was man sich nur wünschen kann. Da wären z. B. Fortalezas belebte Stadtstrände, das hippe Jericoacoara und winzige Fischerdörfer mit reetgedeckten Häusern, deren Bewohner bis heute *jangadas* (Fischerboote mit Dreiecksegeln) benutzen. Hinter einem großen Teil der Küste erheben sich gewaltige weiße Dünen; sie lassen die Landschaft sehr ursprünglich wirken. Gleichzeitig sorgen Wind und Wellen für ein paar der weltbesten Reviere zum Kiten, Wellenreiten und Windsurfen.

Fortaleza

☎ 085 / 2,5 MIO. EW. (GROSSRAUM 3,6 MIO. EW.)

Trotz seiner isolierten Lage ist Fortaleza überraschend groß. Es zählt zu Brasiliens größten Städten und hat eine immense wirtschaftliche Anziehungskraft. Darüber hinaus lockt es in- und ausländische Touristen mit seinen Stränden und der Partyatmo-

Highlights

1. Im entlegenen Backpackerdorf **Jericoacoara** (S. 573) surfen, chillen und spektakuläre Sonnenuntergänge bestaunen.

2. Zwischen den endlosen Dünen in Maranhãos surrealem **Parque Nacional dos Lençóis Maranhenses** (S. 592) in unberührte Lagunen springen.

3. In **São Luís** (S. 583) die eigentümliche Kombination aus kolonialem Erbe und afrobrasilianischer Kultur erleben.

4. Die charmant zerfallene Kolonialstadt **Alcântara** (S. 590) erkunden.

5. Fast ganz allein an einem langen, kurvenförmigen, von Palmen gesäumten Strand in **Icaraí de Amontada** (S. 573) relaxen.

6. **Fortalezas** (S. 559) Restaurants, Nachtleben und Strandszene genießen.

7. Nahezu überall an der Küste bei hervorragenden Windbedingungen kiten oder wellenreiten.

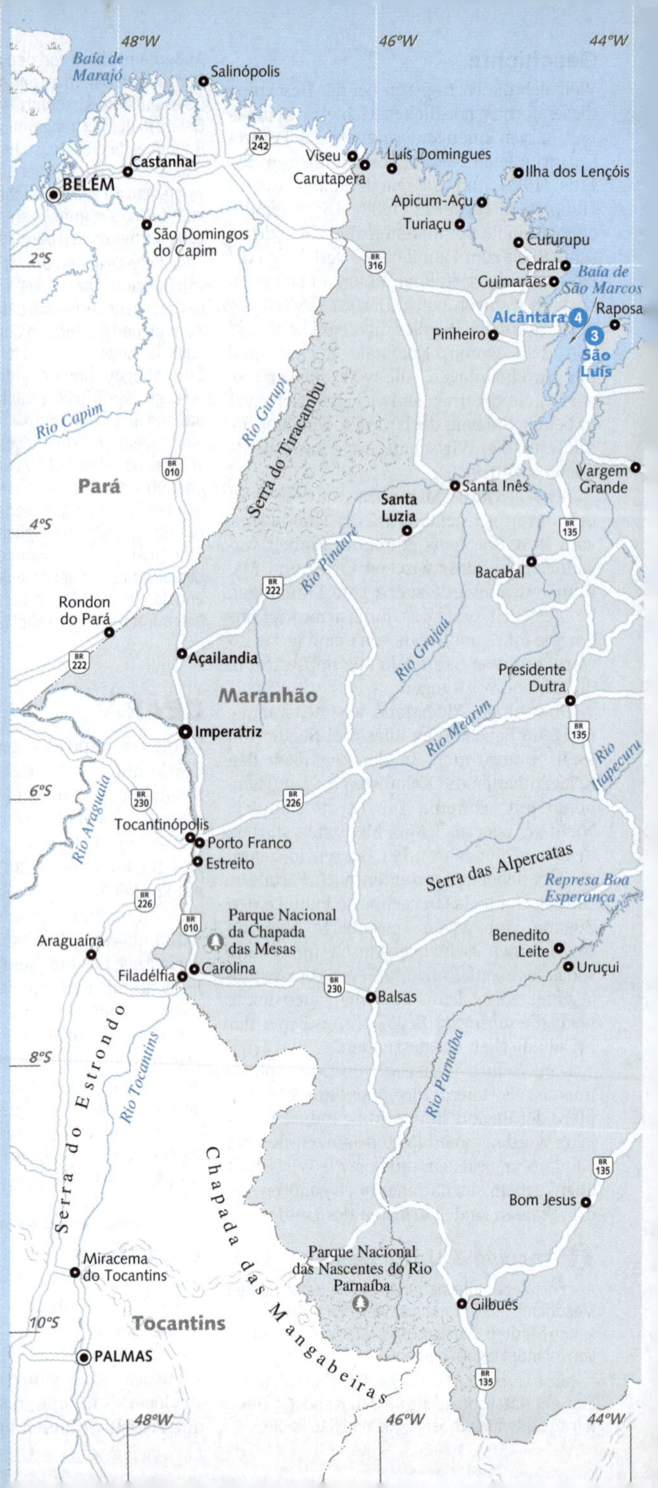

42°W
40°W
38°W
0 200 km
ATLANTIK
2°S
4°S
6°S
8°S
10°S
Parque Nacional dos Lençóis Maranhenses
2
Santo Amaro
Atins
Caburé
Barreirinhas
Paulino Neves
Tutóia
Delta do Parnaíba
Luís Correia
Parnaíba
Macapá
Camocim
Parque Nacional de Jericoacoara
1 Jericoacoara
Jijoca
5 Icaraí de Amontada
Serra do Ibiapaba
Itapipoca
Paracuru
Sobral
Parque Nacional de Ubajara
Ubajara
6 Fortaleza
Maranguape
Pacatuba
Cascavel
Esperantina
Piracuruca
Parque Nacional de Sete Cidades
Piripiri
Pedro Segundo
Ipu
Santa Quitéria
Canindé
Baturité
Canoa Quebrada
Aracati
Tibaú
Codó
Caxias
TERESINA
Altos
Campo Major
Castelo do Piauí
Crateús
Serra de Baturité
Quixadá
Açude Banabuiú
Rio Jaguaribe
Mossoró
Rio Grande do Norte
Ceará
Açude Orós
Iguatu
Piauí
Floriano
Oeiras
Picos
Campos Sales
Sousa
Paraíba
Patos
Juazeiro do Norte
Crato
Milagres
Barragem Entremontes
Salgueiro
Pernambuco
Eliseu Martins
Canto do Buriti
Parque Nacional da Serra da Capivara
São João do Piauí
Parque Nacional Serra das Confusoés
Serra dos Irmãos
São Raimundo Nonato
Barragem de Itaparica
Petrolina
Juazeiro
Barragem de Paulo Alfonso
Alagoas
Rio São Francisco
Represa de Sobradinho
Serra São Francisco
Bahia
Senhor do Bonfim
Sergipe
BR 222
BR 343
BR 020
BR 316
BR 230
PA 140
BR 407
BR 122
BR 116
BR 405
BR 232
BR 428
BR 110

Fortaleza

Fortaleza

Sehenswertes

1 Centro de Turismo ... A1
2 Centro Dragão do Mar de Arte e Cultura ... B1
3 Memorial da Cultura Cearense ... B2
4 Museu de Arte Contemporânea ... B2

Schlafen

5 Albergaria Hostel ... D1
6 Backpackers Ceará ... B2
7 Hostel Terra da Luz ... B2
8 Hotel Casa de Praia ... D2
9 Hotel La Maison ... G3
10 Hotel Luzeiros ... G2
11 Hotel Sonata de Iracema ... D1

Essen

12 50 Sabores ... G2
13 Coco Bambu ... H3
14 Colher de Pau ... H3
15 Empório Delitalia ... G3
16 Gheller ... D2
Santa Clara Café Orgânico ... (siehe 22)
17 Vojnilô ... H3

Ausgehen & Nachtleben

18 Boteco Praia ... E2
19 Mucuripe Club ... A1
20 Órbita ... C1
21 Pirata Bar ... C1

Shoppen

22 Ceart ... B1
23 Ceart ... D3
24 Ceart ... D2
25 Centro de Turismo ... A1
26 Mercado Central ... B2

sphäre sowie den spektakulären Sandstreifen, geschwungenen Dünen und Fischerdörfern an, die von hier aus erreichbar sind.

Die Metropole zieht sich etwa 20 km die Küste entlang und erstreckt sich bis zu 10 km ins Landesinnere. Ihr ältester Teil, das Centro, ist tagsüber eine belebte Gegend mit geschäftigen Straßen voll kleiner Läden. Besondere Sehenswürdigkeiten gibt's allerdings nicht. Der Busbahnhof befindet sich 4 km südlich vom Centro, der Flughafen weitere 2 km südlich. Östlich des Stadtzentrums liegen die interessantesten Viertel. Zunächst wäre da das 2 bis 4 km entfernte Meireles, der Mittelschichtvorort am Strand mit zahlreichen gehobenen Unterkünften. Südlich davon wartet der Mittelschichtvorort Varjota mit einigen der besten Strandrestaurants Fortalezas auf. Östlich von Meireles kommt das Hafengebiet, Mucuripel, dahin-

ter biegt die Küste nach Süden ab und führt zum besten Strand der Stadt, der 5 km langen Praia do Futuro, die etwa 8 km östlich vom Centro beginnt.

Geschichte

Nach Meinung vieler Historiker landete der spanische Seefahrer Vicente Yáñez Pinzón am 2. Februar 1500 an der Praia Mucuripe – mehr als zwei Monate bevor Pedro Álvares Cabral als Erster den Monte Pascoal in Bahia sichtete (der offiziell anerkannte Zeitpunkt der Entdeckung Brasiliens durch die Europäer). Die ersten portugiesischen Versuche, sich hier im frühen 17. Jh. anzusiedeln, waren nur kurzlebig. Im Gegensatz dazu nutzten die Holländer ihre Chance und gründeten 1637 das Fort Schoonenborch. Als sie 1654 ihre brasilianischen Besitzungen aufgaben, benannten die Portugiesen die Festung in Fortaleza de NS da Assunção um. Um das Bollwerk bildete sich erst ein Dorf, dann eine Klein- und schließlich eine Großstadt, deren Name zu Fortaleza verkürzt wurde.

Der Widerstand der indigenen Bevölkerung verzögerte die portugiesische Kolonisation des Landesinneren von Ceará bis ins 18. Jh. Nun besetzten zunächst Viehzüchter und später die Besitzer von Baumwollplantagen das Land. Durch die Baumwollexporte wurde Fortaleza im 19. Jh. zu einer wichtigen Stadt (vorher spielte es neben Aracati nur die zweite Geige). Der wachsende Handel und die zunehmende Industrie in der Metropole sowie die Trockenheit im Landesinneren zogen seither immer mehr Migranten an. Seit den frühen 1990er-Jahren gehört der Tourismus neben der Textilindustrie und der Nahrungsmittelproduktion zu den führenden Wirtschaftszweigen.

Sehenswertes & Aktivitäten

Centro Dragão do Mar de Arte e Cultura KUNST- & KULTURZENTRUM
(☎ 3488-8600; www.dragaodomar.org.br; Dragão do Mar 81; ⌚ 8–24 Uhr) In diesem wunderbaren, weitläufigen Komplex befinden sich Kinos, Aufführungsräume, ein gutes Café, ein Planetarium, das schöne **Museu de Arte Contemporânea** (⌚ Di–So 10–20 Uhr) GRATIS und das **Memorial da Cultura Cearense** (⌚ Di–So 10–20 Uhr) GRATIS, ebenfalls ein Museum, das interessante Exponate zum traditionellen Leben und zur Kultur Cearás zeigt. Überführungen verbinden die in verschiedenen Straßen liegenden Gebäude. Das Centro Dragão do Mar de Arte e Cultura passt hervorragend zu den älteren Bauwerken der Umgebung, von denen viele renoviert wurden und nun Bars, Restaurants oder Kunst-

handwerkstätten beherbergen. Es ist eine erfolgreiche soziale Begegnungsstätte der Stadt, die sich bei den Einheimischen großer Beliebtheit erfreut.

Centro de Turismo KUNSTHANDWERK, MUSEUM
(☎3101-5507; Senador Pompeu 350; ⏱Mo–Sa 8–18, So 8–12 Uhr) In dem umgebauten Gefängnis aus dem 19. Jh. sind heute eine Touristeninformation, viele Kunsthandwerksstände und das Museu de Arte e Cultura Popular mit einer beeindruckenden Sammlung von Kunsthandwerk aus Ceará untergebracht.

Strände

Als größte Attraktion der Metropole gelten die Strände. Die saubere, 5 km lange **Praia do Futuro** an der nach Osten gewandten Küste der Stadt dürfte der wohl mit Abstand beste Sandstreifen Fortalezas sein, allerdings ist sie weit von den meisten Unterkünften entfernt. Sie wird von großen Restaurants gesäumt, *barracas* genannt, die an Tischen im Sand Meeresfrüchte, Bier und Cocktails servieren. Am Wochenende kommen riesige Menschenmassen her, doch zum Glück haben hier alle Besucher genug Platz. Der schönste Teil beginnt ein paar Kilometer hinter dem Industriehafen am nördlichen Ende, allerdings sind die starken Wellen nur etwas für sehr gute Schwimmer. Zur Praia do Futuro fährt der Bus 49 (Caça e Pesca) Richtung Osten die Avenida Monsenhor Tabosa, Avenida Historiador Raimundo Girão und Avenida Beira Mar entlang. Alternativ nimmt man einen der Busse zum Terminal Papicu und steigt dort in die Linie Papicu–Praia do Futuro oder Papicu–Caça e Pesca.

Fortalezas Nordstrand befindet sich näher an den Gegenden, wo die Touristen übernachten. An ihm erstreckt sich eine breite, 4 km lange, sehr beliebte Fußgängerpromenade, die vom Pier der Ponte dos Ingleses zur Praia do Mucuripe führt. Die Praia do Meireles liegt am schönsten Abschnitt in der Mitte. Hier erinnern die vielen Hochhaushotels an die nordöstliche Copacabana. Es gibt aber auch zahlreiche von Laubbäumen überschattete Strandbars, die tagsüber und abends beliebte Orte zum Abhängen sind. Das Wasser ist hier nicht so sauber wie an der Praia do Futuro, doch das schreckt die Surfer nicht ab.

Geführte Touren

Tagestouren von Fortaleza zu den Stränden an den Küsten im Osten und Westen erfreuen sich großer Beliebtheit und werden von Dutzenden Reisebüros, Hotels und *pousadas* arrangiert. Normalerweise holen die Veranstalter Teilnehmer an ihrer jeweiligen Unterkunft ab. Zu den Hauptzielen (in Klammern stehen die Preise für den Transport pro Kopf) gehören der beste Wasserpark Brasiliens, der Beach Park (25 R$), Cumbuco (25 R$), Canoa Quebrada (40 R$), Lagoinha (35 R$) und Mundaú (40 R$). Diese Art des Reisens ist bequemer als eine Fahrt mit öffentlichen Bussen. Wer will, kann auch am Zielort bleiben und auf die Rückfahrt verzichten.

Manche Agenturen haben zudem längere Trips mit Jeeps oder Strandbuggys im Angebot, die an Cearás herrlichen Stränden entlangführen. So gelangt man bis nach Jericoacoara und sogar zu den Lençóis Maranhenses oder nach Natal. Eine dreitägige Tour nach Jericoacoara kostet inklusive der Unterkunft sowie der Hin- und Rückfahrt 650 R$ pro Person. Wie empfehlen Nordeste Off Road (S. 551) und das in Jericoacoara ansässige **Jeri Off Road** (☎088-3669-2268; www.jeri.tur.br; Pousada Bella Jeri, Travessa da Rua do Forró, Jericoacoara); beide sind Mitglied im Abeta, Brasiliens einziger Vereinigung für Standards im Ökotourismus und Abenteuertourismus.

Feste & Events

Fortal (fortal.com.br), der lebhafte viertägige außersaisonale Karneval Fortalezas am letzten Wochenende im Juli, zieht eine halbe Million Besucher an. Noch mehr Trubel herrscht am **Karneval** selbst, vor allem im Bezirk Praia de Iracema, wo auch an den vier Samstagen vor den eigentlichen Feierlichkeiten wilde Partys steigen. Am letzten Sonntag im Juni wird in der Avenida Beira Mar die **Parada pela Diversidade Sexual** (Parade der sexuellen Vielfalt) veranstaltet, eines der größten Events der Schwulen- und Lesbenbewegung in Brasilien. Zu **Réveillon** (Neujahr) gibt's in Praia de Iracema eine große Fiesta, bei der Bands spielen.

Schlafen

Dank der großen Konkurrenz zwischen den vielen Hotels kann man echte Schnäppchen machen, z. B. ein Zimmer in einer Mittelklassebleibe zum Budgetpreis.

Albergaria Hostel HOSTEL $
(☎3032-9005; www.albergariahostel.com.br; Antônio Augusto 111, Praia de Iracema; B 35–45 R$, DZ 90–120 R$; ❄@📶🏊) Dieses heitere, gut gelegene und professionell geführte Hostel verfügt über ausgezeichnete Einrichtungen,

darunter eine Bar, eine Pizzabar und ein Garten hinterm Haus mit einem Pool. Vor Ort herrscht eine sehr gesellige Atmosphäre, was auch dem freundlichen, englischsprachigen Besitzer zu verdanken ist. Es gibt Frauen-, Männer- und gemischte Schlafsäle mit vier Betten sowie vier ordentliche Privatzimmer mit Bad. Üppiges Frühstück.

Hostel Terra da Luz HOSTEL $
(☎3082-2260; www.hostelterradaluz.com; Rodrigues Junior 278; B 35-45 R$, DZ 100–130 R$; ❄@📶) In einem früheren Familienwohnhaus bietet das Terra da Luz geräumige Gemeinschaftsbereiche mit einer coolen Hängematte und einem Sitzbereich im Garten hinterm Haus. Was das Hostel jedoch so besonders macht und viel zum tollen Flair beiträgt, ist die extrem hilfsbereite und herzliche Art des Besitzers sowie der Mitarbeiter. Die Unterkunft liegt in einer relativ ruhigen Straße ein paar Blocks südlich vom Dragão-do-Mar-Zentrum.

Hotel La Maison HOTEL $
(☎3048-4200; www.hotellamaison.com.br; Av Desembargador Moreira 201, Meireles; Zi. 110–140 R$; ❄@📶) Nur ein paar Blocks vom Strand wartet das La Maison mit 25 makellosen Zimmern und hellen, farbenfrohen Gemeinschaftsbereichen auf. Oben sind die Räume insgesamt heller als unten. Der französische Besitzer kennt die Stadt sehr gut, spricht Englisch und hat stets den richtigen Tipp parat. Das Preis-Leistungs-Verhältnis ist spitze.

Hotel Casa de Praia HOTEL $
(☎3219-1022; www.hotelcasadepraia.com.br; Joaquim Alves 169, Praia de Iracema; EZ/DZ 120/140 R$; ❄@📶🏊) Für den bescheidenen Preis bietet das Hotel jede Menge Vorzüge: saubere, mittelgroße Zimmer, darunter einige mit Meerblick (am besten im dritten Stock), effiziente und hilfsbereite Angestellte, einen flachen Pool auf dem Dach, ein leckeres Frühstück in einem hellen Speiseraum und nur einen kurzen Fußweg von zwei Blocks bis zum Meer. Es ist immer gut gebucht, deshalb sollte man unbedingt vorher reservieren.

Backpackers Ceará HOSTEL $
(☎3091-8997; www.backpackersce.com.br; Av Dom Manoel 89; B 20, Zi. 40–60 R$; 📶) In dem einfachen, wunderbar lockeren Hostel gibt's kleine, hübsch gestaltete Zimmer auf zwei Etagen, die auf einen derangierten Garten blicken, Bereiche zum Chillen, auch im Freien, und eine Küche (aber kein Frühstück). Das Backpackers Ceará liegt nur einen Katzsprung vom Centro Dragão do Mar entfernt.

Hotel Sonata de Iracema HOTEL $$
(☎4006-1600; www.sonatadeiracema.com.br; Av Beira Mar 848, Praia de Iracema; EZ/DZ 250/274 R$; ❄📶🏊) Das hübsche zweistöckige Gebäude an der Straße führt einen etwas in die Irre, denn der größte Teil des Hotels ist in dem dreizehnstöckigen Hochhaus dahinter untergebracht. Immerhin haben die geschmackvollen, hellen und modernen Zimmer dadurch aber alle Meerblick. Dies ist eines der nettesten großen Hotels in Fortaleza, das zudem über eine Terrasse und einen Pool verfügt.

Hotel Luzeiros HOTEL $$$
(☎4006-8585; www.luzeirosfortaleza.com.br; Av Beira Mar 2600, Meireles; EZ 475–850 R$, DZ 560–1000 R$; ❄@📶🏊) Der Architekt von Fortalezas erstem Designerhotel hätte etwas kühner sein können. Doch die modernen Räumlichkeiten und Zimmer mit klaren Linien sowie das wahrscheinlich beste Frühstück in Ceará machen das elegante Haus in portugiesischem Besitz zur ersten Wahl anspruchsvoller Gäste.

Essen

Santa Clara Café Orgânico CAFÉ $
(☎3219-6900; Centro Dragão do Mar; Snacks 3–14 R$; ⏲Di–So 15–22 Uhr; 🖉) 🍃 Dieses tolle kleine Café im Obergeschoss des Dragão-do-Mar-Zentrums zählt zu Fortalezas angesagtesten *„Pontos de Encontros“* (etwa: „Wo sich hippe Leute treffen“). Hier kommt man in den Genuss von Biokaffee, Crêpes, Omeletts, Waffeln, Tapioka und vielen modernen Kaffeespezialitäten.

50 Sabores EISCREME $
(☎3023-0050; Av Beira Mar 4690, Mucuripe; 1/2 Kugeln 9/12 R$; ⏲9–23.30 Uhr; 👪) Ein Eishimmel mit völlig irreführendem Namen: In Wahrheit gibt's nämlich 100 Sorten, darunter Caipirinha (enthält den weißen Zuckerrohrschnaps und wird ausschließlich an Gäste ab 19 Jahren verkauft), Bier, Knusperkäse sowie unzählige brasilianische Fruchtvarianten und klassische Sorten. Fantastisch!

★ **Colher de Pau** NORDÖSTLICH $$
(☎3267-6176; Ana Bilhar 1178, Varjota; Hauptgerichte für 1 Pers. 23–95 R$, für 2 Pers. 33–135 R$; ⏲11–24 Uhr) Der große „Holzlöffel“, der überwiegend im Freien liegt, ist eine der atmosphärischsten Adressen in einem Viertel, wo es von Mittelklasserestaurants nur so wimmelt. Wir empfehlen die köstlichen Meeres-

früchtegerichte wie *peixada* (Fisch, Gemüse und Kräuter in Kokossoße). Das Colher de Pau wird regelmäßig als eines der besten Lokale der Stadt für regionale Küche ausgezeichnet.

★ **Coco Bambu** BRASILIANISCH **$$**
(www.restaurantecocobambu.com.br; Canuto de Aguiar 1317, Varjota; Hauptgerichte 25–100 R$; ⏲11–15 & 17–24 Uhr) Eigentlich gehört das Coco Bambu ja zu den schrecklichen brasilianischen Restaurants, die quasi alles anbieten. Normalerweise ist davon kaum etwas wirklich gut, doch hier liegt man mit diesem Urteil falsch: Tatsächlich schmecken sämtliche Gerichte von der 14-seitigen Speisekarte, auf der Pizzas, Tapioka, Crêpes, Sushi und regionale Hauptgerichte (sowie Mittagessen pro Kilo) stehen, ganz hervorragend. Darüber hinaus verströmt das Lokal das wunderbare Ambiente eines tropischen Gartens.

Gheller SELBSTBEDIENUNG **$$**
(Av Monsenhor Tabosa 825; Büfett mittags/abends 26/22 R$; ⏲11–23 Uhr) Die unglaublich preiswerten Mahlzeiten zum Festpreis im stets gut besuchten Gheller bestehen aus einem Selbstbedienungsbüfett mit 60 Speisen (inklusive Meeresfrüchten, Sushi, Pasta, warmen Gemüsegerichten und Salaten) und einem *rodízio* (die Kellner gehen mit den Gerichten von Tisch zu Tisch) mit 25 Speisen, darunter so exotische wie *javali* (Wildschwein) und erstklassiges Rindfleisch wie *picanha* und *alcatra*. Guten Appetit! Aber nicht vergessen: Getränke und Desserts kosten extra.

Empório Delitalia CAFÉ, PIZZERIA **$$**
(www.delitalia.com.br; Av Desembargador Moreira 533; Frühstückszutaten 4–20 R$, Pizzas 30–55 R$; ⏲Mo–Sa 6.30–22, So 7.30–22 Uhr) Man kann ruhig mal das Frühstück in seiner Unterkunft auslassen und sich stattdessen in diesem klassischen Café tolle Säfte, Kaffeespezialitäten, Waffeln, Croissants mit warmer Füllung, Omeletts und Tapioka schmecken lassen. Unbedingt sollte man aber wegen des angrenzenden besten Feinkostladens Fortalezas samt Bäckerei und einer der besten Pizzerias der Stadt (oben) herkommen.

Crocobeach
SELBSTBEDIENUNG, FISCH & MEERESFRÜCHTE **$$**
(www.crocobeach.com.br; Av Zeze Diogo 3125, Praia do Futuro; Büfett 49,90 R$ pro Kilo, Hauptgerichte für 2 Pers. 24–100 R$; ⏲8–18 Uhr; 👪) Am Samstag und Sonntag gibt's in der *megabarraca* (Megastrandbar) Crocobeach das komplette Praia-do-Futuro-Erlebnis, inklusive Pools und Livemusik. Ein überaus vergnüglicher Ort mit einem grandiosen Büfett.

Vojnilô FISCH & MEERESFRÜCHTE **$$$**
(☎3267-3081; www.vojnilo.com; Frederico Borges 409, Varjota; Hauptgerichte 46–98 R$; ⏲Mo 17–24, Di–Sa 13–15 & 19–24, So 13–17 Uhr) Dieses unauffällige Restaurant mit den Steinwänden, einem dezenten maritimen Dekor und dem verwirrenden mazedonischen Namen gewinnt regelmäßig die höchsten Seafood-Auszeichnungen der Stadt. Die Meeresfrüchtespaghetti (69 R$) mit zwei *langostas* (kleine Hummer) und die Hauspezialität – Fisch in Kapernsoße – sind gleichermaßen phänomenal. Auf der Getränkekarte stehen Weine aus sieben Ländern.

Ausgehen & Unterhaltung

Fortaleza ist für sein Nachtleben berühmt. Am besten steuert man die Gegend rund um das Dragão-do-Mar-Zentrum an.

Boteco Praia BAR
(Av Beira Mar 1680, Meireles; ⏲17–2 Uhr; 📶) Mit einem langen, von Arkaden geschmückten Saal und der zur Meerespromenade gelegenen Terrasse zieht die Nummer eins, um abends etwas zu trinken und sich zu unterhalten, Gäste jeden Alters an. Leider schlägt sich die tolle Lage im Preis nieder: Hier muss man 6,60 R$ je *chope* (Bier vom Fass) und 15 bis 20 R$ für die verführerischen Gerichte wie *picanha*-Steak und panierte Shrimps löhnen, die von aufmerksamen Kellner serviert werden.

Órbita BAR
(www.orbitabar.com.br; Dragão do Mar 207; Eintritt 20–25 R$; ⏲Do–So 21–4 Uhr) Die große Bar des Dragão-do-Mar-Zentrums ist in Schwarz und Violett gehalten. Obwohl sie an einen studentischen Rockclub erinnert, sehen die Gäste deutlich besser aus als gewöhnliche Unibesucher. Scharen flirtwilliger Oberschichtler lauschen im Órbita live gespieltem Rock, Surfrock und Pop zwischen Snookertischen.

Mucuripe Club CLUB
(mucuripe.com.br; Travessa Maranguape 108; Eintritt 30–60 R$; ⏲Fr & Sa 22–5 Uhr) Modern, untouristisch und unglaublich groß: Neben einem Dinnerclub beherbergt die beste und stilvollste Disco des Nordostens fünf verschiedene Tanzflächen, auf denen man zu DJ- und Livemusik wie *forró* (typische populäre Tanzmusik des ländlichen Nordos-

tens), *sertaneja* (ländlicher Pop aus dem Nordosten), *axé* (afrobrasilianischer Pop), Rock und anderem abhottet. Verloren gegangene Begleiter findet man erst am nächsten Tag wieder.

Pirata Bar CLUB
(www.pirata.com.br; Tabajaras 325; Eintritt 40 R$; ⌚20 Uhr–open end) Ja, die Bar- und Clubszene rund um den Uferbereich an der Praia de Iracema ist ziemlich touristisch, doch die „*Segunda-feira Mais Louca do Mundo*" (Verrücktester Montag der Welt) sollte man sich trotzdem nicht entgehen lassen. Livebands spielen vor einem dicht gedrängten Publikum die ganze Nacht hindurch *forró* und andere brasilianische Rhythmen zum Tanzen.

Sport

Fortalezas Stadion **Castelão**, das 9 km südlich vom Zentrum liegt, wurde komplett renoviert, um zur Fußball-WM 2014 insgesamt 64 000 Fans Platz zu bieten. Hier sollen sechs Begegnungen stattfinden, darunter ein Viertelfinale und mindestens ein Spiel, bei dem die brasilianische Mannschaft antritt. Beide Spitzenclubs der Stadt, **Ceará** (www.cearasc.com) und **Fortaleza** (www.fortalezaec.net), sind hier oft zu sehen.

Shoppen

In Fortaleza wird Kunsthandwerk aus ganz Ceará verkauft. Zu den schönsten Arbeiten gehört feine Spitze. Diese Tradition wurde einst von den Portugiesen ins Land gebracht. Die Kunsthandwerker verarbeiten auch *carnaúba*-Palmwedel, Bambus, Leder und Kletterpflanzen.

Ceart KUNSTHANDWERK
(Centro Dragão do Mar; ⌚Di–Do 9–18, Fr–So 14–21 Uhr) In dem schönen staatlichen Kunsthandwerksgeschäft bekommt man Spitze, Keramik, Holzschnitzereien, Körbe und Taschen aus Sisal und *carnaúba* sowie Textilien. Weitere Filialen befinden sich in **Iracema** (Av Monsenhor Tabosa 777, Praia de Iracema; ⌚Mo–Fr 8–18, Sa 8–17 Uhr) und in **Aldeota** (Av Santos Dumont 1589, Aldeota; ⌚Mo–Fr 9–18, Sa 9–15 Uhr).

Mercado Central MARKT
(www.mercadocentraldefortaleza.com.br; Av Nepomuceno 199; ⌚Mo–Fr 8–18, Sa 8–16, So 8–12 Uhr) Der dreistöckige Hauptmarkt mit über 500 Ständen und guten Preisen zielt vor allem auf Touristen ab. Das umfassende Angebot reicht von Ledertaschen und farbenfrohen Palmenkörben bis zu Cashewnüssen aus der Region und unzähligen Sorten *cachaça* (Zuckerrohrschnaps) – manche Flaschen enthalten eingelegte Früchte oder Krabben. Auch die eine oder andere Kuriosität kann man hier entdecken.

Centro de Turismo KUNSTHANDWERK
(Senador Pompeu 350; ⌚Mo–Sa 8–18, So 8–12 Uhr) Zwischen vielen Spezialständen für Spitze und Stickereien gehen Spitzenklöpplerinnen ihrer Arbeit nach.

Laselva Bookstore BÜCHER
(Aeroporto Pinto Martins; ⌚24 Std.) Befindet sich oben im Flughafengebäude. Gute Karten und Reiseführer.

Praktische Informationen

GEFAHREN & ÄRGERNISSE

Vorsicht vor Taschendieben im Zentrum und Stranddiebstählen! Außerdem wurden schon mal Touristen angegriffen, die an der Praia do Futuro auf den Bus zurück in die Stadt warteten. Nach Einbruch der Dunkelheit sollte man leere Straßen im Centro tunlichst meiden.

GELD

Die Geldautomaten im Flughafen akzeptieren internationale Karten.

Banco do Brasil Meireles (Av Abolição 2308; ⌚Mo–Fr 10–16 Uhr, Geldautomaten tgl. 6–22 Uhr); **Praia de Iracema** (Av Monsenhor Tabosa 634; ⌚Mo–Fr 10–16 Uhr, Geldautomaten tgl. 8–19 Uhr) In diesen Filialen wird auch Geld gewechselt.

HSBC (Av Monsenhor Tabosa 1200, Praia de Iracema; ⌚Mo–Fr 10–16 Uhr, Geldautomaten 24 Std.)

Confidence (Av Beira Mar, Meireles; ⌚Mo–Fr 8.30–20.30, Sa 8.30–18, So 8.30–13.30 Uhr) Wechselt u. a. Euros und US-Dollars.

INTERNETZUGANG

Internet C@fé (Loja 16, Polo Comercial 101, Ecke Ildefonso Albano & Av Monsenhor Tabosa; Internet 4 R$ pro Std.; ⌚Mo–Sa 8.30–19.30 Uhr) Nützliches kleines Internetcafé, in dem man außerdem drucken, scannen, faxen und telefonieren kann.

MEDIZINISCHE VERSORGUNG

SAT (☎3261-2220; www.gruposat.com.br) Der beste Spezialist für Reisemedizin in der Region; mehrsprachiger Dienst mit Hausbesuchen (24 Std.)

NOTFALL

Krankenwagen (☎192)

Polizei (Polícia; ☎190)

Touristenpolizei (Delegacia de Proteção ao Turista; ☎3101-2488; Av Almirante Barroso 805, Praia de Iracema)

TOURISTENINFORMATION

Casa do Turista Centro (☎3105-1444; Praça da Ferreira; ⏱Mo–Fr 9–17, Sa 8–12 Uhr); **Mucuripe** (☎3105-2670; Av Beira Mar, Mucuripe; ⏱9–21 Uhr); **Mercado Central** (☎3253-1227; EG, Mercado Central, Av Nepomuceno 199; ⏱Mo–Fr 8–17, Sa 8–12 Uhr) Die Infoschalter werden von der städtischen Tourismusverwaltung betrieben. Manche Mitarbeiter sprechen Englisch, andere nicht.

Setur Centro de Turismo (☎3101-5508; Centro de Turismo, Senador Pompeu 350; ⏱Mo–Fr 8–18, Sa 8–15, So 8–12 Uhr); **Busbahnhof** (☎3230-1111; Rodoviária; ⏱6–22 Uhr); **Flughafen** (☎3392-1667; Flughafen; ⏱6–24 Uhr) Ceará Tourismusorganisation betreibt nützliche Infobüros. Meistens sind Mitarbeiter vor Ort, die Englisch sprechen.

Setfor (www.fortaleza.ce.gov.br/turismo) Fortalezas Tourismusseite ist eine gute Infoquelle, aber leider nur für Leute, die Portugiesisch verstehen.

ℹ An- & Weiterreise

AUTO & MOTORRAD

Mehrere Autovermieter haben Filialen im Flughafen, darunter die empfehlenswerten Unternehmen **Avis** (☎3392-1369; www.avis.com.br), **Hertz** (☎3477-5055; www.hertz.com) und **Localiza** (www.localiza.com). In der Avenida Monsenhor Tabosa in Praia de Iracema findet man mehrere lokale Anbieter wie **Maresia** (www.maresiarentacar.com.br; Av Monsenhor Tabosa 1001; ⏱8–18 Uhr), wo einige Mitarbeiter Englisch sprechen.

BUS

In zwei Agenturen bekommt man Bustickets, darunter **DP Tur** (☎3219-5210; www.diskpassagens.tur.br; Loja 0, Av Monsenhor Tabosa 631, Iracema; ⏱Mo–Fr 8.30–12 & 13.30–18, Sa 8.30–12 Uhr) mit freundlichen englischsprachigen Angestellten.

Vom Busbahnhof bestehen Verbindungen zu zahlreichen Orten. Jericoacoara wird von mehreren Unternehmen bedient. **Girafatur** (☎3219-3255; www.girafatur.com.br) und **Enseada** (☎3091-2762; www.enseada.tur.br) bieten einen Tür-zu-Tür-Transfer in Transportern von den Hotels in Fortaleza (60 R$, 6 Std.) an; die Angestellten vieler Unterkünfte buchen ihn auf Nachfrage für ihre Gäste. Eine andere Möglichkeit sind die bis zu drei Busse täglich von **Fretcar** (☎3402-2222; www.fretcar.com.br), die am Busbahnhof in Fortaleza starten (43–58 R$, 6–7 Std.). Der Bus um 8 Uhr (ganzjährig) und der Nachmittagsbus, der ebenfalls fast das ganze Jahr über verkehrt (je nach Jahreszeit um 16, 18.30 oder 19 Uhr), halten 15 Minuten nach Abfahrt vom Busbahnhof auch am Flughafen und weitere 30 Minuten später am **Praiano Hotel** (Av Beira Mar 2800) am Strand von Meireles. Der letzte Teil der Tour mit Fretcar ist eine einstündige Fahrt von Jijoca nach Jericoacoara in einer *jardineira* (an den Seiten offener Allradtruck) auf Sandwegen und den Strand entlang über die Dünen. Im **Beach Point** (☎3242-2911; Av Beira Mar 2915, Meireles; ⏱8–22 Uhr) kann man die Fahrpläne von Fretcar checken (möglichst einen Tag vorher) und Tickets kaufen. Die aufregendste Reise nach Jericoacoara ist der Trip mit einem Allradwagen den Strand entlang; sie wird von Agenturen wie Jeri Off Road (S. 564; 750 R$ für bis zu vier Pers.) angeboten.

FLUGZEUG

Vom **Flughafen Pinto Martins** (☎3392-1200) verkehrt **TAP Portugal** (www.flytap.com) täglich von/nach Lissabon, **Alitalia** (www.alitalia.com) zweimal wöchentlich nach Rom, **Air Italy** (www.meridiana.it) zweimal wöchentlich nach Mailand und **ArkeFly** (www.arkefly.nl) zweimal wöchentlich nach Amsterdam. **Azul** (www.voeazul.com.br), **GOL** (www.voegol.com.br), **TAM** (www.tam.com.br), **Passaredo** (www.voepassaredo.com.br) und **Avianca** (www.avianca.com) bieten Verbindungen in viele brasilianische Städte.

BUSSE AB FORTALEZA

ZIEL	PREIS (R$)	FAHRTDAUER (STD.)	ABFAHRTEN (TGL.)
Belém	230–234	24–30	3
Natal	75–110	8–9	7
Parnaíba	75–148	8–12	4
Piripiri	50–84	7–8	3
Recife	123–177	12–14	4
Rio de Janeiro	399	48	1–2
Salvador	207	22	1
São Luís	147–157	19	3
Teresina	67–113	9–11	6
Ubajara	31–40	7	5

Unterwegs vor Ort

Fortaleza hat ein umfangreiches Busnetz mit häufig verkehrenden Fahrzeugen. Fast alle Tickets kosten 2,20 R$. Wer an einem Terminal de Integração (Integrierter Busbahnhof) wie Papicu oder Parangaba umsteigen muss, braucht keine zweite Fahrkarte.

Die Taxis sind mit Gebührenzählern ausgestattet. Für die 4 km lange Strecke vom Centro Dragão do Mar nach Varjota zahlt man beispielsweise etwa 15 R$.

VOM/ZUM BUSBAHNHOF

Bus 013 Aguanambi I fährt vor dem Busbahnhof Richtung Norden ab und folgt der Avenida Dom Manoel bis zum Centro Dragão do Mar. Wer nach Praia de Iracema und Meireles will, geht vor dem Busbahnhof nach links, biegt an der Ampel rechts in die Avenida Borges de Melo ein und läuft etwa 200 m bis zu einer Bushaltestelle auf der gegenüberliegenden Straßenseite (Süden). Dort starten die Linien 073 (Siqueira/Praia de Iracema) und 078 (Siqueira/Mucuripe). Sie verkehren die Avenida Dom Manuel hinauf zum Centro Dragão do Mar und dann nach Praia de Iracema; die Nummer 078 fährt noch weiter nach Meireles.

Ein Taxi vom Busbahnhof nach Praia de Iracema kostet 25 bis 30 R$.

VOM/ZUM FLUGHAFEN

Ein Taxi vom Flughafen nach Meireles oder Praia de Iracema kostet je nach Verkehrslage 20 bis 40 R$. Die Busse 027 (Siqueira/Papicu/Aeroporto), 087 (Expresso Siqueira/Papicu) und 066 (Parangaba/Papicu/Aeroporto) steuern das Terminal Papicu im Osten der Stadt an, wo man in die Linie 051 (Grande Circular 1) nach Meireles und Praia de Iracema umsteigen kann. Bus 066 fährt zum Terminal Parangaba. Von dort verkehrt Bus 077 (Parangaba/Mucuripe) zum Centro Dragão do Mar sowie nach Praia de Iracema und Meireles. Bus 404 (Aeroporto Benfica Rodoviária) fährt zum Busbahnhof, wo die Nummer 013 (Aguanambi I) zur Avenida Dom Manuel und zum Centro Dragão do Mar startet.

Canoa Quebrada

☎ 088 / 4000 EW.

Südöstlich von Fortaleza gibt's viele malerische, zumeist von Dünen geschützte Strände, doch die Gegend wird zunehmend erschlossen und zugebaut. Erst wenn man 140 km hinter Fortaleza die Ausläufer von Canoa Quebrada erreicht, gewinnt die Küste wieder ihre natürliche Schönheit zurück. Dieses einst winzige Dorf, das durch seine riesigen rosafarbenen Sanddünen lange von der Welt abgeschnitten war und sich bei frühen Hippie-Travellern großer Beliebtheit erfreute, hat sich zu einem mehr auf Familien ausgerichteten Strandort entwickelt. Außerdem ist es inzwischen eines der Lieblingsziele der Transportertouren von Fortaleza aus. Trotzdem vermitteln die zerklüfteten, erodierten Sandklippen und die breiten Dünen immer noch etwas von der elementaren überweltlichen Atmosphäre, für die Canoa Quebrada früher berühmt war. Mit seinen vielen guten *pousadas* und Restaurants und den vielfältigen Outdooraktivitäten gilt es als angenehmer Ort für ein paar entspannte Tage.

Die Hauptstraße Rua Dragão do Mar (Rua Principal) verläuft Richtung Westen über den Kamm des Hügels, an dessen Hang sich Canoa bis hinunter zum Strand erstreckt. Der östliche, verkehrsberuhigte Teil der Rua Principal wird Broadway genannt; dort befinden sich die meisten Restaurants und Bars.

Aktivitäten & Geführte Touren

Südlich von Canao zieht sich ein 30 km langer Strandabschnitt, der von farbigen Felsen gesäumt wird, um die Landspitze **Ponta Grossa**. Hier kann man eine spaßige **Buggyfahrt** (250 R$ für eine 3–4-stündige Rundtour; bis zu 4 Pers.) unternehmen und unterwegs zum Mittagessen in Meeresfrüchtebars wie **Barraca Pantanal** (Hauptgerichte 20–60 R$; ⏲7–17 Uhr) direkt vor der Ponta Grossa einkehren – ein toller Ort, um in der Saison (Juli bis Dezember) Hummer zu kosten.

Nördlich von Canoa erstreckt sich ein großes Gebiet hoher Dünen über 12 km bis zur Mündung des Rio Jaguaribe. Ein einstündiger **Buggytrip** mit aufregenden steilen Abfahrten kostet rund 140 R$ für bis zu vier Personen. In den *pousadas* empfehlen die Angestellten autorisierte Fahrer und buchen die Touren.

Überaus beliebt und ein Riesenvergnügen für Schwindelfreie sind Tandem-Gleitschirmflüge bei **Vôo Duplo Jerônimo** (☎ 8806-6570; 10–20-minütiger Flug 70 R$). Vom Startpunkt am östlichen Ende des Broadway geht's über Canoas Strände hinweg.

Die besten Bedingungen zum **Kitesurfen** herrschen im Mündungsbereich des Rio Jaguaribe, 12 km nordwestlich. Hier wehen zuverlässige Winde und das Wasser ist ruhig. Die Saison dauert von Juli bis Dezember und die Gegend ist nur per Buggy erreichbar (Hin- & Rückfahrt 25 R$ pro Pers.). Anfängern empfehlen wir die **Kite School Canoa**

Quebrada (☎9960-6070; extremekiteschool@hotmail.com.br) und **Kite Flat Water** (☎3421-7403; www.brasilkiteflatwater.com; Pousada Colibri, Rua do Toquinho), zwei Schulen mit Lehrern der International Kiteboarding Organization (IKO), die auch Ausrüstung verleihen. Ein zweistündiger Schnupperkurs kostet etwa 70 R$, ein kompletter achtstündiger Lehrgang 750 R$.

Schlafen

Pousada California POUSADA $

(☎3421-7039; www.californiacanoa.com; Nascer do Sol 135; Zi. 140–200 R$; ❄📶🏊) Die 28 adretten und komfortablen Zimmer der beliebten *pousada* verteilen sich auf beiden Straßenseiten. Es gibt einen hübschen Hof mit geselligem Bar- und Poolbereich sowie einen neuen Fitnessraum. Im relaxten Frühstücks- und Fernsehzimmer bekommt man den ganzen Tag über Gratiskaffee und -obst. Der Besitzer ist Engländer, das Management niederländisch.

Hostel Pousada Ibiza HOSTEL $

(☎3421-7262; www.hostelpousadaibiza.com; Dragão do Mar 360; B 35–40 R$, DZ 80–100 R$; ❄@📶) Leider sind die Schlafsäle und Zimmer etwas klein, doch sie werden durch farbenfrohe Kunstwerke belebt, und haben jeweils eigene Bäder. Das Beste an diesem Hostel ist aber der lange, luftige Balkon mitten im Trubel des Broadway, der zugleich als Lounge und Bar fungiert. Unten befindet sich eine Pizzeria, außerdem verfügt die Unterkunft über eine kleine Gästeküche. Es wird auch Englisch gesprochen.

Vila Canoa POUSADA $$

(☎3421-7183; www.vilacanoa.com; Av Beira Mar 35; Zi. 190 R$; ❄📶🏊) Mit Canoas von Niederländern geführten einzigen *pousada* direkt am Strand trifft man eine ausgezeichnete Wahl. Die coolen, geschmackvoll eingerichteten Zimmer gruppieren sich um einen Garten mit Rasen und Plattenwegen, die zum Pool, einer tollen Sonnenterrasse und der hauseigenen *barraca* (Strandbar/Restaurant) führen.

Pousada Dolce Vita POUSADA $$

(☎3421-7213; www.canoa-quebrada.it; Descida da Praia; Zi. 180–240 R$; ❄📶🏊) Eine freundliche, relaxte Bleibe mit Zimmern rund um einen Garten voller Palmen und Rasenflächen, in dessen Mitte ein schöner Pool liegt. Die Räume sind jeweils nach einem Film von Fellini benannt und mit entsprechenden Souvenirs dekoriert. Sie haben mehr Charakter als in einer durchschnittlichen *pousada* üblich.

REDONDA

35 km südöstlich von Canoa Quebrada liegt hinter der Landspitze Ponta Grossa das Fischerdorf Redonda. Es erinnert an Canoa Quebrada vor 30 oder 40 Jahren und ist ein schönes Fleckchen, um den Rest der Welt mal ein paar Tage zu vergessen und vergleichsweise günstig frischen Hummer zu kosten (Portion für 2 Pers. ca. 40–50 R$). Die **Pousada O Pescador** (☎088-3432-3018; Rua Praia 496; Zi. 70 R$) hat einfache, aber gute Zimmer direkt am Strand. Etwas schicker, aber immer noch recht rustikal sind die Ziegelchalets von **Oh! Linda Pousada** (☎088-3432-3025; www.ohlindapousada.com.br; Rua da Serra 100; Zi. 140 R$) oben auf den Klippen. Wer von Fortaleza nach Redonda reisen will, nimmt zunächst einen Bus nach Aracati (13,50 R$, 3 Std., 10-mal tgl.) und steigt dort an der Igreja Matriz in einen Transporter zum Fischerdorf.

Essen

El Argentino CHURRASCARIA $$

(☎3421-7123; www.elargentino.com.br; Broadway; Hauptgerichte 25–45 R$; ⏱11.30–23.30 Uhr) Am Ostende des Broadway befindet sich eines der besten Restaurants für gegrilltes Fleisch. Das Argentino besitzt ein Panoramafenster mit Blick zum Strand und bietet ein All-you-can-eat-*rodízio* für 55 R$.

Bar Evolução PIZZERIA $$

(☎3421-7291; Eliziário 1060; Pizzas 12–30 R$; ⏱Do–Di 19–23 Uhr) In diesem stimmungsvollen kleinen, von Italienern geführten Open-Air-Lokal bekommt man Holzofenpizzas mit dünner Kruste und frischem Mozzarella.

Lazy Days

FISCH & MEERESFRÜCHTE, INTERNATIONAL $$

(☎9633-1499; www.lazydaysbrasil.com; Praia; Hauptgerichte 20–35 R$; ⏱9–17 Uhr) Unter Canoas malerischen roten Klippen am östlichen Strandende serviert unser Favorit unter den Beach-*barracas* exzellente gegrillte Meeresfrüchte, Steaks und Currys. Zudem wird donnerstag- und samstagabends ein erstklassiges Barbecue veranstaltet. Oben gibt's ein paar nette Zimmer (80–100 R$) und einen Schlafsaal mit Doppelbetten (35–

50 R$ pro Pers.) für alle, die möglichst nah am Meer sein wollen.

Ausgehen & Nachtleben

Einfach den Broadway entlangschlendern und schauen, was los ist. Der größte Andrang herrscht meistens im **Caverna** (Broadway; ⌚ab 16 Uhr), das am Straßenende in Richtung Strand mit Darts und Poolbillard aufwartet. Freitags und samstags platzt der Laden aus allen Nähten.

Die *barraca* Freedom veranstaltet nächtliche Reggaepartys am Strand (Fr & So ab ca. 1 Uhr).

Praktische Informationen

Die Geldautomaten der Banco-do-Brasil- sowie der Banco-Bradesco-Filiale und das Postamt befinden sich alle in dem kleinen Einkaufszentrum unweit des Westendes der Rua Dragão do Mar. **Canoa Guide** (www.canoaguide.com) ist eine nützliche Website.

An- & Weiterreise

Zwischen Canoa und dem Busbahnhof in Fortaleza verkehren täglich fünf Busse (16,30 R$, 3¼ Std.). Unternehmen wie **Oceanview** (☎85-3219-1300; www.oceanviewturismo.com.br) und **Lisatur** (☎85-3219-5400; www.lisatur.com.br) bieten auch Touren mit Transportern (40 R$, 2½ Std.) an. Sie holen Passagiere von deren Unterkunft in Fortaleza ab bzw. bringen sie dorthin. Los geht's in Fortaleza gegen 8 Uhr, zurück gegen 15.30 Uhr vom westlichen Ende der Rua Dragão do Mar in Canoa aus.

Von Rio Grande do Norte kommend müssen Buspassagiere 13 km südwestlich von Canoa in Aracati aussteigen. Mit etwas Glück erwischt man dort einen São-Benedito-Bus der Route Fortaleza–Canoa (2 R$, 8.50, 11.30, 13.50 & 16.20 oder 20.20 Uhr). Alternativ nimmt man einen der Minibusse (3 R$, 6–20 Uhr etwa alle 30 Min.) an der 1 km entfernten Igreja Matriz im Zentrum Aracatis oder ein Taxi (25 R$).

Ein neuer Flughafen bei Aracati soll Mitte 2014 den Betrieb aufnehmen; die ersten Verbindungen führen wahrscheinlich von/nach São Paulo.

Die Strände nordwestlich von Fortaleza

Nordwestlich von Fortaleza wartet die Küste mit schönen Stränden und Dörfern auf, die sich wunderbar zum Entspannen und Erkunden der Dünen, Buchten, Seen sowie Flüsse eignen. Darüber hinaus herrschen hier ideale Bedingungen für Surfer, Wind- und Kitesurfer.

Cumbuco

Cumbuco liegt 35 km von Fortaleza entfernt und hat einen langen Strand, der sauberer als die Sandstreifen der Metropole ist. Im Hinterland erstrecken sich Dünen und ein paar Lagunen – das Ziel zahlreicher Buggytouren und Tagesausflüge aus Fortaleza. Am besten steuert man stattdessen die viel schöneren Orte weiter nördlich an der Küste an, es sei denn, man ist ein Kitesurfer oder möchte einer werden. Die Praia de Cumbuco selbst und die Lagoa da Barra do Cauipe, 10 km westlich der Stadt, bieten von Juli bis Februar mit die besten Bedingungen für diese Sportart in ganz Brasilien. Allerdings sorgt die perfekte Kombination aus starken Winden und ruhigem Wasser an der Lagune für wahre Besucheranstürme. Ausrüstungsverleih und Unterricht werden ebenfalls angeboten. In Cumbuco findet man mehrere Hotels und *pousadas*, falls man vor Ort übernachten möchte. Minibusse von **Empresa Vitória** (☎085-4011-1299; www.evitoria.com.br) fahren vor dem Clube Ideal in Meireles, Fortaleza um 9, 11, 15.50 und 18.20 Uhr nach Cumbuco (5,15 R$).

Paracuru

☎ 085 / 20 500 EW.

Rund 95 km nordwestlich von Fortaleza lockt Paracuru, ein beliebtes Erholungsziel der Großstädter, mit einer geschwungenen Bucht voller Palmen und rustikaler Fischerbooten Touristen an. An Wochentagen geht's meistens ziemlich ruhig zu, außerdem ist der Ort kein regelmäßiges Ziel der Transportertouren aus Fortaleza.

Hier kann man ganzjährig surfen. Die Bedingungen zum Kiten sind von August bis Januar hervorragend und im November sowie im Dezember optimal. Der beste Kitesurfspot liegt etwa 4 km östlich vom Stadtzentrum.

Ein Banco-do-Brasil-Geldautomat befindet sich gleich südlich der zentralen Praça da Matriz. Täglich fahren zwölf Busse vom Busbahnhof in Fortaleza nach Paracuru (9,10 R$, 2 Std.).

Schlafen & Essen

Pousada Sol & Lua POUSADA **$**
(☎3344-2055; www.pousadaparacuru.com; Izaura Moreira Lima 203; EZ 95–130 R$, DZ 106–145 R$; ❄📶🏊) Diese nette, von deutschen Besitzern geführte *pousada* verfügt über zwölf farbenfroh gestaltete Zimmer, eine Bar, einen

Swimmingpool und Videoüberwachung. Sie liegt in einer ruhigen Straße 1 km östlich vom Zentrum.

Fórmula 1

FISCH & MEERESFRÜCHTE, INTERNATIONAL **$$**

(☎3344-2048; formula1paracuru.com.br; Praia da Munguba; Hauptgerichte für 2 Pers. 45–70 R$; ⏲10–23 Uhr) Am Hauptstrand Paracurus serviert das Fórmula 1 vielfältige Gerichte, darunter Couscous, Fondues, Grillfisch und die Spezialität des Hauses, Schnecken, sowie kühles Bier. Dem französischen Inhaber gehört auch die **Pousada Fórmula 1** (☎3344-2048; formula1paracuru.com.br; Paulo Henrique 100; EZ 80–90 R$, DZ 100–120 R$; ❄📶🏊) 1,5 km vom Strand entfernt mit ordentlichen, großen, bunten Zimmern rund um einen hübschen Garten und einen schönen Pool.

Lagoinha

☎ 085

20 km hinter Paracuru (45 Straßenkilometer) lockt das an der Küste gelegene Lagoinha mit einem malerischen 15 km langen Nordweststrand samt Kokospalmen und *jangadas*. Der Sandstreifen ist einer der ansprechendsten in Ceará, und das trotz der großen Konkurrenz. Bisher wurde er kaum erschlossen, allerdings beginnen allmählich große Bauprojekte, zudem kommen täglich die Tourtransporter aus Fortaleza her.

Am besten besucht man Lagoinha im Rahmen eines Kurztrips. Vom Busbahnhof in Fortaleza fahren stündlich Busse nach Paraipaba (8,45 R$, 2 Std., 6.30–20.30 Uhr), wo man für die letzten 12 km nach Lagoinha ein Taxi (12 R$) nehmen muss.

Schlafen & Essen

Pousada do Sol

POUSADA **$**

(☎3363-5092; www.apousadadosol.com; Antônio Cordeiro Filho 10; EZ/DZ 110/140 R$; ❄📶) Eine ordentliche, freundliche Überraschung am Dorfeingang mit kleinen, nett dekorierten Zimmern rund um einen gepflasterten Hof.

Hotel Vivamar

HOTEL **$$**

(☎3363-5077; www.vivamarhotel.com.br; Praia; EZ/DZ 140/230 R$; ❄📶🏊) Alle reizenden hellen, in warmen Tönen gestalteten Zimmer haben Veranden mit Blick über den Garten zum Strand. Das Restaurant bietet einen freundlichen Service und eine kurze, aber gute Karte mit Meeresfrüchten und Fleischgerichten (Hauptgerichte für 2 Pers. 34–87 R$).

Flecheiras & Mundaú

☎ 085

Die entlegenen Siedlungen Flecheiras (136 km von Fortaleza und 11 km nördlich der Stadt Trairi) und Mundaú (142 km von Fortaleza und 17 km nordwestlich von Trairi) sind traditionelle Fischerdörfer mit schönen langen, breiten Sandstränden, Riffen vor der Küste und Dünen. Da sie bisher kaum erschlossen wurden, gelten sie als angenehme Orte zum Nichtstun vor einer Bilderbuchkulisse.

Im kleinen Flecheiras, einem beliebtem Wochenendziel wohlhabender Bewohner von Fortaleza und einem guten Kitesurfspot (am besten von August bis November) gibt's mehrere Unterkünfte, darunter die **Pousada Edmar** (☎3351-3069; Rua da Praia 674; EZ 45–60 R$, DZ 90–120 R$), mit einfachen, gepflegten Zimmern, die teilweise direkt auf den Strand schauen, und die gehobenere **Pousada Catavento** (☎3281-1818; www.pousadacataventoce.com.br; Rua da Praia; EZ 150–180, DZ 170–200 R$; ❄📶🏊) mit schönen Zimmern samt Ziegelwänden und Blick auf den Strand von der gegenüberliegenden Straßenseite. Wegen des guten Essens (von Fisch über Burger bis zu Rindfleisch), aber auch wegen der skurrilen englischen Übersetzung der Speisekarte trifft man mit dem am Strand gelegenen **Tempero Mineiro** (Praia; Hauptgerichte 29–50 R$; ⏲11–23 Uhr) eine gute Wahl, wenn man sich stärken möchte.

Im größeren Mundaú spielt der Tourismus noch immer die zweite Geige hinter der Fischerei. Die **Flussfahrt** (25 R$ pro Pers.; ⏲10.30 & 16 Uhr, bei mehr als 2 Pers. jederzeit) auf dem Rio Mundaú ist ein reizender 1½-stündiger Ausflug, besonders am Nachmittag: Dann wird nämlich eine Pause gemacht, um von den hohen Dünen den Sonnenuntergang zu betrachten. Die gut geführte **Estrela de Mundaú Hotel** (☎3351-9063; www.estrela.cc; Vila Nova 50; EZ/DZ 90/135 R$; ❄📶🏊), ein paar Schritte von der Bushaltestelle entfernt an der zentralen *praça* (Platz), hat Zimmer mit Meerblick und einen großen tropischen Garten mit Pool. Hier spricht man Deutsch und Englisch. Einige Stunden im Voraus bestellen sollte man die großartige Paella im **Pousada Beach House** (☎9921-0399; www.mundaubeachhouse.com; Rua da Praia 537, Mundaú; EZ/DZ 80/125 R$, Restaurant Hauptgerichte für 2 Pers. 25–60 R$; ⏲Restaurant 11–15 & 19–22 Uhr; ❄@📶). Die Pension mit geräumigen Zimmern und die Strand-*barraca* werden von einem Engländer geführt, der zehn Jahre in Barcelona gelebt hat.

Täglich fahren sechs **Fretcar-Busse** (☎085-3402-2222; www.fretcar.com.br) vom Busbahnhof in Fortaleza nach Flecheiras (12,75 R$, 3 Std.). Drei Busse verkehren zudem nach Mundaú (13 R$, 3¾ Std.).

Icaraí de Amontada

☎ 088

Icaraizinho, wie es liebevoll genannt wird, gilt als hübschester der kleinen Strandorte zwischen Fortaleza und Jericoacoara. Sein breiter, feiner Sandstreifen erstreckt sich rund um eine geschwungene, von Palmen gesäumte Bucht und ist zumeist fast menschenleer. Manche sagen, er erinnere an Jericoacoara vor 25 Jahren. Das Dorf liegt 190 km hinter Fortaleza (außer Reichweite der Tagestourbusse), hat keinen Geldautomaten, und der 24 km lange Zufahrtsweg zur Schnellstraße CE-085 wurde erst vor ein paar Jahren asphaltiert. Es gibt in Icaraí mehrere hervorragende *pousadas* und einige empfehlenswerte Restaurants, außerdem ist dies ein Topziel für Wind- und Kitesurfer (am besten von Juli bis Dezember). **Club Ventos** (☎3636-3006; www.clubventos.com) am östlichen Ende des Strandes bietet Kurse an und verleiht hochwertige Ausrüstung sowie Surfboards, Kajaks und Bretter fürs Stehpaddeln.

Täglich um 14.30 Uhr fährt Fretcar (S. 573) vom Busbahnhof in Fortaleza nach Icaraí (19,45 R$, 4½ Std.), zurück geht's um 17.50 Uhr (So 13.20 Uhr).

Schlafen & Essen

★ Pousada Les Alizés POUSADA **$$**
(☎9697-0880, 3636-3006; www.lesalizes.com.br; EZ/DZ mit Ventilator 115/150 R$, mit Klimaanlage 150/178 R$;) Am östlichen Ende der Bucht wartet diese wunderbare Unterkunft mit einem großen Garten am Strand, vier süßen klimatisierten Bungalows und von Ventilatoren gekühlten Zimmern in einem Nebengebäude auf. Das tolle Frühstück, das in einem luftigen Pavillon mit Strandblick kredenzt wird, ist eine wahre Wonne.

Villa Mango CHALET **$$$**
(☎3636-3089; www.villamango.com.br; Apt. 250 R$, Bungalow 300–500 R$;) Acht rustikale, aber luxuriöse Chalets auf Stelzen (einige zweistöckig) in einem Garten, der zum westlichen Ende des Strandes hin abfällt. Darüber hinaus gibt's in der Villa Mango ein gutes Restaurant, eine Bar, einen Pool und einen eigenen Kitesurfclub.

Café Zapata BRASILIANISCH **$**
(☎3636-3084; www.cafezapata.com; Joaquim Alves Parente 94; Hauptgerichte 14–25 R$; ⌚6.30–22 Uhr) Das hübsche Gartenrestaurant in einer schmalen Straßen, die auf das hintere Strandende zuführt, bietet von Pasta und Hühnchen über Meeresfrüchte und Salate bis zu Sandwichs eine Riesenauswahl. Alles schmeckt gut, und auch die Preise sind ganz in Ordnung.

Jericoacoara

☎ 088 / 3000 EW.

Jericoacoara, oft schlicht „Jeri" genannt, fasziniert Traveller mit einer perfekten Mischung: der isolierten Lage (der Ort ist nur über unbefestigte Straßen durch die Dünen zu erreichen), der großartigen Küstenlandschaft, aufregenden Aktivitäten, preiswerten *pousadas* und guten Ausgehoptionen. Die sandigen Dorfgassen zwängen sich zwischen einen breiten Strand, eine Reihe grasbewachsener Hügel und die majestätische Düne Pôr do Sol (Sonnenuntergang). Diese steht für einen der schönsten Sonnenuntergänge Südamerikas und lässt die Menschenmenge – dank eines unternehmerischen Einheimischen samt Cocktailwagen mit Drinks ausgerüstet – allabendlich den Gipfel von Jeris Reiz erleben: Man befindet sich nämlich an einem der wenigen Orte auf der Welt, wo ein „Smaragd-Sonnenuntergang" zu sehen ist. Bei diesem seltenen Phänomen erstrahlt der Himmel eine Millisekunde lang in Grün, bevor die Sonne endgültig hinter dem Horizont versinkt. Kamera mitbringen!

Jericoacoaras abgeschiedene Lage in einem Nationalpark am äußersten Rand des Landes ist einzigartig. Hoffentlich führt der neue Flughafen, der 30 km entfernt in der Gemeinde Cruz entsteht und möglicherweise 2014 eröffnet wird, nicht zu einem Wandel, der die überirdische Schönheit des Dorfes zerstört. Zumindest befindet sich der Flughafen ein gutes Stück außerhalb des Nationalparks.

Obwohl Jeri selbst für Fahrzeuge ohne Genehmigung tabu ist, herrscht hier doch recht viel Verkehr. Die sandigen Hauptstraßen führen parallel zueinander Richtung Westen auf den Strand zu. In der Mitte erstreckt sich die Rua Principal. Im Norden verlaufen die Rua do Forró (dort kommen die Busse an) und dahinter die Rua da Igreja (auch Rua da Matriz genannt) und im Süden (auf der Seite der Dünen) die Rua São Francisco sowie die Rua das Dunas.

KITESURFEN IN JERI & IM NORDOSTEN

Die stetigen, starken Passatwinde, die in der zweiten Jahreshälfte von Afrika über den Atlantik wehen, machen die brasilianische Nordostküste zu einem der weltweit besten Kitesurfreviere. Anhänger dieses aufregenden, körperlich anspruchsvollen Sports fliegen aus der ganzen Welt her und brachten eine komplette Infrastruktur der Kiteschulen, -*pousadas* und -safaris hervor. Hier gibt's die gesamte Palette von flachem Wasser bis zu Wellen, zudem sorgt der stetige Ostwind, der an der gesamten Küste bläst, für einige grandiose Downwinder-Möglichkeiten.

In vielen Orten wird die erforderliche Ausrüstung verliehen, doch bei Preisen um 150 R$ pro Tag möchten erfahrene Surfer vielleicht lieber die eigenen Sachen mitbringen. Am besten mietet man einen Wagen, um seine Ausrüstung zu transportieren und zu den besten Spots zu gelangen. Anfänger können in fast jedem Kitesurfort Kurse belegen. Ein Lehrgang mit neun oder zehn Stunden, meistens auf drei Tage verteilt, kostet etwa 800 bis 900 R$. Wegen der hohen Sicherheitsstandards und des guten Unterrichts sollte man eine Schule wählen, deren Lehrer von der **International Kiteboarding Organization** (IKO; www.ikointl.com) zertifiziert sind.

Dank seiner Kombination aus Einrichtungen für Traveller und Winden, die acht Monate im Jahr mit einer durchschnittlichen Geschwindigkeit von 40 bis 50 km/h blasen, gilt Jericoacoara als eines der beliebtesten Ziele für Kitesurfer. Von Ende Juni bis Februar setzt die Brise vormittags ein und weht bis zum Sonnenuntergang; am stärksten ist sie im September und Oktober. Das ruhige Wasser an der Flussmündung in Guriú, 12 km westlich von Jeri, sowie entlang mehrerer Kilometer an der Küste zurück nach Jeri eignet sich besonders für Anfänger. Andere gute Stellen sind Tatajuba, 12 km hinter Guriú, mit einer flachen Lagune; und Preá, 12 km östlich von Jeri, mit bewegterem Wasser.

Es gibt in Jeri zahlreiche Kiteschulen. Unabhängige Lehrer verlangen manchmal nur 600 R$, aber wir raten dazu, eine Schule mit IKO-Lehrern zu wählen, z. B. die **MH Kiteschool** (☎3669-2268; www.facebook.com/MhKiteschool; Pousada Bella Jeri, Travessa da Rua do Forró), das in Preá ansässige **Rancho do Kite** (☎3669-2080; www.ranchodokite.com.br; Rancho do Peixe, Preá), die **Jeri Kite School** (☎9693-7343; www.jerikiteschool.net), die ebenfalls in Preá sitzt, aber auch eine Zweigstelle in der Gasse hinter dem Restaurant Pimenta Verde in Jeri betreibt, oder die **Kiteiscool** (☎9670-2330; www.kiteiscool.com; Praça Principal).

Die gesamte Küste rund um Jeri – vom 6 km östlich von Preá gelegenen Barrinha bis nach Camocim, 20 km westlich von Tatajuba – ist ein tolles Gebiet für Downwinder-Touren. In der Gegend treibt man problemlos einen Buggy als Transportmittel hierher auf. Die Fahrt von Jeri nach Guriu für vier oder fünf Personen kostet beispielsweise 120 bis 150 R$. An allen Stellen der Küste sind auch viel längere Downwinder-Trips möglich, die von den örtlichen *pousadas*, Agenturen und Kiteschulen organisiert werden. So bietet Jeri Off Road (S. 575) mehrtägige „Kitesurfaris" mit einem Allradwagen von Canoa Quebrada nach Fortaleza (140 km), von Fortaleza nach Jeri (300 km) sowie von Jeri nach Barra Grande (100 km). Ein weiterer in Jeri ansässiger Spezialist ist **Downwind Brazil** (☎3660-3158; www.downwindbrazil.com).

Infos zu anderen Kiterevieren stehen in diesem Buch in den Beschreibungen von Porto de Galinhas, Natal, São Miguel do Gostoso, Galinhos, Canoa Quebrada, Fortaleza, Cumbuco, Flecheras und Icaraí de Amontada.

Aktivitäten

Stetige Winde zwischen Ende Juni und Februar machen Jeri zu einem Topziel für Wind- und Kitesurfer. Allabendlich finden auch Capoeira-Kurse am Strand statt und gute Wellen zum Surfen gibt's ebenfalls. Wer es ruhiger mag, kann die Dünen und Seen außerhalb des Orts per Buggy besuchen, an Yogakursen teilnehmen oder zum Felsbogen **Pedra Furada** 3 km östlich von Jeri wandern.

Buggyfahrten

Buggyfahrten lassen sich über *pousadas*, örtliche Agenturen oder die **Associação dos Bugueiros** (Vereinigung der Buggyfahrer; ☎3669-2284; Rua Principal), die am Hauptplatz einen Stand hat, organisieren. Da bis zu vier Personen mitfahren können und der Preis für den ganzen Buggy (inklusive Fahrer) gilt, lohnen sich Gemeinschaftstrips. Jeri Off Road (S. 575), ein hilfsbereiter, ökobewusster Veranstalter, bietet Abenteuertouren in der Nähe und weiter weg an. Ein toller fünfstündiger Ausflug (250 R$) führt ins 24 km weiter westlich gelegene **Tatajuba**. Hinter dem Fischerdorf mit Strand an einer Flussmündung mit Tidenhub erstreckt sich eine große Lagune in den Dünen, an der *barracas* stehen. Da eine der Dünen das alte Tatajuba verschluckte, wurde der Ort Stein für Stein an seinen jetzigen Standort verlegt. Die Stelle, wo sich früher die Kirche befand, ist immer noch zu erkennen.

Capoeira

Auf die täglichen Kurse am Strand (25 R$, 1½ Std., 7 oder 8 & 16 Uhr) folgt außer sonntags stets eine *roda de capoeira* (öffentliche Capoeira-Vorführung) zum Sonnenuntergang, die viele Zuschauer anzieht.

Surfen

Prima Surferwellen (die beste Zeit ist zwischen März und Mai) brechen sich direkt vor Jeris Strand. An der Praia Malhada rechts um die Ecke gibt's eine stärkere Brandung für Fortgeschrittene. Leihboards kostet 20 bis 30 R$ pro Stunde oder etwa 60 R$ pro Tag.

Windsurfen

Dieselben Winde, die Jeri zu einem Mekka der Kitesurfer machen, eignen sich auch hervorragend zum Windsurfen. Von Juli bis Januar herrschen direkt vor dem Hauptstrand gute Bedingungen für Erfahrene. **Ticowind** (☎ 9662-9291; www.ticowindjeri.com; Vila Kalango, Rua das Dunas 30) erfreut sich wegen seiner hohen Qualität und guten Preise großer Beliebtheit, deshalb muss man manchmal im Voraus buchen. Darüber hinaus verleiht das Surfzentrum Boards pro Tag/Woche/zwei Wochen für 49/249/407 R$ und verlangt 300 R$ für einen vierstündigen Anfängerkurs. **Club Ventos** (☎ 3669-2288; www.clubventos.com; Praia de Jericoacoara), gleich östlich am Beginn der Rua do Forró zu finden, ist ebenfalls professionell und gut ausgestattet, aber teurer. Hier bekommt man außerdem Kajaks, Surfboards und Bretter zum Stehpaddeln.

Geführte Touren

Neben Tagestrips kann man auch längere Buggy- und Jeeptouren unternehmen, die westwärts bis Parnaíba, zu den Lençóis Maranhenses und nach São Luís führen, eine Route, die als Rota das Emoções (Route der Emotionen) bekannt ist. Diese Ausflüge sind viel bequemer, aber auch teurer als die Fahrt mit öffentlichen Verkehrsmitteln: Bei **Jeri Off Road** (☎ 3669-2268; www.jeri.tur.br; Pousada Bella Jeri, Travessa da Rua do Forró) kostet eine dreitägige Jeeptour nach São Luís einschließlich der Unterkunft, des Transports, einer Bootsfahrt im Delta do Parnaíba und einer Exkursion zu den Lençóis Maranhenses 3000/3960 R$ für zwei/vier Personen.

Schlafen

Es gibt in Jeri etliche *pousadas* und kleine Hotels. Einige schließen im Mai, denn dann ist in der Gegend am wenigsten los.

Casa Côco Verde HOSTEL **$**
(☎ 8872-0865; www.casacocoverde.com; Dunas; B 40 R$, EZ/DZ 130/150 R$;) Mit Wandbildern, einem üppigen Frühstück, einem Lagerraum für Ausrüstung, Hängematten und einem offenen, von Kokospalmen beschatteten Hof hat die Kitesurferin und Weltreisende Angela in ihrem geselligen Hostel eine einladende Atmosphäre geschaffen. Die Schlafsäle unten und die Doppelzimmer oben werden von Ventilatoren und mittels Durchzugslüftung gekühlt. Angela bietet außerdem Reitausflüge an, hilft bei der Organisation von Kitesurftouren und anderen Trips und erzählt einem alles, was man über Jeri wissen muss.

Pousada Tirol/ Jericoacoara Hostel HOSTEL **$**
(☎ 3669-2006; www.jericoacoarahostel.com.br; São Francisco 202; B mit Ventilator/Klimaanlage 45/55 R$, DZ 130R$;) Die Schlafsäle sind ziemlich schlicht, doch mit dem herzlichen Flair macht das Hostel dieses Manko wieder wett. Der große Innenhof und der Hängemattenbereich mit gut bestückten Kühlschränken auf Basis einer „Kasse des Vertrauens" sorgen dafür, dass Gäste schnell miteinander bekannt werden. Pluspunkte gibt's überdies für die Reisetipps des dreisprachigen Managers Gaúcho, die Infozeitungen und den günstigen Wäscheservice.

Bella Jeri POUSADA **$$**
(☎ 3669-2268; www.bellajeri.com.br; Travessa da Rua do Forró; EZ/DZ 135/165 R$;) Sieben hübsche, geschmackvoll eingerichtete Zimmer mit Ziegelwänden, guten Holzmöbeln und Hängematten draußen, ein netter kleiner Garten sowie eine luftige Dachterrasse samt Blick auf die Dünen und das Meer ma-

chen das Bella Jeri zu einer guten Wahl. Das Frühstück ist klasse, zudem spricht der Besitzer, der auch das Jeri Off Road und die MH Kiteschool (S. 574) leitet, Englisch.

Pousada Papaya POUSADA $$
(☎3669-2219; www.jeripapaya.com; Dunas 74; EZ 145–180 R$, DZ 160–180 R$; ❄📶) Ordentliche, komfortable Zimmer mit bunten karierten Überdecken, ein leckeres Frühstück, ein Pool im Blumengarten vor dem Haus und schöne Gemeinschaftsbereiche drinnen und draußen – die kleine Unterkunft erfreut sich zu Recht großer Beliebtheit.

Pousada Surfing Jeri POUSADA $$
(☎3669-2260; www.surfingjeri.com.br; São Francisco 150; DZ 250–280 R$; ❄📶🏊) Die solide gebauten Zimmer und Apartments mit Holzböden und -decken liegen an einem grünen, schattigen Garten mit Pool. Empfehlenswert.

★ Vila Kalango POUSADA, CHALET $$$
(☎3669-2291; www.vilakalango.com.br; Dunas 30; Zi. 350–540 R$; ❄@📶🏊) Bereits seit vielen Jahren begeistert die Vila Kalango ihre Gäste mit runden, luxuriösen Backsteinbungalows. Teilweise stehen die Hütten auf Stelzen. Sie verfügen über Treibholztreppen sowie wunderschöne Himmelbetten und Möbel aus einheimischem Holz. Die kleineren *apartamentos* sind ebenso geschmackvoll eingerichtet und haben Klimaanlagen, die den Mangel an Durchzug ausgleichen. Darüber hinaus arbeiten hier charmante Angestellte und es gibt eine Poolterrasse sowie ein Restaurant mit Strandblick.

Pousada Jeribá POUSADA $$$
(☎3669-2206; www.jeriba.com.br; Rua do Ibama; Zi. 330–572 R$; ❄📶🏊) Geräumige Zimmer mit prächtigen Hartholzveranden und Hängesesseln in geschmackvollen Bungalows aus unverputzten Steinen, die sich in einem üppigen, bunten tropischen Garten verteilen. Die Nummern 12, 13 und 14 bieten die schönste Aussicht. Perfekt zum Entspannen sind die Terrasse mit Lounge und Blick auf die Dünen und der erstklassige Surferstrand, neben dem ein nobles **Restaurant** (🕒12–22 Uhr) liegt.

Essen

Für einen so kleinen Ort hat Jeri eine große Auswahl an hervorragenden Restaurants. Die günstigsten Optionen sind die *pratos feitos* (Kombigerichte für 10–15 R$), die in Lokalen wie dem **João do Barro** (São Francisco), dem **Ponta Big** (Ecke Principal & Beco do Guaxêlo) und dem schmucken, familiengeführten **Jeri Jú** (Forró) serviert werden.

Café Brasil CAFÉ $
(Beco do Guaxêlo 65A; Gerichte 5–21 R$; 🕒9–22.30 Uhr) In einer Gasse zwischen der Rua Principal und der Rua São Francisco tischt das fesche Café Brasil z. B. riesige Vollkornsandwiches auf, die man gut teilen kann. Zum Angebot gehören außerdem Salate, Kaffee, Kuchen, Säfte und Fruchtshakes.

Padaria Santo Antônio BÄCKEREI $
(São Francisco; 🕒2–7 Uhr) Mitten in der Nacht öffnet dieser Klassiker in Jericoacoara, um Partygänger auf dem Heimweg mit Kaffee und frischem Gebäck zu versorgen.

★ Pimenta Verde INTERNATIONAL, BRASILIANISCH $$
(☎9916-0577; São Francisco; Hauptgerichte 19–47 R$; 🕒12–22.30 Uhr) Das hinreißende kleine Eckrestaurant mit den wenigen Tischen serviert denkwürdige, hübsch dekorierte Leckereien wie Tintenfisch *Provençal* (vielleicht das beste Gericht in Jeri) und Filet mit grünen Pfefferkörnern.

Tamarindo BRASILIANISCH $$
(☎9937-9057; Farmacia; mittelgroße Pizzas 17–29 R$, Hauptgerichte 23–48 R$; 🕒18–24 Uhr) Jeris bei Weitem einfallsreichstes Lokal liegt romantisch beleuchtet im Schatten eines riesigen Tamarindenbaums. Fast alle Gerichte werden im Backsteinofen zubereitet – normal bei Pizza, aber nicht bei Spezialitäten wie dem exquisiten brasilianischen Filet Mignon mit Nusskruste. Von den Cocktails (eisgekühlte *tangeroskas* mit Ingwer) bis zum Personal und Service ist das Tamarindo einfach spitze!

Peixe Brasileiro FISCH & MEERESFRÜCHTE $$
(☎9703-8989; Ecke São Francisco & Beco do Guaxêlo; Fisch/Garnelen/Hummer pro Kilo 35/70/100 R$; 🕒19–23 Uhr) Tolle Idee einiger einheimischer Fischer: Man stelle abends einen Kohlegrill und Tische in eine sandige Gasse und verköstige Touristen mit einem fangfrischen Abendessen, das sich die Gäste selbst aus der Kühlbox aussuchen. Zum Angebot zählen z. B. *pargo* (Red Snapper), *garoupa* (Zackenbarsch), *robalo* (Wolfsbarsch), Garnelen und *langosta* (Hummer). Ein echtes Erlebnis!

Pizza Dellacasa PIZZERIA $$
(☎9962-3640; Principal 595; Pizzas 23–39 R$; 🕒Di–So 18–23.30 Uhr, im Mai geschl.) Hier gibt's

die wahrscheinlich beste Pizza der Stadt (mit mitteldünner Kruste), aber auch die Meeresfrüchtepasta ist ziemlich gut. Die gefrorenen Drinks mit Mango-, Mandarine- und Passionsfruchtgeschmack sind in der Hitze ein tropischer Segen.

Club Ventos SELBSTBEDIENUNG **$$**
(Praia de Jericoacoara; 41,90 R$ pro Kilo; ⏲12–17 Uhr) Von der cashewbaumbeschatteten, am Meer gelegenen Terrasse dieses Pro-Kilo-Lokals genießt man eine großartige Aussicht. Am besten macht man es sich in einem der bequemen Stühle gemütlich und sonnt sich ein bisschen. Die guten Salate und leckeren vegetarischen Gerichte machen die geringe Auswahl an Hauptspeisen wieder wett.

Ausgehen & Unterhaltung

Alles beginnt frühabends: Zunächst steuert man die Cocktailwagen am Strand gleich zu Beginn der Rua Principal an. Manchmal gesellen sich auch DJs dazu und dann tanzen die Leute hier bis in den frühen Morgen. Ansonsten ziehen die Feierlustigen weiter zu anderen Orten im Dorf. Ein paar Schritte vom Ufer entfernt lockt das **Planeta Jeri** (Principal; ⏲20 Uhr–open end) mit überwiegend elektronischer Musik. Zwischen 2 und 4 Uhr herrscht dort die beste Stimmung.

Bei den *forró*-Abenden am Mittwoch, Freitag und Samstag im **Restaurante Dona Amélia** (Forró; ⏲Mi, Fr & Sa 23.59–4.30 Uhr) kann man sich auf Livebands freuen. Von etwa 2.30 Uhr bis 4.30 Uhr füllen vor allem Pärchen die Tanzfläche. Um wirklich etwas vom *forró* zu haben, hilft es den Tanz zu lernen – das gilt besonders für die Männer, die ja führen müssen. Mel gibt an der **Academia Samba Jeri** (☎9678-3665; www.sambajericoacoara.moonfruit.com; Principal, über d. Padaria Central; 2/4 Tanzstunden 25/35 R$) Unterricht in *forró*, Samba und anderen brasilianischen Tänzen.

Im **Espaço Cultural Oka** (Forró) finden samstags die beliebten Reggaenächte mit Livemusik statt. Am wildesten geht's von 1 oder 2 Uhr bis zur Schließzeit um 4.30 Uhr zu. Das **Maloca** (Igreja) am oberen Ende der Rua Igreja veranstaltet freitags von 22 bis 2 Uhr die besten Sambaabende Jeris; andere gute Sambasessions gibt's sonntags ab etwa 23 Uhr im **Tortuga** (São Francisco) und donnerstags von 22 bis 2 Uhr am Pool in der **Pousada Hippopotamus** (Forró).

Die Orte und Events ändern sich oft, deshalb sollte man ein wenig herumfragen.

Praktische Informationen

Viele *pousadas* und Restaurants akzeptieren Visa oder MasterCard, leider gibt's in Jeri aber keinen Geldautomaten für internationale Karten. Vor der Ankunft kann man sich bei der **Banco-do-Brasil-Filiale** im 23 km südöstlich gelegenen **Jijoca** (Av Manoel Teixeira 139, Jijoca; ⏲Mo–Fr 9–14 Uhr, Geldautomaten tgl. 7–18 Uhr), oder in **Camocim** (José de Alencar 54, Camocim; ⏲Mo–Fr 9–14 Uhr, Geldautomaten tgl. 6–20 Uhr), 45 km Richtung Westen, Bargeld besorgen.

Boa Viagem Câmbio (Principal; ⏲10–12 & 16–22 Uhr) Wechselt Euros und US-Dollars.

Cyber Jeri Café (São Francisco; Internet 2 R$ pro Std; ⏲9.30–22.20 Uhr) Hier kann man auch drucken und kopieren.

Global Connection (☎9900-2109; Forró; Internet 2,50 R$ pro Std.; ⏲7.30–22.30 Uhr) Verkauft Bustickets von Jeri nach Fortaleza und für viele andere Strecken in der Region sowie Flugtickets. Außerdem Internet und Telefongespräche.

Rota das Emoções (www.rotadasemocoes.com.br) Gute Website zur gesamten Route von Jericoacoara nach Parnaíba und zu den Lençóis Maranhenses.

Tem de Tudo (Principal; ⏲7–24 Uhr) In dem Supermarkt bekommt man oft Bargeld gegen eine Gebühr von 10 % bei Debitkarten und 15 % bei Kreditkarten.

An- & Weiterreise

Der Bau des Flughafens Jericoacoara, 30 km südöstlich des Ortes, ging nur stockend voran, doch bei unserem Besuch plante man für 2014 die Eröffnung. Bald könnte es also möglich sein, von brasilianischen Städten und sogar aus dem Ausland nach Jeri zu fliegen.

Fretcar bietet um 15 Uhr sowie je nach Saison und Wochentag um 8 und/oder 22.30 Uhr Verbindungen nach Fortaleza (43–58 R$, 6–7 Std.). Zunächst geht's per *jardineira* (Allradtruck mit offenen Seiten) bis nach Jijoca und von dort mit dem Bus weiter. Die Trucks starten vor dem Global Connection, das auch Tickets für diese Route und andere regionale Busverbindungen verkauft.

Tourvans von Unternehmen wie **Girafatur** (☎085-3219-3255; www.girafatur.com.br) verkehren ebenfalls nach Fortaleza und setzen Passagiere an den Hotels ab (60 R$, 6 Std.). Die Angestellten der meisten Unterkünfte können sie buchen. In der Regel erfolgt die Abfahrt um 9 Uhr. Manchmal wird unterwegs an der Lagoa Praíso unweit von Jijoca eine 2½-stündige Pause eingelegt.

Das häufigste Verkehrsmittel zwischen Jeri und Jijoca sind die *camionetes* (Passagiertrucks mit Allradantrieb; einfach 8–10 R$); sie starten erst bei voller Besetzung, am häufigsten zwischen 6 und 9 Uhr. Eine gute Stelle, um in Jeri eine *camionete* zu finden, ist vor der Padaria Jeripan in der Rua São Francisco. Alternativ bucht man für ca. 50 R$ einen Buggy für vier Personen. Von Jijoca fahren außerdem bis zu acht Fretcar-Busse nach Fortaleza (25–35 R$, 5–6 Std.) und bis zu vier nach Camocim (8–10 R$, 1½–2¼ Std.).

Wer mit dem Auto nach Jeri kommt, lässt es am besten in Jijoca, wo sichere Parkmöglichkeiten 7 bis 10 R$ pro Tag kosten, und reist mit einer *camionete* oder einem Buggy weiter.

VON/ZU DEN LENÇÓIS MARANHENSES

Die direkte Küstenroute Richtung Westen zu den Lençóis Maranhenses umfasst einen 40 km langen Abschnitt von Paulino Neves nach Barreirinhas, der nur mit Allradwagen befahrbar ist. Wer mit regulären Bussen reist, muss daher erst fast bis nach São Luís und dann 200 km zurück Richtung Osten nach Barreirinhas fahren.

Unkomplizierter, aber auch um einiges teurer ist der direkte eintägige Transfer von Jeri mit einem Allradwagen (ca. 1200 R$ nach Barreirinhas für bis zu vier Pers.) oder eine organisierte Tour, die zusätzlich über das Delta do Parnaíba führen kann. Die beste Kombination aus Geschwindigkeit und Wirtschaftlichkeit (als Ganzes nur von Montag bis Freitag möglich) beginnt mit einer 45 km langen Fahrt im Allradtruck entlang der Küste bis zur Fischer- und Marktstadt Camocim (35 R$, 1½–3 Std.). Der Truck fährt von Montag bis Samstag um 7 Uhr in Jeri ab. Montags bis freitags besteht Anschluss an einen Minibus in Camocim, der gegen 13.30 Uhr in Parnaíba ankommt (Kombitickets für diese beiden Abschnitte kosten 75 R$; man erhält sie in Unterkünften in Jeri). In Parnaíba nimmt man um 14 Uhr den Bus von Viação Coimbra ins Dorf Paulino Neves (21 R$, 3½ Std., Mo–Sa) und übernachtet in Paulina Neves. Am nächsten Tag geht's um 4, 9 oder 12 Uhr (die Zeiten können sich ändern) mit einem Allradtruck durch die Dünen nach Barreirinhas (20 R$, 2½ St.). Wer sich für die 4-Uhr-Verbindung entscheidet, kann am gleichen Tag an einer Tour von Barreirinhas zu den Lencóis teilnehmen und am späten Nachmittag nach São Luís weiterfahren.

Wenn man es nicht besonders eilig hat, ist es auch möglich, mit einem der regulären Busse von Jijoca nach Camocim fahren und dort in den Guanabara-Bus um 16.15 Uhr nach Parnaíba (18 R$, 2¾ Std., tgl.) zu steigen. Von Parnaíba gibt's verschiedene Transportmöglichkeiten.

In der umgekehrten Richtung von den Lençóis nach Jeri sind die Verbindungen entlang der Küstenroute ungünstiger, daher lohnt es sich, den direkten Transfer mit einem Allradfahrzeug in Erwägung zu ziehen.

Parque Nacional de Ubajara

☎ 088

325 km westlich von Fortaleza liegt der Eingang zu diesem **Nationalpark** (Eintritt inkl. Führer 5 R$; ⌚ Di–So 8–16 Uhr) 3 km östlich vom Zentrum des kleinen Ortes Ubajara. Die Hauptattraktionen hier sind riesige Höhlen, die Seilbahn, die zu ihnen hinabführt, und Wanderungen durch die bewaldete Umgebung. Von dem dicht bewaldeten Steilhang auf 850 m Höhe, wo es nach der sengenden Hitze des *sertão* erfrischend kühl ist, genießt man einen spektakulären Blick. Nützliche Infos bietet die Website **Portal Ubajara** (www.portalubajara.com.br).

Sehenswertes

Höhlen

Neun Kammern mit seltsamen Kalksteinformationen reichen über 500 m tief in einen Berg hinein. Die Hauptformationen in den **Höhlen** (Führer 5 R$) sind **Pedra do Sino** (Glockenstein), **Salas da Rosa** (Rosensäle), **Sala do Cavalo** (Pferdesaal) und **Sala dos Retratos** (Portraitzimmer). Mit der **Seilbahn** (einfache Fahrt 4 R$ pro Pers.; ⌚ Di–So 9–14.30 Uhr) gelangt man vom Parkeingang schnell und leicht hinunter zur Höhle (letzter Einlass 14 Uhr). Die letzte Seilbahn nach oben fährt dann, wenn die letzte Gruppe gegen 15 Uhr herauskommt. Fans schöner Wanderungen erreichen die Höhle alternativ über einen 7 km langen Pfad, der bergab an zwei Wasserfällen und einem Aussichtspunkt vorbeiführt. Die Touren sind nur mit Guide (im Eintritt enthalten) erlaubt und beginnen jeweils am Parkeingang (8, 9 & 10 Uhr). Festes Schuhwerk und ausreichenden Getränkevorrat nicht vergessen! Zurück kann man dann die Seilbahn benutzen.

Schlafen & Essen

★ **Sítio do Alemão** CHALET $

(☎ 9961-4645; www.sitio-do-alemao.20fr.com; Sítio Santana; EZ 40–60 R$, DZ 60–100 R$; ❄@📶) 4,5 km vom Zentrum des Nationalparks und 1,5 km vom Eingang entfernt (aus der Stadt kommend gleich hinter der Pousada de Neblina den rechten Abzweig nehmen) liegt diese von einem Deutschen geführte Unterkunft, die mit einem herrlichen Ausblick aufwartet. Rustikale, aber gemütliche Chalets verstecken sich auf einem dicht bewachsenen Anwesen, das regelmäßig einen Trupp

Kapuzineraffen anzieht. Das ausgezeichnete Frühstück wird in einem Pavillon zwischen den Bäumen serviert.

Der Gastgeber ist ein Quell der Information zur Gegend. Er empfiehlt seinen Gästen z. B. tolle Wanderungen, die direkt vor Ort beginnen, und organisiert halbtägige Touren zu einem anderen Highlight der Gegend, der schönen **Cachoeira do Frade** (mehrere Wasserfälle in einem 30 km entfernten Canyon) für 130/160 R$ à zwei/vier Personen (günstiger für Leute mit eigenem Auto).

Pousada Gruta POUSADA $

(☎3634-1375; pousadagruta@hotmail.com; Sítio Amazonas; EZ/DZ 70/100 R$, Restaurant Hauptgerichte für 2 Pers. 25–35 R$; ⌚Restaurant 11.30–15 Uhr;) Eine kleine *pousada* 200 m vom Parkeingang mit kühlen, sauberen, einfachen Zimmern. Der Besitzer widmet der örtlichen Geschichte sowie den regionalen Speisen und Getränken viel Aufmerksamkeit. So gibt's hier vor Ort gerösteten Kaffee mit *rapadura* (getrockneter Zuckerrohrsaft), der mit Zuckerrohrhonig serviert wird, und seinen selbst kreierten *maracuchaça*-Drink, einen köstlichen Cocktail mit Passionsfrucht-(*maracujá*-)Likör und anderen Obstlikören.

Nevoar NORDÖSTLICH, SUSHI $

(☎3634-1312; Av Mons Gonçalo Eufrásio 171; Hauptgerichte für 2 Pers. 18–40 R$; ⌚10.30–23 Uhr) Ubajaras bestes Restaurant bietet gute regionale Fisch- und Fleischgerichte, eine internationale Weinkarte und ganz beachtliches Sushi.

Anreise & Unterwegs vor Ort

Ab Ubajara fahren Busse nach Fortaleza (31–40 R$, 6½–9 Std., 6-mal tgl.) sowie um 10 Uhr nach Piripiri (16 R$, 2½ Std.) und Teresina (38 R$, 5 Std.). 17 km weiter nördlich gibt's in Tinaguá an der Schnellstraße BR-222 weitere Verbindungen. Dort verkehren regelmäßig Minibusse nach Ubajara (2,05 R$).

Von Jericoacoara kann man es in unter sechs Stunden hierher schaffen: Zunächst geht's mit dem Fretcar-Bus um 12.30 Uhr von Jijoca nach Granja (6 R$, 1 Std.), dann mit dem Gontijo-Bus um 14.25 Uhr von Granja nach Ubajara (9,85 R$, 2¼ Std.). Alternativ fährt man von Jeri nach Camocim und nimmt den gleichen Gontijo-Bus um 14 Uhr ab Camocim. Von Ubajara nach Jeri fährt man zunächst mit dem Gontijo-Bus um 9.30 Uhr nach Granja und von dort mit dem Fretcar-Bus um 12 oder 16.30 Uhr nach Jijoca.

Den Eingang des Ubajara-Nationalparks erreicht man zu Fuß, per Taxi (15 R$) oder Motorradtaxi (4 R$).

PIAUÍ

Piauí zählt zu den größten Bundesstaaten des Nordostens. Zu seinen großartigen Naturwundern gehören das Delta do Parnaíba, der Parque Nacional de Sete Cidades und der Parque Nacional da Serra da Capivara als eine der wichtigsten prähistorischen Stätten Südamerikas. Vom ariden südlichen *sertão* bewegte sich die koloniale Besiedlung Piauís schrittweise gen Norden auf die Küste zu. Ergebnis war ein unregelmäßig geformtes Gebiet mit unterentwickelter Infrastruktur. Heute ist Piauí Brasiliens ärmster Bundesstaat.

Teresina

VERKEHRSKNOTENPUNKT
768 000 EW.

Piauís flache, ordentliche Hauptstadt verzeichnet angeblich Brasiliens höchste Temperaturen. 1852 wurde Teresina als erste geplante Stadt des Landes gegründet. Wer etwas Zeit hat, sollte im Stadtzentrum einen Blick ins **Central de Artesanato** (☎086-3222-5772; Praça Dom Pedro II; ⌚Mo–Fr 8–18, Sa 9–15 Uhr) werfen, wo sich im skulpturengeschmückten Hof mehrere Kunsthandwerksgeschäfte befinden.

Schlafen & Essen

Hotel Teresinha HOTEL $

(☎086-3211-0919; www.hotelteresinha.com.br; Av Getúlio Vargas 2885; EZ/DZ 55/75 R$;) Ein schlichtes, aber gepflegtes und einladendes Hotel direkt gegenüber dem Busbahnhof.

Luxor Piauí Hotel HOTEL $$

(☎086-3131-3000; reservas@luxorpiaui.com.br; Praça Marechal Deodoro 310; EZ 231–256 R$, DZ 278–307 R$;) Das stilvolle, moderne Hotel blickt auf einen grünen Park im Stadtzentrum. Im Restaurant **Forno e Fogão** (Büfett 32 R$; ⌚12–15 Uhr) gibt's ein sehr günstiges regionales Mittagsbüfett.

Coco Bambu NORDÖSTLICH $$

(Profesor Joca Vieira 1227; Hauptgerichte für 2 Pers. 50–130 R$; ⌚11.30–24 Uhr) Teresinas beste Restaurants versammeln sich überwiegend im Viertel Jóquei östlich des Rio Poti. Das Coco Bambu lockt mit einer heiteren Atmosphäre und tollen Fischgerichten, darunter die Spezialität *sirigado*, sowie Crêpes, Tapioka und zahlreichen Desserts.

Anreise & Unterwegs vor Ort

Von Teresinas **Flughafen** (☎086-3133-6270; Av Centenário) 6 km nördlich des Stadtzentrums bestehen Verbidnungen nach Fortaleza, São Luís, Brasília, Goiânia und São Paulo.

Der **Busbahnhof** (☎ 086-3218-1761; csi.ati.pi.gov.br/rodoviaria; Schnellstraße BR-343) befindet sich 6 km südöstlich vom Zentrum. Von dort geht's nach Belém (125–140 R$, 14–18 Std., 11-mal tgl.), Fortaleza (46–113 R$, 9–12 Std., 1-mal tgl.), Parnaíba (59–87 R$, 5–6 Std., 12-mal tgl.), Piripiri (18–42 R$, 3 Std., 20-mal tgl.), São Luís (55–68 R$, 7–9 Std., 11-mal tgl.), São Raimundo Nonato (76 R$, 9–10 Std., 4-mal tgl-) und Ubajara (38 R$, 5 Std., 11 Uhr).

ABSEITS DER ÜBLICHEN PFADE

ARCHÄOLOGISCHE SCHÄTZE: DIE SERRA DA CAPIVARA

Im Süden Piauís erstreckt sich die dramatische Felslandschaft des 1300 km² großen **Parque Nacional da Serra da Capivara** (Brasilianer/Ausländer 11/22 R$; ⏲6–18 Uhr) 🍃. Die Unesco-Welterbestätte wartet mit über 40 000 Felsbildern und somit der weltgrößten Konzentration von Petroglyphen auf. Im Schutzgebiet, das 35 km nördlich der Kleinstadt São Raimundo Nonato liegt, gibt's 800 archäologische Stätten und die vermutlich ältesten Zeugnisse menschlicher Besiedlung in Amerika. Diese sind mindestens 50 000 Jahre alt und haben damit etwa 30 000 Jahre mehr auf dem Buckel als frühere „älteste" Funde. Neben Hirschen und Kaimanen zeigt die größtenteils 6000 bis 12 000 Jahre alte Felskunst auch Menschen bei Tanz, Jagd oder Sex.

Über 50 Mio. R$ wurden in die Erschließung des Parks und das Museum in São Raimundo investiert. Seither zieht der entlegene Landesteil überraschend viele Menschen an. Das Schutzgebiet verfügt über hölzerne Plankenpfade, ein Besucherzentrum, Wanderwege, Aussichtspunkte, gute Autostrecken, nützliche zweisprachige Schilder und zahlreiche Sehenswürdigkeiten mit behindertengerechtem Zugang.

Mehr als 170 Stätten sind öffentlich zugänglich. Sie verteilen sich auf vier Hauptrundrouten und mehreren Wanderstrecken, die einen Eindruck von Landschaft, Geologie, Flora, Fauna und den Spuren früher menschlicher Besiedlung vermitteln. Man sollte mindestens zwei Tage einplanen, denn für einige der Rund- und Wanderwege benötigt man einen ganzen Tag. Zu den tollsten Stätten zählt der **Boqueirão da Pedro Furada**, wo Feuerstellenspuren die Anwesenheit von Menschen vor 50 000 Jahren erkennen lassen (dank Beleuchtung auch bei Dunkelheit). Gleichermaßen grandios sind der **Baixão do Sítio do Meio** und der **Desfiladero da Capivara** mit zahlreichen Felsbildern.

Den Park kann man nur zusammen mit einheimischen Guides erkunden, die pro Tag 75 R$ für bis zu acht Personen kosten und am besten über die Unterkunft in São Raimundo Nonato gebucht werden. Bei Trips mit Hin- und Rückfahrt (Motorradtaxi 60 R$, Taxi 150 R$) sind Wartezeiten und/oder geführte Touren im Preis enthalten. Als bester Ausgangspunkt dient das modernisierte **Museu do Homem Americano** (☎ 089-3582-1612; www.fumdham.org.br; Bairro Campestre; Eintritt 8 R$; ⏲Di–So 9–18 Uhr) am Rand von São Raimundo. Neben exzellenten englischsprachigen Infos zu den Parkattraktionen wird dort auch der bislang älteste menschliche Schädel Amerikas (10 000 Jahre) präsentiert.

Ein weiteres regionales Highlight sind Keramikarbeiten, die von Bewohnern des Dorfes Barreirinho gleich außerhalb des Parks hergestellt und mit Motiven der Capivara-Felskunst verziert werden.

São Raimundo Nonato beherbergt ein halbes Dutzend Hotels und *pousadas*. Alles in allem ist das 20 Jahre alte **Hotel Serra da Capivara** (☎ 089-3582-1389; hotelserradacapivarra@firme.com.br; Km 0, Hwy PI-140, Santa Luzia; DZ 115–145 R$; ❄ 📶 🏊) 2 km nördlich des Zentrums an der Schnellstraße PI-140 die beste Option. Viele der 18 einfachen Zimmer sind gut in Schuss (vorher darum bitten, einen Blick hineinwerfen zu dürfen), außerdem gibt's ein hauseigenes Restaurant und die herzlichen Angestellten buchen gern Parkguides für ihre Gäste.

Vier Busse bewältigen täglich die 500 km lange Odyssee von Teresina nach São Raimundo Nonato (76 R$, 9–10 Std.) und zurück. Eine andere Route zum Schutzgebiet führt über Petrolina in Pernambuco, das 280 km weiter östlich liegt. Petrolina erreicht man von Recife, Salvador und São Paulo aus auch per Flieger. Ein Bus von **Gontijo** (www.gontijo.com.br) fährt um 14.15 Uhr von Petrolina nach São Raimundo (49 R$, 6 Std.).

Alle „João Luiz"-Busse (2,10 R$), die gegenüber dem Busbahnhof auf der anderen Straßenseite starten, fahren ins Stadtzentrum. Von der Praça João Luiz im Zentrum gelangt man mit „Rodoviária"-Bussen zum Busbahnhof. Taxis kosten bei guter Verkehrslage um die 20 R$.

Parnaíba

☎ 086 / 138 000 EW.

Parnaíba war ein bedeutender Hafenort, bis der Fluss versandete und die *carnaúba*-(Palmwachs-)Industrie starb, als künstliche Wachse für Kosmetika und Autopolituren erfunden wurden. Heute dient es als Marktstadt und Verkehrsknotenpunkt für den neuen Hafen im nahe gelegenen Luís Correia. Für Traveller ist Parnaíba eine Zwischenstation auf der Küstenroute von Jericoacoara zu den Lençóis Maranhenses und der Ausgangspunkt für Trips zum herrlichen Delta do Parnaíba

Besucher zieht es zum **Porto das Barcas** am Ufer des Rio Igaraću, einem kleinen Gebäudekomplex mit Kunsthandwerksläden, Galerien, Restaurants und Reisebüros in umgebauten Lagerhäusern aus dem 18. und 19. Jh. Die Hauptstraße Avenida Presidente Vargas verläuft 1 km östlich von hier und der Busbahnhof liegt 5 km Richtung Südosten.

Schlafen

Pousada Porto das Barcas POUSADA $
(☎ 3321-2275; www.pousadaportodasbarcas.com; Rua da Praia 100; DZ 60–80 R$, mit Klimaanlage 90–120 R$; ❄ 📶) In einem umgebauten Export-Lagerhaus im Komplex Porto das Barcas bietet diese Unterkunft einen mit bunter Kunst und Kunsthandwerk geschmückten Hof sowie süße Zimmerchen mit Fliesenböden und kleinen Bädern. Der Besitzer spricht Englisch.

Residencial Pousada POUSADA $
(☎ 3322-2931; www.residencialpousada.com.br; Almirante Sampaio 375; EZ/DZ 50/65 R$, mit Klimaanlage 60/85 R$; ❄ @ 📶) Ein gepflegtes Haus, das an ein Cottage erinnert und über eine praktische Lage einen Block nördlich der Avenida Presidente Vargas verfügt. Die großen, hohen Zimmer gruppieren sich um einen grasbewachsenen Garten. Gutes Preis-Leistungs-Verhältnis.

Pousada Vila Parnaíba POUSADA $$
(☎ 3323-2781; www.pousadavilaparnaiba.com.br; Monsenhor Joaquim Lopes 500; EZ 110–150 R$, DZ 140–175 R$; ❄ 📶 🏊) In der nettesten Unterkunft im Stadtzentrum arbeiten einige Englisch sprechende Angestellte. Die mittelgroßen Zimmer sind farbenfroh gestaltet und mit guten, modernen Bädern ausgestattet. Der grüne Garten (samt Pool) sowie der Innenhof warten mit allerlei regionalem Kunsthandwerk und historischem Schnickschnack auf. Die Pousada Vila Parnaíba liegt einen Block nördlich von der Avenida Presidente Vargas und zwei Blocks hinter dem Porto das Barcas.

Essen

Caranguejo Expresso FISCH & MEERESFRÜCHTE $$
(☎ 3323-9653; Quentinha Pires 64; Hauptgerichte für 2 Pers. 25–45 R$; ⏲ 18–23 Uhr) Einheimische lieben dieses Restaurant für seine riesige, leckere *torta de caranguejo* (Krabbenomelette). Von *expresso*-Service kann zwar nicht die Rede sein, doch das Warten lohnt sich. Abends Insektenschutzmittel mitbringen!

Comilão PIZZERIA $$
(Rua da Praia; mittlere Pizza 29 R$, Pasta 12–30 R$; ⏲ ab 18 Uhr) Das nette Lokal in einer gepflasterten Straße im Porto das Barcas kredenzt ordentliche Pizzas.

La Barca FISCH & MEERESFRÜCHTE $$$
(Av Nações Unidas 200; Hauptgerichte 35–55 R$; ⏲ 10–24 Uhr) 600 m nördlich von der Avenida Presidente Vargas stößt man auf dieses große, halb offene, klimatisierte Restaurant mit Blick auf eine Flussbiegung. Ein netter Ort, um sich zu einem Original-Antarctica-Bier Fisch oder Krabben schmecken zu lassen.

Praktische Informationen

Banco do Brasil (Praça da Graça 340; ⏲ Mo–Fr 9–14, Geldautomaten 7.30–20.15 Uhr) Am Hauptplatz. Im Busbahnhof gibt es außerdem einen rund um die Uhr zugänglichen Banco-do-Brasil-Geldautomaten.

Clip (☎ 3322-3129; www.clipecoturismo.com.br; Av Presidente Vargas 274; ⏲ Mo–Fr 7.30–12 & 14–18, Sa 7.30–12 Uhr) Der größte Veranstalter von Touren ins Delta do Parnaíba bietet auch Ausflüge und einen Reisebüroservice für die gesamte Region.

EcoAdventure Tour (☎ 3323-9595; www.ecoadventure.tur.br; Av Presidente Vargas 26; ⏲ 7–20 Uhr) Gut organisierte, erfahrene Agentur, die verschiedene Ausflüge in der Gegend zwischen Fortaleza und São Luís arrangiert.

Anreise & Unterwegs vor Ort

Vom **Busbahnhof** (☎ 3323-7300; Av Pinheiro Machado 2318) gibt's Verbindungen nach Forta-

ABSTECHER

DELTA DO PARNAÍBA

Das **Delta des Rio Parnaíba** (manchmal auch Delta das Américas genannt) ist ein extrem artenreiches Gebiet mit Inseln, Stränden, Lagunen, Kanälen, hohen Sanddünen und dichten Mangrovenwäldern. Es nimmt eine Fläche von 2700 km² ein und liegt zu 65 % im Bundesstaat Maranhão, ist aber leichter von Parnaíba in Piauí aus zu erreichen. Agenturen rund um den Porto das Barcas in Parnaíba bieten Halbtags- und Tagestouren ins Delta mit schnellen Motorbooten sowie großen Booten. Diese starten 14 km nördlich von Parnaíba am Porto dos Tatus. Eine schönere Alternative für alle auf der Suche nach Ruhe und Natur ist **José Ribamar** (☎086-3323-0201, 086-9924-5598; Rua da Gloria 900, Centro Ilha Grande), der traditionelle, leise Holzboote besitzt und Passagiere in Parnaíba abholen kann. José spricht nur Portugiesisch, beschäftigt aber einen mehrsprachigen Guide. Die Arrangements werden über Josés deutsche Geschäftspartnerin **Anne Knapp** (www.deltaparnaiba.com) abgewickelt. Eine der Tagestouren, die sich **Micro-Macro** nennt (320 R$ für bis zu 5 Pers.), führt zu den Morro-Branco-Dünen, nach Pontal, wo man am Zusammenfluss von Süßwasser und Meer baden kann, zu einem Fischerdorf und dann mit einem motorisierten Kanu in Mangrovenkanäle hinein. Hier sieht man mit etwas Glück jede Menge Tiere wie Brüll- und Kapuzineraffen, Kaimane, Leguane, Schlangen und Vögel. Andere Optionen sind ein Ausflug durchs Delta nach Tutoia, der pro Strecke sechs bis sieben Stunden dauert (450 R$ für bis zu 8 Pers.) und Touren mit Übernachtung.

Clip, die größte Agentur, veranstaltet nachmittags bis abends vierstündige Tierbeobachtungstrips zum **Igarape do Guirindó** (300 R$ für bis zu 5 Pers.) in einem motorisierten Kanu, auf dem man sich auch im Piranha-Angeln versuchen kann. Außerdem hat Clip Touren mit schnellen Motorbooten im Angebot, darunter die fünfstündige **Revoada dos Guarás** (400 R$ für bis zu 4 Pers.), die nur in der zweiten Jahreshälfte nachmittags stattfindet und den Anblick von *guarás* (Warzenibisse) auf dem Weg zu ihren Schlafstellen sowie den Besuch von Dünen und einem Strand bietet.

leza (39–124 R$, 7½–11 Std., 5-mal tgl.), Camocim (18 R$, 2¼ Std., 7.15 Uhr), São Luís (60–74 R$, 8–9 Std., 3-mal tgl.) und Teresina (59–87 R$, 5–7 Std., 7-mal tgl. über Piripiri). Tickets bekommt man bei Clip (S. 581).

Alle Linien (1,20 R$), die vor dem Busbahnhof starten, steuern die Avenida Presidente Vargas an. Ein Taxi dorthin kostet 15 bis 20 R$. Wer zum Busbahnhof will, steigt an der Bradesco-Bank in der Avenida Presidente Vargas 403 in einen Bus.

VON/ZU DEN LENÇÓIS MARANHENSES

Die abenteuerliche, amüsante Direktroute zu den Lençóis Maranhenses führt ab Parnaíba zunächst 65 km Richtung Westen nach Tutoia und ins 34 km entfernte Dorf Paulino Neves. Danach geht's über eine Holperpiste nach Barreirinhas oder am Strand entlang nach Caburé (jeweils 40 km). Tutoia erreicht man entweder per Bus (16 R$, 3 Std., mind. 4-mal tgl.), per Charterboot durch das Delta (600 R$ für bis zu 4 Pers., 4 Std.) oder mittels einer organisierten Tour, die man bei einer Reiseagentur bucht. Von Tutoia fahren Passagiertrucks (5–10 R$) und Taxis (40–70 R$) nach Paulino Neves, wo um 4, 9 und 12 Uhr (die Zeiten können sich ändern) Allradtrucks nach Barreirinhas (20 R$, 2½ Std.) aufbrechen. Täglich (außer So) startet außerdem um 14 Uhr ein Direktbus des Unternehmens Viação Coimbra vom Busbahnhof in Parnaíba nach Paulino Neves (21 R$, 3½ Std.). In jedem Fall schafft man es nur mit viel Glück an einem Tag von Parnaíba nach Barreirinhas. Falls nicht, gibt's sowohl in Tutoia als auch in Paulino Neves ein paar anständige *pousadas*. Alternativ bieten Reisebüros in Parnaíba Jeeptouren nach Barreirinhas oder Caburé für 600 bis 800 R$ pro Fahrzeug an (bis zu 4 Pers.).

Parque Nacional de Sete Cidades

☎ 086

In diesem 62 km² großen **Nationalpark** (☎33 43-1342; Eintritt 3 R$ ⏲8–17 Uhr) erheben sich bizarre Felsformationen, die *sete cidades* (sieben Städte), die von irgendeiner mysteriösen, längst untergegangenen Kultur stammen (Aliens, Wikinger etc.) sollen. Doch auch ohne fantastische Erklärungen lohnt der Ort einen Besuch, denn die Felsen sind einfach großartig: Einige sehen aus wie gigantische Schildkrötenpanzer, andere erinnern an eine Burg, einen Elefanten, eine Landkarte Brasiliens oder den Kopf von Kaiser Dom Pedro II. Darüber hinaus genießt man hier einen prachtvollen Blick auf die Landschaft, in der sich Caatinga und Cerrado (Savanne) mischen, und kann 1500 zwischen 3000 und 5000 Jahre alte Felsmalereien bewundern. An Tieren gibt's u. a. Krallenaffen, *mocós* – kleine Nagetiere, die gern für Fotos posieren –, Taranteln und (so wird behauptet) Klapperschlangen. Und dann erstrecken sich im Schutzgebiet auch noch zwei angenehm natürliche Badeseen.

Der Parkeingang liegt 190 km nordöstlich von Teresina sowie 26 km nordöstlich von Piripiri. Er ist über eine asphaltierte Nebenstraße der BR-222 zu erreichen, die 8 km nördlich des Eingangs verläuft. Vom Eingang geht's weitere 5 km über eine unbefestigte Straße bis zum Besucherzentrum. Guides sind obligatorisch. Eine drei- bis vierstündige Tour durch die „sieben Städte" mit einem Fahrzeug kostet 60 R$, ein fünfstündiger Trip zu Fuß (bis zu 6 Pers.) 80 R$, und eine dreistündige Rundtour mit dem Rad 60 R$ (bis zu 10 Pers., plus 10 R$ pro Leihfahrrad). Meistens werden auch kürzere, preiswertere Ausflüge angeboten, die nicht zu allen „Städten" führen. Die Mitarbeiter im Besucherzentrum erläutern die Optionen. Unbedingt Insektenschutz, Wasser, einen Sonnenhut und Sonnenschutz mitnehmen!

Schlafen & Essen

California Hotel HOTEL $

(☎ 3276-1645; jesus-holanda@hotmail.com; Antenor Freitas 546, Piripiri; EZ/DZ 60/80 R$; ❄ 📶) Piripiris beste Unterkunft befindet sich 700 m vom Busbahnhof und zwei Blocks vom Hauptplatz entfernt. Das moderne Hotel wartet mit WLAN, einem prima Preis-Leistungs-Verhältnis und gepflegten, günstigen Zimmern auf.

Pizzaria Julio's PIZZERIA $

(☎ 3276-1912; Praça da Bandeira 542; mittlere Pizzas 14–17 R$, Grillfleisch ½ kg 18–28 R$; ⏲ 18–2 Uhr; 📶) Das beste örtliche Lokal liegt am Hauptplatz. Es gibt vier weitere Filialen in São Paulo. Die 62 unterschiedlichen Pizzas haben einfallsreiche Namen: „Schottisch" steht z. B. für *catupiry*-Käse, der in seiner vorgeblichen Heimat allerdings äußerst rar sein dürfte.

Anreise & Unterwegs vor Ort

Ein Taxi von Piripiri zum bzw. vom Park kostet 50 R$. Hin und zurück, einschließlich einer zweistündigen Parkrundfahrt, werden 110 R$ verlangt. Alternativ nimmt man den kostenlosen Mitarbeiterbus, der um 7 Uhr am Hauptplatz in Piripiri startet und um 17 Uhr zurückkehrt – freie Plätze vorausgesetzt.

Vom **Busbahnhof in Piripiri** (☎ 3276-2333) gibt's Verbindungen nach Fortaleza (50–84 R$, 7–9 Std., 5-mal tgl. über Tianguá), Parnaíba (29–45 R$, 2½–5 Std., 6-mal tgl.), São Luís (90 R$, 10–12 Std., 2- mal tgl.), Teresina (30–43 R$, 3 Std., 16-mal tgl.) und Ubajara (16 R$, 2½ Std., 13.30 Uhr).

MARANHÃO

São Luís aus der Kolonialzeit und sein ruhiger, aber wunderbarer Nachbar Alcântara sind äußerst atmosphärisch. Auch die wilde Naturschönheit des Parque Nacional dos Lençóis Maranhenses hat den entlegensten Bundesstaat des Nordostens inzwischen fest auf touristischen Reiseplänen verankert. Die Küstenroute von Jericoacoara (Ceará) zu den Lençóis Maranhenses ist schon für sich allein genommen ein Abenteuer. Maranhãos Süden und Osten prägen weite Flächen mit *babaçu* (Palmen) und der typischen *sertão*-Landschaft, während der Westen und Nordwesten des Bundesstaates in den feuchten Amazonasregenwald übergehen.

São Luís

☎ 098 / 956 000 EW.

São Luís' historisches Zentrum, eine Unesco-Welterbestätte, ist ein bezauberndes Viertel mit Kopfsteinpflastergassen und pastellfarbenen Kolonialvillen – manche restauriert, andere stark von tropischen Verfallserscheinungen geprägt. Der charmante Bezirk wartet mit einer einzigartigen Atmosphäre auf und hat eine der besten Konzentrationen von Museen, Galerien sowie Kunsthandwerksläden des Nordostens, allerdings sind nach Einbruch der Dunkelheit einige Straßen etwas zwielichtig. Die kulturelle Szene der Stadt besitzt einen deutlichen afrobrasilianischen Einschlag, der u. a. in der lebendigen Reggaeszene oder beim farbenprächtigen ungewöhnlichen Bumba-Meu-Boi-Festival zutage tritt.

Wer einen Abstecher nach São Luís macht, sollte auch den Trip über die Baía de São Marcos nach Alcântara unternehmen: Der beeindruckende historische Ort schlummert in einem Zustand des würdevollen Verfalls.

São Luís liegt an der Nordwestspitze der 50 km langen Ilha de São Luís, die nur durch schmale Kanäle vom Festland getrennt ist, und wird vom Rio Anil in zwei Hälften geteilt. Südlich des Flusses erstreckt sich das hügelige Centro Histórico, dessen unterer

São Luís

São Luís

Essen

1 Cabana do Sol D1
2 Maracangalha.. B1

Unterhaltung

3 Chama Maré A2

Shoppen

4 Ceprama B4

Teil Praia Grande genannt wird. Nördlich des Anil befinden sich modernere Vororte wie São Francisco sowie die Stadtstrände. Der Busbahnhof liegt etwa 9 km südöstlich des Zentrums, der Flughafen weitere 3 km südöstlich.

Der vielerorts erhältliche *Roteiro e Mapa Turístico São Luís* (7 R$) ist ein toller Stadtplan mit Führer zum historischen Zentrum, aber Vorsicht: Viele Straßnamen weichen von den Schildern ab, denn jeder neue Bürgermeister scheint die Straßen nach Belieben umzubenennen.

Geschichte

São Luís ist die einzige Stadt Brasiliens, die von den Franzosen gegründet wurde. 1612 segelten diese mit drei Schiffen nach Maranhão, um sich die Herrschaft über ein Stück von Südamerika zu sichern. Sobald sie sich in São Luís festgesetzt hatten, brachten sie die einheimischen indigenen Tupinambá dazu, Stämme anzugreifen, die an der Mündung des Amazonas lebten. So wollten sie ihren Rückhalt in der Region ausbauen. 1614 erfolgte jedoch der unvermeidliche Angriff durch die Portugiesen. Die Franzosen flohen binnen eines Jahres und es dauerte nicht lange, bis die Portugiesen die Tupinambá „befriedet“ hatten.

Nach einer kurzen niederländischen Besetzung von 1641 bis 1644 entwickelte sich São Luís zu einem Exporthafen für Zucker und später für Baumwolle. Die Plantagen florierten, und zu Beginn des 19. Jhs. war der Ort einer der wohlhabendsten Brasiliens – dank der Schufterei afrikanischer Sklaven. Heute hat die Stadt den dritthöchsten afrobrasilianischen Bevölkerungsanteil im Land (nach Rio und Salvador).

Als die Nachfrage nach den landwirtschaftlichen Erzeugnissen aus São Luís im späteren 19. Jh. nachließ, begann ein langer Niedergang, aber in den letzten Jahrzehnten wurde die Wirtschaft durch mehrere Megaprojekte wieder angekurbelt. In den 1980ern entstand in Itaqui, gleich westlich von São Luís, ein großer Hafenkomplex, sodass die Bodenschätze aus der Region Carajás im Nachbarstaat Pará exportiert werden konnten. Darüber hinaus errichtete das Unternehmen Alcoa eine riesige Aluminiumhütte an der Schnellstraße südlich der Stadt. Beide Projekte sind bis heute für die hiesige Wirtschaft entscheidend. Dank der Restaurierung vieler schöner alter Bauwerke spielt nun auch der Tourismus eine wichtige Rolle.

Sehenswertes & Aktivitäten

Das Zentrum von São Luís ist das besterhaltene kolonialzeitliche Stadtviertel im Nordosten Brasiliens. Viele Villenfassaden aus dem 18. und 19. Jh. sind mit europäischen *azulejos* (Keramik-Zierfliesen, oft in Blau bzw. Blau-Weiß) verkleidet. Sie schützen die Mauern zuverlässig vor der ständigen Schwüle. Nach Jahrzehnten der Vernachlässigung und des Verfalls wird die Gegend seit den späten 1980ern stückweise im Rahmen des Projeto Reviver (Projekt Widerbelebung) restauriert. Die renovierten Gebäude beherbergen heute oft interessante Museen, Galerien, Kunsthandwerksläden und Restaurants. Allerdings muss immer noch eine Menge saniert werden.

Casa de Nhôzinho — MUSEUM

(Portugal 185; ⌚Di–So 9–18 Uhr) GRATIS Das abwechslungsreiche, faszinierende Museum zeigt eine Sammlung indigener Fischfallen, indigenes Kunsthandwerk aus Maranhão und bunte, grazile Bumba-Meu-Boi-Figürchen des im 20. Jh. aktiven Kunsthandwerksmeisters Mestre Nhôzinho.

Centro de Cultura Popular Domingos Vieira Filho — MUSEUM

(☎3218-9925; Rua do Giz 221; ⌚Di–So 9–18 Uhr) GRATIS Auf drei Etagen in einer beeindruckenden Villa aus dem 19. Jh. präsentiert dieses Museum interessante Ausstellungsstücke zu den Festivals der Stadt – Karneval, Bumba Meu Boi und Divino Espírito Santo – sowie zu den hiesigen afrobrasilianischen Kulten wie Umbanda und *tambor de mina*. Mitarbeiter führen Besucher herum, allerdings ist nicht immer jemand da, der eine Fremdsprache beherrscht.

Museu Histórico e Artístico do Estado de Maranhão — MUSEUM

(☎3218-9922; Rua do Sol 302; Eintritt 5 R$; ⌚Di–So 9–17 Uhr) Das restaurierte Stadthaus aus dem Jahre 1836 wurde komplett mit dem Hausstand (Möbel, Wertsachen, Alltagsgegenstände) einer Oberschichtfamilie des 19. Jhs. eingerichtet und verfügt sogar über ein Privattheater.

Casa das Tulhas — MARKT

(Largo do Comércio; ⌚Mo–Fr 6–20, Sa 6–18, So 6–13 Uhr) In dem Marktgebäude aus dem 19. Jh. wird eine große Auswahl an typischen Kunsthandwerksprodukten und Nahrungsmittel aus Maranhão verkauft, die von getrockneten Garnelen und Paranüssen bis zu hellvioletter *tiquira* (künstlich gefärbter Maniokschnaps) reicht. Es gibt auch einige Bars, in die am späten Nachmittag Leben einkehrt.

Museu de Artes Visuais — MUSEUM

(☎3218-9938; Portugal 273; Eintritt 2 R$; ⌚Di–Fr 9–18, Sa & So 9–16 Uhr) Hier kann man eine schöne Sammlung alter *azulejos*, Stiche, Skulpturen und Gemälde bewundern.

Cafua das Mercês — MUSEUM

(Jacinto Maia 43; Eintritt 2 R$; ⌚Mo–Fr 9–17 Uhr) Einst diente das Museumsgebäude als „Auffangeinrichtung" für neu aus Afrika eingetroffene Sklaven. Heute beherbergt es eine kleine, aber interessante Ausstellung zur Sklaverei, zum Sklavenhandel und zur afrobrasilianischen Kultur. Da es in einem zwielichtigen Teil des historischen Zentrums liegt, sollte man sich vor einem Besuch danach erkundigen, wie man am besten herkommt.

Zu sehen sind u. a. der Nachbau einer Strafsäule sowie eine bemerkenswerte Sammlung moderner Holzschnitzereien und Statuen aus den Teilen Westafrikas, von wo viele Vorfahren der afrobrasilianischen Einwohner von São Luís' stammten.

Centro de História Natural e Arqueologia do Maranhão — MUSEUM

(www.cultura.ma.gov.br/portal/cphna; Rua do Giz 59; ⌚Mo–Fr 9–12 & 14–18 Uhr) GRATIS Unterhaltsame Exponate aus der Vergangenheit und Gegenwart der indigenen Kulturen Maranhãos, von modernem Schmuck aus Federn

São Luís Zentrum

bis zu antiken Axtköpfen, sowie Modelle der zahlreichen Tiere, die vor etwa 95 Mio. Jahren in Maranhão lebten, erwarten Besucher dieses Museums.

Palácio dos Leões PALAST
(☎ 3232-9789; Av Dom Pedro II; ⏲ Mi–So 14–17 Uhr) GRATIS Am Standort der ursprünglichen französischen Festung wurde im 18. Jh. dieser Gouverneurspalast errichtet. Hier werden zahlreiche wertvolle antike, überwiegend französische Möbel und Kunstwerke aus dem 18. und 19. Jh. präsentiert. Gleich nebenan befindet sich der **Palácio de la Ravardière** aus dem Jahre 1689, im dem heute die *prefeitura* (Rathaus) untergebracht ist. Davor steht eine Büste von Daniel de la Touche, der französische Gründer São Luís'.

Strände

Die Stadtstrände liegen an der nach Norden gewandten Meeresküste und beginnen 4 km hinter dem historischen Zentrum. Obwohl sie zuweilen gut besucht sind und man dort durchaus Spaß haben kann, gehören sie keineswegs zu den besten Brasiliens. Zudem verströmen fast alle einen merklichen Geruch. Vorsehen muss man sich vor hohem Wellengang, den Gezeiten und vor der Verschmutzung.

São Luís Zentrum

Sehenswertes
1 Cafua das Mercês B5
2 Casa das Tulhas B3
3 Casa de Nhôzinho B3
4 Centro de Cultura Popular Domingos Vieira Filho B4
5 Centro de História Natural e Arqueologia do Maranhão B3
6 Museu de Artes Visuais B3
7 Museu Histórico e Artístico do Estado de Maranhão D3
8 Palácio dos Leões B2

Schlafen
9 Casa Lavinia B4
10 Pousada Colonial C4
11 Pousada Portas da Amazônia B3
12 Pousada Vitória C4
13 Solar das Pedras C3

Essen
14 Dom Francisco B3
15 Pizzeria del Centro B3
16 Restaurante Senac C3

Ausgehen & Nachtleben
17 Chez Moi B3
18 Roots Bar C3

Unterhaltung
19 Cafofinho da Tia Dica B3

Die **Praia Ponta d'Areia** ist der dem Zentrum am nächsten gelegene Sandstreifen und mit ihren vielen Bars und Restaurants auch am belebtesten. Sie kann verschmutzt sein. 2 km weiter erstreckt sich die **Praia de São Marcos**, die von Gruppen jüngerer Leute und Surfern angesteuert wird. Am breitesten und schönsten ist die 9 km vom Zentrum entfernte **Praia de Calhau** mit einem recht festen Sandboden, der sich wunderbar zum Fußballspielen eignet. Meist herrscht hier an den Wochenenden reger Andrang. Die großen *barracas* am Strand sind die ganze Woche über für nächtliche Partygänger geöffnet.

Zu den Stränden von Ponta d'Areia, São Marcos und Calhau fährt die Buslinie 403 (Calhau/Litorânea; 2,10 R$) vom Terminal de Integração Praia Grande (S. 590).

Feste & Events

São Luís hat eine der reichsten Folkloretraditionen Brasiliens und präsentiert diese bei vielen Veranstaltungen, u. a. im Rahmen des Karnevals. Zwischen Anfang Mai und Anfang Juni feiert die Stadt zwei oder drei Wochen die **Festa do Divino Espírito Santo**, die einen einzigartig starken afrobrasilianischen Einfluss hat. Das berühmteste Festival, **Bumba Meu Boi**, findet in der zweiten Junihälfte statt. Die **Tambor-de-Mina-Feste** im Juli sind wichtige Events für die Anhänger afrobrasilianischer Religionen.

Schlafen

Pousada Colonial POUSADA $
(☎ 3232-2834; www.hotelpousadacolonial.com.br; Afonso Pena 112; EZ/DZ 115/141 R$;) Nach wie vor verströmt die renovierte Villa in der Altstadt mit einem Innenhof und einzigartigen *azulejos* drinnen und draußen kolonialen Charme. Die Zimmer können da nicht ganz mithalten: Einige haben kein Tageslicht, andere nur sehr dünne Matratzen. Doch die Bettwäsche ist frisch und von manchen Räumen genießt man einen Blick über die Dächer des historischen Zentrums.

Solar das Pedras HOSTEL $
(☎ 3232-6694; www.ajsolardaspedras.com.br; Rua da Palma 127; B/DZ 35/80 R$;) Dieses HI-Hostel in einem restaurierten Wohnhaus aus dem 19. Jh. verfügt über recht anständige, saubere Zimmer, die allerdings ziemlich dunkel und schlecht belüftet sind, sowie einen großen Sitzbereich und eine kleine Küche. Insgesamt ist es die beste Backpackerbleibe der Stadt. HI-Mitglieder erhalten Rabatt.

Pousada Vitória POUSADA $
(☎ 3231-2816; pousadavitoria@hotmail.com; Afonso Pena 98; EZ/DZ/3BZ/4BZ mit Ventilator 45/90/135/180 R$, EZ/DZ mit Klimaanlage 50/100 R$;) Muntere kleine Hunde, eine familiäre, etwas mürrische Atmosphäre und um einen Innenhof gelegene große, schlichte Zimmer mit eingebauten Eckbädern.

★ **Casa Lavinia** B&B $$
(☎ 8103-1842; www.casalavinia.com; Rua do Giz 380; DZ/3BZ/4BZ 220/240/260 R$;) Der Umbau dieser Villa aus dem 19. Jh. ist den italienischen Besitzern wirklich großartig gelungen. Die vier großen, schönen Zimmer der Casa Lavinia warten mit Himmelbetten, polierten Holzböden, einer stilvollen, dezenten Einrichtung sowie einer Dekoration aus Afrika, Italien, Brasilien und anderen Ländern auf. Allein das Bad der Suite Padronal

BUMBA MEU BOI

São Luís ist für sein Bumba-Meu-Boi-Festival bekannt. Dieses faszinierende, ausgelassene Folklorefest beruht auf afrikanischen, indigenen und portugiesischen Einflüssen, die sich während der Kolonialzeit miteinander vermischt haben. Ergebnis ist eine facettenreiche Kombination aus Musik, Tanz und Theater, die mit fantastischen und kunterbunten Kostümen bzw. Masken eine karnevaleske Atmosphäre schafft. Singende, tanzende und schauspielernde Teilnehmer erzählen die Geschichte von Tod und Auferstehung eines Stiers *(boi)*, wobei viel Raum für Improvisation bleibt. Zu diesem Anlass gibt's überall in Maranhão Veranstaltungen. Allein in São Luís gehen jeden Juni etwa 400 Gruppen auf die Straßen. Jahr für Jahr entstehen dafür neue Lieder, Tänze, Kostüme und Gedichte.

Die Geschichte und deren Darstellung variieren im ganzen Nordosten. Grundzüge der Handlung sind folgende: Die schwangere Patentochter eines Farmbesitzers Catrina hat das Verlangen, die Zunge des besten *boi* (Stier) der Farm zu essen. So bringt sie ihren Ehemann Chico dazu, das Tier zu töten. Als der tote Stier entdeckt wird, ermitteln mehrere Charaktere (satirische Figuren aus allen Gesellschaftsschichten) den Missetäter. Chico kommt vor Gericht, während der Stier dank magischer Beschwörungsformeln und -gesänge wieder aufersteht. Daraufhin wird Chico begnadigt und in einem Happy End wieder mit Catrina vereint.

Traditionell beginnen die Gruppen am Ostersonntag mit den Proben zur Vorbereitung auf die „Taufe" ihres *boi* am 13. Juni (Fest des Santo Antônio) oder 23. Juni (São João). Viele Proben sind öffentlich. Einige Gruppen fangen sogar schon Monate vor Ostern an; die Termine erfährt man in der Touristeninformation oder seiner Unterkunft. Während des Festivals treten dann vom 13. bis zum 30. Juni allabendlich mehrere Gruppen an verschiedenen Stellen in der Stadt auf. Die kommerzielleren Vorstellungen dauern eventuell nur eine Stunde, manche örtlichen Gemeinden feiern dagegen die ganze Nacht. Besonders lebhaft geht's vom 23. auf den 24. und vom 29. auf den 30. Juni zu.

Während des Bumba-Meu-Boi-Festivals kann man auch gut andere Formen afrobrasilianischer Kultur erleben, etwa den Tambor de Crioula, einen Frauentanz.

ist so groß wie drei Zimmer in einer durchschnittlichen *pousada*. Das tolle Frühstück wird in einem kühlen Speisebereich im Hof serviert. Vorab per E-Mail reservieren.

Pousada Portas da Amazônia POUSADA **$$**
(☎ 3182-8787; www.portasdaamazonia.com.br; Rua do Giz 129; EZ 139–189 R$, DZ 189–249 R$; ❄ 📶) Die weitläufigen Flure der restaurierten Villa führen um zwei Hofgärten herum zu attraktiven, geräumigen, komfortablen Zimmern mit erstklassigen Matratzen und modernen Klimaanlagen. Wer will, kann sich das gute Frühstück vom Büfett auch draußen schmecken lassen.

Essen

Die Maranhão-Küche mischt portugiesische, afrikanische und indigene Einflüsse. Viele der besten Gerichte enthalten Meeresfrüchte. Zu den hiesigen Spezialitäten gehören *casquinha de caranguejo* (gefüllte Krabbe), *caldeirada de camarão* (Garneleneintopf) und das Highlight der Stadt: *arroz de cuxá* (Reis mit Shrimps, geröstetem Sesam und leicht bitteren *vinagreira*-Kräutern). Leider ist die Restaurantszene im Centro Histórico eher dürftig (und kommt sonntags fast ganz zum Erliegen). Fast alle guten Lokale liegen an den nördlichen Stränden.

★ **Restaurante Senac** SELBSTBEDIENUNG **$$**
(Rua de Nazaré 242; Mittagsbüfett 30 R$, Hauptgerichte für 2 Pers. abends 61–119 R$; ⏲ Mo–Sa 12–15, Do & Fr 19–23 Uhr) In São Luís befindet sich die beste Restaurantfilale der bekanntesten Kochschule Brasiliens. Mittags gibt's ein großartiges All-you-can-eat-Büfett mit einer Salatbar, acht oder zehn warmen Fleisch- und Meeresfrüchtegerichten sowie Reis, Gemüse und leckeren Desserts. Zu dieser Zeit platzt der Laden aus sämtlichen Nähten.

Pizzeria del Centro PIZZERIA **$$**
(Rua da Estrela 180; Hauptgerichte 18–30 R$; ⏲ Mo–Sa 17–24 Uhr oder später) Dank der italienischen Besitzer und des italienischen *pizzaiolo* (Pizzabäcker) erfüllen die Pizzas alle Erwartungen. Noch besser sind jedoch die Caipirinhas! Die *isca de peixe* (panierte

Fischwürfel) sind eine köstliche Vorspeise. Jeden Abend erklingt andere Livemusik.

Dom Francisco BRASILIANISCH **$$**
(Rua do Giz 155; Mittagessen 26,90 R$ pro Kilo, Hauptgerichte 20–25 R$; ⌚Mo–Sa 11.30–16 & 18–23 Uhr) Das Büfett enthält bekannte Spezialitäten aus Maranhão. Die Auswahl ist überschaubar, aber die Speisen schmecken einfach wunderbar. Abends werden Gerichte á la carte serviert.

Maracangalha NORDÖSTLICH **$$$**
(☎3235-9305; Mearim 3, Quadra 13, Ponta do Farol; Hauptgerichte für 2 Pers. 45–150 R$; ⌚Mo–Sa 12–24, So 11.30–17 Uhr) In Sachen Flair und Präsentation passen die kreativen Meeresfrüchte- (wir empfehlen den Fischeintopf *caldeirada maranhense*) und Fleischgerichte des Küchenchefs und Eigentümers Melchíades Dantas prima zur künstlerisch angehauchten Atmosphäre. Das Personal arbeitet tadellos. Falls es überhaupt einen Kritikpunkt gibt, dann ist es die Lautstärke: Oft toben hier nämlich viele Kinder herum.

Cabana do Sol NORDÖSTLICH **$$$**
(☎3227-5467; Av Litorânea 10, Calhau; Hauptgerichte für 2 Pers. 76–126 R$; ⌚11–24 Uhr) Wer denkwürdige Maranhão-Spezialitäten genießen möchte, sollte diese riesige zweistöckige „Hütte" mit Panoramafenstern ansteuern. Die Speisen sind teuer, aber die gigantischen Portionen für zwei Personen machen locker vier Leute satt. Wir empfehlen *carne de sol* (lecker gegrilltes gesalzenes Fleisch), vor allem die fantsatische *picanha*-(Steak-)Variante. Es gibt aber auch zahlreiche Geflügel- und Meeresfrüchtegerichte.

Ausgehen & Unterhaltung

Am und um den Largo do Comércio im Herzen der Altstadt buhlen in mehreren Restaurants und Bars Livebands mit Samba, *chorinho,* Jazz, Blues, Bossa nova und MPB um Aufmerksamkeit. Sie treten montags bis samstags gegen 20 Uhr auf. Besonders großer Beliebtheit erfreut sich das **Cafofinho da Tia Dica** (Beco da Alfândega) mit seinen Tischen auf dem Bürgersteig.

Populäre Ausgehadressen sind auch die *barracas* an den Stränden von Ponta d'Areia, São Marcos und Calhau. Sie bieten ebenfalls oft abendliche Livemusik (besonders am Calhau) und punkten zudem mit einer Meeresbrise.

São Luís ist die Reggaehauptstadt Brasiliens. Viele Bars und Clubs veranstalten Reggae-Abende, teils mit Livemusik, teils mit DJs und mächtigen Boxen. Die Einheimischen tanzen dazu gern paarweise, schließlich sind sie Brasilianer. Es lohnt sich, bei den Stadtbewohnern oder den Angestellten der Touristeninformationen nachzufragen, was gerade angesagt ist. Außerdem kann man sich unter kamaleao.com/saoluis informieren. Vor Ort gibt's auch eine lebendige GLBT-(Gay-Lesbian-Bisexual-Trans-)Szene.

Chez Moi CLUB
(☎3221-5877; barchezmoi.com; Rua da Estrela 143; Eintritt 15–30 R$; ⌚Fr 22 Uhr–open end, So ab 19 Uhr) Ein ungemein beliebter Altstadtclub. Die DJs, die unten auflegen, kommen aus ganz Brasilien und manchmal auch von Übersee. Oben befindet sich ein weiterer Tanzbereich mit Livepop, -rock, -samba, -reggae und *-forró*. Der Sonntagabend gehört Rockbands.

Roots Bar BAR
(Rua da Palma 86; ⌚Mi–Fr 18–2 Uhr) Freitags ab etwa 20 Uhr bietet diese gute Bar in der Altstadt DJ-Reggaemusik.

Bar do Nelson LIVEMUSIK
(☎3226-4191; Av Litorânea 135, Calhau; Eintritt 5–20 R$; ⌚Di–So 16–3 Uhr) São Luís' berühmtester Reggaeladen hat die Atmosphäre einer Clubbaracke. Hier kann man wunderbar zu Livemusik tanzen, besonders von donnerstags bis samstags ab ca. 21 Uhr.

Chama Maré LIVEMUSIK
(Av São Marcos 8, Ponta d'Areia; ⌚So ab 17 Uhr) Die Strandbar veranstaltet sonntags eine Reggaenacht. Sie füllt sich bei Sonnenuntergang. Gegen 19 Uhr beginnt die Musik.

Shoppen

São Luís ist der richtige Ort, um Kunsthandwerk aus Maranhão zu kaufen, darunter bemalte Fliesen, Holzschnitzereien, Körbe, Spitze, Keramik und Lederwaren. Das große **Ceprama** (Centro de Producão de Artesanato do Maranhão; Rua de São Pantaleão 1232, Madre de Deus; ⌚Mo–Sa 9–18 Uhr) 2 km südöstlich des Stadtzentums dient als Ausstellungsraum und wichtige Verkaufsfläche. Viele weitere Geschäfte verteilen sich rund um die Rua Portugal und die Rua da Estrela im historischen Zentrum.

Praktische Informationen

GELD

Die einzige Banco-do-Brasil-Filiale, die Geld wechselt, liegt an der Praça Deodoro, 800 m östlich der Praça João Lisboa entlang der Rua da Paz.

Banco do Brasil Av Dom Pedro II (Av Dom Pedro II 78; ⌚Mo–Fr 10–16 Uhr, Geldautomaten tgl. 6–20 Uhr); Travessa Boa Ventura (Travessa Boa Ventura; ⌚Mo–Fr 10–16 Uhr, Geldautomaten tgl. 6–22 Uhr); Praça Deodoro (Av Gomes de Castro 46; ⌚Mo–Fr 10–16 Uhr)

INTERNETNETZUGANG

Cybercafé Praia Grande (João Vital 48; 2,50 R$/Std.; ⌚10–20 Uhr) Klimatisiert.

MEDIZINISCHE VERSORGUNG

UDI-Krankenhaus (☎3216-7979; Av Carlos Cunha 2000, Jacarati) Privates Krankenhaus mit Notversorgung.

REISEBÜROS

Riberão Turismo (☎3231-1621; Rua do Sol 141; ⌚Mo–Fr 8–18, Sa 8–12 Uhr) Nützliches Reisebüro, um Flüge zu buchen und Bustickets für Fahrten Richtung Osten und Süden zu kaufen.

Terra Nordeste (☎8857-7408; www.terranordeste.com; Rua do Giz 380; ⌚ganzjährig Mo–Fr 9–18 Uhr, Juni–Sept. auch Sa 9–13 Uhr) Dieser großartige Nordostbrasilienspezialist mit Schwerpunkt Ökotourismus wird von Franzosen geführt. Die Angestellten sind freundlich und beherrschen mehrere Sprachen. Hier kann jede gewünschte Tour organisiert werden, egal ob sie zwei Tagen oder einen Monat dauert, darunter z. B. Wanderungen durch die Lençóis Maranhenses.

TOURISTENINFORMATION

In den Touristeninformationen arbeiten viele hilfsbereite Angestellte, die Englisch sprechen.

Central de Servicios Turísticos (☎3212-6211; Praça Benedito Leite; ⌚Mo–Fr 8–19, Sa & So 8–13 Uhr) Infozentrale der städtischen Tourismusbehörde Setur.

Maranhão (www.turismo.ma.gov.br) Maranhãos offizielle Tourismusseite auf Portugiesisch und Englisch enthält einige nützliche Beschreibungen.

Maranhão-Touristeninformation (☎3244-4500; Flughafen; ⌚24 Std.)

Maranhão-Touristeninformation (☎3249-4500; Busbahnhof; ⌚8–19 Uhr)

Maranhão-Touristeninformation (☎3231-4696; Portugal 165; ⌚Mo–Fr 8–19, Sa 9–18, So 9–13 Uhr)

São Luís (www.visitesaoluis.com) Das São Luís Convention & Visitors Bureau hat einige interessante Materialien auf Lager.

ℹ An- & Weiterreise

BUS

Vom **Busbahnhof** (☎3243-1305; Av dos Franceses, Santo Antônio) werden zahlreiche Ziele wie Belém (120–276 R$, 13 Std., 4-mal tgl.), Brasília (270–337 R$, 33 Std., 17 Uhr), Fortaleza (147–156 R$, 18–21 Std., 3-mal tgl.), Parnaíba (60–74 R$, 8–10 Std., 3-mal tgl.) und Teresina (54–94 R$, 7–8½ Std., 8-mal tgl.) angesteuert.

Da die Nachtbusse nach Belém schon mehrfach ausgeraubt wurden, sollte man einen Flug in Erwägung ziehen. Oft ist das sogar billiger (vorab gebuchte Flüge von TAM sind ab 111 R$ zu haben).

FLUGZEUG

Vom **Flughafen** (☎3217-6100; Av dos Libaneses, Tirirical) bestehen Direktverbindungen von **Azul** (www.voeazul.com.br), **GOL** (www.voegol.com.br; Flughafen), **TAM** (www.tam.com.br) und **Trip** (www.voetrip.com.br) zu allen wichtigen Zielen in Amazonien und im Nordosten sowie nach Rio de Janeiro und São Paulo.

ℹ Unterwegs vor Ort

Ein Taxi ins Centro Histórico kostet 30 R$ vom Busbahnhof und 40 R$ vom Flughafen. Die Hauptstraßen in die Stadt und hinaus sind so überlastet, dass man für die Fahrt ein bis zwei Stunden einplanen muss. Der „São Cristóvão Aeroporto"-Bus verkehrt zwischen dem Flughafen, dem Busbahnhof und dem **Terminal de Integração Praia Grande** (Av Senador Vitorino Freire), einem innerstädtischen Busbahnhof am Rande des Centro Histórico. Zwischen dem Busbahnhof und dem Terminal Praia Grande pendeln außerdem „Socorrão Rodoviária"-Busse. Fahrkarten kosten 2,10 R$.

Alcântara

☎ 098 / 6400 EW.

Gegenüber von São Luís liegt auf der anderen Seite der Baía de São Marcos der kleine Ort Alcântara aus der Kolonialzeit. Er wurde vom 17. bis zum 19. Jh. von Sklaven errichtet und diente als bevorzugte Residenz der reichen Platagenbesitzer Maranhãos, doch seit der zweiten Hälfte des 19. Jhs. ist das Städtchen im Niedergang begriffen. Es präsentiert eine atmosphärische Mischung aus verfallenen, erhaltenen und restaurierten Kirchen, Villen und Häusern an Kopfsteinpflasterstraßen mit kunstvollen Kreuzmustern und gilt als eine der friedlichsten, authentischsten und schönsten historischen Stätten des Landes. Besucher sollten außerdem unbedingt nach den prächtigen *guarás* (Rote Ibisse) Ausschau halten, die hier ungewöhnlich häufig vorkommen.

Seit 1990 ist das nahe gelegene Centro de Lançamento de Alcântara (CLA) als Raketenbasis des brasilianischen Raumfahrtprogramms in Betrieb. Welch ein seltsamer Kontrast: Raketen neben einer verschlafenen Kolonialstadt!

Die Öffnungszeiten des kleinen Infoschalters im Fährterminal unweit des Hafens sind auf die Ankunftszeiten der Schiffe abgestimmt. Mit etwas Glück ergattert man vor Ort ein Exemplar des *Alcântara Roteiro e Mapa Turístico,* ein toller Stadtplan und Reiseführer.

Sehenswertes

Die weite, auf einem Hügel thronende **Praça da Matriz** wartet mit Brasiliens besterhaltener **pelourinho** (Strafsäule) auf, die sich gleich neben der Ruine der **Igreja de São Matias** aus dem 17. Jh. erhebt. Zwei Villen aus dem 18. Jh. an der Westseite des Platzes beherbergen inzwischen Museen: Das **Museu Histórico de Alcântara** (Eintritt 2 R$; Di–Fr 9–15, Sa & So 9–13 Uhr) und die **Casa Histórica** (Eintritt 2 R$; Di–Fr 9.30–16.30, Sa & So 9.30–14.30 Uhr) GRATIS zeigen den Lebensstil der privilegierten Familien Alcântaras in früheren Zeiten. Zu sehen sind u. a. antike Möbel und Erinnerungsstücke. Besuche finden im Rahmen einer Führung auf Portugiesisch statt. Wer nur für eines der Häuser Zeit hat, sollte sich für das Museu Histórico entscheiden.

Weiter in Richtung Norden, entlang der Rua Grande mit ihren schönen zweistöckigen Häusern, gelangt man zur faszinierenden **Casa do Divino** (Rua Grande; Eintritt 1 R$; Di–So 9–13 Uhr), dem Zentrum der Aktivitäten während der berühmten Festa do Divino. Dahinter liegt die hübsche, 1665 erbaute **Igreja de NS do Carmo** (Eintritt 2 R$; 9–13 Uhr), die über zwei Türme verfügt und kürzlich restauriert wurde. Daneben erblickt man die Überreste eines Klosters, und vor sowie gegenüber der Kirche die Ruinen des **1°** und **2° Palácios do Imperador** (Erster und Zweiter Kaiserpalast). Letztere wurden anlässlich eines geplanten Besuches des Dom Pedro II. errichtet, zu dem es aber niemals kam.

Feste & Events

Alcântaras zwölftägige **Festa do Divino Espírito Santo**, die am ersten Sonntag nach Christi Himmelfahrt (meist im Mai) seinen Höhepunkt erreicht, gehört zu Maranhãos buntesten jährlichen Festivals. Sie verbindet afrikanische und katholische Elemente, darunter zwei als Kaiserpaar kostümierte Kinder und eine Reihe komplizierter Rituale, in deren Mittelpunkt die wie ein Palast geschmückte Casa do Divino steht. Außerdem gibt's farbenprächtige musikalische Paraden.

Schlafen & Essen

Alcântara ist ein unkompliziertes Ziel für Tagesausflüge ab São Luís. Wer über Nacht bleibt, hat jedoch mehr Zeit für die Erkundung des Städtchens und für die Beobachtung Roter Ibisse.

Pousada Bela Vista POUSADA **$**

(3337-1569; www.belavistapousada.com; Vila Jerico; EZ 60–80 R$, DZ 130–150 R$;) Diese wundervolle Unterkunft verfügt über acht einfache, saubere Zimmer (fünf davon mit Meerblick), ein gutes Terrassenrestaurant voller Kunstwerke und Nippes, einen Pool samt tollem Ausblick hinüber nach São Luís und einen einladenden Aussichtsturm. Geleitet wird sie von der Familie eines der berühmtesten einheimischen Führer Alcântaras: Dannilo spricht zwar kein Englisch, bietet aber trotzdem hervorragende Touren und naturkundliche Wanderungen an.

Die Pousada Bela Vista ist einen 30-minütigen Spaziergang oder eine kurze Motorradtaxifahrt (4 R$) vom Hafen entfernt. Vorher anrufen und fragen, ob Zimmer frei sind.

Pousada do Sossego POUSADA **$**

(3337-1261, 9147-8261; Rua do Sossego; Zi. mit/ohne Klimaanlage 50/80 R$;) Der liebenswürdige Hamilton *(„como Lewis Hamilton, Fórmula Um")* managt diese freundliche *pousada.* Im Hauptgebäude an der Straße befinden sich große, spärlich eingerichtete Zimmer mit Ventilatoren, während im Garten dahinter komfortablere Räume mit Klimaanlagen liegen.

Bururú Barará BRASILIANISCH **$$**

(Rua Silva Maia; Gerichte 12–30 R$; 18–24 Uhr) Abends lockt das quirlige Restaurant mit Pizzas, Burgern, Tapioka und gutem *carne de sol.* Mittwochs oder donnerstags gibt's manchmal Livemusik.

An- & Weiterreise

Vom **Cais da Praia Grande** (3232-0692; Av Senador Vitorino Freire) in São Luís verkehren täglich zwei oder drei Boote nach Alcântara (12 R$, 1¼ Std.). Die Abfahrten richten sich nach den Gezeiten, doch in der Regel starten zwei der Fähren zwischen 7 und 9 Uhr und die dritte später. Am besten erkundigt man sich am Vortag nach der genauen Zeit und kauft dann auch schon das Ticket. Von Alcântara kehren zwei Boote gegen 16 oder 17 Uhr zurück, das dritte am frühen Morgen. Wer leicht seekrank wird, dürfte auf einem der größeren Schiffe, *Bahia Star* und *Diamantina*, besser aufgehoben sein als auf dem Katamaran *Lua Nova.*

Parque Nacional dos Lençóis Maranhenses

☎ 098

Der Name dieses 1550 km² großen, spektakulären Nationalparks auf halber Strecke zwischen São Luís und der Grenze zu Piauí bezieht sich auf die gewaltigen Dünen, die wie über die Landschaft verstreute *lençóis* (Bettlaken) aussehen und sich 70 km entlang der Küste sowie bis zu 25 km ins Hinterland erstrecken. Zwischen März und September bildet der vom Sand gefilterte Regen kristallklare Teiche und Seen zwischen den Sandbergen. Die Lagunen sind im Juli und August am schönsten. Außerdem gibt's im Schutzgebiet Strände, Mangrovensümpfe und Lagunen sowie einige interessante Tiere wie Schildkröten und Zugvögel zu sehen.

Als wichtigste Ausgangsbasis für einen Besuch dient die nicht gerade charmante, 260 km von São Luís entfernte Stadt **Barreirinhas** am Rio Preguiças nahe der Südostecke des Parks. Andere Zugangspunkte (und durchaus lohnenswert, wenn man mindestens zwei Nächte in der Gegend bleibt) sind die entlegenen Dörfer **Atins**, wo der Preguiças ins Meer fließt, und **Santo Amaro** am Westrand des Schutzgebietes. Dort reichen die Dünen bis an den Rand der Ortschaft, zudem kann man an den sandigen Flussstränden sogar dann baden, wenn die Lagunen ausgetrocknet sind.

In der Hauptstraße von Barreirinhas befinden sich eine **Banco-do-Brasil-Filiale** (Av Joaquim Soeiro de Carvalho, Barreirinhas; ⌚ Geldautomaten 6–22 Uhr), deren Geldautomaten – sofern sie funktionieren – internationale Visakarten akzeptieren, und das Internetcafé **Netpoint** (Av Joaquim Soeiro de Carvalho 693, Barreirinhas; Internet 2 R$ pro Std.; ⌚ Mo–Fr 8–22, Sa 8–13 & 15–22, So 18–22 Uhr).

Aktivitäten

Verschiedene Agenturen in Barreirinhas veranstalten halbtägige Ausflüge in halboffenen Geländebussen zur **Lagoa Azul** (50 R$ pro Person) und zur **Lagoa Bonita** (60 R$), zwei der größten Lagunen des Parks, die nordwestlich der Stadt liegen. Ein großartiger siebenstündiger **Bootstrip** (60 R$) den Rio Preguiças hinunter führt zwischen Dschungel, Mangroven und Dünen hindurch zum Leuchtturm von Mandacuru, der mit einem tollen Ausblick aufwartet. Danach geht's zum Meeresstrand bei Caburé mit Restaurants für ein Mittagessen und schließlich nach Atins an der Flussmündung. Beide Exkursionen sind ein absolutes Muss, wenn man in Barreirinhas übernachtet. **São Paulo Ecoturismo** (☎ 3349-0079; saopauloecoturismo.com.br; Av Brasilia 108, Barreirinhas) und **Tropical Adventure Expedições** (☎ 3349-1987; www.tropicaladventure.com.br; Av 31 de Março 15, Barreirinhas) zählen zu den besten Anbietern und halten alle Sicherheits- und Umweltschutzstandards ein. Da die beiden Veranstalter miteinander kooperieren, spielt es oft keine Rolle, für wen man sich entscheidet.

In Atins hat die Rancho do Buna (S. 593) halbtägige Touren mit Allradfahrzeugen im Programm, die Wanderungen zu Lagunen wie der **Lagoa Verde** und der **Lagoa Guajiru** einschließen. Sie kosten 200 R$ für bis zu vier Personen und 50 R$ für jede weitere Person. Außerdem findet man in Atins einen der sachkundigsten, vielsprachigsten Guides des Nationalparks: Bernard de Laroche von den **Sandwalkers** (☎ 8864-0526; sandwalkers.ma@gmail.com). Einfach im Café oder im informellen Infozentrum **Baratins** (Rua Principal, Atins; ⌚ 11–23 Uhr) an der Hauptstraße nach ihm fragen.

Von Santo Amaro erreicht man, ebenfalls in einer Kombination aus Geländewagentour und Wanderung, die **Lagoa Gaivota** und die **Lagoa Betânia**, beide wenig besucht.

Eine wunderbare Möglichkeit, das Schutzgebiet zu erkunden, ist eine Wanderung. Die Überquerung von Westen nach Osten oder umgekehrt dauert drei bis vier Tage. Unterwegs übernachtet man in Hängematten oder Fischerhütten winziger, armer Dörfer. Ein vor Ort angeheuerter Führer kostet etwa 120 R$ pro Tag. Wer von Osten nach Westen marschiert, hat den Wind im Rücken. Am magischsten ist eine Nachtwanderung bei Vollmond.

Das in São Luís ansässige Unternehmen Terra Nordeste (S. 590) arrangiert gut organisierte Wanderungen durch den Nationalpark: Eine viertägige Tour mit drei Trekkingtagen schlägt inklusive der Hin- und Rückfahrt von/nach São Luís, der Mahlzeiten, der Übernachtungen und eines Englisch sprechenden Guides für zwei Personen mit 3000 bis 4000 R$ zu Buche.

Schlafen & Essen

Barreirinhas

In Barreirinhas gibt's jede Menge Unterkünfte und dank des gewundenen Rio Preguiças mindestens vier verschiedene Flussufer. Nicht weit von der Hauptstraße, der

Avenida Joaquim Soeiro de Carvalho, erstreckt sich die Fußgängerzone Avenida Beira Rio mit mehreren Restaurants und dem wichtigsten Bootspier.

Pousada d'Areia POUSADA **$**
(☎3349-0550; www.pousadadareia.com.br; Av Joaquim Soeiro de Carvalho 888, Barreirinhas; EZ 70–104 R$, DZ 100–150 R$; ❄) Freundliche Mitarbeiter, ein gutes Frühstücksangebot und die praktische Lage am Südende der Hauptstraße machen das Areia zu einer vernünftigen Wahl – jedenfalls wenn man sich für eines der teureren und helleren Zimmer auf der Rückseite entscheidet. Diese verfügen über eine neuere Einrichtung und Veranden mit Hängematten, während die günstigeren Räume kleiner und enger sind.

Pousada do Porto POUSADA **$**
(☎3349-0654; Anacleto de Carvalho 20, Barreirinhas; EZ/DZ 50/80 R$, mit Klimaanlage 70/120 R$; ❄) Oben befinden sich die Zimmer mit dem besten Preis-Leistungs-Verhältnis: Sie werden von Ventilatoren und einer natürlichen Brise gekühlt und blicken auf den Rio Preguiças. Die Pousada do Porto liegt von der Bushaltestelle Cisne Branco nur ein kleines Stück den Fluss hoch.

Encantes do Nordeste CHALET **$$**
(☎3349-0288; www.encantesdonordeste.com.br; Rua Boa Vista s/n, Barreirinhas; EZ 209–254 R$, DZ 280–336 R$; ❄📶🏊) 🍃 3,5 km außerhalb von Barreirinhas' Zentrum stößt man auf dieses komfortable, ökobewusste kleine Juwel abseits des Trubels. Auf dem abschüssigen Grundstück geht's an gemütlichen Chalets vorbei hinab zu einem schönen Garten mit Pool, von wo es nur noch 200 m bis zum hauseigenen Restaurant am Fluss, dem Bambaê, sind. Das Reisebüro der *pousada* kann alle Exkursionen arrangieren.

Pousada Sossego do Cantinho POUSADA **$$**
(☎3349-0753; www.sossego-do-cantinho.com; Rua Principal 2, Povoado Cantinho; DZ/3BZ/4BZ 215/275/300 R$; ❄📶) Eine erholsame Oase und eine entspannte Ausgangsbasis für Exkursionen. Die von Schweizern geführte Unterkunft liegt 1,5 km nördlich der Stadt am Fluss. Sie verfügt über vier geräumige Bungalows mit großen Betten und vielen Kissen. Am unteren Ende des Gartens erstreckt sich ein weißer Flussstrand. Wer vorher anruft, wird mit dem Boot aus Barreirinhas abgeholt.

A Canoa BRASILIANISCH, PIZZERIA **$$**
(Av Beira Rio 300, Barreirinhas; Hauptgerichte 19–35 R$) Das Restaurant in der Fußgängerzone am Fluss bietet gegrillten Fisch, Pizza aus dem Holzofen, eine sanfte Brise und jeden Abend Livemusik.

Caburé

Caburé besteht aus mehreren *pousadas* und Lokalen, die sich auf einer schönen, isolierten sandigen Halbinsel zwischen dem unteren Rio Preguiças und dem Atlantik verteilen. Das Örtchen existiert einzig und allein wegen der Touristen, die zumeist im Rahmen einer Tagestour von Barreirinhas herkommen. Es ist zwar ein nettes Fleckchen für ein Mittagessen, doch zum Übernachten trifft man mit Atins, das 15 Minuten mit dem Boot entfernt an der Flussmündung liegt, die bessere Wahl. Wer in Caburé frischen gegrillten Fisch oder *caldeirada de camarão* esssen möchte, sollte das **Restaurante Península do Caburé** (Hauptgerichte für 2 Pers. 40–80 R$; ⏲11–21 Uhr) ansteuern.

Atins

Dieses kleine Dorf erstreckt sich inmitten der Dünenvegetation an der Mündung des Rio Preguiças. Es verfügt über sandige Straßen, einen Meeresstrand, eine nennenswerte ausländische Einwohnergruppe und eine erstaunliche Anzahl an verstreuten *pousadas*. Zudem dient Atins als guter Ausgangspunkt, um einige der entlegeneren Teile des Parks zu besuchen. Hier hat man zahlreiche herrliche Dünen und Lagunen ganz für sich.

Pousada do Irmão POUSADA **$**
(☎3349-5013; pousadairmaoatins.blogspot.com.br; Rua Principal, Atins; EZ 60 R$, DZ 90–110 R$) Eine attraktive neue, von Einheimischen geführte Bleibe. Die sauberen, farbenfrohen Zimmer haben Terrassen mit Hängematten und Bäder, deren Wände mit Hunderten Muscheln gepflastert sind, und liegen an einem schmalen, rasenbewachsenen Garten. Im Speisebereich mit einem Muschelboden werden unter einem großen *palapa*-Dach leckere Fisch-, Hühner- und Krabbengerichte (18–27 R$) serviert.

Pousada da Rita POUSADA **$**
(☎9993-7537; Rua Principal, Atins; EZ/DZ 35/60 R$) Hübsche, saubere Zimmer im hübschen, sauberen Haus einer Familie.

★ **Rancho do Buna** POUSADA **$$**
(Rancho Pousada; ☎9616-9646; www.ranchodobuna.com; Atins; EZ/DZ/3BZ/4BZ 110/168/195/224 R$; 🏊) 🍃 Trotz Perlhühnern, Pfauen, Enten, Hunden und Katzen auf dem großen

Grundstück, die ab 5 Uhr ein gemeinsames Morgenlied anstimmen, ist dies die bei Weitem beste *pousada* des Dorfes. Die komfortablen Backsteinhütten bestehen größtenteils aus Recyclingmaterial. Ebenso charmant sind der faszinierende Gemeinschaftsbereich, die weitläufige Anlage (inklusive Pool und Ententeich) und das gut zubereitete Essen (Hauptgerichte für zwei Personen 18–56 R$, leckere Tapiokagerichte zum Frühstück).

Vor Ort kann man wunderbare Exkursionen zu den Dünen und Seen des Nationalparks und den Transport per Boot und Geländewagen buchen. Es wird Englisch gesprochen.

★ Restaurante do Antônio FISCH & MEERESFRÜCHTE **$$**

(Restaurante Canto dos Lençóis; Canto de Atins; 25 R$ pro Pers.; ⏲ ca. 10–20 Uhr) Egal ob zu Fuß, per Auto, Boot, Ochsenkarren (bei seiner *pousada* nachfragen) oder hoch zu Ross: Das wundervolle Fisch- oder Shrimps-Barbecue dieses rustikalen Restaurants 7 km westlich von Atins sollte man nicht verpassen. Die einsame Lage zwischen den Dünen (600 m entfernt) und dem Meer (bei Ebbe 1,5 km entfernt) sorgt für grandiose Reiseerinnerungen. Angestellte der Rancho do Buna bringen Hungrige im Geländewagen her (hin & zurück 40 R$ pro Pers., Minimum 150 R$), man kann aber auch einen halbtägigen Ausflug daraus machen, indem man vor dem Mittagessen einige Lagunen besucht. Alternativ wandert man nach dem Frühstück hierher (ca. 2 Std.), genießt ein gemächliches Mittagessen und marschiert am späten Nachmittag zurück.

Santo Amaro

Ciamat Camp CHALET **$**

(☎ 9604-5824; www.ciamatcamp.com; Santo Amaro; EZ/DZ 140/185 R$) Eine brasilianisch-italienische Unterkunft mit vier komfortablen Holzchalets und einem bezaubernden Garten am Fluss. Sie liegt auf der anderen Seite des Flusses gegenüber dem Dorf. Die Betreiber befördern Gäste mit dem Boot auf die andere Seite bzw. holen sie dort ab. Mahlzeiten sind ebenfalls möglich.

ℹ Anreise & Unterwegs vor Ort

Die Schnellstraße MA-402 zweigt südlich von São Luís von der BR-135 ab und führt ostwärts nach Barreirinhas. Täglich fahren vier Busse des Unternehmens **Cisne Branco** (www.cisnebrancoturismo.com.br; Anacleto de Carvalho 623, Barreirinhas) von São Luís nach Barreirinhas (28 R$, 4½ Std.) und zurück. Allerdings starten und enden sie am Busbahnhof weit außerhalb des Stadtzentrums. Bequemer sind die „Vans" (Minibusse) von **BRTur** (☎ 3236-6056; 40). Sie benötigen 4½ Stunden und holen Fahrgäste gegen 5 oder 7 Uhr von ihrer Unterkunft in São Luís ab. Um 16 oder 17 Uhr kehren sie von Barreirinhas zurück. Man kann sie bei den Unterkünften in São Luís und Barreirinhas buchen.

Um von Atins nach Barreirinhas zu kommen, unternimmt man entweder die Bootsfahrt auf dem Rio Preguiças (60 R$) mit Mittagspause in Caburé und steigt gegen 14 Uhr in Atins aus, oder mietet in Barreirinhas ein Boot für den direkten Transfer (250–300 R$ für bis zu 5 Pers., 1½ Std.). Die dritte Möglichkeit ist ein Toyota-Geländewagen (20 R$, 2 Std.), der gegen 9 Uhr (manchmal um 10 Uhr) in der Rua Monsenhor Gentil (gegenüber dem Lojas Vitória) startet. Um 4 oder 4.30 Uhr (an manchen Tagen auch um 13 Uhr) geht's von Atins zurück nach Barreirinhas.

Wer nach Santo Amaro will, fährt zunächst per Bus von Cisne Branco oder einem BRTur-Van bis nach Sangue an der MA-402 und dann mit einem vorher arrangierten Geländewagen die 36 km lange Sandpiste Richtung Norden nach Santo Amaro (45–50 R$). Die Weiterreise mit dem Geländewagen können BRTur oder die eigene Unterkunft in Santo Amaro organisieren.

Von Barreirinhas Richtung Osten nach Parnaíba und Jericoacoara verkehren täglich um 8 Uhr sowie von Montag bis Samstag um 14 Uhr Allradtrucks nach Paulino Neves (20 R$, 2½ Std.), die gegenüber der Banco-do-Brasil-Filiale in der Avenida Joaquim Soeiro de Carvalho starten. Von Paulino Neves geht's mit einem Taxi (40–70 R$) oder einem anderen Truck (5–10 R$/Pers.) nach Tutoia. Dort gibt's täglich einige Busverbindungen, darunter eine um 15.30 Uhr nach Parnaíba (16 R$, 2½ Std.). Montags bis samstags um 6 Uhr verkehrt auch von Paulino Neves ein Bus nach Parnaíba (21 R$, 3½ Std.). Ein Geländewagen von Parnaíba nach Jeri kostet um die 500 R$ (bei den Reisebüroangestellten im Busbahnhof von Parnaíba nachfragen). Ansonsten fährt täglich um 7.15 Uhr ein Guanabara-Bus von Parnaíba nach Camocim (18 R$, 2¼ Std.). In Camocim starten montags bis samstags Allradtrucks am Mercado Central nach Jericoacoara (35 R$, 1½–3 Std., meistens 11 oder 12 Uhr); alternativ nimmt man einen Buggy (der aufregende Trip kostet für bis zu 4 Pers. 200–220 R$). Außerdem fahren täglich vier Fretcar-Busse (einer um 11.30 Uhr) von Camocim nach Jijoca (8–10 R$, 1½ Std.), wo einen Allradtrucks für 10 R$ nach Jeri bringen.

Ein direkter Transfer im Jeep von Barreirinhas nach Parnaíba kostet für bis zu fünf Personen 600 R$, der ganze Weg nach Jericoacoara 1200 R$.

Infos zur Anreise nach Barreirinhas aus dem Osten (Jericoacoara und Parnaíba) siehe S. 577. Um von Osten kommend nach Caburé zu gelangen, ohne über Barreirinhas zu fahren, benötigt man für den letzten Abschnitt von Paulino Neves einen Geländewagen, der die Strandstrecke bewältigt.

Paulino Neves

☎ 098

Die kleine Fischer- und Bauerngemeinde zwischen Barreirinhas und Tutoia ist eine Zwischenstation auf der Fahrt von Barreirinhas und Parnaíba und ein ruhiges Fleckchen. Nur 20 Gehminuten von hier erstrecken sich die Dünenfelder der Pequenos Lençóis (eine Fortsetzung der Dünen im Nationalpark weiter westlich). In der komfortablen **Pousada Oásis dos Lençóis** (☎3487-1012; São Francisco 50; EZ/DZ mit Ventilator 40/60 R$, mit Klimaanlage 50/80 R$; ❄), deren Garten sich bis hinunter zum Rio Novo zieht, kocht Dona Mazé eine fabelhafte *moqueca* oder *mariscada* (Meeresfrüchteeintopf). Eine gute Wahl trifft man auch mit der **Pousada Rota dos Lençóis** (☎3487-1307; suz.reis@hotmail.com; Av Rio Novo 35; EZ/DZ mit Ventilator 50/60 R$, mit Klimaanlage 60/80 R$; ❄📶) in der Nähe der Brücke und der Abfahrtsstelle für die Trucks nach Barreirinhas.

Tutoia

☎ 098 / 18 700 EW.

Diese recht große, aber trotzdem irgendwie unterentwickelte Marktstadt liegt am westlichen Ende des Delta do Parnaíba. Eine Bootsfahrt durch das Delta von Parnaíba nach Tutoia ist ein schöner Auftakt zu einer Tour durch die Lençóis Maranhenses. Außerdem fahren täglich mehrere Busse von Parnaíba nach Tutoia (16 R$, 2½ Std.), der erste um 5.30 Uhr, der letzte um 16.30 Uhr. Zwischen Tutoia und Paulino Neves, rund 34 km weiter westlich, verkehren Taxis und Allradtrucks.

Pousada Jagatá POUSADA **$$**
(☎3479-1551; www.pousadajagata.com.br; Av Beira Mar 1000; EZ 105–115 R$, DZ 130–175 R$; ❄📶🏊) Wenn das Beste gerade gut genug ist, sollte man eines der einfachen, aber gepflegten Zimmer der Pousada Jagatá mit dem hübschen Garten samt Blick über das Delta buchen. Die Unterkunft befindet sich 1,5 km von der zentralen Praça Tremembés, wo Motorradtaxis bereitstehen.

Amazonien

15,8 MIO. EW.

Inhalt ➡

Naturschutzgebiete

- ➡ Reserva de Desenvolvimento Sustentável Mamirauá (S. 662)
- ➡ Xixuaú-Xipariná (S. 659)
- ➡ Floresta Nacional (FLONA) do Tapajós (S. 623)
- ➡ Parque Nacional do Jaú (S. 659)
- ➡ Parque Estadual do Jalapão (S. 634)

Schön übernachten

- ➡ Bei einheimischen Familien in der Floresta Nacional do Tapajós (S. 623)
- ➡ Pousada Pico da Neblina (S. 658)
- ➡ Hotel Casarão da Amazônia (S. 619)

Auf nach Amazonien

Amazonien, benannt nach den Kriegerinnen der griechischen Mythologie, ist selbst geradezu mythisch. Welcher Reisende träumt nicht davon, einmal den Amazonas zu sehen? Nicht nur, um die riesigen Bäume und den beeindruckenden Fluss zu bewundern, sondern auch, um die Quelle zu sehen, den Ort, der unseren Planeten mit Luft und Wasser versorgt und unser Klima prägt. Wer ein Szenario wie aus dem Dokumentarfilm erwartet (Jaguare in den Bäumen, mit Speeren bewaffnete *índios* an jeder Ecke), wird allerdings enttäuscht. Tatsächlich sind die wesentlichen Erlebnisse in der Region eher elementar als bombastisch: Man paddelt im Kanu durch überflutete Wälder, tuckert in der Hängematte dösend auf einem Boot flussaufwärts oder wird durch die Schreie von Brüllaffen geweckt. An einem Fluss, der alle Rekorde bricht, sind es besonders die kleinen Dinge, die zählen. Wer sie in Ruhe auf sich wirken lässt und bereit ist, sich überraschen zu lassen, wird feststellen, dass der Amazonas alle Erwartungen sprengt.

Reisezeit

Manaus

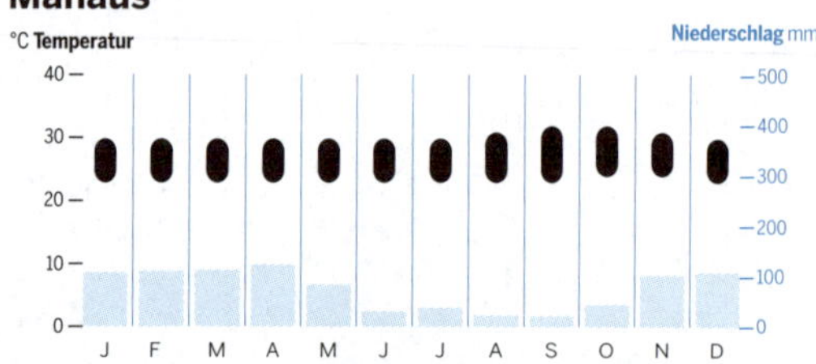

Mai In Manaus findet das weltberühmte Opernfestival statt.

Juni Der Regen lässt nach, aber der Fluss führt noch viel Wasser und überflutet die Wälder.

Okt. Heißes, trockenes Wetter, prima zum Wandern.

Kurzinfos

➡ Einst floss der Amazonas von Osten nach Westen.

➡ Jenseits der Anden liegt sein Gefälle bei nur 1,5 cm pro Kilometer.

➡ Amazonasdelfine (*botos*) können ihren Hals drehen und die Schultern bewegen.

➡ Ameisen bilden 10 bis 30 % der gesamten tierischen Biomasse im Amazonasgebiet.

➡ Auf 1 km^2 Amazonasregenwald wachsen bis zu 1000 verschiedene Bäume.

DAS AMAZONASBECKEN

Das Amazonasbecken erstreckt sich über neun Länder und drei Zeitzonen. Es hat eine Fläche von mehr als 7 Mio. km^2, das sind 40 % des gesamten südamerikanischen Kontinents. Das Einzugsgebiet des gewaltigen Flusses ist fast so groß wie die USA, mehr als doppelt so groß wie Indien. Im Amazonasregenwald, dem größten tropischen Regenwald der Welt, sind trotz unkontrollierter Abholzung noch 80 % intakt und unberührt (in vielen Wäldern Asiens, Afrikas, Zentralamerikas und selbst an der brasilianischen Atlantikküste stehen nur noch 5 bis 10 % der Bäume). Der Amazonas ist der zweitlängste Fluss der Welt (der Nil schlägt ihn um Haaresbreite), doch was das Wasservolumen betrifft, lässt er alle Ströme weit hinter sich. Bei hohem Wasserstand fließen 300 Mio. Liter pro Sekunde ins Meer. Die Süßwasserfahne reicht mehr als 150 km in den Atlantik. Der Amazonas transportiert mehr Wasser als die sieben nächstgrößten Flüsse zusammen!

Literatur

Unzählige Bücher wurden über den Amazonas geschrieben. Hier eine Auswahl auf Deutsch und Englisch:

➡ *Atlas of the Amazon* von Michael Goulding

➡ *Chico Mendes: Tod im Regenwald* von Andrew Revkin

➡ *The Thief at the End of the World: Rubber, Power, and the Seeds of Empire* von Joe Jackson

➡ *Fordlandia: The Rise and Fall of Henry Ford's Forgotten Jungle City* von Greg Grandin

➡ *Die versunkene Stadt Z. Expedition ohne Wiederkehr – das Geheimnis des Amazonas* von David Grann

➡ *The Last of the Tribe: The Epic Quest to Save a Lone Man in the Amazon* von Monte Reel

➡ *The River of Doubt: Theodore Roosevelt's Darkest Journey* von Candice Millard

REISEPLANUNG

Der Amazonas kann ganzjährig besucht werden, je nach Reisemonat erwarten einen aber unterschiedliche Erlebnisse. Im Mai und Juni erkundet man überflutete Wälder, September und Oktober sind heiß und trocken und gut zum Wandern. Eine Woche pro Region reicht aus.

Nicht vergessen

➡ geschlossene Schuhe

➡ Insektenschutzmittel

➡ regenfeste Kleidung

➡ Plastiktüten

➡ Medikamente gegen Malaria

➡ Fernglas

Tipps für Hobbyfotografen

➡ ein Stativ benutzen

➡ nicht mit Blitz knipsen

➡ einen niedrigen ISO-Wert einstellen

➡ die Landschaft nicht nur durch den Sucher betrachten

Die Größe zählt doch

➡ **Fläche des Amazonasbeckens** 7 Mio. km^2

➡ **Fläche des Amazonasregenwaldes** 5,5 Mio. km^2

➡ **Fläche des Amazonasregenwaldes in Brasilien** 3,3 Mio. km^2

Highlights

1 In der **Reserva de Desenvolvimento Sustentável Mamirauá** (S. 662) auf der Suche nach Uakaris durch überschwemmte Wälder gleiten.

2 Auf **Dschungeltouren** (S. 645) außerhalb von Manaus den Geräuschen der Nacht lauschen.

3 Das einfache Leben der Kautschukzapfer in der **Floresta Nacional do Tapajós** (S. 623) nahe Alter do Chão kennenlernen.

4 Bei **São Gabriel da Cachoeira** (S. 657) durch Primärwald und Ländereien indigener Völker streifen.

5 Die windigen Atlantikstrände der **Ilha de Marajó** (S. 615) zu Fuß oder auf dem Rücken eines Wasserbüffels erkunden.

Geschichte

Das Amazonasbecken ist seit mindestens 10 000 Jahren besiedelt, vielleicht auch länger. Seine ersten Bewohner gehörten zu zig weit verstreuten Stämmen, einige davon winzig, andere mit Zehntausenden Mitgliedern. Frühe Forscher waren überzeugt, dass der Regenwald schlichtweg zu ungastlich für größere Bevölkerungsgruppen sei, doch wie man heute weiß, lebten bei der ersten Kontaktaufnahme der Europäer bereits bis zu 5 Mio. Menschen in der Amazonasregion. Das war im Jahre 1541. Nachdem einer spanischen Expedition unter der Führung von Gonzalo Pizarro im heutigen Peru die Vorräte ausgegangen waren, machte sich Pizarros Cousin, Francisco de Orellana, mit 60 Mann auf die Suche nach Nahrung. Tatsächlich fuhr er den kompletten Amazonas ab. Unterwegs wurde die Expedition mehrmals von *índios* angegriffen, Berichten zufolge waren einige von ihnen weiblich, wie die Amazonen der griechischen Mythologie. So kam der größte (aber nicht der längste) Fluss der Erde zu seinem Namen. Niemand unternahm jedoch einen ernsthaften Versuch, diese schweißtreibende Gegend zu erobern, bis die Portugiesen 1616 in der Nähe der Mündung bei Belém eine Festung errichteten und Pedro Teixeira zwischen 1637 und 1639 flussaufwärts nach Quito und zurück schickten. Im 17. und 18. Jh. drangen portugiesische Glücksritter auf der Suche nach Gold und *índio*-Sklaven immer tiefer in den Regenwald ein und stießen bis in den heutigen Bundesstaat Rondônia vor.

Zu dieser Zeit benutzten die *índios* aus dem Amazonasbecken schon seit Langem den Saft des Gummi- oder Kautschukbaums, um wasserfeste Taschen und andere Gegenstände herzustellen. Außerhalb des warmen und feuchten Regenwaldes ließ sich das Material aber nur schwer verarbeiten. 1842 entwickelte der Amerikaner Charles Goodyear dann die Vulkanisation (die natürlichen Gummi beständig machte). Schon bald entstand in den USA und Europa ein unstillbarer Hunger nach Gummi, der die Preise für brasilianischen Kautschuk ins Unermessliche schnellen ließ. Dies wiederum förderte die Ausbeutung der *seringueiros* (Kautschukzapfer). Die meisten kamen aus dem unter Dürre leidenden Nordosten und wurden durch falsche Versprechungen von Reichtum in das Amazonasgebiet gelockt, nur um dann brutal als Zwangsarbeiter unterjocht zu werden.

1876 schmuggelte ein Brite namens Henry Wickham 70 000 Kautschuksamen aus Amazonien nach London. Innerhalb kürzester Zeit wuchsen Gummibäume in übersichtlich angeordneten und ergiebigen Hainen in den britischen Kolonien Ceylon und Malaysia und die Preise für Gummi purzelten in den Keller. In den 1920er-Jahren war der brasilianische Kautschukboom Geschichte.

Da Brasilien fürchtete, dass Amazonien von anderen Ländern annektiert werden könnte, trieb die Regierung eine Besiedlungskampagne voran, die sich am besten mit dem Slogan aus den 1970er-Jahren *Integrar para não entregar* („Was man nicht nutzt, geht verloren") umreißen lässt. Ihre Folgen für den Regenwald waren verheerend. Die Straßen, die das Inland für Siedler erschließen sollten, wurden zu jenen Hauptverkehrsadern, die die zügellose Zerstörung des Amazonasregenwaldes erst ermöglichten – und immer noch ermöglichen. In Rondônia stieg die Bevölkerungszahl von 111 000 im Jahre 1970 auf 1,13 Mio. im Jahre 1991. 20 % des Primärwalds waren in dem Bundesstaat abgeholzt worden. In den 1980er-Jahren wurde – über ein ganzes Jahrzehnt hinweg – jede Minute eine Fläche Wald so groß wie ein Fußballfeld vernichtet!

Im Dezember 1988 wurde Chico Mendes, ein international anerkannter Gewerkschaftsführer und Umweltaktivist aus dem Bundesstaat Acre, auf der hinteren Veranda seines Hauses von Großgrundbesitzern erschossen, die über seinen Kampf gegen die Abholzung aufgebracht waren. Diese Gewalttat, die nicht die erste ihrer Art, aber in ihrer Unverfrorenheit beispiellos war, rückte die Problematik der Entwaldung im Amazonasgebiet in den Mittelpunkt des internationalen Interesses. (2005 wurde die amerikanische Nonne Dorothy Stang unter ähnlichen Umständen ermordet.) Glücklicherweise haben sich die Bemühungen der brasilianischen Regierung, der Abholzung Einhalt zu gebieten (darunter strikte Brandrodungs- und Entwaldungsverordnungen und der Einsatz einer öffentlich zugänglichen Satellitenüberwachung in Echtzeit), als erstaunlich erfolgreich erwiesen. Heute ist die Abholzungsrate so gering wie nie zuvor seit Beginn der Aufzeichnungen.

Dennoch schreitet der Klimawandel fort. Seit 2005 wird Amazonien von einer Serie extremer Dürren und Überschwemmungen heimgesucht, die sukzessive schlimmer wurden. Zuletzt stieg der Wasserpegel 2012 auf fast 30 m – mehr als doppelt so hoch wie üblich. Gleichzeitig wächst die Bevölkerung Amazoniens im nationalen Vergleich weit überdurchschnittlich, was all die Fortschritte, die im Kampf gegen die Umweltverschmutzung und die Entwaldung in diesem unschätzbar wertvollen Ökosystem erzielt wurden, zunichtemachen könnte.

ℹ An- & Weiterreise

Manaus und Belém sind die wichtigsten Verkehrsknotenpunkte im Amazonasbecken. Die meisten Traveller kommen mit dem Flugzeug. Flüge aus dem Ausland, darunter aus Miami und Buenos Aires, landen hauptsächlich in Manaus, Inlandsflüge gehen regelmäßig in beide Städte. Nach Manaus verkehren nur wenige Busse, während Belém aus ganz Brasilien angefahren wird. Manche Reisende kommen auch mit dem Boot aus Peru oder Kolumbien in das brasilianische Amazonasgebiet und überqueren die Grenze am Dreiländereck, andere reisen auf dem Landweg aus Venezuela oder Guyana an, von wo Busverbindungen nach Manaus bestehen, oder aus Bolivien über die Grenzstädte Guajará-Mirim bzw. Brasiléia. Wer aus dem Landesinneren Brasiliens kommt, z. B. aus Brasília oder dem Pantanal, erreicht Amazonien über Porto Velho, wo Flugzeuge und Schiffe nach Manaus starten, oder über Palmas im Bundesstaat Tocantins, von wo Busse nach Belém fahren.

ℹ Unterwegs vor Ort

Praktisch jede größere Stadt am Amazonas, am Rio Solimões und am Rio Madeira hat einen Hafen und eine Landebahn, aber keine Straßen ins Umland. Die Verkehrsmittel beschränken sich also auf Flugzeuge und Schiffe. Ob man nun fliegt oder auf einem Fluss entlangschippert, hängt von der Zeit, der Reisekasse und den eigenen Vorlieben ab. Eine Schifffahrt ist sicher ein Erlebnis – und die meisten Traveller genießen es, ihre Füße ins Wasser zu hängen. Doch die Entfernungen sind riesig und die Schiffe sehr langsam, besonders flussaufwärts. Entscheidet man sich fürs Flugzeug, bleibt mehr Zeit für die angenehmen Dinge des Lebens, etwa Wandern oder Kanufahren. Dank neuer Angebote ist Fliegen nicht einmal mehr viel teurer als eine Schifffahrt. Busse bedienen die Bundesstaaten am Rand des Regenwaldes, z. B. Pará, Tocantins und Rondônia. Der Zustand der Schnellstraßen verbessert sich, und immer mehr bequeme und direkte Optionen gestalten die ausnahmslos langen Busfahrten etwas angenehmer.

PARÁ

Pará trägt im Gegensatz zum benachbarten Bundesstaat nicht den Namen „Amazonas“, weshalb man meinen könnte, es sei kein Teil des Amazonasgebiets. Tatsächlich bietet es aber einige grandiose Ziele in der Amazonasregion: In dem Nationalwald am Rio Tapajós wachsen riesige Bäume, außerdem ist die faszinierende Geschichte vom Kautschukboom hier noch lebendig. Das Tor zu diesem Waldgebiet bildet der entspannte „Badeort“ Alter do Chão. Belém, die Hauptstadt von Pará, ist ein vitales, nettes Fleckchen. Die verlassenen Strände der Inseln Algodoal und Marajó laden derweil zu ausgedehnten Spaziergängen ein.

Für viele Traveller liegt der Staat verständlicherweise nicht tief genug in Amazonien, um einen längeren Besuch zu rechtfertigen; die extreme Abholzung tut ihr Übriges. Nach einer Weile wird jedoch jeder feststellen, dass Pará ausreichend Amazonas vom Feinsten zu bieten hat. Wer dem Ganzen eine Chance gibt, wird kaum enttäuscht.

Belém

☎ 091 / 1,4 MIO. EW.

Belém ist ein erstaunlich lohnendes Reiseziel mit ihren von Mangobäumen beschatteten Straßen und Grünanlagen sowie einer Reihe faszinierender Denkmäler und Museen. In dem abschüssigen Park im Zentrum geht's unter der Woche recht ruhig, an den Wochenenden aber lebhaft zu, wenn die Einheimischen massenweise einfallen, um die kostenlosen Vorführungen anzusehen und an den Imbissbuden leckeres Essen zu genießen. Das Nachtleben gibt sich bohemehaft-intellektuell: Man findet Arthouse-Kinos, kleine Musiktreffs und anregende Café-Bars. Belém empfiehlt sich für Übernachtungsausflüge nach Algodoal und zur Ilha de Marajó, zwei schöne Ziele an der Küste, und bietet sich außerdem als Sprungbrett für Reisen den Amazonas hinauf an. Amazonien ist nicht wegen seiner Städte berühmt, und auch Belém kann, was Charme und urbanes Flair angeht, sicher nicht mit São Luis oder Salvador mithalten. Doch wer sich Zeit nimmt, die Stadt zu erkunden, wird feststellen, dass sie keineswegs so raubeinig ist wie erwartet.

Geschichte

Belém wurde 1616 gegründet und ist damit eine der ältesten portugiesischen Siedlungen am Amazonas. Über zwei Jahrhunderte florierte die Stadt dank der versklavten *indios* (später Afrikaner), die die Schätze des Amazonas – Kakao, Indigo und Tierhäute – suchten und fanden. Die Gewinne der Exporte strichen freilich die Herren ein. Doch der Erfolg stand auf wackligen Beinen und eine Wirtschaftskrise Anfang des 19. Jhs.

Belém

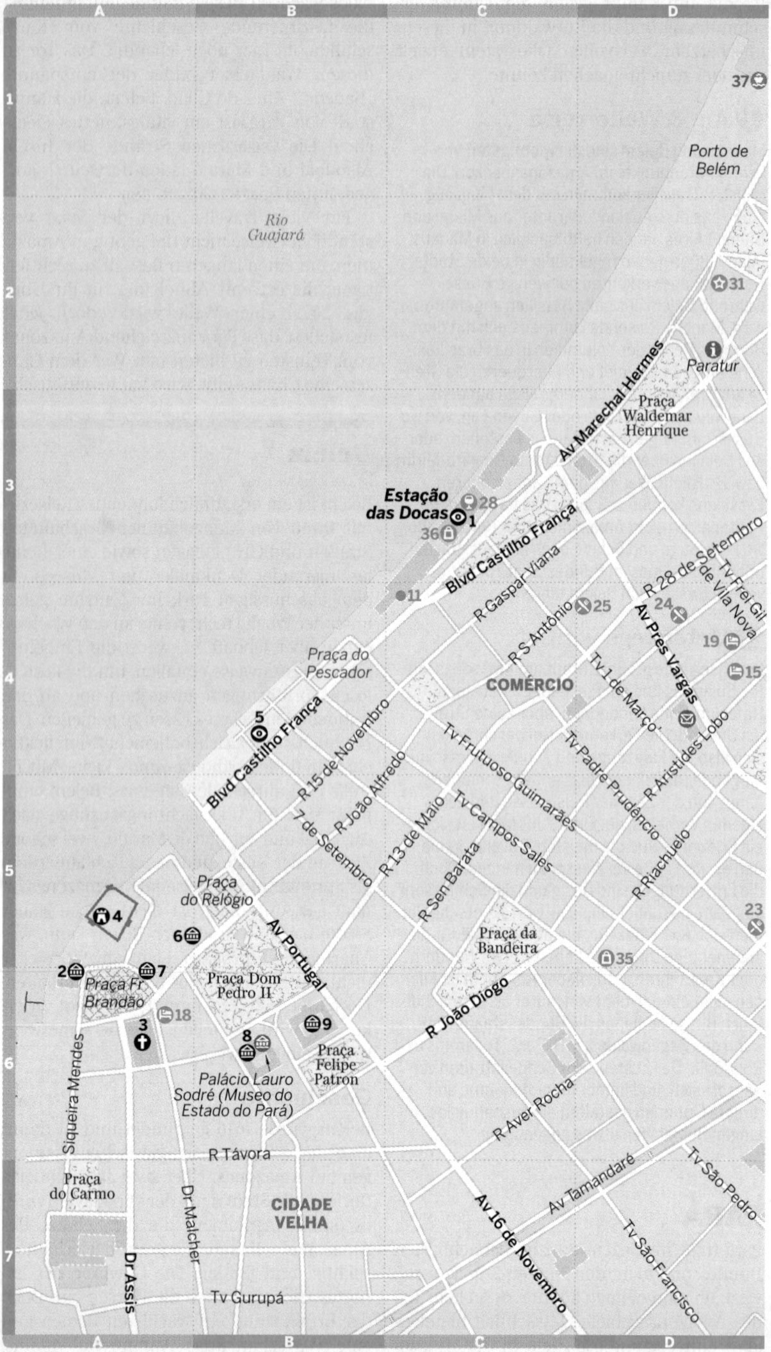
Rio Guajará
Porto de Belém
37
31
Paratur
Av Marechal Hermes
Praça Waldemar Henrique
Estação das Docas
1
28
36
Blvd Castilho França
11
R Gaspar Viana
R 28 de Setembro
Tv Frei Gil de Vila Nova
R S Antônio
25
24
Av Pres Vargas
19
15
Praça do Pescador
COMÉRCIO
Tv 1 de Março
5
R 15 de Novembro
R João Alfredo
Tv Frutuoso Guimarães
Tv Padre Prudêncio
R Aristides Lobo
7 de Setembro
R 13 de Maio
Tv Campos Sales
R Sen Barata
R Riachuelo
Praça do Relógio
4
6
Av Portugal
23
Praça da Bandeira
35
2
7
Praça Fr Brandão
Praça Dom Pedro II
R João Diogo
18
3
8
9
Praça Felipe Patron
Palácio Lauro Sodré (Museo do Estado do Pará)
Siqueira Mendes
R Aver Rocha
R Távora
Tv São Pedro
Av Tamandaré
Praça do Carmo
Dr Malcher
CIDADE VELHA
Av 16 de Novembro
Tv São Francisco
Dr Assis
Tv Gurupá

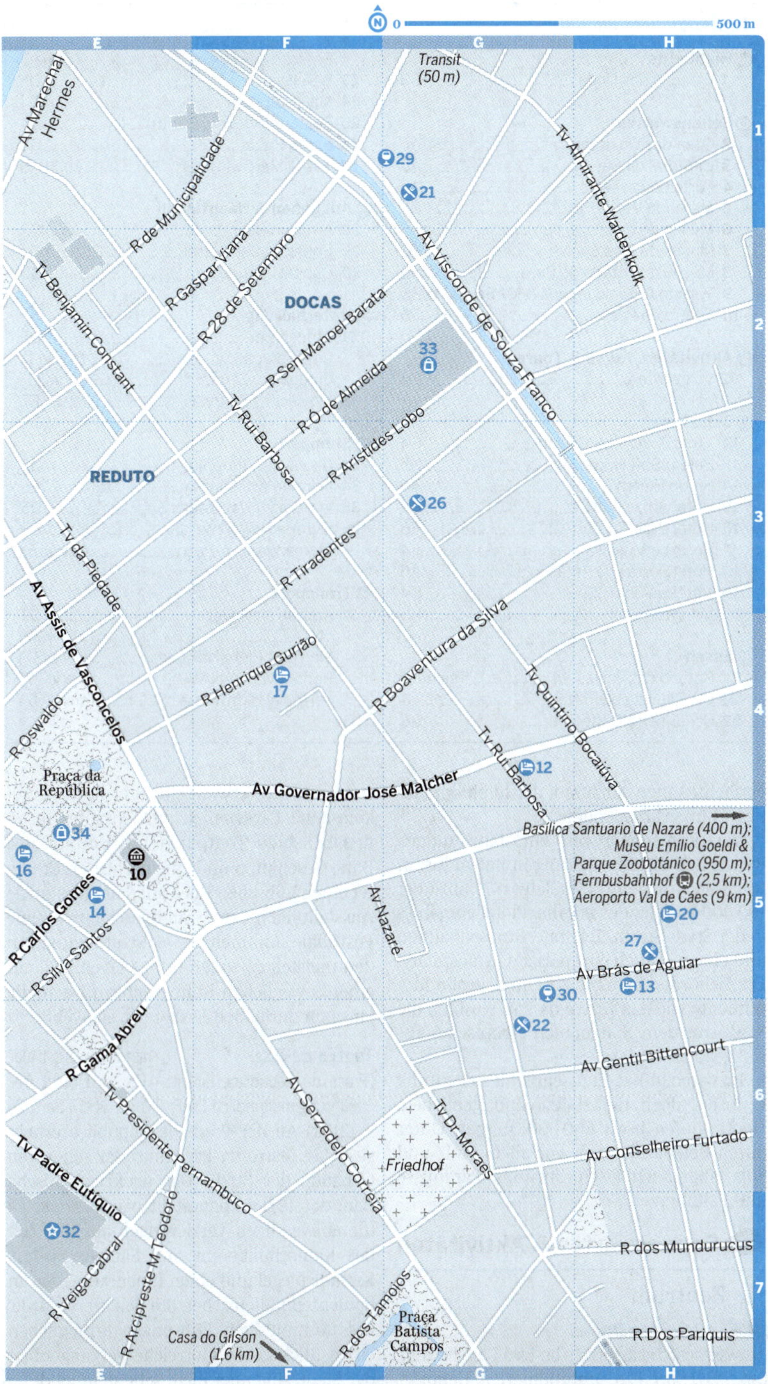
N
0
500 m
E
F
G
H
1
2
3
4
5
6
7
Transit
(50 m)
Av Marechal Hermes
R de Municipalidade
R Gaspar Viana
R 28 de Setembro
Tv Benjamin Constant
DOCAS
R Sen Manoel Barata
R Ó de Almeida
R Aristides Lobo
Av Visconde de Souza Franco
Tv Almirante Waldenkolk
Tv Rui Barbosa
REDUTO
R Tiradentes
Tv da Piedade
Av Assis de Vasconcelos
R Henrique Gurjão
R Boaventura da Silva
Tv Quintino Bocaiúva
R Oswaldo
Praça da República
Av Governador José Malcher
Basílica Santuario de Nazaré (400 m);
Museu Emílio Goeldi &
Parque Zoobotánico (950 m);
Fernbusbahnhof (2,5 km);
Aeroporto Val de Cáes (9 km)
Av Nazaré
R Carlos Gomes
R Silva Santos
Av Brás de Aguiar
R Gama Abreu
Av Gentil Bittencourt
Tv Presidente Pernambuco
Av Serzedelo Correia
Tv Dr Moraes
Friedhof
Av Conselheiro Furtado
Tv Padre Eutíquio
R Veiga Cabral
R Arcipreste M Teodoro
R dos Mundurucus
R dos Tamoios
Praça Batista Campos
Casa do Gilson
(1,6 km)
R Dos Pariquis
29
21
33
26
17
12
34
16
10
14
20
27
30
13
22
32

Belém

Highlights
1 Estação das Docas ... C3

Sehenswertes
2 Casa das Onze Janelas ... A6
3 Catedral da Sé ... A6
4 Forte do Presépio ... A5
5 Mercado Ver-o-Peso ... B4
6 Museo do Círio ... A5
7 Museu de Arte Sacra ... A6
8 Museu do Estado do Pará ... B6
9 Palácio Antonio Lemos & MABE ... B6
10 Teatro da Paz ... E5

Aktivitäten, Kurse & Touren
11 Valeverde ... C4

Schlafen
12 Amazônia Hostel Belém ... G4
13 Belem Soft Hotel ... H5
14 Hilton Belém ... E5
15 Hotel Amazônia ... D4
16 Hotel Grão Pará ... E5
17 Hotel Le Massilia ... F4
18 Hotel Portas da Amazônia ... A6
19 Hotel Unidos ... D4
20 Manacá Hotel ... H5

Essen
Boteco das Onze ... (siehe 2)
21 Cia Paulista de Pizza ... G1
22 Cosanostra Caffé ... G6
Estação das Docas ... (siehe 1)
23 K'Delícias IV ... D5
24 Mãe Natureza ... D4
25 Restaurante Belo Centro ... D4
26 Santa Pizza ... G3
27 Tasca Mercado ... H5

Ausgehen & Nachtleben
28 Amazon Beer ... C3
29 Bohêmio Cervejaria ... G1
30 Capital Lounge Bar ... G5

Unterhaltung
31 African Bar ... D2
Cine Estação ... (siehe 1)
Cinépolis ... (siehe 33)
32 Moviecom Cinémas ... E7

Shoppen
33 Boulevard Shopping ... G2
34 Feira de Artesanato ... E5
35 Imperador das Redes ... D5
36 Livraría Newstime ... C3
Mercado Ver-o-Peso ... (siehe 5)

Transport
37 Arapari Navigação ... D1
ENART ... (siehe 37)
Marques Pinto Navigação ... (siehe 37)
Rodofluvial BANAV ... (siehe 37)
Terminal Hidroviária ... (siehe 37)

entfachte einen Aufstand, der in einem blutigen Bürgerkrieg endete.

Der Kautschukboom zur Jahrhundertwende ließ die Bevölkerung in Belém rasant wachsen, von 40 000 im Jahr 1875 auf über 100 000 Anfang des 20. Jhs. Plötzlich gab es in der Stadt Strom, Telefone, Straßenbahnen und eine merklich europäische Atmosphäre. Die Behörden errichteten einige große Monumente wie das Teatro da Paz, weshalb die Stadt mit dem Spitznamen „Tropisches Paris" geadelt wurde.

Inzwischen hat Kautschuk an Bedeutung verloren, doch die Häfen sind geblieben. Heute laufen etwa 800 000 Tonnen Güter durch Belém, darunter vor allem Holz und Soja, aber auch Fisch, Shrimps, Paranüsse und Palmherzen.

Sehenswertes & Aktivitäten

Zentrum

★ Estação das Docas MARKT
(www.estacaodasdocas.com.br; Blvd Castilho França; 9–1 Uhr) Ein ambitioniertes Renovierungsprojekt verwandelte drei heruntergekommene Lagerhallen am Flussufer in einen beliebten Treffpunkt mit Restaurants, Bars, Geschäften und einem Theater. Er bietet einen hübschen Blick auf den Fluss sowie Ausstellungen zur Stadtgeschichte, eine Postfiliale und mehrere Geldautomaten. An den meisten Abenden ertönt Livemusik auf einer beweglichen Bühne unterm Dach, die langsam durch den Essbereich schwebt.

Teatro da Paz HISTORISCHES GEBÄUDE
(Praça da República; Eintritt 4 R$, Mi Eintritt frei; Führungen stündlich Di–Fr 9–12 & 14–17, Sa & So 9–12 Uhr) An der Praça da República erhebt sich das Teatro da Paz, eines der schönsten Gebäude der Stadt. Der neoklassizistische Bau, der 1874 fertiggestellt wurde, weist all die aufwendigen Verzierungen aus der Zeit des Kautschukbooms auf: Säulen, Büsten, Kristallspiegel und einen Innenraum, der im opulenten italienischen Stil dekoriert wurde. Die 30-minütigen Führungen ermöglichen einen Blick in die glorreiche Vergangenheit der Stadt, sind aber nicht sehr spannend.

Mercado Ver-o-Peso MARKT

(Blvd Castilhos França; Mo–Sa 7.30–18, So bis 13 Uhr) Der Name dieses Markts am Wasser stammt noch aus der Kolonialzeit, als die Portugiesen das Gewicht der Ware prüften (*ver o peso*, wörtlich: „Achte auf das Gewicht"), um Steuern zu erheben. In dem viertürmigen Eisengebilde wird eine faszinierende Mischung aus Obst, Tieren, medizinischen Pflanzen und mehr feilgeboten. Wer früh kommt, kann dabei zusehen, wie die Fischerboote mit dem frischen Fang entladen werden.

Manche Stände verkaufen Souvenirs, aber Vorsicht: Hier sind Taschendiebe unterwegs. Später als 17 Uhr sollte man sich nicht mehr auf dem Gelände aufhalten.

Valeverde BOOTSTOUR

(3213-3388; www.valeverdeturismo.com.br; Estação das Docas) Valeverde bietet diverse kurze Touren auf dem Fluss (30–100 R$ pro Pers.) an, darunter Vogelbeobachtungsfahrten bei Sonnenaufgang und gemütliche Kreuzfahrten am Abend. Das Büro befindet sich an der Estação das Docas am Pier, von dem auch die Boote täglich ablegen; in den meisten Fällen ist eine Reservierung nicht erforderlich.

Cidade Velha

Die Altstadt grenzt an den Fluss und drei miteinander verbundene Plätze und birgt die meisten Museen und Galerien der Stadt. Bei Tage ist das Viertel sicher und stark belebt. Doch wenn man bis abends hier unterwegs ist, sollte man zur Heimfahrt ein Taxi nehmen, da die Cidade Velha gleich neben dem heruntergekommenen Comercio liegt, das nachts etwas zwielichtig wird.

Forte do Presépio FESTUNG

(Praça Fr Brandão; Eintritt 2 R$; Di–Fr 10–18, Sa & So bis 14 Uhr) 1616 wurde die Stadt Belém mit der Errichtung dieses imposanten Forts gegründet, das die portugiesischen Interessen stromauf vor Übergriffen der Franzosen und Niederländer schützen sollte. Heute ist in der Festung ein kleines, aber hervorragendes Museum untergebracht, das sich vor allem den indigenen Völkern in Pará widmet; die Ausstellungsstücke sind nur portugiesisch beschriftet. Von den dicken Wällen der Anlage hat man einen wunderbaren Blick auf die Stadt und den Amazonas.

Palácio Antonio Lemos & MABE MUSEUM, HISTORISCHES GEBÄUDE

(MABE; 3283-4665; Praça Dom Pedro II; Di–Fr 10–17, Sa 9–13 Uhr) GRATIS Dieser Palast aus der Zeit des Kautschukbooms diente Ende des 19. Jhs. als Rathaus. Heute ist im zweiten Stock das Museu de Arte de Belém zu finden. Das Kunstmuseum mit prachtvollen Parkettböden – am Eingang werden Filzpantoffeln ausgegeben – beherbergt schöne Statuetten, Antiquitäten und brasilianische Malerei aus dem 20. Jh., darunter Theodoro Bragas Ölgemälde *Fundação da Cidade de Belém* (Gründung der Stadt Belém) von 1908.

Museu do Estado do Pará MUSEUM

(Museum des Bundesstaates Pará; 3225-2414; Praça Dom Pedro II; Eintritt 4 R$, Di Eintritt frei; Di–Fr 10–18, Sa & So bis 14 Uhr) Einst residierten in dem eindrucksvollen Palácio Lauro Sodré die portugiesischen Vizekönige und später diverse Gouverneure der brasilianischen Provinz Pará. Einer von ihnen, Ernesto Lobo, wurde 1835 während des Cabanagem-Aufstands auf der Treppe erschossen. Heute befindet sich in dem Gebäude das Museu do Estado do Pará, das eine mäßig interessante Ausstellung zur Gründung und Entwicklung von Belém und Pará zeigt.

Casa das Onze Janelas MUSEUM

(Praça Frei Brandão; Eintritt 1 R$; Di–Fr 10–18, Sa & So bis 14 Uhr) Anfangs war die Casa das Onze Janelas der Wohnsitz eines Zuckerbarons, später ein Armeehospital; heute beherbergt sie eine ausgezeichnete Kunstgalerie sowie eines der besten Restaurants in Belém, den Boteco das Onze (s. S. 609). Die mittelgroße Galerie zeigt klassische und moderne Kunst und im Obergeschoss eine gute Fotoausstellung. Vom Café im hinteren Bereich hat man einen schönen Blick auf die Mündung des Rio Guamá.

Museu de Arte Sacra MUSEUM

(Praça Frei Brandão; Eintritt 4 R$; Di–Fr 10–18, Sa & So bis 14 Uhr) Das Museum für Sakralkunst besteht aus zwei Teilen: der eindrucksvollen Igreja do Santo Alexandre und dem angrenzenden Palácio Episcopal (Bischofspalast). Die Igreja do Santo Alexandre, Beléms erste Kirche, wurde im 17. Jh. von Jesuiten gegründet und zeigt unglaubliche Details aus Zedernholz und Stuck. Der weitläufige Bischofspalast beherbergt eine ordentliche Sammlung moderner Kunst, war jedoch bei unserem Besuch wegen Renovierungsarbeiten geschlossen.

Museo do Círio MUSEUM

(Jóao Alfredo; Erw./Stud. 2/1 R$, Di Eintritt frei; Di–Fr 10–18, Sa & So bis 14 Uhr) In dem hübsch aufgemachten Museum werden die vielen

Eigenheiten des berühmten religiösen Fests Círio de Nazaré erklärt, von der Entdeckung der winzigen Marienstatue am Flussufer im Jahr 1700 bis zur Geschichte von dem 400 m langen und 1000 Pfund schweren Seil, das zu einem integralen Bestandteil des Umzugs geworden ist. Die Gläubigen drängen sich darum, es einmal berühren oder beim Ziehen helfen zu können. Erklärungen gibt's nur auf Portugiesisch.

Catedral da Sé KATHEDRALE
(Praça Frei Brandão; ⏲7–12 & 14–19.30 Uhr) Nach Jahren eines langsamen, traurigen Verfalls erstrahlt der historische Sakralbau dank groß angelegter Generalüberholung heute innen und außen in neuem Glanz. Die Fassade zeigt ein leuchtendes Weiß, den hohen Innenraum schmücken polierte Marmorböden, feine geometrische Muster an Decke und Wänden sowie überlebensgroße Marien- und Heiligenbilder in Goldrahmen.

Östlich des Zentrums

Basílica Santuario de Nazaré KIRCHE
(Praça Justo Chermont; ⏲5.30–20 Uhr) GRATIS Von außen eher langweilig, entzückt das wirklich spektakuläre Innere mit hohen Marmorsäulen, leuchtenden Buntglasfenstern und aufwendigen Verzierungen aus Holz und Kacheln – selbst an der Decke. Die Basilika steht im Mittelpunkt des größten religiösen Festes in Brasilien, des Círio de Nazaré, zu dem jeden Oktober mehr als 1 Mio. Pilger nach Belém kommen.

Museu Emílio Goeldi & Parque Zoobotánico ZOO
(☎3249-1233; Av Governador Magalhães Barata 376; Park, Aquarium & Dauerausstellung jeweils 2 R$; ⏲Di–So 9–17 Uhr) In dieser exzellenten Anlage findet man viele Tierarten Amazoniens, von Manatis und Anakondas bis zu Jaguaren und Riesenottern, sowie eine Großvoliere, ein Aquarium und eine tolle Dauerausstellung mit Fundstücken zu indigenen Völkern des Amazonasbeckens. Am Sonntag ist der Zoo ein beliebtes Ausflugsziel von Familien.

Bosque Rodrigues Alves ZOO
(☎3277-1112; Av Almirante Barroso 2305; Eintritt 2 R$; ⏲Di–So 9–17 Uhr) Zwar steht der Bosque Rodrigues Alves etwas im Schatten des Emílio-Goeldi-Museums samt Zoo, ist aber mit seinen gepflegten Tiergehegen und den breiten Baumalleen nicht weniger ansprechend. Wegen der großen merkwürdigen Gebäu-

SURFEN AUF DER POROROCA

Etwa einmal im Monat, wenn die Konstellation von Sonne und Mond für eine Springflut sorgt, bilden sich an der Mündung bestimmter Flüsse mächtige Wellen, die mit gewaltiger Kraft stromaufwärts rollen. Dieses Phänomen, welches auftritt, wenn die Flut stärker ist als die Fließkraft des Flusses, wird von Fachleuten als „Gezeitenwelle" oder – wenn besonders stark – als „Bore" bezeichnet. In Brasilien heißt die Erscheinung *pororoca*, ein indigenes Wort, das „großer Lärm" bedeutet. Und das trifft es haargenau: Diese Wellen können sich bis zu 4 m auftürmen, eine Geschwindigkeit von 30 km/h erreichen und mit ihrer Wucht ausgewachsene Bäume am Ufer entwurzeln.

Das alles ist Musik in den Ohren von Extremsurfern und Kajakfahrern auf der Suche nach der legendären „endlosen Welle". Der Rekord für den längsten Wellenritt liegt bei 37 Minuten und fast 13 km. Viele Surfer erzählen, dass die *pororoca* stärker ist als eine vergleichbar große Welle im Meer, außerdem ändert sie je nach den Konturen des Flusslaufs ständig ihre Form und Geschwindigkeit. Erschwerend kommt hinzu, dass die Welle Treibgut vom Strand und vom Meeresgrund mit sich führt – bis hin zu Baumstämmen und gekenterten Kanus. Aber immerhin muss man bei diesem Wellengang die Kaimane nicht fürchten, die sich lieber verkriechen.

Seit 1999 wird in der Ortschaft São Domingos do Capim, 120 km östlich von Belém am Rio Guamá, die Nationale Pororoca-Surfmeisterschaft ausgetragen (ein ähnlicher Wettbewerb findet auf dem Rio Araguari in Amapá statt). Das Event steigt meist im März während des Vollmonds zur Frühjahrs-Tagundnachtgleiche, wenn die *pororoca* besonders ausgeprägt ist. Dann kommen Top-Surfer aus aller Welt, und es finden Straßenfeste, Kulturveranstaltungen und sogar die Wahl einer Miss Pororoca statt. Eine asphaltierte Straße erleichtert den Zugang zum Ort, aber es gibt immer noch keine direkte Busverbindung: Man muss von Belém nach Castanhal fahren und dort umsteigen. Alternativ bietet Amazon Star Turismo, ein Reiseveranstalter in Belém, *pororoca*-Pauschaltouren an.

de – man findet hier u. a. Nachbildungen einer Burg und einer Grotte – ist er gerade für Familien sehr zu empfehlen. Im Zentrum nimmt man einen „Alm. Borroso"-Bus und steigt aus, sobald die lange gelbe Außenmauer des Parks in den Blick kommt.

Feste & Events

Jedes Jahr am Morgen des zweiten Sonntags im Oktober ertönen in Belém die Klänge von Hymnen, Glocken und Feuerwerken. Seit 1793 gibt's das **Círio de Nazaré**, das größte religiöse Fest Brasiliens. Dann strömen Menschen aus dem ganzen Land hierher und campen sogar auf den Straßen, um bei diesem großen Ereignis dabei sein zu können.

Das winzige Bildnis der *Nossa Senhora de Nazaré* (Unsere Liebe Frau aus Nazareth) soll in Nazareth (Galiläa) geformt worden sein und im mittelalterlichen Portugal Wunder vollbracht haben, bevor es in Brasilien verloren ging und 1700 von einem armen Viehzüchter an der Stelle der heutigen Basilika wiederentdeckt wurde. Angeblich kehrte das Ebenbild später von alleine hierher zurück, nachdem es einige Male entfernt worden war.

Am Tag vor dem großen Fest wird die kleine Statue, die zuvor ins 23 km nördlich gelegene Icoaraci gebracht wurde, in einer Flussprozession zurück in die Kathedrale von Belém getragen. Am Sonntag selbst versammeln sich mehr als 1 Mio. Menschen auf den Straßen, um das Bildnis von der Catedral da Sé zur Basílica Santuario de Nazaré zu begleiten. Die Statue liegt auf einem mit Blumen verzierten Wagen, Tausende verrenken sich in emotionaler Ekstase, um eine Hand an das 400 m lange Seil zu bekommen, mit dem der Wagen gezogen wird. Nach fünf Stunden und nur 3,5 km kommt die Jungfrau in der Basilika an, wo sie während der restlichen Feierlichkeiten bleibt.

Schlafen

Hotel Unidos HOTEL $

(☎ 3224-0660; www.hotelunidos.com.br; Ó de Almeida 545; EZ/DZ/3BZ 93/105/135 R$; ❄@📶) Das Unidos bietet mit das beste Preis-Leistungs-Verhältnis in Belém und hat große, makellose Zimmer sowie kompetentes, freundliches Personal. Sein Dekor ist zugegebenermaßen schlicht, aber die Preise sind erheblich niedriger als in vergleichbar ausgestatteten Hotels der Stadt – sogar ohne die 15 % Preisnachlass bei Barzahlung. Außerdem ist das Unidos nur einen halben Block von der Avenida Presidente Vargas entfernt, sodass man viele Restaurants und Sehenswürdigkeiten zu Fuß erreicht. Die Bushaltestellen sind auch nicht weit.

Hotel Le Massilia HOTEL $

(☎ 3222 2834; www.massilia.com.br; Henrique Gurjão 236; EZ/DZ Standard 130/145 R$, DZ/3BZ Luxuskategorie 170/185 R$; ❄📶🏊) Nahe der Praça da República steht dieses von Franzosen geführte Haus mit gemütlicher Pensionsatmosphäre, einem kleinen Pool und einem empfehlenswerten französischen Restaurant. Die anheimelnden Zimmer öffnen sich auf einen langgestreckten, grünen Garten und sind mit Sitzsäcken sowie Schreibtischen ausgestattet. In den Superior-Lofts finden bis zu vier Personen Platz, die sich dann allerdings etwas beengt fühlen werden. Den Tag kann man mit einer Runde im Pool ausklingen lassen.

Amazônia Hostel Belém HOSTEL $

(☎ 4008-4800; www.amazoniahostel.com.br; Av Governador José Malcher 592; B 58 R$, EZ/DZ 85/115 R$, EZ/DZ mit Gemeinschaftsbad 65/105 R$, HI-Mitgliederrabatt 10 R$; ❄@📶) Das hundert Jahre alte Herrenhaus in einem sicheren Viertel ist der ideale Standort für Beléms einzige Jugendherberge. Ihre ziemlich kleinen Schlafsäle mit 4 m hohen Decken und prächtigen Holzböden beherbergen solide Etagenbetten samt großen Schließfächern. Willkommene Extras sind der Internetzugang, die Gästeküche und ein Wäschedienst. Für ein Hostel liegen die Preise hoch und das Management ist eigenartig pingelig, was Bettwäsche und Frühstück angeht, aber das Haus macht trotzdem einen netten Eindruck.

Hotel Grão Pará HOTEL $

(☎ 3221-2121; www.hotelgraopara.com.br; Av Presidente Vargas 718; EZ/DZ 100/120 R$; ❄📶) In dem verlässlichen, wenn auch eher nichtssagenden Hochhaus nächtigt man in mittelgroßen Zimmern mit Glasduschen und Marmorflächen, die Betten und Klimaanlagen sind aber schon etwas älter. Die Räume zur Straße gewähren einen Blick auf die Praça da República, bekommen allerdings viel Lärm ab – am besten fragt man nach einem Zimmer weiter oben. Der Service ist stets freundlich, wenn auch nicht immer gleich zuverlässig. Dafür gibt's herzhaftes Frühstück und ein starkes WLAN-Signal.

Hotel Amazônia HOTEL $

(☎ 3222-8456; www.hotelamazoniabelem.com.br; Ó de Almeida 548; B 20 R$, Zi. mit Ventilator/Klimaanlage 50/60 R$; ❄@📶) Nicht mit dem Amazônia Hostel verwechseln! Dieses beengte, düstere Hotel hat erstaunlich wenig Flair, aber dafür zwei andere Asse im Ärmel: eine gute Lage und unschlagbar niedrige Preise. Der kleine Schlafsaal und die Privatzimmer mit den dünnen Wänden lassen sich zur Not ertragen, die Küche und der Fernsehraum sind schon netter. Frühstück kostet extra.

★ Manacá Hotel HOTEL **$$**
(☎3222-9224; www.manacahotel.com.br; Travessa Quintino Bocaiúva 1645; EZ/DZ 180/210 R$; ❄📶🏊) Das Boutiquehotel hat gemütliche und gleichzeitig moderne Zimmer, die Gemeinschaftsbereiche zeichnen sich durch schöne Holz- und Steinböden sowie kreative Kunst aus – die ursprüngliche Holztür hängt wie ein Gemälde im Flur. In der gleichermaßen ansprechenden Nachbarschaft finden sich elegante Läden und Restaurants, die Basílica Nazaré und der Zoo sind nur einen kurzen Fußweg entfernt. Einen kleinen Swimmingpool gibt's auch.

Hotel Portas da Amazônia HOTEL **$$**
(☎3222-9952; Dr Malcher 14; EZ 110 R$, DZ 140–160 R$; ❄📶) Hinter seiner Kachelfassade beherbergt das bildschöne Herrenhaus gerade mal neun Zimmer mit boutiqueähnlichem Komfort. Die Kathedrale ist so nah, dass es einem vorkommt, als stünde der Glockenturm gleich nebenan. Durch die großen Fenster der geräumigen Zimmer nach vorn blickt man auf die Praça Brandão, die Räume auf der Rückseite wirken hingegen etwas dunkler. Toll sind aber die hohen Decken und unverputzten Steinwände. Leider ist die Gegend ringsum nachts wenig vertrauenerweckend.

Belem Soft Hotel HOTEL **$$**
(www.belemsofthotel.com.br; Av Braz de Aguiar 612; EZ/DZ 130/150 R$) „Schnickschnack Fehlanzeige" trifft auf das Belem Soft Hotel zu, das sich in einem netten Viertel unweit verschiedener Attraktionen und Restaurants, ein Stück abseits der betriebsamen Praça da República, befindet. Seit der Renovierung sind die Zimmer schön modern und komfortabel (nun gut, die Klimaanlage ist ziemlich altmodisch), wenn auch eher nüchtern gehalten. Insgesamt nicht eben umwerfend, aber doch eine zweckmäßige, erschwingliche Bleibe.

Hilton Belém HOTEL **$$$**
(☎4006-7000, gebührenfreie Nummer 0800-728-0888; www.hilton.com; Av Presidente Vargas 882; EZ 470–790 R$, DZ 500–820 R$; ❄@📶🏊) Eines der größten und edelsten Hotels der Stadt. Das Hilton trumpft mit seiner zentralen Lage gegenüber der Praça da República auf und der Service ist so, wie erwartet: Es gibt Konferenzzimmer, einen Fitnessraum, eine Bar in der Lobby und einen Pool. Die Zimmer sind geräumig und relativ modern ausgestattet. Die übrigen Bereiche könnten eine Generalüberholung vertragen – besonders gruselig wirken die Stoffe und das betagte Mobiliar.

Essen

Zentrum

Restaurante Belo Centro SELBSTBEDIENUNG **$**
(☎3241-8677; 2. OG, Santo Antônio 264; 30 R$ pro Kilo; ⏲Mo–Fr mittags) Auf dem Büfett dieses freundlichen, luftigen Restaurants finden sowohl Vegetarier als auch Fleischliebhaber reiche Auswahl. Es befindet sich an einer belebten Geschäftsmeile im Obergeschoss – nach dem großen Vinylschild am Balkon und der schmalen Treppe Ausschau halten.

Mãe Natureza VEGETARISCH **$**
(Sen Manoel Barata 889; 39 R$ pro Kilo; ⏲Mo–Sa mittags; 🖉) Der sterile Speisesaal wird dem einmaligen, veganen Mittagsbüfett nicht gerecht, aber die Klimaanlage sorgt schon beim Eintreten für willkommene Erleichterung. Das Mãe Natureza – „Mutter Natur" auf Portugiesisch – verwendet nur frische Zutaten (sogar Rohzucker) und stellt seine eigene Sojamilch her.

★ Estação das Docas RESTAURANTS **$$**
(www.estacaodasdocas.com.br; Blvd Castilho França; ⏲So–Mi 10–24, Do–Sa bis 3 Uhr) Eine der besten Anlaufstellen für Leute mit knurrendem Magen, egal, wonach einem der Sinn steht. Der gut besuchte Komplex umfasst fast ein Dutzend Restaurants; die meisten haben sowohl drinnen als auch draußen Tische und sind mittags, abends und selbst nachts geöffnet. Besonders beliebt sind Lá em Casa (mit teurer, aber wirklich herausragender regionaler Küche) und Amazon Beer (das leckere Pubklassiker zu den selbst gebrauten Bieren serviert).

K'Delícias IV SELBSTBEDIENUNG **$$**
(Carlos Gomes 237; 38 R$ pro Kilo, So 45 R$; ⏲mittags) Das gut präsentierte, umfangreiche Speisenangebot macht dieses Lokal zu einem der besten *por-kilo*-Restaurants im Zentrum – und dank der Klimaanlage ist es auch eines der komfortabelsten. Überdies gehört das Lokal zu den wenigen, die sonntags geöffnet haben.

Außerhalb des Zentrums

★ Tasca Mercado SANDWICHES $
(Travessa Quintino Bocaiúva 1696; Sandwiches & Salate 4–20 R$; ⏲6.30–23 Uhr) Frisch gebackene Baguettes, Focaccia und anderes Brot dienen als Grundlage für diverse leckere Sandwiches. In dem trendigen Café mit hohen Decken hat man die Wahl zwischen bescheidenen *misto-quente*-Versionen (mit Schinken und Käse), aber auch feineren Zutaten wie Knoblauch-Auberginen, karamellisierten Zwiebeln, Räucherlachs, gebratenen Paprika, Parmaschinken und frischen Kräutern. Ergänzt wird das Angebot durch Salate, Quiches, Bruschetta, Pizzas und *petiscos* (Snacks).

Cosanostra Caffé BRASILIANISCH $
(Travessa Benjamin Constant 1499; Hauptgerichte 7–20 R$; ⏲12–1 Uhr) Die schummrige Beleuchtung und der unauffällige Eingang sorgen für eine Atmosphäre à la *Good Fellas*, und während unseres Besuchs wurde tatsächlich gerade Frank Sinatra gespielt. Doch die kräftigen Kerle an der Bar sind meistens einfach nur Geschäftsleute, die Pause haben. Die Mittagsmenüs bestehen aus einem Hauptgang mit Beilage und einem Getränk (15 R$), man kann aber auch größere Gerichte von der Karte bestellen. Die Bar hat lange geöffnet; nach 23 Uhr gibt's Livemusik.

Boteco das Onze BRASILIANISCH $$
(Praça Frei Brandão; Hauptgerichte 21–63 R$; ⏲Di–So 12–24, Mo 17–24 Uhr) Eine der besten Restaurant-Bars der Stadt gehört zur Galerie in der Casa das Onze Janelas. Den Speisesaal ziert moderne Kunst, die luftige Terrasse hinten gewährt einen Blick auf den Fluss. Zu essen gibt's *moqueca de filhote,* einen leckeren Eintopf mit Wels, Shrimps und Hummer. Fast jeden Abend wird Livemusik gespielt.

Santa Pizza PIZZERIA $$
(☎3409-6450; Travessa Quintino Bocaiúva 945; Hauptgerichte 15–40 R$; ⏲Fr & Sa 18–1 Uhr) Cooles Dekor, hippe Musik und Stimmungsbeleuchtung sorgen dafür, dass man sich in dieser Pizzeria zwischen der Travessa Tiradentes und der Rua Boaventura da Silva wie in einer Loungebar fühlt, und genau das war auch beabsichtigt. Die Tische im Freien sind an warmen Abenden eine feine Sache.

Cia Paulista de Pizza PIZZERIA $$
(☎3212-2200; Av Visconde de Souza Franco 559; Gerichte 18–35 R$; ⏲So–Do 10–1, Fr & Sa bis 4 Uhr) Dem Speisesaal sieht man nicht an, dass das Restaurant zu einer Kette gehört, denn die Weingläser, die Tischdecken, die aufmerksamen Kellner und die Jazzmusik im Hintergrund sorgen für ein Ambiente mit Klasse. Die Preise sind recht günstig, die Pizzas und Pastagerichte ausgezeichnet.

Ausgehen & Nachtleben

In der Avenida Visconde de Souza Franco findet man mehrere Bars und Clubs. Einfach der Musik folgen, um die angesagtesten Schuppen aufzuspüren.

Amazon Beer BIER
(www.amazonbeer.com.br; Av Marechal Hermes, Estação das Docas; ⏲17–1 Uhr) So sehr die Brasilianer Bier auch lieben, etwas „ausgefalleneres" (oder dunkleres) als ein Pils zu finden, ist erstaunlich schwierig. Nicht so in dieser beliebten Kleinbrauerei. Das bernsteinfarbene Ale, das niederländische *witbier,* das helle Starkbier und ein einzigartiges *açaí*-Starkbier (sowie mehrere leichtere Sorten) werden allesamt auf dem Gelände gebraut. Man kann drinnen und draußen sitzen, etwas zu essen gibt's auch.

Capital Lounge Bar BAR
(www.capitalbarlounge.com; Av Brás de Aguiar 420; ⏲Mi–Sa 19–3 Uhr) Der riesige Union Jack und die anderen Flaggen aus aller Welt lassen auf ein traditionelles Pub schließen, aber die eleganten Sitzecken, kreativen Cocktails und der DJ-Musikmix erinnern doch eher an einen Club. Es wird auch Abendessen serviert, richtig was los ist jedoch erst, wenn man es schon wieder verdaut hat. Sehr beliebt beim lokalen Jetset.

Bohêmio Cervejaria BAR
(Av Visconde de Souza Franco; ⏲Mo–Fr 18–3, Sa & So 12–3 Uhr) Eine coole, lässige Bar mit dunklen Holztischen und einer riesigen Batterie Bierflaschen an der hinteren Wand (moderne Kunst, die bestimmt nicht erdbebensicher ist). An den meisten Abenden gibt's Livemusik (die Tischgebühr beträgt 3–4 R$) von Rock über Pop bis zu MPB (Música Popular Brasileira).

Transit BAR
(Ecke Rua 28 de Setembro & Travessa Almirante Waldenkolk; ⏲Do–Sa 17–2 Uhr) Gewöhnlich tummelt sich hier ein recht junges, bodenständiges Volk. Die gut besuchte Open-Air-Bar mit Club hat auch eine Küche und auf der Bühne treten donnerstags bis sonntags Livebands auf, die alles von Rock bis Bossa nova spielen.

Unterhaltung

Im Teatro da Paz gibt's Veranstaltungen von Theateraufführungen über Sinfoniekonzerte bis hin zu internationalen Tanzdarbietungen. Für die meisten Events erhält man Karten an der Abendkasse.

Casa do Gilson LIVEMUSIK

(☎ 3272-7306; Travessa Padre Eutíquio 3172; ⏲ Fr 20–3, Sa & So 12–3 Uhr) Die beste Adresse für Livemusik. Das 1897 eröffnete Gilson lockt Intellektuelle und Jazzer mit erstklassigem Samba, *choro* (improvisierte, sambaähnliche Musik) und anderen Musikstilen an. Darüber hinaus gibt's prima Essen in toller Atmosphäre. Das Lokal befindet sich zwischen der Rua Nova und der Rua Tambés.

African Bar SAMBA, TANZ

(☎ 3241-1085; Ecke Av Marechal Hermes & Travessa da Piedade) In diesem seit Langem bestehenden Club gegenüber der staatlichen Touristeninformation treten am Samstagabend oft Sambagruppen auf. Die Plakate an der Tür informieren über anstehende Events.

Cine Estação KINO

(☎ 3212-5615; www.estacaodasdocas.com.br; Estação das Docas; Eintritt 8 R$) Im Cine Estação laufen brasilianische und internationale Experimentalfilme wochenlang. Typischerweise finden an drei oder vier Abenden pro Woche jeweils zwei Vorführungen statt.

Cinépolis KINO

(Av Visconde de Souza Franco, Boulevard Shopping) Das Cinépolis ist ein Megakino in einer Megamall. Auf einer der sieben Leinwände können 3D-Filme gezeigt werden. Die Sitze sind extrem gemütlich. Achtung: An Wochenenden kann es sehr voll werden.

Moviecom Cinémas KINO

(www.moviecom.com.br; Travessa Padre Eutíquio) In der obersten Etage des Edel-Einkaufszentrums Shopping Pátio Belém werden in erster Linie Hollywoodstreifen gezeigt.

Shoppen

Feira de Artesanato MARKT

(Praça da República; ⏲ Fr–So) Der große Kunsthandwerksmarkt hat die beste Auswahl an schönen Stücken in der Stadt. Vieles davon bieten die Künstler selber an. Sonntags ist besonders viel los.

Mercado Ver-o-Peso MARKT

(Av Castilho França; ⏲ 5–18 Uhr) Dies ist Beléms interessanteste Einkaufsadresse, ob man nun lange Hosen oder getrockneten Piranha braucht. Pará ist im ganzen Land bekannt für *technobrega*, ein trotziger Musikstil „von der Straße". Die besten Sampler bekommt man nicht in Musikgeschäften, sondern hier, in Form von Amateur-CDs (oder aber auf YouTube). Einziger Nachteil sind die Taschendiebe (besonders aktiv morgens und am späten Nachmittag).

Boulevard Shopping EINKAUFSZENTRUM

(Av Visconde de Souza Franco 776) Beléms jüngstes und größtes Einkaufszentrum residiert in einer modernen Konstruktion aus Glas, Stahl und Beton, die nachts angestrahlt wird. Im Komplex findet man Mode der Spitzenklasse, Elektronik, Warenhäuser und Kinos.

Clio BÜCHER

(☎ 3210-6368, 3210-6369; Flughafen; ⏲ 24 Std.) Die beste Auswahl an englischsprachigen Büchern in Belém (auch Reiseführer).

Livraría Newstime BÜCHER

(☎ 3212-3298; Estação das Docas; ⏲ Mo–Fr 12–24, Sa & So 10–24 Uhr) Ziemlich großer Laden mit einer Handvoll englischer Bücher, Karten, CDs und mehr.

Imperador das Redes OUTDOORAUSRÜSTUNG

(Padre Eutício at Riachuelo; ⏲ Mo–Fr 7.30–17, Sa bis 14 Uhr) In dem riesigen Hängemattengeschäft findet man sowohl leichte Basic-Varianten als auch Luxusausführungen für Paare mit Spitzenrand (40–120 R$).

Orientierung

Der Park im Zentrum, die Praça da República, ist ein ruhiges, grünes Fleckchen. Westlich davon und näher am Wasser liegt das düstere Geschäftsviertel Comércio, dessen schmale Straßen tagsüber belebt, nachts aber einsam und zwielichtig sind. Weiter südlich folgt die Cidade Velha (Altstadt) mit den besten Museen Beléms. Östlich des Zentrums befindet sich das bessere Wohnviertel Nazaré mit Cafés, ein paar Hotels und der Basílica Santuario de Nazaré, Beléms bedeutendster Kirche.

Praktische Informationen

GEFAHREN & ÄRGERNISSE

Der Mercado Ver-o-Peso und das Comercio-Viertel sind das Revier von Taschendieben; man sollte dort immer gut auf seine Habseligkeiten achten und beide Orte abends sowie nachts gänzlich meiden. Nachts warten Prostituierte in den schmalen Straßen zwischen der Avenida Assis de Vasconcelos und der Avenida Visconde de Souza Franco auf Freier. Außerdem wird hier bekanntermaßen gedealt – nach dem Kinobesuch oder einer Kneipentour nimmt man am besten ein Taxi zur Unterkunft.

GELD

Bradesco (Av Presidente Vargas 988; ⌚ Mo–Fr 10–13 & 14–16 Uhr) Wechselt im vierten Stock vormittags Reiseschecks von American Express; Reisepass mitbringen.

Estação das Docas (Blvd Castilhos França) Zahlreiche Geldautomaten an sicheren Standorten.

HSBC (Av Presidente Vargas 670; ⌚ Mo–Sa 10–17 Uhr)

Turvicam (☎ 3201-5465; www.turvicam.com.br; Av Presidente Vargas 636; ⌚ Mo–Fr 8–18.30, Sa bis 13 Uhr) Ordentlich frequentiertes Reisebüro mit Wechselstube (hinten).

INTERNETZUGANG

Equilibrium (Ó de Almeida; 3 R$ pro Std.; ⌚ Mo–Fr 8–18 Uhr)

Hilton Belém (Av Presidente Vargas 882; 0,10 R$ pro Min., 6 R$ pro Std.; ⌚ 8–22.30 Uhr)

MEDIZINISCHE VERSORGUNG

Hospital Adventista de Belém (☎ 3084-8686; www.hab.org.br; Av Barroso 1758) Eine der besseren privaten Kliniken.

NOTFALL

Polizei (☎ 190)

Touristenpolizei (CIPTUR) Hauptbahnhof (☎ 3222-2602; Rua 28 de Setembro); Paratur-Büro (☎ 3212-0948; Praça Waldemar Henrique s/n).

POST

Hauptpostamt (☎ 3211-3147; Av Presidente Vargas 498; ⌚ Mo–Fr 9–17 Uhr)

REISEBÜROS

Amazon Star Turismo (☎ 9982-7911, 3212-6244; www.amazonstar.com.br; Henrique Gurjão 210; ⌚ Mo–Fr 8–18, Sa bis 12 Uhr) Kostenloser Buchungsservice für Langstreckenboote und Flüge von/nach Belém (einfacher und verlässlicher als Direktbuchungen). Außerdem: Tagesausflüge rund um Belém wie Vogelbeobachtungstouren, Naturwanderungen und Stadtführungen (150–300 R$ pro Pers.) sowie Trips mit Übernachtung, bei denen die zuvor genannten Optionen kombiniert werden, und mehrtätige Pauschalreisen zur Ilha de Marajó. Geschulte, mehrsprachige Angestellte.

Turvicam (☎ 3201-5465; www.turvicam.com.br; Av Presidente Vargas 636; ⌚ Mo–Fr 8–18.30, Sa bis 13 Uhr) Flugtickets.

TOURISTENINFORMATION

Paratur (☎ 3212-0575; www.paraturismo.pa.gov.br; Praça Waldemar Henrique; ⌚ Mo–Fr 8–14 Uhr) Einigermaßen hilfreiche staatliche Touristeninformation.

WÄSCHE

Die meisten Hotels bieten einen Wäscheservice für ihre Gäste (Preise pro Kleidungsstück, vergleichsweise teuer). In Wäschereien wird die Kleidung oft noch am selben Tag fertig, wenn man sie früh genug abgibt.

Lav & Lev (☎ 3223-7247; Travessa Dr Moraes 576; ⌚ Mo–Sa 8–18 Uhr) 10 R$ pro Waschgang, 10 R$ fürs Trocknen (bei großen Mengen braucht es manchmal mehr als einen Trockendurchgang), 10 R$ Servicezuschlag. Nicht mehr als 7 kg pro Maschine.

Lava Na Hora (Av Serzedelo Correia 141 Altos; Waschen, Trocknen & Falten bis 5 kg 25 R$; ⌚ 8–18 Uhr) Nach der schmalen Treppe ins zweite Stockwerk Ausschau halten. Die Besitzer wohnen im Haus, deshalb einfach klopfen (notfalls auch mehrmals), falls die Tür während der regulären Öffnungszeiten geschlossen sein sollte.

ℹ An- & Weiterreise

BUS

Beléms Fernbusbahnhof liegt 3 km östlich vom Zentrum. Die wichtigsten Ziele werden von mehreren Busunternehmen angefahren; auf einigen langen Strecken sind auch *leito* und *semi-leito* (Busse mit Schlafsitzen) im Einsatz. Achtung: Von und nach São Luis hat es eine Reihe von Raubüberfällen auf Busse gegeben! Wenn möglich, sollte man besser fliegen.

Itaperim (☎ 3226-3382; www.itaperim.com.br) Bedient Fortaleza (233 R$, 24 Std., 1-mal tgl.), Salvador (313 R$, 33 Std., 3-mal wöchentlich) und Rio de Janeiro (498 R$, 53 Std., 4-mal wöchentlich).

Rápido Excelsior (☎ 3249-6365) Fährt nach Marudá (19 R$, 4 Std., 4-mal tgl.; Fr & So 5-mal tgl., u. a. um 6 und 9 Uhr).

Sinprovan (☎ 3226-5872) Fährt auch mit Kleinbussen nach Marudá (17 R$, 3½ Std., direkt um 5.45 und 8 Uhr, sonst muss man in Canstanhal umsteigen).

Transbrasilia (☎ 3226-1942) Fährt Dutzende nahe und ferne Städte an, darunter São Luis (111 R$, 10 Std., tgl.), Rio de Janeiro (399 R$, 50 Std., 4-mal wöchentlich) und Paraíso do Tocantins (133 R$, 17 Std., 3-mal tgl.).

FLUGZEUG

Der Aeroporto Val de Cães ist ein wichtiges Drehkreuz für internationale und nationale Flüge.

Air France (☎ 0800-888-9955, 4003-9955; www.airfrance.com)

Azul-TRIP (☎ 0800-887-1118, 4003-1118; www.voeazul.com.br)

Gol (☎ 0300-115-2121, 3210-6312; www.voegol.com.br)

Surinam Airways (☎ 3210-6436; www.slm.nl)

TAM (☎ 3212-2166; www.tam.com.br; Av Assis de Vasconcelos 265)
TAP (☎ 0300-210-6060; www.flytap.com)

SCHIFF/FÄHRE

Alle Fernverkehrsboote legen in Belém am **Terminal Hidroviária** (Av Marechal Hermes) ab. Fahrkarten gibt's an den Schaltern im Hafengebäude oder (die einfachere, verlässlichere Variante) bei **Amazon Star Turismo** (☎ 3212-6244; www.amazonstar.com.br; Henrique Gurjão 210). Das mehrsprachige Personal bucht Schiffstickets von/nach Belém, auch über Telefon oder Internet, ohne zusätzliche Gebühren – ein toller Service, wenn man kein Portugiesisch kann oder sein Ticket rechtzeitig im Voraus kaufen will, was in der Hochsaison unbedingt zu empfehlen ist.

Marques Pinto Navigação (☎ 3272-3847) und **ENART** (☎ 3224-1225) bieten Schiffsverbindungen von/nach Manaus sowie zu vielen Punkten entlang der Strecke. Zum Zeitpunkt der Recherche fuhren die Schiffe nach Manaus am Mittwoch, Freitag sowie jeden zweiten Dienstag um 18 Uhr und hielten in Monte Alegre (Hängematte/Kajüte 150/750 R$, 2 Tage), Santarém (230/800 R$, 2½ Tage), Parintins (330/950 R$, 4 Tage) und Manaus (370/1000 R$, 5 Tage). Achtung: Die Preise für Kajüten (immer klimatisiert, z. T. mit eigenem Bad und TV) gelten für zwei Personen. Auf manchen Booten gibt's einen klimatisierten Hängemattenbereich. Die Verpflegung ist nicht inbegriffen: Das Büfett kostet 5 bis 13 R$ pro Mahlzeit; außerdem werden an Bord Hamburger und Snacks verkauft.

Arapari Navigação (☎ 3241-4977) und **Rodofluvial BANAV** (☎ 3269-4494, 8047-2440) verkehren abwechselnd zur Ilha de Marajó. Die Fähren pendeln täglich zwischen Belém und Camará (Mo–Sa 6.30 und 14.30, So 10 Uhr, Standard 19 R$, klimatisiert und Sitzplätze wie im Flugzeug 30 R$, 3 Std.).

Unterwegs vor Ort

Der Aeroporto Val de Cães liegt 8 km nördlich vom Zentrum an der Avenida Júlio César. Zwischen dem Flughafen und der Avenida Presidente Vargas (2,20 R$, 40 Min.) fährt der Bus „Pratinha–Pres Vargas" (638), ebenso der Bus „E Marex", bei dem man aber möglicherweise am Depot umsteigen muss (ohne Aufpreis). Beim Verlassen des Terminals biegt man nach links: Die Busse halten am Kreisverkehr rund 50 m hinter dem Flughafengebäude. Für ein Taxi, das man im Terminal bestellt, zahlt man vom Flughafen ins Zentrum einen Festpreis von 45 R$, winkt man eines an der Bushaltestelle heran, kann man den Preis auf 30 R$ drücken, doch muss man da möglicherweise etwas warten.

Der Fernbusbahnhof befindet sich an der Ecke der Avenidas Almirante Barroso und Governador José Malcher 3 km östlich vom Stadtzentrum. In die Stadt kann man fast jeden Bus nehmen, der auf der Avenida Governador José Malcher Richtung Westen fährt, ebenso die Busse mit der Zielangabe „Aero Club" oder „P Vargas", die auf der anderen Straßenseite der Avenida Almirante Barroso halten. Mit diesen beiden Linien kann man bis zur Praça de República fahren. Richtung Busbahnhof nimmt man den Bus „Guama–P Vargas" (316) auf der Avenida Presidente Vargas.

Algodoal

☎ 091 / 1350 EW.

Algodoal, ein kleines Fischerdorf auf der Ilha de Maiandeua 180 km nordöstlich von Belém, lockt jüngere Belenenses und ein paar ausländische Traveller an. Die Gegend ist eine schöne Naturregion mit rauen, windgepeitschten Stränden und einer zuweilen mächtig aufgewühlten See.

Der Name der Insel leitet sich von einem indigenen Wort ab, das so viel wie „unzählbare Reichtümer unter dem Meeresspiegel" bedeutet. Einer Legende nach liegt vor ihrer Nordspitze eine versunkene Stadt; sie soll gelegentlich auftauchen und dann von der nach der Tochter des Königs der Stadt benannten Praia da Princesa aus zu sehen sein.

Sehenswertes & Aktivitäten

Auf der anderen Seite des Priels liegt die breite hübsche **Praia do Farol**. Bei Ebbe kann man durchs Wasser hinüberwaten, sonst nimmt man ein Kanu (2 R$). Hinter einer Felsformation stehen ein paar Restaurants an der **Praia da Princesa**, einem 7 km langen weißen Sandstrand. Jenseits eines weiteren Gezeitenkanals liegt die **Praia do Mupéua**, die sich ebenfalls 7 km bis zu dem Dorf Fortalezinha erstreckt.

Geführte Touren

Rund um Algodoal lassen sich verschiedene Ausflüge mit Führer oder auf eigene Faust unternehmen. Wer an der Praia do Farol mit dem Kanu den Priel hochfährt, erspäht Vögel und manchmal auch Affen (am ehesten bei Sonnenuntergang). Ebenso nett ist ein Besuch des Lago de Princesa (besonders von April bis Juni), ein Spaziergang oder eine Bootsfahrt nach Fortalezinha oder die komplette Inselumquerung.

Sonnenuntergang ist die beste Zeit, um Vögel und anderes Getier zu sichten, z. B. den scheuen *guará* (Scharlachsichler). Die weitesten Strecken im Kanu lassen sich natürlich bei Flut zurücklegen, wenn der Kanal schön viel Wasser führt. Idealerweise fällt beides zusammen! Bei Flut kann man mit

Rund um Belém

dem Kanu bis zur **Praia do Mupéua** auf der anderen Seite der Insel paddeln (und anschließend die 7 km in die Stadt zurückspazieren) oder einem anderen Priel bis Porto do Mamede, dem Hauptanlegeplatz von Algodoal, folgen.

Ein Stück den Priel von der Praia do Farol hinauf verläuft ein Pfad durch den Wald und über die niedrigen Sanddünen zum **Lago da Princesa** und weiter bis zur **Praia da Princesa** (insgesamt 2–3 km). Lokale Bootsbesitzer setzen Passagiere dort ab, sodass sie zum See spazieren und dann zu Fuß am Strand entlang nach Algodoal zurücklaufen können (4 km). Tatsächlich ist der „See" lediglich eine kleine Lagune und nur bei hohem Wasserstand (April–Juni) sehenswert.

Einen Besuch lohnt auch **Fortalezinha**. Das Dorf auf der anderen Seite der Insel lädt zu einem Strandspaziergang oder Mittagessen in einem der kleinen Restaurants ein. Die Bootsfahrt ab Algodoal ist schön, aber teuer (einfach 80 R$). Alternativ nimmt man ein Kanu vom Porto do Mamede in die Gemeinde Camboinha (3 R$ pro Pers.) und folgt von dort den gut markierten Wanderwegen nach Fortalezinha.

Von Fortalezinha aus kann man gegen den Uhrzeigersinn nach Algodoal zurücklaufen (die andere Richtung ist wegen Gegenwind weniger angenehm). Die 14 km lange Wanderung ist sehr malerisch. Auf halber Strecke gilt es jedoch, einen *furo* (Priel) mit starker Strömung zu überqueren – aber *niemals* zu Fuß! Es gibt nur zwei Optionen: sich von einem Fischer übersetzen lassen oder umkehren.

Egal, was man unternimmt, Insektenschutz gegen Mücken, ausreichend Wasser und Sonnenmilch sind unerlässlich.

Geführte Touren kosten 30 bis 150 R$ pro Person. Für Ausflüge ohne viel Schnickschnack kann man Bootsbesitzer an der Mündung des Priels an der Praia do Farol anheuern. Die Pousada da Chilena und Pousada Marhesias geben detailliertere Infos weiter (auch einfache Karten) und vermitteln gute Guides.

Schlafen

Pousada da Chilena POUSADA $

(☎3744-1415; jgapmaga@hotmail.com; Bertoldo Costa; B mit Hängematte 20 R$, Zelten 20 R$ pro Pers., Zi. 40 R$) Ein wunderbarer Ort mit einfachen Zimmern im Bohemienstil (inkl. Ventilatoren) und einer überdachten Terrasse für Hängemattenschläfer (5 R$ Rabatt, wenn man seine eigene mitbringt). Wer die Ausrüstung dabeihat, kann sein Zelt im baumbestandenen Garten aufstellen. Die Namensgeberin der *pousada*, Chilena, ist hilfsbereit, eine gute Infoquelle und organisiert Ausflüge. Das Frühstück kostet 5 bis 10 R$.

★ **Pousada Marhesias** POUSADA $

(☎9112-3461, 3854-1129; www.marhesias-algodoal.com; Bertoldo Costa 47; EZ/DZ/Suite 100/130/170 R$; ❄📶) In dem netten, gut geführten Hotel warten ansprechende Zimmer, die allesamt klimatisiert und mit TVs ausgestattet sind und auf einen weitläufigen Garten mit Sitzgelegenheiten hinausgehen. Die Suiten sind größer; dort stehen zwei Betten und ein Minikühlschrank. In dem überdachten Kiosk werden Malkurse, Massagen, Yoga und mehr angeboten. Die *pousada* liegt ganz am anderen Ende der Stadt und ist der Praia do Farol am nächsten. Kostenloses WLAN an der Rezeption.

Pousada Ponta do Boiador HOTEL $

(☎3279-0060; www.boiador.com; Bertoldo Costa; DZ mit Klimaanlage 120 R$, mit Klimanlage & Warmwasser 140 R$; ❄📶) Zwar sind die Zimmer winzig, doch in dem ganz aus Holz bestehenden Gebäude herrscht eine frische klare Atmosphäre. Von den kleinen Hängemattenterrassen blickt man aufs Meer – nett! Noch netter ist die Tatsache, dass dies die einzige Bleibe mit direktem Strandzugang ist. Auf der Terrasse zum Wasser werden einfaches Mittag- und Abendessen sowie Bier (schön groß und kalt) serviert.

Pousada Bela-Mar POUSADA $

(☎3854-1128; www.belamar.hpgvip.com.br; Magalhães Barata; EZ/DZ ohne Bad 30/55 R$, mit Bad & Ventilator 45/70 R$, mit Klimaanlage & Minibar 75/100 R$; ❄) Das Hotel, das man von der Anlegestelle aus als Erstes erreicht, ist eine saubere und verlässliche Option. Die 15 ordentlichen Zimmer liegen rund um einen hübschen Garten. Alle haben hohe Decken und ein attraktives Dekor. Das üppige Frühstück wird im geräumigen Hotelrestaurant serviert.

Essen

In manchen Hotelrestaurants werden nur die eigenen Gäste verköstigt (Halb- oder Vollpension), insbesondere in der Nebensaison – die Kellner fragen, bevor man sich setzt.

Restaurante La Izla BRASILIANISCH $$

(Bertolda Costa; Hauptgerichte 15–30 R$; ⏲11–23 Uhr) Freundlicher Familienbetrieb mit ein paar Tischen auf einer Sonnenterrasse und noch ein paar mehr im Wohnhaus der Besitzer. Die Speisekarte steht an der Wand und besteht aus brasilianischer Hausmannskost: gebratener Fisch, Huhn oder Rind, dazu Reis, *feijão* und *farofa* (in Butter geröstetes Maniokmehl).

Pousada Marhesias BRASILIANISCH, ITALIENISCH $$

(Bertoldo Costa 47; Hauptgerichte 8–40 R$; ⏲12–22 Uhr, Bar open end) In dem Speisesaal im zweiten Stock gibt's ein bisschen von allem: Fisch und Meeresfrüchte, Pasta und Pizzas – frisch zubereitet und serviert bei einer großartigen Aussicht über den Kanal auf die Praia do Farol. Während des Essens wird hervorragender Jazz gespielt – den muss man mögen, denn das ist alles, was man hier auf die Ohren bekommt.

Pousada Kakurí BRASILIANISCH $$

(Hauptgerichte 9–25 R$; ⏲12–23 Uhr) Der Essbereich besteht aus wenigen Tischen auf einer Veranda. Mehr braucht man aber nicht, um die köstlichen Kreationen aus der Küche zu genießen. Meist gibt's frischen Fisch, gegrillt oder gebraten, mit Gemüse und Reis und dazu ein kaltes Bier. Normalerweise läuft hier immer tolle Musik.

Orientierung

Das Dorf Algodoal liegt an der Westküste der Insel. Die Straßen sind Staub- oder Graspisten ohne Straßenschilder. Ein Priel markiert das nördliche Ende der Ortschaft, dahinter liegen erst die Praia do Farol und dann die Praia da Princesa. Über die Insel verteilen sich noch die drei kleineren Ortschaften Fortalezinha, Mocoóca und Camboinha.

Praktische Informationen

Weder auf der Insel noch in Marudá gibt's Geldautomaten und nicht alle Hotels akzeptieren Kreditkarten, deshalb am besten ausreichend Bargeld aus Belém mitbringen. Das Gemeinde-WLAN ist kostenlos, ein starkes Signal lässt sich allerdings nicht immer leicht finden. Eine gute Adresse ist die Pousada da Chilena (S. 614), denn sie befindet sich nahe dem Funkturm. Auch

Nichtgäste dürfen sich im Essbereich mit dem Computer niederlassen. In der kleinen Apotheke **Farmacias Kadosh** (⌚ Mo–Do 7.30–20, Fr & Sa bis 21, So bis 19 Uhr) bekommt man Sonnencreme, Insektenspray, Kondome, Arzneimittel und mehr.

Infos zur Geschichte, zum Tagesgeschehen, zu Hotels und Aktivitäten auf der Insel liefert www.algodoal.com.

GEFAHREN & ÄRGERNISSE

Auf der Insel gibt's mehrere Priele (portugiesisch *furos*, „Durchstiche"), die Lagunen im Hinterland mit dem Ozean verbinden. Ihr Wasserstand steigt und fällt und manchmal ändert sich mit den Gezeiten auch die Fließrichtung. Besonders tückisch ist der Priel zwischen der Praia do Farol und der Praia da Princesa (der Furo Velho); man sollte ihn niemals zu Fuß durchqueren! Gewöhnlich sind ein paar Fischer vor Ort, die Passagiere sicher auf die andere Seite bringen.

ℹ Anreise & Unterwegs vor Ort

Boote nach Algodoal starten von Marudá auf dem Festland montags bis donnerstags um 9, 11, 13.30 und 17 Uhr und freitags bis sonntags um 9, 10.30, 12.30, 14.30 und 17 Uhr (6 R$, 40 Min.). Freitags gibt's eine weitere Verbindung um 20.30 Uhr. Eventuell verzögert sich die Abfahrt, wenn sich nicht genug Passagiere einfinden. Die Busse aus Belém fahren bis zum Hafen, Kleinbusse hingegen nur bis zum Busterminal, fünf lange Blocks entfernt (Taxi 7 R$).

In Algodoal setzen einen die Boote am Strand ab, wo jede Menge Einheimische mit Eselskarren auf Kundschaft warten (7 R$ pro Pers.). Manche versuchen, Reisende zu bestimmten Hotels zu kutschieren, die ihnen eine Kommission zahlen, darauf sollte man sich aber nicht einlassen.

Zum Festland kehren Boote montags bis donnerstags um 6, 8, 10.30 und 13.30 sowie freitags bis sonntags um 6, 8, 10.30, 13.30, 15 und 17 Uhr zurück. Die Busse nach Belém verlassen den Busbahnhof in Marudá montags bis samstags um 6, 7, 12 und 15 Uhr, sonntags immer um 6, 12, 15 und 17 Uhr.

Ilha de Marajó

☎ 091 / 43 200 EW.

Die Ilha de Marajó liegt an den Mündungen des Amazonas und des Rio Tocantins und ist mit 50 000 km² etwas größer als die Schweiz. In vorkolonialer Zeit blühte hier die indigene, für ihre großen irdenen Urnen bekannte Marajoara-Kultur. Heute leben die freundlichen Einwohner Marajós in einigen wenigen Städten und Dörfern sowie auf den über die Insel verteilten *fazendas* (Ranches). Dies ist eine Welt für sich: Es gibt hier mehr Fahrräder als Autos, und Wasserbüffel grasen in den Ortschaften. Angeblich stammen sie von Tieren ab, die sich von einem französischen Schiff retten konnten, das auf dem Weg von Indien nach Französisch-Guayana vor der Küste Schiffbruch erlitt. Heute liefern die Büffel Käse und Steaks und die Polizei nutzt sie als Reittiere.

Für Besucher ist nur die Ostküste leicht zu erreichen. Dort gibt's drei kleine, verschlafene Ortschaften: Joanes, die kleinste, hat einen ordentlichen Strand, ein kleines Hotel und nicht viel mehr. Salvaterra verfügt über den besten und größten Strand, ist aber wenig ansprechend. Soure schließlich bietet in Sachen Hotels, Dienstleistungen und Ambiente am meisten, die Strände sind von hier aus aber etwas schwerer zu erreichen. Das Hinterland der Insel besteht zu großen Teilen aus Sümpfen, in denen Tausende Vögel leben, darunter der anmutige Scharlachsichler (*guará*) mit seinem leuchtend roten Gefieder und dem langen, krummen Schnabel.

Mittlerweile gibt's zwei Geldautomaten in Soure und in mehr und mehr Hotels kann mit Kreditkarte gezahlt werden. Es ist allerdings keine schlechte Idee, ein bisschen Bargeld extra in Belém abzuheben. Außerdem muss man bedenken, dass auf Marajó von Januar bis Juni fast täglich Regen fällt.

ℹ An- & Weiterreise

Schiffe von Arapari Navigação (S. 612) und Rodofluvial BANAV (S. 612) machen sich montags bis samstags um 6.30 und 14.30 Uhr sowie sonntags um 10 Uhr am Hauptfährterminal von Belém auf den Weg nach Foz do Rio Camará, kurz Camará, südlich von Joanes (Standard 19 R$, klimatisiert und Sitze wie im Flugzeug 30 R$, 3 Std.). Den Rückweg treten sie montags bis samstags um 6.30 und 15 Uhr bzw. sonntags um 15 Uhr an.

ℹ Unterwegs vor Ort

Busse und Kleintransporter fahren Camará, den wichtigsten Hafen auf Marajó, passend zur Ankunft der Fähren aus Belém an. Ein Schild verrät das Fahrtziel. Nach Joanes, Salvaterra oder zum Fährhafen zahlt man 6 R$, die Fahrt nach Soure kostet inkl. Flussüberquerung 9 bis 12 R$ (Kleinbusse bringen einen bis zum Hotel, normale Busse nicht).

In allen drei Ortschaften verkehren Motorradtaxis. Innerhalb des Orts zahlt man 4 R$ pro Fahrt, zu den weiter draußen liegenden Stränden

PRÄHISTORISCHES AMAZONIEN

Die meisten Forscher sind sich darüber einig, dass die Besiedlung des Amazonasbeckens vor 10 000 bis 15 000 Jahren begann. Diese Erkenntnisse fußen teilweise auf Studien alter Höhlenmalereien in der Nähe von Monte Alegre im Bundesstaat Pará, die eine Archäologin namens Anna Roosevelt durchgeführt hatte, eine Urgroßenkelin von Theodore Roosevelt. Vor ca. 6000 Jahren schufen die Tapajoara, die nahe dem heutigen Santarém lebten, einfache Urnen aus Ton, die ältesten bekannten Töpferwaren des amerikanischen Kontinents. Zur gleichen Zeit begannen andere indigene Völker Amazoniens mit rudimentärer Landwirtschaft.

In den letzten Jahrhunderten vor der Zeitenwende lebten am Amazonas viele zusammenhängende Gemeinschaften mit Tausenden von Mitgliedern, die unter der Führung von Häuptlingen standen. Sie stellten Töpferwaren guter Qualität her und betrieben den intensiven Anbau von Mais und Maniok. In dieser Zeit bildeten sich die Techniken heraus, die die Landwirtschaft noch heute bestimmen: Wanderfeldbau, Brandrodung, Fruchtwechsel und das periodische Auflassen von Regenerationsbrachen.

Die Marajoara hatten eine der am höchsten entwickelten Kulturen in der vorkolonialen und vorchristlichen Periode, deren Blütezeit zwischen 400 und 1350 lag. Sie lebten in den Feuchtgebieten der heutigen Ilha de Marajó und bauten dort riesige Erdplattformen, *aterros* genannt, die bis zu 6 m hoch und 250 m lang waren und Zuflucht vor den jährlich wiederkehrenden Überschwemmungen boten. Außerdem begruben die Marajoara ihre Verstorbenen in aufwendig gearbeiteten Urnen, die als die ausgefeiltesten Tonwaren des präkolonialen Brasilien gelten.

Interessanterweise taucht die Besiedlungsgeschichte Amazoniens immer wieder in der aktuellen Umweltdebatte auf. Umweltschützer verweisen seit Langem auf die Frühgeschichte, die belegt, wie unvereinbar ein gesunder Regenwald mit einer Besiedlung und Bebauung im großen Stil ist. Neuere Forschungsergebnisse, nach denen das Amazonasbecken schon früh viel dichter besiedelt war als ursprünglich angenommen, werden derweil von manchen zum Anlass genommen, die Erschließung des Regenwaldes zu verharmlosen, denn anscheinend ist der Mensch ja bereits seit Jahrtausenden Teil des Regenwaldes.

zwischen 4 und 7 R$ und von Joanes bis Salvaterra 15 R$.

Salvaterra und Soure sind durch die breite Mündung des Rio Paracauari voneinander getrennt. In Salvaterra legen Boote vom Pier am Ende der Hauptstraße ab, in Soure von einem Pier am Ende der Travessa 14 (2 R$, 15 Min., 7–18 Uhr); Fahrräder können an Bord mitgenommen werden. Außerdem pendeln Boote von Soure zum Autofähranleger (8 km von Salvaterra entfernt, 1 R$) oder man kann umsonst auf der Fähre selbst mitfahren.

Joanes

Wer totale Abgeschiedenheit sucht, ist im verschlafenen Joanes genau richtig. Der Ort bietet ein ansprechendes Hotel, einen schönen Strand und die Überreste einer Jesuitenkirche aus dem 17. Jh. Ansonsten erblickt man hier kaum eine Menschenseele.

Im Ort gibt's keinerlei Dienstleistungen und die An- und Weiterreise kann recht viel Zeit in Anspruch nehmen. Die Shuttlefahrt vom Fährhafen kostet 6 R$. Mit Motorradtaxis können Ziele überall auf der Insel erreicht werden (30 R$ bis Salvaterra).

Schlafen & Essen

Pousada Ventania do Rio-Mar POUSADA $
(☎3646-2067; www.pousadaventania.com; Quarta Rua; EZ/DZ 85/105 R$) Auf einem windigen Vorgebirge thront diese Unterkunft mit Blick aufs Meer. Die geräumigen Zimmer zeigen ein launiges Dekor, zu dem übergroße Malereien zählen. Sie haben eigene Bäder, aber weder TV noch Klimaanlage, und öffnen sich auf einen großen Hof. Der Strand ist nur ein paar Schritte entfernt. Das Personal organisiert eine Vielzahl von Ausflügen, darunter Kanu- und Angeltouren mit einheimischen Führern.

Jacaré FISCH & MEERESFRÜCHTE $
(am Strand; Hauptgerichte 12–25 R$; ⏲7–22 Uhr) Eines von einer Handvoll Strandrestaurants, in denen die Spezialitäten von Marajoana zubereitet werden: gegrillter Fisch und Büffelsteak.

Salvaterra

20 200 EW.

Das 18 km nördlich von Joanes gelegene Salvaterra hat den schönsten und längsten Strand auf der Insel: Die passend benannte Praia Grande ist nur einen kurzen Spaziergang vom Ort entfernt. Salvaterra ist zwar kleiner als Soure, aber kompakter bebaut, sodass es den Eindruck erweckt, hier wäre mehr los.

Sehenswertes

Die **Praia Grande** ist, wie der Name vermuten lässt, ein großer Strand. Dieser lange breite, mit goldbraunem Sand bedeckte Streifen liegt rund 500 m südlich der eigentlichen Ortschaft. Im ersten Strandabschnitt findet man einige auf Stelzen thronende Restaurants, aber das andere Ende des Strands ist, abgesehen von einem großen Resort, praktisch verlassen.

Wie überall auf der Ilha de Marajó gibt's hier auch Stachelrochen, und sie können sehr unangenehm zustechen. Daher geht man am besten immer dort ins oder aus dem Wasser, wo andere Menschen sind, da diese die Tiere wahrscheinlich schon vergrämt haben. Ansonsten sollte man den Sand im Wasser mit den Füßen oder einem Stock aufwühlen, um nicht zufällig auf einen Rochen zu treten.

Schlafen & Essen

An der Praia Grande gibt's viele Strandrestaurants, wo man seinen Hunger für 12 bis 40 R$ stillen kann.

Hotel Beira Mar HOTEL $
(☎ 3765-1400; Rua 5 nahe der Travessa 2; Zi. mit Ventilator/Klimaanlage 40/60 R$; ❄) Einen kurzen Marsch vom Zentrum und der Praia Grande entfernt bietet dieses Hotel große, schlichte Zimmer mit angegrauten Fliesenböden, TVs und dünnen Matratzen und Betttüchern. Wäsche wird für 1 R$ pro Kleidungsstück gewaschen. WLAN gibt's leider nicht, aber gleich um die Ecke befindet sich ein Internetcafé.

Pousada Bosque dos Aruãs POUSADA $
(☎ 3765-1115; Segunda Rua; EZ/DZ 75/85 R$; ❄ 📶) Auf dem von Mangobäumen beschatteten Ufergrundstück stehen lange Holzhütten mit jeweils zwei Gästezimmern in hellen Farben, jedes mit einer eigenen Veranda, TV und Klimaanlage ausgestattet. Die beiden frei stehenden Suiten sind größer, haben eine nettere Einrichtung (Glasduschen etc.) und liegen am dichtesten am Wasser. Insgesamt ist die Anlage etwas heruntergekommen, aber sehr friedlich. Die Praia Grande ist zu Fuß gerade mal zehn Minuten entfernt. Klasse Restaurant.

Restaurante Umuarama FISCH & MEERESFRÜCHTE, PIZZA $
(Ecke Travessa 2 & Rua 6; Hauptgerichte 10–25 R$; ⏲ 11–15 & 19–22.30 Uhr) Tagsüber gibt's Krabben, Fisch und Gerichte mit Büffelfleisch, abends Pizza in einem unprätentiösen Open-Air-Ambiente nur ein kleines Stück von der Praia Grande entfernt. Eine beliebte, günstigere Alternative zu den Restaurants direkt am Strand.

Pousada Bosque dos Aruãs BRASILIANISCH $$
(Hauptgerichte 21–35 R$; ⏲ 12–15 & 18–22 Uhr) Das beste Hotel von Salvaterra trumpft gleichzeitig mit der besten Speisekarte auf. Natürlich gibt's Fisch mit Krabbensoße und paniertes Büffelsteak auch anderswo auf der Insel, aber hier sind die Gerichte besonders gut zubereitet und schön angerichtet – es lohnt sich, dafür ein bisschen mehr auszugeben. Das öffentliche Restaurant nimmt die kleine Holzveranda des Hotels ein.

Orientierung

Die Hauptstraße ist die Avenida Victor Engelhard, die an der städtischen Anlegestelle endet. Die Querstraßen sind vom Pier aufsteigend nummeriert –1a Rua, 2a Rua etc. –, aber nur wenige verwenden diese Namen. Die Praia Grande liegt etwa 500 m südlich der Stadt.

Praktische Informationen

An der Hauptstraße findet man eine **Postfiliale** (⏲ Mo–Fr 8–12 & 14–17 Uhr) und das Internetcafé **Cyber Marajó Online** (2 R$ pro Std.; ⏲ Mo–Sa 8–12 & 15–19 Uhr). Im Hotel Beira Mar (S. 617) wird Wäsche für 1 R$ pro Kleidungsstück gewaschen (nicht nur für Gäste). Fährtickets bekommt man entweder im **BANAV-Büro** (☎ 3269-4494; ⏲ 8–11 Uhr) an der Hauptstraße oder direkt im Shuttle und am Hafen.

Soure

23 000 EW.

Jenseits des Rio Paracauari liegt die „Hauptstadt von Marajó", der größte Ort auf der Insel. Das charmante Soure eignet sich prima als Basis. Wasserbüffel weiden auf den Fußballfeldern und zweispurigen Straßen (viele sind nur Grasstreifen mit einem Fahrradweg in der Mitte).

Ein Fahrrad ist das ideale Fortbewegungsmittel in Soure. Die günstigsten Drahtesel verleiht **Bimba** (Rua 4 zw. Travessas 18 & 19; 2/12 R$ pro Std./Tag) in seinem Wohnhaus (es hat eine Steinfassade und befindet sich gleich neben dem Eisenwarenladen). Die Pousada O Canto do Francês und das Hotel Casarão da Amazônia stellen Räder für ihre Gäste bereit.

Strände

Die Strände in der Nähe von Soure, an denen sich Salz- und Süßwasser mischen, sind oft von fantastischen Samen bedeckt, die aus den Wäldern Amazoniens hierhergespült wurden. Man muss auf Stachelrochen achten, deren Stich sehr schmerzhaft ist. Nur bei Flut schwimmen gehen, Flussmündungen meiden – vor allem am späten Nachmittag – und sich an die Stellen halten, an denen andere Leute ins Wasser gegangen sind. Wenn der Strand verlassen ist, wühlt man den Grund mit den Füßen auf – falls dort irgendwo ein Rochen liegt, wird er schnell das Weite suchen.

Soures beliebtester Strand ist die **Praia do Pesqueiro**, ein weiter heller Sandstreifen, in dessen Hintergrund schilfgedeckte Restaurants mit Tischen im Sand stehen. Pesqueiro liegt zwar weiter (rund 12 km) von der Stadt entfernt als die anderen Strände, dafür kann man unterwegs Wasserbüffel sehen, die sich in den Sümpfen suhlen, und erhält einen Einblick in das üppige Landesinnere von Marajó. Ein Motorradtaxi kostet 10 R$ (einfach), ein Taxi 30 R$ (bis zu 4 Pers.).

Die **Praia Barra Velha** und die **Praia de Araruna** sind schmale Strände, hinter denen dichte Mangroven liegen und die ein breiter Priel voneinander trennt. An der Praia Barra Velho gibt's mehrere kleine Restaurants, während die Praia de Araruna nahezu menschenleer ist. Bei Flut bleibt von beiden Stränden nur ein sehr schmaler Sandstreifen übrig, ansonsten sind sie leicht zu Fuß, per Fahrrad oder Taxi zu erreichen. Um hinzukommen, folgt man der Travessa 14 bis zu einer Weggabelung ungefähr 4,5 km außerhalb der Stadt: Der rechte Weg führt zur Praia Barra Velha; links, ein Stück entfernt, überspannt eine Fußgängerbrücke den Priel, an dem die Praia de Araruna liegt.

An der Mündung des Rio Paracauari erstreckt sich die völlig unberührte **Praia Garrote**. Man verlässt die Stadt auf der Travessa 9 Richtung Osten. Die Straße knickt scharf rechts ab und führt dann zu einem Priel; Fischer nehmen Passagiere mit auf die andere Seite. Von dort ist es nicht mehr weit bis zum Strand.

Geführte Touren

Drei nahe gelegene *fazendas* (Farmen) bilden gute Ausflugsziele. Auf der **Fazenda Bom Jesus**, **Fazenda São Jerônimo** und **Fazenda Araruna** werden jeweils dieselben Aktivitäten angeboten: Wasserbüffel reiten, Mangrovenhaine und Strände besuchen, Vögel, Affen und andere Tiere beobachten. Den größten Abenteuerfaktor hat die Fazenda Bom Jesus; das Gelände sieht mehr nach Naturschutzgebiet als nach Ranch aus. Dafür darf man auf São Jerônimo mit den Büffeln im Wasser reiten.

Wer Lust hat, kann auch eine morgendliche Bootstour auf dem Rio Paracauari unternehmen, bei der man durch einen „Mangroventunnel" fährt, Vögel und vielleicht sogar ein paar Flussdelfine sehen wird. Weitere Optionen sind Stadtführungen mit Besuchen bei lokalen Künstlern und Strandhopping.

Für zusätzliche Infos und Reservierungen kontaktiert man das Hotel Casarão da Amazônia und die Pousada O Canto do Francês. Die Preise liegen zwischen 40 und 100 R$ pro Person (inkl. Transport).

Feste & Events

Am zweiten Sonntag im November feiert Soure sein eigenes **Círio de Nazaré** mit einer wunderbaren Prozession. Die Hotels können zu dieser Zeit ausgebucht sein.

Schlafen & Essen

Hotel Araruna HOTEL $
(☎ 8793-2481; nelsonmarajo@hotmail.com; Travessa 14 zw. Ruas 7 & 8; EZ/DZ 60/80 R$) Große, einfache Zimmer, denen man ihr Alter ansieht, säumen die Flure, sie sind aber relativ sauber. Außerdem ist die Lage gleich neben den hohen Cosampa-Wassertürmen an der Straße, die zur Praia de Araruna und Praia Barra Velha führt, schön ruhig und komfortabel.

Pousada Restaurante Ilha Bela POUSADA $
(☎ 3741-1313; pousadailhabelasore@gmail.com; Rua 1 nahe der Travessa 13; EZ/DZ/4BZ 80/100/170 R$) Ein kurzes Stück vom Fähranleger in Soure entfernt steht eine verlässlich gute *pousada* mit acht sehr sauberen Zimmern, modernisierter Einrichtung und einem Restaurant, in dem ein leckeres Frühstück serviert wird. Die Vierbettzimmer verfügen über Veranden mit Flussblick. Auf dem Platz vor dem Gebäude finden Festivals und Feiern statt, es kann also schon mal laut werden.

Pousada O Canto do Francês POUSADA $
(☎3741-1298; http://ocantodofrances.blogspot.com.br; Ecke Rua 6 & Travessa 8; EZ/DZ/3BZ 110/130/160 R$;) Die neun attraktiven Suiten haben weiß getünchte Wände und warten mit schönen Holzarbeiten und bequemen Betten auf. Das Frühstück wird im einladenden Foyer oder auf der Veranda mit Blick auf den grasbewachsenen Hof eingenommen. Zwar liegt die *pousada* ein ganzes Stück vom Zentrum entfernt, aber man kann sich auf eines der Leihräder schwingen oder an einer der empfehlenswerten Exkursionen teilnehmen. 10% Preisnachlass bei Barzahlung.

★ **Hotel Casarão da Amazônia** HOTEL $
(☎3741-1988; www.hotelcasaraoamazonia.blogspot.com.br; Ecke Rua 4 & Travessa 9; EZ/DZ/4BZ 110/130/240 R$;) In den Zimmern in einem bildschön restaurierten *casarão* (Herrenhaus) aus dem 19. Jh. erwarten einen hohe Decken, Flachbildfernseher und kleine, stilvolle Bäder. Manche Unterkünfte sind eigenartig schmal, aber dennoch komfortabel. Etwas größere Räumlichkeiten mit Veranda und Hängematten beherbergt der neuere Anbau im Garten. Der Hotelpool ist ein Geschenk des Himmels an heißen Tagen und der aufmerksame Besitzer stellt Inselexkursionen auf die Beine. Außerdem: Leihräder und ein gutes Restaurant.

Pousada Restaurante Ilha Bela BRASILIANISCH $
(Rua 1 bei der Travessa 13; 13–25 R$; ⏲7–15 & 18–23.30 Uhr, Di geschl.) Frische lokaltypische *marajoara*-Gerichte wie gebratener Fisch und Büffelsteak werden in einem luftigen Essbereich aufgetischt. Freitagabends gibt's Livemusik.

Restaurante Patú Anu BRASILIANISCH $
(☎3741-1359; Ecke Rua 2 & Travessa 14; Hauptgerichte 15–25 R$; ⏲Mo–Sa 7.30–22, So bis 15 Uhr) Dank der einfachen, verlässlichen Karte und der praktischen Lage ist dieses Lokal bei Einheimischen und Reisenden – sowohl Neulingen als auch alten Hasen – gleichermaßen beliebt. Es gibt große Portionen an Hähnchen, Rindfleisch, Fisch oder Garnelen und dazu Reis und Bohnen.

Café Soare BRASILIANISCH, FRANZÖSISCH $$
(Rua 3 zw. Travessas 14 & 15; Hauptgerichte 15–45 R$; ⏲Mo–Sa 18.30–22 Uhr) Das kleine, aber exzellente Restaurant wird von einem ernsthaften Franzosen betrieben und hat nur ein paar wenige Tische, die in einem hübschen Speisesaal und auf dem Gehweg stehen. Unser Favorit ist das Büffelsteak mit Gorgonzolasoße. Ebenfalls lecker: die Crêpes und gemischten Salate.

Shoppen

Cerâmica Mbara-yo KERAMIK
(Travessa 20 zw. Ruas 3 & 4) In seinem bescheidenen Laden präsentiert der Keramiker Carlos Amaral preisgekrönte Arbeiten, die die Keramiktraditionen der Aruã und Marajoara miteinander verbinden. Bei einer kurzen Werkstattführung kann man erleben, wie die Stücke gemacht werden. Zum Verkauf stehen zahlreiche kleine, preisgünstige Produkte, und jedes hat seine eigene Geschichte und besondere Bedeutung.

Orientierung

Die Straßen parallel zum Fluss heißen Ruas und werden vom Fluss aus nummeriert (dem Rio Paracauari am nächsten ist also die Rua 1), die sie querenden Straßen heißen Travessas und werden vom Strand aus gezählt (dem Strand am nächsten liegt folglich die Travessa 1). Nahe der Kreuzung Travessa 11 und Rua 1 legt die wichtigste Bus- und Passagierfähre an und ab. Motorisierte Kanus fahren ins Zentrum von Salvaterra (2 R$) und zum Passagierfähranleger (1 R$). Abfahrt in Soure ist an einem langen Pier an der Travessa 14 Ecke Rua 1.

Praktische Informationen

Banco do Brasil (Rua 3 zw. Travessas 17 & 18; ⏲Mo–Fr 10–15 Uhr) Normalerweise akzeptiert der Geldautomat ausländische Karten.

Bradesco (Rua 2 nahe der Travessa 16; ⏲Mo–Fr 9–14 Uhr) Verlässlicher Geldautomat.

Cyber Gigabyte (Travessa 15 nahe der Rua 2; 2 R$ pro Std.; ⏲Mo–Sa 8.30–12 & 15–20.30 Uhr)

Drogaria Big Farm (Rua 4 nahe der Travessa 16; ⏲Mo–Sa 7–21, So 8–12 Uhr) Apotheke und Minimarkt.

Post (Rua 1; ⏲Mo–Fr 9–12 & 14–17 Uhr) Zwischen den Travessas 13 und 14.

An- & Weiterreise

Edgar Transporte (☎9634-0722, 3741-1763; edgar-transporte@hotmail.com; Travessa 15 Nr. 935 zw. Rua 6 & 7; 12 R$ pro Pers.) Professioneller Shuttledienst für Fahrten von Camará nach Soure und umgekehrt. Die Busse sind modern, klimatisiert und die Reservierungen werden bestätigt – insgesamt ein bisschen mehr Service als üblich und man kann Tickets fürs Boot kaufen. Ein bis drei Tage vor Abfahrt buchen.

Santarém

093 / 281 000 EW.

Santarém liegt da, wo der Rio Tapajós in den sehr viel helleren, cremig braunen Amazonas mündet, und hat gewissermaßen zwei Persönlichkeiten. Einerseits ist es ein angenehmer Ort mit einer breiten Uferpromenade, auf der sich Familien, Jogger und Kreuzfahrtpassagiere tummeln und die lauen Flussbrisen genießen. Andererseits ist Santarém eine typisch schmuddelige Hafenstadt, in der massenweise Soja umgeschlagen und auf riesige Frachtschiffe verladen wird. Da darf die eigentümliche Mischung aus Hafenarbeitern, Geschäftsleuten und Schiffscrews natürlich nicht fehlen. Die Passagierboote zwischen Belém und Manaus machen hier Halt und Santarém ist wahrlich kein schlechter Ort für einen längeren Zwischenstopp. Oder man fährt mit dem Bus ins 35 km entfernte Alter do Chão, eine entspannte Kleinstadt mit weißen Sandstränden am Fluss. Von beiden Städten gelangt man schnell in die Floresta Nacional (FLONA) do Tapajós, einen wunderschönen Staatswald, der zum Rad- und Kanufahren und zu Übernachtungen bei Kautschukzapfern einlädt.

Geschichte

Bereits seit mehreren 1000 Jahren siedeln Menschen in der Gegend um Santarém. 1661, über 20 Jahre, nachdem Pedro Teixeiras Expedition erstmals auf indigene Tupaiu traf, wurde am Zusammenfluss von Tapajós und Amazonas eine Mission gegründet, die 1758 offiziell den Namen Santarém erhielt.

Den weiteren Lauf der Geschichte Santaréms prägten der Kautschukboom und dessen Niedergang. Außerdem war es Schauplatz einer Reihe von Goldräuschen, die in den 1950er-Jahren einsetzten. Heutzutage gründet sich die Wirtschaft vor allem auf Soja, Hartholz und zunehmend auch auf Gold und Bauxit; deren Abbau hat jedoch verheerende Auswirkungen auf die Umwelt und ist deshalb umstritten.

Sehenswertes

Museu de Santarém MUSEUM

(Rua do Imperador, Praça Barão de Santarém; Eintritt gegen Spende; Mo–Fr 8–17, Sa 8–13 Uhr) Das in einem großen gelben Herrenhaus am Ufer untergebrachte Museu de Santarém ist auch als Centro Cultural João Fona bekannt, benannt nach dem Künstler aus Pará, der die Fresken an den Innenwänden gemalt hat. Es beherbergt u. a. eine ausgezeichnete Sammlung von Steinobjekten und Töpferwaren der Tapajoara-Kultur, die hier vor über 6000 Jahren existierte.

Museu Dica Frazão MUSEUM

(Peixoto 281; Eintritt gegen Spende; Mo–Sa 8–18 Uhr) Dona Dica Frazão stellt seit mehr als 50 Jahren Kleider und Stoffe aus Naturfasern her, u. a. aus Gräsern und Zellstoff. Sie ist mittlerweile über 90 Jahre alt, führt aber immer noch Besucher durch die Ausstellungsräume mit ihren Kreationen, darunter ein Kleid, das sie für eine belgische Königin entwarf, eine Tischdecke für einen Papst und Kostüme für das Boi-Bumbá-Fest.

Uferpromenade HAFENGEBIET

Die Promenade Nova Orla Fluvial folgt der Avenida Tapajós. Ein schöner Spaziergang führt von der Praça da Matriz Richtung Westen an bunten Booten und einem belebten Fischmarkt vorbei bis zu der gewaltigen Cargill-Verladestation, einem Symbol des blühenden brasilianischen Sojahandels.

Feste & Events

Am 29. Juni wird der Schutzpatron der Fischer, der hl. Petrus (São Pedro), mit einer Bootsprozession geehrt. Dann segeln mit Wimpeln und Blumen geschmückte Boote an der Stadt vorbei.

Schlafen

Brisa Hotel HOTEL $

(3522-1018; brisahotel@hotmail.com; Bittencourt 5; EZ/DZ 60/80 R$;) Das Brisa ist ein Chamäleon: Jedes Mal, wenn wir in der Stadt sind, hat es eine andere Farbe. Die Zimmer jedoch verändern sich nicht; sie sind schlicht, aber sauber, beengt, aber eine solide Wahl. Die Lage des Hotels ist super. Restaurants und die Promenade liegen gleich vor der Haustür.

Central Hotel HOTEL $

(3522-4920; Tapajós 258; EZ/DZ 70/90 R$;) Ja, das Central hat schon bessere Zeiten gesehen und die nach innen liegenden Zimmer sind sehr klein, aber die Klimaanlage funktioniert und auch die Lage gleich an der Uferpromenade im Herzen Santaréms ist unschlagbar.

Hotel Encontro das Aguas HOTEL $

(3522-1287; encontrodasaguashotel@hotmail.com; 24 de Octubro 808; EZ/DZ 75/90 R$, DZ/3BZ mit Ausblick 120/130 R$) Hier schläft man in makellos sauberen Zimmern mit modernen

Santarém

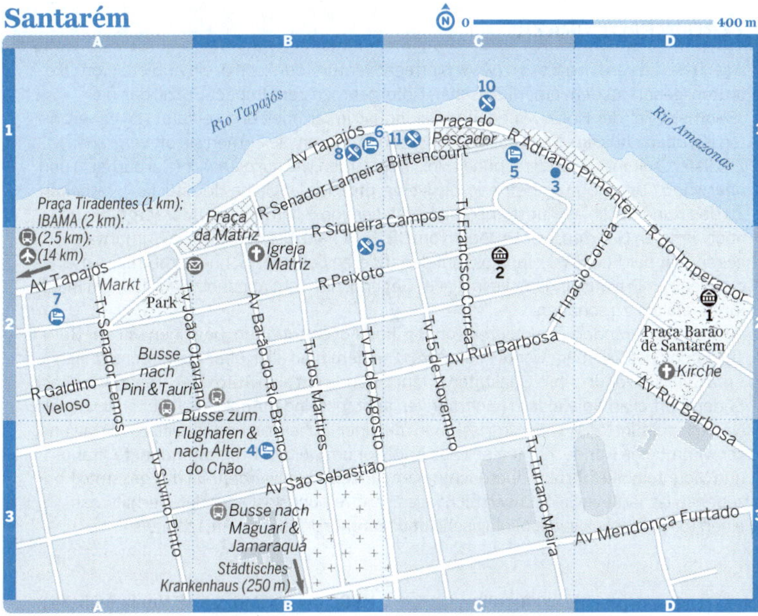

Bädern und festen Matratzen – eine wahre Oase in dem schäbigen Hafenviertel westlich des Markts. Die Räume mit Flussblick verfügen über große Fenster und sind lichtdurchflutet. Häufig ist das Haus mit Geschäftsleuten belegt, einen Versuch ist es aber allemal wert.

Barão Center Hotel HOTEL **$$**
(☎3064-9950; www.baraocenterhotel.com; Av Barão do Rio Branco; Zi. 254–268 R$; ❄@📶) Santaréms bestes Hotel ist die favorisierte Unterkunft von Geschäftsleuten, die mit den florierenden Soja- und Holzverladehäfen gleich außerhalb der Stadt zu tun haben. Die Zimmer sind komfortabel und mit Flachbildfernsehern, Klimaanlagen und elektronischen Kartenschlössern ausgestattet, kurioserweise wurde jedoch mit Fenstern gegeizt. Glücklicherweise kann man immer noch ins Dachterrassenrestaurant entkommen, von dem man einen tollen Blick auf Stadt und Fluss hat.

Santarém

Sehenswertes
1 Museu de Santarém D2
2 Museu Dica Frazão C2

Aktivitäten, Kurse & Touren
3 Gil Serique C1

Schlafen
4 Barão Center Hotel B3
5 Brisa Hotel C1
6 Central Hotel B1
7 Hotel Encontro das Aguas A2

Essen
8 Cantinha do Marguita B1
9 Delicias Caseiras B2
10 Massabor C1
11 Restaurante O Mascote C1

Essen

★ **Massabor** PIZZERIA **$**
(☎3522-0509; Av Tapajós; Pizza & Pasta 7–30 R$; ⏲17–23 Uhr) Das auf einem erhöhten Pier hoch über dem Wasser thronende beliebte Freiluftrestaurant gegenüber der Praça do Pescador bietet immer ein frisches Lüftchen und einen Blick auf den Fluss, in dem öfters Delfine herumtollen. Auf der Speisekarte stehen vor allem Pizza und Pastagerichte.

Cantinha do Marguita BRASILIANISCH **$**
(Av Tapajós nahe der Travessa 15 de Agosto; Hauptgerichte 9–20 R$; ⏲9–23 Uhr) Direkt an der Avenida Tapajós – sehr praktisch – liegt das helle, luftige Restaurant mit netten Angestellten, die exzellentes Essen auftragen. Der *prato feito* kostet 9 R$ (Vorspeisen und verschiedene Beilagen nach Wahl). Der freund-

ZERO IMPACT BRAZIL

Big Tree Adventure Tours (www.bigtreeadventuretours.com), ein Anbieter von Ökotouren, gehört zu dem amerikanischen Unternehmen Zero Impact Brazil, das die „Baumabfälle" der Holz-, Minen- und Bauindustrie sammelt und verkauft (da es verboten ist, überschüssige Baumteile zu verbrennen, lassen die Firmen sie oft vergraben). ZIB liefert seltenes, wunderschönes Holz mit Namen wie *purpleheart* (Purpurherz) und *tigerwood* (Tigerholz) an Betriebe, die kleine, oft auch längliche Holzstücke verarbeiten. Zu den Kunden zählen Künstler sowie Hersteller von Billardqueues, Messergriffen und hochwertigen Gitarren. Der Gründer von ZIB, Rick Paid, besitzt 1000 ha Primärwald gegenüber der FLONA do Tapajós (auf der anderen Seite der Schnellstraße). Es ist eines der wenigen Privatgrundstücke in dieser Gegend, die nicht abgeholzt wurden, um Platz für Sojafelder zu schaffen.

Die faszinierenden Tagestouren von Big Tree Adventure Tours beginnen mit der Besichtigung des ZIB-Sägewerks in Santarém, in dem man alles über die verschiedenen Amazonashölzer und ihre Qualitäten erfährt. Dann geht's im Auto oder Transporter nach Süden, vorbei an Sojafeldern (ein trauriger, aber fesselnder Anblick) zu Paids Privatwald. Nach der geführten Wanderung isst man mit einer einheimischen Familie zu Mittag und schwimmt eine Runde. Künftig soll das Angebot um weitere Programmpunkte (Kanu- und Mountainbikefahrten, Übernachtungen) ausgeweitet werden. Da das gesamte Konzept neu ist, läuft vielleicht noch nicht alles ganz reibungslos, aber dafür erhält man einen tollen Einblick in die ökologische und kommerzielle Seite Amazoniens.

lichen englischsprachigen Betreiberfamilie gehört auch das Amazon Star's Cyber ein paar Türen weiter; eine gute Anlaufstelle für allerlei Infos.

Delicias Caseiras SELBSTBEDIENUNG $
(Travessa 15 de Agosto; Gerichte 10 R$; ⏲ Mo–Sa mittags) Budgettraveller können sich freuen: Für nur 10 R$ kann man sich hier den Teller so vollpacken, wie man möchte und verträgt. Leider werden einige Spezialitäten von mit Haarnetzen ausgestatteten Serviererinnen über die Theke gereicht, aber die Portionen sind dennoch großzügig. Oft gibt's auch weniger verbreitete Gerichte wie Zungen- und Hühnchenpasteten. Die Klimaanlage arbeitet unzuverlässig.

Restaurante O Mascote BÜFETT, FISCH & MEERESFRÜCHTE $$
(Praça do Pescador; Selbstbedienung 35 R$ pro Kilo, Hauptgerichte 23–50 R$; ⏲11–23 Uhr) An heißen Tagen bietet der klimatisierte Speisesaal Zuflucht. Das Mittagsbüfett ist lecker und preisgünstig, abends gibt's Sandwiches, Pizza oder köstliche Fischplatten, die Spezialität des Hauses, vorzugsweise auf der Terrasse.

ℹ Praktische Informationen

GELD

Bradesco (Av Rui Barbosa; ⏲ Mo–Fr 9–15 Uhr) Verlässliche Geldautomaten; nahe der Travessa 15 de Agosto.

HSBC (Av Rui Barbosa; ⏲ Mo–Fr 9–15 Uhr) Ebenfalls verlässliche Geldautomaten; nahe der Travessa 15 de Novembro.

INTERNETZUGANG

Amazon's Star Cyber (☎ 3522-3648; Av Tapajós; 4 R$ pro Std.; ⏲ Mo–Fr 8–20, Sa 9–18 Uhr)

Upgrade Cyber Café (São Sebastian nahe Barão do Rio Branco; 3 R$ pro Std.; ⏲ Mo–Fr 8–18 Uhr) Schnelle Verbindungen. Auf den Computern ist Skype installiert.

MEDIZINISCHE VERSORGUNG

Hospital Municipal (Ecke Av Presidente Vargas & Av Barão do Rio Branco) Mit Notaufnahme.

NOTFALL

Krankenwagen (☎ 192)

Polizei (☎ 190)

POST

Hauptpost (Siqueira Campos; ⏲ Mo–Fr 9–17 Uhr)

REISEBÜROS

Santarém Tur (☎ 3522-4847; www.santaremtur.com.br; Adriano Pimentel 44; ⏲ Mo–Fr 8–18, Sa bis 12 Uhr) Flugtickets und Pauschaltouren, darunter Stadtführungen, Tagesausflüge per Boot oder Auto nach Alter do Chão sowie Flussboottrips (über Nacht) in die FLONA. Freundliches und hilfsbereites Personal.

WÄSCHE

Lavandería Estoril (☎ 3523-1329; Travessa Turiano Meira 167; Waschen & Trocknen 12 R$

pro Kilo, Bügeln 21 R$ pro Kilo; ⌚Mo–Sa 8–18 Uhr) Wer die Wäsche am Morgen abgibt, bekommt sie noch am selben Tag sauber zurück.

An- & Weiterreise

BUS

Der **Busbahnhof** (☎3523-4940) liegt 2,5 km westlich der Stadt. Busse fahren von hier u. a. nach Rurópolis, Itaituba, Cuiabá und Marabá, aber während der Regenzeit kann man sich nicht darauf verlassen. Überdies besteht das ganze Jahr über die Gefahr von Raubüberfällen auf den Strecken.

Die Busse nach Alter do Chão (2,50 R$, 60 Min.) halten zwischen 5 und 18.30 Uhr ungefähr stündlich auf der Avenida Rui Barbosa nahe der Avenida Barão do Rio Branco.

FLUGZEUG

Alle Flüge gehen über Manaus oder Belém.

Azul-TRIP (☎4003-1118; www.voeazul.com.br; nur am Flughafen)

Gol (☎0300-115-2121, 3522-3386; www.voegol.com.br; nur am Flughafen)

TAM (☎3529-2201, 0800-570-5700; www.tam.com.br; Mendonça Furtado 3551; ⌚Mo–Sa 10–22, So 14–20 Uhr)

SCHIFF/FÄHRE

Passagierboote steuern zwei Häfen an. Der wichtigere von beiden (auch für Reisende), Docas do Pará, liegt 2,5 km westlich des Zentrums. Hier kann man z. B. an Bord eines *recreo* (langsames Boot) nach Belém gehen (Hängematte 180 R$, Zweierkabine 800 R$, 48 Std., Fr–Sa 11 Uhr); unterwegs wird ein Zwischenstopp in Monte Alegre eingelegt (Hängematte 50 R$, 5–7 Std.). Die Boote nach Manaus (Hängematte 150 R$, Zweierkabine 400 R$, 40–48 Std., Mo–Sa 12 Uhr) halten auch in Parintins (Hängematte 70 R$, 20 Std.). Mahlzeiten sind nicht inbegriffen, können aber an Bord gekauft werden. Bootstickets muss man im Voraus besorgen, vor allem in der Hauptsaison. Nicht vergessen: Man kann nur in bestimmten Zeitfenstern an Bord gehen: von 6 bis 7, 10 bis 10.30, 12 bis 12.15 und 13 bis 14 Uhr.

Von der Praça Tiradentes, 1 km westlich des Zentrums an der Avenida Tapajós, geht's zu weniger beliebten Reisezielen, z. B. nach Macapá (Hängematte 140 R$ inkl. Mahlzeiten, 36 Std., tgl. 18 Uhr), Monte Alegre (Hängematte 30 R$, 6 Std.; das Macapá-Boot nehmen) und Alenquer (Hängematte 25 R$, 7 Std., tgl. 8 Uhr).

Viação Tapajós (☎93-9184-8781; www.viacaotapajos.com.br; Av Tapajós, 500 m westlich des Zentrums; ⌚Mo–Sa 7–19, So 7.30–16.30 Uhr) bietet einen täglichen Schnellbootservice von/nach Monte Alegre (40 R$, 3 Std.). Los geht's in Santarém um 16 Uhr, zurück um 5.45 Uhr. Weitere Reiseziele sind Alenquer, Óidos etc.

Unterwegs vor Ort

Der Flughafen befindet sich 14 km westlich des Stadtzentrums. Busse in die City fahren von 5.30 bis 11.30 Uhr etwa stündlich (1,90 R$, 30 Min.), zwischen 14.55 und 17.30 Uhr alle 90 Minuten (am Sonntag seltener). Ein Infokiosk am Flughafen informiert über die nächste Abfahrt. Die Bushaltestelle liegt nach Verlassen des Terminals rechter Hand. Taxifahrer nehmen offiziell 53 R$ für die Fahrt in die Stadt; wenn man an der Bushaltestelle ein leeres Taxi anhält, kann man aber oft einen besseren Preis aushandeln. Für die Fahrt zum Flughafen nimmt man einen „Aeroporto"-Bus (NICHT den „Aeroporto Velho"-Bus) auf der Avenida Rui Barbosa nahe der Avenida Barão do Rio Branco (5–17.30 Uhr). Am Flughafen gibt's keine Busverbindungen nach Alter do Chão. Ein Taxi kostet 80 R$.

Für alle, die mit dem Boot ankommen: Die „Orla Fluvial"-Minibusse (1,90 R$) pendeln bis 19 Uhr im 20- bis 30-Minuten-Takt zwischen dem Zentrum und den Docas do Pará. Taxis legen die Strecke für 15 R$ zurück, Motorradtaxis für 6 R$. Der Bus nach Alter do Chão fährt auf der Avenida São Sebastião ab, die Haltestelle ist drei sehr lange Blocks von den Docas do Pará entfernt (einfach geradeaus laufen). Manchmal ist der Bus an dieser Station aber bereits voll; alternativ steigt man in der Stadt in den Bus.

Außer zu Fuß kommt man mit Motorradtaxis (3–4 R$) am besten in der Stadt herum.

Rund um Santarém

Floresta Nacional (FLONA) do Tapajós

Die riesigen Ceiba-Bäume (*Ceiba samauma*), deren Stämme 20 Menschen nicht umfassen können, sind ein Highlight dieses 5440 km² großen Schutzgebiets am Ostufer des Rio Tapajós. Hier leben die vielen kleinen Gemeinden vor allem vom Kautschukzapfen, dem Fischfang und dem Anbau von Paranüssen, inzwischen gibt's aber auch erste Ökotourismusinitiativen. Bei einem Ausflug in diese Gegend kann man nicht nur den Wald erleben, sondern auch den Alltag in den Dörfern.

Die nebeneinanderliegenden Dörfer **Maguarí** und **Jamaraquá** waren die ersten, die Besucher aufnahmen, und sind für die meisten Traveller immer noch die erste Wahl. Maguarí hat einen gut unterhaltenen Wanderweg (9 km einfache Strecke), der an einer Reihe eindrucksvoller Bäume vorbeiführt, darunter gegen Ende einige schier umwerfende Ceibas. Auf dem Rückweg kann man Familien besuchen, die aus Kautschuk Spiel-

Rund um Santarém

zeug, Flip-Flops und sogar modische Taschen und Geldbeutel herstellen.

Jamaraquá ist kleiner als Maguarí, liegt aber näher an einem hübschen *igarapé* (Zufluss), wo man bei hohem Wasserstand wunderbar Kanu fahren und Tiere beobachten kann. Außerdem verläuft hier ein Wanderweg (einfache Strecke ca. 7,5 km), den gewaltige Bäume säumen.

Weitere Gemeinden, die Ökotourismus anbieten, sind **Pini**, **Tauri**, **Prainha**, **Paraíso** und **Itapuama**. Angel-, Kanu- und sogar Schnorchelausflüge zählen zu den Highlights, deswegen lohnt sich ein Besuch in erster Linie bei hohem Wasserstand.

Gewohnt und gegessen wird bei einheimischen Familien – wer den Busfahrer informiert, welchen Ort er ansteuern möchte, wird am Haus der Familie abgesetzt, die die meisten Gäste aufnimmt. Touristen bezahlen die *taxa comunitaria* (Gemeindesteuer, 10 R$ pro Pers. und Tag) bei ihren Gastgebern. Hinzu kommen 45 bis 50 R$ pro Person und Tag für die Mahlzeiten und ein Plätzchen für die Hängematte. Die Familien organisieren auf Wunsch Ausflüge; sie kosten typischerweise 50 R$ für ein bis zwei Teilnehmer und werden beim Guide bezahlt. Was auf keinen Fall fehlen darf, sind Insektenschutzmittel, eine Taschenlampe und

Bargeld (kleine Scheine). Auch eine Hängematte und Wasser sind sinnvoll – und eine entspannte Einstellung zahlt sich selbstverständlich ebenfalls aus.

Wer die Floresta Nacional (FLONA) do Tapajós besuchen will, braucht eine Genehmigung von **ICM Bio** (☎3523-2964; www.icmbio.gov.br; Av Tapajós 2267, Santarém; ⏲Mo–Fr 8–12 & 14–18 Uhr), der staatlichen Agentur, die föderale Schutzgebiete verwaltet (eine Abteilung der IBAMA), und zahlt dort eine kleine Gebühr. Die ICMBio-Basisstation im benachbarten Dorf São Domingos kümmert sich um die Anmeldung von Maguarí- und Jamaraquá-Besuchern. Wer entlegenere Gegenden aufsuchen möchte, sollte die Genehmigung vorab im ICMBio-/IBAMA-Büro in Santarém besorgen. Wenn man sich einer Tour anschließt, erledigt der Anbieter gewöhnlich diese Formalitäten.

Busse fahren von Santarém aus in die FLONA, von Alter do Chão aus gelangt man mit dem Boot dorthin.

Busse nach Maguarí und Jamaraquá (8 R$, 3–4 Std., Mo–Sa 11 Uhr) starten im Zentrum von Santarém, die Busse nach Tauri und Pini (15 R$, 4–5 Std., tgl. außer Do & So) nutzen eine andere Haltestelle. Ankunft in den Dörfern ist jeweils zwischen 3 und 4 Uhr morgens (autsch!).

Bootsbesitzer in Alter do Chão bieten Tagesausflüge in die FLONA an (ca. 100 R$ pro Pers.), die Fahrt in kleinen motorisierten Kanus ist allerdings anstrengend (einfach 3 Std.) und ein Guide nicht inbegriffen. Touranbieter dagegen verfügen über schnellere, komfor-

DER BELO-MONTE-STAUDAMM

Offiziell begann der Bau des Belo-Monte-Staudamms am Rio Xingu im Süden Parás 2011, doch der Streit um das Projekt ist noch längst nicht beigelegt. Falls er irgendwann fertiggestellt werden sollte, wird der Damm (eigentlich sind es drei) das drittgrößte Wasserkraftwerk der Welt bilden und bis zu 11 000 Megawattstunden generieren können – genug, um 23 Mio. Wohnhäuser mit Energie zu versorgen. Kritiker unken jedoch, dass der Damm wegen schwankender Wasserpegel durchschnittlich kaum mehr als 40 % seiner Kapazität nutzen kann, vielleicht sogar weniger als 10 %. Um den Wasserpegel zu stabilisieren, müssten stromaufwärts weitere Dämme gebaut werden. Einige Projektgegner sind überzeugt, dass die Planer von Belo Monte dies längst wussten, aber bewusst für sich behielten. Nähme man noch die Verluste durch den Transport über Tausende Kilometer lange Stromleitungen hinzu und die Tatsache, dass die Amazonasdämme bekanntermaßen die Methanproduktion begünstigen, wenn die überfluteten Baumbestände verfaulen, könnte Belo Monte einen Spitzenplatz unter den ineffizientesten Wasserkraftwerken der Welt einnehmen.

Hinzu kommen die Auswirkungen auf den Wald, den Fluss und die Menschen, die hier leben: Mindestens 12 000 Menschen müssten umgesiedelt und 450 km² Wald dauerhaft überflutet werden. Beide Zahlen würden enorm ansteigen, wenn der Bau weiterer Dämme erforderlich würde. Ein 100 km langer Abschnitt des mächtigen Rio Xingu würde austrocknen, u. a. im Paquiçamba-Territorium, der Heimat der indigenen Juruna. Experten weisen auch darauf hin, dass Dutzende Fisch- und andere Tierarten auf dem Spiel stehen, von denen es einige nirgendwo sonst auf der Welt gibt.

Die brasilianische Umweltbehörde (IBAMA) erklärt, die gegenwärtige Planung stelle eine Verbesserung gegenüber der ursprünglichen aus den 1970er- und 1990er-Jahren dar, die damals wegen internationaler Proteste aufgegeben wurden. So hat man z. B. das Gebiet, das überflutet werden soll, auf ein Drittel der anfangs vorgesehenen Fläche reduziert (allerdings um den Preis des Baus zweier Bewässerungskanäle von jeweils 500 m Breite und 12 km Länge). Außerdem werden die Unternehmen verpflichtet, fast 2 Mrd. US-Dollar für Umsiedlungs- und Umweltschutzprojekte aufzuwenden. Und selbst bei eingeschränkter Effizienz würde der Damm immer noch so viel Energie produzieren wie 1,4 Mrd. Barrel Öl – genug, um den gesamten Bundesstaat Pará zu versorgen.

Der Streit um den Damm wird jetzt vor Gericht ausgetragen. Infolge verschiedener Entscheidungen der Bundesrichter wurde das Projekt mehrfach auf Eis gelegt und wieder aufgenommen. Jede Phase ging mit öffentlichen Protesten einher, sei es vonseiten der Anführer indigener Gruppen oder auch Prominenter wie Sting und *Avatar*-Regisseur James Cameron.

tablere Motorboote (180–200 R$ pro Pers. mit Guide) und organisieren auch mehrtägige Exkursionen mit Übernachtung an Bord.

Alter do Chão

☎093 / 7800 EW.

Alter do Chão, 33 km westlich von Santarém, ist bekannt für die weiße Sandinsel Ilha do Amor (Insel der Liebe), die direkt vor der Stadt im Fluss liegt. Besonders schön wirkt sie bei niedrigem Pegelstand (Aug.–Dez.) und dank der vielen Strandrestaurants und des ruhigen Wassers eignet sie sich wunderbar zum Chillen.

Alter do Chão ist aber nicht einfach nur ein Badeort, sondern bietet auch ein echtes Stück Amazonien. Die Stadt liegt an einer großen Lagune, die mit dem Kanu oder beim Stehpaddeln erkundet werden kann. Am Lago Verde leben unzählige Tiere. Noch imposanter sind die Floresta Nacional (FLONA) do Tapajós und der Rio Arapiuns. In Alter do Chão lassen sich ein- oder mehrtägige Ausflüge arrangieren. Nicht verpassen sollte man zudemArariba, eines der besten Geschäfte für indigene Kunst in der gesamten Amazonasregion.

Sehenswertes & Aktivitäten

Strände

Bei Niedrigwasser kann man vom Ufer aus zur **Ilha do Amor** hinüberwaten. Ansonsten bringen einen Ruderboote auf die Insel (3 R$ pro Pers.). In mehreren Hütten mit Stühlen direkt am Wasser werden das ganze Jahr über Speisen und Getränke angeboten.

Läuft man ein paar Blocks auf der Uferpromenade nach Westen, gelangt man zur **Praia do Cajueiro**. Der hübsche Strand reicht bis zum Tapajós-Fluss. Dahinter erstrecken sich weitere Strände, z. B. **Pindobal** (8 km), **Cajutuba** (16 km), **Aramanai** (26 km) und **Ponta de Pedras** (28 km). Sie sind am besten mit einem Auto oder auf einer Strandhopping-Tour zu erreichen.

Lago Verde

Der riesige, dreifingrige, von Wäldern umgebene See eignet sich zum Baden und Schnorcheln inmitten von Zierfischen. Außerdem kann man Vögel und andere Tiere beobachten; darunter eine hier lebende Affenfamilie. Die Tourveranstalter haben tolle **Bootsfahrten** (50–75 R$ pro Pers., 2–3 Std., 2–6 Pers.) im Programm. Wer mag, kann sich auch an der Promenade an einen der Bootsbetreiber mit den gelben Hemden wenden; ihre Preise sind günstiger, Service und Ausrüstung aber vielleicht nicht so gut wie bei den Reiseagenturen.

Ponta de Cururú DELFINBEOBACHTUNG

Jeden Nachmittag versammeln sich rosarote und graue Delfine kurz vor dieser sandigen Landspitze nahe der Mündung des Rio Tapajós, um Futter zu suchen. Dies ist ein toller Platz, um sie zu beobachten oder sich den Sonnenuntergang anzuschauen. Viele Guides legen hier bei Touren zum Lago Verde einen Zwischenstopp ein.

Espaço Alter do Chão ABENTEUERSPORT

(☎9122-9643; ⏲unterschiedl.) Eigentlich ist dieser neue Kulturkomplex vor allem für

ABSTECHER

MONTE ALEGRE

Monte Alegre (55 450 Ew.) liegt rund 120 km stromabwärts von Santarém. Die Sandsteinhügel hinter dem Ort sind übersät mit Höhlen und bizarren Felsvorsprüngen. Hier findet man Dutzende von Felsmalereien, die rund 11 000 Jahre alt sein sollen, womit sie die ältesten menschlichen Zeugnisse im Amazonasbecken und vielleicht in ganz Brasilien wären. Die meisten Zeichnungen wurden in Rot und Gelb ausgeführt und stellen Menschen und Tiere dar, daneben finden sich geometrische Muster und die Handabdrücke der Maler. Einige der Malereien liegen dicht beieinander, andere sind für sich allein irgendwo in den Fels gekritzelt. Die Reiseveranstalter in Santarém und Alter do Chão bieten auch Trips nach Monte Alegre an. Wer die Gegend auf eigene Faust erkunden will, wendet sich am besten an **Nelsí Sadeck** (☎93-3533-1430; nelsi@netsan.com.br; Rua do Jaquara 320), einen einheimischen Lehrer und Ingenieur, der sich um die Erhaltung der Malereien kümmert und der ideale Führer für einen Besuch dieser Stätte ist. Man muss mindestens eine Nacht bleiben, z. B. im **Hotel Panorámica** (☎93-3533-1282; EZ/DZ R$60/75; ❄). Viação Tapajós (S. 623) bietet einen täglichen Schnellbootservice von/nach Santarém.

Livemusik bekannt, hier werden aber auch Stehpaddel-Boards verliehen (halber/ganzer Tag 40/75 R$) und eine Kletterwand gibt's ebenfalls. Der Besitzer, ein netter *paulista*, arrangiert auf Wunsch Baumkletterpartien.

Geführte Touren

Außer Kurztrips rund um Alter do Chão (zur Lago Verde und zur Ponta do Cururú, Strandhopping) können auch erstklassige mehrtägige Ausflüge unternommen werden, z. B. Kanufahrten auf dem faunenreichen **Canal do Jarí**, Wanderungen und Besuche der Dörfer in der Floresta Nacional (FLONA) do Tapajós und der **Reserva Extrativista Tapajós Arapiuns**, Fahrten auf dem **Rio Arapiuns** und Abenteuertouren im **Parque Nacional da Amazônia**. Details bespricht man mit den Touranbietern in der Stadt. Die Preise liegen zwischen 160 und 450 R$ pro Person und Tag (alles inklusive).

Areia Branca Ecotour ÖKOTOUREN
(☎9121-5646, 3527-1317; www.areiabrancaecotour.com.br; Orla Fluvial; ⊙Mo–Fr 8–12 & 14–19 Uhr) Die kleine Agentur hat ihren Sitz an der Uferpromenade unweit der Plaza und wird von freundlichen, kompetenten Geschwistern aus Alter do Chão geführt, die mehrere Sprachen sprechen.

Mãe Natureza ÖKOTOUREN
(☎3527-1264, 9131-9870; www.maenaturezaecoturismo.com.br; Praça 7 de Setembro; ⊙8.30–13 & 16–22 Uhr) Eine verlässliche Agentur mit langjähriger Erfahrung.

Gil Serique ÖKOTOUREN
(☎9115-8111; www.gilserique.com; Av Copacabana 45 nahe der PA-457; 120–150 R$ pro Pers.) Gil ist ein cooler Typ und Geschichtenerzähler, ein humorvoller Hedonist und einer der besten Naturkundler in der Gegend. Er ist ganz in der Nähe geboren und aufgewachsen und seine Führungen sind ihm ein persönliches Anliegen. Sie decken Geschichte, Ökologie und Überlieferungen aus der Familie ab. Meist organisiert er Tagestouren in die FLONA, man kann aber auch im Wald übernachten.

Von der Bushaltestelle aus läuft man bis zur Plaza und dann rechts an der Promenade entlang. Sein Haus mit den Reise-Logos am Ende der Straße ist Wohnhaus und Backpackerbleibe in einem.

Feste & Events

Als wichtigstes folkloristisches Event im westlichen Pará gilt die **Festa do Çairé** in der zweiten Septemberwoche. Die Çairé ist eine Standarte, die einer blumengeschmückten Prozession vorangetragen wird. Dieser Brauch geht vielleicht auf Symbole zurück, die frühere Missionare einsetzten, um die *índios* zu bekehren.

Schlafen

★ **Pousada do Tapajós Hostel** HOSTEL, GASTHAUS $
(☎9210-2166; www.hosteltapajos.com.br; Sodré 100; B 45 R$, EZ/4BZ 115/195 R$, HI-Mitgliederrabatt 10–15 R$; ❄ 📶) Ein willkommener Neuzugang unter den Budgetherbergen von Alter do Chão. Fünf Blocks westlich des Platzes steht die seit Mitte 2012 geöffnete *pousada*, die eine Spur besser ist als andere Bleiben in dieser Preisklasse. Sie hat nette Angestellte, blitzsaubere Zimmer (Schlafsäle, Doppel- und Vierbettzimmer), geräumige Aufenthaltsbereiche und eine Gästeküche, einen grünen Hinterhof mit ausreichend Platz, um Hängematten zu spannen, und Infobretter.

Albergue da Floresta HOSTEL, POUSADA $
(☎9132-7910; www.alberguedafloresta-alterdochao.blogspot.com; Travessa Antônio Pedrosa s/n; Hängematte 25–35 R$, Gemeinschaftsbad 40 R$ pro Pers., Hütten EZ 100 R$, DZ 150–170 R$) Backpackerfavorit mit großer Hängemattenzone, Mehrbettzimmern und farbenfrohen Holzhütten (inkl. Ventilatoren und Bädern). Frühstück wird nicht serviert, aber es gibt eine Freiluftküche. Das Hostel liegt von Bäumen umgeben östlich des Zentrums; man folgt den Schildern am Espaço Alter do Chão vorbei und läuft die baumbestandene Piste hinauf. Capoeira-Unterricht, Leihräder und -kajaks, kein WLAN.

Pousada do Mingote HOTEL $
(☎3527-1158; www.pousadadomingote.com.br; Travessa Antônio A Lobato s/n; EZ 100–110 R$, DZ 130–150 R$; ❄) Die Standardzimmer dieses alteingesessenen Hotels sind schlicht und ziemlich dunkel, die TVs und Klimaanlagen altmodisch, doch das Preis-Leistungs-Verhältnis stimmt. Für etwas mehr Geld bekommt man ein helleres geräumigeres Superior-Zimmer mit Mini-Split-Klimagerät und Waschbecken. Die Lage könnte nicht besser sein: Sowohl die Bushaltestelle als auch die Plaza sind jeweils nur einen halben Block entfernt.

Pousada Tupaiulândia GASTHAUS $
(☎3527-1157; pousadatupaiulandia@hotmail.com; Teixeira 300; EZ/DZ 60/90 R$; ❄) Zwei kreisförmige Gebäude beherbergen die Zimmer mit Bad, sodass man auf abgerundete Wände und seltsame Winkel trifft. Dennoch sind

die Wohneinheiten alle geräumig, sauber und mit TV, Minibar und Klimaanlage ausgestattet. Für das spartanische Dekor entschädigen die lackierten Backsteinwände. Gutes Preis-Leistungs-Verhältnis.

Mirante da Ilha HOTEL **$$**
(☎ 3527-1268; www.hotelmirantedailha.com.br; Rua Lauro Sodré 369; EZ/DZ 153/177 R$, DZ/3BZ mit Flussblick 200/250 R$;) Nur ein paar Zimmer in diesem großen Hotelkasten gewähren tatsächlich, was der Name verspricht: einen Ausblick auf die Ilha do Amor. Es lohnt sich, dafür etwas mehr zu zahlen. Alle Räume sind sauber und modern, die Angestellten nett und professionell. Auf der Dachterrasse eröffnet sich ein genialer Blick.

Beloalter Hotel HOTEL **$$**
(☎ 3527-1230; www.beloalter.com.br; am Ende der Rua Pedro Teixeira; Zi. 200–275 R$, 2-Zimmer-Suite 505 R$;) Alter do Chãos nobelstes Hotel liegt in der Nähe des Lago Verde, rund 500 m östlich der Schnellstraße am Ende einer schattigen, unbefestigten Straße. Die Standardzimmer sind geräumig und modern, die zweistöckigen „Ökosuiten" holzverkleidet und mit Fensterläden versehen. Bei einer ragt sogar ein großer Baumstamm quer durch den Raum. Außerdem: Privatstrand und sauberer Pool.

Essen & Ausgehen

Tribal BRASILIANISCH **$**
(Travessa Antônio Lobato; Gerichte 10–36 R$; 11–23 Uhr) Auf den *churrasco*-Platten türmen sich Steak, Wurst, Huhn und Zunge, und von den formvollendet zubereiteten Fischgerichten mit Kartoffelsalat werden locker zwei Leute satt. Das große, zweigeschossige Open-Air-Restaurant liegt eineinhalb Blocks hinter der Plaza, auf der anderen Seite der Rua Dom Macedo.

Mãe Natureza INTERNATIONAL **$**
(☎ 3527-1264; www.maenaturezaecoturismo.com.br; Praça 7 de Setembro; Hauptgerichte 10–45 R$; Mahlzeiten Do–So 18–24 Uhr, Bar tgl. geöffnet) Dient tagsüber als Ökotourismusagentur und abends als Bar und Restaurant. Die Speisekarte deckt internationale Küchen von Indien über Griechenland bis Mexiko ab, man sitzt an Tischen mit Blick auf die Plaza. Freitags und samstags wird ab 21 Uhr *carimbó*-Musik gespielt (live). Das Mãe Natureza ist eines von drei Restaurants, die nebeneinander am Platz stehen. Sie alle sind bis tief in die Nacht geöffnet und prima Ausgehadressen.

★ **Candeeiro** BRASILIANISCH, INTERNATIONAL **$$**
(☎ 9156-4994; Center; Hauptgerichte 16–40 R$) Ein deutsch-brasilianisches Paar betreibt das Candeeiro. Das herausragende Essen wird nach den Grundsätzen der Slow-Food-Bewegung zubereitet; die Küche verwendet nur frischeste Zutaten. Regelmäßig wechselt das Angebot, zu dem Erbsen-*patê*, Fischcurrys mit Reis oder Ananas-Ingwer-Saft zählen. Bei unserem Besuch stand gerade ein Umzug ins Haus, die neue Location sollte aber nicht allzu schwer zu finden sein.

Farol da Ilha BRASILIANISCH **$$**
(Orla Fluvial s/n; Gerichte 17–30 R$; Mo 11–17, Do–So bis 22 Uhr, Di & Mi geschl.) Touristen laufen häufig an dem unauffälligen Restaurant am Wasser vorbei – schade, denn hier gibt's wirklich erstklassige Fischgerichte. In dem Speisesaal im zweiten Stock hat man zudem einen fantastischen Ausblick auf Fluss und Insel. Die meisten Gerichte machen zwei Personen satt, entsprechend sind auch die Preise. Wer allein kommt, kann das günstigere Huhn bestellen oder sich einfach nur ein paar Drinks genehmigen und den Blick genießen.

★ **Epaço Alter do Chão** LIVEMUSIK
(☎ 9122-9643; www.espacoalter.com.br; Tischgebühr 5–10 R$; Di–Sa 19.30–1 Uhr) In dem Musik- und Kulturkomplex am östlichen Ende der Promenade gibt's unterschiedliche Veranstaltungen zu unterschiedlichen Zeiten, aber eigentlich immer etwas Sehenswertes. Samstags ab 23 Uhr wird z. B. *carimbó* gespielt, an den übrigen Abenden treten häufig Rock, *forró*-, Samba- und andere Bands auf. Hin und wieder werden auch Workshops von Yoga bis Jonglieren angeboten. Aktuelle Infos stehen auf Facebook oder auf der Tafel draußen.

Shoppen

★ **Araribá Cultura Indígena** KUNSTHANDWERK
(☎ 3527-1324; www.araribah.com.br; Travessa Antônio Lobato; 9–21 Uhr) Der wohl beste Laden für indigene Kunst im ganzen Amazonasbecken: Das Angebot reicht von billigen Halsketten bis hin zu Masken und Kostümen wie aus dem Museum. Arbeiten sämtlicher Amazonasgemeinden sind vertreten. Man kann mit Kreditkarte zahlen und sich die Ware nach Hause schicken lassen.

Orientierung

Die Busse halten an der Ecke Rua Dom Macedo Costa und Travessa Antônio A Lobato, schräg

VORSICHT!

Auf der Ilha do Amor, am Lago Verde und am Rio Tapajós können Stachelrochen zum Problem werden, besonders nachmittags und abends. Da sie sehr scheu sind, ist es sicher, dort zu schwimmen und durchs Wasser zu waten, wo andere Menschen dasselbe tun. Sonst muss man sich angewöhnen, den Sand mit den Füßen aufzuwirbeln, bevor man ins Wasser geht bzw. es wieder verlässt – dann suchen die Tiere das Weite.

gegenüber von Araribá Cultura Indígena. Es ist ein günstiger Ort zum Aussteigen, nur einen Block von der Praça 7 de Setembro, dem Hauptplatz, entfernt. Von hier sind die meisten Unterkünfte zu Fuß zu erreichen.

Praktische Informationen

Ein Geldautomat der **Banco-do-Brasil-Filiale** (im Minicenter Mingote, Praça 7 de Setembro; Mo–Sa 6.30–20.30, So bis 19.30 Uhr) steht in dem großen Supermarkt an der Hauptplaza. Die **Post** (PA-457 nahe der Rua Dom Macedo Costa; Mo–Fr 9–12 & 14–17 Uhr) und die **Apotheke** (3527-1105; PA-457; Mo–Fr 9–20, Sa bis 12 Uhr) liegen ein paar Blocks vom Ufer entfernt an der PA-457, der Hauptstraße, die in die Stadt führt. Am Hauptplatz hat man WLAN-Empfang und auch viele Hotels verfügen über ein eigenes Netzwerk. Manche Unterkünfte akzeptieren Kreditkarten.

An- & Weiterreise

Die Busse von Alter do Chão nach Santarém (2,50 R$, 1 Std., Mo–Sa 6–19.20 Uhr stündlich, So bis 18 Uhr) fahren einen Block oberhalb der Praça 7 de Setembro, an der Ecke Rua Dom Macedo Costa und Travessa Antônio A Lobato, ab. Leider gibt's keine direkte Verbindung von Alter do Chão zum Flughafen. Immerhin kann man mit dem Bus bis zur Abzweigung zum Flughafen fahren und dort auf einen Flughafenbus aus Santarém warten (gewöhnlich kommen sie alle 30 bis 60 Min. vorbei). Die Taxifahrt zum Flughafen (oder nach Santarém bzw. zu den Häfen) kostet heftige 70 R$.

TOCANTINS

Der Bundesstaat Tocantins ging 1988 aus der nördlichen Hälfte des Bundesstaates Goiás hervor. Er bildet die Übergangszone zwischen dem Regenwald des Amazonasbeckens im Norden und dem Cerrado (Savanne) im Südosten. Dies ermöglicht viele Outdooraktivitäten, und der Staat unternimmt alles, um sich als nächster Mittelpunkt des brasilianischen Ökotourismus anzubieten. Mit leicht erreichbaren Wanderwegen und Wasserfällen rund um Taquarussú und großen Schutzgebieten wie dem Parque Estadual do Jalapão und der Ilha do Bananal, einem an das Pantanal erinnernden Feuchtgebiet, hat Tocantins auf jeden Fall das Zeug dazu.

Palmas

063 / 228 300 EW.

Vor 25 Jahren gab es im breiten Tal des Rio Tocantins nur ein paar ländliche *fazendas*. Ab 1989 wurde dann aus dem Nichts die Hauptstadt des neuen Bundesstaates errichtet. Bauarbeiten, Beamtenstellen und wirtschaftliche Anreize zogen nun Tausende Brasilianer in diese entlegene Gegend 1000 km nördlich von Brasília und 1600 km südlich von Belém. Wer die Stadt erstmals sieht, wird sie steril und konturlos finden, aber sie schafft es irgendwie, die Menschen langsam in ihren Bann zu ziehen. Dafür sorgen u. a. die verlockenden Outdooroptionen in der Umgebung.

Sehenswertes & Aktivitäten

Die meisten Sehenswürdigkeiten befinden sich an der **Praça Girossóis**, angeblich der zweitgrößte städtische Platz der Welt nach dem Roten Platz in Moskau.

Palacio Araguaia PALAST

(3218-1000; 8–18 Uhr) GRATIS Der Palacio Araguaia, das Kapitol des Bundesstaates, wurde auf dem einzigen Hügel in der Stadt erbaut und überblickt die *praça* und ganz Palmas. In der Eingangshalle gibt's riesige, farbenfrohe Mosaiken zu bestaunen und in einer Ecke steht eine eindrucksvolle Nachbildung der Praça Girossóis. Besucher des Palasts dürfen keine kurzen Hosen und Trägershirts tragen. Das Obergeschoss ist am Wochenende geschlossen.

Memorial Coluna Prestes DENKMAL

(Praça Girossóis; Di–So 8–18 Uhr) GRATIS In einem seltsam weißen, röhrenförmigen Gebäude nahe dem Palacio Araguaia ist das Memorial Coluna Prestes untergebracht. Es erzählt die Lebensgeschichte von Luis Carlos Prestes, der 1924 rund 1500 rebellische Soldaten gegen die Militärdiktatur anführte. Der Marsch dauerte drei Jahre, zurückgelegt wurden über 25 000 km. Ihm verdankt Brasilien – vor allem das lange Zeit isolierte Innenland – die Demokratie.

Palmas

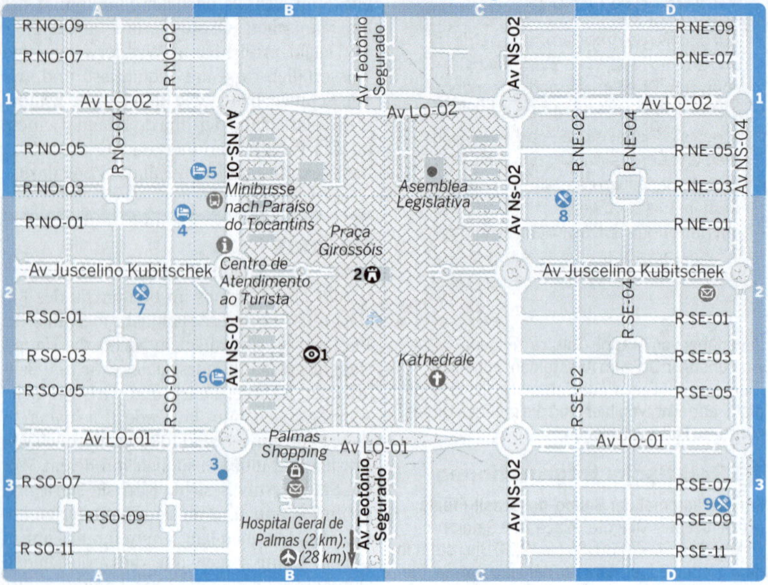

Geführte Touren

Bananal Ecotour ÖKOTOUREN
(☎ 3028-4200; www.bananalecotour.com.br; Quadra 103 Sul, Ecke Av NS-01 & Rua SO-07) Touren zur Ilha Bananal und nach Jalapão. Betreibt zudem eine hochgelobte Ökolodge nahe Taquarussú.

Schlafen

Hotel Serra Azul HOTEL $
(☎ 3215-1505; Rua NO-03; EZ/DZ 75/95 R$; P ❄ 📶) Saubere Räume, erschwingliche Preise und eine praktische Lage machen dieses Hotel zur besten Budgetunterkunft in Palmas. Die Zimmer sind klein und schlicht, blicken aber auf einen sonnigen Hof mit einem idyllischen Essbereich, in dem das Frühstück serviert wird. Nichtmotorisierte finden gleich in der Nähe eine Bushaltestelle, für Autofahrer gibt's sichere Parkplätze.

Eduardu's Palace Hotel HOTEL $$
(☎ 3215-9300; www.eduardosphotel.com.br; Ecke Rua NO-01 & Rua NO-02; EZ/DZ Standard 149/195 R$, Luxusklasse 195/248 R$; ❄ 📶 🏊) Auf keinen Fall sollte man sich hier den Pool auf dem Dach und die Terrasse mit dem fabelhaften Blick auf die Stadt und den See entgehen lassen. Die Räume sind frisch gestrichen und modern ausgestattet. Die Deluxe-Zimmer sind größer, dafür haben die Standardzimmer Balkone. Parkplätze gibt's nur auf der Straße.

Pousada dos Girassóis HOTEL $$
(☎ 3219-4500; www.pousadadosgirassois.com.br; Av NS-01; Zi. 320 R$; ❄ 📶 🏊) Die Zimmer im besten Hotel von Palmas sind klein, warten aber mit netten Details wie modernen Gemälden, Glasduschen und Schreibtischen auf. Dank der großen Fenster und privaten Veranden wirken einige Unterkünfte geräumiger, als sie sind. Der Pool ist allerdings eigentümlich klein und wenig einladend.

Essen

Restaurante Seara SELBSTBEDIENUNG $
(Rua NE-03 zw. Av NS-02 & Rua NE-02; 27 R$ pro Kilo; ⌚ Mo–Sa 11–15 Uhr) Das große *por-kilo*-Restaurant wird von den Angestellten der nahe gelegenen Regierungsbehörden frequentiert, die in Scharen herbeiströmen. Netter Service und leckeres Essen, besonders gut ist aber, dass es bis 15 Uhr geöffnet hat – alle anderen Büfettrestaurants sind schon gegen 14 Uhr „abgegrast" und dicht.

★ **Pizzería Paço do Pão** PIZZERIA $$
(☎ 3215-5665; Av Juscelino Kubitschek; Hauptgerichte 18–25 R$; ⌚ 17–23 Uhr, Di geschl.) Auf der Karte dieser beliebten Pizzeria stehen Dutzende

Palmas

Sehenswertes

Aktivitäten, Kurse & Touren

Schlafen

Essen

Pizzas, die Spezialität des Hauses ist mit drei Sorten Fleisch, Mais, Palmherzen, Oliven und einer dicken Schicht Käse belegt. Man kann prima draußen sitzen, seine Pizza essen und sich dazu ein kaltes Skol genehmigen.

Trattoria Toscana ITALIENISCH **$$**
(☎ 3218-2795; Quadra 104 Sul, Ecke Av NS-04 nahe der Rua SE-09; Hauptgerichte 16–45 R$; ⊙ Sa & So 11–15, Mo–Sa 17–22 Uhr) Gnocchi, Ravioli und Lasagne werden allesamt hausgemacht und in mächtigen Portionen aufgetischt. Als Nachspeise kann man sich auf den erstklassigen *petit gateau di cioccolato* (kleinen Schokoladenkuchen; 10 R$) stürzen.

Orientierung

Der Grundriss von Palmas ist sehr logisch, trotzdem sind die meisten Erstbesucher zunächst etwas verwirrt. Alle *quadras* (Häuserblocks) sind nummeriert, die wichtigsten Avenidas nach den Himmelsrichtungen benannt, in denen sie verlaufen: „NS" steht für *norte–sul* (Nord–Süd), „LO" für *leste–oeste* (Ost–West). Die kleineren *ruas* (Straßen) sind nach ihrem jeweiligen Quadranten benannt – z. B. „NO" für Nordwest oder „SE" für Südost –, bezogen auf die Praça Girossóis, das Zentrum der Stadt. Nur die Hauptverkehrsstraßen tragen reguläre Namen: Avenida Juscelino Kubitschek (kurz Av JK) und Avenida Teotônio Segurado.

Praktische Informationen

Geldautomaten sind in dem kleinen, aber gut besuchten Einkaufszentrum Palmas Shopping (an der Südseite der Praça Girossóis) zu finden.

GELD

Banco do Brasil (Quadra 103-Sul, Ecke Av Juscelino Kubitschek & Av NS-01) Praktische Lage in der Nähe vieler Hotels.

Bradesco (Quadra 104 Nte, Ecke Av Juscelino Kubitschek & Av NS-02) Von der Banco do Brasil aus gegenüber der Plaza; Geldautomat.

HSBC (Av Juscelino Kubitschek) Verlässlicher Geldautomat nahe der Avenida NS-02.

INTERNETZUGANG

MSD Inform@tica (☎ 3215-8562; Quadra 103 Nte, Rua NO-03; 2 R$ pro Std.; ⊙ Mo–Sa 9–22, So 12–22 Uhr) Schnelle, günstige Internetverbindung.

MEDIZINISCHE VERSORGUNG

Droganita (☎ 3228-5804; ⊙ 24 Std.) Eine von mehreren Apotheken in der Galeria Bela Palma.

Hospital Geral de Palmas (☎ 3218-7802; Quadra 201 Sul, Av LO-5) Das wichtigste öffentliche Krankenhaus der Stadt liegt zwischen den Avenidas Teotônio Segurado und NS-01. Die Notaufnahme ist rund um die Uhr besetzt.

Hospital Oswaldo Cruz (☎ 3219-9000; Quadra 501 Sul, Av NS-01) Empfehlenswerte Privatklinik zwischen den Avenidas LO-09 und LO-11 im „medizinischen Viertel" von Palmas; rund um die Uhr geöffnete Notaufnahme.

NOTFALL

Krankenwagen (☎ 192)

Polizei (☎ 190)

POST

Post (Palmas Shopping; ⊙ Mo–Fr 10–21, Sa bis 13 Uhr) Es gibt noch eine weitere Filiale an der Avenida Juscelino Kubitschek zwischen der Rua SE-04 und der Avenida NS-04.

REISEBÜROS

Viagem & Cia (☎ 3215-2085; www.viagemecia.com.br; Quadra 104 Nte, Av NS-02) Flugtickets.

TOURISTENINFORMATION

Centro de Atendimento ao Turista (CATUR; ☎ 2111-0213; Quadra 103, Av NS-01 nahe der Av Juscelino Kubitschek; ⊙ Mo–Fr 8–16 Uhr) Günstige Lage und recht hilfreich.

WÄSCHE

Quality Lavandería (☎ 3215-5060; Ecke Av NS-01 & Av LO-01; Waschen/Trocknen 8,50 R$ pro Kilo, Bügeln 14 R$ pro Kilo; ⊙ Mo–Fr 8–18.30, Sa 9–13 Uhr) Wer die Wäsche früh genug abgibt, erhält sie noch am selben Tag sauber zurück. Ladungen ab 2 kg werden sogar zum jeweiligen Hotel gebracht.

Anreise & Unterwegs vor Ort

AUTO

Zu den Autovermietungen vor Ort zählen **Avis** (☎ 3215-3336, Flughafen 3219-3802; Ecke Rua SO-03 & Rua SO-04), **Hertz** (☎ 3215-1900; Av LO-02 nahe der Av NS-01) und **Localiza**

(☎ 9978-9995, gebührenfreie Nummer 0800-979-2020).

BUS

Die meisten Fernverkehrsbusse fahren nicht mehr nach Palmas hinein, sondern halten in der 15 km westlich von Palmas an der Schnellstraße gelegenen Ortschaft Paraíso do Tocantins; die hier genannten Abfahrtszeiten beziehen sich auf Paraíso. Zwischen Paraíso und Palmas verkehren zwischen ca. 5.45 und 19.30 Uhr alle 30 bis 60 Minuten Minibusse (9 R$, 25 Min.) von **Tocantinsense** (☎ 3228-5652), am Wochenende fahren sie seltener. Die Shuttles nach Paraíso starten an der Haltestelle vor der Galeria Bela in Palmas.

Transbrasiliana (☎ in Palmas 3217-5604, in Paraíso 3361-2475) fährt nach Belém (156 R$, 18 Std., 9.50, 14 und 20 Uhr), Brasília (100 R$, 13 Std., 14, 19 und 20.30 Uhr) und São Paulo (223 R$, 25 Std., 5.30 Uhr).

Nach Taquarussú kommt man mit dem Bus 90; Abfahrt ist an der Praça Girossóis vor der Galeria Bela Palma.

FLUGZEUG

GOL (☎ 3218 3738; nur am Flughafen) und **TAM** (☎ 3219 3777; nur am Flughafen) sind die wichtigsten Airlines, die Palmas bedienen (alle Flüge gehen über Brasília).

Der Flughafen liegt 26 km südlich des Zentrums. Die Taxifahrt vom Flughafen zu den Hotels kostet zwischen 50 und 55 R$, ebenso in umgekehrter Richtung. Alternativ nimmt man den roten Bus 75 am Flughafensteig (7–19 Uhr stündlich) bis zur Haltestelle „Terminal" und steigt dort in den Bus 20 (7.35–19.35 Uhr stündlich), der an der Galeria Bela Palma im Zentrum vorbeifährt. In der entgegengesetzten Richtung geht's genauso, nur umgekehrt. Die erste Teilstrecke kostet jeweils 2,40 R$; die zweite nichts.

Rund um Palmas

Taquarussú

In den grünen Hügeln der Serra do Carmo 30 km südöstlich von Palmas liegt dieses lauschige Örtchen in einer Gegend voller Wasserfälle und üppiger Wälder. Die bundesstaatlichen und örtlichen Tourismusbehörden haben sich dem Ziel verschrieben, Taquarussú zu einem Mekka des Ökotourismus zu machen, bislang aber nur mit mäßigem Erfolg. Für fast alle Ausflüge benötigt man einen Guide. Da die meisten keinen Wagen besitzen, ist es eine gute Idee, sich ein Leihauto in Palmas zu besorgen – auf vier Rädern kommt man leichter zu den Attraktionen in der Gegend.

Orientierung & Praktische Informationen

Die beste Adresse für Infos zur Umgebung ist das **Centro de Atendimento ao Turista** (CATUR; ☎ 3554-1515; Rua 20-A; ⏲ Mo–Fr 8–12 & 14–18, Sa & So bis 16 Uhr) nahe der Plaza. Außerdem kann man hier einen Guide für einen Besuch bei den Wasserfällen anheuern. Gleich neben CATUR befindet sich ein Geldautomat der Banco do Brasil, und an der Straße zur Fazenda Encantada liegt eine kleine **Klinik** (⏲ 24 Std.).

Aktivitäten

In dieser Gegend gibt's 80 gekennzeichnete Wasserfälle, Höhlen und natürliche Swimmingpools, von denen zehn bis 15 fast ganzjährig für Touristen geöffnet und zugänglich sind. Die Touristeninformation versucht Besucher davon zu überzeugen, diese Stätten mit Führern zu besichtigen, obwohl die meisten von ihnen auch wunderbar auf eigene Faust erkundet werden können. Die **Cachoeira de Roncadeira** ist der größte Wasserfall in der Gegend (70 m), gefolgt von der **Cachoeira Escorrega Macaco**, nur 100 m entfernt (60 m). Beide ergießen sich malerisch über steile, rostbraune Klippen, umrahmt von grüner Vegetation, in natürliche Becken, in denen man schwimmen kann. Die Wasserfälle befinden sich am Ende eines 1,5 km langen gut markierten Pfads – einfach den Schildern in Richtung Hotel Fazenda Encantada folgen und nach einer großen Abzweigung und dem Parkplatz Ausschau halten, wenn die Straße kurz hinter der Ortsgrenze bergan führt. Die **Cachoiera Taquaruçú** ist eine rauschende Kaskade mit einem windigen Schwimmbecken, in dem es an heißen Sommerwochenenden ganz schön voll werden kann. Ein großer Parkplatz an der Schnellstraße von Palmas, etwa 4,5 km vor Taquarussú, kennzeichnet die Stelle; von hier sind die Wasserfälle nur noch 150 m zu Fuß entfernt. Wer ohne Führer herkommt, muss eine Weggebühr von 4 R$ pro Person zahlen.

Weitere Plätze, die man am besten mit einem Guide besichtigt, sind die bei Kletterfreunden beliebte **Cachoeira do Rappel** auf dem Gelände der Fazenda Encantada und das **Vale do Vai-Quem-Quer**, ein weites Tal mit etlichen Wasserfällen und genialen Schwimmplätzen. Bevor man sich auf den Weg macht, sollte man mit seinem Führer abklären, welche Art von Wasserfällen man sehen will, wie viel man wandern und fahren möchte und ob das eigene Auto dafür geeignet ist (vor allem in der Regenzeit

Rund um Palmas

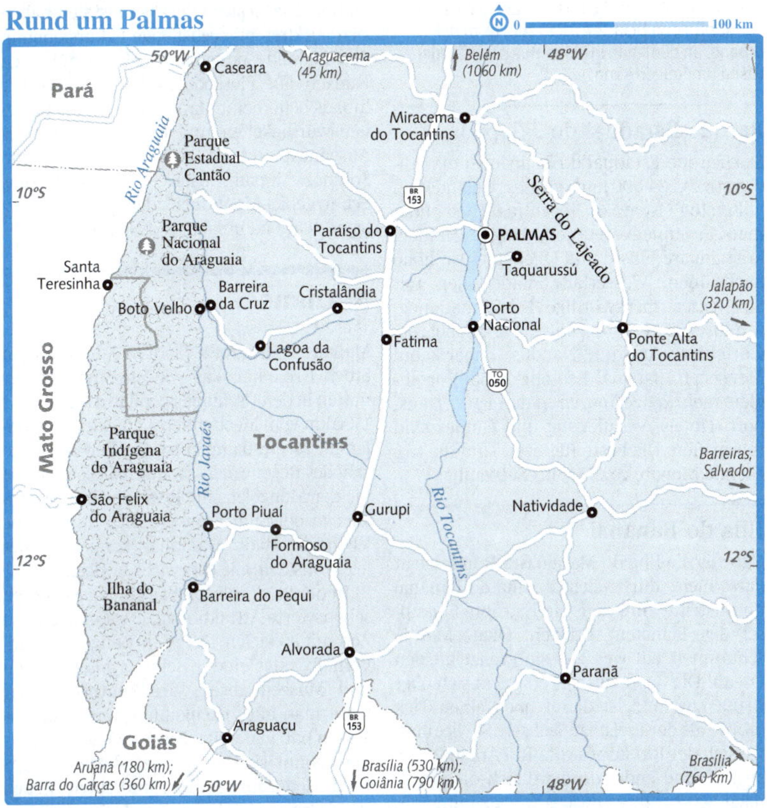

gelangt man zu einigen Orten nur mit Allradantrieb).

Schlafen & Essen

Pousada Lokau POUSADA $
(☎ 3554-1238; 3a Av; Zi. 40 R$ pro Pers.) Das Lokau ist teils Kunstgalerie, teils Pension und bietet fünf saubere, komfortable Zimmer, die sich auf einen hübschen Garten öffnen. Einige Räume wirken zunächst etwas muffig, aber die hohen Decken und großen Ventilatoren sorgen für Abhilfe. Nach der Plaza biegt man links ab, wendet sich dann unmittelbar vor dem Restaurante Mandala nach rechts und schließlich am Kreisverkehr noch einmal nach links. An der nächsten Ecke liegt die *pousada* auf der linken Seite.

Pousada Catarse PENSION $
(☎ 3554-1237; Rua 20; EZ 50–60 R$, DZ 80–90 R$) Nur zwei Häuserblocks von CATUR entfernt liegt diese sehr gemütliche Unterkunft. Sie hat eine Gemeinschaftsküche und einen kleinen TV-Raum samt Aquarium. Ein Zimmer verfügt über ein eigenes Bad, die anderen beiden teilen sich eines auf dem Korridor; alle haben Deckenventilatoren und sind einfach und behaglich eingerichtet. Normalerweise ist das Haus nur an den Wochenenden geöffnet; vorher anrufen, wenn man unter der Woche kommen will!

Restaurante Mandala BRASILIANISCH $
(Av Belo Horizonte; 9–20 R$; ⏲ tgl. mittags, Mi–So abends) Von der Plaza aus gleich um die Ecke liegt das Mandala an der Straße zur Fazenda Encantada. Sein festes Mittagsmenü umfasst Nudeln, Reis, Bohnen, Salat, *farofa* und eine Auswahl an Fleisch und kostet gerade mal 9 R$.

An- & Weiterreise

Mit dem Auto aus Palmas kommend, nimmt man nach dem Busbahnhof die Schnellstraße TO-010 und folgt der Ausschilderung; zunächst durchquert man durch die Ortschaft Taquaralto.

In Palmas fahren alle Busse (auch die Linie 90 vor der Galeria Bela, 2,40 R$) zum *terminal urbano*, an dem man in einen Bus nach Taquarussú umsteigen kann.

Parque Estadual do Jalapão

Der Parque Estadual do Jalapão ist ein einzigartiges, 34 000 km² großes Gelände im äußersten Osten von Tocantins. Hier findet man Savannenvegetation, Hügel, Höhlen, kristallklare Flüsse und Quellen, 40 m hohe Sanddünen, Wasserfälle, Badestellen mit Süßwasser, merkwürdige Felsformationen, zahllose Tiere – darunter Ameisenbären, Gürteltiere, Aras und Nandus –, aber kaum Menschen. Bananal Ecotour (S. 630) arrangiert mehrtägige Touren in den Park. Transport, Hotels, Verpflegung und Guides sind inbegriffen. Die beste Reisezeit sind die trockenen Monate von Mai bis September.

Ilha do Bananal

Gäbe es die Ilha do Marajó (im Bundesstaat Pará) nicht, dürfte sich die Ilha do Bananal unumstritten mit dem Titel „größte Flussinsel des Planeten“ brüsten. Okay, Marajó schummelt ein wenig – sie grenzt an den Ozean! Die Bananal-Insel erstreckt sich über 19 000 km² und ist damit noch einen Tick größer als der Freistaat Sachsen. Sie beginnt, wo sich der Rio Javaés vom Rio Araguaia abspaltet, und endet dort, wo sich die Flüsse nach 350 km flussabwärts wieder miteinander vereinen. Hier verschmelzen drei Ökosysteme – Regenwald, Cerrado und Feuchtgebiet – und es wimmelt nur so von Pflanzen und Tieren (vor allem Vögel). Bananal Ecotour (S. 630) stellt von Juni bis Oktober All-inclusive-Touren zur Ilha do Bananal auf die Beine. Dabei besucht man auch die Lagoa da Confusão, einen großen See östlich der Insel.

AMAZONAS

Amazonas ist Brasiliens größter Bundesstaat. Er erstreckt sich über fast 1,6 Mio. km² und ist damit viermal so groß wie Deutschland – und dann hätte immer noch Griechenland Platz. Hier treffen sich die riesigen Flüsse Solimões, Negro und Madeira, um den Amazonas, den Urvater aller Flüsse, zu bilden. Manaus ist die Hauptstadt des Bundesstaates und mit fast 2 Mio. Einwohnern die größte Metropole in der Amazonasregion. Zahlreiche Flüge gehen hierher und für einen Großteil der Amazonasbesucher ist dies die erste Station. Die hiesigen Reiseveranstalter haben sich auf drei- bis sechstägige Exkursionen in den Urwald spezialisiert. Man kann auch Fahrten auf Flussbooten buchen. Darüber hinaus beherbergt Manaus ein paar nette Sehenswürdigkeiten und eignet sich gut als Ausgangspunkt für Dschungeltrips den Rio Solimões hinauf, nach Tefé und in das Schutzgebiet Mamirauá, oder aber in die entlegene Gegend um den Rio Negro.

Manaus

☎ 092 / 1,9 MIO. EW.

Manaus ist die größte Stadt in Amazonas, ein Stück Urbanität, das wie ein Fremdkörper mitten in den Dschungel gepflanzt wurde und 1500 km vom Meer entfernt ein wichtiger Hafen für Meeresdampfer ist. Die Bevölkerungszahl des Regenwaldes ist nur halb so groß wie die der Mongolei, eine Reise dorthin beginnt aber in oder führt unweigerlich durch diese lebendige Stadt. Das alles kann Besucher leicht aus dem Gleichgewicht bringen.

In der Stadt selbst gibt's ein paar wirklich sehenswerte Attraktionen, etwa den grünen Zoo mit so vielen Tieren in Käfigen wie außerhalb, oder eine Mischung aus Stränden und Museen abseits des Zentrums. Hier kann man alles nachkaufen, was man vergessen hat, in den Rucksack zu packen. Oder man gönnt sich nach einer Woche im Urwald wieder mal ein Bier und einen Besuch im Internetcafé. Manaus wird einer der Austragungsorte der FIFA-Fußballweltmeisterschaft 2014 sein; derzeit wird überall in der Stadt gebaut und saniert.

In Manaus sind auch die meisten Tourenanbieter für Budget- bis Nobelexkursionen in den Amazonas ansässig; viele davon nehmen ihren Beruf ernst und meinen es ehrlich, doch es treiben sich auch einige Betrüger in der Stadt herum. Man sollte den gesunden Menschenverstand einschalten und Schlepper meiden, denn deren Touren sind erfahrungsgemäß schlecht organisiert, z. T. sogar gefährlich, und nur deshalb billiger, weil an Grundlegendem wie Verpflegung und Transport gespart wird.

Sehenswertes

Zentrum

★ **Teatro Amazonas** THEATER

(☎ 3232-1768; Praça São Sebastião; Führung 10 R$; 9–17 Uhr, Führungen stündlich bis 16 Uhr) Auf dem Höhepunkt des Kautschukbooms wurde das bildschöne Theaterhaus mithilfe von Architekten, Dekorateuren und sogar Materialien aus Europa errichtet. Die Originalzufahrt war jedoch durch und durch brasilianisch: Sie bestand aus Amazonaskautschuk, um den Lärm des Hufgetrappels spät ankommender Kutschen abzudämpfen. Im April und Mai findet ein tolles Opernfestival statt. Bei den Führungen nimmt man das opulente Bauwerk genauer unter die Lupe.

Centro Cultural Usina Chaminé MUSEUM
(☎3633-3026; Av Beira Rio at José Paranaguá; ⌚Di–Fr 10–16, So 17–20 Uhr) GRATIS Das innovative Museum ist auch als Museu dos Cinco Sentidos (Museum der fünf Sinne) bekannt, denn durch diese wird die Ausstellung zum Alltag und zur Kultur der indigenen und *coboclo*-Bevölkerung lebendig. Während man von Raum zu Raum wandert, kann man Aufnahmen indigener Sprachen lauschen, an Amazonaskräutern schnuppern und volkstümliche Kunst betrachten.

Museu Amazônico MUSEUM
(☎3234-3242; www.museuamazonico.ufam.edu.br; Ramos Ferreira; ⌚Mo–Fr 8–12 & 14–17 Uhr) GRATIS Ein umgebautes Herrenhaus beherbergt die kleine, aber exzellente Sammlung des Museu Amazônico. Viele der Objekte und Artefakte indigener Völker aus dem gesamten Amazonasbecken stammen aus laufenden archäologischen Untersuchungen im Bundesstaat Amazonas. Zu den Highlights zählen Jagdwaffen der Matis und Maku sowie furchteinflößende Masken und Kostüme, die die Yanomami und Ticuna bei Ritualen benutzen. Im Erdgeschoss werden wechselnde Kunst- und pädagogische Ausstellungen gezeigt.

Palacete Provincial MUSEUM
(Praça da Polícia; ⌚Di & Mi 9–17, Do–Sa 9–19, So 16–20 Uhr) GRATIS Das „Bild und Ton"-Zentrum in dem schmucken Kulturkomplex umfasst eine riesige Filmsammlung, darunter 100 Jahre alte Dokumentationen des portugiesischen Filmpioniers Silvino Santos, ein paar der ältesten Aufnahmen von Amazonasvölkern. Auch die Kunstgalerie kann sich sehen lassen, die Ausstellungen zur Polizei und Archäologie sind dagegen ziemliche Schlaftabletten. Wer mag, kann einen der jungen, eifrigen Museumsführer anheuern.

Galeria do Largo GALERIE
(Costa Azevedo; ⌚Di–So 17–21 Uhr) GRATIS Gleich an der Praça São Sebastião zeigt die Galeria do Largo wechselnde moderne Ausstellungen, darunter zeitgenössische Gemälde und innovative Bildhauerarbeiten. In dem angrenzenden Café werden originelle Snacks und Getränke an den Tischen auf der Plaza serviert.

Porto Flutuante FÄHRTERMINAL
(Estação Hidroviária de Manaus) GRATIS Bei der Einweihung 1902 war der „schwimmende Hafen" von Manaus ein wahres Wunderwerk der Technik – es konnte um 15 m oder mehr an saisonal schwankende Wasserstände angepasst werden (man beachte die Hochwassermarken an der Mauer am Fluss). Zum Gelände gehört auch ein belebter Einkaufs- und Restaurantbereich mit Blick aufs Wasser. Von der Praça da Matriz führt eine erhöhte Brücke zum Hauptterminal.

Außerhalb des Zentrums

Centro Cultural dos Povos da Amazônia MUSEUM
(☎2123-5301; www.povosdamazonia.am.gov.br; Praça Francisco Pereira da Silva s/n; ⌚Mo–Fr 9–17 Uhr) GRATIS Kernstück dieses gewaltigen Kulturzentrums ist ein hervorragendes Museum, das Museu do Homem do Norte (Museum des Nordmannes), in dem eine schier unglaubliche Masse an Artefakten und Multimediaausstellungen zu den indigenen Völkern Amazoniens untergebracht ist.

Weitere Highlights sind der gut ausgestattete Filmvorführraum, der Nachbau einer *maloca* (großes, traditionelles Langhaus), die lebensgroßen Statuen von Ureinwohnern, die der peruanische Bildhauer Felipe Lettersten geschaffen hat, und die Arena, in der u. a. ein Amazonas-Tanzfestival stattfindet (jedes Jahr im Juni). Die Busse 625, 711, und 705 verkehren vom Stadtzentrum aus hierher. Wer mit dem Taxi kommt, bittet den Fahrer, bis „Bola da Suframa" zu fahren.

Bosque da Ciência (INPA) ZOO
(Wald der Wissenschaft; www.inpa.gov.br/bosque; Av Cabral; Eintritt 5 R$; ⌚Di–Fr 9–12 & 14–17, Sa & So 9–16 Uhr) Der Bosque da Ciência nimmt ein üppig bewachsenes Waldgrundstück innerhalb der Stadtgrenzen ein. Er wird auch als INPA bezeichnet, nach dem Forschungsinstitut, das den Zoo betreibt. In den Gehegen tummeln sich gerettete Manatis, Riesenotter und mehr, während anderes Getier (Totenkopfäffchen, Faultiere, Ameisenbären etc.) frei herumwuselt. Außerdem kann man das kleine Naturkundemuseum besichtigen und in dem tollen Restaurant einkehren. Der Wald der Wissenschaft liegt in Petrópolis, 5 km nordöstlich des Zentrums.

Manaus

Von der Praça da Matriz fährt der „Especial"-Minibus Nr. 810 (2,65 R$) bis zum Eingang, Linie Nr. 519 (2,20 R$) hält einen halben Block entfernt. Ein Taxi kostet 30 R$.

Jardim Botânico Adolpho Ducke PARK
(⏲ Di–Fr 8–17, Sa & So bis 16 Uhr) GRATIS Mit einer Fläche von mehr als 100 km² ist der botanische „Garten" tatsächlich der größte Stadtwald der Welt. Fünf kurze Wanderwege durchziehen ihn (nur mit Guide, 2–3 Std., kostenlos). Außerdem gibt's drei Open-Air-Ausstellungen zur Amazonasflora und -fauna. An der Praça da Matriz steigt man in die Buslinie 448 („Ciudad de Deus") und fährt bis zur Endhaltestelle (2,20 R$, 1 Std.). Eine Taxifahrt kostet 50 bis 60 R$. Geschlossene Schuhe tragen.

Museu do Seringal Vila Paraíso MUSEUM
(Kautschukmuseum; Eintritt 5 R$; ⏲ Mi–So 8–16 Uhr) Auf dem Anwesen eines ehemaligen Kautschukbarons findet sich heute ein einzigartiges Museum mit einer nachgebauten Kautschukzapferhütte, einer Räucherkammer und einem Lehrpfad, der über die Technik des Kautschukzapfens informiert. Außerdem kann man sich das historische Stadthaus ansehen. Klingt ein bisschen albern, ist aber wirklich interessant. Im An-

Manaus

Highlights
1 Teatro Amazonas B2

Sehenswertes
2 Centro Cultural Usina Chaminé D4
3 Galeria do Largo C2
4 Museu Amazônico C1
5 Palacete Provincial C3
6 Porto Flutuante A4

Aktivitäten, Kurse & Touren
Amazon Gero Tours .... (siehe 15)
7 Amazon Green Tours C1
8 Amazonas Indian Turismo C4
Iguana Turismo .... (siehe 15)
9 Swallows & Amazons B1

Schlafen
10 Big Hostel Brasil D3
11 Boutique Hotel Casa Teatro C2
12 Go Inn B1
13 Gol Backpackers Manaus B2
14 Hostel Manaus D3
15 Hotel 10 de Julho C1
16 Hotel Brasil C2
17 Hotel Colonial Manaus C4
18 Hotel Ideal C4

Essen
19 Casa da Pamonha B2
20 Casa do Pensador B2
21 Delícias Caseiras B1
22 Filosóphicus B3
23 Kibe da Irene B3
24 Rancho Búfalo C4
25 Restaurante Castelinho B2
26 Restaurante Giratório C2
27 Scarola Pizzaria C1
28 Skina dos Sucos B2

Ausgehen & Nachtleben
29 Bar do Armando C1

Shoppen
30 Artesanato da Amazônia B2
31 Carrefour B3
32 Comercial São Bento B4
33 Kunsthandwerksstände B4
34 Galeria Amazônica C2

schluss bietet sich ein Stopp an der Praia da Lua, dem besten Strand von Manaus, an.

Regelmäßig legen an der Marina Davi gleich hinter dem Hotel Tropical in Ponta Negra Boote zum Museum ab (8 R$, 25 Min., via Praia da Lua); vom Zentrum nimmt man die Buslinien 011, 012 oder 120 (2,20 R$, 20 Min.) bis zur Endstation und läuft von dort oder steigt in den kostenlosen „Especial"-Bus bis zur Marina.

Praia da Lua STRAND

Der feine Sand am schönsten Stadtstrand ist weiß, das Wasser hat die Farbe von Tee. Für eine nette Fahrt ins Blaue kann der Abstecher hierher mit dem Besuch des Museu do Seringal verbunden werden. Wie alle Flussstrände ist auch die Praia da Lua bei Niedrigwasser am breitesten (Sept.–Dez.). Strandbuden verkaufen Fisch und Bier; die Tische stehen direkt am Ufer. Das große Manko sind die fehlenden sanitären Einrichtungen.

Boote zur Praia da Lua (5 R$, 10 Min.) fahren von der Marina Davi gleich hinter Ponta Negra ab. Vom Zentrum aus nimmt man den Bus 011, 012 oder 120 (2,40 R$, 20 Min.) bis zur Wendeschleife und steigt dort in den kostenlosen „Especial"-Bus zum Hafen.

Encontro das Águas AUFEINANDERTREFFEN DER FLÜSSE

Gleich hinter Manaus ergießt sich der warme, dunkle Rio Negro in den kühleren, cremefarbenen Rio Solimões. Wegen der Temperaturunterschiede, der unterschiedlichen Fließgeschwindigkeiten und Dichte (der Solimões transportiert acht Mal mehr Sedimente als der Negro) vermischen sich die Wassermassen aber zunächst nicht, sondern fließen mehrere Kilometer gemütlich nebeneinander her. Dieses Phänomen tritt überall in Amazonien auf, doch nirgendwo sind die Farben so klar voneinander abgegrenzt wie hier.

Es ist beinahe unmöglich, dieses Naturschauspiel zu verpassen, wenn man zu einer Dschungelunterkunft fährt bzw. im Flugzeug sitzt (aus der Vogelperspektive wirkt es natürlich noch besser). Wer mag, kann eine Tagestour mit Amazon Explorers unternehmen. Sie kombiniert das „Encontro das Águas" mit einem Besuch im touristischen Parque Ecológico Janauary.

Feste & Events

Seit 1997 bringt das alljährliche **Opernfestival in Manaus** erstklassige Opernaufführungen auf die Bühne des Teatro Amazonas (S. 634). Diese dreiwöchige Gala findet üblicherweise Ende April bis Anfang Mai statt, und im Publikum sieht man Smoking und Abendkleid genauso wie Jeans und T-Shirts, die offensichtlich eine Reise durch den Dschungel hinter sich haben (bei Shorts,

AB IN DEN REGENWALD

Für die meisten ausländischen Besucher in Manaus stehen Ausflüge in den Regenwald ganz oben auf der Agenda. Es gibt viele Möglichkeiten. Am verbreitetsten sind Touren von drei bis fünf Tagen, bei denen man in Dschungellodges oder auf einem Flussboot übernachtet. Tagsüber geht man wandern, Kanu fahren oder Piranhas angeln, macht sich abends auf die Suche nach Kaimanen und besucht lokale Gemeinden. Wer mag, kann ein oder zwei Nächte im Regenwald verbringen. Viele Anbieter bieten auch „Survival-Trips" an, bei denen die Teilnehmer die meiste (oder gesamte) Zeit in Urwaldcamps wohnen.

Im Vorfeld sollte man genau überlegen, was man haben, tun und sehen will, und den Veranstalter passend dazu auswählen. Wie viel will man ausgeben? Braucht man ein Bett oder tut's auch eine Hängematte? Wie wäre es mit einer Übernachtung an Bord eines Flussboots? Eigenes Bad, Gemeinschaftstoilette oder Plumpsklo? Will man ein oder zwei Nächte im Wald zubringen oder sich mit Tagesausflügen von einer Lodge begnügen? Wie sehr leidet man unter Moskitos? Lieber wandern oder Kanu fahren? Keiner muss sich für mehr oder weniger große Komfortwünsche rechtfertigen – schließlich ist man im Urlaub.

Einige Fragen gelten auch dem Veranstalter: Spricht der Guide Englisch (vielleicht sogar Deutsch)? Wie lange dauert die Anreise? Wie sieht die Tourplanung aus? Wie oft wandert man oder ist mit dem Kanu unterwegs? Die Interessenten sollten immer nach neuen Fotos der Unterkünfte und Aktivitäten sowie nach einem Gästebuch fragen.

Wichtig ist, sich mit anderen Travellern auszutauschen. Praktisch jeder Ausländer, der in Manaus herumläuft, plant eine Tour oder kommt von einer. Letztere sind die beste Quelle für unvoreingenommene, aktuelle Informationen.

In Amazonien leben Unmengen von Tieren, die oft aber nicht gefunden werden wollen. Tatsächlich sind die Flora und der Fluss selbst größere „Wow"-Faktoren als die lokale Fauna. Immerhin erspäht man bei den Standardausflügen unter Garantie Delfine sowie zahllose Vögel, z. B. Reiher, Papageien und Aras. Auch Affen, Faultiere und Kaimane sind recht zahlreich vertreten, verstecken sich aber gern. Otter und Tapire sind noch scheuer, und dass man Jaguare, Manatis oder Anakondas sieht, ist sehr unwahrscheinlich. Am Wildwasser leben tendenziell mehr Tiere, dazu gehören allerdings auch Mücken. Außerdem ist die Vegetation hier dichter. Weniger schüchtern ist die Tierwelt in den Staats- und Nationalwäldern. Insgesamt gilt aber, dass man vor allem eine ordentliche Portion Glück braucht. Auch der Zustand der Wälder und das Gespür der Guides spielen eine Rolle. Die Touren sollten pünktlich starten und so lange dauern, wie vereinbart, und die Teilnehmer möglichst wenig reden.

Unbedingt einpacken: geschlossene Schuhe zum Wandern, Sandalen für die Lodge, langärmelige Shirts und Hosen, Insektenschutzmittel, einen Hut und Sonnenmilch, regenfeste Kleidung, eine Taschenlampe, Toilettenpapier, Tagesrucksack und Wasserflasche. Praktisch sind auch ein eigenes Fernglas (nicht alle Veranstalter verleihen welche) und Plastiktüten (darunter eine große, feste Tüte, in die der komplette Rucksack passt – Gold wert bei heftigem Regen und in undichten Booten!). In den meisten Hotels in Manaus können die Dinge, die man nicht mitnehmen will, eingeschlossen werden.

Unterhemden und Badelatschen ist die Toleranzgrenze aber überschritten). Tickets (5–60 R$) gibt's im Teatro Amazonas mehrere Wochen vor Beginn des Festivals.

Im November bringt das noch populärere **Amazonas-Filmfestival** Dutzende von Filmen auf die Leinwand, die in irgendeiner Weise mit dem Amazonas zu tun haben, von seltenen brasilianischen Spielfilmen, die in Manaus gedreht wurden, bis hin zu ausländischen Dokumentationen über die Zerstörung des Regenwaldes. Die schlagzeilenträchtigsten laufen im Teatro Amazonas, aber die ganze Woche kann man abends auf einer großen Bühne im Freien direkt auf der Praça São Sebastião kostenlos Filme ansehen.

Das im Juni stattfindende **Festival Folclórico do Amazonas** bietet eine große Bandbreite regionaler Folkloredarbietungen, darunter auch Proben der Boi-Bumbá-Truppen aus Parintins. Das Fest erreicht seinen Höhepunkt am 29. Juni mit der Procissão Fluvial de São Pedro (Flussprozession zu Ehren des hl. Petrus), wenn Hunderte von Flussbooten auf dem Rio Negro vor Manaus zur Parade aufziehen, um dem Schutzpatron der Fischer zu huldigen.

Schlafen

Weitere Lodges (für Dschungelabenteuer) befinden sich außerhalb der Stadt.

★ Hostel Manaus HOSTEL $
(3233-4545; www.hostelmanaus.com; Cavalcante 231; B mit Ventilator/Klimaanlage 27/30 R$, EZ/DZ mit Ventilator & Gemeinschaftsbad 60/66 R$, mit Ventilator & eigenem Bad 70/76 R$, mit Klimaanlage & eigenem Bad 80/86 R$;) Das älteste Hostel in Manaus ist nach wie vor auch das beste. Es gehört zum HI-Netzwerk und wird von einem Australier geführt. Die Schlafsäle sind komfortabel, die Privatzimmer ordentlich und die Dachterrasse gewährt einen tollen Blick auf die Stadt. Bis ins Zentrum ist es ein kleines Stück, aber dafür gibt's einen tollen Reiseveranstalter im Haus und der Besitzer informiert gern über São Gabriel da Cachoeira, eine ganze Ecke weiter den Rio Negro hinauf.

Gol Backpackers Manaus HOSTEL $
(3304-5805; www.golbackpackers.com; Barroso 365; B 25–30 R$, Zi. 70 R$;) Warum man in diesem Hostel mit fünf Zimmern übernachten sollte? Es ist nur einen halben Häuserblock vom Teatro Amazonas entfernt! Die Einrichtungen (darunter kleiner Pool im Hinterhof) klingen erst mal prima, die Zimmer sind aber tatsächlich so lala und die Aufenthaltsbereiche nicht besonders einladend. An dem Schalter des etablierten Tourveranstalters gibt's manchmal Preisnachlässe für Hostelgäste.

Big Hostel Brasil HOSTEL $
(3086-3083; www.bighostel.com.br; Av Sete de Setembro 1653; B 38 R$, EZ/DZ mit Gemeinschaftsbad 55/110 R$;) Netter Familienbetrieb mit zwei Etagen voller geräumiger Mehrbettzimmer an langen, luftigen Fluren. Es gibt auch ein paar Privatunterkünfte, und bei unserem Besuch wurde auf der Rückseite gerade eine Terrasse gebaut. Die Räume werden täglich gereinigt, man kann seine Wäsche waschen und die kleine Küche nutzen. Der große Nachteil ist die Lage. Bis in die City läuft man ein ordentliches Stück durch ein (vor allem nachts) eher unangenehmes Viertel.

Hotel Ideal HOTEL $
(3622-0038; www.hotelidealmanaus.com.br; Rua dos Andradas 491; EZ/DZ 46/59 R$, klimatisiert 59/73 R$, mit TV & Minibar 73/87 R$;) In dem mehrstöckigen Block gibt's schlichte, aber durchaus angemessene, in grauer und weißer Hochglanzfarbe gestrichene Zimmer. Besitzer und Angestellte sind nett und sehr ehrlich, die Gegend ringsum ist jedoch ein bisschen zwielichtig geworden; man sollte insbesondere abends auf der Hut sein und einen Bogen um die „Guides" machen, die an der Straße stehen und günstige Touren verkaufen.

Hotel Brasil HOTEL $
(2101-5000; www.hotelbrasil.tur.br; Av Getúlio Vargas 657; EZ/DZ 90/110 R$;) Unauffälliges achtstöckiges Hotel an der geschäftigen, sicheren Avenida Getúlio Vargas – eine wirklich solide, preiswerte Option. Die Zimmer unten sind renoviert worden und haben denen weiter oben (mit altmodischen Klimaanlagen und klitzekleinen Bädern) einiges voraus. Ein Plus: Das Frühstück ist üppig. Außerdem befindet sich nur einen halben Block entfernt eine Haltestelle für Busse vom/zum Flughafen und Busbahnhof.

Hotel Colonial Manaus HOTEL $
(3233-3216; www.hotelcolonialmanaus.com; Quintino Bocaiúva 462; EZ/DZ/3BZ 70/90/110 R$;) Das komfortable Hotel hat Klasse, das Viertel, in dem es steht, ist aber für das genaue Gegenteil bekannt. In dem renovierten Kolonialgebäude warten große Zimmer mit hohen Decken und Holzböden. Die meisten grenzen an den Empfangsbereich, wodurch sie viel Lärm abbekommen, doch irgendwie macht das einen Teil des Charmes aus. Außerdem: nette, hilfsbereite Besitzer und ein ordentliches Frühstück.

Hotel 10 de Julho HOTEL $$
(3232-6280; www.hoteldezdejulho.com; Rua 10 de Julho 679; EZ/DZ 75/90 R$, mit Warmwasser & Minibar 90/105 R$;) Auch wenn die geräumigen, sauberen Zimmer in dem weitläufigen Hotel etwas steril anmuten, stimmt das Preis-Leistungs-Verhältnis. Das Frühstück ist opulent und die Lage nahe dem Teatro Amazonas und einigen empfehlenswerten Restaurants genial. Die Typen, die vor der Tür herumlungern, sind keine Schlepper; sie gehören zu den drei (!) Reiseagenturen in der Lobby.

★ Boutique Hotel Casa Teatro HOTEL $$
(3633-8381; www.casateatro.com.br; Rua 10 de Julho 632; EZ/DZ Luxusklasse 185/210 R$, Standard 140/160 R$;) Die Zimmer sind prächtig, aber wirklich winzig! In den günstigeren muss man sich das Bad sogar teilen und schläft in Etagenbetten – man kommt sich

vor wie in einer Kajüte auf einem Luxusdampfer. Etwas besser sind die En-suite-Unterkünfte: zwar immer noch klein, aber wirklich hübsch. Zu den Gemeinschaftsbereichen zählen zwei gemütliche Wohnzimmer und eine Dachterrasse mit Blick auf die Oper.

Go Inn HOTEL $$
(☎ 3306-2600; www.atlanticahotels.com.br; Monsenhor Coutinho 560; EZ/DZ 165/185 R$; ❄ 📶) Vielleicht ein bisschen künstlich, aber dennoch eine willkommene Businessclass-Oase inmitten der eher schäbig-schmuddeligen Unterkünfte im Zentrum. Die Zimmer (mit Flachbildfernsehern) sind eng, aber makellos sauber, die Bäder modern. Vom Empfang gehen ein großes Restaurant und ein Konferenzbereich ab und es gibt sogar einen kleinen Fitnessraum. Was fehlt, ist ein Swimmingpool, doch das Go Inn ist trotzdem in jeder Hinsicht eine gute Wahl.

Chez les Rois POUSADA $$
(☎ 3584-3549; www.chezlesrois.com.br; Conjunto Manauense Q/G 01, Barrio Vieiralves; EZ/DZ 138/165 R$; ❄ @ 📶 🏊) Das Hotel befindet sich in einem attraktiven kolonialzeitlichen Wohnhaus in einem schicken Viertel. Es hat wunderbare Gemeinschaftsbereiche mit Holzböden und vielen Ecken und Winkeln, in denen man ein Buch lesen oder die Sonne genießen kann. Außerdem gibt's einen einladenden kleinen Pool. Die Zimmer sind weniger begeisternd (und eher klein), aber die meisten Gäste nehmen für das Ambiente und den außergewöhnlichen Service schon mal einen angeschlagenen Ellbogen in Kauf.

Park Suites Manaus HOTEL $$$
(☎ 0800 55 5855, 3306-4500; www.atlanticahotels.com.br; Coronel Teixeira; EZ/DZ 335/375 R$, Suite 475–915 R$) In Ponta Negra, ein kurzes Stück vom Hotel Tropical (einem verblassenden Stern am Unterkunftshimmel) entfernt, steht Manaus' Top-Geschäftshotel, das von Touristen und Businessleuten gleichermaßen frequentiert wird. Von den Zimmern und vom Infinity-Pool hat man einen schönen Blick auf den Rio Negro. Die Unterkünfte sind groß und ziemlich modern, die Angestellten nett. Das sehenswerte Viertel ist die beste Ausgehadresse der Stadt. Bis Downtown-Manaus braucht man allerdings 20 Minuten mit dem Taxi.

Essen

Skina dos Sucos SAFTBAR $
(Ecke Av Eduardo Ribeiro & Rua 24 de Maio; Säfte 4–8 R$, Snacks 4–12 R$; ⏱ Mo–Sa 7–20 Uhr) An der Theke dieses belebten Lokals gibt's sättigende Snacks und Sandwiches und dazu große *sucos* (frische Säfte) aus Amazonasfrüchten, darunter *guaraná* (eine tropische Beerenfrucht, der Heilkräfte nachgesagt werden), *cupuaçú* (die süße Variante der Kakaobohne) und *graviola* (Zimtapfel).

Kibe da Irene FAST FOOD $
(Barroso, nahe der Rua Saldanha Marinho; Snacks 2–10 R$) Das Lokal ist zwar nicht besonders stimmungsvoll, aber dennoch eine gute Alternative für sparsame Traveller. Zur Mittagszeit kann man sich für nur 7 R$ einen *prato feito* (Tagesteller) gönnen, günstige Snacks gibt's den ganzen Tag über. Ausgerechnet die *kibes* (frittierte Weizenschrotkroketten mit Fleischfüllung), die das Lokal im Namen trägt, sind hart zu kauen, aber alles andere, darunter die panierten Hähnchenschenkel und die *bolinhas* (frittierte Käsebällchen), schmeckt wirklich richtig gut. Eine schmale Treppe führt von der Straße ins Lokal.

★ Casa do Pensador PIZZERIA, BRASILIANISCH $
(Praça São Sebastião; Hauptgerichte 13–28 R$; ⏱ 16–23 Uhr) An schlichten Holztischen auf der Plaza gegenüber dem Teatro Amazonas kann man entspannt zu Abend essen oder ein Bier trinken. Die Gerichte sind einfach; es gibt hauptsächlich Pizza (auch ein paar vegetarische Angebote) und die üblichen Speisen mit Reis, Bohnen und Fleisch.

Delícias Caseiras BRASILIANISCH, SELBSTBEDIENUNG $
(Rua 10 de Julho; Mittagessen 20 R$ pro Kilo, Hauptgerichte 15–40 R$; ⏱ Mo–Sa 11–22, So bis 15 Uhr) Die Tische stehen eng beieinander und die Ventilatoren laufen auf Hochtouren, damit sich Unmengen einheimischer Stammgäste in diesem genialen kleinen Restaurant in unmittelbarer Nähe der Praça São Sebastião wohlfühlen. Das Mittagessen (Selbstbedienung) ist herausragend, vor allem angesichts des Preises, es gibt aber auch Abendessen – schön bodenständige Küche wie bei Mama.

Casa da Pamonha VEGETARISCH $
(Barroso 375; 34 R$ pro Kilo; ⏱ Mo–Fr 7–19, Sa bis 14 Uhr; 🌿) Nettes Vegetarierrestaurant, in dem neben Sojaburgern, spanischen Tortillas, frischen Säften und Kuchen auch ein leckeres, fantasievolles Mittagsbüfett aufgefahren wird. Und Kunstausstellungen gibt's gratis dazu.

Scarola Pizzaria PIZZERIA, BRASILIANISCH $
(☎3234-8542; Rua 10 de Julho 739; Hauptgerichte 10–30 R$, 20–22 R$; ⊙mittags & abends) Gutes Essen, guter Service und gutes *chope* (Bier vom Fass) sorgen für ein bunt gemischtes Publikum, in dem sich just von einer Dschungeltour zurückgekehrte Backpacker genauso finden wie Geschäftsleute, die sich über die letzte Opernaufführung auslassen. Beim günstigen Mittagsbüfett gibt's alles Übliche, darunter frisch gegrilltes Fleisch, abends hauptsächlich Pizza. Eines der wenigen Restaurants in der Gegend, das sogar sonntags bis spät in die Nacht hinein geöffnet hat.

Filosóphicus SELBSTBEDIENUNG $
(3. OG, Av Sete de Setembro 752; 27 R$ pro Kilo; ⊙Mo–Fr 11–15 Uhr; ✎) Vegetarier finden in diesem kleinen, versteckten Restaurant im dritten Obergeschoss ein kreatives, absolut fleischfreies Mittagsbüfett. Sonderlich stimmungsvoll ist es nicht, aber das Essen schmeckt auf jeden Fall.

Restaurante Castelinho SELBSTBEDIENUNG $$
(☎3633-3111; www.restaurantecastelinho.com.br; Barroso 317; 35 R$ pro Kilo; ⊙Mo–Sa 11–15 Uhr) Das Essen und der Service sind prima, das Highlight in diesem beliebten *por-kilo*-Restaurant ist aber das Gebäude selbst: Die Villa aus der Zeit des Kautschukbooms diente als privates Wohnhaus, Arztpraxis und Konsulat, bevor das Restaurant hier einzog, und ist eine wahre Schönheit mit hohen Räumen, blitzenden Holzböden und reich verzierten Deckenleisten.

★ **Rancho Búfalo** CHURRASCARIA $$
(☎3633-3733; Av Joaquim Nabuco 628; unter der Woche/am Wochenende 47/51 R$ pro Kilo, All-you-can-eat 35/40 R$; ⊙Mo–Fr 11–15, Sa & So bis 15.30 Uhr) Ein Trupp Köche in weißen Jacken wacht über den riesigen Grill und die Spieße

ABZOCKE BEI DSCHUNGELTOUREN

Manaus wimmelt von Schleppern und Betrügern. Die meisten von ihnen werben für superbillige Touren, die sich als grauenhaft erweisen: Die Unterbringung ist mies, und mürrische Guides führen einen in zerstörte Stücke Regenwald, in denen kaum/keine Tiere leben. Es sind auch schon Touristen verletzt oder sogar getötet worden, weil Führer gewissenlos gehandelt haben oder einfach zu unerfahren waren. Meist wird man jedoch nur über den Tisch gezogen und um Zeit und Geld betrogen.

Es gibt ein paar einfache Tricks, um dem vorzubeugen. Am allerwichtigsten ist, nicht naiv an die Sache heranzugehen. Diese wortgewandten Typen, die einen auf der Straße anquatschen oder am Eingang zum Hostel abpassen und ein episches Abenteuer zu unschlagbar günstigen Preisen anbieten, sind Betrüger, so einfach ist das! Noch mehr Tipps:

Touren grundsätzlich nur im Hauptbüro des Veranstalters in der Stadt bezahlen Schlepper behaupten oft, von einer offiziellen Agentur zu kommen, locken die Traveller aber dann in ein Café oder auf eine Sitzbank im Flughafen, um das Geschäft abzuwickeln. Manchmal führen sie sogar fingierte Telefonate, um den Kunden weiszumachen, das Hauptbüro wäre geschlossen, man müsse sich gleich entscheiden, um den besten Preis zu bekommen oder den letzten freien Platz zu erwischen. Das sind alles nur Lügen.

Jeden deutlich abweisen, der einem am Flughafen oder vor dem Hostel Touren aufschwatzen will Seriöse Reiseveranstalter unterhalten „richtige" Büros, in denen Interessenten sich über Touren informieren können. Wer vorab reserviert hat und am Flughafen abgeholt wird, sollte nach einem Schild mit seinem Namen Ausschau halten.

Schleppern nicht verraten, welche Unterkunft oder Agentur man sucht, und Angebote, den Weg zu zeigen, ausschlagen Schlepper versuchen, von den Betreibern des Hotels oder Reisebüros eine Kommission zu bekommen, die schließlich der Kunde zahlen muss. Falls ein besonders lästiger Schlepper einem ins Hotel oder Reisebüro folgt, erklärt man deutlich, dass man aus eigenem Antrieb gekommen ist.

Prüfen, ob die Agentur bei der staatlichen Tourismusbehörde registriert ist Auf www.visitamazonas.am.gov.br die portugiesische Version wählen (sie ist aktueller als die englische) und unter *Agências de Turismo* nachsehen.

Nie das eigene Leben riskieren, um Geld oder Zeit zu sparen Schließlich gibt's nur so viele Schlepper, weil immer noch Traveller bei ihnen buchen, dabei bieten genug offizielle, seriöse Agenturen günstige Touren an. Man muss sich nur die Zeit nehmen, sie zu suchen.

mit auf den Punkt gegartem Fleisch, das dann frisch auf den Tellern der Gäste verteilt wird. Viele sagen, dass es nirgendwo in Manaus besseres Fleisch gibt – dem haben wir nichts entgegenzusetzen. Weitere Pluspunkte bringt die große Salat- und Beilagenbar. Dass man den Laden hungrig verlässt, ist ein Ding der Unmöglichkeit!

Restaurante Giratório BRASILIANISCH, INTERNATIONAL **$$**
(☎3627-3737; tajmahal@internext.com.br; Taj Mahal Continental Hotel, Av Getúlio Vargas 741; Gerichte 25–50 R$; ⏲mittags & abends) Es quietscht und knarrt schon ein bisschen, aber das Drehrestaurant auf dem Dach des Hotels Taj Mahal bietet immer noch eine unschlagbare Aussicht und überdurchschnittlich gutes Essen. Schnappt man sich einen Tisch, von dem der Blick knapp vor das Teatro Amazonas geht, kann man sicher sein, während der Mahlzeit mindestens zweimal dran vorbeizukommen. Die Gerichte sind recht teuer, aber nicht wirklich überteuert. Empfehlenswert ist das *tucanaré* in *cupuaçu*-Soße (eine herbe Tropenfrucht).

Ausgehen & Unterhaltung

In der Stadt gibt's ein paar ruhige Bars, wer Partyatmosphäre sucht, ist in Ponta Negra besser aufgehoben.

Bar do Armando BAR
(Rua 10 de Julho 593; ⏲17–1 Uhr) Die Bar nahe dem Opernhaus ist ein traditioneller Treff von Intellektuellen und Bohemiens, aber auch alle anderen setzen sich draußen gern an die Tische, um ein Bier zu trinken und sich zu unterhalten.

Laranjinha Bar BAR
(Ponta Negra; ⏲Mo–Sa ab 21 Uhr) Bei unserem Besuch war die Bar am Wasser in Ponta Negra geschlossen, weil die Gegend für die Fußballweltmeisterschaft komplett saniert wird, das soll aber nicht auf Dauer so bleiben. Sie eignet sich gut zum „Vorglühen" mit Bier und Burgern. Auf der großen Bühne draußen finden fast jeden Abend Konzerte statt.

Enigma CLUB
(☎3234 7985; Silva Ramos 1054; ⏲Do–Sa 23 Uhr–open end) Ein *boate* (Nachtclub) für Schwule, Lesben und Heteros, mit Beatmusik und Tanz. 1 km nördlich des Zentrums.

★ **Porão do Alemão** LIVEMUSIK
(www.poraodoalemao.com.br; Estrada da Ponta Negra 1986; ⏲Mi–Sa 21 Uhr–open end) Porão do Alemão und Coração Blue liegen beide an der Estrada de Ponta Negra und sind belebte und sichere Bars, die von Touristen und Einheimischen gleichermaßen besucht werden.

Shoppen

Galeria Amazônica KUNSTHANDWERK
(☎3233-4521; www.galeriaamazonica.org.br; Costa Azevedo 272) Direkt an der Praça São Sebastião liegt Manaus' Top-Geschäft für echtes amazonisches Kunsthandwerk, darunter prächtige Korbwaren, Keramik und Volkskunst. Die Preise sind eher hoch, die Qualität ist es auch.

Artesanato da Amazônia KUNSTHANDWERK
(☎3232-3979; José Clemente 500; ⏲Mo–Fr 9–18.30, Sa bis 15 Uhr) Einst gab es hier wunderbare Volkskunst zu kaufen, doch inzwischen ertrinken die guten Stücke in Bergen von Kitsch. Einige Qualitätsstücke, vor allem indigene Masken und handgeschnitzte Waffen, lassen sich aber noch finden.

Comercial São Bento OUTDOORAUSRÜSTUNG
(Miranda Leão 133; ⏲Mo–Fr 8–18, Sa bis 16 Uhr) Die beste von mehreren *casas de redes* (Hängemattengeschäfte) in dieser Ecke der Stadt mit riesiger Auswahl und netten Angestellten. Stoffhängematten, die für Flussbootfahrten geeignet sind, kosten ab etwa 25 R$, während größere, schönere und haltbarere mit mindestens 60 bis 120 R$ zu Buche schlagen. Wenn man im Dschungel übernachten will, empfiehlt sich außerdem der Kauf eines Moskitonetzes (14–30 R$).

Carrefour KAUFHAUS
(Av Eduardo Ribeiro; ⏲Mo–Sa 7–20, So bis 16 Uhr) Havaianas (Flip-Flops) bekommt man im Stadtzentrum nur im Carrefour, dem besten Supermarkt downtown. Außerdem gibt's hier Batterien, Regenponchos und Toilettenartikel.

Kunsthandwerksstände SOUVENIRS
(⏲Mo–Sa 9–18 Uhr) An den Ständen auf der Praça Tenreiro Aranha wird überwiegend identischer Souvenirkram verkauft.

Praktische Informationen

GELD

Banco do Brasil (Guilherme Moreira 315; ⏲Mo–Fr 9–15 Uhr) Bietet Geldautomaten und eine Wechselstube im zweiten Stock, die aber nur unter der Woche von 9 bis 11 Uhr geöffnet ist.

Bradesco (Av Eduardo Ribeiro 475) Verlässliche Geldautomaten.

HSBC Rua Dr Moreira 226 (⌚Mo–Fr 9–15 Uhr); Rua 24 de Maio (Ecke Rua 24 de Maio & Rua Costa Azevedo; ⌚Mo–Fr 9–15 Uhr)

GEPÄCKAUFBEWAHRUNG

In fast allen Hotels, am Flughafen und am Fernbusbahnhof kann Gepäck über einen längeren Zeitraum deponiert werden.

INTERNETZUGANG

GDM Informática (Getúlio Vargas nahe der Lauro Cavalcante; 3 R$ pro Std.; ⌚Mo–Fr 9–18, Sa bis 12 Uhr) Ein Stück abseits der Straße neben einem Eissalon.

Juliana Cyber Café (Nabuco at Bocaiúva; 2 R$ pro Std.; ⌚Mo–Sa 8–23, So ab 9 Uhr) Internetzugang.

Rede Cyber (Porto Flutuante; 3,60 R$ pro Std.; ⌚Mo–Fr 8–20, Sa 9–21 Uhr) Sauberes, verlässliches Internetcafé im Haupthafenterminal. Es wird minutengenau abgerechnet.

Selva Net (Joaquim Sarmento; 5 R$ pro Std.; ⌚Mo–Fr 7–19, Sa bis 18 Uhr)

Top Cyber (Av Getúlio Vargas nahe der Rua 10 de Julho; 2,50 R$ pro Std.; ⌚Mo–Fr 8–22, Sa 9–21 Uhr)

MEDIZINISCHE VERSORGUNG

Fundação de Medicina Tropical (Stiftung Tropenmedizin; ☎2127-3555; Av Pedro Teixeira 25) Das angesehene Krankenhaus ist auf Tropenkrankheiten spezialisiert und auch als Hospital de Doenças Tropicais bekannt. Die Gelbfieberimpfung ist kostenlos; man benötigt sie, um auf dem Land- oder Seeweg nach Brasilien (und in viele andere Länder Südamerikas) einreisen zu dürfen. Achtung: Der Impfschutz wirkt erst nach zehn Tagen.

Unimed (☎3633-4431; Av Japurá 241) Eine der besten Privatkliniken von Manaus.

NOTFALL

Krankenwagen (☎192)

Polizei (☎190) Gegenüber vom Busbahnhof an der Praça da Matriz.

Touristenpolizei (☎3231-1998; Av Eduardo Ribeiro) Im Centro de Atendimento ao Turista.

POST

Post (Barroso 220; ⌚Mo–Fr 8–16, Sa bis 12 Uhr) Eine weitere Filiale befindet sich am Flughafen.

REISEBÜROS

Paradise Turismo (☎3633-8301; Av Eduardo Ribeiro 656; ⌚Mo–Fr 8–18, Sa 8.30–12 Uhr)

RBS Viagens & Turismo (☎3233-4070; www.rbsturismo.com.br; Getúlio Vargas 188; ⌚Mo–Fr 8–18, Sa 9–13 Uhr) Flugtickets.

TELEFON

Die bei der Post erhältlichen Embratel-Karten sind am besten für Auslandsgespräche von einer Telefonzelle aus geeignet (0,50–1 R$ pro Min.). Die meisten Internetcafés haben Computer, auf denen Skype installiert ist.

TOURISTENINFORMATION

CAT (☎3182-6250; www.visitamazonas.am.gov.br; Av Eduardo Ribeiro 666; ⌚Mo–Fr 8–17, Sa & So 8–12 Uhr) Amazonastur, die Tourismusbehörde des Bundesstaates, betreibt dieses Informationszentrum an der Ecke Avenida Eduardo Ribeiro und Rua José Clemente. Die Behörde selbst hat ihren Sitz in der Rua Saldanha Marinho nahe der Rua Lobo D'Almada.

WÄSCHE

Die meisten Hotels bieten einen Wäscheservice (Preise pro Kleidungsstück).

Lavandería Paradise (☎3633-6092; Quintino Bocaiúva; 10 R$ pro Kilo; ⌚Mo–Fr 7–17, Sa bis 12 Uhr)

ℹ An- & Weiterreise

AUTO

Nur wenige Traveller mieten in Manaus ein Auto. Falls man doch den Wunsch nach einem eigenen fahrbaren Untersatz verspüren sollte, gibt's mehrere Leihfirmen am Flughafen, darunter **Localiza** (☎3652-1176), **Unidas** (☎3652-1327), **Avis** (☎3652-1579) und **Hertz** (☎3652-1421).

BUS

Der **Fernbusbahnhof** (Rua Recife 2784) von Manaus ist ziemlich klein und kompakt, was wohl daran liegt, dass es gar nicht so viele Orte gibt, die man per Bus erreichen kann. Er befindet sich 6 km nördlich der Stadt in gleicher Richtung wie der Flughafen.

Eucatur (☎3301-5800; www.eucatur.com.br) bedient die Strecke nach Boa Vista (120 R$, 11–12 Std., 18, 19 und 20 Uhr). Wer ohne Zwischenstopp nach Venezuela weiterreisen will, sollte die Verbindung um 18 Uhr nehmen, dann stehen die Chancen am besten, den einzigen Bus zur Grenze zu erwischen, der Boa Vista um 7 Uhr verlässt.

Aruanã (☎3236-8305) fährt nach Presidente Figueiredo (22 R$, 2 Std., 6, 10, 12.30, 17 und 21.20 Uhr) und Itacoatiara (37 R$, 4 Std., 6, 7, 10.30, 13, 14 und 19 Uhr).

FLUGZEUG

Der **Aeroporto Internacional Eduardo Gomes** (☎3652 1210; Av Santos Dumont 1350) liegt 13 km nördlich des Zentrums. Kleinere, regionale Fluglinien benutzen zuweilen ein anderes Terminal, „Eduardinho", rund 600 m östlich vom Hauptflughafen. In dem großen, modernen Terminal gibt's eine Touristeninformation, Geldautomaten, Schließfächer für Gepäck und WLAN.

Azul-TRIP (☎4003-1118, 3215-3741; www.voeazul.com.br; Ecke Costa Azevedo & Rua 24 de Maio; ⌚Mo–Fr 8–17 Uhr)

FLUSSFÄHREN AB MANAUS (ESTAÇÃO HIDROVIÁRIA)

REISEZIEL	ABFAHRTSTAGE	DAUER	OBERDECK (R$)	KAJÜTE, 2 PERS. (R$)
Belém	Mi & Fr, 11 Uhr	4 Tage	300	1200
Porto Velho	Di, manchmal Fr, 12 Uhr	4 Tage	177, inkl. Mahlzeiten	550
Santarém	Di–Sa, 8–9 Uhr	3 Tage	159	590–800
Tabatinga	Mi, Fr & Sa, 11 Uhr	7 Tage	350	1300
Tefé	tgl. außer Mo, 5–6 Uhr	3 Tage	135, inkl. Mahlzeiten	590

Copa/Continental (☎ 3622-1381; www.copaair.com; Av Eduardo Ribeiro 654)
Delta (☎ 0800-881-2121, 4003-2121; www.delta.com)
Gol (☎ 3652-1601, 3652-1593; www.voegol.com.br)
LAN (☎ 0300-788-0045; www.lan.com)
TAM (☎ 4002-5700, 3652-1300; www.tam.com.br)
TAP (☎ 0300-210-6060; www.flytap.com)

SCHIFF/FÄHRE

Die großen Passagierfähren, die den Rio Solimões hinauf- und hinunterfahren, legen an der **Estação Hidroviária de Manaus** (Porto Flutuante) ab. Schnellboote nach Tefé, Tabatinga and Parintins nutzen derweil den **Porto Manaus Moderna** (hinter dem Mercado Municipal Adolfo Lisboa). Vom Porto São Raimundo, einem zwielichtigen Gelände 1,5 km nordwestlich des Zentrums, starten langsame und schnelle Rio-Negro-Boote.

An einem kleinen **Ticketschalter** (☎ 3088-5764, 3233-7061; Marquês de Santa Cruz; ⏱ 6–18 Uhr) außerhalb des Hafens erhält man Fahrkarten für Langstrecken. Schiffe, die stromab nach Belém gehen, steuern in der Regel auch Itacoatiara, Parintins, Santarém und Monte Alegre an. Die Boote, die den Rio Solimões hinauffahren, stoppen in Tefé, Benjamin Constant und Tabatinga. Auf dem Rio Maeira Richtung Porto Velho wird unterwegs in Manicoré und Humaitá haltgemacht. Von den Männern mit Schreibtischen auf den Gehwegen vorm Terminal sollte man keine Tickets kaufen – sie sind zwar etwas günstiger, doch wenn das Boot ausgebucht ist, gehört man unter Garantie zu den Passagieren, die das Nachsehen haben und nicht mitgenommen werden.

AJATO (☎ 3622-6047; http://terminalajato.com.br; Porto Manaus Moderna; ⏱ Mo–Fr 8–17, Sa bis 12 Uhr) betreibt bequeme Schnellboote stromaufwärts nach Tefé (220 R$, 13 Std., tgl. außer Di um 6 oder 7 Uhr) und Tabatinga (500 R$, 36 Std., Fr um 6 und So um 7 Uhr) sowie stromabwärts nach Parintins (160 R$, 8 Std., 4-mal wöchentlich um 7 Uhr). Es gibt auch eine Verbindung den Rio Madeira hinauf bis nach Manicoré (170 R$, 14 Std., 5-mal wöchentlich um 6 Uhr).

Die langsamen Boote, die den Rio Negro hinauftuckern, fahren vom ziemlich dubiosen Porto São Raimundo, 1,5 km nordwestlich des Zentrums, ab. Nach Barcelos (Hängematte 100 R$, Zweierkabine 280 R$, 26–32 Std.) geht's immer dienstags, mittwochs und freitags um 18 Uhr, nach São Gabriel (Hängematte 270 R$, Zweierkabine 790 R$, 72 Std.) freitags um 18 Uhr. **Azevedo** (☎ 9143-1223, 3625-6984; Porto São Raimundo) und **Vencedor** (☎ 9117-8757, 9463-2255; Porto São Raimundo) bedienen die Strecke nach Barcelos, **Gênesis** (☎ 97-9152-3444, 92-8171-4442) und **Tanaka** (☎ in Manaus 9239-8024, in São Gabriel da Cachoeira 97-3471 1730; Porto São Raimundo) fahren nach São Gabriel.

Schnellboote legen all diese Routen in etwa der Hälfte der Zeit zurück. Tanakas *Diamantina Express* macht sich jeden Dienstag und Freitag um 15 Uhr auf den Weg nach Barcelos (170 R$, 12 Std.) und São Gabriel (330 R$, 24 Std.). Wer eine Isomatte oder Ähnliches besitzt, kann sich zum Schlafen in den Gang legen; das machen ziemlich viele Passagiere.

Auf den langsamen Rio-Solimões-Booten ist die Verpflegung nicht inbegriffen, auf dem Rio Negro schon. Auf den Schnellbooten sind die Mahlzeiten immer inklusive.

ℹ Unterwegs vor Ort

Busfahrten in der Stadt kosten zumeist 2,25 R$. Taxis gibt's reichlich, sie sind aber recht teuer: Für eine Fahrt innerhalb des Zentrums zahlt man ab 15 R$, teurer wird es bei längeren Strecken und wenn man in einen Stau kommt.

VOM/ZUM BUSBAHNHOF

Die Busse 306 und 813 fahren auch am Busbahnhof vorbei. Sie halten an der Praça da Matriz oder in der Avenida Gétulio Vargas. Der Busbahnhof ist klein und leicht zu verfehlen: Man sollte also dem Fahrer Bescheid sagen, wo man hin möchte, und die Augen offen halten. Es ist die zweite Haltestelle nach dem Stadion auf der linken Seite.

Die gleichen Busse fahren auch wieder in die Stadt. Vom Busbahnhof führt eine Fußgängerbrücke über die Rua Recife; drüben geht's links jenseits einer Tankstelle an einer befahrenen Straße entlang. Die Haltestelle befindet sich 100 m weiter auf der anderen Straßenseite.

Ein Taxi vom Busbahnhof ins Zentrum kostet zwischen 25 und 30 R$.

VOM/ZUM FLUGHAFEN

Die Busse 306 und 813 (die auch zum Busbahnhof fahren) mit der Aufschrift „Aeroporto" (2,25 R$) und „Aeroporto-Ejecutivo" (4,65 R$) pendeln halbstündlich zwischen dem Flughafen und der Praça da Matriz; der Ejecutivo ist klimatisiert, nicht so voll und den Extra-Real wert. Den Flughafen verlässt man rechts durch die Haupttüren und geht zur Bushaltestelle am Ende des Terminals. In der Stadt liegen die praktischsten Haltestellen an der Praça da Matriz und in der Avenida Getúlio Vargas in der Nähe der Rua José Clemente.

Taxis am Flughafen verlangen einen Fixpreis von 60 R$ für die 20-minütige Fahrt in die Stadt. Die Fahrt zurück kostet ungefähr 50 R$. Den Preis auf jeden Fall vorm Einsteigen noch mal mit dem Fahrer absprechen.

Rund um Manaus

Dschungeltouren

Die meisten Tourveranstalter unterhalten eine kleine Lodge oder ein Dschungelcamp, in dem die Gäste übernachten und von wo die Ausflüge z. B. zum Kanufahren, Wandern oder Angeln starten. Viele dieser Unterkünfte haben elektrischen Strom und WCs, aber nicht alle. Die Preise, die meist Verpflegung, Übernachtung, Transport und Führer enthalten, liegen durchschnittlich zwischen 180 und 250 R$ pro Person und Tag (dabei zählt die Zeit der An- und Abreise zu/von der Lodge mit). Preisdifferenzen entstehen vor allem durch die Art der Unterbringung: Hängematten mit Gemeinschaftstoilette sind die preiswerteste Option, gefolgt von Schlafsälen und Privatzimmern. Noch teurer sind Touren mit Flussbooten und maßgeschneiderte Trips.

Amazon Antonio Jungle Tours ÖKOTOUREN
(☎9961-8314, 3234-1294; www.antonio-jungletours.com) Die Lodge von Amazon Antonio liegt nordwestlich von Manaus am malerischen (und mückenfreien) Rio Urubú. Zur Anlage gehören ein Aussichtsturm, Mehrbett- und Privatzimmer, Chalets und sogar eine Hütte mit zwei Schlafzimmern auf der anderen Seite des Sees. Bei den Wanderungen mit Übernachtung dringt man tief in den Primärwald vor, und wer mag, kann nach Abschluss der Tour noch ein bisschen länger hierbleiben, um zu entspannen, Kanu zu fahren und den Blick zu genießen. Teurer als andere, aber jeden Real wert.

Amazon Gero Tours ÖKOTOUREN
(☎9983-6273; www.amazongero.com; Rua 10 de Julho 695) Tausendsassa Gero Mesquita ist Betreiber einer beliebten Lodge in der Juma-Mamori-Gegend mit komfortablen Schlafsälen und Privatzimmern sowie einem Trupp gut ausgebildeter Guides (ein paar der ehemaligen Mitarbeiter haben inzwischen ihre eigenen Agenturen eröffnet). Außer den Standardtouren organisiert Gero mehrtägige Treks in unberührten Regenwald und bietet Programme zur „sozialen Nachhaltigkeit" an; dafür vermittelt er Freiwillige in Gemeindeprojekte.

Malocas Jungle Lodge ÖKOTOUREN
(☎3648-0119, 9128-4741; www.malocas.com) In dieser einfachen Dschungelunterkunft an einer Biegung des Rio Preto da Eva herrscht himmlische Ruhe. Die Energie wird vollständig aus Solarzellen gewonnen. Eine große, runde *maloca* (Langhaus) beherbergt die Zimmer, die bereits Abnutzungserscheinungen zeigen, doch die Touren und die Atmosphäre sind klasse. Man kann wandern, Kanu fahren und schwimmen (in der Gegend gibt's viele kleine Wasserfälle). Das französisch-brasilianische Betreiberehepaar ist sehr nett.

Dolphin Lodge ÖKOTOUREN
(☎3663-0392, 8806-4777; www.dolphinlodge.tur.br) Viele Jahre war dies die bevorzugte Unterkunft einer Agentur, die auf hochpreisige Pauschalreisen für Gruppen spezialisiert ist, mittlerweile ist die Dolphin Lodge aber unabhängig, sodass sich auch Traveller „wie du und ich" in den gemütlichen Zimmern einquartieren und den ungehinderten Blick von dem hohen Flussufer genießen können. Sie liegt in der Mamori-Juma-Gegend und hat einen netten Besitzer, der die Lodge bestens im Griff hat und Touren anbietet. Das Buchungssystem wird auch immer besser.

Bei Redaktionsschluss gab es kein Büro in Manaus, beim Buchen muss man daher sicherstellen, dass man es tatsächlich mit dem Betreiber der Lodge zu tun hat.

Amazonas Indian Turismo ÖKOTOUREN
(☎9198-3575; amazonasindian@hotmail.com; Andradas 311) Dieser alteingesessene preisgünstige Anbieter unterhält ein rustikales Camp am Rio Urubú mit Latrinen, aber ohne Strom. Dort wird man nicht allzu viel Zeit verbringen, denn die Agentur ist auf lange Wanderungen durch den Wald mit Übernachtung in improvisierten Lagern spezialisiert – Hängematte zwischen zwei Bäumen aufgespannt und fertig! Bemerkenswert ist,

Rund um Manaus

dass Amazonas Indian Turismo von Indigenas geführt wird: Die meisten Guides sind Wapixano, sprechen aber auch Englisch.

Amazon Green Tours ÖKOTOUREN
(☎9106-5650; www.amazongreentour.com; Ecke Av Getúlio Vargas & Rua 10 de Julho) Ein Ehepaar ist der Motor dieses aufstrebenden Tourveranstalters. Die Unterkünfte schwanken zwischen komfortablen Hütten mit Klimaanlage und eher schäbigen (Mehrbett-)Zimmern mit Ventilatoren. Anscheinend wird aber derzeit eine neue Lodge gebaut. Nichtsdestotrotz sind die Guides und Ausflüge hervorragend (vor allem Elson, der Besitzer, macht seinen Job großartig), ebenso das Campen in einem zauberhaften Waldstück nahe dem Lago de Mamori.

Amazon Brasil ÖKOTOUREN
(☎3087-0689; www.amazonjungletours.com.br) Die beste von drei (!) preiswerten Lodges rund um die Mündung des Lago de Juma – hier blickt man wenigstens mehr auf den See als auf die Kuhweiden. Die großen Hütten mit Ventilator werden von einer strengen einheimischen Familie in Schuss gehalten. Amazon Brasil ist ziemlich neu, deshalb läuft vielleicht noch nicht alles reibungslos, der gewissenhafte Besitzer hat aber vorher als Top-Guide für andere Agenturen gearbeitet.

Iguana Turismo ÖKOTOUREN
(☎3633-6507; www.amazonbrasil.com.br; Rua 10 de Julho 679) Ein etabliertes Unternehmen, das komfortable Mehrbettzimmer und Hütten anbietet. Der Tourbetrieb läuft wie am Schnürchen (tgl. Abfahrten). Nachteile sind aber die Kuhweide jenseits des schmalen Kanals und die beiden konkurrierenden Lodges in unmittelbarer Nachbarschaft. Bei diesem Preis kann man wohl auch keine absolute Einsamkeit erwarten ... Doch die Touren sind gut, es gibt nette Schwimmgelegenheiten, Kanufahrten und Delfine tummeln sich ganz in der Nähe.

Lo Peix ÖKOTOUREN
(☎8182-4793; http://lopeix.typepad.com; all-inclusive 435–1680 R$ pro Pers., 3–12 Tage) Der Spanier Jordi Miguel Gil ist jahrelang mit einem Boot durch die Amazonasregion geschippert. Das macht er heute noch, allerdings in Begleitung von Touristen. Manchmal geht's in den nahe gelegenen Arquipélago das Anavilhanas (Anavilhanas-Archipel), manchmal zum abgeschiedenen Rio Araca. Unterwegs fährt man mit dem Kanu, wandert oder schnorchelt und besucht indigene Dörfer. Das Boot ist mit kleinen, bequemen Kojen ausgestattet und solarbetrieben. Ein Maximum an Ruhe. Brandneue Sicherheitsausrüstung.

Swallows & Amazons ÖKOTOUREN
(☎3622-1246; www.swallowsandamazonstours.com; Ramos Ferreira 922) Spezialität dieser alteingesessenen südafrikanisch-brasilianischen Agentur sind Flusstouren mit unterschiedlichen Booten und verschiedenen Levels an Komfort. Die Teilnehmer schlafen, je nach Budget, in Hängematten an Deck oder in klimatisierten Hütten. Die Fahrten führen den Rio Negro hinauf, in den Arquipélago das Anavilhanas und den Nationalpark Jaú, sowie auf kleinere Nebenflüsse. Wanderungen, Kanufahrten und Angeln runden das Programm ab.

Amazon Eco Adventures ÖKOTOUREN
(☎8831-1011; http://amazonecoadventures.com; Rua 10 de Julho 695, bei Amazon Gero Tours; ⌚Mo–Fr 8–17 Uhr) Extrem gut geführtes Ein-Mann-Unternehmen, das auf maßgeschneiderte Exkursionen von Rundflügen über Baumklettern bis zu Schnellboot- und mehrtägigen Flussfahrten spezialisiert ist. Der Besitzer ist mit Herz und Seele bei der Sache – das macht selbst 08/15-Ausflüge zum Aufeinandertreffen der Flüsse oder Delfintouren zu einem echten Erlebnis.

Maia Expeditions ÖKOTOUREN
(☎3613-4683, 9983-7141; www.maiaexpeditions.com) Ebenfalls schon lange dabei und sehr professionell aufgezogen ist dieser Anbieter verschiedener Trips, vor allem im teureren Preissegment. Es geht z. B. in einer modernen Jacht auf den Rio Negro oder zum Angeln in eine Luxuslodge in der Gegend um den Lago de Mamori.

★**Tropical Tree Climbing** ÖKOTOUREN
(☎in den USA 973-783-2277, 2123-4791; www.tropicaltreeclimbing.com; BR-178 Km 144, Presidente Figueiredo) Wer diesen französisch-venezolanischen Anbieter wählt, wird Mahlzeiten mit frischen Zutaten vorgesetzt bekommen, durch üppig grüne Waldstücke wandern und natürlich auf einen Baum klettern – gewöhnlich einen riesigen *angelim* oder *samaúma* –, um die tolle Aussicht zu genießen. Der Besitzer und Guide Leo Principe, ein bekannter Fotograf, ist geduldig und erfahren. Sein einzigartiges Sicherungssystem macht die 50 m hohe Kletterpartie recht unkompliziert. Geschlafen wird in gemütlichen neuen Zimmern oder sogar in einem Baum!

Amazon Tree Climbing ÖKOTOUREN
(☎ 8195-8585; www.amazontreeclimbing.com; ab 220 R$ pro Pers.) In gelbe Hemden gekleidete Guides verleihen diesem Veranstalter ein jugendliches Auftreten. Sein Angebot reicht von Halbtagestouren nahe Manaus, um das Aufeinandertreffen der Flüsse zu sehen, bis zu ganztägigen Exkursionen auf dem Rio Negro bzw. nahe Presidente Figueiredo. Auf die riesigen Bäume zu klettern (gewöhnlich ein *samaúma* oder *angelim*) kann ganz schön schweißtreibend sein, doch die Schinderei lohnt sich.

Manati Amazônia Turismo REISEN
(☎ 3234-2534; www.manatiamazonia.com; Rua Independência 44 A, Redenção) Kleine, freundliche und kompetente Agentur. Die Angestellten helfen Touristen bei der Wahl verschiedener Touren und Dschungellodges und übernehmen sämtliche Buchungen. Der brasilianische Besitzer baut derzeit eine einfache Unterkunft am Rio Negro (nachfragen, wie weit er ist). Es wird Englisch, Französisch, Spanisch und Portugiesisch gesprochen.

Dschungellodges

Die folgenden Lodges zielen auf eine etwas betuchtere Kundschaft: Sie bieten meist die gleichen Aktivitäten wie die Tourveranstalter in Manaus, aber Unterkunft, Verpflegung und Service sind etwas besser – und die Preise deutlich höher.

Anavilhanas Jungle Lodge LODGE $$
(☎ 3622-8996; www.anavilhanaslodge.com; all-inclusive ab 250 R$ pro Pers. und Tag; ❄) Diese gut geführte Lodge liegt an einer einsamen Biegung des Rio Negro, ist aber über eine gepflasterte Straße erreichbar. Das verkürzt die Anreise erheblich. Die Hütten verfügen über elektrischen Strom, Bäder und sogar Klimaanlagen. Die Gäste haben direkten Zugang zum Urwald und zu den Wasserwegen, auch zum namensgebenden Anavilhanas-Archipel.

Amazon Eco Lodge LODGE $$$
(☎ 3308-8393; http://www.amazonlodgeamazonas.com.br; Pauschalangebot mit 3 Übernachtungen 1300–1800 R$ pro Pers.) Eine anheimelnde schwimmende Unterkunft in einer entlegenen Ecke des langen Juma-Sees. Die Standardzimmer sind klein, aber komfortabel, die größeren Suiten warten mit privaten Outdoorduschen auf (private Toiletten fehlen allerdings generell).

Juma Lodge LODGE $$$
(☎ 3232-2707; www.jumalodge.com; 3 Tage, 2 Nächte all-inclusive EZ/DZ mit Dschungelblick 1900/2700 R$, mit Seeblick 2000/3000 R$) Am Seeufer stehen Deluxehütten auf 15 m hohen Stelzen, die über Holzstege verbunden sind und große, abgeschirmte Fenster sowie private Terrassen haben. Auf der Westseite kann es am späten Nachmittag sehr heiß werden, aber dann schlürft man wahrscheinlich ohnehin gerade einen Caipirinha auf der schattigen Terrasse der Lodge oder im geräumigen Speisesaal. Für Touren werden komfortable, motorisierte Kanus eingesetzt, die Gruppen sind aber mitunter ziemlich groß.

Rio Negro

Der obere Rio Negro ist eine der schönsten und ungewöhnlichsten Regionen Amazoniens. Hier liegen drei größere Städte, darunter Barcelos (Manaus am nächsten) und São Gabriel da Cachoeira (am weitesten von Manaus entfernt). Gleich neben Barcelos erstreckt sich der Mariuá Archipelago, mit mehr als 750 Inseln der größte Flussarchipel der Welt und eine begehrte Anglerdestination, die aber bislang sehr untouristisch ist. Noch weniger Reisende dringen bis São Gabriel da Cachoeira vor. In der netten Stadt, die von Wäldern und verlockenden Gipfeln umgeben ist, wird der Ökotourismus langsam flügge. Außerdem gelangen Abenteurer hier gewissermaßen durch die Hintertür nach Kolumbien oder Venezuela.

Barcelos

Für passionierte Angler aus dem In- wie Ausland ist Barcelos kein Fremdwort. In der kleinen Stadt begeben sie sich auf die Jagd nach *tucanaré* (eine Buntbarschart). Jachten und Flusskähne mit in Kaki gekleideten Gästen an Bord machen sich flottenweise auf den Weg und die Einheimischen verdingen sich als Guides oder Crewmitglieder – ein recht lukratives Geschäft. Abgesehen vom Angeltourismus ist das Angebot für Besucher allerdings ziemlich mau, doch das liegt nicht an mangelndem Potenzial: Barcelos ist ein Tor zum größten Flussarchipel der Welt und zum höchsten Wasserfall Brasiliens (verlässlich gute Touren sind in der Mache). Im Januar steigt ein buntes, lebendiges Fischfest.

(Fortsetzung auf Seite 657)

Totenkopfaffe

Die Tierwelt Amazoniens

Im Amazonasgebiet ist eine vielfältige Tierwelt heimisch: Piranhas und Delfine tummeln sich in den Flüssen, Aras fliegen krächzend durch die Luft, Totenkopfaffen hangeln sich von Ast zu Ast, und Vogelspinnen sowie Pfeilgiftfrösche streifen durch das Unterholz. Wegen des üppigen Regenwaldes und trüben Wassers sind die Tiere nicht leicht zu entdecken, was Erfolgserlebnisse aber umso schöner macht.

Inhalt

NAT PHOTOS / GETTY IMAGES ©

1. Brüllaffe 2. Dreifingerfaultier 3. Tapir 4. Großer Ameisenbär

M AVILA / GETTY IMAGES ©

Säugetiere

➡ **Jaguar** Größte Katze auf dem amerikanischen Kontinent. Der etwas kleinere Amazonasjaguar überlebt in der Regenzeit monatelang in Baumwipfeln; dabei ernährt er sich hauptsächlich von Faultieren. Wo: Mamirauá, FLONA Tapajós, oberer Rio Negro.

➡ **Langschwanzkatze** Die kleine Katze ist ein meisterhafter Kletterer und kann ihre Pfoten um 180 Grad drehen. Wo: Mamirauá, oberer Rio Negro.

➡ **Dreifingerfaultier** Faultiere *(preguiça)* sind weit verbreitet und die Lieblingsbeute von Jaguaren und Harpyien. Wo: überall.

➡ **Totenkopfaffen** Winzige agile Äffchen mit einem morbiden Touch, die in großen Gruppen zusammenleben. Wo: überall.

➡ **Kapuzineraffe** Frühe Entdecker erinnerte das braune Fell des kleinen Affen an die Kutten von Kapuzinermönchen. Wo: überall.

➡ **Brüllaffen** Der gellende Schrei des Männchens ist meilenweit zu hören, zu Gesicht bekommt man die braunen oder schwarzen Baumbewohner allerdings selten. Wo: Mamirauá, rund um Manaus.

➡ **Nasenbär** Mit dem Waschbär verwandt und ähnlich clever. Hat einen langen Schwanz und eine lange Nase, mit der er Insekten, Eidechsen und andere Kleintiere aufspürt. Wo: überall.

➡ **Großer Ameisenbär** Der entfernte Verwandte des Faultiers ist ein guter Kletterer, was ihm bei der Suche von Insektennestern in Baumstämmen hilft. Wo: überall, jedoch schwer zu sichten.

➡ **Flachlandtapir** Bis zu 1 m groß und über 200 kg schwer. Eine beliebte, aber schwierige Beute für Jaguare, Kaimane, Anakondas und natürlich Menschen. Wo: überall, jedoch schwer zu sichten.

➡ **Klammeraffe** Der größte und intelligenteste Affe Amazoniens reagiert am empfindlichsten auf menschliche Eindringlinge. Wo: Primarwälder.

Vögel

➡ **Tukan** Mit seinem langen bunten Schnabel knackt der Tukan harte Nüsse, er kann jedoch nicht lange fliegen. Hört man seinen typischen Schrei, ist er nicht weit. Wo: überall.

➡ **Ibis** Der leuchtende Scharlachsichler *(guará)* hat einen runden Schnabel und mag Mangroven sowie Meeresarme, während der größere Grünibis im Landesinneren lebt. Wo: Algodoal, Ilha Marajó, rund um Manaus, Mamirauá.

➡ **Ara** Die Aras *(araras)* Amazoniens sind rot, grün oder blau. Sie bleiben ihrem Partner ein Leben lang treu und fliegen morgens bzw. abends pärchenweise laut krächzend durch die Wälder. Wo: überall.

➡ **Amazonaspapagei** Sammelbegriff für verschiedene eng verwandte Papageienarten. Viele sind grün mit roten, gelben oder blauen Flecken und können die menschliche Stimme nachahmen. Wo: überall.

➡ **Harpyie** Der mit über 1 m größte Raubvogel des amerikanischen Kontinents jagt Affen und Faultiere direkt in den Bäumen. Wo: überall, aber schwer zu sichten.

➡ **Hoatzin** Ähnelt einem Fasan und wirkt mit seinem reptilienartigen Äußeren, den eingeschränkten Flugfähigkeiten und den krallenbewehrten Flügeln der Jungtiere wie eine Kreuzung aus Dinosaurier und Vogel. Wo: FLONA Tapajós, rund um Manaus, oberer Rio Negro, Mamirauá.

➡ **Gelbbürzelkassike** Der gesellige schwarz-gelbe Vogel zählt zu den am meisten verbreiteten Arten des Amazonas und ist für seine hängenden Beutelnester bekannt, die er neben Wespennestern baut. Wo:überall.

➡ **Blatthühnchen** Weit verbreiteter Vogel mit einem gellenden Schrei. Er lebt in den Sumpfgebieten Amazoniens. Die Männchen brüten die Eier, derweil haben die Weibchen bis zu vier Partner gleichzeitig. Wo: überall.

1

3

FRANK GAGLIONE / GETTY IMAGES ©

1. Harpyie 2. Scharlachsichler 3. Aras 4. Hoatzin

RICHARD MCMANUS / GETTY IMAGES ©

1

2

KEVIN SCHAFER/MINDEN PICTURES / CORBIS ©

1. Boto 2. Piranha 3. Riesenotter

KEVIN SCHAFER / GETTY IMAGES ©

Wassertiere

➡ **Riesenotter** Der bis zu 2 m lange Riesenotter ist verspielt und gesellig. Leider wurde die Population wegen der Jagd auf sein weiches dichtes Fell stark dezimiert. Wo: Xixuaú-Xiparina-Reservat, oberer Rio Negro.

➡ **Boto** Der berühmte Amazonasdelfin kommt in großer Anzahl im ganzen Flusssystem vor und ist leicht zu sichten. Im Gegensatz zu anderen Delfinen kann er den Hals wenden und rückwärts schwimmen, so bleibt er nicht in Sumpfwäldern stecken. Wo: überall.

➡ **Sotalia** In puncto Aussehen und Verhalten ähnelt der zweite Delfin Amazoniens stark dem Großen Tümmler, wird jedoch nur 1,50 m lang. Im Gegensatz zu Botos sucht er nicht in Sumpfwäldern nach Futter. Wo: überall.

➡ **Amazonas-Manati** Obwohl sie fast 3 m lang und bis zu 450 kg schwer sind, erspäht man nur sehr selten wild lebende Manatis (ihre genaue Zahl ist unbekannt). In der Regenzeit fressen die Tiere Wasserpflanzen. Bei niedrigem Wasserstand fasten sie manchmal über Monate. Wo: Mamirau.

➡ **Pirarucu** Der Pirarucu, außerhalb des Amazonasgebietes auch Arapaima genannt, gilt mit bis zu 3 m Länge und 220 kg Gewicht als größter Süßwasserfisch der Welt. Er holt an der Oberfläche Luft. Wo: rund um Manaus, Mamirauá.

➡ **Stechrochen** Hat meist auffällige Punkte und fährt den Stachel aus, wenn man auf ihn tritt. Er ist näher mit dem Pazifik- als mit dem Atlantikrochen verwandt, schließlich floss der Amazonas ursprünglich von Ost nach West. Wo: überall.

➡ **Piranha** Den bekanntesten Fisch (14–26 cm) im Amazonas findet man im ganzen Flusssystem. Zu den rund 30 Arten gehört der kleine, aber aggressive Rote Piranha. Entgegen dem Mythos beißen Piranhas fast nie Menschen. Wo: überall.

Blauer Pfeilgiftfrosch

Reptilien, Insekten & Amphibien

➡ **Kaiman** Mit dem Alligator verwandt und in ganz Amazonien heimisch. Der Mohrenkaiman wird bis zu 6 m lang, die anderen Arten höchstens 2 m. Wo: überall.

➡ **Anakonda** Die weltweit größte Schlange wird bis zu 11 m lang und über 230 kg schwer, wobei es noch größere Exemplare geben soll. Sie bevorzugt Sümpfe und Flusskanäle, und isst Fisch, Schildkröten sowie gelegentlich Kaimane oder Landsäuger wie Hirsche und Nager. Wo: rund um Manaus, Mamirauá, jedoch schwer zu sichten.

➡ **Vogelspinne** Es gibt im Amazonasbecken mehrere Arten großer haariger Spinnen, darunter eine mit einer Spannweite von über 33 cm. Die meisten leben in Erdhöhlen und jagen Insekten, Frösche und kleine Vögel. Wo: überall.

➡ **Blauer Morphofalter** Die blau schillernden Flügel dieses Falters bringen jeden Waldpfad zum Leuchten. Der Schmetterling erreicht eine Flügelspannweite von bis zu 20 cm, die meisten sind jedoch kleiner. Wo: überall.

➡ **Ameisen** Auf einem halben Hektar Regenwald leben zum Teil über 3,5 Mio. Ameisen. Gemeinsam machen sie 10 bis 30 % der tierischen Biomasse Amazoniens aus. Zu den Dutzenden Arten zählen Blattschneider- und die aggressiven 24-Stunden-Ameisen. Wo: überall.

➡ **Pfeilgiftfrosch** Fast alle Pfeilgiftfrösche sind winzig (ca. 1,5 cm) und bunt. Manche scheiden ein starkes Gift aus, mit dem indigene Amazonasbewohner ihre Pfeile bestückten. Wo: überall, aber schwer zu sichten.

(Fortsetzung von Seite 648)

Sehenswertes & Aktivitäten

Praia Grande STRAND
Der größte und am besten erreichbare Strand von Barcelos befindet sich auf einer Insel direkt gegenüber der Stadt; von der Hauptanlegestelle setzen Boote dorthin über (2 R$). Buden servieren warme Mahlzeiten und kalte Getränke, vor allem an Sommerwochenenden. Etwas weiter entfernt liegen viele kleine, abgeschiedene Strände; Bootsleute können einen für ein paar Stunden dort hinbringen.

Staatspark Serra do Aracá WASSERFALL, PARK
Schon seit 1990 schützt dieser Staatspark die unvergleichliche Schluchtenlandschaft des Rio Aracá, der gewaltige Wasserfall in seinem Herzen wurde aber erst vor Kurzem offiziell vermessen. Dabei kam heraus, dass die Cachoeira do El Dorado der höchste Wasserfall des Landes ist: Er stürzt über eine Sandsteinklippe 353 m tief in ein nebelverhangenes Becken. Die Reise zum Wasserfall dauert zwei bis drei Tage (im Boot und zu Fuß) und ist traumhaft, bei Redaktionsschluss gab es aber noch keine etablierte Tour dorthin. Angestellte des Hostel Barcelos helfen beim Organisieren eines Trips.

Geführte Touren

Amazonas Mataverde ÖKOTOUREN
(☎9185-6071; www.barcelosecotur.com; 100–120 R$ pro Pers. und Tag, nur Essen & Unterkunft 60 R$) Im Motorkanu benötigt man vier Stunden von Barcelos bis zu diesem einfachen Camp, das tolle Wandermöglichkeiten bietet. Noch besser sind aber die Kanufahrten auf den labyrinthischen Wasserwegen im Archipel Mariuá, um die Inseln zu erkunden und Vögel, Schildkröten, Delfine sowie Flussotter vor die Linse zu bekommen. Betrieben wird das Camp von einem jungen Spanier und seiner brasilianischen Frau, die in einem Dorf in der Nähe aufgewachsen ist. Man kann sie direkt kontaktieren oder sich an die Mitarbeiter im Hostel Barcelos wenden. Im Preis inbegriffen sind Transport, Mahlzeiten, Schlafgelegenheit (in Hängematten oder privaten Hütten) und geführte Touren. Es besteht auch die Möglichkeit, einfach nur in der Lodge auszuspannen, ohne Ausflüge mitzumachen (ca. 60 R$ pro Pers. und Tag).

Schlafen & Essen

Hostel Barcelos HOSTEL $
(☎9179-7657; http://hostelbarcelos.com; Anauali 46; Hängematte 10 R$ pro Pers., Privatzimmer 20 R$ pro Pers.; WLAN) Komfortable Zimmer, ein Pool und der Besitzer, ein aufgeschlossener litauischer Auswanderer, der einen unverschämt guten Limetten-Maracuja-Wodka-Cocktail zaubert, machen dieses Hostel zu *der* Anlaufstelle für Reisende. Die Unterkunft liegt in der Nähe des Flughafens. Das WLAN ist kostenlos, es gibt allerdings weder TV noch Klimaanlagen. Nur mit Reservierung.

Hotel Rio Negro HOTEL $
(☎3321-1260; hotelrionegrobarcelos@hotmail.com; EZ/DZ 70/100 R$) Eine ansprechende, zuverlässige Option mit großen, sauberen Zimmern samt TV und Klimaanlage. Die Räume hinten gewähren einen Blick auf den Fluss. Wer keine Lust auf eine mehrtägige Angeltour hat, kann hier auch nach kürzeren Ausflügen fragen. Das Hotel verfügt über eine eigene Anlegestelle.

Camaleón Beach Grill BRASILIANISCH $
(Hauptgerichte 5–25 R$) Das beliebte Restaurant liegt gleich abseits des Hauptplatzes, aber etwas unterhalb am steilen Flussufer, weshalb man es von der Plaza aus nicht sehen kann. Eine Holztreppe führt zu Plattformen mit Tischen, an denen Sonnenschirme Schatten spenden. Die Gäste können den Blick auf die ankernden Boote, den Fluss und die Praia Grande genießen. Zu gegrilltem Fisch und Fleisch werden die üblichen Beilagen serviert.

Praktische Informationen

Bradesco (Av Mariuá s/n) Bank.
Megastar (Av Mariuá s/n; 3 R$ pro Std.; Mo–Sa 8–24 Uhr) Internet.
Touristeninformation (Av Mariuá s/n)

São Gabriel da Cachoeira

An einer hübschen Biegung des Rio Negro liegt São Gabriel da Cachoeira, die größte Stadt der Region und die der kolumbianischen und venezolanischen Grenze am nächsten gelegene Siedlung – beides würde man angesichts ihres entspannten Flairs aber nie vermuten (zugegeben, die große Militärbasis ist ein untrügliches Indiz). Eine lange Kette von Stromschnellen und Sandstrände, die vom blutorangefarbenen Wasser des Rio Negro umspült werden, bilden die malerische Kulisse. Außerhalb der Stadt ragen mehrere Felskuppen aus dem Regenwald, darunter eine mit drei Gipfeln, die als Bela Adormecida („schlafende Schönheit", gemeint ist Dornröschen) bekannt ist. Seit

Langem dient São Gabriel als Ausgangspunkt für zehntägige Touren auf den höchsten Berg Brasiliens, den Pico da Neblina (2994 m), ein felsiger Keil, der von frostig kalten Nebelfetzen umwirbelt wird. Allerdings ist ganz schön viel Bürokratie vonnöten, um die Bewilligung für die Besteigung zu bekommen; dies hat schon eine Menge Bergsteiger abgeschreckt. Ein Großteil des Regenwaldes rings um São Gabriel gehört den Yanomami und eignet sich wunderbar für Wanderungen und Bootstouren – vorausgesetzt, man hat die richtige Genehmigung. Ein Wort zur Warnung: Eine Tour hierher in Manaus zu buchen, sollte man sich zweimal überlegen, denn nur wenige Agenturen können die Autorisation zum Betreten der indigenen Territorien einholen (auch wenn sie gern etwas anderes behaupten), und Touristen ohne ordentliche Papiere sind schon in Polizeigewahrsam genommen worden. Besser ist es, sich in São Gabriel direkt mit Veranstaltern und Behörden auseinanderzusetzen.

Sehenswertes & Aktivitäten

Die Pousada Pico da Neblina (S. 658) ist die beste Adresse für alle Arten von Ausflügen. Der australische Besitzer hat gute Kontakte zu den Stammesführern der Yanomami und kümmert sich um Guides, Genehmigungen, Boote und die restliche Ausrüstung.

Besonders beliebt ist die Besteigung der **Bela Adormecida** (4–5 Tage, 175 R$ pro Pers. und Tag, mind. 2 Teilnehmer). Zunächst geht's mit dem Motorboot den tintenschwarzen Rio Curicuriari mit seinen malerischen Stromschnellen und Felsformationen hinauf. Im Schatten hoher Bäume wandert man auf die Gipfel, unterwegs wird in Yanomami-Dörfern haltgemacht.

Die **Ilha do Sol** ist eine lange Sandinsel mitten im Fluss gegenüber von Barrio Praias. Sie eignet sich prima zum Schwimmen und beherbergt auch ein kleines Restaurant. Boote bringen die Strandbesucher hinüber (2 R$, 5 Min.). Sonntags ist besonders viel los.

Schlafen & Essen

★ Pousada Pico da Neblina POUSADA $

(9168-0047; www.pousadapicodaneblina.com; Rua Capitão Euclides, Barrio da Praia; Zelten 10 R$ pro Pers., B mit Ventilator 23 R$, EZ/DZ klimatisiert 45/70 R$) Die stattliche alte Villa mit Blick auf den besten Strand von São Gabriel beherbergt gemütliche, frisch renovierte Privatzimmer und Schlafsäle (Frühstück inkl.) sowie Platz für Hängematten und Zelte im Garten bzw. den Außengängen. Außerdem gibt's kostenloses WLAN und eine Gästeküche. Der australische Besitzer, dem auch das Hostel Manaus in Manaus gehört, stellt wirklich erstklassige Touren auf die Beine.

Hotel Deus Me Deu HOTEL $

(3471-1395; Av Presidente Castelo Branco 313; EZ/DZ 55/100 R$) Im Empfangsbereich in der zweiten Etage befindet sich eine sonnige Veranda mit Sitzgelegenheiten und Blick auf die Straße. Die Zimmer hinten sind sauber, schlicht, aber absolut in Ordnung, z. T. sogar klimatisiert. Was fehlt, ist ein WLAN-Netz, doch im Erdgeschoss ist ein Internetcafé untergebracht und sämtliche anderen Dienstleistungen liegen in Gehweite. Die liebenswerte Betreiberfamilie wohnt mit im Haus.

Restaurante Dina SELBSTBEDIENUNG $

(3471-1552; 31 de Março s/n; 30 R$ pro Kilo; 7–15 Uhr, Mo geschl.) Beliebtes Selbstbedienungslokal zwei (lange) Häuserblocks vom Fußballplatz entfernt.

Praktische Informationen

Banco do Brasil (Av Presidente Castelo Branco s/n; Mo–Fr 8–13 Uhr) Geldautomaten.

ABSTECHER

PARINTINS

Am letzten Juniwochenende strömen Zehntausende Menschen nach Parintins zum **Boi-Bumbá-Festival**, der hiesigen Version des Bumba Meu Boi, das aus dem Nordosten des Landes stammt. Es ist eine der größten Partys im Amazonasgebiet. Im Zentrum stehen zwei rivalisierende „Clans", die blau gekleideten *Caprichoso* und die ganz in Rot auftretenden *Garantido*. Hotels in der Stadt sind schon Monate vorher ausgebucht, oft können Reisende aber noch ein Plätzchen für ihre Hängematte auf einem von Hunderten Flussbooten ergattern, die aus Manaus und anderswo kommen. Eine Fünftagestour ab Manaus inkl. Transport von/nach Parintins und Übernachtung auf einem Boot (ohne Mahlzeiten) kostet ca. 700 R$.

ABSTECHER

PRESIDENTE FIGUEIREDO

Diese staubige, kleine Stadt bezeichnet sich selbst als „Terra de Cachoeiras" (Land der Wasserfälle) und ist von Dutzenden von Kaskaden und Höhlen umgeben. Zu den besonders imposanten zählen Iracema, Cachoeira da Onza, Caverna do Maroaga, Gruta Judéia, Santuario, Asaframa und Pedra Furada (Letzterer ist mit 60 km am weitesten von der Stadt entfernt). Wer sie sehen möchte, braucht ein Fahrzeug. Man kann in Manaus (125 km weiter südlich) ein Auto mieten oder mit dem Bus nach Presidente Figueiredo fahren und dort einen Guide anheuern; in der Nähe des Busbahnhofs befindet sich ein Touristenkiosk. Mehrere Reisebüros in Manaus organisieren Touren in diese Gegend. Besondere Erwähnung verdienen Amazon Eco Adventures (S. 647) und Tropical Tree Climbing (S. 647). Man bedenke aber eines: Dies ist das einzige Ausflugsziel, das von Manaus aus problemlos mit dem Wagen zu erreichen ist – an den Wochenenden wird es regelmäßig brechend voll.

Bradesco (Av Presidente Castelo Branco s/n; ⏲ Mo–Fr 8–13 Uhr) Bank.

Maraska Net (Av Presidente Castelo Branco s/n; 3 R$ pro Std.; ⏲ Mo–Fr 9–21 Uhr) Internetcafé unterm Hotel Deus Me Deu.

Post (Rua 31 de Março; ⏲ Mo–Fr 7.30–12 & 13.30–16 Uhr)

Xixuaú-Xipariná

Dieses prächtige, aber trotzdem nur wenig besuchte Gebiet umfasst ein gewaltiges Stück unberührten Regenwaldes am Rio Jauaperí im südlichen Teil des Bundesstaates Roraima, rund 500 km (mit dem Schiff 35–40 Std.) von Manaus entfernt. Es ist eine der besten Gegenden in Amazonien, um Riesenotter, Affen, Delfine, Pekaris und Kaimane zu sehen.

Vor Ort gibt's eine Ökolodge, die der Schotte Cris Clark eingerichtet hat (er lebt nach wie vor hier), eigentlich gehört sie aber der **Asociação Amazônia** (www.amazoniabr.org), einer Organisation von Einheimischen. Das große Gebäude im Stil einer *maloca* verfügt über einen gemeinschaftlichen Ess- und Hängemattenbereich, in den kleinen Hütten (inklusive Bad und Veranda) stehen Doppelbetten. Die nahe gelegene Gemeinde hat ein öffentliches und sogar ein Satellitentelefon. Touren werden von lokalen Guides durchgeführt. Clark hilft derweil in der Lodge mit und kümmert sich um die Gäste. Das Haus ist das ganze Jahr über geöffnet, im April und Mai fällt allerdings wahnsinnig viel Regen.

Besuche kosten einschließlich Transport mindestens 120 € pro Tag und Person. Das absolute Minimum für einen Aufenthalt ist eine Woche, da man schon allein fast drei Tage mit der An- und Abreise zubringt.

Parque Nacional do Jaú

Jaú ist mit einer Fläche von fast 23 000 km² der zweitgrößte Nationalpark Brasiliens und eines der größten unter Schutz stehenden Gebiete mit tropischem Regenwald weltweit. Der Park erstreckt sich vom Rio Negro aus entlang der Flüsse Jaú und Carabinani nach Westen und ist reich an Flora und Fauna. Im Jahr 2000 wurde er in die Liste der Unesco-Welterbestätten aufgenommen.

Da es im Park keine Lodges gibt, wenden sich Besucher am besten an eine Agentur, die auf Bootstouren spezialisiert ist, wie z. B. Swallows & Amazons (S. 647) oder Lo Peix (S. 647), beide in Manaus. Vorabbuchung ist unbedingt erforderlich, weil der Veranstalter eine Genehmigung zum Betreten des Parks einholen muss.

Tefé

☎ 097 / 61 000 EW.

Tefé ist eine schmuddelige Stadt, in der es zugeht wie in einem Ameisenhaufen. Sie liegt am Ufer des riesigen Lago Tefé. In der Nähe kann man wunderbar wandern gehen, Bootsfahrten unternehmen und indigene Gemeinden besuchen. Besonders bekannt ist Tefé aber als Ausgangspunkt für Trips in die Reserva de Desenvolvimento Sustentável Mamirauá (Mamirauá-Reservat), eines der schönsten Ökotourismusgebiete in Amazonien. Allerdings setzen sich die Stadtoberen sehr dafür ein, dass Mamiraua-Reisende ebenso Zeit in Tefé verbringen. Neue Tourismusprojekte, aber auch die verbesserte Anbindung mit Flugzeug und Schiff tragen dazu bei, dass sich die Stadt langsam selbst zu einem attraktiven Reiseziel mausert.

SCHWARZ & WEISS

Im Amazonasbecken gibt's drei Arten von Flüssen: *negro* (schwarz), *branco* (weiß) und *claro* (klar). Weißwasserflüsse (tatsächlich sind sie eher beige) kommen aus den Anden und erhalten ihre Farbe von den Sedimenten dieser relativ jungen Berge. Solche Flüsse – darunter der Solimões und der Madeira – sind nährstoffreich und daher Lebensraum zahlloser Pflanzen und Tiere.

Schwarzwasserflüsse wie der Rio Negro und der Rio Urubú entspringen im nördlichen Amazonien und fließen durch wesentlich älteres Land, aus dem die Sedimente längst fortgespült wurden. Sie sind in der Regel langsamer und wärmer als Weißwasserflüsse (die immerhin vom Schnee der Anden gespeist werden). Deswegen können Pflanzen in ihnen verrotten und organische Säuren freisetzen, die das Wasser „schwarz" (eigentlich teebraun) verfärben. Die Säuren töten auch die Moskitolarven, weswegen in Schwarzwassergebieten erstaunlich wenige dieser Plagegeister und entsprechend selten Fälle von Malaria und anderen Krankheiten auftreten.

Klarwasserflüsse führen weder die Sedimente der „weißen" noch die organischen Säuren der „schwarzen" Flüsse mit sich. Zu diesem Typus gehören der mächtige Tapajós und der Arapiuns; auch kleine Nebenflüsse in Gebieten mit vorwiegend Schwarz- oder Weißwasser können klar sein, sofern ihr Verlauf das zulässt.

Sowohl Weiß- als auch Schwarzwasserflüsse treten jahreszeitlich über ihre Ufer, doch wird das Resultat mit einem anderen Namen bezeichnet: Von Schwarzwasser überschwemmte Wälder heißen *igapó*, von Weißwasser überschwemmte *várzea*.

Sehenswertes & Aktivitäten

Tefés touristische Infrastruktur steckt noch in den Kinderschuhen. Bis auf Weiteres wendet man sich am besten an Bettine Robers, die Besitzerin der Pousada Multicultura (S. 660). Die Niederländerin arrangiert verschiedene Tagesausflüge (und wurde erst kürzlich zur städtischen Tourismusministerin ernannt).

Interessant ist z. B. die Tour zu drei benachbarten **indigenen Gemeinden** auf den steilen Uferbänken ein kurzes Stück flussabwärts von Tefé. Die Dorfbewohner tragen westliche Kleidung und sprechen Portugiesisch, entstammen aber drei verschiedenen ethnischen Gruppen mit unterschiedlichen Traditionen. Meist fährt man zunächst zu dem am weitesten entfernten Dorf und wandert dann zurück, wobei Zwischenstopps bei einheimischen Familien eingelegt werden.

Näher an Tefé liegt **As Misões** (die Mission), gegründet 1897. Sie dient noch heute als Priesterseminar und Berufsschule, in der viele der Maurer, Metallarbeiter und sonstigen Handwerker aus Tefé ausgebildet wurden. Zur Anlage gehören ein gepflegter Garten, eine große Kirche und ein Friedhof, auf dem zahlreiche Missionare begraben liegen.

Tefé birgt ein **Encontro das Aguas** (Aufeinandertreffen der Flüsse) im kleinen Stil: Ein Nebenfluss des braunen Solimões trifft hier auf das rotschwarze Wasser des Lago de Tefé. Vor Ort tummeln sich jede Menge Amazonasdelfine.

Der Pousada Multicultura gehört ein großes Stück Land außerhalb von Tefé, halb Wald, halb Obstplantage, samt Fluss, einer rustikalen Hütte und ganz verschiedenen Baumarten. Die Gäste dürfen sich auch auf Begegnungen mit Affen freuen. Bettine Robers' Mann, ein Brasilianer, führt kurze Wanderungen dorthin, die auf die Wünsche der Teilnehmer abgestimmt sind.

Schlafen & Essen

★ **Pousada Multicultura** POUSADA $
(☎3343-6632; www.pousadamulticultura.com; Rua 15 de Junho 136; B 40 R$, EZ/DZ 55/80 R$, EZ mit Seeblick 80–100 R$, DZ mit Seeblick 110–130 R$; ❄📶) Tefés beste Unterkunft – aus mehreren Gründen: Die Zimmer (alle klimatisiert) sind komfortabel und erschwinglich. Die Lage am Hang garantiert einen genialen Blick auf den See. Und die netten Besitzer sprechen mehrere Sprachen. Sie können mit so ziemlich allem weiterhelfen, was das Travellerherz begehrt: Tagestouren rund um Tefé, Restaurantempfehlungen, Infos über Mamirauá oder Reservierungen für Flüge und Boote.

Egas Hotel HOTEL $
(☎3343-6299; egashotel@hotmail.com; Ecke Rua Getúlio Vargas & Rua Daniel Servalho; EZ 90 R$, DZ 120–150 R$, 3BZ 180 R$; ❄📶) Große saubere Zimmer, die meist auf luftige Flure gehen, und eine günstige Lage in der Nähe der bei-

den Parks. Gegenüber befinden sich eine Bank und ein Internetcafé. Nette Angestellte.

Hotel Patricia HOTEL $
(☎3343-2541; Praça Tulio Azevêdo; EZ/DZ 40/70 R$; ❄) Das beste Budgethotel von Tefé hat mehr den Charakter einer Pension, denn betrieben wird es von einer liebenswerten älteren Dame (Oma-Charme!). Die Zimmer mit Fenstern zur Straße sind okay, die übrigen schmuddelig und fies. Klimaanlage, TV und WLAN gehören zum Standard.

Restaurant Ki-Papo SELBSTBEDIENUNG, BRASILIANISCH $
(Rua Juruá; 25 R$ pro Kilo; ⏲11–15 Uhr) Nettes, schlichtes *por-kilo*-Restaurant mit leckerer Küche und tollem Panoramablick auf den Lago. Man läuft ein Stück vom Zentrum nach Westen, doch das lohnt sich.

Restaurante Stylo BRASILIANISCH $
(Floriano Peixoto 190; Hauptgerichte 8–35 R$; ⏲Mo–Sa 10–22 Uhr) Das verlässlichste Lokal im Stadtzentrum serviert deftige, gut zubereitete Gerichte an Tischen im Freien direkt an der Straßenecke. Auf der Karte stehen alle üblichen Fisch-, Fleisch- und Hähnchengerichte und auch ein paar ungewöhnlichere wie beispielsweise *lingua na brasa* (gegrillte Zunge).

Pizzaria Varandas PIZZERIA $
(Pizza 15–40 R$; ⏲Di–So 15–23 Uhr) Einladende Pizzeria mit rot, weiß und grün gedeckten Tischen im Innenbereich und auf dem Bürgersteig. Man kann bis zu drei verschiedene Zutaten für eine einfache Pizza wählen. Es gibt sogar süße Varianten mit Banane und Kondensmilch.

Ausgehen

Barzinho BAR
(Rua Olavo Bilac) Die auf einer kleinen Anhöhe über einer der Hauptverkehrsstraßen Tefés thronende Bar, bei der ein Baum durch den Fußboden und dann weiter zum Dach hinauswächst, ist ein gemütlicher Ort, um ein, zwei Bier zu trinken und der Livemusik von Liedermachern zu lauschen.

Banzarê BAR
(☎3343-4448; Duque de Caixias 35; ⏲Mi–So 15–3 Uhr) Eine von mehreren Restaurant-Bars an der Straße in Muralha, gleich abseits der Hauptstraße von Tefé. Hier spenden Mangobäume Schatten und an den Tischen im Freien hat man einen schönen Ausblick auf den Fluss.

Orientierung

Die meisten Hotels, Restaurants und Dienstleistungen finden sich im Umkreis von ein, zwei Blocks um Tefés zwei zentrale Plätze. Hauptplaza ist die Praça Santa Tereza, ein langer, spitz zulaufender Keil ungefähr in Ost-West-Richtung, dessen westliches Ende die Kirche einnimmt. Einen Block weiter nördlich befindet sich die ebenso große Praça Tulio Azevêdo, ein typischerer Platz mit Bäumen, Bänken und Zeitungskiosken. Dahinter liegen der städtische Markt und das Flussufer. Beide Plätze werden von stark befahrenen Straßen eingerahmt, auf denen ständig Motorroller und Motorradtaxis unterwegs sind.

Praktische Informationen

GELD

Banco do Brasil (Rua Olavo Bilac nahe der Praça Tulio Azevêdo; ⏲Mo–Fr 9–14 Uhr)

Bradesco (Ecke Rua Getúlio Vargas & Rua Daniel Servalho)

INTERNETZUGANG

Eganet (Rua Gétulio Vargas; 3 R$3 pro Std.; ⏲Mo–Sa 8–22.30 Uhr) Gegenüber dem Egas Hotel.

NOTFALL

Hospital São Miguel (☎3343-2469; Rua Marechal Deodoro 66)

Krankenwagen (☎192)

Polizei (☎190)

POST

Post (Estrada Aeroporto; ⏲Mo–Fr 8–16 Uhr)

REISEBÜROS

Pousada Multicultura (☎3343 6632; www.pousadamulticultura.com; Rua 15 de Junho 136) Die mehrsprachigen Betreiber verkaufen Schiffs- und Flugtickets von und nach Tefé und können in einzelnen Fällen sogar ausdruckbare Tickets per Mail schicken; die Bearbeitungsgebühr beträgt 15 bis 20 % des Ticketpreises. Sie bieten auch sehr informative Touren zu örtlichen Sehenswürdigkeiten, Naturgebieten und indigenen Dörfern an.

WÄSCHE

Lavandería do Paulo (Daniel Servalho 345; 0,50–2 R$ pro Kleidungsstück; ⏲Mo–Fr 7–17.30, Sa bis 12 Uhr)

An- & Weiterreise

FLUGZEUG

Pro Tag gibt's zwei Verbindungen mit **TRIP** (☎4003-1118; www.voeazul.com.br) nach Manaus und zurück, zweimal pro Woche fliegen Maschinen nach Tabatinga und zurück. **Amazonaves** (☎in Manaus 92-3654-5555; www.ama

zonaves.com.br; Terminal Eduardinho, Manaus) bedient die Strecke von/nach Manaus einmal täglich mit kleinen Propellermaschinen – da ist TRIP eindeutig komfortabler, aber auch deutlich teurer, wenn man nicht sehr früh bucht.

SCHIFF/FÄHRE

Die langsamen Boote zwischen Manaus und Tefé (Hängematte 135 R$, Zweierkabine 400–590 R$, 36 Std.) fahren an sechs Tagen pro Woche in beide Richtungen ab. Schiffe nach Tabatinga (140 R$, 40–48 Std.) docken nicht direkt in Tefé an; man fährt mit dem Boot bis Nogueira und nimmt dort ein Taxi nach Alvarães. Wer aus Tabatinga kommt, geht umgekehrt vor. Obacht: Boote und Taxis verkehren nur tagsüber.

AJATO (☎ in Manaus 92-3622-6047, in Tefé 3343-5306; ajatonavegacao@r7.com) betreibt bequeme Schnellboote von/nach Manaus (220 R$, 13 Std.), die sechs- bis siebenmal pro Woche um 7 Uhr ablegen. Tabatinga (380 R$, 24 Std.) wird zweimal wöchentlich angesteuert.

Eine vorherige Reservierung ist eine gute Idee, insbesondere bei den Schnellbooten. In der Pousada Multicultura (S. 660) können aktuelle Infos zum Transport eingeholt und Tickets (gegen eine geringe Gebühr) gebucht werden.

Reserva de Desenvolvimento Sustentável Mamirauá

Das Mamirauá-Schutzgebiet für nachhaltige Entwicklung ist in vielerlei Hinsicht das beste Ökotourismusprojekt im Amazonas. Es bietet den Besuchern unberührten Regenwald, komfortable Unterkünfte, ausgezeichnete Fremdenführer und ist zudem nur eineinhalb Stunden mit dem Boot von einer größeren Stadt entfernt, in der es Transportmöglichkeiten wie Flugzeug und Schiff gibt. Viele Orte behaupten von sich, dass sie „öko"-irgendwas sind, doch Mamirauá ist einer der wenigen Plätze in Amazonien, bei dem das auch wirklich stimmt. Dafür sind manche Preise aber jenseits von Gut und Böse.

Mamirauá ist Brasiliens größtes Gebiet mit *várzea* (Wälder, die saisonbedingt von sedimentreichem Weißwasser überflutet werden). Es erstreckt sich nordwestlich von Tefé über 12 400 km² zwischen den Flüssen Solimões und Japurá. Die östliche Ecke des Parks geht in das Schutzgebiet Amanã über, das wiederum an den Parque Nacional do Jaú grenzt. Zusammen ergeben die drei Areale eine Fläche von 57 000 km² und bilden somit das zweitgrößte Gebiet geschützten Regenwaldes weltweit.

Mamirauá war Brasiliens erstes Schutzgebiet für nachhaltige Entwicklung (mittlerweile gibt's 20). Es soll die Erhaltung der Natur mit wissenschaftlicher Forschung vereinen und gleichzeitig nachhaltige Methoden fördern und die Lebensbedingungen der einheimischen Bevölkerung verbessern. Innerhalb von Mamirauá gibt's zahlreiche kleine Gemeinden. Viele Bewohner arbeiten außerdem nebenberuflich als Fremdenführer, Köche und Bootsfahrer, während sie basierend auf einem miteinander vereinbarten Plan zur nachhaltigen Nutzung auch weiterhin traditionell angeln, Nutzpflanzen anbauen und jagen.

Das Schutzgebiet wird vom **Instituto Mamirauá** (☎ 3343-4160; www.mamiraua.org.br; Rua Brasil 197; ⏲ Mo–Fr 8–12 & 14–18, Sa 8–12 Uhr) gekonnt geleitet. Die Pauschalangebote sind auf den Flugplan Manaus–Tefé abgestimmt und kosten je nach Aufenthaltsdauer: 1350 US$ pro Person für vier Tage/drei Nächte (Fr–Mo), 1650 US$ pro Person für fünf Tage/vier Nächte (Mo–Fr) und 2250 US$ pro Person für acht Tage/sieben Nächte. In der Hauptsaison zahlt man für ein Einzelzimmer zusätzlich 100 R$ pro Nacht. Gäste

STROMAUF, STROMAB

Noch etwa 150 Mio. Jahre, nachdem sich Südamerika und Afrika getrennt hatten, floss der Amazonas von Osten nach Westen, nicht wie heute von Westen nach Osten. Deshalb sind amazonische Stachelrochen näher mit pazifischen als mit atlantischen Arten verwandt, und deshalb finden sich verräterische Sedimente aus dem östlichen Südamerika mitten im Regenwald. Erst vor 15 bis 20 Mio. Jahren schoben sich die Anden in die Höhe und blockierten den Flusslauf nach Westen. Ungefähr zur selben Zeit erhob sich auch ein kleinerer Landrücken, der Purusbogen, wie ein Rückgrat in der Mitte des Kontinents.

Östlich des Purusbogens begann der Fluss in den Atlantik abzufließen, doch westlich davon fing sich das Wasser und bildete einen großen Binnensee. Schließlich überschwemmte dieser den Purusbogen und grub sich in der Nähe des heutigen Parintins einen tiefen Kanal – immer noch der schmalste und tiefste Abschnitt des Flusses –, und der Amazonas wurde wieder zum Fluss, der nun aber gen Osten floss.

werden in der **Pousada Uacari** (www.pousadauacari.com.br) untergebracht, einer schwimmenden Lodge mit geräumigen, komfortablen Wohneinheiten im Bungalowstil (jede mit Heißwasserbad, Solarenergie und einer kleinen Veranda mit Hängematte). In dem großen Gemeinschaftsbereich werden großzügige Mahlzeiten serviert.

Besucher von Mamirauá können davon ausgehen, dass sie Faultiere, Kaimane, Delfine und unzählige Vögel wie Aras und Tukane zu Gesicht bekommen. Es gibt hier fünf verschiedene Affenarten, u. a. Brüllaffen, Kapuzineraffen und die scheuen Uakaris mit einem auffälligen purpurroten Gesicht und struppigem, weißem Fell. Auch Seekühe, Anakondas, Langschwanzkatzen und Jaguare leben in dem Schutzgebiet, lassen sich aber so gut wie nie blicken.

Außerdem werden ein einheimisches Dorf und ein laufendes Forschungsprojekt besichtigt. Beides kann sehr faszinierend sein – und wahrscheinlich erspäht man unterwegs auch Delfine, Vögel und sogar Affen. Eine neue Übernachtungsmöglichkeit stellt das „Baumhaus" dar, eine Einzimmerhütte auf 5 m hohen Stelzen, die mitten im Wald liegt. Wer dort übernachtet, kann früh am Morgen bestens Vögel beobachten. Die Hauptlodge ist zu jeder Zeit mit einem englisch sprechenden Naturforscher besetzt, der auch manche Exkursionen begleitet. Die meisten Führer sprechen aber nur Portugiesisch.

Im Juni und Juli ist der Wasserstand hier am höchsten und man kann nur mit Kanus durch die überfluteten Wälder gleiten (nicht zu verwechseln mit der Regenzeit, die von Dezember bis Mai dauert). Zu dieser wohl belebtesten Zeit lassen sich die meisten Affen und Faultiere blicken. Wenn das Wasser im Oktober und November niedrig ist, kann man Wanderungen unternehmen und Wassertiere wie Fische und Kaimane am besten beobachten.

Das Dreiländereck

Der brasilianische Ort Tabatinga und das kolumbianische Städtchen Leticia liegen nebeneinander am Ostufer des Amazonas, rund 1100 km westlich von Manaus, während das Westufer zu Peru gehört. Dieses Dreiländereck ist natürlich ein Verkehrsknotenpunkt, aber auch eine gute Gegend für Dschungeltouren, vor allem in die abgelegenen Gebiete stromaufwärts des Rio Javari (des Grenzflusses zwischen Brasilien

Das Dreiländereck

und Peru) sowie weiter den Amazonas in Kolumbien hinauf.

Die meisten Traveller beziehen in Leticia Quartier, das hübscher und besser ausgestattet ist als Tabatinga oder die kleinen Dörfer am peruanischen Ufer.

Tabatinga

☎ 097 / 52 250 EW.

Tabatinga kennt man vor allem als den Ort, an dem der Amazonas Brasilien erreicht. Davon abgesehen ist es eine unscheinbare Grenzstadt. Von ihren beiden Häfen fahren Schiffe stromab nach Manaus und stromauf nach Iquitos in Peru. Vom Flughafen starten Flüge zu Zielen in Brasilien und Peru.

Schlafen & Essen

Hotel Restaurant Te Contei? HOTEL $
(☎ 3412-4548; Av da Amizade 1813; EZ/DZ 50/70 R$; ❄) Die großen Zimmer mit Klimaanlage gehen von einer luftigen Terrasse bzw. einem Korridor im Obergeschoss ab, jene auf der Rückseite sind weniger dem Straßenlärm ausgesetzt. Im Erdgeschoss gibt's ein beliebtes Selbstbedienungsrestaurant (25 R$ pro Kilo).

Pousada Takanás HOTEL $
(☎ 3412-3557; Oswaldo Cruz 970; EZ/DZ 88/118 R$, Suite 140/160 R$; ❄ 📶) Tabatingas bestes Ho-

tel hat recht moderne Zimmer mit Warmwasser, Klimaanlage, TV und Minibar sowie einen üppig begrünten zentralen Innenhof. Das Hotel liegt etwas abseits der Hauptdurchfahrtsstraße, was ja kein Nachteil sein muss. In den größeren Suiten stehen Kingsizebetten.

Restaurante Tres Fronteiras do Amazonas BRASILIANISCH **$**
(☎3412-2341; Rua Rui Barbosa; Hauptgerichte 9–20 R$; ⊙früh, mittags & abends) Probieren sollte man den *peixe tres fronteiras,* ein Fischfilet mit Gewürzen aus Peru, Brasilien und Kolumbien, serviert auf einem großen Bananenblatt. Dazu passt bestens ein Bier oder Caipirinha. Das Lokal liegt 200 m westlich der Avenida da Amizade.

Churrascaria Tia Helena BRASILIANISCH **$**
(☎3412-2165; Marechal Mallet 12; All-you-can-eat 28 R$ pro Pers.; ⊙mittags) Kellner bringen das Fleisch am Spieß vom Grill und tranchieren es am Tisch nach klassischer *churrascaria*-Methode. Das Dekor mit Zementboden und Neonleuchten wirkt eher spartanisch, aber das Essen ist gut und die Stimmung fröhlich.

ℹ Orientierung

Tabatingas Hauptverkehrsader ist die Avenida da Amizade (oder Avenida Principal), die 3 km parallel zum Fluss von Tabatingas Flughafen bis nach Leticia und zur Landesgrenze führt. Zu den wichtigsten Querstraßen gehören die Rua Marechal Rondon (250 m südlich der Grenze), die Rua Rui Barbosa (650 m), die Avenida Marechal Mallet (900 m), die Rua Santos Dumont (1,2 km) und die Rua Duarte Coelho (1,7 km). Die Rua Santos Dumont führt nach Porto da Feira, dem kleinen Bootshafen von Tabatinga; man erreicht ihn auch, wenn man die Avenida Marechal Mallet hinuntergeht, am Ende links abbiegt und den Markt überquert. Der Porto Fluvial, wo die Schiffe nach Manaus anlegen, befindet sich am Ende der Rua Duarte Coelho.

ℹ Praktische Informationen

EINWANDERUNGSBEHÖRDE

Polícia Federal (☎3412-2180; Av da Amizade 26; ⊙8–18 Uhr) 100 m südlich der Rua Duarte Coelho.

GELD

Bradesco (Av da Amizade, nahe der Av Marechal Mallet)

INTERNETZUGANG

Digital Net (☎3412-3505; Pedro Teixera 397; 2 R$ pro Std.; ⊙Mo–Sa 8–12 & 14–22 Uhr) Einen Block südlich der Avenida Marechal Mallet in der Parallelstraße.

KONSULATE

Kolumbianisches Konsulat (☎097-3412-2104; Sampaio 623)

NOTFALL

Hospital Militar (☎3412-2117, 3412-2403, 192; Rua Duarte Coelho, nahe der Av da Amizade)

Polizei (☎190)

POST

Post (Av da Amizade s/n; ⊙Mo–Fr 8–17 Uhr) 300 m nördlich der Polícia Federal.

REISEBÜROS

CNM Câmbio e Turismo (☎3412-3281; Av da Amizade 2017) Tauscht auch Devisen.

ℹ An- & Weiterreise

FLUGZEUG

Der Flughafen befindet sich 4 km südlich von Tabatinga; aus Leticia kommend, nimmt man eines der *colectivos* mit der Aufschrift „Comara".

Trip-AZUL (☎Reservierungen 0300-789-8747; www.voeazul.com.br) bietet täglich zwei bis drei Flüge von Manaus nach Tabatinga und zurück, zweimal wöchentlich geht's nach Tefé und zurück. Die Preise sind sehr unterschiedlich. Weit im Voraus zu buchen lohnt sich.

SCHIFF/FÄHRE

Langsame Boote nach Manaus (Hängematte 350 R$; 7 Tage) legen jeden Mittwoch und Samstag am Porto Fluvial ab. Hinzu kommen gelegentliche Fahrten am Dienstag (immer zwischen 8 und 12 Uhr). Am besten kommt man früh zum Hafen, um ein gutes Plätzchen für die Hängematte zu finden, die Boote sind erfahrungsgemäß voll.

Schnellboote von **AJATO** (☎Porto Manaus Moderna 3622-6047, in Tabatinga 3412-2227; ⊙Mo–Fr 8–17, Sa bis 12 Uhr) machen sich sonntags und dienstags um 6 Uhr und freitags um 8 Uhr in Tabatinga auf den Weg nach Manaus (500 R$, 35 Std.).

Wer nach Tefé reisen will, kann sonntags und dienstags das Schnellboot nach Manaus nehmen, das mittlerweile in Tefé haltmacht (380 R$, 22–24 Std.). Alternativ geht's mit einem der langsamen Manaus-Boote bis Alvarães (140 R$, 44–48 Std.). Von dort fahren Sammeltaxis nach Nogueira (6 R$, 20 Min.), wo wiederum Motorboote (6 R$, 20 Min.) nach Tefé ablegen. Achtung: Taxis und Boote verkehren nur tagsüber.

VON/NACH KOLUMBIEN

Den Grenzübergang erkennt man nur an ein paar Geldwechslern auf brasilianischer Seite und einem kolumbianischen Polizisten, der auf der anderen Seite den Verkehr regelt. Man kann sich unkontrolliert zwischen Tabatinga und Leticia bewegen, muss aber, wenn man weiterreisen will, und sei es nur bis zum Parque Nacional Natural Amacayacu, vor dem Verlassen der Stadt die Ein- und Ausreiseformalitäten in beiden Ländern absolvieren – in Kolumbien ist das DAS zuständig, in Brasilien die Polícia Federal. Im Bedarfsfall gibt's in Tabatinga ein kolumbianisches Konsulat.

VON/NACH PERU

Transtur (☎3412-2945; www.portaltabatinga.com.br/transtur.htm) fährt mit Hochgeschwindigkeitsbooten – auf Portugiesisch *rápidos* – von Tabatinga nach Iquitos (65 US$, 9–10 Std., inkl. 2 Mahlzeiten). Die Schiffe verlassen Tabatingas Porto da Feira mittwochs, freitags und sonntags um 5 Uhr (Zustieg ab 4 Uhr). Am Vortag muss man sich den brasilianischen Ausreisestempel holen; unterwegs wird an der Inselgemeinde Santa Rosa angelegt, wo die Policía Internacional Peruviano (PIP) die peruanischen Einreiseformalitäten abwickelt.

Wer nur nach Santa Rosa möchte, gelangt mit kleinen Motorbooten dorthin, die zwischen 6 und 18 Uhr vom Porto da Feira (2 R$, 5 Min.) häufig hin- und herpendeln.

Im kolumbianischen Leticia gibt's ein peruanisches Konsulat.

Unterwegs vor Ort

Um vom Flughafen ein *colectivo* (Sammeltaxi) in die Stadt zu nehmen (1,50 R$), geht man links aus dem Terminal und die Zufahrtsstraße entlang bis zur Ecke der Hauptstraße. Einige der Kleinbusse fahren bis nach Leticia. Taxis und Motorradtaxis sind allgegenwärtig und billig.

Eine Taxifahrt vom Flughafen zu den Hotels in Tabatinga kostet 15 R$, zu jenen in Leticia 22 R$. Motorradtaxis sind überall zu finden und billig (2–5 R$), aber die meisten dürfen die Staatsgrenze nicht passieren.

Leticia (Kolumbien)

☎8 / 39 700 EW.

Leticia ist eine erstaunlich adrette Kleinstadt mit bunten Häusern, netten Freiluftrestaurants und gepflegten Parks und Straßen. Für Traveller gibt's Hotels aller Preiskategorien und fahrplanmäßige Flüge zwischen Leticia und Bogotá. Dank der anhaltenden Militärpräsenz ist die Gegend sicher. Die Stadt dient außerdem als Ausgangspunkt für Touren in den kolumbianischen Parque Nacional Natural Amacayacu sowie den Rio Javari hinauf nach Peru.

Zwischen Tabatinga und Leticia kann man ohne Kontrollen hin- und herpendeln, sofern man in einer der beiden Städte seine Unterkunft hat. Wenn man sich aber weiter nach Kolumbien oder Peru hineinbewegen will, und sei es auch nur für einen kurzen Ausflug in den Dschungel, muss man die Ein- und Ausreiseformalitäten erledigen.

Sehenswertes

Museo Etnográfico Amazónico MUSEUM
(☎592-7729; Carrera 11 Nr. 9-43; ⏲Mo–Fr 8.30–11.30 & 13.30–17, Sa 9–13 Uhr) Das Museo Etnográfico Amazónico zeigt eine kleine Sammlung indigener Artefakte und Geräte in der Banco de la República.

Reserva Tanimboca NATURSCHUTZGEBIET
(☎310-791-7570; www.tanimboca.com; Km 11, Via Tarapacá; Seilrutsche 60 000 COP, Kajakfahren 35 000 COP; Hängematte/Bett 20 000/25 000 COP pro Pers.; ⏲8–16 Uhr) Besucher können in 35 m hohen Bäumen herumklettern, 80 m an Seilrutschen von Baum zu Baum gleiten (60 000 COP), den kleinen *serpentario* (7000 COP) ansehen oder Kajak fahren (35 000 COP). Außerdem kann man sich mit einer Übernachtung in einem Baumhaus verwöhnen (inkl. Nachtwanderung im Dschungel und Frühstück 99 000 COP pro Pers.).

Schlafen

Anders als in Brasilien gibt's hier in den Hotels meist kein kostenloses Frühstück.

Mahatu Jungle Hostel HOSTEL $
(☎311-539-1265; www.mahatu.org; Calle 7 Nr. 1-40; B 20 000–25 000 COP, EZ/DZ 50 000/60 000 COP; @🛜🏊) Dieses Hostel steht auf einem 5 ha großen Grundstück, ein städtischer Dschungel im Herzen Leticias. Dort wachsen exotische Cashew-, *asaí-*, *cananguche-* und *copasú*-Bäume, Enten und Gänse tummeln sich an Teichen und Schwärme von Papageien flattern umher. Die Zimmer sind sehr einfach. Es gibt einen Pool und eine Gemeinschaftsküche.

Hospedaje Los Delfines PENSION $$
(☎592-7488; losdelfinesleticia@hotmail.com; Carrera 11 Nr. 12-81; EZ/DZ 40 000/70 000 COP; 🛜) Zehn Gehminuten vom Zentrum entfernt bietet diese kleine, familiengeführte Pension acht einfache, aber geräumige Zimmer mit Betten und Hängematten rund um einen bildschönen Hof voller Blumen und Obst. Gutes Preis-Leistungs-Verhältnis (man muss nur irgendwo einen Toilettensitz auftreiben).

Hotel Yurupary HOTEL $$
(☎592-4741; www.hotelyurupary.com; Calle 8 Nr. 7-26; EZ/DZ inkl. Frühstück 69 000/98 000 COP; ❄🛜🏊) Beliebte, recht preiswerte Unter-

Leticia (Kolumbien)

kunft mit großen, kürzlich renovierten Zimmern samt eigenem Bad und TV. Im Hof befinden sich ein Pool, ein Garten, eine Bar und ein Restaurant.

Essen

In Leticia ist das Essen generell gut und preisgünstig. Die lokale Spezialität ist Fisch, z. B. *gamitana* und *pirarucú*.

La Casa del Pan BÄCKEREI $
(Calle 11 Nr. 10-20; Frühstück 4500 COP) Die Tische draußen mit Blick auf den Parque Santander sind ganz schön wackelig – einmal niesen und der Kaffee schwappt über. Dennoch hat diese helle, gut besuchte Bäckerei viel Atmosphäre und ist ein netter Ort zum Frühstücken. Für 4500 COP gibt's Eier, Brot und Kaffee.

Restaurante El Sabor KOLUMBIANISCH $
(Calle 8 Nr. 9-25; Menüs 7000 COP, Hauptgerichte 15 000 COP; Mo–Sa 6–23 Uhr) Leticias beste Budgetoption. Die Gäste machen sich über Menüs, vegetarische Burger und Obstsalate her. Außerdem gibt's zur Mahlzeit so viel Saft, wie man trinken mag. Die Bananenpfannkuchen sind hervorragend.

Praktische Informationen

EINWANDERUNGSBEHÖRDE

Migración Colombia (592-7189; www.migracioncolombia. gov.co; Flughafen Leticia; Mo–Fr 7–18, Sa & So 7–16 & 19–22 Uhr) Ein- und Ausreisestempel bekommt man am Flughafen.

GELD

Die meisten Geschäfte in Leticia akzeptieren brasilianische Reais genauso wie kolumbianische Pesos. Immer online die aktuellen Wechselkurse checken. Die Banken verfügen über Geldautomaten.

Banco de Bogotá (Ecke Carrera 10 & Calle 7) Geldautomat.

BBVA Banco Ganadero (Ecke Calle 7 & Carrera 10; 8–11.30 & 14–16.30 Uhr)

Casas de Cambio (Ecke Calle 8 & Carrera 11) Umtausch von kolumbianischen Pesos, brasilianischen Reais, peruanischen Soles, US-Dollars und Euros.

INTERNETZUGANG

Centro de Negocios (Carrera 10 Nr. 8-96) Gute Computer, klimatisiert.

KONSULATE

Brasilianisches Konsulat (☎ 592-7530; Calle 10 Nr. 9-104; ⏱ 8–14 Uhr) Bürger einiger Länder brauchen ein Visum, um nach Brasilien einzureisen – Deutsche, Österreicher und Schweizer gehören nicht dazu.

Peruanisches Konsulat (☎ 592-7204; Calle 11 Nr. 5-32; ⏱ Mo–Fr 8–13 & 15–18 Uhr) Wer nach Iquitos reisen möchte oder gerade von dort kommt, kann sich im peruanischen Konsulat den Ein- bzw. Ausreisestempel holen.

NOTFALL

Hospital San Rafael de Leticia (☎ 592-7075; Av Vásquez Cobo 13-78) Mit Apotheke und rund um die Uhr geöffneter Notaufnahme.

Polizei (☎ 112; Carrera 11) Zwischen Calle 12 und Calle 13.

TOURISTENINFORMATION

Städtische Touristeninformation (Secretaría de Turismo y Fronteras; ☎ 592-7569; Calle 8 Nr. 9-75; ⏱ Mo–Fr 8–12 & 14–17 Uhr)

WÄSCHE

Lavandería Aseo Total (☎ 592 6051; Calle 9 Nr. 9-85; Waschen & Trocknen 2700 COP pro 500 g; ⏱ Mo–Sa 7–21, So 8–13 Uhr)

An- & Weiterreise

FLUGZEUG

Alle Ausländer müssen bei der Ankunft auf Leticias Flughafen, dem Aeropuerto Internacional Alfredo Vásquez Cobo, eine Einreisesteuer von 19 000 COP zahlen. **Copa** (www.copaairlines.com) und **LAN** (www.lan.com) bieten täglich Flüge von Leticia nach Bogotá. **Trip** (www.voetrip.com.br) und **TAM** (www.tam.com.br) fliegen vom Internationalen Flughafen Tabatinga nach Manaus.

SCHIFF/FÄHRE

Die Passagierboote von und nach Iquitos in Peru legen an der kleinen Inselgemeinde und Grenzstation auf der Isla Santa Rosa an, die die dritte Seite des „Dreiländerecks" bildet. Hier findet man alles an dem asphaltierten Fußweg durch den Ort – auch das Büro der Policía Internacional Peruviano (PIP), wo man seinen Pass abstempeln lassen muss. Vom frühen Morgen bis in den späten Abend pendeln Wassertaxis (3000 COP) zwischen Leticia und Santa Rosa.

Unterwegs vor Ort

Das wichtigste öffentliche Transportmittel sind Motorradtaxis. Die meisten Stadtfahrten kosten 1000 COP, die Fahrt nach Tabatinga 2000 COP – gut festhalten! *Colectivos* nach Tabatinga warten an der Kreuzung der Carrera 10 und der Calle 8 (2500 COP) – in Tabatinga fahren sie den Porto da Feira, die Abzweigung zum Porto Fluvial, die Station der Polícia Federal und den Flughafen an und kehren anschließend zurück.

Eine Taxifahrt zum Flughafen Leticia kostet 7000 COP; ein Taxistand liegt an der Carrera 10 zwischen den Calles 7 und 8. *Colectivos* zum Flughafen fahren am Parque Orellana ab (1000 COP).

Wer nach Puerto Nariño und in den Parque Nacional Amacayacu reisen möchte, erhält Tickets für das Schnellboot bei Transportes Fluviales in der Nähe des Markts in Leticia. Die Boote starten um 8, 9 und 14 Uhr und benötigen zweieinhalb Stunden. Tickets kosten 29 000 COP.

Puerto Nariño (Kolumbien)

☎ 8 / 2000 EW.

Das winzige Dorf Puerto Nariño, 75 km stromaufwärts von Leticia, hat das Konzept des umweltverträglichen Lebensstils zur Kunstform erhoben. Motorisierte Fahrzeuge sind verboten. Zum Waschen und zur Gartenbewässerung wird Regenwasser in Zisternen gesammelt. Strom liefert der ortseigene, energieeffiziente Generator, aber nur bis Mitternacht. Der Ort ist ein toller Ausgangspunkt, wenn man per Kajak die Flussdelfine des Lago Tarapoto besuchen, den nahen Parque Nacional Natural Amacayacu erkunden oder einfach in einer Hängematte entspannen und den Anblick und die Geräusche des Amazonas auf sich wirken lassen will.

Die meisten Einwohner von Puerto Nariño gehören den einheimischen Völkern der Ticuna, Kokoma und Yagua an.

Sehenswertes & Aktivitäten

Über Seitenwege, die aus dem Ort herausführen, kann man zu mehreren indigenen Dörfern in der Umgebung **wandern**, u. a. nach **San Martín** (3 Std.) und **20 de Julio** (30 Min.). Wer den Ort aus der Vogelperspektive betrachten will, besteigt den **Mirador Naipata** (7000 COP, 6–18 Uhr), einen Aussichtsturm am oberen Ende der Calle 4.

Centro de Interpretación Natütama MUSEUM
(www.natutama.org; Eintritt 5000 COP; ⏱ Mi–Mo 8–12.30 & 14–17 Uhr) Das Zentrum betreibt ein

faszinierendes Museum mit fast 100 lebensgroßen Holzschnitzereien von Pflanzen und Tieren aus dem Amazonasgebiet. Draußen ist auch eine kleine Schildkröten-Brutstation.

Lago Tarapoto
10 km westlich von Puerto Nariño liegt der Lago Tarapoto, ein schöner Dschungelsee, in dem Amazonasdelfine, Seekühe und riesige Seerosen der Gattung Victoria leben. Von Puerto Nariño aus lassen sich Halbtagesausflüge (50 000 COP für bis zu 4 Pers.) in einem *peque-peque* (motorisierten Kanu) organisieren. Ähnliche Trips können auch in den etwas weiter stromab liegenden **Parque Nacional Natural Amacayacu** unternommen werden.

Schlafen & Essen

Alto del Águila POUSADA $
(☎ 311-502-8592; altodelaguila@hotmail.com; Zi. 20 000 COP pro Pers.) Zwanzig Gehminuten von der Stadt entfernt stößt man auf einem Hügel auf diesen magischen Rückzugsort mit einfachen Zimmern. Der Besitzer ist ein genialer Exzentriker, der ein paar Äffchen und Aras als Haustiere hält. Er organisiert günstige Dschungelausflüge und Besuche naher Gemeinden für seine Gäste. Nach der Ankunft anrufen (oder jemanden am Dock fragen), wenn man mit dem Boot abgeholt werden möchte.

Malocas Napu HOTEL $
(☎ 310-488-0998; olgabeco@yahoo.com; Calle 4 Nr. 5-72; Hängematten 15 000 COP, Zi. mit/ohne Balkon 30 000/25 000 COP pro Pers.) Hier warten schlichte, aber komfortable Zimmer mit einfachem Mobiliar, Ventilatoren und Gemeinschaftsbädern. Besonders nett sind Nr. 7 und 8 an der Rückseite des Gebäudes: Sie teilen sich einen Balkon mit Hängematten, von dem man auf den Hofgarten und den Dschungel blickt. Freundliche Besitzer.

Casa Selva HOTEL $$
(☎ in Bogota 315-333-2796; casaselvahotel@yahoo.es; Carrera 6 Nr. 6-78; EZ/DZ/3BZ 112 000/134 000/186 000 COP) Das hohe, schöne Holzgebäude ist zwei Blocks vom Dock entfernt und die luxuriöseste Unterkunft im Ort. Zwölf geschmackvolle Zimmer mit Bad, Ventilator und Balkon reihen sich um einen zweistöckigen Hof mit Restaurant.

Las Margaritas KOLUMBIANISCH, AMAZONISCH $$
(Calle 6 Nr. 6-80; Menüs 15 000 COP) Unter dem riesigen *palapa*-Dach wird hervorragende Hausmannskost in traditionellen Tontöpfen serviert, angerichtet wie bei einem Büfett. Das Frühstück kann mit dem Mittag- und Abendessen nicht ganz mithalten, aber insgesamt schmeckt alles wirklich fantastisch.

Praktische Informationen

In Puerto Nariño gibt's weder Banken noch Geldautomaten, und Kreditkarten werden nicht überall akzeptiert. Aus Leticia reichlich Bargeld mitbringen.

Krankenhaus (Ecke Carrera 4 & Calle 5)

Touristeninformation (☎ 313-235-3687; Ecke Carrera 7 & Calle 5; ⏲ So geschl.) Im Rathaus.

An- & Weiterreise

Die Schnellboote nach Puerto Nariño legen täglich um 8, 10 und 14 Uhr von der Anlegestelle in Leticia (29 000 COP, 2 Std.) ab; in Puerto Nariño fahren sie um 7, 11 und 16 Uhr nach Leticia zurück.

Tickets bekommt man in Leticia bei **Transportes Fluviales** (☎ 592-6752; Calle 8 Nr. 11) in der Nähe des Ufers. Die Boote werden schnell voll, daher das Ticket früh oder besser noch am Vortag kaufen.

Rio Javari

Der gewundene Rio Javari dient als Grenze zwischen Brasilien und Peru und ermöglicht Reisenden gleichzeitig, den Amazonasregenwald aus der Nähe und völlig ungestört zu beobachten. Eine Handvoll Regenwaldlodges stehen als Unterkünfte zur Verfügung und bieten ähnliche Freizeitaktivitäten an, wie sie überall im Amazonasbecken zu finden sind: Wanderungen durch den Urwald, Angeln, bei Nacht Kaimane aufspüren, Vögel und Delfine beobachten. Es ist auch möglich, Siedlungen der indigenen Bevölkerung zu besuchen (doch die Bewohner sind nicht so menschenscheu, wie Reisende es oft erwarten). Petru Popescus Buch *Amazonas* erzählt von den außergewöhnlichen Erfahrungen, die der Fotograf Loren McIntyre hier bei einer der Indianergruppen gemacht hat. Die Preise variieren je nach Saison, Dauer des Aufenthalts und geplanten Aktivitäten. Im Durchschnitt kann man mit 75 bis 125 US$ pro Tag und Person rechnen.

Auf der peruanischen Seite des Javari liegt am Zacambú-See inmitten einer Seenregion die **Zacambú Lodge** (☎ 57-592-7377; amazonjungletrips@yahoo.com; Av Internacional 6-25, Leticia), die von Amazon Jungle Trips betrieben wird. Diese ist dem Dreiländereck am nächsten – bis Tabatinga sind es 70 km oder drei Stunden mit dem Motorboot. Hier wohnen die Gäste in einfachen, aber komfortablen Unterkünften und schlafen entweder in Hängematten oder kleinen Zimmern mit Gemeinschaftstoiletten. Die meisten Ausflüge werden aus offensichtlichen Gründen mit dem Motorboot oder dem Kanu unternommen – die Gegend eignet sich prima, um Vögel zu beobachten.

Die ★**Reserva Natural Palmari** (☎in Bogotá 57-610-3154; www.palmari.org) liegt weitere 20 km flussaufwärts am Südufer des Flusses und überblickt eine Biegung, in der sich gern Amazonasdelfine blicken lassen. Hier sind einige Aktivitäten und Ausflüge möglich: von Wandern und Trekken über Kanufahren und Sportangeln bis hin zum Seilrutschen in den Baumkronen. Die Lodge empfängt oft Gruppen – vielleicht sollte man sich vorher erkundigen, wie viele Gäste zum gewünschten Reisezeitpunkt dort sein werden (und seinen Zeitplan dementsprechend einrichten).

In der noch weiter entfernten **Reserva Natural Heliconia** (☎311-508 5666; www.amazonheliconia.com; Calle 13 Nr. 11-74, Leticia, Colombia) nimmt man Quartier in strohgedeckten Hütten und unternimmt Ausflüge zu Fuß oder mit dem Boot zu Flüssen, Buchten und in den Regenwald. Auch Besuche indigener Dörfer sowie Vogel- und Delfinbeobachtungen werden organisiert.

RORAIMA

Tropischer Regenwald bedeckt die (vom Äquator durchschnittene) Südhälfte Roraimas. In der Mitte des Bundesstaates weicht er einer breiten Savanne, während sich im Norden abgelegene, schöne Berge erheben. Das Staatsgebiet umfasst die meisten brasilianischen Territorien der Yanomami, eines der größten indigenen Völker im Land. Boa Vista, die Bundeshauptstadt, steht zwar bei vielen Travellern immer noch nicht auf dem Reiseplan, bietet aber Jahr für Jahr bessere Touroptionen. In Roraima ragt auch der Roraima-Tepui (2875 m) auf, aber dieser hinreißende Tafelberg liegt genau auf der Grenze zwischen Brasilien, Venezuela und Guyana und ist am besten von Venezuela aus zugänglich.

Boa Vista

☎095 / 297 000 EW.

In der Hauptstadt des Bundesstaates, einer geplanten Stadt an den Ufern des Rio Branco, leben mehr als die Hälfte aller Einwohner Roraimas. Zwar gibt's einige interessante Sehenswürdigkeiten, in erster Linie dient Boa Vista aber als Durchgangsstation für Traveller auf dem Weg nach Guyana oder in die nur drei Stunden weiter nördlich liegenden wunderschönen Hochebenen Venezuelas.

Sehenswertes

Praia Grande STRAND

Am anderen Ufer des Rio Branco gegenüber von Boa Vista taucht bei niedrigem Wasserstand (etwa Dez.–April) die gelbbraune Sandbank der Praia Grande (großer Strand) auf, die tatsächlich groß und strandartig ist, sodass sie sich für einen netten Nachmittagsausflug anbietet. Da sie nur bei Niedrigwasser freiliegt, gibt's keine Vegetation und keinen Schatten – also unbedingt einen Sonnenschirm mitbringen oder bis zum späteren Nachmittag warten. **Porto do Babazinho** (☎3624-8382; Av Major Williams 1) betreibt einen Fährdienst (hin & zurück 4 R$) und verkauft Speisen und Getränke. Achtung: Stachelrochen!

Aktivitäten & Geführte Touren

Porto do Babazinho ABENTEUERTOUREN

(☎9111-3511; babarinhorr@yahoo.com; Av Major Williams 1) Porto do Babazinho ist die Ausgangsbasis des alteingesessenen einheimischen Führers Sebastião de Souza e Silva (alias „Babazinho"). Dieser organisiert und führt diverse Abenteueraktivitäten von Unterricht im Windsurfen und Surfbrettverleih bis hin zu ganz- und mehrtägigen Wanderungen, Kanufahrten und Tierbeobachtungstouren – zu vernünftigen Preisen.

Roraima Adventures TOUREN

(☎3624-9611; www.roraima-brasil.com.br; Coronel Pinto 86; ⏲Mo–Fr 8–12 & 14–18, Sa 8–12 Uhr) Roraima Adventures veranstaltet professionell geführte mehrtägige Campingtouren in ganz Roraima, u. a. in der Serra do Tepequém, am Roraima-Tepui in Venezuela und sogar im Yanomami-Reservat (sofern sich die erforderlichen Genehmigungen beschaffen lassen).

Schlafen

Hotel Ideal HOTEL $

(☎3224-6342; Araújo Filho 481; EZ/DZ 60/70 R$; ❄) Boa Vistas beste preisgünstige Unterkunft hat eine freundliche Lobby mit Essbereich und ordentliche Zimmer mit hohen Decken, TV und Klimaanlage. Das Dekor ist schlicht, aber das machen der freundliche

Boa Vista

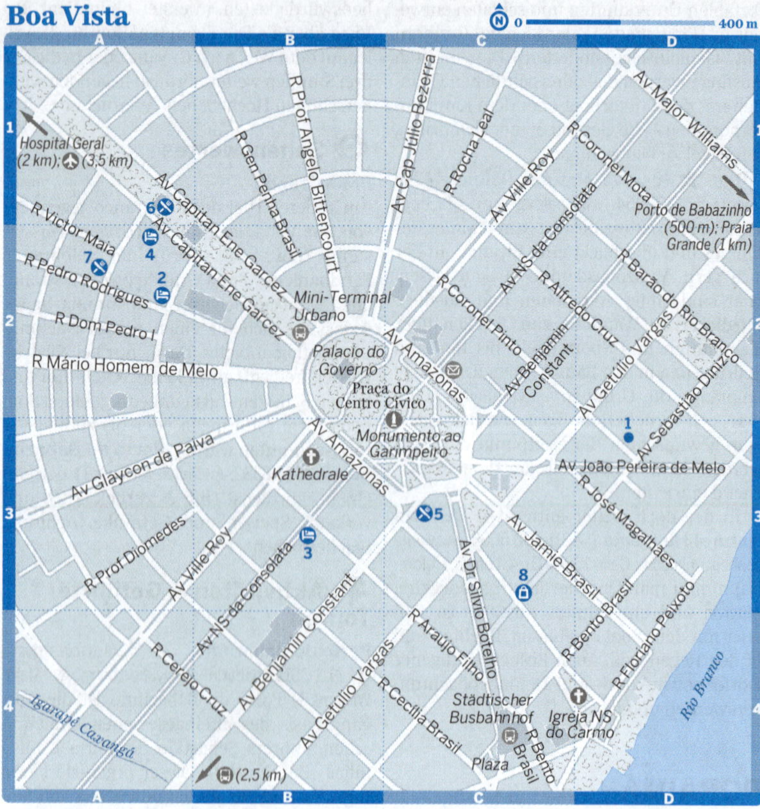

Boa Vista

Aktivitäten, Kurse & Touren
1 Roraima Adventures D3

Schlafen
2 Hotel Euzébio's A2
3 Hotel Ideal B3
4 Uiramutam Palace A2

Essen
5 La Gondola C3
6 Open-Air-Restaurantmeile A1
7 Peixada Tropical A2

Shoppen
8 Mercado Turístico C3

Service und die bequeme Lage des Hotels wieder wett.

Hotel Euzébio's HOTEL $
(☎2121-0300; www.hoteleuzebios.com.br; Cecília Brasil 1517; EZ/DZ Standard 80/110 R$, Superior 100/120 R$;) Die Standardzimmer sind sauber, aber leider ziemlich klein. Größer und hübscher sind die Superiorzimmer mit Warmwasser und Minibar. Alle Räume verfügen über Klimaanlagen und Fernseher. Ein prima Extra ist der Pool. Das Hotel liegt zwar etwas außerhalb des Zentrums, doch dafür näher an den ansprechenden Spazierwegen und den abends geöffneten Restaurants an der Avenida Capitan Ene Garcez. Wer bar zahlt, erhält einen Preisnachlass von 10 bis 15 %.

Uiramutam Palace HOTEL $
(☎3624-4700; www.uiramutam.com.br; Av Capitan Ene Garcez 427; EZ/DZ/3BZ Standard 70/100/120 R$, Deluxe 120/160/180 R$;) Angesichts des Preises wirken die Standardzimmer schrecklich kahl, die Deluxe-Wohneinheiten sind größer und angenehmer. Sie haben schicke Bäder (mit Waschtischen aus Porzellan und verglasten Duschen) sowie Flachbildfernseher. Barzahler erhalten 20 %

Rabatt. Der Swimmingpool bietet die willkommene Möglichkeit, sich am Nachmittag zu entspannen – trotz der riesigen Satellitenschüssel, die in einer Ecke des Poolbereichs aufragt.

Essen

★La Gondola SELBSTBEDIENUNG $
(Av Benjamin Constant 35 W; 25 R$ pro Kilo; ⊙ mittags) Dieses kleine Restaurant, in dem man pro Kilo zahlt, liegt an der Plaza jenseits einer stark befahrenen Kreuzung und hat Sitzbereiche draußen und drinnen (teils mit Klimaanlage, teils mit Ventilator). Zu essen gibt's das Übliche: Pasta, Kartoffeln, gebratenes Hähnchen, Grillfleisch, Bohnen usw.

Restaurantmeile BRASILIANISCH $
(Hauptgerichte 5–20 R$; ⊙ 17–24 Uhr) Eine gut besuchte Restaurantmeile unter freiem Himmel nimmt abends ein Stück des langen, schmalen Grünstreifens zwischen den beiden Fahrbahnen der Avenida Capitan Ene Garcez ein. Einige kleine Familienrestaurants stellen hier Tische unter die hohe Markise und servieren schmackhafte, preisgünstige brasilianische Kost. Gelegentlich gibt's auch Livemusik, aber eigentlich kommt man wegen der munteren, familienfreundlichen Atmosphäre.

Peixada Tropical FISCH & MEERESFRÜCHTE $$
(Ecke Ajuricaba & Pedro Rodrigues; Gerichte für 2 Pers. 35–50 R$; ⊙ 11–22 Uhr) In diesem beliebten Freiluftlokal wird Fisch auf alle erdenklichen Arten zubereitet.

Shoppen

Mercado Turístico MARKT
(☎ 3623-1615; Av Sebastião Diniz; ⊙ Mo–Sa 8–18 Uhr Zwei Blocks in der Stadt bilden eine Fußgängerzone. An den dortigen Ständen gibt's alles von Kunsthandwerk bis zu Cashewkernen.

Praktische Informationen

GELD

Banco do Brasil (Av Glaycon de Paiva 56; ⊙ Mo–Fr 8–14 Uhr) Tauscht Euros und US-Dollars.

Bradesco (Ecke Av Sebastão Diniz & Inácio Magalhães) Verlässliche Geldautomaten.

INTERNETZUGANG

Nobel (☎ 3621-3422; Av Glaycon de Paiva 789A; 3 R$ pro Std.; ⊙ Mo–Sa 9–19 Uhr)

Red Zone (Ecke Araújo Filho & Av Benjamin Constant; 2 R$ pro Std.; ⊙ 9–24 Uhr)

KONSULATE

Venezolanisches Konsulat (☎ 3623-9285; Av Benjamin Constant 968) Reisende aus vielen Nationen, darunter die meisten EU-Länder, müssen vor der Einreise nach Venezuela auf dem Landweg eine Touristenkarte besorgen, z. B. in Boa Vista. Das dauert etwa eine halbe Stunde. Mitzubringen sind ein Passbild und Kopien des Reisepasses samt brasilianischem Einreisestempel, der Vorder- und Rückseite der brasilianischen Touristenkarte und eines offiziellen Belegs, dass man gegen Gelbfieber geimpft ist.

Passbilder können in den Automaten an der Hauptplaza von Boa Vista gemacht werden. Ein Kopierladen befindet sich gleich um die Ecke vom Konsulat. Nicht vergessen: Das Konsulat ist wochentags nur bis 12 Uhr geöffnet und die venezolanischen Grenzbeamten sind nicht mehr so locker drauf, wie sie es mal waren. Bei Redaktionsschluss durften israelische Staatsbürger nur dann nach Venezuela einreisen, wenn sie ein internationales Flugticket für die Weiterreise vorweisen konnten, und selbst dann war die Aufenthaltsdauer auf gerade mal 72 Stunden beschränkt.

MEDIZINISCHE VERSORGUNG

Hospital Geral (☎ 3236-0326; Recife 1581) Boa Vistas wichtigstes öffentliches Krankenhaus ist 2 km vom Stadtzentrum entfernt (Richtung Flughafen) und hat eine rund um die Uhr besetzte Notaufnahme.

NOTFALL

Krankenwagen (☎ 192)

Polizei (☎ 190)

POST

Hauptpostamt (☎ 3621-3535; Ecke Av Amazonas & Av NS da Consolata; ⊙ Mo–Fr 8–16.30, Sa bis 12 Uhr)

REISEBÜROS

Timbo Turismo (☎ 3224-4077; timbotur@osite.com.br; Av Benjamin Constant, nahe der Rua Araújo Filho; ⊙ Mo–Fr 8–12 & 14–18, Sa 8–12 Uhr) Verkauft Flug- und Bustickets.

An- & Weiterreise

BUS

Eucatur (☎ 3623-1318) schickt täglich fünf Busse nach Manaus (119 R$, 10–12 Std., 9, 18, 19, 20 und 21 Uhr), jene um 19 und 21 Uhr verkehren direkt. In die Grenzstadt Pacaraíma geht täglich nur ein Bus (22 R$, 3 Std., 7 Uhr). Alternativ nimmt man ein Sammeltaxi; dann kostet die Fahrt zwar 40 R$, dauert aber weniger als drei Stunden.

Amatur (☎ 3224-0004) betreibt täglich Busse nach Bonfim an der Grenze zu Guyana (15 R$, 1½ Std., 7, 10, 14 und 16.30 Uhr). Dort überquert

DIE YANOMAMI

Die Yanomami sind eines der größten und zugleich urtümlichsten indigenen Völker Amazoniens. Ihr Siedlungsgebiet erstreckt sich fast über das gesamte nördliche Amazônia bis jenseits der venezolanischen Grenze. Trotz ihrer relativ großen Zahl – man schätzt etwa 15 000 Menschen – gab es bis zu den 1970er-Jahren nur gelegentlichen Kontakt mit ihnen. Dann entschied die brasilianische Regierung, die Schnellstraße BR-210 zu bauen, woraufhin sich die Yanomami urplötzlich mit Hunderten Bauarbeitern und anderen „Fremden" konfrontiert sahen. Wie zu erwarten, verbreiteten sich Krankheiten wie Masern, Grippe und Geschlechtskrankheiten unter ihnen. Ein paar Dörfer wurden vollständig ausgelöscht.

Ein Jahrzehnt später strömten rund 40 000 Bergleute infolge eines Goldrauschs in das Gebiet der Yanomami, verschmutzten Flüsse und zerstörten Wälder. 1988 versuchte die Regierung, den Yanomami 70 % ihres Territoriums wegzunehmen, um es für den Bergbau zu erschließen. Angesichts nationaler und internationaler Proteste wurde dieser Plan verworfen, aber das Los der Yanomami blieb schrecklich genug: Zwischen 1986 und 1993 starb ein Fünftel ihrer Bevölkerung, überwiegend an Seuchen.

1991 wies die venezolanische Regierung ihren Anteil des Yanomami-Territoriums offiziell als Indigena-Reservat aus. Brasilien zog einen Monat später nach und schuf die 96 650 km² große **Terra Indígena Yanomami**, das größte ausschließliche Indigena-Territorium des Landes.

Die Yanomami sind schmächtige Menschen mit den typischen Zügen der amerikanischen Ureinwohner. Den Mittelpunkt jeder Gemeinschaft bildet der *yano*, ein großes, rundes Gebäude aus Holz und Stroh, in dem jede Familie ihren eigenen Bereich hat, während die nicht überdachte Mitte für gemeinschaftliche Tänze und Zeremonien genutzt wird. Jede Familie grenzt ihren Bereich durch ein ständig brennendes Feuer ab, um das herum die Hängematten aufgehängt werden. Dieser Herd bildet das Zentrum des Familienlebens.

Auf dem traditionellen Speiseplan stehen Affen, Tapire, Pekaris und diverse Insekten, außerdem Früchte, Yams, Bananen und Maniok. Die Yanomami führen komplexe Zeremonien und Rituale durch und legen großen Wert auf stammesübergreifende Allianzen, vor allem, um Fehden im Zaum zu halten. Wenn die nahe gelegenen Böden und Jagdgründe erschöpft sind, wird der *yano* abgebrochen und die Dorfgemeinschaft wechselt an einen neuen Standort.

Krankheiten werden mit Schamanentänzen, Handauflegen und Kräutern, darunter *yakoana* (ein halluzinogenes, pflanzliches Pulver) behandelt. Stirbt ein Stammesmitglied, wird die Leiche an einem Baum aufgehängt, bis sie ausgetrocknet ist, und dann verbrannt. Die Asche wird mit zerstampften Bananen vermengt und von den Freunden und der Familie verzehrt, um den Geist des Verstorbenen aufzunehmen und zu bewahren.

Der Anthropologe Napoleon Chagnon lebte drei Jahrzehnte bei den Yanomami und beschrieb sie in seinem Bestseller *Die Yanomamö: Leben und Sterben der Indianer am Orinoco* als aggressiv und in einem Zustand „ständigen Krieges" lebend. Bei seinem Erscheinen 1968 erhielt das Buch zwar viel Anerkennung, doch im Lauf der Jahre mehrte sich die Kritik an der Methode und der Stichhaltigkeit der Erkenntnisse. Manche werfen Chagnon sogar vor, dass er einen Masernausbruch bewusst verschlimmert und den Grad an Gewalt innerhalb der Gemeinde übertrieben dargestellt hat. Die Kontroversen warfen ein Schlaglicht auf die ethischen Probleme, die mit dem Studium solch isoliert lebender indigener Gruppen verbunden sind.

man die Grenze nach Lethem und nimmt den Bus nach Georgetown (95 R$ ab Boa Vista; 15–16 Std., Mo, Di, Do, Fr & So).

FLUGZEUG

Dank häufiger Sonderangebote sind Flüge oft nur wenig teurer als Busfahrten.

Gol (☎ 3224-5824; www.voegol.com.br; ⏲ 11.30–17.30 & 22–4 Uhr)

Meta (☎ 3224-7490; www.voemeta.com.br; ⏲ Mo–Fr 8–18 Uhr) Fliegt zweimal wöchentlich nach Guyana und Surinam.

TAM (☎ 3623-0049; www.tamairlines.com.br; ⏲ Mo–Fr 8–22, Sa & So bis 18 Uhr)

Unterwegs vor Ort

In der Stadt sind mit „Lotação" gekennzeichnete Taxis wie Busse auf festgelegten Strecken unterwegs. Sie nehmen bis zu vier Fahrgäste mit und kosten 2 bis 4 R$, wenn der Fahrer die Route verlassen muss, um einen Gast irgendwo abzusetzen. Private Taxis fahren mit Taxameter und können teuer sein.

Der Flughafen liegt 3,5 km nordwestlich des Stadtzentrums. Bus 206 mit der Aufschrift „Carana-Aeroporto" (2 R$) fährt entweder vom *rodoviária urbano* (städtischer Busbahnhof) an der Avenida Dr Silvio Botelho oder gegenüber vom *mini-terminal urbano* am Ende der Praça do Centro Cívico ab. Zwischen 6 und 23.15 Uhr verkehren die Busse etwa alle 30 bis 90 Minuten; an den Wochenenden ist der Fahrplan allerdings etwas ausgedünnt. Taxis zwischen Flughafen und Zentrum kosten 25 R$.

Der **Busbahnhof** (Av das Guianas, Bairro São Vicente) liegt 2,5 km südwestlich des Zentrums. Einige Busse fahren vom *rodoviária urbano* und vom *mini-terminal urbano* dorthin, z. B. Linie 214 „Jockei Clube" und 215 „Nova Ciudad" (jeweils 2 R$, 20–30 Min.), und kehren auch wieder ins Zentrum zurück. Jeden Tag verkehren Busse von 5.30 Uhr bis Mitternacht. Ein privates Taxi vom Zentrum zum Busbahnhof kostet um die 10 R$, ein *lotação* 2,50 R$.

Rund um Boa Vista

Bonfim & Lethem (Guyana)

Das kleine **Bonfim** (☎095 / 11 000 Ew.) 125 km nordöstlich von Boa Vista dient als Sprungbrett nach Guyana. 5 km westlich auf der anderen Seite des Rio Tacutu liegt der guyanische Ort **Lethem** (☎072 / 900 Ew.). Weder Bonfim noch Lethem sind besonders hübsch, Letzteres ist jedoch der angenehmere Ort von beiden. Hier wie dort gibt's Hotels – für den Fall, dass man aus irgendeinem Grund mal nicht weiterkommt.

Eine von Brasilianern gebaute Brücke mit einem coolen Fahrbahnwechselsystem (in Guyana herrscht Linksverkehr) überspannt den Fluss; auf beiden Seiten findet man Zoll und Einreisebehörden. Außerdem gibt's Geldwechsler en masse.

Das **Takutu Hotel** (☎772-2094; www.takutuhotel.com; Takutu Dr; DZ ab 5000 GYD) ist die beste Unterkunft in Lethem mit verschiedenen Schlafmöglichkeiten (von Doppelzimmern und Suiten bis zu Hängemattenplätzen). Zu den weniger guten Bleiben in Bonfim zählt die **Pousada Fronteira** (☎3552-1294; Rua Aluísio de Menezes 2, Bonfim; EZ/DZ 27/35 US$) mit einfachen Zimmern und akzeptablen Bädern.

Santa Elena de Uairén (Venezuela)

☎0289 / 30 000 EW.

Santa Elena de Uairén (Santa Elena) ist ein staubiger kleiner Ort ein paar Kilometer nördlich der einzigen Grenzstation zwischen Brasilien und Venezuela. Er liegt höher als Boa Vista und ist daher kühler. Von hier hat man Zugang zu Venezuelas wunderschöner Gran Sabana. In der Gegend gibt's viele Wasserfälle und sonderbare Tafelberge, die *tepuis*. Der größte und bekannteste von ihnen ist der Roraima-Tepui, ein spektakuläres Naturdenkmal dort, wo Brasilien, Venezuela und Guyana zusammentreffen.

Die Ein- bzw. Ausreiseformalitäten für Brasilien und Venezuela werden 15 km südlich von Santa Elena an der Grenze, bekannt als *La Línea*, abgewickelt; die brasilianische und venezolanische Grenzstation liegen rund 1 km voneinander entfernt. Zur Einreise nach Venezuela brauchen die meisten Traveller kein vorab ausgestelltes Visum mehr, sondern erhalten es direkt an der Grenze. Bei der Wiedereinreise nach Brasilien muss man eine Gelbfieber-Impfbescheinigung vorweisen.

Sehenswertes & Aktivitäten

GRAN SABANA

Santa Elena liegt an der Südspitze des gewaltigen Parque Nacional Canaima (30 000 km²). In dessen Mitte befindet sich die Gran Sabana, eine hochgelegene Savanne mit kahlen, flachen *tepuis*, die von Flüssen durchzogen wird. Zu den Ausflugszielen hier gehören großartige Aussichtspunkte, man schwimmt in natürlichen Pools und besichtigt spektakuläre Wasserfälle wie den 100 m hohen **Salto Aponwao**. Weitere Möglichkeiten sind Wildwasserrafting und ein Besuch der Stadt/Region **El Paují**, einer interessanten Kombination aus natürlichen Sehenswürdigkeiten und einer andersartigen Gemeinschaft.

RORAIMA-TEPUI

Der größte der *tepuis* ist der 2810 m hohe **Roraima**. Folgerichtig kommen die meisten Besucher zum Klettern nach Santa Elena. Ein Standardausflug dauert sechs Tage, von denen man drei damit verbringt, die 60 km² große und wilde Mondlandschaft auf dem Gipfel zu erkunden. Zu den Höhepunkten dort oben gehören **La Ventana** (das Fenster) mit einer tollen Aussicht, **El Foso** (die Grube), ein rundes, tiefes Erdloch mit Bogen im Innern, und eine Reihe eiskalter, mit

Quarz umrandeter Teiche, die **Jacuzzis** genannt werden. Wem keine der Touren zusagt, der kann in den Städten San Francisco de Yuruaní (66 km nördlich von Santa Elena) oder Paraitepui (26 km östlich von San Francisco) Fremdenführer und Träger buchen. Um den Gipfel zu erreichen, muss man nicht wirklich klettern können. Ohne eine gute körperliche Verfassung sollte man die Tour aber definitiv ausfallen lassen. Der Roraima-Tepui überspannt Venezuela, Brasilien und Guyana, doch diese Route ist die einzige, die nicht senkrecht nach oben führt.

Geführte Touren

Alle Tourveranstalter in Santa Elena bieten ein-, zwei- oder dreitägige Jeeptouren durch die Gran Sabana an, bei denen man die interessantesten Sehenswürdigkeiten, hauptsächlich Wasserfälle, besucht. Die Preise liegen zwischen 300 und 800 VEF pro Person und Tag, abhängig von der Größe der Gruppe und davon, ob im Preis nur Führer und Transport oder auch Verpflegung und Unterkunft enthalten sind.

Am attraktivsten für die meisten Besucher ist eine Roraima-Tour, die im Allgemeinen als All-inclusive-Paket für sechs Tage zu Preisen zwischen 3200 und 3500 VEF angeboten wird (der Preis ist ein Richtwert für die Qualität). Die Veranstalter, die diesen Trip anbieten, vermieten in der Regel auch Campingausrüstung und können Transportmittel nach Paraitepui, dem Ausgangspunkt des Roraima-Treks, zur Verfügung stellen (Jeepfahrt für bis zu 6 Pers. rund 1800 VEF pro Strecke). Bevor man sich für irgendeine Roraima-Tour einschreibt, unbedingt die Einzelheiten – Größe der Gruppe, Zahl der Teilnehmer pro Führer, Qualität der Ausrüstung u. a. – in Erfahrung bringen. Die meisten Agenturen bieten auch Ausflüge zum Salto Ángel und ins Orinoco-Delta an.

Adrenaline Expeditions EXTREMSPORT
(☎ 0414-886-7209, 0426-894-8143; www.adrenalinexpeditions.com) Ricardo liebt die Gran Sabana und kennt sich in der Gegend bestens aus. Er bietet die unterschiedlichsten Touren dorthin an. Der Fokus liegt auf Abenteuersportarten.

Backpacker Tours TOUREN
(☎ 995-1430; www.backpacker-tours.com; Urdaneta) Die treibende Kraft vor Ort. Hier gibt's die bestorganisierten, bestausgerüsteten und kostspieligsten Touren zum Roraima und in die Region. Darüber hinaus werden Mountainbikes vermietet.

Mystic Tours TOUREN
(☎ 414-5696; www.mystictours.com.ve; Urdaneta) Bietet Roraima-Touren an, die zu den preiswertesten Optionen zählen. Veranstaltet außerdem Ausflüge in die Gegend mit New-Age-Einschlag.

Ruta Salvaje EXTREMSPORT
(☎ 995-1134; www.rutasalvaje.com; Av Mariscal Sucre) Bietet die üblichen Touren, außerdem Raftingtrips und Paragliding.

Schlafen

Posada Michelle PENSION $
(☎ 995-2017; hotelmichelle@cantv.net; Urdaneta; EZ/DZ/3BZ 80/120/180 VEF) Das unumstrittene Hauptquartier der Backpackerszene ist diese saubere und erstaunlich ruhige *pousada*, die 25 Zimmer mit Ventilator und Warmwasser und im Erdgeschoss eine einfache Küche bietet. Schweißüberkrustete Teilnehmer von Roraima-Trips können sich hier vor der Fahrt mit dem Nachtbus einen halben Tag Ruhe plus Dusche (80 VEF pro Zimmer) oder auch nur eine Dusche (20 VEF) gönnen. Auf Anschlagtafeln sind anstehende Touren angekündigt, sodass man die Gelegenheit hat, sich anzuschließen oder eine Gruppe zu vervollständigen.

Posada Backpacker Tours PENSION $
(☎ 995-1415; www.backpacker-tours.com; Urdaneta; B/EZ/DZ/3BZ 60/80/120/180 VEF; @ 📶) Zum gleichnamigen empfehlenswerten Tourveranstalter gehört diese Unterkunft. Ihre Zimmer sind ausreichend sauber und komfortabel, und vor Ort gibt's ein beliebtes Freiluftrestaurant sowie ein Internetcafé.

Hotel Lucrecia PENSION $$
(☎ 995-1105; www.hotellucrecia.com.ve; Av Perimetral; Zi./3BZ 250/300 VEF; ❄ @ 🏊) Etwas abseits des Zentrums wartet das Hotel Lucrecia mit 15 hellen Zimmern inkl. Warmwasser auf, die um eine schöne Gartenveranda angelegt sind. Auf Wunsch mit Halbpension.

Essen

Alfredo's Restaurant ITALIENISCH $$
(☎ 995-1628; Av Perimetral; Hauptgerichte 50–110 VEF; ⏲ Di–So 11–15 & 18–22 Uhr; 🖉) Alfredo's ist eines der besten Restaurants im Ort. Auf der langen Karte stehen Feinschmeckergerichte, darunter Tortellini mit Ricotta und Spinat, die im Munde zergehen.

ServeKilo Nova Opção BRASILIANISCH, BÜFETT **$**
(Av Perimetral; Büfett 80 VEF pro Kilo; ⏰11–15 Uhr; 🖉) Dieses Mittagslokal lässt einen glauben, in Brasilien zu sein. Die Gerichte des großen Büfetts stammen von beiderseits der Grenze, auch Grillfleisch und ein paar vegetarische Spezialitäten gehören dazu. Ein frisch gemixter Saft sorgt bei der Hitze für Abkühlung.

ℹ Orientierung

Die Calle Bolívar ist Santa Elenas Hauptstraße, an der Hotels, Internetcafés und Läden zu finden sind. Die Kreuzung mit der Calle Urdaneta heißt Cuatro Esquinas (vier Ecken); hier trifft man auf die Geldwechsler. Folgt man der Calle Urdaneta nach rechts, gelangt man zur Plaza Bolívar, dem zentralen Platz des Orts; ein paar Blocks weiter zur Linken befindet sich das Zentrum des Backpackerlebens: eine Ansammlung von Hotels, Restaurants und Tourveranstaltern. Am Ende des Blocks liegt die Avenida Perimetral, die um den Ort herumführt.

ℹ Praktische Informationen

GELD

Geldwechsler (sie tauschen US-Dollars und Euros) stehen an der Ecke Bolívar und Urdaneta, die Cuatro Esquinas (vier Ecken) genannt wird. Dies ist der sicherste Ort im Land, um sich mit dem Schwarzmarkt vertraut zu machen (Top-Wechselkurse!), aber eigentlich illegal.

Banco Caroni (Plaza Bolívar)

Banco Industrial de Venezuela (Calle Bolívar)

NOTFALL

Feuerwehr, Krankenwagen, Polizei (☎171)

POST

Ipostel (Urdaneta) Zwischen der Calle Bolívar und der Calle Roscio.

ℹ An- & Weiterreise

BUS

Der Busbahnhof liegt an der Schnellstraße nach Ciudad Guayana rund 2 km östlich vom Zentrum. Dorthin gelangt man nicht mit dem Bus, man muss ein Taxi nehmen oder sich von einem Reiseveranstalter mitnehmen lassen. Täglich fahren zehn Busse nach Ciudad Bolívar (115–172 VEF, 10–12 Std.), alle mit Halt in Ciudad Guayana. Manche davon verkehren weiter nach Caracas (280–311 VEF, 20 Std.). Auf der Calle Icabarú machen sich morgens zwei oder drei Jeeps auf den Weg in die Künstlergemeinde El Paují (50 VEF, 2–3 Std.), eine Bastion der Gegenkultur.

Von Santa Elena gibt's keine direkte Busverbindung nach Brasilien. Ein Taxi bringt einen über die Grenze zum Busbahnhof von Pacaraíma. Dort machen sich komfortable Kleintransportertaxis regelmäßig auf den Weg nach Boa Vista (25, R$ 2½ Std.). **Eucatur** (www.eucatur.com.br) bietet drei Busverbindungen von Montag bis Freitag und zwei am Samstag und Sonntag (16,50 R$).

Die Passformalitäten werden direkt an der Grenze abgewickelt, die in der Gegend als *La Línea* bekannt ist und 15 km südlich von Santa Elena de Uairén verläuft. *Por-puestos*-Sammeltaxis machen sich auf der Calle Icabarú auf den Weg zum Busbahnhof im brasilianischen Pacaraima, man muss allerdings den vollen Preis (60 VEF) zahlen, damit der Fahrer wartet, während man die venezolanische und brasilianische Einreisebehörde an *La Línea* abklappert. Eine Ausreisesteuer wird nicht fällig.

FLUGZEUG

Der winzige Flughafen liegt 7 km südwestlich der Stadt abseits der Straße zur brasilianischen Grenze. Öffentliche Verkehrsmittel fahren nicht dorthin, deshalb muss man auf Taxis zurückgreifen. Wenn sich genug Passagiere einfinden, fliegen Cessnas von Rutaca (5-Sitzer) via Canaima nach Ciudad Bolívar (1500 VEF). Auf der Strecke ab Canaima hat man einen genialen Blick auf die *tepuis* und den gewundenen Strom. LTA fliegt unregelmäßig nach Puerto Ordaz.

RONDÔNIA

1943 gründete Präsident Getúlio Vargas aus Teilen von Amazonas und Mato Grosso das Territorium Guaporé. 1981 wurde es zum Bundesstaat Rondônia, benannt nach Marechal Cândido Rondon. Der aufgeklärte und menschenfreundliche Soldat „zähmte" diese Region in den 1920er-Jahren, indem er eine Telegrafenleitung errichtete, die dieses Gebiet mit dem Rest Brasiliens verband. Rondon gründete auch den Serviço de Proteção ao Índio (SPI), Vorgänger der Funai (Fundação Nacional do Índio; Nationale Stiftung der Indigenen). Er ermahnte die Agenten des SPI: *„Morrer, se preciso for, matar nunca!"* (Sterbt, wenn es sein muss, aber tötet niemals!).

Die Vorgehensweise im Rest des Jahrhunderts war nicht so vorausschauend. 1981 rief die brasilianische Regierung mithilfe der Weltbank eine Initiative ins Leben, durch die Land an arme Siedler verteilt werden sollte. Das Projekt mit dem Namen Polonoreste zog so viele Menschen an, dass die Bevölkerung Rondônias von 111 000 Einwohnern im Jahr 1970 auf 1,13 Mio. 1991 anstieg. Umweltschützer gab es wenige. Und so fiel ein Fünftel des Primärwalds im Staat Holzfällern zum Opfer, um Farmland zu schaffen.

OHNE KONTAKT ZUR AUSSENWELT

Die Vorstellung, dass tief im Regenwald indigene Völker leben, die noch nie Kontakt zur Außenwelt hatten, ist gar nicht so abwegig, wie man vielleicht glaubt. Tatsächlich gibt's solche Gruppen auch in anderen Teilen der Welt, besonders viele aber im brasilianischen Amazonien. Ein Bericht der Funai, Brasiliens Amt für die Belange der indigenen Bevölkerung, schätzte die Zahl der nicht kontaktierten Stämme (oder „isolierten Völker") im Jahr 2007 auf 67 landesweit, während man zuvor von 40 ausgegangen war.

Eine solche Zahl zu ermitteln und ebenso, wie viele Personen ein derartiger Stamm umfasst, ist selbstverständlich schwer, aber nicht unmöglich. Völker, mit denen ein Kontakt besteht, berichten oft von nicht kontaktierten Gruppen, die in abgelegenen Gebieten ihrer Territorien leben. Gelegentlich kommen Mitglieder dieser Gruppen aus dem Dschungel, weil sie ihr Land verlassen haben oder von ihm vertrieben wurden. Für ihre kürzlich erschienene Studie untersuchte die Funai auch Fußspuren, aufgegebene Hütten und andere Hinweise. Die Experten glauben, dass die meisten der nicht kontaktierten Gruppen schon Nicht-Indios gesehen haben oder ihnen begegnet sind und wahrscheinlich auch bereits Flugzeuge gesichtet und gehört haben, es aber vorziehen, verborgen zu bleiben.

Mehrere nicht kontaktierte Gruppen sollen in Rondônia leben, darunter mindestens drei in der Terra Indígena Uru-eu-Wau-Wau in der Mitte des Bundesstaates. Dieses Gebiet leidet ganz besonders unter illegalem Bergbau und illegaler Holzfällerei, vor denen sich die nicht kontaktierten Gruppen immer tiefer in den Regenwald zurückziehen. In Rondônia lebt auch ein Mann, von dem man glaubt, er sei der letzte Überlebende seines Stammes. Er lehnt jede Kontaktaufnahme ab, obwohl sein Lebensraum von Weiden und Plantagen umzingelt ist. Als die Funai versuchte, eine Begegnung des Mannes mit einer Angehörigen eines benachbarten Volkes herbeizuführen, mit der er sich vielleicht fortpflanzen könnte, schlug er die Frau mit Pfeil und Bogen in die Flucht. Man nennt ihn „den Mann im Loch", weil er in seiner Hütte ein mit spitzen Stacheln bewehrtes Erdloch hat, in das er sich zurückzieht, wenn Fremde nahen. Die gesamte Geschichte ist in dem exzellenten Buch *The Last of the Tribe* von Monte Reel (2010) nachzulesen.

In den 1980er-Jahren wurde ein Jahrzehnt lang pro Minute eine Fläche von der Größe eines Fußballfelds abgeholzt.

Rondônia ist ein Übergangsgebiet zwischen dem dichten Regenwald am Amazonas und dem Cerrado (Savanne). Trotz des enormen Raubbaus an der Natur birgt der Bundesstaat noch eine reiche Fauna und Flora.

In den letzten Jahren ist die Abholzung in Rondônia beträchtlich zurückgegangen und schlägt nun nur noch mit weniger als 10 % des gesamten Waldverlusts in Brasilien zu Buche, verglichen mit über 15 % in früheren Jahren. Gleichwohl enthüllte eine in Rondônia 2010 durchgeführte Untersuchung niederländischer Forscher, dass mittlerweile Kleinbauern und nicht mehr mittlere oder Großbetriebe die treibende Kraft hinter der Abholung in diesem Bundesstaat (und wohl in ganz Amazonien) sind. Die Bundesgesetze schreiben vor, dass höchstens 20 % von jedem staatlich zugewiesenen Landstück für Ackerbau oder Weidehaltung gerodet werden dürfen. Größere landwirtschaftliche Betriebe haben sich als leichter überwachbar erwiesen als die Kleinbauern, die, so die Studie, bis zu 50 % der zugeteilten Flächen roden. Während sich der politische Druck als ein geeignetes Mittel im Hinblick auf die große Agrarindustrie herausgestellt hat, bedürfte es einer viel flexibleren staatlichen Verwaltung, um die Praxis der Kleinbauern zu ändern – und eine flexible Verwaltung ist nicht gerade Brasiliens Stärke, schon gar nicht in Amazonien.

Porto Velho

☎ 069 / 442 700 EW.

Porto Velho ist für die brasilianische Landwirtschaft äußerst wichtig, weil Sojabohnen und andere Erzeugnisse von hier aus auf riesigen Kähnen den Rio Madeira flussaufwärts geschafft und direkt auf Ozeanfrachter verladen werden. Auf der gleichen Route – allerdings auf Schiffen und nicht auf Lastkähnen – fahren Traveller von Cuiabá und dem Pantanal geruhsam nach Manaus und zum Amazonas. Die Stadt selbst hat zwar ein paar nette Ecken, ist aber vor allen Dingen ein wichtiger Verkehrsknotenpunkt.

Sehenswertes & Aktivitäten

Estrada de Ferro Madeira-Mamoré HISTORISCHE STÄTTE
(Madeira-Mamoré-Eisenbahnmuseum; Ecke Av Sete de Setembro & Av Farqhuar) Mehrere große Gebäude, die an Lagerhallen erinnern und früher als Bahnhof dienten, werden bereits seit einigen Jahren saniert. Sie stehen direkt am Ufer und sollen einmal ein Eisenbahnmuseum, Geschäfte und Restaurants sowie jede Menge freie Flächen umfassen, ähnlich wie die Estação das Docas in Belém. Hoffentlich sind die Arbeiten bei Erscheinen dieses Buches schon abgeschlossen!

Flussfahrten

Der breite Rio Madeira – der sechstgrößte Fluss der Welt – bildet die westliche Grenze von Porto Velho. Er entspringt in den bolivianischen Anden, ist 3200 km lang und erreicht eine durchschnittliche Fließgeschwindigkeit von 1,4 Mrd. Liter pro Minute. 150 km stromabwärts von Manaus mündet er in den Amazonas.

Von etwa 9 bis 19 Uhr unternehmen Flussschiffe täglich 45-minütige Fahrten auf dem Rio Madeira (12 R$ pro Pers.); los geht's am Dock vor dem Madeira-Mamoré-Bahnhof. Die Touren sind zwar nicht sonderlich aufregend, aber doch eine gute Möglichkeit, sich eine Stunde lang die Zeit zu vertreiben – und mit etwas Glück sieht man auch einige Flussdelfine. An Bord gibt's Snacks und Getränke.

Schlafen

Hotel Samaúma HOTEL $
(☎3224 5300; www.hotelsamauma.com.br; Rua Dom Pedro II Nr. 1038; EZ/DZ 90/110 R$) Ansprechende, erschwingliche und vor allem sehr freundliche Ergänzung der sonst eher unspektakulären Hotelszene von Porto Velho. Die Flure der beiden zweigeschossigen Backsteingebäude verlaufen an der Außenseite (Outdoor-Feeling!), die Zimmer sind klein, aber mit Flachbildfernsehern, modernen Bädern und warmem Holzmobiliar ausgestattet. Bis zu den Restaurants und Bars an der Avenida Pinheiro Machado kann man laufen. Nettes Frühstück.

Vitória Palace Hotel HOTEL $
(☎3221-9232; Duque de Caxias 745; EZ/DZ 50/60 R$; ❄) Zwar sind die Zimmer schlicht und ordentlich, doch man sieht ihnen ihr Alter an. Die vielen Möbel lassen sie zudem kleiner wirken, als sie tatsächlich sind – die hohen Decken helfen ein wenig. In den Bädern fließt warmes Wasser. Insgesamt erinnert die Atmosphäre mehr an eine Pension. Die Zimmer nach vorn liegen zum Speisebereich hin, man fragt besser nach einem Raum an der Rückseite.

Hotel Central HOTEL $$
(☎2181-2500; www.hotelcentral-ro.com.br; Tenreiro Aranha 2472; EZ/DZ 160/200; R$ ❄📶) Ein modernes Hotel mit viel Klasse und großen, hellen und blitzsauberen Zimmern samt schicken Glasduschen – nur die Klimaanlagen und Fernseher sind noch nicht erneuert worden. Der Service ist auf Zack und professionell, das liegt aber z. T. daran, dass nie mehr als eine Handvoll Gäste da zu sein scheint. 20 % Rabatt bei Barzahlung.

Hotel Vila Rica HOTEL $$$
(☎3224-3433; www.hotelvilarica.com.br; Av Carlos Gomes 1616; EZ/DZ 245/390 R$; ❄@📶🏊) Porto Velhos feinstes Hotel hat eine geräumige Lobby und komfortable Räumlichkeiten und bietet eine wunderbare Aussicht aus den Zimmern im oberen Stock. Ein Geschäftszentrum und ein Pool sorgen dafür, dass man hier Arbeit und Vergnügen verbinden kann. Samstags steigt im Hotel die beliebte *Feijoada do Vila*, ein Mittagsbüfett (35 R$ pro Teller).

Essen

Caffé Restaurante SELBSTBEDIENUNG $
(☎3224-3176; Av Carlos Gomes 1097; 28 R$ pro Kilo; ⌚Mo–Sa 11–15 Uhr) Das exzellente Büfett umfasst eine große Auswahl an Hauptgerichten – von Shepherd's Pie bis zu gebratenem Fisch –, jede Menge Beilagen und üppige Nachspeisen aus der Kühltruhe. Das nette, angenehm kühle Lokal ist bei Geschäftsleuten beliebt, aber trotzdem günstig.

Fiorela PIZZERIA $
(Pinheiro Machado nahe Campos Sales; Gerichte 20 R$; ⌚18–24 Uhr, Mo geschl.) *Rodízio*-Restaurants sind für ihre Vielfalt an Fleisch vom Spieß bekannt, doch dieses Konzept funktioniert auch mit italienischen Gerichten. Kellner gehen von Tisch zu Tisch und tragen Pasta und Pizza, Schoko- und Bananendesserts auf. Die laute Pizzeria ist sehr beliebt bei Familien.

O Rei do Peixe FISCH & MEERESFRÜCHTE $
(Rua Rogério Weber nahe der Sete de Setembro; Hauptgerichte 10–35 R$; ⌚11–23 Uhr) Eines von mehreren Open-Air-Restaurants auf der anderen Seite der Plaza, in denen sich Arbeiter und Familien tummeln. Das Mittagessen für

Porto Velho

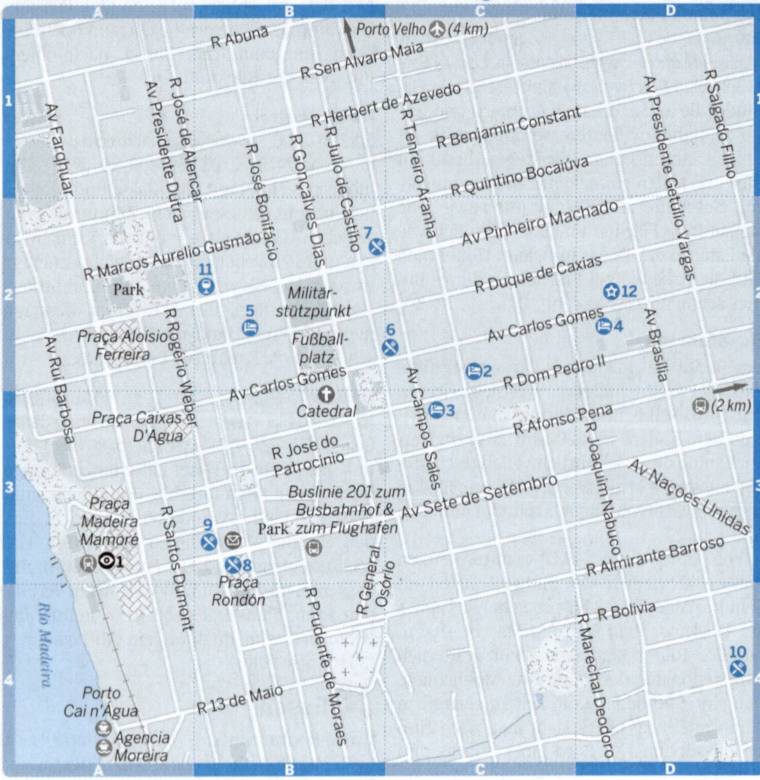

Porto Velho

Sehenswertes

1 Estrada de Ferro Madeira-Mamoré A3

Schlafen

2 Hotel Central C2
3 Hotel Samaúma C3
4 Hotel Vila Rica D2
5 Vitória Palace Hotel B2

Essen

6 Caffé Restaurante C2
7 Fiorela B2
8 Essensstände B3
9 O Rei do Peixe B3
10 Remanso do Tucunaré D4

Ausgehen & Nachtleben

11 Emporium B2

Unterhaltung

12 Cine Rio D2

10 R$ besteht aus Vorspeise, Hauptgericht und Beilagen, dazu noch ein Krug frisch gepresster Saft ... eine tolle, günstige Mahlzeit. Der Name suggeriert bereits, dass Fisch die Spezialität des Hauses ist, es gibt aber auch Rind und Hühnchen. Nachts ist die Gegend ein bisschen rau.

Essensstände BRASILIANISCH $

(Ecke Av Sete de Setembro & Rogerio Weber; 8–23 Uhr) Ein paar Kioske im unteren Teil der Plaza servieren warme Sandwiches, frische Säfte und andere Kleinigkeiten zu Preisen wie vom Imbisswagen.

Remanso do Tucunaré BRASILIANISCH $$

(3221-2353; Av Brasília 1506; Gerichte 16–40 R$; 11–22 Uhr) Die guten Fischgerichte machen zwei Personen satt. Köstlich sind die *caldeirada de tucunaré* (Flussfischeintopf) oder auch *tambaquí* – große Fischstücke, mit Zwiebeln und Tomaten in einer Suppe gekocht und mit Reis serviert. Das Dekor ist entschieden anspruchslos. Sehr beliebt bei Einheimischen.

Ausgehen & Unterhaltung

An der Ecke der Avenidas Pinheiro Machado und Presidente Dutra spielt sich der größte Teil des Nachtlebens von Porto Velho ab. In Bars wie **Emporium**, **Confraria** und **Dom Pedro** (alle in demselben Block) gibt's Bier und Mixgetränke. Die coole, unkonventionelle Atmosphäre zieht Leute unterschiedlichen Alters an. An den Wochenenden ist natürlich am meisten los. Dann wird manchmal auch Livemusik gespielt.

Cine Rio KINO
(2. OG, Rio Shopping, Av Carlos Gomes; Tickets 12 R$) Dieses Kino mit nur einem Saal befindet sich in der oberen Etage des Rio Shopping, einer kleinen Mall auf der Avenida Carlos Gomes zwischen der Rua Joaquim Nabuco und der Avenida Brasília. Damit ein Film gezeigt wird, müssen mindestens fünf Personen anwesend sein – an einigen Abenden wird diese Mindestzahl nicht erreicht.

Praktische Informationen

GELD

Geldautomaten von Bradesco stehen in den Avenidas Carlos Gomes und Sete de Setembro.

INTERNETZUGANG

Amazon House (Av Pinheiro Machado 753; 3 R$ pro Std.)

PortoNet (2,50 R$ pro Std.; Mo–Sa 8–22.30, So 17–22.30 Uhr)

MEDIZINISCHE VERSORGUNG

Drogaria Natal (Av Pinheiro Machado nahe der Julio de Castiho; 7–1 Uhr) Große Apotheke und Minimarkt.

Hospital Central (3224-5225; Julio de Castiho 149) Öffentliches Krankenhaus.

UNIMED (3216-6800; Rio Madeira 1618) Privatklinik.

NOTFALL

Krankenwagen (192)

Notaufnahme (3224-5225; Julio de Castiho 149, Hospital Central)

Polizei (190)

POST

Post (3217-3667; Ecke Av Presidente Dutra & Av Sete de Setembro; Mo–Fr 8–17, Sa 9–12 Uhr)

REISEBÜROS

Nossa Viagens e Turismo (3224-4777; Tenreiro Aranha 2125) Verkauft Flugtickets. In der Stadt gibt's weitere Reisebüros.

WÄSCHE

Lavandería Mamoré (3221-3266; Av Pinheiro Machado 1455; 1,50–6 R$ pro Kleidungsstück; Mo–Sa 8–18 Uhr) Schnell und professionell, die Preise sind aber unverschämt. Etwas sparen kann man, indem man aufs Bügeln verzichtet.

An- & Weiterreise

BUS

Der **Busbahnhof** (Ecke Av Jorge Teixeira & Av Carlos Gomes) liegt 2 km östlich des Zentrums.

Real Norte (3225-2891) fährt viermal täglich nach Rio Branco (65 R$, 8 Std.), Abfahrt ist um 7, 12, 21 und 23.30 Uhr. Um 21 Uhr geht ein Direktbus. Nach Guajará-Mirim (51 R$, 6 Std.) starten Busse um 6.30, 10, 14, 15, 18, 23.30 und 1 Uhr. Die Sammeltaxis nach Guajará-Mirim (70 R$ pro Pers.) sind schneller (ca. 4 Std.); der Preis bezieht sich auf ein Minimum von vier Passagieren.

Eucatur (3222-2233) fährt ebenfalls nach Rio Branco (65 R$, 8 Std., nur um 22.30 Uhr), aber auch in weit entfernte Ziele wie Cuiabá und Brasília.

FLUGZEUG

Der Flughafen von Porto Velho liegt 7 km nördlich der Stadt. Täglich starten und landen Direktflüge von/nach Rio Branco, Manaus, Cuiabá und Brasília. Bei Redaktionsschluss wurde der Flughafen gerade renoviert.

Avianca (4004-4040; www.avianca.com.br)

Gol (3219-7491; www.voegol.com.br)

TAM (3219-7508; www.tam.com.br)

Azul-TRIP (4003-1118; www.voeazul.com.br)

SCHIFF/FÄHRE

Zweimal wöchentlich machen sich langsame Boote auf dem Rio Madeira nach Manaus auf (Hängematte 200 R$, Zweierkabine 500–600 R$, 2½ Tage). Sie legen immer dienstags und samstags um 18 Uhr am Porto Cai n'Água am Ende der Rua 13 de Maio ab. Hängematten müssen die Passagiere selbst mitbringen, Mahlzeiten können an Bord gekauft werden. Tickets gibt's in der **Agencia Moreira** (9211-4987, 9235-2525; Porto Cai n'Água; Mo–Sa 8–18 Uhr) oder einem der anderen Kioske am Hafen. Man kann sich schon zwei oder drei Tage vor der Abfahrt einen Platz für die Hängematte suchen und dort übernachten.

Unterwegs vor Ort

Busse mit der Beschilderung „Almirante" oder „Hospital de Base via Aeroporto" verbinden das Stadtzentrum (Avenida Sete de Setembro) mit dem Busbahnhof (die Haltestelle liegt nach Verlassen des Haupteingangs rechter Hand) sowie dem Flughafen (auch hier geht man vor dem Haupteingang nach rechts). Sie fahren alle 30 Minuten (am Wochenende stündlich). Ein Taxi vom Busbahnhof in die Stadt kostet 15 R$, vom/zum Flughafen zahlt man 35 R$.

Guajará-Mirim

☎ 069 / 42 200 EW.

Diese unauffällige Stadt am Rio Mamoré wurde dadurch bekannt, dass sie die Endstation der Eisenbahn Madeira-Mamoré im Süden war. Sowohl Guajará-Mirim als auch das bolivianische Guayaramerín am anderen Flussufer sind zollfreie Zonen und daher stets mit einkaufenden Touristen überfüllt. Reisende kommen vor allem hierher, um die Grenze zu überqueren.

Sehenswertes & Aktivitäten

Museu Histórico Municipal MUSEUM
(Ecke Av Constituição & Av 15 de Novembro) GRATIS Das traurige, kleine Museum wurde bei unserem Besuch gerade renoviert. Vielleicht sind die schlecht präparierten, ausgestopften und in Formaldehyd eingelegten deformierten Tiere anschließend ja endlich verschwunden, damit man sich auf den eigentlichen historischen Aspekt konzentrieren kann: die Madeira-Mamoré-Eisenbahn, die dieses Gebäude während ihrer kurzen Existenz als Bahnhof nutzte.

Schlafen & Essen

Hotel Mine-Estrela HOTEL $
(☎ 3541-1206; Av 15 de Novembro 460; EZ/DZ 50/80 R$; ❄ 📶) Große, einfache Zimmer mit Kabel-TV in der Nähe von Restaurants, Internetcafés und vorbeifahrenden Taxis, die einen zum Hafen oder Busbahnhof bringen. Keineswegs luxuriös, aber eine preiswerte Alternative, vor allem für Gäste auf der Durchreise.

Hotel Jamaica HOTEL $
(☎ 3541-3722; Av Leopoldo de Matos 755; EZ/DZ 80/140 R$; ❄ 📶) Nahe der Kathedrale bietet das Jamaica exzellenten Service und komfortable Zimmer entlang eines Innenflurs und der Lobby. Jene nach vorn sind größer, dafür bekommen die auf der Rückseite weniger vom Betrieb auf dem Gang ab. Flachbildfernseher sind Standard und das üppige Frühstück inklusive.

Lanchonete e Pizzaria Pit Stop PIZZA $
(☎ 3541-4213; Av 15 de Novembro 620; Gerichte 4–6 US$; ⏲ 17–22 Uhr) In diesem beliebten, aber etwas sterilen Lokal werden bescheidene Pizzas serviert. Dank des Breitbildfernsehers muss niemand auf die neueste Folge seiner Lieblingsserie oder ein Fußballspiel verzichten.

Restaurante Oásis SELBSTBEDIENUNG $
(☎ 3541-1621; Av 15 de Novembro 460; 30 R$ pro Kilo; ⏲ 11–15 Uhr außer Di) Dieser alteingesessene Favorit in Guajará-Mirim verköstigt seine Gäste zuverlässig mit einem köstlichen, gut zubereiteten Mittagsbüfett mit frisch gegrilltem Fleisch. In den luftigen Essbereich dringt zwar etwas Straßenlärm, dennoch ist es ein geeigneter, angenehmer Ort für eine Pause.

Praktische Informationen

GELD

Am Hafen von Guayaramerín auf der bolivianischen Seite gibt's viele Geldwechsler.

Banco do Brasil (Av Mendonça Lima 388; ⏲ Mo–Fr 9–14 Uhr) Wechselt US-Dollars, aber keine Reiseschecks.

Bradesco (Av Costa Marques 430) Geldautomaten.

INTERNETZUGANG

Lan House Center (Av 15 de Novembro; 2 R$ pro Std.; ⏲ Mo–Sa 9–22 Uhr) Auf der anderen Straßenseite gegenüber vom Busbahnhof.

TriboNet (Av 15 de Novembro; 1,75 R$ pro Std.; ⏲ Mo–Fr 8–24, Sa & So 13–23 Uhr) Schnelle Verbindungen.

MEDIZINISCHE VERSORGUNG

Hospital Regional (☎ 3541-7129, gebührenfrei 192; Ecke Marechal Deodoro & Av Costa Marques) In dem überfüllten öffentlichen Krankenhaus muss man möglicherweise länger warten.

Gelbfieberimpfungen (Hospital Regional, Ecke Marechal Deodoro & Av Costa Marques; ⏲ Mo–Fr 8–13 Uhr; 🚻) Kostenlos.

NOTFALL

Notaufnahme (☎ 192; Hospital Regional, Ecke Marechal Deodoro & Av Costa Marques; ⏲ 24 Std.)

Polizei (☎ 190)

POST

Post (☎ 3541-2777; Ecke Av Presidente Dutra & Marechal Deodoro; ⏲ Mo & Mi–Fr 8–16 Uhr, Di ab 9 Uhr)

Anreise & Unterwegs vor Ort

Taxis vom **Busbahnhof** (Av 15 de Novembro) in die Stadt kosten 15 bis 25 R$, Motorradtaxis 10 R$.

Busse von **Real Norte** (☎ 3541-2302) fahren sechsmal täglich nach Porto Velho (51 R$, 6–7 Std., 6.30, 10, 13, 14, 18 und 23.55 Uhr). Die Busse um 13 und 23.55 Uhr sind Direktverbindungen und rund eine Stunde schneller. Nach

Guajará-Mirim

Rio Branco gibt's täglich nur einen Bus (55 R$, 9 Std., 12 Uhr).

NACH/VON BOLIVIEN

Motorboote setzen zwischen Guajará-Mirim und Guayaramerín, Bolivien, über den Rio Mamoré (5 R$ oder 20 BOB, 10 Min.). In der Regel müssen sich mindestens zehn Personen einfinden; doch dies dauert selten länger als 30 Minuten. Der Hafen und der **Fahrkartenverkauf** (☎ 3541-7221; ⏲ 24 Std.) von Guajará-Mirim befinden sich an der Avenida Beira Rio.

Bolivianisches Konsulat (☎ 069-3541-8620; Beira Rio 50; ⏲ Mo–Fr 7–15 Uhr) Im zweiten Stock nach der bolivianischen Flagge Ausschau halten; die Tür befindet sich auf halbem Wege in einem schmalen Korridor auf der Südseite des Gebäudes.

Polícia Federal (☎ 3541-0200; Ecke Av Presidente Dutra & Av Bocaiúva; ⏲ 7–21 Uhr) Der Eingang zur Einreisebehörde ist eine ungekennzeichnete Tür in der Avenida Presidente Dutra, aber am Wochenende und nach Büroschluss kann man den Haupteingang in der Avenida Quintino Bocaiúva benutzen.

Guajará-Mirim

Sehenswertes
1 Museu Histórico Municipal B3

Schlafen
2 Hotel Jamaica C1
3 Hotel Mine-Estrela C2

Essen
4 Lanchonete e Pizzaria Pit Stop C2
5 Restaurante Oásis C2

Guayaramerín (Bolivien)

☎ 0855 / 36 000 EW.

Guayaramerín liegt am Rio Mamoré gegenüber von Guajará-Mirim und ist eine Grenzstadt, ein Flusshafen und Handelszentrum. Hier beginnt auch die Straße, die über Riberalta (90 km weiter) und Rurrenabaque in die bolivianische Hauptstadt La Paz führt.

Die Stadt ist so klein, dass man zu Fuß praktisch überall hinkommt, außer zum Busbahnhof 2,5 km südlich des Fähranlegers. Die Fahrt mit einem Motorradtaxi kostet 1 bis 3 BOB.

Schlafen & Essen

Hotel Santa Ana HOTEL $
(☎ 855-3900; Calle 25 de Mayo 611; EZ/DZ mit Ventilator 70/140 BOB, DZ klimatisiert 150 BOB; ❄) Das beste von mehreren Hotels an dieser Ecke. Es bietet geräumige, meist klimatisierte Zimmer und ein paar Suiten. Das Preis-Leistungs-Verhältnis ist ganz okay, die fensterlosen Räume sollte man aber meiden.

Hotel Balneario San Carlos HOTEL $$
(☎855-3555; Calle 6 de Agosto 347; EZ/DZ 190/260 BOB; ❄📶🏊) Bei Weitem das nobelste Hotel vor Ort, wie das Gebahren und die vielen Geländelimousinen auf dem Parkplatz beweisen. Für die Gäste gibt's einen Swimmingpool, ein Restaurant und einen Billardtisch, aber die Zimmer sind angesichts des Preises ein bisschen enttäuschend: Was ist nur mit den guten alten Klimaanlagen los? Trotzdem ist das Haus eine Stufe besser als die Konkurrenz.

Snack Bar Antonella FAST FOOD $
(Hauptplatz; Hauptgerichte 15–30 BOB) Netter Ort für ein Bier und einen Snack, während man das Treiben an der Plaza beobachtet.

ℹ Praktische Informationen

Geldwechsler (Hafen Guayaramerín) Wechseln US-Dollars, Bolivianos und Reais.

Hospital Guayaramerín (☎885-3008, 885-3007, 112; Calle Mamoré s/n) Medizinische Grundversorgung.

Internet M@s@s (Calle 25 de Mayo; 5 BOB pro Std.; ⏲9.30–24 Uhr) Internet.

Polizei (☎110; Ecke Av Mariscal Santa Cruz & Calle 6 de Agosto)

Post (Av Mariscal Santa Cruz s/n; ⏲Mo–Fr 8–12 & 14–17, Sa 8–12 Uhr)

ℹ An- & Weiterreise

BUS & TAXI

Man sollte sich zweimal überlegen, ob man sich auf eine lange Busfahrt einlässt, erst recht während der Regenzeit (etwa Nov.–April). Dann sorgen überflutete Straßen und Brücken schnell dafür, dass sich die geschätzte Reisezeit verdreifacht und sich Fahrten zwei, drei oder sogar fünf Tage hinziehen. Die meisten Einheimischen fliegen oder warten, bis die Wege wieder passierbar sind.

Der Busbahnhof liegt 2,5 km vom Fluss entfernt an der Avenida Federico Román. Eine Taxifahrt dorthin kostet 5 BOB.

FLUGZEUG

Der kleine Flughafen von Guayaramerín befindet sich am Ostrand der Stadt. Entlang der Avenida 16 de Julio, nahe der Ecke Calle 25 de Mayo, liegen die Büros der Fluggesellschaften. **Aero-Con** (☎855-5025; Calle 25 de Mayo nahe Beni) bietet täglich Flüge nach Trinidad, wo Anschluss in weitere Städte besteht. **TAM** (☎855-3924; Av 16 de Julio) fliegt sonntagvormittags nach Riberalta (130 BOB, 20 Min.) und täglich außer dienstags und donnerstags nach Trinidad (523 BOB, 50 Min.). **Amaszonas** (www.amaszonas.com) macht sich fast täglich auf den Weg nach Riberalta und Trinidad, hat allerdings kein Büro in der Stadt. Für Flüge nach Cobija via Riberalta (600 BOB pro Pers.) müssen private *avionetas* (Leichtflugzeuge) gemietet werden; dafür werden mindestens fünf Passagiere benötigt. Man sollte **Avionetta Ariel** (☎852-3774) oder **El Capitán** (☎7686-2742) mindestens einen Tag im Voraus anrufen.

SCHIFF/FÄHRE

Motorboote pendeln zwischen Guayaramerín und Guajará-Mirim (5 R$, 5 Min.). Sehr unregelmäßig fahren Frachtboote den Río Mamoré hinauf nach Trinidad (ohne/mit Verpflegung ca. 250/350 BOB), die Reise dauert sechs Tage. Im Büro des Hafenmeisters gibt's aktuelle Infos.

VON/NACH BRASILIEN

Für Bürger der meisten Länder werden in Brasilien und Bolivien kostenlos an Ort und Stelle 90 Tage gültige Touristenvisa ausgestellt. Dazu benötigt man Passbilder, eine Impfbescheinigung und dies und das – selbstverständlich sollte man das besser vor der Anreise erledigt haben. Die Grenzbeamten prüfen genau, ob der Ausreisestempel der anderen Seite vorliegt; den sollte man sich also unbedingt holen, ehe man den Fluss überquert.

Bolivianische Einwanderungsbehörde (☎855-4413, außerhalb der Öffnungszeiten 7395-2902; Ecke Av Costañera & Calle Mariscal Santa Cruz; ⏲Mo–Fr 8–20, Sa & So bis 12 Uhr)

Brasilianische Konsulat (☎855-3766; Av Beni & Av 24 de Septiembre; ⏲Mo–Sa 9–17 Uhr)

ACRE

Das heutige Acre gehörte früher zu Bolivien. Gegen Ende des 19. Jhs. lebten hier aber größtenteils brasilianische *seringueiros* (Kautschukzapfer), die vom Amazonas aus nach Süden zogen. Im August 1902 schickte Bolivien seine Armee, um die Kontrolle wiederzuerlangen. Diese stieß jedoch auf heftigen Widerstand der *seringueiros*, etwas melodramatisch als „Revolution von Acre" bezeichnet. Schließlich trat Bolivien das Gebiet an Brasilien ab und erhielt im Gegenzug 2 Mio. britische Pfund sowie das Versprechen, dass eine Eisenbahnstrecke von der Grenze nach Porto Velho gebaut würde, um den bolivianischen Exporthandel zu fördern (diese Strecke wurde nie fertiggestellt; einige Bolivianer behaupten gar, dass auch das Geld nie gezahlt wurde). Die brasilianische Regierung unterstützte die Menschen aus Acre nicht wirklich und weigerte sich sogar, es als Bundesstaat anzuerkennen. Stattdessen nannte sie es das erste „Bundesterritorium" der Nation. Dagegen formte sich eine

Autonomiebewegung und es entstand ein manchmal mit Waffengewalt geführter Konflikt, der über 60 Jahre andauerte und damit endete, dass Acre zu einem eigenständigen Staat erklärt wurde.

Acre ist der Heimatstaat von Chico Mendes, dem ermordeten Umweltschützer und Führer der Landarbeitergewerkschaft. Außerdem war der Bundesstaat der Hauptaustragungsort des Konflikts um die Abholzung. Hunderte Gewerkschaftsführer, Aktivisten und normale Arbeiter starben dabei – darunter auch Mendes, der 1988 ermordet wurde. Doch dank dieser Unruhen steht heute ein Drittel des Bundesstaates unter Naturschutz oder ist als Land der Ureinwohner gekennzeichnet.

Rio Branco

☎068 / 348 300 EW.

Rio Branco, die Hauptstadt Acres, wurde 1882 von Kautschukzapfern an den Ufern des Rio Acre gegründet. Der einst ungehobelte, raue Ort hat sich in eine wirklich angenehme Stadt verwandelt, die mehrere ausgezeichnete Kulturstätten und bequemen Zugang zu einigen interessanten Orten bietet, darunter auch zu Xapuri, dem Heimatort des Umweltschützers Chico Mendes. Leider kommen nicht viele Traveller nach Rio Branco, einfach weil es abseits der Gegenden liegt, die sie in der Regel aufsuchen.

Sehenswertes

Palacio Rio Branco HISTORISCHES GEBÄUDE

(Praça Povos da Floresta; ⏲Di–Fr 8–18, Sa 16–20 Uhr) Acres erstes Bundesstaatsgebäude, der imposante Palacio Rio Branco, ist heute hauptsächlich eine Touristenattraktion. Der Irrgarten aus miteinander verbundenen Sälen enthält interessante, gut aufgemachte Ausstellungen zu prähistorischen Artefakten, indigenen Gemeinschaften sowie über Chico Mendes und die Revolution von Acre. Es gibt kostenlose Führungen, allerdings nur auf Portugiesisch; auch die Beschriftungen sind ausschließlich auf Portugiesisch.

Memorial dos Autonomistas DENKMAL

(Autonomistendenkmal; ☎3224-2133; Praça Eurico Dutra; ⏲Di–Fr 8–18, Sa 16–20 Uhr) GRATIS In dem schicken Gebäude an der Hauptplaza präsentiert das Memorial dos Autonomistas eine Dauerausstellung zu Acres Kampf um Autonomie – den Status eines eigenständigen Bundesstaates. Außerdem gibt's Kunst-Wechselausstellungen und man kann sich die Grabstätte von José Guiomard dos Santos ansehen. Er stammt zwar nicht gebürtig aus Acre, war aber Präfekt der Region und trug später, als Senator, zur Verabschiedung des Gesetzes bei, welches Acre zu einem Bundesstaat machte.

Museu da Borracha MUSEUM

(Kautschukmuseum; Av Ceará 1441; ⏲Di–Fr 8–18, Sa 16–20 Uhr) GRATIS Vollgestopft und faszinierend, so lässt sich das Museu da Borracha beschreiben, das sich der Geschichte des Kautschukzapfens in Acre widmet. In drei kleinen Zimmern erfährt man, wie die Zapfer lernten, den milchigen Saft zu gewinnen, ohne dabei die Bäume zu töten (der Schlüssel dazu war ein Werkzeug namens *cabrita,* das „Zicklein"). Auch das Leben und die Arbeit von Chico Mendes und die Gewerkschaft der Kautschukzapfer werden behandelt – allerdings nur auf Portugiesisch.

Mercado Velho MARKT

(Praça Bandeira) GRATIS Rio Brancos am Fluss gelegener und neu aufgemöbelter Markt ist nicht nur ein prima Ort für eine Mahlzeit oder ein Bier am Nachmittag, sondern auch beliebt für von der Stadt gesponserte Kulturevents wie Livekonzerte, Tanzdarbietungen, Dichterlesungen oder Theatervorstellungen. Diese Veranstaltungen finden in der Regel abends oder an den Wochenenden statt.

Schlafen

In Rio Branco müssen die Hotels die Pass- und Visainformationen aller Gäste erfassen – eine Maßnahme der Bundespolizei, um die Kriminalität an der Grenze einzudämmen.

Hotel do Papai HOTEL $

(☎3223-2044; Floriano Peixoto 849; EZ/DZ 70/110 R$; ❄📶) Eigenartige, aber verlässliche Budgetunterkunft. Hinter dem riesigen Empfang und dem aufgemotzten Businessbereich mit Ledersofas, Flachbildfernsehern und Computern befinden sich recht saubere Zimmer mit sehr betagten TVs und Klimaanlagen. Sie bieten wenig natürliches Licht, sind aber frisch gestrichen und haben hohe Decken. Außerdem wurden die Wände mit Amazônia-Motiven bemalt. Der nette Besitzer ist schon älter.

AFA Hotel HOTEL $

(☎3224-1396; www.afabistro.com.br; Ribeiro 109; EZ/DZ 92/138 R$; ❄📶) Netter Service und gemütliche Zimmer in einem kleinen, zentral gelegenen Hotel. Das Dekor ist spartanisch, die großen Fenster lassen aber viel Licht he-

Rio Branco

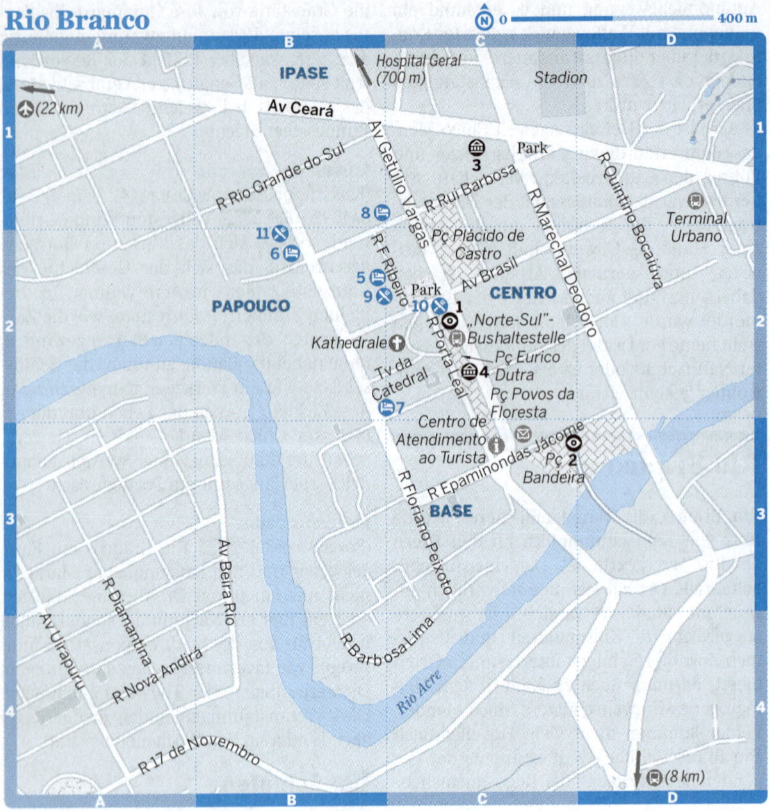

Rio Branco

Sehenswertes

1 Memorial dos Autonomistas C2
2 Mercado Velho C3
3 Museu da Borracha C1
4 Palacio Rio Branco C2

Schlafen

5 AFA Hotel B2
6 Hotel do Papai B2
7 Hotel Guapindaia Centro C2
8 Hotel Guapindaia Praça Business B1

Essen

9 AFA Bistrô D'Amazônia B2
10 Café do Theatro C2
11 Churrascaria Triângulo B2
Mercado Velho .... (siehe 2)

Unterhaltung

Mercado Velho .... (siehe 2)

rein. Die Klimaanlagen sind modern, die TVs bejahrt. Es gibt 5 % Rabatt bei Barzahlung und 10 % für Hotelgäste im hauseigenen Restaurant (eines der besten *por-kilo*-Restaurants der Stadt).

Hotel Guapindaia Centro HOTEL **$$**
(☎ 3223-5747; www.hoteisguapindaia.com.br; Floriano Peixoto 550; EZ/DZ 100/165 R$; P ❄ 📶) Von der Lage an einer sehr belebten Straßenecke sollte man sich nicht abschrecken lassen, denn die Preise dieses freundlichen Mittelklassehotels sind angemessen und die Hauptsehenswürdigkeiten der Stadt gerade mal einen Block entfernt. Die sauberen und frischen, allerdings etwas kleinen Zimmer haben graugrüne Wände, modernisierte Bäder und leise Klimaanlagen. Das Frühstücksbüfett ist riesig.

Hotel Guapindaia Praça Business HOTEL **$$**
(☎ 3224-7677; www.hoteisguapinda.com.br; Rui Barbosa 354; EZ/DZ 130/190 R$; P ❄ 📶 🏊) Bes-

ser könnte dieses Hotels (auf Geschäftsleute zugeschnitten) nicht liegen: Einen Block weiter findet man eine baumbestandene Plaza und den schmalen Stadtpark. Die Zimmer sind ziemlich winzig, aber blitzsauber, die große Lobby ist klimatisiert, der Service professionell.

Essen

Café do Theatro BRASILIANISCH **$$**
(☎3223-5862; Ecke Av Brasil & Av Getúlio Vargas; Gerichte 17–28 R$; ⏲Mo–Sa 12–23 Uhr) Dieses stilvolle Restaurant-Café grenzt an das Memorial dos Autonomistas, ist aber in Privatbesitz. Hierher kommen vor allem Angestellte und Geschäftsleute, die auf der sonnigen Terrasse oder im klimatisierten Speisesaal sitzen und Gerichte wie Roastbeef im Bananenblatt oder gegrillten Fisch mit Kapern von der kreativen Speisekarte bestellen. Außerdem gibt's eine umfangreiche Getränkekarte und frische Desserts.

Mercado Velho MARKT **$**
(Praça Bandeira; pratos feitos [Tellergerichte] ab 6 R$; ⏲7–22 Uhr) Der „Alte Markt" ist in Wirklichkeit Rio Brancos neuester und erfolgreichster Versuch in Sachen Stadterneuerung. Ein früheres Hafengebäude wurde in einen attraktiven Lebensmittelmarkt umgewandelt, auf dem es gegrillte Wohlfühlgerichte, feine Vorspeisen und mehr gibt. Sie werden drinnen oder draußen an der Plaza am Fluss serviert. Besonders viel los ist abends, wenn Livemusik auf dem Programm steht.

Churrascaria Triângulo BRASILIANISCH **$$**
(☎3224-9265; Hotel Triângulo, Floriano Peixoto 727; 33 R$ pro Kilo, rodízio [All-you-can-eat] 30 R$; ⏲tgl. 11–15, Mo–Sa 19–22 Uhr) Zugegeben, hier fehlt es an Atmosphäre, aber wer richtig hungrig ist und Lust auf Fleisch hat, ist an der richtigen Adresse. Besonders satt macht das *rodízio* – eine Art All-you-can-eat-Fleischbüfett: Die Kellner kommen mit frisch gegrillten Spießen direkt an die Tische und man kann sich von den Beilagen nehmen, so viel man will.

AFA Bistrô D'Amazônia SELBSTBEDIENUNG **$$**
(Ribeiro 99; 41,50 R$ pro Kilo, So 50 R$; ⏲11–14.30 Uhr) Dieses unauffällige Bistro ist das beste *por-kilo*-Lokal der Stadt, vielleicht sogar von ganz Amazônia. Rio Brancos Einwohner schwören auf die frischen, einfallsreichen Salatkombinationen, zarten Fleisch- und Fischgerichte und unwiderstehlichen Nachspeisen. Sonntags gibt's *frutas do mar* (Meeresfrüchte).

Unterhaltung

Mercado Velho LIVEMUSIK
(Praça Bandeira; ⏲17–23 Uhr) Viele Restaurants im ansprechenden „alten Markt" am Flussufer sind abends und nachts geöffnet. Dort bekommt man kühles Bier oder auch komplette Mahlzeiten. Es ist ein beliebter, netter Ort, um ein paar Stunden lang nichts zu tun, außer vielleicht Livemusik zu hören (meist spielt und singt mindestens ein Gitarrist – mit harmlosem Verstärker) und sich die in hypnotisierend blaues Licht getauchte Fußgängerbrücke anzuschauen.

Cine Araujo KINO
(www.cinearaujo.com.br; Shopping Via Verde, Estrada da Floresta; 18 R$) In dem großen, modernen Kino in einem großen, modernen Einkaufszentrum 6 km westlich der City laufen in erster Linie synchronisierte Hollywoodstreifen, gelegentlich auch brasilianische Produktionen. Ein Taxi kostet 30 R$. Alternativ nimmt man einen „Shopping"- oder „Floresta"-Bus am Busterminal.

Praktische Informationen

GELD

Banco do Brasil (Porta Leal 85)
Bradesco (Porto Leal 83)
HSBC (Ecke Rui Barbosa & Marechal Deodoro)

INTERNETZUGANG

Viper.net (Av Ceará; 2 R$ pro Std.; ⏲Mo–Sa 7–20.30, So 12–20.30 Uhr)

NOTFALL

Notaufnahme (☎3223-3080, 192; Hospital Geral, Ecke Av Nações Unidos & Hugo Carneiro)
Polizei (☎190)

POST

Post (Epaminondas Jácome 447; ⏲Mo–Fr 7–16, Sa 8–12 Uhr)

REISEBÜROS

Discovery Viagens (☎9238-9495; www.discoveryviagens.com; AFA Hotel, Ribeiro 109; ⏲Mo–Fr 8–17 Uhr) Der lokale Tourveranstalter hat geführte Exkursionen aller Art im Programm, darunter Fahrradtouren in Xapuri und Besuche der indigenen Yawanawá-Gemeinde und des Nationalparks Serra do Divisor. In der Lobby des AFA Hotel findet man einen Infoschalter.

TOURISTENINFORMATION

Centro de Atendimento ao Turista (Praça Povos da Floresta; ⏲Mo–Sa 8–17.30, So 17–20 Uhr) Nicht besonders hilfreich, aber ganz gut als erste Anlaufstelle geeignet.

An- & Weiterreise

Die Schnellstraße BR-364 ist zwischen Rio Branco und Porto Velho sowie nach Sena Madureira, 170 km westlich Rio Branco, asphaltiert und gut unterhalten. Ebenfalls geteert ist die Strecke von Rio Branco nach Brasiléia (235 km) und Assis Brasil an der peruanischen Grenze; auf ihr verkehren ganzjährig Busse. Abgesehen von diesen Verkehrskorridoren sind die meisten Straßen in Acre unbefestigt und während der Regenzeit (üblicherweise Okt.–Mai) nur schwer oder gar nicht befahrbar. In diesen Monaten sind Schiff oder Flugzeug oft die einzigen Alternativen.

BUS

Fernbusse starten am **Rodoviária Internacional de Rio Branco** (☎ 3221-3693; www.rodoviariainternacional.com; Km 125, Schnellstraße 364), einem schicken neuen Busterminal 8 km südwestlich der Stadt. **Real Norte** (☎ 3221-2428, gebührenfrei 0800-647-6666; www.realnorte.com.br) fährt nach Xapuri (26 R$, 3½ Std., 6 und 13.45 Uhr), Brasiléia (30 R$, 4 Std., 6, 6.30, 12, 15 und 18 Uhr), Assis Brasil (40 R$, 6 Std., 6 und 12 Uhr), Guajará-Mirim (56 R$, 7–8 Std., nur 10.30 Uhr) und Porto Velho (66 R$, 7–8 Std., 7, 11, 21, 22 und 23 Uhr). Die Straße nach Cruzeiro do Sol (92 R$, 9 Std.) ist jetzt ganzjährig passierbar.

Auch **Eucatur** (☎ 3224-2233; www.eucatur.com.br) und **Transacreana** (☎ 3224-6669) operieren von diesem Busterminal.

FLUGZEUG

Von Rio Brancos kleinem Flugplatz gibt's täglich Verbindungen nach Porto Velho und Brasília (dort hat man Anschluss in weitere Städte), außerdem saisonal auch Flüge nach Cruzeiro do Sul.

Gol (☎ 0300-115-2121; www.voegol.com.br; Flughafen)

TAM (☎ 4002-5700; www.tam.com.br; Flughafen)

Azul-TRIP (☎ 4003-1118; www.voeazul.com.br; Flughafen)

SCHIFF/FÄHRE

Zwar ist der Rio Acre bis nach Assis Brasil an der peruanischen Grenze schiffbar, doch es sind nur wenige Schiffe unterwegs (und keines verkehrt nach einem Fahrplan). In der anderen Richtung kann man nördlich von Rio Branco in der Ortschaft Boca do Acre ein Schiff erwischen, das den Rio Purus stromab bis nach Manaus fährt. Wenn es nach Manaus gehen soll, findet man

DAS VERMÄCHTNIS DES CHICO MENDES

Mitte der 1970er-Jahre lockten die ehrgeizigen Pläne der Militärregierung zur Besiedelung des Amazonasbeckens eine Flut von Viehzüchtern, Holzunternehmen und Siedlern nach Acre; Kautschuk- und Paranussbäume wurden abgeholzt, um Platz für Ranches zu schaffen. Francisco Alves Mendes Filho, besser bekannt als Chico Mendes, war damals ein etwas über 30 Jahre alter Kautschukzapfer und einer der wenigen von ihnen, die lesen und schreiben konnten. Seit Langem setzte er sich für die Verbesserung der Lebensverhältnisse seiner Kollegen, der *seringueiros*, ein. 1977 gründete er den Sindicato dos Trabalhadores Rurais de Xapuri (Landarbeitergewerkschaft von Xapuri) zur Verteidigung ihrer Rechte gegen die gewaltsame Einschüchterung und Enteignung durch die Neuankömmlinge.

Mendes organisierte *empates*, gewaltlose Sitzblockaden zur Verhinderung der Abholzung. Dabei ging es ihm anfangs nicht um Umweltschutz, sondern darum, die Interessen der Kautschukzapfer zu schützen, deren Leben von einem gesunden, intakten Wald abhing. Die Umweltbewegung jener Tage, die sich noch weitgehend auf die USA konzentrierte, kümmerte sich hingegen hauptsächlich um „Urwälder", in denen es, abgesehen von ein paar Indianerstämmen, angeblich keine Menschen gab.

Diese zwei Gruppen – die Kautschukzapfer und die US-Umweltaktivisten – zusammenzubringen, war eine der wesentlichen Leistungen von Mendes. Er überzeugte seine Kollegen, sich als Hüter des Waldes und Verbündete der indigenen Völker zu verstehen. Und er trug zur Entwicklung des Konzepts der „extraktiven Reservate" bei, die bis heute ein wichtiges Mittel sind, um das Land und seine Bewohner zu schützen. Mendes erhielt zahlreiche internationale Auszeichnungen, darunter 1987 die Global 500 Honor Roll des Umweltprogramms der Vereinten Nationen (UNEP).

Der Ruhm im Ausland machte sein Leben im eigenen Land zusehends gefährlicher. Während in den 1960er-Jahren Ermordungen von Landarbeitern und Aktivisten, darunter Priester und Rechtsanwälte, auf Einzelfälle beschränkt waren, stieg die Zahl solcher Morde 1980 auf mehr als 100 und in den Jahren zwischen 1985 und 1987, laut Amnesty International, auf fast 500 an.

allerdings in Porto Velho auf dem Rio Madeiro wesentlich häufiger verkehrende und zudem verlässlichere Schiffe.

Unterwegs vor Ort

Am betriebsamen **Terminal Urbano** (Städtischer Busbahnhof; Rua Sergipe zw. Av Ceará & Rua Benjamin Constant) zahlt man seinen Fahrschein an einer Personenschleuse. Die Busse halten hier an deutlich markierten Haltebuchten.

Der Flughafen liegt 22 km westlich der Stadt an der Schnellstraße 364. Eine Taxifahrt zwischen Airport und Zentrum kostet stolze 80 bis 90 R$; man sollte versuchen, ein paar Mitfahrer zu finden, um sich die Kosten zu teilen. Alternativ pendelt der Bus 304 mit der Aufschrift „Custódio Freire" etwa im Stundentakt zwischen Flughafen und Stadt (2,40 R$, 45 Min., 5–22.30 Uhr).

Mindestens drei verschiedene Stadtbusse verkehren zwischen dem Stadtbusbahnhof und dem Rodoviária Internacional; sie sind mit „Norte-Sul", „Parque Industrial" oder „Jacarandá" (2,40 R$, 20–30 Min., alle 15 Min.) beschildert. Ein Taxi vom/zum Zentrum kostet 25 R$, ein Motorradtaxi 10 R$.

Xapuri

068 / 16 600 EW.

In dieser sauberen kleinen Stadt mit zahlreichen schmucken Holzhäusern in breiten Straßen lebte der Umweltaktivist und Held der Arbeiterbewegung Chico Mendes. Der Ort liegt etwa 12 km nordwestlich der Schnellstraße BR-317, der Hauptverbindung zwischen Rio Branco (241 km entfernt) und Brasiléia (74 km entfernt).

Sehenswertes & Aktivitäten

Casa Chico Mendes HISTORISCHES GEBÄUDE
(www.chicomendes.org.br; Batista de Moraes 494) In dem einfachen Holzhaus wohnte Chico Mendes mit seiner Familie bis zu seiner Ermordung auf der Hintertreppe im Jahre 1988. Bei den Führungen erhält man eine sehr anschauliche Beschreibung des Moments, in dem er erschossen wurde – an der Wand sind immer noch Blutflecken zu sehen. Die Chico-Mendes-Stiftung auf der anderen Straßenseite zeigt Fotos von Mendes im Posterformat sowie eine Sammlung persönlicher Gegenstände und internationaler Preise.

Im Dezember 1988 begann Mendes, seinen Geburtsort, den Seringal Cachoeira, in ein Extraktionsreservat zu verwandeln, und forderte damit den Rancher Darly Alves da Silva, heraus, der das Land für sich beanspruchte. Ihn hatte Mendes bereits bei der Polizei angezeigt, weil er sein Leben bedroht hatte und wegen der Ermordung eines Gewerkschaftsaktivisten zu Beginn des Jahres. Mendes erhielt zahllose Todesdrohungen, widersetzte sich aber den dringenden Bitten von Kollegen, aus Acre zu fliehen. Am 22. Dezember 1988 trat er auf die hintere Terrasse seines Wohnhauses in Xapuri und wurde dort aus nächster Nähe von Männern erschossen, die sich im Gebüsch versteckt hatten. Mendes taumelte ins Haus zurück, wo seine Frau und seine Kinder beim Fernsehen saßen, und verblutete.

Die Ermordung des Gewerkschaftsführers war der erste von Hunderten von Mordfällen, die aufgrund massiver internationaler Proteste gründlich untersucht wurden und zu Anklagen führten. Darly Alves da Silva und sein Sohn Darci Pereira da Silva wurden wegen der Anstiftung zur Tat und Durchführung des Mordes zu 19 Jahren Gefängnis verurteilt. 1993 entkamen die beiden aus der Haft, indem sie einfach aus dem Gefängnis herausspazierten, was auf Komplizen unter den Wachen schließen ließ. Nach neuerlicher internationaler Empörung wurden sie 1996 gefasst und wieder inhaftiert. Nach Abgeltung ihrer Haftstrafe im Jahr 2009 soll sich Darci im Pantanal niedergelassen haben, doch Darly ist in seiner Heimat geblieben, wo man ihn jetzt in der Gegend um Xapuri als freien Mann sehen kann.

Mendes' Leben und seine Ermordung rückten die Umweltkrise in Amazonien ins Bewusstsein der Öffentlichkeit. Immer noch ist es gefährlich, sich für den Wald und seine Bewohner einzusetzen. Am 12. Februar 2005 wurde die in den USA geborene Nonne Dorothy Stang in der Kleinstadt Anapú, die im Sojaanbau- und Rinderzuchtgebiet des Bundesstaates Pará liegt, mit Gewehrschüssen niedergestreckt. Sie wurde auf Geheiß eines Ranchers ermordet, den sie beschuldigt hatte, illegal Wald zu roden. Der Viehzüchter, der den Mord angestiftet hatte, wurde 2007 zu einer 30-jährigen Gefängnisstrafe verurteilt. Er ist erst der Vierte der Drahtzieher zahlreicher Morde seit dem Attentat auf Chico Mendes, der tatsächlich zur Verantwortung gezogen wurde.

Museu do Xapuri MUSEUM
(Rua C Brandão; ⏱Di–Fr 8–18, Sa 8.30–17.30, So 9–13 Uhr) GRATIS Das kleine, interessante Museum berichtet von der Zeit, als Xapuri, das am Zusammenfluss zweier Flüsse liegt, als wichtiger Umschlagplatz für Kautschuk, Nüsse, Holz und andere Waren diente und bei Kaufleuten aus dem Nahen Osten hoch im Kurs stand, die mit allem von Schaufeln bis Parfüm Handel trieben. Von 1929 bis 2000 wurde die hübsche Villa übrigens als Rathaus genutzt.

Pousada Ecológica Seringal Cachoeira ÖKOTOUREN
(☎9947-8399; 32 km von Xapuri; 50–70 R$ pro Pers.) Den *seringal*, in dem Chico Mendes als Kautschukzapfer arbeitete, gibt's immer noch. Heute befindet sich hier eine Ökolodge, in der interessante Touren organisiert werden. Beliebt ist der Ausflug, der um 4 Uhr morgens startet und einen Einblick in das Leben der Arbeiter gewährt, die Kautschuk und Paranüsse sammeln. Die Chancen stehen gut, dass man auch ein paar Tiere erspähen wird. Eine Baumkronentour mit 500 m Seilrutschen und -brücken wird ebenfalls angeboten.

Schlafen

Pousada das Chapurys POUSADA $
(☎3542-2253; pousada_chapurys@hotmail.com; Sadala Koury 1385; EZ/DZ/3BZ 50/80/110 R$; ❄📶) Das Haus in kurzer Gehentfernung vom Busbahnhof gehört zu den Oldtimern unter Xapuris Unterkünften, ist aber immer noch eine angenehme und behagliche Bleibe. Die freundlichen Betreiber waren mit Chico Mendes befreundet. Sie haben ihren Speisesaal mit Fotos des Gewerkschaftsführers und allerlei Andenken an ihn dekoriert und natürlich auch so manch eine faszinierende Geschichte auf Lager. Die Zimmer sind groß und komfortabel, wenn auch etwas in die Jahre gekommen.

Pousada Villa Verde POUSADA $
(☎3542-3012; pousada-villaverde@hotmail.com; Nogueira 500; EZ/DZ 75/100 R$; ❄📶🏊) 200 m vom Busterminal entfernt steht die Villa Verde mit dem großen, grünen Garten und gerade mal acht gemütlichen Zimmern (allesamt klimatisiert und mit komfortablen Betten ausgestattet). Manche haben eine eigene Terrasse. Außerdem gibt's einen kleinen, sauberen Pool zum Abkühlen.

★**Pousada Ecológica Seringal Cachoeira** LODGE $
(☎9947-8399; B 60 R$, DZ 130–190 R$; ❄) 32 km außerhalb von Xapuri befindet sich der Seringal Cachoeira, in dem der ermordete Gewerkschaftsführer Chico Mendes seinen ersten Job als Kautschukzapfer und Paranusssammler hatte. Die Kautschukplantage ist bis heute in Betrieb, doch mittlerweile gibt's hier eine neue Lodge mit gemütlichen Unterkünften. Besucher können an hervorragenden geführten Wanderungen teilnehmen. Man schläft in großen Mehrbettzimmern oder komfortablen, frei stehenden „Chalets", das Essen wird im großen Hauptgebäude serviert.

Auf der Schnellstraße BR-317 hält man 4 km südlich der Xapuri-Kreuzung nach dem Abzweig Ausschau; von dort sind es noch weitere 16 km auf einer unbefestigten Straße zur Lodge. Die Taxifahrt ab Xapuri kostet 100 R$.

Essen & Ausgehen

Pizzaria Tribos PIZZERIA $
(☎3542 2531; Rua C Branbão; Hauptgerichte 15–25 R$; ⏱abends) Dieses Lokal ist in einem der Kioske untergebracht, die in einem kleinen Park einen Block abseits der Hauptplaza zu finden sind. Es serviert an Tischen im Freien schmackhafte Pizzas und verdient Extraapplaus für die Musik: internationalen Rock.

Bebum BAR
(Rua C Branbão) In einem Park abseits der Hauptplaza steht dieser beliebte Kiosk, in dem sich junges, rastloses Volk aus der Gegend trifft.

Praktische Informationen

Banco da Amazona (Rua C Bradão) Neben der Tankstelle.

Touristeninformationskiosk (⏱Mo–Fr 7–12 & 14–17 Uhr) Gegenüber vom Busbahnhof erhält man mehr Kunsthandwerk als Reiseinfos, doch die Angestellten sind sehr nett und halten eine hilfreiche Broschüre über Xapuri bereit.

An- & Weiterreise

Real Norte (☎3542-2384, gebührenfrei 0800-647-6666; www.realnorte.com.br) schickt zweimal täglich um 6 und 15.20 Uhr einen Bus von Xapuri nach Rio Branco (26 R$, 3½ Std.). Nach Brasiléia (10 R$, 2 Std., 10 Uhr) verkehrt täglich nur ein Bus. Man kann aber auch ein Taxi zum *trocamento* (Kreuzung) an der Schnellstraße BR-317 nehmen (15 R$) und dort einen Rio-Branco- oder Brasiléia-Bus anhalten.

Brasiléia

☎068 / 22 300 EW.

Die Grenzstadt Brasiléia ist durch den Rio Acre und den Igarapé Bahia von Cobija in Bolivien getrennt. Zu tun gibt's hier nur wenig, es sei denn, man ist auf der Suche nach einem Computer oder einem DVD-Player: Dann kann man sich der Menge anschließen, die nach Cobija fährt, um dort zu niedrigen Preisen zollfrei einzukaufen.

Schlafen & Essen

Pousada Las Palmeras POUSADA **$**
(☎3546-3284; Pratagi nahe der Geny Assis; EZ/DZ 60/80 R$; ❄📶) Brasiléias ansprechendstes Hotel bietet viele Zimmer verschiedenen Zuschnitts – von schmalen Einzel- bis zu geräumigen Doppelzimmern, alle mit Klimaanlage, TV, Minibar und Warmwasser. Das Frühstück schmeckt ausgezeichnet. Die neueren Einheiten sind makellos, die älteren haben weniger Fliesen und mehr Charakter, aber dafür knarrt und quietscht die Ausstattung.

Saborella BRASILIANISCH **$**
(Rua Odilon Pratagi s/n; Hauptgerichte 9–28 R$; ⏲tgl. 11–15, Di–So 17–22 Uhr) Das Tagesmenü zum Sonderpreis macht die Bestellung in diesem kleinen Restaurant, das zu den wenigen wirklich annehmbaren vor Ort zählt, kinderleicht. Es ist einen halben Block vom Busterminal und etwa 300 m vom Internetcafé entfernt.

Orientierung

Die aus Rio Branco kommende Schnellstraße BR-317 nähert sich Brasiléia aus Südosten und durchquert die benachbarte, aber unabhängige Stadt Epitáciolândia. Brasiléias Busbahnhof liegt gegenüber einer kleinen Brücke. Von dort sind es zu Fuß noch 300 m (oder mit dem Taxi 5 R$) ins Zentrum. Fußgänger halten sich nach dem Busbahnhof rechts und folgen der Rua Odilon Pratagi bis zur Avenida Prefeito R Moreira, wo sich die meisten der Haupteinrichtungen befinden.

Eine Brücke über den Igarapé Bahia verbindet Epitáciolândia mit Cobija. Dies ist auch der einzige offizielle Grenzübergang mit Einreisestellen für beide Länder. Eine kleinere und nettere Brücke führt über den Rio Acre und ermöglicht es, in nur wenigen Minuten von einem Stadtzentrum ins andere zu gelangen. Diese Brücke ist nach Wilson Pinheiro benannt, dem im Juli 1980 ermordeten Präsident der Kautschukzapfergewerkschaft und guten Freund von Chico Mendes. Sie liegt am Ende der Avenida Prefeito R Moriera, wo sich auch eine Zoll- aber keine Einreisestelle befindet.

Praktische Informationen

Banco do Brasil (Av Prefeito R Moreira No 470) Geldautomat.

No-Name Internet Café (Rua Odilon Pratagi; 3 R$ pro Std.; ⏲8.30–22 Uhr) Zwei Blocks von der Pousada Las Palmeras entfernt.

Polizei (☎3546-3207, 190; Av Prefeito R Moreira No 456; ⏲24 Std.)

Post (Av Prefeito R Moreira zw. Banco das Amazonas & Touristeninformationskiosk; ⏲Mo–Fr 8–12 & 14–17 Uhr)

An- & Weiterreise

BUS

Der Busbahnhof liegt rund 500 m von den meisten Hotels und der Haupteinkaufsstraße entfernt; ein Taxi von dort bzw. dorthin kostet 5 R$. **Real Norte** (☎3546-3257; www.realnorte.com.br) fährt fünfmal täglich nach Rio Branco (30 R$, 4 Std.), ebenso nach Xapuri (10 R$, 2 Std.) und Assis Brasil (10 R$, 2 Std.). Zu den genannten Orten verkehren gewöhnlich auch teurere, aber schnellere Sammeltaxis.

VON/NACH PERU

Nach Peru gelangt man über das Dorf Assis Brasil, 110 km westlich von Brasiléia. Die Route war früher abenteuerlich, aber inzwischen ist die Straße asphaltiert und es verkehren täglich Busse. Die brasilianischen Grenzformalitäten muss man in Brasiléia, die peruanischen im Grenzort Iñapari erledigen.

Busse von Real Norte pendeln zwischen Rio Branco bzw. Brasiléia und Assis Brasil.

VON/NACH COBIJA (BOLIVIEN)

Für eine kurzzeitige Einreise nach Cobija oder Brasiléia sind keine Einreiseformalitäten zu erledigen. Will man länger als ein paar Tage bleiben oder weiter ins Land hineinfahren, ist man aber gehalten, offiziell einzureisen.

Die **bolivianische Einwanderungsbehörde** (⏲Mo–Fr 9–17 Uhr) befindet sich auf der großen internationalen Brücke. In Brasilien ist die **Polícia Federal** (☎3546-3204; ⏲8–19 Uhr) für die Grenzprozedur zuständig; das Büro ist in Epitáciolândia, gleich hinter der internationalen Brücke. In Cobija gibt's ein **brasilianisches Konsulat** (☎842-2110; Av René Barrientos; ⏲Mo–Fr 8.30–12.30 Uhr) einen halben Block von der Hauptstraße entfernt in der Avenida General Rene Barrientos neben der Banco Mercantil de Bolivia.

Während für US-Bürger verschärfte Einreisebedingungen gelten, erhalten die meisten Traveller aus anderen Staaten in beiden Ländern kostenlos ein 90 Tage gültiges Touristenvisum an Ort und Stelle. Für die Einreise nach Bolivien und Brasilien ist der Nachweis einer Gelbfieberimpfung erforderlich.

Ein brasilianisches Taxi von Brasiléia nach Bolivien kostet mit kurzem Halt an beiden Grenzposten 10 bis 15 R$. Für die Rückfahrt verlangen die bolivianischen Taxifahrer 5 R$.

Cobija (Bolivien)

☎ 03 / 22 300 EW.

Mit einer Niederschlagsmenge von jährlich 1770 mm ist die Hauptstadt des bolivianischen Departements Pando der feuchteste Ort Boliviens. Die hügelige Stadt liegt an den Ufern des Rio Acre. Ihre Plaza ist schön, die Atmosphäre jedoch trostlos. Fast überall kann mit brasilianischen Reais gezahlt werden.

Schlafen & Essen

In Bolivien ist das Frühstück normalerweise nicht im Zimmerpreis enthalten.

Hotel Nanijo's HOTEL **$$**
(☎ 842-2230; 6 de Agosto 147; EZ/DZ 200/350 BOB; ❄) Dieses große, moderne Hotel hat die besten Einrichtungen von allen Unterkünften der Stadt. Seine Zimmer sind mit Fliesenböden und Kabel-TV ausgestattet, das Planschbecken im Hof sorgt für Abkühlung bei schweißtreibenden Temperaturen.

Esquina de la Abuela INTERNATIONAL **$$$**
(Molina nahe Sucre; Hauptgerichte 40–65 BOB) Cobijas nettestes Restaurant wartet mit Tischen unter freiem Himmel auf, an denen frisch zubereitete, leckere Gerichte mit Huhn und anderem Fleisch unter einem gewaltigen *palapa*-Wigwam serviert werden.

Orientierung

Wer von Brasiléia aus über die kleinere Brücke kommt, biegt nach dem Militärstützpunkt links ab und geht geradeaus bis zur auf dem Hügel gelegenen Hauptplaza von Cobija. Von der großen internationalen Brücke führt die Avenida Internacional 600 m geradeaus bis zur Avenida 9 de Febrero. Dort biegt man rechts ab und folgt der Avenida 9 de Febrero rund 1,5 km bis ins Ortszentrum.

Praktische Informationen

Polizei (☎ 110)

Post (ECOBOL; Hauptplaza; ⏲ Mo–Fr 8–12 & 15–19, Sa 9–12 Uhr)

Prodem (Plaza Principal 186) Bargeldvorschüsse auf Visa- bzw. MasterCard-Kreditkarte, ein Geldautomat und Wechselservice (US-Dollars).

An- & Weiterreise

BUS

Die Busse sammeln sich bei Kilometer 2 an der Straße zum Flughafen, gleich hinter dem Abzweig zur Avenida Internacional und zur großen, internationalen Brücke nach Brasilien. Busreisen in diesem Teil Boliviens sind nie komfortabel; in der Regenzeit (Nov.–April) können sie sich recht beschwerlich gestalten. Die Straßen sind nicht geteert und es müssen einige Flüsse überquert werden (vier allein zwischen Cobija und Riberalta). Die Fahrzeit kann sich aufgrund von Schlamm und Überschwemmungen leicht verdoppeln oder verdreifachen. Verschiedene Busunternehmen bedienen täglich die Strecken nach Riberalta (70 BOB, 16 Std.) und Guayaramerín (70 BOB, 16 Std.). Eine Verbindung von La Yungueña führt in Serpentinen via Rurrenabaque nach La Paz (280 BOB, 35–60 Std.); wer schlau ist, der fliegt.

FLUGZEUG

Maschinen landen auf dem Aeropuerto Anibal Arab (CIJ), 5 km vom Zentrum entfernt am oberen Ende der Avenida 9 de Febrero. Ein Taxi vom/zum Zentrum kostet 20 BOB, ein Motorradtaxi 10 BOB. Eine Alternative ist das Micro A (2,50 BOB), das zwischen dem Flughafen und dem Markt hin und her pendelt. In den Monaten Juni, Juli, August, Dezember und Januar sind Flüge schnell ausgebucht und Reservierungen im Voraus unabdingbar.

Amaszonas (www.amaszonas.com; kein Büro in der Stadt) und **AeroCon** (☎ 842-4575; Leoncio Justiniano 43) fliegen nach Trinidad; es bestehen tägliche Verbindungen. **TAM** (☎ 842-4145; Av 9 de Febrero 59) macht sich täglich außer sonntags auf den Weg nach La Paz (746 BOB, 2 Std.). *Avionetas* bedienen die Route Guayaramerín via Riberalta; Infos gibt's am Flughafen oder unter ☎ 7621-0035.

VON/NACH BRASILÉIA

Für kurze Ausflüge zwischen Cobija und Brasiléia muss man keine Einreiseformalitäten hinter sich bringen. Bei längeren Aufenthalten ist es aber ratsam, einen Stempel im Pass zu haben. Um nach Brasilien einzureisen, braucht man eine Gelbfieber-Impfbescheinigung.

Ein Taxi von Cobija nach Brasiléia kostet 20 BOB oder 8 R$ inklusive Zwischenstopps an den Grenzposten beider Länder. Motorradtaxis verlangen innerhalb der Stadt denselben Betrag, sie dürfen aber keine Fahrgäste über die Grenze nach Brasilien bringen. Für ein Taxi von Brasilien nach Bolivien zahlt man 20 R$.

Brasilien verstehen

Brasilien aktuell

Dank der wachsenden Mittelschicht und boomenden Wirtschaft scheinen für den lateinamerikanischen Riesen nun endlich verheißungsvolle Zeiten anzubrechen. Als Gastgeber der Fußball-WM 2014 und der Olympischen Sommerspiele 2016 investierte Brasilien Millionen in den Bau von Stadien und die Verbesserung der Infrastruktur. Dennoch bleiben große Herausforderungen wie soziale Probleme, Korruption und Umweltschutz.

Die besten Filme

Cidade de Deus (City of God, 2002) Der preisgekrönte Regisseur Fernando Meirelles erzählt von Gewalt und Hoffnung in einer Favela Rios.

Orfeu Negro (1959) Inszeniert den bekannten Mythos vor der Kulisse des Karnevals zu Bossa-nova-Klängen.

Central do Brasil (Central Station, 1998) Walter Salles' bewegende Geschichte über einen obdachlosen Jungen und eine ältere Frau auf einem Roadtrip durch Brasilien.

Die besten Bücher

Brazil on the Rise (Larry Rohter, 2010) Umfassendes Porträt der Politik, Kultur und Probleme des südamerikanischen Landes.

The Lost City of Z (David Grann, 2009) Fesselnde Amazonasreise auf den Spuren des verschollenen Entdeckers Percy Fawcett.

Gabriela wie Zimt und Nelken (Jorge Amado, 1958) Einer der besten Autoren Brasiliens erzählt mit viel Witz von Verführung und Betrug im Bahia der 1920er-Jahre.

Zeiten des Booms

Das an Bodenschätzen so reiche Brasilien erlebt gute Zeiten. Der wirtschaftliche Boom basiert auf verschiedenen Sektoren, darunter Landwirtschaft, Bergbau, Erdöl, Wasserkraft, Verarbeitung und Biokraftstoffe. Seit der Jahrtausendwende hat das Bruttoinlandsprodukt derart stark zugenommen, dass Brasilien seit 2013 die siebtgrößte Wirtschaftsmacht der Welt ist. Mittlerweile sind die Arbeitslosenzahlen auf einem historischen Tiefstwert angelangt und die einst riesige Kluft zwischen Arm und Reich schmilzt immer mehr.

Der Erfolg wird vor allem dem ehemaligen Präsidenten Lula zugeschrieben, unter dem der bilaterale Handel auf 25 Mrd. US$ anwuchs. Zudem schafften rund 40 Mio. Brasilianer durch das innovative Programm Bolsa Familia (Familienbeihilfe) den Sprung aus der Armut. Dieses gewährt den ärmsten Familien finanzielle Hilfen, wenn die Kinder zur Schule gehen und geimpft werden. 2012 profitierten rund 13,7 Mio. Familien von dem Programm.

Eine neue Präsidentin

Im Fahrwasser von Lulas Popularität wurde dessen Parteikollegin Dilma Rousseff 2010 zur ersten Präsidentin Brasiliens gewählt. Die frühere marxistische Untergrundkämpferin saß während des Militärregimes drei Jahre in Haft und ist damals wohl auch gefoltert worden. Ihr früherer Radikalismus spiegelt sich heute im harten Vorgehen gegen Korruption wider: In ihrem ersten Amtsjahr verloren deshalb sechs Minister ihre Posten. Rousseffs taffer, nüchterner Politikstil ließen ihre Beliebtheitswerte in die Höhe schnellen, die ein Jahr nach den Wahlen bei stolzen 70 % lagen. Allerdings verlangsamte sich das Wirtschaftswachstum unter ihrer Führung (2012 wuchs das BIP nur um 1,3 %) und die steigenden Lebenskosten gehen weiterhin mit Streiks im öffentlichen Sektor einher.

Der hohe Preis der Spiele

In Vorbereitung auf die Fußball-WM und die Sommerolympiade investierte Brasilien Milliarden. Ein Großteil des Geldes floss in die Errichtung von Stadien (allein der Ausbau von Rios Maracanã-Stadion kostete fast 1 Mrd. R$). Die enormen Ausgaben für die Sportveranstaltungen waren ein Grund für die Massendemonstrationen 2013, bei denen sich Zehntausende Menschen in São Paulo, Rio, Brasília und anderen Großstädten versammelten – ein historischer Moment, denn die Brasilianer gingen zum ersten Mal seit über 20 Jahren auf die Straße. Was als Protest gegen erhöhte Bustarife in São Paulo begann, entwickelte sich zu einem Ventil der landesweiten Empörung über verschiedene Themen: steigende Inflation, Korruption und Steuergelder, die in Sportstätten, nicht in den öffentlichen Sektor investiert wurden. Die Brasilianer zahlen die höchsten Steuern aller Nicht-Industriestaaten (über 35 % des BIPs) und viele sind der Meinung, dass sie dafür nur sehr wenig bekommen.

Umweltschutz & gesellschaftliche Probleme

Der Amazonas und die anderen einzigartigen Ökosysteme des Landes sind nach wie vor auf vielerlei Weise bedroht. Dabei spielt u. a. die Abholzung des Regenwaldes aufgrund von Viehzucht, dem Anbau von Sojabohnen und illegalen Machenschaften eine Rolle. Doch es gibt eine gute Nachricht: Die Fläche des jährlich abgeholzten Gebiets ist von fast 13 000 km² im Jahre 2008 auf rund 5000 km² 2012 gesunken. Auch der wirtschaftliche Fortschritt hat Auswirkungen auf den Dschungel. Das aktuell umstrittenste Projekt ist der Belo-Monte-Damm im Rio Xingu in Pará. Bei geschätzten Kosten von 16 Mrd. US$ soll dieser 11 000 Megawatt an sauberer erneuerbarer Wasserkraft produzieren. Für den Bau des Damms müssen allerdings 400 km² Regenwald geflutet und etwa 20 000 indigene Bewohner umgesiedelt werden, was zu lautstarken Protesten innerhalb Brasiliens und in der internationalen Gemeinschaft führte.

An anderen Fronten wagt sich der Staat weiterhin auf Neuland. 2013 ebnete ein gerichtlicher Beschluss den Weg für die gleichgeschlechtliche Ehe. Dieser besagt, dass Ämter homosexuellen Paaren die Heirat nicht verweigern dürfen. Ein Gesetz für die gleichgeschlechtliche Ehe wird jedoch nach wie vor im Parlament diskutiert und von der konservativen Opposition des Landes mit der größten katholischen Gemeinde der Welt erbittert bekämpft.

EINWOHNER: **201 MIO.**

BIP: **5 BILLIONEN R$**

INFLATION: **5,5 %**

MONATLICHER MINDESTLOHN: **675 R$**

KINDERSTERBLICHKEIT PRO 1000 LEBENDGEBURTEN: **21 (DEUTSCHLAND: 3,5)**

ARBEITSLOSIGKEIT: **5,8 % (DEUTSCHLAND: 7 %)**

Gäbe es nur 100 Brasilianer, wären …

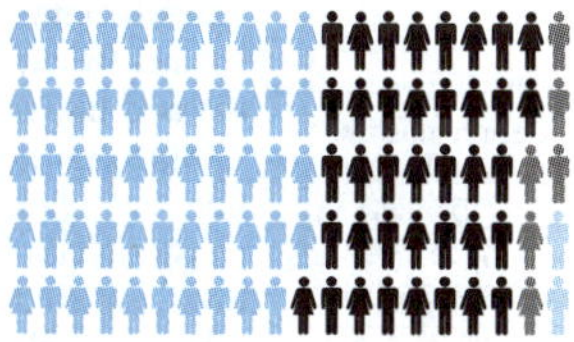

54 weiß
38 gemischter Abstammung (weiß und schwarz)
6 schwarz
2 anderer Abstammung

Religiöse Gruppen

(% der Bevölkerung)

Bevölkerung pro km²

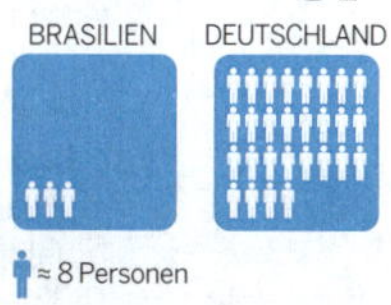

Geschichte

Die Bevölkerung Brasiliens, die fünftgrößte der Welt, stammt aus Afrika, Asien, Europa und anderen Teilen des amerikanischen Kontinents – unterschiedlichste Wurzeln, die eine facettenreiche Gesellschaft hervorbrachten. Wie die Menschen nach Brasilien kamen, zusammenlebten und ihre einzigartige Identität entwickelten, ist eine turbulente Geschichte voller Mut, Habgier, Durchhaltevermögen und Brutalität, die schließlich in der hart erkämpften Demokratie mündete.

Das optimistische Menschenbild („Der Edle Wilde") des französischen Philosophen Jean-Jacques Rousseau beruhte zum Teil auf frühen portugiesischen Beschreibungen der Ureinwohner als „unschuldig, sanft und friedfertig".

Vor der Ankunft der Portugiesen

Bevor die Portugiesen 1500 im heutigen Brasilien landeten, hatte das Land bereits 12 000 Jahre Besiedlung hinter sich. Anders als etwa die Inka entwickelten die brasilianischen Einwohner jedoch keine Hochkultur und hinterließen nur wenige Spuren.

Man vermutet, dass die ersten Siedler auf den amerikanischen Kontinent zwischen 12 000 und 8000 v. Chr. in Wellen aus Sibirien kamen. Sie passierten die Beringstraße, die damals noch nicht unter Wasser lag, und breiteten sich im Laufe von Jahrtausenden Richtung Süden aus. Forscher entdeckten in der abgelegenen Serra da Capivara im nordöstlichen Bundesstaat Piauí einige der frühesten Zeichen von Zivilisation in ganz Brasilien. Die ältesten Spuren menschlichen Lebens im Amazonasgebiet kann man bei einem Abstecher zwischen Santarém und Belém besichtigen: eine Reihe von Felszeichnungen bei Monte Alegre, die schätzungsweise 12 000 Jahre alt sind.

Als die Portugiesen hier an Land gingen, lebten im Gebiet des heutigen Brasiliens 2 bis 4 Mio. Menschen.

Cabral & Chums

1500 veränderte sich der Lauf der brasilianischen Geschichte, als eine Flotte von zwölf portugiesischen Schiffen mit nahezu 1200 Mann vor dem heutigen Porto Seguro auftauchte. Als sie eintraf, wartete bereits ein Empfangskomitee aus indigenen Einwohnern auf sie.

„Dort standen 18 oder 20 Mann", staunte der Schreiber Pero Vaz de Caminha in einem Brief an den portugiesischen König. „Sie hatten brau-

ZEITACHSE

12 000 v. Chr.
Die ersten Siedler kamen zwischen 12 000 und 8000 v. Chr. aus Sibirien auf den amerikanischen Kontinent. Sie passierten die Beringstraße, die damals noch nicht unter Wasser lag.

1500
Der portugiesische Entdecker Pedro Álvares Cabral stößt vor dem heutigen Porto Seguro auf die Küste und stellt das Land – das er zuerst für eine Insel hält – unter die portugiesische Krone.

1549
Tomé de Sousa, der erste Gouverneur Brasiliens, bündelt die Entscheidungsgewalt und gründet Salvador, das über zwei Jahrhunderte Brasiliens Hauptstadt bleiben wird.

ne Haut und waren nackt, selbst ohne Bekleidung, die ihre Geschlechtsteile bedeckte. In ihren Händen hatten sie Bogen und Pfeile."

Die Party währte nicht lange. Nachdem sie ein Kreuz aufgestellt, eine Messe gefeiert und das Land Terra da Vera Cruz (Land des Wahren Kreuzes) getauft hatten, zogen die Portugiesen wieder von dannen. Die lukrativen Gewürz-, Elfenbein- und Diamantenmärkte Asiens und Afrikas versprachen größere Gewinne. Erst 1531 kamen die ersten portugiesischen Siedler in Brasilien an.

Brasiliens Ureinwohner

Für die Ureinwohner Brasiliens *(índios)* bedeutete der 22. April 1500 den Beginn ihrer allmählichen Vernichtung. Europäische Entdecker registrierten im 16. Jh. große, weit verbreitete Bevölkerungsgruppen. Einige von ihnen lebten vom Ackerbau, andere waren als Nomaden unterwegs und führten das Leben von Jägern und Sammlern. An der Küste gab es drei Hauptgruppen: die Guarani (südlich von São Paulo und im Inland von Paraguai und Paraná), die Tupi oder Tupinambá (am Rest der Küste) und die Tapuia (lebten in Landstrichen zwischen den Gebieten der Tupi und Guarani). Sprache und Kultur der Tupi und Guarani hatten viele Gemeinsamkeiten. Eine europäische Adaption der Tupi-Guarani-Sprache breitete sich später im gesamten kolonialen Brasilien aus und wird von einigen Menschen im Amazonasgebiet gesprochen.

Während der folgenden Jahrhunderte führten die Ureinwohner einen Krieg an vier Fronten: einen kulturellen, physischen, territorialen und biologischen. Viele *índios* fielen *bandeirantes* zum Opfer – Horden streunender Abenteurer, die im 17. und 18. Jh. das Inland erkundeten und dabei immer wieder indigene Siedlungen plünderten. Diejenigen, die entkamen, starben an eingeschleppten Krankheiten, gegen die sie keine natürlichen Abwehrkräfte hatten. Andere arbeiteten sich auf Zuckerplantagen zu Tode.

Für das historische Filmepos *Quilombo* (Regie: Cacá Diegues) wurde in der Baixada Fluminense im Bundesstaat Rio de Janeiro der riesige *quilombo* von Palmares – eine Niederlassung entflohener Sklaven, an deren Spitze der legendäre Zumbi stand – nachgebaut.

Zucker & Sklaverei

Brasilien konnte nicht mit den Schätzen Afrikas und Ostindiens wie Elfenbein und Gewürze mithalten. Deshalb interessierten sich die Portugiesen zunächst nur für das steinharte Holz des *pau-brazil-*(Brasilholz-) Baumes, das eine schöne rote Färbung hat. Händler sandten jedes Jahr ein paar Schiffe, um es zu schlagen und nach Europa zu importieren und die Kolonie wurde dank des Baumes Brasilien genannt. Schnell waren alle erreichbaren Wälder abgeholzt und die *índios* verweigerten sich der freiwilligen Arbeit. Doch schon bald nach der Kolonisation 1531 erkannten die Siedler, dass hier Zuckerrohr bestens gedieh. 1532 wurde die Pflanze erstmals nach Brasilien importiert und hat das Land seitdem nie wieder verlassen. Zucker war in Europa heiß begehrt und diente medizinischen Zwecken sowie zum Süßen von Speisen und Wein.

1550

Wegen zu weniger Arbeitskräfte wendet sich Portugal dem afrikanischen Sklavenhandel zu. In der langsam wachsenden Kolonie blühen die Sklavenmärkte.

1621

Die Niederländische Westindienkompanie gründet im Norden Brasiliens eine Niederlassung, aus der Neu-Holland hervorgeht. Das Ziel: Portugal die Kontrolle der Kolonie zu entreißen.

1644–1654

Im folgenden Jahrzehnt kämpfen die Portugiesen gegen die Vorherrschaft der Niederländer und drängen diese bis nach Recife zurück. 1654 ziehen sich die Holländer aus Brasilien zurück.

1650er-Jahre

Auf dem Land entstehen *quilombos*, Gemeinden entflohener Sklaven, die zum Ziel von *bandeirantes* werden. Im späten 19. Jh. entstehen aus vielen dieser Siedlungen richtige Städte.

Vielleicht hatten die Kolonialherren die süße Zukunft Brasiliens bereits vor Augen, als sie diesen neuen Industriezweig ins Leben riefen. Was fehlte, waren allerdings Arbeitskräfte.

Der Sklavenhandel

Ab 1550 bevölkerten Afrikaner die brasilianischen Sklavenmärkte. Sie stammten aus verschiedenen Stämmen in Angola, Mosambik und Guinea, dem Sudan und dem Kongo. Woher sie auch kamen, ihr Schicksal war identisch: Sie wurden auf Märkten wie dem Pelourinho in Salvador oder dem Mercado Ver-o-Peso in Belém verschachert. Als die Sklaverei 1888 in Brasilien abgeschafft wurde, lebten bereits 3,6 Mio. Afrikaner im Land – fast 40 % der Neuankömmlinge in der Neuen Welt.

Sie galten als bessere Arbeiter und als weniger anfällig gegenüber europäischen Seuchen, die so viele *índios* das Leben kosteten. Sie waren also eine bessere „Investition". Die Sklaven erreichten Brasilien unter menschenunwürdigen Bedingungen: Sie wurden aus ihren Familien gerissen und während der monatelangen Überfahrt in schäbigen Schiffen zusammengepfercht.

CHICO REI

Einer der größten Volkshelden Brasiliens ist Chico Rei, ein afrikanischer König, der versklavt wurde und ein Dasein als Minenarbeiter fristete. Später gelang es ihm jedoch, seine eigene Freiheit und dann die seines Volkes zu erkaufen.

Herren und Sklaven

Hatte man diese Tortur überstanden, fing der Leidensweg erst richtig an. Das Leben eines Sklaven war gekennzeichnet von Brutalität und Erniedrigung. Mitfühlende Herren waren die Ausnahme, die Arbeit auf den Plantagen unerbittlich. Die Sklaven mussten täglich 17 Stunden arbeiten, bevor sie in die armseligen *senzalas* (Sklavenquartiere) gebracht wurden. Angesichts von 200 Menschen pro Behausung waren hygienische Standards ebenso unerreichbar wie die Küste von Afrika. Diarrhö, Typhus, Gelbfieber, Malaria, Tuberkulose und Skorbut waren an der Tagesordnung, Unterernährung selbstverständlich. Zudem wurden die von ihren Herren sexuell ausgebeuteten Sklaven von Syphilis geplagt.

Sexuelle Beziehungen zwischen Portugiesen und Sklaven kamen häufig vor, sodass bald eine große Bevölkerungsgruppe aus Mestizen entstand. In Brasilien herrschte großer Mangel an weißen Frauen, deshalb lebten viele ärmere Siedler mit schwarzen oder indigenen Frauen zusammen. Bereits Anfang des 18. Jhs. war das Land bekannt für seine sexuelle Freizügigkeit.

Widerstand & Quilombos

Widerstand äußerte sich auf unterschiedliche Weise. Dokumente dieser Zeit belegen die Verzweiflung der Sklaven, die sich selbst zu Tode hungerten, ihre Babys töteten oder entflohen. Sabotage und Diebstahl waren ebenso gängig wie bewusste Arbeitsverzögerungen oder -niederlegungen und Aufstände.

1695

Palmares, der größte *quilombo* im Nordosten Brasiliens mit mehr als 20 000 Bewohnern, wird nach Angriffen von portugiesischen Truppen dem Erdboden gleichgemacht.

1696

Die Kunde von Goldfunden in Brasilien erreicht Lissabon und lockt in den folgenden Jahren Tausende Migranten an, die ins heutige Minas Gerais, Mato Grosso, Goiás und das südliche Bahia strömen.

1750

Der Vertrag von Madrid mit Spanien spricht Portugal mehr als 6 Mio. km^2 zu. Seither hat sich die Westgrenze Brasiliens kaum verändert.

1750er-Jahre

Gold und später Diamanten prägen mehr und mehr die Wirtschaft. In Minas Gerais explodiert die Bevölkerung: Lebten hier 1710 noch 30 000 Personen, waren es 100 Jahre später schon 500 000.

BRASILIENS ÍNDIOS HEUTE

Als die Portugiesen 1500 in Brasilien eintrafen, lebten hier nach den gängigsten Schätzungen zwischen 2 und 4 Mio. *índios* (Ureinwohner) in über 1000 verschiedenen Stämmen. Fünf Jahrhunderte später waren es nur noch 700 000 und 200 Stämme. Sklaverei, Krankheiten, bewaffnete Auseinandersetzungen und der Verlust ihres Territoriums forderten ihren grausamen Tribut an ungezählten Menschenleben. In den 1980er-Jahren fiel die Zahl unter 300 000 und es wurde befürchtet, dass die *índios* ganz von der Erdoberfläche verschwinden könnten. Seitdem jedoch ist die indigene Bevölkerung bemerkenswert gewachsen. Teilweise ist dies auf das internationale Interesse an Gruppen wie den Yanomani zurückzuführen, die einst nach dem Zustrom von Goldschürfern vom Aussterben durch Krankheit und Gewalt bedroht waren. Auch die Regierung hat einiges zur verbesserten Situation beigetragen: Heute sind riesige Gebiete der Terra Indígena (Indigenes Land) – etwas über 1 Mio. km^2, was mehr als 12 % der Landesfläche Brasiliens entspricht – entweder offiziell als Terra Indígena eingetragen oder befinden sich im Prozess der Registrierung.

Natürlich denkt der eine oder andere, 12 % des Staatsterritoriums für 0,25 % der Bevölkerung seien zu viel. Diese Tatsache ruft also auch Missgunst hervor und die Rechte der *índios* auf den Gebieten werden nicht immer gewahrt. Es kommt nach wie vor zu Auseinandersetzungen – mitunter auch gewalttätigen – zwischen indigenen Bevölkerungsgruppen und Holzfällern, Bergarbeitern, Siedlern oder Bauarbeitern, die Straßen und Staudämme errichten.

Schätzungen zufolge gibt es mehr als 60 unbekannte Stämme, vor allem kleine Gruppen in den Wäldern des Amazonasgebietes, in denen mehr als 60 % aller brasilianischen *índios* leben und sich fast die gesamte Terra Indígena befindet.

Die meisten brasilianischen *índios* halten weiter an ihrem traditionellen Leben fest: Sie jagen – z. T. noch mit Blasrohren und giftigen Pfeilspitzen –, bauen Pflanzen an oder sammeln sie und nutzen sie als Nahrung, Medizin und Materialien zur Herstellung unterschiedlichster Gegenstände. Ihre Häuser bestehen überwiegend aus Naturmaterialien wie Holz und Gras. Eine große Rolle spielen rituelle Handlungen, die Bemalung des Körpers und des Gesichts ist weit verbreitet und viele *índios* stellen gekonnt Töpferwaren, Körbe, Masken, Kopfschmuck, Musikinstrumente sowie anderes Kunsthandwerk her. Unter den bekannten Stämmen gibt's keine echten Nomaden. Der ökologische Zustand der Terra Indigena ist meist hervorragend, da die Bewohner ihr traditionelles, nachhaltiges Leben fortführen.

Manch einer suchte auch Trost in der Religion und Kultur Afrikas. Die Mischung aus (unter Zwang eingeführtem) Katholizismus und afrikanischen Traditionen brachte auf den Zuckerplantagen eine synkretistische Religion hervor, die heute als Candomblé bekannt ist. Die Sklaven verschleierten ihre verbotenen Bräuche hinter der Fassade von katholischen

1763

Das Gold aus den Minen von Minas Gerais nimmt seinen Weg durch Rio de Janeiro und macht es reich. Der portugiesische Hof verlegt die Hauptstadt Brasiliens von Salvador nach Rio.

1789

Tiradentes und elf Mitverschwörer gründen die Inconfidência Mineira, die erste organisierte Unabhängigkeitsbewegung, um die Portugiesen zu stürzen, scheitern jedoch. 1792 wird Tiradentes hingerichtet.

1807

Napoleon greift Portugal an. Der portugiesische Prinzregent (später als Dom João VI. bekannt) und sein Hofstaat fliehen nach Brasilien. Die königliche Kasse schwemmt eine Welle des Wohlstands nach Rio.

1815

Dom João VI. erklärt Rio zur Hauptstadt des Vereinigten Königreichs von Portugal und Brasilien. Im selben Jahr zwingt eine Finanzkrise den König zur Rückkehr nach Portugal.

Heiligen und Ritualen. Der Kampfsport Capoeira ging ebenfalls aus den Sklavengemeinschaften hervor.

Viele flohen vor ihren Herren in *quilombos*, Siedlungen entlaufener Sklaven, die sich schnell im ganzen Land ausbreiteten. Die berühmteste ist die Republik Palmares, die fast das ganze 17. Jh. über bestand und rund 20 000 Einwohner zählte, bevor sie von staatlichen Truppen zerstört wurde.

Herrenhaus und Sklavenhütte (1933) von Gilberto Freyres, ein Buch über die Beziehungen zwischen Sklaven und Herren auf den Zuckerrohrplantagen von Pernambuco, revolutionierte die brasilianische Bewertung des afrikanischen Beitrags zur brasilianischen Gesellschaft.

Als im 19. Jh. die Stimmen gegen die Sklaverei lauter wurden, kam es zu mehreren (erfolglosen) Aufständen. Die *quilombos* erfuhren größere Unterstützung und immer mehr Menschen flohen von den Plantagen. Erst die Abschaffung der Sklaverei im Jahre 1888 stoppte den Zulauf der *quilombos*.

Bandeirantes & Goldrausch

Auch eine Gruppe namens *bandeirantes* hatte großes Interesse an der Landnahme Brasiliens. Die Expeditionstrupps durchkämmten das Landesinnere auf der Suche nach indigenen Sklaven, erkundeten unentdeckte Territorien und metzelten sämtliche Stämme nieder, die ihnen in die Quere kamen. Benannt wurden sie nach dem Flaggenträger, der ihre Expeditionen anführte. Während des 17. und 18. Jhs. zogen die *bandeirantes* Gruppe für Gruppe von São Paulo aus los. Viele von ihnen hatten portugiesische Väter und indigene Mütter und sprachen dementsprechend portugiesisch und Tupi-Guarani. Sie profitierten sowohl von indigenen Überlebenstechniken als auch europäischen Waffen.

Bis Mitte des 17. Jhs. waren die Banden bis zu den peruanischen Anden und ins Amazonasbecken vorgedrungen. Die Aussicht auf die Ausbeutung ihrer Entdeckungen war der Grund, sich um die Erweiterung der brasilianischen Grenze zu bemühen. 1750 war die Grenzverschiebung schließlich besiegelt: Durch den Vertrag von Madrid gingen 6 Mio. km² an die Portugiesen und die brasilianische Westgrenze wurde dort festgelegt, wo sie mehr oder minder bis heute verläuft.

Die *bandeirantes* waren nicht nur für ihre farbigen Flaggen bekannt. Sie trugen mit Baumwolle gepolsterte Jacken, die sie vor den Pfeilen der Ureinwohner schützten, und führten einen gnadenlosen Krieg gegen die brasilianischen Ureinwohner. Zahlreiche *indios* flohen landeinwärts und suchten in den Jesuitenmissionen Schutz. Doch es gab wenig Verstecke und man vermutet, dass die *bandeirantes* mehr als 500 000 indigene Einwohner töteten oder versklavten.

Gold

„Bisher wissen wir nicht, ob es [hier] Gold gibt oder Silber oder irgendein Metall oder Eisen," berichtete Pero Vaz de Caminha seinem König im Jahre 1500.

1822

Prinzregent Pedro I. übernimmt die Herrschaft in Brasilien, proklamiert die Unabhängigkeit Brasiliens und krönt sich selbst zum Kaiser.

DEA PICTURE LIBRARY / GETTY IMAGES ©

Dom Pedros Ausruf zum ersten konstitutionellen Kaiser

1831

Dom Pedro I. erweist sich als unfähig und dankt ab. 1840 steigt sein Sohn Pedro II. auf den brasilianischen Kaiserthron und leitet eine lange Periode des Wachstums und der Stabilität ein.

Doch tatsächlich gab es Gold in Brasilien, auch wenn es erst zwei Jahrhunderte später von den *bandeirantes* in der Serra do Espinhaço, Minas Gerais, entdeckt wurde. Im 18. Jh. avancierte das Land zum größten Gold-„Produzenten" der Welt. Dank des reich vorhandenen Edelmetalls konnten in Minas Gerais viele historische Städte errichtet werden. Der volle Name von Ouro Preto, einem der Hauptnutznießer des Booms, lautet Vila Rica de Ouro Preto (Reiche Stadt des Schwarzen Goldes). In den Gebirgstälern schossen zudem wilde Goldgräberstädte wie Sabará, Mariana und São João del Rei aus dem Boden. Wohlhabende Händler errichteten luxuriöse Villen und finanzierten gewaltige Barockkirchen, die teilweise noch heute genutzt werden.

Der Goldrausch ließ weite Teile der brasilianischen Bevölkerung vom Nordosten in den Südosten abwandern. Als das Edelmetall entdeckt wurde, gab es keine weißen Siedler in Minas Gerais. Bis 1710 stieg die Bevölkerung auf 30 000, Ende des 18. Jhs. waren es bereits 500 000. Etwa ein Drittel der 2 Mio. nach Brasilien verschifften Sklaven wurden im 18. Jh. in den Minen eingesetzt. Dort führten sie meist ein noch erbärmlicheres Leben als auf den Zuckerplantagen.

Doch der Boom ebbte ab. Um 1750 erlebte die Region ihren Niedergang und die Küste Brasiliens wurde wieder Zentrum des Landes. Viele Goldgräber blieben in Rio de Janeiro hängen, das unaufhörlich wuchs.

Dom João VI.

1807 siedelte die portugiesische Königsfamilie zeitweise nach Brasilien über. Auf der Flucht vor Napoleon flohen 15 000 Mitglieder des Hofes unter der Führung von Prinzregent Dom João nach Rio de Janeiro.

Wie so viele *estrangeiros* (Ausländer) verliebte sich Dom João in Brasilien und ernannte sich zum Regenten des Landes. Er machte Rios Jardim Botânico (der Botanische Garten im gleichnamigen Stadtviertel Jardim Botânico) 1822 der Öffentlichkeit zugänglich.

Trotz Napoleons Niederlage in Waterloo 1815 wollte Dom João Brasilien nicht wieder verlassen. Am 16. Dezember 1815, proklamierte er das Vereinigte Königreich von Portugal und Brasilien, das er nach dem Tod seiner Mutter Dona Maria I. 1816 als König João VI. (Johann VI.) regierte. Brasilien wurde zur einzigen Kolonie in der Neuen Welt, deren europäischer Monarch im Land selbst residierte.

Das Motto *Ordem e Progresso* (Ordnung und Fortschritt) auf der brasilianischen Fahne geht auf den französischen Philosophen Auguste de Comte (1797–1857) zurück. Er stellte Vernunft und Wissenschaft über den traditionellen Glauben und beeinflusste damit die junge brasilianische Republik.

Unabhängigkeit

1822, 30 Jahre nach der Inconfidência Mineira, kam die Unabhängigkeit. Der Legende nach zog der damalige Regent Brasiliens, Dom Joãos Sohn Pedro, sein Schwert am Ufer von São Paulos Ipiranga-Fluss und rief: „Independência ou morte!" (Unabhängigkeit oder Tod!). Im selben Atemzug ernannte er sich zum Kaiser Dom Pedro I. (Peter I.).

Mitte der 1830er-Jahre

Der Kaffeestrauch nimmt eine wichtige Rolle in der Wirtschaft der Kolonie ein. Im Südosten des Landes entstehen *fazendas* (Farmen). Brasilien wird ein bedeutender Kaffeeexporteur.

1835

Inspiriert von erfolgreichen Revolten in Haiti wenige Jahre zuvor erheben sich Sklaven in Salvador zu einem Aufstand, der nur knapp scheitert.

1865

Im Bündnis mit Uruguay und Argentinien führt Brasilien den „Krieg der Tripelallianz" gegen Paraguay. Er wird zum blutigsten Konflikt Südamerikas – Hunderttausende kommen ums Leben.

1888

Brasilien schafft als letztes Land der Neuen Welt die Sklaverei ab. Prinzessin Isabella unterzeichnet das Gesetz und wird von vielen Schwarzen als ihre Wohltäterin bewundert.

Als einziges Land der Neuen Welt war Brasilien sowohl Sitz eines Kolonialreiches (nachdem der portugiesische König hierher übergesiedelt war) als auch einer unabhängigen Monarchie (nachdem Dom Pedro I. die Unabhängigkeit erklärt hatte).

Die Portugiesen gewöhnten sich schnell an die Idee eines brasilianischen Kaiserreichs. Ohne auch nur einen einzigen Schuss abfeuern zu müssen, wurde Pedro I. der erste Kaiser eines freien Brasiliens. Das *povo brasileiro* (brasilianische Volk) war von ihm jedoch nicht sonderlich angetan. Er galt als unbesonnen und inkompetent, seine sexuellen Eskapaden – aus der etliche Kinder hervorgingen – entsetzten selbst die freizügigsten Brasilianer. Nach neun Jahren musste er abdanken und den Thron an seinen fünfjährigen Sohn Dom Pedro II. (Peter II.) übergeben.

Es folgte die Krise, denn der Thronfolger war noch ein Kind. Dementsprechend wurde Brasilien zwischen 1831 und 1840 von *regências* (Regenten) verwaltet. Tumulte und Revolten brachen aus. Die einzige Lösung schien, zur Monarchie zurückzukehren. So erklärte man Pedro II. lange vor seinem 18. Geburtstag für volljährig.

Im Alter von gerade einmal 15 Jahren wurde Pedro II. zum Kaiser und Ewigen Verteidiger Brasiliens ernannt. Der Krieg gegen Paraguay 1865 stieg zur erfolgreichsten Episode der brasilianischen Geschichte auf. Von seinem Nachbarn angegriffen, ging Brasilien mit Argentinien und Uruguay ein Bündnis ein und trieb die Paraguayer hinter die Grenze zurück. Das Nachbarland war zerstört: Die Bevölkerungszahl sank auf 200 000 Menschen, darunter 180 000 Frauen! Doch auch Brasilien musste herbe Verluste einstecken: Rund 100 000 Männer starben, viele von ihnen Sklaven.

Abschaffung der Sklaverei & Gründung der Republik

Seit dem 16. Jh. bildete die Sklaverei das Rückgrat der brutalen, hierarchischen Gesellschaft Brasiliens. „Jeder Aspekt unserer sozialen Existenz ist vergiftet," klagte der Sklavereigegner Joaquim Nabuco 1880.

Gegen die im brasilianischen Leben verankerte Leibeigenschaft anzukämpfen war alles andere als einfach. Das Land brauchte ganze 60 Jahre, bis es sich zu einer Lösung durchrang. Im 19. Jh. gab es mehrere halbherzige Versuche, die Sklaverei abzuschaffen, die allerdings selten Wirkung zeigten.

1850 wurde der Sklavenhandel zwar verboten, doch im Verborgenen weiter betrieben. 1885 sah ein Gesetz vor, alle Sklaven über 65 freizulassen – allerdings lag deren durchschnittliche Lebenserwartung zu jener Zeit bei nur 45 Jahren. Es dauerte bis zum 13. Mai 1888 – 80 Jahre nachdem die Briten ihre Sklaven befreiten –, dass die Sklaverei in Brasilien offiziell abgeschafft wurde. Und es ist wenig überraschend, dass dies erst einmal keine wesentlichen Verbesserungen brachte: Die nun freien Sklaven waren größtenteils Analphabeten und hatten keinerlei Ausbildung. Tausende saßen mittellos auf der Straße. Viele kamen um, während die Überlebenden in Brasiliens Städte strömten und sich dort in Slums ein-

Bücher zur Geschichte Brasiliens

Brazil: Five Centuries of Change (2009), Thomas E. Skidmore

The History of Brazil (1999), Robert Levine

Kurze Geschichte Brasiliens (2013) Boris Fausto

1889

Pedro II. wird durch einen von wohlhabenden Kaffeebauern unterstützten Militärputsch gestürzt. Die Monarchie wird abgeschafft und die brasilianische Republik ausgerufen.

1890er-Jahre

Nach der Abschaffung der Sklaverei öffnet Brasilien seine Grenzen für Immigranten, da es an Arbeitskräften mangelt. In den nächsten 40 Jahren kommen Millionen Einwanderer ins Land.

1920

Als Niederländer und Briten beginnen, in ihren Kolonien in Südostasien Kautschukbäume anzupflanzen, findet der brasilianische Gummiboom ein jähes Ende.

1930

Getúlio Vargas kommt an die Macht. Er lässt sich von europäischen Faschisten inspirieren und führt bis zu seinem Sturz 1951 einen autoritären Staat an.

richteten. Bis heute bilden die Schwarzen die ärmste und am schlechtesten ausgebildete Bevölkerungsschicht des Landes.

Doch nicht nur der Sklaverei, auch dem Império Brasileiro wurde der Kampf angesagt. Unterstützt von reichen brasilianischen Kaffeegroßbauern, machte 1889 ein Militärputsch dem brasilianischen Kaiserreich ein Ende und die Republik wurde ausgerufen. Der Kaiser ging ins Exil, wo er ein paar Jahre später starb.

Während der folgenden vier Jahre regierte das Militär das Land. Dann wurden Wahlen abgehalten, doch infolge von Ignoranz, Korruption und mangelnder Bildung gingen nur 2 % der erwachsenen Bevölkerung an die Urnen. Es veränderte sich wenig, abgesehen vom Machtzuwachs des Militärs und der Kaffeefarmer. Die Zuckerbarone dagegen verloren an Einfluss.

Krieg im Sertão (dt. 1994), ein Meisterwerk der brasilianischen Literatur, beschreibt anschaulich das Massaker von Canudos. Der Autor Euclides de Cunha erlebte das Ende von Canudos als Reporter für eine Zeitung aus São Paulo.

Offene Grenzen

Im letzten Jahrzehnt des 19. Jhs. öffnete Brasilien seine Grenzen. Millionen Immigranten strömten aus Italien, Japan, Spanien, Deutschland, Portugal und anderen Ländern nach Brasilien, um sich auf den Kaffee-*fazendas* zu verdingen oder in rasant wachsenden Großstädten wie Rio oder São Paulo ihr Glück zu suchen. Sie trugen ihren Teil zur ethnischen Vielfalt des Landes bei und waren mit dafür verantwortlich, dass sich das wirtschaftliche Zentrum Brasiliens vom Nordosten in den Südosten verlagerte.

Während des folgenden Jahrhunderts riss der Zuwanderungsstrom nicht ab. Das Land wurde zum sicheren Hafen für Juden, die ihre Heimat auf der Flucht vor dem Holocaust verlassen mussten. Nach dem Zweiten Weltkrieg versuchten jedoch auch die Nationalsozialisten hier ihre Haut zu retten. Araber, in Brasilien meist *turcos* genannt, schlossen sich der Immigrationswelle an. Zahlreiche Händler auf dem Flohmarkt in der Rua Uruguaiana von Rio stammen aus dem Nahen Osten.

1897 entstand am Rand von Rio die erste Favela, doch erst seit 1994 werden die Elendsviertel, von denen es heute mehr als 600 gibt, auf Stadtplänen verzeichnet.

Getúlio Vargas – populistischer Diktator

1930 begann die Vargas-Ära. Mitglieder der neu gegründeten Partei Liberale Allianz beschlossen, die Niederlage ihres Kandidaten Getúlio Vargas bei der Präsidentschaftswahl nicht hinzunehmen. Die Revolution brach am 3. Oktober in Rio Grande do Sul aus und griff schnell auf andere Staaten über. 21 Tage später wurde Präsident Júlio Prestes seines Amtes enthoben und am 3. November Vargas als neuer, „provisorischer" Präsident eingesetzt.

Die Gründung des Estado Novo (Neuer Staat) im November 1937 stattete Vargas mit diktatorischen Vollmachten aus. Angeregt durch Salazar in Portugal und Mussolini in Italien, verbot das Staatsoberhaupt daraufhin politische Parteien, verhaftete Oppositionelle und zensierte Kunst und Presse.

1937
Getúlio Vargas ruft den „Estado Novo" (Neuer Staat) aus und verkündet eine neue Verfassung; 1938 führt er den gesetzlichen Mindestlohn ein, erweitert das Militär und zentralisiert die Macht.

1942
Anfangs neutral, tritt Brasilien doch noch an der Seite der Alliierten in den Zweiten Weltkrieg ein. Es stellt Rohstoffe zur Verfügung und entsendet 25 000 Soldaten.

1950
Das neu gebaute Maracanã-Stadion in Rio de Janeiro steht im Mittelpunkt der Fußball-WM. Brasilien, haushoher Favorit, hat letztendlich vor 200 000 Fans gegen Uruguay das Nachsehen.

1954
Getúlio Vargas, der als Präsident nochmals die politische Bühne betritt, wird nach einem handfesten Skandal vom Militär zum Rücktritt aufgefordert und begeht Selbstmord.

DIE URSPRÜNGE DER FAVELA

In den 1870er- und 1880er-Jahren kam es in Kombination mit dem Niedergang der Zuckerindustrie und einer schweren Dürrezeit zu einer verheerenden wirtschaftlichen Krise. Messianische Bewegungen, die den Menschen Hoffnung auf Erlösung gaben, wurden unter den Armen des Landes sehr beliebt. Die berühmteste dieser Bewegungen war die von Canudos. Ihr Anführer Antônio Conselheiro (Antônio, der Ratgeber) war jahrelang predigend durchs Hinterland gewandert und hatte das Kommen des Antichristen und das Ende der Welt angekündigt. Er wetterte gegen die neue republikanische Regierung und ließ sich 1893 mit seinen Anhängern schließlich im Norden Bahias in Canudos im Landesinneren nieder. Innerhalb von eineinhalb Jahren wuchs Canudos zu einer Stadt mit 35 000 Bewohnern an.

Die republikanische Regierung befürchtete Verschwörungen in Canudos mit dem Ziel, in Brasilien wieder die Monarchie einzuführen. Daraufhin schickte sie 8000 gut ausgerüstete Soldaten der Bundesarmee, viele von ihnen aus Rio, hierher und eroberten den Ort nach grausamen Kämpfen. Es war ein Vernichtungskrieg, bei dem fast alle Einwohner – Männer, Frauen und Kinder – starben. Zum Schluss wurde die Siedlung niedergebrannt, um jede Erinnerung daran aus dem nationalen Gedächtnis zu löschen.

Die Soldaten und ihre Frauen kehrten nach Rio zurück, wo ihnen im Gegenzug für ihren Sieg Land zugesagt worden war – ein Versprechen, das die Regierung allzu schnell vergessen hatte. Aus diesem Grund besetzten die Soldaten den nahe gelegenen Hügel Morro da Providência. Als sie ihre ersten notdürftigen Unterkünfte errichteten und sich dort niederließen, stießen sie kurioserweise auf die gleiche robuste Pflanze, die sie auf dem trockenen Land rings um Canudos gesehen hatten. Diese Pflanze, „Favela" genannt, verursacht bei jeder Berührung Hautreizungen – einigen Berichten zufolge sollen die widerspenstigen Sträucher sogar beim Kampf gegen die ersten Angriffe der Armee nützlich gewesen sein. Einige der Hügelbewohner begannen, ihre neue Heimat Morro da Favela zu nennen – und diese Bezeichnung blieb hängen. Schon bald wurde der Begriff Favela benutzt, um die Elendsviertel zu beschreiben, die rasend schnell rund um Rio entstanden. Ihre Bewohner waren bzw. sind ehemalige Sklaven und bettelarme, hungerleidende Bewohner des Landesinneren, die auf der Suche nach einem besseren Leben in die Stadt kamen.

Trotzdem war Vargas bei vielen beliebt. 1938 führte der „Vater" der brasilianischen Arbeiter den brasilianischen Mindestlohn ein und seine Popularität blieb ungebrochen. 1951 wurde er als Präsident wiedergewählt – dieses Mal demokratisch. Vargas' Regierung aber war von einem brasilianischen Grundübel geplagt: der Korruption. Auf die Rücktrittsforderungen des Militärs antwortete Vargas auf seine Weise. Er hinterließ die Notiz „Ich scheide aus dem Leben, um in die Geschichte einzugehen" und schoss sich am Morgen des 24. August 1954 eine Kugel mitten ins Herz.

1956

Brasiliens neuer Präsident Juscelino Kubitschek de Oliveira (alias JK) errichtet eine neue Hauptstadt: Brasília. Um das Projekt zu finanzieren, macht er große Schulden und legt die Wirtschaft für Jahrzehnte lahm.

1958

Brasilien wird in Schweden erstmals Fußball-Weltmeister. Den Finalsieg gegen den Gastgeber verdankt die Mannschaft nicht unwesentlich den Fähigkeiten des damals 17-jährigen Pelé.

1960

JK leitet die Erbauung der neuen Hauptstadt. In nur 41 Monaten entsteht nach Entwürfen der Architekten Oscar Niemeyer und Lúcio Costa quasi aus dem Nichts das hypermoderne Brasília.

1964

Präsident Goulart wird durch einen Militärputsch gestürzt, der offensichtlich von den USA unterstützt wurde – der Auftakt für eine zwei Jahrzehnte währende Militärdiktatur.

Machtübernahme der Generäle

1964 wurde der linksgerichtete Präsident João Goulart in einem sogenannten *revolução* (Revolution) gestürzt. In Wirklichkeit handelte es sich um einen Militärputsch, der nach Meinung vieler Brasilianer von der US-amerikanischen Regierung unterstützt wurde. Präsident Lyndon Johnson versuchte zumindest nicht, diese Theorie zu entkräften, als er der neuen Regierung seine herzlichsten Glückwünsche übermittelte.

Brasiliens Militärdiktatur war nicht so brutal wie in Chile oder Argentinien, trotzdem waren in den nächsten 20 Jahren freie Meinungsäußerungen unerwünscht und politische Parteien verboten.

Die Wirtschaft florierte jedoch. Ende der 1960er und Anfang der 1970er wuchs sie Jahr für Jahr um 10 % und die Reichen nahmen dicke Kredite bei internationalen Banken auf. Da die dringende Landreform ausblieb, zogen Millionen Menschen in die Städte und ließen sich in Favelas nieder.

Gleichzeitig wurde Brasiliens Leidenschaft für Megaprojekte geboren. Das Regime zeigte sich spendabel und zahlreiche, meist zum Scheitern verurteilte große Baumaßnahmen wurden in Angriff genommen, darunter die Transamazônica-Schnellstraße, die Rio-Niterói-Brücke und Rios Bundesuniversität auf der Ilha do Fundão.

Bruno Barretos Film *Vier Tage im September* (1998), der zur Zeit der Militärdiktatur spielt, basiert auf der wahren Geschichte der Entführung des US-Botschafters in Brasilien durch linke Guerillakämpfer 1969.

BARRETO

Die Arbeiter organisieren sich

Ende der 1970er-Jahre flaute der Wirtschaftsboom ab und neben der Mittelklasse waren es nun auch die Arbeiter, die gegen das Regime aufbegehrten. Mit einer Reihe von Streiks in der Autoindustrie von Sao Paulo unterstrich die neue kämpferische Arbeiterbewegung ihre Forderungen. An ihrer Spitze stand Luíz Inácio „Lula“ da Silva, der bei einem Fabrikunfall einen *dedo* (Finger) verloren hatte. Er machte durch sein politisches Talent und Charisma auf sich aufmerksam.

Die Partido dos Trabalhadores (PT; Arbeiterpartei), Brasiliens erste Volkspartei, die sich für die Armen einsetzte, ging aus diesen Streiks hervor. Zwischen 1979 und 1985 kam es mit ihrer Hilfe zur *abertura* (Öffnung), der langsamen, vorsichtigen Rückkehr zu einer zivilen Regierung. Während die populäre Opposition an Macht gewann, kündigte das Militär die allmähliche Hinwendung zu einem demokratischen Brasilien an.

Demokratie & Verschuldung

1985 fand eine Präsidentschaftswahl statt, die einzigen Wähler waren allerdings die Mitglieder des Nationalkongresses. Unerwarteterweise gewann Tancredo Neves, der gegen den Kandidaten aus den Reihen des Militärs angetreten war. Daraufhin feierten Millionen Brasilianer auf den Straßen das Ende der militärischen Diktatur.

Doch noch bevor er sein Amt als Präsident antreten konnte, starb Neves an Herzversagen. Sein Vize, der schnurrbärtige José Sarney über-

1968

Der Ato Institutional 5 verbannt oppositionelle Politiker und Richter aus ihren Ämtern und die meisten Parteien werden verboten. Im ganzen Land kommt es zu Massenprotesten.

1968

Die brasilianische Wirtschaft boomt. Das durchschnittliche Wirtschaftswachstum beträgt in den nächsten sechs Jahren unglaubliche 10 % und es gibt einen starken Einkommensanstieg.

1972

Mit der Eröffnung der 5300 km langen Fernstraße Transamazônica beginnt die Ära der Megaprojekte und enormen Staatsdefizite. Das Bauprojekt kostet fast 1 Mrd. US$ und wurde nie fertiggestellt.

1979–1980

Sinkende Löhne führen zu Streiks im ganzen Land. Junge Arbeiter verbünden sich mit Intellektuellen und Aktivisten der Arbeiterpartei (PT).

nahm den Posten. Er unterstützte das Militär bis 1984 und blieb bis 1989 im Amt. Während seiner Regierungszeit häufte Brasilien aufgrund der galoppierenden Inflation einen immensen Schuldenberg an. Bis 1990 stiegen die Auslandsschulden bis zu einer lähmenden Summe von 115 Mrd. US$ an!

Von 1980 bis 1994 litt Brasilien unter einer katastrophalen Hyperinflation von durchschnittlich 2000 % jährlich. Die Mieten verdoppelten sich alle zehn Wochen, auf Kreditkartenzahlungen wurden monatlich 25 % Zinsen fällig und die Preise für Lebensmittel und Kleidung stiegen jeden Monat um 40 %.

1989 fanden direkte Präsidentschaftswahlen statt. Collor, ein politischer Aufsteiger aus dem Nordosten, siegte mit knapper Mehrheit über den Kandidaten der PT, Lula.

Eine Regierung in Nöten

Fernando Collor de Mello, der frühere Gouverneur des kleinen Bundesstaates Alagoas, revolutionierte die Verbrauchergesetze. Doch auch die Haltbarkeitsdaten schützten ihn nicht davor, in Ungnade zu fallen. Collor und sein enger Verbündeter P. C. Farias waren in eine immer länger werdende Liste von Skandalen verwickelt – von Korruption in großem Stil über angeblichen Drogenhandel bis zu Familienfehden. Ein durch das Repräsentantenhaus angestrengtes Amtsenthebungsverfahren, das von studentischen Massenprotesten begleitet wurde, führte schließlich zu seiner Amtsenthebung.

„Fernandinho" entging einer Gefängnisstrafe und kam mit einem achtjährigen Politikverbot davon. Nachdem ihn der Oberste Gerichtshof 1994 vom Vorwurf der „passiven Korruption" freigesprochen hatte, zog er nach Miami. 1998 kehrte Collor nach Brasilien zurück – und nach mehreren erfolglosen Versuchen, in der brasilianischen Politik wieder Fuß zu fassen, wurde er schließlich als Senator für Alagoas ins Repräsentantenhaus gewählt.

Äußerst erhellend ist Fernando Henrique Cardosos Buch *The Accidental President of Brazil*, die Memoiren eines der beliebtesten brasilianischen Präsidenten, eines früheren Soziologieprofessors, der an die Macht katapultiert wurde.

Brasilien boomt

Nach der Amtsenthebung Collors übernahm Vizepräsident Itamar Franco das schwierige Amt des Präsidenten. Er hatte zwar einen Ruf als Exzentriker, seine Regierung aber galt als kompetent und integer. Francos größte Leistung war die Stabilisierung der inflationären und unberechenbaren Wirtschaft durch die Einführung einer neuen Währung, des Real. Diese war an den US-Dollar gekoppelt und bewirkte, dass die Inflation von über 5000 % im Jahre 1993 auf unter 10 % 1994 fiel.

Der Plano Real löste einen Wirtschaftsboom aus, der bis heute anhält, auch wenn es Francos Nachfolger war, der frühere Finanzminister Fernando Henrique Cardoso, der Mitte der 1990er-Jahre eine wachsende Wirtschaft und Auslandsinvestitionen in Rekordhöhe als Erfolgsbilanz vorweisen konnte. Einerseits heißt es, er habe die Grundlagen für die Beendigung der brasilianischen Hyperinflation gelegt, andererseits wird ihm aber auch vorgeworfen, häufig die sozialen Probleme vernachlässigt zu haben.

1984

Im Herbst der Militärdiktatur gründet sich die Organisation Movimento Sem Terra (MST; Bewegung der Landarbeiter ohne Boden), die sich für eine Bodenreform einsetzt. Heute hat sie 1,5 Mio. Mitglieder.

1985

Tancredo Neves gewinnt die indirekten Präsidentschaftswahlen, stirbt jedoch noch vor Amtsantritt. Vizepräsident José Sarney gelingt es nicht, die Schulden seiner Vorgänger zu begleichen.

1988

Chico Mendes, Umweltschützer und Anführer der Gummisammler, wird von einem Großgrundbesitzer und dessen Sohn ermordet. Die öffentliche Reaktion zwingt die Regierung zu einem Kurswechsel in ihrer Amazonaspolitik.

1994

In Rio startet das Programm Favela-Bairro. Im folgenden Jahrzehnt fließen 180 Mio. US$ in die Schaffung von Sanitäranlagen, Kliniken und öffentlichen Verkehrsmitteln für arme Siedlungen.

WELTMEISTERSCHAFTSTRÄUME

Es war langgehegter Traum der fußballverrückten Nation, die WM zurück nach Brasilien zu holen. Als Brasilien 2007 den Zuschlag für die FIFA WM 2014 bekam, ging dieser Traum in Erfüllung. Das Land des fünfmaligen Weltmeisters veranstaltete dieses sportliche Großereignis zuletzt 1950; damals verlor Brasilien das hochdramatische Finale gegen Uruguay. 200 000 Fans waren im Maracanã-Stadion von Rio Zeuge dieser unvergesslichen Schmach, die später als *maracanaço* bezeichnet wurde, ein Wort, das in der Alltagssprache noch gebräuchlich ist.

Brasilien, die erfolgreichste Fußballnation in der Geschichte der Weltmeisterschaften, richtet das zweitgrößte Sportereignis der Welt als fünftes Land ein zweites Mal aus. Im Gegensatz zu 1950, als die Spiele vor allem im Süden und Südosten stattfanden, soll die WM 2014 in zwölf verschiedenen Städten im ganzen Land ausgetragen werden: Unter 17 Bewerbern setzten sich Belo Horizonte, Brasília, Cuiabá, Curitiba, Fortaleza, Manaus, Natal, Porto Alegre, Recife, Rio de Janeiro, Salvador und São Paulo als Austragungsorte durch. Normalerweise finden die Weltmeisterschaften immer nur in acht bis zehn Städten statt, aber aufgrund der Größe Brasiliens und seiner Vielzahl an bedeutenden Städten machte die FIFA eine Ausnahme.

Bisher hat Brasilien bereits über 12 Mrd. US$ für den Bau bzw. Umbau von Stadien sowie für Infrastrukturprojekte ausgegeben. Häfen, Schnellstraßen und Flughäfen von zehn Austragungsorten (vor allem von Rio und São Paulo) wurden modernisiert, um dem geschätzten Ansturm von 500 000 Besuchern gerecht zu werden.

Rio spielt bei der WM eine Hauptrolle. In der Cidade Maravilhosa sollen das Eröffnungsspiel und das Finale ausgetragen werden. 2016 wird die Metropole als Gastgeber der Olympischen Sommerspiele noch mehr im Rampenlicht stehen.

Bei den Wahlen 2002 nahm Lula seinen vierten Anlauf auf das Präsidentenamt. Er mäßigte seine sozialistische Rhetorik und versprach, Brasiliens internationale Schulden zu begleichen. Zudem genoss die PT den Ruf, frei von Korruption zu sein. Und dieses Mal gelang es Lula tatsächlich, genügend gemäßigte Wähler zu überzeugen. Am Ende setzte er sich mit einer überzeugenden Mehrheit gegen den Mitte-Rechts-Kandidaten Jose Serra durch. Zum ersten Mal in der Geschichte des Landes wurde Brasilien von einer Partei aus dem linken Spektrum regiert und hatte einen Präsidenten, der am eigenen Leibe erfahren hatte, was Armut ist: Lula war eines von 22 Kindern eines bettelarmen, ungebildeten Landarbeiters aus dem gebeutelten Nordosten Brasiliens und arbeitete zunächst als Schuhputzer, dann als Mechaniker und schließlich als Gewerkschaftsführer.

Investoren beäugten seinen Aufstieg zunächst misstrauisch, befürchteten sie doch, er werde als linksgerichteter Abtrünniger die Wirtschaft

2002

Luíz Inácio „Lula" da Silva wird zum Präsidenten gewählt. Obwohl die Oberklasse radikale Agenden befürchtet, regiert der Linkspolitiker in seiner ersten Amtszeit recht moderat.

2011

Am 1. November setzt sich Dilma Rousseff in einer Stichwahl um das Präsidentenamt durch. Die erste Frau an der Spitze Brasiliens führt weitestgehend die Politik ihrer Vorgänger fort.

2014

Brasilien ist Gastgeber der Fußball-Weltmeisterschaften und investiert 12 Mrd. US$, um sich auf das Ereignis vorzubereiten, das in zwölf Städten ausgerichtet wird.

JON FEINGERSH / GETTY IMAGES ©

➡ Fußballfans

Brasiliens ruinieren. Umso mehr überraschte er Freunde und Feinde gleichermaßen mit der besonnensten Finanzpolitik seit Jahren, ohne dabei die riesigen sozialen Probleme zu vernachlässigen.

Als Lula 2010 sein Amt verließ, gab es keinen Zweifel an der wirtschaftlichen Prosperität des Landes. 2008 war Brasilien erstmals Nettogläubiger und nicht mehr Nettoschuldner und selbst die große Wirtschaftskrise am Ende des Jahrzehnts überstand es besser als irgendein anderes Schwellenland. Lula erlangte darüber hinaus bedeutende Erfolge mit seinen Maßnahmen gegen die Armut und half Millionen Menschen, in die Mittelklasse aufzusteigen. Das alles erklärt, warum er zum beliebtesten Präsidenten der brasilianischen Geschichte avanciert: In den letzten Monaten seiner Amtszeit lagen seine Beliebtheitswerte bei über 80 %.

Das Leben in Brasilien

Dieses erstaunlich vielfältige Land wurde u. a. durch seine Ureinwohner sowie die Millionen Menschen aus Afrika und Europa geprägt, die Ende des 19. bzw. Anfang des 20. Jhs. hierherkamen. Heute ergeben die verschiedenen sozioökonomischen Hintergründe eine bunte Fülle voller Farben, Credos und Glaubensbekenntnissen. Ebenso abwechslungsreich ist der brasilianische Lebensstil – nicht verwunderlich für ein Land, in dem jahrhundertealte indigene Kulturen und moderne Metropolen zu Hause sind.

Immigration & Multikulturelles

Die brasilianische Identität wurde selbstverständlich nicht nur durch die Portugiesen geprägt, denen das Land u. a. seine Sprache und die Staatsreligion verdankt, sondern auch durch die indigene Bevölkerung, die Afrikaner sowie die zahlreichen Immigranten aus Europa, dem Nahen Osten und Asien.

Obwohl sie von den Städtern häufig ignoriert oder belächelt wird, trug die indigene Kultur durch Legenden, Tanz und Musik wesentlich zum heutigen Gesicht Brasiliens bei. Viele Nahrungsmittel und Getränke der Ureinwohner wie Tapioka, Maniok, Kartoffeln, Maté und Guaraná (ein Strauch, dessen Früchte stimulierend wirken; außerdem ein beliebtes Getränk) gehören heute zu den brasilianischen Grundnahrungsmitteln.

Ebenso offensichtlich ist der Einfluss der afrikanischen Kultur, besonders im Nordosten. Die von den Portugiesen nach Brasilien verschleppten Sklaven brachten ihre Religion, Musik und Küche mit hierher – allesamt wichtige Elemente der brasilianischen Identität.

Darüber hinaus schwappten mehrere Immigrationswellen ins Land. Nach dem Ende der Sklaverei 1888 wurden Millionen Europäer als Arbeiter auf den Kaffeefeldern eingesetzt. Den größten Anteil stellten die Italiener (etwa 1 Mio. kamen zwischen 1890 und 1920 nach Brasilien), gefolgt von Portugiesen, Spaniern sowie kleineren Gruppen aus Deutschland und Russland.

Doch die Einwanderung ist nur ein Aspekt der hiesigen Vielfalt. Jede Region hat individuelle Bevölkerungsgruppen, die mit zahlreichen Klischees behaftet sind. Caboclos (Nachkommen der *índios*) leben an den Flüssen des Amazonasgebiets und bewahren die Traditionen und Geschichten ihrer Vorfahren. *Gaúchos* bevölkern Rio Grande do Sul, sprechen portugiesisch mit spanischem Akzent und werden ihren Ruf als harte Cowboys nur schwer los. Im Gegensatz dazu gelten *baianos* (Nachkommen der ersten Afrikaner in Brasilien) als die offensten und lebenslustigsten Einwohner des Landes. Den *mineiros* (Bürger des Staates Minas Gerais) sagt man nach, sie seien ernsthafter und reservierter als die brasilianischen Küstenbewohner, und den *sertanejos* (Einwohner des Hinterlandes – *sertão* – im Nordosten), sie seien dickhäutige Individualisten und legten Wert auf Tradition. Nach Meinung der *paulistanos* (Einwohner von São Paulo-Stadt) sind *cariocas* (Einwohner von Rio-Stadt) oberflächliche Faulpelze; sie selbst gelten dagegen als missmutige Workaholics.

Es gibt Dutzende Begriffe für die unterschiedlichen ethnischen Mischungen, die in Brasilien beheimatet sind. So ist es z. B. nicht unge-

Im Amazonasgebiet leben nach wie vor Dutzende indigene Stämme ohne Kontakt zur Außenwelt. 2007 tauchten plötzlich 89 Metyktire in einem Dorf in Pará auf. Dies war das erste Mal seit 1950, dass man wieder auf dieses Volk traf, von dem man annahm, es sei ausgestorben.

How to Be a Carioca von Priscilla Ann Goslin ist ein humorvolles Porträt der Einwohner Rios, mit ironischen Abhandlungen über Strandbesuche, das Autofahren, Seifenopern, Fußball und den hiesigen Slang.

wöhnlich, dass in den Adern eines scheinbar Weißen europäisches, afrikanisches und indigenes Blut fließt. Trotz aller Integration und Harmonie nach außen sieht es unter der Oberfläche ganz anders aus. Obwohl Schwarze und Mischlinge 45 % der Bevölkerung ausmachen, sind sie in Politik und Wirtschaft unterrepräsentiert und haben kaum Chancen, aus der Armutsfalle herauszukommen. Noch offener wird die indigene Bevölkerung diskriminiert – ein Teufelskreis, der mit der Vernichtungspolitik der ersten Europäer begann.

Bevölkerung

Brasilien steht unter den bevölkerungsreichsten Staaten der Erde an fünfter Stelle. Mit ca. 24 Menschen pro Quadratkilometer ist es zugleich eines der am wenigsten dicht besiedelten Ländern. Der größte Teil der Einwohner lebt an der Küste, besonders im Süden und Südosten, wo sich stolze 75 % der Bevölkerung niedergelassen haben. Bis Mitte des 20. Jhs. war Brasilien hauptsächlich ländlich geprägt. Heute dagegen wohnen über 80 % der Bevölkerung in den Städten. Die Bevölkerungszahl explodierte in der zweiten Hälfte des vergangenen Jahrhunderts, auch wenn die Geburtenraten in jüngster Zeit wieder etwas zurückgehen.

FRAUEN IN BRASILIEN

In Brasilien bildete sich eine der ersten feministischen Bewegungen Lateinamerikas. Die Frauen des Landes gehörten zu den ersten in diesem Teil der Welt, die das Wahlrecht erlangten (1932). Heute wächst die Zahl der feministischen Nichtregierungsorganisationen stetig. Sie widmen sich der Aufgabe, Frauen über ihre gesetzlichen Rechte und Möglichkeiten der Familienplanung aufzuklären und trainieren die Polizei im Umgang mit Fällen von häuslicher Gewalt. In der Hauptstadt Brasília vertritt sogar eine Lobbyorganisation die Belange der Frauen. Noch wichtiger ist die Tatsache, dass an der Spitze des Staates eine Frau steht: Dilma Rousseff wurde 2011 Brasiliens erste Präsidentin und gilt als bedeutendstes Symbol, wenn es um die Beseitigung von Hindernissen auf dem Weg zur Gleichberechtigung geht.

Trotz einiger Fortschritte gibt's noch immer zahlreiche chauvinistische Stereotype *(machista)* und viel zu wenig Frauen in Machtpositionen. Nur etwa 16 % der Senatoren und 9 % der Abgeordneten im Unterhaus sind weiblich, einer der geringsten Anteile in ganz Lateinamerika, wo Frauen im Durchschnitt mit einem Anteil von 20 % in der Legislative vertreten sind.

In anderen Bereichen besetzen Frauen bereits 45 % der Arbeitsplätze – das ist zwar ein riesiger Sprung, wenn man die Zahlen aus den vorherigen Jahrzehnten betrachtet, aber noch immer unter dem Durchschnitt Lateinamerikas (wo Frauen 53 % der Arbeitsplätze belegen). Leider ist das Einkommensgefälle nach wie vor hoch: Männer verdienen 30 % mehr als gleichaltrige Kolleginnen, die eigentlich auf derselben Gehaltsstufe stehen müssten.

Fälle häuslicher Misshandlungen sind erschreckenderweise an der Tagesordnung (einem Bericht zufolge wird in Brasilien alle 24 Sekunden eine Frau geschlagen und zehn Frauen pro Tag sterben an den Folgen häuslicher Gewalt). Als Antwort darauf eröffnete 1990 das erste Polizeirevier, das sich ausschließlich mit Fällen von Gewalt gegen Frauen befasst. Inzwischen ist die Zahl dieser speziellen Wachen auf über 300 angewachsen. Meist tun dort weibliche Beamte Dienst.

Frauen stehen 120 Tage bezahlter Mutterschaftsurlaub zu (Männer bekommen dagegen nur fünf Tage Vaterschaftsurlaub). Abtreibungen sind in Brasilien noch immer illegal, sofern die werdende Mutter nicht einer Vergewaltigung zum Opfer fiel oder gesundheitliche Risiken für sie bestehen. Dennoch werden Schätzungen zufolge alljährlich 1 Mio. Schwangerschaftsabbrüche durchgeführt, die oft erhebliche Gesundheitsrisiken mit sich bringen. Jedes Jahr werden über 200 000 Frauen nach heimlichen Abtreibungen in ein Krankenhaus eingeliefert.

Im Nordosten – mit Salvador als kulturellem Zentrum – findet man die meisten Afrobrasilianer. Im Amazonasgebiet leben sogenannte Caboclos (wörtlich „kupferfarben"), Mestizen indigener und portugiesischer Abstammung. Der Süden beheimatet die meisten Brasilianer mit europäischen Wurzeln, Nachfahren italienischer und deutscher Immigranten.

Obwohl das Land unterschiedlichste Ethnien vereint, ist es weit entfernt davon, nicht zwischen verschiedenen Hautfarben zu unterscheiden. Afrobrasilianer machen den größten Teil der schlecht bezahlten Arbeiter aus und leben vorwiegend in Favelas. Mehr als 40 % von ihnen (doppelt so viele wie Weiße) sind arm. Sie sterben früher als Weiße, verdienen weniger und kommen schneller ins Gefängnis. Obwohl 2012 ein neues Quotensystem eingeführt wurde, das die langjährige Ungleichheit zwischen den Rassen mindern soll, sind kaum 2 % der Studenten Schwarze. Ein afrobrasilianischer Politiker oder auch nur ein Afrobrasilianer in einer Führungsposition ist eine absolute Seltenheit, ein deutliches Anzeichen dafür, dass es hier massiv an Chancen für Schwarze mangelt.

Die indigene Bevölkerung besteht heute aus 700 000 Menschen, verteilt auf 200 Stämme – bei der Ankunft der Europäer in Brasilien waren es noch schätzungsweise 2 Mio. oder mehr. In den vergangenen Jahren ist der Anteil der indigenen Bevölkerung jedoch beträchtlich gestiegen: Seit 1970 hat er sich verdreifacht. Brauchtum und Glaube variieren je nach Stamm beträchtlich. Gleichzeitig tun sich die indigenen Einwohner schwer, ihre Traditionen nach jahrhundertelanger Vertreibung von ihrem Stammesland, Dezimierung, Missionierung und anderer schädlicher Einflüsse zu bewahren.

Nach Jahrhunderten des Genozids, der Sklaverei, der Enteignungen und des Todes durch eingeschleppte Krankheiten steigt ihre Zahl wieder, trotzdem bleiben viele Probleme ungelöst. Viele indigene Brasilianer leben in den Regenwäldern des Amazonasbeckens und sehen sich damit den gleichen Gefährdungen ausgesetzt wie der Dschungel selbst: Abholzung, Viehzucht, Ackerbau, Straßen, Siedlungen, Dämme und hydroelektrische Projekte bedrohen den Lebensraum, von dem sie abhängen.

Die japanische Einwanderungswelle nahm 1908 ihren Anfang. Heute lebt in São Paulo die größte japanische Gemeinde außerhalb Japans.

Lebensart

Einen typischen Brasilianer zu beschreiben, ist keine leichte Aufgabe. Zu viele soziale, kulturelle und wirtschaftliche Faktoren spielen dabei eine Rolle. Nicht zu übersehen ist die Kluft zwischen Arm und Reich.

Die Mittel- und Oberschicht lebt in komfortablen Apartments oder Häusern. Ihr Leben unterscheidet sich kaum von dem in der Ersten Welt: gute medizinische Versorgung in Privatkliniken, Autos, Ferienhäuser und Zugang zu den neuesten Trends sowie zu technischen Spielereien (obwohl die Preise für Luxusgüter hier sehr viel höher sind; beispielsweise kostet ein iPhone mit 16 GB ohne Vertrag 1850 R$). Die richtig Reichen schicken ihre Kinder auf Privatschulen und später auf Universitäten im Ausland. Dienstmädchen sind üblich – selbst bei Mittelständlern – und einige Familien leisten sich Chauffeure und Köche. Je nachdem, wo im Land man lebt, spielt die Kriminalität eine mehr oder weniger große Rolle. Wer es sich leisten kann, sorgt für zusätzliche Sicherheitsmaßnahmen: Man entscheidet sich für eine Wohnung mit Wachpersonal oder stellt gar Bodyguards an.

Weit unterhalb der Elite kommt die Arbeiterklasse mehr schlecht als recht über die Runden. In der Regel wohnen die Kinder bei den Eltern, bis sie heiraten. Junge Paare neigen dazu, eher früh zu heiraten.

Am unteren Ende der sozioökonomischen Leiter befinden sich die *favelados* (Slumbewohner), die in selbstgebauten Unterkünften (meist kastenartige Beton- oder Ziegelhäuser) in überfüllten behelfsmäßigen Gemeinden leben. Diese Favelas, deren Größe von ein paar Tausend bis weit über 70 000 Bewohner reicht, sind in fast allen urbanen Gebieten Brasi-

DOMESTICAS

Domesticas (Hausmädchen), der erste Film von Fernando Meirelles, taucht in das Leben von fünf Frauen ein, die als Haushaltshilfen arbeiten. Der Regisseur zeichnet ein mitreißendes Porträt von Brasiliens oft übersehener Unterschicht.

liens zu finden. Die meisten Bewohner verfügen zwar über Strom und fließend Wasser, aber durch viele Favelas verlaufen offene Abwasserkanäle. Oft ist der Zugang zu Bildung, angemessener Gesundheitsversorgung, Transport und sonstiger essentieller Infrastruktur für die Bewohner begrenzt, auch wenn sich dieser Zustand dank der Favela-Aufbauprogramme der Regierung allmählich ändert.

Auf dem Land können die Lebensbedingungen für die arme Bevölkerung noch schlimmer sein. Die ungleiche Landverteilung, die noch aus der Kolonialära stammt, führt dazu, dass Tausende obdachloser Familien auf leer stehendem Land schuften oder sich als Wanderarbeiter mit Überstunden bei niedrigem Lohn verdingen müssen.

Unabhängig vom sozioökonomischen Hintergrund haben die meisten Brasilianer eine gesunde Einstellung zum Feiern (der Karneval ist nur ein Beispiel). Diese Lebensfreude erlebt man auf dem Fußballplatz, an den Stränden, in den Sambaclubs und auf den Straßen. Das Gegenstück dazu bildet die *saudade,* die melancholische Manifestation von Heimweh, Sehnsucht oder Bedauern, wie sie auf alten Bossa-nova-Platten so schön zu hören ist.

Brasilianische Rhythmen

Die populäre brasilianische Musik ist von drei Kontinenten geprägt und entsprechend vielfältig. Das *samba canção* (Sambalied) vereint den spanischem Bolero und die Kadenzen und Rhythmen afrikanischer Musik. Bossa nova wurde vom Samba und nordamerikanischer Musik, besonders dem Jazz, beeinflusst. *Tropicália* vereint Bossa nova und italienische Balladen, Blues sowie nordamerikanischen Rock. Auch heute noch entstehen in Brasilien immer wieder neue, originelle Musikrichtungen.

Samba & Choro

Die Entstehung der modernen brasilianischen Musik begann mit der Geburt des Sambas, der Anfang des 20. Jhs. zum ersten Mal in einem Viertel Rios nahe der heutigen Praça Onze zu hören war. Einwanderer aus Bahia schlossen sich zu einer Gemeinde zusammen und ließen traditionelle afrikanische Bräuche aufleben – Musik, Tanz und Candomblé. Zu Rios ersten wichtigen Musikern gehörten Pixinguinha, einer der Väter des Sambas, und Donga, einer der Komponisten von *Pelo Telefone*, dem ersten aufgezeichneten Samba (1917). Der Song war ein riesiger Erfolg beim neu etablierten Karneval.

The Brazilian Sound (2008) von Chris McGowan und Ricardo Pessanha ist eine hervorragende, gut illustrierte Einführung in die brasilianische Musik, mit einem Überblick über regionale Stile und Musiker (große Namen ebenso wie unbekannte). Eine nützliche Discografie gehört auch dazu.

Der Samba entwickelte sich in Privathäusern und *botequims* (Bars mit Tischbedienung) rund um Rio weiter. Die 1930er-Jahre waren die goldenen Jahre des Sambas. Anspruchsvolle Lyriker wie Dorival Caymmi, Ary Barroso und Noel Rosa machten *samba canções* bekannt – melodische Sambalieder unterlegt mit afrikanischer Percussion. Die Songs zeichneten sich durch sentimentale Texte und Betonung der Melodie statt des Rhythmus aus und kündigten den später entstandenen Bossa nova an.

In den 1930er-Jahren hatten auch die Sambakomponisten, die Lieder für den Karneval schrieben, ihre große Stunde. Die *escolas de samba* (Sambaschulen oder -clubs), die 1928 entstanden, wurden zu den wichtigsten Förderern der neuen Kompositionen, und schon bald waren Samba und Karneval unlösbar miteinander verbunden.

Die nächsten Jahrzehnte brachten in Brasilien große *sambistas* (Sambasänger) hervor, aber neue Musikstile stahlen ihnen mehr und mehr die Show. Musiker wie Cartola, Nelson Cavaquinho und Clementina de Jesus verbanden den Samba mit den sich daraus entwickelnden Genres.

Der traditionelle Samba erlebte vor etwa zehn Jahren eine Renaissance, als in Lapa *gafieiras* (Tanzlokale) im alten Stil eröffneten. Heute gibt's in Rio wieder jede Menge großartige *sambistas*. Altehrwürdige Sänger wie Alcione und Beth Carvalho treten nach wie vor auf, während aufstrebende Stars wie Teresa Christina und die Grupo Semente eng mit Lapas Wiedergeburt verbunden sind. Zu weiteren Talenten zählen Diogo Nogueira, Sohn des legendären Sängers João Nogueira, der seine Zuhörer mit einer sonoren tiefen Stimme bezaubert, und Mart'nália, Tochter der Sambalegende Martinho da Vila.

Eine andere noch immer aktiv in Rio mitmischende Künstlerin ist Maria Rita, die talentierte Sängerin und Liedermacherin, deren Stimme der ihrer verstorbenen Mutter Elis Regina – eine der ganz Großen Brasiliens – verblüffend ähnelt. Ihr Album *Samba Meu Samba Meu* aus dem Jahre 2007 gehört nach wie vor zu ihren besten Scheiben.

Choro, ein entfernterer Verwandter des Sambas, zeichnet sich durch seinen jazzigen Sound, Melodiesprünge und ein manchmal rasantes Tempo aus, ist meist instrumental und häufig improvisiert. Er wird auf der *cavaquinho* oder einer Gitarre gespielt und von einer (Block-)Flöte begleitet. Der Flötist Pixinguinha (1898–1973) zählt zu den größten *choro*-Legenden.

Bossa Nova: The Story of the Brazilian Music that Seduced the World von Ruy Castro ist ein ausgezeichnetes Buch, das diese lebendige Musik und das Lebensgefühl im Rio der 1950er-Jahre wunderbar einfängt.

Bossa nova

Der Bossa nova (wörtlich „neue Welle") entstand in den 1950er-Jahren und initiierte eine neue Ära brasilianischer Musik. Seine Erfinder – der Liedermacher und Komponist Antônio Carlos (Tom) Jobim, der Gitarrist João Gilberto sowie der Texter und Dichter Vinícius de Moraes – verlangsamten und veränderten den Sambarhythmus und kreierten einen intimen, harmonischen Sound. Damit schufen sie die Grundlage für eine völlig neue Art des Spielens und Singens.

Die verführerischen Melodien des Bossa nova wurzeln in Rios Zona Sul, Heimat der meisten Bossa-Musiker. Songs wie Jobims *Corcovado* und Roberto Menescals *Rio* beschworen mit ihrer gelassenen Lyrik ein fast nostalgisches Bild der Stadt herauf. Dies war die Musik des neuen akademischen Brasiliens – so spiegeln die Texte denn auch den Optimismus der Mittelklasse in den 1950er-Jahren wider.

TOP 20 FÜR DEN IPOD: BRASILIEN-PLAYLIST

Brasilien bietet eine unglaubliche Auswahl an talentierten Musikern. Eine Liste unserer Lieblingssongs könnte ein kleines Buch füllen, aber wir haben unsere subjektive Auswahl auf 20 Lieder von 20 verschiedenen Künstlern beschränkt.

- *Sampa* – Caetano Veloso
- *Alvorado* – Cartola
- *Calice* – Chico Buarque & Milton Nascimento
- *Aguas de Março* – Elis Regina (geschrieben von Tom Jobim)
- *Hoje é Dia da Festa* – Elza Soares
- *Namorinho de Portão* – Gal Costa
- *Quilombo, o El Dorado Negro* – Gilberto Gil
- *Desafinado* – João Gilberto
- *Mas, Que Nada!* – Jorge Ben Jor
- *A Procura da Batida Perfeita* – Marcelo D2
- *Novo Amor* – Maria Rita
- *Carinhoso* – Marisa Monte (geschrieben von Pixinguinha)
- *Besta é Tu* – Novos Baianos
- *Panis et Circenses* – Os Mutantes
- *Beira Mar* – Raimundo Fagner und Zeca Baleiro
- *Funk Baby* – Seu Jorge
- *Acenda o Farol* – Tim Maia
- *Garota de Ipanema* – Tom Jobim
- *Não me deixe só* – Vanessa da Mata
- *Felicidade* – Vinícius de Moraes

In den Sechzigern wurde Bossa nova auch international salonfähig und erfolgreich. Damals adaptierten nordamerikanische Stars wie Frank Sinatra, Ella Fitzgerald und Stan Getz Klassiker des Genres und nahmen sie neu auf.

Neben den Gründungsmitgliedern gehören auch Marcos Valle, Luiz Bonfá und Baden Powell zu den Großen des brasilianischen Bossa nova. Einige Bands der Sechziger wie Sergio Mendes & Brasil '66 wurden ebenfalls von dieser Stilrichtung beeinflusst. Wie andere Künstler flohen auch sie vor der Militärdiktatur und ließen sich im Ausland nieder. Zu den neueren Interpreten des verführerischen Bossa-Sounds gehören die in Bahia geborene Rosa Passos und die *carioca* Paula Morelenbaum.

Tropicália

In den späten 1960er-Jahren entstand in Brasilien eine weitere einmalige künstlerische Bewegung: *Tropicália* war die direkte Antwort auf die Diktatur zwischen 1964 und 1984. Zu den Hauptakteuren zählten Caetano Veloso und Gilberto Gil, die mit ihren Liedern gegen das Regime protestierten. Außer den aufrührerischen Texten führten die *tropicalistas* elektronische Instrumente und Melodienfragmente ein und verknüpften sie mit unterschiedlichsten Musikstilen.

Wichtige Größen des *tropicália* waren Gal Costa, Jorge Ben Jor, Maria Bethânia, Os Mutantes und Tom Zé. Zunächst fanden die Elektrosounds und Rockelemente wenig Anklang und Veloso wurde sogar mehrmals auf der Bühne ausgepfiffen. Doch in den 1970ern wendete sich das Blatt. Nun hatten sich die Brasilianer an den radikalen Stil gewöhnt und bald waren die Protestlieder überall zu hören.

Inzwischen gibt's keine „reinen" *tropicália*-Bands mehr. Die Einflüsse dieser Musikrichtung machen sich aber immer noch bei Bands wie Afro-Reggae bemerkbar, einer der wichtigsten Funk-Gruppen Rios.

Tropical Truth: A Story of Music and Revolution in Brazil von Caetano Veloso beschreibt das großartige künstlerische Experiment *tropicália* der 1960er-Jahre in Brasilien. Auch wenn der Autor manchmal etwas abschweift, gelingt es ihm, sowohl die Musik als auch die Politik jener Ära einzufangen.

Música Popular Brasileira (MPB)

Música Popular Brasileira (MPB) ist ein Schlagwort, unter dem alle brasilianischen Musikstile nach dem Bossa nova zusammengefasst werden, darunter *tropicália*, *pagode* sowie brasilianischer Pop und Rock. Da die gesamte brasilianische Musik auf den Samba zurückgeht, findet man selbst in brasilianischem Rock, Heavy Metal, Disco oder Pop häufig Samba-Elemente.

MPB tauchte in den 1970er-Jahren zusammen mit talentierten Musikern wie Edu Lobo, Milton Nascimento, Elis Regina, Djavan und Dutzenden anderen auf. Viele von ihnen schrieben Protestsongs, die denen der *tropicalistas* nicht unähnlich waren. Chico Buarque gehört zu den Großen dieser Ära und ist einer der besten Liedermacher Brasiliens. Seine Musikkarriere begann 1968, viele seiner Songs waren während der Militärdiktatur verboten – so wurde seine Musik zum Symbol des Widerstands.

Jorge Ben Jor ist ein weiterer Sänger, dessen Karriere bereits seit den 1960ern andauert. Seine Rhythmen – ein bunter Mix aus afrikanischen Beats und Elementen aus Funk, Samba und Blues – machen süchtig. Das gefeierte *África Brasil* und sein Debüt *Samba Esquema Novo* (mit so bemerkenswerten Hits wie *Mas, Que Nada!*) zählen zu seinen besten Alben.

Carlinhos Brown leistet weiterhin einen unschätzbaren Beitrag zur brasilianischen Musik, besonders im Bereich der afrobrasilianischen Rhythmen. Der in Bahia geborene Musiker wurde von Merengue (temporeiche, ursprünglich aus der Dominikanischen Republik stammende Tanzmusik) über Candomblé-Musik bis hin zu Funk à la James Brown (der US-Künstler, dessen Namen Carlinhos entliehen hat) von zahlreichen Stilen beeinflusst. Er hat das berühmte Percussion-Ensemble Timbalada gegründet und auch selbst einige exzellente Alben aufgenommen

KANNIBALISMUS IM BRASILIANISCHEN STIL

Das Verspeisen von Menschenfleisch, das von einigen präkolumbischen Stämmen praktiziert wurde, trug in einem gewissen Grad zur brasilianischen Identität bei. In den 1920er-Jahren symbolisierte die intellektuelle Bewegung der Anthropophagie (ein schickes Wort für Kannibalismus) die Lust Brasiliens auf neue Ideen und Kulturrichtungen aus dem Ausland, die konsumiert, verdaut und anschließend in etwas typisch Brasilianisches verwandelt wurden.

In der Musik verkörperte (verschluckte) der Bossa nova den amerikanischen Jazz, Blues und die Klassik und kreierte dabei etwas völlig Neues. Ein paar Jahre später entstand die *tropicália*, deren Anhänger offene Bewunderer des 1928 veröffentlichten *Manifesto Antropofágico* (Kannibalistisches Manifest) von Oswald de Andrades waren. Sie verschlang Elemente des amerikanischen Rock and Roll, Blues, Jazz sowie britische psychedelische Genres, aber auch Samba und sogar Bossa nova. Diese Mischung brachte einen kraftvollen neuen Sound hervor, der in seiner Struktur ganz und gar brasilianisch ist.

Oft wurden die Vorstellungen des kulturellen Kannibalismus verwendet, um die gewaltigen Ausstöße des Landes nicht nur in der Musik, sondern auch in der Literatur, Malerei und sogar im Kino zu erklären. Caetano Veloso beschrieb es so: „Antropofagia ist ein brasilianischer Daseinszustand."

(allen voran *Alfagamabetizado*). 2012 wurde der in viele verschiedene Projekte involvierte Brown sogar für den Oscar nominiert – für den besten Originalsong (*Real in Rio* für den Film *Rio*), den er zusammen mit Sergio Mendes komponierte.

Brasilianischer Rock, Pop & Hip-Hop

MPB geht oft fließend in andere Genres über, darunter vor allem Rock und Pop. Federleicht zwischen den Genres bewegt sich Bebel Gilberto, die Tochter von João Gilberto: Auf ihren zweisprachigen, jazzigen Alben wie *All in One* (2009) verschmilzt Bossa nova mit modernen Beats. Eine weitere Erbin der brasilianischen Traditionen ist die in Rio geborene Marisa Monte, die für ihren Gesang und die von ihr geschriebenen Songs zu Hause und im Ausland gleichermaßen geliebt wird. Marisa vermischt Samba, *forró* (traditionelle, temporeiche Musik aus dem Nordosten), Pop und Rock. Sie hat mehrere tolle Soloalben veröffentlicht (*Barulinho Bom* – Großer Lärm – ist eines ihrer besten) und an zahlreichen anderen Alben mitgewirkt. Ihre kurze Zusammenarbeit mit Arnaldo Antunes und Carlinhos Brown brachte das herausragende Album *Tribalistas* (2003) hervor. Weitere bemerkenswerte junge Sängerinnen, die ihre Wurzeln in der Bossa-Ecke haben, sind Roberta Sá, deren neuestes Album *Segunda Pele* (2012) Bossa-, Jazz- und sogar Reggae-Elemente aufweist, und Fernanda Porto, deren Musik oft als „Drum 'n' Bossa" beschrieben wird; dieser Mix aus Electronica und Bossa-Rhythmen prägt ihr Album *Auto-Retrato* von 2009 – Prädikat hörenswert.

In ihren großartigen, meist englischsprachigen Aufnahmen vereint die aus Brasilien stammende Sängerin, Liedermacherin und Performancekünstlerin Cibelle Elemente aus Pop, Folk und brasilianischen Klängen, z. B. auf ihrer Scheibe *The Shine of Dried Electric Leaves* (2006). Bekannt wurde sie als Hauptsängerin auf Subas beachtenswertem Album *São Paulo Confessions* (1999). Die mehrmals für den Grammy nominierte Musikerin Céu hat viele Fans im In- und Ausland. Sie nahm in den letzten sieben Jahren drei Alben auf und kreierte traumhafte Melodien mit Elementen aus *tropicália*, Samba, Reggae und Jazz. Ihr letztes Werk, *Caravana Sereia Bloom* (2012), ist eine bunte Sammlung mit Songs, die von einem Road Trip durch Brasilien inspiriert wurden.

Brasilianischer Hip-Hop tauchte irgendwann in den 1980er-Jahren in den Favelas von Rio und São Paulo auf und zieht seitdem immer mehr Menschen in seinen Bann. Große Stars wie Racionais MC kamen zuerst in São Paulo auf, aber auch Rio hat seit Kurzem einige Erfolgsgeschichten aufzuweisen. Einer der besten Interpreten der aktuellen Szene ist Marcelo D2 (früher bei Planet Hemp), der sein Publikum mit Alben wie *A Procura da Batida Perfeita* (2005) und *A Arte do Barulho* (2008) beeindruckt.

Im Ausland kennt man eher Seu Jorge (der im Film *City of God* mitspielte und grandiose portugiesische Versionen einiger Bowie-Songs für Wes Andersons *Die Tiefseetaucher* aufnahm). Cru, sein bisher bestes Solowerk aus dem Jahre 2005, ist ein einfallsreicher Hybrid aus Hip-Hop und Balladen mit politischer Botschaft.

Viele heutige Hip-Hop-Künstler stammen aus São Paulo, darunter Emicida, ein junger Rapper, der für seine sarkastischen Improvisationsrhythmen bewundert wird. Einer seiner frühen Hits, die ihm zum Durchbruch verhalfen, ist seine funkgeladene Single *Triunfo*. Rael de Rima, ein schnell rappender Lyriker mit einem starken Sinn für Musikalität, performt oft mit Gitarre und kompletter Hintergrundband (bei vielen Hip-Hop-Künstlern eine Seltenheit). MC Criolo, dessen Songs sich mit urbaner Gewalt, Polizeibrutalität und Rassismus befassen, wird besonders in den Favelas bewundert.

In Brasilien treten zahlreiche internationale Rockstars auf, doch das Land hat auch eigene Talente. In den 1980er- und frühen 1990er-Jahren errang die legendäre Gruppe Legião Urbana aus Brasília große Erfolge und verkaufte insgesamt über 15 Millionen Platten. (Leider löste sich die Band 1996 kurz nach dem Tod des Leadsängers Renato Russo auf.) Zudem sollte man sich die Namen Raul Seixas, Skank, O Rappa, Os Paralamas Sucesso und Barão Vermelho aus Rio merken. Von dort stammt auch der vielseitige und originelle Ed Motta, der seinen Rock mit Soul- und Jazzelementen sowie traditioneller brasilianischer Musik aufpeppt.

In anderen Genres waren die Indie-Rock-Lieblinge Los Hermanos eine Topband, die vor ihrer Auflösung 2007 einprägsame Alben schuf. Ihre Alben *Ventura* (2003) oder *Bloco do Eu Souzinho* (2001) zählen zu den bahnbrechendsten Pop-Rock-Scheiben der damaligen Zeit. Im Auge behalten sollte man darüber hinaus die Gruppe Vanguart, die irgendwo in der Folkrock-Ecke anzusiedeln ist. In ihrem gleichnamigen Debütalbum (2007) verbinden sie Samba, Blues und Klassikrock. Die kecke Girlgroup Cansei de Ser Sexy (Keine Lust mehr, Sexy zu Sein) hat ebenfalls den Durchbruch geschafft: Sie mischt New-Wave-Klänge der Eighties mit Elektropop, respektlosen englischen Texten und schnellen Beats.

SEIXAS

Raul Seixas (1945–1989) wird oft als „Vater des brasilianischen Rock" bezeichnet. Viele seiner wilden Hymnen sind weithin bekannt, und bei seinen Konzerten hört man manchmal Rufe wie *„toca Raul!"* (spiel, Raul!). Interessanterweise verfasste er zahlreiche Lieder mit Unterstützung von Paulo Coelho (dem zukünftigen Bestsellerautor von New-Age-Romanen).

Regionale Musik

Im Nordosten gibt's die meisten regionalen Tanz- und Musikstile. Am bekanntesten ist *forró*: ein lebhaftes, synkopiertes Genre, das vom Akkordeon und der *zabumba* (einer afrikanischen Trommel) dominiert wird. Obwohl sich ein paar Künstler (u. a. Luiz Gonzaga und Jackson do Pandeiro) damit einen Namen gemacht haben, galt *forró* bei Stadtbewohnern lange als simpel. Erst der Film *Eu, Tu, Eles (Ich Du Sie – Darlenes Männer)* brachte der Musikrichtung die gebührende Anerkennung – nicht zuletzt ist dies Gilberto Gil zu verdanken, der den Hit *Esperando na Janela* sang.

Das *trio elétrico* bzw. *frevo baiano* entstand, weil sich die Technik veränderte, nicht die Musik selbst. Alles fing mit einem Scherz an: Auf dem Karneval in Salvador spielte in den 1950er-Jahren eine Gruppe Musiker (unter ihnen Dodo und Osmar alias Adolfo Nascimento und Osmar Alvares Macedo) auf einem Festwagen *frevo* mit elektrischen Gitarren. Das *trio elétrico* muss nicht unbedingt ein Trio sein, ist aber nach wie vor das

Rückgrat der Karnevalsfeiern in Salvador: Die Trucks mit hochaufgetürmten Boxen und den Musikern obendrauf bahnen sich ihren Weg durchs tanzende Volk. Ein anderes wichtiges Element des Karnevals in Salvador ist der *bloco afro* (eine afrobrasilianische Percussion-Gruppe). Die Filhos de Gandhi und die Grupo Olodum zählen zu den bekanntesten. Sie haben unverkennbar afrikanische Wurzeln und sind vom Candomblé beeinflusst, Olodum hingegen erfand den Samba-Reggae.

Mangue beat (auch bekannt als *mangue bit*) kommt aus Recife und verknüpft folkloristische und regionale Musik mit internationalen Einflüssen wie Hip-Hop, Neo-Psychedelic und *tejano* (instrumentale Volksmusik aus Nordmexiko und Südtexas). Frühe Vertreter dieser Richtung sind Chico Science und Nação Zumbi. Ihr meisterhaftes Album *Afrociberdelia* von 1996 gibt einen guten Überblick über ihr musikalisches Schaffen.

Axé bezeichnet einen wilden Mix aus Samba, Pop, Reggae, Funk und karibischer Musik, der in den Neunzigern in Salvador entstand. Bekannt wurde der von älteren Formen des Karnevals inspirierte Stil durch die großartige, extravagante Daniela Mercury. Weitere Vertreter sind die Gruppen Ara Ketu und Chiclete com Banana. Manche Musiker brachten wunderbare, energiegeladene Songs hervor, darunter Danielas *Toda Menina Baiana* (Jedes Bahianische Mädchen), allerdings ist *axé* seit Ende der 1990er-Jahre immer kommerzieller geworden.

Indigene Musik wurde wie so vieles, was die Kultur der Urweinwohner betrifft, verwässert und absorbiert. Die *carimbó*-Musik des Amazonasgebietes, wo die Mehrzahl der *índios* heute lebt, wurde vor allem durch die Schwarzen an der Küste beeinflusst.

Musik-websites & -blogs

The Saudade Project (www.saudadeproject.com)

Slipcue (www.slipcue.com/music/brazil/brazillist.html)

Jungle (jungledrumsonline.com)

Brazilian Music Day (brazilianmusicday.org)

Fußballfieber

Die Brasilianer sind fußballverrückt. An wichtigen internationalen Spieltagen geht niemand zur Arbeit, stattdessen drängen sich die Leute in den umliegenden Bars oder auf Gehsteigen, um das Spiel zu sehen. Nach einem großen Sieg feiert das ganze Land wilde nächtliche Partys, und wenn das Team verliert, ist die Trauer in der Luft nahezu spürbar. Selbstverständlich unterstützen alle die Nationalmannschaft, doch ansonsten steht der Lieblingsverein an erster Stelle.

Das Spiel und die Fans

Brasilien gilt als das Land mit dem kreativsten und aufregendsten Fußball der Welt. Die Spieler sind zwar auch als lausige Verteidiger bekannt, aber das scheint dank der aufregenden Angriffe niemanden zu stören. Ebenso gern sieht man den Fans zu. Auf gekonnte Spielzüge oder cleveres Vorbeidribbeln am Gegner reagieren sie mit einem spanischen „Olé" und tun stets ihr Bestes, um der Mannschaft einzuheizen: Sie schlagen dröhnende Trommeln (und manchmal die Rückseite der Stadionsitze), schwenken riesige Fahnen und zünden Feuerwerkskörper und Rauchbomben. Gelegentlich gießen sie allerdings auch suspekte Flüssigkeiten über die Plätze der gegnerischen Anhänger.

Als Brasilien 1950 Gastgeber der Fußball-WM war, verlor die Nationalmannschaft in Rios Maracanã-Stadion vor rund 200 000 Fans das dramatische Finale gegen Uruguay. Dieser berüchtigte Tag ging unter der Bezeichnung *maracanaço* in die Geschichte des Landes ein. Der Begriff wird noch heute verwendet.

Legenden des Sports

Brasilien hat viele weltberühmte Spieler hervorgebracht, z. B. den Afrobrasilianer Leonidas da Silva, der bei der Überwindung von Rassenbarrieren half und 1938 das einzige Fallrückziehertor in der Geschichte der Weltmeisterschaften schoss, oder den Stürmer Romario, der in seiner Karriere über 900 Treffer erzielte. Der größte von allen ist jedoch Pelé, manchmal schlicht „O Rei" (der König) genannt. In seiner 22-jährigen Karriere gewannen die Vereine, für die er spielte, 53 Titel, darunter drei Weltmeisterschaften (die erste fand in Schweden statt – damals war Pelé erst 17 Jahre alt). Als er sich in den 1970er-Jahren zur Ruhe setzte, hatte er 1366 Spiele mit über 1200 Treffern auf seiner Liste, was ihn zum Fußballer mit den meisten Toren der Welt macht.

Rückkehr aus Europa

Bis vor Kurzem verließen viele der besten Spieler das Land und schlossen lukrativere Verträge mit europäischen Vereinen ab. Im letzten Jahrzehnt kamen jedoch zahlreiche brasilianische Stars nach Hause zurück, um hier vor den hingebungsvollen Fans und für nicht unbeträchtliche Summen zu spielen. Das Erstarken des Real im Verhältnis zum Euro und der Wirtschaftsboom haben dazu geführt, dass die brasilianischen Clubs ihren Spielern fast ebenso hohe Gehälter wie die Vereine in Europa bieten können. Auch die Fernsehrechte und Firmensponsoren füllen die Taschen der Clubs. Die Rückkehr weiterer Spieler und die kontinuierliche Förderung neuer Talente in den großen Vereinen könnten dazu beitragen, Brasilien in eine Fußballweltmacht zu verwandeln – sowohl auf nationaler als auch auf internationaler Ebene.

Die Vereine

Brasilien hat unzählige Ligateams – über 400 laut der Confederação Brasileira de Futebol (CBF) – mit 20 Spitzenvereinen auf höchster Ebene, die Teil des sogenannten Campeonato Brasileiro Série A sind. Abgesehen von einigen kurzen Pausen in der Zeit zwischen Weihnachten und Neujahr sowie zu den Karnevalsfeierlichkeiten werden das ganze Jahr über professionelle Wettkämpfe ausgetragen. Es gibt eine schier unglaubliche Anzahl an Spielen mit heiß umkämpften Staatsmeisterschaften, besonders in Rio (Campeonata Carioca) und São Paulo (Campeonata Paulista). Zuschauer können sich auf intensive und erbitterte Begegnungen freuen, vor allem dann, wenn historische Heimatrivalen aufeinandertreffen: Flamengo gegen Fluminense in Rio; Palmeiras gegen Corinthians in São Paulo; Atlético Mineiro (geführt von Ronaldinho) gegen Cruzeiro in Belo Horizonte; und Grêmio (Gisele Bündchens Lieblingsteam) gegen Internacional in Porto Alegre. Im Folgenden ein Überblick über die vier Spitzenvereine des Landes:

Aktuelle Infos zur brasilianischen Fußballszene – von den Vereinen bis zu kommenden Spielen – bietet www.sambafoot.com.

Flamengo

Flamengo, der erfolgreichste unter den vier großen Vereinen in Rio, hat eine riesige Fangemeinde mit geschätzten 36 Mio. Anhängern weltweit, was ihn zum beliebtesten Fußballclub Brasiliens macht. Bei jährlichen Einnahmen von mehr als 120 Mio. R$ mangelt es ihm ganz sicher nicht an finanziellen Mitteln. Zu den berühmtesten Spielern, die bisher schon in das kultige rot-weiße-Trikot geschlüpft sind, zählen Zico, der oft als bester Spieler ohne WM-Titel bezeichnet wird, Leonidas, der führende Torjäger bei der Weltmeisterschaft 1938, sowie Bebeto, Mario Zagallo und Romario.

Fluminense

Fluminense, 1902 von den Söhnen der Elite in Rio gegründet, brachte mehrere hervorragende Nationalspieler hervor. Zudem wurde der Verein als „Champion des Jahrhunderts“ gefeiert, weil er im 20. Jh. die meisten Campeonato-Carioca-Titel gewann (insgesamt 28). Fred (alias Frederico

BRASILIANISCHER FUSSBALL: DIE VEREINE

Wer die Möglichkeit hat, sollte unbedingt ein Spiel besuchen, denn eine solche Erfahrung ist einmalig. Viele Stadien wurden in Vorbereitung auf die Weltmeisterschaften aufwendig saniert. Einige Spitzenmannschaften:

VEREIN	HEIMATSTADT	STADION (FASSUNGSVERMÖGEN)	TRIKOTS
Bahia	Salvador	Fonte Nova (57 000)	weiß
Botafogo	Rio de Janeiro	João Havelange (47 000)	schwarze & weiße Streifen
Corinthians	São Paulo	Arena Corinthians (68 000)	weiß; schwarzer Kragen
Cruzeiro	Belo Horizonte	Mineirão (65 000)	blau
Flamengo	Rio de Janeiro	Maracanã (80 000)	rot; schwarze Streifen
Fluminense	Rio de Janeiro	Maracanã (80 000)	rote, grüne & weiße Streifen
Grêmio	Porto Alegre	Arena do Grêmio (61 000)	blaue, schwarze & weiße Streifen
Internacional	Porto Alegre	Beira-Rio (60 000)	rot
Náutico Capibaribe	Recife	Arena Pernambuco (46 000)	rote & weiße Streifen
Palmeiras	São Paulo	Arena Palestra Itália (60 000)	grün
Santos	Santos	Vila Belmiro (26 000)	weiß
São Paulo	São Paulo	Morumbi (67 000)	weiß; rote & schwarze Streifen
Vasco da Gama	Rio de Janeiro	São Januário (35 000)	weiß; schwarzer Querstreifen

Chaves Guedes), einer der aktuellen Stars des Clubs, schoss das schnellste Tor in der brasilianischen Geschichte: Er traf das Netz 3,17 Sekunden nach Spielbeginn. Wie Flamengo trägt auch Fluminense seine Heimspiele im neu sanierten Maracanã-Stadion aus.

Santos

In der Fußballszene genießt die 80 km südöstlich von São Paulo gelegene Hafenstadt einen legendären Ruf. Der Verein hat acht nationale Meisterschaften gewonnen und einige Fußballhelden „aufgezogen", darunter Pelé, der hier von 1957 bis 1974 verpflichtet war. Bei den Weltmeisterschaften von 1962 und 1970 kamen acht der elf Startspieler von Santos. Der heutige Star des Teams ist Neymar, dessen Jugend (er schoss sein 100. Tor als Profi 2012 im zarten Alter von 20 Jahren) und Können ihm schon Vergleiche mit Lionel Messi und Pelé eingebracht haben. 2011 und 2012 wurde Neymar zum Südamerikanischen Fußballer des Jahres ernannt. Unfähig, dem Ruhm (und den Einkommensmöglichkeiten) im Ausland zu widerstehen, unterzeichnete er 2013 einen Fünfjahresvertrag mit dem FC Barcelona.

Corinthians

Das beliebteste der drei großen Vereine von São Paulo ist mit einem geschätzten Wert von über 350 Mio. US$ auch der teuerste Club Brasiliens. 2012 kam er zu Ruhm, als er sowohl die Copa Libertadores als auch die FIFA-Klub-Weltmeisterschaft (er schlug die englische Supermacht Chelsea im Finale 1-0) gewann. Palmeiras ist der Erzrivale von Corinthians. Die beiden Mannschaften stehen sich oft im legendären Derby Paulista gegenüber, das Corinthians aber bisher meistens für sich entschieden hat. Die Fans des Vereins sind für ihre eingefleischte Loyalität bekannt. 2012 reisten über 30 000 Anhänger zum Finale der Klub-Weltmeisterschaft nach Japan.

Die Weltmeisterschaft

Brasilien, mit fünf Weltmeistertiteln die erfolgreichste Fußballnation in der Geschichte der Spiele, ist das fünfte Land, das die WM zum zweiten Mal ausrichten darf. Neben Rio, wo das Eröffnungsspiel und das Finale stattfinden, wird noch in elf anderen Städten gespielt. Zur Vorbereitung auf das Event 2014 wurden gewaltige 26 Mrd. R$ ausgegeben, u. a. für den Bau von Stadien und für die Sanierung und Erweiterung von Flughäfen sowie Straßen.

FUTEBOL

Futebol. Fussball: Die brasilianische Kunst des Lebens von Alex Bellos (2005) wirft einen faszinierenden und humorvollen Blick auf die Kultur hinter der landesweit obsessiv geliebten Sportart, erzählt von legendären Spielern und beschreibt, wie Fußball die brasilianische Gesellschaft geprägt hat.

Kino & Literatur

Brasiliens Filmindustrie floriert, viele Streifen schaffen es jedoch nicht über die Landesgrenzen hinaus. Wichtige Perioden im brasilianischen Kino waren die Avantgardebewegung Cinema Novo in den 1960er-Jahren und die schonungslosen sozialkritischen Filme der letzten Jahrzehnte, die von einer Gruppe junger talentierter Regisseure hervorgebracht wurde. Im Bereich der Literatur gibt's eine Handvoll großartiger Schriftsteller, darunter die bahianische Legende Jorge Amado und die brillante Autorin Clarice Lispector.

Kino

In den 1960er-Jahren entstand die Cinema-Novo-Bewegung in Brasilien, die sich vor allem mit den sozialen Problemen des Landes auseinandersetzte. Beeinflusst vom italienischen Neorealismus und der französischen New Wave, schufen junge Filmemacher mehrere experimentelle Werke, bei deren Produktion sie die Avantgarde-Filmtechniken der damaligen Zeit nutzten. Zu den großen Filmen dieser Zeit gehört auch der 1962 entstandene *Fünfzig Stufen zur Gerechtigkeit* von Anselmo Duarte, die poetische Geschichte eines Mannes, der sein Versprechen hält und nach der Heilung seines Esels ein Kreuz trägt. Das Werk gewann die Goldene Palme in Cannes. Ein anderer großer Pionier des Cinema Novo ist der Regisseur Glauber Rocha. In *Deus e o Diabo na Terra do Sol* (Gott und Teufel im Land der Sonne; 1963) behandelt er den Überlebenskampf, den Fanatismus und die Armut im Nordosten Brasiliens. Der Streifen ist einer der besten jener Epoche.

Brazilian Cinema, herausgegeben von Randal Johnson und Robert Stam, bietet einen faszinierenden Überblick über die großen Bewegungen, die Brasiliens Filmindustrie geprägt haben, und erforscht den Cinema Novo, den Tropikalismus, den Kannibalismus sowie weitere wichtige Einflüsse.

1964 setzte der Militärputsch die Kreativen des Landes matt und der Cinema Novo starb aus, bevor seine Regisseure ihre Hochphase erreichen konnten. Der erste bedeutendet Film, der nach den 1960ern entstand, war *Bye Bye Brasil* von Carlos Diegues (1980). Er berichtet über die Abenteuer einer Theatertruppe, die durch das Land tourt und grundlegende Veränderungen der brasilianischen Gesellschaft in der zweiten Hälfte des 20. Jhs. miterlebt.

In den 1980er-Jahren stieg Hector Babenco zu einem Stern der Kinoszene auf. In *Asphalt-Haie* (1981) thematisierte er die Kluft zwischen Reichen und Armen. Er erzählt eine Geschichte über ein unschuldiges obdachloses Kind, das durch den Sog der Unterwelt zu einem Kriminellen wird. Mit *Carandiru* (2003), das zwei Jahrzehnte später gedreht wurde, bietet Babenco einen tiefen Einblick in die furchtbaren Zustände des gleichnamigen Staatsgefängnisses von São Paulo.

Fernando Meirelles, hat sich mit *City of God* 2002 Renommee erworben. Der Film basiert auf einer wahren Geschichte aus der Feder von Paolo Lins, heimste vier Oscar-Nominierungen ein und zeigt, wie Brutalität und Hoffnung in einer Favela in Rio auch nebeneinander existieren können. Wichtiger jedoch ist die Tatsache, dass er der Armut in Brasiliens Städten Verhör verschaffte.

O Ano em Que Meus Pais Saíram de Férias (Das Jahr, als meine Eltern in die Ferien fuhren; 2006) von Regisseur Cao Hamburger spielt 1970 während des Höhepunkts der Militärdiktatur und erzählt eine anrühren-

TOP-FILME

- *O Som ao Redor* (*Neighboring Sounds*, 2012), von Kleber Mendonça Filho
- *Tropa de Elite* (*Elite Squad – Im Sumpf der Korruption*, 2007), von José Padilha
- *Casa de Areia* (*House of Sand*, 2005), von Andrucha Waddington
- *Carandiru* (2003), von Hector Babenco
- *Cidade de Deus* (*City of God*, 2002), von Fernando Meirelles
- *Madame Satã* (2002), von Karim Aïnouz
- *Central do Brasil* (*Central Station*, 1998), von Walter Salles
- *O Que é Isso Companheiro* (*Vier Tage im September*, 1998), von Bruno Barreto
- *Pixote* (*Asphalt-Haie*, 1981), von Hector Babenco
- *Bye Bye Brasil* (1980), von Carlos Diegues
- *O Pagador de Promessas* (*The Payer of Vows*, 1962), von Glauber Rocha
- *Orfeu Negro* (1959), von Marcel Camus

de Geschichte über das Erwachsenwerden. Der 2007 von Brasilien für den Oscar eingereichte Streifen handelt von einem Jungen, der sich in einem Arbeiterviertel in São Paulo durchs Leben treiben lässt, und nimmt sich mit viel Einfühlungsvermögen komplexen Themen an. Politische Unterdrückung, die Fußball-WM 1970 und die jüdische Kultur bilden den Hintergrund für Hamburgers bemerkenswert gut gemachtes Werk.

Einer der Filme, der in jüngster Vergangenheit die meisten Schlagzeilen machte, heißt *Tropa de Elite* (Eliteeinheit; 2007), der die Polizeibrutalität in den Favelas zeigt und darüber hinaus eine unverkennbare Verbindung zwischen dem Drogenkonsum der Collegekids aus der Mittelschicht und dem Tod kleiner Kinder in den Favelas herstellt. Diese werden von Drogenbossen angeheuert, um den Markt mit Kokain und anderen Substanzen überschwemmen zu können. Für den Film zeichnet José Padilha verantwortlich, der renommierte Regisseur der verstörenden Doku *Ônibus 174* (2002), die die wahre Geschichte einer Busentführung erzählt, die sich 2000 in Rio de Janeiro ereignet hat.

Walter Salles ist der bekannteste Regisseur Brasiliens. Sein mit einem Oscar ausgezeichnetes *Central Station* (1998) sollte in keiner seriösen Filmbibliothek fehlen. Der Film handelt von einer älteren Frau, die im Hauptbahnhof von Rio arbeitet. Sie schreibt Briefe für Analphabeten, deren Familien weit weg wohnen. Nach der zufälligen Begegnung mit einem obdachlosen Jungen folgt sie ihm auf der Suche nach seinem Vater ins echte, ungeschönte Brasilien. Salles *Die Reise des jungen Che* (2004) berichtet von Che Guevaras und Alberto Granadas historischer Reise durch Südamerika, während *On the Road – Unterwegs* (2012) eine schillernde Adaption des Klassikers von Jack Kerouac ist. Einige seiner besten Arbeiten lieferte Salles jedoch schon früher ab. Tatsächlich spielte sein erster, 1995 gedrehte Spielfilm *Fremdes Land* eine wichtige Rolle in der Renaissance des brasilianischen Kinos.

An Anthology of Twentieth-Century Brazilian Poetry (1972) ist eine tolle Einführung in die Welt brasilianischer Dichter. Das Buch wurde von der amerikanischen Poetin Elizabeth Bishop herausgegeben, die nur eine kurze Reise nach Santos unternehmen wollte und 15 Jahre blieb.

Literatur

Jorge Amado, Brasiliens berühmtester Schriftsteller, starb im August 2001. Er wurde 1912 in der Nähe von Ilhéus geboren, lebte lange Zeit in Salvador und verfasste lebendig-bunte Liebesgeschichten über die Menschen und Orte Bahias. Seine frühen Arbeiten waren stark vom Kommunismus beeinflusst, während seine späteren Werke leichtere Themen behandeln, stilistisch gesehen aber bilderreicher und intimer sind. Zu den meistgelobten gehören *Gabriela wie Zimt und Nelken*, das in Ilhéus spielt, und *Dona Flor und ihre zwei Ehemänner*, eine Geschichte aus Salvador. *Werkstatt der Wunder* erforscht die Rassenbeziehungen in Brasilien, und *Das Nachthemd und die Akademie* lacht sich durch die kleinliche Welt der Militär- und Universitätspolitik. Zu den frühen Amado-Klassikern gehört *Herren des Landes*.

Clarice Lispector (1920–1977), eine der größten Schriftstellerinnen des 20. Jhs., ist außerhalb ihres Heimatlandes recht unbekannt. Ihre vom Existentialismus beeinflussten Bücher widmen sich menschlicher Isolation, Entfremdung und moralischen Zweifeln und zeugen von einem tiefen Verständnis der weiblichen Gefühlswelt. Die nur ins Englische übersetzten Kurzgeschichtensammlungen *Laços de família* (*Family Ties*, Familienbande; 1961) sowie *A Via Crucis do Corpo* und *Onde Estivestes de Noite* (*Soulstorm*, Sturm der Seele; 1989) zählen zu ihren besten Werken.

Die Küche Brasiliens

So bunt wie das Land ist auch seine Küche. Die ursprünglichste „brasilianische" Mahlzeit kann portugiesisches Olivenöl, heimischen Maniok, japanisches Sushi, afrikanische Okra, italienische Nudeln, deutsche Wurst und libanesisches Taboulé enthalten.

Hinzu kommen regionale Klassiker wie Meeresfrüchte-*moqueca,* sonnengetrocknetes Rindfleisch oder *feijoada* mit Schweinefleisch und schwarzen Bohnen. Saftige Steaks, zarter Fisch aus dem Amazonas, frische tropische Säfte, dekadente Snacks, köstliche Cocktails und himmlische Desserts machen Brasilien zum kulinarischen Erlebnis.

Typisches & Spezialitäten

Die brasilianische Küche variiert von Region zu Region, doch einige Gerichte findet man im ganzen Land. *Arroz e feijão* (Reis und Bohnen) sind ein Hauptnahrungsmittel. Auf die Bohnen streuen die Brasilianer

Hühnchen mit Shrimps und Caiprinha (S. 726)

Eat Smart in Brazil (1995) von Joan und David Peterson bietet eine tolle Einführung in Brasiliens kulinarische Geschichte, einige klassische Rezepte sowie ein ausführliches, sehr nützliches Glossar.

gern *farofa* – in Butter geröstetes Maniokmehl, mitunter mit etwas Ei oder Schinken.

Grillfleisch, *churrasco* oder *grelhadas* genannt, ist die Krönung der Mahlzeit: Huhn, Rind- oder Schweinefleisch wird mit Salz bestreut und über offenem Feuer gegrillt. Grüner Salat bzw. geröstetes oder gedämpftes Gemüse runden das Hauptgericht ab.

Bahia & der Nordosten

Die bahianische Küche entstand in den von Sklaven bewirtschafteten Zuckerplantagen. Ihre afrikanischen Ursprünge zeigen sich in Gerichten wie *moqueca*, einem köstlichen Meeresfrüchteeintopf mit Kokosmilch, und Zutaten wie *malagueta*-Pfeffer und *dendê*-(Palm-)Öl. Auf den Straßen von Bahia umweht einen der Geruch von *acarajé* – in *dendê*-Öl gebackene Küchlein aus Bohnen und Shrimps.

KULINARISCHES GLOSSAR

Hauptgerichte

barreado ba·rre·*a*·do Mix aus Fleisch und Gewürzen, der in einem verschlossenen Tontopf 24 Stunden gegart und mit Bananen und *farofa* serviert wird; Nationalgericht in Paraná

bobó de camarão bo·*bo* de ka·ma·*roaou* Maniokteig, gewürzt mit getrockneten Shrimps, Kokosmilch und Cashewkernen

carne de sol *kar*·ne de sol Schmackhaftes, gesalzenes Fleisch, das gegrillt und mit Bohnen, Reis und Gemüse serviert wird

casquinha de siri kas·*kie*·nja de ßie·*rie* Gefüllter Krebs

cozido ko·*si*·do Fleischeintopf mit viel Gemüse

feijoada fey·scho·*a*·da Bohnen-Fleisch-Eintopf mit Reis, wird traditionell samstagmittags gegessen

moqueca mo·*ke*·ka bahianischer Fischeintopf, der mit *dendê*-Öl, Kokosmilch und Pfeffer im Tontopf gegart wird

pato no tucupí *pa*·to no tuh·kuh·*pie* Gebratene Ente mit Knoblauch, Manioksaft und *jambú*; sehr beliebt in Pará

picanha pie·*kah*·nja Das beliebteste Stück Rindfleisch der Brasilianer stammt aus der Hinterhüfte

pirarucu ao forno pie·ra·uh·*kuh* au *forr*·no Köstlicher Fisch aus den Flüssen Amazoniens; mit Zitrone und Gewürzen im Ofen gegart

tutu á mineira tuh·*tuh* a mie·*ney*·ra Würziger Brei aus schwarzen Bohnen, typisch für Minas Gerais

vatapá va·ta·*pa* Meeresfrüchtegericht afrikanischen Ursprungs mit einer dicken Soße aus Maniokpaste, Kokosnuss und *dendê*-Öl

Snacks

acarajé a·ka·ra·*sche* In *dendê*-Öl gebackene Kroketten aus Bohnen und getrockneten Shrimps

empadão eng·pa·*daou* Schmackhafte Pastete mit Fleisch, Gemüse, Oliven und Eiern; typisch für Goiás

pão de queijo paou de *kei*·scho Mit Käse gefüllte Tapiokabrotbällchen

pastel pass·*tel* Dünne, gebratene Teigstücke, gefüllt mit Fleisch, Käse oder Fisch

quibe *kih*·be Frittierte, würzige Weizenschrotbällchen, gefüllt mit Hackfleisch

Comida mineira (typisch in Minas Gerais; S. 175)

Im Gegensatz dazu findet man im *sertão*, dem trockeneren Hinterland, *carne seca* oder *carne de sol*; gesalzenes und getrocknetes Rindfleisch. Ebenfalls sehr beliebt ist Kürbis, der auch unter schwierigen klimatischen Bedingungen gedeiht.

Amazonien

Die amazonische Küche ist stark geprägt von den hier ansässigen Tupi, die überwiegend von Maniok, Süßwasserfisch, Yams, Bohnen und exotischen Früchten leben. Beliebt sind *caldeirada*, ein Fischeintopf ähnlich der Bouillabaisse, und *pato no tucupí*, bestehend aus Ente, Knoblauch, *jambú*-Blättern, die an der Zunge kitzeln, sowie Zitronen- und Maniokwurzel-Saft. Auch *jacaré* (Kaiman) gilt als Delikatesse.

Zentral- & Westbrasilien

Savannenähnlicher Cerrado bedeckt die Mitte des Landes; hier bestimmen riesige *fazendas* (Farmen) das Bild, die Schweine- und Rindfleisch ebenso produzieren wie Getreide, Reis, Kohl und Maniok. Aus den Flüssen der Region kommen der fleischige *dourado*, der *pintado* (eine Welsart) und der berüchtigte Piranha.

Rio, São Paulo & der Südosten

Im bergigen Bundesstaat Minas Gerais ist Schweinefleisch sehr beliebt, ebenso *couve*, Kohl, der mit Knoblauch und Zwiebeln in Öl gebraten wird. *Frango ao molho pardo* (im eigenen Blut geschmortes Huhn mit Gemüse) klingt schaurig, schmeckt aber köstlich.

São Paulo, die Gastrohauptstadt Brasiliens, beherbergt sowohl Edelrestaurants als auch einfache Lokale, die die zahlreichen Einwanderergruppen repräsentieren. Man findet hervorragende japanische, libanesische und italienische Küche, und die Holzofenpizza ist Weltklasse.

GUARANÁ

Guaraná-Samen ähneln in ihrer Form einem menschlichen Auge. Die indigenen Maué verehren diese koffeinhaltige Amazonasfrucht so sehr, dass sie die Pflanze für die Gebärerin ihres Stammesgründers halten.

Rio bietet ausgezeichnete Speisen aus allen Regionen. *Feijoada,* ein Eintopf mit Bohnen und Fleisch, serviert mit Reis, *farofa,* Kohl und Orangenscheiben, gilt als Beitrag der Stadt zur Landesküche. Er wird traditionell am Samstag gegessen.

Der Süden

Im Süden prägen italienisches und deutsches Essen das Bild. Jede Menge Würstchen und Sauerkraut erwarten einen in den deutschen Enklaven Joinville und Blumenau. Von Rebstöcken, die liebevoll aus Italien importiert und in Rio Grande do Sul angepflanzt wurden, stammt brasilianischer Wein, dessen Qualität von Jahr zu Jahr steigt.

Der tiefe Süden ist das Land der *gaúchos* (Cowboys) und liefert hervorragendes gegrilltes Rindfleisch. Auch eine weitere Cowboy-Tradition wird hier bewahrt: *erva-maté*-Tee.

Maria-Brazil.org (www.maria-brazil.org) enthält einen exzellenten Bereich über brasilianisches Essen. Hier finden sich u. a. leicht verständliche Rezepte und ein Einkaufsführer zu hiesigen Super- und Straßenmärkten.

Pan-brasilianische Fusionsküche

Wie ein Großteil der Welt hat auch Brasilien im letzten Jahrzehnt eine Art kulinarische Renaissance erlebt. Heraus kam eine neue Küche, die regionale Zutaten, von den Früchten Amazoniens bis zum Fleisch der Weiderinder des Südens, miteinander kombiniert.

Getränke

Säfte

Brasilianische *sucos* (Säfte) sind göttlich. Üblicherweise werden Mangos, Orangen, Papayas, Bananen, Passionsfrüchte, Wassermelonen und Avocados gemixt. Ins Glas kommen auch Amazonasfrüchte wie *açaí, graviola, cupuaçu* oder *fruta do conde.* Im ganzen Land gibt's außerdem frisches, superleckeres *agua de côco* (Kokoswasser).

Bier

Brasilianer schlürfen ihr Bier gern *bem gelada* (eiskalt). Zu den besten nationalen Marken zählen Bohemia und Original, daneben gibt's immer mehr (bessere) Biere aus Mikrobrauereien, z. B. Devassa aus Rio, Colorado aus São Paulo und Eisenbahn aus Santa Catarina.

Chope (*tschop*·ie), helles Bier vom Fass, ist leichter und im Allgemeinen besser als Dosen- oder Flaschenbier.

Kochbücher

Brasilianisch kochen. Gerichte und ihre Geschichte, von Moema Parente Augel

The Brazilian Kitchen, von Leticia Moreinos Schwartz

The Food and Cooking of Brazil, von Fernando Farah

Caiprinhas

Caipirinha ist das inoffizielle brasilianische Nationalgetränk. Die Zutaten sind einfach – *cachaça* (Zuckerrohrschnaps), zerstoßene Limette, Zucker und Eis –, das Ergebnis aber edel. Wer *cachaça* durch Wodka oder Sake ersetzt, erhält eine *caipirosca oder caipisake;* statt Limette mundet auch eine Reihe anderer Früchte wie Passionsfrucht, Ananas, Mango, Kiwi oder die kirschartige *pitanga.*

Wohin zum Essen?

In Brasilien essen zu gehen, kann bedeuten, sich gebratene Snacks in der *lanchonete* (Imbissbude) zu holen, in einer *bar* oder einem *botequim* (schlichtes Lokal) einen *prato feito* (Teller mit Reis, Bohnen, Fleisch und Salat) zu bestellen, in einem *rodízio* (All-you-can-eat-Restaurant) zu schlemmen oder auf weißen Tischdecken à la carte zu dinieren.

Wer schnell und gut essen möchte, geht in ein *por-kilo*-Restaurant, das Speisen nach Gewicht berechnet (35–60 R$ pro Kilo). Auf den Büfetts stehen Salate, frisches Gemüse, Reis, Bohnen, Grillfleisch und Fisch, dazu Spezialitäten der jeweiligen Region.

Churrascarias, üblicherweise als *rodízio* geführt, verfügen über eine Salatbar; das Fleisch wird vom Grill gebracht und am Tisch tranchiert. Für die Schlemmerorgie zahlt man zwischen 35 und 100 R$.

Natur & Umwelt

Mit dem größten Regenwald und einem der größten Feuchtgebiete weltweit zählt Brasilien zu den artenreichsten Ländern der Erde. Hier findet man mehr bekannte Pflanzenarten, Süßwasserfische, Amphibien und Säugetiere als anderswo auf der Welt. Leider ist die Nation auch dafür bekannt, ihre natürliche Umwelt zu zerstören. Naturschutz ist ein heißes Eisen, und der Schutz der Naturwunder Brasiliens wird zunehmend als Grundlage für die Zukunft des Landes gesehen.

Das Land

Brasilien ist das fünftgrößte Land der Erde. Mit 8,5 Mio. km^2 Fläche bedeckt es fast halb Südamerika und beherbergt fünf wesentliche Biome (Ökoregionen): Amazonien, Atlantischen Regenwald, Caatinga (halbtrockenes Land), Cerrado (die zentralen Savannen) und die Feuchtgebiete des Pantanals.

Morphoraupen (S. 656)

Amazonien

Amazonien, das fast die Hälfte des Landes bedeckt, umfasst 30 % des tropischen Regenwaldes der Erde. Hier leben etwa 45 000 Pflanzenarten (etwa 20 % aller Arten weltweit), 311 Säugetierarten (etwa 10 %), 1000 Vogelarten (15 %), 1800 Schmetterlingsarten und rund 2000 Fischarten (zum Vergleich: In ganz Europa gibt es nur ca. 200). Bis heute ist der Regenwald voller Geheimnisse: Viele wichtige Nebenflüsse des Amazonas sind noch unerforscht, Tausende Arten noch nicht klassifiziert und Dutzende menschliche Gemeinschaften hatten noch nie Kontakt mit der Außenwelt.

Zusammen mit einem Gebiet von 2 Mio. km² in den Nachbarländern führt das gesamte Amazonasbecken ein Fünftel des Süßwassers der Welt und produziert ein Fünftel des weltweiten Sauerstoffs.

Jahreszeitlich bedingter Regen bringt es mit sich, dass die Pegel des Amazonas und seiner Nebenflüsse im Verlauf des Jahres steigen und sinken, was zu dramatischen Veränderungen in der Region führt. Üblicherweise schwankt der Wasserstand zwischen Hoch- und Niedrigmarke um 10 bis 15 m. Während Hochwasserperioden werden Gebiete von insgesamt mindestens 150 000 km² überflutet.

Die Iguaçu-Fälle dienten neben anderen malerischen brasilianischen Landschaften als Kulisse im James-Bond-Film *Moonraker – Streng geheim* (1979) sowie im oscarprämierten Film *Mission* (1986) mit Robert de Niro und Jeremy Irons.

Stockwerke im Regenwald

Im Regenwald verteilt sich das Leben auf mehrere Schichten. Die meisten tierischen Aktivitäten finden in der Kronenschicht, etwa 20 bis 30 m über dem Boden, statt, wo Bäume um jeden Sonnenstrahl konkurrieren und Schmetterlinge, Faultiere sowie die Mehrzahl der Vögel und Affen leben. Hier schweben Kolibris umher und sammeln Nektar, Aras und Papageien suchen nach Nüssen und zarten Trieben. Einige riesige Bäume, die bis zu 40 m, manchmal 50 m hoch werden, durchbrechen das Dach aus Baumkronen und beherrschen die Silhouette des Waldes. Diese „Baumriesen" werden von Vögeln wie der Harpyie und dem Tukan bewohnt und vermehren sich im Gegensatz zu anderen Waldpflanzen, indem sie ihre Samen mithilfe des Windes verbreiten.

Das dichte Laub des Kronendaches verwehrt den tieferen Schichten das Sonnenlicht. Unterhalb der Baumkronen befindet sich eine mittlere Schicht niedriger Bäume, an denen Epiphyten (Aufsitzerpflanzen) hängen, darunter gedeihen Büsche, junge Bäume und bis zu 5 m hohe Sträucher. Die unterste Schicht bildet der mit Farnen, Sämlingen und Kräutern (an wenig Licht gewöhnte Pflanzen) bedeckte Boden. Hier leben Ameisen und Termiten, die sogenannten sozialen Insekten. *Saubas* (Blattschneiderameisen) legen aus Blättern unterirdische Nester und Pilzgärten an, während Wanderameisen in großen Schwärmen durch den Urwald streifen und alles fressen, was ihnen in den Weg kommt.

Der Humus ist meist dünn. Viele Bäume haben Brettwurzeln, die Standfestigkeit verleihen und mehr Nährstoffe aufnehmen können.

Der Amazonas im Film

Amazon: Land of the Flooded Forest, National Geographic

Amazon – Journey to a Thousand Rivers, Jacques Cousteau

Flammen des Widerstands – Der Kampf des Chico Mendes von John Frankenheimer

Im Fokus: Südamerika. Abenteuer Amazonas, von Thomas Aders

Mythos Amazonas, von Christian Baumeister

Atlantischer Regenwald

Brasiliens „anderer" Regenwald, die Mata Atlântica (Atlantischer Regenwald), ist älter als der amazonische und entwickelte sich unabhängig. Einst erstreckte er sich entlang der Südostküste des Landes von Rio Grande do Norte bis nach Rio Grande do Sul. Heute beherbergt dieses Gebiet drei Viertel der Brasilianer und alle wichtigen Industriestädte. Vom ursprünglichen Wald blieben nur 7 % erhalten.

Entlang der Küste gibt es noch lange Streifen dieses reichen Waldes. In einigen Arealen findet sich eine unglaublich große Artenvielfalt, möglicherweise die größte der Welt. Außerdem bieten sie vielen einzigartigen Spezies eine Heimat: 21 der 26 Primatenarten kommen nur hier vor, ebenso wie über 900 der mehr als 2000 Schmetterlingsarten und viele der mehr als 600 Vogelarten. Leider sind zahlreiche Spezies gefährdet, darunter die vier Arten des Löwenäffchens und die beiden Spinnenaffenarten (die größten Primaten des amerikanischen Doppelkontinents).

Die Kiemen des Arapaima sind zu klein, um ihn mit Sauerstoff zu versorgen. Er atmet stattdessen Luft und muss alle zehn Minuten auftauchen, um nicht zu ersticken.

Anakonda (S. 656)

Das Pantanal

Im Herzen Südamerikas liegt das Pantanal, das größte Binnenfeuchtgebiet der Erde. Mit etwa 230 000 km², die sich über Brasilien, Bolivien und Paraguay erstrecken, ist es etwa so groß wie die alten Bundesländer Deutschlands. 140 000 km² liegen in Brasilien in den Staaten Mato Grosso und Mato Grosso do Sul.

In der Regenzeit, von Oktober bis März, strömen die Wasser der höher gelegenen Landschaften in das Pantanal und überfluten es zu zwei Dritteln für die Hälfte des Jahres. Die Tiefebene, obwohl 2000 km flussaufwärts vom Atlantik entfernt, liegt nur 100 bis 200 m über dem Meeresspiegel und das Wasser fließt nur sehr langsam ab.

Diese jahreszeitliche Überschwemmung bietet eine überaus reichhaltige Nahrungsgrundlage für die Tiere und macht gleichzeitig eine durchgängige landwirtschaftliche Nutzung unmöglich, sodass der menschliche Einfluss in diesem Gebiet stark begrenzt ist. Stattdessen eignet es sich ideal, um die Tierwelt zu beobachten. Hier sieht man mehr Tiere und eine mindestens genauso großartige Vielfalt wie in Amazonien, wo viele der selben Arten beheimatet sind. Im Pantanal leben zahlreiche Spezies, darunter ikonische Kreaturen wie die Große Anakonda, der Jaguar, der Puma, der Große Ameisenbär, der Hyazinth-Ara, der Riesenotter, Schwarze Brüllaffen und Kapuzineraffen – sowie Millionen Kaimane. Zu den am häufigsten gesichteten Säugetieren gehört das Wasserschwein, das weltweit größte Nagetier, das oft in kleinen oder größeren Herden zu beobachten ist.

Bücher über den Amazonas

Das Mädchen vom Amazonas, Catherina Rust

Im magischen Dickicht des Regenwaldes, Matthias Matussek

Tree of Rivers, John Hemming

One River, Wade Davis

The Smithsonian Atlas of the Amazon, Michael Goulding

Tiere & Pflanzen

Für Naturliebhaber ist Brasilien mit seiner reichen Flora und Fauna eines der besten Reiseziele der Welt.

Buckelwal (S. 481)

Säugetiere

Affen

In Brasilien leben etwa 80 der ca. 300 Primatenarten der Welt (zu denen auch Marmosetten und Tamarine gehören), und viele von ihnen kommen nur hier vor. Die beiden brasilianischen Arten der Spinnenaffen, der Südliche und der Nördliche Spinnenaffe, haben dickes braunes Fell und sind die größten Neuweltaffen. Beide gehören zu den gefährdeten Arten. Der Nördliche Spinnenaffe ist mit einer Population von nur noch 300 Tieren vom Aussterben bedroht.

Brüllaffen sind berühmt für ihr markantes Geheul. Sie leben in Gruppen von bis zu 20 Tieren, angeführt von einem männlichen Tier. In Amazonien begegnet man am ehesten dem Roten Brüllaffen, weiter südlich – auch im Pantanal – ist der Schwarze Brüllaffe zu Hause. Der Braune Brüllaffe lebt in den kleinen verbliebenen Gebieten der Mata Atlântica.

In den überfluteten Wäldern Amazoniens sind die beiden Uakari-Arten, der Schwarze und der Rote Uakari, beheimatet. Letzterer hat einen rosa oder roten kahlen Kopf und dickes, zotteliges Fell, dessen Farbe von Kastanienrot bis zu Weiß reicht.

Ameisenbären & Faultiere

Der Große Ameisenbär, eine bedrohte Art, wird bis zu 2 m lang und frisst Termiten und Ameisen. Sein Fleisch steht in einigen Gegenden Brasiliens hoch im Kurs. Etwas kleiner ist der überwiegend nachtaktive Südliche Tamandua, der bis zu 1,40 m groß wird und oft auf Bäume klettert.

Faultiere haben kräftige Arme und Beine und verbringen die meiste Zeit versteckt (und schlafend) an Ästen hängend. Die Chancen, sie in Amazonien zu sichten, sind nicht schlecht, wenn man sich abseits der ausgetretenen Pfade begibt: Aus einiger Entfernung wirken sie wie

Pflanzenknäuel hoch oben in Bäumen. Am häufigsten zu sehen ist das Braunkehlfaultier.

Delfine, Seekühe & Wale

In vielen Flüssen des Amazonasbeckens lässt sich ein Blick auf den Amazonasdelfin erhaschen. Am häufigsten sieht man ihn dort, wo Nebenflüsse in große Flüsse münden. Am frühen Morgen und späten Nachmittag ist er am aktivsten. Es ist nicht leicht, die Tiere zu beobachten, und praktisch unmöglich, gute Fotos zu machen, denn sie kommen völlig unberechenbar nur für einen kurzen Moment an die Oberfläche, um zu atmen. Manchmal heben sie dabei nicht mal ihren Kopf über die Wasseroberfläche. Der Amazonasdelfin hat einen rundlichen Kopf, eine lange Schnauze und keine Rückenflosse, sondern nur einen Kamm. Erwachsene Tiere werden 1,80 bis 2,50 m groß und wiegen 85 bis 160 kg.

In den Flüssen Amazoniens ist auch der Sotalia zu Hause, der etwas kleiner als der Amazonasdelfin und oft mit ihm zusammen anzutreffen ist. Anders als Letztere leben Sotalias ebenfalls im Meer, und zwar in den Küstengewässern zwischen Florianópolis und Panama. Wenn sie auftauchen, heben sie normalerweise ihren Kopf und einen Teil des Körpers aus dem Wasser.

Wesentlich größer als Delfine sind die Amazonas-Manatis, Seekühe, die sich langsam bewegen und von Pflanzen ernähren. Sie werden wegen ihres Fleischs illegal gejagt und sind vom Aussterben bedroht. Noch schlechter ist es um den Karabik-Manati bestellt – nur noch 500 Exemplare dieser Art leben in den Küstenwässern nördlich von Alagoas.

Vor der Küste Brasiliens kommen sieben Walarten vor. Besonders gut beobachten kann man sie von Juni bis Oktober vor Praia do Rosa. Im Parque Nacional Marinho de Abrolhos vor der Küste Südbahias bringt in denselben Monaten der Buckelwal seine Jungen zur Welt.

Das Riesenfaultier war so groß wie ein Elefant und bewohnte einst einen Großteil Brasiliens. Es stellte für die prähistorischen Jäger eine leichte Beute dar und wurde vor 10 000 Jahren wahrscheinlich bis zum Aussterben gejagt.

Großkatzen

Viele Besucher Brasiliens träumen davon, einen wilden Jaguar zu sehen, doch nur wenigen ist dieses Glück vergönnt. Das scheue und prächtige Tier lebt zwar in vielen Regionen Brasiliens, u. a. in Amazonien und im Pantanal, allerdings immer nur in kleiner Zahl. Nachts macht er Jagd auf zahlreiche Tiere, die sowohl in Bäumen als auch im Wasser

MANN BEISST PIRANHA

Warum haben Menschen Angst vor Piranhas? Eigentlich sollte der Fisch sich vor uns fürchten, denn Menschen verzehren Piranhas milliardenfach häufiger als Piranhas Menschen fressen. Die Fische schmecken recht gut, auch wenn sie ein bisschen klein und knochig sind. Auf einem Urwaldtrip im Amazonasgebiet gehört es zu den Standardaktivitäten, seinen eigenen Piranha fürs Mittagessen zu fangen.

Doch Piranha ist nicht gleich Piranha. Dabei kann es sich um eine von etwa 40 Arten der Gattung *Serrasalmus* handeln. Sie leben im Amazonasbecken, im Orinoco, Paraguay und São Francisco sowie in den Flüssen der Guyanas. Manche Arten ernähren sich von Samen und Früchten, andere von anderen Fischen, und nur ein paar greifen auch größere Lebewesen an. Diese werden am gefährlichsten, wenn sie in Nebenflüssen, Flussschleifen oder Seen gefangen sind, die während der Trockenzeit von den Hauptflüssen abgeschnitten werden. Wenn sie alle anderen Fische gefressen haben, attackieren Piranhas mehr oder weniger alles, auch verwundete Säugetiere, die ins Wasser geraten. Der Geruch von Blut oder Körperflüssigkeit kann sie in einen regelrechten Fressrausch treiben. Es gibt nur sehr wenige bestätigte Berichte über menschliche Todesfälle durch Piranhas, doch viele Leute, die am Amazonas leben, haben Narben oder fehlende Finger, die bezeugen, wie scharf und grausam die kleinen dreieckigen Zähne dieser Fische sein können.

Oben: Tukan (S. 652)
Unten: Karakara

Ara (S. 652)

und am Boden leben – Faultiere, Affen, Fische, Hirsche, Tapire, Wasserschweine und Agoutis – und legt dabei große Entfernungen zurück. Menschen attackiert er nur selten.

Der Puma ist fast so groß wie der Jaguar und ebenso scheu. Er jagt ebenfalls Hirsche und greift manchmal Herden von Nutztieren wie Schafe oder Ziegen an.

Vögel

Wegen der vielfältigen Habitate und der außerordentlich großen Zahl an Vogelarten ist Brasilien ein erstklassiger Ort für die Vogelbeobachtung.

Papageien

Papageien sind zu einem Symbol des tropischen Regenwaldes geworden und Menschen aus aller Welt reisen hierher, um einige der zahlreichen brasilianischen Arten zu sehen.

Zu den Aras gehören zwei große herrlich rote Arten – der Dunkelrote oder Grünflügelara (*Ara chloroptera*), mit einer Länge von bis zu 95 cm, blau-grünen Schwingen und einem rot gestreiften Gesicht und der Hellrote Ara (*Ara macao*), der etwas kleiner ist und blau-gelbe Schwingen hat. Letzterer kommt nur im Amazonasgebiet vor, wogegen der Grünflügelara auch das Pantanal, den Cerrado und sogar die Caatinga bewohnt. Ebenfalls weit verbreitet ist der Gelbbrustara (etwa 85 cm lang). Sein Gefieder ist auf der Unterseite gelb und auf der Oberseite blau.

Raubvögel

Genau wie die Großkatzen üben auch die Raubvögel eine große Faszination aus. In Brasilien leben etwa 40 Arten von Adlern, Bussarden, Falken, Milanen, Karakaras und Geiern. Einige Arten kommen sehr häufig vor, und es ist nicht leicht, sie auseinanderzuhalten.

Kolibris schlagen bis zu 80-mal pro Sekunde mit den Flügeln. So können sie in der Luft schweben, während sie Blütennektar sammeln, und so entsteht auch das leicht summende Geräusch.

Handbücher

Birds of Brazil, Ber van Perlo

Medicinal and Useful Plants of the Upper Amazon, James L. Castner

Neotropical Rainforest Mammals, Louise Emmons

A Neotropical Companion, John Kricher

Brazil: Amazon and Pantanal, David L. Pearson und Les Beletsky

Sümpfe im Pantanal (S. 736)

Der größte Raubvogel des amerikanischen Doppelkontinents ist die Harpyie, deren Klauen größer als menschliche Hände sind. Sie frisst kleine Säugetiere, darunter Affen, und baut ihr Nest mindestens 25 m über dem Boden in großen Urwaldbäumen. Die Harpyie lebt vor allem in Amazonien, einige wenige Exemplare bewohnen auch die Mata Atlântica.

Tukane

Zu den farbenprächtigsten Vögeln Lateinamerikas gehören die Tukane, die trotz ihres großen Schnabels mit einer erstaunlichen Beweglichkeit fliegen können. Sie leben in Wäldern in den Baumkronen und sind am besten von Booten aus zu sehen.

Der größte brasilianische Tukan ist der Riesentukan, dessen Lebensraum sich von Amazonien bis zum Cerrado und zum Pantanal erstreckt. Er ist einschließlich seines leuchtenden orangefarbenen Schnabels etwa 55 cm lang, sein Gefieder ist bis auf den weißen Halsbereich schwarz. In Amazonien kann man auch den Weißbrust- und den Dottertukan sehen. Beide Vögel sind recht groß und haben schwarze Schnäbel.

Wasservögel

Zu den häufig zu sehenden Wasservögeln im Pantanal und in Amazonien gehören Reiher, Störche, Ibisse, Löffler und ihre Verwandten. Besonders auffällig ist der Streifenreiher mit braun und schwarz gestreiftem Gefieder. Wenn sich Hunderte Schmuckreiher in einer Kolonie am Wasser versammeln, sieht es aus, als ob Baumkronen weiß erblühen.

Der markanteste Storch ist der große Jabiru mit schwarzem Kopf und rotem Hals, der im Pantanal und in Amazonien lebt. Im Pantanal entdeckt man auch den ähnlich großen Maguaristorch mit vorwiegend weißem Gefieder und rosa umrahmten Augen sowie den kleineren Wald-

DIE SCHÖNSTEN NATIONALPARKS & NATURSCHUTZGEBIETE

➡ **Fernando-de-Noronha-Archipel** (S. 398) Ein fabelhafter Meerespark aus Inseln, 350 km von Natal entfernt.

➡ **Floresta Nacional do Tapajós** (S. 623) Ein üppiges Schutzgebiet im Amazonasdschungel.

➡ **Ilha de Marajó** (S. 615) Riesige Flussinsel an der Mündung des Amazonas.

➡ **Ilha Grande** (S. 127) Die hügelige Insel, die von unberührtem Dschungel bedeckt ist, liegt nur wenige Stunden von Rio entfernt.

➡ **Mamirauá-Reservat** (S. 662) Überschwemmungsebene am Amazonas mit vielfältiger Flora & Fauna; exzellentes Ökotourismusprogramm.

➡ **Pantanal** (S. 727) Die weiten Sumpfgebiete sind einer der besten Orte Brasiliens, um Wildtiere zu beobachten.

➡ **Parque Estadual da Pedra Azul** (S. 222) Dramatische, 1822 m hohe und blau gefärbte Felsformation mit Naturpools und Wald.

➡ **Parque Estadual de Itaúnas** (S. 216) Sanddünen, Strände, Schutzgebiet für Meeresschildkröten.

➡ **Parque Nacional da Chapada Diamantina** (S. 488) Großer Bergpark in Bahia mit wunderschöner Landschaft, Wasserfällen und Flüssen.

➡ **Parque Nacional da Chapada dos Guimarães** (S. 385) Wasserfälle, Schluchten, bizarre Steinformationen.

➡ **Parque Nacional da Chapada dos Veadeiros** (S. 372) Hoch gelegener Cerrado mit malerischer Landschaft unweit von Brasília.

➡ **Parque Nacional da Serra da Capivara** (S. 580) Park im südlichen Piauí mit Tausenden prähistorischen Malereien und einzigartigen Felsformationen.

➡ **Parque Nacional do Itatiaia** (S. 145) Wundervoller, rauer Bergpark, 150 km von Rio entfernt.

➡ **Parque Nacional do Iguaçu** (S. 300) Die brasilianische Seite der spektakulären Wasserfälle.

➡ **Parque Nacional dos Lençóis Maranhenses** (S. 592) Eine riesige Fläche von Sanddünen und klaren Regenpools.

➡ **Praia do Rosa** (S. 325) Der Strandort in Santa Catarina ist ein berühmtes Schutzgebiet für Wale.

storch mit schwarzem Kopf und gebogenem Schnabel. Ebenfalls im Pantanal heimisch ist der schöne Rosalöffler. Der spektakuläre Scharlachsichler lebt in Gruppen entlang der Nordostküste.

Pflanzen

Die letzte Eiszeit hat Brasilien nicht erreicht und seine Regenwälder mussten nie lang anhaltende Dürren überstehen, sodass dieses Gebiet ungewöhnlich viel Zeit hatte, eine weltweit einzigartige Flora zu entwickeln.

Es ist unmöglich, die Pflanzenarten im Amazonasgebiet oder gar in ganz Brasilien zu zählen, da ständig neue Pflanzen entdeckt werden und andere wiederum – beängstigend häufig – verschwinden. Ihre geschätzte Zahl liegt bei etwa 45 000. Bäume bilden die große Mehrheit der Pflanzen im brasilianischen Regenwald – sie machen ungefähr 70 % der gesamten Vegetation aus. Viele Regenwaldbäume sehen ähnlich aus, auch wenn es sich um verschiedene Arten handelt. Ein trainiertes Auge kann jedoch in einigen Gebieten mehr als 400 verschiedene Arten pro Hektar entdecken.

15 Jahre widmete Mark Plotkin sich der Suche nach den Schamanen Amazoniens, um ihr enzyklopädisches Wissen medizinischer Pflanzen kennenzulernen. Sein Werk *Der Schatz der Wayana* ist zugleich Reisebericht und Abenteuergeschichte.

Nationalparks & Naturschutzgebiete

Ein großer Teil Brasiliens steht unter Naturschutz – zumindest offiziell. Mehr als 1300 Areale, die etwa 1,3 Mio. km² (ca. 15 % der Landesfläche) bedecken, sind in irgendeiner Form geschützt. Einige werden von der Bundesregierung verwaltet, andere von den Regierungen der Bundesstaaten, um wieder andere kümmern sich Privatpersonen oder Nichtregierungsorganisationen (NGOs).

Die größte Anzahl verschiedener Baumarten, die je auf einem Hektar (10 000 m²) Land gefunden wurde, betrug 476 und wurde im Atlantischen Regenwald in den Hügeln des Bundesstaates Espírito Santo verzeichnet.

Terras Indígena (Indigene Reservate) bedecken etwa 12 % der Fläche Brasiliens, fast ausschließlich in Amazonien. Dieses Land ist zwar nicht ausdrücklich dem Naturschutz gewidmet, doch die Bewohner nutzen es in der Regel so, dass die Auswirkungen auf die Umwelt minimal sind.

Umweltprobleme

Leider ist Brasilien ebenso für seine Wälder bekannt wie auch dafür, diese zu zerstören. Bei der letzten Zählung war über ein Fünftel des brasilianischen Amazonasdschungels vollständig zerstört. Hauptbedrohungen sind die Waldrodung für Viehfarmen und zum Anbau von Kulturpflanzen (größtenteils Sojabohnen) sowie die illegale Abholzung. Eine gute Nachricht ist, dass die Abholzungsrate in den letzten Jahren langsam zurückgegangen und von fast 13 000 km² im Jahr 2008 auf unter 5000 km² im Jahr 2012 gesunken ist.

Auch große Bauprojekte schaden dem Amazonas. Die Regierung hat etwa 30 Wasserkraftwerke für die Region geplant. Das größte ist der massive Belo-Monte-Damm am Rio Xingu in Pará, der 1500 km² Regenwald beeinträchtigen und etwa 20 000 Einwohner verdrängen wird, darunter Tausende indigener Völker, die jahrhundertelang am Fluss gelebt haben. 2013 wurde mit dem Bau begonnen, obwohl es nach wie vor energische Proteste dagegen gibt.

Ebenfalls ernsthaft bedroht sind die Feuchtgebiete des Pantanals, etwa durch den rasant wachsenden intensiven Anbau von Soja, Baumwolle und Zuckerrohr in den zentralen Ebenen des Landes, die die größte Wasserquelle des Pantanals bilden. Zuckerrohr ist das Rohmaterial für die Herstellung von Ethanol-Kraftstoff, und dessen internationale Verbreitung hat dazu geführt, dass in Mato Grosso do Sul Dutzende neue Ethanoldestillerien entstanden. Herbizide, Kunstdünger und andere Chemikalien gelangen von den Plantagen ins Wasser des Pantanals, und Abholzungen in den Ebenen führen zur Bodenerosion und schließlich zur Versandung der Flüsse. Die wachsenden Städte rings um das Pantanal, die oft keine ausreichende Müllaufbereitung besitzen, und die zunehmende Industrialisierung sind ebenfalls ernsthafte Bedrohungen für diese Region.

An der brasilianischen Küste gefährden das Wachstum der Städte und der boomende Tourismus viele sensible Meeresökosysteme, obwohl ausgedehnte Bereiche der Küste und des Meeres zu Schutzgebieten erklärt wurden.

Praktische Informationen

Allgemeine Informationen

Arbeiten in Brasilien

Wegen Brasiliens hoher Arbeitslosenquote ist es Besuchern mit Touristenvisum nicht erlaubt, eine Arbeit anzunehmen. Für Lehrerjobs sind stets ein paar Brocken Portugiesisch von Nutzen. Manche Schulen bestehen aber darauf, dass während des Unterrichts ausschließlich Englisch gesprochen wird. Privater Sprachunterricht kann zwar mehr einbringen, bedeutet aber eigenständige Schülersuche.

Botschaften & Konsulate

Alle Botschaften befinden sich in Brasília. Zahlreiche Länder unterhalten zudem Konsulate in Rio de Janeiro, São Paulo und weiteren Großstädten. Bei Adressen in Brasília steht SES für „Setor de Embaixadas Sul".

➡ **Argentinische Botschaft** (☎0xx61-3364-7600; www.brasil.embajada-argentina.gov.ar; SHIS, Quadra 803, Lote 12, Brasília); **Konsulat in Foz do Iguaçu** (☎0xx45-9113-8167; Travessia Bianchi 26); **Konsulat in Porto Alegre** (☎0xx51-3321-1360; Rua Coronel Bordini 1033); **Konsulat in Rio** (☎0xx21-2553-1646; Praia de Botafogo 228, Sobreloja 201, Botafogo); **Konsulat in São Paulo** (☎0xx11-3897-9522; www.sanpablo.argentinaconsul.ar; Av Paulista 2313, Consolação)

➡ **Bolivianische Botschaft** (☎0xx61-3364-3362; Casa 06, SHIS, Q L-10, Conj 01, Lago Sul, Brasília); **Konsulat in Brasiléia** (☎0xx61-3366-3432; Casa 19, SHIS, QL 19, Conj 13); **Konsulat in Corumbá** (☎3231-5605; Porto Carrero 1650); **Konsulat in Guajará-Mirim** (☎069-3541-8620; Beira Rio 50); **Konsulat in Rio** (☎0xx21-2552-5490; www.consuladodeboliviaenrio.org.br; Sala 101, Av Rui Barbosa 664)

➡ **Deutsche Botschaft** (☎0xx61-3442-7000; www.brasilia.diplo.de; Av das Nações, SES, Quadra 807, Lote 25, Brasília); **Konsulat in Rio** (☎0xx21-2554-0004; www.rio-de-janeiro.diplo.de; Av Presidente Antônio Carlos 58, Centro; ⏲Mo, Di, Do, Fr 8.30–11.30, Mi 11–15 Uhr); **Konsulat in São Paulo** (☎0xx11-3097-6644; Av Brigadeiro Faria Lima 2092; ⏲Mo–Fr 8.30–11.30 Uhr)

PRAKTISCH & KONKRET

➡ Die größten portugiesischsprachigen Tageszeitungen **Jornal do Brasil** (www.jbonline.com.br) und **O Globo** (www.globo.com.br) werden in Rio verlegt. *O Estado de São Paulo* und *Folha de São Paulo* kommen aus São Paulo. Das Wochenmagazin *Veja* berichtet über das aktuelle Zeitgeschehen. In Rio und São Paulo liegt ihm ein prima Szeneführer bei. Eine englischsprachige Zeitung ist die **Rio Times** (www.riotimesonline.com).

➡ Im Fernsehen laufen vor allem Sportberichterstattungen, Comedyshows und allabendliche *telenovelas* (Seifenopern). *O Globo* ist das größte Fernsehnetzwerk des Landes.

➡ Wie Deutschland, Österreich und die Schweiz benutzt Brasilien für Videos und DVDs das PAL-System.

➡ Der nicht standardisierte Netzstrom schwankt fast überall zwischen 110 und 220 V. Daher Stromwandler und Überspannungsschutz beim Betrieb von Elektrogeräten verwenden! Am weitesten verbreitet sind zweipolige Steckdosen, die meist runde und flache Stecker gleichermaßen aufnehmen.

➡ In Brasilien gilt das metrische System für Maße und Gewichte.

- **Guyanische Botschaft** (☎0xx61-3248-0874; Casa 24, SHIS, Quadra 5, Conj 19, Brasília)
- **Kolumbianische Botschaft** (☎0xx61-3214-8900; www.brasil.embajada.gov.co; Av das Nações, SES, Quadra 803, Lote 10, Brasília); **Konsulat in São Paulo** (☎0xx11-3078-0322; Tenente Negrao, Conj 92 Itaim Bibi); **Konsulat in Tabatinga** (☎097-3412-2104; Sampaio 623)
- **Österreichische Botschaft** (☎0xx61-3443-3421; www.bmeia.gv.at/botschaft/brasilia.html; SES, Av das Nações, Quadra 811, Lote 40, Brasília; ⏲Mo–Fr 9–13 Uhr); **Konsulat in Rio** (☎0xx21-3232-6198; Av José Silva de Azevedo Neto 200, Torre Evolution IV, Sala 101; ⏲Di–Do 9–13 Uhr); **Konsulat in São Paulo** (☎0xx11-3044-9944; Rua Dr. Cardoso de Melo 1340, Conj 71, Vila Olimpia)
- **Paraguayische Botschaft** (☎0xx61-3242-3968; Av das Nações, SES, Quadra 811, Lote 42, Brasília); **Konsulat in Foz do Iguaçu** (☎3523-2898; Deodoro 901); **Konsulat in Rio** (☎0xx21-2553-2294; Praia de Botafogo 24)
- **Peruanische Botschaft** (☎0xx61-3242-9933; www.embperu.org.br; Av das Nações, SES, Quadra 811, Lote 43, Brasília); **Konsulat in Rio** (☎0xx21-2551-9596; Av Rui Barbosa 314, Flamengo)
- **Schweizer Botschaft** (☎0xx61-3443-5500; www.eda.admin.ch/brasilia; SES, Av das Nações, Quadra 811, Lote 41, Brasília; ⏲Mo–Fr 9–11.30 Uhr); **Konsulat in Rio** (☎0xx21-3806-2100; Rua Cândido Mendes 157; ⏲Mo–Fr 9–11.30 Uhr); **Konsulat in São Paulo** (☎0xx11-3372-8200; Av Paulista 1754, Edificio Grande Avenida; ⏲Mo–Fr 9–11.30 Uhr)
- **Uruguayische Botschaft** (☎0xx61-3322-1200; www.emburuguai.org.br; Av das Nações, SES, Quadra 803, Lote 14, Brasília); **Konsulat in Porto Alegre** (☎0xx51-3224-3499; Rua Siqueira Campos 1171); **Konsulat in Rio** (☎0xx21-2553-6030; Praia de Botafogo 242)
- **Venezolanische Botschaft** (☎0xx61-3322-1011; Av das Nações, SES, Quadra 803, Lote 13, Brasília); **Konsulat in Boa Vista** (☎3623-9285; Av Benjamin Constant 968); **Konsulat von Manaus** (☎0xx92-3233-6006; Río Jataí 839); **Konsulat in Rio** (☎0xx21-2554-6134; Praia de Botafogo 242)

Feiertage & Ferien

Obwohl er kein Nationalfeiertag ist, wird der **Dia do Índio** (Tag der Ureinwohner) am 19. April landesweit in indigenen Dörfern begangen.

- Neujahr: 1. Januar
- Karneval: Februar/März, beide Tage vor Aschermittwoch
- Karfreitag & Ostersonntag: März/April
- Tiradentes: 21. April
- Maifeiertag/Tag der Arbeit: 1. Mai
- Fronleichnam: Ende Mai/Juni – 60 Tage nach Ostersonntag
- Unabhängigkeitstag: 7. September
- Nossa Senhora Aparecida: 12. Oktober
- Allerseelen: 2. November
- Ausrufung der Republik: 15. November
- Weihnachten: 25. Dezember

Frauen unterwegs

Abhängig vom gewählten Reiseziel ernten allein reisende Frauen in Brasilien unterschiedliche Reaktionen. Viele Einwohner São Paulos haben z. B. europäische Wurzeln, weshalb Ausländerinnen ohne Reisebegleitung dort kaum Aufsehen erregen. In den eher traditionell geprägten, ländlichen Regionen im Nordosten entspringen große Bevölkerungsteile einem Mix aus unterschiedlichen Volksgruppen. Daher wird blonden, hellhäutigen Frauen sicherlich besondere Aufmerksamkeit zuteil – vor allem wenn sie ohne männliche Begleitung unterwegs sind.

Ein oft übertriebenes „Balzverhalten" ist in Brasilien ein charakteristisches Merkmal heterosexueller Beziehungen. Es beruht auf Gegenseitigkeit und ist so gut wie immer als fröhliches, harmloses Geplänkel zu verstehen. Darum besteht kein Grund, dahinter Beleidigungen, Angriffe oder böse Absichten zu vermuten.

RESTAURANTPREISE

Die folgenden Preiskategorien beziehen sich auf ein Hauptgericht.

$	unter 20 R$
$$	20–40 R$
$$$	über 40 R$

Freiwilligenarbeit

RíoVoluntário (☎0xx21-2262-1110; www.riovoluntario.org.br) mit Sitz in Rio de Janeiro unterstützt mehrere Hundert Freiwilligenorganisationen, deren Tätigkeitsfelder von Sozialarbeit und Umweltschutz bis hin zu medizinischer Versorgung reichen – eine tolle Infoquelle für alle, die sich freiwillig engagieren möchten.

Ebenfalls empfehlenswert und in Rio ansässig ist die Organisation **Iko Poran** (☎0xx21-2205-1365; www.ikoporan.org), die vielseitig talentierte Freiwillige an bedürftige Einrichtungen vermittelt. So haben sich diverse Ehrenamtliche z. B. schon als Tanz-, Musik-, Kunst- und Sprachlehrer betätigt. Iko Poran stellt zudem Unterkünfte zur Verfügung.

Auch die **Regua** (www.regua.co.uk; Reserva Ecológica de Guapi Assu) ist im Bundesstaat Rio aktiv, wo sie Freiwillige aus aller Welt bei der Wiederaufforstung und anderen Naturschutzprojekten einsetzt.

Gute allgemeine Infoportale sind **Freiwilligenarbeit** (www.freiwilligenarbeit.de) und **Action Without Borders** (www.idealist.org).

Um als Freiwilliger direkt in Brasilien eine Stelle zu finden, ist etwas Klinkenputzen nötig. Überall besteht großer Bedarf – viele örtliche Sozialeinrichtungen geben einem gern eine erfüllende Aufgabe. Mögliche Anlaufstellen sind z. B. Kirchen oder Gemeindezentren.

Internationale Nichtregierungsorganisationen (NGOs) decken in Brasilien verschiedenste Arbeitsbereiche ab. So betreiben sie z. B. medizinische Hilfsprogramme, Umweltschutz- oder Sozialprojekte. Wer sich für bestimmte Tätigkeiten interessiert und entsprechende Kenntnisse hat, kann den betreffenden Organisationen direkt seine Dienste anbieten.

Geld

Brasiliens Landeswährung ist der Real (R$, sprich: re-*au*), Mehrzahl Reais (re-*aisch*). Ein Real entspricht 100 Centavos.

Dank unterschiedlicher Farben und Tiermotive lassen sich Brasiliens Banknoten leicht voneinander unterscheiden. Im Umlauf sind Scheine zu 1 (grün; Saphiramazilie), 2 (blau; Echte Karettschildkröte), 5 (violett; Silberreiher), 10 (scharlachrot; Grünflügelara), 20 (gelb; Goldenes Löwenäffchen), 50 (goldbraun; Jaguar) und 100 R$ (blau; Felsenzackenbarsch).

Bargeld

Obwohl man Bargeld in Brasilien nur mit größter Vorsicht mitführen sollte, kann ein gewisser Vorrat mitunter nützlich sein, am besten in US-Dollar oder Euro.

Feilschen

Man sollte sich angewöhnen, bei Hotelzimmern um den Preis zu feilschen. Vor der konkreten Quartierwahl empfehlen sich daher die Fragen *Tem desconto?* (Gibt's eine Ermäßigung?) oder *Pode fazer um melhor preço?* (Können Sie mir einen besseren Preis machen?). Auch bei Bezahlung *à vista* (bar) liegt manchmal ein Rabatt drin.

Ansonsten ist Feilschen beim Einkaufen auf Märkten angebracht. Bei Taxis ohne Gebührenzähler gilt es den Tarif stets vor dem Einsteigen auszuhandeln.

Geldautomaten

In Großstädten kommt man über zahlreiche Geldautomaten am leichtesten an Bargeld. Geräte in kleineren Städten akzeptieren ausländische Karten oft nicht. Die eigene PIN-Nummer sollte unbedingt vierstellig sein – längere Versionen funktionieren nicht immer. Generell sind Automaten von HSBC, Citibank, Banco do Brasil und Bradesco die beste Wahl. Zum Zeitpunkt der Recherche waren die Transaktionsgebühren der HSBC am niedrigsten. Sticker informieren über die Kompatibilität (Cirrus, Visa usw.), dennoch ist nicht garantiert, dass das Gerät mit allen Karten dieses Typs funktioniert.

Kreditkarten

Per Kreditkarte kann man nicht nur alle möglichen Waren bezahlen, sondern auch Bares an Automaten und bei Banken abheben. Visa wird am häufigsten akzeptiert, dicht gefolgt von MasterCard. Dahinter rangieren die Karten von Amex und Diners Club. Barauszahlungen gegen Visa-Karte werden vielerorts gewährt – selbst in Kleinstädten, die ansonsten keine Umtauschmöglichkeiten haben. Dabei muss man den Reisepass vorlegen und sich auf eine zeitraubende Prozedur einstellen. Letzteres gilt vor allem für die überall vertretene, aber sehr bü-

VORSICHT, BETRÜGEREIEN!

Betrügereien mit Kreditkarten und an Geldautomaten sind in Brasilien weit verbreitet, besonders im Nordosten. Die beliebteste Methode ist das Klonen von Karten (*clonagem* auf Portugiesisch). Ein erfinderischer Krimineller bringt am Automaten einen falschen Kartenleser an, der die Bankkarte kopiert und die PIN ausspäht, sobald man Geld abhebt. Ein paar Stunden später werden in Recife 1500 R$ vom Konto abgebucht, während man selbst samt seiner Karte ahnungslos am Strand von Natal Caipirinha trinkt!

Um Betrügereien zu verhindern, bringen die Kellner in Restaurants das Kreditkartenlesegerät an den Tisch oder fragen, ob man sie zum Zahlen zur Kasse begleitet. Niemals sollte man jemandem die Kreditkarte aushändigen und ihn dann aus den Augen lassen. Weitere Tipps:

- Nur an viel genutzten Geldautomaten in Banken während der Geschäftszeiten Geld abheben.
- Die Tastatur immer mit der Hand bedecken, während man die Geheimzahl eingibt.
- Einsam stehende Geldautomaten möglichst meiden und auf Beschädigungen oder Manipulationen achten.

rokratische Banco do Brasil. Kreditkartenbetrug kommt in Brasilien häufig vor. Daher das Plastikgeld vor allem in Restaurants niemals aus den Augen lassen! Statt dem Kellner die Karte auszuhändigen, sollte man sich das tragbare Bezahlgerät direkt an den Tisch bringen lassen.

Trinkgeld

Servicepersonal bekommt normalerweise Trinkgeld in Höhe von 10 % des Gesamtbetrags. Bei den meisten Restaurants ist die obligatorische Servicegebühr in der Rechnung enthalten. Freundliche und hilfsbereite Kellner können mit einer zusätzlichen Spende bedacht werden. Falls die Servicegebühr nicht inbegriffen sein sollte, sind 10 % Trinkgeld angebracht.

Nach Urwaldtrips ist eine finanzielle Aufmerksamkeit für den Guide üblich. Auch assistierende Tourbegleiter oder Bootsbetreiber freuen sich bestimmt über einen Obolus.

Trinkgelder bessern das Einkommen schlecht bezahlter Angestellter deutlich auf. Dazu zählen Hotel-Hauswirtschafter, Saftbarmixer, Strandverkäufer, Friseure und Schuhputzer.

Parkplatzwächter bekommen keinen Lohn und sind daher auf Trinkgeld (normalerweise mindestens 2 R$) angewiesen.

Obwohl Taxichauffeure dies nicht erwarten, runden die meisten Passagiere den Fahrpreis auf den nächsten glatten Betrag auf.

Gesundheit

Wer in Brasilien einen Krankenwagen braucht, wählt die ☎192 oder eine Notrufnummer.

In größeren Städten ist die medizinische Versorgung gut, in ländlichen Gegenden findet man dagegen möglicherweise schwieriger ärztliche Hilfe. Außerdem können Behandlungen in Brasilien extrem teuer werden.

In brasilianischen Apotheken, die im Regelfall gut sortiert sind, arbeiten amtlich zugelassene Apotheker.

Infektionskrankheiten

In erster Linie handelt es sich dabei um von Moskitos übertragene Krankheiten, z. B. Malaria, Gelbfieber und Denguefieber. In gemäßigten Zonen ist das Risiko, zu erkranken, aber gering.

DENGUEFIEBER

Denguefieber, das in ganz Brasilien vorkommt, wird von Gelbfiebermücken übertragen. Diese Insekten stillen ihren Blutdurst vorzugsweise tagsüber und sind in der Regel in der Nähe menschlicher Siedlungen – oft auch in Gebäuden – anzutreffen.

Denguefieber äußert sich normalerweise in grippeartigen Symptomen wie Fieber, Muskel-, Gelenk- und Kopfschmerzen, Übelkeit und Erbrechen, oft gefolgt von einem Ausschlag. Die Behandlungsmöglichkeiten beschränken sich auf das Verabreichen von Schmerzmitteln (Paracetamol oder Tylenol) und eine ausreichende Flüssigkeitsaufnahme. Eine Impfung gibt's nicht.

GELBFIEBER

Gelbfieber ist eine lebensbedrohliche Virusinfektion, die in Waldgebieten von Moskitos übertragen wird. Die Krankheit beginnt zunächst mit grippeähnlichen Symptomen wie Fieber, Schüttelfrost, Kopf- und Rückenschmerzen, Muskelkrämpfen, Appetitlosigkeit, Übelkeit und Erbrechen. Normalerweise verschwinden diese Krankheitszeichen nach ein paar Tagen. Bei ungefähr einem Sechstel aller Patienten kommt es jedoch zu einer zweiten, weitaus gefährlicheren Phase mit Fieberanfällen, Erbrechen, Apathie, Gelbsucht, Nierenversagen und Blutstürzen. In der Hälfte aller Fälle führt dies zum Tod. Behandlungsmöglichkeiten gibt's nicht.

Eine Gelbfieberschutzimpfung wird allen Brasilienreisenden empfohlen, es sei denn, man hält sich nur in Rio de Janeiro, São Paulo und in der südlich von São Luís gelegenen Küstenregion auf. Wer aus afrikanischen oder amerikanischen Ländern einreisen will, in denen Gelbfieber vorkommt, muss einen Impfnachweis vorlegen.

MALARIA

Malaria wird durch den Biss von Moskitos übertragen, die ihre Opfer normalerweise bei Dunkelheit heimsuchen. Die wichtigsten Symptome sind heftige Fieberanfälle, oft in Verbindung mit Schüttelfrost, Schweißausbrüchen, Kopf- und Gliederschmerzen, Schwächeanfällen, Erbrechen oder Durchfall. In schweren Fällen wird das zentrale Nervensystem des Infizierten angegriffen. Das kann über Wahnvorstellungen, Orientierungslosigkeit und Koma bis zum Tod führen.

Eine Malariaprophylaxe (in Form von Tabletten) ist bei einem Aufenthalt in den Wäldern des Amazonasgebietes jedem Traveller dringend zu empfehlen.

Einen Arzt sollte man auch dann aufsuchen, wenn nach der Heimkehr Fieberanfälle auftreten, da Malariasymptome sich manchmal erst nach Monaten zeigen.

TYPHUS

Typhus wird durch Lebensmittel oder Trinkwasser übertragen, die mit einer bestimmten Salmonellenart namens *Salmonella typhi* verunreinigt sind. Die Krankheit geht fast immer mit Fieber einher. Weitere Symptome sind Kopfschmerzen, Übelkeit, Muskelkrämpfe, Schwindel, Appetitlosigkeit, Brechreiz und Bauchschmerzen. Dazu kommt manchmal Durchfall oder Verstopfung.

Wer nicht ausschließlich in großen Hotels und Restaurants essen will, sollte sich gegen Typhus impfen lassen.

Trinkwasser

Leitungswasser in brasilianischen Städten wie Rio und São Paulo kann prinzipiell getrunken werden, aber es schmeckt furchtbar. In abgelegenen Gegenden sollte man es nicht trinken. Viele Hotels und Pensionen filtern ihr Wasser – unbedingt bei der eigenen Unterkunft nachfragen, wie es dort gehalten wird! Wasser lässt sich am effektivsten reinigen, indem man es mindestens eine Minute lang abkocht, aber man kann es auch mit einem Wasserfilter, ultraviolettem Licht (z. B. mit einem Steripen) oder Jodtabletten keimfrei machen.

Internetzugang

Viele Hostels und Hotels sowie einige Cafés und Restaurants bieten WLAN (sie sind in diesem Buch mit dem Symbol 🛜 gekennzeichnet). In der Regel kostet es nichts; manche teurere Hotels nehmen jedoch Gebühren.

Internetcafés verschwinden allmählich von der Bildfläche, aber in den meisten Orten findet man noch mindestens eines. Meist zahlt man 5 bis 10 R$ pro Stunde.

Karten

Bestes lokales Kartenmaterial sind die Serien von Quatro Rodas. Diese anständigen Regionalkarten (Norte, Nordeste usw.) erhält man landesweit. Für Selbstfahrer produziert Quatro Rodas zudem den nützlichen Straßenatlas *Atlas Rodoviário* und super Straßenatlanten zu diversen brasilianischen Großstädten.

Die US-Firma **Omni Resources** (www.omnimap.com) stellt ebenfalls gute Brasilienkarten her, die herkömmlich gedruckt oder als herunterladbare GPS-Straßenkarten weltweit übers Internet bestellt werden können.

Gute topografische Karten geben die staatliche Vermessungsbehörde **IBGE** (www.ibge.gov.br) und der entsprechende Dienst der brasilianischen Armee (DSG) heraus. Trotz örtlich schwankender Verfügbarkeit bekommt man IBGE-Karten in den meisten bundesstaatlichen Hauptstädten bei IBGE-Vertretungen (Adressinfos siehe Website).

Öffnungszeiten

- Banken: Mo–Fr 9–15 Uhr
- Bars: 19–2 Uhr
- Saftbars und Cafés: 8–22 Uhr
- Einkaufszentren: Mo–Sa 10–21, So 15–22 Uhr
- Restaurants: 12–14.30 und 18–22 Uhr
- Geschäfte: Mo–Fr 9–18, Sa 9–13 Uhr

Rechtsfragen

Wer bestohlen wird, kann Anzeige bei der Polizei erstatten. Zwar sind keine aufwendigen Ermittlungen zu erwarten, doch man bekommt einen Bericht zur Vorlage bei der eigenen Versicherung.

In jüngerer Zeit wird Trunkenheit am Steuer in Brasilien streng geahndet und es finden häufig Polizeikontrollen statt.

Die Strafen für den Besitz illegaler Betäubungsmittel sind sehr hart – und wer will schon hinter brasilianischen Gittern landen? An den Schnellstraßen halten Polizeiposten willkürlich Autos und Busse an. Manchmal werden Taxis direkt vor den Nachtclubs gestoppt, um Nachtschwärmer, die nach Hause wollen, intensiv zu filzen. Daher niemals illegale Substanzen oder Gegenstände mitführen! An den Küstenschnellstraßen von Rio nach Búzios bzw. São Paulo drangsaliert die Polizei bevorzugt junge Leute und Ausländer. Auch Grenzgebiete (vor allem in Richtung Bolivien) sind gefährlich.

Verhaftete können die Aussage verweigern und gelten bis zum offiziellen Schuldnachweis als unschuldig. Zudem haben sie das Recht, von ihrem Rechtsanwalt oder einem Familienmitglied besucht zu werden.

Kokain wird in großen Mengen von Bolivien und Peru aus durch Brasilien geschleust. Wer schon nicht ohne Drogen auskommt, sollte wenigstens äußerste Vorsicht walten lassen. Niemals von Fremden kaufen oder Drogen mit sich herumtragen!

Marihuana ist in Brasilien weit verbreitet und höchst illegal. Dennoch wird es überall konsumiert, was – wie bei vielen anderen Dingen auch – außer Militär und Polizei offensichtlich niemanden großartig stört. In Bahia scheint man am tolerantesten zu sein.

Wer aus einem Andenland anreist und dort Kokablätter gekaut hat, sollte seinen Rucksack vor der Ankunft in Brasilien unbedingt sorgfältig säubern. Bereits der Besitz von Kokablättern wird streng geahndet.

Aufgrund der harten Strafen für scheinbaren oder tatsächlichen Drogenbesitz raten wir allen Travellern dringend, komplett die Finger von illegalen Rauschmitteln zu lassen!

Reisen mit Behinderung

Rollstuhlfahrer haben es in Brasilien nicht gerade leicht. Dennoch geben sich große Städte in Mobilitätsbelangen redlich Mühe. Problematisch sind z. B. überfüllte Nahverkehrsbusse oder Eingangsstufen vor Restaurants. Es lohnt sich, Trips mithilfe einer der einschlägigen Organisationen zu planen.

In Rio de Janeiro kommen Reisende mit Handicap landesweit am besten, aber dennoch nicht unbedingt immer einfach voran. Nicht alle elektrischen Rollstuhllifte des Metrosystems sind funktionsfähig. Dank abgesenkter Bordsteine sind die Straßen und Bürgersteige entlang der Hauptstrände für Rollstuhlfahrer zugänglich. Anderswo ist dies aber meist nicht der Fall. **Coop Taxi** (☎0xx21-3295-9606) ist eine gute Adresse für Fahrten im Großraum Rio de Janeiro.

Fast alle neueren Hotels haben rollstuhlgerechte Zimmer. Bei manchen Kabelkanälen können große Untertitel zugeschaltet werden.

Nützliche Organisationen

Das **Centro de Vida Independente** (☎0xx21-2512 1088; www.cvi-rio.org.br; Rua Marquês de São Vicente 225, Gávea) berät Reisende mit Behinderung zu Trips durch Brasilien.

In Deutschland kann man sich an die **Nationale Koordinierungsstelle Tourismus für Alle e. V.** (NatKo; ☎0211-3368-001; www.natko.de; Fleher Straße 317a, 40223 Düsseldorf) wenden. Hervorragende englischsprachige Informationen gibt's beispielsweise unter www.access-able.com.

Schwule & Lesben

Brasilianer sehen die meisten sexuellen Angelegenheiten relativ locker. Homosexualität wird hier stärker akzeptiert als in anderen Ländern Lateinamerikas. Nichtsdestotrotz schwankt die Toleranz je nach Region und tendiert in kleineren Städten auch mal gegen null.

Rio ist Lateinamerikas Schwulenhauptstadt. Lebendige Szenen haben jedoch auch São Paulo und Salvador (dort etwas kleiner). In brasilianischen Schwulenbars ist jedermann willkommen: Ihr gemischtes GLS-Publikum (alias „Gays, Lesbians e Simpatizantes") vereint Hetero- und Homosexuelle, die sich deutlich mehr fürs Tanzen und Amüsieren als für die sexuelle Ausrichtung anderer Gäste interessieren.

Homosexualität ist in Brasilien legal. Wie bei heterosexuellen Kontakten liegt das gesetzliche Mindestalter für einvernehmlichen Sex bei 18 Jahren.

Gay Travel Brasil (☎0xx21-3415-3126; www.gaytravelbrasil.com; Rua Sergipe 57, Rio de Janeiro) ist in Rio und São Paulo vertreten. Dieses Reisebüro unter homosexueller Leitung organisiert maßgeschneiderte Trips, Sprachunterricht und Kreuzfahrten. Zudem kooperiert es landesweit mit schwulenfreundlichen Unterkünften und Einrichtungen, die ebenfalls von Homosexuellen geführt werden.

Der **Rio Gay Guide** (www.riogayguide.com) liefert hervorragende Informationen für schwule und lesbische Rio-Besucher.

Shoppen

Handarbeiten, Kunstwerke und CDs sind schöne Souvenirs. Kunsthandwerk sollte man möglichst direkt beim Produzenten kaufen.

Glitzernde, klimatisierte Einkaufszentren – fantasievoll *shoppings* genannt – hat jede mittelgroße Stadt, die etwas auf sich hält, und oft gibt's dort gute Musikgeschäfte (sowie imposante Food Courts).

Authentisches indigenes Kunsthandwerk findet man in den Artíndia-Läden der Funai (Brasiliens Behörde für die indigenen Völker) und in Museumsshops.

Im nordöstlichen Brasilien ist das Angebot an Kunstgegenständen äußerst vielfältig. Salvador und das benachbarte Cachoeira sind bekannt für ihre grobschlächtigen Holzskulpturen. In Ceará entstehen wunderschöne Spitzenstoffe. Das Inland Pernambucos (vor allem Caruaru) ist für seine reichlich fantasievollen Keramikfigürchen berühmt.

Candomblé-Läden eignen sich prima für die Jagd nach Kuriositäten. Sie verkaufen magischen Weihrauch, der Glück bringen und sexuelle Anziehungskraft, Weisheit und Gesundheit voll entfalten soll, sowie Amulette und Keramikfigürchen afrobrasilianischer Gottheiten.

Sicherheit

Mit einer recht hohen Rate von Verbrechen und Gewalttaten gerät Brasilien immer wieder negativ in die Schlagzeilen. Man sollte den gesunden Menschenverstand einschalten und die Vorsichtsmaßnahmen berücksichtigen, die für ganz Südamerika gelten:

- Nur so viel Bargeld wie nötig mitnehmen sowie ein dick wirkendes Bündel Papiergeld, das man potenziellen Dieben geben kann.
- Unauffällige Kleidung tragen, den Schmuck zu Hause lassen und keine blinkenden iPhones, iPads und anderen elektronischen Geräte zur Schau stellen.

REISEINFORMATIONEN DER REGIERUNG

Folgende staatliche Websites liefern Infos und Sicherheitshinweise zu Reisen nach Brasilien oder in andere Länder:

- **Deutsches Auswärtiges Amt** (☎030-1817-0; www.auswaertiges-amt.de)
- **Eidgenössisches Departement für auswärtige Angelegenheiten** (☎031-322-21-11; www.eda.admin.ch)
- **Österreichisches Außenministerium** (☎050-11 50-0; www.bmeia.gv.at)

- Stets wachsam sein und zielgerichtet marschieren. Kriminelle konzentrieren sich auf fragend umherblickende, zögerliche und desorientiert wirkende Personen.
- Grundsätzlich Geldautomaten im Inneren von Gebäuden benutzen. Beim Abheben oder Umtausch von Bargeld die Umgebung genau im Auge behalten. Diebe belauern Automaten und Wechselstuben.
- Fenster und Türen des Hotelzimmers einem Sicherheitscheck unterziehen und niemals Wertsachen ungeschützt herumliegen lassen.
- Nichts Unnötiges an Stadtstrände mitnehmen (Badezeug, Handtuch, ein wenig Kleingeld – mehr nicht!).
- Nach Einbruch der Dunkelheit niemals durch leere Straßen, in einsame Parks oder an Stadtstrände gehen.
- Besonders in Rio nur registrierte Taxis nehmen und nie in ein nicht offizielles Taxi einsteigen.

Abzocke & Raub

Wie überall auf der Welt greifen Taschendiebe auch in Brasilien gern auf Ablenkungsmanöver zurück. So soll die Aufmerksamkeit der potenziellen Opfer verringert werden, um sie leichter beklauen zu können. Manchmal wird man einfach nach einer Zigarette oder Feuer gefragt, damit die eigene Reaktionsschnelligkeit und Wachsamkeit sinken.

Auch Betäubung wurde von Kriminellen bereits angewandt: Wer aufgrund von heimlich zugefügten Drogen in seinem Drink das Bewusstsein vorübergehend ganz oder halb verliert, ist Dieben hilflos ausgeliefert. Wenn man sich kurz nach dem Getränkekonsum unerklärlich benommen, orientierungslos, müde oder einfach geistig abwesend fühlt, hat einem vielleicht jemand etwas ins Glas gekippt. Bei diesem Verdacht heißt es Hilfe anfordern und schnellstmöglich einen sicheren Ort aufsuchen – am besten das eigene Hotelzimmer.

Extreme Vorsicht ist geboten, wenn zwielichtige Unbekannte *irgendwelche* Getränke, Süßigkeiten, Zigaretten oder Ähnliches anbieten. In verdächtigen Situationen können solche Offerten taktvoll mit einem Verweis auf Magenschmerzen oder andere Gesundheitsprobleme abgelehnt werden.

Billigtouranbieter & Schlepper

In Manaus, Cuiabá und anderen Teilen Amazoniens oder des Pantanals besteht ein großes Problem mit „Freiberuflern" und zwielichtigen Billigveranstaltern, deren Touren sich als ökologisch zweifelhaft, schrecklich und/oder unsicher entpuppen. Faustregel: Niemals Touren buchen und nicht einmal Buchungshilfe akzeptieren, wenn einen jemand ungefragt am Flughafen oder auf der Straße anspricht! Interessenten sollten stattdessen den jeweiligen örtlichen Firmensitz persönlich aufsuchen oder im Voraus über offizielle Websites reservieren.

Strom

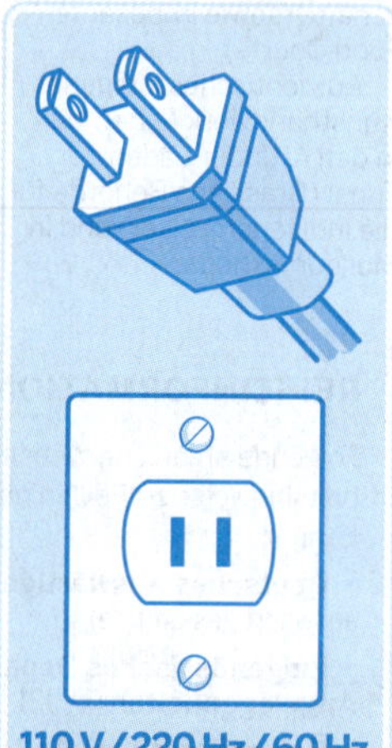

110 V/220 Hz/60 Hz

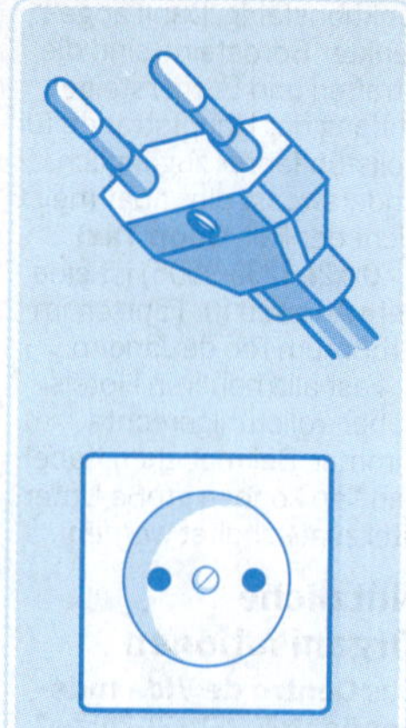

110 V/220 Hz/60 Hz

Telefon

Inlandsgespräche

Innerhalb Brasiliens können für Ortsgespräche oder Anrufe in andere Städte die normalen öffentlichen Kartentelefone an der Straße oder in Telefonstuben benutzt werden. Die benötigten Telefonkarten (20–100 Gesprächseinheiten) sind für 5 bis 20 R$ bei Händlern, Zeitungsständen und überall sonst erhältlich, wo für *cartõs telefônicos* geworben wird.

Bei Gesprächen innerhalb derselben Stadt steckt man einfach die Karte in den Fernsprecher, kontrolliert auf dem Display das Gesprächsguthaben und wählt die achtstellige Nummer. Ortsgespräche übers Festnetz kosten nur ein paar Einheiten. Die Telefonauskunft ist unter ☎102 zu erreichen.

Bei Anrufen in andere Städte wählt man zunächst die 0 und dann die Vorwahl des gewünschten Anbieters, gefolgt von der zwei- oder dreistelligen Ortsvorwahl der jeweiligen Stadt. Ortsvorwahlen werden daher normalerweise im Format „0xx, Ziffer, Ziffer" angegeben, wobei

HANDYNUMMERN

Immer mehr Brasilianer steigen in die Mittelklasse auf und so erlebt das Land eine regelrechte Handyschwemme. Dies hatte zur Folge, dass bei allen Nummern in Rio seit Ende 2013 vor der eigentlichen Nummer noch eine 9 steht, was für São Paulo schon seit 2012 zutrifft. Es kann sein, dass dies nach und nach auf alle brasilianischen Handynummern ausgeweitet wird. Bekommt man unter einer in diesem Buch angegebenen Telefonnummer keinen Anschluss, sollte man es mit einer 9 vor der Rufnummer (9-xxxx-xxxx) versuchen. Dies gilt nur für Handynummern.

„xx" für den Anbietercode steht. Bei Ferngesprächen ticken in der Regel fünf bis zehn Guthabeneinheiten pro Minute runter. Bei Telefonaten in andere Städte muss die Ortsvorwahl (0xx, Ziffer, Ziffer) auch dann gewählt werden, wenn sie für beide Städte identisch sein sollte.

Wer per *chamada a cobrar* (R-Gespräch) in eine andere Stadt telefonieren möchte, setzt eine 9 vor die 0xx. Für örtliche R-Gespräche muss man dagegen 9090 und dann die betreffende Anschlussnummer wählen. Nach dem Signalton wird man von einer Bandansage auf Portugiesisch aufgefordert, seinen eigenen Namen und den des Bundesstaates zu nennen, aus dem der Anruf erfolgt.

Internationale Gespräche

Brasiliens Landesvorwahl ist ☎55. Wer aus dem Ausland in Brasilien anruft, muss die erste Null der örtlichen Vorwahl weglassen.

Ferngespräche aus Brasilien auf europäische Festnetznummern kosten bei Embratel ab 1,42 R$ pro Minute.

Aus öffentlichen Telefonen (*orelhãos*) sind internationale Gespräche nur mit einer internationalen Telefonkarte oder als R-Gespräch möglich. An vielen Fernsprechern kann man nur Inlandsgespräche führen, und selbst wenn nicht, reicht eine brasilianische Telefonkarte mit 30 Einheiten nur, um kaum eine Minute ins Ausland zu telefonieren.

Wer keine internationale Telefonkarte hat, nutzt am besten Skype. Für internationale R-Gespräche (*chamada a cobrar*) muss man einen brasilianischen Telefonanbieter anrufen, z. B. unter der Nummer ☎0800-703-2111 (Embratel).

Handys

Brasilien nutzt wie Europa das GSM-Netzwerk 850/900/1800/1900. Das 4G-LTE-Netzwerk des Landes läuft dagegen (bisher) auf 2500/2690 und funktioniert auf vielen europäischen Smartphones nicht, z. B. auf ersten Versionen des iPhone 5. *Celular*-Telefone (Handys) haben achtstellige Nummern (neunstellige in São Paulo), die mit 6, 7, 8 oder 9 beginnen. Anrufe ins Mobilnetz sind teurer als ins Festnetz. Wie für das Festnetz gelten auch bei Handys Stadtvorwahlen, die bei Anrufen aus anderen Städten gewählt werden müssen.

Tim (www.tim.com.br), **Claro** (www.claro.com.br), **Oi** (www.oi.com.br) und **Vivo** (www.vivo.com.br) sind die größten Betreiber. Seit Ende 2012 können Ausländer mit ihrem Reisepass eine lokale SIM-Karte kaufen, vorher war dafür eine brasilianische CPF (Steuer-

BRASILIANISCHE ORTSVORWAHLEN & TELEFONANBIETER

In Brasilien kämpfen diverse Telefongesellschaften um den Ferngesprächsmarkt. Bei Auslandstelefonaten oder Fernverbindungen in eine andere Stadt muss man sich für einen Anbieter entscheiden und dessen zweistelligen *código de prestadora* (Code) in die zu wählende Nummer einsetzen. Auf diese Weise sind die Ortsvorwahlen von Städten und Ortschaften direkt unter den dazugehörigen Überschriften vermerkt.

Was auf den ersten Blick kompliziert erscheint, ist in der praktischen Anwendung recht einfach: Einerseits eignen sich die Hauptgesellschaften **Embratel** (☎21) und **Oi Telemar** (☎31) für Telefonate aller Art. Andererseits geben andere Großanbieter ihre Namen und Codes in der jeweiligen Region meist überall an – vor allem auf öffentlichen Fernsprechern.

Beispiel für ein Gespräch von Rio de Janeiro nach Fortaleza (Ortsvorwahl ☎0xx85) im Bundesstaat Ceará: Den Anfang macht die 0, gefolgt von 21, 23, 31 oder 85 (Codes der vier Anbieter, die Rio und Ceará abdecken). Dann kommen die 85 für Fortaleza und die eigentliche Anschlussnummer.

Bei Auslandstelefonaten folgen auf 00 zunächst 21, 23 oder 31 (Codes der internationalen Anbieter), dann Länder-, Ortsvorwahl und Anschlussnummer.

ID) nötig. Damit ist eine große bürokratische Hürde gefallen.

Toiletten

Öffentliche Toiletten sind in Brasilien zwar recht rar, aber immerhin vorhanden: Stille Örtchen gibt's an allen Busbahnhöfen, Flughäfen sowie in den meisten Städten und Siedlungen. Sie können normalerweise gegen eine Gebühr von 0,50 bis 1 R$ benutzt werden. Brasilianische Bars und Restaurants gestatten Touristen meist das Aufsuchen ihrer Toiletten. Wie in anderen lateinamerikanischen Ländern wird benutztes Toilettenpapier nicht hinuntergespült, sondern in einem Korb neben der Schüssel entsorgt.

Touristeninformation

Die Touristeninformationen in Brasilien unterscheiden sich sehr. Einige haben engagierte und kompetente Mitarbeiter, andere sind für Touristen weniger hilfreich.

Embratur (www.visitbrasil.com), das brasilianische Fremdenverkehrsamt, bietet online überschaubare Informationen.

Unterkunft

Das vielfältige Angebot an Unterkünften reicht von abgenutzten, fensterlosen Zellen bis hin zu opulenten Pensionen am Strand. Nahezu alle *pousadas* (Gästehäuser), Hostels und Hotels servieren eine Variante von *café da manha* (Frühstück). Zimmer mit Gemeinschaftsbädern werden als *quartos*, solche mit eigenen Bädern als *apartamentos* bezeichnet.

Am unteren Ende der Preisskala stehen günstige Einzel-/Doppelzimmer außerhalb der großen Städte und Feriengebiete. Meist sind es kahle Räume, in denen neben einem Bett vielleicht noch ein Ventilator steht.

Mittelklassezimmer sind normalerweise komfortabel, aber nicht sonderlich stilvoll. Die Ausstattung umfasst anständige Betten, Klimaanlagen, Bäder mit Warmwasser und Kabel-TV. Hotels der oberen Kategorie bieten geräumige Zimmer (teilweise mit Veranda), einen Pool und andere Annehmlichkeiten. In den Zimmern vieler Mittel- und Spitzenklassehotels gibt's Tresore zum Deponieren von Wertsachen.

Reservierungen

In Touristenzentren (vor allem in Rio) sollten Hotelzimmer im Juli (Schulferien), um Weihnachten und an Karneval unbedingt reserviert werden. Dies gilt auch für andere Touristenhochburgen (z. B. Búzios, Ilha Bela oder Morro de São Paulo) am Wochenende und überall sonst während großer Festivals. Bei Aufenthalten in absoluten Spitzenzeiten (z. B. Karneval) kümmert man sich am besten mehrere Monate im Voraus um eine Bleibe.

Dschungellodges

In entlegenen Ecken sind Dschungellodges im oder am Rand des Regenwaldes eine beliebte Option. Die manchmal recht hohen Preise bezahlen Touristen eher für die Erfahrung, im Urwald zu logieren; der Einrichtungsstandard ist bestenfalls Mittelklasse. Besonders viele gibt's rund um Manaus.

Ferienwohnungen

Es gibt mehrere Möglichkeiten, Ferienwohnungen und Apartments für Kurz- oder Langzeitaufenthalte zu mieten. In den meisten Großstädten können sich Reisende bei Immobilienmaklern nach Mietwohnungen erkundigen. Am besten befragt man andere Ausländer direkt vor Ort zum aktuellen Mietspiegel, der von Stadt zu Stadt variiert. **Air BnB** (www.airbnb.com) listet Tausende Adressen von Zimmern und Apartments in ganz Brasilien.

Hostels

In Brasilien werden Jugendherbergen als *albergues da juventude* bezeichnet. Die **Federação Brasileira de Albergues da Juventude** (www.hostel.org.br) gehört zum Internationalen Jugendherbergsverband (Hostelling International, HI) und betreibt landesweit über 100 Häuser. Sie sind meistens auf der Website der Organisation verlinkt. Trotz mitunter großer Qualitätsunterschiede eignen sich Hostels generell super, um Brasilianer und andere Traveller kennenzulernen.

Schlafsaalbetten kosten 40 bis 75 R$ (in Rio bis 100 R$).

Hotels

Brasiliens Hotelangebot reicht von guten, modernen Luxusoptionen bis hin zu

PREISKLASSEN

Die folgenden Preisspannen beziehen sich auf ein Doppelzimmer mit Bad in der Hochsaison (Dez.–März). Wenn nicht anders angegeben, ist das Frühstück im Preis inbegriffen.

$	unter 150 R$
$$	150–350 R$
$$$	über 350 R$

Für Rio gelten andere Preiskategorien:

$	unter 200 R$
$$	200–500 R$
$$$	über 500 R$

schäbig-muffigen Absteigen. In teureren Häusern kommen oft 15 % Steuerzuschlag zum Grundtarif hinzu. In der Hauptsaison steigen die Zimmerpreise normalerweise um 30 %. Rund um Karneval und Neujahr berappt man gar das Doppelte oder Dreifache. In businessorientierten Städten wie São Paulo, Curitiba, Porto Alegre oder Brasília gewähren Hotels meistens Wochenendrabatte.

Pousadas

Bei typischen *pousadas* handelt es sich um kleine Gästehäuser in Familienbesitz. Gleichzeitig bezeichnen sich manche Hotels als „Pousada", um auf Besucher attraktiver zu wirken. Einzel-/Doppelzimmer in rustikalen *pousadas* sind teilweise schon ab 80/120 R$ zu haben. Für luxuriöse Doppelzimmer zahlt man bis zu 500 R$.

UNTERKUNFT ONLINE BUCHEN

Weitere Hotelbeschreibungen von Lonely Planet Autoren gibt's unter http://lonelyplanet.com/hotels. Dort findet man unabhängige Kritiken und Empfehlungen zu den besten Unterkünften, außerdem kann man gleich online buchen.

Versicherung

Traveller sind gut beraten, wenn sie eine Reiseversicherung abschließen, die neben Diebstahl und Verlustfällen auch die Kosten für medizinische Behandlungen abdeckt. Die Policen von STA Travel und anderen studentischen Reiseorganisationen haben allgemein ein gutes Preis-Leistungs-Verhältnis. Abhängig vom Vertrag variieren die Deckungssummen für medizinische Behandlungen. Höhere Beträge sind hauptsächlich für Länder mit extrem hohen medizinischen Kosten erforderlich (z. B. die USA). Angesichts der vielfältigen Angebote das Kleingedruckte immer sorgfältig durchlesen!

Manche Verträge enthalten spezielle Ausschlussklauseln hinsichtlich „gefährlicher Aktivitäten" wie Tauchen, Motorradfahren oder sogar Wandern.

Am besten wählt man eine Variante, bei der Ärzte oder Krankenhäuser direkt vom Versicherer bezahlt werden. Ansonsten muss man die Rechnung selbst vor Ort begleichen und das Geld später zurückfordern. Dafür ist es essenziell, alle erforderlichen Dokumente sorgfältig aufzubewahren. Auf jeden Fall sollten Transporte mit der Ambulanz und Krankenflüge in die Heimat abgedeckt sein!

Reiseversicherungen für die gesamte Welt sind erhältlich unter www.lonelyplanet.com/travel_services. Man kann sie jederzeit erweitern und auch von unterwegs noch abschließen.

Visa

Für Aufenthalte bis zu 90 Tagen benötigen deutsche, österreichische und Schweizer Staatsangehörige kein Touristen- oder Geschäftsvisum. Wer von vorneherein einen längeren Aufenthalt plant, sollte vor der Abreise ein Visum bei der zuständigen brasilianischen Auslandsvertretung im Heimatland beantragen.

Für die Einreise nach Brasilien benötigt man einen Reisepass, der noch mindestens sechs Monate gültig ist, sowie ein Ausreiseticket.

Minderjährige, die von keinem oder nur einem Elternteil bzw. Erziehungsberechtigten begleitet werden, brauchen – unabhängig von ihrer Staatsangehörigkeit – eine Einverständniserklärung des nicht mitreisenden Elternteils bzw. beider Eltern oder Erziehungsberechtigten (bei der Einreise wird allerdings in der Regel nicht nach der entsprechenden Erklärung verlangt).

Abhängig vom jeweiligen Land, aus dem man nach Brasilien einreist, muss unter Umständen auch eine Schutzimpfung gegen Gelbfieber nachgewiesen werden. Bei Nichtbeachtung drohen Geldstrafen und Einreiseverbot. Außerdem verlangen die Behörden bei der Einreise hin und wieder den Nachweis entsprechender finanzieller Mittel (z. B. Kreditkarten oder Reiseschecks).

Da sich die Visumbestimmungen von Zeit zu Zeit ändern können, sollte man den neuesten Stand grundsätzlich bei einer diplomatischen Vertretung Brasiliens im eigenen Heimatland erfragen.

Ein-/Ausreisekarte

Bei der Einreise nach Brasilien müssen alle Touristen eine sogenannte *cartão de entrada/saida* (Ein-/Ausreisekarte) ausfüllen. Die eine Hälfte bekommt man ausgehändigt. Die andere verbleibt bei den brasilianischen Beamten, die auch den Reisepass abstempeln. Sollten die Behörden die übliche Aufenthaltsdauer von 90 Tagen aus irgendeinem Grund verweigern, wird die maximale Tageszahl im Reisepass vermerkt.

Bei der Ausreise gibt man den Durchschlag des Einreise-/Ausreiseformulars wieder bei der Einwanderungsbehörde ab. Man sollte das Formular während des Aufenthalts sicher verwahren, um Scherereien und unnötige Verzögerungen zu vermeiden.

EINREISEKARTE & VISUM VERLÄNGERN

Für die Verlängerung von Visa ist Brasiliens Polícia Federal (Bundespolizei) zuständig, die Büros in den Hauptstädten der Bundesstaaten und Grenzorten unterhält. Anträge auf Verlängerung müssen mindestens fünf Tage vor dem Ablauf der Ein-/Ausreisekarte oder des Visums gestellt werden. Das Prozedere läuft wie folgt:

➡ Auf der Website der Polícia Federal (www.dpf.gov.br) findet man im Bereich „Estrangeiros" unter dem Titel „Prorrogar Prazo de Estada de Turista e Viajante a Negócios (Temporário II)" das Formular „Requerimento de Prorrogação de Prazo". Dieses füllt man aus und druckt es aus.

➡ Dann erstellt man ein Formular zur Steuererhebung, GRU (Guia de Recolhimento da União) genannt. Man findet es, wenn man in derselben Rubrik zu „GRU – FUNAPOL" weiter bis zu „Pessoas e Entidades Estrangeiras" klickt.

➡ In dieses GRU-Formular schreibt man seine persönlichen Daten und gibt dann unter „Código da Receita STN"den Code „140090" ein. Das nächste Büro der Polícia Federal wählt man im Drop-down-Menü unter „Unidade Arrecadadora" und gibt als „Valor Total R$" ein: 67 R$.

➡ Um das mit einem Barcode versehene Formular fertigzustellen, klickt man auf „Gerar Guia". Anschließend bringt man es zu einer Bank, Post oder Lottostelle und bezahlt die 67 R$ Gebühr.

➡ Mit Formular und Quittung, Reisepass und Einreisekarte (im Original) geht man dann zum nächsten Büro der Polícia Federal. Antragsteller sollten sich ordentlich kleiden – manche Beamte behandeln Traveller in Shorts nicht gerade freundlich!

Verlängerungen obliegen dem Ermessen des Beamten, mit dem man zu tun hat, möglicherweise muss man das Ausreiseticket und einen Vermögensnachweis vorlegen. Wer sich für die maximal mögliche Verlängerung von 90 Tagen entscheidet und vorher ausreist, darf erst nach Ablauf dieser Frist erneut nach Brasilien einreisen.

Reisepass

Per Gesetz ist man verpflichtet, den Reisepass ständig bei sich zu tragen. Bei Stadtausflügen entscheiden sich viele Traveller jedoch für eine Kopie (am besten beglaubigt) und lassen das Original sicher verschlossen im Hotel zurück.

Zeit

Brasilien hat vier Zeitzonen. Die Brasília-Zeit (MEZ –4 Std.) gilt im ganzen Südosten (inkl. Rio und São Paulo), Süden und Nordosten, ebenso für den Distrito Federal (inkl. Brasília) und den Bundesstaat Goiás im zentralen Westen. Die amazonischen Bundesstaaten Tocantins und Amapá sowie die östliche Hälfte Parás richten sich ebenfalls danach.

Im Großteil Amazoniens und im übrigen zentralen Westen (Bundesstaaten Mato Grosso und Mato Grosso do Sul) ticken die Uhren eine Stunde hinter der Brasília-Zeit (MEZ –5 Std.). Die Inselgruppe Fernando de Noronha befindet sich 350 km vor der Küste Natals draußen im Atlantik und liegt eine Stunde *vor* der Brasília-Zeit (MEZ –3 Std.). Acre und der Südwesten von Amazonas hinken dagegen zwei Stunden hinter der Brasília-Zeit (MEZ –6 Std.) her.

Folglich: Wenn es in Berlin 12 Uhr schlägt, sollten die Zeiger im Großteil Brasiliens auf 8 Uhr, in Fernando de Noronha auf 9 Uhr, in Mato Grosso bzw. im Großteil Amazoniens auf 7 Uhr sowie in Acre und im südwestlichen Amazonas auf 6 Uhr stehen. Die Betonung liegt auf „sollten": Aufgrund der brasilianischen Sommerzeit (Mitte Okt.–Mitte Feb.) ist dies normalerweise nicht der Fall. Zu deren Beginn werden die Uhren eine Stunde vorgestellt – allerdings nur im Südosten, Süden, zentralen Westen sowie in den Bundesstaaten Bahia und Tocantins! Während der übrigen Jahreshälfte gilt natürlich die Sommerzeit der nördlichen Hemisphäre. In Wirklichkeit beträgt die Zeitdifferenz zwischen Berlin und Rio de Janeiro daher im Dezember drei Stunden, im Juli fünf Stunden. Von Oktober bis Februar bestehen zwischen Rio und Manaus drei, ansonsten zwei Stunden Unterschied.

Zoll

Bei der Einreise dürfen pro Person 2 l Alkohol, 400 Zigaretten, ein Laptop sowie jeweils eine Foto- und Videokamera eingeführt werden. Kleider, Bücher, Zeitschriften und andere persönliche Artikel für den privaten oder beruflichen Gebrauch müssen nicht verzollt werden. Bis zu einem Gesamtwert von 500 US$ sind neu gekaufte Waren ebenfalls zollfrei. Die Einfuhr von Fleisch- und Käseprodukten ist verboten.

Verkehrsmittel & -wege

AN- & WEITERREISE

Die meisten Traveller beginnen ihre Odyssee durch Brasilien mit einem Flug nach Rio. Das Land hat aber noch weitere internationale Luftkreuze und außerdem Grenzübergänge zu allen südamerikanischen Staaten mit Ausnahme von Chile und Ecuador.

Flüge und Touren kann man online unter lonelyplanet.com/bookings buchen.

Einreise

Die Einreise- und Zollformalitäten sind relativ unkompliziert, doch wer aus Ländern kommt, für die ein Visum erforderlich ist, sollte sich darum kümmern, dass die Papiere in Ordnung sind.

Flugzeug

Flughäfen & Fluglinien

Am häufigsten werden die internationalen Flughäfen Galeão (GIG; Rio de Janeiro) und Guarulhos (GRU; São Paulo) angesteuert. Von beiden starten regelmäßig Anschlussmaschinen zu Zielen im ganzen Land. In Salvador (SSA) und Recife (REC) landen ein paar aus Europa kommende Direktflüge.

Die größte internationale Fluglinie Brasiliens ist TAM mit Verbindungen in die USA, nach Frankfurt am Main, Lissabon, London, Madrid, Mailand und Paris sowie zu sieben südamerikanischen Städten. TAM fällt in Kategorie 1 der US Federal Aviation Administration und entspricht somit internationalen Sicherheitsstandards.

Tickets

Während der Hauptsaison (ca. Mitte Dez.–Ende Feb.) kosten Brasilienflüge rund 300 US$ mehr als im restlichen Jahr.

INTERNATIONALE FLUGPÄSSE

Wer seinen Brasilientrip mit Reisen durch andere südamerikanische Länder verbinden möchte, kann mit Flugpässen ganz nett bares Geld sparen – vorausgesetzt, man legt in 30 Tagen große Strecken zurück und stört sich nicht an einer festgelegten Reiseroute. Der South America Airpass von TAM gilt innerhalb Brasiliens, Argentiniens, Boliviens, Chiles (ohne Osterinsel), Paraguays, Perus, Uruguays und Venezuelas. Sein Preis hängt von der Zahl der Flugkilometer ab, die zurückgelegt werden sollen, und variiert von 399 US$ (3040 km) bis 1500 US$ (13 200 km).

Die Fluglinien der **Oneworld Alliance** (www.oneworld.com) bieten das Ticket Visit South America an, das Zwischenstopps in über 30 Städten in zehn südamerikanischen Ländern gestattet. Dabei berechnen sich die Preise nach Entfernung pro Flug, z. B. 222 US$ von Rio de Janeiro nach Lima (Peru), 167 US$ von São Paulo nach Buenos Aires (Argentinien) und 160 US$ von Santiago (Chile) nach Lima (Peru).

Innerhalb des Streckennetzes von Gol gilt der Gol Mercosul Airpass z. B. für Trips zwischen Brasilien und Chile, Argentinien, Paraguay, Uruguay, Peru oder Bolivien (4/5 Flüge 682/822 US$, plus 120 US$ pro weiteren Flug).

Auf dem Landweg

Die direkte Einreise auf dem Landweg ist von neun Ländern aus möglich. Zudem fahren Flussboote aus Bolivien oder Peru zu mehreren brasilianischen Grenzstädten. Wer von Kolumbien oder Venezuela auf dem Landweg nach Brasilien hinüber möchte, braucht den Nachweis einer Gelbfieberimpfung.

Auto & Motorrad

Traveller, die mit dem eigenen Fahrzeug nach Brasilien einreisen möchten, sollten sich über die erforderlichen Dokumente, Verkehrsregeln, Benzin und Ersatzteile informieren. An der Grenze muss eine Erklärung namens *termo de responsabilidade* unterzeichnet werden. Neben den persönlichen Daten und der Heimatadresse des Fahrzeughalters sind darin auch das Reiseziel und alle Fahrzeugdaten (Hersteller, Modell, Baujahr, Seriennummer, Farbe und Kennzeichen) anzugeben. Zudem muss man eine Bankbürgschaft hinterlegen, deren Höhe vom Zoll festgelegt wird. In einer weiteren Einverständniserklärung verpflichtet man sich, bei Aufenthalten über 90 Tagen die Fahrzeuggenehmigung beim Zoll in der Region zu verlängern, in der die Einreise registriert wurde. Bei der Ausreise ist der Nachweis wiederum beim Zoll vorzulegen. Bei Überschreitung des Genehmigungszeitraums können das Fahrzeug offiziell beschlagnahmt und die Bankbürgschaft eingezogen werden. Der Verkauf eingeführter Fahrzeuge ist in Brasilien verboten.

Bus

Busse, die zwischen Brasilien und Argentinien, Paraguay oder Uruguay verkehren, rollen über anständige Straßen. Solche Trips sind allerdings ziemlich teuer – im Vergleich zur günstigeren, aber auch weitaus zeitaufwendigeren Alternative, bei der man per Bus zur Grenze fährt, diese zu Fuß überquert und dann mit einem anderen Bus weiterreist. Vor der Reise sollte man sicherstellen, dass man die erforderlichen Papiere parat hat.

Grenzübergänge

ARGENTINIEN

Die meisten Traveller benutzen den Grenzübergang zwischen Puerto Iguazú und Foz do Iguaçu, der ca. 20 Busstunden von Buenos Aires entfernt liegt. Ebenfalls per Bus ab Buenos Aires erreichbar ist der weiter südlich gelegene Übergang zwischen Paso de los Libres (Argentinien) und Uruguaiana (Brasilien).

Direktbusse verkehren zwischen Buenos Aires und Porto Alegre (195 R$, 18 Std.), Rio de Janeiro (260 R$, 42 Std.), Florianópolis (283 R$, 25 Std.), Curitiba (322 R$, 34 Std.) oder São Paulo (325 R$, 36 Std.).

BOLIVIEN

Brasiliens längste Außengrenze führt durch entlegene Sumpf- und Waldgebiete. Sie trennt das Land von Bolivien und steht bei Schmugglern hoch im Kurs. Die Hauptübergänge liegen bei Corumbá, Cáceres, Guajará-Mirim und Brasiléia.

Der stärkste Grenzverkehr herrscht zwischen Quijarro (Bolivien) und Corumbá (Brasilien). In Quijarro besteht eine tägliche Zugverbindung nach Santa Cruz (Bolivien). Corumbá ist ein prima Ausgangspunkt für Trips ins Pantanal. Zudem starten dort Busse nach Bonito, Campo Grande, São Paulo, Rio de Janeiro und zu Zielen in Südbrasilien.

Über die bolivianische Grenzstadt San Matías rollt pro Tag ein Bus von Santa Cruz (Bolivien) nach Cáceres in Mato Grosso (Brasilien).

Guajará-Mirim (Brasilien) liegt eine kurze Flussbootfahrt von Guayaramerín (Bolivien) entfernt. Dort landen auch bolivianische Inlandsflüge. Beide Orte bieten Busanschluss zu Zielen in ihrem jeweiligen Land. Von Ende Dezember bis Ende Februar können jedoch heftige Regenfälle die Straßen Nordboliviens stark beeinträchtigen.

Viereinhalb Busstunden von Rio Branco entfernt liegt Brasiléia (Brasilien) gegenüber von Cobija (Bolivien). Die dort startenden Inlandsflüge werden durch bolivianische Busverbindungen ergänzt, die ebenfalls sehr unter der Regenzeit leiden.

CHILE

Chile grenzt nicht an Brasilien. Über Argentinien verkehren dennoch Direktbusse zwischen Santiago und brasilianischen Städten wie Porto Alegre (367 R$, 36 Std.), Curitiba (373 R$, 54 Std.), São Paulo (360 R$, 54 Std.) oder Rio de Janeiro (388 R$, 62 Std.).

FRANZÖSISCH-GUAYANA

Die brasilianische Stadt Oiapoque, 560 holprige Buskilometer von Macapá (90 R$, 12–15 Std.) entfernt, liegt am Rio Oiapoque gegenüber von St. Georges (Französisch-Guayana). Von dort führt eine Straße zur Hauptstadt Cayenne. Um einen der Minibusse zwischen den beiden Städten zu erwischen, heißt es frühmorgens da zu sein.

GUYANA & SURINAM

Von Boa Vista fahren täglich Busse nach Bonfim, Roraima (18,50 R$, 1½ Std.), an der Grenze zu Guyana. Von hier setzen motorisierte Kanus nach Lethem (3 R$; Südwest-Guyana) über.

KLIMAWANDEL & REISEN

Fast jede Art der motorisierten Fortbewegung erzeugt CO_2 (die Hauptursache für die globale Erwärmung), doch Flugzeuge sind mit Abstand die schlimmsten Klimakiller – nicht nur wegen der großen Entfernungen und der entsprechend großen CO_2-Mengen, sondern auch weil sie diese Treibhausgase direkt in hohen Schichten der Atmosphäre freisetzen. Auf vielen Websites kann man mit speziellen „CO_2-Rechnern" ermitteln, wie das persönliche Emissionskonto nach einer Reise aussieht, und mit einer Spende für Umweltprojekte eine Art Wiedergutmachung leisten. Auch Lonely Planet spendet Gelder, wenn Mitarbeiter und Autoren auf Reisen gehen.

BOLIVIANISCHE EINREISEBESTIMMUNGEN

EU-Bürger und Schweizer dürfen sich 30 Tage lang visumfrei in Bolivien aufhalten, müssen aber u. a. ausreichende Geldmittel und eine Gelbfieberimpfung nachweisen. Da sich die umfangreichen Bestimmungen jederzeit ändern können, sollte der aktuelle Stand unbedingt rechtzeitig über das eigene Außenministerium in Erfahrung gebracht werden.

Überlandreisen zwischen Surinam und Brasilien führen jeweils zuerst durch Guyana oder Französisch-Guayana.

KOLUMBIEN

Leticia liegt im äußersten Südosten Kolumbiens am Amazonas und grenzt an Tabatinga (Brasilien). Die Grenze kann zu Fuß, mit dem Kombivan oder Taxi überquert werden. Auf kolumbianischer Seite ist eine unkomplizierte Anreise quasi nur mit dem Flugzeug möglich. Nach Tabatinga geht's mittels Kurzstreckenflügen oder mehrtägiger Amazonas-Bootstrips ab Manaus bzw. Tefé.

PARAGUAY

Die zwei wichtigsten Grenzübergänge verbinden Ciudad del Este (Paraguay) und Foz do Iguaçu (Brasilien) bzw. Pedro Juan Caballero (Paraguay) und Ponta Porá (Brasilien). Direktbusse verkehren zwischen Asunción und brasilianischen Städten wie Florianópolis (167 R$, 20 Std.), Curitiba (129 R$, 14 Std.), São Paulo (159 R$, 20 Std.) und Foz do Iguaçu (40 R$, 5 Std.).

PERU

Mindestens ein Bus am Tag verkehrt von Rio Branco (Brasilien) über den Grenzübergang zwischen Assis (Brasilien) und Iñapari (Peru) nach Puerto Maldonado (Peru) an der neuen für 2,75 Mrd. US$ errichteten Interozeanischen Schnellstraße. Man erreicht Assis auch mit täglichen Bussen von Epitáciolândia (13 R$, 2 Std.) und überquert dann den Rio Acre nach Iñapari.

URUGUAY

(Die meisten Traveller benutzen den Übergang zwischen Chuy (Uruguay) und Chuí (Brasilien) – eigentlich eine einzige Stadt. Dort verläuft die internationale Grenze in der Hauptstraßenmitte.

Ansonsten gibt's noch die Übergänge Río Branco (Uruguay)–Jaguarão (Brasilien), Isidoro Noblia (Uruguay)–Aceguá (Brasilien), Rivera (Uruguay)–Santana do Livramento (Brasilien), Artigas (Uruguay)–Quaraí (Brasilien) und Bella Unión (Uruguay)–Barra do Quaraí (Brasilien). Busse pendeln zwischen Montevideo und brasilianischen Städten wie Porto Alegre (162 R$, 12 Std.), Florianópolis (209 R$, 18 Std.) oder São Paulo (310 R$, 32 Std.).

VENEZUELA

Von Manaus fahren täglich fünf Busse nach Boa Vista (96 R$, 12 Std.), wo man in einen Bus nach Puerto La Cruz (Venezuela; 130 R$, 20 Std.) umsteigen kann, um nach Caracas oder zur Isla Margarita zu kommen.

Auf dem Flussweg

Bolivien

Vom bolivianischen Trinidad aus folgen Boote dem Río Mamoré flussabwärts in Richtung Brasilien. Die rund fünftägige Reise endet in Guayaramerín, das gegenüber der brasilianischen Stadt Guajará-Mirim liegt.

Peru

Schnelle Passagierboote (ca. 90 US$, 8–10 Std.) absolvieren die 400 km lange Reise über den Amazonas zwischen Iquitos (Peru) und Tabatinga (Brasilien). Von dort kann man zur 3000 km entfernten Flussmündung schippern.

UNTERWEGS VOR ORT

Auto & Motorrad

Vor allem in Rio offenbart sich die anarchische Seite der brasilianischen Mentalität offen hinter dem Steuer: Begrenzungslinien, Einbahnstraßen, Bürgersteige oder Fußgänger werden einfach ignoriert.

Benzin & Ersatzteile

Normalbenzin (*combustível* oder *gasolina*) kostet ca. 3 R$ pro Liter. Traveller mit eigenem Fahrzeug sollten im Vorfeld unbedingt intensive Recherchen zu verfügbaren Kraftstoffen und Ersatzteilen anstellen.

Führerschein

Obwohl der Führerschein aus der Heimat auch in Brasilien gilt, sind die örtlichen Behörden damit eventuell nicht vertraut. So empfiehlt sich zusätzlich ein internationaler Führerschein (International Driver's Permit, IDP). Dieser entkräftigt polizeiliche Behauptungen, dass man ohne gültige Fahrerlaubnis unterwegs sei. Internationale Führerscheine gibt's beim eigenen Automobilverband (z. B. für 15 € beim deutschen ADAC). Ausländische Motorradfahrer brauchen grundsätzlich einen brasilianischen Führerschein.

Mietwagen

Inklusive Versicherung und unbegrenzten Fahrtkilometern kosten kleine Viertürer ca. 100 R$ pro Tag (130 R$ mit Klimaanlage). Bei längerer Mietdauer gibt's eventuell Rabatt.

Wer ein Auto mieten möchte, muss mindestens 25 Jahre alt sein (manche Firmen, darunter Avis, verlangen ein Mindestalter von 21 Jahren). Zudem benötigt man eine auf den eigenen Namen ausgestellte Kreditkarte und eine gültige Fahrerlaubnis des Heimatlands. Ein internationaler Führerschein reicht nicht aus.

Die Haftpflichtversicherung ist stets im Mietpreis enthalten. Eine Erhöhung des Versicherungsschutzes (zzgl. 20–40 R$) ist dennoch äußerst ratsam.

Geländewagen lassen sich in Brasilien nur schwer und zu teils heftigen Preisen (über 200 R$ pro Tag) mieten. Leihmotorräder gibt's noch seltener. Bei geplanten Langstreckentrips lohnt es sich vielleicht, den Feuerstuhl vor Ort zu erwerben und nach Tourende wieder zu verkaufen.

Unterwegs mit dem eigenen Fahrzeug

In Brasilien müssen Autofahrer grundsätzlich die Zulassungspapiere und den Versicherungsnachweis dabeihaben. Um ein Fahrzeug über die Landesgrenze ein- oder auszuführen, ist offiziell ein *carnet de passage en douane* (eine Art Fahrzeugpass) oder eine *libreta de pasos por aduana* (Ein- bzw. Ausfuhrgenehmigung des Zolls) vonnöten. Kontrollen finden aber nur selten statt. Automobilclubs informieren über alle erforderlichen Dokumente.

Verkehrsregeln & Risiken

Auf Brasiliens gefährlichen Straßen fordern Verkehrsunfälle jedes Jahr über 35 000 Todesopfer. Der Geschwindigkeitswahn ist kaum zu bremsen. Zu den besonders gefährlichen Routen zählen die stark befahrenen Schnellstraßen zwischen Rio und São Paulo.

Bei Dunkelheit scheren sich viele Fahrer nicht um rote Ampeln, sondern bremsen lediglich ab – allerdings aus gutem Grund: Vor allem in São Paulo kommt es an Ampeln oft zu Überfällen. Daher in Großstädten immer nur mit geschlossenen Fenstern und verriegelten Türen anhalten!

Bei Nachtfahrten ist das Risiko besonders hoch, da dann potenziell mehr Betrunkene unterwegs sind. Im Nordosten und Landesinneren lässt außerdem der Straßenzustand oft stark zu wünschen übrig. Schlecht abgesicherte Kurven sind an der Tagesordnung. Um etwas Sprit zu sparen, schalten manche Brasilianer ihre Scheinwerfer nachts auf Standlicht oder gleich ganz aus.

Bremsschwellen sind in Brasilien verbreitet – an Ortseingängen stets vom Gas gehen!

Rechnen müssen Selbstfahrer ansonsten mit schlechter Beschilderung, verwirrenden Einbahnstraßen, tropischen Unwettern und Verkehrsteilnehmern, die in unübersichtlichen Kurven überholen. Auch Reifenpannen kommen häufig vor. Zum Glück sind *borracheiros* (Reifenreparierer) in regelmäßigen Abständen am Straßenrand zu finden. Und natürlich wäre da auch noch die Polizei, die einen wegen scheinbaren Verkehrsdelikten anhält.

Aus Sicherheitsgründen empfehlen sich Unterkünfte mit Parkplätzen abseits der Straße. Dies ist bei den meisten Mittel- und Spitzenklassehotels der Fall.

Bus

Brasiliens Busverbindungen sind allgemein hervorragend und normalerweise extrem pünktlich. Meist kommen saubere, komfortable und gut gewartete Fahrzeuge von Mercedes-Benz, Volvo oder Scania zum Einsatz.

Linienbusse pendeln zwischen allen Großstädten. Während der Stoßzeiten geht's z. B. alle 15 Minuten von Rio nach São Paulo. Hinzu kommen überraschend viele Fernrouten. Alle Metropolen und die meisten Kleinstädte haben zumindest einen zentralen Fernbusbahnhof (*rodoviária*; Aussprache etwa ro-do-wi-*ah*-ri-ja).

Busdienste und Straßenzustand sind nicht überall gleich gut. Der Süden hat das größte und beste Straßennetz. Bei den Küstenschnellstraßen gibt's normalerweise nichts zu meckern, während die Straßen in Amazonien und im *sertão*, dem nordöstlichen Hinterland, ziemlich übel aussehen. Quatro Rodas gibt den äußerst nützlichen *Atlas Rodoviário* heraus. In diesem Straßenatlas sind die schlimmsten Teilstücke als *estradas precárias* ausgewiesen und zusätzlich mit einem großen „X" gekennzeichnet.

In Brasilien operieren zahlreiche Busunternehmen. In größeren Städten findet man meist mehrere Dutzend, die miteinander konkurrieren. Zu den besten und größten Gesellschaften zählen **Itapemirim** (www.itapemirim.com.br) und **Cometa** (www.viacaocometa.com.br). Eine exzellente Informationsquelle zu den Busverbindungen des Landes ist **Busca Ônibus** (www.buscaonibus.com.br).

Klassen

In Brasilien gibt's drei Fernbustypen. Am weitesten verbreitet sind die recht bequemen *convencionals* oder *comums*, die normalerweise über eine Bordtoilette verfügen. Die angenehmeren, rund 25 % teureren *executivos* sind oft mit Liegesitzen ausgestattet und halten seltener an. Klimatisierte *leitos* (Nachtbusse mit Schlafplätzen) sind mitunter doppelt so teuer wie *comums*, dafür aber superkomfortabel. Sie haben u. a. vollständig herunterklappbare Liegesitze mit Decken und Kopfkissen. Meistens servieren Bordbegleiter neben Sandwiches auch Kaffee, Limonade und *água mineral* (Mineralwasser). Wer sich nicht am verpassten Landschaftsblick stört, reist mit einem *leito* sehr komfortabel und kann sich die Zusatzkosten für ein Hotelzimmer sparen.

Egal ob mit oder ohne Bordtoilette – die meisten Busse legen alle drei bis vier Stunden eine Rast ein. Bei solchen Boxenstopps kann man wunderbar andere Passagiere kennenlernen, skurrile Andenken erwerben und sich Teller voller fettigem Essen genehmigen.

In den Bussen leisten Klimaanlagen zuweilen ganze Arbeit. Es ist daher sinnvoll, einen Pullover oder eine Jacke griffbereit zu haben.

Preise

Busreisen durch Brasilien sind nicht immer günstig. In der Klasse *convencional* kostet eine Fahrtstunde durchschnittlich 8 bis 10 R$. Im Folgenden einige Preisbeispiele ab Rio:

- Belém 400–505 R$ *convencional*, 52 Std.
- Florianópolis 197 R$ *convencional*, 18 Std.
- Foz do Iguaçu 252 R$ *convencional*, 22 Std.
- Salvador 240–260 R$ *convencional*, 25 Std.
- São Paulo 76/91/119 R$ *convencional/executivo/leito*, 6 Std.

Reservierungen

Oft reicht es, wenn man sich am Busbahnhof ein Ticket für den nächsten Bus besorgt. Allgemein empfiehlt es sich jedoch, Bustickets spätestens ein paar Stunden oder sogar einen ganzen Tag vor der Abfahrt zu kaufen – an Wochenenden, Feiertagen und von Dezember bis Februar ist es sogar mehr als ratsam, Tickets im Voraus zu erwerben. Manchmal gibt's Fahrkarten auch bei Reisebüros. Dann wird zwar eine kleine Provision fällig, doch der Extratrip hinaus zum Busbahnhof entfällt. Bei örtlichen Touristeninformationen kann man sich nach dieser Option erkundigen.

Fahrrad

Kaum ein Radler wagt eine lange Brasilientour. Zu den Risiken zählen irre Autofahrer, die nur größere Vehikel respektieren, und zahlreiche Lastwagen auf den Hauptstraßen, die die Luft mit ungefilterten Abgasen verpesten. Auch Straßen ohne Seitenstreifen, riesige Entfernungen und das ständige Diebstahlrisiko mindern die Freude. Fazit: Längere Radtouren durch Brasilien sind gefährlich und nicht zu empfehlen.

Wer das Land dennoch partout per Drahtesel erkunden möchte, sollte diesen vor der Abreise genauestens unter die Lupe nehmen und alle erdenklichen Ersatzteile einpacken. In Rio gibt's ein paar anständige Fahrradläden, die Ausrüstung verkaufen und Räder für ca. 50 R$ pro Tag verleihen.

Flugzeug

Aufgrund der großen Entfernungen muss man in Brasilien gelegentlich aufs Flugzeug zurückgreifen. Tickets kosten aber mitunter nur wenig mehr als Fernbustrips. Bei vielen geplanten Flügen lohnt sich ein Brazil Airpass. In Hauptreisezeiten (Weihnachten bis Karneval, Osterzeit, Juli & Aug.) heißt es unbedingt im Voraus buchen. Auch sonst sollte man stets eine Rückbestätigung einholen, da sich die Flugpläne ständig ändern.

Flugpässe

Für alle, die innerhalb von 30 Tagen große Strecken zurücklegen wollen, lohnt sich ein Brazil Airpass. Dieses Ticket von Gol gilt für vier/fünf beliebige Inlandsflüge innerhalb des großen Gol-Liniennetzes und kostet 582/722 US$ plus Steuer (weitere Flüge je 140 US$). Gol bietet außerdem einen Northeast Airpass für Brasiliens Nordosten an (3 Flüge 440 US$ plus Steuer). Der Flugpass der TAM beinhaltet vier/fünf Inlandsflüge für 582/772 US$ (bzw. 532/672 US$, wenn man mit einem TAM-Flug nach Brasilien kommt). Für jeden weiteren Flug zahlt man 170 US$ (bzw. 120 US$ bei der Anreise mit TAM).

All diese Pässe muss man bereits vor der Abreise nach Brasilien kaufen und dabei auch die komplette Reiseroute festlegen. Ansonsten fallen eventuell Umbuchungsgebühren an. Viele Reisebüros vertreiben die Flugpässe, darunter der Brasilienspezialist **Brol** (www.brol.com).

Wer einen reservierten Flug aus irgendeinem Grund nicht nutzen kann, sollte sich unbedingt sämtliche weiteren Flüge rückbestätigen lassen: Manche Traveller haben erlebt, dass nach dem Verpassen oder Stornieren eines einzigen Flugs alle folgenden Reservierungen aus dem System verschwunden waren.

Inlandsfluglinien

Neben den beiden größten Landesfluglinien Gol und TAM sind in Brasilien auch einige kleinere Regionalgesellschaften aktiv:

Avianca (AV; ☎0300-789-8160; www.avianca.com)

Azul (☎0800-887-1118; www.voeazul.com.br)

Gol (☎0300-115-2121; www.voegol.com.br)

TAM (☎0800-570-5700; www.tam.com.br)

Lufttaxis

In vielen Regionen (vor allem in Amazonien) bedienen Lufttaxis alle Ecken, die in Reichweite von Kleinflugzeugen liegen. Dabei muss stets die ganze Maschine für viel Geld gechartert werden. Leider sind Lufttaxis und deren Landepisten mitunter in schlechtem Zustand. Daher überlegt man sich das Buchen eines solchen Flugs besser zweimal.

Flugrouten in Brasilien

Nahverkehr

Bus

Lokale Busse eignen sich perfekt, um eine Stadt zu erkunden. Mit einem Stadtplan und ein bisschen Kleingeld bewaffnet, kann man sich so prima einen Überblick verschaffen.

Brasilien hat ein recht ordentliches Regionalbusnetz. Da ein Großteil der Bevölkerung mit dem Bus zur Arbeit fährt, verkehren normalerweise Stadtbusse regelmäßig auf zahlreichen Linien (2–3 R$).

Bei den meisten Citybussen steigen die Passagiere vorne ein und hinten wieder aus, gelegentlich ist es aber auch umgekehrt. Bezahlt wird in der Regel beim Schaffner (nicht beim Fahrer) am Drehkreuz direkt hinter der Eingangstür.

Da teilweise Kriminelle ihr Unwesen in Bussen treiben, nimmt man am besten keine Wertsachen mit. Minibusse, die in jüngerer Zeit häufiger überfallen wurden, sollte man möglichst meiden.

Metro

Dank der hervorragenden Metronetze in Rio (das für die Olympischen Spiele 2016 noch erweitert wird) und São Paulo kann man beide Städte sicher, günstig und effektiv erkunden. Eine einfache Strecke kostet in Rio 3,50 R$, in São Paulo 3 R$.

Taxi

Taxifahrten sind relativ günstig und bei Dunkelheit die beste Option. Stadttaxis haben normalerweise Taxameter. Der Startpreis liegt bei 4,80 R$, jeder weitere Kilometer schlägt mit ca. 2 R$ zu Buche. Nachts und am Wochenende zahlt man mehr. Gelegentlich korrigieren die Chauffeure den Fahrtpreis anhand einer Tabelle leicht nach oben; in diesem Fall ist das Taxameter noch nicht an die letzte offizielle Tariferhöhung angeglichen worden.

Taxis in Kleinstädten haben oft keinen Taxameter, der Preis muss dann normalerweise im Voraus ausgehandelt werden.

An manchen Flughäfen und Bahnhöfen ist es möglich, an einer *bilheteria* (Ticketbüro) Prepaid-Taxitickets zum Fixpreis zu kaufen. Manchmal fährt man jedoch günstiger, wenn man sich draußen auf der Straße ein

Taxi mit Kilometerzähler sucht oder gar an einen Fahrer gerät, der noch ein bisschen weniger verlangt. Aber Vorsicht: Wer Wertsachen dabeihat, greift aus Sicherheitsgründen besser auf spezielle Flughafen- oder Funktaxis zurück!

Vor Taxifahrten sollte man sich möglichst umfassend orientieren. Ein Stadtplan hilft, falls der Chauffeur zu willkürlichen Abstechern neigen sollte. Auf keinen Fall ein Taxi in Touristenzonen oder im Umkreis von teuren Hotels nehmen! In Rio ist es z. B. ratsam, Taxis einen Block vom Strand von Copacabana entfernt anzuhalten.

Mit Motorradtaxis kommt man in Städten wie Rio auch ganz gut über kurze Strecken.

Schiff/Fähre

Amazonien zählt zu den letzten Ecken des Planeten, in denen Trips mit Passagierschiffen an der Tagesordnung sind: In weiten Teilen dieser Region fungieren Flüsse bis heute als Hauptverkehrsstraßen. So tuckern Kähne in vielen Größen und Konstruktionsformen alle Wasserläufe, an denen irgendwo Menschen leben, hinauf und hinunter.

Boote sind auch unentbehrlich, um Teile des Pantanals zu erkunden oder bestimmte Inseln und Strände des Atlantiks zu erreichen.

Trampen

Nirgendwo auf der Welt ist Trampen risikolos und guten Gewissens zu empfehlen. Wer sich für diese Art des Reisens entscheidet, sollte sich der potenziellen Gefahren für Leib und Leben bewusst sein. Auf jeden Fall ist es ratsam, immer zu zweit zu trampen und jemandem das angepeilte Ziel mitzuteilen.

Zwar ist Trampen im Pantanal und in ein paar anderen Regionen unter den Einheimischen weit verbreitet, im übrigen Brasilien gestaltet es sich jedoch relativ schwierig. „Mitfahrgelegenheit" heißt auf Portugiesisch *carona*. Die beste (und quasi einzige) Chance besteht darin, Fahrer dann abzupassen, wenn sie gerade nicht in ihrem Gefährt sind, also z. B. an einer Tank- oder Raststelle. Wer freundlich die Frage *Pode dar carona?* (Können Sie uns mitnehmen?) stellt, hat vielleicht Glück – verlassen sollte man sich darauf aber nicht. Es ist höflich, anzubieten, dass man einen Anteil des Benzinpreises übernimmt.

Zug

Obwohl der brasilianische Passagierzugbetrieb inzwischen fast eingestellt wurde, haben ein paar reizvolle Strecken überlebt. Besonders schön ist z. B. die Bahnreise von Curitiba nach Paranaguá, die bei der Talfahrt durch das Küstengebirge eine unvergessliche Aussicht bietet. Ebenso malerisch ist die Route Belo Horizonte–Vitória über Santa Bárbara und Sabará.

Dampfzüge werden in Brasilien liebevoll als *Marias Fumaça* (Qualmende Marias) bezeichnet. Ein paar davon fahren bis heute als Touristenattraktionen – z. B. auf der 13 km langen Strecke von São João del Rei nach Tiradentes im Bundesstaat Minas Gerais. Einen weiteren tollen Kurztrip verspricht die höchstgelegene Bahnstrecke Brasiliens durch die Serra da Mantiqueira im Bundesstaat São Paulo: Per Elektroantrieb geht's dabei von Campos do Jordão nach Santo Antônio do Pinhal.

Sprache

Auf der Welt gibt es etwa 190 Millionen Menschen, die Portugiesisch sprechen, 90 % davon leben in Brasilien. Der Unterschied zwischen brasilianischem und europäischem Portugiesisch ist gering. Abweichungen gibt's in der Schreibweise, Aussprache und teilweise auch im Bereich des Wortschatzes. In Portugal bezeichnet man einen Zug z. B. als *comboio*, während man in Brasilien *trem* sagt.

Fast alle Laute im Portugiesischen kommen auch im Deutschen vor. Ausnahmen sind nasale Vokale (in der farbigen Aussprachehilfe an der Buchstabenfolge ng nach dem Vokal zu erkennen) – einfach versuchen, den Laut durch die Nase auszusprechen – sowie das stark gerollte *r* (als rr dargestellt). Zh wird gesprochen wie ein sehr weiches „sch" (z. B. in Gelee). Betonte Silben (meist die vorletzte eines Wortes) sind kursiv geschrieben. Wer sich an die Aussprachehilfe hält, sollte von den Einheimischen verstanden werden.

GRUNDLAGEN

Hallo.	*Olá.*	o·*lah*
Tschüss.	*Tchau.*	*tschau*
Wie geht es Ihnen/dir)	*Como vai?*	*ko*·mo wai
Danke, gut, und selbst?	*Bem, e você?*	beng e wo·*ße*
Entschuldigung.	*Com licença.*	kong lie·*ßeng*·ßah
Tut mir Leid.	*Desculpa.*	dess·*kuhl*·pah
Bitte.	*Por favor.*	por fah·*worr*
Danke.	*Obrigado.* *Obrigada.*	o·brie·*gah*·do (m) o·brie·*gah*·dah (f)
Gern geschehen.	*De nada.*	de *nah*·dah
Ja.	*Sim.*	ßieng
Nein.	*Não.*	naung

Wie heißen Sie/heißt du?
Qual é o seu nome? — kuau e o *ße*·uh *no*·me

Ich heiße ...
Meu nome é ... — *me*·uh *no*·me e ...

NOCH MEHR PORTUGIESISCH?

Wer sich intensiver mit der Sprache beschäftigen möchte, legt sich am besten das englischsprachige *Brazilian Portuguese Phrasebook* von Lonely Planet zu. Es ist unter www.shop.lonelyplanet.com oder im Apple Store als App fürs iPhone erhältlich. Eine gute Wahl trifft man auch mit dem *Sprachführer Portugiesisch* von Marco Polo.

Sprechen Sie Englisch?
Você fala inglês? — wo·*ße* fah·lah ieng·*gless*

Das verstehe ich nicht.
Não entendo. — naung eng·*teng*·do

ESSEN & TRINKEN

Was würden Sie empfehlen?
O que você recomenda? — uh ke wo·*ße* he·ko·*meng*·dah

Welche Zutaten sind in diesem Gericht?
O que tem neste prato? — o ke teng *ness*·te *prah*·to

Ich esse kein/e/en ...
Eu não como ... — e·uh naung *ko*·mo ...

Prost!
Saúde! — ßa·*uh*·de

Das war lecker.
Estava delicioso. — ess·*tah*·wah de·lie·ßie·*o*·so

Bringen Sie bitte die Rechnung.
Por favor traga a conta. — por fah·*worr* *trah*·gah ah *kong*·tah

Ich hätte gern einen Tisch für ...	*Eu gostaria de reservar uma mesa para ...*	e·uh goss·tah·*rie*·ah de he·ser·*wahrr* *uh*·mah *me*·sah *pah*·rah ...
(acht) Uhr	*(às oito) horas*	(ahß *oi*·to) o·rahß
(zwei) Personen	*(duas) pessoas*	(*duh*·ahß) pe·*ßo*·ahß

Schlüsselbegriffe

Abendessen	*jantar*	zhang·*tahrr*
Flasche	*garrafa*	gah·*hah*·fah
Frühstück	*café da manha*	ka·*fe* dah ma·*njang*
Gabel	*garfo*	*gahrr*·fo
Getränk	*bebida*	be·*bie*·dah
Glas	*copo*	*ko*·po
Hauptgericht	*prato*	*prah*·to
kalt	*frio*	*frie*·o
Löffel	*colher*	ko·*ljerr*
Markt	*mercado*	merr·*kah*·do
Messer	*faca*	*fah*·kah
Mittagessen	*almoço*	au·*mo*·ßo
Nachtisch	*sobremesa*	ßo·bre·*me*·sah
Restaurant	*restaurante*	hess·tau·*rang*·te
scharf	*apimentado*	ah·pie·meng·*tah*·do
Speisekarte	*cardápio*	kahr·*da*·pjo

SATZMUSTER

Diese Satzteile kann man ganz einfach mit anderen Wörtern kombinieren:

Wann (geht der nächste Flug)?
Quando é (o próximo vôo)? — *kuahng*·do e (o pro·ßie·mo *wo*·o)

Wo ist (die Touristeninformation)?
Onde fica (a secretaria de turismo)? — *ong*·de *fie*·kah (ah ße·kre·tah·*rie*·ah de tuh·*rieß*·mo)

Ich suche nach (einem Hotel).
Estou procurando (um hotel). — ess·to pro·kuhr·*ang*·do (uhm o·*tel*)

Haben Sie (eine Karte)?
Você tem (um mapa)? — wo·*ße* teng (uhm *mah*·pah)

Gibt es (eine Toilette)?
Tem (banheiro)? — teng (ba·*njey*·ro)

Ich hätte gern (einen Kaffee).
Eu gostaria de (um café). — e·uh goss·tah·*rie*·ah de (uhm *kah*·fe)

Ich möchte (ein Auto mieten).
Eu gostaria de (alugar um carro). — e·uh goss·tah·*rie*·ah de (ah·luh·*gahrr* uhm *kah*·ho)

Darf ich (eintreten)?
Posso (entrar)? — *po*·ßo (eng·*traarr*)

Würden Sie mir bitte (helfen)?
Você poderia me (ajudar), por favor? — wo·*ße* po·de·*rie*·ah me (ah·zhuh·*dahrr*) por fah·*worr*

Muss ich (ein Visum beantragen)?
Necessito (obter visto)? — ne·ße·*ßie*·to (o·bie·*terr wieß*·to)

Fragewörter

Wann?	*Quando?*	*kuang*·do
Warum?	*Por que?*	porr ke
Was?	*Que?*	ke
Welcher/ welche?	*Qual?/ Quais?* (Sg./Pl.)	kuau/ kaiß
Wer?	*Quem?*	keng
Wie?	*Como é que?*	*ko*·mo e ke
Wo?	*Onde?*	*ong*·de

Tasse	*xícara*	*schie*·kah·rah
Vorspeise	*entrada*	eng·*trah*·dah
warm	*quente*	*keng*·te

Fisch & Fleisch

Auster	*ostra*	*oss*·trah
Fisch	*peixe*	*pey*·sche
Fleisch	*carne*	*kahr*·ne
Hähnchen	*frango*	*frang*·go
Kalb	*bezerro*	be·*se*·ho
Krabbe	*camarão*	ka·ma·*raung*
Krebs	*siri*	*ßie*·rie
Lamm	*carneiro*	karr·*ney*·ro
Meeres-früchte	*frutos do mar*	*fruh*·toss do mahrr
Rind	*carne de vaca*	*kahr*·ne de *wah*·kah
Schwein	*porco*	*porr*·ko
Thunfisch	*atum*	aa·*tuhng*

Obst & Gemüse

Ananas	*abacaxí*	ah·bah·kah·*schie*
Apfel	*maçã*	mah·*ßang*
Aprikose	*damasco*	dah·*mahß*·ko
Avocado	*abacate*	ah·bah·*kah*·te
Erdbeere	*morango*	mo·*rang*·go
Gurke	*pepino*	pe·*pie*·no
Karotte	*cenoura*	ße·*no*·rah
Kartoffel	*batata*	bah·*tah*·tah
Kirsche	*cereja*	ße·*re*·zhah
Kopfsalat	*alface*	au·*fah*·ße
Limette	*limão*	lie·*maung*
Mais	*milho*	*mie*·ljo
Orange	*laranja*	lah·*rang*·zhah
Paprika	*pimentão*	pie·meng·*taung*
Pfirsich	*pêssego*	*pe*·ße·go
Pilz	*cogumelo*	ko·guh·*me*·lo
Spinat	*espinafre*	ess·pie·*nah*·fre

Tomate	*tomate*	to·*mah*·te
Wassermelone	*melancia*	me·lang·*ßie*·ah
Weintrauben	*uvas*	*uh*·wahß
Weißkohl	*repolho*	he·*po*·ljo
Zwiebel	*cebola*	ße·*bo*·lah

Andere Nahrungsmittel

Brot	*pão*	paung
Chili	*pimenta*	pie·*meng*·tah
Eier	*ovos*	*o*·woss
Eiscreme	*sorvete*	ßorr·*we*·te
Honig	*mel*	mel
Käse	*queijo*	*key*·zho
Kuchen	*bolo*	*bo*·lo
Linse	*lentilha*	leng·*tie*·ljah
Marmelade	*geléia*	zhe·*le*·jah
Olivenöl	*azeite*	a·*sey*·te
Pfeffer	*pimenta*	pie·*meng*·tah
Reis	*arroz*	a·*hos*
Salz	*sal*	ßau
Soße	*molho*	*mo*·ljo
Zucker	*açúcar*	ah·*ßuh*·kahrr

Getränke

Bier	*cerveja*	ßerr·*we*·zhah
Erfrischungsgetränk	*refrigerante*	he·frie·zhe·*rang*·te
Fruchtsaft	*suco de frutas*	*ßuh*·ko de *fruh*·tahß
Kaffee	*café*	kaa·*fe*
Milch	*leite*	*ley*·te
Rotwein	*vinho tinto*	*wie*·njo *tieng*·to
Tee	*chá*	schah
(Mineral-) Wasser	*água (mineral)*	*ah*·guah (mie·ne·*rau*)
Weißwein	*vinho branco*	*wie*·njo *brang*·ko

NOTFALL

Hilfe!	*Socorro!*	ßo·*ko*·ho
Lass mich in Ruhe!	*Me deixe em paz!*	me *dey*·sche eng pahß
Rufen Sie ...!	*Chame ...!*	*scha*·me ...
einen Arzt	*um médico*	uhm *me*·die·ko
die Polizei	*a polícia*	ah po·*lie*·ßjah

Es ist ein Notfall.
É uma emergência. — e *uh*·mah e·merr·*zheng*·ßie·ah

Ich habe mich verlaufen.
Estou perdido. — ess·*to* perr·*die*·do (m)
Estou perdida. — ess·*to* perr·*die*·dah (f)

Ich bin krank.
Estou doente. — ess·*to* do·*eng*·te

Hier tut es weh.
Aqui dói. — a·*kie* doi

Ich bin allergisch gegen (Antibiotika).
Tenho alergia à (antibióticos). — *te*·njo ah·lerr·*zhie*·ah ah (ang·tie·bie·o·tie·koss)

Wo sind die Toiletten?
Onde tem um banheiro? — *on*·de teng uhm ba·*njey*·ro

SHOPPEN & SERVICE

Ich hätte gern ...
Gostaria de comprar ... — goss·tah·*rie*·ah de kong·*prahrr* ...

Ich sehe mich nur um.
Estou só olhando. — ess·*to* ßo o·*ljang*·do

Kann ich mir das anschauen?
Posso ver? — *po*·ßo werr

Wie viel kostet das?
Quanto custa? — *kuang*·to *kuhs*·tah

Das ist zu teuer.
Está muito caro. — ess·*tah* *mueng*·to *kah*·ro

Können Sie mit dem Preis runtergehen?
Pode baixar o preço? — *po*·de bai·*schahrr* o *pre*·ßo

Da ist ein Fehler auf der Rechnung.
Houve um erro na conta. — *o*·we uhm *e*·ho nah *kong*·tah

CARIOCA-SLANG

Cariocas (Einwohner von Rio de Janeiro) würzen die Sprache gern mit Verwünschungen und Redwendungen.

Oi!	Hallo!
Tudo bem?	Alles klar?
Tudo bom.	Alles okay.
Chocante!	Das ist toll!/Cool!
Merda!	Das ist schlecht!/ Scheiße!
Ta ótimo!/ Ta legal!	Toll!/Cool!/Okay!
Meu deus!	Mein Gott!
Ta louco!	Das ist/Du bist verrückt!
Nossa!	Meine Güte! (wörtlich „Unsere Dame")
Opa!	Hoppla!
Oba!	Wow!
Falou!	Du sagst es!
Eu estou chateado com ...	Ich bin sauer auf ...
Tem jeito?	Gibt's eine Möglichkeit?
Sempre tem jeito.	Es gibt immer einen Weg.

TELEFONATE

Ich möchte ein Ferngespräch nach ... führen.

Quero fazer uma ligação internacional para ...	ke·ro fah·*serr uh*·mah lie·gah·*ßaung* ieng·terr·nah·ßjo·*nau pah*·rah ...

Ich möchte ein R-Gespräch führen.

Quero fazê-la a cobrar.	*ke*·ro fah·*se*·la ah ko·*brahrr*

Ich rufe von einem öffentlichen/privaten Telefon in ... an.

Estou falando dum telefone público/particular no ...	ess·*to* fah·*lahn*·do duhm te·le·*fo*·ne *puh*·blie·ko/pahrr·tie·kuh·*lahrr* no ...

Die Vorwahl/Nummer ist ...

O código/número é...	o *ko*·die·go/*nuh*·me·ro e ...

Geldautomat	*caixa automático*	*kai*·schah au·tuh·*mah*·tie·ko
Kreditkarte	*cartão de crédito*	kahrr·*taung* de *kre*·die·to
Post	*correio*	ko·*hey*·o
Touristen-information	*escritório de turismo*	ess·krie·*to*·rjo de tuh·*ries*·mo

UHRZEIT & DATUM

Wie spät ist es?

Que horas são?	kie *au*·rahß ßaung

Es ist (10) Uhr.

São (dez) horas.	saung (dess) *au*·rahß

Halb (11).

(Dez) e meia.	(dess) e *mey*·ah

Morgen	*manhã*	ma·*njyang*
Nachmittag	*tarde*	*tahr*·de
Abend	*noite*	*noi*·te

gestern	*ontem*	*ong*·teng
heute	*hoje*	*o*·zhe
morgen	*amanhã*	ah·ma·*njang*

Montag	*segunda-feira*	ße·*guhng*·dah·*fey*·ra
Dienstag	*terça-feira*	*terr*·ßah·*fey*·rah
Mittwoch	*quarta-feira*	*kuahrr*·tah·*fey*·rah
Donnerstag	*quinta-feira*	*kieng*·tah·*fey*·rah
Freitag	*sexta-feira*	*ßess*·tah·*fey*·rah
Samstag	*sábado*	*ßah*·bah·do
Sonntag	*domingo*	do·*mieng*·go

Januar	*janeiro*	zha·*ney*·ro
Februar	*fevereiro*	fe·we·*rey*·ro
März	*março*	*marr*·ßo
April	*abril*	ah·*brie*·uh
Mai	*maio*	*mah*·jo
Juni	*junho*	*zhuh*·njo
Juli	*julho*	*zhuh*·ljo
August	*agosto*	ah·*goss*·to
September	*setembro*	ße·*teng*·bro
Oktober	*outubro*	o·*tuh*·bro
November	*novembro*	no·*weng*·bro
Dezember	*dezembro*	de·*seng*·bro

UNTERKUNFT

Haben Sie ein ...-zimmer?	*Tem um quarto de ...?*	teng uhm *kuahrr*·to de ...
Doppel-	*casal*	kah·*sau*
Einzel-	*solteiro*	ßol·*tey*·ro
Zweibett-	*duplo*	*duh*·plo

Wie viel kostet es pro Nacht/Person?

Quanto custa por noite/pessoa?	*kuang*·to *kuhß*·tah porr *noi*·te/pe·*ßo*·ah

Kann ich es sehen?

Posso ver?	*po*·ßo werr

Campingplatz	*local para acampamento*	lo·*kau pah*·rah ah·kang·pah·*meng*·to
Hotel	*hotel*	o·*tel*
Jugendherberge	*albergue da juventude*	au·*berr*·ge dah zhuh·weng·*tuh*·de
Unterkunft	*hospedaria*	oss·pe·dah·*rie*·a

VERKEHRMITTEL & -WEGE

Öffentliche Verkehrsmittel

Boot	*barco*	*bahrr*·ko
Bus	*ônibus*	*o*·nie·buhß
Flugzeug	*avião*	ah·wie·*aung*
Zug	*trem*	treng

Wann fährt der ... (Bus)?	*Quando sai o ... (ônibus)?*	*kuang*·do ßai o ... (*o*·nie·buhß)
erste	*primeiro*	prie·*mey*·ro
letzte	*último*	*uhl*·tie·mo
nächste	*próximo*	*pro*·ßie·mo

ein ...-Ticket	*uma passagem de ...*	*uh*·mah pah·*ßa*·zheng de ...
1.-Klasse-	*primeira classe*	prie·*mey*·rah *klah*·ße
2.-Klasse-	*segunda classe*	ße·*guhm*·dah *klah*·ße

einfaches	*ida*	ie·dah
Hin- & Rückfahr-	*ida e volta*	ie·dah e *wol*·tah

Wann fährt/kommt er/sie/es ab/an?
A que horas sai/chega? ah ke *au*·rahß ßai/*sche*·gah

Hält er/sie/es in ...?
Ele para em ...? e·le *pah*·rah eng ...

Halten Sie bitte hier.
Por favor pare aqui. puhr fah·*worr pah*·re ah·*kie*

Bahnhof	*estação de trem*	ess·*tah*·saung de treng
Bushalte-stelle	*ponto de ônibus*	*pong*·to de o·nie·buhß
Fahrkarten-schalter	*bilheteria*	bie·lje·te·*rie*·ah
Fahrplan	*horário*	o·*rah*·rjo

Eigene Transportmittel

Ich möchte ein ... mieten.	*Gostaria de alugar ...*	goss·tah·*rie*·ah de ah·luh·*gahrr* ...
Auto	*um carro*	uhm *kah*·ho
Fahrrad	*uma bicicleta*	*uh*·mah bie·ßie·*kle*·tah
Motorrad	*uma motocicleta*	*uh*·mah mo·to·ßie·*kle*·ta

Zahlen

1	*um*	uhm
2	*dois*	dois
3	*três*	tress
4	*quatro*	*kuah*·tro
5	*cinco*	*ßieng*·ko
6	*seis*	ßeyß
7	*sete*	*ße*·te
8	*oito*	*oi*·to
9	*nove*	*no*·we
10	*dez*	des
20	*vinte*	*wieng*·te
30	*trinta*	*trieng*·tah
40	*quarenta*	kuah·*reng*·tah
50	*cinquenta*	ßien·*kueng*·tah
60	*sessenta*	ße·*ßeng*·tah
70	*setenta*	ße·*teng*·tah
80	*oitenta*	oi·*teng*·tah
90	*noventa*	no·*weng*·tah
100	*cem*	ßeng
1000	*mil*	*mie*·uh

Schilder

Banheiro	Toiletten
Entrada	Eingang
Não Tem Vaga	Belegt
Pronto Socorro	Notaufnahme
Saída	Ausgang
Tem Vaga	Frei

Benzin	*gasolina*	gah·so·*lie*·nah
Fahrrad-pumpe	*bomba de bicicleta*	*bong*·bah de bie·ßie·*kle*·tah
Helm	*capacete*	kah·pah·*ße*·te
Mechaniker	*mecânico*	me·*ka*·nie·ko
Tankstelle	*posto de gasolina*	*poss*·to de gah·so·*lie*·nah

Ist das der Weg nach ...?
Esta é a estrada para ...? ess·tah e ah ess·*trah*·dah *pah*·rah ...

(Wie lange) Darf ich hier parken?
(Quanto tempo) Posso estacionar aqui? (*kuang*·to *teng*·po) po·ßo ess·tah·ßjo·*nahrr* ah·*kie*

Ich habe eine Reifenpanne.
Meu pneu furou. *me*·uh pie·*ne*·uh fuh·*ro*

Ich habe kein Benzin mehr.
Estou sem gasolina. ess·*to* ßeng ga·suh·*lie*·nah

WEGWEISER

Wo ist ...?
Onde fica ...? *ong*·de *fie*·kah ...

Wie lautet die Adresse?
Qual é o endereço? kuau e o eng·de·*re*·ßo

Könnten Sie das bitte aufschreiben?
Você poderia escrever num papel, por favor? wo·*ße* po·de·*rie*·ah ess·kre·*werr* nuhm pah·*pel* porr fah·*worr*

Könnten Sie mir das (auf der Karte) zeigen?
Você poderia me mostrar (no mapa)? wo·*ße* po·de·*rie*·aa me moss·*trahrr* (no *mah*·pah)

an der Ampel	*no sinal de trânsito*	no ßie·*nau* de *trang*·sie·to
an der Ecke	*na esquina*	na ess·*kie*·nah
gegenüber	*do lado oposto ...*	do *lah*·do o·*poss*·to ...
geradeaus	*em frente*	eng *freng*·te
hinter ...	*atrás ...*	ah·*trahs* ...
links	*esquerda*	ess·*kerr*·dah
neben ...	*ao lado de ...*	au *lah*·do de ...
rechts	*direita*	die·*rey*·tah
vor ...	*na frente de ...*	nah *freng*·te de ...

GLOSSAR

afoxé – Musik von Bahia, mit harten afrikanischen Rhythmen und einer engen Verbindung zum Candomblé

albergue – Ferienunterkunft oder Herberge

albergue da juventude – Jugendherberge

aldeia – ursprünglich ein Jesuitendorf, in dem *índios* zum Christentum bekehrt werden sollten; mittlerweile ein Begriff für ein beliebiges, üblicherweise indigenes Dorf

andar – gehen; außerdem die Etage eines mehrstöckigen Gebäudes

apartamento – Hotelzimmer mit eigenem Bad

apelido – Spitzname

arara – Ara

artesanato – kunsthandwerklicher Gegenstand

ayahuasca – halluzinogenes Getränk

azulejos – portugiesische Keramikkacheln mit einer charakteristischen blauen Glasur, die man oft in Kirchen findet

babaçu – vielseitig verwertbare Palme, Grundlage der Landwirtschaft Maranhãos

bairro – Viertel

bandeirantes – Abenteurerbanden, die im 17. und 18. Jh. das riesige brasilianische Inland erkundeten; dabei suchten sie nach Gold und *índios*, die versklavt werden sollten; typischerweise waren sie Söhne einer indigenen Mutter und eines portugiesischen Vaters

barraca – jede/r Verkaufsstand oder Hütte, darunter auch die Essens- und Getränkebuden an Stränden, in Parks etc.

bateria – Schlagzeug; bezeichnet auch die riesigen Rhythmusgruppen, die bei Sambaparaden auftreten

beija-flor – wörtlich „Blumenküsser"; Kolibri; außerdem der Name der berühmtesten Sambaschule Rios

berimbau – Musikinstrument, das eine Capoeira begleitet

bilheteria – Ticketschalter

bloco – große, normalerweise Hunderte Personen umfassende Gruppe von verkleideten, Karneval feiernden Sängern oder Trommlern, die aus einem bestimmten Wohnviertel stammt oder sich für ein bestimmtes Thema zusammentut

boate – Nachtclub mit Tanzfläche, manchmal mit Strippern; auch *boîte*

bonde – Seilbahn, Tram oder Straßenbahn

Bossa nova – Musikrichtung, die nordamerikanischen Jazz mit brasilianischen Einflüssen mischt

boteco – kleine Open-Air-Bar

boto – Süßwasserdelfin im Amazonas

Bumba Meu Boi – das wichtigste Fest in Maranhão, ein vielfältiges folkloristisches Event, in dessen Zentrum ein karnevalistischer Tanz bzw. eine Prozession steht

bunda – afrikanisches Wort für Hintern

caatinga – Buschvegetation des *sertão*

Caboclo – wörtlich „kupferfarben"; Person mit europäischen und indigenen Vorfahren

cachoeira – Wasserfall

camisinha – Kondom

Candomblé – afrobrasilianische Religion Bahias

cangaceiros – legendäre Banditen des *sertão*

capivara – Capybara (Wasserschwein); das größte Nagetier der Welt sieht wie ein Riesenmeerschweinchen aus und lebt im Pantanal

Capixaba – Einwohner des Bundesstaates Espírito Santo

Capoeira – von den Sklaven in Bahia entwickelte Kampfsportart mit Tanzelementen

carioca – Einwohner von Rio de Janeiro

cartão telefônico – Telefonkarte

casa de câmbio – Wechselstube

casa grande – großes Haus oder Villa eines Plantagenbesitzers

casal – verheiratetes Paar; Doppelbett

chapada – Hochebene oder Plateau, durch ein Flussgebiet geteilt

churrascaria – Restaurant, das Grillfleisch anbietet

cidades históricas – historische Kolonialstädte

Círio de Nazaré – Brasiliens größtes religiöses Fest, findet in Belém statt

cobra – alle Arten von Schlangen

coronel – wörtlich „Oberst"; ländlicher Grundbesitzer, der das dortige politische und juristische System sowie die Polizei kontrollierte; Bezeichnung für jede mächtige Person

correio – Postfiliale

delegacia de polícia – Polizeirevier

Embratur – Brasilianisches Fremdenverkehrsamt

engenho – Zuckerfabrik oder -plantage

escolas de samba – große Sambaclubs, die in der jährlichen Karnevalsparade miteinander konkurrieren

estalagem – Gasthof

estrangeiro – Ausländer

Exú – ein Geist, der in afrobrasilianischen Religionen als Mittler zwischen Göttern und Menschen fungiert

fantasia – Karnevalskostüm

Favela – Slum, Barackenstadt

favelado – Bewohner einer Favela

fazenda – Ranch oder Bauernhof, normalerweise ein großer Landbesitz; außerdem: Stoff, Gewebe

fazendeiro – Grundbesitzer

feira – landwirtschaftlicher Markt

ferroviária – Bahnhof

festa – Party

Filhos de Gandhi – Bahias berühmtester Karnevals-*bloco*

fio dental – wörtlich „Zahnseide"; der berühmte knappe G-String-Bikini

Flamengo – Rios beliebteste Fußballmannschaft; außerdem einer von Rios bevölkerungsreichsten Bezirken

Fluminense – Person, die im Bundesstaat Rio geboren wurde; auch eine Fußballmannschaft, Flamengos größter Rivale

forró – beliebte Musik des Nordostens, die unlängst eine Welle nationaler Popularität erfuhr

frevo – schnelle, populäre Musik aus Pernambuco

frigobar – Minibar

Funai – Fundação Nacional do Indio; Nationale Stiftung der Indios

Fusca – VW-Käfer, das beliebteste Auto Brasiliens

futebol – Fußball

futevôlei – eine Form des Volleyballspiels, bei der man den Ball nicht mit den Händen berühren darf

gafieira – Tanzsaall

garimpeiro – Goldsucher oder Bergarbeiter

garimpo – Bergbaulager

gaúcho – südbrasilianischer Cowboy

gringo – Ausländer oder Person mit hellem Haar und Gesichtsfarbe; wird teilweise sogar für Brasilianer mit heller Hautfarbe verwendet

gruta – Grotte oder Höhle

hidrovia – Wasserstraße

hidroviária – Bootsanlegestelle

hospedagem – günstige Pension, die von Einheimischen genutzt wird

Iemanjá – afrobrasilianische Meeresgöttin

igapó – überschwemmter Amazonaswald

igarapé – Bach oder kleiner Fluss in Amazonien

igreja – Kirche

ilha – Insel

índio – Angehöriger der indigenen Bevölkerung

jacaré – Kaiman

jangada – schönes Segelboot des Nordwestens

jangadeiros – Crews, die *jangadas* benutzen

jeito/jeitinho – vielleicht die typischste brasilianische Äußerung, die zugleich ein Gefühl und eine Handlungsform beschreibt; stammt von *dar um jeito*, was so viel heißt wie „einen Weg finden, um etwas zu erreichen" – unabhängig davon, wie unmöglich dies scheint, selbst wenn die Lösung etwas unorthodox oder illegal sein könnte.

leito – Schlafkoje

literatura de cordel – wörtlich „Fadenliteratur"; beliebte Literatur des Nordostens

litoral – Küstenregion

machista – Macho

mãe de santo – weibliches spirituelles Oberhaupt in afrobrasilianischen Religionen

malandro do morro – Vagabund; Halunke aus den Bergen; eine bekannte Figur der Mythologie von Rio

maloca – *índio*-Hütte

Maracanã – Fußballstadion in Rio de Janeiro

mercado – Markt

mestiço – eine Person mit halb indigener/halb europäischer Abstammung

mineiro – Einwohner von Minas Gerais

moço/a – Kellner/in oder ein/e andere/r Angestellte/r des Dienstleistungsgewerbes

morro – Berg; außerdem eine Person oder Kultur der Favelas

mulato/a – Mulatte/Mulattin

novela – Seifenoper, Telenovela; Brasiliens beliebteste TV-Sendungen

NS – Nosso Senhor (Unser Herr) or Nossa Senhora (Unsere Dame)

orixá – Göttin der afrobrasilianischen Religionen

pagode – beliebte Art von Sambamusik

pai de santo – männliches spirituelles Oberhaupt in afrobrasilianischen Religionen

palácio – Palast oder großes Regierungsgebäude

palafita – Pfahl oder Pfahlhaus

Pampa – Graslandebene des südlichen brasilianischen Inlands

parque nacional – Nationalpark

pau brasil – selten gewordener Rotholzbaum (Brasilholz); ein aus dem Baum hergestelltes rotes Färbemittel, das das erste Produkt der Kolonie war

paulista – Einwohner des Bundesstaates São Paulo

paulistano – Einwohner von São-Paulo-Stadt

PCB – Kommunistische Partei Brasiliens

pensão – Gästehaus

posta restante – postlagernd

posto – Rettungsstationen entlang der Strände von Rio de Janeiro, die durchnummeriert als Bezeichnung für die verschiedenen Strandabschnitte verwendet werden

posto de gasolina – Tankstelle

posto telefônico – Fernsprechamt

pousada – Gästehaus

praça – Platz oder Marktplatz

praia – Strand

PT – Partido dos Trabalhadores (Arbeiterpartei); Brasiliens jüngste und radikalste politische Partei

quarto – Hotelzimmer ohne Bad

quente – heiß

quilombo – Gemeinschaft entlaufener Sklaven

Quimbanda – schwarze Magie

rápido – schnell

Real – seit 1994 Brasiliens Währungseinheit; Plural: Reais

rio – Fluss

rodoferroviária – Busbahnhof und Bahnhof

rodoviária – Busbahnhof

s/n – Abkürzung für *sem número* (ohne Nummer), wird für manche Straßenadressen benutzt

sambista – Sambakomponist oder -tänzer

Sambódromo – Straße mit Sitzreihen, die für Sambaparaden errichtet wurden

senzala – Sklavenviertel

serra – Gebirge

sertanejo – Einwohner des *sertão*

sertão – von Dürre bedrohtes Hinterland des Nordostens

telefonista internacional – internationale Telefonvermittlung

Terra da Vera Cruz – Land des wahren Kreuzes; die ursprüngliche portugiesische Bezeichnung für Brasilien

terreiro – afrobrasilianische Kultstätte

travessa – Gasse

travesti – Transvestit; eine in ganz Brasilien beliebte Figur, die von manchen als das Nationalsymbol angesehen wird

trem – Zug

trio elétrico – Steckdose mit drei Kontakten; elektrisch verstärkte Bands, die auf der Ladefläche von Trucks spielen

tropicalismo – wichtige kulturelle Bewegung der späten 1960er mit dem Zentrum in Bahia

Tupi – indigenes Volk und eine Sprache, die zur Zeit der Invasion durch die Europäer entlang der Küste vorherrschend waren

Umbanda – weiße Magie, eine Mischung aus Candomblé und Spiritismus

vaqueiro – Cowboy des Nordostens

várzea – Überschwemmungsgebiet in Amazonien

zona da mata – an der Küste gelegenes Waldgebiet in den Staaten des Nordostens

Hinter den Kulissen

WIR FREUEN UNS ÜBER EIN FEEDBACK

Post von Travellern zu bekommen ist für uns ungemein hilfreich – Kritik und Anregungen halten uns auf dem Laufenden und helfen, unsere Bücher zu verbessern. Unser reiseerfahrenes Team liest alle Zuschriften genau durch, um zu erfahren, was an unseren Reiseführern gut und was schlecht ist. Wir können solche Post zwar nicht individuell beantworten, aber jedes Feedback wird garantiert schnurstracks an die jeweiligen Autoren weitergeleitet, rechtzeitig vor der nächsten Nachauflage.

Wer uns schreiben will, erreicht uns über **www.lonelyplanet.de/kontakt**.

Hinweis: Da wir Beiträge möglicherweise in Lonely Planet Produkten (Reiseführer, Websites, digitale Medien) veröffentlichen, ggf. auch in gekürzter Form, bitten wir um Mitteilung, falls ein Kommentar nicht veröffentlicht oder ein Name nicht genannt werden soll. Wer Näheres über unsere Datenschutzpolitik wissen will, erfährt das unter www.lonelyplanet.com/privacy.

DANK VON LONELY PLANET

Vielen Dank an folgende Traveller, die uns nach der letzten Auflage hilfreiche Tipps, Ratschläge und spannende Anekdoten geschickt haben:
Steve Agnew, Ariel Albrecht, George Balleste, Jorge Balleste, Sats Bleeker, Inka Blumensaat, Marcelo Boratto Peixoto Do Vale, Ella Bowen, Jean Bowen-Brooks, Frank Boyce, Debora S. Carvalho, Marcelo Castro, Adriana Caznoch Kürten, Caio Cesar S Araujo, Tom Cookson, Imma Cortes, Machiel Crielaard, Birute Curran, Christophe Dang, Nadia De Matos Barros, Zé Do Rock, Aldo Domingo, Sarina Eliyakim, Laura Erickson-Schroth, Justin Fisch, Sarah Fisher, Nghe Francheokie, Alessandra Furlan, Noel Gallivan, Pierre Gaspart, Katie Gelbart, Thomas Georgiadis, Susanne Halbmayer-Watzina, Jennifer Hammer, Martin Hämmerle, Oliver Herzog, Manuela Hirt, Stephen Hodes, Miriam Hofmann, Richard Howard, Flemming Jensen, Fernanda Junqueira, Janina Kaese, David Karp, Margot Kaszap, Tess Kelley, Greg Kondrak, Theresa Kuhles, Stefanie Ley, Albert London, Joanne Louis, Nina Mardell, Louis Martins, Carolina Menna, Lonny Miller, Adela Minae, Danilo Ortiz Ribeiro, Geneviève Pagé, Lucas Paio, Elena Pedrini, Matt Pepe, David Peterson, Karsten Pohl, Lisa Rausch, Diederik Ravesloot, Analy Ribeiro, James Robinson, Gustavo Rosa, Jill Sanguinetti, Francesca Santoro, Marc Schillgalies, Stefanie Schwarz, Henk Segaert, Francesco Segoni, Wanda Serkowska, Gitanjali Seth, Paul Soerensen, Silvia Spitta, Tobias Stoltze, Wolfram Stolz, James Sullivan, Helmer Svensson, Julia Tchikhatcheva, Joshua Telser & Esther Tryban, Bas Van Der Sluis, Kate Vyborny, Anne Waak, Elizabeth Wei, Phelia Wenzel, Zoe Wick, Sian Williams, Ronald Wolff, Rosemary Zakrzewski.

DANK DER AUTOREN

Regis St. Louis

Vielen Dank an meine neuen und alten Freunde, die mir mit Tipps und Ratschlägen zur Seite standen. Besonders danken möchte ich Cristiano Nogueira, Jakki Saysell, Marcelo Esteves, Michael Waller, Thiago Mourão, Ian Papareskos, Eduardo Cruxen, Carina Jallad, Sophie Lewis und den Leuten von Riotur.
Ein großer Dank geht auch an meine hart arbeitenden Koautoren. Zu Hause möchte ich Cassandra, Magdalena und Genevieve für ihre anhaltende Liebe und Unterstützung danken.

Gary Chandler

Bei Lonely Planet danke ich Kathleen, Regis, Bruce und Alison für ihre freundliche und kompetente Unterstützung. In Brasilien danke ich vor allem Alex, Gerard, Bettine, Christophan und Pedro. Mein Dank gilt außerdem Suegro, Suegrita, Dad und Elyse für ihre Hilfe und Großzügigkeit; Eva und Leo; und Liza, die ich den ganzen Amazonas Millionen Mal hinauf und hinunter liebe und bewundere.

Gregor Clark

Wie immer danke an die zahllosen Brasilianer, deren freundliches Lächeln mich stets begleitet hat. *Um grande abraço* geht insbesondere an Bia, Bete und John in Tiradentes, Paula in São João del Rei, Alex und Maira in Diamantina, Lena und Ricardo in Ouro Preto, Dinho und Lidia auf Ilha Grande, Antônio in Caratinga, Margarida in Parati und Bixão in Itaúnas. Und schließlich noch riesige *muriqui-Umarmungen an* Gaen, Meigan und Chloe, die meine Heimkehr immer zum besten Teil der Reise machen.

Bridget Gleeson

Danke an all die freundlichen Brasilianer, die mir, einer weiblichen Alleinreisenden, unterwegs geholfen haben – eure Ratschläge und fröhlichen Zusprüche haben den Unterschied gemacht. Danke an Daniel, der sich mir unterwegs angeschlossen hat, und an meine Kollegen beim Lonely Planet für ihre anhaltende Unterstützung.

John Noble

Mein besonderer Dank gilt Anna Lazareva, Adriana Schmidt, Roberta Rodrigues, Kevin Raub, Patrick und Ana Muller, Angela Hofer, Marina Prado, Steven Joynson, David (Canoa), Mônica (Atins), Juliane Lähnert, Herbert Klein, Carlos Macedo und Gregor Clark.

Kevin Raub

Ich danke meiner Frau, Adriana Schmidt Raub, der es mit ihrer kulturellen Sensibilität immer gelingt, meine Schwierigkeiten mit der brasilianischen Kultur zu beseitigen. Bei Lonely Planet danke ich Kathleen Munnelly und meinen „Komplizen", vor allem Regis St. Louis, John Noble und Gregor Clark. In Brasilien danke ich Marcos Nogueira, Nick Orosz, Kely Zimuth, Mario Saraiva, Cânion Turismo, Carlos Bertolazzi, Isabella Raposeiras, Gabriel Prieto, Isabella Daelli, Clara Padron, Carlos Bertolazzi, Patricia Moll Novaes, Monique Paoletti, Thais Gagliardi, Juliana Bichir und *pizza paulistana* – ich verehre euch.

Paul Smith

Danke an alle, die mir unterwegs ihre kompetente Hilfe angeboten haben, besonders Ailton Lara. Auf Kathleen, die anderen Autoren und den Rest des Teams konnte ich mich wie üblich stets verlassen. Carol und Shawn sorgen dafür, dass das Heimkommen sogar noch mehr Spaß macht als die Reise selbst. Mum, Dad, Margie, Joe und Tom – ich danke euch und vermisse euch sehr!

QUELLENNACHWEIS

Umschlagfoto: Cristo Redentor, Rio de Janeiro/SA Team/Foto Natura/Corbis

DIESES BUCH

Dies ist die 3. deutsche Auflage von *Brasilien*, basierend auf der mittlerweile 9. englischen Auflage von *Brazil*, die von Regis St. Louis (Hauptautor), Gary Chandler, Gregor Clark, Bridget Gleeson, John Noble, Kevin Raub und Paul Smith verfasst und bearbeitet wurde. Regis St. Louis war ebenfalls für die letzten drei Ausgaben verantwortlich. Die anderen Autoren haben alle mindestens an einer vorigen Auflage mitgewirkt.

Dieser Reiseführer entstand im Auftrag des Lonely Planet Büros in Oakland und wurde von folgenden Personen produziert:

Verantwortliche Redakteurin Kathleen Munnelly

Leitender Redakteur Justin Flynn

Chefkartografen Mark Griffiths, Alison Lyall

Leitende Layoutdesignerin Virginia Moreno

Redaktion Sasha Baskett, Bruce Evans, Martine Power

Layoutdesign Jane Hart

Redaktionssassistenz Sarah Bailey, Kate Daly, Katie O'Connell, Monique Perrin, Erin Richards, Jeanette Wall, Simon Williamson

Kartografieassistenz Mick Garrett, Rachel Imeson, James Leversha

Umschlagrecherche Naomi Parker

Interne Bildrecherche Kylie McLaughlin

Redaktion Sprachführer Branislava Vladisavljevic

Dank an Anita Banh, Laura Crawford, Ryan Evans, Larissa Frost, Genesys India, Jouve India, Catherine Naghten, Trent Paton, Dianne Schallmeiner, Kerrianne Southway, Gerard Walker

Register

000 Kartenseiten
000 Fotoseiten

L

M

N

T

000 Kartenseiten
000 Fotoseiten

U

V

W

X

Y

Z

Kartenlegende

Sehenswertes
- Strand
- Vogelschutzgebiet
- Buddhistisch
- Burg/Festung
- Christlich
- Konfuzianisch
- Hinduistisch
- Islamisch
- Jainistisch
- Jüdisch
- Denkmal
- Museum/Galerie/ Historisches Gebäude
- Ruine
- Sento/Onsen
- Shintoistisch
- Sikhistisch
- Taoistisch
- Weingut/Weinberg
- Zoo/Naturschutzgebiet
- Sehenswürdigkeit

Aktivitäten, Kurse & Touren
- Bodysurfen
- Tauchen/Schnorcheln
- Kanu-/Kajakfahren
- Kurse/Touren
- Skifahren
- Schnorcheln
- Surfen
- Schwimmen/Pool
- Wandern
- Windsurfen
- Andere Aktivitäten

Schlafen
- Hotel/Pension
- Campingplatz

Essen
- Restaurant

Ausgehen & Nachtleben
- Bar/Kneipe/Club
- Café

Unterhaltung
- Theater/Kino/Oper

Shoppen
- Geschäft/Einkaufszentrum

Praktisches
- Bank
- Botschaft/Konsulat
- Krankenhaus/Arzt
- Internet
- Polizei
- Post
- Telefon
- Toilette
- Touristeninformation
- Noch mehr Praktisches

Landschaften
- Strand
- Hütte/Unterstand
- Leuchtturm
- Aussichtspunkt
- Berg/Vulkan
- Oase
- Park
- Pass
- Rastplatz
- Wasserfall

Städte
- Hauptstadt
- Landeshauptstadt
- Stadt/Großstadt
- Ort/Dorf

Transport
- Flughafen
- Grenzübergang
- Bus
- Seilbahn/Standseilbahn
- Fahrradweg
- Fähre
- Metro/MRT-Bahnhof
- Einschienenbahn
- Parkplatz
- Tankstelle
- Skytrain-/S-Bahn-Station
- Taxi
- Bahnhof/Eisenbahn
- Straßenbahn
- U-Bahn-Station
- Anderes Verkehrsmittel

Hinweis: Nicht alle Symbole erscheinen in den Karten innerhalb dieses Reiseführers

Verkehrswege
- Mautstraße
- Autobahn
- Hauptstraße
- Landstraße
- Verbindungsstraße
- Sonstige Straße
- Unbefestigte Straße
- Straße im Bau
- Platz/Fußgängerzone
- Stufen
- Tunnel
- Fußgängerbrücke
- Spaziergang/Wanderung
- Wanderung mit Abstecher
- Pfad/Wanderweg

Grenzen
- Staatsgrenze
- Bundesstaaten-/Provinzgrenze
- Umstrittene Grenze
- Regionale Grenze/Vorortgrenze
- Meeresschutzgebiet
- Klippen
- Mauer

Gewässer
- Fluss/Bach
- Periodischer Fluss
- Kanal
- Gewässer
- Trocken-/Salz-/ Periodischer See
- Riff

Gebietsformen
- Flughafen/Start- & Landebahn
- Strand/Wüste
- Christlicher Friedhof
- Sonstiger Friedhof
- Gletscher
- Watt
- Park/Wald
- Sehenswertes Gebäude
- Sportanlage
- Sumpf/Mangroven

DIE AUTOREN

Regis St. Louis
Hauptautor; Rio de Janeiro (Stadt) Bei seinem ersten Besuch Brasiliens 2003 verliebte sich Regis sofort in Rio de Janeiros faszinierende Landschaft, die dynamische Musikszene sowie die offene, fröhliche Art der *cariocas.* Seither hat er jeden Teil des Landes gesehen, in Bahia, Ouro Preto und Rio Karneval gefeiert, Tiere im Pantanal beobachtet, den perfekten Strand in Santa Catarina gesucht und die gesamte Länge des brasilianischen Amazonas bereist. Seine Artikel über Rio und Südamerika erschienen u. a. im *Chicago Tribune,* der *LA Times* und auf BBC.com. Regis ist außerdem der Hauptautor der Lonely Planet Bände *Rio de Janeiro* und *Südamerika für wenig Geld.* Er lebt die eine Hälfte des Jahres in New York und die andere in den Tropen.

Gary Chandler
Amazonien Gary erkundet den Amazonas im Auftrag von Lonely Planet schon seit über zehn Jahren und hat bereits an über 20 Reiseführern zu Mexiko sowie Nord- und Lateinamerika mitgewirkt. Nur wenige Regionen sind so gewaltig und vielfältig wie Amazonien: Hier kann man z. B. Klettertouren auf 50 m hohe *samaúma*-Bäume bei Manaus und schier endlos lange Wanderungen durch indigenes Land unternehmen. Gary hat Ethnologie an der Universität von Berkeley und Journalismus an der Universität von Columbia studiert. Er wohnt mit seiner Frau und Kollegin, der Reiseautorin Liza Prado, und den gemeinsamen zwei Kindern in Colorado.

Gregor Clark
Rio de Janeiro (Bundesstaat), Minas Gerais & Espírito Santo Gregors Liebe für alles Brasilianische erwachte, als er mit 19 seinen ersten Portugiesischkurs machte. In den 25 Jahren, die er das Land schon bereist, hat er praktisch jeden Bundesstaat von Amazonien bis zur Grenze Uruguays erkundet. Zu seinen persönlichen Highlights gehören die Beobachtung herumtollender *muriquis* (Spinnenaffen) und die Wiederentdeckung von drei beliebten Regionen abseits des Touristenrummels: Visconde de Mauá, Vale do Matutu und Sao Gonçalo. Gregor wirkt regelmäßig an Lonely Planet Bänden über Europa und Südamerika mit. Er lebt mit seiner Frau und den gemeinsamen zwei Töchtern in Vermont (USA).

Bridget Gleeson
Bahia; Sergipe & Alagoas Nach mehreren Jahren in Argentinien und Träumen von Kokosnüssen und Korallenriffen zog es Bridget schließlich über die brasilianische Grenze. Prompt verliebte sie sich in den Nordosten. Sie schreibt über lateinamerikanisches Essen, Wein, Kunst und Kultur für *Afar, Budget Travel, Wine Enthusiast, BBC Travel* und *Jetsetter.*

John Noble
Pernambuco, Paraíba & Rio Grande do Norte; Ceará, Piauí & Maranhão Johns zweite Expedition von Recife nach São Luís für diesen Reiseführer hat ihn in seiner Meinung bestärkt, dass es nirgendwo auf der Welt schönere Strände gibt. Inzwischen ist er seit etwa drei Jahrzehnten Lonely Planet Autor und arbeitete bisher an rund 80 Bänden mit. Er kommt aus Großbritannien und zählt Brasilien zu seinen Lieblingsländern, u. a. wegen der genialen Musik- und Fußballszene, der unglaublichen Karnevalsfeiern und der wunderschönen brasilianisch-portugiesischen Sprache, vor allem aber deshalb, weil die Brasilianer einen angeborenen Sinn dafür haben, was das Leben gut macht.

Kevin Raub
São Paulo (Bundesstaat); Paraná; Santa Catarina; Rio Grande do Sul Kevin wuchs in Atlanta auf und begann seine Karriere als Musikjournalist in New York, wo er für die Magazine *Men's Journal* und *Rolling Stone* arbeitete. Den Lebensstil des Rock 'n' Roll gab er jedoch auf, um Reiseautor zu werden, und zog nach Brasilien. Auf seiner Erkundungstour durch den Süden hatte er zahlreiche Begegnungen mit Hühnerherzen (In Pasta? Auf Pizza? Nein danke!), aber leider viel zu wenige mit den erstaunlichen Bieren der Region. Dies ist der 25. Reiseführer von Kevin für Lonely Planet. Mehr über ihn erfährt man unter www.kevinraub.net.

DIE LONELY PLANET STORY

Ein uraltes Auto, ein paar Dollar in den Hosentaschen und Abenteuerlust, mehr brauchten Tony und Maureen Wheeler nicht, als sie 1972 zu der Reise ihres Lebens aufbrachen. Diese führte sie quer durch Europa und Asien bis nach Australien. Nach mehreren Monaten kehrten sie zurück – pleite, aber glücklich –, setzten sich an ihren Küchentisch und verfassten ihren ersten Reiseführer *Across Asia on the Cheap*. Binnen einer Woche verkauften sie 1500 Bücher und Lonely Planet war geboren. Heute unterhält der Verlag Büros in Melbourne (Australien), London und Oakland (USA) mit über 600 Mitarbeitern und Autoren. Sie alle teilen Tonys Überzeugung, dass ein guter Reiseführer drei Dinge tun sollte: informieren, bilden und unterhalten.

Paul Smith

Brasília & Goiás; Mato Grosso & Mato Grosso do Sul Schon sehr früh – und mit der vagen, naiven Ambition, der nächste David Attenborough zu werden – träumte Paul davon, auf der Suche nach Wildtieren die entlegensten Regionen der Erde zu erforschen. Dann bot ihm Lonely Planet einen realistischeren Weg, dies zu tun. Während seiner Recherchen erlebte Paul den Karneval in Piri, schnorchelte in der Nascente Azul und verbrannte seine Ohren an einer ewigen Flamme in Brasília.

Lonely Planet Publications,
Locked Bag 1, Footscray,
Melbourne, Victoria 3011,
Australia

Verlag der deutschen Ausgabe:
MAIRDUMONT, Marco-Polo-Straße 1, 73760 Ostfildern,
www.lonelyplanet.de, lonelyplanet@mairdumont.com

Chefredakteurin deutsche Ausgabe: Birgit Borowski

Redaktion: Meike Etmann, Isabelle Zeder; Verlagsbüro Wais & Partner, Stuttgart
Mitarbeit: Nadine Beck
Übersetzung der 3. Auflage: Julie Bacher, Britt Maaß, Claudia Riefert, Petra Sparrer, Katja Weber
(An früheren Auflagen haben zusätzlich mitgewirkt: Dorothee Büttgen, Berna Ercan, Tobias Ewert, Derek Frey, Tatyana Gardner, Marion Gref-Timm, Joachim Henn, Jürgen Kucklinski, Laura Leibold, Marion Matthäus, Annika Plank, Ute Perchtold, Christian Rochow, Andrea Schleipen, Christina Schmidt)
Technischer Support: Primustype, Notzingen

Brasilien
3. deutsche Auflage März 2014,
übersetzt von *Brazil 9th edition*, November 2013
Lonely Planet Publications Pty
Deutsche Ausgabe © Lonely Planet Publications Pty, März 2014
Fotos © wie angegeben 2013

Printed in China